全国计算机技术与软件专业技术资格(水平)考试指定用书

信息系统项目管理师教程

第 4 版

刘明亮　宋跃武　主　编
张树玲　刘　玲　王喜升　副主编

清华大学出版社
北京

内 容 简 介

本书是由全国计算机专业技术资格考试办公室组织编写的考试用书,根据2022年审定通过的《信息系统项目管理师考试大纲》编写,对信息系统项目管理师岗位所要求的主要知识及应用技术进行了阐述。

本书主要内容包括:信息化发展、信息技术发展、信息系统治理、信息系统管理、信息系统工程、项目管理概论、项目立项管理、项目整合管理、项目范围管理、项目进度管理、项目成本管理、项目质量管理、项目资源管理、项目沟通管理、项目风险管理、项目采购管理、项目干系人管理、项目绩效域、配置与变更管理、高级项目管理、项目管理科学基础、组织通用治理、组织通用管理、法律法规与标准规范等。

本书是信息系统项目管理师考试应试者必读教材,也可作为信息化教育的培训与辅导用书,还可作为高等院校相关专业的教学与参考用书。

本书扉页为防伪页,封面贴有清华大学出版社防伪标签,无上述标识者不得销售。
版权所有,侵权必究。举报:010-62782989,beiqinquan@tup.tsinghua.edu.cn。

图书在版编目(CIP)数据

信息系统项目管理师教程/刘明亮,宋跃武主编.—4版.—北京:清华大学出版社,2023.1(2024.12重印)
全国计算机技术与软件专业技术资格(水平)考试指定用书
ISBN 978-7-302-62431-8

Ⅰ.①信⋯　Ⅱ.①刘⋯②宋⋯　Ⅲ.①信息系统—项目管理—资格考试—自学参考资料　Ⅳ.①G202

中国版本图书馆 CIP 数据核字(2022)第 257978 号

责任编辑:杨如林
封面设计:杨玉兰
版式设计:方加青
责任校对:徐俊伟
责任印制:刘海龙

出版发行:清华大学出版社
　　　网　　址:https://www.tup.com.cn,https://www.wqxuetang.com
　　　地　　址:北京清华大学学研大厦A座　　　邮　编:100084
　　　社 总 机:010-83470000　　　邮　购:010-62786544
　　　投稿与读者服务:010-62776969,c-service@tup.tsinghua.edu.cn
　　　质 量 反 馈:010-62772015,zhiliang@tup.tsinghua.edu.cn
印 装 者:三河市人民印务有限公司
经　　销:全国新华书店
开　　本:185mm×230mm　　　印　张:46.75　　　防伪页:1　　　字　数:1260千字
版　　次:2005年3月第1版　　2023年3月第4版　　　印　次:2024年12月第9次印刷
定　　价:168.00元

产品编号:099830-02

前　言

计算机技术与软件专业技术资格（水平）考试（以下简称软考）中的信息系统项目管理师资格自 2005 年开考以来，已培养了大批高级项目管理人员。这些技术管理类的专业技术人才在信息系统建设、管理与应用、运维和创新等方面发挥了重要作用，为保证组织的信息系统项目建设质量，提高信息系统项目开发绩效，推进组织转型升级等做出了贡献。

采用现代管理理论作为计划、设计、控制的方法论，将计算机系统、数据库、网络、安全设施、应用软件等资源按照规划的结构和秩序，有机地整合到一个边界清晰、敏捷高效的信息系统中，以达到预定的系统目标，这个过程称为信息系统项目开发。综合运用相关知识、技能、工具和技术在一定的时间、成本、质量等要求下，为实现预定的系统目标而进行的管理计划、设计、开发、实施、运维等方面的活动称为信息系统项目管理。实施项目管理的项目管理工程师（项目经理）和项目管理师（高级项目经理）岗位已经成为组织信息化建设和数字化转型过程中不可缺少的重要岗位，对这个岗位的人才选拔和评价是信息通信行业人才队伍建设的重要组成部分。

在信息技术的推动下，人类社会正在加速进入全新发展时期，以数据要素开发利用为基础的数字时代、数字经济快速发展，以人工智能、区块链和物联网等为代表的新一代信息技术，正在深刻影响着各行业领域的改革创新与转型升级，信息系统相关技术、建设、管理、运行等数字化能力需求持续强化，信息系统项目管理将面临新的行业背景和形势。2022 年，为适应经济与社会的发展需要以及信息技术和项目管理技术的发展现状，全国计算机专业技术资格考试办公室广泛吸纳当前最新的研究成果，在原大纲的基础上，组织专家对信息系统项目管理师考试大纲进行了较大幅度的修改，增强了信息系统相关的发展、治理、管理、技术、工程建设等方面的知识要求，按照敏捷性和价值驱动为主线，丰富和完善了项目管理的知识体系要求，增加了项目与组织融合发展相关的治理、管理、科学基础等方面的知识要求，更新、丰富和完善了信息系统项目相关标准与法律法规的要求。

依据新修订的《信息系统项目管理师考试大纲》，工业和信息化部教育与考试中心组织专家对信息系统项目管理师教程（以下简称教程）进行了修订。修订的教程在论述项目管理知识体系时尽量做到体例一致，叙述方式及逻辑一致，专业用语一致；述及的方法、工具和技术，与实际工作开展紧密结合，可以直接在信息系统项目管理实践中运用。考虑信息系统建设与各行业领域发展深度融合的需求，信息系统项目管理师（高级项目经理）具有体系化的信息系统发展知识、系统化的信息技术知识、深入的信息系统项目新型管理知识、丰富的组织发展与行业发展知识等，对项目的成功无疑是至关重要的。因此，教程结合国家的相关发展战略，强化了各行业领域数字化、智能化等方面的阐述；结合技术发展新趋势及应用新场景，丰富了信息技术的基础知识及其开发应用趋势；基于组织信息系统发展与项目的高度融合性，增加了信息治理与管理相关知识；基于新时期对信息系统项目管理的敏捷性与价值需求，重新梳理了项目管理的相关知识；基于信息系统建设与组织创新发展与转型升级的高度互动性，大幅增加了组织治理与管理方面的知识。考虑各类信息系统项目实践的差异化和个性化，信息系统建设与组织发展的深度融合强化，以及各类网络化知识的丰富，教程减少了项目案例材料的相关叙述。

另外，为了便于参加软考的专业技术人员复习应考，教程部分章节还提供了一些习题。

第1章信息化发展由刘明亮、宋跃武、李修仪编写；第2章信息技术发展由宋俊典、王铮、彭高编写；第3章信息系统治理由俞文平、孙佩、董涛编写；第4章信息系统管理由张军、陈宏峰编写；第5章信息系统工程由白文江、宋莹编写；第6章项目管理概论由张树玲、李京编写；第7章项目立项管理由刘玲、张荣静编写；第8章项目整合管理由张树玲、宋跃武编写；第9章项目范围管理和第10章项目进度管理由刘娜、蒋轶玮、刘明亮、张树玲编写；第11章项目成本管理、第12章项目质量管理和第13章项目资源管理由刘玲、宋晓东、刘明亮、王喜升编写；第14章项目沟通管理、第15章项目风险管理、第16章项目采购管理和第17章项目干系人管理由岳素林、郭鑫伟、彭凯、宋跃武编写；第18章项目绩效域和第19章配置与变更管理由刘玲、张树玲、宋跃武编写；第20章高级项目管理由李少杰、尹正茹编写；第21章项目管理科学基础由崔春生、袁瑞萍、李美翠编写；第22章组织通用治理由肖筱华、李光亚、周静萍编写；第23章组织通用管理由唐百惠、张荣静编写；第24章法律法规与标准规范由李修仪、朱盼盼、王喜升编写。

另外，刘明亮、王喜升等参加了本书的策划以及部分章节的审校，刘明亮、宋跃武和张树玲依据考试大纲对全书做了内容统筹、章节结构设计和统稿，刘玲和王喜升提供了各类实践经验并对相关内容进行了提炼总结，岳素林、刘莹、张立和王舒慧参与了本书部分章节的审校工作。清华大学出版社为本书的编写做了大量的组织管理工作，在此表示感谢。

由于编者水平所限，书中难免有不当之处，恳请读者不吝赐教并提出宝贵意见，相信读者的反馈将会为未来的再次修订提供良好的帮助。

编　者

2022年10月

目 录

第1章 信息化发展 1

1.1 信息与信息化 1
    1.1.1 信息 2
    1.1.2 信息系统 2
    1.1.3 信息化 4

1.2 现代化基础设施 7
    1.2.1 新型基础设施建设 7
    1.2.2 工业互联网 8
    1.2.3 车联网 10

1.3 现代化创新发展 12
    1.3.1 农业农村现代化 12
    1.3.2 两化融合与智能制造 13
    1.3.3 消费互联网 15

1.4 数字中国 16
    1.4.1 数字经济 17
    1.4.2 数字政府 20
    1.4.3 数字社会 23
    1.4.4 数字生态 27

1.5 数字化转型与元宇宙 28
    1.5.1 数字化转型 28
    1.5.2 元宇宙 34

1.6 本章练习 35

第2章 信息技术发展 37

2.1 信息技术及其发展 37
    2.1.1 计算机软硬件 37
    2.1.2 计算机网络 38
    2.1.3 存储和数据库 41

    2.1.4 信息安全 47
    2.1.5 信息技术的发展 48

2.2 新一代信息技术及应用 49
    2.2.1 物联网 49
    2.2.2 云计算 51
    2.2.3 大数据 55
    2.2.4 区块链 57
    2.2.5 人工智能 60
    2.2.6 虚拟现实 63

2.3 本章练习 65

第3章 信息系统治理 67

3.1 IT治理 67
    3.1.1 IT治理基础 67
    3.1.2 IT治理体系 69
    3.1.3 IT治理任务 73
    3.1.4 IT治理方法与标准 74

3.2 IT审计 80
    3.2.1 IT审计基础 80
    3.2.2 审计方法与技术 83
    3.2.3 审计流程 88
    3.2.4 审计内容 89

3.3 本章练习 91

第4章 信息系统管理 93

4.1 管理方法 93
    4.1.1 管理基础 93
    4.1.2 规划和组织 94

4.1.3　设计和实施 98
　　4.1.4　运维和服务 100
　　4.1.5　优化和持续改进 104
4.2　管理要点 107
　　4.2.1　数据管理 107
　　4.2.2　运维管理 119
　　4.2.3　信息安全管理 125
4.3　本章练习 127

第5章　信息系统工程 129

5.1　软件工程 129
　　5.1.1　架构设计 129
　　5.1.2　需求分析 131
　　5.1.3　软件设计 138
　　5.1.4　软件实现 140
　　5.1.5　部署交付 142
　　5.1.6　过程管理 144
5.2　数据工程 146
　　5.2.1　数据建模 147
　　5.2.2　数据标准化 149
　　5.2.3　数据运维 153
　　5.2.4　数据开发利用 157
　　5.2.5　数据库安全 161
5.3　系统集成 163
　　5.3.1　集成基础 163
　　5.3.2　网络集成 164
　　5.3.3　数据集成 165
　　5.3.4　软件集成 167
　　5.3.5　应用集成 169
5.4　安全工程 170
　　5.4.1　工程概述 170
　　5.4.2　安全系统 171
　　5.4.3　工程基础 174
　　5.4.4　工程体系架构 174
5.5　本章练习 181

第6章　项目管理概论 183

6.1　PMBOK 的发展 183
6.2　项目基本要素 184
　　6.2.1　项目基础 184
　　6.2.2　项目管理的重要性 186
　　6.2.3　项目成功的标准 187
　　6.2.4　项目、项目集、项目组合和运营
　　　　　管理之间的关系 187
　　6.2.5　项目内外部运行环境 191
　　6.2.6　组织系统 192
　　6.2.7　项目管理和产品管理 194
6.3　项目经理的角色 196
　　6.3.1　项目经理的定义 196
　　6.3.2　项目经理的影响力范围 196
　　6.3.3　项目经理的能力 198
6.4　价值驱动的项目管理知识体系 201
　　6.4.1　项目管理原则 202
　　6.4.2　项目生命周期和项目阶段 213
　　6.4.3　项目管理过程组 216
　　6.4.4　项目管理知识领域 219
　　6.4.5　项目绩效域 221
　　6.4.6　价值交付系统 221
6.5　本章练习 223

第7章　项目立项管理 225

7.1　项目建议与立项申请 225
7.2　项目可行性研究 225
　　7.2.1　可行性研究的内容 225
　　7.2.2　初步可行性研究 228
　　7.2.3　详细可行性研究 230
7.3　项目评估与决策 234
7.4　本章练习 236

第8章　项目整合管理 237

8.1　管理基础 237
　　8.1.1　执行整合 237

8.1.2 整合的复杂性 238
8.1.3 管理新实践 238
8.1.4 项目管理计划和项目文件 239
8.2 项目整合管理过程 239
8.2.1 过程概述 239
8.2.2 裁剪考虑因素 241
8.2.3 敏捷与适应方法 241
8.3 制定项目章程 242
8.3.1 输入 242
8.3.2 工具与技术 243
8.3.3 输出 244
8.4 制订项目管理计划 245
8.4.1 输入 246
8.4.2 工具与技术 246
8.4.3 输出 247
8.5 指导与管理项目工作 251
8.5.1 输入 252
8.5.2 工具与技术 253
8.5.3 输出 253
8.6 管理项目知识 255
8.6.1 输入 255
8.6.2 工具与技术 256
8.6.3 输出 257
8.7 监控项目工作 258
8.7.1 输入 259
8.7.2 工具与技术 260
8.7.3 输出 261
8.8 实施整体变更控制 262
8.8.1 输入 263
8.8.2 工具与技术 264
8.8.3 输出 265
8.9 结束项目或阶段 265
8.9.1 输入 266
8.9.2 工具与技术 268
8.9.3 输出 268
8.10 本章练习 269

第9章 项目范围管理 272
9.1 管理基础 272
9.1.1 产品范围和项目范围 272
9.1.2 管理新实践 272
9.2 项目范围管理过程 272
9.2.1 过程概述 272
9.2.2 裁剪考虑因素 274
9.2.3 敏捷与适应方法 274
9.3 规划范围管理 275
9.3.1 输入 275
9.3.2 工具与技术 276
9.3.3 输出 276
9.4 收集需求 276
9.4.1 输入 277
9.4.2 工具与技术 278
9.4.3 输出 280
9.5 定义范围 282
9.5.1 输入 282
9.5.2 工具与技术 283
9.5.3 输出 283
9.6 创建WBS 284
9.6.1 输入 285
9.6.2 工具与技术 285
9.6.3 输出 288
9.7 确认范围 289
9.7.1 输入 291
9.7.2 工具与技术 292
9.7.3 输出 292
9.8 控制范围 292
9.8.1 输入 293
9.8.2 工具与技术 294
9.8.3 输出 294
9.9 本章练习 295

第10章 项目进度管理 297
10.1 管理基础 297

10.1.1 项目进度计划的定义和总要求 297
10.1.2 管理新实践 297
10.2 项目进度管理过程 298
　10.2.1 过程概述 298
　10.2.2 裁剪考虑因素 299
　10.2.3 敏捷与适应方法 299
10.3 规划进度管理 300
　10.3.1 输入 300
　10.3.2 工具与技术 301
　10.3.3 输出 301
10.4 定义活动 302
　10.4.1 输入 302
　10.4.2 工具与技术 303
　10.4.3 输出 303
10.5 排列活动顺序 304
　10.5.1 输入 305
　10.5.2 工具与技术 305
　10.5.3 输出 309
10.6 估算活动持续时间 310
　10.6.1 输入 311
　10.6.2 工具与技术 312
　10.6.3 输出 314
10.7 制订进度计划 314
　10.7.1 输入 316
　10.7.2 工具与技术 317
　10.7.3 输出 323
10.8 控制进度 326
　10.8.1 输入 327
　10.8.2 工具与技术 328
　10.8.3 输出 329
10.9 本章练习 330

第 11 章 项目成本管理 334

11.1 管理基础 334
　11.1.1 重要性和意义 334
　11.1.2 相关术语和定义 335
　11.1.3 管理新实践 336

11.2 项目成本管理过程 337
　11.2.1 过程概述 337
　11.2.2 裁剪考虑因素 338
　11.2.3 敏捷与适应方法 338
11.3 规划成本管理 338
　11.3.1 输入 339
　11.3.2 工具与技术 340
　11.3.3 输出 340
11.4 估算成本 341
　11.4.1 输入 342
　11.4.2 工具与技术 343
　11.4.3 输出 344
11.5 制定预算 345
　11.5.1 输入 345
　11.5.2 工具与技术 346
　11.5.3 输出 347
11.6 控制成本 349
　11.6.1 输入 349
　11.6.2 工具与技术 350
　11.6.3 输出 355
11.7 本章练习 356

第 12 章 项目质量管理 358

12.1 管理基础 358
　12.1.1 质量与项目质量 358
　12.1.2 质量管理 359
　12.1.3 质量管理标准体系 360
　12.1.4 管理新实践 360
12.2 项目质量管理过程 361
　12.2.1 过程概述 361
　12.2.2 裁剪考虑因素 362
　12.2.3 敏捷与适应方法 363
12.3 规划质量管理 363
　12.3.1 输入 364
　12.3.2 工具与技术 365
　12.3.3 输出 367
12.4 管理质量 368

12.4.1 输入 ... 369
12.4.2 工具与技术 ... 370
12.4.3 输出 ... 372
12.5 控制质量 ... 373
12.5.1 输入 ... 374
12.5.2 工具与技术 ... 375
12.5.3 输出 ... 376
12.6 本章练习 ... 377

第 13 章 项目资源管理 ... 380

13.1 管理基础 ... 380
13.1.1 相关术语和定义 ... 380
13.1.2 管理新实践 ... 386
13.2 项目资源管理过程 ... 387
13.2.1 过程概述 ... 387
13.2.2 裁剪考虑因素 ... 388
13.2.3 敏捷与适应方法 ... 388
13.3 规划资源管理 ... 389
13.3.1 输入 ... 389
13.3.2 工具与技术 ... 390
13.3.3 输出 ... 392
13.4 估算活动资源 ... 393
13.4.1 输入 ... 393
13.4.2 工具与技术 ... 394
13.4.3 输出 ... 395
13.5 获取资源 ... 396
13.5.1 输入 ... 397
13.5.2 工具与技术 ... 398
13.5.3 输出 ... 399
13.6 建设团队 ... 400
13.6.1 输入 ... 401
13.6.2 工具与技术 ... 402
13.6.3 输出 ... 403
13.7 管理团队 ... 404
13.7.1 输入 ... 405
13.7.2 工具与技术 ... 406
13.7.3 输出 ... 407

13.8 控制资源 ... 408
13.8.1 输入 ... 409
13.8.2 工具与技术 ... 410
13.8.3 输出 ... 410
13.9 本章练习 ... 411

第 14 章 项目沟通管理 ... 414

14.1 管理基础 ... 414
14.1.1 沟通 ... 414
14.1.2 沟通模型 ... 414
14.1.3 沟通分类 ... 415
14.1.4 沟通技巧 ... 415
14.1.5 管理新实践 ... 416
14.2 项目沟通管理过程 ... 417
14.2.1 过程概述 ... 417
14.2.2 裁剪考虑因素 ... 418
14.2.3 敏捷与适应方法 ... 418
14.3 规划沟通管理 ... 418
14.3.1 输入 ... 419
14.3.2 工具与技术 ... 420
14.3.3 输出 ... 422
14.4 管理沟通 ... 423
14.4.1 输入 ... 424
14.4.2 工具与技术 ... 425
14.4.3 输出 ... 426
14.5 监督沟通 ... 427
14.5.1 输入 ... 428
14.5.2 工具与技术 ... 428
14.5.3 输出 ... 429
14.6 本章练习 ... 430

第 15 章 项目风险管理 ... 431

15.1 管理基础 ... 431
15.1.1 项目风险概述 ... 431
15.1.2 风险的属性 ... 431
15.1.3 风险的分类 ... 433
15.1.4 风险成本及其负担 ... 434

15.1.5 管理新实践.....435
15.2 项目风险管理过程.....436
 15.2.1 过程概述.....436
 15.2.2 裁剪考虑因素.....438
 15.2.3 敏捷与适应方法.....438
15.3 规划风险管理.....438
 15.3.1 输入.....439
 15.3.2 工具与技术.....440
 15.3.3 输出.....440
15.4 识别风险.....443
 15.4.1 输入.....444
 15.4.2 工具与技术.....445
 15.4.3 输出.....447
15.5 实施定性风险分析.....448
 15.5.1 输入.....448
 15.5.2 工具与技术.....449
 15.5.3 输出.....451
15.6 实施定量风险分析.....452
 15.6.1 输入.....453
 15.6.2 工具与技术.....454
 15.6.3 输出.....457
15.7 规划风险应对.....457
 15.7.1 输入.....458
 15.7.2 工具与技术.....459
 15.7.3 输出.....462
15.8 实施风险应对.....463
 15.8.1 输入.....464
 15.8.2 工具与技术.....464
 15.8.3 输出.....465
15.9 监督风险.....465
 15.9.1 输入.....466
 15.9.2 工具与技术.....467
 15.9.3 输出.....467
15.10 风险管理示例.....468
15.11 本章练习.....470

第 16 章　项目采购管理.....472

16.1 管理基础.....472
 16.1.1 协议/采购合同.....472
 16.1.2 管理新实践.....473
16.2 项目采购管理过程.....474
 16.2.1 过程概述.....474
 16.2.2 裁剪考虑因素.....475
 16.2.3 敏捷与适应方法.....475
16.3 规划采购管理.....475
 16.3.1 输入.....476
 16.3.2 工具与技术.....478
 16.3.3 输出.....480
16.4 实施采购.....483
 16.4.1 输入.....484
 16.4.2 工具与技术.....485
 16.4.3 输出.....486
16.5 控制采购.....487
 16.5.1 输入.....488
 16.5.2 工具与技术.....490
 16.5.3 输出.....491
16.6 项目合同管理.....492
 16.6.1 合同的类型.....493
 16.6.2 合同的内容.....496
 16.6.3 合同管理过程.....497
16.7 本章练习.....501

第 17 章　项目干系人管理.....503

17.1 管理基础.....503
 17.1.1 管理的重要性.....503
 17.1.2 管理新实践.....503
17.2 项目干系人管理过程.....504
 17.2.1 过程概述.....504
 17.2.2 裁剪考虑因素.....505
 17.2.3 敏捷与适应方法.....505
17.3 识别干系人.....505
 17.3.1 输入.....506

17.3.2	工具与技术	507
17.3.3	输出	508
17.4	规划干系人参与	509
17.4.1	输入	510
17.4.2	工具与技术	511
17.4.3	输出	512
17.5	管理干系人参与	512
17.5.1	输入	513
17.5.2	工具与技术	514
17.5.3	输出	515
17.6	监督干系人参与	515
17.6.1	输入	516
17.6.2	工具与技术	516
17.6.3	输出	517
17.7	本章练习	518

第 18 章 项目绩效域 ... 520

18.1	干系人绩效域	520
18.1.1	绩效要点	520
18.1.2	与其他绩效域的相互作用	521
18.1.3	执行效果检查	522
18.2	团队绩效域	522
18.2.1	绩效要点	522
18.2.2	与其他绩效域的相互作用	526
18.2.3	执行效果检查	526
18.3	开发方法和生命周期绩效域	526
18.3.1	绩效要点	526
18.3.2	与其他绩效域的相互作用	531
18.3.3	执行效果检查	532
18.4	规划绩效域	532
18.4.1	绩效要点	532
18.4.2	与其他绩效域的相互作用	535
18.4.3	执行效果检查	536
18.5	项目工作绩效域	536
18.5.1	绩效要点	537
18.5.2	与其他绩效域的相互作用	539
18.5.3	执行效果检查	539
18.6	交付绩效域	539
18.6.1	绩效要点	540
18.6.2	与其他绩效域的相互作用	541
18.6.3	执行效果检查	541
18.7	度量绩效域	542
18.7.1	绩效要点	542
18.7.2	与其他绩效域的相互作用	549
18.7.3	执行效果检查	550
18.8	不确定性绩效域	550
18.8.1	绩效要点	550
18.8.2	与其他绩效域的相互作用	552
18.8.3	执行效果检查	552
18.9	本章练习	553

第 19 章 配置与变更管理 ... 555

19.1	配置管理	555
19.1.1	管理基础	555
19.1.2	角色与职责	558
19.1.3	目标与方针	559
19.1.4	管理活动	560
19.2	变更管理	564
19.2.1	管理基础	564
19.2.2	管理原则	565
19.2.3	角色与职责	565
19.2.4	工作程序	566
19.2.5	变更控制	567
19.2.6	版本发布和回退计划	568
19.3	项目文档管理	569
19.3.1	管理基础	569
19.3.2	规则和方法	569
19.4	本章练习	570

第 20 章 高级项目管理 ... 572

20.1	项目集管理	572
20.1.1	项目集管理标准	572
20.1.2	项目集管理角色和职责	572
20.1.3	项目集管理绩效域	574

20.2 项目组合管理 ... 577
　　20.2.1 项目组合管理标准 ... 577
　　20.2.2 项目组合管理角色和职责 ... 577
　　20.2.3 项目组合管理绩效域 ... 578
20.3 组织级项目管理 ... 583
　　20.3.1 组织级项目管理标准 ... 584
　　20.3.2 业务价值与业务评估 ... 584
　　20.3.3 OPM框架要素 ... 584
　　20.3.4 OPM成熟度模型 ... 586
20.4 量化项目管理 ... 587
　　20.4.1 量化管理理论及应用 ... 587
　　20.4.2 组织级量化管理 ... 590
　　20.4.3 项目级量化管理 ... 597
20.5 项目管理实践模型 ... 598
　　20.5.1 CMMI模型 ... 598
　　20.5.2 PRINCE2模型 ... 602
20.6 本章练习 ... 605

第21章 项目管理科学基础 ... 607

21.1 工程经济学 ... 607
　　21.1.1 资金的时间价值与等值计算 ... 607
　　21.1.2 项目经济评价 ... 610
21.2 运筹学 ... 617
　　21.2.1 线性规划 ... 617
　　21.2.2 运输问题 ... 619
　　21.2.3 指派问题 ... 621
　　21.2.4 动态规划 ... 624
　　21.2.5 图与网络 ... 628
　　21.2.6 博弈论 ... 631
　　21.2.7 决策分析 ... 634
21.3 本章练习 ... 639

第22章 组织通用治理 ... 641

22.1 组织战略 ... 641
　　22.1.1 组织战略要点 ... 641
　　22.1.2 组织定位 ... 642
　　22.1.3 组织环境分析 ... 643
　　22.1.4 组织能力确认 ... 644
　　22.1.5 创新和改进 ... 645
22.2 绩效考核 ... 645
　　22.2.1 绩效计划 ... 645
　　22.2.2 绩效实施 ... 648
　　22.2.3 绩效治理 ... 649
　　22.2.4 绩效评估 ... 650
　　22.2.5 绩效评价结果反馈 ... 653
　　22.2.6 绩效评价结果应用 ... 653
22.3 转型升级 ... 654
　　22.3.1 战略转型升级 ... 654
　　22.3.2 数字化转型实施 ... 656
22.4 本章练习 ... 661

第23章 组织通用管理 ... 663

23.1 人力资源管理 ... 663
　　23.1.1 人力资源管理基础 ... 663
　　23.1.2 工作分析与岗位设计 ... 664
　　23.1.3 人力资源战略与计划 ... 667
　　23.1.4 人员招聘与录用 ... 670
　　23.1.5 人员培训 ... 673
　　23.1.6 组织薪酬管理 ... 676
　　23.1.7 人员职业规划与管理 ... 680
23.2 流程管理 ... 680
　　23.2.1 流程基础 ... 681
　　23.2.2 流程规划 ... 683
　　23.2.3 流程执行 ... 687
　　23.2.4 流程评价 ... 688
　　23.2.5 流程持续改进 ... 692
23.3 知识管理 ... 693
　　23.3.1 知识管理基础 ... 693
　　23.3.2 知识价值链 ... 694
　　23.3.3 显性知识与隐性知识 ... 695
　　23.3.4 知识管理过程 ... 697
　　23.3.5 知识协同与创新 ... 702
　　23.3.6 知识传播与服务 ... 703
23.4 市场营销 ... 705

23.4.1 营销基础 705
23.4.2 营销环境 708
23.4.3 营销分析 709
23.4.4 营销管控 713
23.5 本章练习 715

第 24 章 法律法规与标准规范 717

24.1 法律法规 717
24.1.1 民法典（合同编） 717
24.1.2 招标投标法 717
24.1.3 政府采购法 717
24.1.4 专利法 718
24.1.5 著作权法 718
24.1.6 商标法 718
24.1.7 网络安全法 718
24.1.8 数据安全法 719
24.2 标准规范 719
24.2.1 系统与软件工程标准 719
24.2.2 新一代信息技术标准 723
24.2.3 信息技术服务标准 728
24.3 本章练习 729

参考文献 731

第1章 信息化发展

广义的信息技术可以追溯到3500～5000年前人类语言的形成和使用，信息技术持续经历了文字的创造、印刷术的发明、电脉冲和电磁的发现与应用、计算机技术发展、新一代信息技术应用等历程。可以看出，信息技术的发展历程，伴随着人类信息沉淀的丰富、信息传播高效以及信息应用的泛化，信息技术发展的价值侧重点由传播转型到知识沉淀，进而演进到以模拟和预测为主要特征的知识自动化应用。自20世纪90年代以来，电子信息技术不断创新，伴随着信息产业持续发展，信息网络广泛普及，信息化成为全球经济社会发展的显著特征，并逐步向一场全方位的社会变革演进。

进入21世纪，信息技术与经济社会发展深度融合，孕育了一系列的重大发展突破，互联网开辟了无限广阔的信息空间，成为信息传播和知识扩散的崭新的重要载体，加剧了各种文化、思想的相互交流和融合。近年来，随着以大数据、人工智能等为代表的新一代信息技术的高速发展和深化应用，数据成了继土地、劳动力、技术和资本后，经济与社会发展的新型生产要素，正在孕育和促进新一轮的科技革命和产业革命，成为经济社会高质量发展和人类命运共同体的重要驱动因素。

在新一代信息技术的推动下，人类社会正在加速进入全新发展时期，以智能化、网络化、数字化等为典型特征的新模式、新经济、新业态等正在加速形成，电子政务、消费互联网、工业互联网、智能制造和智慧城市等正在深刻影响人们的生产、消费和生活方式等。随着数据广泛链接和共享、数字孪生广泛建设，重新定义了信息空间的内涵，基于已发生的信息快照已经无法满足人民对美好生活的需求。对物理世界的模拟、未来的预测以及物理社会的优化，将成为新的核心关注点，个性化需求的高效满足成为发展的主要方向之一。

信息化继工业化后，正在催生一场新的人类社会革命，其影响更加广泛、变革更加深入，已经成为世界各国的关注焦点和共同选择：①信息化的发展水平代表一个国家的信息能力，信息产业成为国家核心竞争力的新战略高地，信息技术成为国家间竞争的核心聚焦；②数字经济、数字人才成为区域经济与社会发展的重要支点，这不仅需要各类组织持续强化信息技术人才的业务能力建设，也需要更加关注业务技术人才的信息技术能力建设，从而形成立体化、多元化的新型人才体系；③作为数字化转型主体的计算机信息系统工程是一项复杂的社会和技术工程，无论是内容、规模、深度和广度，还是技术、工具、业务和流程，都在不断地发展和创新。

1.1 信息与信息化

信息是指音讯、消息、信息系统传输和处理的对象，泛指人类社会传播的一切内容。人通过获得、识别自然界和社会的不同信息来区别不同事物，得以认识和改造世界。在一切通信和控制系统中，信息是一种普遍联系的形式。信息化是指在国家宏观信息政策指导下，通过信息技术开发、信息产业的发展、信息人才的配置，最大限度地利用信息资源以满足全社会的信息需求，从而加速社会各个领域的共同发展以推进信息社会发展的过程。

1.1.1 信息

信息（Information）是物质、能量及其属性的标示的集合，是确定性的增加。它以物质介质为载体，传递和反映世界各种事物存在方式、运动状态等的表征。信息不是物质，也不是能量，它以一种普遍形式，表达物质运动规律，在客观世界中大量存在、产生和传递。

1. 信息的定义

1948年，数学家香农（Claude E. Shannon）在题为《通信的数学理论》的论文中指出："信息是用来消除随机不定性的东西"。创建一切宇宙万物的最基本单位是信息。香农还给出了信息的定量描述，并确定了信息量的单位为比特（bit）。1比特的信息量，在变异度为2的最简单情况下，就是能消除非此即彼的不确定性所需要的信息量。这里的"变异度"是指事物的变化状态空间为2，例如大和小、高和低、快和慢等。

同时，香农将热力学中的熵引入了信息论。在热力学中，熵是系统无序程度的度量，而信息与熵正好相反，信息是系统有序程度的度量，表现为负熵，计算公式如下：

$$H = -\sum_{i=1}^{n} P(x_i) \log_2 P(x_i)$$

式中，x_i 代表 n 个状态中的第 i 个状态；$P(x_i)$ 代表出现第 i 个状态的概率；H 代表用以消除系统不确定性所需的信息量，即以比特为单位的负熵。

信息的目的是用来"消除不确定的因素"。信息由意义和符号组成，指以声音、语言、文字、图像、动画、气味等方式所表示的实际内容。信息是抽象于物质的映射集合。

2. 信息的特征与质量

香农关于信息的定义揭示了信息的本质，同时，人们通过深入研究，发现信息还具有很多其他的特征，主要包括客观性、普遍性、无限性、动态性、相对性、依附性、变换性、传递性、层次性、系统性和转化性等。

获取信息可以满足人们消除不确定性的需求，因此信息具有价值，而价值的大小决定于信息的质量，这就要求信息满足一定的质量属性，主要包括精确性、完整性、可靠性、及时性、经济性、可验证性和安全性等。应用的场合不同，信息的侧重面也不一样。例如，对于金融信息而言，其最重要的特性是安全性；而对于经济与社会信息而言，其最重要的特性是及时性。

1.1.2 信息系统

信息系统是由相互联系、相互依赖、相互作用的事物或过程组成的具有整体功能和综合行为的统一体。在经济与社会活动中，经常使用"系统"的概念，例如，经济领域中的业务系统和金融系统，自然界中的水利系统和生态系统等。从数学角度来看，系统是一个集合，是由许多相互作用、相互依存的事物（集合元素）为了达到某个目标组成的集合。

1. 信息系统及其特性

简单地说，信息系统就是通过输入数据，然后进行加工处理，最后产生信息的系统。面向管理和支持生产是信息系统的显著特点，以计算机为基础的信息系统可以定义为：结合管理理论和方法，应用信息技术解决管理问题，提高生产效率，为生产或信息化过程以及管理和决策提供支撑的系统。信息系统是管理模型、信息处理模型和系统实现条件的结合，其抽象模型如图1-1所示。

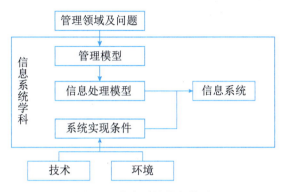

图 1-1　信息系统抽象模型

管理模型是指系统服务对象领域的专门知识，以及分析和处理该领域问题的模型，又称为对象的处理模型；信息处理模型指系统处理信息的结构和方法。管理模型中的理论和分析方法，在信息处理模型中转化为信息获取、存储、传输、加工和使用的规则；系统实现条件指可供应用的计算机技术和通信技术、从事对象领域工作的人员，以及对这些资源的控制与融合。

信息系统的组成部件包括硬件、软件、数据库、网络、存储设备、感知设备、外设、人员以及把数据处理成信息的规程等。从用途类型来划分，信息系统一般包括电子商务系统、事务处理系统、管理信息系统、生产制造系统、电子政务系统、决策支持系统等。

2. 信息系统生命周期

信息系统是面向现实世界人类生产、生活中的具体应用，是为了提高人类活动的质量、效率而存在的。信息系统的目的、性能、内部结构和秩序、外部接口、部件组成等由人来规划，它的产生、建设、运行和完善构成一个循环的过程，这个过程遵循一定的规律。另外，信息系统建设周期长、投资大、风险大，比一般技术工程有更大的难度和复杂性，其在使用过程中，随着生存环境的变化，需要不断维护和修改，当它不再适应的时候就要被淘汰，由新系统代替老系统。为了工程化的需要，有必要把这些过程划分为具有典型特点的阶段，每个阶段有不同的目标、工作方法，阶段中的任务也由不同类型的人员来负责。这个过程称为信息系统的生命周期。

软件在信息系统中属较复杂的部件，可以借用软件的生命周期来表示信息系统的生命周期。软件的生命周期通常包括：可行性分析与项目开发计划、需求分析、概要设计、详细设计、编码、测试、维护等阶段。

信息系统的生命周期可以简化为：系统规划（可行性分析与项目开发计划）、系统分析（需求分析）、系统设计（概要设计、详细设计）、系统实施（编码、测试）、系统运行和维护等阶段，如图 1-2 所示。

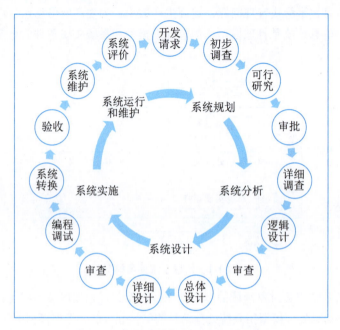

图 1-2　信息系统的生命周期示意图

1.1.3　信息化

信息化是一个过程，与工业化、现代化一样，是一个动态变化的过程。信息化是指培养、发展以计算机为主的智能化工具为代表的新生产力，并使之造福于社会的历史过程。与智能化工具相适应的生产力，称为信息化生产力。信息化是以现代通信、网络、数据库技术为基础，将所研究对象各要素汇总至数据库，供特定人群生活、工作、学习、辅助决策等，是和人类息息相关的各种行为相结合的一种技术。使用该技术后，可以极大地提高行为的效率，并且可以降低成本，为推动人类社会进步提供技术支持。

1. 信息化内涵

信息化在不同的语境中有不同的含义。信息化用作名词时，通常指信息技术应用，特别是促成应用对象或领域（比如政府、企业或社会）发生转变的过程。例如，"企业信息化"不仅指在企业中应用信息技术，更重要的是通过深入应用信息技术，促进企业的业务模式、组织架构乃至经营战略发生革新或转变。信息化用作形容词时，常指对象或领域因信息技术的深入应用所达成的新形态或状态。例如，"信息化社会"指信息技术应用到一定程度后达成的社会形态，它只有充分应用信息技术才能达成。综上所述，信息化是推动经济社会发展转型的一个历史性过程。在这个过程中，综合利用各种信息技术，支撑改善人类的各项政治、经济、社会活动，并把贯穿于这些活动中的各种数据有效、可靠地进行管理，经过符合业务需求的数据处理，形成信息资源，通过信息资源的整合与融合，促进信息交流和知识共享，形成新的经济和社会形态，推动各方面的高质量发展。

信息化的核心是要通过全体社会成员的共同努力，在经济和社会各个领域充分应用基于信息技术的先进社会生产工具（表现为各种信息系统或软硬件产品），提高信息时代的社会生产力，并推动生产关系和上层建筑的改革（表现为法律、法规、制度、规范、标准、组织结构等），使国家的综合实力、社会的文明程度和人民的生活质量全面提升。信息化内涵主要包括：

- 信息网络体系：包括信息资源、各种信息系统、公用通信网络平台等。
- 信息产业基础：包括信息科学技术研究与开发、信息装备制造、信息咨询服务等。
- 社会运行环境：包括现代工农业、管理体制、政策法律、规章制度、文化教育、道德观念等生产关系与上层建筑。
- 效用积累过程：包括劳动者素质、国家现代化水平和人民生活质量的不断提高，精神文明和物质文明建设不断进步等。

2. 信息化体系

信息化代表了一种信息技术被高度应用，信息资源被高度共享，从而使得人的智能潜力以及社会物质资源潜力被充分发挥，个人行为、组织决策和社会运行趋于合理化的理想状态。1997年召开的首届全国信息化工作会议，对信息化和国家信息化定义为："信息化是指培育、发展以智能化工具为代表的新的生产力并使之造福于社会的历史过程。国家信息化就是在国家统一规划和组织下，在农业、工业、科学技术、国防及社会生活各个方面应用信息技术，深入开发并广泛利用信息资源，加速实现国家现代化进程。"国家信息化体系包括信息技术应用、信息资源、信息网络、信息技术和产业、信息化人才、信息化政策法规和标准规范6个要素，这6个要素的关系构成了一个有机的整体，如图1-3所示。

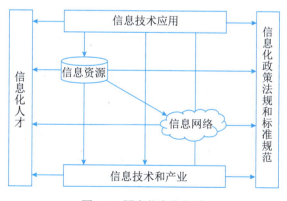

图1-3 国家信息化体系

3. 信息化趋势

信息化是信息产业发展与信息技术在经济与社会各方面扩散基础上，不断运用信息技术改造传统的经济、社会结构，通往如前所述的理想状态的一段持续的过程。随着数字化、网络化、智能化持续深化，信息化成为重塑国家竞争优势的重要力量。信息化跟各行业、领域、业务现代化在更广范围、更深程度、更高水平上实现融合发展，新一代信息技术向各领域加速渗透，促进数字化转型步伐加快，并驱动经济与社会的高质量发展。

1）组织信息化趋势

各行业领域组织的信息化是国家经济与社会信息化的基础，指组织在产品的设计、开发、生产、管理、经营等多个环节中广泛利用信息技术，并大力培养信息人才，完善信息服务，加速建设组织信息系统。组织的信息化建设体现了组织在通信、网站、电子商务方面的投入情况，在客户和服务对象资源管理、质量管理体系方面的建设成就等。信息化建设日渐成为组织影响力、生产、销售、服务等各环节的核心支撑，并随着信息技术在组织中应用的不断深入，其价值显得越来越重要，未来甚至许多组织必须依托信息化建设才能生存。

组织信息化除驱动和加速组织转型升级和生产力建设外，还呈现出产品信息化、产业信息化、社会生活信息化和国民经济信息化等趋势和方向。产品信息化包含两层含义：①产品中各类信息比重日益增大、物质比重日益降低，其物质产品的特征向信息产品的特征迈进；②越来越多的产品中嵌入了智能化元器件，使产品具有越来越强的信息处理功能。产业信息化指农业、工业、服务业等传统产业广泛利用信息技术，大力开发和利用信息资源，建立各种类型的产业互联网平台和网络，实现产业内各种资源、要素的优化与重组，从而实现产业的升级。社会生活信息化指包括市场、科技、教育、军事、政务、日常生活等在内的整个社会体系采用先进的信息技术，建立各种互联网平台和网络，大力拓展人们日常生活的信息内容，丰富人们的精神生活，拓展人们的活动时空等。国民经济信息化指在经济大系统内实现统一的信息大流动，使金融、贸易、投资、计划、营销等组成一个信息大系统，生产、流通、分配、消费等经济的四个环节通过信息进一步连成一个整体。国民经济信息化是世界各国急需实现的目标。

2）国家信息化趋势

党中央、国务院一直高度重视信息化工作。2016年7月中共中央办公厅、国务院办公厅颁布的《国家信息化发展战略纲要》强调国家信息化发展战略总目标是建设网络强国，分"三步走"：第一步到2020年，核心关键技术部分领域达到国际先进水平，信息产业国际竞争力大幅提升，信息化成为驱动现代化建设的先导力量；第二步到2025年，建成国际领先的移动通信网络，根本改变核心关键技术受制于人的局面，实现技术先进、产业发达、应用领先、网络安全坚不可摧的战略目标，涌现一批具有强大国际竞争力的大型跨国网信企业；第三步到21世纪中叶，信息化全面支撑富强民主文明和谐的社会主义现代化国家建设，网络强国地位日益巩固，在引领全球信息化发展方面有更大作为。当前，我国全面部署了"构建产业数字化转型发展体系"重大任务，明确我国信息化进入加快数字化发展、建设数字中国的新阶段。

《"十四五"国家信息化规划》明确了：建设泛在智联的数字基础设施体系，建立高效利用的数据要素资源体系，构建释放数字生产力的创新发展体系，培育先进安全的数字产业体系，构建产业数字化转型发展体系，构筑共建共治共享的数字社会治理体系，打造协同高效的数字政府服务体系，构建普惠便捷的数字民生保障体系，拓展互利共赢的数字领域国际合作体系和建立健全规范有序的数字化发展治理体系等重大任务。

1.2 现代化基础设施

基础设施包括交通、能源、水利、物流等以传统基础设施和信息网络为核心的新型基础设施，在国家发展全局中具有战略性、基础性、先导性作用。统筹推进传统基础设施和新型基础设施建设，打造系统完备、高效实用、智能绿色、安全可靠的现代化基础设施体系，是我国当前在该领域的发展战略和导向。

1.2.1 新型基础设施建设

2018年召开的中央经济工作会议，首次提出"加快5G商用步伐，加强人工智能、工业互联网、物联网等新型基础设施建设"，简称"新基建"。"新型基础设施建设"的提法由此产生，其主要包括5G基建、特高压、城际高速铁路和城际轨道交通、新能源汽车充电桩、大数据中心、人工智能、工业互联网等七大领域。"新基建"是立足于高新科技的基础设施建设，与传统"铁公基"相对应，是结合新一轮科技革命和产业变更特征，面向国家战略需求，为经济社会的创新、协调、绿色、开放、共享发展提供底层支撑的具有乘数效应的战略性、网络型基础设施。"新基建"的内涵更丰富，更能体现数字经济的特征，能够更好地推动中国经济转型升级。

1. 概念定义

新型基础设施是以新发展理念为引领，以技术创新为驱动，以信息网络为基础，面向高质量发展需要，提供数字转型、智能升级、融合创新等服务的基础设施体系。目前，新型基础设施主要包括如下三个方面。

（1）信息基础设施。信息基础设施主要指基于新一代信息技术演化生成的基础设施。信息基础设施包括：①以5G、物联网、工业互联网、卫星互联网为代表的通信网络基础设施；②以人工智能、云计算、区块链等为代表的新技术基础设施；③以数据中心、智能计算中心为代表的算力基础设施等。信息基础设施凸显"技术新"。

（2）融合基础设施。融合基础设施主要指深度应用互联网、大数据、人工智能等技术，支撑传统基础设施转型升级，进而形成的融合基础设施。融合基础设施包括智能交通基础设施、智慧能源基础设施等。融合基础设施重在"应用新"。

（3）创新基础设施。创新基础设施主要指支撑科学研究、技术开发、产品研制的具有公益属性的基础设施。创新基础设施包括重大科技基础设施、科教基础设施、产业技术创新基础设施等。创新基础设施强调"平台新"。

伴随技术革命和产业变革，新型基础设施的内涵、外延也将持续变化和演进。新型基础设施建设比传统基建内涵更加丰富，涵盖范围更广，更能体现数字经济特征，能够更好地推动经济与社会转型升级。

2. 发展重点

新型基础设施建设更加侧重于突出产业转型升级的新方向，无论是人工智能还是物联网，都体现出加快推进产业高质量发展的大趋势。国家"十四五"规划中提出持续加快建设新型基础设施：①强化数字转型、智能升级、融合创新支撑，布局建设信息基础设施、融合基础设施、创新基础设施等新型基础设施；②建设高速泛在、天地一体、集成互联、安全高效的信息基础设施，增强数据感知、传输、存储和运算能力；③加快5G网络规模化部署，持续提高用户普及率，推广升级千兆光纤网络；④前瞻布局6G网络技术储备；⑤扩容骨干网互联节点，新设一批国际通信出入口，全面推进互联网协议第六版（IPv6）商用部署；⑥实施中西部地区中小城市基础网络完善工程；⑦推动物联网全面发展，打造支持固移融合、宽窄结合的物联接入能力；⑧加快构建全国一体化大数据中心体系，强化算力统筹智能调度，建设若干国家枢纽节点和大数据中心集群，建设E级和10E级超级计算中心；⑨积极稳妥发展工业互联网和车联网；⑩打造全球覆盖、高效运行的通信、导航、遥感空间基础设施体系，建设商业航天发射场；⑪加快交通、能源、市政等传统基础设施数字化改造，加强泛在感知、终端联网、智能调度体系建设；⑫发挥市场主导作用，打通多元化投资渠道，构建新型基础设施标准体系等。

1.2.2 工业互联网

工业互联网（Industrial Internet）是新一代信息通信技术与工业经济深度融合的新型基础设施、应用模式和工业生态，通过对人、机、物、系统等的全面连接，构建起覆盖全产业链、全价值链的全新制造和服务体系，为工业乃至产业数字化、网络化、智能化发展提供了实现途径，是第四次工业革命的重要基石。

1. 内涵和外延

工业互联网不是互联网在工业的简单应用，是具有更为丰富的内涵和外延。它既是工业数字化、网络化、智能化转型的基础设施，也是互联网、大数据、人工智能与实体经济深度融合的应用模式，同时也是一种新业态、新产业，将重塑企业形态、供应链和产业链。

从工业经济发展角度看，工业互联网为制造强国建设提供关键支撑。一是推动传统工业转型升级。通过跨设备、跨系统、跨厂区、跨地区的全面互联互通，实现各种生产和服务资源在更大范围、更高效率、更加精准的优化配置，实现提质、降本、增效、绿色、安全发展，推动制造业高端化、智能化、绿色化，大幅提升工业经济发展质量和效益。二是加快新兴产业培育壮大。工业互联网促进设计、生产、管理、服务等环节由单点的数字化向全面集成演进，加速创新方式、生产模式、组织形式和商业范式的深刻变革，催生平台化设计、智能化制造、网络化协同、个性化定制、服务化延伸、数字化管理等诸多新模式、新业态、新产业。

从网络设施发展角度看，工业互联网是网络强国建设的重要内容。一是加速网络演进升级。工业互联网促进人与人相互连接的公众互联网、物与物相互连接的物联网，向人、机、物、系统等的全面互联拓展，大幅提升网络设施的支撑服务能力。二是拓展数字经济空间。工业互联网具有较强的渗透性，可以与交通、物流、能源、医疗、农业等实体经济各领域深度融合，实现产业上下游、跨领域的广泛互联互通，推动网络应用从虚拟到实体、从生活到生产的科学跨越,极大地拓展了网络经济的发展空间。

2. 平台体系

工业互联网平台体系具有四大层级,它以网络为基础,平台为中枢,数据为要素,安全为保障。

1) 网络是基础

工业互联网网络体系包括网络互联、数据互通和标识解析三部分。网络互联实现要素之间的数据传输,包括企业外网和企业内网。典型技术包括传统的工业总线、工业以太网以及创新的时间敏感网络(TSN)、确定性网络、5G 等技术。企业外网根据工业高性能、高可靠、高灵活、高安全网络需求进行建设,用于连接企业各地机构、上下游企业、用户和产品。企业内网用于连接企业内人员、机器、材料、环境和系统,主要包含信息(IT)网络和控制(OT)网络。当前,内网技术发展呈现三个特征:IT 和 OT 正走向融合,工业现场总线向工业以太网演进,工业无线技术加速发展。数据互通是通过对数据进行标准化描述和统一建模,实现要素之间传输信息的相互理解,数据互通涉及数据传输、数据语义语法等不同层面。标识解析体系实现要素的标记、管理和定位,由标识编码、标识解析系统和标识数据服务组成,通过为物料、机器、产品等物理资源和工序、软件、模型、数据等虚拟资源分配标识编码,实现物理实体和虚拟对象的逻辑定位和信息查询,支撑跨企业、跨地区、跨行业的数据共享共用。

2) 平台是中枢

工业互联网平台体系包括边缘层、IaaS、PaaS 和 SaaS 四个层级,相当于工业互联网的"操作系统",它有四个主要作用:①数据汇聚。网络层面采集的多源、异构、海量数据,传输至工业互联网平台,为深度分析和应用提供基础。②建模分析。提供大数据、人工智能分析的算法模型和物理、化学等各类仿真工具,结合数字孪生、工业智能等技术,对海量数据挖掘分析,实现数据驱动的科学决策和智能应用。③知识复用。将工业经验知识转化为平台上的模型库、知识库,并通过工业微服务组件方式,方便二次开发和重复调用,加速共性能力沉淀和普及。④应用创新。面向研发设计、设备管理、企业运营、资源调度等场景,提供各类工业 App、云化软件,帮助企业提质增效。

3) 数据是要素

工业互联网数据有三个特性:①重要性。数据是实现数字化、网络化、智能化的基础,没有数据的采集、流通、汇聚、计算、分析,各类新模式就是无源之水,数字化转型也就成为无本之木。②专业性。工业互联网数据的价值在于分析利用,分析利用的途径必须依赖行业知识和工业机理。制造业千行百业、千差万别,每个模型、算法背后都需要长期积累和专业队伍,只有深耕细作才能发挥数据价值。③复杂性。工业互联网运用的数据来源于"研产供销服"各环节,"人机料法环"各要素,ERP、MES、PLC 等各系统,维度和复杂度远超消费互联网,面临采集困难、格式各异、分析复杂等挑战。

4) 安全是保障

工业互联网安全体系涉及设备、控制、网络、平台、工业 App、数据等多方面网络安全问题,其核心任务就是要通过监测预警、应急响应、检测评估、功能测试等手段确保工业互联网健康有序发展。与传统互联网安全相比，工业互联网安全具有三大特点：①涉及范围广。工业互联网打破了传统工业相对封闭可信的环境，网络攻击可直达生产一线。联网设备的爆发式增长和工业互联网平台的广泛应用，使网络攻击面持续扩大。②造成影响大。工业互联网涵盖制造业、能源等实体经济领域，一旦发生网络攻击、破坏行为，安全事件影响严重。③企业防护基础弱。目前我国广大工业企业安全意识、防护能力仍然薄弱，整体安全保障能力有待进一步提升。

3. 融合应用

工业互联网融合应用推动了一批新模式、新业态孕育兴起，提质、增效、降本、绿色、安全发展成效显著，初步形成了六大类典型应用模式。

（1）平台化设计。平台化设计是依托工业互联网平台，汇聚人员、算法、模型、任务等设计资源，实现高水平高效率的轻量化设计、并行设计、敏捷设计、交互设计和基于模型的设计，变革传统设计方式，提升研发质量和效率。

（2）智能化制造。智能化制造是互联网、大数据、人工智能等新一代信息技术在制造业领域加速创新应用，实现材料、设备、产品等生产要素与用户之间的在线连接和实时交互，逐步实现机器代替人工生产，智能化代表制造业未来发展的趋势。

（3）网络化协同。网络化协同是通过跨部门、跨层级、跨企业的数据互通和业务互联，推动供应链上的企业和合作伙伴共享客户、订单、设计、生产、经营等各类信息资源，实现网络化的协同设计、协同生产、协同服务，进而促进资源共享、能力交易以及业务优化配置等。

（4）个性化定制。个性化定制是面向消费者个性化需求，通过客户需求准确获取和分析、敏捷产品开发设计、柔性智能生产、精准交付服务等，实现用户在产品全生命周期中的深度参与，是以低成本、高质量和高效率的大批量生产实现产品个性化设计、生产、销售及服务的一种制造服务模式。

（5）服务化延伸。服务化延伸是制造与服务融合发展的新型产业形态，指的是企业从原有制造业务向价值链两端高附加值环节延伸，从以加工组装为主向"制造＋服务"转型，从单纯出售产品向出售"产品＋服务"转变，具体包括设备健康管理、产品远程运维、设备融资租赁、分享制造、互联网金融等。

（6）数字化管理。数字化管理是企业通过打通核心数据链，贯通制造全场景、全过程，基于数据的广泛汇聚、集成优化和价值挖掘，优化、创新乃至重塑企业战略决策、产品研发、生产制造、经营管理、市场服务等业务活动，构建数据驱动的高效运营管理新模式。

工业互联网已延伸至众多个国民经济大类，涉及原材料、装备、消费品、电子等制造业各大领域，以及采矿、电力、建筑等实体经济重点产业，实现更大范围、更高水平、更深程度发展，形成了千姿百态的融合应用实践。

1.2.3 车联网

车联网是新一代网络通信技术与汽车、电子、道路交通运输等领域深度融合的新兴产业形态。智能网联汽车是搭载先进的车载传感器、控制器、执行器等装置，并融合现代通信与网络技术，实现车与车、路、人、云端等智能信息交换、共享，具备复杂环境感知、智能决策、协同控制等功能，可实现"安全、高效、舒适、节能"行驶的新一代汽车。

1. 体系框架

车联网（Internet of Vehicles，IoV）系统是一个"端、管、云"三层体系。

（1）端系统。端系统是汽车的智能传感器负责采集与获取车辆的智能信息，感知行车状态与环境；是具有车内通信、车间通信、车网通信的泛在通信终端；同时还是让汽车具备 IoV 寻址和网络可信标识等能力的设备。

（2）管系统。管系统解决车与车、车与路、车与网、车与人等的互联互通，实现车辆自组网及多种异构网络之间的通信与漫游，在功能和性能上保障实时性、可服务性与网络泛在性，同时它是公网与专网的统一体。

（3）云系统。车联网是一个云架构的车辆运行信息平台，它的生态链包含了 ITS、物流、客货运、危特车辆、汽修汽配、汽车租赁、企事业车辆管理、汽车制造商、4S 店、车管、保险、紧急救援、移动互联网等，是多源海量信息的汇聚，因此需要虚拟化、安全认证、实时交互、海量存储等云计算功能，其应用系统也是围绕车辆的数据汇聚、计算、调度、监控、管理与应用的复合体系。

2. 链接方式

车联网分别是车与云平台、车与车、车与路、车与人、车内设备之间等全方位网络链接。

（1）车与云平台之间的通信是指车辆通过卫星无线通信或移动蜂窝等无线通信技术实现与车联网服务平台的信息传输，接收平台下达的控制指令，实时共享车辆数据。

（2）车与车之间的通信是指车辆与车辆之间实现信息交流与信息共享，包括车辆位置、行驶速度等车辆状态信息，可用于判断道路车流状况。

（3）车与路之间的通信是指借助地面道路固定通信设施实现车辆与道路间的信息交流，用于监测道路路面状况，引导车辆选择最佳行驶路径。

（4）车与人之间的通信是指用户可以通过 Wi-Fi、蓝牙、蜂窝等无线通信手段与车辆进行信息沟通，使用户能通过对应的移动终端设备监测并控制车辆。

（5）车内设备之间的通信是指车辆内部各设备间的信息数据传输，用于对设备状态的实时检测与运行控制，建立数字化的车内控制系统。

3. 场景应用

车联网产业是汽车、电子、信息通信、道路交通运输等行业深度融合的新型产业形态。发展车联网产业，有利于提升汽车网联化、智能化水平，实现自动驾驶，发展智能交通，促进信息消费，对我国推进供给侧结构性改革，推动制造强国和网络强国建设，实现高质量发展具有重要意义。

1）实用类场景应用

未来车联网环境下的汽车，每秒将产生数千次的数据点，为客户及汽车经销商、厂商提供必要的信息，可以帮助车主在问题发生之前提前预测。汽车远程信息处理，让汽车具备安全防护功能，使车辆处于连接状态并提高在紧急情况下的安全性，例如自动碰撞通知、被盗车辆跟踪、道路救援等。汽车跟踪提醒装置，当汽车驾驶超出预定边界或越过预设的极限速度，指定用户会收到通知，车辆将被持续追踪等。

2）便捷类场景应用

随着车载平台的智能化发展，通过语音、手势控制就可以实现更多服务，有助于创造更安全的驾驶体验。例如信息娱乐类服务，人们通过内置的移动热点转换技术，在车上可购买和下载歌曲、有声读物、地图等；与商家之间的互联，未来人们可以通过语音或者手势控制，利用车联网技术预定餐厅，商超购物等。

3）效率类场景应用

此类应用首先是车辆系统的更新，车联网实现之后，人们无须再前往车辆服务中心，便可将车辆自动更新到最新的固件和软件。车载远程服务，客户可以通过无线设备远程控制汽车，诸如定位在停车场停放的车辆，将导航信息发送至车辆以及远程启动等。当然，还有最重要的一点就是通过车联网实现智能化交通，可以有效改善现有的道路拥堵情况，提前预知交通安全隐患，使人们的出行效率大幅提升，同时还能保障出行安全。

1.3 现代化创新发展

党的十九届五中全会着眼 2035 年基本实现社会主义现代化，提出"关键核心技术实现重大突破，进入创新型国家前列"的远景目标。建设创新型国家，完善科技创新体系是关键。当前，我国经济发展正处于转型升级的关键时期，突破一系列瓶颈，解决深层次矛盾问题的根本出路和动力在于把发展基点放在创新上，发挥科技创新在全面创新中的引领作用，通过建设科技强国，全面塑造发展新优势。

1.3.1 农业农村现代化

实现农业农村现代化是全面建设社会主义现代化国家的重大任务，需要将先进技术、现代装备、管理理念等引入农业，将基础设施和基本公共服务向农村延伸覆盖，提高农业生产效率，改善乡村面貌，提升农民生活品质，促进农业全面升级、农村全面进步、农民全面发展。

1. 农业现代化

农业现代化是用现代工业装备农业，用现代科学技术改造农业，用现代管理方法管理农业，用现代科学文化知识提高农民素质的过程；是建立高产、优质、高效农业生产体系，把农业建成具有显著经济效益、社会效益和生态效益的可持续发展的农业的过程；也是大幅度提高农业综合生产能力，不断增加农产品有效供给和农民收入的过程，同时，农业现代化又是一种手段。

农业信息化是农业现代化的重要技术手段。所谓农业信息化是指利用信息技术和信息系统为农业产供销及相关的管理和服务提供有效的信息支持，以提高农业的综合生产力和经营管理效率的过程；就是在农业领域全面地发展和应用信息技术，使之渗透到农业生产、市场、消费以及农村社会、经济、技术等各个具体环节，加速传统农业改造，大幅度地提高农业生产效率和农业生产力水平，促进农业持续、稳定、高效发展的过程。农业信息产业化是发展一优两高农业的需要，是农民进入市场的需要，是推进农村社会化服务的需要，是农业信息部门转变职能、自我发展的需要，是农村经济发展的必然趋势。它是以信息化的方式改造传统农业，把农业发展推进到更高阶段，实现信息时代的农业现代化。

2. 乡村振兴战略

随着数字技术与农业农村的加速融合，不断涌现出新技术、新产品、新模式。推进农业农村数字化发展，重点是完善农村信息技术基础设施建设，加快数字技术推广应用，让广大农民共享数字经济发展红利。聚焦数字赋能农业农村现代化建设，重点建设基础设施、发展智慧农业和建设数字乡村等方面。

（1）加强基础设施建设。一手抓新建、一手抓改造，提出推动农村千兆光网、5G、移动物联网与城市同步规划建设，提升农村宽带网络水平，推动农业生产加工和农村基础设施数字化、智能化升级。

（2）发展智慧农业。建立和推广应用农业农村大数据体系，推动物联网、大数据、人工智能、区块链等新一代信息技术与农业生产经营深度融合，建设一批数字田园、数字灌区和智慧农牧渔场，不断提高农业发展数字化水平，让农业资源利用更加合理、农业经营管理更加高效。

（3）建设数字乡村。构建线上线下相结合的乡村数字惠民便民服务体系，推进"互联网+"政务服务向农村基层延伸，深化乡村智慧社区建设，促进农村教育、医疗、文化与数字化结合，提升乡村治理和服务的智能化、精准化水平。

1.3.2 两化融合与智能制造

"坚持自主可控、安全高效，推进产业基础高级化、产业链现代化，保持制造业比重基本稳定，增强制造业竞争优势，推动制造业高质量发展"是工业发展的重要战略。"深入实施智能制造和绿色制造工程，发展服务型制造新模式，推动制造业高端化、智能化、绿色化"是我国推动制造业优化升级的重点方向。

1. 两化融合

两化融合是信息化和工业化的高层次的深度结合，是指以信息化带动工业化、以工业化促进信息化，走新型工业化道路；两化融合的核心就是信息化支撑，追求可持续发展模式。信息化和工业化深度融合是信息化和工业化两个历史进程的交汇与创新，是中国特色新型工业化道路的集中体现，是新发展阶段制造业数字化、网络化、智能化发展的必由之路，是数字经济时代建设制造强国、网络强国和数字中国的扣合点。信息化和工业化的融合既加速了工业化进程，也拉动了信息技术的进步。信息世界与物理世界的深度融合是未来世界发展的总趋势，两化深度融合顺应这一趋势，正在全面加速数字化转型，推动制造业企业形态、生产方式、业务模式和就业方式的根本性变革。

信息化与工业化主要在技术、产品、业务、产业四个方面进行融合。

（1）技术融合。技术融合是指工业技术与信息技术的融合，产生新的技术，推动技术创新。例如，汽车制造技术和电子技术融合产生的汽车电子技术；工业和计算机控制技术融合产生的工业控制技术。

（2）产品融合。产品融合是指电子信息技术或产品渗透到产品中，增加产品的技术含量。

例如，普通机床加上数控系统之后就变成了数控机床；传统家电采用了智能化技术之后就变成了智能家电；普通飞机模型增加控制芯片之后就成了遥控飞机。信息技术含量的提高使产品的附加值大大提高。

（3）业务融合。业务融合是指信息技术应用到企业研发设计、生产制造、经营管理、市场营销等各个环节，推动企业业务创新和管理升级。例如，计算机管理方式改变了传统手工台账，极大地提高了管理效率；信息技术应用提高了生产自动化、智能化程度，生产效率大大提高；网络营销成为一种新的市场营销方式，受众大量增加，营销成本大大降低。

（4）产业衍生。产业衍生是指两化融合可以催生出的新产业，形成一些新兴业态，如工业电子、工业软件、工业信息服务业。工业电子包括机械电子、汽车电子、船舶电子、航空电子等；工业软件包括工业设计软件、工业控制软件等；工业信息服务业包括工业企业 B2B 电子商务、工业原材料或产成品大宗交易、工业企业信息化咨询等。

2. 智能制造

智能制造（Intelligent Manufacturing，IM）是基于新一代信息通信技术与先进制造技术深度融合，贯穿于设计、生产、管理、服务等制造活动的各个环节，具有自感知、自学习、自决策、自执行、自适应等功能的新型生产方式。智能制造是一项重要的国家战略，也是各个国家推动新一代工业革命的关注焦点。

智能制造是一种由智能机器和人类专家共同组成的人机一体化智能系统，它在制造过程中能进行智能活动，诸如分析、推理、判断、构思和决策等。通过人与智能机器的合作共事，去扩大、延伸和部分地取代人类专家在制造过程中的脑力劳动。它把制造自动化的概念更新，扩展到柔性化、智能化和高度集成化。

智能制造的建设是一项持续性的系统工程，涵盖企业的方方面面。GB/T 39116《智能制造能力成熟度模型》明确了智能制造能力建设服务覆盖的能力要素、能力域和能力子域，如图1-4所示。

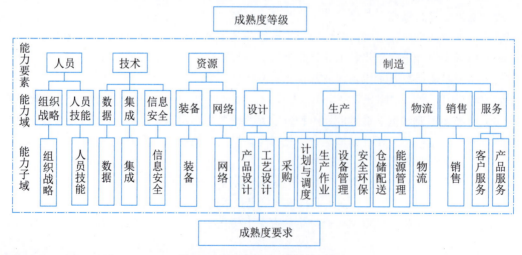

图1-4 智能制造能力成熟度模型

能力要素提出了智能制造能力成熟度等级提升的关键方面，包括人员、技术、资源和制造。人员包括组织战略、人员技能 2 个能力域。技术包括数据、集成和信息安全 3 个能力域。资源包括装备、网络 2 个能力域。制造包括设计、生产、物流、销售和服务 5 个能力域。设计包括产品设计和工艺设计 2 个能力子域；生产包括采购、计划与调度、生产作业、设备管理、安全环保、仓储配送、能源管理 7 个能力子域；物流包括物流 1 个能力子域；销售包括销售 1 个能力子域；服务包括客户服务和产品服务 2 个能力子域。

GB/T 39116《智能制造能力成熟度模型》还规定了企业智能制造能力在不同阶段应达到的水平。成熟度等级分为五个等级，自低向高分别是一级（规划级）、二级（规范级）、三级（集成级）、四级（优化级）和五级（引领级）。较高的成熟度等级涵盖了低成熟度等级的要求，如图 1-5 所示。

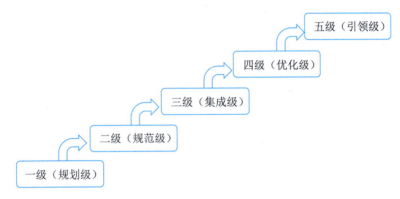

图 1-5　智能制造能力成熟度等级

- 一级（规划级）：企业应开始对实施智能制造的基础和条件进行规划，能够对核心业务活动（设计、生产、物流、销售、服务）进行流程化管理。
- 二级（规范级）：企业应采用自动化技术、信息技术手段对核心装备和业务活动等进行改造和规范，实现单一业务活动的数据共享。
- 三级（集成级）：企业应对装备、系统等开展集成，实现跨业务活动间的数据共享。
- 四级（优化级）：企业应对人员、资源、制造等进行数据挖掘，形成知识、模型等，实现对核心业务活动的精准预测和优化。
- 五级（引领级）：企业应基于模型持续驱动业务活动的优化和创新，实现产业链协同并衍生新的制造模式和商业模式。

1.3.3　消费互联网

消费互联网是以个人为用户，以日常生活为应用场景的应用形式，满足消费者在互联网中的消费需求而生的互联网类型。消费互联网以消费者为服务中心，针对个人用户提升消费过程的体验，在人们的阅读、出行、娱乐、生活等诸多方面进行改善，让生活变得更方便、更快捷。消费互联网本质是个人虚拟化，增强个人生活消费体验。

1. 基本属性

消费互联网依托于强大的信息与数据处理能力以及多样化的移动终端,在电子商务、社交网络、搜索引擎等行业出现规模化发展态势并形成各自的生态圈,奠定了稳定的行业发展格局。消费互联网具有的属性包括:

- 媒体属性:由自媒体、社会媒体以及资讯为主的门户网站。
- 产业属性:由在线旅行和为消费者提供生活服务的电子商务等其他组成。

这些属性影响着人们的生活方式,渗透到人们生活的各个领域中,变革消费体验等。

近年来,我国以网络购物、移动支付、线上线下融合等新业态与新模式为特征的新型消费迅速发展,特别是新冠疫情发生以来,传统接触式线下消费受到影响,新型消费发挥了重要作用,有效保障了人们的日常生活需要。

2. 应用新格局

社交网络的出现,极大地推动了社会化信息的传播效率。社交网络中每个用户实际上是一个点,一个网络上有无数的点;点与点之间相连成线,线与线之间相连成网。社交网络本身具有发散性,发散性是指信息的扩散速度。伴随社交网络出现的社交圈,并不仅仅只有发散性,还体现出一定的聚集性。社交圈会因特定的因素而聚集,从而带来了新型网络经济,如网络商城、快递、餐饮外卖、网红带货等,成就了社交网络的消费互联网的核心地位。

消费互联网不仅仅给人们带来了生活方式的变化和生活质量的提高,而且推动了社会生活的深层变革,那就是"无身份社会"的建立。互联网环境下的"无身份社会"带来了更加快捷的社会活动与经济效能,相关参与者可以不用消耗时间精力来完成共同参与者的"身份认定",这是因为互联网搭建了更高层级的信任校验模式,其通过数据记录、存储、整合与共享等方面的能力,实现了社会活动的一定程度上的复杂校验和过程可回溯,正是这种天然模式,进一步强化了"无身份社会"的发展进程。

数字技术在消费领域的场景应用多元拓展。新冠疫情后,消费者日益习惯在数字空间进行消费、娱乐和社交,为不断拓展多元新型的数字消费场景奠定了基础。因此,消费互联网经济未来仍有广阔前景,消费领域平台组织可以充分挖掘经济与社会潜力,增加优质产品和服务供给,并为消费者实现数字化生活方式提供高效连接,创造和普及消费新场景,培育消费新行为和新需求。同时,加快发展线下向"上"融合和线上向"下"拓展的双向消费形态。

1.4 数字中国

习近平总书记在党的十九大报告中指出:加强应用基础研究,拓展实施国家重大科技项目,突出关键共性技术、前沿引领技术、现代工程技术、颠覆性技术创新,为建设"数字中国"等提供有力支撑。数字中国是新时代国家信息化发展的新战略,是满足人民日益增长的美好生活需要的新举措,是驱动引领经济高质量发展的新动力,涵盖经济、政治、文化、社会、生态等各领域信息化建设,主要包括宽带中国、互联网+、大数据、云计算、人工智能、数字经济、电子政务、新型智慧城市、数字乡村等内容。"迎接数字时代,激活数据要素潜能,推进网络强国建设,加快建设数字经济、数字社会、数字政府,以数字化转型整体驱动生产方式、生活方式和治理方式变革"成为了新时代我国信息化发展的主旋律,如图1-6所示。

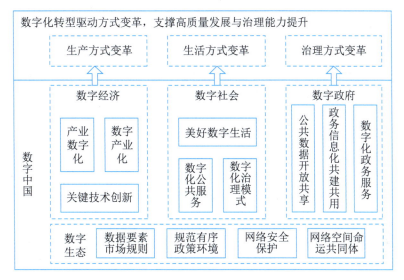

图1-6 数字中国概览示意图

1.4.1 数字经济

数字经济是继农业经济、工业经济之后的更高级经济形态。从本质上看,数字经济是一种新的技术经济范式,它建立在信息与通信技术的重大突破的基础上,以数字技术与实体经济融合驱动的产业梯次转型和经济创新发展的主引擎,在基础设施、生产要素、产业结构和治理结构上表现出与农业经济、工业经济显著不同的新特点。

1. 新技术经济范式

1962年库恩在其代表作《科学革命的结构》中首先对"范式"(Paradigm)进行了定义。库恩认为:"范式是指那些公认的科学成就,在一段时间里为实践共同体提供典型的问题和解答"。1982年,技术创新经济学家多西将这个概念引入技术创新之中,并提出了技术范式(Technology Paradigm)的概念,将技术范式定义为解决所选择的技术经济问题的一种模式,而这些解决问题的办法立足于自然科学的原理。从这个定义出发,云计算、人工智能、大数据等技术在与社会经济活动的融合重构中,经过技术与经济的相互促进,形成了一些相对稳定的经济新结构和新形态,如平台经济、分享经济、算法经济、服务经济、协同经济等。进而,先一步形成的经济形态触发社会其他领域的连锁变革,最终实现整个经济领域的技术经济范式转换。数字经济的技术经济范式的结构主要包括驱动力、新结构、价值创造和经济增长。

2. 主要内容构成

从产业构成来看,数字经济包括数字产业化和产业数字化两大部分。《数字经济及其核心产业统计分类(2021)》给出了数字经济具体分类,分别是:数字产品制造业、数字产品服务业、数字技术应用业、数字要素驱动业和数字化效率提升业，其中，前4类为数字产业化部分，第5类为产业数字化部分。从整体构成上看，数字经济包括数字产业化、产业数字化、数字化治理和数据价值化四个部分。

1）数字产业化

数字产业化是指为产业数字化发展提供数字技术、产品、服务、基础设施和解决方案，以及完全依赖于数字技术、数据要素的各类经济活动，包括电子信息制造业、电信业、软件、信息技术、互联网行业等。数字产业化是数字经济的基础部分。《中华人民共和国国民经济和社会发展第十四个五年规划和2035年远景目标纲要》提出了强调加快推动数字产业化，培育壮大人工智能、大数据、区块链、云计算、网络安全等新兴数字产业，提升通信设备、核心电子元器件、关键软件等产业水平。构建基于5G的应用场景和产业生态，在智能交通、智慧物流、智慧能源、智慧医疗等重点领域开展试点示范。鼓励企业开放搜索、电商、社交等数据，发展第三方大数据服务产业。促进共享经济、平台经济健康发展。数字产业化发展重点包括：

- 云计算：加快云操作系统迭代升级，推动超大规模分布式存储、弹性计算、数据虚拟隔离等技术创新，提高云安全水平。以混合云为重点培育行业解决方案、系统集成、运维管理等云服务产业。
- 大数据：推动大数据采集、清洗、存储、挖掘、分析、可视化算法等技术创新，培育数据采集、标注、存储、传输、管理、应用等全生命周期产业体系，完善大数据标准体系。
- 物联网：推动传感器、网络切片、高精度定位等技术创新，协同发展云服务与边缘计算服务，培育车联网、医疗物联网、家居物联网产业。
- 工业互联网：打造自主可控的标识解析体系、标准体系、安全管理体系，加强工业软件研发应用，培育形成具有国际影响力的工业互联网平台，推进"工业互联网+智能制造"产业生态建设。
- 区块链：推动智能合约、共识算法、加密算法、分布式系统等区块链技术创新，以联盟链为重点发展区块链服务平台和金融科技、供应链管理、政务服务等领域应用方案，完善监管机制。
- 人工智能：建设重点行业人工智能数据集，发展算法推理训练场景，推进智能医疗装备、智能运载工具、智能识别系统等智能产品设计与制造，推动通用化和行业性人工智能开放平台建设。
- 虚拟现实和增强现实：推动三维图形生成、动态环境建模、实时动作捕捉、快速渲染处理等技术创新，发展虚拟现实整机、感知交互、内容采集制作等设备和开发工具软件、行业解决方案。

2）产业数字化

产业数字化是指在新一代数字科技支撑和引领下，以数据为关键要素，以价值释放为核心，以数据赋能为主线，对产业链上下游的全要素数字化升级、转型和再造的过程。产业数字化作为实现数字经济和传统经济深度融合发展的重要途径，是新时代背景下使用数字经济发展的必由之路和战略抉择。《中华人民共和国国民经济和社会发展第十四个五年规划和2035年远景目标纲要》明确提出了推进产业数字化转型，实施"上云用数赋智"行动，推动数据赋能全产业链协同转型。

产业数字化发展对经济和社会各项发展都具有重要意义。从微观看，数字化助力传统企业蝶变，再造企业质量效率新优势。传统企业迫切需要新的增长机会与发展模式；快速迭代及进阶的数字科技为传统企业转型升级带来新希望；传统产业成为数字科技应用创新的重要场景。从中观看，数字化促进产业提质增效，重塑产业分工协作新格局。提升产品生产制造过程的自动化和智能化水平；降低产品研发和制造成本，实现精准化营销、个性化服务；重塑产业流程和决策机制。从宏观看，孕育新业态新模式，加速新旧动能转换新引擎。

数字科技广泛应用和消费需求变革催生出共享经济、平台经济等新业态新模式；促进形成新一代信息技术、高端装备、机器人等新兴产业，加速数字产业化形成。产业数字化具有的典型特征包括：

- 以数字科技变革生产工具；
- 以数据资源为关键生产要素；
- 以数字内容重构产品结构；
- 以信息网络为市场配置纽带；
- 以服务平台为产业生态载体；
- 以数字善治为发展机制条件。

通过产业数字化全面推动数字时代产业体系的质量变革、效率变革、动力变革，推动新旧动能转换和高质量发展。产业数字化的理解需要兼顾社会与市场两个维度，以更加全面的视角理解其内涵本质。从社会维度看，产业数字化是建立在生产工具与生产要素变革基础上的一种社会行为；从市场维度看，产业数字化是以信息网络为市场配置纽带、以服务平台为产业生态载体的资源优化过程。数字善治是社会及市场两个维度有机融合的具体体现，其既是产业数字化发展的机制条件，也是驱动产业数字化发展的重要动力机制。

在数字经济背景下，企业逐步进入数据驱动时代。随着企业对数字技术的不断利用，各类主体在组织生产、业务重构、经营管理等方面的数字化程度日益完善，数据将成为企业各类信息汇集的载体。未来以数据驱动的业务形式将成为主流，全渠道的数据盘活将成为企业的核心竞争力。因此，数据资产有效盘活与运营，将成为数字经济时代下企业的核心竞争力。企业应加深对数据的利用水平和治理水平，通过数据积累与运营，打通企业内部不同层级、不同系统之间的数据壁垒，盘活数据资产价值，实现对内支撑业务应用和管理决策；对外加强数据服务能力输出，从而提升数据潜在价值向实际业务价值的转化率，使得企业在提升市场竞争力同时也强化了运营能力，以此获得业务的高速增长。

3）数字化治理

数字化治理通常指依托互联网、大数据、人工智能等技术和应用，创新社会治理方法与手段，优化社会治理模式，推进社会治理的科学化、精细化、高效化，助力社会治理现代化。数字化治理是数字经济的组成部分之一，包括但不限于多元治理，以"数字技术+治理"为典型特征的技管结合，以及数字化公共服务等。

数字化治理的核心特征是全社会的数据互通、数字化全面协同与跨部门的流程再造，形成"用数据说话、用数据决策、用数据管理、用数据创新"的治理机制。作为数字时代的全新治理范式，数字化治理的内涵至少包含：

- 对数据的治理：即治理对象扩大到涵盖数据要素。作为新兴生产要素和关键的治理资源，数据要素成为大国竞争的主要领域，对数据的治理成为制定数字经济规则的重要内容，数据要素的所有权、使用权、监管权，以及信息保护和数据安全等都需要全新治理体系。
- 运用数据进行治理：即运用数字与智能技术优化治理技术体系，进而提升治理能力。大数据、人工智能等新一代数字技术，可以为各领域治理进行全方位的"数字赋能"，改进治理技术、治理手段和治理模式，实现复杂治理问题的超大范围协同、精准"滴灌"、双向触达和超时空预判。
- 对数字融合空间进行治理：随着越来越多的经济社会活动搬到线上，治理场域也拓展到数字空间。未来会有越来越多的经济社会活动发生在线上，数字融合空间会以全新的方式创造经济价值、塑造社会关系，这需要适应数字融合世界的治理体系，对数字融合空间的新生事物进行有效治理。

4）数据价值化

价值化的数据是数字经济发展的关键生产要素，加快推进数据价值化进程是发展数字经济的本质要求。近年来，数据可存储与可重用呈现爆发增长、海量集聚的特点，是实体经济数字化、网络化、智能化发展的基础性战略资源。数据价值化包括但不限于数据采集、数据标准、数据确权、数据标注、数据定价、数据交易、数据流转、数据保护等。

数据价值化是指以数据资源化为起点，经历数据资产化、数据资本化阶段，实现数据价值化的经济过程。上述三个要素构成数据价值化的"三化"框架，即数据资源化、数据资产化、数据资本化，细化描述为：

- 数据资源化：是使无序、混乱的原始数据成为有序、有使用价值的数据资源。数据资源化阶段包括通过数据采集、整理、聚合、分析等，形成可采、可见、标准、互通、可信的高质量数据资源。数据资源化是激发数据价值的基础，其本质是提升数据质量，形成数据使用价值的过程。
- 数据资产化：是数据通过流通交易给使用者或者所有者带来的经济利益的过程。数据资产化是实现数据价值的核心，其本质是形成数据交换价值，初步实现数据价值的过程。
- 数据资本化：主要包括两种方式，数据信贷融资与数据证券化。数据资本化是拓展数据价值的途径，其本质是实现数据要素社会化配置。

1.4.2 数字政府

信息技术的革新改变了人们传统的工作、学习、生活和娱乐方式，同时对政府提供信息服务，公民参与政府民主决策的方式提出了挑战。利用信息技术改进政府工作及服务的效率，形成新的工作方式，这已成为各国政府所关心的问题。数字政府的出现便是其中之一。数字政府通常是指以新一代信息技术为支撑，以"业务数据化、数据业务化"为着力点，通过数据驱动重塑政务信息化管理架构、业务架构和组织架构,形成"用数据决策、数据服务、数据创新"的现代化治理模式。

1. 数字新特征

2022 年国务院印发的《关于加强数字政府建设的指导意见》提出加强数字政府建设是适应新一轮科技革命和产业变革趋势、引领驱动数字经济发展和数字社会建设、营造良好数字生态、加快数字化发展的必然要求,是建设网络强国、数字中国的基础性和先导性工程,是创新政府治理理念和方式、形成数字治理新格局、推进国家治理体系和治理能力现代化的重要举措,对加快转变政府职能,建设法治政府、廉洁政府和服务型政府意义重大。

数字政府既是"互联网+政务"深度发展的结果,也是大数据时代政府自觉转型升级的必然,其核心目的是以人为本,实施路径是共创、共享、共建、共赢的生态体系。同时数字政府也被赋予了新的特征:

- 协同化:主要强调组织的互联互通,业务协同方面能实现一个跨层级、跨地域、跨部门、跨系统、跨业务的高效协同管理和服务。
- 云端化:云平台是政府数字化最基本的技术要求,政务上云是促成各地各部门由分散建设向集群集约式规划与建设的演化过程,是政府整体转型的必要条件。
- 智能化:智能化治理是政府应对社会治理多元参与、治理环境越发复杂、治理内容多样化趋势的关键手段。
- 数据化:数据化也是现阶段数字政府建设的重点,是建立在政务数据整合共享基础上的数字化的转型。
- 动态化:指数字政府是在数据驱动下动态发展不断演进的过程。

数字政府建设关键词主要包括:

- 共享:推动政务数据共享,推进政务服务事项集成化办理。数字政府,数据先行。数据共享是提升政务服务效能的重要抓手。
- 互通:国家政务服务平台持续推动与各地区、各部门政务服务业务办理系统的全面对接融合,打破地域阻隔与部门壁垒,实现更大范围内的系统互联互通,有力推动了政务服务线上线下融合互通和跨地区、跨部门、跨层级协同办理。
- 便利:数字政府,利企便民。加强数字政府建设的根本目标是更好地服务企业和群众,满足人民日益增长的美好生活需要。

2. 主要内容

《"十四五"国家信息化规划》中提出打造协同高效的数字政府服务体系,深入推进"放管服"改革,加快政府职能转变,打造市场化、法治化、国际化营商环境,坚持整体集约建设数字政府,推动条块政务业务协同,加快政务数据开放共享和开发利用,深化推进"一网通办""跨省通办""一网统管",畅通参与政策制定的渠道,推动国家行政体系更加完善、政府作用更好发挥、行政效率和公信力显著提升,推动有效市场和有为政府更好结合,打造服务型政府。数字政府从面向社会大众政务服务视角来看,主要内容重点体现在"一网通办""跨省通办""一网统管"。

1）一网通办

"一网通办"是依托于一体化在线政务服务平台，通过规范网上办事标准，优化网上办事流程，搭建统一的互联网政务服务总门户，整合政府服务数据资源和完善配套制度等措施，推行政务服务事项网上办理，推动企业群众办事线上只登录一次即可全网通办。"一网通办"和一窗式服务在本质上是一致的。两者均采用受办分离的模式，一窗式服务是由工作人员填报信息，"一网通办"是由个人在网上自主填写申报信息，后续均由具体业务经办部门进行审核处理。"一网通办"模式是在一窗式服务的基础上，以现在互联网技术为手段，逐步将原先政务大厅中办理的业务迁移至网上办事大厅进行申报。

"一网通办"是政务服务发展的一个阶段性目标，在各类信息共享的基础上，能进一步优化业务流程，提升政务服务水平，提高政务服务效率。它的实现需要各部门通力合作，梳理政务服务事项，优化整个业务流程，在原有各部门业务系统的基础上进行升级改造，打破部门间壁垒，实现深度的分工合作。

2）跨省通办

"跨省通办"是一种政务服务模式。推进政务服务"跨省通办"是转变政府职能、提升政务服务能力的重要途径，是畅通国民经济循环、促进要素自由流动的重要支撑，对于提升国家治理体系和治理能力现代化水平具有重要作用。"跨省通办"从高频政务服务事项入手，2021年底前基本实现高频政务服务事项"跨省通办"，同步建立清单化管理制度和更新机制，逐步纳入其他办事事项，有效满足各类市场主体和广大人民群众异地办事需求。

"跨省通办"是申请人在办理地之外的省市提出事项申请或在本地提出办理其他省市事项申请，办理模式通常可分为全程网办、代收代办和多地联办等。

3）一网统管

"一网统管"作为新型智慧城市推进城市治理体系和治理能力现代化的重要创新模式，自被提出后已经逐步在各地落地并发挥着重要作用。"一网统管"围绕城市治理水平的提升，主要针对各类民生诉求和城市事件，用实时在线数据和各类智能方法，及时、精准地发现问题、对接需求、研判形势、预防风险，在最低层级、最早时间，以相对最小成本，解决最突出问题，取得最佳综合效应，实现线上线下协同高效处置一件事。

"一网统管"通常从城市治理突出问题出发，以城市事件为牵引，统筹管理网格，统一城市运行事项清单，构建多级城市运行"一网统管"应用体系，推动城市管理、应急指挥、综合执法等领域的"一网统管"，实现城市运行态势感知、体征指标监测、统一事件受理、智能调度指挥、联动协同处置、监督评价考核等全流程监管。

"一网统管"建设通常强调：

- 一网：主要包括政务云、政务网和政务大数据中心等。
- 一屏：通过对多个部门的数据进行整合，将城市运行情况充分反映出来。
- 联动：畅通各级指挥体系，为跨部门、跨区域、跨层级联勤联动、高效处置提供快速响应能力。
- 预警：基于多维、海量、全息数据汇集，实现城市运行体征的全量、实时掌握和智能预警。

- 创新：以管理需求带动智能化建设，以信息流、数据流推动业务流程全面优化和管理创新。

1.4.3 数字社会

在新一轮科技革命推动下，人类正在加速迈向数字社会。新科技革命成果不断融入生产生活，改变传统的生产生活方式，改变人们的行为方式、社会交往方式、社会组织方式和社会运行方式，深刻影响人们的思想观念和思维方式，不断创造新的产业形态、商业模式、就业形态，推动我国现代化不断向纵深发展。

1. 数字民生

随着互联网、物联网、大数据、区块链和人工智能交汇融合，集群互动形成一种呈指数级增长的信息技术体系，使得传统生产方式优化升级，在触发经济发展结构变革的同时，正以一种前所未有的势头向政治、文化、生活等民生领域延伸，将"人"与"公共服务"通过数字化的方式全面连接，将大幅提升社会整体服务效率和水平，实现数字民生。

我国在数字教育、数字医疗、数字就业、数字文旅等领域持续高速发展，涵盖内容既有"软件"层面的体制机制建设，又有"硬件"层面的平台系统建设。数字民生建设重点通常强调：

- 普惠：充分开发利用信息技术体系，扩大民生保障覆盖范围，助力普惠型民生建设，解决民生资源配置不均衡等问题。
- 赋能：信息技术体系与民生的深度融合赋予了民生建设新动能，促进民生保障实效指数式增长，如"互联网+教育""互联网+医疗""互联网+养老""互联网+交通"等。
- 利民：信息技术体系创新拓展了公共服务场景，推动数字技术全面融入社会交往和日常生活新趋势，使民生服务日趋智慧化、便利化和人性化。

无论是打造宜居城市，还是建设美丽乡村，都离不开基于大数据的民生需求洞察，拓展民生服务渠道。数字民生体现出的正是以数字思维破解民生难题，以信息技术赋能民生治理的新时代，也是对科技助力人民幸福美好生活追求的生动诠释。

2. 智慧城市

智慧城市是运用信息通信技术，有效整合各类城市管理系统，实现城市各系统间信息资源共享和业务协同，推动城市管理和服务智慧化，提升城市运行管理和公共服务水平，提高城市居民幸福感和满意度，实现可持续发展的一种创新型城市。智慧城市从概念提出到落地实践，历经长期建设与发展，我国智慧城市建设数量持续增长。从在建智慧城市的分布来看，我国已初步形成京津冀、长三角、粤港澳、中西部四大智慧城市群。智慧城市作为一种新型城市发展形态和治理模式已被社会群体广泛认可和接受，新型智慧城市建设持续推动着城市的高质量发展，主要体现在：

- 智慧城市建设更加注重以人民为中心；
- 新技术持续赋能智慧城市的建设与发展；
- 城市治理现代化是智慧城市建设的必然要求；

- 智慧城市群区域一体化协同发展新格局逐步形成；
- 共建、共治、共享生态模式助力智慧城市高质量发展。

2020年随着新冠疫情的蔓延，越来越多的国家开始意识到智慧城市建设的重要性，城市管理者可以借助先进的信息技术来应对危机。2020年经济合作与发展组织（OECD）发布的《城市政策响应》报告中强调，数字化应用在疫情应急防控中起到关键作用，这促使许多城市将疫情防控系统长久地纳入到智慧城市应用场景中，用以监控和警惕公共卫生风险。同时，由于疫情变化仍具有不确定性，市政服务、医疗、办公、教育等模式的变革正在加速数字化转型。

1）基本原理

智慧城市的建设与发展遵循一定的基本原理。随着智慧城市的持续迭代升级，智慧城市已经从信息化建设与信息技术产品应用阶段，演进到了信息化与城市现代化深度融合阶段，其基本原理也在发生变化。当前，随着新一代信息技术的发展与成熟应用，智慧城市关注焦点从使用信息化应用提高工作效率，转为通过数字关系计算提高决策效能；从局部信息技术应用，转为广泛互联互通环境下的综合应用创新；从强调管理体系和规范性，转为突出主动服务与精准施策等。

随着智慧城市步入新的发展阶段，以及以数字产业化和产业数字化为主旋律的数字经济高速发展，智慧城市基本原理表现为：①强调"人民城市为人民"，以面向政府、企业、市民等主体提供智慧化的服务为主要模式；②重点强化数据治理、数字孪生、边际决策、多元融合和态势感知五个核心能力要素建设；③更加注重规划设计、部署实施、运营管理、评估改进和创新发展在内的智慧城市全生命周期管理；④目标旨在推动城市治理、民生服务、生态宜居、产业经济、精神文明五位一体的高质量发展；⑤持续推动城市治理体系与治理能力现代化水平提升，如图1-7所示。

图1-7 智慧城市参考基本原理图

该原理确立的智慧城市核心能力要素，揭示了当前及未来一段时期智慧城市发展的重心在于信息技术与社会发展的深度融合。智慧城市的五个核心能力要素密切关联且相互影响，但不可互为替代，均是开展新一阶段智慧城市整体、局部乃至具体项目建设、运行需要关注的核心能力要素。对核心能力要素解释为：

- 数据治理：围绕数据这一新的生产要素进行能力构建，包括数据责权利管控、全生命周期管理及其开发利用等。
- 数字孪生：围绕现实世界与信息世界的互动融合进行能力构建，包括社会孪生、城市孪生和设备孪生等，将推动城市空间摆脱物理约束，进入数字空间。
- 边际决策：基于决策算法和信息应用等进行能力构建，强化执行端的决策能力，从而达到快速反应、高效决策的效果，满足对社会发展的敏捷需求。
- 多元融合：强调社会关系和社会活动的动态性及其融合的高效性等，实现服务可编排和快速集成，从而满足各项社会发展的创新需求。
- 态势感知：围绕对社会状态的本质反映及模拟预测等进行能力构建，洞察可变因素与不可见因素对社会发展的影响，从而提升生活质量。

根据智慧城市参考基本原理，智慧城市建设与发展内容主要面向城市治理、惠民服务、生态宜居、产业发展等相关城市场景构建服务能力，为政府、企业、市民等提供服务。服务场景的构建，不仅仅需要技术与平台、基础设施等方面的共性技术支撑能力构建和数据要素支撑，也需要安全保障体系、运营体系的建设，同时还离不开产业环境、信息环境等环境的支撑。

2）成熟度等级

智慧城市的建设与发展过程是一个逐渐迈向更高成熟状态的长期渐进过程，是基础设施、信息资源、网络安全、体制机制、惠民服务、城市治理等各方面能力的持续提升过程。结合成熟度理论和方法，可以构建智慧城市成熟度，实现从动态评价的角度来对城市智慧化的发展阶段进行衡量。依托科学发展规律，可将智慧城市发展成熟度划分为规划级、管理级、协同级、优化级、引领级5个等级，如图1-8所示。

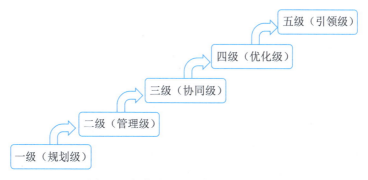

图1-8 智慧城市成熟度等级参考模型

- 一级（规划级）：应围绕智慧城市的发展进行策划，明确相关职责分工和工作机制等，初步开展数据采集和应用，确保相关活动有序开展。
- 二级（管理级）：应明确智慧城市发展战略、原则、目标和实施计划等，推进城市基础设施智能化改造，多领域实现信息系统单项应用，对智慧城市全生命周期实施管理。
- 三级（协同级）：应管控智慧城市各项发展目标，实施多业务、多层级、跨领域应用系统的集成，持续推进信息资源的共享与交换，推动惠民服务、城市治理、生态宜居、产业发展等的融合创新，实现跨领域的协同改进。
- 四级（优化级）：应聚焦智慧城市与城市经济社会发展深度融合，基于数据与知识模型实施城市经济、社会精准化治理，推动数据要素的价值挖掘和开发利用，推进城市竞争力持续提升。
- 五级（引领级）：应构建智慧城市敏捷发展能力，实现城市物理空间、社会空间、信息空间的融合演进和共生共治，引领城市集群治理联动，形成高质量发展共同体。

3. 数字乡村

数字乡村是伴随网络化、信息化和数字化在农业农村经济社会发展中的应用，以及农民现代信息技能的提高而内生的农业农村现代化发展和转型进程，既是乡村振兴的战略方向，也是建设数字中国的重要内容。2019 年中共中央办公厅、国务院办公厅印发《数字乡村发展战略纲要》指出：立足新时代国情农情，要将数字乡村作为数字中国建设的重要方面，加快信息化发展，整体带动和提升农业农村现代化发展。进一步解放和发展数字化生产力，注重构建以知识更新、技术创新、数据驱动为一体的乡村经济发展政策体系，注重建立层级更高、结构更优、可持续性更好的乡村现代化经济体系，注重建立灵敏高效的现代乡村社会治理体系，开启城乡融合发展和现代化建设新局面。

《数字乡村发展战略纲要》明确了到 2035 年，数字乡村建设取得长足进展。城乡"数字鸿沟"大幅缩小，农民数字化素养显著提升。农业农村现代化基本实现，城乡基本公共服务均等化基本实现，乡村治理体系和治理能力现代化基本实现，生态宜居的美丽乡村基本实现。到 21 世纪中叶，全面建成数字乡村，助力乡村全面振兴，全面实现农业强、农村美、农民富。

4. 数字生活

数字生活是依托互联网和一系列数字科技技术应用为基础的一种生活方式，可以方便快捷地带给人们更好的生活体验和工作便利。数字生活主要体现在如下方面。

（1）生活工具数字化。数字化生活时代，现代信息技术和产品成为极其重要的生活工具，人们将像享受空气、阳光、水一样享受数字化生活工具带来的舒适和便捷。根据摩尔定律和梅特卡夫定律，随着技术的不断创新与广泛扩散，其应用成本将显著下降，而其价值则显著增加。

（2）生活方式数字化。在数字社会中，借助于数字化技术，每个人的工作、学习、消费、交往、娱乐等各种活动方式都将具有典型的数字化特征，数字家庭成为未来家庭的发展趋势。体现在工作更加弹性化和自主化；终身学习与随时随地学习成为可能；网络购物跻身主流消费方式；人际交往的范围与空间无限扩大等。

（3）生活内容数字化。数字生活时代，人们工作、学习、消费和娱乐的内容具有典型的数字化特征。生活内容数字化体现在工作内容以创造、处理和分配信息为主；学习内容个性化；信息成为重要消费内容；娱乐内容数字化等。

1.4.4 数字生态

随着新一代信息技术创新和迭代速度的明显加快，其在提高社会生产力、优化资源配置等方面的作用日益凸显。营造良好数字生态，有利于充分激发数字技术的创新活力、要素潜能、发展空间，引领和驱动经济结构调整、产业发展升级、消费需求增长、治理格局优化，为加快建设数字经济、数字社会、数字政府提供良好环境和有力支撑。特别要看到，世界主要国家均把信息化作为国家战略重点和优先发展方向，通过优化数字生态加快推动数字化转型发展。《中华人民共和国国民经济和社会发展第十四个五年规划和2035年远景目标纲要》指出"坚持放管并重，促进发展与规范管理相统一，构建数字规则体系，营造开放、健康、安全的数字生态"。

1. 数据要素市场

随着数字经济的快速发展，数据作为数字经济的关键要素，对我国经济高质量发展的重要作用日益凸显。数据作为生产要素参与生产，需要进行市场化配置，形成生产要素价格及其体系。数据要素价格体系的建立，又是建立在数据所有制基础上的。因此谁掌握数据资产，在一定程度上就可以影响体系建立。数据作为新型生产要素，具有劳动工具和劳动对象的双重属性。首先数据作为劳动对象，通过采集、加工、存储、流通、分析环节，具备了价值和使用价值；其次，数据作为劳动工具，通过融合应用能够提升生产效能，促进生产力发展。

数据要素市场就是将尚未完全由市场配置的数据要素转向由市场配置的动态过程，其目的是形成以市场为根本调配机制，实现数据流动的价值或者数据在流动中产生价值。数据要素市场化配置是一种结果，而不是手段。数据要素市场化配置是建立在明确的数据产权、交易机制、定价机制、分配机制、监管机制、法律范围等保障制度的基础上。未来数据要素市场的发展，需要不断动态调整以上保障制度，最终形成数据要素的市场化配置。

2. 数字营商环境

良好的营商环境是一个国家或地区经济软实力和综合竞争力的重要体现。市场化、法治化、国际化、便利化的营商环境是一个国家、一个地区经济社会高质量发展的重要因素。随着数字经济蓬勃发展，与传统的营商环境相对应，数字经济时代的新型营商环境成为广泛关注的议题。2022年1月发布的《"十四五"数字经济发展规划》提出，要更加优化数字营商环境，加速弥合数字鸿沟。

国家工业信息安全发展研究中心2021年12月提出的全球数字营商环境评价指标体系。该评价体系包含5个一级指标：①数字支撑体系，包含普遍接入、智慧物流设施、电子支付设施；②数据开发利用与安全，包含公共数据开放、数据安全；③数字市场准入，包含数字经济业态市场准入、政务服务便利度；④数字市场规则，包含平台企业责任、商户权利与责任、数字消费者保护；⑤数字创新环境，包含数字创新生态、数字素养与技能、知识产权保护。

3. 网络安全保护

随着《中华人民共和国网络安全法》《中华人民共和国数据安全法》《中华人民共和国个人信息保护法》《关键信息基础设施安全保护条例》等法律法规的颁布，以及网络安全等级保护2.0标准体系的发布，使我国网络安全法律法规和制度标准更加健全。但在百年变局和世纪疫情交织叠加，国际环境日趋复杂，网络霸权主义对世界和平与发展构成威胁，全球产业链供应链遭受冲击，网络空间安全面临的形势持续复杂多变。网络空间对抗趋势更加突出，大规模针对性网络攻击行为增加，安全漏洞、数据泄露、网络诈骗等风险增加。针对这些问题需要坚持总体国家安全观和正确的网络安全观，贯彻新发展理念，构建网络安全新格局，全面加强网络安全保障体系和能力建设。

强大的网络安全产业实力是保障网络空间安全的根本和基石。习近平总书记多次就网络安全产业作出重要指示，强调"要坚持网络安全教育、技术、产业融合发展，形成人才培养、技术创新、产业发展的良性生态"，为网络安全事业高质量发展指明方向，并提供根本遵循。

1.5 数字化转型与元宇宙

随着众多信息通信新技术的迅速发展与普及应用，信息空间成长为第三空间，并与物理空间和社会空间共同构成人类社会的三元空间。新一轮科技革命与产业革命交互演进，面向组织的战略发展、业务模式、生产管理、运行管理等全方位的数字化转型，已成为数字经济时代广大组织的必选题。以云计算、大数据、人工智能等为代表的新一代信息技术发展迅猛，成为驱动组织数字化转型的关键要素。组织需要通过深化应用数字技术，打造敏捷、韧性、创新的数字化能力，重构传统业务流程和价值链，推动实现全要素、全链条、全层级的数字化转型。随着各领域数字化转型的发展和持续深化，元宇宙这一新概念也随之流行。元宇宙本质上是对现实世界的虚拟化、数字化过程，需要对内容生产、经济系统、用户体验以及实体世界内容等进行大量改造。

1.5.1 数字化转型

数字化转型（Digital Transformation）是建立在数字化转换（Digitization）、数字化升级（Digitalization）基础上，进一步触及组织核心业务，以新建一种业务模式为目标的高层次转型。数字化转型是开发数字化技术及支持能力以新建一个富有活力的数字化商业模式，只有组织对其业务进行系统性、彻底的（或重大和完全的）重新定义，而不仅仅是 IT，而是对组织活动、流程、业务模式和员工能力的方方面面进行重新定义的时候，成功才会得以实现。

1. 驱动因素

从全球视角来看，当前国际社会主要矛盾聚焦在发达国家企图垄断市场、资源和技术与发展中国家的发展愿望之间的矛盾。发达国家生产力没有飞跃式发展（第四次科技革命姗姗来迟），世界范围内市场、资源开发程度越来越充分，众多发展中国家想进一步改善人民生活，进一步参与到世界市场和资源的竞争中。纵观历史，无论是国际竞争关系、产业转型升级和新经济发展，还是当前我国社会主要矛盾变化带来的新特征、新要求，都有其发展规律和演进范式，即"生产力飞跃、生产要素变化、信息传播效率突破和社会'智慧主体'规模扩容的叠加，将会促使人类社会生产关系的创新变革，最终引发经济与民生的深层发展"。这个范式驱动完成了原始经济到农业经济，再到工业经济的转型过程，同样会驱动工业经济向数字经济的转型。

1）生产力飞升：第四次科技革命

科学技术第一生产力。近代人类发展过程中，已经完成了三次科技革命，正在经历第四次科技革命，每次科技革命都对应一个科学范式，其深刻影响着世界格局的变化，是人类社会发展的根本动力，也是国际社会主要矛盾的发源地。

第一科学范式为经验范式。它偏重于经验事实的描述和明确具体的实用性的科学研究范式。在研究方法上以归纳为主，带有较多盲目性的观测和实验。第二科学范式为理论范式。它主要指偏重理论总结和理性概括，强调较高普遍的理论认识而非直接实用意义的科学研究范式。第三科学范式为模拟范式。它是一个与数据模型构建、定量分析方法以及利用计算机来分析和解决科学问题的研究范式。第四科学范式为数据密集型研究范式。它针对数据密集型科学，是由传统的假设驱动向基于科学数据进行探索的科学方法转变而生成的科学研究范式。其研究方法是基于计算机生产实践产生的数据，按照驱动理论获得猜想与假设，完成数据自动化的计算和原理探索，即由计算机实施第一、第二、第三科学范式。第四科学范式通过新型信息技术的数据洞察，从大数据中自动化挖掘实践经验、理论原理并自行开展模拟仿真，完成基于数据的自决策和自优化，极大地繁荣应用科学技术。

2）生产要素变化：数据要素的诞生

数据是与土地、劳动力、资本和技术并列的主要生产要素，表明数据将会是未来社会数字化、智能化发展的重要基础。数据是一项重要的经济资源，其对经济社会的全面持续发展、经济组织转型和参与个体生活质量非常重要且不可或缺。数据记载信息，信息融合知识，知识孕育智慧，过去人们已经持续了几十年的信息化建设，人们把智慧解构成知识，把知识分解为信息，把信息拆解为数据。随着人工智能、区块链和大数据等技术的出现，过去分散在各个环节的数据，重新归集为显性信息、知识和智慧，数据的经济价值越发凸显，因此数据对我国高质量发展的作用，与土地、设备、原材料、资本、劳动、技术同等重要，具备了单列为生产要素的现实条件。

3）信息传播效率突破：社会互联网新格局

随着科学技术的发展，各种网络服务随之而来，互联网社交网络就是其中之一。人们的日常生活逐渐从现实社交网络转移到互联网虚拟社交网络中。互联网社交网络下，人们可以跟不在身边的朋友进行面对面的交流，还可以寻找有共同爱好的陌生人。从而形成在线社区，构成了庞大的社交网络平台，为用户提供便捷交流的渠道。

社交网络信息传输具有永生性、无限性、即时性以及方向性的特征。永生性指尽管在传播过程中可以控制信息，但它并不会被破坏或者消灭。比如：收到一条信息且尚未传播该消息，但该消息实实在在地存在，信息的载体还可以继续传播。无限性是指信息可以像病毒一样无限地传播下去。即时性是社交网络信息传播的速度从通信器向接收者传播信息的时间大大缩短，甚至可以忽略。方向性意味着信息传播具有目的性，某些信息的传播仅是为了传递给特定的人。

随着互联网的发展，在互联网上传播信息已成为信息扩散的主要渠道。互联网的特性是信息可以跨越时间和地理障碍在网络上迅速传播。

4）社会"智慧主体"规模：快速复制与"智能+"

过去，我们认为的"智慧主体"都是自然人，复制一个"智慧主体"的难度很大，需要教育、培育、培养等众多的手段方法。同时，其周期也较为漫长，培育一个自然人的"智慧主体"，往往需要超过20年的时间。漫长的复杂交互环境，以及自然环境因素等限制，都制约了社会"智慧主体"规模的扩大与繁荣,从而使互联网的节点容量出现瓶颈,随着社会的进一步演进,这种瓶颈会阻碍人类社会的高质量建设,会影响人类社会的进一步发展和演进。

现在,社会的"智慧主体"已经不单纯是自然人,它可以是一个互联网账号、一台自动驾驶的汽车、一部智能手机,或者是工厂中的一套智能机器人。这些新兴"智慧主体",具有不同于自然人的全量社会化活动模式,如消费选择等,但其在数据生产、数据开发利用、劳动力贡献和决策能力等方面,具备了自然人很多关键特征,在不知不觉中已经让这些新主体参与到了人们社会活动的方方面面,乃至与自然人享有同等的社会空间,如未来某一时刻无人驾驶的汽车主体与自然人道路参与主体享有同等的道路权。

新兴的"智慧主体"具备较强的可复制性、自我学习能力、更加广泛的连接能力和更加标准的交互手段等。新兴"智慧主体"规模和种类的快速扩张,会引发人类社会的深层次变革,改变自然人主体的劳动方式,劳动密集型的社会劳动逐步消退,智力密集型的社会劳动持续强化,自然人"智慧主体"甚至会全面退出生产制造过程领域,让自然人的竞争力聚焦在新兴"智慧主体"不会具备的领域。这个领域是以"服务"为典型代表,因为该领域会面对更加复杂的交互过程、更多的风险融合应对和情感因素管控等。

2. 基本原理

随着经济与社会的持续发展,同领域相关参与者因为数量的持续增多和发展水平趋于一致等,再加上我国处在中高速发展阶段,这些因素共同导致了经济与社会的竞争越来越充分、越来越激烈。随着我国社会主要矛盾从人民日益增长的物质文化同落后的社会生产之间的矛盾,转变为人民日益增长的美好生活需要和不平衡、不充分的发展之间的矛盾,以及信息时代带来的信息高效、充分且大规模传播,信息对象过程加速,乃至出现信息淹没等情况,这进一步加剧了经济与社会参与者的竞争,这表现在产品和服务的生命周期迭代越来越快,组织运行决策越来越高效,组织的转型升级周期越来越短,组织的业务发展越来越敏捷等。

传统发展视角下,组织为提升自身的竞争力,往往通过优化组织结构体系(如组织结构扁平化)、提升工艺技术与装备(如应用新技术或自动化装备)、降低业务成本(如人员容量、材料成本、加工成本等)等方式展开,这种优化与提升从某种程度上实现了对组织竞争力和竞争优势的保持和增强。这种发展模式下,组织通过治理和管理体系强化组织的协同性和创新力,并降低组织风险;通过减少客户个性选择驱动业务规模化发展,优化产品生产和服务交付成本。

数字经济时代,经济与社会竞争的进一步加剧,传统发展视角下的竞争力与竞争优势的保持和增强等方法,越来越难以支撑组织的发展需求,主要体现在:

- **决策瓶颈**:以组织架构构建的治理与管理体系决策效率容易遇到瓶颈,并且组织规模越大、行政层级越多、决策效率效能越容易达到瓶颈。
- **变革制约**:组织变革是一项系统工程,这不仅仅包括新组织、新工艺、新产品、新营销等的策划、规划和设计等,其部署落实也是一组复杂的工作,变革的效能常常受组织文化、人员技能、技术现状等方面的制约,太多的变革一致性无法解决。
- **知识资产流失**:组织研发或沉淀的各类经验,如使用传统的知识体系(如用文档资料管理),容易随着人员流动而流失,这是因为传统知识方法需要相关人员全部掌握。

- 需求响应延迟：组织为了有效地控制成本，最常用的方法是固化管理、工艺等，通过"简单可复制"的模式，达到一致性和成本最优化，这会导致组织对客户或服务对象的个性化需求延迟满足乃至放弃满足。

组织的数字化转型就是基于组织既有的治理与管理体系、工艺路径和产品技术、服务活动定义等，打造更加高效的决策效率、更灵活的工艺调度、更多元的产品与服务技术应用和更丰富的业务模式等。数字化转型需要组织结合信息技术的开发利用，对组织完成深层次变革，可参考模型如图1-9所示。

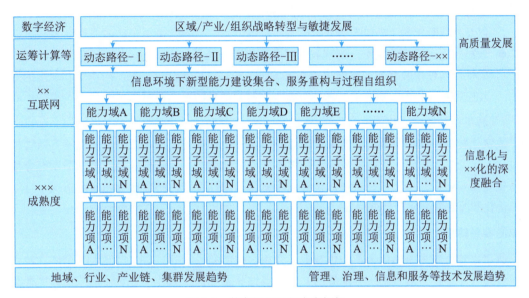

图1-9　数字组织运行参考框架

1）能力因子定义和数字化"封装"

实施数字化转型，组织需要把各项能力和活动进行清晰的结构化并定义，形成细化的可灵活调度和编排的能力因子，这些能力因子是有层次或可组合的，如能力域、能力子域、能力项、能力分项、能力子项等，对于数字化转型不同成熟度的组织来说，主要体现在能力因子定义颗粒度、学科性和有效性等方面。

能力因子的定义可驱动组织的管理精细化，更重要的是能够实现对这些能力因子的数字化"封装"，这种封装不只是对业务流程、工艺过程和技术内容的"包装"，而是需要向具体活动的人员、技术（含内部控制等）、资源、数据、流程（过程、动作）的模块化"封装"，打造基于数据的标准化输入与输出，形成类似信息化系统中的对象、类、模块等的组件。在工业类组织中体现为数字装备、数字化管理单元、数字产品等，目的是实现"智能+"。

2）基于"互联网+"的调度和决策

实施数字化转型，组织需要在已有治理与管理体系、工艺体系、服务体系、产品体系的基础上，通过使用"互联网+"的模式，将组织沉淀的各类知识经验进行数字化提炼，形成数字算法、模型和框架等，满足信息系统能够理解和使用的方式，让调度和决策脱离"自然人"，从而提高调度和决策效率及其科学性。这部分工作是数字化转型中一项持续性工作，其科技含量比较高，也是组织数字化转型中的难点，主要体现在：

- 业务融合：将知识经验形成数字化调用模式，需要业务和信息技术的充分融合，需要实施这些工作的业务人员具备一定的数字技能，或者信息技术人员能够深入理解业务。
- 持续坚持：通过数字模式开展决策与调度活动，开始时的效果、效率、效能并不一定理想，这就需要组织能够持续坚持，通过持续改进活动，提升数据模式的价值。
- 文化冲突：调度与决策的科学化、敏捷化，依赖组织的知识沉淀，这就需要组织解决文化冲突，引导成员适应数字化带来的各种变化，积极贡献知识经验，消除自我成长顾虑以及驾驭数字的"恐惧"等。
- 效果判别：通常情况下，治理和管理关注判断与决策的正确性，执行操作关注过程的精确性，而使用数字模式实施决策和调度时，其精确性被凸显出来，对决策和调度的数据及应用过程提出了更高的要求，需要组织投入更多的智力资源。

3）转型控制

数字化转型往往不是指一个结果的表达，而是一个持续的过程，组织需要能够有效管控转型过程，无论是服务组织还是工业组织，都不能一蹴而就地完成转型升级。组织需要充分借鉴信息化与工业化、信息化与领域现代化等深度融合的最佳实践，结合自身的实际情况，持续建设、优化和改进数字化转型过程。

3. 智慧转移

数字化转型基本原理揭示了个体智慧（知识、技能和经验等）由"自然人"个体，转移到组织智慧（计算机、信息系统等掌握的）的必要性和重要性。这种"智慧转移"也称"智慧移植"，需要经历系列的过程才能完成，每个组织开展此类活动的模式与方法存在差异，也可以参考图1-10所示的"智慧转移"模型。

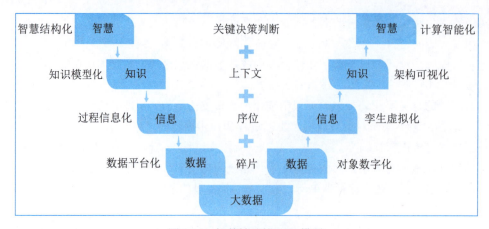

图1-10 智慧转移的S8D模型

DIKW模型很好地诠释了数据（Data）、信息（Information）、知识（Knowledge）和智慧

（Wisdom）之间的关系，并揭示了他们的转化过程与方法。S8D 模型就是基于 DIKW 模型，构筑了"智慧—数据""数据—智慧"两大过程的 8 个转化活动。

1）"智慧—数据"过程

该过程通常指信息系统规划、建设、运行过程，也就是传统讲的"信息化过程"。该过程：①通过智慧结构化明确了业务体系层面的内容；②通过知识模型化定义业务活动的逻辑关系；③通过过程信息化（管理和工艺流程化）明确各执行操作系列要求；④通过数据平台化实现了数据的采集、存储和共享等。

2）"数据—智慧"过程

该过程通常指数据的开发利用和资源管理的过程，即人们常说的"智慧化过程"，重点解决基于各类组织组成对象（人员、流程、业务、工艺、装备等）"数字关系"的"脑力替代"。该过程在大数据"筑底"后，多元化数据能够被开发利用：①通过对象数字化实现对各类对象的数字化表达；②通过孪生虚拟化完成物理对象到信息空间的映射；③通过架构可视化实现业务知识模型与经验沉淀的复用和创新；④通过计算智能化实现多元条件下的调度和决策。

数据是筑底构建可计算智慧的关键，通过"智慧—数据"过程将人类智慧形成了数据表达，并通过数据流动，提高了组织业务与工作效能，实现"体力劳动替代"。接下来通过"数据—智慧"工程，在大数据的基础上，逆变数据为计算智能，完成了智慧载体由自然人到计算机和信息系统的转移，其价值不仅仅可实现智慧的在线时效（7×24 无休），更可以实现"智慧挤压"（多方法多维度综合判断）和更高级别的"智慧萃取"（新智慧的生成），进一步实现智慧的可复制。这一过程也是第四科学范式的基本框架，是第四次科技革命的触发逻辑。

4. 持续迭代

组织数字化转型需要在能力因子不断细化的基础上，针对能力因子的数字化转型实施迭代，可类比为整体数字化转型与局部数字转型的关系。组织每个能力因子数字化"封装"的持续迭代主要包含四项活动，即：信息物理世界（也称数字孪生）建设、决策能力边际化（Power to Edge，PtoE）部署、科学社会物理赛博机制（Cyber-Physical-Social Systems，CPSS）构筑、数字框架与信息调制（Digital Frame and Information Modulation，DFIM），如图 1-11 所示。针对能力因子的持续迭代可以从任何一项活动开始实施四项活动，形成持续迭代闭环。

1）信息物理世界建设

针对能力因子中的各类对象，实施数字孪生建设，并在此基础上加入该因子与其他因子之间的配置关系。组织可以通过该项活动实现能力因子相关数据挖掘与数据开发利用，从而发现新的技术和逻辑，提升各项工作效率。

2）决策能力边际化部署

决策能力边际化是指处置执行层面的装置和人员能够基于决策算法模型等，敏捷取得更高的决策能力（权），达到敏捷响应的效果。组织可以通过该项活动实现决策权融合与调制，达到装备智能化和提高决策效能的价值效果。

3）科学物理赛博机制构筑

科学物理赛博机制构筑是在 CPS 的基础上，汇聚组织内能力因子的环境因素力量（或组织维度的外部社会力量），建设高密度数据框架，参照社会运行原理，封装、解构和重构各能力因子协同关系。组织可以通过该项活动实现对各能力因子的灵活组合机制，形成能够面对各类需求的动态调度能力。

4）数据框架与信息调制设计

组织能力因子的数字密度越高，对其可控性就越高，对应的安全可靠性也越高。组织通过优化能力因子的数字框架模型，并提升数据采集获取的精准度和及时性，能够有效地提升组织对能力因子的应急与动员能力，从而具备更加可靠的已知风险管控能力和未知风险的应对能力。

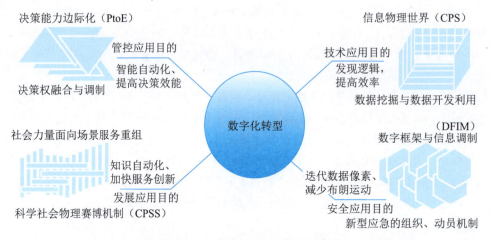

图 1-11　组织能力数字化转型及持续迭代参考模型（CPSD 模型）

1.5.2　元宇宙

元宇宙（Metaverse）是一个新兴概念，是一大批技术的集成。北京大学陈刚教授对元宇宙的定义是：元宇宙是利用科技手段进行链接与创造的，与现实世界映射与交互的虚拟世界，具备新型社会体系的数字生活空间。清华大学沈阳教授对元宇宙的定义是：元宇宙是整合多种新技术而产生的新型虚实相融的互联网应用和社会形态，它基于扩展现实技术提供沉浸式体验，以及数字孪生技术生成现实世界的镜像，通过区块链技术搭建经济体系，将虚拟世界与现实世界在经济系统、社交系统、身份系统上密切融合，并且允许每个用户进行内容生产和编辑。中国社会科学院学者左鹏飞从时空性、真实性、独立性、连接性四个方面去交叉定义元宇宙。他指出：从时空性来看，元宇宙是一个空间维度上虚拟而时间维度上真实的数字世界；从真实性来看，元宇宙中既有现实世界的数字化复制物，也有虚拟世界的创造物；从独立性来看，元宇宙是一个与外部真实世界既紧密相连，又高度独立的平行空间；从连接性来看，元宇宙是一个把网络、硬件终端和用户囊括进来的一个永续的、广覆盖的虚拟现实系统。

1. 主要特征

随着虚拟现实、人工智能、数字孪生、云计算等关键技术逐步迭代发展，用户对更沉浸的虚拟世界有了更深入、更丰富的需求。元宇宙的流行是互联网发展到了一定的高度，也可以认为是互联网发展的另一阶段。元宇宙的主要特征包括：

- 沉浸式体验：元宇宙的发展主要基于人们对互联网体验的需求，这种体验就是即时信息基础上的沉浸式体验。
- 虚拟身份：人们已经拥有大量的互联网账号，未来人们在元宇宙中，随着账号内涵和外延的进一步丰富，将会发展成为一个或若干个数字身份，这种身份就是数字世界的一个或一组角色。
- 虚拟经济：虚拟身份的存在就促使元宇宙具备了开展虚拟社会活动的能力，而这些活动需要一定的经济模式展开，即虚拟经济。
- 虚拟社会治理：元宇宙中的经济与社会活动也需要一定的法律法规和规则的约束，就像现实世界一样，元宇宙也需要社区化的社会治理。

总之，元宇宙作为现实世界的孪生空间和虚拟世界，其物理属性淡化，但社会属性将会被强化，我们在现实社会中的大量特征和活动，都逐渐会在元宇宙中体现出来。

2. 发展演进

元宇宙作为多技术的集成融合和现实世界虚拟化，其发展一方面受到各类技术创新、发展和演进的影响，另一方面受经济与社会发展进程的约束。从互联网发展的基本规律和数字化转型进程来看，元宇宙首先会在社交、娱乐和文化领域发展，形成虚拟"数字人"，逐步再向虚拟身份方向演进，形成"数字人生"，此时的元宇宙偏向个体用户需求。但随着元宇宙中虚拟经济的发展和现实中组织数字化转型的深入，元宇宙向"数字组织"领域延伸，从而影响现实世界的经济与社会发展整体数字化转型升级，形成"数字生态"。之后伴随相关法律法规、标准规范的生成，网信事业的发展以及网络文明的进一步完善，元宇宙的虚拟世界形态持续迭代，形成"数字社会治理"，实现物理空间、社会空间和信息空间三元空间的协同发展新格局。

1.6 本章练习

1. 选择题

（1）下列说法正确的是_____。
  A. 信息只存在家庭中   B. 信息只存在图书馆中
  C. 信息只存在校园里   D. 信息无处不在
参考答案：D

（2）信息的基础是_____。
  A. 数据   B. 知识   C. 事实   D. 概念
参考答案：A

（3）工业互联网的体系不包括_____。
   A. 网络　　　　　B. 平台　　　　　C. 技术　　　　　D. 安全

参考答案：C

（4）支撑科学研究、技术开发、产品研制的具有公益属性的基础设施属于_____。
   A. 信息基础设施　　　　　　　　B. 融合基础设施
   C. 创新基础设施　　　　　　　　D. 网络基础设施

参考答案：C

（5）GB/T 39116《智能制造能力成熟度模型》规定了企业智能制造能力在不同阶段应达到的水平。若企业应对装备、系统等开展集成，实现跨业务活动间的数据共享，则该企业属于_____水平。
   A. 一级（规划级）　　　　　　　B. 二级（规范级）
   C. 三级（集成级）　　　　　　　D. 四级（优化级）

参考答案：C

（6）《中华人民共和国国民经济和社会发展第十四个五年规划和2035年远景目标纲要》中从数字经济、数字政府、数字社会、_____四个维度出发勾勒了建设数字中国的宏伟蓝图。
   A. 数字生态　　　B. 数字技术　　　C. 数字服务　　　D. 数字人才

参考答案：A

（7）_____不属于智慧城市核心能力要素。
   A. 数据治理、边际决策、多元融合
   B. 数据治理、数字孪生、边际决策
   C. 数据管理、数字孪生、态势感知
   D. 数字孪生、多元融合、态势感知

参考答案：C

（8）智慧城市发展过程中，能够明确智慧城市发展战略、原则、目标和实施计划等，推进城市基础设施的智能化改造，多领域实现信息系统单项应用，对智慧城市全生命周期实施管理，则该智慧城市成熟度处于_____水平。
   A. 规划级　　　　B. 管理级　　　　C. 协同级　　　　D. 优化级

参考答案：B

2. 思考题

（1）请列出大数据的特点，并简要叙述大数据有哪些重要应用领域。

参考答案：略

（2）请简述产业数字化和数字产业化的关系及其意义。

参考答案：略

（3）请简述数字中国的时代特征及数字中国建设的重大意义。

参考答案：略

第2章 信息技术发展

信息技术是在信息科学的基本原理和方法下，获取信息、处理信息、传输信息和使用信息的应用技术总称。从信息技术的发展过程来看，信息技术在传感器技术、通信技术和计算机技术的基础上，融合创新和持续发展，孕育和产生了物联网、云计算、大数据、区块链、人工智能和虚拟现实等新一代信息技术，成为支撑当今经济活动和社会生活的基石，代表着当今先进生产力的发展方向。

从宏观上讲，信息技术与信息化、信息系统密不可分。信息技术是实现信息化的手段，是信息系统建设的基础。信息化的需求驱动信息技术高速发展，信息系统的广泛应用促进了信息技术的迭代创新。近年来，随着新一代信息技术的发展，信息及其相关的数据成为重要生产要素和战略资源，使得人们能更高效地进行资源优化配置，持续推动传统产业不断升级、社会劳动生产率的不断提升，从而带动全球信息化发展和数字化转型，新一代信息技术已成为世界各国投资和重点发展的战略性产业。

2.1 信息技术及其发展

信息技术是以微电子学为基础的计算机技术和电信技术的结合而形成的，对声音的、图像的、文字的、数字的和各种传感信号的信息进行获取、加工、处理、存储、传播和使用的技术。按表现形态的不同，信息技术可分为硬技术（物化技术）与软技术（非物化技术）。前者指各种信息设备及其功能，如传感器、服务器、智能手机、通信卫星、笔记本电脑。后者指有关信息获取与处理的各种知识、方法与技能，如语言文字技术、数据统计分析技术、规划决策技术、计算机软件技术等。

2.1.1 计算机软硬件

计算机硬件（Computer Hardware）是指计算机系统中由电子、机械和光电元件等组成的各种物理装置的总称。这些物理装置按系统结构的要求构成一个有机整体，为计算机软件运行提供物质基础。计算机软件（Computer Software）是指计算机系统中的程序及其文档，程序是计算任务的处理对象和处理规则的描述；文档是为了便于了解程序所需的阐明性资料。程序必须安装入机器内部才能工作，文档一般是给人看的，不一定安装入机器。

硬件和软件互相依存。硬件是软件赖以工作的物质基础，软件的正常工作是硬件发挥作用的重要途径。计算机系统必须要配备完善的软件系统才能正常工作，从而充分发挥其硬件的各种功能。硬件和软件协同发展，计算机软件随硬件技术的迅速发展而发展，而软件的不断发展与完善又促进硬件的更新，两者密切交织发展，缺一不可。随着计算机技术的发展，在许多情况下，计算机的某些功能既可以由硬件实现，也可以由软件来实现。因此硬件与软件在一定意义上来说没有绝对严格的界线。

2.1.2 计算机网络

在计算机领域中，网络就是用物理链路将各个孤立的工作站或主机相连在一起，组成数据链路，从而达到资源共享和通信的目的。凡将地理位置不同，并具有独立功能的多个计算机系统通过通信设备和线路连接起来，且以功能完善的网络软件（网络协议、信息交换方式及网络操作系统等）实现网络资源共享的系统，均可称为计算机网络。从网络的作用范围可将网络类别划分为个人局域网（Personal Area Network，PAN）、局域网（Local Area Network，LAN）、城域网（Metropolitan Area Network，MAN）、广域网（Wide Area Network，WAN）、公用网（Public Network）、专用网（Private Network）等。

1. 网络标准协议

网络协议是为计算机网络中进行数据交换而建立的规则、标准或约定的集合。网络协议由三个要素组成，分别是语义、语法和时序。语义是解释控制信息每个部分的含义，它规定了需要发出何种控制信息，完成的动作以及做出什么样的响应；语法是用户数据与控制信息的结构与格式，以及数据出现的顺序；时序是对事件发生顺序的详细说明。人们形象地将这三个要素描述为：语义表示要做什么，语法表示要怎么做，时序表示做的顺序。

1）OSI

国际标准化组织（ISO）和国际电报电话咨询委员会（CCITT）联合制定的开放系统互连参考模型（Open System Interconnect，OSI），其目的是为异构计算机互连提供一个共同的基础和标准框架，并为保持相关标准的一致性和兼容性提供共同的参考。OSI采用了分层的结构化技术，从下到上共分物理层、数据链路层、网络层、传输层、会话层、表示层和应用层。

广域网协议是在OSI参考模型的最下面三层操作，定义了在不同的广域网介质上的通信。广域网协议主要包括：PPP点对点协议、ISDN综合业务数字网、xDSL（DSL数字用户线路的统称：HDSL、SDSL、MVL、ADSL）、DDN数字专线、x.25、FR帧中继、ATM异步传输模式。

2）IEEE 802协议族

IEEE 802规范定义了网卡如何访问传输介质（如光缆、双绞线、无线等），以及如何在传输介质上传输数据的方法，还定义了传输信息的网络设备之间连接的建立、维护和拆除的途径。遵循IEEE 802标准的产品包括网卡、桥接器、路由器以及其他一些用来建立局域网络的组件。IEEE 802规范包括：802.1（802协议概论）、802.2（逻辑链路控制层LLC协议）、802.3（以太网的CSMA/CD载波监听多路访问/冲突检测协议）、802.4（令牌总线Token Bus协议）、802.5（令牌环Token Ring协议）、802.6（城域网MAN协议）、802.7（FDDI宽带技术协议）、802.8（光纤技术协议）、802.9（局域网上的语音/数据集成规范）、802.10（局域网安全互操作标准）、802.11（无线局域网WLAN标准协议）。

3）TCP/IP

Internet是一个包括成千上万相互协作的组织和网络的集合体。TCP/IP是Internet的核心。

TCP/IP 在一定程度上参考了 OSI，它将 OSI 的七层简化为四层：①应用层、表示层、会话层三个层次提供的服务相差不是很大，所以在 TCP/IP 中，它们被合并为应用层一个层次。②由于传输层和网络层在网络协议中的地位十分重要，所以在 TCP/IP 中它们被作为独立的两个层次。③因为数据链路层和物理层的内容相差不多，所以在 TCP/IP 中它们被归并在网络接口层一个层次里。

在应用层中，定义了很多面向应用的协议，应用程序通过本层协议利用网络完成数据交互的任务。这些协议主要有 FTP（File Transfer Protocol，文件传输协议）、TFTP（Trivial File Transfer Protocol，简单文件传输协议）、HTTP（Hypertext Transfer Protocol，超文本传输协议）、SMTP（Simple Mail Transfer Protocol，简单邮件传输协议）、DHCP（Dynamic Host Configuration Protocol，动态主机配置协议）、Telnet（远程登录协议）、DNS（Domain Name System，域名系统）、SNMP（Simple Network Management Protocol，简单网络管理协议）等。

传输层主要有两个传输协议，分别是 TCP 和 UDP（User Datagram Protocol，用户数据报协议），这些协议负责提供流量控制、错误校验和排序服务。

网络层中的协议主要有 IP、ICMP（Internet Control Message Protocol，网际控制报文协议）、IGMP（Internet Group Management Protocol，网际组管理协议）、ARP（Address Resolution Protocol，地址解析协议）和 RARP（Reverse Address Resolution Protocol，反向地址解析协议）等，这些协议处理信息的路由和主机地址解析。

由于网络接口层兼并了物理层和数据链路层，所以网络接口层既是传输数据的物理媒介，也可以为网络层提供一条准确无误的线路。

2. 软件定义网络

软件定义网络（Software Defined Network，SDN）是一种新型网络创新架构，是网络虚拟化的一种实现方式，它可通过软件编程的形式定义和控制网络，其通过将网络设备的控制面与数据面分离开来，从而实现了网络流量的灵活控制，使网络变得更加智能，为核心网络及应用的创新提供了良好的平台。

利用分层的思想，SDN 将数据与控制相分离。在控制层，包括具有逻辑中心化和可编程的控制器，可掌握全局网络信息，方便运营商和科研人员管理配置网络和部署新协议等。在数据层，包括哑交换机（与传统的二层交换机不同，专指用于转发数据的设备），仅提供简单的数据转发功能，可以快速处理匹配的数据包，适应流量日益增长的需求。两层之间采用开放的统一接口（如 OpenFlow 等）进行交互。控制器通过标准接口向交换机下发统一标准规则，交换机仅需按照这些规则执行相应的动作即可。SDN 打破了传统网络设备的封闭性。此外，南北向和东西向的开放接口及可编程性，也使得网络管理变得更加简单、动态和灵活。

SDN 的整体架构由下到上（由南到北）分为数据平面、控制平面和应用平面，具体如图 2-1 所示。其中，数据平面由交换机等网络通用硬件组成，各个网络设备之间通过不同规则形成的 SDN 数据通路连接；控制平面包含了逻辑上为中心的 SDN 控制器，它掌握着全局网络信息，负责各种转发规则的控制；应用平面包含着各种基于 SDN 的网络应用，用户无须关心底层细节就可以编程、部署新应用。

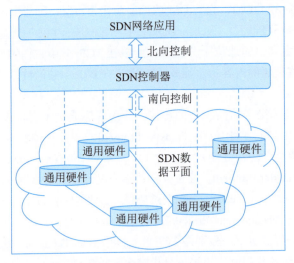

图 2-1 SDN 体系架构图

控制平面与数据平面之间通过 SDN 控制数据平面接口（Control-Data-Plane Interface，CDPI）进行通信，它具有统一的通信标准，主要负责将控制器中的转发规则下发至转发设备，最主要应用的是 OpenFlow 协议。控制平面与应用平面之间通过 SDN 北向接口（NorthBound Interface，NBI）进行通信，而 NBI 并非统一标准，它允许用户根据自身需求定制开发各种网络管理应用。

SDN 中的接口具有开放性，以控制器为逻辑中心，南向接口负责与数据平面进行通信，北向接口负责与应用平面进行通信，东西向接口负责多控制器之间的通信。最主流的南向接口 CDPI 采用的是 OpenFlow 协议。OpenFlow 最基本的特点是基于流（Flow）的概念来匹配转发规则，每一个交换机都维护一个流表（Flow Table），依据流表中的转发规则进行转发，而流表的建立、维护和下发都是由控制器完成的。针对北向接口，应用程序通过北向接口编程来调用所需的各种网络资源，实现对网络的快速配置和部署。东西向接口使控制器具有可扩展性，为负载均衡和性能提升提供了技术保障。

3. 第五代移动通信技术

第五代移动通信技术（5th Generation Mobile Communication Technology，5G）是具有高速率、低时延和大连接特点的新一代移动通信技术。

国际电信联盟（ITU）定义了 5G 的八大指标，与 4G 的对比如表 2-1 所示。

表 2-1 4G 与 5G 主要指标对标

指标名称	流量密度 / (Tb/s·km^2)	连接数密度 / (万·km^{-2})	时延 /ms	移动性 / (km·h^{-1})	能效/倍	用户体验速率/b·s^{-1}	频道效率/倍	峰值速率 / Gb·s^{-1}
4G	0.1	10	空口 10	350	1	10M	1	10
5G	10	100	空口 1	500	100	0.1～1G	3	20

5G 国际技术标准重点满足灵活多样的物联网需要。在正交频分多址（Orthogonal Frequency

Division Multiple Access，OFDMA）和多入多出（Multiple Input Multiple Output，MIMO）基础技术上，5G 为支持三大应用场景，采用了灵活的全新系统设计。在频段方面，与 4G 支持中低频不同，考虑到中低频资源有限，5G 同时支持中低频和高频频段，其中中低频满足覆盖和容量需求，高频满足在热点区域提升容量的需求，5G 针对中低频和高频设计了统一的技术方案，并支持百 MHz 的基础带宽。为了支持高速率传输和更优覆盖，5G 采用 LDPC（一种具有稀疏校验矩阵的分组纠错码）、Polar（一种基于信道极化理论的线性分组码）新型信道编码方案、性能更强的大规模天线技术等。为了支持低时延、高可靠，5G 采用短帧、快速反馈、多层 / 多站数据重传等技术。

国际电信联盟（ITU）定义了 5G 的三大类应用场景，即增强移动宽带（eMBB）、超高可靠低时延通信（uRLLC）和海量机器类通信（mMTC）。增强移动宽带主要面向移动互联网流量爆炸式增长，为移动互联网用户提供更加极致的应用体验；超高可靠低时延通信主要面向工业控制、远程医疗、自动驾驶等对时延和可靠性具有极高要求的垂直行业应用需求；海量机器类通信主要面向智慧城市、智能家居、环境监测等以传感和数据采集为目标的应用需求。

2.1.3 存储和数据库

1. 存储技术

存储分类根据服务器类型分为：封闭系统的存储和开放系统的存储。封闭系统主要指大型机等服务器。开放系统指基于包括麒麟、欧拉、UNIX、Linux 等操作系统的服务器。开放系统的存储分为：内置存储和外挂存储。外挂存储根据连接的方式分为直连式存储（Direct-Attached Storage，DAS）和网络化存储（Fabric-Attached Storage，FAS）。网络化存储根据传输协议又分为网络接入存储（Network-Attached Storage，NAS）和存储区域网络（Storage Area Network，SAN）。DAS、NAS、SAN 等存储模式之间的技术与应用对比如表 2-2 所示。

表 2-2 常用存储模式的技术与应用对比

存储系统架构	DAS	NAS	SAN
安装难易度	不一定	简单	困难
数据传输协议	SCSI/FC/ATA	TCP/IP	FC
传输对象	数据块	文件	数据块
使用标准文件共享协议	否	是（NFS/CIFS…）	否
异种操作系统文件共享	否	是	需要转换设备
集中式管理	不一定	是	需要管理工具
管理难易度	不一定	以网络为基础，容易	不一定，但通常很难
提高服务器效率	否	是	是
灾难忍受度	低	高	高，专有方案
适合对象	中小组织服务器 捆绑磁盘（JBOD）	中小组织 SOHO 族 组织部门	大型组织 数据中心

(续表)

存储系统架构	DAS	NAS	SAN
应用环境	局域网 文档共享程度低 独立操作平台 服务器数量少	局域网 文档共享程度高 异质格式存储需求高	光纤通道存储区域网 网络环境复杂 文档共享程度高 异质操作系统平台 服务器数量多
业务模式	一般服务器	Web 服务器 多媒体资料存储 文件资料共享	大型资料库 数据库等
档案格式复杂度	低	中	高
容量扩充能力	低	中	高

存储虚拟化（Storage Virtualization）是"云存储"的核心技术之一，它把来自一个或多个网络的存储资源整合起来，向用户提供一个抽象的逻辑视图，用户可以通过这个视图中的统一逻辑接口来访问被整合的存储资源。用户在访问数据时并不知道真实的物理位置。它带给人们直接的好处是提高了存储利用率，降低了存储成本，简化了大型、复杂、异构的存储环境的管理工作。

存储虚拟化使存储设备能够转换为逻辑数据存储。虚拟机作为一组文件存储在数据存储的目录中。数据存储是类似于文件系统的逻辑容器。它隐藏了每个存储设备的特性，形成一个统一的模型，为虚拟机提供磁盘。存储虚拟化技术帮助系统管理虚拟基础架构存储资源，提高资源利用率和灵活性，提高应用正常运行时间。

绿色存储（Green Storage）技术是指从节能环保的角度出发，用来设计生产能效更佳的存储产品，降低数据存储设备的功耗，提高存储设备每瓦性能的技术。绿色存储是一个系统设计方案，贯穿于整个存储设计过程，包含存储系统的外部环境、存储架构、存储产品、存储技术、文件系统和软件配置等多方面因素。

绿色存储技术的核心是设计运行温度更低的处理器和更有效率的系统，生产更低能耗的存储系统或组件，降低产品所产生的电子碳化合物，其最终目的是提高所有网络存储设备的能源效率，用最少的存储容量来满足业务需求，从而消耗最低的能源。以绿色理念为指导的存储系统最终是存储容量、性能、能耗三者的平衡。

绿色存储技术涉及所有存储分享技术，包括磁盘和磁带系统、服务器连接、存储设备、网络架构及其他存储网络架构、文件服务和存储应用软件、重复数据删除、自动精简配置和基于磁带的备份技术等可以提高存储利用率、降低建设成本和运行成本的存储技术，其目的是提高所有网络存储技术的能源效率。

2. 数据结构模型

数据结构模型是数据库系统的核心。数据结构模型描述了在数据库中结构化和操纵数据的方法，模型的结构部分规定了数据如何被描述（例如树、表等）。模型的操纵部分规定了数据的添加、删除、显示、维护、打印、查找、选择、排序和更新等操作。

常见的数据结构模型有三种：层次模型、网状模型和关系模型，层次模型和网状模型又统称为格式化数据模型。

1）层次模型

层次模型是数据库系统最早使用的一种模型，它用"树"结构表示实体集之间的关联，其中实体集（用矩形框表示）为结点，而树中各结点之间的连线表示它们之间的关联。在层次模型中，每个结点表示一个记录类型，记录类型之间的联系用结点之间的连线（有向边）表示，这种联系是父子之间的一对多的联系。这就使得层次数据库系统只能处理一对多的实体联系。每个记录类型可包含若干个字段，这里记录类型描述的是实体，字段描述实体的属性。每个记录类型及其字段都必须命名。各个记录类型、同一记录类型中各个字段不能同名。每个记录类型可以定义一个排序字段，也称码字段，如果定义该排序字段的值是唯一的，则它能唯一地标识一个记录值。

一个层次模型在理论上可以包含任意有限个记录类型和字段，但任何实际的系统都会因为存储容量或实现复杂度而限制层次模型中包含的记录类型个数和字段个数。在层次模型中，同一双亲的子女结点称为兄弟结点，没有子女结点的结点称为叶结点。层次模型的一个基本的特点是任何一个给定的记录值只能按其层次路径查看，没有一个子女记录值能够脱离双亲记录值而独立存在。

2）网状模型

网状数据库系统采用网状模型作为数据的组织方式。网状模型用网状结构表示实体类型及其实体之间的联系。网状模型是一种可以灵活地描述事物及其之间关系的数据库模型。

现实世界中事物之间的联系更多的是非层次关系的，一个事物和另外的几个都有联系，用层次模型表示这种关系很不直观，网状模型克服了这一弊病，可以清晰地表示这种非层次关系。用有向图结构表示实体类型及实体间联系的数据结构模型称为网状模型。网状模型取消了层次模型的不能表示非树状结构的限制，两个或两个以上的结点都可以有多个双亲结点，则此有向树变成了有向图，该有向图描述了网状模型。

网状模型中以记录为数据的存储单位。记录包含若干数据项。网状数据库的数据项可以是多值的和复合的数据。每个记录有一个唯一标识它的内部标识符，称为码（DatabaseKey，DBK），它在一个记录存入数据库时由数据库管理系统（Database Management System，DBMS）自动赋予。DBK 可以看作记录的逻辑地址，可作记录的替身或用于寻找记录。网状数据库是导航式（Navigation）数据库，用户在操作数据库时不但说明要做什么，还要说明怎么做。例如在查找语句中不但要说明查找的对象，而且要规定存取路径。

3）关系模型

关系模型是在关系结构的数据库中用二维表格的形式表示实体以及实体之间的联系的模型。关系模型是以集合论中的关系概念为基础发展起来的。关系模型中无论是实体还是实体间的联系均由单一的结构类型关系来表示。

关系模型的基本假定是所有数据都表示为数学上的关系，就是说 n 个集合的笛卡儿积的一个子集，有关这种数据的推理通过二值的谓词逻辑来进行，这意味着对每个命题都只有两种可能的值：要么是真，要么是假。数据通过关系演算和关系代数的一种方式来操作。关系模型是采用二维表格结构表达实体类型及实体间联系的数据模型。

关系模型允许设计者通过数据库规范化的提炼，去建立一个信息的一致性的模型。访问计划和其他实现与操作细节由 DBMS 引擎来处理，而不应该反映在逻辑模型中。这与 SQL DBMS 普遍的实践是对立的，在它们那里性能调整经常需要改变逻辑模型。

基本的关系建造块是域或者叫数据类型。元组是属性的有序多重集（Multiset），属性是域和值的有序对。关系变量（Relvar）是域和名字的有序对（序偶）的集合，它充当关系的表头（Header）。关系是元组的集合。尽管这些关系概念是在数学上的定义的，它们可以宽松地映射到传统数据库概念上。表是关系公认的可视表示；元组类似于行的概念。

关系模型的基本原理是信息原理，即所有信息都表示为关系中的数据值。所以，关系变量在设计时是相互无关联的；反而，设计者在多个关系变量中使用相同的域，如果一个属性依赖于另一个属性，则通过参照完整性来强制这种依赖性。

3. 常用数据库类型

数据库根据存储方式可以分为关系型数据库（SQL）和非关系型数据库（Not Only SQL，NoSQL）。

1）关系型数据库

网状数据库（以网状数据模型为基础建立的数据库）和层次数据库（采用层次模型作为数据组织方式的数据库）已经很好地解决了数据的集中和共享问题，但是在数据独立性和抽象级别上仍有很大欠缺。用户在对这两种数据库进行存取时，仍然需要明确数据的存储结构，指出存取路径。而后来出现的关系数据库较好地解决了这些问题。关系数据库系统采用关系模型作为数据的组织方式。关系数据库是在一个给定的应用领域中，所有实体及实体之间联系的集合。关系型数据库支持事务的 ACID 原则，即原子性（Atomicity）、一致性（Consistency）、隔离性（Isolation）、持久性（Durability），这四种原则保证在事务过程当中数据的正确性。

2）非关系型数据库

非关系型数据库是分布式的、非关系型的、不保证遵循 ACID 原则的数据存储系统。NoSQL 数据存储不需要固定的表结构，通常也不存在连接操作。在大数据存取上具备关系型数据库无法比拟的性能优势。

常见的非关系数据库分为：

- 键值数据库：类似传统语言中使用的哈希表。可以通过key来添加、查询或者删除数据库，因为使用key主键访问，会获得很高的性能及扩展性。Key/Value模型对于信息系统来说，其优势在于简单、易部署、高并发。
- 列存储（Column-oriented）数据库：将数据存储在列族中，一个列族存储经常被一起查询，比如人们经常会查询某个人的姓名和年龄，而不是薪资。这种情况下姓名和年龄会被放到一个列族中，薪资会被放到另一个列族中。这种数据库通常用来应对分布式存储海量数据。
- 面向文档（Document-Oriented）数据库：文档型数据库可以看作是键值数据库的升级

版，允许之间嵌套键值，而且文档型数据库比键值数据库的查询效率更高。面向文档数据库会将数据以文档形式存储。
- 图形数据库：允许人们将数据以图的方式存储。实体会作为顶点，而实体之间的关系则会作为边。比如有三个实体：Steve Jobs、Apple和Next，则会有两个Founded by的边将Apple和Next连接到Steve Jobs。

3）不同存储方式数据库的优缺点

关系型数据库和非关系型数据库的优缺点，如表2-3所示。

表2-3 常用存储数据库类型优缺点

数据库类型	特点类型	描述
关系型数据库	优点	- 容易理解：二维表结构是非常贴近逻辑世界的一个概念，关系模型相对网状、层次等其他模型来说更容易理解 - 使用方便：通用的SQL语言使得操作关系型数据库非常方便 - 易于维护：丰富的完整性（实体完整性、参照完整性和用户定义的完整性）大大减低了数据冗余和数据不一致的概率
关系型数据库	缺点	- 数据读写必须经过SQL解析，大量数据、高并发下读写性能不足（对于传统关系型数据库来说，硬盘I/O是一个很大的瓶颈） - 具有固定的表结构，因此扩展困难 - 多表的关联查询导致性能欠佳
非关系型数据库	优点	- 高并发：大数据下读写能力较强（基于键值对的，可以想象成表中的主键和值的对应关系，且不需要经过SQL层的解析，所以性能非常高） - 基本支持分布式：易于扩展，可伸缩（因为基于键值对，数据之间没有耦合性，所以非常容易水平扩展） - 简单：弱结构化存储
非关系型数据库	缺点	- 事务支持较弱 - 通用性差 - 无完整约束，复杂业务场景支持较差

4. 数据仓库

传统的数据库系统中缺乏决策分析所需的大量历史数据信息，因为传统的数据库一般只保留当前或近期的数据信息。为了满足中高层管理人员预测、决策分析的需要，在传统数据库的基础上产生了能够满足预测、决策分析需要的数据环境——数据仓库。数据仓库相关的基础概念包括：

- 清洗/转换/加载（Extract/Transformation/Load，ETL）：用户从数据源抽取出所需的数据，经过数据清洗、转换，最终按照预先定义好的数据仓库模型，将数据加载到数据仓库中去。
- 元数据：关于数据的数据，指在数据仓库建设过程中所产生的有关数据源定义、目标定义、转换规则等相关的关键数据。同时元数据还包含关于数据含义的商业信息。典型的元数据包括：数据仓库表的结构、数据仓库表的属性、数据仓库的源数据（记录系统)、从记录系统到数据仓库的映射、数据模型的规格说明、抽取日志和访问数据的公用例行程序等。
- **粒度**：数据仓库的数据单位中保存数据的细化或综合程度的级别。细化程度越高，粒度级就越小；相反，细化程度越低，粒度级就越大。
- **分割**：结构相同的数据被分成多个数据物理单元。任何给定的数据单元属于且仅属于一个分割。
- **数据集市**：小型的、面向部门或工作组级的数据仓库。
- **操作数据存储（Operation Data Store，ODS）**：能支持组织日常的全局应用的数据集合，是不同于DB的一种新的数据环境，是DW扩展后得到的一个混合形式。它具有四个基本特点：面向主题的、集成的、可变的、当前或接近当前的。
- **数据模型**：逻辑数据结构，包括由数据库管理系统为有效进行数据库处理提供的操作和约束；用于表示数据的系统。
- **人工关系**：在决策支持系统环境中用于表示参照完整性的一种设计技术。

数据仓库是一个面向主题的、集成的、非易失的且随时间变化的数据集合，用于支持管理决策。常见的数据仓库的体系结构如图2-2所示。

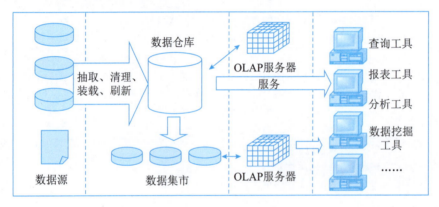

图2-2 数据仓库体系结构

（1）数据源。它是数据仓库系统的基础，是整个系统的数据源泉。通常包括组织内部信息和外部信息。内部信息包括存放于关系型数据库管理系统中的各种业务处理数据和各类文档数据。外部信息包括各类法律法规、市场信息和竞争对手的信息等。

（2）数据的存储与管理。它是整个数据仓库系统的核心。数据仓库的真正关键是数据的存储和管理。数据仓库的组织管理方式决定了它有别于传统数据库，同时也决定了其对外部数据的表现形式。要决定采用什么产品和技术来建立数据仓库的核心，则需要从数据仓库的技术特点着手分析。针对现有各业务系统的数据，进行抽取、清理并有效集成，按照主题进行组织。数据仓库按照数据的覆盖范围可以分为组织级数据仓库和部门级数据仓库（通常称为数据集市）。

（3）联机分析处理（On-Line Analytic Processing，OLAP）服务器。OLAP对分析需要的数据进行有效集成，按多维模型予以组织，以便进行多角度、多层次的分析，并发现趋势。其具体实现可以分为：基于关系数据库的 OLAP（Relational OLAP，ROLAP）、基于多维数据组织的 OLAP（Multidimensional OLAP，MOLAP）和基于混合数据组织的 OLAP（Hybrid OLAP，HOLAP）。ROLAP 基本数据和聚合数据均存放在 RDBMS 之中；MOLAP 基本数据和聚合数据均存放于多维数据库中；HOLAP 基本数据存放于关系数据库管理系统（Relational Database Management System，RDBMS）之中，聚合数据存放于多维数据库中。

（4）前端工具。前端工具主要包括各种查询工具、报表工具、分析工具、数据挖掘工具以及各种基于数据仓库或数据集市的应用开发工具。其中数据分析工具主要针对 OLAP 服务器，报表工具、数据挖掘工具主要针对数据仓库。

2.1.4 信息安全

常见的信息安全问题主要表现为：计算机病毒泛滥、恶意软件的入侵、黑客攻击、利用计算机犯罪、网络有害信息泛滥、个人隐私泄露等。随着物联网、云计算、人工智能、大数据等新一代信息技术的广泛应用，信息安全也面临着新的问题和挑战。

1. 信息安全基础

信息安全强调信息（数据）本身的安全属性，主要包括以下内容。
- 保密性（Confidentiality）：信息不被未授权者知晓的属性。
- 完整性（Integrity）：信息是正确的、真实的、未被篡改的、完整无缺的属性。
- 可用性（Availability）：信息可以随时正常使用的属性。

信息必须依赖其存储、传输、处理及应用的载体（媒介）而存在，因此针对信息系统，安全可以划分为四个层次：设备安全、数据安全、内容安全、行为安全。

信息系统一般由计算机系统、网络系统、操作系统、数据库系统和应用系统组成。与此对应，信息系统安全主要包括计算机设备安全、网络安全、操作系统安全、数据库系统安全和应用系统安全等。

网络安全技术主要包括：防火墙、入侵检测与防护、VPN、安全扫描、网络蜜罐技术、用户和实体行为分析技术等。

2. 加密解密

为了保证信息的安全性，就需要采用信息加密技术对信息进行伪装，使得信息非法窃取者无法理解信息的真实含义；需要采用加密算法提取信息的特征码（校验码）或特征矢量，并与有关信息封装在一起，信息的合法拥有者可以利用特征码对信息的完整性进行校验；需要采用加密算法对信息使用者的身份进行认证、识别和确认，以对信息的使用进行控制。

发信者将明文数据加密成密文，然后将密文数据送入网络传输或存入计算机文件，而且只给合法收信者分配密钥。合法收信者接收到密文后，实行与加密变换相逆的变换，去掉密文的伪装并恢复出明文，这一过程称为解密（Decryption）。解密在解密密钥的控制下进行。用于解密的一组数学变换称为解密算法。

加密技术包括两个元素：算法和密钥。密钥加密技术的密码体制分为对称密钥体制和非对称密钥体制两种。相应地，对数据加密的技术分为两类，即对称加密（私人密钥加密）和非对称加密（公开密钥加密）。对称加密以数据加密标准（Data Encryption Standard，DES）算法为典型代表，非对称加密通常以 RSA（Rivest Shamir Adleman）算法为代表。对称加密的加密密钥和解密密钥相同，而非对称加密的加密密钥和解密密钥不同，加密密钥可以公开而解密密钥需要保密。

3. 安全行为分析技术

传统安全产品、技术、方案基本上都是基于已知特征进行规则匹配来进行分析和检测。基于特征、规则和人工分析，以"特征"为核心的检测分析存在安全可见性盲区，有滞后效应、无力检测未知攻击、容易被绕过，以及难以适应攻防对抗的网络现实和快速变化的组织环境、外部威胁等问题。另一方面，虽然大多数的攻击可能来自组织以外，但最严重的损害往往是由内部人员造成的，只有管理好内部威胁，才能保证信息和网络安全。

用户和实体行为分析（User and Entity Behavior Analytics，UEBA）提供了用户画像及基于各种分析方法的异常检测，结合基本分析方法（利用签名的规则、模式匹配、简单统计、阈值等）和高级分析方法（监督和无监督的机器学习等），用打包分析来评估用户和其他实体（主机、应用程序、网络、数据库等），发现与用户或实体标准画像或行为异常的活动所相关的潜在事件。UEBA 以用户和实体为对象，利用大数据，结合规则以及机器学习模型，并通过定义此类基线，对用户和实体行为进行分析和异常检测，尽可能快速地感知内部用户和实体的可疑或非法行为。

UEBA 是一个完整的系统，涉及算法、工程等检测部分，以及用户与实体风险评分排序、调查等用户交换和反馈。从架构上来看，UEBA 系统通常包括数据获取层、算法分析层和场景应用层。

4. 网络安全态势感知

网络安全态势感知（Network Security Situation Awareness）是在大规模网络环境中，对能够引起网络态势发生变化的安全要素进行获取、理解、显示，并据此预测未来的网络安全发展趋势。安全态势感知不仅是一种安全技术，也是一种新兴的安全概念。它是一种基于环境的、动态的、整体的洞悉安全风险的能力。安全态势感知的前提是安全大数据，其在安全大数据的基础上进行数据整合、特征提取等，然后应用一系列态势评估算法生成网络的整体态势状况，应用态势预测算法预测态势的发展状况，并使用数据可视化技术，将态势状况和预测情况展示给安全人员，方便安全人员直观便捷地了解网络当前状态及预期的风险。

网络安全态势感知的关键技术主要包括：海量多元异构数据的汇聚融合技术、面向多类型的网络安全威胁评估技术、网络安全态势评估与决策支撑技术、网络安全态势可视化等。

2.1.5 信息技术的发展

作为信息技术的基础，计算机软硬件、网络、存储和数据库、信息安全等都在不断的发展创新，引领着当前信息技术发展的潮流。

在计算机软硬件方面,计算机硬件技术将向超高速、超小型、平行处理、智能化的方向发展,计算机硬件设备的体积越来越小、速度越来越高、容量越来越大、功耗越来越低、可靠性越来越高。计算机软件越来越丰富,功能越来越强大,"软件定义一切"概念成为当前发展的主流。

在网络技术方面,计算机网络与通信技术之间的联系日益密切,甚至是已经融为一体。作为国家最重要的基础设施之一,5G 成为当前的主流,面向物联网、低时延场景的窄带物联网(Narrow Band Internet of Things,NB-IoT)和增强型机器类型通信(enhanced Machine-Type Communication,eMTC)、工业物联网(Industrial Internet of Things,IIoT)和低延时高可靠通信(Ultra Reliable Low Latency Communication,URLLC)等技术,将进一步得到充分发展。

在存储和数据库方面,随着数据量的不断爆炸式增长,数据存储结构也越来越灵活多样,日益变革的新兴业务需求驱使数据库及应用系统的存在形式愈发丰富,这些变化均对各类数据库的架构和存储模式提出了挑战,推动数据库技术不断向着模型拓展、架构解耦的方向演进。

在信息安全方面,传统计算机安全理念将过渡到以可信计算理念为核心的计算机安全,由网络普及应用引发的技术与应用模式的变革,正在进一步推动信息安全网络化关键技术的创新;同时信息安全标准的研究与制定,信息安全产品和服务的集成和融合,正引领着当前信息安全技术朝着标准化和集成化的方向发展。

2.2 新一代信息技术及应用

信息技术在智能化、系统化、微型化、云端化的基础上不断融合创新,促进了物联网、云计算、大数据、区块链、人工智能、虚拟现实等新一代信息技术的诞生。新一代信息技术与信息资源充分开发利用形成的新模式、新业态等,是信息化发展的主要趋势,也是信息系统集成领域未来的重要业务范畴。

2.2.1 物联网

物联网(The Internet of Things)是指通过信息传感设备,按约定的协议将任何物品与互联网相连接,进行信息交换和通信,以实现智能化识别、定位、跟踪、监控和管理的网络。物联网主要解决物品与物品(Thing to Thing,T2T)、人与物品(Human to Thing,H2T)、人与人(Human to Human,H2H)之间的互连。另外,许多学者在讨论物联网时经常会引入 M2M 的概念:可以解释为人与人(Man to Man)、人与机器(Man to Machine)或机器与机器(Machine to Machine)。

1. 技术基础

物联网架构可分为三层:感知层、网络层和应用层。感知层由各种传感器构成,包括温度传感器、二维码标签、RFID 标签和读写器、摄像头、GPS 等感知终端。感知层是物联网识别物体、采集信息的来源。网络层由各种网络,包括互联网、广电网、网络管理系统和云计算平台等组成,是整个物联网的中枢,负责传递和处理感知层获取的信息。应用层是物联网和用户的接口,它与行业需求结合以实现物联网的智能应用。

物联网的产业链包括传感器和芯片、设备、网络运营及服务、软件与应用开发和系统集成。物联网技术在智能电网、智慧物流、智能家居、智能交通、智慧农业、环境保护、医疗健康、城市管理（智慧城市）、金融服务与保险业、公共安全等方面有非常关键和重要的应用。

2. 关键技术

物联网关键技术主要涉及传感器技术、传感网和应用系统框架等。

1）传感器技术

传感器是一种检测装置，它能"感受"到被测量的信息，并能将检测到的信息按一定规律变换成为电信号或其他所需形式的信息输出，以满足信息的传输、处理、存储、显示、记录和控制等要求。它是实现自动检测和自动控制的首要环节，也是物联网获取物理世界信息的基本手段。

射频识别技术（Radio Frequency Identification，RFID）是物联网中使用的一种传感器技术，在物联网发展中备受关注。RFID可通过无线电信号识别特定目标并读写相关数据，而无须识别系统与特定目标之间建立机械或光学接触。RFID是一种简单的无线系统，由一个询问器（或阅读器）和很多应答器（或标签）组成。标签由耦合元件及芯片组成，每个标签具有扩展词条唯一的电子编码，附着在物体上标识目标对象，它通过天线将射频信息传递给阅读器，阅读器就是读取信息的设备。RFID技术让物品能够"开口说话"。这就赋予了物联网一个特性——可跟踪性，即可以随时掌握物品的准确位置及其周边环境。

2）传感网

微机电系统（Micro-Electro-Mechanical Systems，MEMS）是由微传感器、微执行器、信号处理和控制电路、通信接口和电源等部件组成的一体化的微型器件系统。其目标是把信息的获取、处理和执行集成在一起，组成具有多功能的微型系统，集成于大尺寸系统中，从而大幅地提高系统的自动化、智能化和可靠性水平。MEMS赋予了普通物体新的"生命"，它们有了属于自己的数据传输通路、存储功能、操作系统和专门的应用程序，从而形成一个庞大的传感网，使物联网能够通过物品来实现对人的监控与保护。未来，衣服可以通过传感网"告诉"洗衣机放多少水和洗衣粉最经济；文件夹会"检查"人们忘带了什么重要文件；食品蔬菜的标签会向顾客的手机介绍"自己"是否真正"绿色安全"。

3）应用系统框架

物联网应用系统框架是一种以机器终端智能交互为核心的、网络化的应用与服务。它将使对象实现智能化的控制，涉及5个重要的技术部分：机器、传感器硬件、通信网络、中间件和应用。该框架基于云计算平台和智能网络，可以依据传感器网络获取的数据进行决策，改变对象的行为控制和反馈。以智能停车场为例，当车辆驶入或离开天线通信区时，天线以微波通信的方式与电子识别卡进行双向数据交换，从电子车卡上读取车辆的相关信息，从司机卡上读取司机的相关信息，自动识别电子车卡和司机卡，并判断该车卡是否有效和司机卡的合法性，核对车道控制电脑并显示与该电子车卡和司机卡一一对应的车牌号码及驾驶员等资料信息。车道控制电脑自动将通过时间、车辆和驾驶员的有关信息存入数据库中，车道控制电脑根据读到的数据判断是正常卡、未授权卡、无卡还是非法卡,据此做出相应的回应和提示。另外,家中的老人通过佩戴嵌入智能传感器的手表,在外地的子女可以随时通过手机查询父母的血压、心跳是否稳定。智能化的住宅在主人上班时,传感器自动关闭水电气和门窗,定时向主人的手机发送消息,汇报安全情况。

3. 应用和发展

物联网的应用领域涉及人们工作与生活的方方面面。在工业、农业、环境、交通、物流、安保等基础设施领域的应用,有效地推动了这些方面的智能化发展,使得有限的资源能更加合理地使用分配,从而提高了行业效率、效益;在家居、医疗健康、教育、金融与服务业、旅游业等与生活息息相关领域的应用,通过与社会科学和社会治理的充分融合创新,实现了服务范围、服务方式和服务质量等方面的巨大变革和进步。

2.2.2 云计算

云计算(Cloud Computing)是分布式计算的一种,指的是通过网络"云"将巨大的数据计算处理程序分解成无数个小程序,然后通过由多台服务器组成的系统进行处理和分析这些小程序得到结果并返回给用户。在云计算早期,就是简单的分布式计算,进行任务分发并对计算结果进行合并。当前的云计算已经不单单是一种分布式计算,而是分布式计算、效用计算、负载均衡、并行计算、网络存储、热备份冗余和虚拟化等计算机技术混合演进并跃升的结果。

1. 技术基础

云计算是一种基于互联网的计算方式,通过这种方式将网络上配置为共享的软件资源、计算资源、存储资源和信息资源,按需求提供给网上的终端设备和终端用户。云计算也可以理解为向用户屏蔽底层差异的分布式处理架构。在云计算环境中,用户与实际服务提供的计算资源相分离,云端集合了大量计算设备和资源。

当使用云计算服务时,用户不需要安排专门的维护人员,云计算服务的提供商会为数据和服务器的安全做出相对较高水平的保护。由于云计算将数据存储在云端(分布式的云计算设备中承担计算和存储功能的部分),业务逻辑和相关计算都在云端完成,因此,终端只需要一个能够满足基础应用的普通设备即可。

云计算实现了"快速、按需、弹性"的服务,用户可以随时通过宽带网络接入"云"并获得服务,按照实际需求获取或释放资源,根据需求对资源进行动态扩展。

按照云计算服务提供的资源层次,可以分为基础设施即服务(Infrastructure as a Service,IaaS)、平台即服务(Platform as a Service,PaaS)和软件即服务(Software as a Service,SaaS)三种服务类型。

IaaS 向用户提供计算机能力、存储空间等基础设施方面的服务。这种服务模式需要较大的基础设施投入和长期运营管理经验,其单纯出租资源的盈利能力有限。

PaaS 向用户提供虚拟的操作系统、数据库管理系统、Web 应用等平台化的服务。PaaS 服务的重点不在于直接的经济效益,而更注重构建和形成紧密的产业生态。

SaaS 向用户提供应用软件(如 CRM、办公软件等)、组件、工作流等虚拟化软件的服务,

SaaS 一般采用 Web 技术和 SOA 架构，通过 Internet 向用户提供多租户、可定制的应用能力，大大缩短了软件产业的渠道链条，减少了软件升级、定制和运行维护的复杂程度，并使软件提供商从软件产品的生产者转变为应用服务的运营者。

2. 关键技术

云计算的关键技术主要涉及虚拟化技术、云存储技术、多租户和访问控制管理、云安全技术等。

1）虚拟化技术

虚拟化是一个广义术语，在计算机领域通常是指计算元件在虚拟的基础上而不是真实的基础上运行。虚拟化技术可以扩大硬件的容量，简化软件的重新配置过程。CPU 的虚拟化技术可以单 CPU 模拟多 CPU 并行，允许一个平台同时运行多个操作系统，并且应用程序都可以在相互独立的空间内运行而互不影响，从而显著提高计算机的工作效率。

虚拟化技术与多任务以及超线程技术是完全不同的。多任务是指在一个操作系统中多个程序同时并行运行，而在虚拟化技术中，则可以同时运行多个操作系统，而且每一个操作系统中都有多个程序运行，每一个操作系统都运行在一个虚拟的 CPU 或者虚拟主机上。超线程技术只是单 CPU 模拟双 CPU 来平衡程序运行性能，这两个模拟出来的 CPU 是不能分离的，只能协同工作。

容器（Container）技术是一种全新意义上的虚拟化技术，属于操作系统虚拟化的范畴，也就是由操作系统提供虚拟化的支持。目前最受欢迎的容器环境是 Docker。容器技术将单个操作系统的资源划分到孤立的组中，以便更好地在孤立的组之间平衡有冲突的资源使用需求。例如：用户创建一个应用，传统方式需要虚拟机，但虚拟机本身就占用了更多的系统资源。又如，应用需要在开发和运维之间转移、协作，当开发和运维的操作环境不同时，也会影响结果。使用容器技术可将应用隔离在一个独立的运行环境中，该独立环境称之为容器，可以减少运行程序带来的额外消耗，并可以在几乎任何地方以相同的方式运行。

2）云存储技术

云存储技术是基于传统媒体系统发展而来的一种全新信息存储管理方式，该方式整合应用了计算机系统的软硬件优势，可较为快速、高效地对海量数据进行在线处理，通过多种云技术平台的应用，实现了数据的深度挖掘和安全管理。

分布式文件系统作为云存储技术中的重要组成部分，在维持兼容性的基础上，对系统复制和容错功能进行提升。同时，通过云集群管理实现云存储的可拓展性，借助模块之间的合理搭配，完成解决方案拟定解决的网络存储问题、联合存储问题、多节点存储问题、备份处理、负载均衡等。云储存的实现过程中，结合分布式的文件结构，在硬件支撑的基础上，对硬件运行环境进行优化，确保数据传输的完整性和容错性；结合成本低廉的硬件的扩展，大大降低了存储的成本。

在分布式文件系统的支撑下，实现了通过云存储资源的拓展，辅助高吞吐量数据的分析，使得用户可以更加充分、全面地进行数据管理，实现用户上传信息的优化管理，满足了不同平台信息获取需要。另一方面，通过加强对云存储技术中相关数据的安全防护，实现信息存储过程中的病毒防护和安全监控，确保信息存储应用的安全性。

3）多租户和访问控制管理

云计算环境下访问控制的研究是伴随着云计算的发展而开始的，访问控制管理是云计算应用的核心问题之一。云计算访问控制的研究主要集中在云计算访问控制模型、基于 ABE 密码体制的云计算访问控制、云中多租户及虚拟化访问控制研究。

云计算访问控制模型就是按照特定的访问策略来描述安全系统，建立安全模型的一种方法。用户（租户）可以通过访问控制模型得到一定的权限，进而对云中的数据进行访问，所以访问控制模型多用于静态分配用户的权限。云计算中的访问控制模型都是以传统的访问控制模型为基础，在传统的访问控制模型上进行改进，使其更适用于云计算的环境。根据访问控制模型功能的不同，研究的内容和方法也不同，常见的有基于任务的访问控制模型、基于属性模型的云计算访问控制、基于 UCON 模型的云计算访问控制、基于 BLP 模型的云计算访问控制等。

基于 ABE 密码机制的云计算访问控制包括 4 个参与方：数据提供者、可信第三方授权中心、云存储服务器和用户。首先，可信授权中心生成主密钥和公开参数，将系统公钥传给数据提供者，数据提供者收到系统公钥之后，用策略树和系统公钥对文件加密，将密文和策略树上传到云服务器；然后，当一个新用户加入系统后，将自己的属性集上传给可信授权中心并提交私钥申请请求，可信授权中心针对用户提交的属性集和主密钥计算生成私钥，传给用户；最后，用户下载感兴趣的数据。如果其属性集合满足密文数据的策略树结构，则可以解密密文；否则，访问数据失败。

云中多租户及虚拟化访问控制是云计算的典型特征。由于租户间共享物理资源，并且其可信度不容易得到，所以租户之间就可以通过侧通道攻击来从底层的物理资源中获得有用的信息。此外，由于在虚拟机上要部署访问控制策略可能会带来多个租户访问资源的冲突，导致物理主机上出现没有认证的或者权限分配错误的信息流。这就要求在云环境下，租户之间的通信应该由访问控制来保证，并且每个租户都有自己的访问控制策略，使得整个云平台的访问控制变得复杂。目前，对多租户访问控制的研究主要集中在对多租户的隔离和虚拟机的访问控制方面。

4）云安全技术

云安全研究主要包含两个方面的内容，一是云计算技术本身的安全保护工作，涉及相应的数据完整性及可用性、隐私保护性以及服务可用性等方面的内容；二是借助于云服务的方式来保障客户端用户的安全防护需求，通过云计算技术来实现互联网安全，涉及基于云计算的病毒防治、木马检测技术等。

在云安全技术的研究方面，主要包含：

- 云计算安全性：主要是对于云自身以及所涉及的应用服务内容进行分析，重点探讨其相应的安全性问题，这里主要涉及如何有效实现安全隔离，保障互联网用户数据的安全性，如何有效防护恶意网络攻击，提升云计算平台的系统安全性，以及用户接入认证以及相应的信息传输审计、安全等方面的工作。
- 保障云基础设施的安全性：主要就是如何利用相应的互联网安全基础设备的相应资源，有效实现云服务的优化，从而保障满足预期的安全防护的要求。

- **云安全技术服务**：重点集中于如何保障实现互联网终端用户的安全服务要求，能有效实现客户端的计算机病毒防治等相关服务工作。从云安全架构的发展情况来看，如果云计算服务商的安全等级不高，会造成服务用户需要具备更强的安全能力、承担更多管理职责。

为了提升云安全体系的能力，保障其具有较强的可靠性，云安全技术要从开放性、安全保障、体系结构的角度考虑。①云安全系统具有一定的开放性，要保障开放环境下可信认证；②在云安全系统方面，要积极采用先进的网络技术和病毒防护技术；③在云安全体系构建过程中，要保证其稳定性，以满足海量数据动态变化的需求。

综上所述，云安全技术是新一代互联网中安全技术构架的核心内容，体现了当前快速发展的云计算的先进性，是未来的信息安全技术发展的必然趋势。随着云计算应用领域的拓展，云安全技术也必然会越来越成熟，能有效全方位保障广大互联网用户的数据应用安全性，对于云计算的进一步推广与应用具有至关重要的作用。

3. 应用和发展

云计算经历十余年的发展，已逐步进入成熟期，在众多领域正发挥着越来越大的作用，"上云"将成为各类组织加快数字化转型、鼓励技术创新和促进业务增长的第一选择，甚至是必备的前提条件。

云计算将进一步成为创新技术和最佳工程实践的重要载体和试验场。从 AI 与机器学习、IoT 与边缘计算、区块链到工程实践领域的 DevOps、云原生和 Service Mesh，都有云计算厂商积极参与、投入和推广的身影。以人工智能为例，从前面提到的 IaaS 中 GPU 计算资源的提供，到面向特定领域成熟模型能力开放（如各类自然语言处理、图像识别、语音合成的 API），再到帮助打造定制化 AI 模型的机器学习平台，云计算实际上已成为 AI 相关技术的基础。

云计算将顺应产业互联网大潮，下沉行业场景，向垂直化、产业化纵深发展。随着通用类架构与功能的不断完善和对行业客户的不断深耕，云计算自然渗透进入更多垂直领域，成为提供更贴近行业业务与典型场景的基础能力。以金融云为例，云计算可针对金融保险机构特殊的合规和安全需要，提供物理隔离的基础设施，还可提供支付、结算、风控、审计等业务组件。

多云和混合云将成为大中型组织的刚需，得到更多重视与发展。当组织大量的工作负载部署在云端，新的问题则会显现：①虽然云端已经能提供相当高的可用性，但为了避免单一供应商出现故障时的风险，关键应用仍须架设必要的技术冗余；②当业务规模较大时，从商业策略角度看，也需要避免过于紧密的厂商绑定，以寻求某种层面的商业制衡和主动权。

云的生态建设重要性不断凸显，成为影响云间竞争的关键因素。当某个云发展到一定规模和阶段，就不能仅仅考虑技术和产品，需要站在长远发展的角度，建立和培养具有生命力的繁荣生态和社区。另外，云生态需要关注面向广大开发者、架构师和运维工程师的持续输出、培养和影响。只有赢得广大技术人员的关注和喜爱，才能赢得未来的云计算市场。

综上所述，"创新、垂直、混合、生态"这四大趋势伴随云计算快速发展。云计算对 IT 硬件资源与软件组件进行了标准化、抽象化和规模化，某种意义上颠覆和重构了 IT 业界的供应链，是当前新一代信息技术发展的巨大的革新与进步。

2.2.3 大数据

大数据(Big Data)指无法在一定时间范围内用常规软件工具进行捕捉、管理和处理的数据集合,是具有更强的决策力、洞察发现力和流程优化能力的海量、高增长率和多样化的信息资产。

1. 技术基础

大数据是具有体量大、结构多样、时效性强等特征的数据,处理大数据需要采用新型计算架构和智能算法等新技术。大数据从数据源到最终价值实现一般需要经过数据准备、数据存储与管理、数据分析和计算、数据治理和知识展现等过程,涉及数据模型、处理模型、计算理论以及与其相关的分布计算、分布存储平台技术、数据清洗和挖掘技术、流式计算和增量处理技术、数据质量控制等方面的研究。一般来说,大数据主要特征包括:

- 数据海量:大数据的数据体量巨大,从TB级别跃升到PB级别(1PB=1024TB)、EB级别(1EB=1024PB),甚至达到ZB级别(1ZB=1024EB)。
- 数据类型多样:大数据的数据类型繁多,一般分为结构化数据和非结构化数据。相对于以往便于存储的以文本为主的结构化数据,非结构化数据越来越多,包括网络日志、音频、视频、图片、地理位置信息等,这些多类型的数据对数据的处理能力提出了更高要求。
- 数据价值密度低:数据价值密度的高低与数据总量的大小成反比。以视频为例,一部1小时的视频,在连续不间断的监控中,有用数据可能仅有一二秒。如何通过强大的机器算法更迅速地完成数据的价值"提纯",成为目前大数据背景下亟待解决的难题。
- 数据处理速度快:为了从海量的数据中快速挖掘数据价值,一般要求要对不同类型的数据进行快速的处理,这是大数据区分于传统数据挖掘的最显著特征。

2. 关键技术

大数据技术作为信息化时代的一项新兴技术,技术体系处在快速发展阶段,涉及数据的处理、管理、应用等多个方面。具体来说,技术架构是从技术视角研究和分析大数据的获取、管理、分布式处理和应用等。大数据的技术架构与具体实现的技术平台和框架息息相关,不同的技术平台决定了不同的技术架构和实现。从总体上说,大数据技术架构主要包含大数据获取技术、分布式数据处理技术和大数据管理技术,以及大数据应用和服务技术。

1)大数据获取技术

目前,大数据获取的研究主要集中在数据采集、整合和清洗三个方面。数据采集技术实现数据源的获取,然后通过整合和清理技术保证数据质量。

数据采集技术主要是通过分布式爬取、分布式高速高可靠性数据采集、高速全网数据映像技术,从网站上获取数据信息。除了网络中包含的内容之外,对于网络流量的采集可以使用DPI或DFI等带宽管理技术进行处理。

数据整合技术是在数据采集和实体识别的基础上,实现数据到信息的高质量整合。数据整合技术包括多源多模态信息集成模型、异构数据智能转换模型、异构数据集成的智能模式抽取和模式匹配算法、自动容错映射和转换模型及算法、整合信息的正确性验证方法、整合信息的可用性评估方法等。

数据清洗技术一般根据正确性条件和数据约束规则，清除不合理和错误的数据，对重要的信息进行修复，保证数据的完整性。包括数据正确性语义模型、关联模型和数据约束规则、数据错误模型和错误识别学习框架、针对不同错误类型的自动检测和修复算法、错误检测与修复结果的评估模型和评估方法等。

2）分布式数据处理技术

分布式计算是随着分布式系统的发展而兴起的，其核心是将任务分解成许多小的部分，分配给多台计算机进行处理，通过并行工作的机制，达到节约整体计算时间，提高计算效率的目的。目前，主流的分布式计算系统有 Hadoop、Spark 和 Storm。Hadoop 常用于离线的复杂的大数据处理，Spark 常用于离线的快速的大数据处理，而 Storm 常用于在线的实时的大数据处理。

大数据分析与挖掘技术主要指改进已有数据挖掘和机器学习技术；开发数据网络挖掘、特异群组挖掘、图挖掘等新型数据挖掘技术；创新基于对象的数据连接、相似性连接等大数据融合技术；突破用户兴趣分析、网络行为分析、情感语义分析等面向领域的大数据挖掘技术。

3）大数据管理技术

大数据管理技术主要集中在大数据存储、大数据协同和安全隐私等方面。

大数据存储技术主要有三个方面。①采用 MPP 架构的新型数据库集群，通过列存储、粗粒度索引等多项大数据处理技术和高效的分布式计算模式，实现大数据存储；②围绕 Hadoop 衍生出相关的大数据技术，应对传统关系型数据库较难处理的数据和场景，通过扩展和封装 Hadoop 来实现对大数据存储、分析的支撑；③基于集成的服务器、存储设备、操作系统、数据库管理系统，实现具有良好的稳定性、扩展性的大数据一体机。

多数据中心的协同管理技术是大数据研究的另一个重要方向。通过分布式工作流引擎实现工作流调度、负载均衡，整合多个数据中心的存储和计算资源，从而为构建大数据服务平台提供支撑。

大数据隐私性技术的研究，主要集中于新型数据发布技术，尝试在尽可能少损失数据信息的同时最大化地隐藏用户隐私。在数据信息量和隐私之间是有矛盾的，目前没有非常好的解决办法。

4）大数据应用和服务技术

大数据应用和服务技术主要包含分析应用技术和可视化技术。

大数据分析应用主要是面向业务的分析应用。在分布式海量数据分析和挖掘的基础上，大数据分析应用技术以业务需求为驱动，面向不同类型的业务需求开展专题数据分析，为用户提供高可用、高易用的数据分析服务。

可视化通过交互式视觉表现的方式来帮助人们探索和理解复杂的数据。大数据的可视化技术主要集中在文本可视化技术、网络（图）可视化技术、时空数据可视化技术、多维数据可视化和交互可视化等。在技术方面，主要关注原位交互分析（In Situ Interactive Analysis）、数据表示、不确定性量化和面向领域的可视化工具库。

3. 应用和发展

大数据像水、矿石、石油一样，正在成为新的资源和社会生产要素，从数据资源中挖掘潜在的价值，成为当前大数据时代研究的热点。如何快速对数量巨大、来源分散、格式多样的数据进行采集、存储和关联分析，从中发现新知识、创造新价值、提升新能力的新一代信息技术和服务业态，是其应用价值的重要体现。

（1）在互联网行业，网络的广泛应用和社交网络已深入到社会工作、生活的方方面面，海量数据的产生、应用和服务一体化。每个人都是数据的生产者、使用者和受益者。从大量的数据中挖掘用户行为，反向传输到业务领域，支持更准确的社会营销和广告，可增加业务收入，促进业务发展。同时，随着数据的大量生成、分析和应用，数据本身已成为可以交易的资产，大数据交易和数据资产化成为当前具有价值的领域和方向。

（2）在政府的公共数据领域，结合大数据的采集、治理和集成，将各个部门搜集的信息进行剖析和共享，能够发现管理上的纰漏，提高执法水平，增进财税增收和加大市场监管程度，大大改变政府管理模式、节省政府投资、增强市场管理，提高社会治理水平、城市管理能力和人民群众的服务能力。

（3）在金融领域，大数据征信是重要的应用领域。通过大数据的分析和画像，能够实现个人信用和金融服务的结合，从而服务于金融领域的信任管理、风控管理、借贷服务等，为金融业务提供有效支撑。

（4）在工业领域，结合海量的数据分析，能够为工业生产过程提供准确的指导，如在航运大数据领域，能够使用大数据对将来航路的国际贸易货量进行预测分析，预知各个口岸的热度；能够利用天气数据对航路的影响进行分析，提供相关业务的预警、航线的调整和资源的优化调配方案，避免不必要的亏损。

（5）在社会民生领域，大数据的分析应用能够更好地为民生服务。以疾病预测为例，基于大数据的积累和智能分析，能够透视人们搜索"流感、肝炎、肺结核和未病"的发病时间和地点分布，结合气温变化、环境指数、人口流动等因素建立预测模型，能够为公共卫生治理人员提供多种传染病的趋势预测，帮助其提早进行预防部署。

2.2.4 区块链

"区块链"概念于 2008 年在《比特币：一种点对点电子现金系统》中被首次提出，并在比特币系统的数据加密货币体系中成功应用，已成为政府、组织和学者等重点关注和研究的热点。区块链技术具有多中心化存储、隐私保护、防篡改等特点，提供了开放、分散和容错的事务机制，成为新一代匿名在线支付、汇款和数字资产交易的核心，被广泛应用于各大交易平台，为金融、监管机构、科技创新、农业以及政治等领域带来了深刻的变革。

1. 技术基础

区块链概念可以理解为以非对称加密算法为基础，以改进的默克尔树（Merkle Tree）为数据结构，使用共识机制、点对点网络、智能合约等技术结合而成的一种分布式存储数据库技术。区块链分为公有链（Public Blockchain）、联盟链（Consortium Blockchain）、私有链（Private

Blockchain)和混合链（Hybrid Blockchain）四大类。

一般来说，区块链的典型特征包括：
- 多中心化：链上数据的验证、核算、存储、维护和传输等过程均依赖分布式系统结构，运用纯数学方法代替中心化组织机构在多个分布式节点之间构建信任关系，从而建立可信的分布式系统。
- 多方维护：激励机制可确保分布式系统中的所有节点均可参与数据区块的验证过程，并通过共识机制选择特定节点将新产生的区块加入到区块链中。
- 时序数据：区块链运用带有时间戳信息的链式结构来存储数据信息，为数据信息添加时间维度的属性，从而可实现数据信息的可追溯性。
- 智能合约：区块链技术能够为用户提供灵活可变的脚本代码，以支持其创建新型的智能合约。
- 不可篡改：在区块链系统中，因为相邻区块间后序区块可对前序区块进行验证，若篡改某一区块的数据信息，则需递归修改该区块及其所有后序区块的数据信息，然而每一次哈希的重新计算代价是巨大的，且须在有限时间内完成，因此可保障链上数据的不可篡改性。
- 开放共识：在区块链网络中，每台物理设备均可作为该网络中的一个节点，任意节点可自由加入且拥有一份完整的数据库拷贝。
- 安全可信：数据安全可通过基于非对称加密技术对链上数据进行加密来实现，分布式系统中各节点通过区块链共识算法所形成的算力来抵御外部攻击、保证链上数据不被篡改和伪造，从而具有较高的保密性、可信性和安全性。

2. 关键技术

从区块链的技术体系视角看，区块链基于底层的数据基础处理、管理和存储技术，以区块数据的管理、链式结构的数据、数字签名、哈希函数、默克尔树、非对称加密等，通过基于P2P网络的对称式网络，组织节点参与数据的传播和验证，每个节点均会承担网络路由、验证区块数据、传播区块数据、记录交易数据、发现新节点等功能，包含传播机制和验证机制。为保障区块链应用层的安全，通过激励层的发行机制和分配机制，在整个分布式网络的节点以最高效率的方式达成共识。

1）分布式账本

分布式账本是区块链技术的核心之一。分布式账本的核心思想是：交易记账由分布在不同地方的多个节点共同完成，而且每一个节点保存一个唯一、真实账本的副本，它们可以参与监督交易合法性，同时也可以共同为其作证；账本里的任何改动都会在所有的副本中被反映出来，反应时间会在几分钟甚至是几秒内，记账节点足够多，理论上除非所有的节点被破坏，所有整个分布式账本系统是非常稳健的，从而保证了账目数据的安全性。

分布式账本中存储的资产是指法律认可的合法资产，如金融、实体、电子的资产等任何形式的有价资产。为了确保资产的安全性和准确性，分布式账本一方面通过公私钥以及签名控制账本的访问权；另一方面根据共识的规则，账本中的信息更新可以由一个、一部分人或者是所有参与者共同完成。

分布式账本技术能够保障资产的安全性和准确性，具有广泛的应用场景，特别在公共服务领域，能够重新定义政府与公民在数据分享、透明度和信任意义上的关系，目前已经广泛应用到金融交易、政府征税、土地所有权登记、护照管理、社会福利等领域。

2）加密算法

区块数据的加密是区块链研究和关注的重点，其主要作用是保证区块数据在网络传输、存储和修改过程中的安全。区块链系统中的加密算法一般分为散列（哈希）算法和非对称加密算法。

散列算法也叫数据摘要或者哈希算法，其原理是将一段信息转换成一个固定长度并具备以下特点的字符串：如果某两段信息是相同的，那么字符也是相同的；即使两段信息十分相似，但只要是不同的，那么字符串将会十分杂乱、随机并且两个字符串之间完全没有关联。

本质上，散列算法的目的不是为了"加密"而是为了抽取"数据特征"，也可以把给定数据的散列值理解为该数据的"指纹信息"。典型的散列算法有 MD5、SHA-1/SHA-2 和 SM3，目前区块链主要使用 SHA-2 中的 SHA256 算法。

非对称加密算法由对应的一对唯一性密钥（即公开密钥和私有密钥）组成的加密方法。任何获悉用户公钥的人都可用用户的公钥对信息进行加密与用户实现安全信息交互。由于公钥与私钥之间存在的依存关系，只有用户本身才能解密该信息，任何未受授权用户甚至信息的发送者都无法将此信息解密。常用的非对称加密算法包括 RSA、Elgamal、D-H、ECC（椭圆曲线加密算法）等。

3）共识机制

在区块链的典型应用——数字货币中，面临着一系列安全和管理问题，例如：如何防止诈骗？区块数据传输到各个分布式节点的先后次序如何控制？如何应对传输过程中数据的丢失问题？节点如何处理错误或伪造的信息？如何保障节点之间信息更新和同步的一致性？这些问题就是所谓的区块链共识问题。

区块链共识问题需要通过区块链的共识机制来解决。在互联网世界，共识主要是计算机和软件程序协作一致的基本保障，是分布式系统节点或程序运行的基本依据。共识算法能保证分布式的计算机或软件程序协作一致，对系统的输入输出做出正确的响应。

区块链的共识机制的思想是：在没有中心点总体协调的情况下，当某个记账节点提议区块数据增加或减少，并把该提议广播给所有的参与节点，所有节点要根据一定的规则和机制，对这一提议是否能够达成一致进行计算和处理。

目前，常用的共识机制主要有 PoW、PoS、DPoS、Paxos、PBFT 等。根据区块链不同应用场景中各种共识机制的特性，共识机制分析可基于：

- 合规监管：是否支持超级权限节点对全网节点、数据进行监管。
- 性能效率：交易达成共识被确认的效率。
- 资源消耗：共识过程中耗费的CPU、网络输入输出、存储等资源。
- 容错性：防攻击、防欺诈的能力。

3. 应用和发展

当前，TCP/IP 协议是全球互联网的"牵手协议"。将"多中心化、分布式"理念变成了一种可执行的程序，并在此基础上派生出了更多的类似协议。然而，回顾互联网技术的发展，当前的互联网技术成功实现了信息的多中心化，但却无法实现价值的多中心化。换句话说，互联网上能多中心化的活动是无需信用背书的活动，需要信用做保证的都是中心化的、有第三方中介机构参与的活动。因此，无法建立全球信用的互联网技术就在发展中遇到了障碍——人们无法在互联网上通过多中心化方式参与价值交换活动。

从区块链技术研究角度看：①在共识机制方面，如何解决公有链、私有链、联盟链的权限控制、共识效率、约束、容错率等方面的问题，寻求针对典型场景的、具有普适性的、更优的共识算法及决策将是研究的重点；②在安全算法方面，目前采用的算法大多数是传统的安全类算法，存在潜在的"后门"风险，算法的强度也需要不断升级；另外，管理安全、隐私保护、监管缺乏以及新技术（如量子计算）所带来的安全问题需要认真对待；③在区块链治理领域，如何结合现有信息技术治理体系的研究，从区块链的战略、组织、架构以及区块链应用体系的各个方面，研究区块链实施过程中的环境与文化、技术与工具、流程与活动等问题，进而实现区块链的价值，开展相关区块链的审计，是区块链治理领域需要核心关注的问题；④在技术日益成熟的情况下，研究区块链的标准化，也是需要重要考虑的内容。

（1）区块链将成为互联网的基础协议之一。本质上，互联网同区块链一样，也是个多中心化的网络，并没有一个"互联网的中心"存在。不同的是，互联网是一个高效的信息传输网络，并不关心信息的所有权，没有内生的、对有价值信息的保护机制；区块链作为一种可以传输所有权的协议，将会基于现有的互联网协议架构，构建出新的基础协议层。从这个角度看，区块链（协议）会和传输控制协议/因特网互联协议（TCP/IP）一样，成为未来互联网的基础协议，构建出一个高效的、多中心化的价值存储和转移网络。

（2）区块链架构的不同分层将承载不同的功能。类似 TCP/IP 协议栈的分层结构，人们在统一的传输层协议之上，发展出了各种各样的应用层协议，最终构建出了今天丰富多彩的互联网。未来区块链结构也将在一个统一的、多中心化的底层协议基础上，发展出各种各样应用层协议。

（3）区块链的应用和发展呈螺旋式上升趋势。如同互联网的发展一样，在发展过程中会经历过热甚至泡沫阶段，并以颠覆式的技术改变融合传统产业。区块链作为数字化浪潮中下一个阶段的核心技术，其发展周期将比预想得要长，影响的范围和深度也会远远超出人们的想象，将会构建出多样化生态的价值互联网，从而深刻改变未来商业社会的结构和每个人的生活。

2.2.5 人工智能

人工智能是指研究和开发用于模拟、延伸和扩展人类智能的理论、方法、技术及应用系统的一门技术科学。这一概念自 1956 年被提出后，已历经半个多世纪的发展和演变。21 世纪初，随着大数据、高性能计算和深度学习技术的快速迭代和进步，人工智能进入新一轮的发展热潮，其强大的赋能性对经济发展、社会进步、国际政治经济格局等产生了重大且深远的影响，已成为新一轮科技革命和产业变革的重要驱动力量。

1. 技术基础

人工智能从产生到现在，其发展历程经历了6个主要阶段：起步发展期（1956年至20世纪60年代初）、反思发展期（20世纪60年代至20世纪70年代初）、应用发展期（20世纪70年代初至20世纪80年代中）、低迷发展期（20世纪80年代中至20世纪90年代中）、稳步发展期（20世纪90年代中至2010年）、蓬勃发展期（2011年至今）。

从当前的人工智能技术进行分析可知，其在技术研究方面主要聚焦在热点技术、共性技术和新兴技术三个方面。其中以机器学习为代表的基础算法的优化改进和实践，以及迁移学习、强化学习、多核学习和多视图学习等新型学习方法是研究探索的热点；自然语言处理相关的特征提取、语义分类、词嵌入等基础技术和模型研究，以及智能自动问答、机器翻译等应用研究也取得诸多的成果；以知识图谱、专家系统为逻辑的系统化分析也在不断地取得突破，大大拓展了人工智能的应用场景，对人工智能未来的发展具有重要的潜在影响。

2. 关键技术

人工智能的关键技术主要涉及机器学习、自然语言处理、专家系统等技术，随着人工智能应用的深入，越来越多新兴的技术也在快速发展中。

1）机器学习

机器学习是一种自动将模型与数据匹配，并通过训练模型对数据进行"学习"的技术。机器学习的研究主要聚焦在机器学习算法及应用、强化学习算法、近似及优化算法和规划问题等方面，其中常见的学习算法主要包含回归、聚类、分类、近似、估计和优化等基础算法的改进研究，迁移学习、多核学习和多视图学习等强化学习方法是当前的研究热点。

神经网络是机器学习的一种形式，该技术出现在20世纪60年代，并用于分类型应用程序。它根据输入、输出、变量权重或将输入与输出关联的"特征"来分析问题。它类似于神经元处理信号的方式。深度学习是通过多等级的特征和变量来预测结果的神经网络模型，得益于当前计算机架构更快的处理速度，这类模型有能力应对成千上万个特征。与早期的统计分析形式不同，深度学习模型中的每个特征通常对于人类观察者而言意义不大，使得该模型的使用难度很大且难以解释。深度学习模型使用一种称为反向传播的技术，通过模型进行预测或对输出进行分类。强化学习是机器学习的另外一种方式，指机器学习系统制订了目标而且迈向目标的每一步都会得到某种形式的奖励。

机器学习模型是以统计为基础的，而且应该将其与常规分析进行对比以明确其价值增量。它们往往比基于人类假设和回归分析的传统"手工"分析模型更准确，但也更复杂和难以解释。相比于传统的统计分析，自动化机器学习模型更容易创建，而且能够揭示更多的数据细节。

2）自然语言处理

自然语言处理（Natural Language Processing，NLP）是计算机科学领域与人工智能领域中的一个重要方向。它研究能实现人与计算机之间用自然语言进行有效通信的各种理论和方法。自然语言处理是一门融语言学、计算机科学、数学于一体的科学。因此，这一领域的研究将涉及自然语言，即人们日常使用的语言，所以它与语言学的研究有着密切的联系，但又有重要的区别。自然语言处理并不是一般地研究自然语言，而在于研制能有效地使用自然语言通信的计算机系统，特别是其中的软件系统。因而它是计算机科学的一部分。

自然语言处理主要应用于机器翻译、舆情监测、自动摘要、观点提取、文本分类、问题回答、文本语义对比、语音识别、中文OCR等方面。

自然语言处理（即实现人机间自然语言通信，或实现自然语言理解和自然语言生成）是十分困难的，困难的根本原因是自然语言文本和对话的各个层次上广泛存在着各种各样的歧义性或多义性。自然语言处理解决的核心问题是信息抽取、自动文摘/分词、识别转化等，用于解决内容的有效界定、消歧和模糊性、有瑕疵的或不规范的输入、语言行为理解和交互。当前，深度学习技术是自然语言处理的重要技术支撑，在自然语言处理中需应用深度学习模型，如卷积神经网络、循环神经网络等，通过对生成的词向量进行学习，以完成自然语言分类、理解的过程。

3）专家系统

专家系统是一个智能计算机程序系统，通常由人机交互界面、知识库、推理机、解释器、综合数据库、知识获取等6个部分构成，其内部含有大量的某个领域专家水平的知识与经验，它能够应用人工智能技术和计算机技术，根据系统中的知识与经验，进行推理和判断，模拟人类专家的决策过程，以便解决那些需要人类专家处理的复杂问题。简而言之，专家系统是一种模拟人类专家解决领域问题的计算机程序系统。

在人工智能的发展过程中，专家系统的发展已经历了三个阶段，正向第四代过渡和发展。第一代专家系统以高度专业化、求解专门问题的能力强为特点。但在体系结构的完整性、可移植性、系统的透明性和灵活性等方面存在缺陷，求解问题的能力弱。第二代专家系统属于单学科专业型、应用型系统，其体系结构较完整，移植性方面也有所改善，而且在系统的人机接口、解释机制、知识获取技术、不确定推理技术、增强专家系统的知识表示和推理方法的启发性、通用性等方面都有所改进。第三代专家系统属多学科综合型系统，采用多种人工智能语言，综合采用各种知识表示方法和多种推理机制及控制策略，并运用各种知识工程语言、骨架系统及专家系统开发工具和环境来研制大型综合专家系统。

当前人工智能的专家系统研究已经进入到第四个阶段，主要研究大型多专家协作系统、多种知识表示、综合知识库、自组织解题机制、多学科协同解题与并行推理、专家系统工具与环境、人工神经网络知识获取及学习机制等。

3. 应用和发展

经过60多年的发展，人工智能在算法、算力（计算能力）和算料（数据）等方面取得了重要突破，正处于从"不能用"到"可以用"的技术拐点，但是距离"很好用"还存在诸多瓶颈。实现从专用人工智能向通用人工智能的跨越式发展，既是下一代人工智能发展的必然趋势，也是研究与应用领域的重大挑战，是未来应用和发展的趋势。

（1）从人工智能向人机混合智能发展。借鉴脑科学和认知科学的研究成果是人工智能的一个重要研究方向。人机混合智能旨在将人的作用或认知模型引入到人工智能系统中,提升人工智能系统的性能,使人工智能成为人类智能的自然延伸和拓展,通过人机协同更加高效地解决复杂问题。

(2)从"人工+智能"向自主智能系统发展。当前人工智能领域的大量研究集中在深度学习,但是深度学习的局限是需要大量人工干预,比如人工设计深度神经网络模型、人工设定应用场景、人工采集和标注大量训练数据、用户需要人工适配智能系统等,非常费时费力。因此,科研人员开始关注减少人工干预的自主智能方法,提高机器智能对环境的自主学习能力。

(3)人工智能将加速与其他学科领域交叉渗透。人工智能本身是一门综合性的前沿学科和高度交叉的复合型学科,研究范畴广泛而又异常复杂,其发展需要与计算机科学、数学、认知科学、神经科学和社会科学等学科深度融合。借助于生物学、脑科学、生命科学和心理学等学科的突破,将机理变为可计算的模型,人工智能将与更多学科深入地交叉渗透。

(4)人工智能产业将蓬勃发展。随着人工智能技术的进一步成熟以及政府和产业界投入的日益增长,人工智能应用的云端化将不断加速,全球人工智能产业规模在未来10年将进入高速增长期。"人工智能+X"的创新模式将随着技术和产业的发展日趋成熟,对生产力和产业结构产生革命性影响,并推动人类进入普惠型智能社会。

(5)人工智能的社会学将提上议程。为了确保人工智能的健康可持续发展,使其发展成果造福于民,需要从社会学的角度系统全面地研究人工智能对人类社会的影响,制定完善人工智能法律法规,规避可能的风险,旨在"以有利于整个人类的方式促进和发展友好的人工智能"。

2.2.6 虚拟现实

自从计算机创造以来,计算机一直是传统信息处理环境的主体,这与人类认识空间及计算机处理问题的信息空间存在不一致的矛盾,如何把人类的感知能力和认知经历及计算机信息处理环境直接联系起来,是虚拟现实产生的重大背景。如何建立一个能包容图像、声音、化学气味等多种信息源的信息空间,将其与视觉、听觉、嗅觉、口令、手势等人类的生活空间交叉融合,虚拟现实的技术应运而生。

1. 技术基础

虚拟现实(Virtual Reality,VR)是一种可以创立和体验虚拟世界的计算机系统(其中虚拟世界是全体虚拟环境的总称)。通过虚拟现实系统所建立的信息空间,已不再是单纯的数字信息空间,而是一个包容多种信息的多维化的信息空间(Cyberspace),人类的感性认识和理性认识能力都能在这个多维化的信息空间中得到充分的发挥。要创立一个能让参与者具有身临其境感,具有完善交互作用能力的虚拟现实系统,在硬件方面,需要高性能的计算机软硬件和各类先进的传感器;在软件方面,主要是需要提供一个能产生虚拟环境的工具集。

虚拟现实技术的主要特征包括沉浸性、交互性、多感知性、构想性(也称想象性)和自主性。随着虚拟现实技术的快速发展,按照其"沉浸性"程度的高低和交互程度的不同,虚拟现实技术已经从桌面虚拟现实系统、沉浸式虚拟现实系统、分布式虚拟现实系统等,向着增强式虚拟现实系统（Augmented Reality，AR）和元宇宙的方向发展。

2. 关键技术

虚拟现实的关键技术主要涉及人机交互技术、传感器技术、动态环境建模技术和系统集成技术等。

1）人机交互技术

虚拟现实中的人机交互技术与传统的只有键盘和鼠标的交互模式不同，是一种新型的利用VR眼镜、控制手柄等传感器设备，能让用户真实感受到周围事物存在的一种三维交互技术，将三维交互技术与语音识别、语音输入技术及其他用于监测用户行为动作的设备相结合，形成了目前主流的人机交互手段。

2）传感器技术

VR技术的进步受制于传感器技术的发展，现有的VR设备存在的缺点与传感器的灵敏程度有很大的关系。例如VR头显（即VR眼镜）设备过重、分辨率低、刷新频率慢等，容易造成视觉疲劳；数据手套等设备也都有延迟长、使用灵敏度不够的缺陷，所以传感器技术是VR技术更好地实现人机交互的关键。

3）动态环境建模技术

虚拟环境的设计是VR技术的重要内容，该技术是利用三维数据建立虚拟环境模型。目前常用的虚拟环境建模工具为计算机辅助设计（Computer Aided Design，CAD），操作者可以通过CAD技术获取所需数据，并通过得到的数据建立满足实际需要的虚拟环境模型。除了通过CAD技术获取三维数据，多数情况下还可以利用视觉建模技术，两者相结合可以更有效地获取数据。

4）系统集成技术

VR系统中的集成技术包括信息同步、数据转换、模型标定、识别和合成等技术，由于VR系统中储存着许多的语音输入信息、感知信息以及数据模型，因此VR系统中的集成技术显得越发重要。

3. 应用和发展

（1）硬件性能优化迭代加快。轻薄化、超清化加速了虚拟现实终端市场的迅速扩大，开启了虚拟现实产业爆发增长的新空间，虚拟现实设备的显示分辨率、帧率、自由度、延时、交互性能、重量、眩晕感等性能指标日趋优化，用户体验感不断提升。

（2）网络技术的发展有效助力其应用化的程度。泛在网络通信和高速的网络速度，有效提升了虚拟现实技术在应用端的体验。借助于终端轻型化和移动化5G技术，高峰值速率、毫秒级的传输时延和千亿级的连接能力，降低了对虚拟现实终端侧的要求。

（3）虚拟现实产业要素加速融通。技术、人才多维并举，虚拟现实产业核心技术不断取得突破，已形成较为完整的虚拟现实产业链条。虚拟现实产业呈现出从创新应用到常态应用的产业趋势，在舞台艺术、体育智慧观赛、新文化弘扬、教育、医疗等领域普遍应用。"虚拟现实+商贸会展"成为后疫情时代的未来新常态，"虚拟现实+工业生产"是组织数字化转型的新动能,"虚拟现实+智慧生活"大大提升了未来智能化的生活体验,"虚拟现实+文娱休闲"成为新型信息消费模式的新载体等。

(4)元宇宙等新兴概念为虚拟现实技术带来了"沉浸和叠加""激进和渐进""开放和封闭"等新的商业理念,大大提升了其应用价值和社会价值,将逐渐改变人们所习惯的现实世界物理规则,以全新方式激发产业技术创新,以新模式、新业态等方式带动相关产业跃迁升级。

2.3 本章练习

1. 选择题

(1)关于信息技术的描述,不正确的是_____。
  A. 信息技术是研究如何获取信息、处理信息、传输信息和使用信息的技术
  B. 信息技术是信息系统的前提和基础,信息系统是信息技术的应用和体现
  C. 信息、信息化以及信息系统都是信息技术发展不可或缺的部分
  D. 信息技术是在信息科学的基本原理和方法下的关于一切信息的产生、信息的传输、信息的转化应用技术的总称

参考答案:D

(2)_____关键技术主要涉及传感器技术、传感网和应用系统架构等。
  A. 物联网   B. 云计算   C. 大数据   D. 人工智能

参考答案:A

(3)_____关键技术主要涉及机器学习、自然语言处理、专家系统等技术。
  A. 物联网   B. 云计算   C. 大数据   D. 人工智能

参考答案:D

(4)关于云计算的描述,不正确的是_____。
  A. 云计算可以通过宽带网络连接,用户需要通过宽带网络接入"云"中并获得有关的服务,"云"内节点之间也通过内部的高速网络相连
  B. 云计算可以快速、按需、弹性服务,用户可以按照实际需求迅速获取或释放资源,并可以根据需求对资源进行动态扩展
  C. 按照云计算服务提供的资源层次,可以分为基础设施即服务和平台即服务两种服务类型
  D. 云计算是一种基于并高度依赖Internet,用户与实际服务提供的计算资源相分离,集合了大量计算设备和资源,并向用户屏蔽底层差异的分布式处理架构

参考答案:C

(5)区块链有以下几种特性:多中心化、多方维护、时序数据、智能合约、开放共识、安全可信和_____。
  A. 可回溯性   B. 不可篡改   C. 周期性   D. 稳定性

参考答案:B

（6）虚拟现实技术的主要特征包括：沉浸性、交互性、多感知性、构想性和_____。

  A. 自主性　　　　B. 抗否认性　　　　C. 可审计性　　　　D. 可靠性

参考答案：A

2. 思考题

（1）请概述云计算的主要服务模式有哪些。

参考答案：略

（2）请简述大数据的技术架构是什么。

参考答案：略

（3）请简述区块链的共识机制。

参考答案：略

第3章 信息系统治理

信息系统治理（IT 治理）是组织开展信息技术及其应用活动的重要管控手段，也是组织治理的重要组成部分，尤其在以数字化发展为重要关注点的新时代，组织的数字化转型和组织建设过程中，IT 治理起到重要的统筹、评估、指导和监督作用。信息技术审计（IT 审计）作为与 IT 治理配套的组织管控手段，是 IT 治理不可或缺的评估和监督工具，重点承担着组织信息系统发展的合规性检测以及信息技术风险的管控等职能。

3.1 IT 治理

新时代的信息技术与各领域发展进入到了深度融合的发展新阶段，成为各类组织实现治理体系与能力现代化，构建敏捷运行管理体系，打造高质量的生产与服务系统，洞察社会与市场变化等高质量发展的必要过程。组织如何从其信息系统投资中获得真正的价值；如何将信息技术战略与组织战略相融合；如何从组织治理的高度，对组织数字化能力做出制度安排；如何从战略投资、组织管理变革的角度，降低 IT 的风险；如何利用国内外信息技术开发利用的最佳实践和重要成果，加快组织的信息化、数字化工作推进等。这些都是 IT 治理所关注的问题。

3.1.1 IT 治理基础

IT 治理是描述组织采用有效的机制对信息技术和数据资源开发利用，平衡信息化发展和数字化转型过程中的风险，确保实现组织的战略目标的过程。

1. IT 治理的驱动因素

组织信息系统建设和运行需要制订总体规划，但制订 IT 资源统一规划存在很多问题：①信息系统应用已有相当的基础，但多年来分散开发或引进的信息系统，形成了许多"信息孤岛"，缺乏共享的、网络化的信息资源，系统集成难题一直无法解决；②信息资源整合目标空泛，没有整合"信息孤岛"的措施，数据中心建设和数据集中管理等规划缺乏可操作性，尤其是缺少数据标准化建设方面的建设规划。这些问题的出现，表明组织在 IT 资源方面没有做到有效统一规划，如何解决这些问题成为了组织发展的一个重要课题。

IT 资产作为组织资产的重要组成部分，IT 治理自然就是组织治理结构中不可分割的一部分。IT 治理是指组织在开发利用信息技术过程中，为鼓励组织所期望的组织行为而明确决策权归属和责任担当的框架，其目标是通过 IT 治理的决策权和责任影响组织所期望的组织行为。随着新时代的发展，数字特征成为组织发展的一项关键特征，组织的高质量发展对 IT 的依赖越来越强，IT 治理对组织愈发重要，为确保 IT 治理的有效，组织高层管理者需要投入越来越多的时间和精力。

随着组织在 IT 方面的投资越来越大，组织的 IT 战略要与组织战略相一致，才能确保组织核心竞争力的建设与保持；要尽可能地保持开放性和长远性，以确保系统的稳定性和延续性；

要认真分析组织的战略与 IT 支撑之间的影响度,并合理预测环境变化可能给组织战略带来的偏移,在规划时留有适当的余地。组织目标变化太快,很难保证 IT 与组织目标始终保持一致,因此需要多方面的协调,保证 IT 治理继续沿着正确的方向走,这也是 IT 投资者真正关心的问题。IT 治理要从组织目标和数字战略中抽取信息需求和功能需求,形成总体的 IT 治理框架和系统整体模型,为进一步系统设计和实施奠定基础,保证信息技术开发应用符合持续变化的业务目标。

高质量的 IT 治理能够使组织的 IT 管理和应用决策与组织期望的行为和业务目标相一致,这就需要组织 IT 治理机构对组织 IT 发展进行科学规划并确保其有效实施。驱动组织开展高质量 IT 治理因素包括:①良好的 IT 治理能够确保组织 IT 投资有效性;②IT 属于知识高度密集型领域,其价值发挥的弹性较大;③IT 已经融入组织管理、运行、生产和交付等各领域中,成为各领域高质量发展的重要基础;④信息技术的发展演进以及新兴信息技术的引入,可为组织提供大量新的发展空间和业务机会等;⑤IT 治理能够推动组织充分理解 IT 价值,从而促进 IT 价值挖掘和融合利用;⑥IT 价值不仅仅取决于好的技术,也需要良好的价值管理,场景化的业务融合应用;⑦高级管理层的管理幅度有限,无法深入到 IT 每项管理当中,需要采用明确责权利和清晰管理去确保 IT 价值;⑧成熟度较高的组织以不同的方式治理 IT,获得了领域或行业领先的业务发展效果。

IT 治理的内涵主要体现在 5 个方面:①IT 治理作为组织上层管理的一个有机组成部分,由组织治理层或高级管理层负责,从组织全局的高度上对组织信息化与数字化转型做出制度安排,体现了治理层和最高管理层对信息相关活动的关注;②IT 治理强调数字目标与组织战略目标保持一致,通过对 IT 的综合开发利用,为组织战略规划提供技术或控制方面的支持,以保证相关建设能够真正落实并贯彻组织业务战略和目标;③IT 治理保护利益相关者的权益,对风险进行有效管理,合理利用 IT 资源,平衡成本和收益,确保信息系统应用有效、及时地满足需求,并获得期望的收益,增强组织的核心竞争力;④IT 治理是一种制度和机制,主要涉及管理和制衡信息系统与业务战略匹配、信息系统建设投资、信息系统安全和信息系统绩效评价等方面的内容;⑤IT 治理的组成部分包括管理层、组织结构、制度、流程、人员、技术等多个方面,共同构建完善的 IT 治理架构,达到数字战略和支持组织的目标。

2. IT 治理的目标价值

组织治理驱动和调整 IT 治理。同时,IT 治理能够提供关键的输入,成为战略计划的一个重要组成部分,是组织治理的一个重要功能。IT 治理将帮助组织建立以组织战略为导向、以实现 IT 与业务匹配为重心、以价值交付为成果、以绩效管理为控制手段的 IT 管理体制,正确定位 IT 团队在整个组织的作用,最终能够针对不同业务发展要求,统一规划 IT 资源、整合信息资源、有效规避风险、制定并执行组织发展战略。IT 治理就是要明确有关 IT 决策权的归属机制和有关 IT 责任的承担机制,以鼓励 IT 应用的期望行为的产生,以联接战略目标、业务目标和 IT 目标,从而使组织从 IT 中获得最大的价值。组织实施 IT 治理的使命通常包括:保持 IT 与业务目标一致,推动业务发展,促使收益最大化,合理利用 IT 资源,恰当理清与 IT 相关的风险等。

IT 治理主要目标包括:与业务目标一致、有效利用信息与数据资源、风险管理。

(1)与业务目标一致。IT 治理要从组织目标和数字战略中抽取信息与数据需求和功能需求,形成总体的 IT 治理框架和系统整体模型,为进一步系统设计和实施奠定基础,保证信息技术开发利用跟上持续变化的业务目标。

（2）有效利用信息与数据资源。目前信息系统工程超期、IT客户的需求没有满足、IT平台不支持业务应用、数据开发利用效能与价值不高、信息技术与业务发展融合深度不够等问题突出，通过IT治理对信息与数据资源的管理职责进行有效管理，保证投资的回收，并支持决策。

（3）风险管理。由于组织越来越依赖于信息网络、信息系统和数据资源等，新的风险不断涌现，例如，新出现的技术没有管理，不符合现有法律和规章制度，没有识别对IT服务的威胁等。IT治理重视风险管理，通过制定信息与数据资源的保护级别，强调对关键的信息与数据资源，实施有效监控和事件处理。

3. IT治理的管理层次

IT治理要保证总体战略目标能够从上而下贯彻执行，治理层主要集中在最高管理层（如董事会）和管理执行层。然而，由于IT治理的复杂性和专业性，治理层必须依赖组织的基层来提供决策和评估所需要的信息。基层依据组织总体目标采用相关的原则，提供评估业绩的衡量方法。因此，好的IT治理实践需要在组织全部范围内推行。管理层次大致可分为三层：最高管理层、执行管理层、业务与服务执行层。

最高管理层的主要职责包括：证实IT战略与业务战略是否一致；证实通过明确的期望和衡量手段交付IT价值；指导IT战略、平衡支持组织当前和未来发展的投资；指导信息和数据资源的分配。执行管理层的主要职责包括：制定IT的目标；分析新技术的机遇和风险；建设关键过程与核心竞争力；分配责任、定义规程、衡量业绩；管理风险和获得可靠保证等。业务及服务执行层的主要职责包括：信息和数据服务的提供和支持；IT基础设施的建设和维护；IT需求的提出和响应。

3.1.2　IT治理体系

IT治理用于描述组织在信息化建设和数字化转型过程中是否采用有效的机制使得信息技术开发利用能够完成组织赋予它的使命。IT治理的核心是关注IT定位和信息化建设与数字化转型的责权利划分，如图3-1所示。IT治理体系的具体构成包括IT定位：IT应用的期望行为与业务目标一致；IT治理架构：业务和IT在治理委员会中的构成、组织IT与各分支机构的IT权责边界等；IT治理内容：投资、风险、绩效、标准和规范等；IT治理流程：统筹、评估、指导、监督；IT治理效果（内外评价）等。

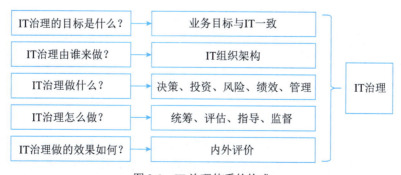

图3-1　IT治理体系的构成

1. IT 治理关键决策

有效的 IT 治理必须关注五项关键决策,如图 3-2 所示,包括 IT 原则、IT 架构、IT 基础设施、业务应用需求、IT 投资和优先顺序。IT 原则驱动着 IT 整体架构的形成,而 IT 整体架构又决定了基础设施,这种基础设施所确定的能力又决定着基于业务需求应用的构建,最后,IT 投资和优先顺序必须为 IT 原则、整体架构、基础设施和应用需求所驱动。然而,这些决策中又有独特问题,即 IT 治理需要确定每个决策由谁来负责输入,以及由谁来负责做出决策。

IT原则的决策	组织高层关于如何使用IT的陈述	
IT架构的决策	业务应用需求决策	IT投资和优先顺序决策
组织从一系列政策、关系以及技术选择中捕获的数据、应用和基础设施的逻辑,以达到预期和商业、技术的标准化和一体化	为购买或内部开发IT应用确定业务需求	关于应该在IT的哪些方面投资以及投资多少的决策,包括项目的审批和论证技术
	IT基础设施决策	
	集中协调、共享IT服务可以给组织的IT能力提供基础	

图 3-2 关键的 IT 治理决策

IT 决策过程中,需要关注各类关键问题,如图表 3-1 所示。

表 3-1 IT 决策的关键问题

关键决策	关键问题
IT 原则	组织的运行模型是什么?IT 在业务中的角色是什么?IT 期望行为是什么?如何投资 IT?
IT 架构	组织的核心业务流程是什么?它们之间有什么样的关系?哪些信息在驱动着这些核心流程?数据必须如何整合?哪些技术性能应当在组织范围内得到标准化,以支持 IT 效率,方便流程标准化和整合?哪些行为应当在组织范围内标准化以支持数据整合?哪些技术选择能够指引组织 IT 新计划的方法?
IT 基础设施	哪些基础设施对实现组织的战略目标来说是最关键的?对于每个能力集,哪些基础设施服务应该在组织级实现,这些服务的水平需求是什么?应当如何定价基础设施服务?如何保持基础技术的不断更新?哪些基础设施服务应当外包?
业务应用需求	新业务应用的市场和业务流程机会是什么?如何设计实验以评估业务应用成功与否?如何在架构标准上满足业务需求?应当在什么时候将一个业务需求从例外转换为标准?谁拥有每个项目的成果并且发起组织变革以确保其价值?
IT 投资和优先顺序	哪些流程变革或者强化对组织来说在战略上是最为重要的?当前的以及在提议中的 IT 投资组合是如何分配的?这些投资组合同组织的战略目标一致吗?组织级的投资相对于业务单位的投资哪个更重要?实际投资情况会影响它们的相对重要性吗?

2. IT 治理体系框架

IT 治理体系框架是实现组织 IT 治理的有效保障,缺乏良好的 IT 治理体系框架,IT 治理的过程将会变得盲目和无序。IT 治理体系框架以组织的战略目标为导向,架起了组织战略与 IT 的桥梁，实现了IT风险的全面管理以及IT资源的合理利用。IT治理体系框架具体包括：IT战略目标、IT治理组织、IT治理机制、IT治理域、IT治理标准和IT绩效目标等部分，形成一整套IT治理运行闭环，如图3-3所示。

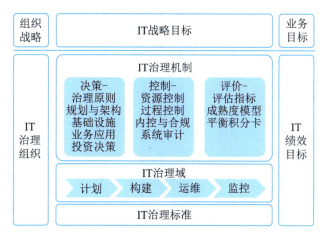

图 3-3　IT治理体系框架

（1）IT战略目标。IT战略目标是指为实现IT价值和目标，使组织从IT投入中获得最大收益，而针对IT与业务关系、IT决策、IT资源利用、IT风险控制等方面制定的目标。

（2）IT治理组织。IT治理组织是界定组织中各相关主体在各自方面的治理范围、责权利及其相互关系的准则，它的核心是治理机构（如IT治理委员会等）的设置和权限的划分。各治理机构职权的分配以及各机构间的相互协调，它的强弱直接影响到治理的效率和效能，对IT治理效率起着决定性的作用。

（3）IT治理机制。IT治理机制是IT治理决策机制、执行机制、风险控制机制、协调机制的综合体，各机制之间是相辅相成、相互促进的关系。有效的决策机制能保障IT决策与组织的业绩目标和战略目标相匹配；有效的执行机制能保证IT治理的良好运作，有效的风险控制机制能降低IT活动的风险，实现信息技术开发利用的价值效益；有效的协调机制能有力地发挥IT治理的协调效应。

（4）IT治理域。IT治理域是在IT治理的规则之下，对组织的IT资源进行整合与配置，根据IT目标所采取的行动。以科学、规范的做法交付面向业务的高质量IT服务，确保信息化"高效做事情"、数字化"敏捷的决策"。IT治理域内容包括IT信息系统的计划、构建、运维与监控等。

（5）IT治理标准。IT治理标准包括IT治理基本规范、IT治理实施参照、IT治理评价体系和IT治理审计方法等方面，作为组织实施IT治理最佳实践和对标依据。

（6）IT绩效目标。IT绩效目标关注IT价值的实现，评价IT规划与IT构建过程中是否满足业务需求以及构建过程中的工期、成本、质量是否达到目标。

3. IT治理核心内容

IT治理本质上关心：①实现IT的业务价值；②IT风险的规避。前者是通过IT与业务战略匹配来实现的，后者通过在组织内部建立相关职责来实现。两者都需要相关资源的支持，并对其绩效进行有效度量。IT 治理的核心内容包括六个方面：组织职责、战略匹配、资源管理、价值交付、风险管理和绩效管理，如图 3-4 所示。

图 3-4　IT 治理核心内容

（1）组织职责。组织职责指组织参与 IT 决策与管理的所有人员的集合，明确组织信息部门和业务部门之间的关系和责任，正确划分信息系统的所有者、建设者、管理者和监控者。

（2）战略匹配。IT 治理的一个重要内容，是使组织的 IT 建设与组织战略相匹配，也就是通常所说的"战略匹配"。而战略匹配是 IT 为组织贡献业务价值的重要驱动力。

（3）资源管理。资源管理的主要功能是确保用户对组织的应用系统和基础设施都有良好的理解和应用，优化 IT 投资、IT 资源（人、应用系统、信息、基础设施）的分配，做好人员的培训、发展计划，以满足组织的业务需求。

（4）价值交付。通过对 IT 项目全生命周期的管理，确保 IT 能够按照组织战略实现预期的业务价值。重点是对整个交付周期成本的控制和 IT 业务价值的实现，使 IT 项目能够在预算时间、成本范围内，按预定的质量要求完成。价值交付即是创造业务价值。

（5）风险管理。风险管理是 IT 治理中非常重要的内容。风险管理是确保 IT 资产的安全和灾难的恢复、组织信息资源的安全以及人员的隐私安全。风险管理即是保护业务价值。

（6）绩效管理。没有绩效管理 IT 治理中任何一个域都不可能有效地进行管理。绩效管理主要是追踪和监视 IT 战略、IT 项目的实施、信息资源的使用、IT 服务的提供以及业务流程的绩效。绩效管理所采用的工具，如平衡积分卡，可以将组织的战略目标转化成各个职能部门或团队具体的业务活动的目标，从而保证组织战略目标的实现。

4. IT 治理机制经验

建立 IT 治理机制的原则包括：①简单。机制应该明确地定义特定个人和团体所承担的责任和目标。②透明。有效的机制依赖于正式的程序。对于那些被治理决策所影响或是想要挑战治理决策的人来说，机制如何工作是需要非常清晰的。③适合。机制鼓励那些处于最佳位置的个人去制定特定的决策。

影响力高且具有挑战性的 IT 治理机制，如表 3-2 所示。

表 3-2 影响力高且具有挑战性的 IT 治理机制

机制	目标	期望行为	不期望行为
执行层和高级管理委员会	对业务包括 IT 的整体观念	整合 IT 的无缝管理	IT 被忽略
架构委员会	明确战略技术和标准是否被执行	业务驱动的 IT 决策制定	IT 限制和延迟
有 IT 人员参与的流程团队	有效地运用 IT 视角	端对端的流程管理	功能性技能的停滞和分散的 IT 基础设施
资金投资批准和预算	把 IT 看作另一种业务投资	对于不同投资类型的不同方法	分析瘫痪小项目,避开了正式批准
服务水平协议	对于 IT 服务的详细说明和衡量	专业的供应和需求	管理服务水平协议而不是业务需求
费用分摊机制	从业务中补偿 IT 成本	IT 的可靠应用	关于收费和歪曲的需求的争论
IT 业务价值的正式追踪	衡量 IT 投资,并通常运用平衡记分卡计算其对业务价值的贡献	使目标、利益和成本透明化	将 IT 同其他资产相分离,只关注资金流,而不关注价值

IT 治理可以从众多最佳实践中学习的经验主要包括:

- IT 指导委员会要吸纳有才干的业务经理,使之负责组织范围的 IT 治理决策,并在 IT 原则中加入严格的成本控制;
- 谨慎管理组织的 IT 架构和业务架构,以降低业务成本;
- 设计严格的架构例外处理流程,使昂贵的例外最小化,并可以从中不断学习;
- 建立集中化的 IT 团队,用以管理基础设施、架构和共享服务;
- 应用连接 IT 投资和业务需求的流程,既可以增加透明度,又可以权衡中心和各运营部门或团队的需求;
- 设计需要对 IT 投资进行集中协作和核准的 IT 投资流程;
- 设计简单的费用分摊和服务水平协议机制,以明确分配 IT 开支等。

3.1.3 IT治理任务

组织的 IT 治理活动定义为统筹、指导、监督和改进。统筹现在和未来的 IT 战略和组织规划、管理和绩效的实施计划、策略;指导 IT 管理实施、绩效考评、风险控制和业务合规;监督 IT 与业务的一致性、符合性及 IT 应用的合规性;改进 IT 战略规划、组织策略、信息系统全生命周期管控和数据治理。组织开展 IT 治理活动的主要任务聚焦在如下五个方面。

(1) 全局统筹。统筹规划 IT 治理的目标范围、技术环境、发展趋势和人员责权利。组织需要适应当前信息环境和未来发展趋势,保证利益相关者理解和接受 IT 的战略、目标和发展方向。组织需要把 IT 治理作为组织治理的组成部分,建立 IT 治理机构,并明确组织负责人对 IT 治理工作负责。组织还需要关注 IT 发展的规划、实施、检查和改进全过程,重点包括①制订满足可持续发展的 IT 蓝图;②实施科学决策、集约管理的策略,实现横向的业务集成和纵向的业务管控；通过内外部的监督，确保IT与业务的一致性和适用性；③建立适应内外部信息环境变化的持续改进和创新机制。

（2）价值导向。价值导向包括基于实现有效收益，确保预期收益清晰理解，明确实现收益的问责机制。组织需要建立IT投资的价值框架，确保在可承担成本和可接受风险水平的基础上，实现IT的战略目标。确保IT治理符合组织治理的价值导向，明确战略投资方向，以及由投资产生的IT服务、资产和其他资源。组织需要建立价值递送规则，确保利益相关者明确相应的权利和义务，包括：①认可信息技术、信息系统和数据在组织中的价值；②识别投资目录，并以相应的方式进行评估和管理；③对关键指标进行设定和监督，并对变化和偏差做出及时回应；④权衡实施成本与预期效益，并随组织内外部环境的变化及时调整。

（3）机制保障。机制保障是指组织应对自身IT发展进行有效管控，保证IT需求与实现的协调发展，并使IT安全和风险得到有效的识别、管理、防范和处置。组织需要建立适合组织特点的机制保障方法，满足疏漏互补、协同发展、监督改进和安全风险可控的原则，避免扭曲决策目标方向。组织需要明确管理责任，明晰上下左右权利关系，落实责任制和各项措施。组织可以根据相关法律法规、行业管理和上级监管机构发布的规范文件要求，制定本组织的信息技术治理制度并实施，重点聚焦在：①指导建立规范过程管理和痕迹管理，并向利益相关者公开质量设定举措；②评审IT管理体系的适宜性、充分性和有效性；③审计IT完整性、有效性和合规性；④监督由审计和管理评审，提出改进内容的实施。

（4）创新发展。创新发展是指利用IT创新开拓业务领域，提升管理水平，改进质量、绩效和降低成本，确保实现战略目标的灵活性和对环境变化的适应性。组织需要通过建立围绕知识资产的创新体系，支撑组织的技术进步、管理提升和业务模式变革。组织可以持续保持管理团队的创造技能，并指导培养各级成员的发问、观察、交际和实验能力。组织可以建立支持创新的人员、技术、制度、资金、风险、文化和市场需求的机制体系，包括：①创造基于业务团队与IT团队的深度沟通以及对内外部环境感知和学习的技术创新环境；②确保技术发展、管理创新、模式革新的协调联动；③对组织创新能力进行评估，并对关键创新要素进行分析和评价；④通过促进和创新有效抵御风险，并确保创新是组织文化的组成部分。

（5）文化助推。文化助推是指组织与利益相关者沟通IT治理的目标、策略和职责，营造积极向上、沟通包容的组织文化。组织需要引导组织人员适应IT建设所带来的变革、遵循道德和职业规范、端正态度和规范行为。组织可以要求各级管理层把符合信息技术战略发展的文化建设作为其职责的一部分。按照文化营造、实施和改进的生命周期，保障利益相关者的沟通和透明，包括：①建立与IT发展相适应的组织文化发展策略；②营造包括知识、技术、管理、情操在内的积极向上的文化氛围；③根据组织内部环境的变化，评估并改进组织文化的管理。

3.1.4 IT治理方法与标准

考虑到IT治理对组织战略目标达成的重要性，国内外各类机构持续研究并沉淀IT治理相关的最佳实践方法、定义相关标准，这里面比较典型的是我国信息技术服务标准库（ITSS）中IT治理系列标准、信息和技术治理框架（COBIT）和IT治理国际标准（ISO/IEC 38500）等。

1. ITSS 中 IT 服务治理

我国 IT 治理标准化研究是围绕 IT 治理研究范畴，为 IT 过程、IT 资源、信息与组织战略、组织目标的连接提供了一种机制。通过指导、实施、管理和评价等过程，确保 IT 支持并拓展组织的战略和目标。在 IT 治理目标和边界确定的情况下，IT 治理围绕决策体系、责任归属、管理流程、内外评价四个方面，通过相关框架体系的研究，规范和引导组织的 IT 治理完成"做什么""如何做""怎么样""如何评价"等问题，如图 3-5 所示。

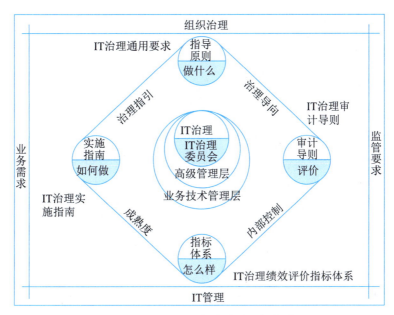

图 3-5 ITSS-IT 治理标准化的逻辑关系图

1）IT 治理通用要求

GB/T 34960.1《信息技术服务 治理 第 1 部分：通用要求》规定了 IT 治理的模型和框架、实施 IT 治理的原则，以及开展 IT 顶层设计、管理体系和资源的治理要求。该标准可用于：①建立组织的 IT 治理体系，并实施自我评价；②开展信息技术审计；③研发、选择和评价 IT 治理相关的软件或解决方案；④第三方对组织的 IT 治理能力进行评价。各级各类信息化主管部门可根据法律法规、部门规章的要求，使用该标准对所管辖各类组织的 IT 治理提出要求，并进行评估、指导和监督。

该标准定义的 IT 治理模型包含治理的内外部要求、治理主体、治理方法，以及信息技术及其应用的管理体系，如图 3-6 所示。

治理主体以组织章程、监管职责、利益相关方期望、业务压力和业务要求为驱动力，建立评估、指导、监督的治理过程并明确任务。治理主体通过信息技术战略和方针，指导管理者对信息技术及其应用的管理体系进行完善，并对信息技术相关的方案和规划进行评估，对信息技术应用的绩效和符合性进行监督。组织结合治理原则和模型，在 IT 治理实施的过程中，开展自我监督、自我评估和审计工作，并持续改进。

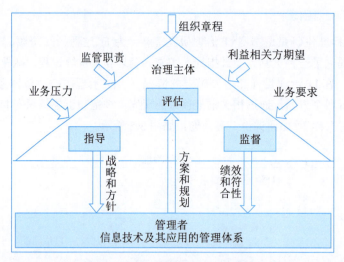

图 3-6 GB/T 34960.1 IT 治理模型

该标准定义的 IT 治理框架包含信息技术顶层设计、管理体系和资源三大治理域，每个治理域由如下若干治理要素组成，如图 3-7 所示。顶层设计治理域包含信息技术的战略，以及支撑战略的组织和架构；管理体系治理域包含信息技术相关的质量管理、项目管理、投资管理、服务管理、业务连续性管理、信息安全管理、风险管理、供方管理、资产管理和其他管理；资源治理域包含信息技术相关的基础设施、应用系统和数据。

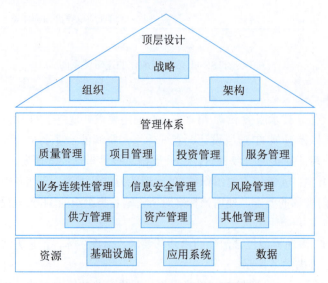

图 3-7 GB/T 34960.1 IT 治理框架

2）IT 治理实施指南

GB/T 34960.2《信息技术服务 治理 第 2 部分：实施指南》提出了 IT 治理通用要求的实施指南，分析了实施 IT 治理的环境因素，规定了 IT 治理的实施框架、实施环境和实施过程，并明确顶层设计治理、管理体系治理和资源治理的实施要求。该标准适用于：①建立组织的 IT 治理实施框架，明确实施方法和过程；②组织内部开展 IT 治理的实施；③ IT 治理相关软件或解决方案实施落地的指导；④ 第三方开展 IT 治理评价的指导。

IT 治理实施框架包括治理的实施环境、实施过程和治理域，如图 3-8 所示。实施环境包括组织的内外部环境和促成因素。实施过程规定了 IT 治理实施的方法论，包括统筹和规划、构建和运行、监督和评估、改进和优化。治理域定义了 IT 治理对象，包括顶层设计、管理体系和资源。顶层设计包括战略、组织和架构；管理体系包括质量管理、项目管理、投资管理、服务管理、业务连续性管理、信息安全管理、风险管理、供方管理、资产管理和其他管理；资源包括基础设施、应用系统和数据。组织可以结合实施环境的分析，按照实施过程，以治理域为对象开展 IT 治理实施。

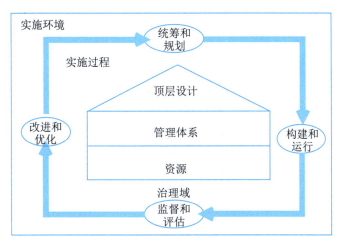

图 3-8　GB/T 34960.2 IT 治理实施框架

2. 信息和技术治理框架

COBIT 是面向整个组织的信息和技术治理及管理框架，由成立于 1969 年的美国信息系统审计与控制协会（ISACA）组织设计并编制的。COBIT 框架对治理和管理进行了明确区分，这两个学科涵盖不同的活动，需要不同的组织结构，并服务于不同目的：①治理确保对利益干系人的需求、条件和选择方案进行评估，以确定全面均衡、达成共识的组织目标；通过确定优先等级和制定决策来设定方向；根据议定的方向和目标监控绩效与合规性；②管理是指按治理设定的方向计划、构建、运行和监控活动，以实现组织目标。在大多数组织中，管理是首席执行官领导下的高级管理层的职责。ISACA 设计并编制了《框架：治理和管理目标》《设计指南：信息和技术治理解决方案的设计》，主要供组织信息和技术治理（EGIT）、鉴证、风险和安全专业人员作为学习资料使用。

1）治理和管理目标

COBIT 框架介绍了 40 项核心治理和管理目标，以及其中包含的流程和其他相关组件。COBIT 核心模型如图 3-9 所示。COBIT 中治理目标被列入评估、指导和监控（EDM）领域，在这个领域，治理机构将评估战略方案，指导高级管理层执行所选的战略方案并监督战略的实施。管理目标分为四个领域：①调整、规划和组织（APO）针对IT的整体组织、战略和支持活动；②内部构建、外部采购和实施（BAI）针对IT解决方案的定义、采购和实施以及它们到业务流程的整合；③交付、服务和支持（DSS）针对IT服务的运营交付和支持，包括安全；④监控、评价和评估（MEA）针对IT的性能监控及其与内部性能目标、内部控制目标和外部要求的一致程度。治理目标与治理流程有关，而管理目标与管理流程有关。治理流程通常由董事会和执行管理层负责，而管理流程则在高级和中级管理层的职责范围内。

图 3-9 COBIT 核心模型

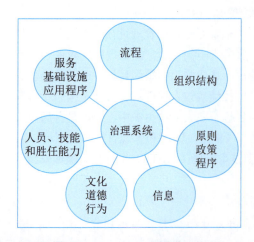

图 3-10 COBIT 治理系统组件

为满足治理和管理目标，每个组织都需要建立、定制和维护由多个组件构成的治理系统，如图3-10所示。治理系统的组件包括：①流程。流程描述了一组为实现某种目标而安排有序的实践和活动，并生成了一组支持实现整体IT相关目标的输出内容。②组织结构。组织结构是组织的主要决策实体。③原则、政策和程序。原则、政策和程序用于将理想行为转化为日常管理的实用指南。④信息。在任何组织中，信息无处不在，包括组织生成和使用的全部信息。COBIT侧重于有效运转组织治理系统所需的信息。⑤文化、道德和行为。个人和组织的文化、道德和行为作为治理和管理活动的成功因素,其价值往往被低估。⑥人员、技能和胜任能力。人员、技能和胜任能力对做出正确决策、采取纠正行动和成功完成所有活动而言是必不可少的。⑦服务、基础设施和应用程序。服务、基础设施和应用程序包括为组织提供IT处理治理系统的基础设施、技术和应用程序。

2)信息和技术治理解决方案的设计

COBIT设计指南描述了组织如何设计量身定制的组织IT治理解决方案。高效和有效的IT治理系统是创造价值的起点。COBIT定义的IT治理系统设计因素包括组织战略、组织目标、风险概况、IT相关问题、威胁环境、合规性要求、IT角色、IT采购模式、IT实施方法、技术采用战略、组织规模和未来因素,如图3-11所示。这些设计因素可能影响组织治理系统的设计,为成功使用IT奠定基础。

图3-11 COBIT治理体系设计因素

组织开展治理系统设计通过流程化的方式进行,如图3-12所示,COBIT给出了建议设计流程:①了解组织环境和战略;②确定治理系统的初步范围;③优化治理系统的范围;④最终确定治理系统的设计。

图3-12 COBIT治理系统设计工作流程

3. IT治理国际标准

2008年4月,ISO/IEC正式发布IT治理标准ISO/IEC 38500,它的出台不仅标志着IT治理从概念模糊的探讨阶段进入了一个正确认识的发展阶段,而且也标志着信息化正式进入IT治理时代。这一标准将促使国内外一直争论不休的IT治理理论得到统一,也促使我国在引导信息化科学方面发挥重要作用。2014年,ISO/IEC发布了第二版的ISO/IEC FDIS 38500,替换了2008第一版的ISO/IEC 38500,ISO/IEC FDIS 38500:2014提供了IT良好治理的原则、定义和模式,以帮助最高级别组织的人员理解和履行其在组织使用IT方面的法律、法规和道德义务。

该标准为组织的治理机构（可包括所有者、董事、合伙人、执行经理或类似机构）的成员提供了关于在其组织内有效、高效和可接受地使用信息技术（IT）的指导原则。该标准包括：①责任。组织内的个人和团体理解并接受他们在IT的供应和需求方面的责任。那些负有行动责任的人也有权执行这些行动。②战略。组织的业务战略考虑到IT的当前和未来的能力；使用IT的计划满足了组织业务战略的当前和持续的需求。③收购。IT收购是出于正当的理由，在适当和持续的分析基础上，有明确和透明的决策。在短期和长期内，在利益、机会、成本和风险之间都存在着适当的平衡。④性能。IT适合于支持组织，提供满足当前和未来业务需求所需的服务、服务水平和服务质量。⑤一致性。IT的使用符合所有强制性法律和法规。政策和实践有明确的定义、实施和执行。⑥人的行为。IT团队的政策、实践和决策表明了对人的行为的尊重，包括所有"在这个过程中的人"的当前和不断发展的需求。

该标准规定治理机构应通过评估、指导和监督三个主要任务来治理IT。

（1）评估。治理机构应审查和判断当前和未来的使用，包括计划、建议和供应安排（无论是内部、外部或两者兼有）。在评估IT的使用时，治理机构应考虑作用于组织的外部或内部压力，如技术变革、经济和社会趋势、监管义务、合法的利益相关者期望和政治影响。治理机构应根据情况的变化不断地进行评价。治理机构还应考虑到当前和未来的业务需要，即他们必须实现的当前和未来的组织目标，例如维持竞争优势，以及他们正在评估的计划和建议的具体目标。

（2）指导。治理机构应负责战略和政策的编制和执行。战略应该为IT领域的投资设定方向以及IT应该实现的目标。政策应在使用IT时建立良好的行为。治理机构应通过要求管理者及时提供信息、遵守方向和遵守良好治理的六项原则来鼓励其组织中的良好治理文化。

（3）监督。治理机构应通过适当的测量系统来监测IT的表现。他们应该保证自己业绩符合战略，特别是在业务目标方面。治理机构还应确保IT符合外部义务（法规、立法、普通法、合同）和内部工作惯例等。

3.2 IT审计

随着大数据、云计算、人工智能、移动互联网、物联网等新一代信息技术快速普及和深入应用，以及商业新模式、制造新模式、运行新模式等的出现和迅速繁荣，在给组织带来快速发展的同时，也加大了组织的IT风险。为了有效控制IT风险，有必要对组织的信息系统治理及IT内控与管理等开展IT审计，充分发挥IT审计监督的作用，提高组织的信息系统治理水平，促进组织信息系统治理目标的实现。

3.2.1 IT审计基础

IT审计对组织IT目标的达成以及组织战略目的实现具备重要的作用，这与人们通常所说的传统审计的重要性概念不同。传统审计的重要性是指被审计单位会计报表中错报或漏报的严重程度，这一严重程度在特定环境下可能影响会计报表使用者的判断或决策。传统审计在量上表现为审计重要性水平，也就是被审计单位财务报表中可能存在的不影响报表使用者做出决策和判断的错报及漏报最大限额。IT 审计重要性是指 IT 审计风险（固有风险、控制风险、检查风险）对组织影响的严重程度，如：财务损失、业务中断、失去客户信任、经济制裁等。

1. IT 审计定义

IT 审计经过多年的发展，国内外机构对 IT 审计从不同角度进行了描述，目前主流的 IT 审计定义如表 3-3 所示。

表 3-3　主流的 IT 审计定义

机构 / 标准名称	定义
国际信息系统审计协会（Information Systems Audit and Control Association，ISACA）	IT 审计是一个获取并评价证据，以判断计算机系统是否能够保证资产的安全、数据的完整以及有效利用组织的资源并有效实现组织目标的过程
国际货币基金组织（International Monetary Fund，IMF）	IT 审计是对计算机化的系统进行审计，不仅是对现有信息系统的控制，还包括对系统建立过程、计算机设备和网络管理等方面的控制
最高审计机关国际组织（International Organization of Supreme Audit Institutions，INTOSAI）	IT 审计是一个通过获取并评估证据，以判断 IT 系统是否保护组织的资产，有效地利用组织的资源，保障数据的安全性和一致性，以及有效地达到组织业务目标的过程
GB/T 34960.4《信息技术服务　治理　第 4 部分：审计导则》	IT 审计是根据 IT 审计标准的要求，对信息系统及相关的 IT 内部控制和流程进行检查、评价，并发表审计意见

2. IT 审计目的

IT 审计的目的是指通过开展 IT 审计工作，了解组织 IT 系统与 IT 活动的总体状况，对组织是否实现 IT 目标进行审查和评价，充分识别与评估相关 IT 风险，提出评价意见及改进建议，促进组织实现 IT 目标。

组织的 IT 目标主要包括：①组织的 IT 战略应与业务战略保持一致；②保护信息资产的安全及数据的完整、可靠、有效；③提高信息系统的安全性、可靠性及有效性；④合理保证信息系统及其运用符合有关法律、法规及标准等的要求。

3. IT 审计范围

一般来说，IT 审计范围需要根据审计目的和投入的审计成本来确定。在确定审计范围时，除了考虑前面提及的审计内容外，还需要明确审计的组织范围、物理位置以及信息系统相关逻辑边界。IT 审计范围的确定如表 3-4 所示。

表 3-4　IT 审计范围的确定

IT 审计范围	说明
总体范围	需要根据审计目的和投入的审计成本来确定
组织范围	明确审计涉及的组织机构、主要流程、活动及人员等
物理范围	具体的物理地点与边界
逻辑范围	涉及的信息系统和逻辑边界
其他相关内容	……

在实际的应用实践中，审计人员在实施 IT 审计项目前，应先对组织与信息系统相关的总体情况进行了解和风险评估，确定主要 IT 风险，如与环境控制相关的风险、与系统相关的风险、与数据相关的风险等，然后根据确定的风险来判断哪些控制、流程对组织的影响比较大，并结合审计项目预计的时间、配备的审计力量等来确定重点审计范围。

4. IT 审计人员

根据 GB/T 34960.4《信息技术服务 治理 第 4 部分：审计导则》，对 IT 审计人员的要求包括职业道德、知识、技能、资格与经验、专业胜任能力及利用外部专家服务等方面，如表 3-5 所示。

表 3-5　IT 审计人员要求

分类	具体要求
职业道德	• 在执业过程中保持独立、客观、公正 • 在执业过程中保持正直、诚实和守信 • 正确履行审计职责（其中包括遵守相应的职业审计标准） • 对在实施IT审计业务中所获取的信息负有保密责任
知识、技能、资格与经验	• 掌握与IT相关的专业知识和技能 • 掌握审计、财务及管理等通用知识和技能 • 拥有与IT审计工作相关的基本技能、专业技能和软技能 • 拥有与所处管理或业务岗位相适应的IT审计职业资格及经验
专业胜任能力	• 具备相应的IT审计专业胜任能力 • 拥有与所处管理或业务岗位相适应的IT审计职业资格 • 定期参加持续的职业教育和培训
利用外部专家服务	• 对外部专家的专业资格及专业经验进行评价 • 对外部专家的独立性、客观性进行评价 • 对外部专家的专业胜任能力进行评价 • 与外部专家签订书面协议 • 对外部专家的服务结果进行评价和利用

5. IT 审计风险

IT 审计风险主要包括固有风险、控制风险、检查风险和总体审计风险。固有风险、控制风险、检查风险的内容，如表 3-6 所示。

表 3-6　固有风险、控制风险和检查风险的内容

类别	描述
固有风险	• 含义：是指IT活动不存在相关控制的情况下，易于导致重大错误的风险 • 分类：可从IT组织层面控制、一般控制及应用控制三个方面分析固有风险 • 特点：固有风险是IT活动本身所具有的，审计人员只能评估，却无法控制或影响它；固有风险的衡量是主观的、复杂的，不同的IT活动其固有风险水平不同

(续表)

类别	描述
控制风险	• 含义：是指与IT活动相关的内部控制体系不能及时预防或检查出存在的重大错误的风险 • 分类：可从IT组织层面控制、一般控制及应用控制三个方面分析控制风险 • 特点：与内部控制制度执行的有效性有关，与审计无关，属于内部控制的范畴，审计人员只能评估其风险水平而不能对其实施控制和影响。其风险水平的衡量由于需要兼顾传统内部控制的思想和计算机系统管理的知识，因而较为复杂且难以准确计量
检查风险	• 含义：检查风险是指通过预定的审计程序未能发现重大、单个或与其他错误相结合的风险 • 影响检查风险的因素：由于IT审计规范不完善、审计人员自身或者技术原因等造成影响审计测试正确性的各种因素

总体审计风险是指针对单个控制目标所产生的各类审计风险总和。良好的审计计划应尽可能评估和控制审计风险，减少或控制所检查领域的审计风险，比如采取合适的审计工具，在完成审计时把总体审计风险控制在足够低的水平之内，以达到预期保证水平。

审计风险也用于描述审计人员在执行审计任务时可接受的风险水平。审计人员可通过设定目标风险水平并调整审计工作量，以合适的审计成本满足最小化总体审计风险要求。

3.2.2　审计方法与技术

1. IT 审计依据与准则

IT 审计活动的开展需要结合相关法律法规、准则与标准。国际上发布的常用审计准则有：

- 信息系统审计准则（ISACA，国际信息系统审计协会发布）。
- 《内部控制—整体框架》报告，即通称的 COSO（The Committee of Sponsoring Organizations of The National Commission of Fraudulent Financial Reporting，美国虚假财务报告委员会下属的发起人委员会）报告。
- 《萨班斯法案》（Sarbanes-Oxley Act，SOX）。SOX是美国政府出台的一部涉及会计职业监管、组织治理、证券市场监管等方面改革的重要法律。
- 信息及相关技术控制目标（Control Objectives for Information and related Technology，COBIT）是目前国际上通用的信息及相关技术控制规范。

我国的 IT 审计相关法律法规、准则与标准如表 3-7 所示。

表 3-7　IT 审计相关法律法规、准则与标准（举例）

类别	名称
法律法规	《中华人民共和国审计法》《中华人民共和国网络安全法》《中华人民共和国数据安全法》《中华人民共和国个人信息保护法》等
审计准则	《信息系统审计指南——计算机审计实务公告第34号》《第2203号内部审计具体准则——信息系统审计》等
IT 审计国际标准	GB/T 34960.4《信息技术服务 治理 第4部分：审计导则》等
组织内部控制	《组织内部控制基本规范》《组织内部控制应用指引第18号——信息系统》等

（续表）

类别	名称
行业规范	《商业银行信息科技风险管理指引》《证券期货经营机构信息技术治理工作指引（试行）》《保险公司信息化工作指引（试行）》等

2. IT 审计常用方法

IT 审计方法就是为了完成 IT 审计任务所采取的手段。在 IT 审计工作中，要完成每一项审计工作，都应选择合适的审计方法。常用审计方法包括：访谈法、调查法、检查法、观察法、测试法和程序代码检查法等，如表 3-8 所示。

表 3-8　IT 审计常用方法表（举例）

分类	说明
访谈法	● 含义：是指通过访谈人和受访人面对面地交谈来了解被审计对象的信息。依据不同研究问题的性质、目的或对象，访谈法具有不同的形式 ● 分类：根据访谈进程的结构化程度，可将它分为结构型访谈和非结构型访谈
调查法	● 含义：是指为了达到预期目的，在制订调研计划的基础上，通过书面或口头回答问题的方式收集研究对象的相关资料，并做出分析、综合，得到某一结论的研究方法 ● 目的：可能是全面把握当前状况，也可能是为了揭示存在的问题，弄清前因后果，以便为进一步的研究或决策提供观点和论据
检查法	● 含义：是指审计人员对被审计单位内部或外部生成的记录和文件（如纸质、电子或其他介质形式存在的资料）进行审查，或对资产进行实物审查 ● 分类：从技术层面上可分为审阅法、核对法、复算法和分析法
观察法	● 含义：是审计人员到被审计单位的经营场所及其他有关场所进行实地察看，来证实审计事项的一种方法 ● 应用：观察程序具有方向性，即从书面记录观察到实物或过程，反之，从实物或过程观察到书面记录。观察法既可以用于对通过其他方法获得的审计证据进行补充，证实审计证据，也可以用于直接收集相关证据。观察法可以比较准确地获得审计项目如何运行的信息，适用于正在进行中的审计事项
测试法	● 含义：通过测试来评估程序的质量是一项常用的审计技术，其基本原理是从计算机输入开始，跟踪某项业务直至计算机输出，以检验计算机应用程序、控制程序和系统可靠性。执行此类方法使用的是用于测试目的的业务数据，称之为测试数据 ● 分类：主要包括黑盒法和白盒法。黑盒法测试是把程序看成黑盒子，完全不考虑其内部结构和处理过程，只检查程序的功能是否符合它的需求规格说明。白盒法是通过测试来检测产品内部动作是否按照规格说明书的规定正常进行，按照程序内部的结构测试程序，检验程序中的每条通路是否都能按预定要求正确工作，主要用于软件验证
程序代码检查法	● 含义：是指对被审程序的指令逐条加以审查，以验证程序的合法性、完整性和程序逻辑的正确性 ● 应用：审计人员可使用代码静态扫描工具进行程序代码的检查

3. IT 审计技术

常用的 IT 审计技术包括风险评估技术、审计抽样技术、计算机辅助审计技术及大数据审计技术。

1）风险评估技术

IT 风险评估技术一般包括：

- 风险识别技术：用以识别可能影响一个或多个目标的不确定性，包括德尔菲法、头脑风暴法、检查表法、SWOT 技术及图解技术等。
- 风险分析技术：是对风险影响和后果进行评价和估量，包括定性分析和定量分析。
- 风险评价技术：是在风险分析的基础上，通过相应的指标体系和评价标准，对风险程度进行划分，以揭示影响成败的关键风险因素，包括单因素风险评价和总体风险评价。
- 风险应对技术：IT 技术体系中为特定风险制定的应对技术方案，包括云计算、冗余链路、冗余资源、系统弹性伸缩、两地三中心灾备、业务熔断限流等。

2）审计抽样技术

审计抽样是指审计人员在实施审计程序时，从审计对象总体中选取一定数量的样本进行测试，并根据测试结果，推断审计对象总体特征的一种方法。审计抽样适用于时间及成本都不允许对既定总体中的所有交易或事件进行全面审计时。"总体"是指需要检查的全部事项，"样本"是用于测试总体的子集。审计抽样的方法如表 3-9 所示。

表 3-9 审计抽样方法分类表

类别	说明
统计抽样	● 采用客观的方法来确定样本量和样本抽取标准。统计抽样采用概率学原理，涉及计算样本量、抽取样本 ● 评价样本结果并做出推断。利用统计抽样，审计人员可以量化描述样本与总体的接近程度（评价抽样精度）以及用百分比表示的样本能够代表总体的概念（可靠性或置信水平）。有效的统计抽样结果是量化的 ● 常用的统计抽样方法有：①属性抽样。固定样本量属性抽样或频率估计抽样——用于估计总体中某种特性（属性）的发生比率（百分率）的抽样方法，属性抽样回答"有多少？"的问题。可被测试的属性的一个例子是计算机访问申请表上的批准签字。②变量抽样。变量抽样也称为金额估计抽样或平均值估计抽样，是一种由样本估计总体的货币金额或其他度量单位（如重量）的抽样技术。变量抽样的一个例子是检查组织重要交易的余额表及对生成余额表的程序实施的应用系统审计
非统计抽样	常指判断抽样——采用审计人员判断来确定抽样方法、样本量（从总体中抽取的一定数量的事项以执行测试）及抽样标准（选择哪一些事项用于测试）。抽样结果是基于审计人员对抽样事项或交易的重要性及风险的主观判断

3）计算机辅助审计技术

计算机辅助审计（Computer Assisted Audit Tools，CAAT），也称为利用计算机审计，是指审计人员在审计过程和审计管理活动中，以计算机为工具来执行和完成某些审计程序和任务的一种新兴审计技术。它并非电算化系统审计特有的一种方法，对手工系统的审计也可应用这些技术。

计算机辅助审计技术是审计人员在这种环境下收集信息的重要工具。由于系统有不同的硬件和软件环境、数据结构、记录格式或处理功能，如果没有软件工具来收集和分析记录内容，审计人员收集证据几乎是不可能的。CAAT 也使得审计人员可以独立地收集信息，CAAT

为针对既定的审计目标访问和分析数据提供了一种方法,并以系统记录的可靠性为重点报告审计发现。源信息可靠性是审计发现的保证基础。CAAT 包括多种工具和技术,如通用审计软件(GAS)、测试数据、实用工具软件、专家系统等。

4) 大数据审计技术

大数据审计是指遵循大数据理念,运用大数据技术方法和工具,利用数量巨大、来源分散、格式多样的数据,开展跨层级、跨系统、跨部门和跨业务等的深入挖掘与分析,提升审计发现问题、评价判断、宏观分析的能力。大数据审计技术包括大数据智能分析技术、大数据可视化分析技术及大数据多数据源综合分析技术等,如表 3-10 所示。

表 3-10 大数据审计技术(举例)

分类	说明
大数据智能分析技术	以各种高性能处理算法、智能搜索与挖掘算法等为主要研究内容,是目前大数据分析领域的研究主流。该技术从计算机的视角出发,强调计算机的计算能力和人工智能,如各类面向大数据的机器学习和数据挖掘方法等。常用技术包括 A/BTesting、关联规则分析、分类、聚类、遗传算法、神经网络、预测模型、模式识别、时间序列分析、回归分析、系统仿真等
大数据可视化分析技术	从人作为分析主体和需求主体的视角出发,强调基于人机交互的、符合人的认知规律的分析方法,目的是将人所具备的、机器并不擅长的认知能力融入数据分析过程中,如 R 语言、Python、D3.js、Leaflet 等
大数据多数据源综合分析技术	大多数大数据多数据源综合分析技术是对采集来的各行、各业、各类大数据,采用数据查询等常用方法或其他大数据技术方法进行相关数据的综合比对和关联分析,从而发现更多隐藏的审计线索的技术

4. IT 审计证据

审计证据是指由审计机构和审计人员获取,用于确定所审计实体或数据是否遵循既定标准或目标,形成审计结论的证明材料。审计证据是审计意见的支柱,是审计人员形成审计结论的基础。审计人员必须基于足够、相关和适当的审计证据,为其审计观点提供合理的结论。审计证据还可以被作为解除或追究被审计人经济责任的依据,并且审计证据还是控制审计工作质量的关键。

审计证据的特性是指审计证据内在性质和特征,具体体现为审计人员围绕这些性质和特征收集审计证据时应达到的基本要求。对审计证据的属性,在国际上有不同的描述。审计证据的特性如表 3-11 所示。

表 3-11 审计证据的特性

分类	说明
充分性	指要求审计人员根据所获证据足以对被审计对象提出一定程度保证的结论,是对审计证据数量的要求,主要与审计人员确定的样本量有关
客观性	指审计证据必须是客观存在的事实材料。客观的审计证据比需要判断或解释的证据可靠
相关性	指审计证据与审计事项之间必须有实质性联系
可靠性	指审计证据能够反映和证实客观经济活动特征的程度。审计证据的可靠性受到审计证据的类型、取证的渠道和方式等因素的影响
合法性	指审计证据必须符合法定种类,并依照法定程序取得

电子证据是信息环境下经常使用的一种证据类型。电子证据是指以电子的、数据的、磁性的或类似性能的相关技术形式存在并能够证明事件事实真实情况的一切材料。刑事诉讼法中指出电子证据无论是形式还是证据规则都与传统证据有很大区别，高要求的技术规范，贯穿于电子证据的收集、提取、保存到出示、审查、判断、认证的各个环节。因此，通过司法解释缓解司法实践中的矛盾仅仅是权宜之计，彻底解决电子证据法律定位问题还是要从立法上予以突破，即应通过修改诉讼法或出台证据法典来明确电子证据的法律地位，赋予电子证据独立的法律地位，以电子证据取代视听资料的证据地位。

为了使收集到的分散、个别、不系统审计证据变成充分、适当、具有证明力证据，审计人员必须按照一定的方法对审计证据进行分类整理与分析，使之条理化、系统化，然后对各种审计证据进行合理归纳，并在此基础上形成恰当的整体审计结论。审计证据评价应考虑的因素包括证据提供者的独立性、提供信息/证据的个人资质、证据的客观性、证据的时效性、与审计目标的相关性、审计证据的说服力及审计证据的充分性。此外，在审计过程中还必须考虑取得审计证据的经济性，必须考虑成本效益原则，合理把握审计证据的充分性。

5. IT 审计底稿

审计工作底稿是指审计人员对制订的审计计划、实施的审计程序、获取的相关审计证据，以及得出的审计结论做出的记录。审计工作底稿是审计证据的载体，是审计人员在审计过程中形成的审计工作记录和获取的资料。它形成于审计过程，也反映整个审计过程。审计底稿的作用表现在：

- 是形成审计结论、发表审计意见的直接依据；
- 是评价考核审计人员的主要依据；
- 是审计质量控制与监督的基础；
- 对未来审计业务具有参考备查作用。

审计工作底稿一般分为综合类工作底稿、业务类工作底稿和备查类工作底稿，具体如表 3-12 所示。

表 3-12 审计工作底稿分类

底稿类型	说明
综合类工作底稿	指审计人员在审计计划阶段和审计报告阶段，为规划、控制和总结整个审计工作并发表审计意见所形成的审计工作底稿，主要包括：审计业务约定书、审计计划、审计总结、审计报告、管理建议书、被审计单位管理当局声明书以及审计人员对整个审计工作进行组织管理的所有记录和资料
业务类工作底稿	指审计人员在审计实施阶段为执行具体审计程序所形成的审计工作底稿，包括：符合性测试中形成的内部控制问题调查表和流程图、实质性测试中形成的项目明细表等
备查类工作底稿	指审计人员在审计过程中形成对审计工作仅具有备查作用的审计工作底稿。备查类工作底稿应随被审计单位有关情况的变化而不断更新；应详细列明目录清单，并将更新的文件资料随时归档；应根据需要，将其中与具体审计项目有关的内容复印、摘录、综合后归入业务类审计工作底稿的具体审计项目之后。通常，备查类审计工作底稿是由被审计单位或第三者根据实际情况提供或代为编制，审计人员应认真审核，并对所取得的有关文件、资料标明其具体来源

审计工作底稿作为审计人员在整个审计过程中形成的审计工作记录资料，在编制上应满足内容和形式两方面的要求：

- 内容要求包括资料翔实、重点突出、繁简得当、结论明确；
- 形式要求包括要素齐全、格式规范、标识一致、记录清晰。

通常，根据审计机构的组织规模和业务范围，可以实行对审计工作底稿的三级复核制度。审计工作底稿三级复核制度是指以审计机构负责人、部门负责人和项目负责人（或项目经理）为复核人，依照规定的程序和要点对审计工作底稿进行逐级复核的制度。三级复核制度目前已成为较为普遍采用的形式，对于提高审计工作质量、加强质量控制起了重要的作用。

为了维护被审计单位及相关单位的利益，审计机构对审计工作底稿中涉及的商业秘密保密，建立健全审计工作底稿保密制度。但由于下列两种情况需要查阅审计工作底稿的，不属于泄密情形：

- 法院、检察院及国家其他部门依法查阅，并按规定办理了必要手续；
- 审计协会或其委派单位对审计机构执业情况进行检查。

审计工作底稿按照一定的标准归入审计档案后，应交由档案管理部门进行管理，并确保审计档案的安全、完整。

3.2.3 审计流程

审计流程是指审计人员在具体审计过程中采取的行动和步骤。科学、规范的审计流程不但是分配审计工作的具体依据，还是控制审计工作的有效工具，并同时具有的作用包括：①有效地指导审计工作；②有利于提高审计工作效率；③有利于保证审计项目质量；④有利于规范审计工作。

通常，审计流程的含义有广义和狭义两种之分。狭义的审计流程是指审计人员在取得审计证据、完成审计目标、得出审计结论过程中所采取的步骤和方法。广义的审计流程是指审计机构和审计人员对审计项目从开始到结束的整个过程采取的系统性工作步骤，一般分为审计准备、审计实施、审计终结及后续审计四个阶段，每个阶段又包含若干具体内容。

（1）审计准备阶段。IT 审计准备阶段是指 IT 审计项目从计划开始，到发出审计通知书为止的期间。准备阶段是整个审计过程的起点和基础，准备阶段的工作是否充分、合理、细致，对提高审计工作效率，保证审计工作质量至关重要。准备阶段工作一般包括：①明确审计目的及任务；②组建审计项目组；③搜集相关信息；④编制审计计划等。

（2）审计实施阶段。IT 审计实施阶段是审计人员将项目审计计划付诸实施的期间。此阶段的工作是审计全过程的中心环节，是整个审计流程的关键阶段，关系到整个审计工作的成败。实施阶段主要完成工作包括：①深入调查并调整审计计划；②了解并初步评估 IT 内部控制；③进行符合性测试；④进行实质性测试等。

（3）审计终结阶段。IT 审计终结阶段是整理审计工作底稿、总结审计工作、编写审计报告、做出审计结论的期间。审计人员应运用专业判断，综合分析所收集到的相关证据，以经过核实的审计证据为依据，形成审计意见、出具审计报告。终结阶段的工作一般包括：①整理与复核审计工作底稿；②整理审计证据；③评价相关 IT 控制目标的实现；④判断并报告审计发现；⑤沟通审计结果；⑥出具审计报告；⑦归档管理等。

（4）后续审计阶段。后续审计是在审计报告发出后的一定时间内，审计人员为检查被审计单位对审计问题和建议是否已经采取了适当的纠正措施，并取得预期效果的跟踪审计。后续审计并不是一次新的审计，而是前一次审计的有机组成部分。实施后续审计，可不必遵守审计流程的每一过程和要求，但必须依法依规进行检查、调查，收集审计证据，写出后续审计报告。

3.2.4 审计内容

IT 审计业务和服务通常分为 IT 内部控制审计和 IT 专项审计。IT 内部控制审计主要包括组织层面 IT 控制审计、IT 一般控制审计及应用控制审计；IT 专项审计主要是指根据当前面临的特殊风险或者需求开展的 IT 审计，审计范围为 IT 综合审计的某一个或几个部分。有关 IT 内部控制审计与 IT 专项审计的具体内容如表 3-13 所示。

表 3-13　IT 审计业务分类表

大类名称	子类名称	审计内容
IT 内部控制审计	组织层面 IT 控制审计、IT 一般控制审计及应用控制审计	● 组织层面IT控制审计主要指对IT战略、组织、架构、业务连续性、风险管理、外包管理、网络与信息安全及监督管理等进行审计 ● IT一般控制审计主要是指针对与应用系统、数据库、操作系统、网络相关的策略和措施等进行审计 ● 应用控制审计是指针对业务流程层面运行的人工或自动化程序进行审计，主要包括输入控制、处理控制和输出控制的审计
IT 专项审计	信息系统生命周期审计	主要是对信息系统的规划、设计、开发、测试、运行和维护等进行审计
	信息系统开发过程审计	主要围绕信息系统规划、设计、建设、实施是否符合 IT 架构和战略进行评估和监督
	信息系统运行维护审计	主要针对 IT 运维能力、IT 运维流程策划、实施、监控改进等情况进行审计，内容包括基础设施的运行、系统的运行、维护、质量保证及 IT 服务管理等
	网络与信息安全审计	主要以网络与信息安全为核心，围绕安全相关的组织、人员、系统、设备和环境等，重点关注网络与信息安全相关流程、制度的执行情况，对相关法律法规的遵从性，包括适用的数据保护、个人隐私保护等合规要求
	信息系统项目审计	主要是通过对信息系统项目管理过程的评价，向管理层提供信息系统项目管理过程得到控制、监督并遵循最佳实践要求的合理保证
	数据审计	通过控制活动，负责定期分析、验证、讨论、改进数据安全管理相关的政策、标准和活动
	……	……

针对信息系统项目的专项审计，其目标是通过对信息系统项目管理过程的评价，向管理层提供信息系统项目管理过程得到控制、监督并遵循最佳实践要求的合理保证。信息系统项目管理审计内容与方法举例如表 3-14 所示。

表 3-14 信息系统项目管理审计内容与方法举例

类别	审计内容	审计方法
组织管理	● 组织是否设立项目管理机构或明确项目管理职能的归属 ● 组织是否制定了项目管理制度与流程 ● 组织级的项目管理制度与流程是否全面合理 ● 是否对信息系统项目团队的组成、人员的配备及能力等进行要求	● 访谈组织级项目管理相关人员，了解组织级信息系统相关组织机构、项目管理制度及流程等的制定情况 ● 检查组织级信息系统相关组织机构的架构、职责与权限设计的合理性
项目启动与计划	● 项目启动会的组织是否规范 ● 项目管理目标是否清晰定义及跟踪 ● 是否建立与项目规模及重要程度相适应的项目管理团队并明确职责 ● 团队人员是否稳定 ● 是否存在职责不相容的情况 ● 项目人员配备及能力是否满足要求 ● 是否制订项目计划 ● 项目计划是否完备	● 访谈项目负责人，了解项目启动与计划的总体情况 ● 取得项目组织机构图、职责及人员配备，检查项目组织机构图、人员职责对应表的合理性；检查团队人员变更的情况 ● 取得项目资料（如项目合同、工作说明书、项目计划等），检查文档的编制是否符合要求，内容的全面性及合理性
项目实施与控制	● 项目干系人是否参与到项目活动中，发挥作用 ● 是否建立了科学、高效的项目沟通机制 ● 项目的资源是否有效利用 ● 项目是否进行了必要的配置管理 ● 项目的采购是否规范 ● 是否建立了适合组织的风险管理方法 ● 项目是否建立了绩效评价体系 ● 各阶段产生的文档是否合理、真实 ● 项目是否采取措施，有效地制订了进度计划、控制进度的活动 ● 项目是否建立规划质量、实施质量保证、实施质量控制的控制手段	● 访谈项目相关人员，了解项目实施与控制的总体情况 ● 检查与观察项目现场物理环境的控制情况 ● 访谈项目相关人员，询问文档有关内容 ● 取得项目相关文档（如项目审查记录和发布通知、项目有效性审查评估记录、项目安全事件记录等），检查文档编制的规范性以及相关控制的合理性 ● 取得应用系统的测试资料，检查测试过程控制的规范性，以及测试报告编制的合理性等
项目收尾管理	● 项目验收申请材料是否完整且规范 ● 是否建立项目验收流程 ● 项目验收评审流程是否规范 ● 是否在规定时间内完成项目验收 ● 项目质量是否达标 ● 第三方项目质量检测机构的流程是否规范，报告内容是否完整	● 访谈项目验收相关人员，了解项目收尾相关情况 ● 取得项目验收相关材料，检查材料编写的规范性、内容的合理性和全面性
工程方法审计	● 是否真实地进行了可行性调研 ● 可行性阶段产生文档是否合理 ● 是否对系统实施的技术方案和方法进行过论证 ● 是否编制项目需求计划？内容是否全面、合理	● 访谈相关人员了解项目可行性研究情况 ● 取得项目投资报告及其审批文档，检查过程的规范性、完整性 ● 检查信息来源的真实性及内容的合理性

(续表)

类别	审计内容	审计方法
工程方法审计	• 是否编制概要设计文档？内容是否全面合理 • 是否进行产品技术方案选型 • 是否制定编码规范？内容是否全面合理 • 是否每个开发人员都熟悉编码规范 • 是否制订测试计划 • 测试计划的内容是否全面、合理 • 上线前是否对系统进行了确认测试，填写业务测试验收文档？是否得到客户的确认 • 是否有系统运行的日志	• 取得项目技术方案及其论证文档，检查对系统实施的技术方案和方法论证内容的全面性、合理性 • 访谈相关人员，了解项目需求计划制订情况 • 取得项目需求计划及评审、批准的相关记录 • 检查项目需求计划的内容是否全面合理

3.3 本章练习

1. 选择题

（1）"计算机硬件故障或软件不足，易造成信息的损坏和丢失，导致数据处理过程中发生偶发错误"，描述的风险类型是_____。

    A. 固有风险   B. 控制风险   C. 检查风险   D. 审计风险

参考答案：A

（2）_____指审计人员在审计实施阶段为执行具体审计程序所形成的审计工作底稿。

    A. 综合类工作底稿   B. 业务类工作底稿

    C. 备查类工作底稿   D. 技术类工作底稿

参考答案：B

（3）关于IT审计范围的描述，不正确的是：_____。

    A. 总体范围需要根据审计目的和投入的审计成本来确定

    B. 组织范围需明确审计涉及的组织机构、主要的流程、活动及人员等

    C. 逻辑范围需明确涉及的信息系统

    D. 物理范围需明确具体的物理地点与边界

参考答案：C

（4）组织外包其软件开发，_____是该组织IT管理的责任。

    A. 作为开发人员参加系统设计   B. 支付服务提供商

    C. 与服务提供商谈判合同   D. 控制服务提供商遵守服务合同

参考答案：D

（5）_____不属于IT治理的三大主要目标。

    A. 与业务目标一致   B. 质量控制

    C. 有效利用信息与数据资源   D. 风险管理

参考答案：B

（6）《信息技术服务 治理 第 1 部分：通用要求》标准不适用于_____。

  A. 建立组织的 IT 治理体系并实施自我评价

  B. 组织的 IT 治理能力进行自我评价

  C. 研发、选择和评价 IT 治理相关的软件或解决方案

  D. 开展信息技术审计

参考答案：B

（7）COBIT® 2019 核心模型中的治理和管理目标分为五个领域，_____领域是由董事会和执行管理层负责。

  A. 评估、指导和监控（EDM）

  B. 调整、规划和组织（APO）

  C. 内部构建、外部采购和实施（BAI）

  D. 交付、服务和支持（DSS）

参考答案：A

2. 思考题

（1）IT 治理的管理层次可分为三层：最高管理层、执行管理层、业务与服务执行层，请简要描述这 3 个层次的主要职责分别是什么？

参考答案：略

（2）IT 治理的核心内容包括哪 6 个方面，请简述？

参考答案：略

（3）请指出 IT 审计的常用方法，并根据你的理解举例说明信息系统项目管理可能使用的方法及具体运用。

参考答案：略

第4章　信息系统管理

在信息技术和数据资源要素的推动下,社会各领域正在加速进入数字化的全新发展时期,基于智能、网络和大数据的新经济业态正在形成,从"数字融合"向"数字原生"的发展是这个时期的主要特征,表现为信息技术和工业制造深度融合、人和机器的融合、信息资源和材料资源的融合等,进而基于这种深度融合所构造的数字化新世界,将引发社会各个领域为完全适应数字世界而产生各种数字原生发展模式,这些模式将不断诞生、发展、凋亡和重塑,从而极大地改变了人们的生活方式和行为模式。这个进程是一场比过往的工业化和信息化更加广泛的社会变革。支撑这场变革的重要基础,是不断与社会发展各方面深度融合的信息系统,只有对信息系统实施有效管理,才能承担变革赋予的重任。

4.1 管理方法

信息系统管理是一项需要组织各层级充分参与的业务运行工作。大多数组织都拥有专门用于信息系统管理的职能部门,这些部门配备了相关技术领域的高技能专业人员。同时,组织的管理者也需要了解并参与相关的决策。

4.1.1 管理基础

对信息的高效管理与利用,是在新时代发展环境中取得成功的关键技能。现代化组织做出的所有决策在某种程度上都与信息系统的管理和使用密切相关。对管理者来说,了解其组织能力和信息的开发利用,与懂得如何获取金融资源和平衡预算一样至关重要。随着智能手机、笔记本电脑和平板电脑等个人设备的广泛使用,通过互联网访问组织内外部的应用程序以执行日常工作和业务动作的频度越来越高,凸显了"技术底座构成了几乎所有业务模式的支柱"这一事实。当这种技术底座具备全球可达的特性时,对管理者的技能又增加了全球化能力的要求。基于信息系统技术底座,协作工具和数字化引擎的可用性产生了变化,即信息系统与业务流程日益集成,逐渐变成业务流程演变的革命性因素。迫切需要组织管理者参与技术决策,以确保信息系统对业务的正向支撑,并避免技术的负面影响。

1. 层次结构

信息系统是对信息进行采集、处理、存储、管理和检索,形成组织中的信息流动和处理,必要时能向有关人员提供有用信息的系统。它是由人、技术、流程和数据资源组成的人机系统,目的是及时、正确地收集、加工、存储、传递和提供信息,以实现组织中各项活动的管理、调节和控制。信息系统是为组织用来生产和管理信息(数据)的技术("什么")、人员("谁")和过程("如何")的组合。信息系统包括四个要素:人员、技术、流程和数据,如图4-1所示。

图 4-1　信息系统层次架构

在信息系统层次架构中，信息系统之上是管理，它监督系统的设计和结构，并监控其整体性能。同时，组织管理层制定信息系统层应满足的业务需求和业务战略。信息系统层次架构提供了一个蓝图，可以将业务和系统策略转换为组件或基础架构，并以恰当的人员、技术、流程和数据组合加以实现。

2. 系统管理

信息系统的管理需要提高各组织管理人员对信息系统相关问题的认识。信息技术及其系统在本质上都具有矛盾性，一方面具备前瞻性，不可或缺，因为它们为充满潜力的创新（大数据、人工智能和万物互联等）铺平了道路。另一方面则是主要漏洞（网络安全、数字化和隐私丧失等）的载体，且目前难以衡量其范围和后果。这就是为什么信息系统的管理越来越重要且必要的原因。除了纯粹的运行问题之外，还可以清楚地看到信息系统的管理与道德问题，以及其与世界的复杂性的关联程度越来越密切。基于信息系统构建和执行业务部门的流程，越来越多地限制了价值链中利益干系人之间的关系，那么关于信息系统的决策就会越来越对战略产生影响。一旦信息系统的影响不再局限于工作效率和劳动强度，将不断地为个人空间提供连续性的能力，信息系统的决策也会对每个人产生影响。

信息系统管理覆盖四大领域：
- **规划和组织**：针对信息系统的整体组织、战略和支持活动。
- **设计和实施**：针对信息系统解决方案的定义、采购和实施，以及他们与业务流程的整合。
- **运维和服务**：针对信息系统服务的运行交付和支持，包括安全。
- **优化和持续改进**：针对信息系统的性能监控及其于内部性能目标、内部控制目标和外部要求的一致性管理。

4.1.2 规划和组织

信息系统的规划和组织需要根据组织的发展目标和其他相关因素规划信息系统的战略、组成、建设、运行和运营等。目标是通过实施具备一致性的管理方法，满足业务对信息系统的管理需求。规划和组织的相关内容涵盖信息系统管理所需的所有组件，如：管理流程与组织结构的执行，角色和职责的部署管理，可靠且可重复的活动规范，信息化项目的执行，技能和能力的建设优化，以及服务、基础设施和应用程序的运行管理等。

1. 规划模型

战略是实现目标、意图和目的的一组协调行动。战略往往始于使命，而使命是对组织的宗旨给出的一个清晰并令人信服的陈述。信息系统战略三角突出了业务战略、信息系统和组织机制之间的必要一致性，如图 4-2 所示。它用于描述信息系统与业务系统必要的协同关系，以及理解信息系统与组织机制间的相互影响。当业务战略、组织机制与信息系统运转良好时，这种多方战略决策的一致性往往很难被组织认知。但是，当发生重大生产事故和灾难时，在规划一项业务时，需要正确调整业务战略、信息系统和组织机制之间的协同实践。

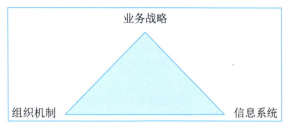

图 4-2　信息系统战略三角

成功的组织有一个压倒一切的业务战略，可以推动组织机制和信息系统的有机融合。有关组织机制的结构、招聘实践和其他组成部分的决策，以及有关应用程序、硬件和其他信息系统组件的决策，都是由组织的业务目标、总体战略与战术驱动的。成功的组织会仔细平衡信息系统战略三角，对自己的组织和信息系统战略进行细致规划，以补充其业务战略。

信息系统战略本身可以影响并受到组织业务和组织机制战略变化的影响。为了保持成功运行所需的平衡，信息系统战略的改变必然伴随着组织机制战略的变化，并且必须适应整体业务战略。如果组织在规划其业务战略时利用信息系统来获得战略优势，那么信息系统的领导地位必须通过不断创新来维持。业务、信息和组织机制战略需要不断进行动态调整。

信息系统战略总是涉及业务和组织机制战略造成的影响。信息系统规划时应力图避免有害的意外后果，这意味着在设计信息系统部署时要记住所需考虑的业务和组织策略。例如，信息系统部署并期望员工使用平板电脑提升生产率，但没有对职位描述、流程设计、薪酬计划和业务策略等进行一系列变更，将无法产生预期的生产力改进。信息系统的这类调整只有通过专门设计战略三角的所有三个组成部分才能取得成功。

2. 组织模型

观察历史上曾经发生的重大系统失效灾难，常常发现信息系统战略三角在灾难发生时会出现协同方面的问题。例如：组织机制战略（例如，关于系统运行监测、测试和相应的人事策略、安全策略和实践）不支持信息系统战略（例如，在危机情况下实施监测，管理和中止自动化生产过程的分布式系统网络的运行机制）。而这意味着上述两种策略在规划时都没有充分支持组织的业务战略。而实现三种战略的协同，达成三种战略的一致性代表实现了三角之间的平衡，在一致性基础上，可以向同步与融合方向发展。通过同步，技术不仅可以支撑实现当前的业务战略，还可以预测和塑造未来的业务战略。而融合更进一步，业务战略和信息战略交织在一起，管理团队成员甚至可以互换运作。

1）业务战略

业务战略阐明了组织寻求的业务目标以及期望如何达成的路径。业务战略是组织传达宣示其目的的方法。管理层根据经济与社会情况、产品与服务对象需求和组织能力构建业务战略计划。经济与社会情况为该类业务构建了竞争环境。产品与服务对象需求是个人及组织想要和需要的可用产品和服务。组织能力包括知识、技能和经验，这些知识、技能和经验为组织提供了一种可以在经济与社会中增加价值的能力。

描述业务战略的经典框架是迈克尔·波特（Michael E. Porter，1947—）提出的竞争力优势模型，如图4-3所示。

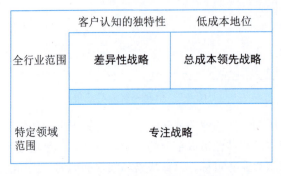

图 4-3　获得竞争力优势的三种战略

当组织的目标是成为市场上成本最低的生产者时，总成本领先战略就会产生。采用该战略的组织通过最大限度地降低成本，从而获得高于平均水平的绩效。所提供的产品或服务必须在质量上与业内其他人提供的产品或服务相当，以便客户对象感知其相对高性价比。通常，一个行业中只存在一个成本引领者。

采用差异性战略时，组织通过差异化，以一种在市场上显得独特的方式，定义其产品或服务。组织确定哪些定性维度对其客户对象最重要，然后找到在其中一个或多个维度增加产品和服务价值的方法。为了使此策略起作用，差异化因素向客户对象收取的价格必须相对于竞争对手收取的价格，是公平的。

采用专注化战略时，专注化允许组织将其范围限制在更狭窄的细分市场，并为该组客户对象量身定制其产品。该策略有两种变体：①专注成本，在其细分市场内寻求成本优势；②专注差异化，寻求细分市场内的产品或服务的差异化。这种策略使组织能够实现区域竞争优势，即使它没有在整个经济与社会中实现竞争优势，也可以通过专注于某些细分市场的方式获得局部的竞争优势。

2）组织机制战略

组织机制战略包括组织的设计以及为定义、设置、协调和控制其工作流程而做出的选择。组织机制战略本质上需要回答"组织将如何构建以实现其目标并实施其业务战略"这一问题，并围绕这一问题形成有效的规划。理解组织设计的经典框架是哈罗德·莱维特（Harold J. Leavitt，1922–2007）提出的钻石模型，如图4-4所示。钻石模型将组织计划的关键组成部分标识为其信息与控制、人员、结构和任务，所有组件都是相互关联的。这个简单的框架对于设计新组织和诊断组织问题非常有用。例如，试图改变员工但未能改变其信息与控制方式的组织无法有效运行，因为所有这些组件都会相互影响。

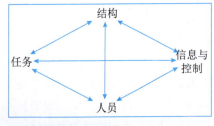

图 4-4　莱维特钻石模型

新时代的组织，其组织机制战略的成功执行包括组织、控制和文化的变量的最佳组合。组织变量包括决策权、业务流程、正式报告关系和非正式沟通网络。控制变量包括数据的可得性、规划的性质和质量、业绩计量和评价制度的有效性以及做好工作的激励措施。文化变量构成组织的价值观。这些组织、控制和文化的变量是决策者用来影响组织变革的管理杠杆。

组织管理人员应具备一套框架，用于评估组织设计的各个方面。使用这些框架，管理人员可以审查当前的组织，并评估哪些组件可能缺失以及未来有哪些可用的选项。基于此框架，管理人员应回答如下问题：

- 组织内有哪些重要的结构和报告关系；
- 谁拥有关键决策的决策权；
- 什么是重要的以人为本的网络（社交和信息网络），我们如何利用它们来更好地完成工作；
- 组织内人员的特征、经验和技能水平是什么；
- 关键业务流程是什么；
- 有哪些控制系统（管理和测量系统）到位；
- 组织的文化、价值观和信仰是什么。

3）信息系统战略

信息系统战略是组织用来提供信息服务的计划。信息系统支撑组织实施其业务战略。业务战略是关于竞争（服务对象想要什么，竞争做什么），定位（组织想以什么方式竞争）和能力（公司能做什么）的功能。信息系统帮助确定组织的能力。现在使用一个基本的矩阵框架来理解组织必须做出的与信息系统相关的决策，如表 4-1 所示。

表 4-1 信息系统战略矩阵

	有什么	谁使用	在哪里
硬件	信息系统的物理组件清单	系统用户和管理者	组件的物理位置（云端、数据中心等）
软件	程序、应用和工具的清单	系统用户和管理者	软件驻留的硬件，以及硬件的物理位置
网络	硬件和软件组件如何联接的图表	系统用户和管理者；提供服务的组织	节点、线路和其他传输介质所在地
数据	系统中存储的信息位	数据所有者；数据管理者	信息所在地

矩阵框架的目的是为管理者提供一个信息系统组件与策略间关系的观察视图，整体信息系统的四个基础结构组件与其他资源相关事项之间的关系构成了信息系统战略的关键点。基础结构包括：①硬件，如桌面单元和服务器；②软件，如用于开展业务，管理计算机本身以及在系统之间进行通信的程序；③网络，它是硬件组件之间交换信息的物理手段，例如通过专用数字网络实现信息交换；④数据，数据包括存储在系统中的位和字节。在当前的系统中，数据不一定与使用它们的程序一起存储；因此，了解系统中有哪些数据以及它们的存储位置非常重要。

4.1.3 设计和实施

开展信息系统设计和实施,首先需要将业务需求转换为信息系统架构,信息系统架构为将组织业务战略转换为信息系统的计划提供了蓝图。信息系统是支持组织中信息流动和处理的所有基础,包括硬件、软件、数据和网络组件,并以最适合计划的方式进行选择和组装,因此其最能体现组织总体业务战略。

1. 设计方法

大量的可选信息技术,加上技术快速进步,使得组织完成信息系统的设计似乎成为"不可完成的任务"。这就需要组织首先将业务战略转化为信息系统架构,然后将该架构转化为信息系统设计,如图 4-5 所示。

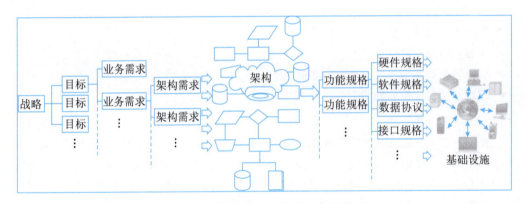

图 4-5 从战略到信息系统设计转换示意图

1)从战略到系统架构

组织必须从业务战略开始,使用该战略制定更具体的目标。然后从每个目标派生出详细的业务需求。组织需要与架构设计人员合作,将这些业务需求转换为构成信息系统架构的系统要求、标准和流程的更详细视图。这个更详细的视图,即信息系统架构要求,包括考虑数据和流程需求以及安全目标等事项。组织还可以向架构设计人员清楚地了解信息系统必须完成的工作以及确保其顺利开发、实施和使用所需的治理安排。治理安排指定组织中哪个人保留对信息系统的控制权和责任。

2)从系统架构到系统设计

将信息系统架构转换为系统设计时,需要继承信息系统架构并添加更多细节,包括实际的硬件、数据、网络和软件。进而扩展到数据的位置和访问过程、防火墙的位置、链路规范、互联设计等。信息系统架构被转换为功能规格。功能规格可以分为硬件规格、软件规格、存储规格、接口规格、网络规格等。然后决定如何实现这些规范,并在信息系统基础架构中使用什么硬件、软件、存储、接口、网络等。

信息系统指的不仅仅是组件,这些组件必须根据设计蓝图进行组装,硬件、软件、数据和网络必须以一致的模式组合在一起,才能拥有可行的信息系统。信息系统具有多个级别:①全局级别可能侧重于整个组织，并构成整个组织的信息环境；②组织间级别信息系统则为跨组织边界的服务对象、供应商或其他利益干系人的沟通交流奠定基础；③应用级信息系统是在考虑特定业务应用时，通常重点考虑的数据库和程序组件，以及它们运行的设备和操作环境。

3）转换框架

转换框架将业务战略转化为信息系统架构进而转变为信息系统设计，转换框架提出了三类问题：内容、人员和位置，需要为每个信息系统组件回答这些问题。"内容"相关问题是最常被问到的，需要回答组件是什么，并确定特定类型的技术等。"人员"相关问题旨在了解相关组件涉及哪些个人、团体和部门。例如，在大多数情况下，单个用户并非系统的所有者；在另外情况下，系统也可能由组织租赁，而不是拥有，这样系统的所有者就成为了组织的外部一方。第三类问题涉及"何处"，随着网络的激增，许多信息系统的设计和构建可能跨越多个位置使用组件，了解信息系统意味着需要了解所有内容各自的位置，如表 4-2 所示。

表 4-2 信息系统架构与基础设施分析框架举例

组件	有什么		谁使用		在哪里	
	系统架构	系统设计	系统架构	系统设计	系统架构	系统设计
硬件	用户将使用什么类型的个人设备	笔记本电脑配备什么尺寸的硬盘驱动器	谁最了解组织中的服务器	谁将运营服务器	架构需要集中式还是分布式服务器	将在 C 地数据中心放置哪些特定的计算机
软件	业务战略是否需要 ERP 软件支持	应该选择 A 品牌还是 B 品牌应用	谁会受到系统向 B 品牌迁移的影响	谁需要 B 品牌的系统培训	组织的地理状况是否需要部署多个数据库基础设施	可以使用一个 D 品牌云数据库实例作为系统数据库吗
网络	需要多大带宽来实现战略	E 单位交换机能否满足需要	哪些人需要连接到网络	无线网络是谁提供的	是否允许每一个用户的手机成为无线接入热点	是否会租赁线缆或使用卫星来支持通信
数据	销售管理系统需要哪些数据	使用什么格式存储数据	哪些人需要访问敏感数据	授权用户如何识别他们自己	备份数据是现场存储还是异地存储	数据是存放于云端系统还是存放于自己的数据中心

2. 架构模式

传统上，信息系统体系架构有三种常见模式（见表 4-3）：①集中式架构。集中式架构下所有内容采用集中建设、支持和管理的模式，其主体系统通常部署于数据中心，以消除管理物理分离的基础设施带来的困难。②分布式架构。硬件、软件、网络和数据的部署方式是在多台小型计算机、服务器和设备之间分配处理能力和应用功能，这些设施严重依赖于网络将它们连接在一起。③面向服务的系统架构（Service-Oriented Architecture，SOA）。SOA 架构中使用的软件通常被引向软件即服务（Software-as-a-Service，SaaS）的相关架构，同时，这些应用程序在通过互联网交付时也被称为 Web 服务。

表 4-3 常见信息系统架构模式

系统架构	描述	别称术语	什么时候使用
集中式架构	大型中央计算机系统处理系统的所有功能。通常，计算机位于数据中心，并由 IT 部门直接管理。存储的数据和应用程序都运行于中央计算机上。网络连接允许用户从远程位置访问大型机	主机架构	当需要系统易于管理时；所有功能都在同一个地方；当业务本身高度集中的时候
分布式架构	运行业务所需的计算能力分散在许多设备中，包括不同位置的服务器、PC 和笔记本电脑、智能手机和平板电脑。设备（有时也被称为客户端）具有足够的处理能力来执行所需的许多服务，并根据数据和专用服务的需要连接中央服务器	基于服务器的架构	当担心可伸缩性时，模块化在这里会有所帮助；当业务主要是非集中化的时候
面向服务的架构	在被称为编排的过程中，将较大的软件程序分解为相互连接的服务。基于此，它们共同构成了一个应用来运行整个业务流程。通常，这些服务可从互联网上的一系列供应商处获得，而应用程序则是这些服务链接在一起形成的组合	基于 Web 的架构	当希望系统成为敏捷架构；可重用性和组件化利于创造新应用；当业务对新应用和快速设计迭代要求较高时

组织在考虑集中式与分布式架构决策时，必须注意权衡与取舍。例如，分布式架构比集中式架构更加模块化，允许相对容易地添加其他服务器，并能为特定用户添加具有特定功能的客户端，从而提供更大的灵活性和多中心化的组织治理机制，这有可能令架构决策与组织治理目标更协调。相比之下，集中式体系架构在某些方面更易于管理，因为所有功能都集中在主机或小型机中，而不是分布在所有设备和服务器中。集中式架构往往更适合具有高度集中式治理的组织。而 SOA 则越来越受欢迎，因为该设计允许几乎完全从现有的软件服务组件构建大型功能单元。它对于快速构建应用程序非常有用，因为它为管理人员提供了模块化和组件化设计，是一种更易于变更的构建应用程序的方法。

4.1.4 运维和服务

信息系统的运维和服务应从信息系统运行的视角进行整合性的统筹规划，包括对信息系统、应用程序和基础设施的日常控制进行综合管理，以有效支持组织目标达成和流程实现。信息系统的运维和服务由各类管理活动组成，主要包括：运行管理和控制、IT 服务管理、运行与监控、终端侧管理、程序库管理、安全管理、介质控制和数据管理等。

1. 运行管理和控制

IT 团队发生的所有活动都应受到管理和控制。这意味着操作人员执行的所有操作和活动，都应是由管理层批准的控件、过程和项目的一部分。过程和项目应具有足够的记录保存，以便管理层能够了解这些活动的状态。管理层最终负责信息系统运行团队发生的所有活动。管理信息系统运行的管理控制主要活动包括：

- 过程开发：操作人员执行的重复性活动应以过程的形式记录下来，需要开发、审查和批准描述每个过程及其每个步骤的相关文档，并将其提供给运营人员。

- 标准制定:从运行执行任务的方式到所使用的技术,采用标准化定义和约束,从而有效推动信息系统运行相关工作的一致性。
- 资源分配:管理层分配支持信息系统运行的各项能力,包括人力、技术和资源。资源分配应与组织的使命、目标和目的保持一致。
- 过程管理:应测量和管理所有信息系统运行的相关过程,确保过程在时间上和预算目标内被正确和准确地执行。

2. IT 服务管理

IT 服务管理是通过主动管理和流程的持续改进来确保 IT 服务交付有效且高效的一组活动。IT 服务管理由若干不同的活动组成:服务台、事件管理、问题管理、变更管理、配置管理、发布管理、服务级别管理、财务管理、容量管理、服务连续性管理和可用性管理。

(1)服务台。服务台(Service Desk)是组织体现 IT 服务的重要环节,也是服务干系人体验的重要感知窗口。服务台是服务中与服务干系人沟通和交互的重要界面,负责对服务干系人遇到的问题和需求进行响应和处理;服务台是 IT 服务干系人的"官方"接口和信息发布点,组织内部各个团队之间相互协作的纽带和协调者;服务台对 IT 服务质量及服务干系人体验的管理至关重要,是组织 IT 服务能力持续提升的战略单元。

(2)事件管理。事件是 IT 服务管理遭遇计划外中断或服务质量出现下降,以及尚未影响服务的配置项故障。事件可能是服务中断、服务速度变慢、软件缺陷以及其他任何组件发生故障。事件管理是 IT 服务中最常见的流程之一,也是 IT 服务必须建立和使用的流程,良好的事件管理必须具备快速解决事件的能力,从而在出现事件时能够尽快恢复服务的正常运作,可以有效提高服务的质量,提升服务干系人满意度。组织应该建立与事件管理过程一致的流程,流程中应该包括:事件受理、分类和初步支持、调查和诊断、解决、进展监控与跟踪、关闭等活动,通过有效执行所定义的活动,能够保障事件响应与处理的效果与效率。

(3)问题管理。当发生了几个看起来具有相同或相似根本原因的事件时,就会启动问题管理活动。问题管理的总体目标是减少事件的数量和严重性,这种对事件的控制既包括发生事件后的被动性措施,也包括采取主动措施(如:利用系统监控衡量系统运行状况和容量管理等)预防与容量相关的事件发生。与事件管理类似,当确定问题的根本原因时,应制定变更管理和配置管理以进行临时或永久修复。

(4)变更管理。变更是使一个或更多信息系统配置项的状态发生改变的行动。可见,变更管理的流程更多的是与过程相关,并且重在管理而不是技术,这与事件管理不同,后者建立在技术手段的基础上,强调其管理过程的机械性。变更管理可确保在信息技术环境中执行的所有变更都得到控制和一致化的执行。变更管理的目标是确保使用标准化的方法和程序来高效、及时地处理所有更改,以最大限度地减少与变更相关的事件对服务质量造成的影响,从而改善组织的日常运行。变更管理的主要目的是确保对信息技术环境的所有建议更改都经过适用性和风险管控的审查,并确保变更不会相互干扰,也不会干扰其他计划内或计划外的活动。为了有效,每个干系人都应该审查所有更改,以便正确、全方位地审查每项变更。

(5)配置管理。配置管理是通过技术或者行政的手段对信息系统的信息进行管理的一系列活动,这些信息不仅包括信息系统具体配置项信息,还包括这些配置项之间的相互关系。配置项通常包括:硬件详细信息、硬件配置、操作系统版本和配置、软件版本和配置等。配置管理的核心工作是识别、记录、控制、更新配置项信息,主要包含配置管理数据库(Configuration Management Databases,CMDB)的建立以及配置管理数据库准确性的维护,以支持信息系统的正常运行。在 IT 服务中,配置管理数据库可用于故障定位、问题分析、变更影响度分析、故障分析等,因此,配置管理数据库与真实环境的匹配度和详细度非常重要。

(6)发布管理。发布管理负责计划和实施信息系统的变更,并且记录该变更的各方面信息。发布是由其实施的变更请求定义的,发布一般是由许多问题修复和 IT 服务质量改进组成的。发布不仅包括软件方面的变更、硬件方面的变更,同时也包括 IT 服务管理体系的变更。发布管理通过实施合理的工作程序和严格的监控,保护现有的运营环境和服务不受冲击,负责对软件、硬件、体系发布进行计划、设计、生成、配置和检测,影响范围可能涉及现有的信息系统及其环境、IT 用户和组织各分支机构等。

(7)服务级别管理。服务级别管理就是对 IT 服务的级别进行定义、记录和管理,并在可接受的成本之下与干系人达成一致的管理过程,通过服务水平协议(Service Level Agreement,SLA)、服务绩效监控和报告的不断循环,持续维护和改进服务质量,以及触发采取行动消除较差服务,从而满足干系人的服务需求。组织需要通过服务目录定义其提供的所有服务和目标。服务目录可被其他文件引用,如 SLA,以避免同样的文本和目标被多次重复。服务目录是建立服务干系人预期的关键文件,相关人员都能容易并广泛地获取和阅读。

(8)财务管理。IT 服务财务管理是负责对 IT 服务运作过程中所有资源进行财务管理的流程,主要活动包括:预算编制、设备投资、费用管理、项目会计和项目投资回报率(Return On Investment,ROI)管理等。财务管理考虑了支持组织目标的 IT 服务的财务价值。

(9)容量管理。容量管理用于确认信息系统中有足够的容量满足服务需求。如果信息系统的性能在可接受的范围内,则其具有足够的容量。容量管理不仅仅关注当前需求,还必须考虑未来的需求。容量管理主要活动包括:定期测量、计划变更、战略优化和技术变化等。容量管理由三个子过程组成:业务容量管理、服务容量管理、资源容量管理。

(10)服务连续性管理。服务连续性管理是一组与组织持续提供服务的能力相关的活动,主要是在发生自然或人为灾难时继续保持服务有效性的活动。服务连续性管理活动分为服务连续性管理的治理、业务影响分析、制订和维护服务连续性计划、测试服务连续性计划、响应与恢复五个过程。

(11)可用性管理。可用性管理是有关设计、实施、监控、评价和报告 IT 服务的可用性以确保持续地满足服务干系人的可用性需求的服务管理流程。可用性是指一个组件或一种服务在设定的某个时刻或某段时间内发挥其应有功能的能力,即在约定的服务时段内,IT 服务实际能够使用的服务的时间比例。

3. 运行与监控

有效的 IT 运行要求 IT 人员按照既定流程和过程理解并正确执行任务。同时,IT 运行还强调对人员进行培训,以有效识别异常和错误,并做出正确反应。IT 运行的任务常包括:①按照计划执行作业；②监控作业，并按照优先级为作业分配资源；③重新启动失败的作业和进程；④通过加载或变更备份介质，或通过确保目标的存储系统就绪来优化备份作业；⑤监控信息系统、应用程序和网络的可用性，保证这些系统具备足够的性能；⑥实施空闲期的维护活动，如设备清洁和系统重启等。

IT组织通常制订工作计划，安排定期（每天、每周、每月、每季度等）执行的活动或任务。计划内的活动包括系统承载的活动（如备份）以及人工执行的活动（如访问评审、对账和月末结算）。系统中的计划内活动可以自动或手动调度。大型组织可能具备网络运营中心，也可能具备安全运营中心，这些中心由负责监控相关安全设备、网络、系统和应用程序中的活动的人员组成。在IT运行环境中发生的异常和错误，通常按照IT服务管理体系中的事件管理和问题管理流程进行处理。

1）运行监控

IT团队应对信息系统、应用程序和基础设施进行监控，以确保它们继续按要求运行。监控工具和系统使IT运行人员能够检测软件或硬件组件何时未按计划运行等。检测和报告的错误类型包括：系统错误、程序错误、通信错误和操作员错误等。IT团队应记录任何意外或异常活动的事件，并基于流程对事件进行管理。

2）安全监控

组织需要执行不同类型的安全监控，并把安全监控作为其整体策略的一部分，以预防和响应安全事件。组织可能执行的监控类型包括：防火墙策略规则中的例外情况、入侵防御系统的告警、数据丢失防护系统的告警、云安全访问代理的告警、用户访问管理系统的告警、网络异常的告警、网页内容过滤系统的告警、终端管理系统的告警（含反恶意软件）、供应商发布的安全公告、第三方发布的安全公告、威胁情报咨询、门禁系统的告警和视频监控系统的告警等。

4. 终端侧管理

IT团队职能的一个关键环节是它向组织人员提供的服务，以改善他们对IT访问和使用的情况。组织通常使用IT管理工具来促进对用户终端计算机的高效和一致的管理。一般来说，最终用户计算机是"锁定"的，这限制了最终用户可能在其设备上执行的配置更改的数量和类型，包括操作系统配置、补丁安装、软件程序安装、使用外部数据存储设备等，最终用户可能会将此类限制视为不便。但是，这些限制不仅有助于确保最终用户的设备和整个组织的IT环境具有更高的安全性，而且还促进了更高的一致性，从而降低了支持成本。

5. 程序库管理

程序库是组织用来存储和管理应用程序源代码和目标代码的工具。在大多数组织中，应用程序源代码非常敏感。它可能被视为知识产权，并且可能包含算法、加密密钥和其他敏感信息，这些信息应由尽可能少的人员访问。应用程序源代码应被视为信息，并通过组织的安全策略和数据分类策略进行管理。程序库的控制使组织能够对其应用程序的完整性、质量和安全性进行高度控制。程序库通常作为具有用户界面和多种功能的信息系统存在，其中主要功能包括：访问控制、程序签出、程序签入、版本控制和代码分析等。

6. 安全管理

信息安全管理可确保组织的信息安全计划充分识别和解决风险，并在整个运维和服务过程中正常运行。该领域的管理要点详见 4.2.3 节。

7. 介质控制

组织需要采取一系列活动，以确保数字介质得到适当管理，包括对其保护以及销毁不再需要的数据。这些过程通常与数据保留和数据清除过程相关联，以便通过物理和逻辑的安全控制充分保护所需的数据，同时有效丢弃和擦除不再需要的数据。处置不再需要的介质相关的程序，包括擦除该介质上的数据或使该介质上的数据无法以其他方式恢复的所有相关步骤。组织应考虑包含在介质管理、销毁策略和程序范围内的介质主要包括：备份介质、虚拟磁带库、光学介质、硬盘驱动器、固态驱动器、闪存、硬拷贝等。介质清理的策略和程序需要包含在服务提供商的相关要求中，以及记录保存活动以跟踪介质随时间推移的销毁情况。

8. 数据管理

数据管理是与数据的获取、处理、存储、使用和处置相关的一组活动。该领域管理要点见 4.2.1 节。

4.1.5 优化和持续改进

优化和持续改进是信息系统管理活动中的一个环节，良好的优化和持续改进管理活动能够有效保障信息系统的性能和可用性等，延长整体系统的有效使用周期。传统上，优化和持续改进常用的方法为戴明环，即 PDCA 循环。PDCA 循环是将持续改进分为四个阶段，即 Plan（计划）、Do（执行）、Check（检查）和 Act（处理）。

优化和持续改进基于有效的变更管理，使用六西格玛倡导的五阶段方法 DMAIC/DMADV，是对戴明环四阶段周期的延伸，包括：定义（Define）、度量（Measure）、分析（Analysis）、改进/设计（Improve/Design）、控制/验证（Control/Verify）。当第四阶段的"改进"替换为"设计"，第五阶段的"控制"替换为"验证"时，五阶段法就从 DMAIC 转变为 DMADV。

1. 定义阶段

定义阶段的目标包括待优化信息系统定义、核心流程定义和团队组建。

（1）待优化信息系统定义。该活动关注定义协同的范围、优化目标和目的、系统团队成员和出资人，以及优化时间表和交付成果。待优化信息系统范围与关键业务实践、服务对象交互有关，该定义需要了解信息系统相关的业务。可使用"延伸目标"概念来定义待优化的信息系统。延伸目标是那些超出当前组织结构、资源和技术可预见范围的优化目标。可以帮助超越渐进式改进，重新思考信息系统相关业务、运行或流程，以达到可以实现重大改进的程度。

（2）核心流程定义。该活动关注定义利益干系人、投入和产出以及广泛的功能。SIPOC（Supplier、Input、Process、Output、Customer）分析是定义核心流程视图的首选工具。任何一个组织都是一个由提供人、输入、流程、输出，还有服务对象这样相互关联、互动的 5 个部分组成的系统。

（3）团队组建。该活动重点关注从关键利益干系人群体中确定人员组建高能力团队，对信息系统的问题和收益达成共识。有效的团队形成对于建立利益干系人的支持至关重要。从每个关键利益干系人群体中选出可靠的团队成员，以代表他们在优化和持续改进中的职能或领域。有效的团队通常限制为 5～7 名参与者。较大的团队更难管理，成员可能会失去对团队的责任感。其他团队成员可能是来自非关键利益干系人组的临时成员，他们仅在需要时参与，例如需要流程专业知识时。

2. 度量阶段

度量阶段目标包括流程定义、指标定义、流程基线和度量系统分析。

（1）流程定义。流程定义通常使用流程图工具定义度量阶段的流程，以图形方式实现给定信息系统的输入、操作和输出。流程图的目的是帮助人们理解流程，应当尽可能简单，但又不能太简单。当流程图指示太多的决策点时，通常表示可能出现了一个过于复杂的过程，可能会出错。因此，决策点恰恰是信息系统优化的一个潜在改进重点。

（2）指标定义。待优化信息系统的定义包括将用于评估流程的指标。选择能够切实提高系统质量、业务绩效和服务对象满意度的指标非常重要。正确选择的指标将为基于数据的决策提供输入，并将成为用于描述信息系统状态的标准化和数据化的语言。度量指标一旦建立，可用于确定影响信息系统的各种因素及其相对重要性，并可比较信息系统不同组件对业务的整体贡献。指标为信息系统的持续改进提供了对质量、成本和进度的重要描述。如何衡量和报告这些情况，以及这些分别对质量敏感、成本敏感和进度敏感的指标，如何与信息系统的关键流程变量和控制相关联，以实现系统范围的持续改进。

（3）流程基线。当明确了度量指标之后，必须通过基线确定现有系统的能力，以确定当前系统在多大程度上较好地满足了服务对象的要求，并验证定义阶段中确立的信息系统目标达成情况。当系统处于控制优化状态时，可以统计其系统能力，将统计出的系统变异与明确的服务对象要求进行比较。只有在使用基线清晰描述了系统稳定性之后，才能评估系统变异，只有稳定的系统才能预测。当系统指标数据不稳定或不在控制优化中时，可以使用系统性能指标作为粗略估计，将给定周期内观察的系统变化与服务对象要求进行比较。

（4）度量系统分析。质量始于度量。只有当质量被量化时，才能开始讨论优化和持续改进。度量是根据某些规则将数值分配给被观察到的现象。在对信息系统进行优化和持续改进过程中，需要十分注意度量水平、度量的可靠性与有效性问题。一个良好的度量系统具备特性可包括：

- 准确：应该产生一个"接近"被测量的实际属性的数值。
- 可重复：如果测量系统反复应用于同一物体，则产生的测量价值应彼此接近。
- 线性：测量系统应能够在整个关注范围内产生准确和一致的结果。
- 可重现：当任何经过适当培训的个人使用时，测量系统应产生相同的结果。
- 稳定：应用于相同的项目时，测量系统将来应产生与过去相同的结果。

3. 分析阶段

分析阶段的三个目标包括价值流分析、信息系统异常的源头分析和确定优化改进的驱动因素。

（1）价值流分析。价值流分析首先定义信息系统使用者眼中相关产品或服务的价值。价值也可以定义为：①组织愿意投资的系统组件；②改变信息系统形式、适合度或功能的活动；

③将业务输入经信息系统转换为输出的活动。

(2) 信息系统异常的源头分析。度量阶段的信息系统异常的来源,提供了信息系统稳定(即控制中)或不稳定(即失控)的证据。首先正确区分这两种类型的变异至关重要,因为每种变异的改进策略不同。对于稳定的信息系统,只有通过对系统进行根本性的更改,才能减少系统内置的常见变异原因。当系统失控时,则必须解决并消除在特定时间段内造成不稳定情况的特殊原因,重新获得稳定的过程,然后可以进行改进。在业务层面,可以分析服务对象数据,以建立服务对象满意度与用于支撑服务对象体验的信息系统组件之间的关系。

(3) 确定优化改进的驱动因素。优化改进的驱动因素是指对信息系统优化影响最大的因素。对于任何信息系统,都可能有许多因素会导致其功能和性能的变化。信息系统改进需要减少其系统或组件的异常,或者将系统衡量的中位线移动到更有利的设置。无论哪种情况,专注于关键的优化改进驱动因素都将有助于信息系统的优化和持续改进。在确定优化改进的驱动因素时,可以使用一些数学分析方法,计算确定关键驱动因素,这些数学分析方法包括相关性与回归分析、最小二乘拟合和残差分析等。

4. 改进/设计阶段

改进/设计阶段的目标包括:①向发起人提出一个或多个解决方案;量化每种方法的收益;就解决方案达成共识并实施。②定义新的操作/设计条件。③为新工艺/设计提供定义和缓解故障模式。

(1) 改进/设计的解决方案推进。改进/设计阶段解决方案的部署可以缩小信息系统当前状态与所需状态之间的差距。实施的方法也必须在此阶段进行验证,以确保达到并保持预期的效果。这个阶段定义了改进和成本降低的相关计划。它通常是成败点,需要团队考虑之前未考虑的因素,并成为变革的真正推动者。此时的管理支持至关重要。

(2) 定义新的操作/设计条件。定义阶段中引入的核心流程可用于开发新流程,还可以进行其他实验设计,以确定新信息系统或新系统中新的功能和设计所需的最佳操作条件,以最大或最小化响应。

(3) 定义和缓解故障模式。建立了信息系统的优化和持续改进流程之后,可以评估其故障模式。了解信息系统的故障模式使组织能够定义不同故障的缓解策略,以最大限度地减少故障的影响或发生。这些缓解策略可能会导致新的运行维护过程步骤、最优系统设置或控制策略,以防止信息系统失效;可能是提升信息系统性能,降低信息系统容量损耗。在某些情况下,无法预防故障的情况下,可以制定一种策略来最大限度地减少故障的发生并控制损失。

5. 控制/验证阶段

控制/验证阶段的目标包括标准化新程序/新系统功能的操作控制要素、持续验证优化的信息系统的可交付成果、记录经验教训。

(1) 标准化新程序/新系统功能的操作控制要素。当信息系统得到改进,组织需要更好地控制系统,保持进一步改进的能力。管理者必须对改进形成的新方法、新系统运行进行标准化,以维持改进带来的效益。标准化的业务层面控制是保持信息系统优化改进的方法。培训对新系统或优化系统的操作控制能力,是维护已部署改进的关键。

（2）持续验证优化的信息系统的可交付成果。组织应当将变更的系统组件信息、信息系统状态趋势等内容，对受影响的人员开展培训。当这些人员不仅了解信息系统如何变化，还应了解其产生的原因，以及可能会在未来找到进一步改进的方法。

（3）记录经验教训。随着项目小组完成其活动，必须最终确定和保留项目文档。其中一个关键方面是记录经验教训，如为了更快或更好的结果，可能会做些什么事情。经验对组织中的其他团队有用吗？这种团队总结的另一个重要作用是对他们努力的认可。

4.2 管理要点

信息系统管理涉及系统准备、设计、实施、运行等活动的众多方面，管理重点范围和细致程度随各组织的战略和业务目标的不同而存在差异。从日常管理活动视角来看，各组织关注的管理内容主要聚焦在数据管理、运维管理和信息安全管理等方面的体系化管理。

4.2.1 数据管理

在通常情况下，数据管理是指通过规划、控制与提供数据和信息资产的职能，包括开发、执行和监督有关数据的计划、策略、方案、项目、流程、方法和程序，以获取、控制、保护、交付和提高数据和信息资产价值。国际数据管理协会（DAMA）指出，数据资源管理致力于发展和处理组织数据全生命周期的适当的构建、策略、实践和程序。数据管理框架是对组织的管理平台或者能够产生业务数据的平台产生的数据进行统一的跟踪、协调、管理的功能模型。本部分主要讨论数据管理的基本框架、主要活动和管理要点，使用工程的方法，开展组织数据能力建设与实施，见本书 5.2 节的数据工程。

数据管理能力成熟度评估模型（Data Management Capability Maturity Assessment Model，DCMM）是国家标准 GB/T 36073《数据管理能力成熟度评估模型》中提出的，旨在帮助组织利用先进的数据管理理念和方法，建立和评价自身数据管理能力，持续完善数据管理组织、程序和制度，充分发挥数据在促进组织向信息化、数字化、智能化发展方面的价值，如图 4-6 所示。

图 4-6 DCMM 中定义的框架

DCMM 定义了数据战略、数据治理、数据架构、数据应用、数据安全、数据质量、数据标准和数据生存周期 8 个核心能力域。

1. 数据战略

组织的数据战略能力域通常包括数据战略规划、数据战略实施和数据战略评估三个能力项。

（1）数据战略规划。数据战略规划是在组织所有利益相关者之间达成共识的结果。从宏观及微观两个层面确定开展数据管理及应用的动因，并综合反映数据提供方和消费方的需求。数据战略规划主要活动和工作要点包括：

- 识别利益相关者：明确利益相关者的需求。
- 数据战略需求评估：组织对业务和信息化现状进行评估，了解业务和信息化对数据的需求。
- 数据战略制定：主要包括①愿景陈述，其中包含数据管理原则、目的和目标；②规划范围，其中包含重要业务领域、数据范围和数据管理优先权；③所选择的数据管理模型和建设方法；④当前数据管理存在的主要差距；⑤管理层及其责任，以及利益相关者名单；⑥编制数据管理规划的管理方法；⑦持续优化路线图。
- 数据战略发布：以文件、网站、邮件等方式正式发布审批后的数据战略。
- 数据战略修订：根据业务战略、信息化发展等方面的要求，定期进行数据战略的修订。

（2）数据战略实施。数据战略实施是组织完成数据战略规划后，逐渐实现数据职能框架的过程。实施过程中依据组织数据管理和数据应用的现状，确定与愿景、目标之间的差距；依据数据职能框架制定阶段性数据任务目标，并确定实施步骤。数据战略实施主要活动和工作要点包括：

- 评估准则：建立数据战略规划实施评估标准，规范评估过程和方法。
- 现状评估：对组织当前数据战略落实情况进行分析，评估各项工作开展情况。
- 评估差距：根据现状评估结果与组织数据战略规划进行对比，分析存在的差异。
- 实施路径：利益相关者结合组织的共同目标和实际业务价值进行数据职能任务优先级排序。
- 保障计划：依实施路径，制定开展各项活动所需的预算。
- 任务实施：根据任务开展工作。
- 过程监控：依据实施路径，及时对实施过程进行监控。

（3）数据战略评估。组织在数据战略评估过程中需要建立对应的业务案例和投资模型，并在整个数据战略实施过程中跟踪进度，同时做好记录供审计和评估使用。数据战略评估主要活动和工作要点包括：

- 建立任务效益评估模型：从时间、成本、效益等方面建立数据战略相关任务的效益评估模型。
- 建立业务案例：建立基本的用例模型、项目计划、初始风险评估和项目描述，能确定数据管理和数据应用相关任务（项目）的范围、活动、期望的价值以及合理的成本收益分析。

- 建立投资模型：作为数据职能项目投资分析的基础性理论，投资模型确保在充分考虑成本和收益的前提下对所需资本合理分配，投资模型要满足不同业务的信息科技需求以及对应的数据职能内容，同时要广泛沟通以保障对业务或技术的前瞻性支持，并符合相关的监管及合规性要求。
- 阶段评估：在数据工作开展过程中，定期从业务价值、经济效益等维度对已取得的成果进行效益评估。

2. 数据治理

组织的数据治理能力域通常包括数据治理组织、数据制度建设和数据治理沟通三个能力项。

（1）数据治理组织。数据治理组织需要包括组织架构、岗位设置、团队建设、数据责任等内容，它是各项数据职能工作开展的基础。数据治理组织对组织在数据管理和数据应用行使职责规划和控制，并指导各项数据职能的执行，以确保组织能有效落实数据战略目标。数据治理组织主要活动和工作要点包括：

- 建立数据治理组织：建立数据体系配套的权责明确且内部沟通顺畅的组织，确保数据战略的实施。
- 岗位设置：建立数据治理所需的岗位，明确岗位的职责、任职要求等。
- 团队建设：制订团队培训、能力提升计划，通过引入内部、外部资源定期开展人员培训，提升团队人员的数据治理技能。
- 数据归口管理：明确数据所有人、管理人等相关角色以及数据的归口的具体管理人员。
- 建立绩效评价体系：根据团队人员职责、管理数据范围的划分，制定相关人员的绩效考核体系。

（2）数据制度建设。为保障数据管理和数据应用各项功能的规范化运行，组织需要建立对应的制度体系。数据制度体系通常分层次设计，遵循严格的发布流程并定期检查和更新。数据制度建设是数据管理和数据应用各项工作有序开展的基础，是数据治理沟通和实施的依据。数据制度建设主要活动和工作要点包括：

- 制定数据制度框架：根据数据职能的层次和授权决策次序，数据制度框架可分为策略、办法、细则三个层次，该框架规定了数据管理和数据应用的具体领域、各个数据职能领域内的目标、遵循的行动原则、完成的明确任务、实行的工作方式、采取的一般步骤和具体措施等。
- 整理数据制度内容：数据管理策略与数据管理办法、数据管理细则共同构成组织数据制度体系，其基本内容包括：①数据策略说明数据管理和数据应用的目的，明确其组织与范围；②数据管理办法是为数据管理和数据应用各领域内活动开展而规定的相关规则和流程；③数据管理细则是为确保各数据方法执行落实而制定的相关文件。
- 数据制度发布：组织内部通过文件、邮件等形式发布审批通过的数据制度。
- 数据制度宣贯：定期开展数据制度相关的培训与宣传工作。
- 数据制度实施：结合数据治理组织的设置，推动数据制度的落地实施。

（3）数据治理沟通。数据治理沟通旨在确保组织内全部利益相关者都能及时了解相关策略、标准、流程、角色、职责、计划的最新情况，开展数据管理和应用相关的培训，掌握数据管理相关的知识和技能。数据治理沟通旨在建立与提升跨部门及部门内部数据管理能力，提升数据资产意识，构建数据文化。数据治理沟通主要活动和工作要点包括：

- 沟通路径：明确数据管理和应用的利益相关者，分析各方的诉求，了解沟通的重点内容。
- 沟通计划：建立定期或不定期沟通计划，并在利益相关者之间达成共识。
- 沟通执行：按照沟通计划安排实施具体沟通活动，同时对沟通情况记录。
- 问题协商机制：包括引入高层管理者等方式，以解决分歧。
- 建立沟通渠道：在组织内部明确沟通的主要渠道，例如邮件、文件、网站、自媒体、研讨会等。
- 制订培训宣贯计划：根据组织人员和业务发展需要，制订相关的培训宣贯计划。
- 开展培训：根据培训计划的要求，定期开展相关培训。

3. 数据架构

组织的数据架构能力域通常包括数据模型、数据分布、数据集成与共享和元数据管理四个能力项。

（1）数据模型。数据模型是使用结构化的语言将收集到的组织业务运行、管理和决策中使用的数据需求进行综合分析，按照模型设计规范将需求重新组织。数据模型主要活动和工作要点包括：

- 收集和理解组织的数据需求：包括收集和分析组织应用系统的数据需求和实现组织的战略，满足内外部监管，与外部组织互联互通等的数据需求等。
- 制定模型规范：包括模型的管理工具、命名规范、常用术语以及管理方法等。
- 开发数据模型：包括开发设计组织级数据模型、系统应用级数据模型。
- 数据模型应用：根据组织级数据模型的开发，指导和规范系统应用级数据模型的建设。
- 符合性检查：检查组织级数据模型和系统应用级数据模型的一致性。
- 模型变更管理：根据需求变化实时地对数据模型进行维护。

（2）数据分布。数据分布职能域是针对组织级数据模型中数据的定义，明确数据在系统、组织和流程等方面的分布关系，定义数据类型，明确权威数据源，为数据相关工作提供参考和规范。通过数据分布关系的梳理，定义数据相关工作的优先级，指定数据的责任人，并进一步优化数据的集成关系。数据分布主要活动和工作要点包括：

- 数据现状梳理：对应用系统中的数据进行梳理，了解数据的作用，明确存在的数据问题。
- 识别数据类型：将组织内的数据根据其特征分类管理，一般类型包括主数据、参考数据、交易数据、统计分析数据、文档数据、元数据等类型。
- 数据分布关系梳理：根据组织级数据模型的定义，结合业务流程梳理的成果，定义组织中数据和流程、数据和组织机构、数据和系统的分布关系。
- 梳理数据的权威数据源：对每类数据明确相对合理的唯一信息采集和存储系统。
- 数据分布关系的应用：根据数据分布关系的梳理，对组织数据相关工作进行规范，包括定义数据工作优先级、优化数据集成等。
- 数据分布关系的维护和管理：根据组织中业务流程和系统建设的情况，定期维护和更新组织中的数据分布关系，保持及时性。

（3）数据集成与共享。数据集成与共享职能域是建立起组织内各应用系统、各部门之间的集成共享机制，通过组织内部数据集成共享相关制度、标准、技术等方面的管理，促进组织内部数据的互联互通。数据集成与共享主要活动和工作要点包括：
- 建立数据集成共享制度：指明数据集成共享的原则、方式和方法。
- 形成数据集成共享标准：依据数据集成共享方式不同，制定不同的数据交换标准。
- 建立数据集成共享环境：将组织内多种类型的数据整合在一起，形成对复杂数据加工处理和便捷访问的环境。
- 建立对新建系统的数据集成方式的检查。

（4）元数据管理。元数据管理是关于元数据的创建、存储、整合与控制等一整套流程的集合。元数据管理主要活动和工作要点包括：
- 元模型管理：对包含描述元数据属性定义的元模型进行分类并定义每一类元模型，元模型可采用或参考相关国家标准。
- 元数据集成和变更：基于元模型对元数据进行收集，对不同类型、不同来源的元数据进行集成，形成对数据描述的统一视图，并基于规范的流程对数据的变更进行及时更新和管理。
- 元数据应用：基于数据管理和数据应用需求，对于组织管理的各类元数据进行分析应用，如查询、血缘分析、影响分析、符合性分析、质量分析等。

4. 数据应用

数据应用能力域通常包括数据分析、数据开放共享和数据服务三个能力项。

（1）数据分析。数据分析是对组织各项经营管理活动提供数据决策支持而进行的组织内外部数据分析或挖掘建模，以及对应成果的交付运营、评估推广等活动。数据分析能力会影响到组织制定决策、创造价值、向用户提供价值的方式。数据分析主要活动和工作要点包括：
- 常规报表分析：按照规定的格式对数据进行统一的组织、加工和展示。
- 多维分析：各分类之间的数据度量之间的关系，从而找出同类性质的统计项之间数学上的联系。
- 动态预警：基于一定的算法、模型对数据进行实时监测，并根据预设的阈值进行预警。
- 趋势预报：根据客观对象已知的信息对事物在将来的某些特征、发展状况的一种估计、测算活动，运用各种定性和定量的分析理论与方法，对发展趋势进行预判。

（2）数据开放共享。数据开放共享是指按照统一的管理策略对组织内容的数据进行有选择的对外开放，同时按照管理策略引入外部数据供组织内部使用。数据开放共享是实现数据跨组织、跨行业流转的重要前提，也是数据价值最大化的基础。数据开放共享主要活动和工作要点包括：
- 梳理开放共享数据：组织需要对其开放共享的数据进行全面的梳理，建立清晰的开放共享数据目录。

- 制定外部数据资源目录：对组织需要的外部数据进行统一梳理，建立数据目录，方便内部用户的查询和应用。
- 建立统一的数据开放共享策略：包括安全、质量等内容。
- 数据提供方管理：建立对外数据使用策略、数据提供方服务规范等。
- 数据开放：组织可通过各种方式对外开放数据，并保证开放数据的质量。
- 数据获取：按照数据需求进行数据提供方的选择。

（3）数据服务。数据服务是通过对组织内外部数据的统一加工和分析，结合公众、行业和组织的需要，以数据分析结果的形式对外提供跨领域、跨行业的数据服务。数据服务是数据资产价值变现最直接的手段，也是数据资产价值衡量的方式之一，通过良好的数据服务对内提升组织的效益，对外更好的服务公众和社会。数据服务的提供可能有多种形式，包括数据分析结果、数据服务调用接口、数据产品或数据服务平台等，具体服务的形式取决于组织数据的战略和发展方向。数据服务主要活动和工作要点包括：

- 数据服务需求分析：需要有数据分析团队来分析外部的数据需求，并结合外部的需求提出数据服务目标和展现形式，形成数据服务需求分析文档。
- 数据服务开发：数据开发团队根据数据服务需求分析对数据进行汇总和加工，形成数据产品。
- 数据服务部署：部署数据产品，对外提供服务。
- 数据服务监控：能对数据服务有全面的监控和管理，实时分析数据服务的状态、调用情况、安全情况等。
- 数据服务授权：对数据服务的用户进行授权，并对访问过程进行控制。

5. 数据安全

组织的数据安全能力域通常包括数据安全策略、数据安全管理和数据安全审计三个能力项。

（1）数据安全策略。数据安全策略是数据安全的核心内容，在制定的过程中需要结合组织管理需求、监管需求以及相关标准等统一制定。数据安全策略主要活动和工作要点包括：

- 了解国家、行业等监管需求，并根据组织对数据安全的业务需要，进行数据安全策略规划，建立组织的数据安全管理策略。
- 制定适合组织的数据安全标准，确定数据安全等级及覆盖范围等。
- 定义组织数据安全管理的目标、原则、管理制度、管理组织、管理流程等，为组织的数据安全管理提供保障。

（2）数据安全管理。数据安全管理是在数据安全标准与策略的指导下，通过对数据访问的授权、分类分级的控制、监控数据的访问等进行数据安全的管理工作，满足数据安全的业务需要和监管需求，实现组织内部对数据生存周期的数据安全管理。数据安全管理主要活动和工作要点包括：

- 数据安全等级的划分：根据组织数据安全标准，充分了解组织数据安全管理需求，对组织内部的数据进行等级划分并形成相关文档。
- 数据访问权限控制：制定数据安全管理的利益相关者清单，围绕利益相关者需求，对其数据访问、控制权限进行授权。
- 用户身份认证和访问行为监控：在数据访问过程中对用户的身份进行认证识别，对其行为进行记录和监控。
- 数据安全的保护：提供数据安全保护控制相关的措施，保证数据在应用过程中的隐私性。
- 数据安全风险管理：对组织已知或潜在的数据安全进行分析，制定防范措施并监督落实。

（3）数据安全审计。数据安全审计是一项控制活动，负责定期分析、验证、讨论、改进数据安全管理相关的策略、标准和活动。审计工作可由组织内部或外部审计人员执行，审计人员应独立于审计所涉及的数据和流程。数据安全审计的目标是为组织以及外部监管机构提供评估和建议。数据安全审计主要活动和工作要点包括：

- 过程审计：分析实施规程和实际做法，确保数据安全目标、策略、标准、指导方针和预期结果相一致。
- 规范审计：评估现有标准和规程是否适当，是否与业务要求和技术要求相一致。
- 合规审计：检索和审阅组织相关监管法规要求，验证其是否符合监管法规要求。
- 供应商审计：评审合同、数据共享协议，确保供应商切实履行数据安全义务。
- 审计报告发布：向高级管理人员、数据管理专员以及其他利益相关者报告组织内的数据安全状态。
- 数据安全建议：提出数据安全的设计、操作和合规等方面的改进工作建议。

6. 数据质量

组织的数据质量能力域通常包括数据质量需求、数据质量检查、数据质量分析和数据质量提升四个能力项。

（1）数据质量需求。数据质量需求是明确数据质量目标，并根据业务需求及数据要求制定用来衡量数据质量的规则，包括衡量数据质量的技术指标、业务指标以及相应的校验规则与方法。数据质量需求是度量和管理数据质量的依据，需要依据组织的数据管理目标、业务管理的需求和行业的监管需求并参考相关标准来统一制定与管理。数据质量需求主要活动和工作要点包括：

- 定义数据质量管理目标：依据组织管理的需求，参考外部监管的要求，明确组织数据质量管理目标。
- 定义数据质量评价维度：依据组织数据质量管理的目标，制定组织数据质量评估维度，指导数据质量评价工作的开展。
- 明确数据质量管理范围：依据组织业务发展的需求以及常见数据问题的分析，明确组织数据质量管理的范围，梳理各类数据的优先级以及质量需求。
- 设计数据质量规则：依据组织的数据质量管理需求及目标，识别数据质量特性，定义各类数据的质量评价指标、校验规则与方法，并根据业务发展需求及数据质量检查分析结果对数据质量规则进行持续维护与更新。

（2）数据质量检查。数据质量检查是根据数据质量规则中的有关技术指标和业务指标、校验规则与方法对组织的数据质量情况进行实时监控，从而发现数据质量问题，并向数据管理人员进行反馈。数据质量检查主要活动和工作要点包括：

- 制订数据质量检查计划：根据组织数据质量管理目标的需要，制订统一的数据质量检查计划。
- 数据质量情况剖析：根据计划对系统中的数据进行剖析，查看数据的值域分布、填充率、规范性等，切实掌握数据质量实际情况。
- 数据质量校验：依据预先配置的规则、算法，对系统中的数据进行校验。
- 数据质量问题管理：包括问题记录、问题查询、问题分发和问题跟踪。

（3）数据质量分析。数据质量分析是对数据质量检查过程中发现的数据质量问题及相关信息进行分析，找出影响数据质量的原因，并定义数据质量问题的优先级，作为数据质量提升的参考依据。数据质量分析主要活动和工作要点包括：

- 数据质量分析方法和要求：整理组织数据质量分析的常用方法，明确数据质量分析的要求。
- 数据质量问题分析：深入分析数据质量问题产生的根本原因，为数据质量提升提供参考。
- 数据质量问题影响分析：根据数据质量问题的描述以及数据价值链的分析，评估数据质量对于组织业务开展、应用系统运行等方面的影响，形成数据质量问题影响分析报告。
- 数据质量分析报告：包括对数据质量检查、分析等过程累积的各种信息进行汇总、梳理、统计和分析。
- 建立数据质量知识库：收集各类数据质量案例、经验和知识，形成组织的数据质量知识库。

（4）数据质量提升。数据质量提升是对数据质量分析的结果，制定、实施数据质量改进方案，包括错误数据更正、业务流程优化、应用系统问题修复等，并制定数据质量问题预防方案，确保数据质量改进的成果得到有效保持。数据质量提升主要活动和工作要点包括：

- 制定数据质量改进方案：根据数据质量分析的结果，制定数据质量提升方案。
- 数据质量校正：采用数据标准化、数据清洗、数据转换和数据整合等手段和技术，对不符合质量要求的数据进行处理，并纠正数据质量问题。
- 数据质量跟踪：记录数据质量事件的评估、初步诊断和后续行动等信息，验证数据质量提升的有效性。
- 数据质量提升：对业务流程进行优化，对系统问题进行修正，对制度和标准进行完善，防止将来同类问题的发生。
- 数据质量文化：通过数据质量相关培训、宣贯等活动，持续提升组织数据质量意识，建立良好的数据质量文化。

7. 数据标准

组织的数据标准能力域通常包括业务术语、参考数据和主数据、数据元和指标数据四个能力项。

（1）业务术语。业务术语是组织中业务概念的描述，包括中文名称、英文名称、术语定义等内容。业务术语数据管理就是制定统一的管理制度和流程，并对业务术语的创建、维护和发布进行统一的管理，进而推动业务术语的共享和组织内部的应用。业务术语是组织内部理解数据、应用数据的基础。通过对业务术语的管理能保证组织内部对具体技术名词理解的一致性。业务术语主要活动和工作要点包括：

- 制定业务术语标准：同时制定业务术语管理制度，包含组织、人员职责、应用原则等。
- 业务术语字典：组织中已定义并审批和发布的术语集合。
- 业务术语发布：业务术语变更后及时进行审批并通过邮件、网站、文件等形式进行发布。
- 业务术语应用：在数据模型建设、数据需求描述、数据标准定义等过程中引用业务术语。
- 业务术语宣贯：组织内部介绍、推广已定义的业务术语。

（2）参考数据和主数据。参考数据和主数据是用于将其他数据进行分类的数据。参考数据管理是对定义的数据值域进行管理，包括标准化术语、代码值和其他唯一标识符，每个取值的业务定义，数据值域列表内部和跨不同列表之间的业务关系的控制，并对相关参考数据的一致、共享使用。主数据是组织中需要跨系统、跨部门共享的核心业务实体数据。主数据管理是对主数据标准和内容进行管理，实现主数据跨系统的一致、共享使用。参考数据和主数据主要活动和工作要点包括：

- 定义编码规则：定义参考数据和主数据唯一标识的生成规则。
- 定义数据模型：定义参考数据和主数据的组成部分及其含义。
- 识别数据值域：识别参考数据和主数据取值范围。
- 管理流程：创建参考数据和主数据管理相关流程。
- 建立质量规则：检查参考数据和主数据相关的业务规则和管理要求，建立参考数据和主数据相关的质量规则。
- 集成共享：参考数据、主数据和应用系统的集成。

（3）数据元。通过对组织中核心数据元的标准化，可以使数据的拥有者和使用者对数据有一致的理解。数据元主要活动和工作要点包括：

- 建立数据元的分类和命名规则：根据组织的业务特征建立数据元的分类规则，制定数据元的命名、描述与表示规范。
- 建立数据元的管理规范：建立数据元管理的流程和岗位，明确管理岗位职责。
- 数据元的创建：建立数据元的创建方法，进行数据元的识别和创建。
- 建立数据元的统一目录：根据数据元的分类及业务管理需求，建立数据元管理的目录，对组织内部的数据元分类存储。
- 数据元的查找和引用：提供数据元查找和引用的在线工具。
- 数据元的管理：提供对数据元以及数据元目录的日常管理。
- 数据元管理报告：根据数据元标准定期进行引用情况分析，了解各应用系统中对数据元的引用情况，促进数据元的应用。

（4）指标数据。指标数据是组织在经营分析过程中衡量某一个目标或事物的数据，一般由指标名称、时间和数值等组成，指标数据管理指组织对内部经营分析所需要的指标数据进行统一规范化定义、采集和应用，用于提升统计分析的数据质量。指标数据主要活动和工作要点包括：

- 根据组织业务管理需求，制定组织内指标数据分类管理框架，保证指标分类框架的全面性和各分类之间的独立性。
- 定义指标数据标准化的格式，梳理组织内部的指标数据，形成统一的指标字典。
- 根据指标数据的定义，由相关部门或应用系统定期进行数据的采集、生成。
- 对指标数据进行访问授权，并根据用户需求进行数据展现。
- 对指标数据采集、应用过程中的数据进行监控，保证指标数据的准确性、及时性。
- 划分指标数据的归口管理部门、管理职责和管理流程，并按照管理规定对指标标准进行维护和管理。

8. 数据生存周期

组织的数据生存周期能力域通常包括数据需求、数据设计和开发、数据运维和数据退役四个能力项。

（1）数据需求。数据需求是指组织对业务运营、经营分析和战略决策过程中产生和使用数据的分类、含义、分布和流转的描述。数据需求管理过程识别所需的数据，确定数据需求优先级并以文档的方式对数据需求进行记录和管理。数据需求主要活动和工作要点包括：

- 建立数据需求管理制度：明确组织数据需求的管理组织、制度和流程。
- 收集数据需求：需求人员通过各种方式分析数据应用场景，并识别数据应用场景中的数据分类、数据名称、数据含义、数据创建、数据使用、数据展示、数据质量、数据安全、数据保留等需求，编写数据需求文档。
- 评审数据需求：组织人员对数据需求文档进行评审，评审关注各项数据需求是否与业务目标、业务需求保持一致，数据需求是否使用已定义的业务术语、数据项、参考数据等数据标准，干系人对数据需求是否达成共识。
- 更新数据管理标准：对于已有数据管理标准中尚未覆盖的数据需求以及经评出后达到需要变更数据标准的，由数据管理人员根据相关流程更新数据标准，保证数据标准与实际数据需求的一致性。
- 集中管理数据需求：各方数据用户的数据需求应集中由数据管理人员进行收集和管理，确保需求的汇总分析和历史回顾。

（2）数据设计和开发。数据设计和开发是指设计、实施数据解决方案，提供数据应用，持续满足组织的数据需求的过程。数据解决方案包括数据库结构、数据采集、数据整合、数据交换、数据访问及数据产品（报表、用户视图）等。数据设计和开发主要活动和工作要点包括：

- 设计数据解决方案：包括概要设计和详细设计，其设计内容主要是面向具体的应用系统设计逻辑数据模型、物理数据模型、物理数据库、数据产品、数据访问服务、数据整合服务等，从而形成满足数据需求的解决方案。
- 数据准备：梳理组织的各类数据，明确数据提供方，制定数据提供方案。
- 数据解决方案质量管理：数据解决方案设计应满足数据用户的业务需求，同时也应满足数据的可用性、安全性、准确性、及时性等数据管理需求，因此需要进行数据模型和设计的质量管理，主要内容包括开发数据模型和设计标准，评审概念模型、逻辑模型和物理模型的设计，以及管理和整合数据模型版本变更。
- 实施数据解决方案：通过质量评审的数据解决方案进入实施阶段，主要内容包括开发和测试数据库、建立和维护测试数据、数据迁移和转换、开发和测试数据产品、数据访问服务、数据整合服务、验证数据需求等。

（3）数据运维。数据运维是指数据平台及相关数据服务建设完成上线投入运营后，对数据采集、数据处理、数据存储等过程的日常运行及其维护过程，保证数据平台及数据服务的正常运行，为数据应用提供持续可用的数据内容。数据运维主要活动和工作要点包括：

- 制定数据运维方案：根据组织数据管理的需要，明确数据运维的组织，制定统一的数据运维方案。
- 数据提供方管理：建立数据提供的监控规则、监控机制和数据合格标准等服务水平协议和检查手段，持续监控数据提供方的服务水平，确保数据平台和数据服务有持续可用、高质量、安全可靠的数据，数据提供方管理包括对组织的内部和外部数据提供方的管理。
- 数据平台的运维：根据数据运维方对数据库、数据平台、数据建模工具、数据分析工具、ETL工具、数据质量工具、元数据工具、主数据管理工具的选型、部署、运行等进行管理，确保各技术工具的选择符合数据架构整体规划，正常运行各项指标满足数据需求。
- 数据需求的变更管理：数据需求实现之后，需要及时跟踪数据应用的运行情况，监控数据应用和数据需求的一致性，同时对用户提出的需求变更进行管理，确保设计和实施的一致性。

（4）数据退役。数据退役是对历史数据的管理，根据法律法规、业务、技术等方面需求，对历史数据的保留和销毁，执行历史数据的归档、迁移和销毁工作，确保组织对历史数据的管理符合外部监管机构和内部业务用户的需求，而非仅满足信息技术需求。数据退役主要活动和工作要点包括：

- 数据退役需求分析：向组织管理层、各领域业务用户调研内部和外部对数据退役的需求，明确外部监管要求的数据保留和清除要求，明确内部数据应用的保留和清除要求，同时兼顾信息技术对存储容量、访问速度、存储成本等需求。
- 数据退役设计：综合考虑合规、业务和信息技术需求，设计数据退役标准和执行流程，明确不同类型数据保留策略，包括保留期限、保留方式等，建立数据归档、迁移、获取和清除的工作流程和操作规程，确保数据退役符合标准和流程规范。
- 数据退役执行：根据数据退役设计方案执行数据退役操作，完成数据的归档、迁移和清除等工作，满足法规、业务和技术需要，同时根据需要更新数据退役设计。

- 数据恢复检查：数据退役之后需要制定数据恢复检查机制，定期检查退役数据状态，确保数据在需要时可恢复。
- 归档数据查询：根据业务管理或监管需要，对归档数据的查询请求进行管理，并恢复相关数据以供应用。

9. 理论框架与成熟度

国内外常用的数据治理和管理模型包括：数据治理框架（Data Governance Institute，DGI）、数据管理能力评价模型（Data Management capability Assessment Model，DCAM）、数据管理模型（DAMA 定义的模型）以及数据管理能力成熟度模型（DCMM）等。

（1）数据管理能力成熟度模型。DCMM 将组织的管理成熟度划分为 5 个等级，分别是：初始级、受管理级、稳健级、量化管理级和优化级。

- 初始级：数据需求的管理主要是在项目级体现，没有统一的管理流程，主要是被动式管理。
- 受管理级：组织意识到数据是资产，根据管理策略的要求制定了管理流程，指定了相关人员进行初步管理。
- 稳健级：数据已被当做实现组织绩效目标的重要资产，在组织层面制定了系列的标准化管理流程，促进数据管理的规范化。
- 量化管理级：数据被认为是获取竞争优势的重要资源，数据管理的效率能量化分析和监控。
- 优化级：数据被认为是组织生存和发展的基础，相关管理流程能实时优化，能在行业内进行最佳实践分享。

（2）数据治理框架。国际数据治理协会发布了 DGI 数据治理框架，是组织在进行数据治理的操作层面的框架体系，为组织做出决策和采取行动的复杂活动提供的方法，此框架从组织结构、治理规则和治理过程这三个维度提出了关于数据治理活动的 10 个关键通用组件，并在这些要素的基础上构建了数据治理框架，如图 4-7 所示。

（3）数据管理能力评价模型。企业数据管理协会（EDM）是制定和实施数据标准、最佳实践以及全面培训和认证项目的重要倡导者。基于众多实际案例的经验总结来进行编写数据管理能力成熟度评估模型，提供了用于建立和评估组织数据管理计划的关键维度，主要强调团队协作（流程）、标准执行和资金支持，目前最新 DCAM2.2 版有 4 个组件：①基础组件包含数据战略与业务案例、数据管理流程与资金职能域；②执行组件包含业务和数据架构、数据和技术架构、数据质量管理、数据治理职能域；③分析组件包含数据控制环境职能域；④应用组件包含分析管理职能域。

（4）数据管理模型。国际数据管理协会 DAMA（DAMA International）在 2018 年发行了 DAMA-DMBOK（数据管理知识体系指南）第 2 版，用于指导组织的数据管理职能和数据战略的评估工作，并建议和指导刚起步的组织去实施和提升数据管理。DAMA-DMBOK2 理论框架由 11 个数据管理职能领域和 7 个基本环境要素共同构成"DAMA 数据管理知识体系"，每项数据职能领域都在 7 个基本环境要素约束下开展工作。DAMA-DMBOK2 职能框架图表 4-4 所示。

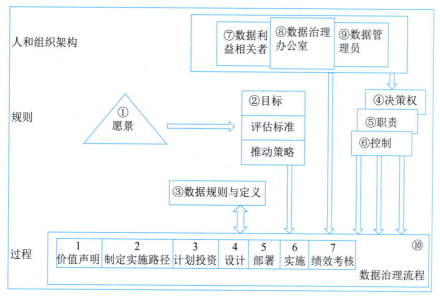

图 4-7 DGI 数据治理框架

表 4-4 DAMA-DMBOK2 职能框架（示意）

职能	环境要素						
	目标与原则	组织与文化	工具	活动	角色和职责	交付成果	技术
数据治理							
数据架构							
数据建模和设计							
数据存储和操作							
数据安全							
数据集成和互操作							
文档和内容管理							
参考数据和主数据管理							
数据仓库与商务智能							
元数据管理							
数据质量管理							

4.2.2 运维管理

IT 运维是组织 IT 服务中关键的一种类型。随着组织 IT 建设的不断深入和完善，信息系统运维已经成为了各行各业各组织管理者和 IT 团队普遍关注的问题。IT 运维是指采用 IT 手段及方法，依据服务对象提出的服务级别要求，对其所使用的 IT 系统运行环境、业务系统等提供的综合活动。

1. 能力模型

国家标准 GB/T 28827.1《信息技术服务 运行维护 第 1 部分 通用要求》定义了 IT 运维能力模型，该模型包含治理要求、运行维护服务能力体系和价值实现，如图 4-8 所示。治理要求是为实现运行维护服务绩效、风险控制和服务合规性的组织目标，提出的关于最高管理层领导作用及承诺的能力体系建设要求。运行维护服务能力体系（MCS）是组织依据运行维护服务方针和目标，策划并制定运行维护服务能力方案，确保组织交付的运行维护服务内容符合相关规定，并满足质量要求，对运行维护服务交付过程、结果以及运行维护服务能力体系进行监督、测量、分析和评审，以实现运行维护服务能力的持续提升。价值实现是组织结合业务对信息系统的网络化、数字化和智能化要求，识别内部和外部用户对服务的需求或期望，定义多样化的服务场景，并通过服务能力、要素、活动的组合完成服务的提供，直接或间接地为服务需求方和利益相关者实现服务价值。

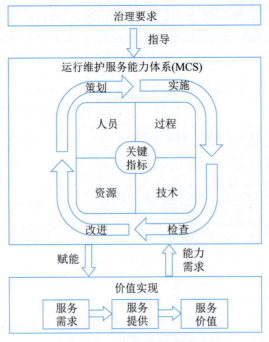

图 4-8　IT 运维能力模型图

1）能力建设

组织需要考虑环境的内外部因素，在治理要求的指导下，根据服务场景，识别服务能力需求，围绕人员、过程、技术、资源能力四要素，策划、实施、检查和改进运行维护能力体系，向各种服务场景赋能，通过服务提供实现服务价值；并针对能力建设、人员、过程、技术、资源建立关键指标；还需要定期评价运行维护服务能力成熟度，衡量能力水平差距，以持续提升运行维护服务能力。

在治理层面，最高管理层应依据组织治理目标，提出运行维护服务能力管理治理要求，以确保实现运行维护服务绩效、风险控制和服务合规性。

在能力管理方面，运维能力管理是面向运维全生命期的总体能力管控机制，分为策划、实施、检查和持续改进四个阶段，各阶段交替循环，实现运维能力持续性地螺旋式上升的管理目标。这需要组织：①周期性的（如按年度）面向外部的用户需求以及内部的合规要求和成本约束等，对运维能力进行总体策划，包括服务目录的建立和维护，组织架构和管理制度的确立，并形成年度运维能力管理计划，确保运维目标的可实施性；②细化能力管理计划为具体的实施计划（通常按部门进行任务分解），并落地执行；③定期（如按半年度或季度）跟踪和检查实施计划的执行情况，并进行适时评估、优化和调整；④对 IT 运维能力管理的达成情况进行总结分析，并持续改进。实现按 PDCA 的方式实施能力管理，进而提升整体服务能力。

在能力管理过程中，组织需要首先明确能力管理团队的组成，并明确这些团队成员的职责范围与分工，根据组织 IT 运维的内外部环境、技术发展现状、运维各利益干系人的诉求、能力体系覆盖范围、管理者的作用、资金投入、人才保障、基础设备设施的情况、安全以及质量体系的基础等因素，实施能力策划活动，并明晰周期性的能力管理计划、能力指标等，在策划过程中需要明确策划的输入、输出、审批以及变更控制等；同时抓好能力计划实施的计划管理、协调管理、记录管理以及成果管理等，做到实施过程记录的"线条"证据化；并设立专门的检查组织，明确检查方法，并按照确定的计划实施检查；还需要建立适合于组织的改进机制，以及确保改进活动的有效实施。通常来说，能力管理不是分管运维的高级管理者或者主管运维的负责人单个岗位的工作，需要人力资源、技术研发、质量监督等等多方面的人员共同参与。

在价值实现方面，组织需要在不同的服务场景中识别服务需求，通过服务提供，满足用户需求，实现服务价值：

- 服务需求：识别服务需求并遵循能力管理的要求对服务场景进行完整的策划。
- 服务提供：配置符合能力要素要求且和服务场景相适宜的人员、过程、技术和资源，并遵循能力管理的要求实施服务提供。
- 服务价值：将运行维护服务能力体系输出的服务能力应用到服务场景中，通过服务成果、成本控制、风险控制实现服务价值。

2）人员能力

在任何组织当中，人力资源都是组织的核心竞争力之一。因此绝大部分组织对人员相关的建设和管理都非常重视，无论是人员的容量、技能、工作绩效等方方面面，都是组织关注的重点。组织人员能力建设聚焦在从知识、技能和经验维度选择合适的人，从人员管理和岗位职责维度明确做适合的事，目的是指导 IT 运维团队根据岗位职责和管理要求"选人做事"。

结合 IT 运维工作的特点，运维人员一般分为管理类、技术类和操作类三种人员岗位，管理类主要负责运维的组织管理，技术类主要负责运维技术建设以及运维活动中的技术决策等，操作类主要负责运维活动的执行等。

为了保证人员能力满足运维服务的要求，组织依据运维能力策划要求，进行人员能力策划、岗位结构、人员储备、人员培训、绩效管理和能力评价等管理活动。

对运维的人员能力建设，通常还需要考虑：

- 面向IT运维所有干系人需求，建立人员需求规划；
- 基于人员需求计划，制定人员招聘、培训、储备和考核机制并实施；
- 定义IT运维人员岗位，根据工作内容不同，划分管理岗、技术岗、操作岗，并对每个岗位梳理工作职责，同时定义岗位的任职要求，包括知识、技能及经验要求等方面。

组织应按人员能力计划，进行运行维护人员能力评价，至少应包括：

- 建立运行维护服务对应岗位的等级评价标准；
- 建立运行维护服务团队和人员能力评价机制；
- 实施团队和人员能力评价；
- 依据评价结果对人员能力进行持续改进，需要时调整人员能力计划。

3）资源能力

资源主要由人员、过程和技术要素中被固化下来的能力转化而成，人员、过程和技术要素在知识、服务管理、工具支撑等方面的能力被固化下来，同时又对人员、过程和技术要素提供有力的支撑和保障，进而形成资源能力中的知识库、服务台、备件库以及运行维护工具，资源能力确保IT运维能"保障做事"。

IT运维资源是为了保证IT运维的正常交付所依存和产生的有形及无形资产。该表述最后的落脚点是资产，这就区别于广义的资源概念，广义的资源是指组织拥有的物力、财力、人力等各种物质要素的总称。

组织在建设资源能力过程中，要充分重视自主知识、技术和业务流程的固化工作，从而充分发挥经验的沉淀，尤其要关注一线人员的技术资源化，从而保证质量的同时提高效率和效能，建议组织可以定期收集一下一线人员针对资源的意见和建议，从而及时补充必要的资源，保持组织的运维能力的优化提升。

组织应根据运维能力策划要求和特定服务场景的需求，按需建立和管理运行维护工具、服务台、备件库、最终软件库、服务数据和服务知识等，以满足不同服务场景的服务需求。实现与人员、过程和技术结合，保证资源能力满足价值实现过程中服务提供的需求。

4）技术能力

组织需要通过自有核心技术的研发和非自有核心技术的学习，持续提升IT运维过程中发现问题和解决问题的能力，在提升IT运维效率方面是重点考虑的要素，技术要素确保IT运维能"高效做事"。

在实施IT运维过程中，可能面临各种问题、风险以及新技术和前沿技术应用所提出的新要求，组织需要根据服务对象要求或技术发展趋势，具备发现和解决问题、风险控制、技术储备以及研发、应用新技术和前沿技术的能力。

"早发现，早解决"一直是IT运维的一个重要原则，技术作为提高效率的基本因素，其在该领域中起着至关重要的作用。需要说明一点，这里的技术不单纯指IT技术，而是涵盖IT技术在内的所有IT运维技术，包括工作手册、思维方法等。从分类上来说，运维技术聚焦在发现问题的技术和解决问题的技术两大领域。

组织应根据运维能力策划要求，实施技术管理、技术研发和技术成果应用等活动，保证技术能力满足不同服务场景下的服务要求,包括运维服务能力长期发展的需求、治理、预期效益等,实现其服务价值。

5)过程

组织通过过程的制定,把人员、技术和资源要素以过程为主线串接在一起,用于指导IT运维人员按约定的方式和方法,确保IT运维能"正确做事"。

过程又称流程,是为达到特定的价值目标而由不同的人分别共同完成的一系列活动。活动之间不仅有严格的先后顺序限定,而且活动的内容、方式、责任等也都必须有明确的安排和界定,以使不同活动在不同岗位角色之间进行转手交接成为可能。活动与活动之间在时间和空间上的转移可以有较大的跨度。而狭义的业务流程,则认为它仅仅是与客户价值的满足相联系的一系列活动。

组织需要结合服务场景与运维能力策划要求,设计过程框架,明确各过程之间的关系和接口,制定服务级别、服务报告、事件、问题、变更、发布、配置、可用性和连续性、系统容量、信息安全等管理过程的目标、活动和考核指标,支撑服务过程的规范化管理和服务价值实现。

2. 智能运维

中国电子工业标准化技术协会发布的团体标准 T/CESA 1172《信息技术服务 智能运维 通用要求》,给出了智能运维能力框架,包括组织治理、智能特征、智能运维场景实现、能力域和能力要素,其中能力要素是构建智能运维能力的基础。组织需在组织治理的指导下,对智能运维场景实现提出能力建设要求,开展智能运维能力规划和建设。组织通过场景分析、场景构建、场景交付和效果评估四个过程,基于数据管理能力域提供的高质量数据,结合分析决策能力域做出合理判断或结论,并根据需要驱动自动控制能力域执行运维操作,使运维场景具备智能特征,提升智能运维水平,实现质量可靠、安全可控、效率提升、成本降低。智能运维能力框架如图4-9所示。

图4-9 智能运维能力框架

（1）能力要素。智能运维的能力要素主要包括：
- 人员：运维团队需要熟悉IT运维领域的业务活动与流程，掌握自动化、大数据、人工智能、云计算、算法等技术，具备一定的智能运维研发能力。
- 技术：技术通常包括统一的标准和规范、开放的基础公共资源与服务、数据与流程及服务的互联互通等。
- 过程：智能运维定义的过程需要具备清晰界定人机界面，能够充分发挥智能化优势，实现过程优化，并考虑权限控制、风险规避。
- 数据：运维组织需要加强数据治理，保证数据质量，规范数据接口。运维应用需要围绕数据进行采集、加工、消费，提升运维智能化水平。
- 算法：可以聚焦在异常检测、根因分析、故障预测、知识图谱、健康诊断、决策分析等方面，具备有穷性、确切性、有效性等特点。
- 资源：组织在数据管理能力域数据服务中，对于资源管理，至少应根据不同场景要求，配置开放共享服务管理所需要的算力、带宽、存储等。
- 知识：知识通常包括运维技术方案及方法与步骤、运维的经验沉淀、运维对象的多维度描述、运维数据的智能挖掘结果等。

（2）能力平台。智能运维能力平台通常具备数据管理、分析决策、自动控制等能力。其中，数据管理能力用于采集、处理、存储、展示各种运维数据。分析决策能力以感知到的数据作为输入，做出实时的运维决策，驱动自动化工具实施操作。自动控制根据运维决策，实施具体的运维操作。

（3）能力应用。以运维场景为中心，通过场景分析、能力构建、服务交付、迭代调优四个关键环节，可以使运维场景具备智能特征。根据复杂程度，运维场景分为单一场景、复合场景和全局场景。

- 场景分析：是指从业务或IT本身接收对新服务或改进服务的需求，场景需求分析从业务需求、用户需求以及系统需求，不同层次阶段进行不同方式、内容以及侧重点的需求调研。
- 能力构建：是指基于运维场景分析的结果和目标要求，应用赋能平台中适合运维场景数据特点的加工处理能力、系统性设计数据的处理流程，构建符合特定运维场景需求的智能运维解决方案。
- 服务交付：是指制订详细的交付计划，准备必要的资源，评估可能存在的风险并明确规避方案，完善交付实施过程，通过服务交付检查确保运维场景的智能特征符合策划要求。
- 迭代调优：是指通过持续的迭代对智能运维场景的优化，确保投入符合智能运维具体场景的规划目标渐进式达成。

（4）智能运维需具备若干智能特征，智能特征包括：
- 能感知：指具备灵敏、准确地识别人、活动和对象的状态的特点。
- 会描述：指具备直观友好地展现和表达运维场景中各类信息的特点。

- 自学习：指具备积累数据、完善模型、总结规律等主动获取知识的特点。
- 会诊断：指具备对人、活动和对象进行分析、定位、判断的特点。
- 可决策：指具备综合分析，给出后续处置依据或解决方案的特点。
- 自执行：指具备对已知运维场景做出自动化处置的特点。
- 自适应：指具备自动适应环境变化，动态优化处理的特点。

4.2.3 信息安全管理

当前社会已经进入了数字时代，其突出的特点表现为信息的价值在很多方面超过其信息处理设施包括信息载体本身的价值，例如一台计算机上存储和处理的信息价值往往超过计算机本身的价值。另外，现代社会的各类组织，包括政府、企业，对信息以及信息处理设施的依赖也越来越大，一旦信息丢失或泄密、信息处理设施中断，很多组织的业务也就无法运营了。新时代对于信息的安全提出了更高的要求，对信息安全的内涵也不断进行延伸和拓展。

1. CIA 三要素

CIA 三要素是保密性（Confidentiality）、完整性（Integrity）和可用性（Availability）三个词的缩写。CIA 是系统安全设计的目标。保密性、完整性和可用性是信息安全最为关注的三个属性，因此这三个特性也经常被称为信息安全三元组，这也是信息安全通常所强调的目标。信息安全已经成为一门涉及计算机科学、网络技术、通信技术、密码技术、信息安全技术、应用数学、数论和信息论等多种学科的综合性学科。从广义上来说，凡是涉及网络上信息的保密性、完整性、可用性、真实性和可核查性的相关技术和理论都属于信息安全的研究领域。

CIA 有其局限性。CIA 关注的重心在信息，虽然这是大多数信息安全的核心要素，但对于信息系统安全而言，仅考虑 CIA 是不够的。信息安全的复杂性决定了还存在其他的重要因素。CIA 给出了一个信息系统整体安全模型框架，能帮助信息化工作人员在制定安全策略时形成思路，但这并不是所有需要考虑的策略。CIA 可以作为规划、实施量化安全策略的基本原则，但是我们也应该认识到它的局限性。

2. 信息安全管理体系

信息系统安全管理是对一个组织机构中信息系统的生存周期全过程实施符合安全等级责任要求的管理，主要包括：

- 落实安全管理机构及安全管理人员，明确角色与职责，制定安全规划；
- 开发安全策略；
- 实施风险管理；
- 制订业务持续性计划和灾难恢复计划；
- 选择与实施安全措施；
- 保证配置、变更的正确与安全；
- 进行安全审计；
- 保证维护支持；

- 进行监控、检查、处理安全事件；
- 安全意识与安全教育；
- 人员安全管理等。

在组织机构中应建立安全管理机构，不同安全等级的安全管理机构逐步建立自己的信息系统安全组织机构管理体系，参考步骤包括：①配备安全管理人员。管理层中应有一人分管信息系统安全工作，并为信息系统的安全管理配备专职或兼职的安全管理人员。②建立安全职能部门。建立管理信息系统安全工作的职能部门，或者明确设置一个职能部门监管信息安全工作，作为该部门的关键职责之一。③成立安全领导小组。在管理层成立信息系统安全管理委员会或信息系统安全领导小组，对覆盖全国或跨地区的组织机构，应在总部和下级单位建立各级信息系统安全领导小组，在基层至少要有一位专职的安全管理人员负责信息系统安全工作。④主要负责人出任领导。由组织机构的主要负责人出任信息系统安全领导小组负责人。⑤建立信息安全保密管理部门。建立信息系统安全保密监督管理的职能部门，或对原有保密部门明确信息安全保密管理责任，加强对信息系统安全管理重要过程和管理人员的保密监督管理。

3. 网络安全等级保护

国家市场监督管理总局、国家标准化管理委员会宣布网络安全等级保护制度 2.0 相关的若干国家标准正式发布，并于 2019 年 12 月 1 日开始实施。"等保 1.0"体系以信息系统为对象，确立了五级安全保护等级，并从信息系统安全等级保护的定级方法、基本要求、实施过程、测评工作等方面入手，形成了一套相对完整的、有明确标准的，且涵盖了制度与技术要求的等级保护规范体系。然而，随着网络安全形势日益严峻，"等保 1.0"体系逐渐难以持续应对不容乐观的网络安全新时代，于是"等保 2.0"体系应运而生。

等保 2.0 将"信息系统安全"的概念扩展到了"网络安全"，其中所谓"网络"是指由计算机或者其他信息终端及相关设备组成的按照一定的规则和程序对信息进行收集、存储、传输、交换、处理的系统。

1）安全保护等级划分

GB/T 22240《信息安全技术 网络安全等级保护定级指南》定义了等级保护对象，为网络安全等级保护工作直接作用的对象，主要包括信息系统、通信网络设施和数据资源等。根据等级保护对象在国家安全、经济建设、社会生活中的重要程度，以及一旦遭到破坏、丧失功能或数据被篡改、泄露、丢失、损毁后，对国家安全、社会秩序、公共利益以及公民、法人和其他组织的合法权益的侵害程度等因素，等级保护对象的安全保护等级分为以下五级：第一级，等级保护对象受到破坏后，会对相关公民、法人和其他组织的合法权益造成损害，但不危害国家安全、社会秩序和公共利益；第二级，等级保护对象受到破坏后，会对相关公民、法人和其他组织的合法权益产生严重损害或特别严重损害，或者对社会秩序和公共利益造成危害，但不危害国家安全；第三级，等级保护对象受到破坏后，会对社会秩序和公共利益造成严重危害，或者对国家安全造成危害；第四级，等级保护对象受到破坏后，会对社会秩序和公共利益造成特别严重危害，或者对国家安全造成严重危害；第五级，等级保护对象受到破坏后，会对国家安全造成特别严重危害。

2）安全保护能力等级划分

GB/T 22239《信息安全技术 网络安全等级保护基本要求》规定了不同级别的等级保护对象应具备的基本安全保护能力。

第一级安全保护能力：应能够防护免受来自个人的、拥有很少资源的威胁源发起的恶意攻击、一般的自然灾难，以及其他相当危害程度的威胁所造成的关键资源损害，在自身遭到损害后，能够恢复部分功能。

第二级安全保护能力：应能够防护免受来自外部小型组织的、拥有少量资源的威胁源发起的恶意攻击、一般的自然灾难，以及其他相当危害程度的威胁所造成的重要资源损害，能够发现重要的安全漏洞和处置安全事件，在自身遭到损害后，能够在一段时间内恢复部分功能。

第三级安全保护能力：应能够在统一安全策略下防护免受来自外部有组织的团体、拥有较为丰富资源的威胁源发起的恶意攻击、较为严重的自然灾难，以及其他相当程度的威胁所造成的主要资源损害，能够及时发现、监测攻击行为和处置安全事件，在自身遭到损害后，能够较快恢复绝大部分功能。

第四级安全保护能力：应能够在统一安全策略下防护免受来自国家级别的、敌对组织的、拥有丰富资源的威胁源发起的恶意攻击、严重的自然灾难，以及其他相当危害程度的威胁所造成的资源损害，能够及时发现、监测发现攻击行为和安全事件，在自身遭到损害后，能够迅速恢复所有功能。

第五级安全保护能力：略。

4.3 本章练习

1. 选择题

（1）_____不属于信息系统架构模式。

  A. 集中式架构　　　　　　　　B. 分布式架构

  C. 企业信息化架构　　　　　　D. 面向服务的架构

参考答案：C

（2）_____不属于IT运维能力的关键指标。

  A. 人员　　　B. 技术　　　C. 过程　　　D. 问题

参考答案：D

（3）_____不属于信息系统咨询设计的范畴。

  A. 战略咨询　　B. 技术咨询　　C. 管理咨询　　D. 财务咨询

参考答案：D

（4）智能运维场景实现的关键审核要点应围绕_____。

  A. 质量可靠、安全可控、效率提升、成本降低的四个运维目标

  B. 场景分析、场景构建、场景交付、效果评估四个关键过程

C. 数据管理、分析决策、自动控制三个能力域

D. 能感知、会描述、自学习、会诊断、可决策、自执行、自适应七个特征

参考答案：B

（5）_____就是确保所传输的数据只被其预定的接收者读取。

  A. 保密性   B. 可靠性   C. 可用性   D. 完整性

参考答案：A

2. 思考题

（1）请给出信息系统规划的战略三角关系，并阐述信息系统战略应如何与业务和组织战略保持一致？

参考答案：略

（2）请详细阐述运维能力模型的主要内容。

参考答案：略

（3）请阐述一下IT服务管理的主要活动，及这些活动的主要管理要点。

参考答案：略

第5章 信息系统工程

信息系统工程是用系统工程的原理、方法来指导信息系统建设与管理的一门工程技术学科，它是信息科学、管理科学、系统科学、计算机科学与通信技术相结合的综合性、交叉性、具有独特风格的应用学科。当前信息系统工程的主要任务是研究信息处理过程内在的规律，以及基于计算机、互联网和云计算等信息技术手段的形式化表达和处理规律。其基本概念、原理和方法对实际分析、设计、开发、运行和服务一个信息系统，从理论、手段、方法、技术等多方面提供了一套完整、科学、实用的研究与工程体系，具有十分重要的应用价值，对信息系统建设有着重要的理论指导意义。

5.1 软件工程

软件工程是指应用计算机科学、数学及管理科学等原理，以工程化的原则和方法来解决软件问题的工程，其目的是提高软件生产率、提高软件质量、降低软件成本。电气与电子工程师协会（Institute of Electrical and Electronics Engineers，IEEE）对软件工程的定义是：将系统的、规范的、可度量的工程化方法应用于软件开发、运行和维护的全过程及上述方法的研究。

软件工程由方法、工具和过程三个部分组成：①软件工程方法是完成软件工程项目的技术手段，它支持整个软件生命周期；②软件工程使用的工具是人们在开发软件的活动中智力和体力的扩展与延伸，它自动或半自动地支持软件的开发和管理，支持各种软件文档的生成；③软件工程中的过程贯穿于软件开发的各个环节，管理人员在软件工程过程中，要对软件开发的质量、进度和成本进行评估、管理和控制，包括人员组织、计划跟踪与控制、成本估算、质量保证和配置管理等。

5.1.1 架构设计

软件架构为软件系统提供了一个结构、行为和属性的高级抽象，由构件的描述、构件的相互作用（连接件）、指导构件集成的模式以及这些模式的约束组成。软件架构不仅指定了系统的组织结构和拓扑结构，并且显示了系统需求和构件之间的对应关系，提供了一些设计决策的基本原理。

软件架构虽脱胎于软件工程，但其形成同时借鉴了计算机架构和网络架构中很多宝贵的思想和方法。近年来，软件架构已完全独立于软件工程，成为计算机科学的一个最新的研究方向和独立学科分支。软件架构研究的主要内容涉及软件架构描述、软件架构风格、软件架构评估和软件架构的形式化方法等。解决好软件的复用、质量和维护问题，是研究软件架构的根本目的。

1. 软件架构风格

软件架构设计的一个核心问题是能否达到架构级的软件复用，也就是说，能否在不同的系统中使用同一个软件架构。软件架构风格是描述某一特定应用领域中系统组织方式的惯用模式（Idiomatic Paradigm）。架构风格定义了一个系统"家族"，即一个架构定义、一个词汇表和一组约束。词汇表中包含一些构件和连接件类型，而约束指出系统是如何将这些构件和连接件组合起来的。架构风格反映了领域中众多系统所共有的结构和语义特性，并指导如何将各个构件有效地组织成一个完整的系统。

Garlan 和 Shaw 对通用软件架构风格进行了分类，他们将软件架构分为：①数据流风格。数据流风格包括批处理序列和管道/过滤器两种风格。②调用/返回风格。调用/返回风格包括主程序/子程序、数据抽象和面向对象，以及层次结构。③独立构件风格。独立构件风格包括进程通信和事件驱动的系统。④虚拟机风格。虚拟机风格包括解释器和基于规则的系统。⑤仓库风格。仓库风格包括数据库系统、黑板系统和超文本系统。

2. 软件架构评估

软件架构设计是软件开发过程中的关键一步。没有一个合适的架构而要有一个成功的软件设计几乎是不可想象的，尤其是针对庞大且复杂的系统来说。不同类型的系统需要不同的架构，甚至一个系统的不同子系统也需要不同的架构。架构的选择往往会成为一个系统设计成败的关键。但是，怎样才能知道为系统所选用的架构是否恰当呢，如何确保按照所选用的架构能顺利地开发出成功的软件产品呢，要回答这些问题并不容易，因为它受到很多因素的影响，需要专门的方法来对其进行评估。软件架构评估可以只针对一个架构，也可以针对一组架构。在架构评估过程中，评估人员所关注的是系统的质量属性。

在分析具体架构评估方法之前，我们先来了解两个概念，分别是敏感点（Sensitivity Point）和权衡点（Trade-off Point）。敏感点是一个或多个构件（或之间的关系）的特性，权衡点是影响多个质量属性的特性，是多个质量属性的敏感点。例如，改变加密级别可能会对安全性和性能产生非常重要的影响。提高加密级别可以提高安全性，但可能要耗费更多的处理时间，影响系统性能。如果某个机密消息的处理有严格的时间延迟要求，则加密级别可能就会成为一个权衡点。

从目前已有的软件架构评估技术来看，可以归纳为三类主要的评估方式，分别是基于调查问卷（或检查表）的方式、基于场景的方式和基于度量的方式。这三种评估方式中，基于场景的评估方式最为常用。

基于场景的方式主要包括：架构权衡分析法（Architecture Trade-off Analysis Method，ATAM）、软件架构分析法（Software Architecture Analysis Method，SAAM）和成本效益分析法（Cost Benefit Analysis Method，CBAM）。在架构评估中，一般采用刺激（Stimulus）、环境（Environment）和响应（Response）三方面来对场景进行描述。刺激是场景中解释或描述项目干系人怎样引发与系统的交互部分，环境描述的是刺激发生时的情况，响应是指系统是如何通过架构对刺激做出反应的。

基于场景的方式分析软件架构对场景的支持程度，从而判断该架构对这一场景所代表的质量需求的满足程度。例如，用一系列对软件的修改来反映易修改性方面的需求，用一系列攻击性操作来代表安全性方面的需求等。这一评估方式考虑到了所有与系统相关人员对质量的要求，涉及的基本活动包括确定应用领域的功能和软件架构之间的映射，设计用于体现待评估质量属性的场景，以及分析软件架构对场景的支持程度。

不同的系统对同一质量属性的理解可能不同，例如，对操作系统来说，可移植性被理解为系统可在不同的硬件平台上运行，而对于普通的应用系统而言，可移植性往往是指该系统可在不同的操作系统上运行。由于存在这种不一致性，对一个领域适合的场景设计在另一个领域内未必合适，因此，基于场景的评估方式是特定于领域的。这一评估方式的实施者一方面需要有丰富的领域知识，以对某一质量需求设计出合理的场景；另一方面，必须对待评估的软件架构有一定的了解，以准确判断它是否支持场景描述的一系列活动。

5.1.2 需求分析

软件需求是指用户对新系统在功能、行为、性能、设计约束等方面的期望。根据 IEEE 的软件工程标准词汇表，软件需求是指用户解决问题或达到目标所需的条件或能力，是系统或系统部件要满足合同、标准、规范或其他正式规定文档所需具有的条件或能力，以及反映这些条件或能力的文档说明。

1. 需求的层次

简单地说，软件需求就是系统必须完成的事以及必须具备的品质。需求是多层次的，包括业务需求、用户需求和系统需求，这三个不同层次从目标到具体，从整体到局部，从概念到细节。

质量功能部署（Quality Function Deployment，QFD）是一种将用户要求转化成软件需求的技术，其目的是最大限度地提升软件工程过程中用户的满意度。为了达到这个目标，QFD 将软件需求分为三类，分别是常规需求、期望需求和意外需求。

2. 需求过程

需求过程主要包括需求获取、需求分析、需求规格说明书编制、需求验证与确认等。

1）需求获取

需求获取是一个确定和理解不同的项目干系人的需求和约束的过程。需求获取是一件看上去很简单，做起来却很难的事情。需求获取是否科学、准备充分，对获取出来的结果影响很大，这是因为大部分用户无法完整地描述需求，而且也不可能看到系统的全貌。因此，需求获取只有与用户的有效合作才能成功。常见的需求获取方法包括用户访谈、问卷调查、采样、情节串联板、联合需求计划等。

2）需求分析

在需求获取阶段获得的需求是杂乱的，是用户对新系统的期望和要求，这些要求有重复的地方，也有矛盾的地方，这样的要求是不能作为软件设计基础的。一个好的需求应该具有无二义性、完整性、一致性、可测试性、确定性、可跟踪性、正确性、必要性等特性，因此，需要分析人员把杂乱无章的用户要求和期望转化为用户需求，这就是需求分析的工作。

需求分析对已经获取到的需求进行提炼、分析和审查，以确保所有的项目干系人都明白其含义并找出其中的错误、遗漏或其他不足的地方。需求分析的关键在于对问题域的研究与理解。

为了便于理解问题域,现代软件工程方法所推荐的做法是对问题域进行抽象,将其分解为若干个基本元素,然后对元素之间的关系进行建模。

使用结构化分析(Structured Analysis,SA)方法进行需求分析,其建立的模型的核心是数据字典。围绕这个核心,有三个层次的模型,分别是数据模型、功能模型和行为模型(也称为状态模型)。在实际工作中,一般使用实体关系图(E-R 图)表示数据模型,用数据流图(Data Flow Diagram,DFD)表示功能模型,用状态转换图(State Transform Diagram,STD)表示行为模型。E-R 图主要描述实体、属性,以及实体之间的关系;DFD 从数据传递和加工的角度,利用图形符号通过逐层细分描述系统内各个部件的功能和数据在它们之间传递的情况,来说明系统所完成的功能;STD 通过描述系统的状态和引起系统状态转换的事件,来表示系统的行为,指出作为特定事件的结果将执行哪些动作(例如,处理数据等)。

面向对象的分析(Object-Oriented Analysis,OOA)的基本任务是运用面向对象的(Object-Oriented,OO)方法,对问题域进行分析和理解,正确认识其中的事物及它们之间的关系,找出描述问题域和系统功能所需的类和对象,定义它们的属性和职责,以及它们之间所形成的各种联系。最终产生一个符合用户需求,并能直接反映问题域和系统功能的 OOA 模型及其详细说明。OOA 模型包括用例模型和分析模型,用例是一种描述系统需求的方法,使用用例的方法来描述系统需求的过程就是用例建模;分析模型描述系统的基本逻辑结构,展示对象和类如何组成系统(静态模型),以及它们如何保持通信,实现系统行为(动态模型)。

3)需求规格说明书编制

软件需求规格说明书(Software Requirement Specification,SRS)是需求开发活动的产物,编制该文档的目的是使项目干系人与开发团队对系统的初始规定有一个共同的理解,使之成为整个开发工作的基础。SRS 是软件开发过程中最重要的文档之一,对于任何规模和性质的软件项目都不应该缺少。

在国家标准 GB/T 8567《计算机软件文档编制规范》中,提供了一个 SRS 的文档模板和编写指南,其中规定 SRS 应该包括范围、引用文件、需求、合格性规定、需求可追踪性、尚未解决的问题、注解和附录。

另外,国家标准 GB/T 9385《计算机软件需求说明编制指南》也给出了一个详细的 SRS 写作大纲,由于该标准年代久远,一些情况已经与现实不符,可以考虑作为 SRS 写作的参考之用。

4)需求验证与确认

资深软件工程师都知道,当以 SRS 为基础进行后续开发工作,如果在开发后期或在交付系统之后才发现需求存在问题,这时修补需求错误就需要做大量的工作。相对而言,在系统分析阶段,检测 SRS 中的错误所采取的任何措施都将节省相当多的时间和资金。因此,有必要对于 SRS 的正确性进行验证,以确保需求符合良好特征。需求验证与确认活动内容包括:

- SRS 正确地描述了预期的、满足项目干系人需求的系统行为和特征;
- SRS 中的软件需求是从系统需求、业务规格和其他来源中正确推导而来的;
- 需求是完整的和高质量的;

- 需求的表示在所有地方都是一致的；
- 需求为继续进行系统设计、实现和测试提供了足够的基础。

在实际工作中，一般通过需求评审和需求测试工作来对需求进行验证。需求评审就是对 SRS 进行技术评审，SRS 的评审是一项精益求精的技术，它可以发现那些二义性的或不确定性的需求，为项目干系人提供在需求问题上达成共识的方法。需求的遗漏和错误具有很强的隐蔽性，仅仅通过阅读 SRS，通常很难想象在特定环境下系统的行为。只有在业务需求基本明确，用户需求部分确定时，同步进行需求测试，才可能及早发现问题，从而在需求开发阶段以较低的代价解决这些问题。

3. UML

统一建模语言（Unified Modeling Language，UML）是一种定义良好、易于表达、功能强大且普遍适用的建模语言，它融入了软件工程领域的新思想、新方法和新技术，它的作用域不限于支持 OOA 和 OOD（Object-Oriented Design，面向对象设计），还支持从需求分析开始的软件开发的全过程。从总体上来看，UML 的结构包括构造块、规则和公共机制三个部分，如表 5-1 所示。

表 5-1 UML 的结构

部分	说明
构造块	UML 有三种基本的构造块，分别是事物（Thing）、关系（Relationship）和图（Diagram）。事物是 UML 的重要组成部分，关系把事物紧密联系在一起，图是多个相互关联的事物的集合
规则	规则是构造块如何放在一起的规定，包括为构造块命名；给一个名字以特定含义的语境，即范围；怎样使用或看见名字，即可见性；事物如何正确、一致地相互联系，即完整性；运行或模拟动态模型的含义是什么，即执行
公共机制	公共机制是指达到特定目标的公共 UML 方法，主要包括规格说明（详细说明）、修饰、公共分类（通用划分）和扩展机制四种

1）UML 中的事物

UML 中的事物也称为建模元素，包括结构事物（Structural Things）、行为事物（Behavioral Things，也称动作事物）、分组事物（Grouping Things）和注释事物（Annotational Things，也称注解事物）。这些事物是 UML 模型中最基本的 OO 构造块，如表 5-2 所示。

表 5-2 UML 中的事物

建模元素	说明
结构事物	结构事物在模型中属于最静态的部分，代表概念上或物理上的元素。UML 有七种结构事物，分别是类、接口、协作、用例、活动类、构件和节点
行为事物	行为事物是 UML 模型中的动态部分，代表时间和空间上的动作。UML 有两种主要的行为事物。第一种是交互（内部活动），交互是由一组对象之间在特定上下文中，为达到特定目的而进行的一系列消息交换而组成的动作。交互中组成动作的对象的每个操作都要详细列出，包括消息、动作次序（消息产生的动作）、连接（对象之间的连接）；第二种是状态机，状态机由一系列对象的状态组成

建模元素	说明
分组事物	分组事物是 UML 模型中组织的部分,可以把它们看成是个盒子,模型可以在其中进行分解。UML 只有一种分组事物,称为包。包是一种将有组织的元素分组的机制。与构件不同的是,包纯粹是一种概念上的事物,只存在于开发阶段,而构件可以存在于系统运行阶段
注释事物	注释事物是 UML 模型的解释部分

2) UML 中的关系

UML 用关系把事物结合在一起,主要有四种关系,分别为:

- 依赖(Dependency):依赖是两个事物之间的语义关系,其中一个事物发生变化会影响另一个事物的语义。
- 关联(Association):关联描述一组对象之间连接的结构关系。
- 泛化(Generalization):泛化是一般化和特殊化的关系,描述特殊元素的对象可替换一般元素的对象。
- 实现(Realization):实现是类之间的语义关系,其中的一个类指定了由另一个类保证执行的契约。

3) UML 2.0 中的图

UML 2.0 包括 14 种图,如表 5-3 所示。

表 5-3 UML 2.0 中的图

种类	说明
类图(Class Diagram)	类图描述一组类、接口、协作和它们之间的关系。在 OO 系统的建模中,最常见的图就是类图。类图给出了系统的静态设计视图,活动类的类图给出了系统的静态进程视图
对象图(Object Diagram)	对象图描述一组对象及它们之间的关系。对象图描述了在类图中所建立的事物实例的静态快照。和类图一样,这些图给出系统的静态设计视图或静态进程视图,但它们是从真实案例或原型案例的角度建立的
构件图(Component Diagram)	构件图描述一个封装的类和它的接口、端口,以及由内嵌的构件和连接件构成的内部结构。构件图用于表示系统的静态设计实现视图。对于由小的部件构建大的系统来说,构件图是很重要的。构件图是类图的变体
组合结构图(Composite Structure Diagram)	组合结构图描述结构化类(例如,构件或类)的内部结构,包括结构化类与系统其余部分的交互点。组合结构图用于画出结构化类的内部内容
用例图(Use Case Diagram)	用例图描述一组用例、参与者及它们之间的关系。用例图给出系统的静态用例视图。这些图在对系统的行为进行组织和建模时是非常重要的

（续表）

种类	说明
顺序图（Sequence Diagram，也称序列图）	顺序图是一种交互图（Interaction Diagram），交互图展现了一种交互，它由一组对象或参与者以及它们之间可能发送的消息构成。交互图专注于系统的动态视图。顺序图是强调消息的时间次序的交互图
通信图（Communication Diagram）	通信图也是一种交互图，它强调收发消息的对象或参与者的结构组织。顺序图和通信图表达了类似的基本概念，但它们所强调的概念不同，顺序图强调的是时序，通信图强调的是对象之间的组织结构（关系）。在UML 1.X版本中，通信图称为协作图（Collaboration Diagram）
定时图（Timing Diagram，也称计时图）	定时图也是一种交互图，它强调消息跨越不同对象或参与者的实际时间，而不仅仅只是关心消息的相对顺序
状态图（State Diagram）	状态图描述一个状态机，它由状态、转移、事件和活动组成。状态图给出了对象的动态视图。它对于接口、类或协作的行为建模尤为重要，而且它强调事件导致的对象行为，这非常有助于对反应式系统建模
活动图（Activity Diagram）	活动图将进程或其他计算结构展示为计算内部一步步的控制流和数据流。活动图专注于系统的动态视图。它对系统的功能建模和业务流程建模特别重要，并强调对象间的控制流程
部署图（Deployment Diagram）	部署图描述对运行时的处理节点及在其中生存的构件的配置。部署图给出了架构的静态部署视图，通常一个节点包含一个或多个部署图
制品图（Artifact Diagram）	制品图描述计算机中一个系统的物理结构。制品包括文件、数据库和类似的物理比特集合。制品图通常与部署图一起使用。制品也给出了它们实现的类和构件
包图（Package Diagram）	包图描述由模型本身分解而成的组织单元，以及它们之间的依赖关系
交互概览图（Interaction Overview Diagram）	交互概览图是活动图和顺序图的混合物

4）UML视图

UML对系统架构的定义是系统的组织结构，包括系统分解的组成部分，以及它们的关联性、交互机制和指导原则等提供系统设计的信息，包括5个系统视图：

- 逻辑视图：逻辑视图也称为设计视图，它表示了设计模型中在架构方面具有重要意义的部分，即类、子系统、包和用例实现的子集。
- 进程视图：进程视图是可执行线程和进程作为活动类的建模，它是逻辑视图的一次执行实例，描述了并发与同步结构。
- 实现视图：实现视图对组成基于系统的物理代码的文件和构件进行建模。

- 部署视图：部署视图把构件部署到一组物理节点上，表示软件到硬件的映射和分布结构。
- 用例视图：用例视图是最基本的需求分析模型。

另外，UML 还允许在一定的阶段隐藏模型的某些元素，遗漏某些元素，可不保证模型的完整性，但模型逐步地要达到完整和一致。

4. 面向对象分析

OOA 的基本任务是运用 OO 方法，对问题域进行分析和理解，正确认识其中的事物及它们之间的关系，找出描述问题域和系统功能所需的类和对象，定义它们的属性和职责以及它们之间所形成的各种联系。最终产生一个符合用户需求，并能直接反映问题域和系统功能的 OOA 模型及其详细说明。OOA 模型独立于具体实现，即不考虑与系统具体实现有关的因素，这也是 OOA 和 OOD 的区别之所在。OOA 的任务是"做什么"，OOD 的任务是"怎么做"。

面向对象分析阶段的核心工作是建立系统的用例模型与分析模型。

1）用例模型

结构化分析（Structured Analysis，SA）方法采用功能分解的方式来描述系统功能，在这种表达方式中，系统功能被分解到各个功能模块中，通过描述细分的系统模块的功能来达到描述整个系统功能的目的。采用 SA 方法来描述系统需求，很容易混淆需求和设计的界限，这样的描述实际上已经包含了部分的设计在内。因此，系统分析师常常感到迷惑，不知道系统需求应该详细到何种程度。一个极端的做法就是将需求详细到概要设计，因为这样的需求描述既包含了外部需求也包含了内部设计。SA 方法的另一个缺点是分割了各项系统功能的应用环境，从各项功能项入手，很难了解到这些功能项如何相互关联来实现一个完整的系统服务。

从用户的角度来看，他们并不想了解系统的内部结构和设计，他们所关心的是系统所能提供的服务，这就是用例方法的基本思想。用例方法是一种需求合成技术，先获取需求并记录下来，然后从这些零散的要求和期望中进行整理与提炼，从而建立用例模型。在 OOA 方法中，构建用例模型一般需要经历四个阶段，分别是识别参与者、合并需求获得用例、细化用例描述和调整用例模型，如表 5-4 所示。其中前三个阶段是必须的。

表 5-4 构建用例模型的阶段

阶段	说明
识别参与者	参与者是与系统交互的所有事物，该角色不仅可以由人承担，还可以是其他系统和硬件设备，甚至是系统时钟。参与者一定在系统之外，不是系统的一部分。可以通过下列问题来帮助系统分析师发现系统的参与者：谁使用这个系统，谁安装这个系统，谁启动这个系统，谁维护这个系统，谁关闭这个系统，哪些（其他）系统使用这个系统，谁从这个系统获取信息，谁为这个系统提供信息，是否有事情自动在预计的时间发生
合并需求获得用例	参与者都找到之后，接下来就是仔细地检查参与者，为每一个参与者确定用例。①要将获取到的需求分配给与其相关的参与者，以便可以针对每个参与者进行工作，而无遗漏；②在合并之前，要明确为什么合并，知道了合并的目的，才可能选择正确的合并操作；③将识别到的参与者和合并生成的用例，通过用例图的形式整理出来，以获得用例模型的框架

（续表）

阶段	说明
细化用例描述	用例建模的主要工作是书写用例规约（Use Case Specification），而不是画图。用例模板为一个给定项目的所有人员定义了用例规约的结果，其内容至少包括用例名、参与者、目标、前置条件、事件流（基本事件流和扩展事件流）和后置条件等，其他的还可以包括非功能需求和用例优先级等
调整用例模型	在建立了初步的用例模型后，还可以利用用例之间的关系来调整用例模型。用例之间的关系主要有包含、扩展和泛化。利用这些关系，把一些公共的信息抽取出来，以便于复用，使得用例模型更易于维护。 ● 包含关系：当可以从两个或两个以上的用例中提取公共行为时，应该使用包含关系来表示它们。其中这个提取出来的公共用例称为抽象用例，而把原始用例称为基本用例或基础用例 ● 扩展关系：如果一个用例明显地混合了两种或两种以上的不同场景，即根据情况可能发生多种分支，则可以将这个用例分为一个基本用例和一个或多个扩展用例，这样使描述可能更加清晰 ● 泛化关系：当多个用例共同拥有一种类似的结构和行为的时候，可以将它们的共性抽象成为父用例，其他的用例作为泛化关系中的子用例。在用例的泛化关系中，子用例是父用例的一种特殊形式，子用例继承了父用例所有的结构、行为和关系

2）分析模型

前文从用户的观点对系统进行了用例建模，但捕获了用例并不意味着分析的结束，还要对需求进行深入分析，获取关于问题域本质内容的分析模型。分析模型描述系统的基本逻辑结构，展示对象和类如何组成系统（静态模型），以及它们如何保持通信，实现系统行为（动态模型）。

为了使模型独立于具体的开发语言，系统分析师需要把注意力集中在概念性问题上而不是软件技术问题上，这些技术的起点就是领域模型。领域模型又称为概念模型或简称为域模型，也就是找到那些代表事物与概念的对象，即概念类。概念类可以从用例模型中获得灵感，经过完善将形成分析模型中的分析类。每一个用例对应一个类图，描述参与这个用例实现的所有概念类，而用例的实现主要通过交互图来表示。例如，用例的事件流会对应产生一个顺序图，描述相关对象如何通过合作来完成整个事件流，复杂的备选事件流也可以产生一个或多个顺序图。所有这些图的集合就构成了系统的分析模型。

建立分析模型的过程大致包括定义概念类，确定类之间的关系，为类添加职责，建立交互图等，其中有学者将前三个步骤统称为类-责任-协作者（Class-Responsibility-Collaborator，CRC）建模。类之间的主要关系有关联、依赖、泛化、聚合、组合和实现等，它们在 UML 中的表示方式，如表 5-5 所示。

表 5-5 类之间的关系

关系	图例	描述
关联	类A —— 类B	关联提供了不同类的对象之间的结构关系，它在一段时间内将多个类的实例连接在一起。关联体现的是对象实例之间的关系，而不表示两个类之间的关系。其余的关系涉及类元自身的描述，而不是它们的实例。对于关联关系的描述，可以使用关联名称、角色、多重性和导向性来说明

（续表）

关系	图例	描述
依赖	类A ---> 类B	两个类A和B，如果B的变化可能会引起A的变化，则称类A依赖于类B。依赖可以由各种原因引起，例如，一个类向另一个类发送消息，一个类是另一个类的数据成员，一个类是另一个类的某个操作参数等
泛化	子类 —▷ 父类	泛化关系描述了一般事物与该事物中的特殊种类之间的关系，也就是父类与子类之间的关系。继承关系是泛化关系的反关系，也就是说，子类继承了父类，而父类则是子类的泛化
共享聚集	部分类 —◇ 整体类	共享聚集关系通常简称为聚合关系，它表示类之间的整体与部分的关系，其含义是"部分"可能同时属于多个"整体"，"部分"与"整体"的生命周期可以不相同。例如，汽车和车轮就是聚合关系，车子坏了，车轮还可以用；车轮坏了，可以再换一个新的
组合聚集	部分类 —◆ 整体类	组合聚集关系通常简称为组合关系，它也是表示类之间的整体与部分的关系。与聚合关系的区别在于，组合关系中的"部分"只能属于一个"整体"，"部分"与"整体"的生命周期相同，"部分"随着"整体"的创建而创建，也随着"整体"的消亡而消亡。例如，一个公司包含多个部门，它们之间的关系就是组合关系。公司一旦倒闭，也就没有部门了
实现	类A ---▷ 类B	实现关系将说明和实现联系起来。接口是对行为而非实现的说明，而类中则包含了实现的结构。一个或多个类可以实现一个接口，而每个类分别实现接口中的操作

5.1.3 软件设计

软件设计是需求分析的延伸与拓展。需求分析阶段解决"做什么"的问题，而软件设计阶段解决"怎么做"的问题。同时，它也是系统实施的基础，为系统实施工作做好铺垫。合理的软件设计方案既可以保证系统的质量，也可以提高开发效率，确保系统实施工作的顺利进行。从方法上来说，软件设计分为结构化设计与面向对象设计。

1. 结构化设计

结构化设计（Structured Design，SD）是一种面向数据流的方法，它以 SRS 和 SA 阶段所产生的 DFD 和数据字典等文档为基础，是一个自顶向下、逐步求精和模块化的过程。SD 方法的基本思想是将软件设计成由相对独立且具有单一功能的模块组成的结构，分为概要设计和详细设计两个阶段，其中概要设计又称为总体结构设计，它是开发过程中很关键的一步，其主要任务是将系统的功能需求分配给软件模块，确定每个模块的功能和调用关系，形成软件的模块结构图，即系统结构图。在概要设计中，将系统开发的总任务分解成许多个基本的、具体的任务，而为每个具体任务选择适当的技术手段和处理方法的过程称为详细设计。根据任务的不同，详细设计又可分为多种，例如，输入/输出设计、处理流程设计、数据存储设计、用户界面设计、安全性和可靠性设计等。

在 SD 中，需要遵循一个基本的原则：高内聚，低耦合。内聚表示模块内部各成分之间的联系程度，是从功能角度来度量模块内的联系，一个好的内聚模块应当恰好做目标单一的一件事情；耦合表示模块之间联系的程度。紧密耦合表示模块之间联系非常强，松散耦合表示模块之间联系比较弱，非耦合则表示模块之间无任何联系，是完全独立的。

2. 面向对象设计

面向对象设计（OOD）是 OOA 方法的延续，其基本思想包括抽象、封装和可扩展性，其中可扩展性主要通过继承和多态来实现。在 OOD 中，数据结构和在数据结构上定义的操作算法封装在一个对象之中。由于现实世界中的事物都可以抽象出对象的集合，所以 OOD 方法是一种更接近现实世界、更自然的软件设计方法。

OOD 的主要任务是对类和对象进行设计，包括类的属性、方法以及类与类之间的关系。OOD 的结果就是设计模型。对于 OOD 而言，在支持可维护性的同时，提高软件的可复用性是一个至关重要的问题，如何同时提高软件的可维护性和可复用性，是 OOD 需要解决的核心问题之一。在 OOD 中，可维护性的复用是以设计原则为基础的。常用的 OOD 原则包括：

- 单职原则：设计功能单一的类。本原则与结构化方法的高内聚原则是一致的。
- 开闭原则：对扩展开放，对修改封闭。
- 里氏替换原则：子类可以替换父类。
- 依赖倒置原则：要依赖于抽象，而不是具体实现；要针对接口编程，不要针对实现编程。
- 接口隔离原则：使用多个专门的接口比使用单一的总接口要好。
- 组合重用原则：要尽量使用组合，而不是继承关系达到重用目的。
- 迪米特原则（最少知识法则）：一个对象应当对其他对象有尽可能少的了解。本原则与结构化方法的低耦合原则是一致的。

3. 设计模式

设计模式是前人经验的总结，它使人们可以方便地复用成功的软件设计。当人们在特定的环境下遇到特定类型的问题，采用他人已使用过的一些成功的解决方案，一方面可以降低分析、设计和实现的难度，另一方面可以使系统具有更好的可复用性和灵活性。设计模式包含模式名称、问题、目的、解决方案、效果、实例代码和相关设计模式等基本要素。

根据处理范围不同，设计模式可分为类模式和对象模式。类模式处理类和子类之间的关系，这些关系通过继承建立，在编译时刻就被确定下来，属于静态关系；对象模式处理对象之间的关系，这些关系在运行时刻变化，更具动态性。根据目的和用途不同，设计模式可分为创建型（Creational）模式、结构型（Structural）模式和行为型（Behavioral）模式三种：①创建型模式主要用于创建对象，包括工厂方法模式、抽象工厂模式、原型模式、单例模式和建造者模式等；②结构型模式主要用于处理类或对象的组合，包括适配器模式、桥接模式、组合模式、装饰模式、外观模式、享元模式和代理模式等；③行为型模式主要用于描述类或对象的交互以及职责的分配，包括职责链模式、命令模式、解释器模式、迭代器模式、中介者模式、备忘录模式、观察者模式、状态模式、策略模式、模板方法模式、访问者模式等。

5.1.4 软件实现

1. 软件配置管理

软件配置管理通过标识产品的组成元素、管理和控制变更、验证、记录和报告配置信息，来控制产品的演进和完整性。软件配置管理与软件质量保证活动密切相关，可以帮助达成软件质量保证目标。

软件配置管理活动包括软件配置管理计划、软件配置标识、软件配置控制、软件配置状态记录、软件配置审计、软件发布管理与交付等活动。

软件配置管理计划的制订需要了解组织结构环境和组织单元之间的联系，明确软件配置控制任务。软件配置标识活动识别要控制的配置项，并为这些配置项及其版本建立基线。软件配置控制关注的是管理软件生命周期中的变更。软件配置状态记录标识、收集、维护并报告配置管理的配置状态信息。软件配置审计是独立评价软件产品和过程是否遵从已有的规则、标准、指南、计划和流程而进行的活动。软件发布管理和交付通常需要创建特定的交付版本，完成此任务的关键是软件库。

2. 软件编码

目前，人和计算机通信仍需使用人工设计的语言，也就是程序设计语言。所谓编码就是把软件设计的结果翻译成计算机可以"理解和识别"的形式——用某种程序设计语言书写的程序。作为软件工程的一个步骤，编码是设计的自然结果，因此，程序的质量主要取决于软件设计的质量。但是，程序设计语言的特性和编码途径也会对程序的可靠性、可读性、可测试性和可维护性产生深远的影响。

（1）程序设计语言。编码的目的是实现人和计算机的通信，指挥计算机按人的意志正确工作。程序设计语言是人和计算机通信的最基本工具，程序设计语言的特性不可避免地会影响人的思维和解决问题的方式，会影响人和计算机通信的方式和质量，也会影响其他人阅读和理解程序的难易程度。因此，编码之前的一项重要工作就是选择一种恰当的程序设计语言。

（2）程序设计风格。在软件生存周期中，开发者经常要阅读程序。特别是在软件测试阶段和维护阶段，编写程序的人员与参与测试、维护的人员要阅读程序。因此，阅读程序是软件开发和维护过程中的一个重要组成部分，而且读程序的时间比写程序的时间还要多。20世纪70年代初，有人提出在编写程序时，应使程序具有良好的风格。程序设计风格包括4个方面：源程序文档化、数据说明、语句结构和输入/输出方法。应尽量从编码原则的角度提高程序的可读性，改善程序的质量。

（3）程序复杂性度量。经过详细设计后，每个模块的内容都已非常具体，因此可以使用软件设计的基本原理和概念仔细衡量它们的质量。但是，这种衡量毕竟只能是定性的，人们希望能进一步定量度量软件的性质。定量度量程序复杂程度的方法很有价值，把程序的复杂度乘以适当的常数即可估算出软件中故障的数量及软件开发时的工作量。定量度量的结构可以用于比较两个不同设计或两种不同算法的优劣；程序的定量的复杂程度可以作为模块规模的精确限度。

（4）编码效率。编码效率主要包括：①程序效率。程序的效率是指程序的执行速度及程序所需占用的内存空间。一般说来，任何对效率无重要改善，且对程序的简单性、可读性和正确性不利的程序设计方法都是不可取的。②算法效率。源程序的效率与详细设计阶段确定的算法的效率直接相关。在详细设计翻译转换成源程序代码后，算法效率反映为程序的执行速度和存储容量的要求。③存储效率。存储容量对软件设计和编码的制约很大。因此要选择可生成较短目标代码且存储压缩性能优良的编译程序，有时需要采用汇编程序，通过程序员富有创造性的努力，提高软件的时间与空间效率。提高存储效率的关键是程序的简单化。④I/O效率。输入/输出可分为两种类型：一种是面向人（操作员）的输入/输出；另一种是面向设备的输入/输出。如果操作员能够十分方便、简单地输入数据，或者能够十分直观、一目了然地了解输出信息，则可以说面向人的输入/输出是高效的。至于面向设备的输入/输出，主要考虑设备本身的性能特性。

3. 软件测试

软件测试是在将软件交付给客户之前所必须完成的重要步骤。目前，软件的正确性证明尚未得到根本的解决，软件测试仍是发现软件错误（缺陷）的主要手段。根据国家标准GB/T 15532《计算机软件测试规范》，软件测试的目的是验证软件是否满足软件开发合同或项目开发计划、系统/子系统设计文档、SRS、软件设计说明和软件产品说明等规定的软件质量要求。通过测试发现软件缺陷，为软件产品的质量测量和评价提供依据。

软件测试方法可分为静态测试和动态测试。①静态测试是指被测试程序不在机器上运行，而采用人工检测和计算机辅助静态分析的手段对程序进行检测。静态测试包括对文档的静态测试和对代码的静态测试。对文档的静态测试主要以检查单的形式进行，而对代码的静态测试一般采用桌前检查（Desk Checking）、代码走查和代码审查。经验表明，使用这种方法能够有效地发现30%～70%的逻辑设计和编码错误。②动态测试是指在计算机上实际运行程序进行软件测试，一般采用白盒测试和黑盒测试方法。白盒测试也称为结构测试，主要用于软件单元测试中。它的主要思想是，将程序看作是一个透明的白盒，测试人员完全清楚程序的结构和处理算法，按照程序内部逻辑结构设计测试用例，检测程序中的主要执行通路是否都能按预定要求正确工作。白盒测试方法主要有控制流测试、数据流测试和程序变异测试等。另外，使用静态测试的方法也可以实现白盒测试。例如，使用人工检查代码的方法来检查代码的逻辑问题，也属于白盒测试的范畴。白盒测试方法中，最常用的技术是逻辑覆盖，即使用测试数据运行被测程序，考查对程序逻辑的覆盖程度。主要的覆盖标准有语句覆盖、判定覆盖、条件覆盖、条件/判定覆盖、条件组合覆盖、修正的条件/判定覆盖和路径覆盖等。黑盒测试也称为功能测试，主要用于集成测试、确认测试和系统测试中。黑盒测试将程序看作是一个不透明的黑盒，完全不考虑（或不了解）程序的内部结构和处理算法，而只检查程序功能是否能按照SRS的要求正常使用，程序是否能适当地接收输入数据并产生正确的输出信息，程序运行过程中能否保持外部信息（例如，文件和数据库等）的完整性等。黑盒测试根据SRS所规定的功能来设计测试用例，一般包括等价类划分、边界值分析、判定表、因果图、状态图、随机测试、猜错法和正交试验法等。

5.1.5 部署交付

软件开发完成后,必须部署在最终用户的正式运行环境,交付给最终用户使用,才能为用户创造价值。传统的软件工程不包括软件部署与交付,但不断增长的软件复杂度和部署所面临的风险,迫使人们开始关注软件部署。软件部署是一个复杂过程,包括从开发商发放产品,到应用者在他们的计算机上实际安装并维护应用的所有活动。这些活动包括软件打包、安装、配置、测试、集成和更新等。同时,需求和市场的不断变化导致软件的部署和交付不再是一个一劳永逸的过程,而是一个持续不断的过程,伴随在整个软件的开发过程中。

1. 软件部署与交付

软件部署与交付是软件生命周期中的一个重要环节,属于软件开发的后期活动,即通过配置、安装和激活等活动来保障软件制品的后续运行。部署技术影响着整个软件过程的运行效率和成本投入,软件系统部署的管理代价占到整个软件管理开销的大部分。其中软件配置过程极大地影响着软件部署结果的正确性,应用系统的配置是整个部署过程中的主要错误来源。据 Standish Group 的统计,软件的缺陷所造成的损失,相当大的部分是由于部署与交付失败所引起的,可见软件部署与交付工作的重要意义。

目前,部署与交付常存在:分支冗余导致合并困难;缺陷过多导致阻塞测试;开发环境、测试环境、部署环境不统一导致的未知错误;代码提交版本混乱无法回溯;等待上线周期过长;项目部署操作复杂经常失败;上线之后出现问题需要紧急回滚;架构设计不合理导致发生错误之后无法准确定位等困境。

2. 持续交付

为解决部署与交付常存在的问题,持续交付应运而生,持续交付是一系列开发实践方法,用来确保让代码能够快速、安全地部署到生产环境中。持续交付是一个完全自动化的过程,当业务开发完成的时候,可以做到一键部署。持续交付提供了一套更为完善的解决传统软件开发流程的方案,主要体现在:

- 在需求阶段,抛弃了传统的需求文档的方式,使用便于开发人员理解的用户故事;
- 在开发测试阶段,做到持续集成,让测试人员尽早进入项目开始测试;
- 在运维阶段,打通开发和运维之间的通路,保持开发环境和运维环境的统一。

持续交付具备的优势主要包括:

- 持续交付能够有效缩短提交代码到正式部署上线的时间,降低部署风险;
- 持续交付能够自动、快速地提供反馈,及时发现和修复缺陷;
- 持续交付让软件在整个生命周期内都处于可部署的状态;
- 持续交付能够简化部署步骤,使软件版本更加清晰;
- 持续交付能够让交付过程成为一种可靠的、可预期的、可视化的过程。

在评价互联网公司的软件交付能力的时候,通常会使用两个指标:

- 仅涉及一行代码的改动需要花费多少时间才能部署上线,这也是核心指标;
- 开发团队是否在以一种可重复、可靠的方式执行软件交付。

目前，国内外的主流互联网组织的部署周期都以分钟为单位，互联网巨头组织单日的部署频率都在 8000 次以上，部分组织达 20000 次以上。高频率的部署代表着能够更快更好地响应客户需求。

3. 持续部署

对于持续交付整体来说，持续部署非常重要。

1）持续部署方案

容器技术目前是部署中最流行的技术，常用的持续部署方案有 Kubernetes+Docker 和 Matrix 系统两种。容器技术一经推出就被广泛地接受和应用，主要原因是对比传统的虚拟机技术优点主要有：

- 容器技术上手简单，轻量级架构，体积很小；
- 容器技术的集合性更好，能更容易对环境和软件进行打包复制和发布；
- 容器技术的引入为软件的部署带来了前所未有的改进，不但解决了复制和部署麻烦的问题，还能更精准地将环境中的各种依赖进行完整的打包。

2）部署原则

在持续部署管理的时候，需要遵循一定的原则，主要包括：

- 部署包全部来自统一的存储库；
- 所有的环境使用相同的部署方式；
- 所有的环境使用相同的部署脚本；
- 部署流程编排阶梯式晋级，即在部署过程中需要设置多个检查点，一旦发生问题可以有序地进行回滚操作；
- 整体部署由运维人员执行；
- 仅通过流水线改变生产环境，防止配置漂移；
- 不可变服务器；
- 部署方式采用蓝绿部署或金丝雀部署。

3）部署层次

部署层次的设置对于部署管理来说也是非常重要的。首先要明确部署的目的并不是部署一个可工作的软件，而是部署一套可正常运行的环境。完整的镜像部署包括三个环节：Build—Ship—Run。

- Build：跟传统的编译类似，将软件编译形成 RPM 包或者 Jar 包；
- Ship：则是将所需的第三方依赖和第三方插件安装到环境中；
- Run：就是在不同的地方启动整套环境。

制作完成部署包之后，每次需要变更软件或者第三方依赖以及插件升级的时候，不需要重新打包，直接更新部署包即可。

4）不可变服务器

不可变服务器是一种部署模式，是指除了更新和安装补丁程序以外，不对服务器进行任何更改。不可变服务器是技术逐步演化的结果。在早期阶段，软件的部署是在物理机上进行的，每一台服务器的网络、存储、软件环境都是不同的，物理机的不稳定让环境重构变得异常困难。后来逐渐发展为虚拟机部署，在虚拟机上借助流程化的部署能较好地构建软件环境，但是第三方依赖库的重构不稳定为整体部署带来了困难。现阶段使用容器部署不但继承和优化了虚拟机部署的优点，而且很好地解决了第三方依赖库的重构问题，容器部署就像一个集装箱，直接把所有需要的内容全部打包并进行复制和部署。

5）蓝绿部署和金丝雀部署

在部署原则中提到两大部署方式为蓝绿部署和金丝雀部署。蓝绿部署是指在部署的时候准备新旧两个部署版本，通过域名解析切换的方式将用户使用环境切换到新版本中，当出现问题的时候，可以快速地将用户环境切回旧版本，并对新版本进行修复和调整。金丝雀部署是指当有新版本发布的时候，先让少量用户使用新版本，并且观察新版本是否存在问题。如果出现问题，就及时处理并重新发布；如果一切正常，就稳步地将新版本适配给所有的用户。

4. 部署与交付的新趋势

持续集成、持续交付和持续部署的出现及流行反映了新的软件开发模式与发展趋势，主要表现为：

- 工作职责和人员分工的转变：软件开发人员运用自动化开发工具进行持续集成，进一步将交付和部署扩展，而原来的手工运维工作也逐渐被分派到了开发人员的手里。运维人员的工作也从重复枯燥的手工作业转化为开发自动化的部署脚本，并逐步并入开发人员的行列中。
- 大数据和云计算基础设施的普及与进步给部署带来新的飞跃：云计算的出现使得计算机本身也可以进行自动化创建和回收，这种环境管理的范畴将得到进一步扩充。部署和运维工作也会脱离具体的机器和机房，可以在远端进行，部署能力和灵活性出现了质的飞跃。
- 研发运维的融合：减轻运维的压力，把运维和研发融合在一起。

5.1.6 过程管理

软件过程能力是组织基于软件过程、技术、资源和人员能力达成业务目标的综合能力。包括治理能力、开发与交付能力、管理与支持能力、组织管理能力等方面。软件过程能力成熟度是指组织在提升软件产品开发能力或软件服务能力过程中，各个发展阶段的软件能力成熟度。常见的软件过程管理方法和实践包括国际常用的能力成熟度模型集成（Capability Maturity Model Integration，CMMI，详见本书 20.5.1 节）和中国电子工业标准化技术协会发布的 T/CESA 1159《软件过程能力成熟度模型》（Software Process Capability Maturity Model）团体标准，简称 CSMM。

1. 成熟度模型

CSMM 定义的软件过程能力成熟度模型旨在通过提升组织的软件开发能力帮助顾客提升软件的业务价值。该模型借鉴吸收了软件工程、项目管理、产品管理、组织治理、质量管理、卓越绩效管理、精益软件开发等领域的优秀实践，为组织提供改进和评估软件过程能力的一个成熟度模型，其层次结构如图 5-1 所示。

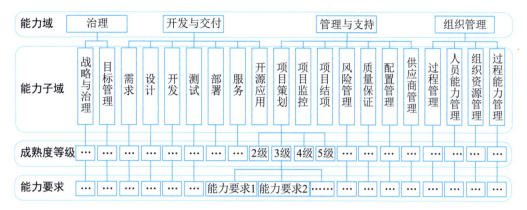

图 5-1 软件过程能力成熟度层次结构

CSMM 模型由 4 个能力域、20 个能力子域、161 个能力要求组成：
- 治理：包括战略与治理、目标管理能力子域，用于确定组织的战略、产品的方向、组织的业务目标，并确保目标的实现。
- 开发与交付：包括需求、设计、开发、测试、部署、服务、开源应用能力子域，这些能力子域确保通过软件工程过程交付满足需求的软件，为顾客与利益干系人增加价值。
- 管理与支持：包括项目策划、项目监控、项目结项、质量保证、风险管理、配置管理、供应商管理能力子域，这些能力子域覆盖了软件开发项目的全过程，以确保软件项目能够按照既定的成本、进度和质量交付，能够满足顾客与利益干系人的要求。
- 组织管理：包括过程管理、人员能力管理、组织资源管理、过程能力管理能力子域，对软件组织能力进行综合管理。

2. 成熟度等级

按照软件过程能力的成熟度水平由低到高演进发展的形势，CSMM 定义了 5 个等级，高等级是在低等级充分实施的基础之上进行。成熟度等级的总体特征如表 5-6 所示。

表 5-6 成熟度等级的总体特征

等级	结果特征	行为特征
1级：初始级	软件过程和结果具有不确定性	- 能实现初步的软件交付和项目管理活动 - 项目没有完整的管理规范，依赖于个人的主动性和能力
2级：项目规范级	项目基本可按计划实现预期的结果	- 项目依据选择和定义管理规范，执行软件开发和管理的基础过程 - 组织按照一定的规范，为项目活动提供了支持保障工作
3级：组织改进级	在组织范围内能够稳定地实现预期的项目目标	- 在2级充分实施的基础之上进行持续改进 - 依据组织的业务目标、管理要求以及外部监管需求，建立并持续改进组织标准过程和过程资产 - 项目根据自身特征，依组织标准过程和过程资产，实现项目目标，并贡献过程资产

(续表)

等级	结果特征	行为特征
4级：量化提升级	在组织范围内能够量化地管理和实现预期的组织和项目目标	• 在3级充分实施的基础上使用统计分析技术进行管理 • 组织层面认识到能力改进的重要性，了解软件能力在业务目标实现、绩效提升等方面的重要作用，在制定业务战略时可获得项目数据的支持 • 组织和项目使用统计分析技术建立了量化的质量与过程绩效目标，支持组织业务目标的实现 • 建立了过程绩效基线与过程绩效模型 • 采用有效的数据分析技术，分析关键软件过程的能力，预测结果，识别和解决目标实现的问题以达成目标 • 应用先进实践，提升软件过程效率或质量
5级：创新引领级	通过技术和管理的创新，实现组织业务目标的持续提升，引领行业发展	• 在4级充分实施的基础上进行优化革新 • 通过软件过程的创新提升组织竞争力 • 能够使用创新的手段实现软件过程能力的持续提升，支持组织业务目标的达成 • 能将组织自身软件能力建设的经验作为行业最佳案例进行推广

能力域的等级要求如表 5-7 所示。

表 5-7　能力域与成熟度等级的对应关系

		战略与治理	目标管理	需求	设计	开发	测试	部署	服务	开源应用	项目策划	项目监控	项目结项	风险管理	质量保证	配置管理	供应商管理	过程管理	人员能力管理	组织资源管理	过程能力管理
成熟度等级	5	5																	5		5
	4	4	4				4	4	4	4								4	4	4	4
	3	3	3	3	3	3	3	3	3	3	3	3	3	3	3	3	3	3	3	3	3
	2	2	2	2	2	2	2	2	2	2	2	2	2	2	2	2	2	2	2	2	2
	1	1	1	1	1	1	1	1	1	1	1	1	1	1	1	1	1	1	1	1	1
分类		治理		开发与交付							管理与支持								组织管理		

5.2 数据工程

数据工程是信息系统的基础工程。围绕数据的生命周期，规范数据从产生到应用的全过程，目标是为信息系统的运行提供可靠的数据保障和服务，为信息系统之间的数据共享提供安全、高效的支撑环境，为信息系统实现互连、互通、互操作提供有力的数据支撑。它是实现这些目标的一系列技术、方法和工程建设活动的总称。数据工程的主要研究内容包括数据建模、数据标准化、数据运维、数据开发利用和数据安全等理论和技术。

5.2.1 数据建模

数据建模是对现实世界中具体的人、物、活动和概念进行抽象、表示和处理,变成计算机可处理的数据,也就是把现实世界中的数据从现实世界抽象到信息世界和计算机世界。数据建模主要研究如何运用关系数据库设计理论,利用数据建模工具,建立既能正确反映客观世界,又便于计算机处理的数据模型。

1. 数据模型

根据模型应用目的的不同,可以将数据模型划分为三类:概念模型、逻辑模型和物理模型。

1)概念模型

概念模型也称信息模型,它是按用户的观点来对数据和信息建模,也就是说,把现实世界中的客观对象抽象为某一种信息结构,这种信息结构不依赖于具体的计算机系统,也不对应某个具体的 DBMS,它是概念级别的模型。概念模型的基本元素如表 5-8 所示。

表 5-8 概念模型基本元素说明

基本元素	说明
实体	客观存在的并可以相互区分的事物称为实例,而同一类型实例的抽象称为实体,如学生实体(学号、系名、住处、课程、成绩)、教师实体(工作证号、姓名、系名、教研室、职称)。实体是同一类型实例的共同抽象,不再与某个具体的实例对应。相比较而言,实例是具体的,而实体则是抽象的
属性	实体的特性称之为属性。学生实体的属性包括学号、系名、住处、课程、成绩等,教师实体的属性包括工作证号、姓名、系名、教研室、职称等
域	属性的取值范围称为该属性的域。例如,性别的域是集合 {"男","女"}。域的元素必须是相同的数据类型
键	能唯一标识每个实例的一个属性或几个属性的组合称为键。一个实例集中有很多个实例,需要有一个标识能够唯一地识别每一个实例,这个标识就是键
关联	在现实世界中,客观事物之间是相互关系的,这种相互关系在数据模型中表现为关联。实体之间的关联包括一对一、一对多和多对多三种

通常对概念模型要求有:

- 概念模型是对现实世界的抽象和概括,它应该真实、充分地反映现实世界中事物和事物之间的联系,有丰富的语义表达能力,能表达用户的各种需求;
- 概念模型应简洁、明晰、独立于机器、容易理解,方便数据库设计人员与用户交换意见,使用户能够积极参与数据库的设计工作;
- 概念模型应易于变动。当应用环境和应用要求改变时,容易修改和补充概念模型;
- 概念模型应容易向关系、层次或网状等各种数据模型转换,易于从概念模型导出与 DBMS 相关的逻辑模型。

2）逻辑模型

逻辑模型是在概念模型的基础上确定模型的数据结构，目前主要的逻辑模型有层次模型、网状模型、关系模型、面向对象模型和对象关系模型。其中，关系模型成为目前最重要的一种逻辑模型。

关系模型的基本元素包括关系、关系的属性、视图等。关系模型是在概念模型的基础上构建的，因此关系模型的基本元素与概念模型中的基本元素存在一定的对应关系，见表5-9。

表5-9 关系模型与概念模型的对应关系

概念模型	关系模型	说明
实体	关系	概念模型中的实体转换为关系模型的关系
属性	属性	概念模型中的属性转换为关系模型的属性
联系	关系.外键	概念模型中的联系有可能转换为关系模型的新关系，被参照关系的主键转化为参照关系的外键
	视图	关系模型中的视图在概念模型中没有元素与之对应，它是按照查询条件从现有关系或视图中抽取若干属性组合而成

关系数据模型的数据操作主要包括查询、插入、删除和更新数据，这些操作必须满足关系的完整性约束条件。关系的完整性约束包括三大类型：实体完整性、参照完整性和用户定义的完整性。其中，实体完整性、参照完整性是关系模型必须满足的完整性约束条件，用户定义的完整性是应用领域需要遵照的约束条件，体现了具体领域中的语义约束。

3）物理模型

物理数据模型是在逻辑数据模型的基础上，考虑各种具体的技术实现因素，进行数据库体系结构设计，真正实现数据在数据库中的存放。物理数据模型的内容包括确定所有的表和列，定义外键用于确定表之间的关系，基于性能的需求可能进行反规范化处理等内容。在物理实现上的考虑，可能会导致物理数据模型和逻辑数据模型有较大的不同。物理数据模型的目标是如何用数据库模式来实现逻辑数据模型，以及真正地保存数据。物理模型的基本元素包括表、字段、视图、索引、存储过程、触发器等，其中表、字段和视图等元素与逻辑模型中基本元素有一定的对应关系。

2. 数据建模过程

通常来说，数据建模过程包括数据需求分析、概念模型设计、逻辑模型设计和物理模型设计等过程。

（1）数据需求分析。简单地说，数据需求分析就是分析用户对数据的需要和要求。数据需求分析是数据建模的起点，数据需求掌握的准确程度将直接影响后续阶段数据模型的质量。数据需求分析通常不是单独进行的，而是融合在整个系统需求分析的过程之中。开展需求分析时，首先要调查清楚用户的实际要求，与用户充分沟通，形成共识，然后再分析和表达这些要求与共识,最后将需求表达的结果反馈给用户,并得到用户的确认。数据需求分析采用数据流图作为工具,描述系统中数据的流动和变化,强调数据流和处理过程。

(2)概念模型设计。经过需求分析阶段的充分调查,得到了用户数据开发利用需求,但是这些应用需求还是现实世界的具体需求,应该首先把它们抽象为信息世界的结构,下一步才能更好地、更准确地用某个 DBMS 来实现用户的这些需求。将需求分析得到结果抽象为概念模型的过程就是概念模型设计,其任务是确定实体和数据及其关联。

(3)逻辑模型设计。概念模型独立于机器,更抽象,从而更加稳定,但是为了能够在具体的 DBMS 上实现用户的需求,还必须在概念模型的基础上进行逻辑模型的设计。由于现在的 DBMS 普遍都采用关系模型结构,因此逻辑模型设计主要指关系模型结构的设计。关系模型由一组关系模式组成,一个关系模式就是一张二维表,逻辑模型设计的任务就是将概念模型中实体、属性和关联转换为关系模型结构中的关系模式。

(4)物理模型设计。经过概念模型设计和逻辑模型设计,数据模型设计的核心工作基本完成,如果要将数据模型转换为真正的数据库结构,还需要针对具体的 DBMS 进行物理模型设计,使数据模型走向数据存储应用环节。物理模型考虑的主要问题包括命名、确定字段类型和编写必要的存储过程与触发器等。

5.2.2 数据标准化

数据标准化是实现数据共享的基础。数据标准化主要为复杂的信息表达、分类和定位建立相应的原则和规范,使其简单化、结构化和标准化,从而实现信息的可理解、可比较和可共享,为信息在异构系统之间实现语义互操作提供基础支撑。数据标准化的主要内容包括元数据标准化、数据元标准化、数据模式标准化、数据分类与编码标准化和数据标准化管理。

1. 元数据标准化

元数据最简单的定义是:元数据是关于数据的数据(Data About Data)。在信息界,元数据被定义为提供关于信息资源或数据的一种结构化数据,是对信息资源的结构化描述。其实质是用于描述信息资源或数据的内容、覆盖范围、质量、管理方式、数据的所有者、数据的提供方式等有关的信息。

1)信息对象

元数据描述的对象可以是单一的全文、目录、图像、数值型数据以及多媒体(声音、动态图像)等,也可以是多个单一资源组成的资源集合,或是这些资源的生产、加工、使用、管理、技术处理、保存等过程及其过程中产生的参数的描述。

2)元数据体系

根据信息对象从产生到服务的生命周期、元数据描述和管理内容的不同以及元数据作用的不同,元数据可以分为多种类型。从最基本的资源内容描述元数据开始,指导描述元数据的元元数据,形成了一个层次分明、结构开放的元数据体系,如图 5-2 所示。

信息内容	内容元数据
	标记数字对象内容及结构的元数据

内容对象	专门元数据
	描述单一数字对象的内容、属性及外在特征的元数据

内容对象集合	资源集合元数据
	按照科学、主题、资源类型、用户范围、生成过程，使用管理范围形成的信息资源集合的描述

对象的管理与保存	管理元数据
	数字对象加工、存档、结构、技术处理、存取、控制、版权管理以及相关系统等方面的信息描述

对象的服务服务过程服务系统	服务元数据
	数字资源服务的揭示与表现、服务过程、服务系统等方面的相关信息的描述

元数据的管理	元元数据
	对元数据的标记语言、格式语言、标识符、扩展机制、转换机制等的描述

图 5-2　元数据体系与元数据类型

2. 数据元标准化

随着国际电子商务和贸易的快速发展，需要一个互连、互通、互操作的开放系统互连环境（Open Systems Interconnection Environment，OSIE）。OSIE 四个基本要素（硬件、软件、通信和数据）中的三个要素（硬件、软件和通信），已经或正在制定相应的标准。为了使数据在各种不同的应用环境中易于交换和共享，国际标准化组织（International Organization for Standardization，ISO）提出了数据元标准的概念，要求按共同约定的规则进行统一组织、分类和标识数据，规范统一数据的含义、表示方法和取值范围等，保证数据从产生的源头就具备一致性。

1）数据元

数据元是数据库、文件和数据交换的基本数据单元。数据库或文件由记录或元组等组成，而记录或元组则由数据元组成。数据元是在数据库或文件之间进行数据交换时的基本组成。数据元通过一组属性描述其定义、标识、表示和允许值的数据单元。在特定的语义环境中被认为是不可再分的最小数据单元。数据元一般来说由三部分组成：①对象。对象类是可以对其界限和含义进行明确的标识，且特性和行为遵循相同规则的观念、抽象概念或现实世界中事物的集合。它是人们希望采集和存储数据的事物。对象类在面向对象的模型中与类相对应，在实体-关系模型中与实体对应，如学员、教员、军事院校等。②特性。特性是指一个对象类的所有成员所共有的特征。它用来区别和描述对象，构成对象类的内涵。特性对应于面向对象模型或实体-关系模型中的属性，如身高、体重、血压、脉搏、血型等。③表示。表示可包括值域、数据类型、表示类(可选的)和计量单位四部分,其中任何一部分发生变化都成为不同的表示。值域是数据元允许值的集合,例如"学生总数"这一数据元的值域是用非负整数集作为它的允许值集合。数据类型是表达数据元不同可选值的集合。以这些值的特性和运算为特征,例如学生姓名的数据类型是"字符"。表示类是表示类型的分类,它是可选的,例如"性别代码"这一值域的表示类是"类别"。计量单位是用于计量相关值的实际单位,例如学生身高的计量单位是"厘米"。

2)数据元提取

数据元提取是数据元标准化的一项重要内容,为了确保数据元具有科学性和互操作性,需要采用合理的数据元提取方法。目前常用的数据元提取方法有两种:自上而下(Top-Down)提取法和自下而上(Down-Top)提取法。对于新建系统的数据元提取,一般适用"自上而下"的提取法。基本步骤是在流程和功能分析的基础上,通过建模分析,确立关心的"对象"。在概念数据模型和逻辑数据模型的基础上,分析提取数据元及其属性。自下而上提取法也称逆向工程,对于已建系统的数据元提取,一般适用这种自下而上提取法。在这种情况下,数据元直接来自各个信息系统。数据元创建者依据数据元标准化方法,对信息系统及相关资源的数据,在分析、梳理的基础上,归纳整理出数据元;根据数据元的实际应用,阐明并写出相关数据元在采集、存储和交换过程中各个属性以及属性的约束要求;描述和定义各个属性所需要的属性描述符及其约束要求;根据给定的命名表示规范形成数据元。

3)数据元标准

一般来说,制定一个数据元标准,应遵循若干个基本过程,如表 5-10 所示。

表 5-10 数据元制定的基本过程

步骤	说明
描述	用于描述数据的内容、覆盖范围、质量、管理方式、数据的所有者、数据的提供方式等信息,是数据与用户之间的桥梁
界定业务范围	通过对业务范围的明确界定,确定所要研究的数据元的范围
开展业务流程分析与信息建模	数据虽然是任何业务的核心所在,但并不能脱离业务流程而单独存在,它总是服务于业务流程,因此通过对业务流程的透彻分析,并建立清晰的数据模型,可以理清整个业务流程中涉及的所有数据元
借助于信息模型,提取数据元,并按照一定的规则规范其属性	GB/T 18391《信息技术数据元的规范与标准化》清晰地给出了如何对数据元进行描述的方法,以及如何赋予数据元属性的值。比如如何描写数据元的定义,如何对数据元进行命名,如何区分数据元的数据类型等
对于代码型的数据元,编制其值域,即代码表	代码表的编写可以按照 GB/T 7026《标准化工作导则信息分类编码标准的编写规定》进行
与现有的国家标准或行业标准进行协调	这一步是非常重要的工作,编制数据元标准首先要与相应的国家标准保持一致。首先,如果能直接使用现有的国家标准,则可直接使用,或在国家标准的基础上进行扩展;其次要与相关的行业标准保持一致;然后还必须考虑与本行业或领域内已有标准保持最大兼容性,因此要全面考虑协调性和配套性

(续表)

步骤	说明
发布实施数据元标准并建立相应的动态维护管理机制	数据元的标准化工作是一项长期持续的工作，任何行业或领域的数据元标准化工作都不可能在短时间内全部完成，它不仅需要各级业务部门的长期工作和共同努力，还需要根据业务需求的不断变化对其进行修改、补充和完善。因此，需要一种动态维护管理的机制来保障数据元标准化的持续进行。通过建立数据元注册系统，对数据元进行动态维护管理，一方面可以方便用户定位、查找和交换数据元规范，另一方面可以有效保证数据元标准的时效性

3. 数据模式标准化

数据模式是数据的概念、组成、结构和相互关系的总称。本质上，数据模式反映的是人类对客观世界的主观认知，而不同的人群对相同的客观世界的主观认知会有所不同，这就造成了在相同领域有不同的数据模式存在。在数据共享过程中，这种差异对人们进行信息的共享与交换形成了障碍。为了保证能够顺畅进行信息的共享，对特定领域而言，需要一个统一的数据模式作为数据共享与交换的基础。同时也保证该领域的相关人员对统一的数据模型有准确的、无歧义的理解。

但在物理和技术层面，各类数据资源的数据格式、存储方式等各不相同，因此需要采用跨越物理和技术层面的方法来进行描述，也就是从数据的逻辑层面对数据集的内容、组成及其结构信息，进行合理的、规范的、本质上的说明和描述。通过数据集模式的标准化，一方面对数据的内容、组成、结构以及各部分的相互关系进行统一规范，相关领域、部门或者数据集制作者都可以根据数据模式制作出标准化的数据；另一方面，数据集按照数据库理论对数据进行了规范化处理，有利于减少数据冗余。

在建立各数据集的数据模式的过程中，需要对客观世界的实体进行分析和抽象，利用图形、文字等方法定义各种实体和相互关系。为对数据模式形成一致的理解，必须有规范的方法来客观、无歧义地描述数据集的内容、组成及其结构。数据模式的描述方式主要有图描述方法和数据字典方法。图描述方法常用的有 IDEFIX 方法和 UML 图，主要用来描述数据集中的实体和实体之间的相互关系；数据字典形式用来描述模型中的数据集、单个实体、属性的摘要信息。

4. 数据分类与编码标准化

数据分类是根据内容的属性或特征，将数据按一定的原则和方法进行区分和归类，并建立起一定的分类体系和排列顺序。数据分类有分类对象和分类依据两个要素。分类对象由若干个被分类的实体组成；分类依据取决于分类对象的属性或特征。任何一种信息都有多种多样的属性特征，这些属性特征有本质和非本质属性特征之别。分类应以相对最稳定的本质属性为依据，但是对具有交叉、双重或多重本质属性特征的信息进行分类，除了需要符合科学性、系统性等原则外，还应符合交叉性、双重或多重性的原则。

数据编码是将事物或概念（编码对象）赋予具有一定规律和易于计算机、人识别处理的符号，形成代码元素集合。代码元素集合中的代码元素就是赋予编码对象的符号，即编码对象的代码值。所有类型的数据都能够进行编码，如关于产品、人、国家、货币、程序、文件、部件等各种各样的信息。

所谓数据分类与编码标准化就是把数据分类与编码工作纳入标准化工作的领域，按标准化的要求和工作程序，将各种数据按照科学的原则进行分类以编码，经有关方面协商一致，由主管机构批准、注册，以标准的形式发布，作为共同遵守的准则和依据，并在其相应的级别范围内宣贯和推行。

数据分类与编码标准化是简化信息交换、实现信息处理和信息资源共享的重要前提，是建立各种信息管理系统的重要技术基础和信息保障依据。通过分类与编码标准化，可以最大限度地消除对信息命名、描述、分类和编码的不一致造成的混乱、误解等现象，可以减少信息的重复采集、加工、存储等操作，使事物的名称和代码的含义统一化、规范化，确立代码与事物或概念之间的一一对应关系，以保证数据的准确性和相容性，为信息集成与资源共享提供良好的基础。数据分类与编码的作用主要包括用于信息系统的共享和互操作，统一数据的表示法和提高信息处理效率。

5. 数据标准化管理

在数据标准化活动中，首先要依据信息需求，并参照现行数据标准、信息系统的运行环境以及法规、政策和指导原则，在数据管理机构、专家组和开发者共同参与下，运用数据管理工具，得到注册的数据元素、物理模式和扩充的数据模型。数据标准化阶段的具体过程包括确定数据需求、制定数据标准、批准数据标准和实施数据标准四个阶段。

（1）确定数据需求。本阶段将产生数据需求及相关的元数据、域值等文件。在确定数据需求时应考虑现行的法规、政策，以及现行的数据标准。

（2）制定数据标准。本阶段要处理"确定数据需求"阶段提出的数据需求。如果现有的数据标准不能满足该数据需求，可以建议制定新的数据标准，也可建议修改或者封存已有数据标准。推荐的、新的或修改的数据标准记录于数据字典中。这个阶段将产生供审查和批准的成套建议。

（3）批准数据标准。本阶段的数据管理机构对提交的数据标准建议、现行数据标准的修改或封存建议进行审查。一经批准，该数据标准将扩充或修改数据模型。

（4）实施数据标准。本阶段涉及在各信息系统中实施和改进已批准的数据标准。

5.2.3 数据运维

数据开发利用的前提是通过合适的方式将数据保存到存储介质上，并能保证有效的访问，还要通过数据备份和容灾手段，保证数据的高可用性。数据质量管理是在数据产品的生产过程中，确定质量方针、目标和职责，并通过质量策划、质量控制、质量保证和质量改进，来实现所有管理职能的全部活动。

1. 数据存储

所谓数据存储就是根据不同的应用环境，通过采取合理、安全、有效的方式将数据保存到物理介质上，并能保证对数据实施有效的访问。这里面包含两个方面：①数据临时或长期驻留的物理媒介；②保证数据完整安全存放和访问而采取的方式或行为。数据存储就是把这两个方面结合起来,提供完整的解决方案。

(1) 数据存储介质。数据存储首先要解决的是存储介质的问题。存储介质是数据存储的载体,是数据存储的基础。存储介质并不是越贵越好、越先进越好,要根据不同的应用环境,合理选择存储介质。存储介质的类型主要有磁带、光盘和磁盘三种。

(2) 存储管理。存储管理在存储系统中的地位越来越重要,例如如何提高存储系统的访问性能,如何满足数据量不断增长的需要,如何有效的保护数据、提高数据的可用性,如何满足存储空间的共享等。存储管理的具体内容如表 5-11 所示。

表 5-11 存储管理的主要内容

管理	主要内容
资源调度管理	资源调度管理的功能主要是添加或删除存储节点,编辑存储节点的信息,设定某类型存储资源属于某个节点,或者设定这些资源比较均衡地存储到节点上。它包含存储控制、拓扑配置以及各种网络设备如集线器、交换机、路由器和网桥等的故障隔离
存储资源管理	存储资源管理是一类应用程序,它们管理和监控物理和逻辑层次上的存储资源,从而简化资源管理,提高数据的可用性。被管理的资源包括存储硬件如 RAID、磁带以及光盘库。存储资源管理不仅包括监控存储系统的状况、可用性、性能以及配置情况,还包括容量和配置管理以及事件报警等,从而提供优化策略
负载均衡管理	负载均衡是为了避免存储资源由于资源类型、服务器访问频率和时间不均衡造成浪费或形成系统瓶颈而平衡负载的技术
安全管理	存储系统的安全主要是防止恶意用户攻击系统或窃取数据。系统攻击大致分为两类:一类以扰乱服务器正常工作为目的,如拒绝服务攻击 DoS 等;另一类以入侵或破坏服务器为目的,如窃取数据、修改网页等

2. 数据备份

数据备份是为了防止由于用户操作失误、系统故障等意外原因导致的数据丢失,而将整个应用系统的数据或一部分关键数据复制到其他存储介质上的过程。这样做的目的是保证当应用系统的数据不可用时,可以利用备份的数据进行恢复,尽量减少损失。

当前最常见的数据备份结构可以分为四种:DAS 备份结构、基于 LAN 的备份结构、LAN-FREE 备份结构和 SERVER-FREE 备份结构。常见的备份策略主要有三种:完全备份、差分备份和增量备份。

在数据备份系统中,备份服务器、RAID 和磁带机等设备提供了硬件基础,具体备份策略的制定、备份介质的管理以及一些扩展功能的实现都需要软件来完成。备份软件主要分为两大类:一是操作系统自带的软件,如麒麟操作系统的"备份"工具,这类软件实现的功能都很简单;二是专业备份软件,其能够实现比较全面的功能。

3. 数据容灾

一切引起系统非正常停机的事件都可以称为灾难,包括不可预料、不可抗拒的自然灾害,系统软硬件故障、人为误操作和恶意攻击等。根据容灾系统保护对象的不同,容灾系统分为应用容灾和数据容灾两类。应用容灾用于克服灾难对系统的影响,保证应用服务的完整、可靠和安全等一系列要求，使得用户在任何情况下都能得到正常的服务；数据容灾则关注于保证用户数据的高可用性，在灾难发生时能够保证应用系统中的数据尽量少丢失或不丢失，使得应用系统能不间断地运行或尽快地恢复正常运行。

在一般情况下，数据容灾是应用容灾的一个子集，也是应用容灾最根本的基础，因为"得数据者得天下"，数据是应用系统的基础。容灾是一个工程，而不仅仅是技术，有其完整的流程、规范及其具体措施。

数据备份是数据容灾的基础。数据备份是数据高可用的最后一道防线，其目的是为了在系统数据崩溃时能够快速恢复数据。虽然它也算一种容灾方案，但这种容灾能力非常有限，因为传统的数据备份主要是采用磁带进行冷备份，备份磁带一般存放在机房中进行统一管理，一旦整个机房出现了灾难，如火灾、盗窃和地震等灾难时，这些备份磁带也随之毁灭，起不到任何容灾作用。

容灾不是简单备份。真正的数据容灾就是要避免传统冷备份所具有先天不足，它在灾难发生时能全面、及时地恢复整个系统。容灾按其灾难恢复能力的高低可分为多个等级，例如国际标准 SHARE 78 定义的容灾系统有七个等级：从最简单的仅在本地进行磁带备份，到将备份的磁带存储在异地，再到建立应用系统实时切换的异地备份系统。恢复时间也可以从几天到小时级到分钟级、秒级或零数据丢失等。从技术上看，衡量容灾系统有两个主要指标：RPO（Recovery Point Object）和 RTO（Recovery Time Object），其中 RPO 代表了当灾难发生时允许丢失的数据量；而 RTO 则代表了系统恢复的时间。

4. 数据质量评价与控制

在不同时期，数据质量有不同的概念和标准。目前普遍认为，数据质量高低必须从用户使用的角度来看，即使准确性相当高的数据，如果时效性差或者不为用户所关心，仍达不到质量管理标准。数据质量是一个广义的概念，是数据产品满足指标、状态和要求能力的特征总和。

1）数据质量描述

数据质量可以通过数据质量元素来描述，数据质量元素分为数据质量定量元素和数据质量非定量元素。

2）数据质量评价过程

数据质量评价过程是产生和报告数据质量结果的一系列步骤，图 5-3 描述了数据质量评价过程。

3）数据质量评价方法

数据质量评价程序是通过应用一个或多个数据质量评价方法来完成的。数据质量评价方法分为直接评价法和间接评价法：

- 直接评价法：通过将数据与内部或外部的参照信息，如理论值等进行对比，确定数据质量。
- 间接评价法：利用数据相关信息，如数据只对数据源、采集方法等的描述推断或评估数据质量。

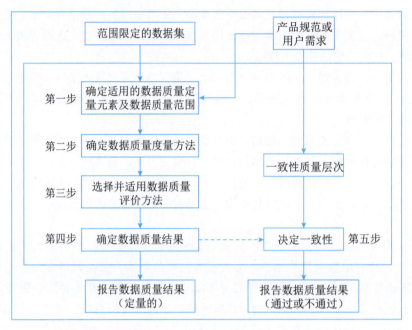

图 5-3 数据质量评价过程

4）数据质量控制

数据产品的质量控制分成前期控制和后期控制两个大部分。前期控制包括数据录入前的质量控制、数据录入过程中的实时质量控制；后期控制为数据录入完成后的后处理质量控制与评价。依据建库流程可分为：

- 前期控制：是在提交成果（即数据入库）之前对所获得的原始数据与完成的工作进行检查，进一步发现和改正错误。
- 过程控制：实施减少和消除误差和错误的实用技术和步骤，主要应用在建库过程中，用来对获得的数据在录入过程中进行属性的数据质量控制。
- 系统检测：在数据入库后进行系统检测，设计检测模板，利用检测程序进行系统自检。
- 精度评价：对入库属性数据用各种精度评价方法进行精度分析，为用户提供可靠的属性数据。

5）数据清理

数据清理也称数据清洗。从广义上讲，是将数据库精简以除去重复记录，并使剩余部分转换成符合标准的过程。而狭义上的数据清理是特指在构建数据仓库和实现数据挖掘前对数据源进行处理，使数据实现准确性、完整性、一致性、唯一性、适时性、有效性以适应后续操作的过程。从提高数据质量的角度出发，凡是有助于提高数据质量的处理过程，都可以认为是数据清理。一般说来，数据清理主要包括数据分析、数据检测和数据修正三个步骤，如图5-4所示。

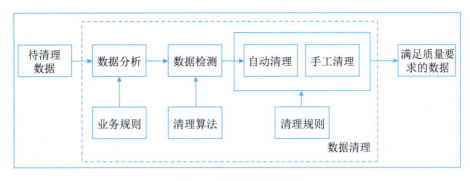

图 5-4 数据清理的流程

数据清理的三个步骤：
- 数据分析：是指从数据中发现控制数据的一般规则，比如字段域、业务规则等，通过对数据的分析，定义出数据清理的规则，并选择合适的清理算法。
- 数据检测：是指根据预定义的清理规则及相关数据清理算法，检测数据是否正确，比如是否满足字段域、业务规则等，或检测记录是否重复。
- 数据修正：是指手工或自动地修正检测到的错误数据或重复的记录。

5.2.4 数据开发利用

数据只有得到充分的开发利用才能发挥出它的作用。通过数据集成、数据挖掘和数据服务（目录服务、查询服务、浏览和下载服务、数据分发服务）、数据可视化、信息检索等技术手段，帮助数据用户从数据资源中找到所需要的数据，并将数据以一定的方式展现出来，实现对数据的开发利用。

1. 数据集成

数据集成就是将驻留在不同数据源中的数据进行整合，向用户提供统一的数据视图（一般称为全局模式），使得用户能以透明的方式访问数据。其中"数据源"主要是指 DBMS，广义上也包括各类 XML 文档、HTML 文档、电子邮件、普通文件等结构化、半结构化和非结构化数据。这些数据源存储位置分散，数据类型异构，数据库产品多样。

数据集成的目标就是充分利用已有数据，在尽量保持其自治性的前提下，维护数据源整体上的一致性，提高数据共享利用效率。实现数据集成的系统称为数据集成系统，它为用户提供了统一的数据源访问接口，用于执行用户对数据源的访问请求。典型的数据集成系统模型如图 5-5 所示。

2. 数据挖掘

数据挖掘是指从大量数据中提取或"挖掘"知识，即从大量的、不完全的、有噪声的、模糊的、

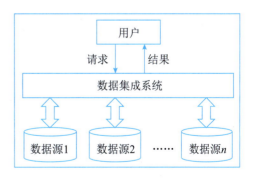

图 5-5 数据集成系统模型

随机的实际数据中,提取隐含在其中的、人们不知道的、却是潜在有用的知识。它把人们对数据的从低层次的简单查询,提升到从数据库挖掘知识,提供决策支持层面。数据挖掘是一门交叉学科,其过程涉及数据库、人工智能、数理统计、可视化、并行计算等多种技术。

数据挖掘与传统数据分析不同:①两者分析对象的数据量有差异,数据挖掘所需的数据量比传统数据分析所需的数据量大,数据量越大,数据挖掘的效果越好;②两者运用的分析方法有差异,传统数据分析主要运用统计学的方法、手段对数据进行分析,而数据挖掘综合运用数据统计、人工智能、可视化等技术对数据进行分析;③两者分析侧重有差异,传统数据分析通常是回顾型和验证型的,通常分析已经发生了什么,而数据挖掘通常是预测型和发现型的,预测未来的情况,解释发生的原因;④两者成熟度不同,传统数据分析由于研究较早,其分析方法相当成熟,而数据挖掘除基于统计学等方法外,部分方法仍处于发展阶段。

数据挖掘的目标是发现隐藏于数据之后的规律或数据间的关系,从而服务于决策。数据挖掘常见的主要任务包括数据总结、关联分析、分类和预测、聚类分析和孤立点分析。数据挖掘流程一般包括确定分析对象、数据准备、数据挖掘、结果评估与结果应用五个阶段,如图 5-6 所示,这些阶段在具体实施中可能需要重复多次。为完成这些阶段的任务,需要不同专业人员参与其中,专业人员主要包括业务分析人员、数据挖掘人员和数据管理人员。

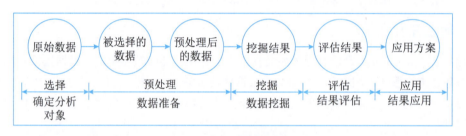

图 5-6 数据挖掘流程图

数据挖掘的结果经过决策人员的许可才能实际运用,以指导实践。将通过数据挖掘得出的预测模式和各个领域的专家知识结合在一起,构成一个可供不同类型的人使用的应用程序。也只有通过对分析知识的应用,才能对数据挖掘的成果做出正确的评价。

3. 数据服务

数据服务主要包括数据目录服务、数据查询与浏览及下载服务、数据分发服务。

(1)数据目录服务。由于专业、领域、主管部门、分布地域和采用技术的不同,数据资源呈现的是海量、多源、异构和分布的特点。对于需要共享数据的用户来说,往往存在不知道有哪些数据、不知道想要的数据在哪里、不知道如何获取想要的数据等困难。数据目录服务就是要解决这些问题,是用来快捷地发现和定位所需数据资源的一种检索服务,是实现数据共享的重要基础功能服务之一。

(2)数据查询与浏览及下载服务。数据查询、浏览和下载是网上数据共享服务的重要方式,用户使用数据的方式有查询数据和下载数据两种。

(3)数据分发服务。数据分发是指数据的生产者通过各种方式将数据传送到用户的过程。

通过分发,能够形成数据从采集、存储、加工、传播向使用流动,实现数据的价值。分发服务的核心内容包括数据发布、数据发现、数据评价和数据获取。

4. 数据可视化

可视化技术是指将抽象的事物或过程变成图形图像的表示方法。科学计算可视化(Visualization in Scientific Computing)的基本含义是运用图形学的原理和方法,将科学与工程计算等产生的大规模数据转换为图形、图像,以直观的形式表示出来。

数据可视化(Data Visualization)概念来自科学计算可视化。数据可视化(见图 5-7)主要运用计算机图形学和图像处理技术,将数据转换成为图形或图像在屏幕上显示出来,并能进行交互处理,它涉及计算机图形学、图像处理、计算机辅助设计、计算机视觉及人机交互技术等多个领域,是一门综合性的学科。

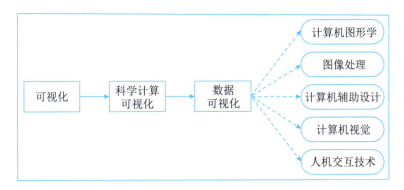

图 5-7 数据可视化

由于所要展现数据的内容和角度不同,可视化的表现方式也多种多样,主要可分为七类:一维数据可视化、二维数据可视化、三维数据可视化、多维数据可视化、时态数据可视化、层次数据可视化和网络数据可视化,如表 5-12 所示。

表 5-12 常见数据可视化表现方式

表现方式	说明
一维数据可视化	一维数据就是简单的线性数据,如文本或数字表格、程序源代码都基于一维数据。一维数据可视化取决于数据大小和用户想用数据来处理什么任务
二维数据可视化	在数据可视化中,二维数据是指由两种主要描述属性构成的数据,如一个物体的宽度和高度、一个城市的平面地图、建筑物的楼层平面图等都是二维数据可视化的实例。最常见的二维数据可视化就是地理信息系统(Geographic Information System,GIS)
三维数据可视化	三维数据比二维数据更进了一层,它可以描述立体信息。三维数据可以表示实际的三维物体,因此可视化的许多应用是三维可视化。物体通过三维可视化构成计算机模型,供操作及试验,以此预测真实物体的实际行为
多维数据可视化	在可视化环境中,多维数据所描述事物的属性超过三维,为了实现可视化,往往需要降维

(续表)

表现方式	说明
时态数据可视化	时态数据实际上是二维数据的一种特例,即二维中有一维是时间轴。它以图形方式显示随着时间变化的数据,是可视化信息最常见、最有用的方式之一
层次数据可视化	层次数据即树形数据,其数据内在结构特征为:每个节点都有一个父节点(根节点除外)。节点分兄弟节点(拥有同一个父节点的节点)和子节点(从属该节点的节点)。拥有这种结构的数据很常见,如商业组织、计算机文件系统和家谱图都是按树形结构排列的层次数据
网络数据可视化	网络数据指与任意数量的其他节点有关系的节点的数据。网络数据中的节点不受与它有关系的其他节点数量的约束(不同于层次节点有且只有一个父节点),网络数据没有固有的层次结构,两个节点之间可以有多条连接路径,也就是说节点间关系的属性和数量是可变的

5. 信息检索

信息检索(Information Retrieval)有广义和狭义之分。广义的信息检索是指将信息按一定的方式组织和存储起来,然后根据用户需求查找出特定信息的技术,所以全称是信息存储与检索(Information Storage and Retrieval)。狭义的信息检索仅指用户查找特定信息这部分,即按照用户的检索需求,利用已有的检索工具或数据库,从中找出特定信息的过程。

信息检索的主要方法如下:

(1)全文检索。以文本数据为主要处理对象,根据数据资料的内容而不是外在特征来实现的信息检索手段。

(2)字段检索。把检索对象按一定标准在不同字段中进行著录,并把不同字段作为检索依据。

(3)基于内容的多媒体检索。按检索内容可分为图像检索、视频检索和声音检索等。

(4)数据挖掘。从大量的、不完全的、模糊的、随机的数据中,提取隐含在其中且人们事先不知道的潜在、有用的信息和知识的过程。

信息检索的常用技术包括布尔逻辑检索技术、截词检索技术、临近检索技术、限定字段检索技术、限制检索技术等。

(1)布尔逻辑检索技术。严格意义上的布尔检索法是指利用布尔逻辑运算符连接各个检索词,然后由计算机进行相应的逻辑运算,以找出所需信息的方法。

(2)截词检索技术。截词检索技术是指用截断的词的一个局部进行检索,并认为凡是满足这个词局部的所有字符的信息,都为命中的信息。截词符用"?"或"*"表示(不同系统、不同数据库,其代表的含义有所不同)。

(3)临近检索技术。临近检索又称位置检索,主要是通过检索式中的专门符号来规定检索词在结果中的相对位置。在某些情况下,若不限制检索词之间的位置关系则会造成误检,影响查准率。

(4)限定字段检索技术。限定字段检索即指定检索词在记录中出现的字段。检索时,计算机只对限定字段进行匹配运算,以提高检索效率和查准率。

(5)限制检索技术。限制检索是通过限制检索范围,达到优化检索的方法。限制检索的方式有很多种，例如进行字段检索，使用限制符，采用限制检索命令等。

5.2.5 数据库安全

数据是脆弱的，它可能被无意识或有意识地破坏、修改，需要采用一定的数据安全措施，确保合法的用户、采用正确的方式、在正确的时间、对相应的数据进行正确的操作，确保数据的机密性、完整性、可用性和合法使用。数据库安全是指保护数据库，防止不合法的使用所造成的数据泄露、更改或破坏。

1. 数据库安全威胁

在数据库环境中，不同的用户通过数据库管理系统访问同一组数据集合，这样减少了数据的冗余、消除了不一致的问题，同时也免去程序对数据结构的依赖。然而，这也导致数据库面临更严重的安全威胁。数据库安全威胁的主要类型如表 5-13 所示。

表 5-13 数据库安全分类及说明

维度	表现方式		说明
安全后果	非授权的信息泄露		未获授权的用户有意或无意得到信息。通过对授权访问的数据进行推导分析获取非授权的信息也属于这一类
	非授权的数据修改		包括所有通过数据处理和修改而违反信息完整性的行为。非授权修改不一定会涉及非授权信息泄露，因为即使不读取数据也可以进行破坏
	拒绝服务		包括会影响用户访问数据或使用资源的行为
威胁方式	无意	自然或意外灾害	如地震、水灾、火灾等。这些事故可能会破坏系统的软硬件，导致完整性破坏和拒绝服务
		系统软硬件中的错误	这会导致应用实施错误的策略，从而导致非授权的信息泄露、数据修改或拒绝服务
		人为错误	导致无意地违反安全策略，导致的后果与软硬件错误类似
	有意	授权用户	他们滥用自己的特权造成威胁
		恶意代理	病毒、特洛伊木马和后门是这类威胁中的典型代表

2. 数据库安全对策

根据数据库安全威胁的特点，数据库安全对策如表 5-14 所示。

表 5-14 常用的数据库安全对策

安全对策	说明
防止非法的数据访问	这是数据库安全关键的需求之一。数据库管理系统必须根据用户或应用的授权来检查访问请求，以保证仅允许授权的用户访问数据库。数据库的访问控制要比操作系统中的文件访问控制复杂得多。首先，控制的对象有更细的粒度，如表、记录、属性等；其次，数据库中的数据是语义相关的，所以用户可以不直接访问数据项而间接获取数据
防止推导	推导指的是用户通过授权访问的数据，经过推导得出机密信息，而按照安全策略，该用户是无权访问此机密信息的。在统计数据库中需要防止用户从统计聚合信息中推导得到原始个体信息，特别是统计数据库容易受到推导问题的影响

（续表）

安全对策	说明
保证数据库的完整性	该需求指的是保护数据库不受非授权的修改，以及不会因为病毒、系统中的错误等导致的存储数据破坏。这种保护通过访问控制、备份/恢复以及一些专用的安全机制共同实现。备份/恢复在数据库管理系统领域得到了深入的研究，它们的主要目标是在系统发生错误时保证数据库中数据的一致性
保证数据的操作完整性	定位于在并发事务中保证数据库中数据的逻辑一致性。一般而言，数据库管理系统中的并发管理器子系统负责实现这部分需求
保证数据的语义完整性	在修改数据时，保证新值在一定范围内符合逻辑上的完整性。对数据值的约束通过完整性约束来描述。可以针对数据库定义完整性约束（定义数据库处于正确状态的条件），也可以针对变换定义完整性约束（修改数据库时需要验证的条件）
审计和日志	为了保证数据库中数据的安全，一般要求数据库管理系统能够将所有的数据操作记录下来。这一功能要求系统保留日志文件，安全相关事件可以根据系统设置记录在日志文件中，以便事后调查和分析，追查入侵者或发现系统的安全弱点。审计和日志是有效的威慑和事后追查、分析工具。与数据库中多种粒度的数据对应，审计和日志需要面对粒度问题。因为记录对一个细粒度对象（如一个记录的属性）的访问可能有用，但是考虑到时间和代价，这样做可能并不实用
标识和认证	同计算机系统的用户管理类似，使用的方法也非常类似。与其他系统一样，标识和认证也是数据库的第一道安全防线。标识和认证是授权、审计等的前提条件
机密数据管理	数据库中的数据可能有部分是机密数据，也有可能全部是机密数据（如军队的数据库），而有些数据库中的数据全部是公开的数据。同时保存机密数据和公开数据的情况比较复杂。对于同时保存机密和公开数据的数据库而言，访问控制主要保证机密数据的保密性，仅允许授权用户的访问。这些用户被赋予对机密数据进行一系列操作的权限，并且禁止传播这些权限。此外，这些被授权访问机密数据的用户应该与普通用户一样可以访问公开数据，但是不能相互干扰。另一种情况是用户可以访问一组特定的机密数据，但是不能交叉访问。此外，还有一种情况是用户可以单独访问特定的机密数据集合，但是不能同时访问全部机密数据
多级保护	多级保护表示一个安全需求的集合。现实世界中很多应用要求将数据划分不同保密级别。在多级保护体系中，进一步的要求是研究如何赋予多数据项组成的集合一个恰当的密级。数据的完整性和保密性是通过给予用户权限来实现的，用户只能访问拥有的权限所对应级别的数据
限界	限界的意义在于防止程序之间出现非授权的信息传递。信息传递出现在"授权通道""存储通道"和"隐通道"中。授权通道通过授权的操作提供输出信息，例如编辑或编译一个文件。存储通道是存储区，一个程序向其中存储数据，而其他程序可以读取。隐通道指的是使用系统中并非设计用来进行通信的资源在主体间通信的信道

3. 数据库安全机制

数据库安全机制是用于实现数据库的各种安全策略的功能集合，正是由这些安全机制来实现安全模型，进而实现保护数据库系统安全的目标。数据库安全机制包括用户的身份认证、存取控制、数据库加密、数据审计、推理控制等内容。

5.3 系统集成

随着信息技术的发展，系统集成逐步成为信息系统实施中一项重要的工作。此处的系统集成概念专指计算机系统的集成，包括计算机硬件平台、网络系统、系统软件、工具软件、应用软件的集成，围绕这些系统的相应咨询、服务和技术支持。它是以计算机有关技术储备为基础，以可靠的产品为工具，用以实现某一特定的计算机系统功能组合的工程行为。

5.3.1 集成基础

系统集成的内容包括技术环境的集成、数据环境的集成和应用程序的集成。对于大型信息系统的设计者来说，如何理解它的体系结构，如何实现它的系统集成，应该是值得深思熟虑的头等大事。网络信息系统的系统集成就是运用先进的计算机与通信技术，将支持各个信息孤岛的小运行环境集成统一在一个大运行环境之中。

以系统集成的观点，一个典型的网络信息系统由不同的系统组成。这些系统通常来自多个供应商，包括多种不兼容的硬件和软件平台，运行各种商业、科学计算及工程应用程序。现在，用户希望把所有不同的系统连接起来，构成一个完整的组织级系统。为了实现把这些异构的系统连接起来，并把应用程序从一种系统移植到另一种系统上，现存的专有系统必须适应标准的接口，进而向开放系统过渡。用户希望得到的是多供应商平台间的可互操作性。可以说，系统集成是开放系统驱动的，顺应了计算机工业发展的潮流。

系统集成的工作在信息系统项目建设中非常重要，它通过硬件平台、网络通信平台、数据库平台、工具平台、应用软件平台将各类资源有机、高效地集成到一起，形成一个完整的工作台面。系统集成工作的好坏对系统开发、维护有极大的影响。因此，在技术上需要遵循的基本原则包括：开放性、结构化、先进性和主流化。

（1）开放性。系统硬软件平台、通信接口、软件开发工具、网络结构的选择要遵循工业开放标准，这是关系到系统生命周期长短的重要问题。对于稍具规模的信息系统，其系统的硬、软件平台很难由单一厂商提供。即使由单一厂商提供也存在着扩充和保护原有投资的问题，不是一个厂商就能解决得了的。由不同厂商提供的系统平台要集成在一个系统中，就存在着接口的标准化和开放问题，它们的连接都依赖于开放标准。所以，开放标准已成为建设信息系统应该考虑的问题。一个集成的信息系统必然是一个开放的信息系统。只有开放的系统才能满足可互操作性、可移植性以及可伸缩性的要求，才可能与另一个标准兼容的系统实现"无缝"的互操作，应用程序才可能由一种系统移植到另一种系统，不断地为系统的扩展、升级创造条件。

（2）结构化。复杂系统设计的最基本方法依然是结构化系统分析设计方法。把一个复杂系统分解成相对独立和简单的子系统，每一个子系统又分解成更简单的模块，这样自顶向下逐层模块化分解，直到底层每一个模块都是可具体说明和可执行的为止。这一思想至今仍是复杂系统设计的精髓。

（3）先进性。先进性有两层意义：目前先进性和未来先进性。系统的先进性是建立在技术先进性之上的，只有先进的技术才有较强的发展生命力，系统采用先进的技术才能确保系统的优势和较长的生存周期。系统的先进性还表现在系统设计的先进性：先进技术的有机集成、问题的合理划分，以及应用软件符合人们认知特点等。系统设计的先进性贯穿在系统开发的整个生命周期，乃至整个系统生存周期的各个环节，一定要认真对待。

（4）主流化。系统构成的每一个产品应属于该产品发展的主流，有可靠的技术支持，有成熟的使用环境，并具有良好的升级发展势头。

5.3.2 网络集成

计算机网络系统集成不仅涉及技术问题，而且涉及组织的管理问题，因而比较复杂，特别是大型网络系统更是如此。从技术角度讲，网络集成不仅涉及不同厂家的网络设备和管理软件，也会涉及异构和异质网络系统的互联问题。从管理角度讲，每个组织的管理方式和管理思想千差万别，实现向网络化管理的转变会面临许多人为的因素。因此，组织需要结合实际情况，建立网络系统集成的体系框架，指导网络系统建设，实现真正的网络化管理。计算机网络集成的一般体系框架，如图5-8所示。

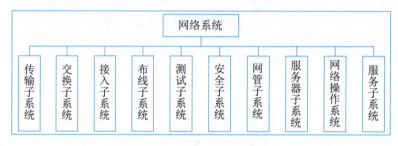

图 5-8 网络集成的体系框架

下面针对其中比较重要的几个方面进行说明。

（1）传输子系统。传输是网络的核心，是网络信息的"公路"和"血管"。传输线路带宽的高低不仅体现了网络的通信能力，也体现了网络的现代化水平。并且，传输介质在很大程度上也决定了通信的质量，从而直接影响到网络协议。目前主要的传输介质分为无线传输介质和有线传输介质两大类。常用的无线传输介质主要包括无线电波、微波、红外线等，常用的有线传输介质主要包括双绞线、同轴电缆、光纤等。

（2）交换子系统。网络按所覆盖的区域可分为局域网、城域网和广域网，由此网络交换也可以分为局域网交换技术、城域网交换技术和广域网交换技术。

（3）安全子系统。由于网络的发展，安全问题一直是网络研究和应用的热点。网络安全主要关注的内容包括：使用防火墙技术，防止外部的侵犯；使用数据加密技术，防止任何人从通信信道窃取信息；访问控制，主要是通过设置口令、密码和访问权限保护网络资源。

（4）网管子系统。网络是一种动态结构。随着组织规模的扩大和改变，网络也会跟着扩大和改变。配置好网络以后，必须对其进行有效的管理，确保网络能连续不断地满足组织的需要。对于任何网管子系统来说，关键的任务便是保证网络的良好运行。由于网络规模的扩大，通常会出现网络"瓶颈"问题，使系统的速度变慢。网管的职责便是找出瓶颈并解决它。

（5）服务器子系统。由于网络服务器要同时为网络上所有的用户服务，因此要求网络服务器具有较高的性能，包括快的处理速度、较大的内存、较大的磁盘容量和高可靠性。根据网络的应用情况和规模，网络服务器可选用高配置微机、工作站、小型机、超级小型机和大型机等。选择网络服务器时要考虑以下因素：①CPU的速度和数量；②内存容量和性能；③总线结构和类型；④磁盘容量和性能；⑤容错性能；⑥网络接口性能；⑦服务器软件等。

（6）网络操作系统。网络操作系统的主要任务是调度和管理网络资源，并为网络用户提供统一、透明使用网络资源的手段。网络资源主要包括网络服务器、工作站、打印机、网桥、路由器、交换机、网关、共享软件和应用软件等。

（7）服务子系统。网络服务是网络应用最核心的问题。带宽再高的网络，如果没有好的网络服务，就不能发挥网络的效益。网络服务主要包括互联网服务、多媒体信息检索、信息点播、信息广播、远程计算和事务处理以及其他信息服务等。

5.3.3 数据集成

数据集成的目的是运用一定的技术手段将系统中的数据按一定的规则组织成为一个整体，使得用户能有效地对数据进行操作。数据集成处理的主要对象是系统中各种异构数据库中的数据。数据仓库技术是数据集成的关键。

1. 数据集成层次

数据集成是将参与数据库的有关信息在逻辑上集成为一个属于异构分布式数据库的全局概念模式，以达到信息共享的目的。数据集成可以分为基本数据集成、多级视图集成、模式集成和多粒度数据集成四个层次。

（1）基本数据集成。基本数据集成面临的问题很多。通用标识符问题是数据集成时遇到的最难的问题之一。由于同一业务实体存在于多个系统源中，并且没有明确的办法确认这些实体是同一实体时，就会产生这类问题。处理该问题的办法包括：

- 隔离：保证实体的每次出现都指派一个唯一标识符。
- 调和：确认哪些实体是相同的，并且将该实体的各次出现合并起来。

当目标元素有多个来源时，指定某一系统在冲突时占主导地位。数据丢失问题是最常见的问题之一，通常的解决办法是为丢失的数据产生一个非常接近实际的估计值来进行处理。

（2）多级视图集成。多级视图机制有助于对数据源之间的关系进行集成：底层数据表示方式为局部模型的局部格式，如关系和文件；中间数据表示为公共模式格式，如扩展关系模型或对象模型；高级数据表示为综合模型格式。视图的集成化过程为两级映射：①数据从局部数据库中，经过数据翻译、转换并集成为符合公共模型格式的中间视图；②进行语义冲突消除、数据集成和数据导出处理，将中间视图集成为综合视图。

（3）模式集成。模型合并属于数据库设计问题，其设计的好坏常视设计者的经验而定，在实际应用中可参考的成熟理论较少。实际应用中，数据源的模式集成和数据库设计仍有相当的差距，如模式集成时出现的命名、单位、结构和抽象层次等冲突问题，就无法照搬模式设计的经验。在众多互操作系统中，模式集成的基本框架如属性等价、关联等价和类等价可最终归于属性等价。

（4）多粒度数据集成。多粒度数据集成是异构数据集成中最难处理的问题，理想的多粒度数据集成模式是自动逐步抽象。数据综合（或数据抽象）指由高精度数据经过抽象形成精度较低但是粒度较大的数据。其作用过程为从多个较高精度的局部数据中，获得较低精度的全局数据。在这个过程中，要对各局域中的数据进行综合，提取其主要特征。数据综合集成的过程实际上是特征提取和归并的过程。数据细化指通过由一定精度的数据获取精度较高的数据，实现该过程的主要途径有：时空转换，相关分析或者由综合中数据变动的记录进行恢复。数据集成是最终实现数据共享和辅助决策的基础。

2. 异构数据集成

数据集成的目的是为应用提供统一的访问支持，因此集成后的数据必须保证一定的完整性，包括数据完整性和约束完整性。数据集成还必须考虑语义冲突问题，信息资源之间存在的语义区别可能引起各种矛盾。从简单的名字语义冲突到复杂的结构语义冲突，都会干扰数据处理、发布和交换。此外，数据访问权限、异构数据源数据的逻辑关系、数据集成范围等问题都需要加以考虑。

1）异构数据集成的方法

异构数据集成方法归纳起来主要有两种，分别是过程式方法和声明式方法。采用过程式方法，一般是根据一组信息需求，采用一种点对点（Ad-hoc）的设计方法来集成数据。在这种情况下，关键就是设计一套合适的软件模块来存取数据源。软件模块不需要一个关于完整数据模式的清晰概念，主要是依赖于 Wrapper 来封装数据源，利用 Mediator 来合并和一致化从多个 Wrappers 和其他 Mediator 传过来的数据。声明式方法的主要特点就是通过一套合适的语言来对多个数据源的数据进行建模，构建一个统一的数据表示，并且基于这一数据表示来对整体系统数据进行查询，通过一套有效的推理机制来对数据源进行存取，获得所需的信息。对于声明式数据集成方法，在设计过程中要重点考虑的两个关键问题就是：相关领域的概念化建模和基于这一概念化表示的推理可行性。

另一类方法是利用中间件集成异构数据库，该方法不需要改变原始数据的存储和管理方式。中间件位于异构数据库系统（数据层）和应用程序（应用层）之间，向下协调各数据库系统，向上为访问集成数据的应用提供统一的数据模式和数据访问的通用接口。各数据库仍完成各自的任务，中间件则主要为异构数据源提供一个高层次的检索服务。

2）开放数据库互联标准

实现异构数据源的数据集成，首先要解决的问题是原始数据的提取。从异构数据库中提取数据大多采用开放式数据库互联（Open Database Connectivity，ODBC），ODBC 是一种用来在数据库系统之间存取数据的标准应用程序接口，目前流行的数据库管理系统都提供了相应的 ODBC 驱动程序，它使数据库系统具有很好的开放性，数据格式转换也很方便。另一种提取数据的方法是针对不同的数据源编写专用的嵌入式 C 接口程序，这样可提高数据的提取速度。例如，Stanford 大学的 WHIPS 数据仓库原型系统提出在每个数据源上建立一个捆绑器，数据源上的捆绑器用嵌入式 C 编写，以实现数据的提取和格式转换。

3）基于 XML 的数据交换标准

使用中间件作为组织异构数据源集成的解决方案时，需要为中间件选择一种全局数据模式，来统一异构数据源的数据模式。异构数据集成的全局模式需要满足的条件有：
- 能够描述各种数据格式，无论其是结构化的还是半结构化的；
- 易于发布和进行数据交换，集成后的数据可以方便地以多种格式发布并便于在应用之间交换数据；
- 可以采用关系或对象数据模式为全局模式，但它们并不能很好地满足上述要求。

4）基于 JSON 的数据交换格式

在开发客户端与服务端的应用当时，数据交换接口通常都是通过 XML 格式来进行数据交换的。近年来，随着 AJAX 技术的兴起，JSON（JavaScript Object Notation）作为一种轻量级的数据交换格式，以其易于阅读和编写的优点，被越来越多地应用到各个项目中。

5.3.4 软件集成

随着对象技术和网络技术的发展，信息系统开发环境也逐步体现出从结构化到面向对象、从集中到分布、从同构到异构、从独立到集成、从辅助到智能、从异步到协同的发展趋势。应用系统的开发已从以单机为中心逐步过渡到以网络环境为中心，成千上万台个人计算机与工作站已变成全球共享的庞大的计算机信息资源。开放系统可让用户透明地应用由不同厂商制造的不同硬件平台、不同操作系统组成的异构型计算资源，在千差万别的信息资源（异构的、网络的、物理性能差别很大的、不同厂商和不同语言的信息资源）的基础上构造起信息共享的分布式系统。面对这样的趋势，必须对面向对象技术进行改进和扩展，使之符合异构网络应用的要求。就用户来说，这种软件构件能够"即插即用"，即能从所提供的对象构件库中获得合适的构件并重用；就供应商来说，这种软件构件便于用户裁剪、维护和重用。在这一背景下出现了有代表性的软件构件标准：公共对象请求代理结构（Common Object Request Broker Architecture，CORBA）、COM、DCOM 与 COM+、.NET、J2EE 应用架构等标准。

1. CORBA

对象管理组织（Object Management Group，OMG）是 CORBA 规范的制定者，是由 800 多个信息系统供应商、软件开发者和用户共同构成的国际组织，建立于 1989 年。OMG 在理论上和实践上促进了面向对象软件的发展。OMG 的目的则是为了将对象和分布式系统技术集成为一个可相互操作的统一结构，此结构既支持现有的平台也将支持未来的平台集成。以 CORBA 为基础，利用 JINI 技术，可以结合各类电子产品成为网络上的服务资源，使应用集成走向更广阔的应用领域，同时 Object Web 把 CORBA 的技术带入了 Internet 世界。CORBA 是 OMG 进行标准化分布式对象计算的基础。CORBA 自动匹配许多公共网络任务，例如对象登记、定位、激活、多路请求、组帧和错误控制、参数编排和反编排、操作分配等。

2. COM

COM 中的对象是一种二进制代码对象，其代码形式是 DLL 或 EXE 执行代码。COM 中的对象都被直接注册在 Windows 的系统库中，所以 COM 中的对象都不再是由特定的编程语言及其程序设计环境所支持的对象，而是由系统平台直接支持的对象。COM 对象可能由各种编程语言实现，并为各种编程语言所引用。COM 对象作为某个应用程序的构成单元，不但可以作为该应用程序中的其他部分，而且还可以单独地为其他应用程序系统提供服务。

COM 技术要达到的基本目标是：即使对象是由不同的开发人员用不同的编程语言实现的，在开发软件系统时，仍能够有效地利用已经存在于其他已有软件系统中的对象；同时，也要使当前所开发的对象便于今后开发其他软件系统时进行重用。

为了实现与编程语言的无关性，将 COM 对象制作成二进制可执行代码，然后在二进制代码层使用这种标准接口的统一方式，为对象提供标准的互操作接口，并且由系统平台直接对 COM 对象的管理与使用提供支持。COM 具备了软件集成所需要的许多特征，包括面向对象、客户机/服务器、语言无关性、进程透明性和可重复性。

3. DCOM 与 COM+

DCOM 作为 COM 的扩展，不仅继承了 COM 优点，而且针对分布环境还提供了一些新的特性，如位置透明性、网络安全性、跨平台调用等。DCOM 实际上是对用户调用进程外服务的一种改进，通过 RPC 协议，使用户通过网络可以以透明的方式调用远程机器上的远程服务。在调用的过程中，用户并不是直接调用远程机器上的远程服务，而是首先在本地机器上建立一个远程服务代理，通过 RPC 协议，调用远程服务机器上的存根（Stub），由存根来解析用户的调用以映射到远程服务的方法或属性上。

COM+ 为 COM 的新发展或 COM 更高层次上的应用，其底层结构仍然以 COM 为基础，几乎包容了 COM 的所有内容。COM+ 倡导了一种新的概念，它把 COM 组件软件提升到应用层而不再是底层的软件结构，通过操作系统的各种支持，使组件对象模型建立在应用层上，把所有组件的底层细节留给操作系统。因此，COM+ 与操作系统的结合更加紧密。

COM+ 标志着组件技术达到了一个新的高度，它不再局限于一台机器上的桌面系统，而把目标指向了更为广阔的组织内部网，甚至互联网。COM+ 与多层结构模型，以及 Windows 操作系统为组织应用或 Web 应用提供了一套完整的解决方案。

4. .NET

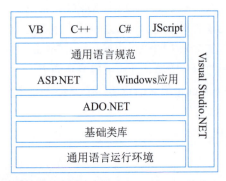

图 5-9 .NET 开发框架

.NET 是基于一组开放的互联网协议，推出的一系列的产品、技术和服务。.NET 开发框架在通用语言运行环境基础上，给开发人员提供了完善的基础类库、数据库访问技术及网络开发技术，开发者可以使用多种语言快速构建网络应用。.NET 开发框架如图 5-9 所示。

5. J2EE

J2EE 架构是使用 Java 技术开发组织级应用的一种事实上的工业标准，它是 Java 技术不断适应和促进组织级应用过程中的产物。J2EE 为搭建具有可伸缩性、灵活性、易维护性的组织系统提供了良好的机制。J2EE 的体系结构可以分为客户端层、服务器端组件层、EJB 层和信息系统层。

在 J2EE 规范中，J2EE 平台包括一整套的服务、应用编程接口和协议，可用于开发一般的多层应用和基于 Web 的多层应用，是 J2EE 的核心和基础。它还提供了 EJB、Java Servlets API、JSP 和 XML 技术的全面支持等。

5.3.5 应用集成

随着网络和互联网的发展以及分布式系统的日益流行，大量异构网络及各计算机厂商推出的软、硬件产品分布在分布式系统的各层次（如硬件平台、操作系统、网络协议、计算机应用），乃至不同的网络体系结构上都广泛存在着互操作问题，分布式操作和应用接口的异构性严重影响了系统间的互操作性。要实现在异构环境下的信息交互，实现系统在应用层的集成，需要研究多项新的关键技术。

如果一个系统支持位于同一层次上的各种构件之间的信息交换，那么称该系统支持互操作性。从开放系统的观点来看，互操作性指的是能在对等层次上进行有效的信息交换。如果一个开放系统提供在系统各构件之间交换信息的机制，也称该系统支持互操作性。如果一个子系统（构件或部分）可以从一个环境移植到另一个环境，称它是可移植的。因此，可移植性是由系统及其所处环境两方面的特征决定的。

集成关心的是个体和系统的所有硬件与软件之间各种人/机界面的一致性。从应用集合的一致表示、行为与功能的角度来看，应用（构件或部分）的集成化集合提供一种一致的无缝用户界面。从信息系统集成技术的角度看，在集成的堆栈上，应用集成在最上层，主要解决应用的互操作性的问题，如图 5-10 所示。

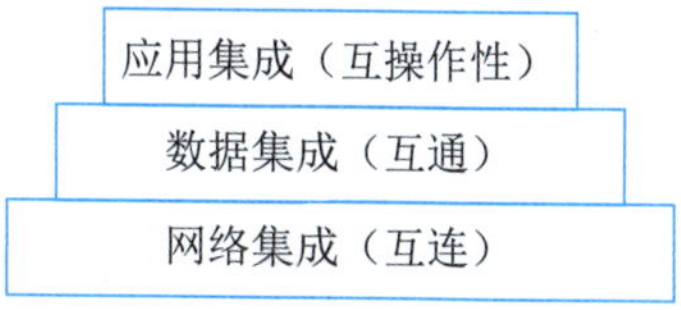

图 5-10 系统集成栈

用语言做比喻，语法、语义、语用三者对应到系统集成技术上，网络集成解决语法的问题，数据集成解决语义的问题，应用集成解决语用的问题。

应用集成或组织应用集成（EAI）是指将独立的软件应用连接起来，实现协同工作。借助应用集成，组织可以提高运营效率，实现工作流自动化，并增强不同部门和团队之间的协作。对应用集成的技术要求大致有：

- 具有应用间的互操作性：应用的互操作性提供不同系统间信息的有意义交换，即信息的语用交换，而不仅限于语法交换和语义交换。此外，它提供系统间功能服务的使用功能，特别是资源的动态发现和动态类型检查。
- 具有分布式环境中应用的可移植性：提供应用程序在系统中迁移的潜力并且不破坏应用所提供的或正在使用的服务。这种迁移包括静态的系统重构或重新安装以及动态的系统重构。
- 具有系统中应用分布的透明性：分布的透明性屏蔽了由系统的分布所带来的复杂性。它使应用编程者不必关心系统是分布的还是集中的，从而可以集中精力设计具体的应用系统，这就大大减少了应用集成编程的复杂性。

实现上述目标的关键在于，在独立应用之间实现实时双向通信和业务数据流，这些应用包括本地应用和云应用，其中云应用正变得越来越多。借助互联互通的流程和数据交换，组织通常可以基于统一的用户界面或服务，协调所有基础设施和应用的各种功能。

当事件或数据发生变化时，应用集成会确保不同应用之间保持同步。应用集成不同于数据集成，数据集成是共享数据，并不存储数据；而应用集成是在功能层面将多个应用直接连接起来，帮助打造动态且具有高度适应性的应用和服务。

由于应用集成重点关注的是工作流层面的应用连接，因此需要的数据存储空间和计算时间并不多。应用集成既可以部署在云端，集成 SaaS CRM 等云应用，也可以部署在受防火墙保护的本地，集成传统 ERP 系统等，还可以部署在混合环境中，集成本地应用和托管在专用服务器上的云应用。

可以帮助协调连接各种应用的组件有：

- 应用编程接口（API）：API是定义不同软件交互方式的程序和规则，可以支持应用之间相互通信。API利用特定的数据结构，帮助开发人员快速访问其他应用的功能。
- 事件驱动型操作：当触发器（即事件）启动一个程序或一组操作时，系统就会执行事件驱动型操作。例如：在订单提交后，进行计费并向客户开具发票；管理从ERP系统到CRM系统的"业务机会到订单"工作流。
- 数据映射：将数据从一个系统映射到另一个系统，可以定义数据的交换方式，从而简化后续的数据导出、分组或分析工作。例如，用户在一个应用中填写联系信息表，那么这些信息将被映射到相邻应用的相应字段。

如今，各行各业不同规模的组织都在利用应用集成实现流程互联和数据交换，用于提高业务效率。

5.4 安全工程

随着国际互联网信息高速公路的畅通和国际化的信息交流，业务大范围扩展，信息安全的风险也急剧增加。由业务应用信息系统来解决安全性问题，已经不能胜任。由操作系统、数据库系统、网络管理系统来解决安全问题，也不能满足实际的需要，于是才不得不建立独立的信息安全系统。信息系统安全是一门新兴的工程实践课题。加大对信息系统安全工程的研究，可规范信息系统安全工程建设的过程和提高建设信息系统安全工程的成熟能力。

5.4.1 工程概述

信息安全系统工程就是要建造一个信息安全系统，它是整个信息系统工程的一部分，而且最好是与业务应用信息系统工程同步进行，主要围绕"信息安全"内容，如信息安全风险评估、信息安全策略制定、信息安全需求确定、信息安全系统总体设计、信息安全系统详细设计、信息安全系统设备选型、信息安全系统工程招投标、密钥密码机制确定、资源界定和授权、信息安全系统施工中需要注意防泄密问题和施工中后期的信息安全系统测试、运营、维护的安全管理等问题。这些问题与用户的业务应用信息系统建设所主要关注的完全不同。业务应用信息系统工程所主要关注的是客户的需求、业务流程、价值链等组织的业务优化和改造的问题。信息安全系统建设所关注的问题恰恰是业务应用信息系统正常运营所不能缺少的。

为了进一步论述信息安全系统工程，我们需要区分几个术语，并了解它们之间的关系，包括：信息系统、业务应用信息系统、信息安全系统、信息系统工程、业务应用信息系统工程和信息安全系统工程等，它们之间的关系如图 5-11 所示。

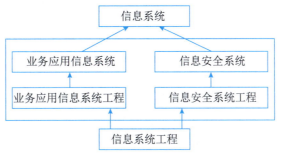

图 5-11　术语之间的关系

信息安全系统服务于业务应用信息系统并与之密不可分，但又不能混为一谈。信息安全系统不能脱离业务应用信息系统而存在，比如人们说建立国税信息系统、公安信息系统、社保信息系统等，一定包含业务应用信息系统和信息安全系统两个部分，但二者的功能、操作流程、管理方式、人员要求、技术领域等都完全不同。随着信息化的深入，两者的界限就越来越明显。

业务应用信息系统是支撑业务运营的计算机应用信息系统，如银行柜台业务信息系统、国税征收信息系统等。信息系统工程即建造信息系统的工程，包括两个独立且不可分割的部分，即信息安全系统工程和业务应用信息系统工程。业务应用信息系统工程就是为了达到建设好业务应用信息系统所组织实施的工程，一般称为信息系统集成项目工程。它是信息系统工程的一部分。

信息安全系统工程是指为了达到建设好信息安全系统的特殊需要而组织实施的工程。它是信息系统工程的一部分。信息安全系统工程作为信息系统工程的一个子集，其安全体系和策略必须遵从系统工程的一般性原则和规律。信息安全系统工程原理适用于系统和应用的开发、集成、运行、管理、维护和演变，以及产品的开发、交付和演变。这样，信息安全系统工程就能够在一个系统、一个产品或一个服务中得到体现。

这里讲述的是信息安全系统工程，而不是信息系统安全工程。从字面上理解，信息系统安全工程可能会误解为安全地建设一个信息系统，而忽略信息系统中的信息安全问题。因为信息系统可以安全地建设成一个没有信息安全子系统的信息系统，目前部分组织仍然存在这样的新建的信息系统——没有考虑信息安全的问题，或没有充分地考虑信息安全的问题，从而留下相当大的隐患。信息安全系统工程就明白无误地确定了，这个工程就是建设一个信息安全系统。

5.4.2　安全系统

信息安全保障系统一般简称为信息安全系统，它是"信息系统"的一个部分，用于保证"业务应用信息系统"正常运营。现在人们已经明确，要建立一个"信息系统"，就必须要建立一个或多个业务应用信息系统和一个信息安全系统。信息安全系统是客观的、独立于业务应用信息系统而存在的信息系统。

下面用一个"宏观"三维空间图来反映信息安全系统的体系架构及其组成,如图 5-12 所示。

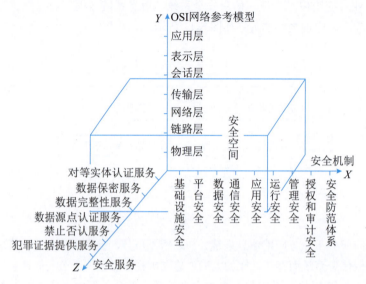

图 5-12　信息安全空间

（1）X 轴是"安全机制"。安全机制可以理解为提供某些安全服务,利用各种安全技术和技巧,所形成的一个较为完善的结构体系。如"平台安全"机制,实际上就是指安全操作系统、安全数据库、应用开发运营的安全平台以及网络安全管理监控系统等。

（2）Y 轴是"OSI 网络参考模型"。信息安全系统的许多技术、技巧都是在网络的各个层面上实施的,离开网络信息系统的安全也就失去意义。

（3）Z 轴是"安全服务"。安全服务就是从网络中的各个层次提供给信息应用系统所需要的安全服务支持。如对等实体认证服务、数据完整性服务、数据保密服务等。

由 X、Y、Z 三个轴形成的信息安全系统三维空间就是信息系统的"安全空间"。随着网络的逐层扩展,这个空间不仅范围逐步加大,安全的内涵也就更丰富,达到具有认证、权限、完整、加密和不可否认五大要素,也叫作"安全空间"的五大属性。

1. 安全机制

安全机制包含基础设施实体安全、平台安全、数据安全、通信安全、应用安全、运行安全、管理安全、授权和审计安全、安全防范体系等。

（1）基础设施实体安全。基础设施实体安全主要包括机房安全、场地安全、设施安全、动力系统安全、灾难预防与恢复等。

（2）平台安全。平台安全主要包括操作系统漏洞检测与修复、网络基础设施漏洞检测与修复、通用基础应用程序漏洞检测与修复、网络安全产品部署等。

（3）数据安全。数据安全主要包括介质与载体安全保护、数据访问控制、数据完整性、数据可用性、数据监控和审计、数据存储与备份安全等。

（4）通信安全。通信主要包括通信线路和网络基础设施安全性测试与优化、安装网络加密设施、设置通信加密软件、设置身份鉴别机制、设置并测试安全通道、测试各项网络协议运行漏洞等。

（5）应用安全。应用安全主要包括业务软件的程序安全性测试（Bug 分析）、业务交往的防抵赖测试、业务资源的访问控制验证测试、业务实体的身份鉴别检测、业务现场的备份与恢复机制检查，以及业务数据的唯一性与一致性及防冲突检测、业务数据的保密性测试、业务系统的可靠性测试、业务系统的可用性测试等。

（6）运行安全。运行安全主要包括应急处置机制和配套服务、网络系统安全性监测、网络安全产品运行监测、定期检查和评估、系统升级和补丁提供、跟踪最新安全漏洞及通报、灾难恢复机制与预防、系统改造管理、网络安全专业技术咨询服务等。

（7）管理安全。管理安全主要包括人员管理、培训管理、应用系统管理、软件管理、设备管理、文档管理、数据管理、操作管理、运行管理、机房管理等。

（8）授权和审计安全。授权安全是指以向用户和应用程序提供权限管理和授权服务为目标，主要负责向业务应用系统提供授权服务管理，提供用户身份到应用授权的映射功能，实现与实际应用处理模式相对应的、与具体应用系统开发和管理无关的访问控制机制。

（9）安全防范体系。组织安全防范体系的建立，就是使得组织具有较强的应急事件处理能力，其核心是实现组织信息安全资源的综合管理，即 EISRM（Enterprise Information Security Resource Management）。组织安全防范体系的建立可以更好地发挥以下六项能力：预警（Warn）、保护（Protect）、检测（Detect）、反应（Response）、恢复（Recover）和反击（Counter-attack）6 个环节，即综合的 WPDRRC 信息安全保障体系。

组织可以结合 WPDRRC 能力模型，从人员、技术、政策（包括法律、法规、制度、管理）三大要素来构成宏观的信息网络安全保障体系结构的框架，主要包括组织机构的建立、人员的配备、管理制度的制定、安全流程的明确等，并切实做好物理安全管理、中心机房管理、主机安全管理、数据库安全管理、网络安全管理、网络终端管理、软件安全管理、授权和访问控制管理、审计和追踪管理，确保日常和异常情况下的信息安全工作持续、有序地开展。

2. 安全服务

安全服务包括对等实体认证服务、数据保密服务、数据完整性服务、数据源点认证服务、禁止否认服务和犯罪证据提供服务等。

（1）对等实体认证服务。对等实体认证服务用于两个开放系统同等层中的实体建立链接或数据传输时，对对方实体的合法性、真实性进行确认，以防假冒。

（2）数据保密服务。数据保密服务包括多种保密服务，为了防止网络中各系统之间的数据被截获或被非法存取而泄密，提供密码加密保护。数据保密服务可提供链接方式和无链接方式两种数据保密，同时也可对用户可选字段的数据进行保护。

（3）数据完整性服务。数据完整性服务用以防止非法实体对交换数据的修改、插入、删除以及在数据交换过程中的数据丢失。数据完整性服务可分为：

- 带恢复功能的链接方式数据完整性；
- 不带恢复功能的链接方式数据完整性；

- 选择字段链接方式数据完整性；
- 选择字段无链接方式数据完整性；
- 无链接方式数据完整性。

（4）数据源点认证服务。数据源点认证服务用于确保数据发自真正的源点，防止假冒。

（5）禁止否认服务。禁止否认服务用以防止发送方在发送数据后否认自己发送过此数据，接收方在收到数据后否认自己收到过此数据或伪造接收数据，由两种服务组成：不得否认发送和不得否认接收。

（6）犯罪证据提供服务。指为违反国内外法律法规的行为或活动，提供各类数字证据、信息线索等。

3. 安全技术

安全技术主要涉及加密、数字签名技术、防控控制、数据完整性、认证、数据挖掘等，详见本教程 2.1.4 节。

5.4.3 工程基础

信息安全系统的建设是在 OSI 网络参考模型的各个层面进行的，因此信息安全系统工程活动离不开其他相关工程，主要包括：硬件工程、软件工程、通信及网络工程、数据存储与灾备工程、系统工程、测试工程、密码工程和组织信息化工程等。

信息安全系统建设是遵从组织所制定的安全策略进行的。而安全策略由组织和组织的客户和服务对象、集成商、安全产品开发者、密码研制单位、独立评估者和其他相关组织共同协商建立。因此信息安全系统工程活动必须要与其他外部实体进行协调。也正是因为信息安全系统工程存在着这些与其他工程的关系接口，而这些接口又遍布各种组织且具有相互影响，所以信息安全系统工程与其他工程相比就更加复杂。

信息安全系统工程应该吸纳安全管理的成熟规范部分，这些安全管理包括物理安全、计算机安全、网络安全、通信安全、输入/输出产品的安全、操作系统安全、数据库系统安全、数据安全、信息审计安全、人员安全、管理安全和辐射安全等。

5.4.4 工程体系架构

信息安全系统工程（Information Security System Engineering，ISSE）是一门系统工程学，它的主要内容是确定系统和过程的安全风险，并且使安全风险降到最低或使其得到有效控制。

1. ISSE-CMM 基础

信息安全系统工程能力成熟度模型（ISSE Capability Maturity Model，ISSE-CMM）是一种衡量信息安全系统工程实施能力的方法，是使用面向工程过程的一种方法。ISSE-CMM 是建立在统计过程控制理论基础上的。统计过程控制理论认为，所有成功组织的共同特点是它们都具有一整套严格定义、管理完善、可测可控的有效业务过程。ISSE-CMM 模型抽取了这样一组"好的"工程，实施并定义了过程的"能力"。ISSE-CMM 主要用于指导信息安全系统工程的完善和改进，使信息安全系统工程成为一个清晰定义的、成熟的、可管理的、可控制的、有效的和可度量的学科。

ISSE-CMM 模型是信息安全系统工程实施的度量标准，它覆盖了：
- 整个生命周期，包括工程开发、运行、维护和终止；
- 管理、组织和工程活动等的组织；
- 与其他规范如系统、软件、硬件、人的因素、测试工程、系统管理、运行和维护等规范并行的相互作用；
- 与其他组织（包括获取、系统管理、认证、认可和评估组织）的相互作用。

ISSE-CMM 主要适用于工程组织（Engineering Organizations）、获取组织（Acquiring Organizations）和评估组织（Evaluation Organizations）。信息安全工程组织包含系统集成商、应用开发商、产品提供商和服务提供商等，这些组织可以使用 ISSE-CMM 对工程能力进行自我评估。信息安全的获取组织包含采购系统、产品以及从外部/内部资源和最终用户处获取服务的组织，这些组织可以使用 ISSE-CMM 来判别一个供应者组织的信息安全系统工程能力，识别该组织供应的产品和系统的可信任性，以及完成一个工程的可信任性。信息安全的评估组织包含认证组织、系统授权组织、系统和产品评估组织等，这些组织可以使用 ISSE-CMM 作为工作基础，以建立被评组织整体能力的信任度。

2. ISSE 过程

一个组织的过程能力可帮助组织预见项目达到目标的能力。位于低能力级组织的项目在达到预定的成本、进度、功能和质量目标上会有很大的变化，而位于高能力组织的项目则完全相反。ISSE 过程的目的是使信息安全系统成为系统工程和系统获取过程整体的必要部分，从而有力地保证用户目标的实现，提供有效的安全措施以满足客户和服务对象的需求，将信息系统安全的安全选项集成到系统工程中，去获得最优的信息安全系统解决方案。为了使信息安全系统具有可实现性并有效力，必须把信息安全系统集成在信息系统生命周期的工程实施过程中，并与业务需求、环境需求、项目计划、成本效益、国家和地方政策、标准、指令保持一致性。这种集成过程将产生一个信息安全系统工程（ISSE）过程，这一过程能够确认、评估、消除（或控制）已知的或假定的安全威胁可能引起的系统威胁（风险），最终得到一个可以接受的安全风险等级。在系统设计、开发和运行时，应该运用科学的和工程的原理来确认和减少系统对攻击的脆弱度或敏感性。ISSE 并不是一个独立的过程，它依赖并支持系统工程和获取（保证）过程，而且是后者不可分割的一部分。

ISSE 过程的目标是提供一个框架，每个工程项目都可以对这个框架进行裁剪以符合自己特定的需求。ISSE 表现为直接与系统工程功能和事件相对应的一系列信息安全系统工程行为。ISSE 将信息安全系统工程实施过程分解为：工程过程（Engineering Process）、风险过程（Risk Process）和保证过程（Assurance Process）三个基本的部分，如图 5-13 所示。它们相互独立，但又有着有机的联系。粗略地说来，在风险过程中，人们识别出所开发的产品或系统风险，并对这些危险进行优先级排序。针对危险所面临的安全问题，信息安全系统工程过程与其他工程一起来确定安全策略和实施解决方案。最后，由安全保证过程建立起解决方案的可信性并向用户转达这种安全可信性。

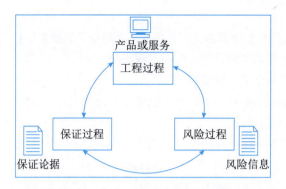

图 5-13 信息安全系统工程过程的组成部分

1）工程过程

信息安全系统工程与其他工程活动一样，是一个包括概念、设计、实现、测试、部署、运行、维护、退出的完整过程，如图 5-14 所示。在这个过程中，信息安全系统工程的实施必须紧密地与其他的系统工程组进行合作。ISSE-CMM 强调信息安全系统工程是一个大项目队伍中的组成部分，需要与其他科目工程的活动相互协调。这将有助于保证安全成为一个大项目过程中一个部分，而不是一个分离的独立部分。

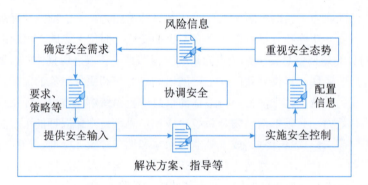

图 5-14 信息安全系统工程实施过程

使用上面所描述的风险管理过程的信息和关于系统需求、相关法律、政策的其他信息，信息安全系统工程就可以与用户一起来识别安全需求。一旦需求被识别，信息安全系统工程就可以识别和跟踪特定的安全需求。

对于信息安全问题，创建信息安全解决方案一般包括识别可能选择的方案，然后评估决定哪一种更可能被接受。将这个活动与工程过程的其他活动相结合，不但要解决方案的安全问题，还需要考虑成本、性能、技术风险、使用的简易性等因素。

2）风险过程

信息安全系统工程的一个主要目标是降低信息系统运行的风险。风险就是有害事件发生的可能性及其危害后果。出现不确定因素的可能性取决于各个信息系统的具体情况。这就意味着这种可能性仅可能在某些限制条件下才可预测。此外，对一种具体风险的影响进行评估，必须要考虑各种不确定因素。因此大多数因素是不能被综合起来准确预报的。在很多情况下，不确定因素的影响是很大的，这就使得对安全的规划和判断变得非常困难。

一个有害事件由威胁、脆弱性和影响三个部分组成。脆弱性包括可被威胁利用的资产性质。如果不存在脆弱性和威胁，则不存在有害事件，也就不存在风险。风险管理是调查和量化风险的过程，并建立组织对风险的承受级别。它是安全管理的一个重要部分。风险管理过程，如图 5-15 所示。

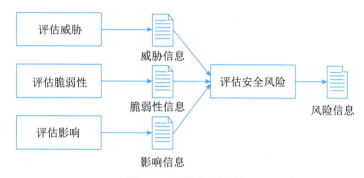

图 5-15　风险管理过程

安全措施的实施可以减轻风险，但无论如何，不可能消除所有威胁或根除某个具体威胁。这主要是因为消除风险所需的代价，以及与风险相关的各种不确定性。因此，必须接受残留的风险。在存在很大不确定性的情况下，由于风险度量不精确的本质特征，在怎样的程度上接受它才是恰当的，往往会成为很大的问题。ISSE-CMM 过程域包括实施组织对威胁、脆弱性、影响和相关风险进行分析的活动保证。

3）保证过程

保证过程是指安全需求得到满足的可信程度，它是信息安全系统工程非常重要的产品，保证过程如图 5-16 所示。保证的形式多种多样。ISSE-CMM 的可信程度来自于信息安全系统工程实施过程可重复性的结果质量。这种可信性的基础是工程组织的成熟性，成熟的组织比不成熟的组织更可能产生出重复的结果。

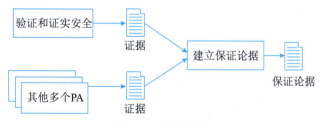

图 5-16　保证过程

安全保证并不能增加任何额外的对安全相关风险的抗拒能力，但它能为减少预期安全风险提供信心。安全保证也可看作是安全措施按照需求运行的信心。这种信心来自于措施及其部署的正确性和有效性。正确性保证了安全措施按设计实现了需求，有效性则保证了提供的安全措施可充分地满足用户的安全需求。安全机制的强度也会发挥作用，但其作用却受到保护级别和安全保证程度的制约。

3. ISSE-CMM 体系结构

ISSE-CMM 的体系结构完全适应整个信息安全系统工程范围内决定信息安全工程组织的成熟性。这个体系结构的目标是为了落实安全策略，而从管理和制度化突出信息安全工程的基本特征。为此，该模型采用两维设计，其中一维是"域"（Domain），另一维是"能力"（Capability）。

1）域维/安全过程域

域维汇集了定义信息安全工程的所有实施活动，这些实施活动称为过程域。能力维代表组织能力，它由过程管理能力和制度化能力构成。这些实施活动被称作公共特性，可在广泛的域中应用。执行一个公共特性是一个组织能力的标志。通过设置这两个相互依赖的维，ISSE-CMM 在各个能力级别上覆盖了整个信息安全活动范围。

ISSE 包括 6 个基本实施，这些基本实施被组织成 11 个信息安全工程过程域，这些过程域覆盖了信息安全工程所有主要领域。安全过程域的设计是为了满足信息安全工程组织广泛的需求。划分信息安全工程过程域的方法有许多种。典型的做法之一就是将实际的信息安全工程服务模型化，即原型法，以此创建与信息安全工程服务相一致的过程域。其他的方法可以是识别概念域，它们将识别的这些域形成相应的基本信息安全工程构件模块。每一个过程域包括一组表示组织成功执行过程域的目标，每一个过程域也包括一组集成的基本实施，基本实施定义了获得过程域目标的必要步骤。

一个过程域通常需要满足：
- 汇集一个域中的相关活动，以便于使用；
- 就是有关有价值的信息安全工程服务；
- 可在整个组织生命周期中应用；
- 能在多个组织和多个产品范围内实现；
- 能作为一个独立过程进行改进；
- 能够由类似过程兴趣组进行改进；
- 包括所有需要满足过程域目标的基本实施（Base Practices，BP）。

基本实施的特性包括：
- 应用于整个组织生命期；
- 和其他 BP 互相不覆盖；
- 代表安全业界"最好的实施"；
- 不是简单地反映当前技术；
- 可在业务环境下以多种方法使用；
- 不指定特定的方法或工具。

由基本实施组成的 11 个安全工程过程域包括：PA01——实施安全控制、PA02——评估影响、PA03——评估安全风险、PA04——评估威胁、PA05——评估脆弱性、PA06——建立保证论据、PA07——协调安全、PA08——监控安全态、PA09——提供安全输入、PA10——确定安全需求、PA11——验证和证实安全。

ISSE-CMM 还包括 11 个与项目和组织实施有关的过程域：PA12——保证质量、PA13——管理配置、PA14——管理项目风险、PA15——监测和控制技术工程项目、PA16——规划技术工程项目、PA17——定义组织的系统工程过程、PA18——改进组织的系统工程过程、PA19——管理产品线的演变、PA20——管理系统工程支持环境、PA21——提供不断更新的技能和知识、PA22——与供应商的协调。

2）能力维 / 公共特性

通用实施（Generic Practices，GP），由被称为公共特性的逻辑域组成，公共特性分为 5 个级别，依次表示增强的组织能力。与域维基本实施不同的是，"能力"维的通用实施按其成熟性排序，因此高级别的通用实施位于能力维的高端。

公共特性设计的目的是描述在执行工作过程（此处即为信息安全工程域）中组织特征方式的主要变化。每一个公共特性包括一个或多个通用实施。通用实施可应用到每一个过程域（ISSE-CMM 应用范畴），但第一个公共特性"执行基本实施"例外。其余公共特性中的通用实施可帮助确定项目管理好坏的程度并可将每一个过程域作为一个整体加以改进。公共特性满足每一个级别成熟的信息安全工程特性，如表 5-15 所示。

表 5-15 公共特性的成熟度等级定义

级别	公共特性	通用实施	
Level 1：非正规实施级	执行基本实施	1.1.1	执行过程
Level 2：规划和跟踪级	规划执行	2.1.1	为执行过程域分配足够资源
		2.1.2	为开发工作产品和（或）提供过程域服务指定责任人
		2.1.3	将过程域执行的方法形成标准化和（或）程序化文档
		2.1.4	提供支持执行过程域的有关工具
		2.1.5	保证过程域执行人员获得适当的过程执行方面的培训
		2.1.6	对过程域的实施进行规划
	规范化执行	2.2.1	在执行过程域中，使用文档化的规划、标准和（或）程序
		2.2.2	在需要的地方将过程域的工作产品置于版本控制和配置管理之下
	验证执行	2.3.1	验证过程与可用标准和（或）程序的一致性
		2.3.2	审计工作产品（验证工作产品遵从可适用标准和（或）需求的情况）
	跟踪执行	2.4.1	用测量跟踪过程域相对于规划的态势
		2.4.2	当进程严重偏离规划时采取必要修正措施
Level 3：充分定义级	定义标准化过程	3.1.1	对过程进行标准化
		3.1.2	对组织的标准化过程族进行裁剪
	执行已定义的过程	3.2.1	在过程域的实施中使用充分定义的过程
		3.2.2	对过程域的适当工作产品进行缺陷评审
		3.2.3	通过使用已定义过程的数据管理该过程
	协调安全实施	3.3.1	协调工程科目内部的沟通
		3.3.2	协调组织内不同组间的沟通
		3.3.3	协调与外部组间的沟通

（续表）

级别	公共特性	通用实施	
Level 4：量化控制级	建立可测度的质量目标	4.1.1	为组织标准过程族的工作产品建立可测度的质量目标
	对执行情况实施客观管理	4.2.1	量化地确定已定义过程的过程能力
		4.2.2	当过程未按过程能力执行时，适当地采取修正行动
Level 5：持续改进级	改进组织能力	5.1.1	为改进过程效能，根据组织的业务目标和当前过程能力建立量化目标
		5.1.2	通过改变组织的标准化过程，从而提高过程效能
	改进过程的效能	5.2.1	执行缺陷的因果分析
		5.2.2	有选择地消除已定义过程中缺陷产生的原因
		5.2.3	通过改变已定义过程来连续地改进实施

3）能力级别

将通用实施划分为公共特性，将公共特性划分为能力级别有多种方法。公共特性的排序得益于对现有其他安全实施的实现和制度化，特别是当实施活动有效建立时尤其如此。在一个组织能够明确地定义、裁剪和有效使用一个过程前，单独执行的项目应该获得一些过程执行方面的管理经验。例如，一个组织应首先尝试对一个项目规模评估过程后，再将其规定为这个组织的过程规范。有时，当把过程的实施和制度化放在一起考虑可以增强能力时，则无须要求严格地进行前后排序。

公共特性和能力级别无论在评估一个组织过程能力还是改进组织过程能力时都是重要的。当评估一个组织能力时，如果这个组织只执行了一个特定级别的一个特定过程的部分公共特性时，则这个组织对这个过程而言：处于这个级别的最底层。例如，在2级能力上，如果缺乏跟踪执行公共特性的经验和能力，那么跟踪项目的执行将会很困难。如果高级别的公共特性在一个组织中实施，但其低级别的公共特性未能实施，则这个组织不能获得该级别的所有能力带来的好处。评估组织在评估一个组织个别过程能力时，应对这种情况加以考虑。

当一个组织希望改进某个特定过程能力时，能力级别的实施活动可为实施改进的组织提供一个"能力改进路线图"。基于这一理由，ISSE-CMM 的实施按公共特性进行组织，并按级别进行排序。对每一个过程域能力级别的确定，均需执行一次评估过程。这意味着不同的过程域能够或可能存在不同的能力级别上。组织可利用这个面向过程的信息，作为侧重于这些过程改进的手段。组织改进过程活动的顺序和优先级应在业务目标里加以考虑。业务目标是如何使用 ISSE-CMM 模型的主要驱动力。但是，对典型的改进活动，也存在着基本活动次序和基本的原则。这个活动次序在 ISSE-CMM 结构中通过公共特性和能力级别加以定义。能力级别代表工程组织的成熟度级别，如图 5-17 所示。

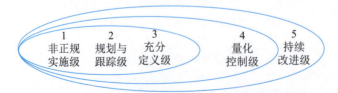

图 5-17　能力级别代表工程组织的成熟度级别的五级模型

5.5 本章练习

1. 选择题

（1）_____使系统的描述及信息模型的表示与客观实体相对应，符合人们的思维习惯，有利于系统开发过程中用户与开发人员的交流和沟通。

    A. 原型化方法   B. 面向对象方法

    C. 结构化方法   D. 面向服务的方法

参考答案：B

（2）关于 UML（统一建模语言）描述中，不正确的是：_____。

    A. UML 适用于各种软件开发方法

    B. UML 适用于软件生命周期的各个阶段

    C. 行为事物是 UML 模型中的静态部分

    D. UML 不是编程语言

参考答案：C

（3）面向对象软件开发方法的主要优点包括_____。

① 符合人类思维习惯   ② 普适于各类信息系统的开发

③ 构造的系统复用性好   ④ 适用于任何信息系统开发的全生命周期

    A. ①③④   B. ①②③   C. ②③④   D. ①②④

参考答案：B

（4）关于面向对象方法的描述，不正确的是：_____。

    A. 相比于面向过程设计方法，面向对象方法更符合人类思维习惯

    B. 封装性、继承性、模块性是面向对象的三大特征

    C. 面向对象设计中，应把握高内聚、低耦合的原则

    D. 使用面向对象方法构造的系统具有更好的复用性

参考答案：B

（5）某行业协会计划开发一个信息管理系统，现阶段用户无法明确该系统的全部功能要求，希望在试用后再逐渐改进并最终实现用户需求。则该信息系统应采用的开发方法是_____。

    A. 结构化方法   B. 面向对象方法   C. 原型化方法   D. 面向服务方法

参考答案：C

（6）软件测试是发现软件错误（缺陷）的主要手段，软件测试方法可分为静态测试和动态测试，其中_____属于静态测试。

    A. 代码走查   B. 功能测试   C. 黑盒测试   D. 白盒测试

参考答案：A

2. 案例题

某跨国公司 70% 的收入来源于出售他们国际新闻以及金融信息等基本信息产品。这些产品

是通过它的市场显示系统向用户展示的。为改进市场显示系统的可用性，使其能更容易、更方便地满足顾客的要求，公司让小张负责一个最高优先权的项目，任务是改进显示系统的用户界面。为此，小张组建了"可用性小组"。这实际上是一个"虚拟小组"，除包括小张及三名公司成员之外，还包括一些有关的技术公司，如交互图形公司、微软公司的代表。该小组还与500多名专家保持联系，其中一位是"符号学专家"，专门负责把计算机的动作翻译成像Windows的图标那样的一些符号。该小组并不通过市场调查，去问顾客想要一些什么，而是在他们建立的"可用性实验室"中观察客户们怎样利用公司的显示系统查找他们想要的信息产品。

可用性实验室有两个房间，一间给用户们用，用户在公司助理人员的伴随下完成一系列就应用系统的实验。另一间房间被玻璃隔成一些小间，各放有一台显示器，显示内容与用户屏幕上的内容相同，并用可视信号或者是内部通信系统与用户保持联系实验时，要求客户完成一系列的操作。例如，可以要求用户去查询某只股票的价格，画出它在一定期间内走势图，找出一些相关的消息和公司的财务数据。随着用户的操作，可用性小组的人员就在监视器上观察用户在什么地方发生问题，测试出完成每项操作的时间，留意引起用户工作中断的过程。用户操作过程还被录像，从录像带上能够更精确地测量所用的时间。该实验室每个月能完成100个用户的三项至四项主要测试。实验室还要去了解公司服务机构接听的用户求助电话，将用户求助问题分为四类，录入数据库并进行统计分析，找出用户遇到的主要问题并设法改进。例如，1994年4月有34%的电话是有关RT工作站反映出的可用性问题的，进一步分析表明28%的电话是关于报价单问题的，于是公司就将报价单在工作站上的显示形式进行了改进。

可用性小组最后制定了一系列规范，要求所有公司开发小组开发的软件产品都要经过可用性小组的审查，相同的功能要用相同的图标，图标也必须在可用性小组开发的一系列标准图标集中选用。这些图标，开发小组可以在网络上得到。

问题1：可用性实验室为公司解决了什么问题？

问题2：上述系统采用了什么开发方法？简述该方法的基本思想和基本步骤？

问题3：这种开发方法适合于解决哪一类问题？

问题4：常用的信息系统开发方法有哪些？这些方法分别具有哪些优缺点？分别适用于哪些场合？

参考答案：略

第6章 项目管理概论

6.1 PMBOK 的发展

PMBOK 项目管理知识体系（Project Management Body Of Knowledge，PMBOK）是由美国项目管理协会（Project Management Institute，PMI）开发的一套描述项目管理专业范围的知识体系，包含了对项目管理所需的知识、技能和工具的描述。

1981 年，PMI 组委会批准了项目并成立了专门的小组开展了相应的研发工作，旨在将项目管理人在项目管理过程中的优秀实践总结形成标准。1983 年该小组发表了第一份报告，报告中项目管理的基本内容划分为范围管理、成本管理、时间管理、质量管理、人力资源管理和沟通管理 6 个领域，形成了后期项目管理专业化的基础内容。1984 年 PMI 组委会批准了第二个关于进一步开发项目管理标准的项目，1987 年该小组发表了题为"项目管理知识体系"的研究报告，1996 年进行了修订，称之为"项目管理知识体系指南"，国际标准化组织 ISO 随后以该文件为框架，制定了第一个项目管理的标准 ISO 10006：1997《质量管理 项目管理质量指南》。从 1996 年 PMBOK 指南第一个版本开始，PMI 每四年更新一版 PMBOK 指南，截至 2022 年，已经出版了 2000 年的第 2 版、2004 年的第 3 版、2008 年的第 4 版、2012 年的第 5 版、2017 年的第 6 版和 2021 年的第 7 版。

在 PMBOK 发展过程中，1996 年第 1 版、2004 年第 3 版、2017 年第 6 版和 2021 年第 7 版之间变化较为突出，主要的变化情况如表 6-1 所示。

表 6-1 PMBOK 主要变化情况

版本	主要发展变化情况
第 1 版（1996 年）	● 定位为指南，名为"项目管理知识体系指南" ● 表明项目管理知识体系获得了"广泛认可"，适用于大多数项目，实践价值和有效性获得了广泛的一致认可 ● 将项目管理定义为"将知识、技能、工具和技术应用于项目活动，以便达到或超过干系人的需要和对项目的期望" ● 采用基于过程的标准，各知识领域之间相互联系并相互作用 ● 创建了稳健而灵活的结构；同时，国际标准化组织（ISO）和其他组织也正在制定基于过程的标准
第 3 版（2004 年）	● 首次在封面上印制了"ANSI标准"的标识 ● 正式区分了《项目的项目管理标准》和《项目管理框架和知识体系》 ● 包含了"适用于多数项目的良好实践" ● 将项目管理定义为"将知识、技能、工具和技术应用于项目活动，以便达到项目要求"

（续表）

版本	主要发展变化情况
第 6 版 （2017 年）	• 清晰区分了 ANSI 标准和指南 • 首次将"敏捷"内容纳入正文 • 拓展了知识领域前言部分，包括核心概念、发展趋势和新兴实践、裁剪时需要考虑的因素，以及在敏捷或适应型环境中需要考虑的因素
第 7 版 （2021 年）	• 从系统视角论述项目管理，《项目管理标准》中加入了"价值交付系统"。"价值交付系统"从系统角度，重点关注与业务能力结合在一起的价值链，为组织的战略、价值和商业目标提供支持。"价值交付系统"强调过程的输出是为了实现项目的成果，而实现项目的成果最终目标是为了将价值交付给组织及其干系人 • 增加了8个绩效域，这些绩效域对于有效交付项目成果至关重要。绩效域所代表的项目管理系统，充分体现了组织彼此交互、相互关联且相互依赖的管理能力，这些能力只有协调一致才能实现期望的项目成果 • 《项目管理标准》中增加12个项目管理原则 • 体现了各种开发方法：预测型、适应型、混合型等

6.2 项目基本要素

6.2.1 项目基础

项目是为创造独特的产品、服务或成果而进行的临时性工作。

1. 独特的产品、服务或成果

开展项目是为了通过可交付成果达成目标。目标是所指向的结果、要取得的战略地位、要达到的目的、要获得的成果、要生产的产品或者要提供的服务。可交付成果是指在某一过程、阶段或项目完成时，形成的独特并可验证的产品、成果或服务。可交付成果可能是有形的，也可能是无形的。实现项目目标可能会产生一个或多个可交付成果。

某些项目可交付成果和活动中可能存在相同的元素，但这并不会改变项目本质上的独特性。例如，即便采用相同或相似的语言或工具，由相同的团队来开发，但每个信息系统项目仍具备独特性，例如需求、设计、运行环境、项目干系人都是独特的。

项目可以在组织的任何层级上开展。一个项目可能只涉及一个人，也可能涉及一组人；可能只涉及一个组织单元，也可能涉及多个组织的多个单元。

一些项目的例子包括：为市场开发新的复方药；扩展导游服务；合并两家组织；改进组织内的业务流程；为组织采购和安装新的计算机硬件系统；一个地区的石油勘探；修改组织内使用的计算机软件；研发新的工艺流程；建造一座大楼等。

2. 临时性工作

项目的"临时性"是指项目有明确的起点和终点。"临时性"并不一定意味着项目的持续时间短。项目可宣告结束的情况主要包括：达成项目目标；不能达到目标；项目资金耗尽或不再获得资金支持；对项目的需求不复存在（例如：客户不再要求完成项目，战略或优先级的变更致使项目终止，组织管理层下达终止项目的指示）；无法获得所需的人力或物力资源；出于法律或其他原因终止项目等。

虽然项目是临时性工作，但其可交付成果可能会在项目终止后依然存在。例如，国家纪念碑建设项目就是要创造一个可以流传百世的建筑。

3. 项目驱动变更

项目驱动组织进行变更。从业务价值角度看，项目旨在推动组织从一个状态转到另一个状态，从而达成特定目标，获得更高的业务价值，如图6-1所示。在项目开始之前，组织处于"当前状态"，项目驱动变更是为了获得期望的结果，即"将来状态"。通过成功完成一个或一系列项目，组织可以实现将来状态并达成特定的目标。

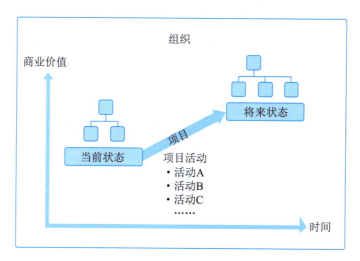

图 6-1　组织通过项目进行状态转换

4. 项目创造业务价值

业务价值是从组织运营中获得的可量化的净效益。项目的业务价值指特定项目的成果能够为干系人带来的效益。项目带来的效益可以是有形的、无形的或两者兼而有之。有形效益的例子包括：货币资产、股东权益、公共事业、固定资产、工具、市场份额等。无形效益的例子包括：商誉、声誉、商标、公共利益、战略联盟、品牌认知度等。

5. 项目启动背景

促进项目创建的因素多种多样。组织领导者启动项目是为了应对影响该组织持续运营和业务战略的因素。这些因素说明了项目的启动背景，它们最终应与组织的战略目标以及各个项目的业务价值相关联。促进项目创建的因素大致可以四个基本类别，各类项目示例如表6-2所示。

表 6-2 促成项目创建的因素

特定因素	特定因素示例	符合法律法规或社会需求	满足干系人要求或需求	创造、改进或修复产品、过程或服务	执行、变更业务或技术战略
新技术	某电子公司批准一个新项目，在计算机内存和电子技术发展基础上，开发一种高速、廉价的小型笔记本电脑			√	√
竞争力	为保持竞争力，产品价格要低于竞争对手产品价格，需要降低生产成本				√
材料问题	某市政桥梁的一些支撑构件出现裂缝，因此需要实施一个项目来解决问题	√		√	
政策变革	在某新政策影响下，当前某项目经费发生变更				√
市场需求	为应对汽油紧缺，某汽车公司批准一个低油耗车型的研发项目		√	√	
经济变革	经济滑坡导致某当前项目优先级发生变更				√
客户要求	为了给新工业园区供电，某电力公司批准一个新变电站建设项目		√	√	
干系人需求	某干系人要求组织进行新的输出		√		
法律要求	某化工制造商批准一个项目，为妥善处理一种新的有毒材料制定指南	√			
业务过程改进	某组织实施一个运用精益六西格玛价值流图的项目			√	
战略机会或业务需求	为增加收入，某培训公司批准一个项目，开发一门新课程			√	√
社会需要	为应对传染病频发，某发展中国家的非政府组织批准一个项目，为社区建设饮用水系统和公共厕所，并开展卫生教育		√		
环境需要	为减少污染，某上市公司批准一个项目，开创电动汽车共享服务			√	√

6.2.2 项目管理的重要性

项目管理就是将知识、技能、工具与技术应用于项目活动，以满足项目的要求。通过合理地应用并整合特定的项目管理过程，项目管理使组织能够有效并高效地开展项目。

有效的项目管理能够帮助个人、群体以及组织：①达成业务目标；②满足干系人的期望；③提高可预测性；④提高成功的概率；⑤在适当的时间交付正确的产品；⑥解决问题和争议；⑦及时应对风险；⑧优化组织资源的使用；⑨识别、挽救或终止失败项目；⑩管理制约因素（例如范围、质量、进度、成本、资源）；⑪平衡制约因素对项目的影响（例如，范围扩大可能会增加成本或延长进度）；⑫以更好的方式管理变更等。

项目管理不善或缺失可能导致：①项目超过时限；②项目成本超支；③项目质量低劣；④返工；⑤项目范围失控；⑥组织声誉受损；⑦干系人不满意；⑧无法达成目标等。

项目是组织创造价值和效益的主要方式。当今外部环境动荡不定，变化越来越快，组织领导者需要应对预算紧缩、时间缩短、资源稀缺以及技术快速变化的情况。组织为了在全球经济中保持竞争力，需要充分利用项目管理来持续创造价值和效益。

有效和高效的项目管理是一个组织的战略能力。它使组织能够：①将项目成果与业务目标联系起来；②更有效地展开市场竞争；③实现可持续发展；④通过适当调整项目管理计划，以应对外部环境改变给项目带来的影响等。

6.2.3 项目成功的标准

确定项目是否成功是项目管理中最常见的挑战之一。

时间、成本、范围和质量等项目管理测量指标，历来被视为确定项目是否成功的最重要的因素。确定项目是否成功还应考虑项目目标的实现情况。

明确记录项目目标并选择可测量的目标是项目成功的关键。主要干系人和项目经理应思考三个问题：①怎样才算项目成功？②如何评估项目成功？③哪些因素会影响项目成功？主要干系人和项目经理应就这些问题达成共识并予以记录。

项目成功可能涉及与组织战略和业务成果交付相关的标准与目标，这些项目目标可能包括：①完成项目效益管理计划；②达到可行性研究与论证中记录的已商定的财务测量指标，这些财务测量指标可能包括：净现值（NPV）、投资回报率（ROI）、内部报酬率（IRR）、回收期（PBP）和效益成本比率（BCR）；③达到可行性研究与论证的非财务目标；④组织从"当前状态"成功转移到"将来状态"；⑤履行合同条款和条件；⑥达到组织战略、目的和目标，使干系人满意；⑦可接受的客户/最终用户的采纳度；⑧将可交付成果整合到组织的运营环境中；⑨满足商定的交付质量；⑩遵循治理规则；⑪满足商定的其他成功标准或准则（例如过程产出率）等。

为了取得项目成功，项目团队必须能够正确评估项目状况，平衡项目要求，并与干系人保持积极沟通。如果项目能够与组织的战略方向持续保持一致，项目成功的概率就会显著提高。有可能一个项目从范围、进度、预算来看是成功的，但从业务角度来看并不成功，这是因为业务需求或市场环境在项目完成之前发生了变化。

6.2.4 项目、项目集、项目组合和运营管理之间的关系

1. 概述

项目管理过程、工具和技术的运用为组织达成目标奠定了坚实的基础。一个项目可以采用三种不同的模式进行管理：独立项目（不包括在项目集或项目组合中）、在项目集内、在项目组合内。如果在项目集或项目组合内管理某个项目，则项目经理需要与项目集或项目组合经理沟

通与合作。

为达成组织的一系列目的和目标，可能需要实施多个项目。在这种情况下，项目可能被归入项目集中。项目集是一组相互关联且被协调管理的项目、子项目集和项目集活动，目的是为了获得分别管理无法获得的利益。项目集不是大项目，大项目是指规模、影响等特别大的项目。有些组织可能会采用项目组合，有效管理在任何特定的时间内同时进行的多个项目集和项目。项目组合是指为实现战略目标而组合在一起管理的项目、项目集、子项目组合和运营工作。项目组合、项目集、项目和运营在特定情况下是相互关联的，如图 6-2 所示。

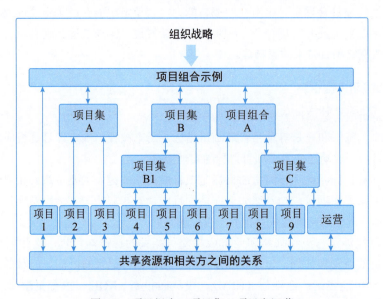

图 6-2 项目组合、项目集、项目和运营

项目集管理和项目组合管理的生命周期、活动、目标、重点和效益都与项目管理不同；但是，项目组合、项目集、项目和运营通常都涉及相同的干系人，还可能需要使用同样的资源，而这可能会导致组织内出现冲突。这种情况促使组织增强内部协调，通过项目组合、项目集和项目管理达成组织内部的有效平衡。

图 6-2 所示的项目组合结构表明了项目集、项目、共享资源和干系人之间的关系。项目组合能够促进这项工作的有效治理和管理，从而有助于实现组织战略和相关优先级。在开展组织和项目组合规划时，要基于风险、资金和其他考虑因素对项目组合组件进行优先级排列。项目组合有利于组织了解战略目标在项目组合中的实施情况，还能适当促进项目组合、项目集和项目治理的实施与协调。这种协调治理方式可以合理分配资源，为实现预期绩效和效益分配人力、财力和实物资源。

从组织的角度看：①项目和项目集管理的重点在于以"正确"的方式开展项目集和项目，即"正确地做事"；②项目组合管理则注重于开展"正确"的项目集和项目，即"做正确的事"。表 6-3 概述了三者在定义、范围、变更、规划、管理、监督和成果方面的比较与不同。

表 6-3 项目、项目集、项目组合管理的比较

	项目	项目集	项目组合
定义	项目是为创造独特的产品、服务或成果而进行的临时性工作	项目集是一组相互关联且被协调管理的项目、子项目集和项目集活动,以便获得分别管理所无法获得的效益	项目组合是为实现战略目标而组合在一起管理的项目、项目集、子项目组合和运营工作的集合
范围	项目具有明确的目标,范围在整个项目生命周期中是渐进明晰的	项目集的范围包括其项目集组件的范围。项目集通过确保各项目集组件的输出和成果协调互补,为组织带来效益	项目组合的组织范围随着组织战略目标的变化而变化
变更	项目经理对变更和实施过程做出预期,实现对变更的管理和控制	项目集的管理方法是随着项目集各组件成果和输出的交付,在必要时接受和适应变更,优化效益实现	项目组合经理持续监督更广泛的内外部环境的变更
规划	在整个项目生命周期中,项目经理渐进明晰高层级信息,将其转化为详细的计划	项目集的管理利用高层级计划,跟踪项目集组件的依赖关系和进展。项目集计划也用于在组件层级指导规划	项目组合经理建立并维护与项目组合整体有关的必要过程和沟通
管理	项目经理为实现项目目标而管理项目团队	项目集由项目集经理管理,其通过协调项目集组件的活动,确保项目集效益按预期实现	项目组合经理可管理或协调项目组合管理人员或对项目组合整体负有报告职责的项目集和项目人员
监督	项目经理监控项目开展中生产产品、提供服务或成果的工作	项目集经理监督项目集组件的进展,确保整体目标、进度计划、预算和项目集效益的实现	项目组合经理监督战略变更以及总体资源分配、绩效成果和项目组合风险
成果	项目的成功通过产品和项目的质量、时间表、预算的依从性以及客户满意度水平进行衡量	项目集的成功通过项目集向组织交付预期效益的能力以及项目集交付所述效益的效率和效果进行衡量	项目组合的成功通过项目组合的总体投资效果和实现的效益进行衡量

2. 项目集管理

项目集管理指在项目集中应用知识、技能与原则来实现项目集的目标,获得分别管理项目集组成部分所无法实现的利益和控制。项目集组成部分指项目集中的项目和其他项目集。项目管理注重项目内部的依赖关系,以确定管理项目的最佳方法。项目集管理注重项目集组成部分之间的依赖关系,以确定管理这些项目的最佳方法。项目集的具体管理措施包括:①调整对项目集和所辖项目的目标有影响的组织或战略方向;②将项目集范围分配到项目集的组成部分;③管理项目集组成部分之间的依赖关系,从而以最佳方式实施项目集;④管理可能影响项目集内多个项目的项目集风险;⑤解决影响项目集内多个项目的制约因素和冲突;⑥解决作为组成部分的项目与项目集之间的问题;⑦在同一个治理框架内管理变更请求;⑧将预算分配到项目集内的多个项目中;⑨确保项目集及其包含的项目能够实现效益。

建立一个新的通信卫星系统就是项目集的一个实例,其所辖项目包括卫星与地面站的设计和建造、卫星发射以及系统整合。

3. 项目组合管理

项目组合是指为实现战略目标而组合在一起管理的项目、项目集、子项目组合和运营工作。项目组合管理是指为了实现战略目标而对一个或多个项目组合进行的集中管理。项目组合中的项目集或项目不一定存在彼此依赖或直接相关的关联关系。

项目组合管理的目的是：①指导组织的投资决策；②选择项目集与项目的最佳组合方式，以达成战略目标；③提供决策透明度；④确定团队资源分配的优先级；⑤提高实现预期投资回报的可能性；⑥集中管理所有组成部分的综合风险；⑦确定项目组合是否符合组织战略。

要实现项目组合价值的最大化，需要精心检查项目组合的各个组成部分。确定各组成部分的优先级，使最有利于组织战略目标的部分拥有所需的财力、人力和实物资源。

4. 运营管理

运营管理是另外一个领域，不属于项目管理范围。运营管理关注产品的持续生产、服务的持续提供。运营管理使用最优资源满足客户要求，以保证组织或业务持续高效地运行。运营管理重点管理把输入（如材料、零件、能源和人力）转变为输出（如产品、服务）的过程。

5. 运营与项目管理

运营的改变可以作为某个项目的关注焦点，尤其当项目交付的新产品或新服务将导致运营有实质性改变时。持续运营不属于项目的范畴，但是项目与运营会在产品生命周期的不同时间点存在交叉，例如：在新产品开发、产品升级或提高产量时；在改进运营或产品开发过程时；在产品生命周期结束阶段；在每个收尾阶段会存在交叉。在每个交叉点，可交付成果及知识都会在项目与运营之间转移，可能是将项目资源及知识转移到运营部门，也可能是将运营资源转移至项目中。

6. 组织级项目管理和战略

项目组合、项目集和项目都需要符合组织战略，由组织战略驱动，并以不同的方式服务于战略目标的实现：①项目组合管理通过选择适当的项目集或项目，对工作进行优先级排序，并提供所需资源，与组织战略保持一致；②项目集管理通过对其组成部分进行协调，对它们之间的依赖关系进行控制，从而实现既定收益；③项目管理使组织的目标得以实现。

组织往往用战略规划引导项目投资，明确项目对实现组织战略和目标的作用。通过组织级项目管理，对项目组合、项目集和项目进行系统化管理，可以确保项目符合组织战略业务目标。组织级项目管理是指为实现战略目标，通过组织驱动因素整合项目组合、项目集和项目管理的框架。

组织级项目管理旨在确保组织开展正确项目并合适地分配关键资源。组织级项目管理有助于确保组织的各个层级都了解组织的战略愿景、实现愿景的措施、组织目标以及可交付成果。项目组合、项目集、项目和运营相互作用的组织环境，如图6-3所示。

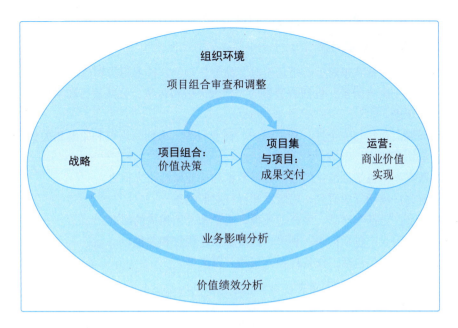

图 6-3 组织级项目管理

6.2.5 项目内外部运行环境

项目在内部和外部环境中存在和运作,这些环境对价值交付有不同程度的影响。内部和外部环境可能会影响规划和其他项目活动。这些影响可能会对项目特征、干系人或项目团队产生有利、不利或中性的影响。

1. 组织过程资产

- 过程资产:包括工具、方法论、方法、模板、框架、模式或PMO资源。
- 治理文件:包括政策和流程。
- 数据资产:包括以前项目的数据库、文件库、度量指标、数据和工件。
- 知识资产:包括项目团队成员、主题专家和其他员工的隐性知识。
- 安保和安全:包括对设施访问、数据保护、保密级别和专有秘密的程序和实践等。

2. 组织内部的事业环境因素

- 组织文化、结构和治理:包括愿景、使命、价值观、信念、文化规范、领导力风格、等级制度和职权关系、组织风格、道德和行为规范。
- 设施和资源的物理分布:包括工作地点、虚拟项目团队和共享系统。
- 基础设施:包括现有设施、设备、组织和电信通道、IT硬件及其可用性和功能。
- 信息技术软件:包括进度计划软件、配置管理系统、信息系统的网络接口、协作工具和工作授权系统。
- 资源可用性:包括合同和采购制约因素、获得批准的供应商和分包商以及合作协议。

- 员工能力：包括通用和特定的专业知识、技能、能力、技术和知识等。

3. 组织外部的事业环境因素

- 市场条件：包括竞争对手、市场份额、品牌认知度、技术趋势和商标。
- 社会和文化影响因素：包括政策导向、地域风俗和传统、公共假日和事件、行为规范、道德和观念。
- 监管环境：包括与安全性、数据保护、商业行为、雇佣、许可和采购相关的全国性和地区性法律和法规。
- 商业数据库：包括标准化的成本估算数据和行业风险研究信息。
- 学术研究：包括行业研究、出版物和标杆对照结果。
- 行业标准：包括与产品、生产、环境、质量和工艺相关的标准。
- 财务考虑因素：包括汇率、利率、通货膨胀、税收和关税。
- 物理环境因素：包括工作条件和天气相关因素等。

6.2.6 组织系统

项目运行时会受到项目所在的组织结构和治理框架的影响与制约。为有效且高效地开展项目，项目经理需要了解组织内的组织机构及职责分配情况，帮助自己有效地利用其权力、影响力、能力、领导力等，以便成功完成项目。

组织内多种因素的交互影响创造出一个独特的组织系统，该组织系统会影响项目的运行，并决定了组织系统内部人员的权力、影响力、利益、能力等，包括治理框架、管理要素和组织结构类型。

1. 治理框架

治理是在组织各层级上的组织性或结构性安排，旨在确定和影响组织成员的行为。治理是一个多维度概念，需要考虑人员、角色、结构和政策，同时需要通过数据和反馈提供指导和监督。治理框架是在组织内行使职权的框架，包括规则、政策、程序、规范、关系、系统和过程。该治理框架会影响组织目标的设定和实现方式、风险监控和评估方式以及绩效优化方式。

2. 管理要素

管理要素是组织内部关键职能部门或一般管理原则的组成部分。组织根据其选择的治理框架和组织结构类型确定一般的管理要素。组织的管理要素包括：部门；组织授予的工作职权；工作职责：用于开展组织根据技能和经验等属性合理分派的工作任务；行动纪律（例如尊重职权、人员和规定）；统一指挥原则（例如对于一项行动或活动，仅由一个人发布指示）；统一领导原则（如对服务于同一目标的一组活动，只能有一份计划或一个领导）；组织的总体目标优先于个人目标；支付合理的薪酬；资源的优化使用；畅通的沟通渠道；在正确的时间让正确的人使用正确的材料做正确的事情；公正、平等地对待所有员工；明确的工作职位；确保员工安全；允许任何员工参与计划和实施；保持员工士气。

组织会将这些管理要素分配给相应的员工负责这些管理要素的落实。员工可以在不同的组织结构中落实这些管理要素。例如，在层级式组织结构中，员工之间存在横向关系和纵向关系。纵向关系从一线管理层一直向上延伸到高级管理层。在特定的组织结构中，需要赋予员工所在层级的职责、终责和职权，才能保证员工在特定的组织结构之内落实相应的管理要素。

3. 组织结构类型

组织结构的形式或类型多种多样，组织在确定本组织选取并采用哪一种组织结构类型时，需要考虑各种可变因素，不存在适用于所有组织的通用的结构类型，特定组织最终选取和采用的组织结构具有各自的独特性，几种常见组织结构类型及其对项目的影响如表 6-4 所示。

表 6-4　组织结构对项目的影响

组织结构类型	项目特征					
	工作安排人	项目经理批准	项目经理的角色	资源可用性	项目预算管理人	项目管理人员
系统型或简单型	灵活；人员并肩工作	极少或无	兼职；工作角色（如协调员）指定与否不限	极少或无	负责人或操作员	极少或无
职能（集中式）	正在进行的工作（例如，设计、制造）	极少或无	兼职；工作角色（如协调员）指定与否不限	极少或无	职能经理	兼职
多部门（职能可复制，各部门几乎不会集中）	其中之一：产品、生产过程、项目组合、项目集、地理区域、客户类型	极少或无	兼职；工作角色（如协调员）指定与否不限	极少或无	职能经理	兼职
矩阵 - 强	按工作职能，项目经理作为一个职能	中到高	全职指定工作角色	中到高	项目经理	全职
矩阵 - 弱	工作职能	低	兼职；作为另一项工作的组成部分，并非指定工作角色，如协调员	低	职能经理	兼职
矩阵 - 均衡	工作职能	低到中	兼职；作为一种技能的嵌入职能，不可以是指定工作角色（如协调员）	低到中	混合	兼职
项目导向（复合、混合）	项目	高到几乎全部	全职指定工作角色	高到几乎全部	项目经理	全职
虚拟	网络架构，带有与他人联系的节点	低到中	全职或兼职	低到中	混合	全职或兼职
混合型	其他类型的混合	混合	混合	混合	混合	混合
PMO	其他类型的混合	高到几乎全部	全职指定工作	高到几乎全部	项目经理	全职

在确定组织结构时，每个组织都需要考虑大量的因素。在最终分析中，每个因素的重要性也各不相同。综合考虑各种因素及其价值，能够帮助组织决策者选择合适的组织结构。选择组

织结构时应考虑的因素主要包括：与组织目标的一致性；专业能力；控制、效率与效果的程度；明确的决策升级渠道；明确的职权线和范围；授权方面的能力；终责分配；职责分配；设计的灵活性；设计的简单性；实施效率；成本考虑；物理位置（例如集中办公、区域办公、虚拟远程办公）；清晰的沟通（例如政策、工作状态、组织愿景）等。

项目管理办公室

项目管理办公室（PMO）是项目管理中常见的一种组织结构，PMO 对与项目相关的治理过程进行标准化，并促进资源、方法论、工具和技术共享。PMO 的职责范围可大可小，小到提供项目管理支持服务，大到直接管理一个或多个项目。PMO 的具体形式、职能和结构取决于所在组织的需要。PMO 有如下几种不同类型：

- 支持型：支持型PMO担当顾问的角色，向项目提供模板、最佳实践、培训，以及来自其他项目的信息和经验教训。这种类型的PMO其实就是一个项目资源库，对项目的控制程度很低。
- 控制型：控制型PMO不仅给项目提供支持，而且通过各种手段要求项目服从，这种类型的PMO对项目的控制程度属于中等。他可能要求项目：一是采用项目管理框架或方法论；二是使用特定的模板、格式和工具；三是遵从治理框架。
- 指令型：指令型PMO直接管理和控制项目。项目经理由PMO指定并向其报告。这种类型的PMO对项目的控制程度很高。

PMO 还有可能承担整个组织范围的职责，在支持战略调整和创造组织价值方面发挥重要的作用。PMO 从组织战略型项目中获取数据和信息，进行综合分析，评估高层战略目标的实现情况。PMO 在组织的项目组合、项目集、项目与组织考评体系（如平衡计分卡）之间建立联系。PMO 只是把项目进行了集中管理，他所支持和管理的项目之间不一定彼此关联。为了保证项目符合组织的业务目标，PMO 有权在每个项目的生命周期中充当重要干系人和关键决策者。PMO 可以提出建议、支持知识传递、终止项目，并根据需要采取其他行动。PMO 的一个主要职能是通过各种方式向项目经理提供支持，包括：①对 PMO 所辖全部项目的共享资源进行管理；②识别和制定项目管理方法、最佳实践和标准；③指导、辅导、培训和监督；④通过项目审计，监督项目对项目管理标准、政策、程序和模板的合规性；⑤制定和管理项目政策、程序、模板及其他共享的文件（组织过程资产）；⑥对跨项目的沟通进行协调等。

6.2.7 项目管理和产品管理

在当前复杂的项目管理环境中，项目组合、项目集、项目和产品管理等领域的相互关联性正逐渐加强。了解他们之间的关系能为项目提供有用的背景信息。

产品是指可量化生产的工件（包括服务及其组件）。产品既可以是最终制品，也可以是组件制品。产品管理涉及将人员、数据、过程和业务系统整合，以便在整个产品生命周期中创建、维护和开发产品（或服务）。产品生命周期是指一个产品从引入、成长、成熟到衰退的整个演变过程的一系列阶段。产品管理可以在产品生命周期的任何时间点启动项目集或项目，以便为创建或增强特定组件、职能或功能提供支持，如图 6-4 所示。

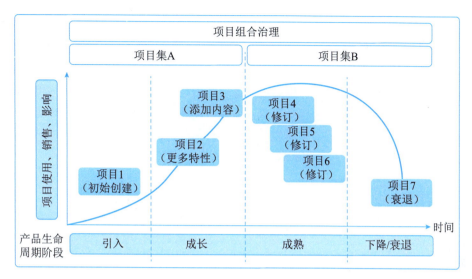

图 6-4　产品生命周期

初始产品开始时可以是项目集或项目的可交付物。在整个生命周期中，新的项目集或项目可能会增加或改进创造额外价值的特定组件、属性或功能。在某些情况下，项目集可以涵盖产品（或服务）的整个生命周期，以便更直接地管理收益并为组织创造价值。

产品管理可以表现为如下三种不同的形式。

（1）产品生命周期中包含项目集管理。

这种方法中的产品生命周期中包括相关项目、子项目集和项目集活动。对于规模很大或长期运作的产品，一个或多个产品生命周期阶段可能非常复杂，因此值得需要一系列协同运作的项目集和项目。

（2）产品生命周期中包含单个项目管理。

这种方法将产品作为某个单个项目的目标来进行管理，将产品功能的开发到成熟作为持续的业务活动进行监督。这种方法根据需要特许设立单个项目，执行对产品的增强和改进，或产生其他独特成果。

（3）项目集内的产品管理。

这种方法会在给定项目集的范围内应用完整的产品生命周期。为了获得产品的特定收益，项目集内也可以特许设立一系列子项目集或项目。人们可以通过应用产品管理能力（例如竞争分析、客户获取和客户代言）增强这些收益。

虽然产品管理是一个单独的领域，有自己的知识体系，但它是项目集管理和项目管理这两个领域中的一个关键整合点。可交付物中包含产品的项目集和项目会使用一种综合方法，这种方法包含所有相关知识体系及其相关实践、方法和工件。

6.3 项目经理的角色

项目经理在领导项目团队达成项目目标方面发挥着至关重要的作用。在整个项目期间，项目经理的角色作用非常明显。很多项目经理从项目启动时参与项目，直到项目结束。在某些组织内，项目经理可能会在项目启动之前就参与评估和分析活动，包括咨询管理层和业务部门领导者的想法，推进战略目标的实现，提高组织绩效或满足客户需求等活动。某些组织还可能会要求项目经理管理或协助项目的可行性研究、项目论证的制定以及项目组合管理等事宜。项目经理还有可能参与项目完成后的后续跟进活动，以实现项目的业务价值。不同组织对项目经理的角色有不同的定义，项目管理角色需要符合组织需求。

6.3.1 项目经理的定义

项目经理的角色不同于职能经理或运营经理。一般而言，职能经理专注于对某个职能领域或业务部门的管理监督。运营经理负责保证业务运营的高效性。项目经理则由执行组织委派，负责领导团队实现项目目标。

6.3.2 项目经理的影响力范围

1. 概述

项目经理在其影响力范围内可担任多种角色，这些角色反映了项目经理的能力，体现了项目经理的价值和作用，项目经理会涉及项目、组织、行业、专业学科和跨领域范围内的角色。

2. 项目

项目经理领导项目团队实现项目目标和干系人的期望。项目经理利用可用资源，平衡相互竞争的制约因素。

项目经理还承担项目发起人、团队成员与其他干系人之间的沟通者，可以提供指导和展示项目成功的愿景和目标。项目经理使用软技能（例如人际关系技能、人员管理技能）来平衡项目干系人之间相互冲突和竞争的目标，以达成共识。这里的共识指即便不能做到100%赞同，干系人也会支持项目的决定和行动。

成功的项目经理可以持续、有效地使用一些必要技能，包括人际关系、沟通技能和积极的态度。项目经理与团队和发起人等干系人沟通的能力适用于项目各个方面，包括：①通过多种方法（例如口头、书面或非言语）培养完善的技能；②创建、维护、遵循沟通计划和进度计划；③以可预见的、一致的方式进行沟通；④积极了解项目干系人的沟通需求（沟通可能是某些干系人在最终产品或服务完成之前获取信息的唯一渠道）；⑤以简练、清晰、完整、简单、适宜、定制的方式进行沟通；⑥包含重要的正面和负面消息；⑦统一反馈渠道；⑧人际关系技能，即通过项目经理的影响力范围拓展广泛的人际网络。这些人际网络包括正式的人际网络，例如组织架构图；但项目经理发展、维护和培养的非正式人际网络更加重要。非正式人际网络包括与专家和具有影响力的领导者建立的个人人际关系。通过这些正式和非正式的人际网络，项目经理可以让很多人参与解决问题并绕过项目中遇到的官僚主义障碍等。

3. 组织

项目经理需要积极地与组织内其他项目经理互动。其他独立项目或同一项目集的其他项目可能因为一些原因对项目造成影响，这些原因包括：①对相同资源的需求；②资金分配的优先顺序；③可交付成果的接受或发布；④项目与组织战略和目标的一致性等。

与其他项目经理互动有助于产生积极的影响，以满足项目的各种需求，包括团队为完成项目而需要的人力、技术或财力资源和可交付成果。项目经理需要寻求各种方法来培养人际关系，从而帮助团队实现项目目标。

此外，项目经理在组织内扮演着强有力的倡导者角色。在项目执行期间，项目经理应积极地与组织中的各位经理互动。项目经理还应与项目发起人合作，处理内部的组织体系和战略问题，这些问题可能会影响团队或项目的可行性或质量。

项目经理还应该努力提高自己在组织内的总体项目管理能力和技能，并参与隐性和显性知识的转移或整合计划。项目经理还应该：①展现项目管理的价值；②提高组织对项目管理的接受度；③提高组织内现有 PMO 的效率。

基于组织结构，项目经理有可能向职能经理报告。而在其他情况下，项目经理可能与其他项目经理一起，向 PMO、项目组合或项目集经理报告。PMO、项目组合或项目集经理对整个组织范围内的一个或多个项目承担最终责任。为了实现项目目标，项目经理需要与所有相关经理紧密合作，确保项目管理计划符合所在项目组合或项目集的计划。项目经理还需与其他角色紧密协作，如组织经理、专家以及可行性研究分析人员。在某些情况下，项目经理可以是临时被委任的外部顾问。

4. 行业

项目经理应该时刻关注行业的最新发展趋势，获取并判断这些信息对当前项目的影响。行业最新发展趋势包括：产品和技术开发；新兴且正在变化的市场空间；标准（例如项目管理标准、质量管理标准、信息安全管理标准）；技术支持工具；影响当前项目的经济力量；影响项目管理学科的各种力量；过程改进和可持续发展战略等。

5. 专业学科

对项目经理而言，持续的知识传递和整合非常重要。知识传递和整合包括：①在当地、全国和全球层面（例如实践社区、国际组织）向其他专业人员分享知识和专业技能；②参与培训、继续教育和发展，包括项目管理专业（例如大学、项目管理协会）、相关专业（例如系统工程、配置管理）和其他专业（例如信息技术、航空航天）。

6. 跨领域

专业的项目经理可以指导和教育其他专业人员了解项目管理方法对组织的价值。项目经理还可以担任非正式的宣传大使，使组织了解项目管理在按时交付、质量、创新和资源管理方面的优势。

6.3.3 项目经理的能力

1. 概述

项目经理需要重点关注三个方面的关键技能包括项目管理、战略和商务、领导力。这些技能有助于支持更长远的战略目标，实现赢利。为了最有效地开展工作，项目经理需要平衡这三种技能。

- 项目管理：与项目、项目集和项目组合管理特定领域相关的知识、技能和行为，可以帮助达成项目目标。
- 战略和商务：关于行业和组织的知识和专业技能，有助于提高绩效并取得更好的业务成果。
- 领导力：指导、激励和带领团队所需的知识、技能和行为，可以帮助组织达成业务目标。

2. 项目管理技能

项目管理技能指有效运用项目管理知识实现项目集或项目的预期成果的能力。项目经理经常会依赖专家判断来有效开展工作。要获得成功，重要的是项目经理必须了解个人专长以及如何找到具备所需专业知识的人员。

研究表明，顶尖的项目经理往往具备如下几种关键技能：①重点关注并随之准备好所管理的各个项目的关键项目管理要素，包括项目成功的关键因素、进度表、指定的财务报告和问题日志；②针对每个项目裁剪，有选择地使用传统工具、敏捷工具、技术、方法；③花时间制订完整计划并谨慎排定优先顺序；④管理项目制约因素包括进度、成本、资源和风险等。

3. 战略和商务管理技能

战略和商务管理技能包括了解组织概况、有效协商，以及执行有利于战略调整和创新的决策及行动的能力。这项能力可能涉及学习与其他职能部门工作相关的知识，例如财务部门、市场部门和运营部门的相关知识。战略和商务管理技能还包括发展和运用相关的产品和行业专业业务知识。这些知识可以帮助项目经理：①向其他人解释关于项目的必要商业信息；②与项目发起人、团队和专家合作制定合适的项目交付策略；③以实现项目业务价值最大化的方式执行策略。

为制定并执行关于项目成功交付的最佳决策，项目经理应咨询具备组织运营专业知识的运营经理，了解组织的工作以及项目计划会对其工作造成的影响。对项目经理而言，与项目相关的情况了解得越多越好，可帮助项目经理向干系人说明：组织战略、使命、项目目标、产品和服务；运营情况（类型、技术等）；市场和市场条件（客户、市场状况（发展或萎缩）、上市时间因素等）；竞争（竞争什么、与谁竞争、市场地位）等信息。

为确保组织一致性行动，项目经理同时也要将组织战略、使命、目的和目标、优先级、策略、产品和服务（例如可交付成果）的知识和信息运用到项目。

战略和商业技能有助于项目经理了解与项目相关的商业因素。项目经理应确定这些商业和战略因素对项目造成的影响，同时了解项目与组织之间的相互关系。商业因素包括：①风险和问题；②财务影响；③成本效益分析（净现值、投资回报率等），包括各种可选方案；④业务价值；⑤效益预期实现情况和战略；⑥范围、预算、进度和质量等。

通过运用这些商务知识，项目经理能够为项目确定适当的决策方案，并提出合理的建议。项目经理需要与项目发起人持续合作，使项目策略和业务战略保持一致。

4. 领导力技能

领导力对组织项目是否成功至关重要，领导力技能指指导、激励和带领团队的能力。这些技能包括协商、抗压、沟通、解决问题、批判性思考和人际关系技能等。项目经理需要运用领导力技能与所有项目干系人进行合作。

1）人际交往

人际交往占据项目经理工作的绝大部分，项目经理需要研究人的行为和动机，尽力成为一个好的领导者。项目经理应注意自己与他人的关系，借助人际关系可以让项目相关事项得到落实。

2）领导者品质和技能

领导者的品质和技能主要包括：①有远见，可以帮助描述项目的产品、目的和目标，构建梦想并诠释愿景；②积极乐观；③乐于合作；④通过特定方式管理关系和冲突，包括：建立信任，解决顾虑，寻求共识，平衡相互竞争和对立的目标，运用说服、协商、妥协和解决冲突的技能，发展和培养个人社会关系和职场人脉，以长远的眼光把人际关系看成与项目同样重要，持续发展和运用职业敏锐性；⑤通过以下方式进行沟通：花大量时间沟通（研究显示，顶尖项目经理约90%的时间花在沟通上），管理期望，诚恳地接受反馈，提出建设性意见，询问和倾听；⑥尊重他人（帮助他人保持独立自主）、谦恭有礼、友善待人、诚实可信、忠诚可靠、遵守职业道德；⑦诚信正直和文化敏感性，果断、勇敢，能够解决问题；⑧适当时称赞他人；⑨终身学习，以结果和行动为导向；⑩关注重要的事情，包括：通过必要的审查和调整，持续优化工作；寻求并采用适用于团队和项目的优先级排序方法；区分高层级战略的优先级，尤其是与项目成功的关键因素相关的事项；对项目的主要制约因素保持警惕；在战术优先级上保持灵活；能够从大量信息中筛选出最重要的信息；⑪以整体和系统的角度来看待项目，同等对待内部和外部因素；⑫运用批判性思维（例如运用分析方法来制定决策）并将自己视为变革推动者；⑬创建高效的团队，以服务为导向，展现幽默，与团队成员有效地分享乐趣等。

3）政策和权力

政策涉及影响、谈判、自主和权力。政策及其相关要素不局限于"好"与"不好"以及"正面"与"负面"之分。项目经理对组织运行方式的了解越多，就越可能获得成功。项目经理应观察并收集有关项目和组织概况的数据，然后从项目、相关人员、组织以及整个环境出发来审查这些数据，从而得出计划和执行大多数行动所需的信息和知识。项目经理应体察并尊重他人。项目经理的有效行动保持了相关人员的独立自主。项目经理的行动成果就是让合适的人执行必要的活动来实现项目目标。

权力体现了个人或组织的特征。人们对领导者的认知通常是因为权力，行使权力的方式有很多种，项目经理可以自行决定。由于权力的性质以及影响项目的多种因素，权力及其运用变得非常复杂。权力的表现形式包括：

- 地位（有时称为正式的、权威的、合法的，例如组织或团队授予的正式职位）；
- 信息（例如对信息收集或分发的控制）；
- 参考（例如因为他人的尊重和赞赏而获得的信任）；
- 情境（例如在危机等特殊情况下获得的权力）；
- 个性或魅力（例如魅力、吸引力）；
- 关系（例如参与人际交往、联系和结盟）；
- 专家（例如拥有的技能和信息、经验、培训、教育、证书）；
- 奖励相关（例如能够给予表扬、金钱或其他奖励）；
- 处罚或强制力（例如给予纪律处分或施加负面后果的能力）；
- 迎合（例如运用恭维或其他常用手段赢得青睐或合作）；
- 施加压力（例如限制选择或活动的自由，以符合预期的行动）；
- 引发愧疚（例如强加的义务或责任感）；
- 说服力（例如能够提供论据，使他人执行预期的行动方案）；
- 回避（例如拒绝参与）等。

项目经理需要在组织政策、协议和程序许可的范围内主动寻求所需的权力和职权，而不是坐等组织授权。

5. 领导力与管理

"领导力"不等同于"管理"。"管理"指指挥一个人执行一系列已知的预期行为从一个位置到另一个位置。"领导力"指通过讨论或辩论方式与他人合作，带领他们从一个位置到另一个位置。二者的主要的区别如表 6-5 所示。

表 6-5 团队管理与团队领导力的区别

管理	领导力
直接利用职位权力	利用关系的力量指导、影响与合作
维护	建设
管理	创新
关注系统和架构	关注人际关系
依赖控制	激发信任
关注近期目标	关注长期愿景
了解方式和时间	了解情况和原因
关注赢利	关注范围
接受现状	挑战现状
正确地做事	做正确的事
关注可操作性的问题和问题的解决	关注愿景、一致性、动力和激励

为获得成功，项目经理必须同时采用领导力和管理这两种方式，针对不同的情况找到恰当的平衡点。项目经理的领导风格通常体现了他们所采用的管理和领导力的方式。

1）领导力风格

项目经理领导团队的方式多种多样，项目经理会根据个人偏好或在综合考虑了与项目有关的如下多个因素后，选择并调整适合自己的领导力风格：①领导者的特点（例如态度、心情、需求、价值观、道德观）；②团队成员的特点（例如态度、心情、需求、价值观、道德观）；③组织的特点（例如目标、结构、工作类型）；④环境特点（例如社会形势、经济状况和政策因素）等。

项目经理可以采用多种领导力风格，包括：①放任型（允许团队自主决策和设定目标，又被称为"无为而治型"）；②交易型（根据目标、反馈和成就给予奖励）；③服务型（做出服务承诺，处处先为他人着想；关注他人的成长、学习、发展、自主性和福利；关注人际关系、团体与合作；服务优先于领导）；④变革型（通过理想化特质和行为、鼓舞性激励、促进创新和创造，以及个人关怀提高追随者的能力）；⑤魅力型（能够激励他人；精神饱满、热情洋溢、充满自信；说服力强）；⑥交互型（结合了交易型、变革型和魅力型领导的特点）等。

2）个性

个性指人与人之间在思维、情感、行为的特征模式方面的差异。个性特征包括：真诚、谦恭、创造力（抽象思维、不同看法、创新的能力等）、文化、情绪、智力、管理、以服务为导向、社会（能够理解和管理他人）、系统化（了解和构建系统的驱动力）。

高效的项目经理在个性各个方面都具备一定程度的能力。每个项目、组织和情况都要求项目经理重视个性的不同方面。

6.4 价值驱动的项目管理知识体系

价值驱动的项目管理知识体系关注价值的实现，包含了项目管理原则、绩效域、项目生命周期、过程组、10大知识领域和价值交付系统，它们之间的关联关系如图6-5所示。项目管理原则是基础，是所有项目干系人在整个项目生命周期过程中各项活动的行动指南；项目在整个生命周期过程中，始终要坚持项目管理原则，通过涵盖10大知识领域的项目管理过程组对项目进行管理，同时密切关注干系人、团队、开发方法和生命周期、规划、项目工作、交付、测量和不确定性因素，这些因素与绩效密切相关，通过这8个绩效域帮助项目在系统内运作，实现价值交付系统的功能，为组织及其干系人创造价值，从而实现组织的战略和目标。

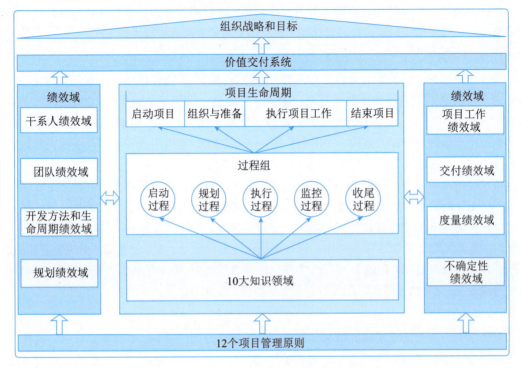

图 6-5 价值驱动的项目管理知识体系

6.4.1 项目管理原则

项目管理原则用于指导项目参与者的行为,这些原则可以帮助参与项目的组织和个人在项目执行过程中保持一致性。项目管理原则包括:①勤勉、尊重和关心他人;②营造协作的项目团队环境;③促进干系人有效参与;④聚焦于价值;⑤识别、评估和响应系统交互;⑥展现领导力行为;⑦根据环境进行裁剪;⑧将质量融入到过程和成果中;⑨驾驭复杂性;⑩优化风险应对;⑪拥抱适应性和韧性;⑫为实现目标而驱动变革。

1. 原则一:勤勉、尊重和关心他人

项目管理者在遵守内部和外部准则的同时,应该以负责任的方式行事,以正直、关心和可信的态度开展活动,同时对其所负责的项目的财务、社会和环境影响做出承诺。

(1) 关键点。项目管理者在坚持"勤勉、尊重和关心他人"原则时,应该关注的关键点包括:①关注组织内部和外部的职责;②坚持诚信、关心、可信、合规原则;③秉持整体观,综合考虑财务、社会、技术和可持续的发展环境等因素。

(2) 工作内容。在组织内,项目管理者在坚持"勤勉、尊重和关心他人"原则时,需要履行的职责并做到相应的工作内容包括:①运营时要做到与组织及其目标、战略、愿景、使命保持一致并维持其长期价值;②承诺并尊重项目团队成员的参与,包括薪酬、机会获得和公平对待;③监督项目中使用的组织资金、材料和其他资源;④了解职权和职责的运用是否适当等。

组织外部,项目管理者在坚持"勤勉、尊重和关心他人"原则时,需要履行的职责并做到相应的工作内容包括:①关注环境可持续性以及组织对材料和自然资源的使用;②维护组织与外部干系人(例如其合作伙伴和渠道)的关系;③关注组织或项目对市场、社会和经营所在地区的影响;④提升专业化行业的实践水平等。

(3)职责。"勤勉、尊重和关心他人"原则反映了项目管理者对信任的理解和接受度以及产生和维持信任的行动和决定。项目管理者需要遵守明确的职责,也需要遵守隐含的职责。这些职责包括:

- 诚信:项目管理者在所有参与和沟通中都应做到诚实且合乎道德。项目管理者应该通过制定决策并参与具体的工作活动中践行和展现个人和组织的价值观,并带领团队成员、同职级人员和其他干系人考虑他们的言行,展现同理心,进行自我反思并乐于接受反馈,从而建立信任。
- 关心:项目管理者应该密切关注自己所负责项目的相关事务,像对待自己个人的私事一样关心项目事务。"关心"涉及与组织内部业务相关的所有事务,包括对环境和自然资源可持续利用、全球公众状况的关心。"关心"包括营造透明的工作环境、开放的沟通渠道以及让干系人有机会在不受惩罚或不害怕遭到报复的情况下提出意见和建议。
- 可信:项目管理者应该在组织内外明确自己的身份、角色、所在项目团队和职权,帮助投入资源、做出批准或其他的项目决策。"可信"要求主动识别个人利益与组织或客户利益之间的冲突,因为这些冲突有可能会削弱信任和信心,导致产生不道德或非法等失信行为,或者对项目造成混乱或不利后果。项目管理者应该保护项目免受此类失信行为的影响。
- 合规:项目管理者应该遵守相关的法律、规则、法规和要求,通过各种方法将合规性充分地融入项目文化。

2.原则二:营造协作的项目管理团队环境

项目团队由具有多样的技能、知识和经验的成员组成。协同工作的项目团队可以更有效率、有效果地实现共同的目标。

(1)关键点。项目管理者坚持"营造协作的项目管理团队环境"原则时,应该关注的关键点包括:①项目是由项目团队交付的;②项目团队在组织文化和准则范围内开展工作,通常会建立自己的"本地"文化;③协作的项目团队环境有助于:与其他组织文化和指南保持一致;个人和团队的学习和发展;为交付期望成果做出最佳贡献。

(2)协作的项目团队涉及的因素。营造协作的项目团队环境涉及如下团队共识、组织结构和过程方面的因素。这些因素支持团队成员共同工作,并通过互动产生协同效应的文化。

- 团队共识:团队共识是一套由项目团队制定的,需要大家做出承诺并共同维护的工作规范。团队共识应在项目开始时形成,随着项目团队的深入合作,所需遵守的规范和所需实施的行为会随之变化,团队共识也会不断演变。
- 组织结构:组织结构是指项目工作要素和组织过程之间的对应关系。这些结构可以基于角色、职能或职权,可提升协作水平的组织结构具备的特点包括:确定了角色和职责;

将员工和供应商分配到项目团队中；有特定目标任务的正式委员会；定期评审特定主题的站会。
- 过程：项目团队会定义能够完成任务和所分配工作的过程，包括使用工作分解结构（WBS）、待办事项列表或任务板。

（3）协作的项目团队文化。为了最有效地实现项目目标，项目团队在组织文化、项目性质以及所处的运营环境的影响下，会建立自己的团队文化，并对组织结构进行裁剪。通过营造包容和协作的环境，有助传递知识和专业技能，可使项目实现更好的成果。

澄清角色和职责可以改善团队文化。在项目团队中，特定任务可以被委派给个人，也可以由项目团队成员自行选择。其包括与任务相关的职权、担责和职责：
- 职权：指在特定背景下有权做出相关决策、制定或改进程序、应用项目资源、支出资金或给予批准。职权是被从一个实体授予（包括明示授予，还是默示授予）另一个实体的。
- 担责：指对成果负责。担责不能由他人分担。
- 职责：指有义务开展或完成某件事。职责可与他人共同履行。

无论谁应为特定项目工作承担责任，而且无论谁负有开展特定项目工作的职责，协作的项目团队都会对项目成果共同负责。

多元化的项目团队可以将不同的观点汇集起来，丰富项目环境。项目团队可以由组织内部员工、签约贡献者、志愿者或外部第三方组成。此外，一些项目团队成员是短期加入项目，而其他成员则是更长期地参与项目。将这些人与项目团队整合起来是一种挑战。相互尊重的团队文化允许团队内部存在差异，并致力于找到有效利用差异的方法，这种文化鼓励团队成员通过有效的方式管理冲突。

协作的项目团队环境还包括实践标准、道德规范和其他准则，项目团队会考虑这些标准或指南使用的既定准则，以及如何利用这些标准或指南为工作提供支持，以避免各领域之间可能发生的冲突。

协作的项目团队环境可促进信息和个人知识的自由交流，可帮助项目成员在交付成果的同时实现共同学习和个人发展，使相关的每个人都能尽最大努力交付期望的成果。

3. 原则三：促进干系人有效参与

积极主动地让干系人参与进来，最大限度促使项目成功和客户满意。

（1）关键点。项目管理者在坚持"促进干系人有效参与"原则时，应该关注以下关键点：①干系人会影响项目、绩效和成果；②项目团队通过与干系人互动来为干系人服务；③干系人的参与可主动地推进价值交付。

（2）干系人参与的重要性。干系人是影响项目组合、项目集和项目的决策、活动或成果的个人、群体或组织。干系人包含会受到或自认为受到项目组合、项目集和项目决策、活动或成果影响的个人、群体或组织。干系人以积极或消极的方式直接或间接影响项目、项目绩效或成果。干系人可以影响项目的许多方面，包括范围或需求、进度、成本、项目团队、计划、成果、文化、收益、风险、质量等。

从项目开始到结束，识别、分析并主动争取干系人参与，将潜在的消极影响最小化，积极影响最大化，有助于项目团队找到干系人普遍接受的解决方案，并帮助项目取得成功。在项目的整个生命周期内，干系人可能会参与进来，也可能会退出。此外，随着时间的推移，干系人的利益、影响或作用也会有所变化。干系人（特别是那些影响力高且对项目持不赞同或中立观点的干系人）需要有效地参与进来，以便项目团队了解他们的利益、顾虑和权利，并通过有效参与和支持来做出应对措施，帮助成功地实现项目成果。

项目团队本身就是项目干系人，这些干系人与其他干系人互动，理解、思考、沟通并回应他们的利益、需要和意见。

（3）有效果且有效率地参与和沟通。有效果且有效率的参与和沟通包括确定干系人参与的方式、时间、频率等：①沟通是参与的关键部分，深入地参与可让人了解他人的想法，吸收其他观点以及协同努力制定共同的解决方案；②参与包括通过频繁的双向沟通建立和维持牢固的关系。鼓励通过互动会议、面对面会议、非正式对话和知识共享活动进行协作。干系人参与在很大程度上依赖于人际关系技能，包括积极主动、正直、诚实、协作、尊重、同理心和信心。这些技能和态度可以帮助每个人适应工作和彼此适应，从而增加成功的可能性。参与有助于项目团队发现、收集和评估信息、数据和意见，帮助形成共识和一致性，识别、调整和应对不断变化的环境，从而实现项目成果。

4. 原则四：聚焦于价值

针对项目是否符合商业目标以及预期收益和价值，进行持续评估并作出调整。

（1）关键点。项目管理者在坚持"聚焦于价值"原则时，应该关注的关键点包括：①价值是项目成功的最终指标；②价值可以在整个项目进行期间、项目结束或完成后实现；③价值可以从定性和/或定量的角度进行定义和衡量；④以成果为导向，可帮助项目团队获得预期收益，从而创造价值；⑤评估项目进展并做出调整，使期望的价值最大化。

（2）项目价值。价值是指某种事物的作用、重要性或实用性。价值是项目的最终成功指标和驱动因素。项目的价值具体可表现为财务收益值，也可表现为所取得的公共利益和社会收益（包括客户从项目结果中所感知到的收益）。当项目是项目集的组件时，项目的价值也可以表现为对项目集成果的贡献。

价值通过可交付物的预期成果来体现。项目的目的就是提供预期的成果，预期的成果通过有价值的解决方案来实现。可通过商业论证方式，从定性或定量方面说明项目成果的预期价值，商业论证包含商业需要、项目理由和商业战略要素：

- 商业需要：商业需要包含了项目有关的商业目标的详细信息，源于项目章程或其他授权文件中的业务需求，目的是为了满足组织、客户、合伙方或公共福利等的需要。明确说明商业需要有助于项目团队了解未来状态的商业驱动因素，并使项目团队能够识别机会或问题，从而提高项目成果的潜在价值。
- 项目理由：项目理由与商业需要相关，项目理由增加了成本效益分析和假设条件，解释了为什么商业需要值得投资以及为什么在此时应该满足商业需要。
- 商业战略：商业战略是开展项目的原因，价值具有主观性，从某种意义上说，同一个概念对于不同的人和组织具有不同的价值，因此价值取决于组织商业战略，包含短期财务收益、长期收益和其他非财务要素。

商业需要、项目理由和商业战略一起为项目团队提供信息，帮助项目团队做出知情决策，以达到或超过预期的业务价值。

在项目生命周期内，项目可能会发生变更，项目团队需要在整个生命周期内，以不断迭代的方式对项目预期的成果进行清晰描述、评估和更新，保证项目与商业需要保持一致，并交付预期的成果。在项目执行过程中，如果发现项目或干系人不再与商业需要保持一致，或者项目不可能提供预期的价值，组织可以选择终止项目。有时，特别是在没有预先确定范围的适应型项目中，项目团队可以与客户共同努力，确定哪些功能值得投资，哪些功能缺乏足够的价值无须增加到输出之中，从而优化价值。

（3）关注预期成果。为了支持从项目中实现价值，项目团队可将重点从可交付物转到预期成果。这样做可以让项目团队实现项目的愿景或目标，而不是简单地创建特定的可交付物。可交付物可能会支持预期的项目成果，但它可能无法完全实现项目的愿景或目标。例如，客户需要某一特定的软件解决方案，该解决方案可以满足提高生产力的商业需要。软件是项目的可交付物，但软件本身并不能实现预期的生产力成果。在这种情况下，可以增加针对软件的培训这一新的可交付物，帮助实现更好的生产力成果。

5. 原则五：识别、评估和响应系统交互

从整体角度识别、评估和响应项目的内外部环境，积极地推进项目绩效。

（1）关键点。项目管理者在坚持"识别、评估和响应系统交互"原则时，应该关注的关键点包括：①项目是由多个相互依赖且相互作用的活动域组成的一个系统；②需要从系统角度进行思考，整体了解项目的各个部分如何相互作用，以及如何与外部系统进行交互；③系统不断变化，需要始终关注内外部环境；④对系统交互作出响应，可以使项目团队充分利用积极的成果。

（2）将系统整体性思维应用于项目。系统是一组相互作用且相互依赖的组件，它们作为一个统一的整体发挥作用。项目是一个动态环境中的多层次的实体，具有系统的各种特征。项目可在较大的系统中运作，一个项目的交付物可以成为较大系统的某个部件。例如，一个项目可能是某一项目集的部件，而该项目集又可能是某一项目组合的部件。这些相互关联的结构称为系统体系。项目团队需要平衡由内向外和由外向内的观点，保持整个系统体系的一致性。反之，当单个项目团队开发某一可交付物的独立组件时，系统内所有组件都应有效地整合起来，项目团队需要定期互动使系统中各子系统或组件的工作保持一致。

系统还需要考虑时序要素，即随着时间的推移项目将交付或实现哪些目标或成果。例如，如果项目可交付物以增量方式发布，则每个增量都会扩展以前版本的累积成果或能力。随着项目的开展，内部和外部条件会不断变化，单个变更可能会产生多种影响。例如，在大型施工项目中，需求的变更可能会导致与主要承包商、分包商、供应商或其他方面的合同发生变更。这些变更有可能会对项目成本、进度、范围和绩效产生影响。这些变更同时会调用变更控制协议，获得外部系统中实体（如服务提供商、监管机构、金融机构和政府机构）的批准。项目生命周

期内影响项目的变更随时可能出现，项目团队可以通过系统整体性思维，并持续关注内外部环境，控制变更对项目的影响，使项目与干系人期望保持一致。

（3）将系统整体性思维应用于项目团队。系统整体性思维同样适用于项目团队，一个多样性的项目团队聚集在一起成为一个整体，为共同的目标而努力。这种多样性给项目团队带来了价值，同时也带来了差异，项目团队需要有效平衡差异性，帮助项目团队紧密协作。多样性项目团队成员可以建立一种综合性的团队文化，形成共同的愿景、语言和工具集，帮助项目团队成员有效参与并体现自身价值，并支持项目系统整体的正常运行。由于系统体系中各个系统之间的这种交互性，项目团队在开展工作时需要如下技能帮助建立系统整体性思维，应对系统的不断变化的动态特性：①对商业领域具有同理心；②关注大局的批判性思维；③勇于挑战假设和思维模式；④寻求外部审查和建议；⑤使用整合的方法、工件和实践，对项目工作、可交付物和成果达成共识；⑥使用建模和情景假设等方法，对系统动力学互动和反应进行假设；⑦主动管理整合，支持商业成果的实现等。

（4）识别、评估和响应系统交互带来的收益。识别、评估和响应系统交互可以为项目带来好处：①尽早考虑项目中的不确定性和风险，寻找替代方案并预见后果；②具有在整个项目生命周期内调整假设和计划的能力；③可持续提供信息和执行情况；④与干系人及时沟通项目计划、进展情况，并对项目未来进行预测；⑤使项目目标与客户的目标和愿景保持一致；⑥能够适应不断变化的需要，通过协同获得收益；⑦能够利用潜在的机会并发现面临的威胁；⑧有利于整个组织决策；⑨更全面、更明智地识别风险等。

6. 原则六：展现领导力行为

展现并调整领导力行为，为项目团队和成员提供支持。

（1）关键点。项目管理者在坚持"展现领导力行为"原则时，应该关注的关键点包括：①有效的领导力有助于项目成功，并有助于取得积极的成果；②任何项目团队成员都可以表现出领导力行为；③领导力与职权不同；④有效的领导者会根据情境调整自己的风格；⑤有效的领导者会认识到项目团队成员之间动机的差异性；⑥领导者应该在诚实、正直和道德行为规范方面展现出期望的行为。

（2）有效领导力。愿景、创造力、激励、热情、鼓励和同理心，这些特质通常与领导力有关。为了实现预期成果，领导力包括对项目团队内外的个人施加影响的态度、才能、性格和行为。有效领导力对项目至关重要。项目通常涉及多个组织、部门、职能或供应商，他们会不定期进行互动。高层领导和干系人会影响项目，这往往会造成更大程度的问题和冲突。领导力并非任何特定角色所独有。高绩效项目可能会有多名成员表现出有效的领导力技能，例如项目经理、发起人、干系人、高级管理层甚至项目团队成员。任何开展项目工作的人员都可以展现有效的领导力特质、风格和技能，以帮助项目团队执行和交付所要求的结果。高绩效的项目会表现出一种由更多影响者组成的看似矛盾的联合体，每位影响者以互补的方式贡献领导力技能。例如，某项目中，项目发起人说明了项目目标和优先级后，技术主管牵头开展交付相关的讨论，在讨论过程中，参与者会陈述利弊，最终由项目经理协调并进行决策并达成共识。成功的领导力能够在各种情况下随时影响、激励、指导他人。

领导力与职权不同。职权是指组织内人员被赋予的控制地位，可以帮助高效履行其职能。通常通过正式手段（例如章程文件或指定的职务）授予某人。职权可以用来影响、激励、指导他人，或在他人未按要求或指示行事时采取措施，但职权与领导力不同。例如，某项目经理被授予了组建项目团队并交付某项成果的职权。但项目经理仅仅拥有职权是不够的，他还需要领导力来激励团队成员处理好个人与项目集体之间的关系，激励团队实现共同的目标。

（3）领导力风格。有效的领导力会借鉴并结合各种领导力风格。领导力包括专制型、民主型、放任型、指令型、参与型、自信型、支持型和共识型等。领导力风格没有好坏之分，不同的领导力风格适合于不同的环境。充分发挥不同领导力风格的独特优势，融合各种风格，持续增长技能并充分利用激励因素，任何项目团队成员或干系人不论其角色或职位如何，都可以激励、影响、教导和培养项目团队：①在混乱无序的环境下，相比协作型，指令型的领导行动力更强，解决问题更清晰、更有推动力；②对于拥有高度胜任和敬业员工的环境，授权型比集中式更有效；③当优先事项发生冲突时，民主中立的引导更有效。

（4）领导力技能的培养。有效的领导力技能是可以培养的，可以通过学习提升，项目团队成员通过以下方法可以提升领导力技能：①让项目团队聚焦于预定的目标；②明确项目成果的激励性愿景；③为项目寻求资源和支持；④商榷最优路线并达成共识；⑤克服项目进展中的障碍；⑥协商并解决项目团队内部以及项目团队与干系人之间的冲突；⑦根据受众情况调整沟通风格和消息传递方式；⑧教导项目团队成员；⑨欣赏并奖励积极行为；⑩提供提高技能和未来发展的机会；⑪引导团队进行协同决策；⑫运用有效对话和积极倾听；⑬向项目团队成员赋能并向他们授予职责；⑭建立勇于担责、有凝聚力的项目团队；⑮对项目团队和干系人的观点表现出同理心；⑯对自己的偏见和行为有自我意识；⑰在项目生命周期过程中，管理和适应变革；⑱拥有通过承认错误促进快速学习的思维方式；⑲以身作则，对期望的行为进行示范等。

当项目团队成员展现出符合干系人特定需要和期望的适当领导力特质、技能和特征时，项目团队会蓬勃发展。以最佳方式与他人沟通、激励他人或者在必要时采取行动，有助于提高项目团队绩效，帮助扫清障碍，使项目取得成功。

当一个项目中有多人发挥领导力时，这种领导力可以促使大家对项目目标承担共同的责任，同时可以帮助营造健康的、充满活力的环境。在领导有方的项目中，单个项目团队、项目团队成员和干系人都会积极参与其中。每名项目团队成员都会心系项目共同的愿景，努力实现共享的成果，聚焦于交付结果。

7. 原则七：根据环境进行裁剪

根据项目的背景及其目标、干系人、治理和环境的不同应用合适的项目开发方法，使用"合适"的过程来实现预期成果，同时最大化价值、管理成本并提高速度。

（1）关键点。项目管理者在坚持"根据环境进行裁剪"原则时，应该关注的关键点包括：①每个项目都具有独特性；②项目成功取决于适合项目的独特环境和方法；③裁剪应该在整个项目进展过程中持续进行。

（2）裁剪的重要性。裁剪是对项目管理方法、治理和过程进行的深思熟虑的调整，使之更适合特定环境和当前项目任务。商业环境、团队规模、不确定性和项目复杂性都是裁剪项目应该考虑的因素。项目系统可以从整体角度，充分考虑其内在的相互关联的复杂特性进行裁剪。通过使用"合适"的过程、方法、模板和工件实现项目期望的成果。裁剪是为了在管理因素的制约下将项目价值最大化，最终实现提高绩效的目标。

项目团队需要和 PMO 一起进行裁剪，在组织治理的策略下，逐一讨论每个项目，确定每个项目的交付方法，选择要使用的过程、开发方式方法和所需的工件，明确所需资源和计划实现的成果。

项目具有独特性，每个项目都处于特定的组织、客户、渠道和环境动态环境中，每个项目都需要裁剪，项目团队应综合判断每个项目的各种独特条件，寻找实现项目的期望成果的最适当的方法。

（3）裁剪的收益。裁剪项目可以为组织带来以下收益：①提高创新、效率和生产力；②吸取经验教训，分享改进优势，并将它们应用于未来的工作或项目；③采用新的实践、方法和工件，改进组织的组织过程资产和方法论；④通过实验探索新的成果、过程或方法；⑤有效整合多个专业背景下的优秀方法和实践；⑥提高组织对未来的适应性等。

在项目生命周期中，裁剪是一个持续迭代的过程。项目团队需要收集所有干系人的需求，了解在项目进展过程中裁剪后方法和过程的效果并评估其有效性，给组织增加价值。

8. 原则八：将质量融入到过程和成果中

保持关注过程和成果的质量，过程和成果要符合项目目标，并与干系人提出的需求、用途和验收标准保持一致。

（1）关键点。项目管理者在坚持"将质量融入到过程和成果中"原则时，应该关注的关键点包括：①项目成果的质量要求：达到干系人期望并满足项目和产品需求；②质量通过成果的验收标准来衡量；③项目过程的质量要求是确保项目过程尽可能适当有效。

（2）质量的内容。质量是产品、服务或成果的一系列内在特征满足需求的程度。质量包括满足客户明示的或隐含的需求的能力。项目团队需要对项目的产品、服务或成果进行测量，以确定其是否符合验收标准并满足使用要求。质量包含多个方面和维度：

- 绩效：是否符合项目团队和干系人的期望？
- 一致性：是否满足使用要求，是否符合规格？
- 可靠性：在每次实施或生成时是否会具有一致的度量指标？
- 韧性：是否能够应对意外故障并快速恢复？
- 满意度：在可用性和用户体验等方面是否获得最终用户的满意？
- 统一性：相同的实施过程或生成过程是否能够产生相同的成果？
- 效率：是否能以最少的投入产生最大的输出？
- 可持续性：是否会对经济、社会和环境产生积极影响？

（3）质量的测量。项目团队需要依据需求，使用度量指标和验收标准对质量进行测量：①需求是为满足需要某个产品、服务或成果必须达到的要求或具备的能力。需求（无论是明确的还是隐含的）来源于干系人、合同、组织政策、标准或监管机构。②度量指标和验收标准是一系列在工作说明书或其他设计文件中明确规定，并根据需要不断更新的指标，这些指标需要在验收过程中确认。

质量不仅与项目成果有关，也与生成项目成果的项目方法和活动有关。在关注项目成果质量的同时，也需要对项目活动和过程进行评估。因此质量管理更加关注过程的质量，侧重于在过程中提前发现和预防错误和缺陷的发生，帮助项目团队确保以最适当的方式交付符合要求的成果，达到客户和干系人的要求，并使资源最小化、目标最大化地实现目标：①快速交付成果；②尽早识别缺陷并采取预防措施，避免或减少返工和报废。

（4）质量的收益。将质量融入到过程和成果中，可以带来如下收益：①成果符合验收标准；②成果达到干系人期望和商业目标；③成果缺陷最少或力求无缺陷；④交付及时，提高交付速度；⑤强化成本控制；⑥提高交付质量；⑦减少返工和报废；⑧减少客户投诉；⑨整合供应链资源；⑩提高生产力；⑪提高项目团队的士气和满意度；⑫提升服务交付能力；⑬改进决策；⑭持续改进过程等。

9. 原则九：驾驭复杂性

不断评估和确定项目的复杂性，使项目团队能够在整个生命周期中，成功找到正确的方法应对复杂情况。

（1）关键点。项目管理者在坚持"驾驭复杂性"原则时，应该关注的关键点包括：①复杂性是由人类行为、系统交互、不确定性和模糊性造成的；②复杂性可能在项目生命周期的任何时间出现；③影响价值、范围、沟通、干系人、风险和技术创新的因素都可能造成复杂性；④在识别复杂性时，项目团队需要保持警惕，应用各种方法来降低复杂性的数量及其对项目的影响。

（2）复杂性的来源。项目是由相互作用、相互交互的要素组成的完整的系统。复杂性源于项目要素、项目要素之间的交互以及与其他系统和项目环境的交互。交互的性质和数量决定了项目的复杂程度。例如：项目的复杂性随着干系人的数量和类型的增多（例如监管机构、国际金融机构、多个供应商、多个专业分包商或当地社区）而加深，这些干系人单独或共同对项目的复杂性造成重大影响。虽然复杂性无法控制，但项目团队可以随时调整项目活动，降低复杂性对项目的影响。

项目团队通常无法预见复杂性的出现，因为复杂性是风险、依赖性、事件或相互关系等许多因素交互形成的。很难分离出造成复杂性的特定原因。常见的复杂性来源包括：

- 人类行为：人类行为包括人的行为、举止、态度和经验，以及它们之间的相互作用。主观因素的引入也会使人类行为的复杂性加深。位于偏远地区的干系人可能地处不同的时区，讲不同的语言，遵守不同的文化规范。
- 系统行为：系统行为是项目要素内部和项目要素之间动态地相互依赖与交互的结果。例如，不同技术系统的集成可能会增加复杂性，项目系统各组件之间的交互也可能导致相互关联的风险，造成新的不可预见的问题。
- 不确定性和模糊性：不确定性是缺乏对问题、事件、目标路径和解决方案的理解和认识而导致的一种状态，是超出了现有的知识或经验的新因素引起的。模糊性是一种不清晰、不知道会发生什么情况或无法理解某种情况的状态。选项众多或不清楚哪个是最佳选项都会导致模糊性。不清晰或误导性事件、新出现的问题或主观情况也会导致模糊性。在复杂的环境中，不确定性和模糊性往往混合在一起，导致其对项目影响概率和可能性难以确定。
- 技术创新：技术创新包括产品、服务、工作方式、流程、工具、技术、程序等的颠覆性创新。创新有助于项目产生新的解决方案，但新技术带来的不确定性也可能导致项目混乱，从而增加复杂性。

复杂性可能在项目生命周期的任何时间出现，通过持续关注项目组件和整个项目执行情况，项目团队可以时刻关注复杂性的产生的迹象，识别贯穿整个项目的复杂性相关的要素。系统性思维、复杂的自适应系统、相关的项目经验，可帮助项目团队提升驾驭复杂性的能力。

10. 原则十：优化风险应对

持续评估风险（包括机会和威胁），并采取应对措施，控制其对项目及其成果的影响（机会最大化，威胁最小化）。

（1）关键点。项目管理者在坚持"优化风险应对"原则时，应该关注的关键点包括：①单个和整体的风险都会对项目造成影响；②风险可能是积极的（机会），也可能是消极的（威胁）；③项目团队需要在整个项目生命周期中不断应对风险；④组织的风险态度、偏好和临界值会影响风险的应对方式；⑤项目团队持续反复地识别风险并积极应对，需要关注的要点包括：明确风险的重要性；考虑成本效益；切合项目实际；与干系人达成共识；明确风险责任人。

（2）风险及应对方法。风险是一旦发生即可能对一个或多个目标产生积极或消极影响的不确定事件或条件。在整个生命周期内，项目团队应努力识别和评估项目内外部的已知和未知的风险。

项目团队应力求最大化地增加积极风险（机会），减少消极风险（威胁）。机会可以带来收益，例如缩短进度、降低成本、提高绩效、增加市场份额或提升声誉。威胁会导致问题，例如进度延迟、成本超支、技术故障、绩效下降或声誉受损等。

项目团队需要监督项目的整体风险。项目整体风险是不确定性对项目整体的影响。整体风险源自所有不确定性，是单个风险的累积结果。项目整体风险管理的目标就是要将项目风险保持在可接受的范围内。项目团队成员应该争取干系人参与，了解他们的风险偏好和风险临界值：①风险偏好是为了获得预期的回报，组织或个人愿意承担的不确定性的程度；②风险临界值是围绕目标的可接受的偏差范围，它反映了组织和干系人的风险偏好。由于风险临界值能够反映风险偏好，风险偏好和风险临界值可以帮助项目团队识别并应对项目中的风险。

风险可能存在于组织、项目组合、项目集、项目和产品中。从成本角度来看，提前采用一致的风险评估、规划风险、积极主动地管理风险，这些投入会降低风险发生概率甚至规避风险，比风险发生后再采取措施投入的成本要低。

11. 原则十一：拥抱适应性和韧性

将适应性和韧性融入组织和项目团队的方法之中，可以帮助项目适应变革。

（1）关键点。项目管理者在坚持"拥抱适应性和韧性"原则时，应该关注的关键点包括：

①适应性是应对不断变化的能力；②韧性是接受冲击的能力和从挫折或失败中快速恢复的能力；③聚焦于成果而非某项输出，有助于增强适应性。

（2）适应性和韧性。项目在生命周期的某个阶段难免会遇到挑战或障碍。如果项目团队开展项目的方法同时具备适应性和韧性，则有助于项目适应各种影响并保持生命力。适应性和韧性是任何开展项目的人员都应具备的有益的特征。

项目会受到内外部因素（新需求、问题、干系人影响等因素）的影响，这些因素相互作用，构成了一个完整的动态系统，因此项目很少会按最初的计划执行。项目中的某些要素可能会失败或达不到预期，此时就需要项目团队重新组合、重新思考和重新规划，从整体的角度做到适应性，例如采用适当的变更控制过程，避免范围蔓延等问题。

（3）提升项目团队的适应性和韧性的能力。在项目环境中，帮助提升项目团队的适应性和韧性能力的方法包括：①采用较短的反馈路径；②持续学习和改进；③拥有多样性技能、文化和经验，具备所需技能领域具有广博知识的主题专家；④定期检查和调整项目工作，识别改进机会；⑤多样化的项目团队，获得广泛丰富的经验；⑥开放、透明，促进内外部干系人参与；⑦鼓励小规模的原型法和实验，勇于尝试新方法；⑧充分运用新的思考方式和工作方式；⑨平衡工作速度和需求稳定性；⑩鼓励在组织内的开放式对话；⑪充分理解以往类似工作中所获得的学习成果；⑫积极预测多种潜在情景，为多种可能的情况做好准备；⑬延迟决策，将决策推迟到最后时刻；⑭获得管理层支持等。

在项目中保持适应性和韧性，可使项目团队在内外部环境发生变化时，能够关注项目预期的成果，帮助项目团队学习和改进，帮助项目团队从失败或挫折中快速恢复，并继续在交付价值方面取得进展。

12. 原则十二：为实现目标而驱动变革

驱动变革，使受影响者做好准备，采用新的过程并执行新的方法，完成从当前状态过渡到项目成果所带来的预期的未来状态。

（1）关键点。项目管理者在坚持"为实现目标而驱动变革"原则时，应该关注的关键点包括：①采用结构化变革方法，帮助个人、群体和组织从当前状态过渡到未来的期望状态；②变革源于内部和外部的影响；③变革具有挑战性，并非所有干系人都接受变革；④在短时间内尝试过多的变革会导致变革疲劳，使变革易受抵制；⑤干系人参与、激励，有助于变革顺利进行。

（2）积极驱动变革。根据项目本身的定义，项目会创造新的事物，是变革推动者。项目经理需要具备独特的能力，让组织做好变革的准备。

变革管理或驱动变革是一种综合的、周期性的和结构化的方法，可使个人、群体和组织从当前状态过渡到实现期望收益的未来状态。组织中的变革可能源自内部，例如需要新的能力应对绩效差距。变革也可能源自外部，例如技术进步、人口结构变化或社会经济压力。任何类型的变革都需要经历变革的群体以及与其互动的行业具有适应或接受变革的能力。在组织中推动变革充满了挑战，因为有些人可能天生抵制变革或厌恶风险，尤其是在具备保守型文化的组织中推行变革会更加艰难。有效的变革管理需要采用激励型策略，而不是强制型策略。积极参与，并鼓励双向沟通可营造有效变革的环境,让变革更容易被采用和接受。

项目团队成员和项目经理需要和干系人共同合作,解决抵制变革等相关的问题,提高客户成功采纳或接受变革的可能性。提倡在项目早期开始,进行沟通与变革相关的愿景和目标,争取各方对变革的认同。在整个项目期间,向组织内所有层级的人员说明变革的收益和变更对工作过程的影响。

同时,项目团队成员和项目经理需要掌握变革的节奏,试图在太短的时间内进行过多的变革,会因变革饱和而受到抵制。为了加强变革效果、促进收益,项目团队成员和项目经理还需要在变革实施后开展一些活动,强化变革效果,避免再次回到变革前的初始状态。认识并解决干系人在整个项目生命周期内接受变革的需要,有助于将变革整合到项目工作中,促进项目的成功。

6.4.2 项目生命周期和项目阶段

1. 项目生命周期和项目阶段

项目生命周期指项目从启动到完成所经历的一系列阶段,这些阶段之间的关系可以顺序、迭代或交叠进行。它为项目管理提供了一个基本框架。项目生命周期适用于任何类型的项目。项目的规模和复杂性各不相同,但不论其大小繁简,所有项目都呈现包含启动项目、组织与准备、执行项目工作和结束项目4个项目阶段的通用的生命周期结构,如图6-6所示。

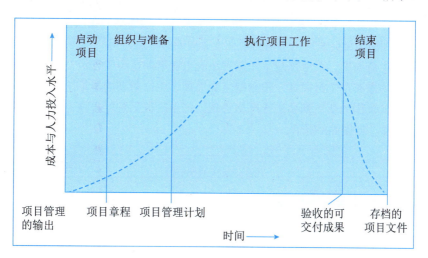

图 6-6 通用项目生命周期结构中典型的成本与人力投入水平

通用的生命周期结构具有的特征:①成本与人力投入在开始时较低,在工作执行期间达到最高,并在项目快要结束时迅速回落。这种典型的走势,如图6-6所示。②风险与不确定性在项目开始时最大,并在项目的整个生命周期中随着决策的制定与可交付成果的验收而逐步降低;做出变更和纠正错误的成本,随着项目越来越接近完成而显著增高,如图6-7所示。

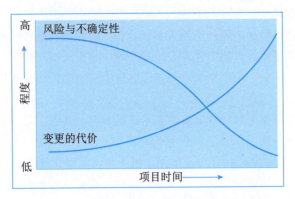

图 6-7 项目风险与不确定性随时间的变化趋势

上述特征在几乎所有项目生命周期中都存在，但是程度有所不同。

在通用生命周期结构的指导下，项目经理可以确定需要对哪些可交付成果施加更为有力的控制，或者哪些可交付成果完成之后才能完全确定项目范围。大型复杂项目尤其需要这种特别的控制。在这种情况下，项目经理需要将项目工作正式分解为若干阶段并根据项目特点采取合适的方法进行控制。

2. 项目生命周期类型

在项目生命周期内的一个或多个阶段通常会对产品、服务或成果进行开发，开发生命周期可分为预测型（计划驱动型）、迭代型、增量型、适应型（敏捷型）和混合型多种类型，采用不同的开发生命周期的项目会呈现出不同的项目生命周期的特点。

（1）预测型生命周期。采用预测型开发方法的生命周期适用于已经充分了解并明确确定需求的项目，又称为瀑布型生命周期。预测型生命周期在生命周期的早期阶段确定项目范围、时间和成本，对任何范围的变更都要进行严格管理，每个阶段只进行一次，每个阶段都侧重于某一特定类型的工作，如图 6-8 所示。

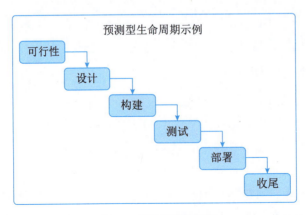

图 6-8 预测型生命周期

高度预测型项目范围变更很少，干系人之间有高度共识。这类项目会受益于前期的详细规划，但有些情况（如增加范围、需求变化或市场变化）会导致某些阶段重复进行。

（2）迭代型生命周期。采用迭代型生命周期的项目范围通常在项目生命周期的早期确定，但时间及成本会随着项目团队对产品理解的不断深入而定期修改，如图6-9所示。

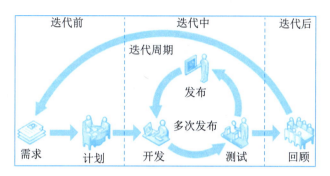

图6-9　迭代型生命周期

（3）增量型生命周期。采用增量型生命周期的项目通过在预定的时间区间内渐进增加产品功能的一系列迭代来产出可交付成果。只有在最后一次迭代之后，可交付成果具有了必要和足够的能力，才能被视为完整的，如图6-10所示。

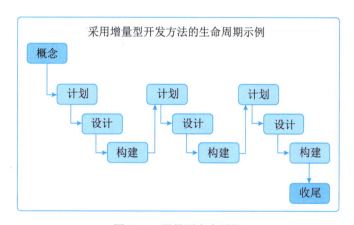

图6-10　增量型生命周期

迭代方法和增量方法的区别：迭代方法是通过一系列重复的循环活动来开发产品，而增量方法是渐进地增加产品的功能。

（4）适应型生命周期。采用适应型开发方法的项目又称敏捷型或变更驱动型项目，适合于需求不确定，不断发展变化的项目。在每次迭代前，项目和产品愿景的范围被明确定义和批准，每次迭代（又称"冲刺"）结束时，客户会对具有功能性的可交付物进行审查。审查时关键干系人会提供反馈，项目团队会更新项目待办事项列表，以确定下一次迭代中特性和功能的优先级，如图6-11所示。适应型项目生命周期的特点是先基于初始需求制定一套高层级计划，再逐渐把需求细化到适合特定规划周期所需的详细程度。

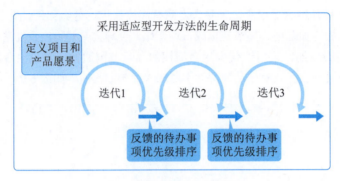

图 6-11 适应型生命周期

（5）混合型生命周期。混合型生命周期是预测型生命周期和适应型生命周期的组合。

项目生命周期具有复杂性和多维性。特定项目的不同阶段往往采用不同的生命周期，项目管理团队需要确定项目及其不同阶段最适合的生命周期。各生命周期的联系与区别如表6-6所示。开发生命周期需要足够灵活，才能够应对项目包含的各种因素。

表 6-6 各生命周期之间的联系与区别

预测型	迭代型与增量型	适应型
需求在开发前预先确定	需求在交付期间定期细化	需求在交付期间频繁细化
针对最终可交付成果制订交付计划，然后在项目结束时一次交付最终产品	分次交付整体项目或产品的各个子集	频繁交付对客户有价值的各个子集
尽量限制变更	定期把变更融入项目	在交付期间实时把变更融入项目
关键干系人在特定里程碑点参与	关键干系人定期参与	关键干系人持续参与
通过对基本已知的情况编制详细计划来控制风险和成本	通过用新信息逐渐细化计划来控制风险和成本	随着需求和制约因素的显现而控制风险和成本

6.4.3 项目管理过程组

项目管理过程组是为了达成项目的特定目标，对项目管理过程进行的逻辑上的分组。项目管理过程组不同于项目阶段：①项目管理过程组是为了管理项目，针对项目管理过程进行逻辑上的划分；②项目阶段是项目从开始到结束所经历的一系列阶段，是一组具有逻辑关系的项目活动的集合，通常以一个或多个可交付成果的完成为结束标志。

项目管理过程可分为以下五个项目管理过程组：

- 启动过程组：定义了新项目或现有项目的新阶段，启动过程组授权一个项目或阶段的开始。
- 规划过程组：明确项目范围、优化目标，并为实现目标制订行动计划。
- 执行过程组：完成项目管理计划中确定的工作，以满足项目要求。
- 监控过程组：跟踪、审查和调整项目进展与绩效，识别变更并启动相应的变更。
- 收尾过程组：正式完成或结束项目、阶段或合同。

一个过程组的输出通常成为另一个过程组的输入，或者成为项目或项目阶段的可交付成果。例如，需要把规划过程组编制的项目管理计划和项目文件（如风险登记册、责任分配矩阵等）及其更新，提供给执行过程组作为输入。各过程组在项目或阶段期间的重叠关系如图6-12所示。

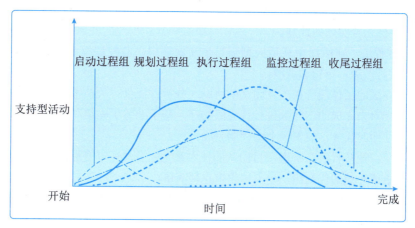

图6-12 项目阶段中过程组的相互作用

过程组中的各个过程会在每个阶段按需要重复开展，直到达到该阶段的完工标准。在适应型和高度适应型生命周期中，过程组之间相互作用的方式会有所不同。

1. 适应型项目中的过程组

（1）启动过程组。在采用适应型生命周期的项目上，启动过程通常要在每个迭代期开展。适应型项目非常依赖知识丰富的干系人代表，他们要能够持续地表达需要和意愿，并不断针对新形成的可交付成果提出反馈意见。因此应该在项目开始时识别出这些关键干系人，以便在开展执行和监控过程组时与他们频繁互动，获得的反馈意见能够确保项目交付出正确的成果。同时，随着项目进展，优先级和情况会动态变化，项目制约因素和项目成功的标准也会变化。因此，需要定期开展启动过程，频繁回顾和重新确认项目章程，以确保项目在最新的制约因素内朝最新的目标推进。

（2）规划过程组。在高度复杂和不确定的项目中，在采用适应型生命周期的项目上，应该让尽可能多的团队成员和干系人参与到规划过程，以便依据广泛的信息开展规划，降低不确定性。高度预测型项目范围变更很少，干系人之间有高度共识，这类项目会受益于前期的详细规划。适应型项目生命周期的特点是先基于初始需求制订一套高层级的计划，再逐渐把需求细化到适合特定规划周期所须的详细程度。预测型和适应型生命周期在规划阶段的主要区别在于做多少规划工作，以及什么时间做。

（3）执行过程组。在敏捷型或适应型项目生命周期中，执行过程通过迭代对工作进行指导和管理。每次迭代都是在一个很短的固定时间段内开展工作，然后演示所完成的工作成果，有关的干系人和团队基于演示来进行回顾性审查。这种演示和审查有助于对照计划检查进展情况，确定是否有必要对项目范围、进度或执行过程做变更。进行回顾性审查，有利于及时发现和讨论与执行方法有关的问题,并提出改进建议。

虽然工作是通过短期迭代进行的,但是也需要对照长期的项目交付时间框架对其进行跟踪和管理。先在迭代期层面上追踪开发速度、成本支出、缺陷率和团队能力的走势,再汇总并推算到项目层面,来跟踪整体项目的完工绩效。高度适应型项目中,项目经理聚焦于高层级的目标,并授权团队成员作为一个小组用最能实现目标的方式自行安排具体工作,有助于团队成员高度投入,制订出切合实际的计划。

(4)监控过程组。在敏捷型或适应型项目生命周期中,监控过程通过维护未完项的清单,对进展和绩效进行跟踪、审查和调整:

- 针对未完成的工作项:在项目团队的协助(分析并提供有关技术依赖关系的信息)下,业务代表对未完成的工作项进行优先级排序,基于业务优先级和团队能力,提取未完项清单最前面的任务,供下一个迭代期完成。
- 针对变更:业务代表在听取项目团队的技术意见之后,评审变更请求和缺陷报告,排列所需变更或补救的优先级,列入工作未完项清单。

这种把工作和变更列入同一张清单的做法,多应用于充满变更的项目环境。在这种项目环境中,无法把变更从原先计划的工作中分离出来,所以把变更和原先的工作整合到一张未完项清单中,便于对全部工作进行重新排序,能够为干系人管理和控制项目工作、实施变更控制和确认范围提供统一的平台。

随着排定了优先级的任务和变更从未完项清单中提取出来,并通过迭代加以完成,就可以测算已完成工作的趋势和指标、变更工作量和缺陷率。通过在短期迭代中频繁抽样,计算变更影响的数量和缺陷补救工作量,就可以对照原来的范围来考察团队能力和工作进展。进而能够基于实际的进展速度和变更影响来估算项目成本、进度和范围。

应该借助趋势图表与项目干系人分享这些指标和预测,以便沟通进展情况和共同面对的问题,推动持续改进以及管理干系人期望。

(5)收尾过程组。在敏捷型或适应型项目生命周期中,对工作进行优先级排序,以便首先完成最具业务价值的工作。这样,即便不得不提前关闭项目或阶段,也很可能已经创造出一些有用的业务价值。这就使得提前关闭不太像是一种归因于沉没成本的失败,而更像是一种提前实现收益、快速取得成功或验证某种业务概念。

2. 适应型项目中过程组之间的关系

(1)以迭代方式顺序开展的项目。适应型项目往往可分解为一系列先后顺序进行的、被称为"迭代期"的阶段。在每个迭代期都要利用相关的项目管理过程,为了有效管理高度复杂且充满不确定性和变更的项目,重复开展项目管理过程组会产生管理费用,在迭代的各个阶段,所需的人力投入水平如图6-13所示。

(2)持续反复开展的项目。高度适应型项目往往在整个项目生命周期内持续实施所有的项目管理过程组。采用这种方法,工作一旦开始,计划就需根据新情况而改变,需要不断调整和改进项目管理计划的所有要素,这种方法中的过程组相互作用如图6-14所示。

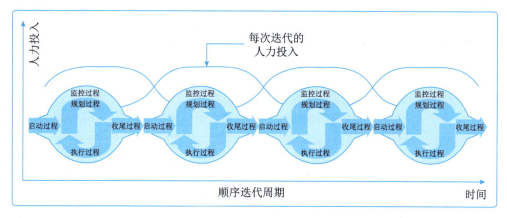

图 6-13 以迭代方式顺序开展的项目的人力投入水平

图 6-14 持续反复开展的项目过程组之间的关系

6.4.4 项目管理知识领域

除了过程组,过程还可以按知识领域进行分类。知识领域指按所需知识内容来定义的项目管理领域,并用其所含过程、实践、输入、输出、工具和技术进行描述。

虽然知识领域相互联系,但从项目管理的角度来看,它们是分别定义的。按照美国项目管理协会出版的《项目管理知识体系指南》第六版,大多数情况下大部分项目通常使用的十大知识领域,包括:

(1) 项目整合管理:识别、定义、组合、统一和协调各项目管理过程组的各个过程和活动。

(2) 项目范围管理:确保项目做且只做所需的全部工作以成功完成项目。

(3) 项目进度管理:管理项目按时完成所需的各个过程。

(4) 项目成本管理:使项目在批准的预算内完成而对成本进行的规划、估算、预算、融资、筹资、管理和控制。

(5) 项目质量管理:把组织的质量政策应用于规划、管理、控制项目和产品的质量,以满足干系人的期望。

(6) 项目资源管理:识别、获取和管理所需资源以成功完成项目。

（7）项目沟通管理：确保项目信息及时且恰当地规划、收集、生成、发布、存储、检索、管理、控制、监督和最终处置。

（8）项目风险管理：规划风险管理、识别风险、开展风险分析、规划风险应对、实施风险应对和监督风险。

（9）项目采购管理：从项目团队外部采购或获取所需产品、服务或成果。

（10）项目干系人管理：识别影响或受项目影响的人员、团队或组织，分析干系人对项目的期望和影响，制定合适的管理策略来有效调动干系人参与项目决策和执行。

某些项目可能需要一个或多个其他的知识领域，例如，建造项目可能需要财务管理或安全与健康管理。表6-7列出了项目管理五个过程组和十大知识领域。

表6-7 项目管理五个过程组和十大知识领域

知识领域	项目管理过程组				
	启动过程组	规划过程组	执行过程组	监控过程组	收尾过程组
项目整合管理	制定项目章程	制订项目管理计划	● 指导与管理项目工作 ● 管理项目知识	● 监控项目工作 ● 实施整体变更控制	结束项目或阶段
项目范围管理		● 规划范围管理 ● 收集需求 ● 定义范围 ● 创建WBS		● 确认范围 ● 控制范围	
项目进度管理		● 规划进度管理 ● 定义活动 ● 排列活动顺序 ● 估算活动持续时间 ● 制订进度计划		控制进度	
项目成本管理		● 规划成本管理 ● 估算成本 ● 制定预算		控制成本	
项目质量管理		规划质量管理	管理质量	控制质量	
项目资源管理		● 规划资源管理 ● 估算活动资源	● 获取资源 ● 建设团队 ● 管理团队	控制资源	
项目沟通管理		规划沟通管理	管理沟通	监督沟通	
项目风险管理		● 规划风险管理 ● 识别风险 ● 实施定性风险分析 ● 实施定量风险分析 ● 规划风险应对	实施风险应对	监督风险	

(续表)

知识领域	项目管理过程组				
	启动过程组	规划过程组	执行过程组	监控过程组	收尾过程组
项目采购管理		规划采购管理	实施采购	控制采购	
项目干系人管理	识别干系人	规划干系人参与	管理干系人参与	监督干系人参与	

6.4.5 项目绩效域

项目绩效域是一组对有效地交付项目成果至关重要的活动。项目绩效域是项目执行过程中需要密切关注的相互作用、相互关联和相互依赖的领域，它们可以协调一致地实现预期的项目成果，共有干系人、团队、开发方法和生命周期、规划、项目工作、交付、测量、不确定性八个项目绩效域。这些绩效域共同构成了一个统一的整体。这样，绩效域就可以作为一个整合系统运作，每个绩效域都与其他绩效域相互依赖，从而促使成功交付项目及其预期成果。

无论价值是如何交付的（经常地、定期地或在项目结束时），这些绩效域在整个项目期间同时运行。例如，从项目开始到项目结束，项目领导者花费时间聚焦于干系人、项目团队、项目生命周期、项目工作等方面。这些领域不能当做孤立的工作加以处理，因为它们相互重叠且相互关联。每个项目中各个绩效域之间相互关联的方式各不相同，但这些方式存在于每个项目之中。

6.4.6 价值交付系统

价值交付系统描述了项目如何在系统内运作，为组织及其干系人创造价值。价值交付系统包括项目如何创造价值、价值交付组件和信息流。

1. 创造价值

项目存在于组织中，包括政府机构、科研院所、企事业单位和其他组织，为干系人创造价值，项目可以通过以下方式创造价值：①创造满足客户或最终用户需要的新产品、服务或结果；②做出积极的社会或环境贡献；③提高效率、生产力、效果或响应能力；④推动必要的变革，以促进组织向期望的未来状态过渡；⑤维持以前的项目集、项目或业务运营所带来的收益等。

2. 价值交付组件

可以单独或共同使用多种组件（例如项目组合、项目集、项目、产品和运营）以创造价值。这些组件共同组成了一个符合组织战略的价值交付系统。价值交付系统所包含的组件如图6-15所示，该系统有两个项目组合，它们包含了多个项目集和项目。该系统还显示了一个包含多个项目的独立项目集以及与项目组合或项目集无关的多个独立项目。任何项目或项目集都可能会包括产品。运营可以直接支持和影响项目组合、项目集和项目以及其他业务职能，例如工资支付、供应链管理等。项目组合、项目集和项目会相互影响，也会影响运营。

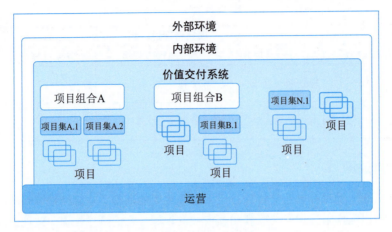

图 6-15 价值交付系统

价值交付系统是组织内部环境的一部分,该环境受政策、程序、方法论、框架、治理结构等制约。内部环境存在于更大的外部环境中,包括经济、竞争环境、法律限制等。价值交付系统中的组件创建了用于产出成果的可交付物。成果是某一过程或项目的最终结果或后果。成果可带来收益,收益是组织实现的利益。收益继而可创造价值,而价值是具有作用、重要性或实用性的事物。

3. 信息流

当信息和信息反馈在所有价值交付组件之间以一致的方式共享时,价值交付系统最为有效,能够使系统与战略保持一致,如图 6-16 所示。高层领导会与项目组合分享战略信息。项目组合与项目集和项目分享预期成果、收益和价值。项目集和项目的可交付物及其支持和维护信息一起传递给运营部门。

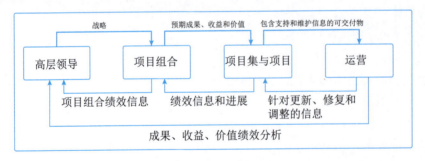

图 6-16 信息流

反之,从运营部门到项目集与项目的信息反馈表明对可交付物的调整、修复和更新。项目集和项目给项目组合提供实现预期成果、收益和价值方面的绩效信息和进展。项目组合会提供与高层领导一起对项目组合进行的绩效评估。此外,运营部门还提供有关组织战略推进情况的信息。

6.5 本章练习

1. 选择题

（1）项目有明确的起点和终点，体现了项目的_____特性。

    A. 独特性　　　　B. 临时性　　　　C. 渐进明细　　　　D. 及时性

参考答案：B

（2）项目管理不善，可能会导致的后果不包括_____。

    A. 项目范围失控　　　　　　B. 组织声誉受损

    C. 管理制约因素　　　　　　D. 干系人不满意

参考答案：C

（3）从项目、项目集、项目组合管理的目标来看，_____注重于开展"正确"的工作，即"做正确的事"。

    A. 项目组合管理　　　　　　B. 单个项目管理

    C. 大项目管理　　　　　　　D. 项目集管理

参考答案：A

（4）在_____组织结构中，项目经理全职指定工作角色。

    A. 职能型　　　　B. 平衡矩阵型　　　　C. 强矩阵型　　　　D. 弱矩阵型

参考答案：C

（5）_____PMO 直接管理和控制项目。项目经理由 PMO 指定并向其报告。这种类型的 PMO 对项目的控制程度很高。

    A. 指令型　　　　B. 支持型　　　　C. 控制型　　　　D. 组合型

参考答案：A

（6）针对领导力和管理二者的区别，属于领导力的特征的是_____。

    A. 直接利用职位

    B. 关注系统和架构

    C. 关注可操作性的问题和问题的解决

    D. 激发信任

参考答案：D

（7）_____的特点是先基于初始需求制订一套高层级的计划，再逐渐把需求细化到适合特定的规划周期所需的详细程度。

    A. 预测型项目生命周期　　　　B. 混合型项目生命周期

    C. 适应型项目生命周期　　　　D. 瀑布型项目生命周期

参考答案：C

（8）价值驱动的项目管理知识体系关注价值的实现，包含了项目管理原则、绩效域、项目生命周期、过程组、十大知识领域和价值交付系统，其中_____是基础，是所有项目干系人在整个项目生命周期过程中各项活动的行动指南。

A. 项目生命周期　　　　　　　B. 项目管理原则
C. 绩效域　　　　　　　　　　D. 价值交付系统

参考答案：B

2. 判断题

判断下列表述正误，正确的选 √，错误的选 ×。

（1）规划过程组是为了完成项目管理计划中确定的工作，以满足项目要求。　　　　　　（　）

（2）项目管理者在遵守内部和外部准则的同时，应该以负责任的方式行事，以正直、关心和可信的态度开展活动，同时对其所负责项目的财务、社会和环境影响做出承诺。这体现了展现领导力行为的原则。　　　　　　（　）

（3）项目绩效域是项目执行过程中需要密切关注的相互作用、相互关联和相互依赖的领域，它们可以协调一致地实现预期的项目成果。　　　　　　（　）

（4）项目可通过提高效率、生产力、效果或响应能力创造价值。　　　　　　（　）

（5）放任型领导关注他人的成长、学习、发展、自主性和福利。　　　　　　（　）

参考答案：(1) ×　(2) ×　(3) √　(4) √　(5) ×

第7章 项目立项管理

项目立项管理是对拟规划和实施的项目技术上的先进性、适用性、经济上的合理性、效益性、实施上的可能性、风险性以及社会价值的有效性、可持续性等进行全面科学的综合分析，为项目决策提供客观依据的一种技术经济研究活动。一般包括项目建议与立项申请、项目可行性研究、项目评估与决策。

项目建议与立项申请、初步可行性研究、详细可行性研究、评估与决策是项目投资前期的四个阶段。在实际工作中，初步可行性研究和详细可行性研究可以依据项目的规模和繁简程度合二为一，但详细可行性研究是不可缺少的。升级改造项目只做初步和详细研究，小项目一般只进行详细可行性研究。

7.1 项目建议与立项申请

1. 立项申请概念

立项申请又称为项目建议书，是项目建设单位向上级主管部门提交项目申请时所必须的文件，是该项目建设筹建单位根据国民经济的发展、国家和地方中长期规划、产业政策、生产力布局、国内外市场、所在地的内外部条件、组织发展战略等，提出的某一具体项目的建议文件，是对拟建项目提出的框架性总体设想。项目建议书是项目发展周期的初始阶段，是国家或上级主管部门选择项目的依据，也是可行性研究的依据。涉及利用外资的项目，在项目建议书获得批准后，方可开展后续工作。

2. 项目建议书内容

项目建议书应该包括的核心内容有：①项目的必要性；②项目的市场预测；③项目预期成果（如产品方案或服务）的市场预测；④项目建设必需的条件。

7.2 项目可行性研究

可行性研究是在项目建议书被批准后，从技术、经济、社会和人员等方面的条件和情况进行调查研究，对可能的技术方案进行论证，以最终确定整个项目是否可行。可行性研究是为项目决策提供依据的一种综合性的分析方法，可行性研究具有预见性、公正性、可靠性、科学性的特点。

7.2.1 可行性研究的内容

信息系统项目进行可行性研究包括很多方面的内容，可以归纳成以下几个方面：技术可行性分析、经济可行性分析、社会效益可行性分析、运行环境可行性分析以及其他方面的可行性分析等。

1. 技术可行性分析

技术可行性分析是指在当前的技术、产品条件限制下，能否利用现在拥有的以及可能拥有的技术能力、产品功能、人力资源来实现项目的目标、功能、性能，能否在规定的时间期限内完成整个项目。

技术可行性分析一般应当考虑的因素包括：

- 进行项目开发的风险：在给定的限制范围和时间期限内，能否设计出预期的系统并实现必需的功能和性能。
- 人力资源的有效性：可以用于项目开发的技术人员队伍是否可以建立，是否存在人力资源不足、技术能力欠缺等问题，是否可以在社会上或者通过培训获得所需要的熟练技术人员。
- 技术能力的可能性：相关技术的发展趋势和当前所掌握的技术是否支持该项目的开发，是否存在支持该技术的开发环境、平台和工具。
- 物资（产品）的可用性：是否存在可以用于建立系统的其他资源，如一些设备以及可行的替代产品等。

技术可行性分析往往决定了项目的方向，一旦技术人员在评估技术可行性分析时估计错误，将会出现严重的后果，造成项目根本上的失败。

2. 经济可行性分析

经济可行性分析主要是对整个项目的投资及所产生的经济效益进行分析，具体包括支出分析、收益分析、收益投资比、投资回报分析以及敏感性分析等。

（1）支出分析。信息系统项目的支出可分为一次性支出和非一次性支出两类。

- 一次性支出：包括开发费、培训费、差旅费、初始数据录入、设备购置费等费用。
- 非一次性支出：包括软、硬件租金、人员工资及福利、水电等公用设施使用费，以及其他消耗品支出等。

（2）收益分析。信息系统项目收益包括直接收益、间接收益以及其他方面的收益等。

- 直接收益：指通过项目实施获得的直接经济效益，如销售项目产品的收入。
- 间接收益：指通过项目实施，通过间接方式获得的收益，如成本的降低。
- 其他收益：如知识产权、软件著作权等。

（3）收益投资比、投资回收期分析。对投入产出进行对比分析，以确定项目的收益率和投资回收期等经济指标。

（4）敏感性分析。当诸如设备和软件配置、处理速度要求、系统的工作负荷类型和负荷量等关键性因素变化时，对支出和收益产生影响的估计。

3. 社会效益可行性分析

项目除了需要考虑经济可行性分析外，往往还需要对项目的社会效益进行分析，尤其是针对面向公共服务领域的项目，其社会效益往往是可行性分析的关注重点。

（1）对组织内部。信息系统项目往往都能为组织的发展带来一定的知识和经验沉淀，这些沉淀会夯实组织进一步发展的基础，需要充分挖掘和分析项目各项能力的效益：

- 品牌效益：指通过项目建设、服务等为组织的知名度提升及正向特征带来的收益。
- 竞争力效益：指通过项目预期成果能够为组织在行业或领域中，获得更好竞争优势的收益。
- 技术创新效益：指通过项目的建设过程中技术矛盾或难点的攻克，为组织技术能力积累，以及产品与服务创新等方面带来的收益。
- 人员提升收益：指通过项目锻炼和人员知识、技能和经验的应用，为组织人员能力提升或骨干人员培育等方面的收益。
- 管理提升效益：指通过项目过程管控以及项目管理与组织管理的实践融合等，为组织的管理水平提升带来的收益。

（2）对社会发展。信息系统项目也可能成为组织履行社会责任的关键举措，这些举措可以为局部或区域社会发展带来各种进步，主要包括：

- 公共效益：指对广大社会群众增加信息惠民、美好生活、理念创造、知识普及、居民健康等方面带来的各种收益。
- 文化效益：指在社会精神文明建设中所发挥的积极作用，也包括网络文明方面。
- 环境效益：指保护自然资源或生态环境方面的作用和价值。
- 社会责任感效益：指组织在履行社会责任与义务方面的收益。
- 其他收益：如提高国防能力，保障国家和社会安全等。

4. 运行环境可行性分析

信息系统项目的可行性分析不同于一般项目，信息系统项目的产品大多数是一个软件硬件配套的信息系统，或一套需要安装并运行在用户现场的软件、相关说明文档、管理与运行规程等。只有基础硬件运转正常可靠、软件正常使用，并达到预期的技术（功能、性能）指标、经济效益和社会效益指标，才能称为信息系统项目是成功的。

而运行环境是制约信息系统发挥效益的关键。因此，需要从用户的管理体制、管理方法、规章制度、工作习惯、人员素质（甚至包括人员的心理承受能力、接受新知识和技能的积极性等）、数据资源积累、基础软硬件平台等多方面进行评估，以确定软件系统在交付以后，是否能够在用户现场顺利运行。

但在实际项目中，软（硬）件的运行环境往往是需要再建立的，这就为项目运行环境可行性分析带来不确定因素。因此，在进行运行环境可行性分析时，可以重点评估是否可以建立系统顺利运行所需要的环境以及建立这个环境所需要进行的工作，以便可以将这些工作纳入项目计划之中。

5. 其他方面的可行性分析

信息系统项目的可行性研究除了前面介绍的技术、经济、社会效益和运行环境可行性分析外，还包括了诸如法律可行性、政策可行性等方面的可行性分析。

信息系统项目也会涉及到合同责任、知识产权等法律方面的可行性问题。特别是在系统开发和运行环境、平台和工具方面，以及产品功能和性能方面，往往存在一些软件版权问题，是否能够购置所使用环境、工具的版权，有时也可能影响项目的建立。

此外，在可行性分析方面，还包括了项目实施对社会环境、自然环境的影响，以及可能带来的社会效益分析。总之，项目的可行性分析主要包括上述几个方面的内容，但是对于具体的项目应该根据实际情况选取重点进行可行性研究分析。

7.2.2 初步可行性研究

1. 初步可行性研究定义

初步可行性研究一般是在对市场或者客户情况进行调查后，对项目进行的初步评估。详细可行性研究需要对项目在技术、经济、社会、运行环境、法律等方面进行深入的调查研究和分析，是一项费时、费力的工作，特别是大型的或比较复杂的项目更是如此。因此，进行初步可行性评估，可以从如下方面进行衡量，以便决定是否开始详细可行性研究：

- 分析项目的前途，从而决定是否应该继续深入调查研究；
- 初步估计和确定项目中的关键技术及核心问题，以确定是否需要解决；
- 初步估计必须进行的辅助研究，以解决项目的核心问题，并判断是否具备必要的技术、实验、人力条件作为支持等。

2. 辅助研究的目的和作用

辅助（功能）研究包括项目的一个或几个方面，但不是所有方面，并且只能作为初步可行性研究、详细可行性研究和大规模投资建议的前提或辅助。辅助研究分类：①对要设计开发的产品进行的市场研究。其包括市场的需求预测以及预期的市场渗透情况的预测。②配件和投入物资的研究。其包括项目使用的基本配件和投入物资的当前和预测的可获得性，以及这些配件和投入的目前和预测的未来价格趋势。③试验室和中间工厂的试验。根据需要进行试验以决定具体配件是否合适，设计方案是否可行。④网络物理布局设计。⑤规模的经济性研究。一般作为技术选择研究的一个部分进行。如果牵扯到几种技术和几种市场规模，则分开进行这些研究，但研究不扩大到复杂的技术问题中去。这些研究的主要任务是在考虑各种选择的技术、投资费用、开发成本和价格之后，评价最具经济性的设计开发规模。这种研究通常对几种规模的设计开发能力进行分析，研究该项目的主要特性，并计算出每种规模的结果。⑥设备选择研究。如果项目的设备涉及部门多，来源分散，而且成本各不相同，就要进行这种研究。一般在投资或实施阶段进行设备订货，包括准备投标、招标并对其进行评价，以及订货和交货。如果涉及巨额投资，项目的构成和经济性在极大的程度上取决于设备的类型及其成本和经营成本，所选设备直接影响项目的经营效果。在这种情况下，如果得不到标准化的成本，那么设备选择研究就是必不可少的。

辅助研究的内容视研究的性质和打算研究的项目各有不同，但由于其关系到项目的关键方面,因此其结论应为随后的项目阶段指明方向。在大多数情况下,投资前辅助研究如果在项目可行性研究之前或与项目可行性研究一起进行,其内容则构成项目可行性研究的一个必不可少的部分。如果一项基本投入可能是确定项目可行性的一个决定因素,那么应在初步可行性研究之前进行辅助研究。如果对一项具体功能的详细研究过于复杂,不能作为项目可行性研究的一部分进行,辅助研究则与初步项目可行性研究分头同时进行。如果在进行项目可行性研究过程中发现,尽管作为决策过程一部分的初步评价可以早些开始,但比较稳妥的做法是对项目的某一方面进行更详尽地鉴别,那么就在完成该项目可行性研究之后再进行辅助研究。辅助研究的费用必须和项目可行性研究的费用一并考虑,因为这种研究的目的之一就是要在项目可行性研究阶段节省费用。

3. 初步可行性研究的作用

如果对项目价值和收益等存在疑问,组织需要进行初步项目可行性研究来确定项目是否可行。初步可行性研究主要回答的问题包括:

- 项目进行投资建设是否具有必要性;
- 项目建设的周期是否合理且可接受;
- 项目需要的人力、财力资源等是否可接受;
- 项目的功能和目标是否可以实现;
- 项目的经济效益、社会效益是否可以保证;
- 项目从经济上、技术上是否合理等。

经过初步可行性研究,可以形成初步可行性研究报告,该报告虽然比详细可行性研究报告粗略,但是对项目已经有了全面的描述、分析和论证,所以初步可行性研究报告可以作为正式的文献供项目决策参考,也可以成为进一步做详细可行性研究的基础。

4. 初步可行性研究的主要内容

初步可行性研究的结果及研究的主要内容基本与详细可行性研究相同。所不同的是占有的资源、研究细节方面有较大差异。可以通过捷径来决定投资支出和生产成本中的次要组成部分,但不能决定其主要组成部分,此时必须把估计项目的主要投资支出和生产成本作为初步项目可行性研究的一部分。初步可行性研究的主要内容包括:

- 需求与市场预测:包括客户和服务对象需求分析预测,营销和推广分析,如初步的销售量和销售价格预测。
- 设备与资源投入分析:包括从需求、设计、开发、安装实施到运营的所有设备与材料的投入分析。
- 空间布局:如网络规划、物理布局方案的选择。
- 项目设计:包括项目总体规划、信息系统设计和设备计划、网络工程规划等。
- 项目进度安排:包括项目整体周期、里程碑阶段划分等。
- 项目投资与成本估算:包括投资估算、成本估算、资金渠道及初步筹集方案等。

7.2.3 详细可行性研究

详细可行性研究是在项目决策前对与项目有关的技术、经济、法律、社会环境等方面的条件和情况，进行详尽的、系统的、全面地调查、研究和分析，对各种可能的技术方案进行详细的论证、比较，并对项目建设完成后所可能产生的经济、社会效益进行预测和评价，最终提交的可行性研究报告将成为进行项目评估和决策的依据。

1. 详细可行性研究的依据

进行详细可行性研究时，必须在国家有关法律、法规、政策、规划的前提下进行，同时还应当具备一些必须的技术资料。详细可行性研究工作的主要依据包括：①国民经济和社会发展的长期规划、地区的发展规划；②国家和地区的相关政策、法律、法规和制度；③项目主管部门对项目设计开发建设要求请示的批复；④项目建议书或者项目建议书批准后签订的意向性协议；⑤国家、地区、组织的信息化规划和标准；⑥市场调研分析报告；⑦技术、产品或工具的有关资料等。

2. 详细可行性研究的原则

（1）科学性原则。按客观规律办事是可行性研究工作必须遵循的最基本的原则。遵循这一原则，要做到：①运用科学的方法和认真的态度来收集、分析和鉴别原始的数据和资料，以确保它们真实和可靠。真实可靠的数据资料是可行性研究的基础和出发点。②要求每一项技术与经济的决定要有科学依据，是经过认真分析、计算而得出的。

（2）客观性原则。坚持从实际出发、实事求是。信息化建设项目的可行性研究，要根据信息化建设的要求与具体条件进行分析论证而得出可行或不可行的结论。组织需要：①正确地认识各种信息化建设条件，这些条件都是客观存在的，研究工作要求排除主观臆断，要从实际出发；②要实事求是地运用客观的资料做出符合科学的决定和结论；③可行性研究报告和结论必须是分析研究过程合乎逻辑的结果，而不掺杂任何主观成分。

（3）公正性原则。公正性原则就是站在公正的立场上，不偏不倚。在信息化建设项目可行性研究的工作中，应该把国家和人民的利益放在首位，综合考虑项目干系人的各方利益，决不为任何单位或个人而生偏私之心，不为任何利益或压力所动。实际上，只要能够坚持科学性与客观性原则，不是有意弄虚作假，就能够保证可行性研究工作的正确和公正，从而为项目的投资决策提供可靠的依据。

3. 详细可行性研究的方法

可行性研究的方法很多，如经济评价法、市场预测法、投资估算法和增量净效益法等。这里主要介绍投资估算法和增量净效益法。

（1）投资估算法。投资费用一般包括固定资金及流动资金两大部分，固定资金中又分为设计开发费、设备费、场地费、安装费及项目管理费等。投资估算是可行性研究中一个重要工作，投资估算的正确与否将直接影响项目的经济效果，因此要求尽量准确。投资估算根据其进程或精确程度可分为数量性估算（即比例估算法）、研究性估算、预算性估算及投标估算的方法。

（2）增量净效益法（有无比较法）。将有项目时的成本（效益）与无项目时的成本（效益）进行比较，求得两者差额即为增量成本（效益），这种方法称之为有无比较法。有无比较法比传统的前后比较法更能准确地反映项目的真实成本和效益。因为前后比较法不考虑不上项目时的项目变化趋势，会人为地夸大或低估项目的效益。有无比较法则先对不上项目时组织的变动趋势做预测，将上项目以后的成本/效益逐年做动态比较，因此得出的结论更科学、更合理。

4. 详细可行性研究的内容

详细可行性研究所涉及的内容很多，每一方面都有其处理问题的方法，详细可行性研究所涉及的主要内容和方法包括：

（1）市场需求预测。产品的需求预测是项目可行性研究的基础工作，这项工作的好坏将直接影响到项目可行性研究的水平。需求和市场分析的关键因素是就某一时间范围项目主要产出或成果需求量做出估计。因为一个项目是否可行，除其他因素外，取决于预计的销售额或收入。在任何一个特定时间，需求都是若干可变因素的函数，这些可变因素包括市场构成，来自相同（或替代）产品和服务的其他供应来源的竞争，需求的收入弹性与价格弹性，市场对社会经济形式产生的反应，经销渠道和消费增长水平等。因此，需求估计比一般想象得复杂，而且，由于不仅需要估计对某一具体产品或服务的需求，还要辨明其组成（如产品组合、服务组合）和各个部分或各消费者类别，以及其增长与敏感性所受到的社会与制度方面的限制。

（2）部件和投入的选择供应。这也是进行项目可行性研究首先应考虑的问题。项目可行性研究应包括同配件和投入需要量有关的问题，包括部件和投入的分类、部件和投入的选择与说明、部件和投入的特点等。

（3）信息系统架构及技术方案的确定。信息系统架构及其建设过程采用技术方案，是项目可行性研究中的技术选择问题，它对组织的经济效益有着直接的影响。要根据具体的技术、经济条件选择"适宜技术"，并做相应的评价。采用新结构、新技术应有实验的根据，而不应采用不成熟的技术，因为工程项目的技术方案在技术上首先应是"可行"的。技术方案的选择，包括所采用技术和开发过程。当然，它与生产规模有着密切关系。

项目可行性研究中技术评价应反映下述几个方面：技术的先进性、技术的实用性、技术的可靠性、技术的连锁效果、技术后果的危害性等。

（4）技术与设备选择。项目可行性研究应该说明具体项目所需的技术，评价可供选择的各种技术，并按项目各组成部分的最佳结合选择最适合的技术。应估计获得这类技术所涉及的各种问题，还应说明与所选择技术相联系的具体设计和技术服务，同时选择和获得技术还必须与选择机器设备相呼应。设备选择和技术选择是相互依存的，在项目可行性研究报告中，应根据项目研发能力和所选择的技术来确定设备方面的需要。

项目可行性研究阶段的设备选择，应概略说明通过使用某种技术达到某种效果或模式所必需的设备最佳组合。在所有项目中，必须说明每一项目阶段的额定设备，并使之同下一阶段的研发能力和设备需要相联系。从投资角度来看，在符合各种功能和研发需要的条件下，设备费用要控制到最低限度。

(5) 网络物理布局设计。信息系统项目的网络物理布局主要考虑场地的电气特性、基本设施（网络基础设施）和网络新技术发展等方面。

(6) 投资、成本估算与资金筹措
- 投资费用：投资费用就是固定资本与净周转资金的合计。固定资本是建设和装备一个投资项目所需的资金，除了固定投资外还包括项目启动前的所有投资费用，诸如：筹建开办费、项目可行性研究和其他咨询费、项目建设期间贷款利息、人员培训费以及试运行费用等。周转资金（或称流动资金）则相当于全部或部分经营该项目所需的资金，在项目评价阶段计算周转资金需要量很重要，应使它保持在一个合理的、必要的水平上。净周转资金则是流动资产减去短期负债，流动资产包括应收账款、存货（配件、辅助材料、供应品、包装材料、备件及小工具等）、在制品、成品和现金；短期负债主要包括应付账款（贷方）等。在不同的研究设计阶段，投资估算的精确性不同。毛估和粗估，一般可据以否定或初步肯定一个项目，估计的精度一般在±30%。初步项目可行性研究要求估计在±20%，详细可行性研究要求估计在±10%，设计开发时则要达到±5%。
- 资金筹措：为一个项目调拨资金，这不仅对任何投资决定而且对项目拟定和投资前分析都是明显的基本先决条件。如果一项项目可行性研究没有这样的合理保证的支持，那么这项研究就没有多大用处。大多数情况是，在进行项目可行性研究之前就应该对项目筹资的可能性做出初步估计。因此说明实际或可能的资金来源，包括自有资金、各种贷款及其偿还条件，是项目可行性研究最为基本和最为关键的内容。大型投资项目除了自筹资金外，通常还需一定数量的贷款。两者各占多少，要有适当的比例，因为贷款要付息，自筹资金要分红。自筹资金比例大，则盈利用来分红的就多；反之贷款比例大，则利息负债就多。一般认为自筹、贷款各半稳妥。自筹不足时可以多贷款，这个限额通常是从50%～80%不等；相反，只有资金雄厚时，可以少贷款。
- 项目成本：在项目可行性研究阶段，遇到的另一个问题就是项目活动的消耗和成本预算开支不精确，从而可能导致完全不同的结论。成本估算的精度也应当和投资估算的精度相当。成本计算要以项目计划的各种消耗和费用开支为依据，计算全部成本和单位产品的成本。大多数投资前的项目可行性研究报告只算项目总成本，这是因为作为整体估算要比计算单位产品成本简单一些。项目总成本一般划分为四大类：研发成本、行政管理费、销售与分销费用、财务费用和折旧。前三类成本的总和称为经营成本。项目成本在项目可行性研究中的用途为计算盈亏，计算净周转资金的需要量，并用于财务评价。
- 财务报表：为了估计一个新建或扩建项目的资金需要，要编制一套财务报表。财务报表关系到管理决策，所以在对一个组织的财务状况分析中，必须注重所用的表格形式。只有当财务报表有标准的项目和格式，才能从事有意义的对比和分析。所以财务报表的格式，不应随意改变。项目可行性研究中的财务报表，主要目的是向投资者说明项目编制以及随之而来的财务分析，财务报表通常包括：现金流动表、净收入报表和预计资产负债表。

(7) 经济评价及综合分析
- 经济评价：经济评价分为组织经济评价和国民经济评价。①组织经济评价：对于一项投资来说，投资的准则乃是投入资本并取得最大的收益。因此，投资盈利率分析基本上就在于确定利润和投资的比率，同时在分析投资和利润两者之间的关系时应考虑时间因素，并对项目的整个生命期进行总的评价。组织经济评价大致可以分为三个步骤：第一步，进行分析的基础准备；第二步，编制财务报表；第三步，进行经济效果计算。进行组织经济评价时可以使用静态评价方法，如投资收益率与投资回收期；但最好使用动态评价方法，如净现值法、内部收益率法、外部收益率法、动态投资回收期法以及收益/成本比值法等，以便考虑资金的时间价值。②国民经济评价：就是从国民经济的利害得失出发，对项目所做的经济效果评估。国民经济评价就是将项目纳入整个国民经济系统之中，考虑对其他相关部门的影响，从国家和社会的全局出发去衡量项目在经济效果上是否可行。该评估要求比较真实地反映项目在生命周期过程中投入与产出的价值，国民经济的真正得失，因此在评估的方法及数据处理上不完全与组织经济评估相同。国民经济评价是从国家视角，评价项目对实现国家经济发展战略目标及对社会福利的实际贡献。它除了对项目的直接经济效果考虑外，还要考虑项目对社会的全面的费用效益状况。与组织经济评价不同，它将工资、利息、税金作为国家收益，它所采用的产品价格为社会价格，采用的贴现率也为社会贴现率。

- 综合分析：在对项目进行了经济评价后，还需要对项目进行综合评价分析。这是因为一方面拟建项目未来所处的环境可能会随时发生一定的变化；另一方面需要分析项目的实施对整个社会以及国民经济的影响。

5. 详细可行性研究报告

详细可行性研究报告视项目的规模和性质，有简有繁。编写一份关于信息系统项目的详细可行性研究报告，可以考虑从项目背景、可行性研究的结论、项目的技术背景等方面进行描述，如表 7-1 所示。

表 7-1　详细可行性研究报告结构示例

目录项	主要内容
项目背景	项目名称；项目承担单位、主管部门及客户；承担可行性研究的单位；可行性研究的工作依据；可行性研究工作的基本内容；基本术语和一些约定等
可行性研究的结论	项目的目标、规模；技术方案概述及特点；项目的建设进度计划；投资估算和资金筹措计划；项目财务和经济评价；项目综合评价结论等
项目提出的技术背景	国家、地区、行业或组织发展规划；客户业务发展及需求的原因、必要性
项目的技术发展现状	国内外的技术发展历史、现状；新技术发展趋势
编制项目建议书的过程及必要性	
市场情况调查分析	项目所生产产品的用途、功能、性能的市场调研；市场相关（或替代）产品的调研；项目开发环境、平台、工具所需要产品的市场调研；市场情况预测
客户现行系统业务、资源、设施情况调查	客户拥有的资源（硬件、软件、数据、规章制度等）及使用情况调查；客户现行系统的功能、性能、使用情况调查；客户需求

(续表)

目录项	主要内容
项目总体目标	项目的目标、范围、规模、结构;技术方案设计的原则和方法;技术方案特点分析;关键技术与核心问题分析
项目实施进度计划	项目实施的阶段划分;阶段工作及进度安排;项目里程碑
项目投资估算	项目总投资概算;资金筹措方案;投资使用计划
项目组人员组成	项目组组织形式;人员构成;培训内容及培训计划
项目风险	关键技术、核心问题(攻关)的风险;项目规模、功能、性能(需求)不完全确定性分析;其他不可预见性因素分析
经济效益预测	
社会效益分析与评价	
可行性研究报告结论	可行性研究报告结论、"立项"建议;可行项目的修改建议和意见;不可行项目的问题及处理意见;可行性研究中的争议问题及结论
附件	

7.3 项目评估与决策

项目评估指在项目可行性研究的基础上,由第三方(国家、银行或有关机构)根据国家颁布的政策、法规、方法、参数和条例等,从国民经济与社会、组织业务等角度出发,对拟建项目建设的必要性、建设条件、生产条件、市场需求、工程技术、经济效益和社会效益等进行评价、分析和论证,进而判断其是否可行的一个评估过程。项目评估是项目投资前期进行决策管理的重要环节,其目的是审查项目可行性研究的可靠性、真实性和客观性,为银行的贷款决策或行政主管部门的审批决策提供科学依据。项目评估的最终成果是项目评估报告。

1. 评估依据

项目评估的依据主要包括:①项目建议书及其批准文件;②项目可行性研究报告;③报送组织的申请报告及主管部门的初审意见;④项目关键建设条件和工程等的协议文件;⑤必需的其他文件和资料等。

2. 评估的程序

项目评估工作一般可按以下程序进行。

- 成立评估小组:进行分工,制订评估工作计划(包括评估目的、评估内容、评估方法和评估进度等)。
- 开展调查研究:收集数据资料,并对可行性研究报告和相关资料进行审查和分析。尽管大部分数据在可行性报告中已经提供,但评估单位必须站在公正的立场上,核准已有数据的可靠性,并收集、补充必要的数据资料,以提高评估的准确性。
- 分析与评估:在上述工作基础上,按照项目评估内容和要求,对项目进行技术经济分析和评估。

- 编写、讨论、修改评估报告。
- 召开专家论证会。
- 评估报告定稿并发布。

3. 项目评估的内容

项目评估主要包括以下内容：

- 项目与组织概况评估。
- 项目建设的必要性评估：评估项目是否符合国家产业政策、行业规划和地区规划，是否符合经济和社会发展需要，是否符合市场需求，是否符合组织的发展要求。
- 项目建设规模评估。
- 资源、配件、燃料及公用设施条件评估。
- 网络物理布局条件和方案评估。
- 技术和设备方案评估。
- 信息安全评估。
- 安装工程标准评估：采用的标准与规范是否先进、合理，是否符合国家有关规定。
- 实施进度评估：项目的建设工期、实施进度、试运行、运营及系统转换所选择的方案及时间安排是否正确合理。
- 项目组织、劳动定员和人员培训计划评估。
- 投资估算和资金筹措：投资额估算采用的数据、方法和标准是否正确，是否考虑了汇率、税金、利息、物价上涨指数等因素。资金筹措的方法是否正确，资金来源是否正当、落实，外汇能否平衡等。
- 项目的财务效益评估：基本数据的选定是否可靠，主要财务效益指标的计算及参数选取是否正确；推荐的方案是否是"最佳方案"。
- 国民经济效益评估：在财务经济效益评估的基础上，重点对费用和效益的范围及其数值的调整是否正确进行核查。
- 社会效益评估：对促进国家或地区社会经济发展，改善生产力布局，带来的经济利益和劳动就业效果，提高国家、部门或地方的科技水平、管理水平和文化生活水平的效益和影响等进行评估。
- 项目风险评估：盈亏平衡分析、敏感性分析、项目主要风险因素及其敏感度和概率分析，项目风险的预防措施及处置方案等。

4. 项目评估报告内容大纲

项目评估报告内容大纲应包括项目概况、详细评估意见、总结和建议等内容。

- 项目概况：项目基本情况；综合评估结论是否批准或可否贷款的结论性意见。
- 详细评估意见。
- 总结和建议：存在或遗留的重大问题、潜在的风险、建议等。

7.4 本章练习

选择题

（1）立项申请、初步可行性研究、详细可行性研究、评估与决策是投资前时期的四个阶段，其中_____是不可缺少的。

  A. 立项申请   B. 初步可行性研究

  C. 详细可行性研究   D. 评估与决策

参考答案：C

（2）_____是项目发展周期的初始阶段，是国家或上级主管部门选择项目的依据，也是可行性研究的依据。

  A. 项目建议书   B. 项目评估

  C. 项目决策   D. 项目规划

参考答案：A

（3）_____是指在当前市场的技术、产品条件限制下，能否利用现在拥有的以及可能拥有的技术能力、产品功能、人力资源来实现项目的目标、功能、性能，能否在规定的时间期限内完成整个项目。

  A. 技术可行性研究   B. 经济可行性分析

  C. 运行环境可行性分析   D. 投资可行性研究

参考答案：A

（4）软、硬件租金、人员工资及福利、水电等公用设施使用费属于_____。

  A. 直接支出   B. 支持型   C. 非一次性支出   D. 项目支出

参考答案：C

第8章 项目整合管理

自 1987 年以来,PMBOK 一直是基于过程的项目管理标准的重要代表,项目管理从业者一直坚持基于过程的项目管理方法。随着信息技术和项目管理的快速发展,单独的基于过程的项目管理思想已经无法反映业务及项目管理的需要。从 2021 年开始,第 7 版 PMBOK 采用了基于原则的标准,其中包含了 12 个项目管理基本原则,这些基本原则为有效的项目管理提供支持,并更多地关注项目的预期成果。然而,很多项目管理从业人员认为过去基于过程的方法依然非常有用,在指导项目管理能力、调整方法论并评估项目管理能力方面起到非常重要的作用,因此,基于过程的方法是项目管理的基石。人们今天在关注项目管理原则,关注实现项目最终的价值交付的同时,依然离不开过程的方法,依然需要考虑 10 大项目管理知识领域的支撑。本书第 8～17 章从项目整合管理开始,详细介绍了 10 大项目管理知识领域。

项目整合管理包括识别、定义、组合、统一和协调项目管理过程组的各个过程和项目管理活动。在项目管理中,整合管理兼具统一、合并、沟通和建立联系的性质,项目整合管理贯穿项目始终。项目整合管理的目标包括:①资源分配;②平衡竞争性需求;③研究各种备选方法;④裁剪过程以实现项目目标;⑤管理各个项目管理知识领域之间的依赖关系。项目与项目管理本质上具有整合性质,例如,为应急计划制定成本估算时,就需要整合项目成本管理、项目进度管理和项目风险管理知识领域中的相关过程。

项目管理过程组的各个过程之间经常反复发生联系。例如,在项目早期,规划过程组为执行过程组提供书面的项目管理计划;随着项目的进展,规划过程组还将根据变更情况,更新项目管理计划。

8.1 管理基础

8.1.1 执行整合

项目整合管理由项目经理负责,项目经理负责整合所有其他知识领域的成果,并掌握项目总体情况。项目整合管理的责任不能被授权或转移,项目经理必须对整个项目承担最终责任。整合是项目经理的一项关键技能。执行项目整合时项目经理承担双重角色:

- 组织层面上,项目经理扮演重要角色,与项目发起人携手合作,了解战略目标并确保项目目标和成果与项目组合、项目集以及业务领域保持一致。项目经理以这种方式有助于项目的整合与执行。
- 在项目层面上,项目经理负责指导团队关注真正重要的事务并协同工作。为此,项目经理需要整合过程、知识和人员。

1. 过程层面执行整合

项目管理过程中有些过程可能只发生一次(例如项目章程的初始创建),但很多过程在整个项目期间会相互重叠并重复发生多次。这种重叠和多次出现的过程，比如需求变更，它会影响范围、进度或预算，并需要提出变更请求。控制范围过程和实施整体变更控制过程包括变更请求。在整个项目期间实施整体变更控制过程是为了整合变更请求。

项目经理如果无法整合相互作用的项目过程，那么实现项目目标的机会将会很小。

2. 认知层面执行整合

管理项目有多种方法，项目经理的人际关系技能和能力与其管理项目的方式紧密相关，方法的选择通常取决于项目的具体特点，包括规模、项目或组织的复杂性，以及组织文化。项目经理应尽量熟练掌握所有项目管理知识领域，帮助项目经理将经验、见解、领导力、技术以及商业管理技能运用到项目管理中，并帮助项目经理整合这些知识领域所涵盖的过程，实现预期的项目结果。

3. 背景层面执行整合

随着新技术的不断涌现，社交网络、多元文化、虚拟团队和新的价值观等的出现，组织和项目所处的环境发生了很大变化。在执行并管理整合时，项目经理需要意识到项目背景和这些新因素，决定如何在项目中最好地利用这些新环境因素，以获得项目成功。例如，项目经理在指导项目团队进行沟通规划和知识管理时需要考虑新背景产生的影响，需要面临涉及多个组织的、大规模、跨职能项目实施中的知识和人员。

8.1.2 整合的复杂性

项目的复杂性来源于组织的系统行为、人类行为以及组织或环境中的不确定性。

在项目整合之前，项目经理需要考虑项目面临的内外部环境因素，检查项目的特征或属性。作为项目的一种特征或属性，复杂性的含义：①包含多个部分；②不同部分之间存在一系列关联；③不同部分之间的动态交互作用；④这些交互作用所产生的行为远远大于各部分简单的相加（例如突发性行为）。

项目经理可以通过检查项目的这些复杂性特征，帮助其在规划、管理和控制项目时识别关键领域，确保完成整合。

8.1.3 管理新实践

项目整合管理知识领域要求整合所有其他知识领域的成果。与整合管理过程相关的新趋势和新兴实践包括：

- 使用信息化工具：信息化工具用来收集、分析和使用信息，支持实现项目目标和项目效益。项目经理需要整合大量的数据和信息，因此有必要使用项目管理信息系统等相关的信息化工具。
- 使用可视化管理工具：可视化管理工具可以通过可视化分析表等直观形式获取和监督关键的项目要素。帮助整个团队直观地看到项目的实时状态，促进知识转移，并提高团队成员和其他干系人识别和解决问题的能力。

- 项目知识管理：项目人员的流动性和不稳定性越来越高，项目知识管理可以将项目生命周期中积累的知识传达给目标受众，防止知识流失。
- 项目经理在项目以外的职责：项目处在内外部环境中，项目经理需要参与管理层和PMO负责的立项前、结项后的可行性研究与评估和效益管理，以便更好地实现项目目标以及交付项目价值。项目经理也需要更全面地识别干系人，并引导他们参与项目，包括管理项目经理与各职能部门、运营部门和高级管理人员之间的接口。
- 混合型方法：经实践检验的新方法会不断地融入项目管理中，例如采用敏捷或其他迭代的适应型方法，为开展需求管理而采用商业分析技术，为分析项目复杂性而采用相关分析工具，以及为应用项目成果而采用组织变革管理方法等。

8.1.4 项目管理计划和项目文件

项目管理过程中，会使用并产生两大类文件：一是项目管理计划；二是项目文件。二者一般包含的内容，如表8-1所示。

表 8-1 项目管理计划和项目文件

项目管理计划	项目文件	
<ul><li>范围管理计划</li><li>需求管理计划</li><li>进度管理计划</li><li>成本管理计划</li><li>质量管理计划</li><li>资源管理计划</li><li>沟通管理计划</li><li>风险管理计划</li><li>采购管理计划</li><li>干系人参与计划</li><li>变更管理计划</li><li>配置管理计划</li><li>范围基准</li><li>进度基准</li><li>成本基准</li><li>绩效测量基准</li><li>项目生命周期描述</li><li>开发方法</li></ul>	<ul><li>活动属性</li><li>活动清单</li><li>假设日志</li><li>估算依据</li><li>变更日志</li><li>成本估算</li><li>持续时间估算</li><li>问题日志</li><li>经验教训登记册</li><li>里程碑清单</li><li>物质资源分配单</li><li>项目日历</li><li>项目沟通记录</li><li>项目进度计划</li><li>项目进度网络图</li><li>项目范围说明书</li></ul>	<ul><li>项目团队派工单</li><li>质量控制测量结果</li><li>质量测量指标</li><li>质量报告</li><li>需求文件</li><li>需求跟踪矩阵</li><li>资源分解结构</li><li>资源日历</li><li>资源需求</li><li>风险登记册</li><li>风险报告</li><li>进度数据</li><li>进度预测</li><li>干系人登记册</li><li>团队章程</li><li>测试与评估文件</li></ul>

8.2 项目整合管理过程

8.2.1 过程概述

项目整合管理过程包括：①制定项目章程：编写一份正式批准项目并授权项目经理在项目

活动中使用组织资源的文件。②制订项目管理计划：定义、准备和协调项目计划的所有组成部分，并把它们整合为一份综合项目管理计划。③指导与管理项目工作：为实现项目目标而领导和执行项目管理计划中所确定的工作，并实施已批准变更。④管理项目知识：使用现有知识并生成新知识，以实现项目目标，帮助组织学习。⑤监控项目工作：跟踪、审查和报告整体项目进展，以实现项目管理计划中确定的绩效目标。⑥实施整体变更控制：审查所有变更请求，批准变更，管理可交付成果、组织过程资产、项目文件和项目管理计划的变更，并对变更处理结果进行沟通。⑦结束项目或阶段：结束项目、阶段或合同的所有活动。

在项目实际进展中，以上各过程会相互交叠和相互作用。表 8-2 概括了项目整合管理的各个过程：

表 8-2 项目整合管理过程

过程	输入	工具与技术	输出
制定项目章程	● 立项管理文件 ● 协议 ● 事业环境因素 ● 组织过程资产	● 专家判断 ● 数据收集 ● 人际关系与团队技能 ● 会议	● 项目章程 ● 假设日志
制订项目管理计划	● 项目章程 ● 其他知识领域规划过程的输出 ● 事业环境因素 ● 组织过程资产	● 专家判断 ● 数据收集 ● 人际关系与团队技能 ● 会议	项目管理计划
指导与管理项目工作	● 项目管理计划 ● 项目文件 ● 批准的变更请求 ● 事业环境因素 ● 组织过程资产	● 专家判断 ● 项目管理信息系统 ● 会议	● 可交付成果 ● 工作绩效数据 ● 问题日志 ● 变更请求 ● 项目管理计划（更新） ● 项目文件（更新） ● 组织过程资产（更新）
管理项目知识	● 项目管理计划 ● 项目文件 ● 可交付成果 ● 事业环境因素 ● 组织过程资产	● 专家判断 ● 知识管理 ● 信息管理 ● 人际关系与团队技能	● 经验教训登记册 ● 项目管理计划（更新） ● 组织过程资产（更新）
监控项目工作	● 项目管理计划 ● 项目文件 ● 工作绩效信息 ● 协议 ● 事业环境因素 ● 组织过程资产	● 专家判断 ● 数据分析 ● 决策 ● 会议	● 工作绩效报告 ● 变更请求 ● 项目管理计划（更新） ● 项目文件（更新）

（续表）

过程	输入	工具与技术	输出
实施整体变更控制	● 项目管理计划 ● 项目文件 ● 工作绩效报告 ● 变更请求 ● 事业环境因素 ● 组织过程资产	● 专家判断 ● 变更控制工具 ● 数据分析 ● 决策 ● 会议	● 批准的变更请求 ● 项目管理计划（更新） ● 项目文件（更新）
结束项目或阶段	● 项目章程 ● 项目管理计划 ● 项目文件 ● 验收的可交付成果 ● 立项管理文件 ● 协议 ● 采购文档 ● 组织过程资产	● 专家判断 ● 数据分析 ● 会议	● 项目文件（更新） ● 最终产品、服务或成果 ● 项目最终报告 ● 组织过程资产（更新）

8.2.2 裁剪考虑因素

因为每个项目都是独特的，所以项目经理可能根据需要裁剪项目整合管理过程：

- 项目生命周期：本项目合适的项目生命周期？项目生命周期应包括哪些阶段？
- 开发生命周期：对特定产品、服务或成果而言，什么是合适的开发生命周期和开发方法？预测型或适应型方法是否适当？如果使用适应型方法，开发产品是该采用增量还是迭代的方式？混合型方法是否为最佳选择？
- 管理方法：考虑到组织文化和项目的复杂性，哪种管理过程最有效？
- 知识管理：在项目中如何管理知识以营造合作的工作氛围？
- 变更：在项目中如何管理变更？
- 治理：有哪些监控机构、委员会和其他干系人该参与项目治理？对项目状态报告的要求是什么？
- 经验教训：在项目期间及项目结束时，应收集哪些信息？历史信息和经验教训是否适用于未来的项目？
- 效益：应该在何时以何种方式报告效益，是在项目结束时还是在每次迭代或阶段结束时？

8.2.3 敏捷与适应方法

在敏捷或适应型环境中，采用敏捷或适应型方法能够帮助项目经理将决策权下放，团队成员可以自行决定并控制具体产品的规划和交付，而项目经理则重点关注营造合作型的决策氛围，并确保团队有能力应对变更，促进团队成员以相关领域专家的身份参与整合管理。如果团队成员具备广泛的技能基础而不局限于某个狭窄的专业领域，那么这种合作型方法就会更加有效。

8.3 制定项目章程

制定项目章程是编写一份正式批准项目并授权项目经理在项目活动中使用组织资源的文件的过程。本过程的主要作用：①明确项目与组织战略目标之间的直接联系；②确立项目的正式地位；③展示组织对项目的承诺。本过程仅开展一次或仅在项目的预定义时开展。制定项目章程过程的数据流向如图 8-1 所示。

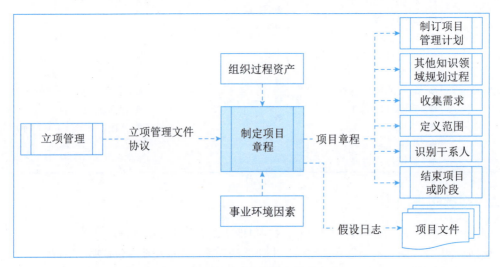

图 8-1 制定项目章程过程的数据流向图

项目章程在项目执行和项目需求之间建立了联系。通过编制项目章程，来确认项目是否符合组织战略和日常运营的需要。项目章程不能当作合同，在执行外部项目时，通常需要用正式的合同来达成合作协议，项目章程用于建立组织内部的合作关系，确保正确交付合同内容。项目章程授权项目经理进行项目管理过程中的规划、执行和控制，同时还授权项目经理在项目活动中使用组织资源，因此，应在规划开始之前任命项目经理，项目经理越早确认并任命越好，最好在制定项目章程时就任命。项目章程可由发起人编制，也可由项目经理与发起机构合作编制。通过这种合作，项目经理可以更好地了解项目的目的、目标和预期收益，以便更有效地分配项目资源。项目章程一旦被批准，就标志着项目的正式启动。

项目由项目以外的机构来启动，例如发起人、项目集或项目管理办公室（PMO）、项目组合治理委员会主席或其授权代表。项目启动者或发起人应该具有一定的职权，能为项目获取资金并提供资源。

8.3.1 输入

1. 立项管理文件

立项管理阶段经批准的结果或相关的立项管理文件是用于制定项目章程的依据，包括项目建议书、可行性研究报告、项目评估报告。立项管理从业务视角描述必要的信息，并且据此决定项目的期望结果是否值得所需投资。组织高层管理者通常使用立项管理文件作为决策依据。一般情况下立项管理包含商业需求和成本效益分析，论证项目的合理性并确定项目边界。立项管理一般由市场需求、组织需要、客户要求、技术进步、法律要求、生态影响、社会需要等一个或多个因素引发。

项目章程包含来源于立项管理文件中的相关项目信息。由于立项管理文件不是项目文件，项目经理不可以对它们进行更新或修改，只可以提出相关建议。虽然立项管理文件是在项目之前制定的，但需要定期审核。

2. 协议

协议有多种形式，包括合同、谅解备忘录（MOUs）、服务水平协议（SLA）、协议书、意向书、口头协议或其他书面协议。为外部客户做项目时，通常需要签订合同。

3. 事业环境因素

能够影响制定项目章程过程的事业环境因素主要包括：政府或行业标准（如产品标准、质量标准、安全标准和工艺标准）；法律法规要求和相关制约因素；市场条件；组织文化和氛围；组织治理框架（通过安排人员、制定政策和确定过程，以结构化的方式实施控制、指导和协调，以实现组织的战略和目标）；干系人的期望和风险临界值等。

4. 组织过程资产

能够影响制定项目章程过程的组织过程资产主要包括：组织的标准政策、流程和程序；项目组合、项目集和项目的治理框架（用于提供指导和制定决策的治理职能和过程）；监督和报告的方法；模板（如项目章程模板）；历史信息与经验教训知识库（如项目记录与文件、关于以往项目选择决策的结果及以往项目绩效的信息）等。

8.3.2 工具与技术

1. 专家判断

专家判断是指基于某应用领域、知识领域、学科和行业等的专业知识而做出的、关于当前活动的合理判断，这些专业知识可来自具有专业学历、知识、技能、经验或培训经历的任何小组或个人。制定项目章程过程中，应征求具备如下领域相关专业知识或接受过相关培训的个人或小组的意见，涉及领域包括：组织战略；效益管理；项目所在的行业以及项目关注的领域的技术知识；持续时间和预算的估算；风险识别等领域。

2. 数据收集

可用于制定项目章程过程的数据收集技术主要包括：
- 头脑风暴：用于在短时间内获得大量创意，适用于团队环境，需要引导者进行引导。头脑风暴由两个部分构成：创意产生和创意分析。制定项目章程时可通过头脑风暴向干系人、主题专家和团队成员收集数据、解决方案或创意。
- 焦点小组：召集干系人和主题专家讨论项目风险、成功标准和其他议题，比一对一访谈更有利于互动交流。
- 访谈：通过与干系人直接交谈，了解高层级需求、假设条件、制约因素、审批标准以及其他信息。

3. 人际关系与团队技能

制定项目章程需要的人际关系与团队技能主要包括：
- 冲突管理：有助于干系人就目标、成功标准、高层级需求、项目描述、总体里程碑和其他内容达成一致意见。
- 引导：有效引导团队活动成功达成决定、解决方案或结论。引导者确保参与者有效参与、互相理解并考虑所有意见，按既定决策流程全力支持得出的结论或结果，以及所达成的行动计划和协议随后得到合理执行。
- 会议管理：包括准备议程，确保邀请每个关键干系人代表，以及准备和发送后续的会议纪要和行动计划。

4. 会议

在制定项目章程过程中，与关键干系人举行会议的目的是识别项目目标、成功标准、主要可交付成果、高层级需求、总体里程碑和其他概述信息。

8.3.3 输出

1. 项目章程

项目章程记录了关于项目和项目预期交付的产品、服务或成果的高层级信息：①项目目的；②可测量的项目目标和相关的成功标准；③高层级需求、高层级项目描述、边界定义以及主要可交付成果；④整体项目风险；⑤总体里程碑进度计划；⑥预先批准的财务资源；⑦关键干系人名单；⑧项目审批要求（例如，评价项目成功的标准，由谁对项目成功下结论，由谁签署项目结束）；⑨项目退出标准（例如，在何种条件下才能关闭或取消项目或阶段）；⑩委派的项目经理及其职责和职权；⑪发起人或其他批准项目章程的人员的姓名和职权等。

项目章程确保干系人在总体上就主要可交付成果、里程碑以及每个项目参与者的角色和职责达成共识。下面是一个项目章程的示例：

> 项目名称：CRM 软件开发。
> 总体里程碑进度表：2009 年 5 月 1 日开工，2009 年 11 月 5 日结束。
> 项目经理：李某某；联系电话：××××××××××。
> 项目立项依据：公司业务经过多年的发展，公司已经拥有了大量优质客户和一大批潜在客户，为了稳定与发展公司的客户群，公司管理层决定开发一个 CRM 系统。
> 项目目标：以标准的客户关系管理理论为指导，结合公司的营销经验，在 6 个月时间里开发完成具备客户管理、市场管理、销售管理、服务管理、统计分析和 Call Center 六大功能的 CRM 客户管理软件。预算为 6 个月投入为 50 万人民币。

项目干系人：
　　　i. 赵某某：项目发起人和赞助人，负责监督项目；
　　　ii. 李某某：项目经理，负责计划、监控项目，对项目质量负责；
　　　iii. 钱某某：IT 部门经理，负责为项目提供适当资源和培训；
　　　iv. 王某某：业务接口人，负责为项目提供业务需求。
　　签名：(以上所有干系人签名)

2. 假设日志

假设日志用于记录整个项目生命周期中的所有假设条件和制约因素。

在项目启动之前进行可行性研究和论证时，即开始识别高层级的战略和运营假设条件与制约因素。这些假设条件与制约因素应纳入项目章程。较低层级的活动和任务假设条件在项目期间随着诸如定义技术规范、估算、进度和风险等项目活动的开展而生成。

8.4 制订项目管理计划

制订项目管理计划是定义、准备和协调项目计划的所有组成部分，并把它们整合为一份综合项目管理计划的过程。本过程的主要作用：生成一份综合文件，用于确定所有项目工作的基础及其执行方式。本过程仅开展一次或仅在项目的预定义点开展。制订项目管理计划过程的数据流向如图 8-2 所示。

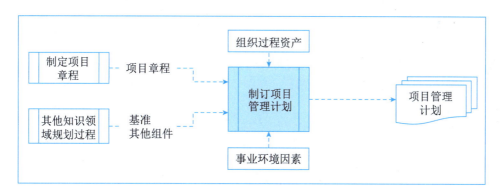

图 8-2　制订项目管理计划的数据流向图

项目管理计划确定项目的执行、监控和收尾方式，其内容会根据项目所在的应用领域和复杂程度的不同而不同。项目管理计划可以是概括或详细的，每个组成部分的详细程度取决于具体项目的要求。项目管理计划应基准化，即至少应规定项目的范围、时间和成本方面的基准，以便据此考核项目执行情况和管理项目绩效。在确定基准之前，可能要对项目管理计划进行多次更新，且这些更新无需遵循正式的流程。但是一旦确定了基准，就只能通过提出变更请求、实施整体变更控制过程进行更新。在项目收尾之前，项目管理计划需要通过不断更新来渐进明细，并且这些更新需要得到控制和批准。

8.4.1 输入

1. 项目章程

项目团队把项目章程作为初始项目规划的起点。项目章程会根据其所包含的信息种类数量和项目的复杂程度和已知的信息的不同而不同。但项目章程中至少会包含项目的高层级信息，供项目管理计划的各个组成部分进一步细化。

2. 其他知识领域规划过程的输出

创建项目管理计划需要整合诸多过程的输出。其他知识领域规划过程所输出的子计划和基准都是本过程的输入。此外，对这些子计划和基准的变更都可能导致对项目管理计划的相应更新。

3. 事业环境因素

能够影响制订项目管理计划过程的事业环境因素主要包括：政府或行业标准（如产品标准、质量标准、安全标准和工艺标准）；法律法规要求和相关制约因素；垂直市场（如建筑）和专门领域（如环境、安全、风险或敏捷软件开发）的项目管理知识体系；组织的结构、文化、管理实践和可持续性；组织治理框架（通过安排人员、制定政策和确定过程，以结构化的方式实施控制、指导和协调，从而实现组织的战略和目标）；基础设施（如现有的设施和固定资产）等。

4. 组织过程资产

能够影响制订项目管理计划过程的组织过程资产主要包括：组织的标准政策、流程和程序；项目管理计划模板；变更控制程序，包括修改正式的组织标准、政策、计划、程序或项目文件，以及批准和确认变更所须遵循的步骤；监督和报告方法、风险控制程序以及沟通要求；以往类似项目的相关信息（如范围、成本、进度与绩效测量基准、项目日历、项目进度网络图和风险登记册）；历史信息和经验教训知识库等。

8.4.2 工具与技术

1. 专家判断

制订项目管理计划过程中，应征求具备如下领域相关专业知识或接受过相关培训的个人或小组的意见，涉及的领域包括：根据项目需要裁剪项目管理过程，包括这些过程间的依赖关系和相互影响，以及这些过程的主要输入和输出；根据需要制订项目管理计划的附加组成部分；确定过程所需的工具与技术；编制应包括在项目管理计划中的技术与管理细节；确定项目所需的资源与技能水平；定义项目的配置管理级别；确定哪些项目文件受制于正式的变更控制过程；确定项目工作的优先级，确保把项目资源在合适的时间分配到合适工作。

2. 数据收集

可用于制订项目管理计划过程的数据收集技术主要包括：

- 头脑风暴：制订项目管理计划时，经常以头脑风暴的形式来收集关于项目方法的创意和解决方案。参会者包括项目团队成员，其他主题专家和干系人也可以参与。
- 核对单：很多组织基于自身经验制定了标准化的核对单，或者采用所在行业的核对单。核对单可以指导项目经理制订计划或帮助检查项目管理计划是否包含所需的全部信息。
- 焦点小组：召集干系人讨论项目管理方法以及项目管理计划各个组成部分的整合方式。
- 访谈：用于从干系人获取特定信息，制订项目管理计划、任何子计划或项目文件。

3. 人际关系与团队技能

制订项目管理计划需要的人际关系与团队技能主要包括：

- 冲突管理：必要时可以通过冲突管理让具有差异性的干系人就项目管理计划的所有方面达成共识。
- 引导：引导者确保参与者有效参与、互相理解，并考虑所有意见，按既定决策流程全力支持得到的结论或结果。
- 会议管理：有必要采用会议管理来确保有效召开多次会议，以便制订、统一和商定项目管理计划。

4. 会议

在制订项目管理计划中，可以通过会议讨论项目方法，确定为达成项目目标而采用的工作执行方式，以及明确项目执行过程中的监控方式。通常利用项目开工会议来明确项目规划阶段工作的完成并宣布开始项目执行阶段，目的是传达项目目标、获得团队对项目的承诺，以及阐明每个干系人的角色和职责。开工会议召开时机取决于项目特征：

- 对于小型项目：通常由同一个团队开展项目规划和执行。这种情况下，由于执行团队参与了规划，项目在启动之后就会开工。
- 对于大型项目：通常由项目管理团队开展大部分规划工作。在初始规划工作完成、执行（开发）阶段开始时，项目团队其他成员才参与进来。这种情况下，开工会议将在项目执行阶段开始时召开。
- 对于多阶段项目：通常在每个阶段开始时都要召开一次开工会议。

8.4.3 输出

项目管理计划

项目管理计划是说明项目执行、监控和收尾方式的一份文件，它整合并综合了所有知识领域子管理计划和基准，以及管理项目所需的其他组件信息，项目管理计划的组件取决于项目的具体需求。项目管理计划组件主要包括：

- 子管理计划：范围管理计划、需求管理计划、进度管理计划、成本管理计划、质量管理计划、资源管理计划、沟通管理计划、风险管理计划、采购管理计划、干系人参与计划。
- 基准：范围基准、进度基准和成本基准。
- 其他组件：项目管理计划过程生成的组件会因项目而异，但是通常包括：变更管理计划、配置管理计划、绩效测量基准、项目生命周期、开发方法、管理审查。

下面是一个项目管理计划示例：

1. 项目名称

京华网上花店系统。

2. 项目背景

随着互联网技术的飞速发展，互联网已经走进千家万户，"京华"鲜花店为了突破时空限制，降低交易成本，节约客户订购、支付和配送的时间，方便客户购买，决定进入电子商务网上鲜花销售市场，建立一个京华网上销售系统，利用互联网在线支付平台进行交易，实现网络营销与传统营销双通道同时运行的新型鲜花营销模式。

建设网上花店将取得以下几方面的收益：①网上销售带来量的增加。预计网站运营起半年内花店收入增长10%，一年半内销售收入增长50%。②网上销售带来的成本节约。预计鲜花销售成本可减少20%~30%。③品牌增值带来的收益。网上商店的运作将扩大"京华"的知名度，提升"京华"品牌，最终使"京华"成为北京地区有影响力的鲜花网上销售企业。

3. 项目范围管理计划（范围基准）

京华网上花店系统的总体目标是成为北京地区有影响力的鲜花网上销售企业，这一目标将分三个阶段实现。

项目的范围定为采用现有的各种网络技术，构建一个鲜花、礼品等商品多级查询、选择、订购的网上销售系统，为客户提供方便、快捷、安全的网上购物环境。

项目可交付成果包括一个网上购物商城，提供各类管理文档、开发技术文件、系统使用和用户手册，并对人员提供必要的培训。详细的可交付物说明参见WBS文档。

项目范围管理的方法为：

（1）范围说明书只有项目经理有权更新和发布。

（2）范围说明书是制定项目WBS的基础和依据。

（3）对项目范围说明书的更改或调整可能会引起合同变更，对此要慎重。

4. 项目进度管理计划（进度基准）

项目建设周期约需要6个月。

5. 项目成本管理计划（成本基准）

项目建设预计投入20万元，用于平台搭建、软硬件资源购买、技术支持及管理和人员的费用。成本预算方案见表8-3。

表8-3 成本预算方案

序号		项目	费用/元
设备	1	服务器	23 000
软件	3	操作系统软件	5 000
	4	数据库软件	15 000
	5	防病毒软件	300

(续表)

序号		项目	费用/元
网站功能开发	3	项目人员费用	20 000
	4	应用系统开发费用	50 000
网站推广	5	网上推广	10 000
	6	网下推广	20 000
网站运营/维护	7	人员费用	50 000 元/年
	8	主机托管/网站维护	7 000 元/年
	9	国内域名/国际域名	600 元/年
合计		首年费用合计	143 300
		每年运营/维护费用	57 600

共计：200 900 元

6. 项目质量管理计划

项目开发过程中按照公司制定的 CMMI 三级标准过程来进行。在里程碑会议和周例会上按照公司的软件开发质量检查表、质量评审过程进行质量审查，提出改进措施并及时进行改进。详细的质量检查表、质量检查过程标准参见公司标准。

7. 项目人力资源计划

金某某（项目经理）　　主要负责经营策略与项目规划

蒋某某　　　　　　　　主要负责网站开发

邓　某　　　　　　　　主要负责网站的制作和维护

程某某　　　　　　　　主要负责市场调查和业务流程设计

8. 项目沟通计划

利用 BBS 建立一个项目共享区，所有项目干系人都通过这个共享区进行交流与沟通。项目的进展情况通过项目例会和里程碑会议进行检查与收集。项目沟通计划可根据项目实际情况进行及时调整。

9. 项目风险管理计划（风险登记册）

项目实施过程中可能遇到的风险及防范措施如下。

1）技术风险

（1）黑客攻击或者病毒入侵会导致网站死机或者不能访问，影响网上花店的运作。防范措施是加强病毒和入侵检测，设置好防火墙。

（2）设备硬件损坏导致网站不能访问或者数据丢失，使花店客户遭受损失。防范措施是做好数据备份以及硬件备份。

（3）开发方出现问题使开发进度缓慢导致实施进度无法跟上计划。防范措施：一是多方比较慎重选择合作方；二是签订规范合理合同，在出现纠纷时能通过法律途径保护本网站的正当权益。

2）经营风险

（1）网站宣传推广效果不好，网站访问量少。防范措施是推广网站时应根据企业的自身情况选定合适的搜索引擎注册，并且隔一段时间观察排名情况，总结出哪些搜索引擎能带来实际效果。注意跟进，积累数据，为了以后的业务开展积累经验，不断改进网站推广方式。还要注意引进结合网下的多种推广方式。

（2）由于目前企业计算机人才缺乏，对外包单位依赖较大，网站一旦出现问题只能由其解决。防范措施是加强员工两个方面的技术培训，一是要求电子商务员熟悉网站各模块的操作；二是要求网络管理员熟悉网站系统的管理以及网站应用系统的程序。

（3）若项目运营得比较成功，客户量增大，客户订单增长迅速，花店接纳客户能力（快速供货能力）会受到考验。防范措施是加强与供应商的合作与联系，提高双方的反应能力，避免出现订单积压、供货链断裂的现象。

3）管理风险

（1）由于业务流的改变，网上花店人员对新的销售流程不熟悉导致花店动作出现混乱。防范措施是加强对花店人员的业务培训，主要是网上业务流程的培训。

（2）由于有网上与网下两种销售方式，其中的协调可能会出现问题。防范措施是统一协调制定网上网下的营销方案，加强各部门对网上销售业务的培训，以及准备应急的方案。

4）市场风险

可能出现多家竞争对手，使竞争激烈，导致预期销售量减少。防范措施是加强对竞争对手的分析，及时调整经营策略。

10. 项目采购计划

项目所需要的硬件和软件的采购计划如下。

（1）硬件选型方案所需设备如表8-4所示。

表8-4　硬件选型方案

No	名称	型号	单价	数量	金额
1	服务器	戴尔 PowerEdge 1850（Xeon3.0G）1U 机架式	23 000.00	1	23 000.00
	合计				23 000.00

（2）正版软件系统费用见表8-5。

表8-5　软件系统费用

No	名称	单价	数量	金额	备注
1	MS Windows 2000	5 000.00	1	5 000.00	
2	MS SQL Server 2000	15 000.00	1	15 000.00	
3	Kill 1000-1999				
	User Pack（Kill-user-6X-1999）	300.00	1	300.00	
4	KFW 傲盾防火墙企业服务器版	5 000.00	1	5 000.00	
	合计			25 300.00	

8.5 指导与管理项目工作

指导与管理项目工作是为实现项目目标而领导和执行项目管理计划中所确定的工作,并实施已批准变更的过程。本过程的主要作用是对项目工作和可交付成果开展综合管理,以提高项目成功的可能性。本过程需要在整个项目期间开展。指导与管理项目工作过程的数据流向如图8-3所示。

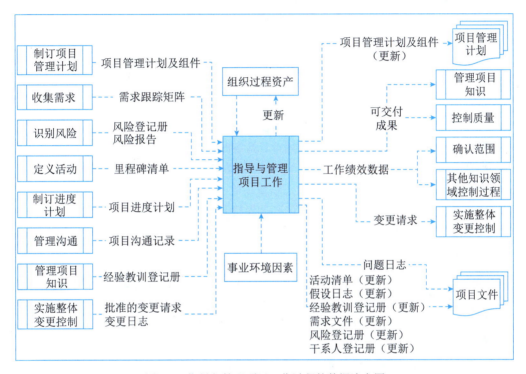

图8-3 指导与管理项目工作过程的数据流向图

指导与管理项目工作会受项目所在应用领域的直接影响,其工作包括执行计划中预先规划好的活动,以完成项目可交付成果并达成既定目标。指导与管理项目工作需要分配可用资源并管理其有效使用,项目经理与项目管理团队一起实施已规划好的项目活动,并管理项目内的各种技术接口和组织接口。指导与管理项目工作还要求项目团队回顾所有项目变更的影响,并实施已批准的变更,包括纠正措施、预防措施和缺陷补救措施。

在项目执行过程中,工作绩效数据被收集并传达给相应的10大知识领域的控制过程做进一步分析,通过分析工作绩效数据,可以帮助项目团队获取关于可交付成果的完成情况以及与项目绩效相关的其他细节,工作绩效数据也用作监控过程组的输入,并可反馈输入到经验教训库,以改善未来工作的绩效。

8.5.1 输入

1. 项目管理计划

项目管理计划的任何组件都可用作指导与管理项目工作的输入。

2. 项目文件

可作为指导与管理项目工作过程输入的项目文件主要包括：

- 需求跟踪矩阵：把产品需求连接到相应的可交付成果，有助于项目团队聚焦于最终结果。
- 风险登记册：记录可能影响项目执行的各种威胁和机会的信息。
- 风险报告：记录关于整体项目风险来源的信息，以及关于已识别单个项目风险的概括信息。
- 里程碑清单：列出特定里程碑的计划实现日期。
- 项目进度计划：至少包含工作活动清单、持续时间、资源以及计划的开始与完成日期。
- 项目沟通记录：包含绩效报告、可交付成果的状态，以及项目生成的其他信息。
- 经验教训登记册：经验教训用于改进项目绩效，以免重复犯错。登记册有助于确定针对哪些方面设定规则或指南，以使团队行动保持一致。
- 变更日志：记录所有变更请求的状态。

3. 批准的变更请求

批准的变更请求是实施整体变更控制过程的输出，包括经项目经理审查和批准的变更请求，必要时需要经变更控制委员会（Change Control Board，CCB）审查和批准。CCB 是项目的所有者权益代表，负责对变更进行决策。CCB 由项目所涉及的主要干系人共同组成，通常包括用户和项目所在组织管理层的决策人员。CCB 是决策机构，不是作业机构；通常 CCB 的工作是通过评审手段来决定项目基准是否需要变更，但不提出变更方案。

经 CCB 批准的变更请求可能是纠正措施、预防措施和缺陷补救措施，并由项目团队纳入项目进度计划付诸实施，批准的变更请求可能对项目或项目管理计划的相关领域产生影响，还可能导致修改正式受控的项目管理计划组件或项目文件。

4. 事业环境因素

能够影响指导与管理项目工作过程的事业环境因素主要包括：组织的结构、文化、管理实践和可持续性；基础设施（如现有的设施和固定资产）；干系人的风险临界值（如允许的成本超支百分比）等。

5. 组织过程资产

能够影响指导与管理项目工作过程的组织过程资产主要包括：组织的标准政策、流程和程序；问题与缺陷管理程序，用于定义问题与缺陷控制、问题与缺陷识别及其解决，以及行动事项跟踪；问题与缺陷管理数据库，包括历史问题与缺陷状态、问题和缺陷解决情况，以及行动事项的结果；绩效测量数据库，用来收集与提供过程和产品的测量数据；变更控制和风险控制程序；以往项目的项目信息（如范围、成本、进度与绩效测量基准，项目日历，项目进度网络图，风险登记册，风险报告以及经验教训知识库）等。

8.5.2 工具与技术

1. 专家判断

指导与管理项目工作过程中，应征求具备如下领域相关专业知识或接受过相关培训的个人或小组的意见，涉及的领域包括：关于项目所在的行业以及项目关注的领域的技术知识；成本和预算管理；法规与采购；法律法规；组织治理等。

2. 项目管理信息系统

项目管理信息系统给项目提供了 IT 软件工具，例如进度计划软件工具、工作授权系统、配置管理系统、信息收集与发布系统，以及进入其他在线信息系统（如知识库）的登录界面，支持自动收集和报告关键绩效指标（KPI）。

3. 会议

在指导与管理项目工作时，可以通过会议来讨论和解决项目的相关事项。参会者可包括项目经理、项目团队成员，以及与所讨论事项相关或会受该事项影响的干系人。会议应该明确每个参会者的角色，确保有效参会。会议类型一般包括：开工会议、技术会议、敏捷或迭代规划会议、每日站会、指导小组会议、问题解决会议、进展跟进会议以及回顾会议。

8.5.3 输出

1. 可交付成果

可交付成果是在某一过程、阶段或项目完成时，必须产出的任何独特并可核实的产品、成果或服务能力。它通常是项目的结果，包括项目管理计划的组成部分。

一旦完成了可交付成果的第一个版本，就应该执行变更控制。用配置管理工具和程序来支持对可交付成果（如文件、软件和构件）的多个版本的控制。

2. 工作绩效数据

工作绩效数据是在执行项目工作的过程中，从每个正在执行的活动中收集到的原始观察结果和测量值。数据通常是最低层次的细节，将交由其他过程从中提炼并形成信息。在工作执行过程中收集数据，再交由 10 大知识领域的相应的控制过程做进一步分析。

例如，工作绩效数据包括已完成的工作、关键绩效指标（KPI）、技术绩效测量结果、进度活动的实际开始日期和完成日期、已完成的故事点、可交付成果状态、进度进展情况、变更请求的数量、缺陷的数量、实际发生的成本、实际持续时间等。

3. 问题日志

在整个项目生命周期中，项目经理通常会遇到问题、差距、不一致或意外冲突。项目经理需要采取某些行动加以处理，以免影响项目绩效。问题日志是一种记录和跟进所有问题的项目文件，所需记录和跟进的内容主要包括：①问题类型；②问题提出者和提出时间；③问题描述；④问题优先级；⑤解决问题负责人；⑥目标解决日期；⑦问题状态；⑧最终解决情况等。问题日志可以帮助项目经理有效跟进和管理问题，确保它们得到调查和解决。作为指导与管理项目工作的输出，问题日志被首次创建，尽管在项目期间任何时候都可能发生问题。在整个项目生命周期应该随时监控活动更新问题日志。

4. 变更请求

变更请求是关于修改任何文件、可交付成果或基准的正式提议。如果在开展项目工作时发现问题，就可提出变更请求，对项目政策或程序、项目或产品范围、项目成本或预算、项目进度计划、项目或产品结果的质量进行修改。其他变更请求包括必要的预防措施和纠正措施，用来防止未来的不利后果。任何项目干系人都可以提出变更请求，应该通过实施整体变更控制过程对变更请求进行审查和处理。变更请求源自项目内部或外部，可能来自项目需求，也可能是法律（合同）强制要求。变更请求一般包括：

- 纠正措施：为使项目工作绩效重新与项目管理计划一致，而进行的有目的的活动。
- 预防措施：为确保项目工作未来绩效符合项目管理计划，而进行的有目的的活动。
- 缺陷补救：为了修正不一致产品或产品组件，而进行的有目的的活动。
- 更新：对正式受控的项目文件或计划进行变更，以反映修改、增加的意见或内容。

5. 项目管理计划（更新）

项目管理计划的任何变更都以变更请求的形式提出，且通过组织的变更控制过程进行处理。项目管理计划的任一组成部分都可在指导与管理项目工作中通过变更请求更新。

6. 项目文件（更新）

在指导与管理项目工作过程中更新的项目文件主要包括：

- 活动清单：为完成项目工作，可以通过增加或修改活动来更新活动清单。
- 假设日志：可以增加新的假设条件和制约因素，也可以更新或关闭已有的假设条件和制约因素。
- 经验教训登记册：任何有助于提高当前或未来绩效的经验教训都应及时记录。
- 需求文件：在本过程中可以识别新的需求，也可以适时更新需求的实现情况。
- 风险登记册：在本过程中可以识别新的风险，也可以更新现有风险。风险登记册用于在风险管理过程中记录风险。
- 干系人登记册：如果收集到现有或新干系人的更多信息，则记录到干系人登记册中。

7. 组织过程资产（更新）

可在指导与管理项目工作过程中更新任何组织过程资产。

8.6 管理项目知识

管理项目知识是使用现有知识并生成新知识,以实现项目目标并且帮助组织学习的过程。管理项目知识过程的主要作用:①利用已有的组织知识来创造或改进项目成果;②使当前项目创造的知识可用于支持组织运营和未来的项目或阶段。本过程需要在整个项目期间开展。管理项目知识过程的数据流向如图 8-4 所示。

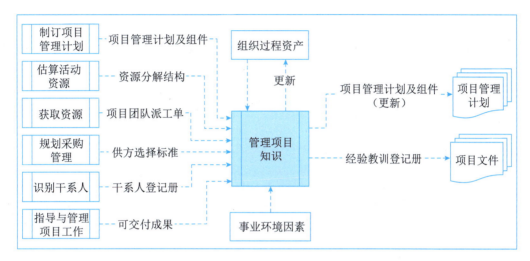

图 8-4 管理项目知识过程的数据流向图

从组织的角度来看,知识管理指的是确保项目团队和其他干系人的技能、经验和专业知识在项目开始之前、开展期间和结束之后都能够得到运用。知识存在于人们的思想中,人们不能强迫别人分享自己的知识或关注他人的知识,因此,知识管理最重要的环节就是营造一种相互信任的氛围,激励人们分享知识或关注他人的知识。如果不激励人们分享知识或关注他人的知识,即便最好的知识管理工具和技术也无法发挥作用。在实践中,可以联合使用知识管理工具和技术(用于人际互动)以及信息管理工具和技术(用于编撰显性知识)来分享知识。

8.6.1 输入

1. 项目管理计划

项目管理计划的所有组成部分都是管理项目知识的输入。

2. 项目文件

可作为管理项目知识过程输入的项目文件主要包括:
- 资源分解结构:包含有关团队组成的信息,有助于了解团队拥有的和缺乏的知识。
- 项目团队派工单:说明项目已经具有的能力和经验以及可能缺乏的知识。
- 供方选择标准:包含选择供方的标准,有助于了解供方拥有的知识。
- 干系人登记册:包含已识别的干系人的详细情况,有助于了解他们可能拥有的知识。

3. 可交付成果

可交付成果是在某一过程、阶段或项目完成时，必须产出的任何独特的、可核实的产品、成果或服务能力。它通常是为实现项目目标而完成的、有形的、项目结果的组成部分，包括项目管理计划的组成部分。

4. 事业环境因素

能够影响管理项目知识过程的事业环境因素主要包括：组织文化、干系人文化，相互信任的工作关系和互不指责的文化对知识管理尤其重要。其他因素则包括赋予学习的价值和社会行为规范；设施和资源的物理分布，团队成员所在位置有助于确定收集和分享知识的方法；组织中的知识专家，有些组织拥有专门从事知识管理的团队或员工；法律法规要求和制约因素，包括对项目信息的保密性要求。

5. 组织过程资产

在项目管理过程和例行工作中，经常必然要使用项目管理知识，能够影响管理项目知识过程的组织过程资产主要包括：

- 组织的标准政策、流程和程序：包括信息的保密性和获取渠道、安全与数据保护、记录保留政策、版权信息的使用、机密信息的销毁、文件格式和最大篇幅、注册数据和元数据、授权使用的技术和社交媒体等。
- 人事管理制度：包括员工发展与培训记录以及关于知识分享行为的能力框架。
- 组织对沟通的要求：正式且严格的沟通要求有利于信息分享。对于生成新知识和整合不同干系人的知识，非正式沟通更加有效。
- 正式的知识分享和信息分享程序：包括项目和项目阶段开始之前、开展期间和结束之后的学习回顾。
- 经验教训登记册：提供了有效的知识管理实践。

8.6.2 工具与技术

1. 专家判断

管理项目知识过程中，应征求具备如下领域相关专业知识或接受过相关培训的个人或小组的意见，涉及的领域包括：知识管理、信息管理、组织学习、知识和信息管理工具以及来自其他项目的相关信息等。

2. 知识管理

知识管理工具和技术将员工联系起来，使他们能够合作生成新知识，分享隐性知识，以及集成不同团队成员所拥有的知识。适用于项目的工具和技术取决于项目的性质，尤其是创新程度、项目复杂性以及团队的多元化程度（包括学科背景多元化）。知识管理工具和技术主要包括：①人际交往，包括非正式的社交和在线社交。可以进行开放式提问的在线论坛有助于与专家进行知识分享对话；②实践社区和特别兴趣小组；③会议，包括使用通信技术进行互动的虚拟会议；④工作跟随和跟随指导；⑤讨论论坛，如焦点小组；⑥知识分享活动，如专题讲座和会议；⑦研讨会，包括问题解决会议和经验教训总结会议；⑧讲故事；⑨创造力和创意管理技术；⑩知识展会和茶座；⑪交互式培训等。

可以通过面对面和虚拟方式来应用所有这些工具和技术。通常，面对面互动最有利于建立知识管理所需的信任关系。信任关系建立后可以用虚拟互动来维护这种信任关系。

3. 信息管理

信息管理工具和技术用于创建人们与知识之间的联系，可以有效促进简单、明确的显性知识的分享，主要包括：①编撰显性知识的方法；②经验教训登记册；③图书馆服务；④信息收集；⑤项目管理信息系统等。

知识和信息管理工具与技术应与项目过程和过程责任人相对应。例如，实践社区和主题专家可以提供见解，帮助改善控制过程；内部发起人可以确保改善措施得到执行。

4. 人际关系与团队技能

可用于管理项目知识过程的人际关系与团队技能主要包括：

- 积极倾听：有助于减少误解并促进沟通和知识分享。
- 引导：有助于有效指引团队成功地达成决定、解决方案或结论。
- 领导力：可帮助沟通愿景并鼓舞项目团队关注合适的知识和知识目标。
- 人际交往：可促进项目干系人之间建立非正式的联系和关系，为显性和隐性知识的分享创造条件。
- 大局观：有助于项目经理根据组织政策与职权结构等进行规划与沟通。

8.6.3 输出

1. 经验教训登记册

经验教训登记册可以包含执行情况的类别和详细的描述，还可包括与执行情况相关的影响、建议和行动方案。经验教训登记册可以记录遇到的挑战、问题、意识到的风险和机会以及其他适用的内容。经验教训登记册在项目早期创建，作为管理项目知识过程的输出。因此，在整个项目期间，它可以作为很多过程的输入，也可以作为输出而不断更新。参与工作的个人和团队也参与记录经验教训。可以通过视频、图片、音频或其他合适的方式记录知识，确保有效吸取经验教训。在项目或阶段结束时，把相关信息归入经验教训知识库，作为组织过程资产一部分。

2. 项目管理计划（更新）

项目管理计划的任何变更都以变更请求的形式提出，且通过组织的变更控制过程进行处理。项目管理计划的任一组成部分都可在管理项目知识过程中更新。

3. 组织过程资产（更新）

所有项目都会生成新知识。有些知识应该被编撰，并在管理项目知识过程中被嵌入到可交付成果中，或者被用于改进过程和程序。

8.7 监控项目工作

监控项目工作是跟踪、审查和报告整体项目进展，以实现项目管理计划中确定的绩效目标的过程。本过程的主要作用：①让干系人了解项目的当前状态并认可为处理绩效问题而采取的行动；②通过成本和进度预测，让干系人了解项目的未来状态。本过程需要在整个项目期间开展。监控项目工作过程的数据流向如图8-5所示。

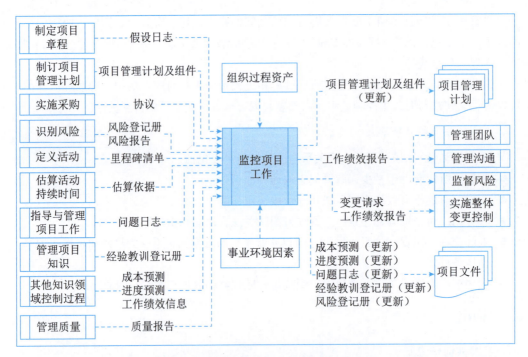

图 8-5 监控项目工作过程的数据流向图

监督是贯穿于整个项目的项目管理活动之一，包括收集、测量和分析测量结果，以及预测趋势，以便推动过程改进。持续的监督使项目管理团队可以洞察项目进展状况，并识别需要特别关注的地方。控制包括制订纠正或预防措施或重新规划，并跟踪行动计划的实施过程，以确保它们能有效解决问题。

监控项目工作过程主要关注：①把项目的实际绩效与项目管理计划进行比较；②定期评估项目绩效，决定是否需要采取纠正或预防措施，并推荐必要的措施；③检查单个项目风险的状态；④在整个项目期间，维护一个准确且及时更新的信息库，以反映产品及文件的情况；⑤为状态报告、进展测量和预测提供信息；⑥做出预测，以更新当前的成本与进度信息；⑦监督已批准变更的实施情况；⑧如果项目是项目集的一部分，还应向项目集管理层报告项目进展和状态；⑨确保项目与商业需求保持一致等。

8.7.1 输入

1. 项目管理计划

监控项目工作包括查看项目的各个方面。项目管理计划的任一组成部分都可作为监控项目工作过程的输入。

2. 项目文件

可用于监控项目工作过程输入的项目文件主要包括：

- 假设日志：包含会影响项目的假设条件和制约因素的信息。
- 风险登记册：记录并提供了在项目执行过程中发生的各种威胁和机会的相关信息。
- 风险报告：记录并提供了关于整体项目风险和单个风险的信息。
- 里程碑清单：列出特定里程碑实现日期，检查是否达到计划的里程碑。
- 估算依据：说明不同估算是如何得出的，用于决定如何应对偏差。
- 问题日志：用于记录和监督由谁负责在目标日期内解决特定问题。
- 经验教训登记册：可能包含应对偏差的有效方式以及纠正措施和预防措施。
- 成本预测：基于项目以往的绩效，用于确定项目是否仍处于预算的公差区间内，并识别任何必要的变更。
- 进度预测：基于项目以往的绩效，用于确定项目是否仍处于进度的公差区间内，并识别任何必要的变更。
- 质量报告：包含质量管理问题，针对过程、项目和产品的改善建议，纠正措施建议（包括返工、缺陷（漏洞）补救、100% 检查等），以及在控制质量过程中发现的情况的概述。

3. 工作绩效信息

在工作执行过程中收集工作绩效数据，再交由控制过程做进一步分析。将工作绩效数据与项目管理计划组件、项目文件和其他项目变量比较之后生成工作绩效信息。通过这种比较可以了解项目的执行情况。

在项目开始时，就在项目管理计划中规定关于范围、进度、预算和质量的具体工作绩效测量指标。项目期间通过控制过程收集绩效数据，与计划和其他变量比较，为工作绩效提供背景。

4. 协议

采购协议中包括条款和条件，也可包括其他条目，如买方就卖方应实施的工作或应交付的产品所做的规定。如果项目将部分工作外包出去，项目经理需要监督承包商的工作，确保所有协议都符合项目的特定要求，以及组织的采购政策。

5. 事业环境因素

能够影响监控项目工作过程的事业环境因素主要包括：项目管理信息系统，例如进度、成本、资源工具、绩效指标、数据库、项目记录和财务数据；基础设施（如现有设施、设备、组织通信渠道）；干系人的期望和风险临界值；政府或行业标准（如监管机构条例、产品标准、质量标准和工艺标准）等。

6. 组织过程资产

能够影响监控项目工作过程的组织过程资产主要包括：组织的标准政策、流程和程序；财务控制程序（如必需的费用与支付审查、会计编码及标准合同条款等）；监督和报告方法；问题管理程序，用于定义问题控制、问题识别及其解决以及行动事项跟踪；缺陷管理程序，用于定义缺陷控制、缺陷识别及其解决以及行动事项跟踪；组织知识库，尤其是过程测量和经验教训知识库等。

8.7.2 工具与技术

1. 专家判断

监控项目工作过程中，应征求具备如下领域相关专业知识或接受过相关培训的个人或小组的意见，涉及的领域包括：挣值分析；数据的解释和情境化；持续时间和成本的估算技术；趋势分析；关于项目所在的行业以及项目关注的领域的技术知识；风险管理；合同管理等。

2. 数据分析

可用于监控项目工作过程的数据分析技术主要包括：
- 备选方案分析：用于在出现偏差时选择要执行的纠正措施或纠正措施和预防措施的组合。
- 成本效益分析：有助于出现偏差时确定最节约成本的纠正措施。
- 挣值分析：对范围、进度和成本绩效进行了综合分析。
- 根本原因分析：关注识别问题的主要原因，它可用于识别出现偏差的原因以及项目经理为达成项目目标应重点关注的领域。
- 趋势分析：根据以往结果预测未来绩效，它可以预测项目的进度延误，提前让项目经理意识到，按照既定趋势发展，后期进度可能出现的问题。应该在足够早的项目时间进行趋势分析，使项目团队有时间分析和纠正任何异常。可以根据趋势分析的结果，提出必要的预防措施建议。
- 偏差分析：成本估算、资源使用、资源费率、技术绩效和其他测量指标。偏差分析审查目标绩效与实际绩效之间的差异（或偏差），可涉及持续时间估算，可以在每个知识领域，针对特定变量开展偏差分析。在监控项目工作过程中，通过偏差分析对成本、时间、技术和资源偏差进行综合分析，以了解项目的总体偏差情况。这样就便于采取合适的预防或纠正措施。

3. 决策

常用于监控项目工作过程的决策技术是投票。投票可以包括用下列方法进行决策：一致同意、大多数同意或相对多数原则。

4. 会议

会议可以是面对面或虚拟会议，正式或非正式会议。参会者可以包括项目团队成员和其他合适的项目干系人；会议的类型包括用户小组会议和用户审查会议等。

8.7.3 输出

1. 工作绩效报告

工作绩效信息可以用实体或电子形式加以合并、记录和分发。基于工作绩效信息，以实体或电子形式编制形成工作绩效报告，以制定决策、采取行动或引起关注。根据项目沟通管理计划，通过沟通过程向项目干系人发送工作绩效报告。

工作绩效报告的内容一般包括状态报告和进展报告。工作绩效报告可以包含挣值图表和信息、趋势线和预测、储备燃尽图、缺陷直方图、合同绩效信息和风险情况概述。也可以表示为引起关注、制定决策和采取行动的仪表指示图、热点报告、信号灯图或其他形式。

2. 变更请求

通过比较实际情况与计划要求，可能需要提出变更请求，来扩大、调整或缩小项目范围与产品范围，或者提高、调整或降低质量要求和进度或成本基准。变更请求可能导致需要收集和记录新的需求。变更可能会影响项目管理计划、项目文件或产品可交付成果。应该通过实施整体变更控制过程对变更请求进行审查和处理。变更可能包括：

- 纠正措施：为使项目工作绩效重新与项目管理计划一致，而进行的有目的的活动。
- 预防措施：为确保项目工作未来绩效符合项目管理计划，而进行的有目的的活动。
- 缺陷补救：为了修正不一致产品或产品组件，而进行的有目的的活动。

3. 项目管理计划（更新）

项目管理计划的任何变更都以变更请求的形式提出，且通过组织的变更控制过程进行处理。在监控项目工作过程中提出的变更可能会影响整体项目管理计划。

4. 项目文件（更新）

可在监控项目工作过程更新的项目文件主要包括：

- 成本预测：本过程引起的成本预测的变更应通过成本管理过程进行记录。
- 进度预测：本过程引起的进度预测的变更应通过进度管理过程进行记录。
- 问题日志：在本过程中产生的新问题应该记录到问题日志中。
- 经验教训登记册：更新经验教训登记册，记录应对偏差的有效方式以及纠正措施和预防措施。
- 风险登记册：在本过程中识别的新风险应记录在风险登记册中，并通过风险管理过程进行管理。

8.8 实施整体变更控制

实施整体变更控制是审查所有变更请求、批准变更，管理对可交付成果、项目文件和项目管理计划的变更，并对变更处理结果进行沟通的过程。本过程审查对项目文件、可交付成果或项目管理计划的所有变更请求，并决定对变更请求的处置方案。本过程的主要作用是确保对项目中已记录在案的变更做出综合评审。如果不考虑变更对整体项目目标或计划的影响就开展变更，往往会加剧整体项目风险。本过程需要在整个项目期间开展。实施整体变更控制过程的数据流向如图 8-6 所示。

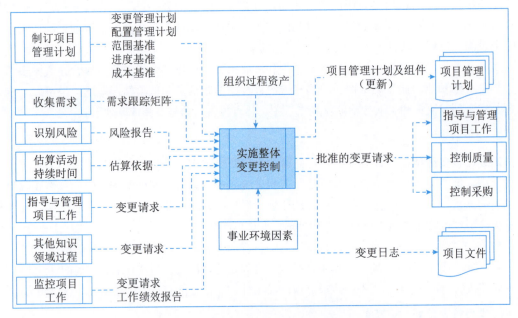

图 8-6 实施整体变更控制过程的数据流向图

实施整体变更控制过程贯穿项目始终，项目经理对此承担最终责任。变更请求可能影响项目范围、产品范围以及任一项目管理计划组件或任一项目文件。在整个项目生命周期的任何时间，参与项目的任何干系人都可以提出变更请求。

在基准确定之前，变更无须正式受控、实施整体变更控制过程。一旦确定了项目基准，就必须通过实施整体变更控制过程来处理变更请求。尽管变更可以口头提出，但所有变更请求都必须以书面形式记录，并纳入变更管理和（或）配置管理系统中。在批准变更之前，可能需要了解变更对进度的影响和对成本的影响。在变更请求可能影响任一项目基准的情况下，都需要开展正式的整体变更控制过程。每项记录在案的变更请求都必须由一位责任人批准、推迟或否决，这个责任人通常是项目发起人或项目经理。应该在项目管理计划或组织程序中指定这位责任人，必要时应该由 CCB 来开展实施整体变更控制过程。变更请求得到批准后，可能需要新编（或修订）成本估算、活动排序、进度日期、资源需求和（或）风险应对方案分析，这些变更可能会对项目管理计划和其他项目文件进行调整。

8.8.1 输入

1. 项目管理计划

可用作实施整体变更控制过程的输入的项目管理计划组件主要包括：
- 变更管理计划：为管理变更控制过程提供指导，并记录CCB的角色和职责。
- 配置管理计划：描述项目的配置项，识别应记录和更新的配置项，以便保持项目产品的一致性和有效性。
- 范围基准：提供项目和产品定义。
- 进度基准：用于评估变更对项目进度的影响。
- 成本基准：用于评估变更对项目成本的影响。

2. 项目文件

可用于实施整体变更控制过程输入的项目文件主要包括：
- 需求跟踪矩阵：有助于评估变更对项目范围的影响。
- 风险报告：提供了与变更请求有关的项目风险来源的信息。
- 估算依据：指出了持续时间、成本和资源估算是如何得出的，可用于计算变更对时间、预算和资源的影响。

3. 工作绩效报告

对实施整体变更控制过程特别有用的工作绩效报告包括：资源可用情况、进度和成本数据、挣值报告、燃烧图或燃尽图。

4. 变更请求

项目执行中很多过程都会输出变更请求。变更请求可能包含纠正措施、预防措施、缺陷补救，以及针对正式受控的项目文件或可交付成果的更新。变更可能影响项目基准，也可能不影响项目基准，变更决定通常由项目经理做决策。

对于会影响项目基准的变更，通常应该在变更请求中说明执行变更的成本、所需的计划日期修改、资源需求以及相关的风险。这种变更应由CCB（如有）和客户或发起人审批，除非他们本身就是CCB的成员。只有经批准的变更才能纳入修改后的基准。

5. 事业环境因素

能够影响实施整体变更控制过程的事业环境因素主要包括：法律限制，例如国家或地区法规；政府或行业标准（如产品标准、质量标准、安全标准和工艺标准）；法律法规要求和（或）制约因素；组织治理框架（通过安排人员、制定政策和确定过程，以结构化的方式实施控制、指导和协调，实现组织的战略和目标）；合同和采购制约因素等。

6. 组织过程资产

能够影响实施整体变更控制过程的组织过程资产主要包括：变更控制程序，包括修改组织标准、政策、计划和程序（或任一项目文件）所须遵循的步骤，以及如何批准和确认变更；批准与签发变更的程序；配置管理知识库，包括组织标准、政策、程序和项目文件的各种版本及基准等。

8.8.2 工具与技术

1. 专家判断

实施整体变更控制过程中，应征求具备如下领域相关专业知识或接受过相关培训的个人或小组的意见，涉及领域包括：关于项目所在的行业以及项目关注的领域的技术知识；法律法规；法规与采购；配置管理；风险管理等。

2. 变更控制工具

为了便于开展配置和变更管理，可以使用一些手动或信息化的工具。配置控制和变更控制的关注点不同：配置控制重点关注可交付成果及各个过程的技术规范；而变更控制则重点关注识别、记录、批准或否决对项目文件、可交付成果或基准的变更。

变更控制工具的选择应基于项目干系人的需要，并充分考虑组织和环境的情况和制约因素。变更控制工具需要支持的配置管理活动包括：

- 识别配置项：识别与选择配置项，为定义与核实产品配置、标记产品和文件、管理变更和明确责任提供基础。
- 记录并报告配置项状态：对各个配置项的信息进行记录和报告。
- 进行配置项核实与审计：通过配置核实与审计，确保项目的配置项组成的正确性，以及相应的变更都被登记、评估、批准、跟踪和正确实施，确保配置文件所规定的功能要求都已实现。

变更控制工具还需要支持的变更管理活动包括：

- 识别变更：识别并选择过程或项目文件的变更项。
- 记录变更：将变更记录为合适的变更请求。
- 做出变更决定：审查变更，批准、否决、推迟对项目文件、可交付成果或基准的变更或做出其他决定。
- 跟踪变更：确认变更被登记、评估、批准和跟踪，并向干系人传达最终结果。

也可以使用变更控制工具管理变更请求和后续的决策，同时还需要及时沟通，帮助CCB的成员履行职责，并向干系人传达变更相关的决定。

3. 数据分析

可用于实施整体变更控制过程的数据分析技术主要包括：

- 备选方案分析：用于评估变更请求，并决定哪些请求可接受、应否决或需修改。
- 成本效益分析：有助于确定变更请求是否值得投入相关的成本。

4. 决策

可用于实施整体变更控制过程的决策技术主要包括：

- 投票：投票可以采取一致同意、大多数同意或相对多数原则的方式，以决定是否接受、推迟或否决变更请求。
- 独裁型决策制定：采用这种决策技术，将由一个人负责为整个集体制定决策。
- 多标准决策分析：该技术借助决策矩阵，根据一系列预定义的准则，用系统分析方法评估变更请求。

5. 会议

与 CCB 一起召开变更控制会。CCB 负责审查变更请求，并做出批准、否决或推迟的决定。大部分变更会对时间、成本、资源或风险产生一定的影响，因此，评估变更的影响也是会议的基本工作。此外，会议上可能还要讨论并提议所请求变更的备选方案。最后，将会议决定传达给提出变更请求的责任人或小组。

CCB 也可以审查配置管理活动。应该明确规定 CCB 的角色和职责，并经干系人一致同意后，记录在变更管理计划中。CCB 的决定都应记录在案，并向干系人传达，以便其知晓并采取的后续行动。

8.8.3 输出

1. 批准的变更请求

由项目经理、CCB 或指定的团队成员，根据变更管理计划处理变更请求，做出批准、推迟或否决的决定。批准的变更请求应通过指导与管理项目工作过程加以实施。对于推迟或否决的变更请求，应通知提出变更请求的个人或小组。

2. 项目管理计划（更新）

项目管理计划的任一正式受控的组成部分，都可通过实施整体变更控制过程进行变更。对基准的变更，只能基于最新版本的基准并应对未来的情况，而不能变更以往的绩效，保证保护基准和历史绩效数据的严肃性和完整性。

3. 变更日志

正式受控的任一项目文件都可在实施整体变更控制过程变更，同时并将项目期间发生的变更全部记录在变更日志中。

8.9 结束项目或阶段

结束项目或阶段是终结项目、阶段或合同的所有活动的过程。本过程的主要作用：①存档项目或阶段信息，完成计划的工作；②释放组织团队资源以展开新的工作。它仅开展一次或仅在项目的预定义点开展。结束项目或阶段过程的数据流向如图 8-7 所示。

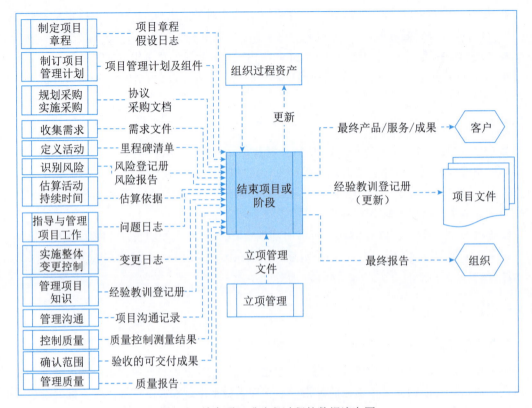

图 8-7 结束项目或阶段过程的数据流向图

在结束项目时，项目经理需要回顾项目管理计划，确保所有项目工作都已完成、项目目标均已实现。结束项目或阶段过程所需执行的活动包括：

- 为达到阶段或项目的完工或退出标准所必须的行动和活动；
- 为关闭项目合同协议或项目阶段合同协议所必须开展的活动；
- 为完成收集项目或阶段记录、审计项目成败、管理知识分享和传递、总结经验教训、存档项目信息以供组织未来使用等工作所必须开展的活动；
- 为向下一个阶段，或者向生产和（或）运营部门移交项目的产品、服务或成果所必须开展的行动和活动；
- 收集关于改进或更新组织政策和程序的建议，并将它们发送给相应的组织部门；
- 测量干系人的满意程度等。

如果项目在完工前提前终止，结束项目或阶段过程还需要制定程序，调查和记录提前终止的原因。为了实现上述目的，项目经理应该引导所有合适的干系人参与结束项目或阶段的工作。

8.9.1 输入

1. 项目章程

项目章程记录了项目成功标准、审批要求，以及由谁来签署项目结束。

2. 项目管理计划

项目管理计划的所有组成部分均为结束项目或阶段过程的输入。

3. 项目文件

可用于结束项目或阶段过程输入的项目文件主要包括：

- 假设日志：记录与技术规范、估算、进度和风险等有关的全部假设条件和制约因素。
- 需求文件：用于证明符合项目范围。
- 里程碑清单：列出了完成项目里程碑的最终日期。
- 风险登记册：提供了有关项目期间发生的风险的信息。
- 风险报告：提供了有关风险状态信息，确认项目结束时没有未关闭风险。
- 估算依据：用于根据实际结果来评估持续时间、成本和资源估算以及成本控制。
- 变更日志：包含整个项目或阶段期间的所有变更请求的状态。
- 问题日志：用于确认所有问题已解决，没有遗留未解决的问题。
- 经验教训登记册：在归入经验教训知识库之前，完成对阶段或项目经验教训总结。
- 项目沟通记录：包含整个项目期间所有的沟通。
- 质量控制测量结果：记录了控制质量活动的结果，证明符合质量要求。
- 质量报告：内容可包括由团队管理或需上报的全部质量保证事项、改进建议，以及在控制质量过程中发现的不合格项或其他事项的说明。

4. 验收的可交付成果

验收的可交付成果可包括批准的产品规范、交货收据和工作绩效文件。对于分阶段实施的项目或提前取消的项目，还可能包括部分完成或中间的可交付成果。

5. 立项管理文件

结束项目或阶段涉及的立项管理文件主要包括：

- 可行性研究报告：记录了作为项目依据的商业需求和成本效益分析。
- 项目评估报告：概述了项目的目标效益。

6. 协议

通常在合同条款和条件中定义对正式关闭采购的要求，并包括在采购管理计划中。在复杂项目中，可能需要同时或先后管理多个合同。

7. 采购文档

为关闭合同，需收集全部采购文档，并建立索引、加以归档。有关合同进度、范围、质量和成本绩效的信息，以及全部合同变更文档、支付记录和检查结果，都要归类收录。在项目结束时，应将"实际执行的"计划（图纸）或"初始编制的"文档、手册、故障排除文档和其他技术文档视为采购文件的组成部分。这些信息可用于总结经验教训，并为签署以后的合同而用作评价承包商的基础。

8. 组织过程资产

能够影响结束项目或阶段过程的组织过程资产主要包括：
- 项目或阶段收尾指南或要求（如经验教训、项目终期审计、项目评价、产品确认、验收标准、合同收尾、资源重新分配、团队绩效评估以及知识传递）；
- 配置管理知识库：包括组织标准、政策、程序和项目文件的各种版本及基准。

8.9.2 工具与技术

1. 专家判断

结束项目或阶段过程中，应征求具备如下领域相关专业知识或接受过相关培训的个人或小组的意见，涉及领域包括：管理控制；审计；法规与采购；法律法规等。

2. 数据分析

可用于结束项目或阶段的数据分析技术主要包括：
- 文件分析：评估现有文件有助于总结经验教训和分享知识，以改进未来项目和组织资产。
- 回归分析：该技术分析作用于项目结果的不同项目变量之间的相互关系，以提高未来项目的绩效。
- 趋势分析：可用于确认组织所用模式的有效性，并且为未来项目而进行相应的模式调整。
- 偏差分析：可通过比较计划目标与最终结果来改进组织的测量指标。

3. 会议

会议用于确认可交付成果已通过验收，已达到退出标准，正式关闭合同，评估干系人满意度，收集经验教训，传递项目知识和信息以及庆祝成功。参会者可包括项目团队成员，参与项目或受项目影响的其他干系人。会议可以是面对面或虚拟会议，正式或非正式会议。会议类型包括：收尾报告会、客户总结会、经验教训总结会、庆祝会等。

8.9.3 输出

1. 项目文件（更新）

可在结束项目或阶段更新所有项目文件，并标记为最终版本。特别值得注意的是，经验教训登记册的最终版本要包含阶段或项目收尾的最终信息。最终版本的经验教训登记册可包含：效益管理、项目评估的准确性、项目和开发生命周期、风险和问题管理、干系人参与，以及其他项目管理过程等相关信息。

2. 最终产品、服务或成果

把项目交付的最终产品、服务或成果（对于阶段收尾，则是所在阶段的中间产品、服务或成果）移交给客户。

3. 项目最终报告

用项目最终报告总结项目绩效，其中可包含：①项目或阶段的概述；②范围目标、范围的评估标准，证明达到完工标准的证据；③质量目标、项目和产品质量的评估标准、相关核实信息和实际里程碑交付日期以及偏差原因；④成本目标，包括可接受的成本区间、实际成本，产生任何偏差的原因等；⑤最终产品、服务或成果的确认信息的总结；⑥进度计划目标，包括成果是否实现项目预期效益；如果在项目结束时未能实现效益，则指出效益实现程度并预计未来实现情况；⑦关于最终产品、服务或成果如何满足业务需求的概述；如果项目结束时未能满足业务需求，则指出需求满足程度并预计业务需求何时能得到满足；⑧关于项目过程中发生的风险或问题及其解决情况的概述等。

4. 组织过程资产（更新）

结束项目或阶段需要更新的组织过程资产主要包括：
- 项目文件：在项目活动中产生的各种文件，例如项目管理计划、范围文件、成本文件、进度文件和项目日历，以及变更管理文件。
- 运营和支持文件：组织维护、运营和支持项目交付的产品或服务时所需的文件，可包括新生成的文件，或对已有文件的更新。
- 项目或阶段收尾文件：包括表明项目或阶段完工的正式文件，以及用来将完成的项目或阶段可交付成果移交给他人（如运营部门或下一阶段）的正式文件。在项目收尾期间，项目经理应该回顾以往的阶段文件，确认范围过程所产生的客户验收文件以及合同协议（如果有的话），以确保在达到全部项目要求之后才正式关闭项目。如果项目在完工前提前终止，则需要在正式的收尾文件中说明项目终止的原因并规定正式程序，把该项目的已完成和未完成的可交付成果移交他人。
- 经验教训知识库：将在整个项目期间获得的经验教训和知识归入经验教训知识库，供未来项目使用。

8.10 本章练习

1. 选择题

（1）对于项目整合管理，在整个项目期间开展的过程不包括_____。

  A. 制订项目管理计划　　　　　　B. 指导与管理项目工作

  C. 管理项目知识　　　　　　　　D. 实施整体变更控制

参考答案：A

（2）关于项目管理计划的理解，不正确的是_____。

  A. 项目管理计划确定项目的执行、监控和收尾方式，其内容会因项目所在的应用领域和复杂程度而异

  B. 项目管理计划需详细制订，每个组成部分的详细程度取决于具体项目要求

C. 项目管理计划应基准化，至少应规定项目的范围、时间和成本方面的基准
D. 在确定基准之前，可能要对项目管理计划进行多次更新

参考答案：B

（3）项目整合管理由_____负责，整合所有其他知识领域成果，掌握项目总体情况。
　　A. 项目团队　　　B. 项目经理　　　C. 项目启动者　　　D. 项目发起人

参考答案：B

（4）关于项目章程的描述，不正确的是_____。
　　A. 项目章程在项目执行组织与需求组织之间建立起伙伴关系
　　B. 通过编制项目章程，来确认项目符合组织战略和日常运营的需要
　　C. 项目章程可替代合同
　　D. 项目章程授权项目经理规划、执行和控制项目

参考答案：C

（5）关于实施整体变更控制过程，不正确的是_____。
　　A. 在基准确定之前，变更无须正式受控于实施整体变更控制过程
　　B. 变更请求可能影响项目范围、产品范围以及任一项目管理计划组件或任一项目文件
　　C. 在整个项目生命周期的任何时间，并不是所有参与项目的干系人都可以提出变更请求
　　D. 尽管也可以口头提出，但所有变更请求都必须以书面形式记录，并纳入变更管理和（或）配置管理系统中

参考答案：C

（6）监控项目工作过程的主要作用是_____。
　　A. 生成一份综合文件，用于确定所有项目工作的基础及其执行方式
　　B. 对项目工作和可交付成果开展综合管理，以提高项目成功的可能性
　　C. 让干系人了解项目的当前状态并认可为处理绩效问题而采取的行动，以及通过成本和进度预测，让干系人了解未来项目状态
　　D. 利用已有的组织知识来创造或改进项目成果，并且使当前项目创造的知识可用于支持组织运营和未来的项目或阶段

参考答案：C

（7）监控项目工作过程中的控制，不包括_____。
　　A. 制定纠正或预防措施或重新规划
　　B. 预测趋势，以便推动过程改进
　　C. 重新规划
　　D. 跟踪行动计划的实施过程，以确保它们能有效解决问题

参考答案：B

（8）经验教训登记册通常在_____时创建，可以包含情况的类别和描述，还可包括与情况相关的影响、建议和行动方案。
　　A. 项目测试　　　B. 项目验收　　　C. 项目开始　　　D. 项目结束

参考答案：C

2. 判断题

判断下列表述正误，正确的选 √，错误的选 ×。

（1）管理项目知识过程中的人际关系与团队技能，领导力可帮助沟通愿景并鼓舞项目团队关注合适的知识和知识目标。（　　）

（2）在项目进行过程中，项目经理通常会遇到问题、差距、不一致或意外冲突。问题日志是一种记录和跟进所有问题的项目文件，其属于制定章程过程的输出。（　　）

（3）项目管理计划整合并综合了所有子管理计划和基准，以及管理项目所需的其他信息。（　　）

参考答案：（1）√　（2）×　（3）√

第9章 项目范围管理

项目范围管理包括确保项目做且只做所需的全部工作，以成功完成项目。项目范围管理主要在于定义和控制哪些工作应该包括在项目内，哪些不应该包含在项目内。

9.1 管理基础

9.1.1 产品范围和项目范围

在项目环境中，"范围"这一术语有两种含义：
- 产品范围：指某项产品、服务或成果所具有的特征和功能。产品范围的完成情况是根据产品需求来衡量的。"需求"是指根据特定协议或其他强制性规范，产品、服务或成果必须具备的条件或能力。
- 项目范围：包括产品范围，是为交付具有规定特性与功能的产品、服务或成果而必须完成的工作。项目范围的完成情况是根据项目管理计划来衡量的。

9.1.2 管理新实践

需求一直是项目管理的关注重点，需求管理过程结束于需求关闭，即把产品、服务或成果移交给接收方，以便长期测量、监控、实现并维持收益。随着全球项目环境变得日益复杂，项目范围管理的新趋势和新兴实践更加注重与商业分析师一起合作，以便：确定问题并识别商业需要；识别并推荐能够满足需要的可行解决方案；收集、记录并管理干系人需求满足商业和项目目标；推动项目集或项目产品、服务或最终成果成功应用。

如果项目已配备商业分析师，该角色的职责还应包括需求管理相关的活动，项目经理则负责确保这些活动列入项目管理计划，并且在预算内按时完成，同时能够创造价值。

项目经理与商业分析师之间应该是伙伴式合作关系。如果项目经理和商业分析师能够理解彼此在促进项目目标实现过程中的角色和职责，项目成功的可能性会更大。

9.2 项目范围管理过程

9.2.1 过程概述

项目范围管理过程包括：
- 规划范围管理：为了记录如何定义、确认和控制项目范围及产品范围，创建范围管理计划。

- 收集需求：为了实现项目目标，确定、记录并管理干系人的需要和需求。
- 定义范围：制定项目和产品详细描述。
- 创建WBS：将项目可交付成果和项目工作分解为较小的、更易于管理的组件。
- 确认范围：正式验收已完成的项目可交付成果。
- 控制范围：监督项目和产品的范围状态，管理范围基准的变更。

在项目实际进展中，以上各过程会相互交叠和相互作用。表9-1概括了项目范围管理的各个过程。

表9-1 项目范围管理过程

过程	输入	工具与技术	输出
规划范围管理	● 项目章程 ● 项目管理计划 ● 事业环境因素 ● 组织过程资产	● 专家判断 ● 数据分析 ● 会议	● 范围管理计划 ● 需求管理计划
收集需求	● 立项管理文件 ● 项目章程 ● 项目管理计划 ● 项目文件 ● 协议 ● 事业环境因素 ● 组织过程资产	● 专家判断 ● 数据收集 ● 数据分析 ● 决策 ● 数据表现 ● 人际关系与团队技能 ● 系统交互图 ● 原型法	● 需求文件 ● 需求跟踪矩阵
定义范围	● 项目章程 ● 项目管理计划 ● 项目文件 ● 事业环境因素 ● 组织过程资产	● 专家判断 ● 数据分析 ● 决策 ● 人际关系与团队技能 ● 产品分析	● 项目范围说明书 ● 项目文件（更新）
创建WBS	● 项目管理计划 ● 项目文件 ● 事业环境因素 ● 组织过程资产	● 专家判断 ● 分解	● 范围基准 ● 项目文件（更新）
确认范围	● 项目管理计划 ● 项目文件 ● 工作绩效数据 ● 核实的可交付成果	● 检查 ● 决策	● 验收的可交付成果 ● 变更请求 ● 工作绩效信息 ● 项目文件（更新）
控制范围	● 项目管理计划 ● 项目文件 ● 工作绩效数据 ● 组织过程资产	数据分析	● 工作绩效信息 ● 变更请求 ● 项目管理计划（更新） ● 项目文件（更新）

9.2.2 裁剪考虑因素

因为每个项目都是独特的,所以项目经理可能根据需要裁剪项目范围管理过程。裁剪时应考虑的因素包括:

- 知识和需求管理:项目经理应建立哪些指南?为了在未来项目中重复使用需求,组织是否拥有正式或非正式的知识和需求管理体系?
- 确认和控制:组织是否有正式或非正式的与确认和控制相关政策、程序和指南?
- 开发方法:组织是否采用敏捷方法管理项目?开发方法属于迭代型还是增量型?是否采用预测型方法?混合型方法是否有效?
- 需求的稳定性:项目中是否存在需求不稳定的领域?是否有必要采用精益、敏捷或其他适应型技术来处理不稳定的需求,直至需求稳定且定义明确?
- 治理:组织是否拥有正式或非正式的审计和治理政策、程序和指南?

9.2.3 敏捷与适应方法

对于需求不断变化、风险大或不确定性高的项目,在项目开始时通常无法明确项目的范围,而需要在项目期间逐渐明确。敏捷或适应型方法特意在项目早期缩短定义和协商范围的时间,为后续细化范围、明确范围争取更多的时间。在许多情况下,不断涌现的需求往往导致真实的业务需求与最初所述的业务需求之间存在差异。因此,敏捷方法有目的地构建和审查原型,并通过多次发布版本来明确需求,范围会在整个项目期间被定义和再定义。

采用敏捷或适应型生命周期,旨在应对大量变更,需要干系人持续参与项目。因此,应将适应型项目的整体范围分解为一系列拟实现的需求和拟执行的工作(有时称为产品未完成项),通过多次迭代来开发可交付成果,并在每次迭代开始时定义和批准详细的范围。在一个迭代开始时,团队将努力确定产品未完成项中,哪些优先级高的未完成项需要在下一次迭代中交付。在每次迭代中,都会重复开展三个过程:①收集需求;②定义范围;③创建 WBS。

在适应型或敏捷型生命周期中,发起人和客户代表应该持续参与项目,并对迭代交付的可交付成果提供反馈意见,确保产品未完成项真实地反映了他们的当前需求。在每次迭代中,都会重复开展两个过程:①确认范围;②控制范围。

在预测型项目中,经过批准的项目范围说明书、工作分解结构(WBS)和相应的 WBS 字典构成项目范围基准。只有通过正式变更控制程序,才能进行基准变更。在开展确认范围、控制范围及其他控制过程时,基准被用作比较的基础。而采用适应型生命周期的项目,则使用未完成项(包括产品需求和用户故事)反映当前需求。

确认范围是正式验收已完成的项目可交付成果的过程。从控制质量过程输出的核实的可交付成果是确认范围过程的输入,而验收的可交付成果是确认范围过程的输出之一,由获得授权的干系人正式签字批准。因此,干系人需要在规划阶段早期介入(有时需要在启动阶段就介入),对可交付成果的质量提出意见,以便控制质量过程能够据此评估绩效并提出必要的变更建议。

9.3 规划范围管理

规划范围管理是为了记录如何定义、确认和控制项目范围及产品范围,而创建范围管理计划的过程。本过程的主要作用是在整个项目期间对如何管理范围提供指南和方向。本过程仅开展一次或仅在项目的预定义点开展。规划范围管理过程的数据流向如图 9-1 所示。

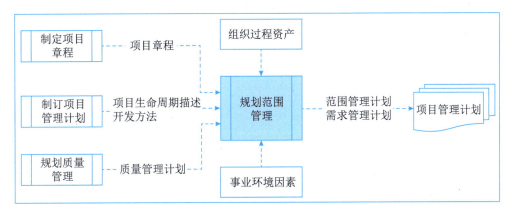

图 9-1 规划范围管理过程的数据流向图

范围管理计划是项目或项目集管理计划的组成部分,描述将如何定义、制定、监督、控制和确认项目范围。制订范围管理计划和细化项目范围始于对下列信息的分析:项目章程中的信息、项目管理计划中已批准的子计划、组织过程资产中的历史信息和相关事业环境因素。

9.3.1 输入

1. 项目章程

项目章程记录项目目的、项目概述、假设条件、制约因素,以及项目想要实现的高层级的需求。

2. 项目管理计划

规划范围管理中使用的项目管理计划组件主要包括:
- 质量管理计划:在项目中实施组织的质量政策、方法和标准的方式会影响管理项目和产品范围的方式。
- 项目生命周期描述:定义了项目从开始到完成所经历的一系列阶段。
- 开发方法:开发方法定义了项目是采用预测型、适应型还是混合型开发方法。

3. 事业环境因素

能够影响规划范围管理过程的事业环境因素主要包括:组织文化、基础设施、人事管理制度和市场条件等。

4. 组织过程资产

能够影响规划范围管理过程的组织过程资产主要包括：政策和程序、历史信息和经验教训知识库等。

9.3.2 工具与技术

1. 专家判断

规划范围管理过程中，应征求具备如下领域相关专业知识或接受过相关培训的个人或小组的意见，涉及的领域包括：以往类似项目；特定行业、学科和应用领域的信息等。

2. 数据分析

适用于本过程的数据分析技术是备选方案分析。备选方案分析技术用于评估、收集需求，详述项目和产品范围，创造产品，确认范围和控制范围的各种方法。

3. 会议

项目团队可参加项目会议来制订范围管理计划。参会者包括项目经理、项目发起人、选定的项目团队成员、选定的干系人、范围管理各过程的负责人以及其他必要人员。

9.3.3 输出

1. 范围管理计划

范围管理计划是项目管理计划的组成部分，描述将如何定义、制定、监督、控制和确认项目范围。范围管理计划用于指导如下过程和相关工作：①制定项目范围说明书；②根据详细项目范围说明书创建 WBS；③确定如何审批和维护范围基准；④正式验收已完成的项目可交付成果。

根据项目需要，范围管理计划可以是正式或非正式的，非常详细或高度概括的。

2. 需求管理计划

需求管理计划是项目管理计划的组成部分，描述如何分析、记录和管理需求。

需求管理计划的主要内容包括：①如何规划、跟踪和报告各种需求活动；②配置管理活动，例如，如何启动变更，如何分析其影响，如何进行追溯、跟踪和报告，以及变更审批权限；③需求优先级排序过程；④测量指标及使用这些指标的理由；⑤反映哪些需求属性将被列入跟踪矩阵等。

9.4 收集需求

收集需求是为实现目标而确定、记录并管理干系人的需要和需求的过程。本过程的主要作用是为定义产品范围和项目范围奠定基础。本过程仅开展一次或仅在项目的预定义点开展。收集需求过程的数据流向如图 9-2 所示。

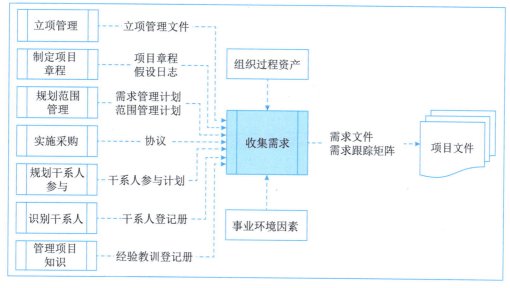

图 9-2 收集需求过程的数据流向图

让干系人积极参与需求的探索和分解工作（分解成项目和产品需求），并仔细确定、记录和管理对产品、服务或成果的需求，能直接促进项目成功。需求是指根据特定协议或其他强制性规范，产品、服务或成果必须具备的条件或能力。它包括发起人、客户和其他干系人的已量化且书面记录的需要和期望。应该足够详细地挖掘、分析和记录这些需求，并将其包含在范围基准中，在项目执行开始后对其进行测量。需求将作为后续工作分解结构（WBS）的基础，也将作为成本、进度、质量和采购规划的基础。

9.4.1 输入

1. 立项管理文件

会影响收集需求过程的立项管理文件是商业论证产生的文件，它描述了为满足业务需要而应该达到的必要、期望及可选标准。

2. 项目章程

项目章程记录了项目概述以及将用于制定详细需求的高层级需求。

3. 项目管理计划

收集需求中使用的项目管理计划组件包括：

- 范围管理计划：包含如何定义和制定项目范围的信息。
- 需求管理计划：包含如何收集、分析和记录项目需求的信息。
- 干系人参与计划：从该计划中了解干系人的沟通需求和参与程度，以便评估并适应干系人对需求活动的参与程度。

4. 项目文件

可作为收集需求过程输入的项目文件主要包括：

- 假设日志：识别了有关产品、项目、环境、干系人以及会影响需求的其他因素的假设条件。
- 干系人登记册：用于了解哪些干系人能够提供需求方面的信息，及记录干系人对项目的需求和期望。
- 经验教训登记册：提供了有效的需求收集技术，尤其针对使用敏捷或适应型产品开发方法的项目。

5. 协议

协议会包含项目和产品需求。

6. 事业环境因素

会影响收集需求过程的事业环境因素主要包括：组织文化、基础设施、人事管理制度、市场条件等。

7. 组织过程资产

会影响收集需求过程的组织过程资产主要包括：政策和程序；包含以往项目信息的历史信息和经验教训知识库等。

9.4.2 工具与技术

1. 专家判断

收集需求过程中，应征求具备如下领域相关专业知识或接受过相关培训的个人或小组的意见，涉及的领域包括：可行性研究与评估；需求获取；需求分析；需求文件；以往类似项目的项目需求；图解技术；引导；冲突管理等。

2. 数据收集

可用于收集需求过程的数据收集技术主要包括：

- 头脑风暴：是一种用来产生和收集对项目需求与产品需求的多种创意的技术。
- 访谈：是通过与干系人直接交谈，来获取信息的正式或非正式的方法。访谈的典型做法是向被访者提出预设和即兴的问题，并记录他们的回答。访谈经常是一个访谈者和一个被访者之间的"一对一"谈话，但也可包括多个访谈者或多个被访者。访谈有经验的项目参与者、发起人和其他高管及主题专家，有助于识别和定义所需产品可交付成果的特征和功能。访谈也可用于获取机密信息。
- 焦点小组：是召集预定的干系人和主题专家，了解他们对所讨论的产品、服务或成果的期望和态度。由一位受过训练的主持人引导大家进行互动式讨论。焦点小组往往比"一对一"的访谈更热烈。
- 问卷调查：是指设计一系列书面问题，向众多受访者快速收集信息。问卷调查方法非常适用于受众多样化，需要快速完成调查，受访者地理位置分散并且适合开展统计分析的情况。
- 标杆对照：将实际或计划的产品、过程和实践，与其他可比组织的实践进行比较，以便识别最佳实践，形成改进意见，并为绩效考核提供依据。标杆对照所采用的可比组织可以是内部的，也可以是外部的。

3. 数据分析

可用于收集需求过程的数据分析技术是文件分析。文件分析指审核和评估任何相关的文件信息。在此过程中，文件分析用于通过分析现有文件，识别与需求相关的信息来获取需求，可供分析并有助于获取需求的文件包括：协议；商业计划；业务流程或接口文档；业务规则库；现行流程；市场文献；问题日志；政策和程序、法规文件，如法律、准则、法令等；建议邀请书；用例等。

4. 决策

适用于收集需求过程的决策技术主要包括：
- 投票：是一种为达成某种期望结果，而对未来多个行动方案进行评估的决策技术和过程。本技术用于生成、归类和排序产品需求。
- 独裁型决策制定：采用这种方法，将由一个人负责为整个集体制定决策。
- 多标准决策分析：该技术借助决策矩阵，用系统分析方法建立诸如风险水平、不确定性和价值收益等多种标准，以对众多创意进行评估和排序。

5. 数据表现

可用于收集需求过程的数据表现技术主要包括：
- 亲和图：用来对大量创意进行分组的技术，以便进一步审查和分析。
- 思维导图：把从头脑风暴中获得的创意整合成一张图，用以反映创意之间的共性与差异，激发新创意。

6. 人际关系与团队技能

可用于收集需求过程的人际关系与团队技能主要包括：
- 名义小组技术：是用于促进头脑风暴的一种技术，通过投票排列最有用的创意，以便进一步开展头脑风暴或优先排序。名义小组技术是一种结构化的头脑风暴形式，由四个步骤组成：①向集体提出一个问题或难题，每个人在沉思后写出自己的想法；②主持人在活动挂图上记录所有人的想法；③集体讨论各个想法，直到全体成员达成一个明确的共识；④个人私下投票决出各种想法的优先排序，通常采用5分制，1分最低，5分最高。为减少想法数量、集中关注想法，可进行数轮投票。每轮投票后，都将清点选票，得分最高者被选出。
- 观察和交谈：是指直接察看个人在各自的环境中如何执行工作（或任务）和实施流程。当产品使用者难以或不愿清晰说明他们的需求时，特别需要通过观察来了解他们的工作细节。观察也称为"工作跟随"，通常由旁站观察者观察业务专家如何执行工作，但也可以由"参与观察者"来观察，通过实际执行一个流程或程序，来体验该流程或程序是如何实施的，以便挖掘隐藏的需求。

- 引导：引导与主题研讨会结合使用，把主要干系人召集在一起定义产品需求。研讨会可用于快速定义跨职能需求并协调干系人的需求差异。因为具有群体互动的特点，有效引导的研讨会有助于参与者之间建立信任、改进关系、改善沟通，从而有利于干系人达成一致意见。此外，与分别召开会议相比，研讨会能够更早发现并解决问题。

7. 系统交互图

系统交互图是对产品范围的可视化描绘，可以直观显示业务系统（过程、设备、计算机系统等）及其与人和其他系统（行动者）之间的交互方式。

8. 原型法

原型法是指在实际制造预期产品之前，先造出该产品的模型，并据此征求对需求的早期反馈。原型包括微缩产品、计算机生成的二维和三维模型、实体模型或模拟。因为原型是有形的实物，它使得干系人可以体验最终产品的模型，而不是仅限于讨论抽象的需求描述。原型法支持渐进明细的理念，需要经历从模型创建、用户体验、反馈收集到原型修改的反复循环过程。在经过足够的反馈循环之后，就可以通过原型获得足够的需求信息，从而进入设计或制造阶段。

故事板是一种原型技术，通过一系列的图像或图示来展示顺序或导航路径。故事板用于各种行业的各种项目中，如电影、广告、教学设计以及敏捷和其他软件开发项目。在软件开发中，故事板使用实体模型来展示网页、屏幕或其他用户界面的导航路径。

9.4.3 输出

1. 需求文件

需求文件描述各种单一需求将如何满足项目相关的业务需求。一开始可能只有高层级的需求，然后随着有关需求信息的增加而逐步细化。只有明确的（可测量和可测试的）、可跟踪的、完整的、相互协调的，且主要干系人愿意认可的需求，才能作为基准。需求文件的格式多种多样，既可以是一份按干系人和优先级分类列出全部需求的简单文件，也可以是一份包括内容提要、细节描述和附件等的详细文件。许多组织把需求分为不同的种类，如业务解决方案和技术解决方案。前者是干系人的需要，后者是指如何实现这些干系人需要的方案。把需求分成不同的类别，有利于对需求进行进一步完善和细化。需求的类别一般包括：

（1）业务需求：整个组织的高层级需要，例如，解决业务问题或抓住业务机会，以及实施项目的原因。

（2）干系人需求：干系人的需要。

（3）解决方案需求：为满足业务需求和干系人需求，产品、服务或成果必须具备的特性、功能和特征。解决方案需求又进一步分为功能需求和非功能需求：①功能需求：描述产品应具备的功能，例如，产品应该执行的行动、流程、数据和交互；②非功能需求：是对功能需求的补充，是产品正常运行所需的环境条件或质量要求，例如，可靠性、保密性、性能、安全性、服务水平、可支持性、保留或清除等。

（4）过渡和就绪需求：如数据转换和培训需求。这些需求描述了从"当前状态"过渡到"将来状态"所需的临时能力。

（5）项目需求：项目需要满足的行动、过程或其他条件，例如里程碑日期、合同责任、制约因素等。

（6）质量需求：用于确认项目可交付成果的成功完成或其他项目需求的实现的任何条件或标准，例如，测试、认证、确认等。

2. 需求跟踪矩阵

需求跟踪矩阵是把产品需求从其来源连接到能满足需求的可交付成果的一种表格。使用需求跟踪矩阵，把每个需求与业务目标或项目目标联系起来，有助于确保每个需求都具有业务价值。需求跟踪矩阵提供了在整个项目生命周期中跟踪需求的一种方法，有助于确保需求文件中被批准的每项需求在项目结束的时候都能实现并交付。最后，需求跟踪矩阵还为管理产品范围变更提供了框架。跟踪需求的内容包括：①业务需要、机会、目的和目标；②项目目标；③项目范围和 WBS 可交付成果；④产品设计；⑤产品开发；⑥测试策略和测试场景；⑦高层级需求到详细需求等。

应在需求跟踪矩阵中记录每个需求的相关属性，这些属性有助于明确每个需求的关键信息。需求跟踪矩阵中记录的典型属性包括唯一标识、需求的文字描述、收录该需求的理由、所有者、来源、优先级别、版本、当前状态和状态日期。为确保干系人满意，可能需要增加一些补充属性，如稳定性、复杂性和验收标准。需求跟踪矩阵示例如图 9-3 所示。

需求跟踪矩阵								
项目名称：								
成本中心：								
项目描述：								
标识	关联标识	需求描述	业务需要、机会、目的和目标	项目目标	WBS可交付成果	产品设计	产品开发	测试案例
001	1.0							
	1.1							
	1.2							
	1.2.1							
002	2.0							
	2.1							
	2.1.1							
003	3.0							
	3.1							
	3.2							
004	4.0							
005	5.0							

图 9-3 需求跟踪矩阵示例

9.5 定义范围

定义范围是制定项目和产品详细描述的过程。本过程的主要作用是描述产品、服务或成果的边界和验收标准。本过程需要在整个项目期间多次反复开展。定义范围过程的数据流向如图9-4所示。

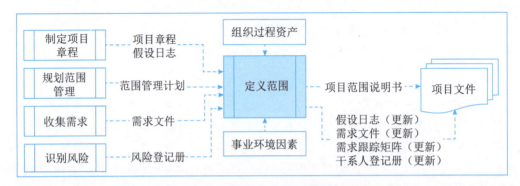

图 9-4 定义范围过程的数据流向图

由于在收集需求过程中识别出的所有需求未必都包含在项目中,所以定义范围过程需要从需求文件(收集需求过程的输出)中选取最终的项目需求,然后制定出关于项目及其产品、服务或成果的详细描述。准备好详细项目范围说明书,对项目成功至关重要。

应根据项目启动过程中记载的主要可交付成果、假设条件和制约因素来编制详细的项目范围说明书。在项目规划过程中,随着对项目信息了解的逐渐深入,应该更加详细、具体地定义和描述项目范围。此外,还需要分析现有风险、假设条件和制约因素的完整性,并做必要的增补或更新。

9.5.1 输入

1. 项目章程

项目章程中包含对项目的高层级描述、产品特征和审批要求。

2. 项目管理计划

定义范围中使用的项目管理计划组件是范围管理计划,其中记录了如何定义、确认和控制项目范围。

3. 项目文件

可作为定义范围过程输入的项目文件主要包括:

- 假设日志:识别了有关产品、项目、环境、干系人以及会影响项目和产品范围的假设条件和制约因素。
- 需求文件:识别了应纳入范围的需求。
- 风险登记册:包含了可能影响项目范围的应对策略,例如缩小或改变项目和产品范围,以规避或缓解风险。

4. 事业环境因素

会影响定义范围过程的事业环境因素主要包括：组织文化、基础设施、人事管理制度、市场条件等。

5. 组织过程资产

能够影响定义范围过程的组织过程资产主要包括：用于制定项目范围说明书的政策、程序和模板；以往项目的项目档案；以往阶段或项目的经验教训等。

9.5.2 工具与技术

1. 专家判断

定义范围过程中，应征求具备类似项目的知识或经验的个人或小组的意见。

2. 数据分析

可用于定义范围过程的数据分析技术是备选方案分析。备选方案分析可用于评估实现项目章程中所述的需求和目标的各种方法。

3. 决策

可用于定义范围过程的决策技术是多标准决策分析。多标准决策分析是一种借助决策矩阵来使用系统分析方法的技术，目的是建立诸如需求、进度、预算和资源等多种标准来完善项目和产品范围。

4. 人际关系与团队技能

人际关系与团队技能的一个典型示例是引导。在研讨会和座谈会中使用引导技能来协调具有不同期望或不同专业知识的关键干系人，使他们就项目可交付成果以及项目和产品边界达成跨职能的共识。

5. 产品分析

产品分析可用于定义产品和服务，包括针对产品或服务提问并回答，以描述要交付产品的用途、特征及其他方面。

每个应用领域都有一种或几种普遍公认的方法，用以把高层级的产品或服务描述转变为有意义的可交付成果。首先获取高层级的需求，然后将其细化到最终产品设计所需的详细程度。产品分析技术主要包括：产品分解、需求分析、系统分析、系统工程、价值分析、价值工程等。

9.5.3 输出

1. 项目范围说明书

项目范围说明书是对项目范围、主要可交付成果、假设条件和制约因素的描述。它记录了整个范围，包括：项目和产品范围；详细描述了项目的可交付成果；代表项目干系人之间就项目范围所达成的共识。为便于管理干系人的期望，项目范围说明书可明确指出哪些工作不属于本项目范围。项目范围说明书帮助项目团队进行更详细的规划，在执行过程中指导项目团队工作，并为评价变更请求或额外工作是否超过项目边界提供基准。

项目范围说明书描述要做和不要做的工作的详细程度，决定着项目管理团队控制整个项目范围的有效程度。详细的项目范围说明书包括内容有（直接列出或参引其他文件）：

- 产品范围描述：逐步细化在项目章程和需求文件中所述的产品、服务或成果特征。
- 可交付成果：为完成某一过程、阶段或项目而必须产出的任何独特并可核实的产品、成果或服务能力，可交付成果也包括各种辅助成果，如项目管理报告和文件。对可交付成果的描述可略可详。
- 验收标准：可交付成果通过验收前必须满足的一系列条件。
- 项目的除外责任：识别排除在项目之外的内容。明确说明哪些内容不属于项目范围，有助于管理干系人的期望及减少范围蔓延。

虽然项目章程和项目范围说明书的内容存在一定程度的重叠，但它们的详细程度完全不同。项目章程包含高层级的信息，而项目范围说明书则是对范围组成部分的详细描述，这些组成部分需要在项目过程中渐进明细。

2. 项目文件（更新）

可在定义范围过程更新的项目文件包括：

- 假设日志：随同本过程识别出更多的假设条件或制约因素，从而更新假设日志。
- 需求文件：可以通过增加或修改需求而更新需求文件。
- 需求跟踪矩阵：应该随同需求文件的更新而更新需求跟踪矩阵。
- 干系人登记册：如果在定义范围过程中收集到了现有或新干系人的更多信息，则记录到干系人登记册中。

9.6 创建 WBS

创建工作分解结构（WBS）是把项目可交付成果和项目工作分解成较小、更易于管理的组件的过程。本过程的主要作用是为所要交付的内容提供架构。它仅开展一次或仅在项目的预定义点开展。创建 WBS 过程的数据流向如图 9-5 所示。

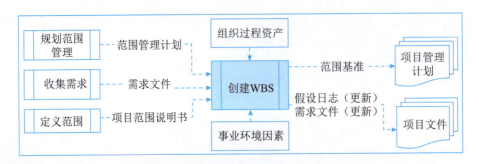

图 9-5　创建 WBS 过程的数据流向图

WBS 是对项目团队为实现项目目标,创建所需可交付成果而需要实施的全部工作范围的层级分解。WBS 组织并定义了项目的总范围,代表着经批准的当前项目范围说明书中所规定的工作。

WBS 最低层的组成部分称为工作包,其中包括计划的工作。工作包对相关活动进行归类,以便对工作安排进度,进行估算,开展监督与控制。在"工作分解结构"这个词语中,"工作"是指作为活动结果的工作产品或可交付成果,而不是活动本身。

9.6.1 输入

1. 项目管理计划

创建 WBS 中使用的项目管理计划组件是范围管理计划。范围管理计划定义了如何根据项目范围说明书创建 WBS。

2. 项目文件

可作为创建 WBS 过程输入的项目文件主要包括:
- 需求文件:详细描述了各种单一需求如何满足项目的业务需要。
- 项目范围说明书:描述了需要实施的工作以及不包含在项目中的工作。

3. 事业环境因素

会影响创建 WBS 过程的事业环境因素包括项目所在行业的 WBS 标准,这些标准可以作为创建 WBS 的外部参考资料。

4. 组织过程资产

能够影响创建 WBS 过程的组织过程资产主要包括:用于创建 WBS 的政策、程序和模板;以往项目的项目档案;以往项目的经验教训等。

9.6.2 工具与技术

1. 专家判断

创建 WBS 过程中,应征求具备类似项目知识或经验的个人或小组的意见。

2. 分解

分解是一种把项目范围和项目可交付成果逐步划分为更小、更便于管理的组成部分的技术。工作包是 WBS 最低层的工作,可对其成本和持续时间进行估算和管理。分解的程度取决于所需的控制程度,以实现对项目的高效管理。工作包的详细程度则因项目规模和复杂程度而异。创建 WBS 的方法多种多样,常用的方法包括自上而下的方法、使用组织特定的指南和使用 WBS 模板。自下而上的方法可用于归并较低层次的组件。

1)分解活动

要把整个项目工作分解为工作包,通常需要开展如下活动:①识别和分析可交付成果及相关工作;②确定 WBS 的结构和编排方法;③自上而下逐层细化分解;④为 WBS 组成部分制定和分配标识编码；⑤核实可交付成果分解的程度是否恰当。

如图 9-6 所示，某工作分解结构的一部分，若干分支已经向下分解到工作包层次。

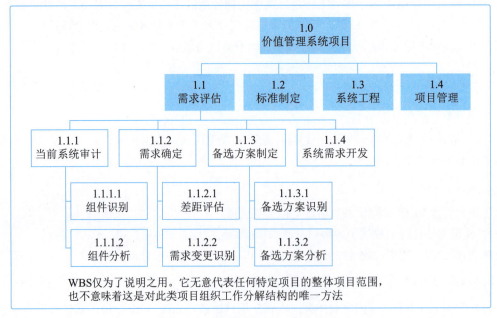

图 9-6　分解到工作包的 WBS 示例

2）WBS 结构

WBS 的结构可以采用多种形式：

- 以项目生命周期的各阶段作为分解的第二层，把产品和项目可交付成果放在第三层，如图9-7所示。

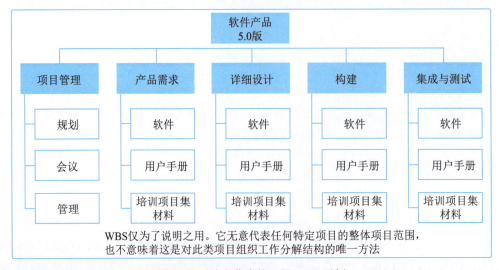

图 9-7　以阶段作为第二层 WBS 示例

- 以主要可交付成果作为分解的第二层，如图9-8所示。

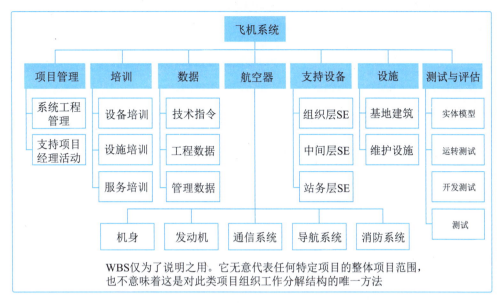

图 9-8 以主要可交付成果作为第二层的 WBS 示例

- 纳入由项目团队以外的组织开发的各种较低层次组件（如外包工作）。随后，作为外包工作的一部分，卖方须制定相应的合同WBS。

对 WBS 较高层组件进行分解，就是要把每个可交付成果或组件分解为最基本的组成部分，即可核实的产品、服务或成果。如果采用敏捷或适应型方法，可以将长篇故事分解成用户故事。WBS 可以采用提纲式、组织结构图或能说明层级结构的其他形式。

确认 WBS 较低层组件是完成上层相应可交付成果的必要且充分的工作，以此来核实分解的正确性。不同的可交付成果可以分解到不同的层次。某些可交付成果只需分解到下一层，即可到达工作包的层次，而另一些则须分解更多层。工作分解得越细致，对工作的规划、管理和控制就越有力。但是，过细的分解会造成管理努力的无效耗费、资源使用效率低下、工作实施效率降低，同时造成 WBS 各层级的数据汇总困难。

要在未来远期才完成的可交付成果或组件，当前可能无法分解。项目管理团队因而通常需要等待对该可交付成果或组成部分达成一致意见，才能够制定出 WBS 中的相应细节。这种技术又称为滚动式规划。

3）注意事项

在分解的过程中，应该注意以下 8 个方面。

- WBS必须是面向可交付成果的：项目的目标是提供产品或服务，WBS中的各项工作是为提供可交付的成果服务的。WBS并没有明确地要求重复循环的工作，但为了达到里程碑，有些工作可能要进行多次。最明显的例子是软件测试，软件必须经过多次测试后才能作为可交付成果。

- WBS必须符合项目的范围：WBS必须包括也仅包括为了完成项目的可交付成果的活动。100%原则（包含原则）认为，在WBS中，所有下一级的元素之和必须100%代表上一级的元素。如果WBS没有覆盖全部的项目可交付成果，那么最后提交的产品或服务是无法让用户满意的。
- WBS的底层应该支持计划和控制：WBS是项目管理计划和项目范围之间的桥梁，WBS的底层不但要支持项目管理计划，而且要让管理层能够监视和控制项目的进度和预算。
- WBS中的元素必须有人负责，而且只有一个人负责：如果存在没有人负责的内容，那么WBS发布后，项目团队成员将很少能够意识到自己和其中内容上的联系。WBS和责任人可以使用工作责任矩阵来描述。在一些参考文献中，这个规定又称为独立责任原则。
- WBS应控制在4～6层：如果项目规模比较大，以至于WBS要超过6层，此时，可以使用项目分解结构将大项目分解成子项目，然后针对子项目来做WBS。每个级别的WBS将上一级的一个元素分为4～7个新元素，同一级元素的大小应该相似。一个工作单元只能从属于某个上层单元，避免交叉从属。
- WBS应包括项目管理工作（因为管理是项目具体工作的一部分），也要包括分包出去的工作。
- WBS的编制需要所有（主要）项目干系人的参与：各项目干系人站在自己的立场上，对同一个项目可能编制出差别较大的WBS。项目经理应该组织他们进行讨论，以便编制出一份大家都能接受的WBS。
- WBS并非是一成不变的：在完成了WBS之后的工作中，仍然有可能需要对WBS进行修改。如果没有合理的范围控制，仅仅依靠WBS会使得后面的工作僵化。

9.6.3 输出

1. 范围基准

范围基准是经过批准的范围说明书、WBS 和相应的 WBS 字典，只有通过正式的变更控制程序才能进行变更，它被用作比较的基础。范围基准是项目管理计划的组成部分。

1）项目范围说明书

项目范围说明书包括对项目范围、主要可交付成果、假设条件和制约因素的描述。

2）WBS

WBS 是对项目团队为实现项目目标、创建所需可交付成果而需要实施的全部工作范围的层级分解。工作分解结构每向下分解一层，代表对项目工作更详细的定义。

3）工作包

WBS 的最低层是带有独特标识号的工作包。这些标识号为成本、进度和资源信息的逐层汇总提供了层级结构，即账户编码。每个工作包都是控制账户的一部分，而控制账户则是一个管理控制点。在该控制点上，把范围、预算和进度加以整合，并与挣值相比较来测量绩效。控制账户包含两个或更多工作包，每个工作包只与一个控制账户关联。

4）规划包

规划包是一种低于控制账户而高于工作包的工作分解结构组件，工作内容已知，但详细的进度活动未知，一个控制账户可以包含一个或多个规划包。

5）WBS 字典

WBS 字典是针对 WBS 中的每个组件，详细描述可交付成果、活动和进度信息的文件。WBS 字典对 WBS 提供支持，其中大部分信息由其他过程创建，然后在后期添加到字典中。WBS 字典中的内容一般包括：账户编码标识、工作描述、假设条件和制约因素、负责的组织、进度里程碑、相关的进度活动、所需资源、成本估算、质量要求、验收标准、技术参考文献、协议信息等。

2. 项目文件（更新）

可在创建 WBS 过程更新的项目文件主要包括：
- 假设日志：随着创建WBS过程识别出更多假设条件或制约因素而更新。
- 需求文件：可以更新需求文件，以反映在创建WBS过程提出并已被批准的变更。

9.7 确认范围

确认范围是正式验收已完成的项目可交付成果的过程。本过程的主要作用：①使验收过程具有客观性；②通过确认每个可交付成果来提高最终产品、服务或成果获得验收的可能性。确认范围过程应根据需要在整个项目期间定期开展。确认范围过程的数据流向如图 9-9 所示。

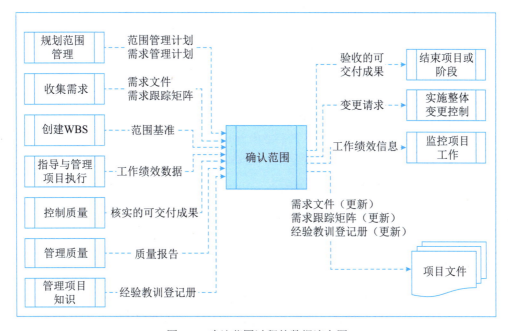

图 9-9 确认范围过程的数据流向图

由主要干系人，尤其是客户或发起人审查从控制质量过程输出的核实的可交付成果，确认这些可交付成果已经圆满完成并通过正式验收。确认范围过程依据从项目范围管理知识领域的相应过程获得的输出（如需求文件或范围基准），以及从其他知识领域的执行过程获得的工作绩效数据，对可交付成果的确认和最终验收。

1. 确认范围的步骤

确认范围应该贯穿项目的始终。如果是在项目的各个阶段对项目的范围进行确认工作，则还要考虑如何通过项目协调来降低项目范围改变的频率，以保证项目范围的改变是有效率和适时的。确认范围的一般步骤包括：①确定需要进行范围确认的时间；②识别范围确认需要哪些投入；③确定范围正式被接受的标准和要素；④确定范围确认会议的组织步骤；⑤组织范围确认会议。

通常情况下，在确认范围前，项目团队需要先进行质量控制工作，例如，在确认软件项目的范围之前，需要进行系统测试等工作，以确保确认工作的顺利完成。

确认范围过程与控制质量过程的不同之处在于，前者关注可交付成果的验收，而后者关注可交付成果的正确性及是否满足质量要求。控制质量过程通常先于确认范围过程，但二者也可同时进行。

2. 需要检查的问题

项目干系人进行范围确认时，一般需要检查以下6个方面的问题：

- 可交付成果是否是确定的、可确认的。
- 每个可交付成果是否有明确的里程碑，里程碑是否有明确的、可辨别的事件，例如，客户的书面认可等。
- 是否有明确的质量标准：可交付成果的交付不但要有明确的标准标志，而且要有是否按照要求完成的标准，可交付成果和其标准之间是否有明确联系。
- 审核和承诺是否有清晰的表达：项目发起人必须正式同意项目的边界，项目完成的产品或者服务，以及项目相关的可交付成果。项目团队必须清楚地了解可交付成果是什么。所有的这些表达必须清晰，并取得一致的同意。
- 项目范围是否覆盖了需要完成的产品或服务的所有活动，有没有遗漏或错误。
- 项目范围的风险是否太高：管理层是否能够降低风险发生时对项目的影响。

3. 干系人关注点的不同

确认范围主要是项目干系人（例如，客户、发起人等）对项目的范围进行确认和接受的工作，每个人对项目范围所关注的方面是不同的：

- 管理层主要关注项目范围：是指范围对项目的进度、资金和资源的影响，这些因素是否超过了组织承受范围，是否在投入产出上具有合理性。在确认范围工作进行之后，管理层可能会取消该项目，可能是因为项目范围太大，造成对时间、资金和资源的占有远远大于管理层的预计或者组织的承受能力。更多的情况是要求项目团队压缩范围以满足进度、资金和资源的限制。

- 客户主要关注产品范围：关心项目的可交付成果是否足够完成产品或服务。有些项目的产品经理就是客户，这种情况下，可减少项目团队对产品理解失误的可能性，降低项目的风险。在项目中，客户往往有在当前版本中加入所有功能和特征的意愿，这对于项目来说是一种潜在的风险，会给组织和客户带来危害和损失。
- 项目管理人员主要关注项目制约因素：关心项目可交付成果是否足够和必须完成，时间、资金和资源是否足够，主要的潜在风险和预备解决的方法。
- 项目团队成员主要关注项目范围中自己参与的元素和负责的元素：通过定义范围中的时间检查自己的工作时间是否足够，自己在项目范围中是否有多项工作，而这些工作是否有冲突的地方。如果项目团队成员估计某些可交付成果无法在确定的时间完成，需要提出自己的意见。

9.7.1 输入

1. 项目管理计划

确认范围中使用的项目管理计划组件主要包括：
- 范围管理计划：定义了如何正式验收已经完成的可交付成果。
- 需求管理计划：描述了如何确认项目需求。
- 范围基准：用范围基准与实际结果比较，以决定是否有必要进行变更、采取纠正措施或预防措施。

2. 项目文件

可作为确认范围过程输入的项目文件主要包括：
- 需求文件：将需求与实际结果比较，以决定是否有必要进行变更，采取纠正措施或预防措施。
- 需求跟踪矩阵：含有与需求相关的信息，包括如何确认需求。
- 质量报告：该报告内容可包括由团队管理或需上报的全部质量保证事项、改进建议，以及在控制质量过程中发现的情况的概述。在验收产品之前，需要查看所有这些内容。
- 经验教训登记册：在项目早期获得的经验教训可以运用到后期阶段，以提高验收可交付成果的效率与效果。

3. 工作绩效数据

工作绩效数据可能包括符合需求的程度、不一致的数量、不一致的严重性或在某时间段内开展确认的次数。

4. 核实的可交付成果

核实的可交付成果是指已经完成，并被控制质量过程检查为正确的可交付成果。

9.7.2 工具与技术

1. 检查

检查是指开展测量、审查与确认等活动,来判断工作和可交付成果是否符合需求和产品验收标准。检查有时也被称为审查、产品审查和巡检等。

2. 决策

可用于确认范围过程的决策技术是投票,当由项目团队和其他干系人进行验收时,使用投票来形成结论。

9.7.3 输出

1. 验收的可交付成果

符合验收标准的可交付成果应该由客户或发起人正式签字批准。应该从客户或发起人那里获得正式文件,证明干系人对项目可交付成果的正式验收。这些文件将提交给结束项目或阶段过程。

2. 变更请求

对已经完成但未通过正式验收的可交付成果及其未通过验收的原因,应该记录在案。可能需要针对这些可交付成果提出变更请求,开展相应的缺陷补救工作。变更请求应该由实施整体变更控制过程进行审查与处理。

3. 工作绩效信息

工作绩效信息包括项目进展信息,例如,哪些可交付成果已经被验收,哪些未通过验收以及原因。这些信息应该被记录下来并传递给干系人。

4. 项目文件(更新)

可在确认范围过程更新的项目文件主要包括:

- 需求文件:记录实际的验收结果,更新需求文件。需要特别注意实际结果比原定需求更好的情况,或者原定需求已经被放弃的情况。
- 需求跟踪矩阵:根据验收结果更新需求跟踪矩阵,包括所采用的验收方法及其使用结果。
- 经验教训登记册:更新经验教训登记册,以记录所遇到的挑战、本应如何避免该挑战的方法,以及良好的可交付成果验收的方法。

9.8 控制范围

控制范围是监督项目和产品的范围状态,管理范围基准变更的过程。本过程的主要作用是在整个项目期间保持对范围基准的维护。本过程需要在整个项目期间开展。控制范围过程的数据流向如图 9-10 所示。

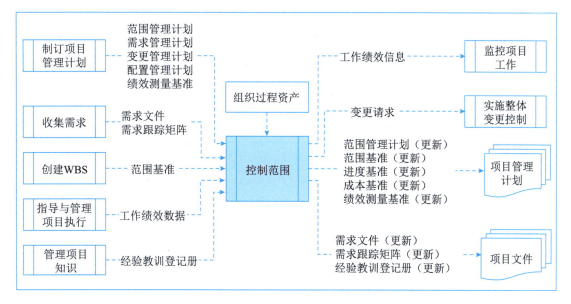

图 9-10　控制范围过程的数据流向图

控制项目范围确保所有变更请求、推荐的纠正措施或预防措施都通过实施整体变更控制过程进行处理。在变更实际发生时，也需要采用控制范围过程来管理这些变更。控制范围过程应该与其他项目管理知识领域的控制过程协调开展。未经控制的产品或项目范围的扩大（未对时间、成本和资源做相应调整）被称为范围蔓延。

9.8.1　输入

1. 项目管理计划

控制范围中使用的项目管理计划组件主要包括：
- 范围管理计划：记录了如何控制项目和产品范围。
- 需求管理计划：记录了如何管理项目需求。
- 变更管理计划：定义了管理项目变更的过程。
- 配置管理计划：定义了哪些是配置项，哪些配置项需要正式变更控制，以及针对这些配置项的变更控制过程。
- 范围基准：用范围基准与实际结果比较，以决定是否有必要进行变更、采取纠正措施或预防措施。
- 绩效测量基准：使用挣值分析时，将绩效测量基准与实际结果比较，以决定是否有必要进行变更、采取纠正措施或预防措施。

2. 项目文件

可作为控制范围过程输入的项目文件主要包括：
- 需求文件：用于发现任何对商定的项目或产品范围的偏离。
- 需求跟踪矩阵：有助于探查任何变更或对范围基准的任何偏离对项目目标的影响，它还可以提供受控需求的状态。
- 经验教训登记册：项目早期的经验教训可以运用到后期阶段，以改进范围控制。

3. 工作绩效数据

工作绩效数据可能包括收到的变更请求的数量，接受的变更请求的数量或者核实、确认和完成的可交付成果的数量。

4. 组织过程资产

能够影响控制范围过程的组织过程资产主要包括：现有的、正式的和非正式的与范围控制相关的政策、程序和指南；可用的监督和报告的方法与模板等。

9.8.2 工具与技术

数据分析

可用于控制范围过程的数据分析技术主要包括：
- 偏差分析：用于将基准与实际结果进行比较，以确定偏差是否处于临界值区间内或是否有必要采取纠正或预防措施。
- 趋势分析：旨在审查项目绩效随时间的变化情况，以判断绩效是正在改善还是正在恶化。

确定偏离范围基准的原因和程度，并决定是否需要采取纠正或预防措施，是项目范围控制的重要工作。

9.8.3 输出

1. 工作绩效信息

控制范围过程产生的工作绩效信息是有关项目和产品范围实施情况（对照范围基准）的相互关联且与各种背景相结合的信息，包括收到的变更的分类、识别的范围偏差和原因、偏差对进度和成本的影响，以及对将来范围绩效的预测。

2. 变更请求

分析项目绩效后，可能会就范围基准和进度基准，或项目管理计划的其他组成部分提出变更请求。变更请求需要经过实施整体变更控制过程的审查和处理。

3. 项目管理计划（更新）

项目管理计划的任何变更都以变更请求的形式提出，且通过组织的变更控制过程进行处理。可能需要变更请求的项目管理计划组成部分包括：

- 范围管理计划：更新范围管理计划，以反映范围管理方式的变更。
- 范围基准：在针对范围、范围说明书、WBS或WBS字典的变更获得批准后，需要对范围基准做出相应的变更。有时范围偏差太过严重，以至于需要修订范围基准，以便为绩效测量提供现实可行的依据。
- 进度基准：在针对范围、资源或进度估算的变更获得批准后，需要对进度基准做出相应的变更。有时进度偏差太过严重，以至于需要修订进度基准，以便为绩效测量提供现实可行的依据。
- 成本基准：在针对范围、资源或成本估算的变更获得批准后，需要对成本基准做出相应的变更。有时成本偏差太过严重，以至于需要修订成本基准，以便为绩效测量提供现实可行的依据。
- 绩效测量基准：在针对范围、进度绩效或成本估算的变更获得批准后，需要对绩效测量基准做出相应的变更。有时绩效偏差太过严重，需要提出变更请求来修订绩效测量基准，以便为绩效测量提供现实可行的依据。

4. 项目文件（更新）

可在控制范围过程更新的项目文件主要包括：
- 需求文件：可以通过增加或修改需求而更新需求文件。
- 需求跟踪矩阵：应该随同需求文件的更新而更新需求跟踪矩阵。
- 经验教训登记册：更新经验教训登记册，以记录控制范围的有效技术，以及造成偏差的原因和选择的纠正措施。

9.9 本章练习

1. 选择题

（1）在_____生命周期中，项目开始时就对项目可交付成果进行定义，对任何范围变化都要进行变更管理。

  A. 预测型 B. 适应型 C. 敏捷型 D. 迭代型

参考答案：A

（2）_____不是规划范围管理过程的输入。

  A. 项目章程 B. 项目管理计划 C. 质量管理计划 D. 需求管理计划

参考答案：D

（3）关于需求的理解，不正确的是_____。

  A. 让干系人积极参与需求的探索和分解工作，并仔细确定、记录和管理对产品、服务或成果的需求，能直接促进项目成功

  B. 为更好地对项目进行了解，收集需求的过程应在整个项目期间定期开展

  C. 需求是指根据特定协议或其他强制性规范，产品、服务或成果必须具备的条件或能力

D. 需求包括发起人、客户和其他干系人的已量化且书面记录的需要和期望

参考答案：B

（4）数据收集技术中，_____将实际或计划的产品、过程和实践，与其他可比组织的实践进行比较，以便识别最佳实践，形成改进意见，并为绩效考核提供依据。

　　A. 头脑风暴　　B. 焦点小组　　C. 亲和图　　D. 标杆对照

参考答案：D

（5）_____是把产品需求从其来源连接到能满足需求的可交付成果的一种表格。

　　A. 系统交互图　B. 决策矩阵　　C. 需求跟踪矩阵　　D. UC 矩阵

参考答案：C

（6）应根据_____来编制详细的项目范围说明书。

　　① 可交付成果　　② 假设条件　　③ 制约因素　　④ WBS

　　A. ①②③　　B. ①②④　　C. ①③④　　D. ②③④

参考答案：A

（7）关于项目范围说明书的理解，不正确的是_____。

　　A. 项目范围说明书可明确指出哪些工作不属于本项目范围

　　B. 项目范围说明书使项目团队能进行更详细的规划，并为评价变更请求或额外工作是否超过项目边界提供基准

　　C. 项目范围说明书描述要做和不要做的工作的详细程度，决定着项目管理团队控制整个项目范围的有效程度

　　D. 项目范围说明书不能代表项目干系人之间就项目范围所达成的共识

参考答案：D

（8）范围基准包括_____。

　　① 经过批准的范围说明书　　② 项目章程　　③ WBS 字典

　　④ WBS　　⑤ 项目管理计划

　　A. ①②⑤　　B. ①②④　　C. ①③④　　D. ①④⑤

参考答案：C

2. 简答题

请简述确认范围过程与控制质量过程的不同之处。

参考答案：略

第10章　项目进度管理

项目进度管理是为了保证项目按时完成，对项目所需的各个过程进行管理，包括规划进度、定义活动、排列活动顺序、估算活动持续时间、制订项目进度计划和控制进度。小型项目中，定义活动、排列活动顺序、估算活动持续时间及制定进度模型形成进度计划等过程的联系非常密切，可以视为一个过程，可以由一个人在较短时间内完成。

10.1　管理基础

10.1.1　项目进度计划的定义和总要求

项目进度计划提供了项目的详尽计划，说明项目如何以及何时交付项目范围中定义的产品、服务和成果，是一种用于沟通和管理干系人期望的工具，为绩效报告提供依据。

项目管理团队编制进度计划的一般步骤为：首先选择进度计划方法，例如关键路径法；然后将项目特定数据，如活动、计划日期、持续时间、资源、依赖关系和制约因素等输入进度计划编制工具，创建项目进度模型；最后根据进度模型形成项目进度计划。

应在整个项目期间保持项目进度计划的灵活性，并根据知识、风险理解程度和增值活动等情况的改变对其进行调整。

10.1.2　管理新实践

有关项目进度计划方法的新趋势和新兴实践主要包括：
- 具有未完成项的迭代型进度计划：适应型生命周期在产品开发中的应用越来越普遍，很多项目都采用这种基于适应型生命周期的滚动式规划进度计划的方法。这种方法的好处在于，它允许在整个开发生命周期期间进行变更。这种方法将需求记录在用户故事中，然后在建造之前按优先级排序并优化用户故事，最后在规定的时间内开发产品功能。这一方法通常用于向客户交付增量价值，或多个团队并行开发大量的、内部关联的、较小的功能。
- 按需进行的进度计划：按需进行的进度计划方法不依赖于预先定义好的进度计划，而是在资源可用时立即从未完成项和工作序列中提取工作任务，该方法适用于具有如下特征的项目：一是在运营或持续环境中以增量方式研发产品的项目；二是工作任务的规模或范围相对类似的项目；三是可以按照规模或范围对任务进行组合的项目。

10.2 项目进度管理过程

10.2.1 过程概述

项目进度管理过程包括：
- 规划进度管理：为了规划、编制、管理、执行和控制项目进度，制定政策、程序和文档。
- 定义活动：识别和记录为完成项目可交付成果而需采取的具体活动。
- 排列活动顺序：识别和记录项目活动之间的关系。
- 估算活动持续时间：根据资源估算的结果，估算完成单项活动所需工作时段数。
- 制订进度计划：分析活动顺序、持续时间、资源需求和进度制约因素，创建项目进度模型，落实项目执行和监控情况。
- 控制进度：监督项目状态，以更新项目进度和管理进度基准的变更。

在项目实际进展中，以上各过程会相互交叠和相互作用。表 10-1 概括了项目进度管理的各个过程：

表 10-1 项目进度管理过程

过程	输入	工具与技术	输出
规划进度管理	• 项目章程 • 项目管理计划 • 事业环境因素 • 组织过程资产	• 专家判断 • 数据分析 • 会议	进度管理计划
定义活动	• 项目管理计划 • 事业环境因素 • 组织过程资产	• 专家判断 • 分解 • 滚动式规划 • 会议	• 活动清单 • 活动属性 • 里程碑清单 • 变更请求 • 项目管理计划（更新）
排列活动顺序	• 项目管理计划 • 项目文件 • 事业环境因素 • 组织过程资产	• 紧前关系绘图法 • 箭线图法 • 确定和整合依赖关系 • 提前量和滞后量 • 项目管理信息系统	• 项目进度网络图 • 项目文件（更新）
估算活动持续时间	• 项目管理计划 • 项目文件 • 事业环境因素 • 组织过程资产	• 专家判断 • 类比估算 • 参数估算 • 三点估算 • 自下而上估算 • 数据分析 • 决策 • 会议	• 持续时间估算 • 估算依据 • 项目文件（更新）

(续表)

过程	输入	工具与技术	输出
制订进度计划	● 项目管理计划 ● 项目文件 ● 协议 ● 事业环境因素 ● 组织过程资产	● 进度网络分析 ● 关键路径法 ● 资源优化 ● 数据分析 ● 提前量和滞后量 ● 进度压缩 ● 计划评审技术 ● 项目管理信息系统 ● 敏捷或适应型发布规划	● 进度基准 ● 项目进度计划 ● 进度数据 ● 项目日历 ● 变更请求 ● 项目管理计划（更新） ● 项目文件（更新）
控制进度	● 项目管理计划 ● 项目文件 ● 工作绩效数据 ● 组织过程资产	● 数据分析 ● 关键路径法 ● 项目管理信息系统 ● 资源优化 ● 提前量和滞后量 ● 进度压缩	● 工作绩效信息 ● 进度预测 ● 变更请求 ● 项目管理计划（更新） ● 项目文件（更新）

10.2.2 裁剪考虑因素

由于每个项目都是独特的，因此项目经理可能根据需要裁剪项目进度管理过程。裁剪时应考虑的因素包括：

- 生命周期方法：哪种生命周期方法最适合制订详细的进度计划？
- 资源可用性：影响资源可持续时间的因素是什么（如可用资源与其生产效率之间的相关性）？
- 项目维度：项目复杂性、技术不确定性、产品新颖度、速度或进度跟踪（如挣值、完成百分比）如何影响预期的控制水平？
- 技术支持：是否采用技术来制定、记录、传递、接收和存储项目进度模型的信息以及是否易于获取？

10.2.3 敏捷与适应方法

在大型组织中，可能同时存在小规模项目和大规模项目的组合，需要制定长期路线图，通过规模参数（如团队规模、物理分布、法规合规性、组织复杂性和技术复杂性）来管理这些项目组合和项目集。为管理大规模的、全组织系统的、完整的交付生命周期，可能需要采用一系列技术，包括预测型方法、适应型方法或两种方法的混合。组织还可能需要结合几种核心方法，或采用已实践过的方法的一些原则和实践。

要成功实施适应型方法，项目经理需要了解如何高效使用相关的工具和技术。

10.3 规划进度管理

规划进度管理是为规划、编制、管理、执行和控制项目进度而制定政策、程序和文档的过程。本过程的主要作用是为如何在整个项目期间管理项目进度提供指南和方向。本过程仅开展一次或仅在项目的预定义点开展。规划进度管理过程的数据流向如图 10-1 所示。

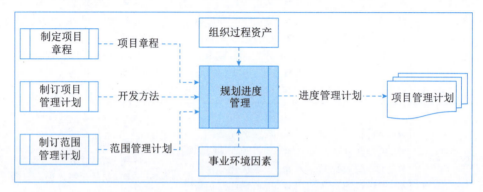

图 10-1 规划进度管理过程的数据流向图

10.3.1 输入

1. 项目章程

项目章程中规定的总体里程碑进度计划会影响项目的进度管理。

2. 项目管理计划

规划进度管理中使用的项目管理计划组件主要包括：
- 开发方法：有助于定义进度计划方法、估算技术、进度计划编制工具以及用来控制进度的技术。
- 范围管理计划：描述如何定义和制定范围，并提供有关如何制订进度计划的信息。

3. 事业环境因素

能够影响规划进度管理过程的事业环境因素主要包括：组织文化和结构；团队资源可用性、技能以及物质资源可用性；进度计划工具或软件；指南和标准，用于裁剪组织标准过程和程序以满足项目的特定要求；商业数据库，如标准化的估算数据等。

4. 组织过程资产

能够影响规划进度管理过程的组织过程资产主要包括：历史信息和经验教训知识库；现有与制订进度计划及管理和控制进度相关的正式和非正式政策、程序和指南；模板和表格；监督和报告工具等。

10.3.2 工具与技术

1. 专家判断

规划进度管理过程中,应征求具备如下领域相关专业知识或接受过相关培训的个人或小组的意见涉及的领域包括:进度计划的编制、管理和控制;进度计划方法(如预测型或适应型生命周期);进度计划软件;项目所在的特定行业等。

2. 数据分析

适用于规划进度管理过程的数据分析技术是备选方案分析。备选方案分析可包括确定采用哪些进度计划方法,以及如何将不同方法整合到项目中;此外,它还可以包括确定进度计划的详细程度、滚动式规划的持续时间以及审查和更新频率。

3. 会议

项目团队可能举行规划会议来制订进度管理计划。参会人员可包括项目经理、项目发起人、项目团队成员、选定的干系人、进度计划或执行负责人以及其他必要人员等。

10.3.3 输出

进度管理计划

进度管理计划是项目管理计划的组成部分,为编制、监督和控制项目进度建立准则和明确活动要求。根据项目需要,进度管理计划可以是正式或非正式的,非常详细或高度概括的。进度管理计划的内容一般包括:

- 项目进度模型:需要规定用于制定项目进度模型的进度规划方法论和工具。
- 进度计划的发布和迭代长度:使用适应型生命周期时,应指定发布、规划和迭代的固定时间段。固定时间段指项目团队稳定地朝着目标前进的持续时间,它可以推动团队先处理基本功能,然后在时间允许的情况下再处理其他功能,从而尽可能减少范围蔓延。
- 准确度:定义需要规定活动持续时间估算的可接受区间,以及允许的紧急情况储备。
- 计量单位:需要规定每种资源的计量单位,例如,用于测量时间的人时数、人天数或周数,用于计量数量的米、升、吨、千米或立方码。
- 组织程序链接:工作分解结构(WBS)为进度管理计划提供了框架,保证了与估算及相应进度计划的协调性。
- 项目进度模型维护:需要规定在项目执行期间,将如何在进度模型中更新项目状态,记录项目进展。
- 控制临界值:需要规定偏差临界值,用于监督进度绩效。它是在需要采取某种措施前允许出现的最大差异,通常用偏离基准计划中的参数的某个百分数来表示。
- 绩效测量规则:需要规定用于绩效测量的挣值管理(EVM)规则或其他规则。
- 报告格式:需要规定各种进度报告的格式和编制频率。

10.4 定义活动

定义活动是识别和记录为完成项目可交付成果而须采取的具体行动的过程。本过程的主要作用是,将工作包分解为进度活动,作为对项目工作进行进度估算、规划、执行、监督和控制的基础。本过程需要在整个项目期间开展。定义活动过程的数据流向如图 10-2 所示。

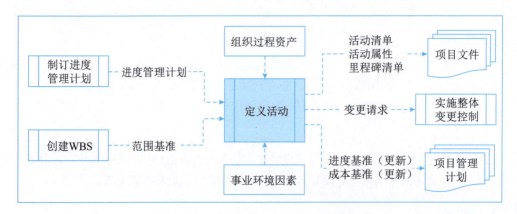

图 10-2 定义活动过程的数据流向图

10.4.1 输入

1. 项目管理计划

定义活动中使用的项目管理计划组件主要包括:

- 进度管理计划:定义进度计划方法、滚动式规划的持续时间,以及管理工作所需的详细程度。
- 范围基准:在定义活动时,需明确考虑范围基准中的项目 WBS、可交付成果、制约因素和假设条件。

2. 事业环境因素

影响定义活动过程的事业环境因素主要包括:组织文化和结构、商业数据库中发布的商业信息、项目管理信息系统等。

3. 组织过程资产

能够影响定义活动过程的组织过程资产主要包括:

- 经验教训知识库,其中包含以往类似项目的活动清单等历史信息。
- 标准化的流程。
- 以往项目中包含标准活动清单或部分活动清单的模板。
- 现有与活动规划相关的正式和非正式的政策、程序和指南,如进度规划方法论,在编制活动定义时应考虑这些因素等。

10.4.2 工具与技术

1. 专家判断

定义活动过程中,应征求了解以往类似项目和当前项目的个人或小组的专业意见。

2. 分解

分解是一种把项目范围和项目可交付成果逐步划分为更小、更便于管理的组成部分的技术。WBS 中的每个工作包都需分解成活动,以便通过这些活动来完成相应的可交付成果。让团队成员参与分解过程,有助于得到更好、更准确的结果。WBS、WBS 字典和活动清单可依次或同时编制,其中 WBS 和 WBS 字典是制定最终活动清单的基础。活动表示完成工作包所需的投入。定义活动过程的最终输出是活动而不是可交付成果,可交付成果是指导与管理项目工作过程的输出。

3. 滚动式规划

滚动式规划是一种迭代式的规划技术,即详细规划近期要完成的工作,同时在较高层级上粗略规划远期工作。它是一种渐进明细的规划方式,适用于工作包、规划包。因此,在项目生命周期的不同阶段,工作的详细程度会有所不同。在早期的战略规划阶段,信息尚不够明确,工作包只能分解到已知的详细水平;而后,随着了解到更多的信息,近期即将实施的工作包就可以分解到具体的活动。

4. 会议

会议可以是面对面或虚拟会议,正式或非正式会议。参会者可以是团队成员或主题专家,目的是定义完成工作所需的活动。

10.4.3 输出

1. 活动清单

活动清单包含项目所需的进展活动。对于使用滚动式规划或敏捷技术的项目,活动清单会在项目进展过程中得到定期更新。活动清单包括每个活动的标识及工作范围详述,使项目团队成员知道需要完成什么工作。

2. 活动属性

活动属性是指每项活动所具有的多重属性,用来扩充对活动的描述,活动属性随着项目进展情况演进并更新。在项目初始阶段,活动属性包括唯一活动标识(ID)、WBS 标识和活动标签或名称;在活动属性编制完成时,活动属性可能包括活动描述、紧前活动、紧后活动、逻辑关系、提前量和滞后量、资源需求、强制日期、制约因素和假设条件。活动属性可用于识别开展工作的地点、编制开展活动的项目日历以及相关的活动类型。活动属性还可用于编制进度计划。根据活动属性,可在报告中以各种方式对计划进度活动进行选择、排序和分类。

3. 里程碑清单

里程碑是项目中的重要时点或事件,里程碑清单列出了项目所有的里程碑,并指明每个里程碑是强制性的（如合同要求的）还是选择性的（如根据历史信息确定的）。里程碑的持续时间为零，因为它们代表的只是一个重要时间点或事件。

4. 变更请求

一旦定义项目的基准后，在将可交付成果渐进明细为活动的过程中，可能会发现原本不属于项目基准的工作，此时需要提出变更请求，通过实施整体变更控制过程对变更请求进行审查和处理。

5. 项目管理计划（更新）

项目管理计划的任何变更都以变更请求的形式提出，且通过组织的变更控制过程进行处理。定义活动过程中，可能需要变更请求的项目管理计划组成部分包括：

- 进度基准：在整个项目期间，工作包逐渐细化为活动。在这个过程中可能会发现原本不属于项目基准的工作需要增加，因此需要修改交付日期或其他重要的进度里程碑。
- 成本基准：在针对进度活动的变更获得批准后，需要对成本基准做出相应的变更。

10.5 排列活动顺序

排列活动顺序是识别和记录项目活动之间关系的过程，本过程的主要作用是定义工作之间的逻辑顺序，以便在既定的所有项目制约因素下获得最高的效率。本过程需要在整个项目期间开展。排列活动顺序过程的数据流向如图 10-3 所示。

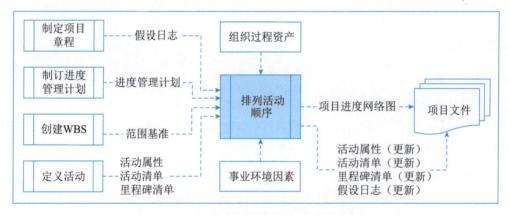

图 10-3 排列活动顺序过程的数据流向图

排列活动顺序过程旨在将项目活动列表转化为图表，作为发布进度基准的第一步。

除了首尾两项，每项活动都至少有一项紧前活动和一项紧后活动，并且逻辑关系适当。通过设计逻辑关系可以支持创建一个切实的项目进度计划，可能有必要在活动之间使用提前量或滞后量，使项目进度计划更为切实可行；可以使用项目管理软件、手动技术或自动技术来排列活动顺序。

10.5.1 输入

1. 项目管理计划

排列活动顺序中使用的项目管理计划组件主要包括:
- 进度管理计划:规定了排列活动顺序的方法和准确度,以及所需的其他标准。
- 范围基准:在排列活动顺序时,需明确考虑范围基准中的项目WBS、可交付成果、制约因素和假设条件。

2. 项目文件

可作为排列活动顺序过程输入的项目文件主要包括:
- 假设日志:该日志所记录的假设条件和制约因素可能影响活动排序的方式、活动之间的关系,以及对提前量和滞后量的需求,并且有可能生成一个会影响项目进度的风险。
- 活动属性:可能描述了事件之间的必然顺序或确定的紧前或紧后关系,以及定义的提前量与滞后量和活动之间的逻辑关系。
- 活动清单:列出了项目所需的、待排序的全部进度活动,这些活动的依赖关系和其他制约因素会对活动排序产生影响。
- 里程碑清单:该清单可能已经列出特定里程碑的实现日期,这可能影响活动排序的方式。

3. 事业环境因素

能够影响排列活动顺序过程的事业环境因素主要包括:政府或行业标准、项目管理信息系统、进度规划工具、组织的工作授权系统等。

4. 组织过程资产

能够影响排列活动顺序过程的组织过程资产主要包括:项目组合与项目集规划,以及项目之间的依赖关系与关联;现有与活动规划相关的正式和非正式的政策、程序和指南;有助于加快项目活动网络图编制的各种模板,模板中也会包括有助于排列活动顺序的与活动属性有关的信息;经验教训知识库,其中包含有助于优化排序过程的历史信息等。

10.5.2 工具与技术

1. 紧前关系绘图法

紧前关系绘图法(Precedence Diagramming Method,PDM),又称前导图法,是创建进度模型的一种技术,使用方框或者长方形(被称作节点)代表活动,节点之间用箭头连接,以显示节点之间的逻辑关系。这种网络图也被称作单代号网络图(只有节点需要编号)或活动节点图(Active On Node,AON),如图10-4所示。

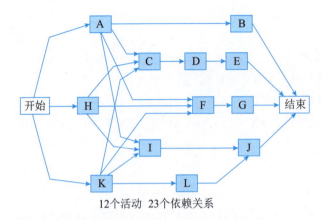

12个活动 23个依赖关系

图 10-4　前导图法（单代号网络图）

PDM 包括四种依赖关系或逻辑关系，如图 10-5 所示。紧前活动是在进度计划的逻辑路径中，排在某个活动前面的活动。紧后活动是在进度计划的逻辑路径中，排在某个活动后面的活动。这些关系的定义为：

- 完成到开始（FS）：只有紧前活动完成，紧后活动才能开始的逻辑关系。例如，只有完成装配PC硬件（紧前活动），才能开始在PC上安装操作系统（紧后活动）。
- 完成到完成（FF）：只有紧前活动完成，紧后活动才能完成的逻辑关系。例如，只有完成文件的编写（紧前活动），才能完成文件的编辑（紧后活动）。
- 开始到开始（SS）：只有紧前活动开始，紧后活动才能开始的逻辑关系。例如，需求分析和设计，需求一旦开始，设计团队就可以开始概念设计工作。
- 开始到完成（SF）：只有紧前活动开始，紧后活动才能完成的逻辑关系。例如只有启动新应付账款系统（紧前活动），才能关闭旧的应付账款系统（紧后活动）。

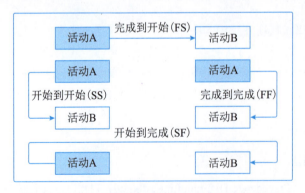

图 10-5　紧前关系绘图法（PDM）中的活动关系类型

在 PDM 图中，FS 是最常用的逻辑关系类型；SF 关系则很少使用。

在前导图法中，每项活动有唯一的活动号，每项活动都注明了预计工期（活动的持续时间）。通常，每个节点的活动会有如下几个时间：

- 最早开始时间（Earliest Start time，ES）：某项活动能够开始的最早时间。
- 最早完成时间（Earliest Finish time，EF）：某项活动能够完成的最早时间。

$$EF=ES＋工期$$

- 最迟开始时间（Latest Start time，LS）：为了使项目按时完成，某项活动必须开始的最迟时间。
- 最迟完成时间（Latest Finish time，LF）：为了使项目按时完成，某项活动必须完成的最迟时间。

$$LS=LF－工期$$

这几个时间通常作为每个节点的组成部分，如图 10-6 所示。

最早开始时间	工期	最早完成时间
活动名称		
最迟开始时间	总浮动时间	最迟完成时间

图 10-6　PDM 图中的节点表示

虽然两个活动之间可能同时存在两种逻辑关系（例如 SS 和 FF），但不建议相同的活动之间存在多种关系。因此必须做出影响最大的逻辑关系的决定。此外也不建议采用闭环的逻辑关系。

2. 箭线图法

箭线图法（Arrow Diagramming Method，ADM）是用箭线表示活动，节点表示事件的一种网络图绘制方法，如图 10-7 所示。这种网络图也被称作双代号网络图（节点和箭线都要编号）或活动箭线图（Active On the Arrow，AOA）。

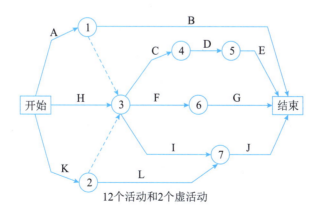

图 10-7　箭线图法（双代号网络图）

在箭线图法中，有如下三个基本原则：①网络图中每一活动和每一事件都必须有唯一的一个代号，即网络图中不会有相同的代号；②任两项活动的紧前事件和紧后事件代号至少有一个不相同，节点代号沿箭线方向越来越大；③流入（流出）同一节点的活动，均有共同的紧后活动（或紧前活动）。

为了绘图的方便，在箭线图中又人为引入了一种额外的、特殊的活动，叫作虚活动（Dummy Activity），在网络图中由一个虚箭线表示。虚活动不消耗时间，也不消耗资源，只是为了弥补箭线图在表达活动依赖关系方面的不足。借助虚活动，人们可以更好、更清楚地表达活动之间的关系，如图10-8所示。

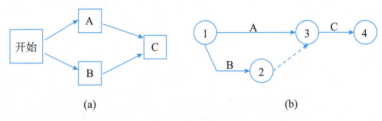

图 10-8 虚活动

注：活动 A 和 B 可以同时进行；只有活动 A 和 B 都完成后，活动 C 才能开始。

3. 确定和整合依赖关系

依赖关系可能是强制或选择的，内部或外部的。四种依赖关系包括：

- **强制性依赖关系**：强制性依赖关系是法律或合同要求的或工作内在性质决定的依赖关系，又称硬逻辑关系或硬依赖关系。强制性依赖关系往往与客观限制有关。例如，在建筑项目中，只有在地基建成后，才能建立地面结构；在电子项目中，必须先把原型制造出来，然后才能对其进行测试。在活动排序过程中，项目团队应明确哪些关系是强制性依赖关系，不应把强制性依赖关系和进度计划编制工具中的进度制约因素相混淆。

- **选择性依赖关系**：选择性依赖关系有时又称软逻辑关系。选择性依赖关系应基于具体应用领域的最佳实践或项目的特殊性质对活动顺序的要求来创建。例如，根据普遍公认的最佳实践，在建造期间，应先完成卫生管道工程，才能开始电气工程。这个顺序并不是强制性要求，两个工程可以同时（并行）开展工作，但如按先后顺序进行可以降低整体项目风险。在排列活动顺序过程中，项目团队应明确哪些依赖关系属于选择性依赖关系，并对选择性依赖关系进行全面记录，因为它们会影响总浮动时间，并限制后续的进度安排。如果打算进行快速跟进，则应当审查相应的选择性依赖关系，并考虑是否需要调整或去除。

- **外部依赖关系**：外部依赖关系是项目活动与非项目活动之间的依赖关系，这些依赖关系往往不在项目团队的控制范围内。例如，软件项目的测试活动取决于外部硬件的到货；建筑项目的现场准备可能要在政府的环境听证会之后才能开始；在排列活动顺序过程中，项目管理团队应明确哪些依赖关系属于外部依赖关系。

- **内部依赖关系**：内部依赖关系是项目活动之间的紧前关系，通常在项目团队的控制之中。例如，只有机器组装完毕，团队才能对其测试，这是一个内部的强制性依赖关系。在排列活动顺序过程中，项目管理团队应明确哪些依赖关系属于内部依赖关系。

4. 提前量和滞后量

提前量是相对于紧前活动，紧后活动可提前的时间量，提前量一般用负值表示。滞后量是相对于紧前活动，紧后活动需要推迟的时间量，滞后量一般用正值表示。例如新办公大楼建设项目中，景观建筑划分可以在尾工清单编制完成前 2 周开始；对于一个大型技术文档，编写小组可在编写工作开始后 15 天，开始编辑文档草案，如图 10-9 所示。

图 10-9 提前量和滞后量示例

项目管理团队应该明确哪些依赖关系中需要加入提前量或滞后量，以便准确地表示活动之间的逻辑关系。

5. 项目管理信息系统

排列活动顺序过程中使用的项目管理信息系统是项目管理信息系统软件，这些软件有助于规划、组织和调整活动顺序，插入逻辑关系、提前和滞后值，以及区分不同类型的依赖关系。

10.5.3 输出

1. 项目进度网络图

项目进度网络图是表示项目进度活动之间的逻辑关系（也叫依赖关系）的图形。图 10-10 是项目进度网络图的一个示例。项目进度网络图可手工或借助项目管理软件来绘制，可包括项目的全部细节，也可只列出一项或多项概括性活动。项目进度网络图应附有简要文字描述，说明活动排序所使用的基本方法。在文字描述中，还应该对任何异常的活动序列做详细说明。

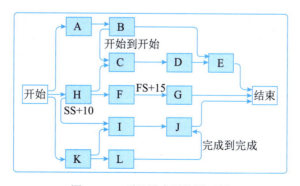

图 10-10 项目进度网络图示例

带有多个紧前活动的活动代表路径汇聚，而带有多个紧后活动的活动则代表路径分支。带汇聚和分支的活动受到多个活动的影响或能够影响多个活动，因此存在较大风险。

2. 项目文件（更新）

可在排列活动顺序过程更新的项目文件主要包括：

- 活动属性：可能描述了事件之间的必然顺序或确定的紧前或紧后关系，以及定义的提前量与滞后量和活动之间的逻辑关系。
- 活动清单：在排列活动顺序时，活动清单可能会受到项目活动关系变更的影响。
- 假设日志：根据活动的排序、关系确定以及提前量和滞后量，可能需要更新假设日志中的假设条件和制约因素，并且有可能生成一个会影响项目进度的风险。
- 里程碑清单：在排列活动顺序时，特定里程碑的计划实现日期可能会受到项目活动关系变更的影响。

10.6 估算活动持续时间

估算活动持续时间是根据资源估算的结果，估算完成单项活动所需工作时段数的过程。本过程的主要作用是确定完成每个活动所需花费的时间量。本过程需要在整个项目期间开展。估算活动持续时间过程的数据流向如图 10-11 所示。

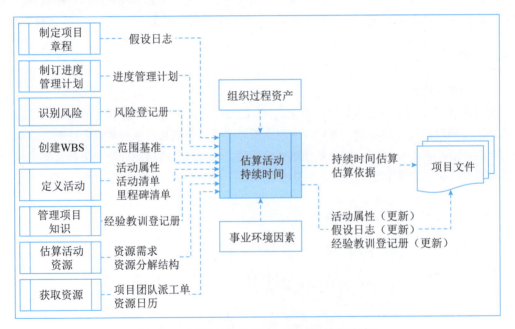

图 10-11 估算活动持续时间过程的数据流向图

在估算活动持续时间过程中，应该首先估算完成活动所需的工作量和计划投入该活动的资源数量，然后结合项目日历和资源日历，据此估算出完成活动所需的工作时段（即活动持续时间）。应该由项目团队中最熟悉具体活动的个人或小组提供持续时间估算所需的各种输入，对持续时间的估算也应该根据输入数据的数量和质量进行渐进明细。例如，在工程与设计项目中，随着数据越来越详细、越来越准确，持续时间估算的准确性和质量也会越来越高。

在许多情况下，预计可用的资源数量以及这些资源尤其是人力资源的技能熟练程度可能会决定活动的持续时间，更改分配到活动的主导性资源通常会影响持续时间，但这不是简单的"直线"或线性关系。有时候，因为工作的特性（即受到持续时间的约束、相关人力投入或资源数量），无论资源分配如何，都需要花预定的时间才能完成工作。估算持续时间时需要考虑的其他因素包括：

- 收益递减规律：在保持其他因素不变的情况下，增加一个用于确定单位产出所需投入的因素（如资源）会最终达到一个临界点，在该点之后的产出或输出会随着增加这个因素而递减。
- 资源数量：增加资源数量，比如两倍投入资源但完成工作的时间不一定能缩短一半，因为投入资源可能会增加额外的风险，比如如果增加太多活动资源，可能会因知识传递、学习曲线、额外合作等其他相关因素而造成持续时间增加。
- 技术进步：在确定持续时间估算时，技术进步因素可能发挥重要作用。例如，通过采购最新技术，制造工厂可以提高产量，而这可能会影响持续时间和资源需求。
- 员工激励：项目经理还需要了解拖延症和帕金森定律。前者指出，人们只有在最后一刻，即快到期限时才会全力以赴；后者指出，只要还有时间，工作就会不断扩展，直到用完所有的时间。

应该把活动持续时间估算所依据的全部数据与假设都记录在案。

10.6.1 输入

1. 项目管理计划

估算活动持续时间中使用的项目管理计划组件主要包括：

- 进度管理计划：规定了用于估算活动持续时间的方法和准确度，以及所需的其他标准。
- 范围基准：包含WBS和WBS字典，后者包括可能影响人力投入和持续时间估算的技术细节。

2. 项目文件

可作为估算活动持续时间过程输入的项目文件主要包括：

- 假设日志：其所记录的假设条件和制约因素有可能生成一个会影响项目进度的风险。
- 风险登记册：单个项目风险可能影响资源的选择和可用性。
- 活动属性：可能描述了确定的紧前或紧后关系、定义的提前量与滞后量以及可能影响持续时间估算的活动之间的逻辑关系。
- 活动清单：列出了项目所需的、待估算的全部进度活动，这些活动的依赖关系和其他制约因素会对持续时间估算产生影响。
- 里程碑清单：可能已经列出特定里程碑的计划实现日期，这可能影响持续时间估算。
- 经验教训登记册：与人力投入和持续时间估算有关的经验教训登记册可以运用到项目后续阶段，以提高人力投入和持续时间估算的准确性。
- 资源需求：估算的活动资源需求会对活动持续时间产生影响。对于大多数活动来说，所分配的资源能否达到要求,将对其持续时间有显著影响。
- 资源分解结构:其按照资源类别和资源类型提供了已识别资源的层级结构。
- 资源日历:其中的资源可用性、资源类型和资源性质都会影响进度活动的持续时间。资源日历规定了在项目期间特定的项目资源何时可用及可用多久。
- 项目团队派工单:该派工单将合适的人员分派到团队,为项目配备人员。

3. 事业环境因素

能够影响估算活动持续时间过程的事业环境因素主要包括:持续时间估算数据库和其他参考数据、生产率测量指标、发布的商业信息、团队成员的所在地等。

4. 组织过程资产

能够影响估算活动持续时间过程的组织过程资产主要包括:关于持续时间的历史信息、项目日历、估算政策、进度规划方法论、经验教训知识库等。

10.6.2 工具与技术

1. 专家判断

估算活动持续时间过程中,应征求具备如下领域相关专业知识或接受过相关培训的个人或小组的意见,涉及的领域包括:进度计划的编制、管理和控制;估算的专业知识;学科或应用知识。

2. 类比估算

类比估算是一种使用相似活动或项目的历史数据来估算当前活动或项目的持续时间或成本的技术。类比估算以过去类似项目的参数值(如持续时间、预算、规模、重量和复杂性等)为基础,来估算当前和未来项目的同类参数或指标。这是一种粗略的估算方法,有时需要根据项目复杂性方面的已知差异进行调整,在项目详细信息不足时,经常使用类比估算来估算项目持续时间。

相对于其他估算技术,类比估算通常成本较低、耗时较少,但准确性也较低。类比估算可以针对整个项目或项目中的某个部分进行,也可以与其他估算方法联合使用。如果以往活动是本质上而不是表面上类似,并且从事估算的项目团队成员具备必要的专业知识,那么类比估算可靠性会比较高。

3. 参数估算

参数估算是一种基于历史数据和项目参数,使用某种算法来计算成本或持续时间的估算技术。它是指利用历史数据之间的统计关系和其他变量(如建筑施工中的平方英尺),来估算诸如成本、预算和持续时间等活动参数。把需要实施的工作量乘以完成单位工作量所需的工时,即可计算出持续时间。参数估算的准确性取决于参数模型的成熟度和基础数据的可靠性。参数估算可以针对整个项目或项目中的某个部分,并可以与其他估算方法联合使用。

4. 三点估算

当历史数据不充分时，通过考虑估算中的不确定性和风险，可以提高活动持续时间估算的准确性。使用三点估算有助于界定活动持续时间的近似区间：

- 乐观时间（Optimistic Time，T_O）：在任何事情都顺利的情况下，完成某项工作的时间。
- 最可能时间（Most likely Time，T_M）：正常情况下，完成某项工作的时间。
- 悲观时间（Pessimistic Time，T_P）：最不利的情况下，完成某项工作的时间。

基于持续时间在三种估算值区间内的假定分布情况，可计算期望持续时间 T_E。

如果三个估算值服从三角分布，则：

$$T_E = (T_O + T_M + T_P) / 3$$

如果三个估算值服从 β 分布，则：

$$T_E = (T_O + 4T_M + T_P) / 6$$

5. 自下而上估算

自下而上估算是一种估算项目持续时间或成本的方法，通过从下到上逐层汇总 WBS 组成部分的估算而得到项目估算。如果无法以合理的可信度对活动持续时间进行估算，则应将活动中的工作进一步细化，然后估算细化后的具体工作的持续时间，接着再汇总得到每个活动的持续时间。活动之间如果存在影响资源利用的依赖关系，则应该对相应的资源使用方式加以说明，并记录在活动资源需求中。

6. 数据分析

可用作估算活动持续时间过程的数据分析技术主要包括：

- 备选方案分析：备选方案分析用于比较不同的资源能力或技能水平、进度压缩技术、不同工具（手动和自动），以及关于资源的创建、租赁和购买决策。这有助于团队权衡资源、成本和持续时间变量，以确定完成项目工作的最佳方式。
- 储备分析：储备分析用于确定项目所需的应急储备量和管理储备。①应急储备：在进行持续时间估算时，须考虑应急储备应对进度方面的不确定性。应急储备是包含在进度基准中的一段持续时间，应急储备与"已知-未知"风险相关，用来应对已经接受的已识别风险，应急储备可取活动持续时间估算值的某一百分比或某一固定的时间段，亦可把应急储备从各个活动中剥离出来后汇总。应该在项目进度文件中清楚地列出应急储备，并随着项目信息越来越明确，可以动用、减少或取消应急储备。②管理储备：管理储备是为管理控制的目的而特别留出的项目预算，用来应对项目范围中不可预见的工作。管理储备用来应对会影响项目的"未知-未知"风险，它不包括在进度基准中，但属于项目总持续时间的一部分。依据合同条款，使用管理储备可能需要变更进度基准。

7. 决策

适用于估算活动持续时间过程的决策技术是投票。举手表决是从投票方法衍生出来的一种形式，经常用于敏捷项目中。

8. 会议

项目团队可能会召开会议来估算活动持续时间。

10.6.3 输出

1. 持续时间估算

持续时间估算是对完成某项活动、阶段或项目所需的工作时段数的定量评估，其中并不包括任何滞后量，但可指出一定的变动区间。例如：2 周 ± 2 天，表明活动至少需要 8 天，最多不超过 12 天（假定每周工作 5 天）。

2. 估算依据

持续时间估算所需的支持信息的数量和种类，因应用领域不同而不同。不论其详细程度如何，支持性文件都应该清晰、完整地说明持续时间估算是如何得出的。

持续时间估算的支持信息可包括：
- 关于估算依据的文件（如估算是如何编制的）。
- 关于全部假设条件的文件。
- 关于各种已知制约因素的文件。
- 对估算区间的说明（如"±10%"），以指出预期持续时间的所在区间。
- 对最终估算的置信水平的说明。
- 有关影响估算的单个项目风险的文件等。

3. 项目文件（更新）

可在估算活动持续时间过程更新的项目文件主要包括：
- 活动属性：本过程输出的活动持续时间估算将记录在活动属性中。
- 假设日志：更新假设日志时，包括为估算持续时间而制定的假设条件，此外还包括进度计划方法论和进度计划编制工具所带来的制约因素。
- 经验教训登记册：在更新经验教训登记册时，可以增加能够有效和高效地估算人力投入和持续时间的技术。

10.7 制订进度计划

制订进度计划是分析活动顺序、持续时间、资源需求和进度制约因素，创建进度模型，从而落实项目执行和监控的过程。本过程的主要作用是为完成项目活动而制定具有计划日期的进度模型。本过程需要在整个项目期间开展。制订进度计划过程的数据流向如图 10-12 所示。

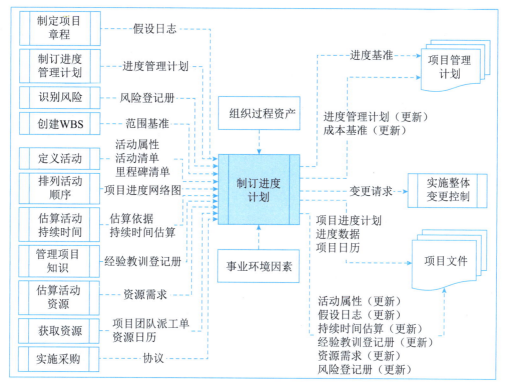

图 10-12 制订进度计划过程的数据流向图

首先，项目管理团队选择进度计划方法，例如关键路径法或敏捷方法。然后，项目管理团队将项目特定数据，如活动、计划日期、持续时间、资源、依赖关系和制约因素等输入进度计划编制工具，以创建项目进度模型。图 10-13 中展示了项目团队如何结合进度计划编制方法、编制工具及项目进度管理各过程的输出来创建进度模型。

制订可行的项目进度计划是一个反复进行的过程。基于获取的最佳信息，使用进度模型来确定各项目活动和里程碑的计划开始日期和计划完成日期。编制进度计划时，需要审查和修正持续时间估算、资源估算和进度储备，以制订项目进度计划，并在经批准后作为基准用于跟踪项目进度。

制订进度计划的关键步骤：

- 定义项目里程碑，识别活动并排列活动顺序，估算持续时间，并确定活动的开始和完成日期。
- 由分配至各个活动的项目人员审查其被分配的活动。
- 项目人员确认开始和完成日期与资源日历和其他项目或任务没有冲突，从而确认计划日期的有效性。
- 分析进度计划，确定是否存在逻辑关系冲突，以及在批准进度计划并将其作为基准之前是否需要资源平衡，并同步修订和维护项目进度模型，确保进度计划在整个项目期间一直切实可行。

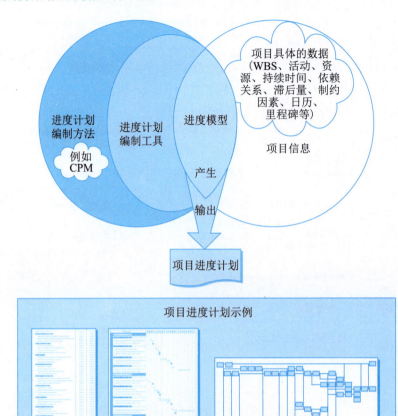

图 10-13 制订进度计划工作概要

10.7.1 输入

1. 项目管理计划

制订进度计划中使用的项目管理计划组件主要包括：

- 进度管理计划：规定了用于制订进度计划的进度计划编制方法和工具，以及推算进度计划的方法。
- 范围基准：范围说明书、WBS和WBS字典包含了项目可交付成果的详细信息，供创建进度模型时借鉴。

2. 项目文件

可作为制订进度计划过程输入的项目文件主要包括：

- 假设日志：该日志所记录的假设条件和制约因素可能造成影响项目进度的单个项目风险。
- 风险登记册：记录了所有已识别的会影响进度模型风险的详细信息及特征。进度储备通过预期或平均风险影响程度，反映了与进度有关的风险信息。
- 活动属性：提供了创建进度模型所需的细节信息。
- 活动清单：明确了需要在进度模型中包含的活动。
- 里程碑清单：列出了特定里程碑的实现日期。
- 项目进度网络图：包含用于推算进度计划的紧前和紧后活动的逻辑关系。
- 估算依据：持续时间估算所需的支持信息的数量和种类，因应用领域而异。不论其详细程度如何，支持性文件都应该清晰、完整说明持续时间估算是如何得出的。
- 持续时间估算：包括对完成某项活动所需的工作时段数的定量评估，用于进度计划的推算。
- 经验教训登记册：与创建进度模型有关的经验教训登记册可以运用到项目后期阶段，以提高进度模型的有效性。
- 资源需求：活动资源需求明确了活动所需的资源类型和数量，用于创建进度模型。
- 项目团队派工单：明确了分配到每个活动的资源。
- 资源日历：规定了在项目期间的资源可用性。

3. 协议

在制定如何执行项目工作以履行合同承诺时，供应商为项目进度提供了输入。

4. 事业环境因素

能够影响制订进度计划过程的事业环境因素包括：政府或行业标准、沟通渠道等。

5. 组织过程资产

能够影响制订进度计划过程的组织过程资产主要包括：进度计划方法论，其中包括制定和维护进度模型时应遵循的政策；项目日历等。

10.7.2 工具与技术

1. 进度网络分析

进度网络分析是创建项目进度模型的一种综合技术：①当多个路径在同一时间点汇聚或分叉时，评估汇总进度储备的必要性，以减少出现进度落后的可能性；②审查网络，查看关键路径是否存在高风险活动或具有较多提前量的活动，是否需要使用进度储备或执行风险应对计划来降低关键路径的风险。

进度网络分析是一个反复进行的过程，一直持续到创建出可行的进度模型。

2. 关键路径法

关键路径法用于在进度模型中估算项目的最短工期，确定逻辑网络路径的进度灵活性。关键路径法有两个规则：①规则1：某项活动的最早开始时间必须相同或晚于直接指向这项活动的最早结束时间中的最晚时间；②规则2：某项活动的最迟结束时间必须相同或早于该活动直接指向的所有活动最迟开始时间的最早时间。

根据以上规则，可以计算出工作的最早完工时间。通过正向计算（从第一个活动到最后一个活动）推算出最早完工时间，步骤为：①从网络图始端向终端计算；②第一活动的开始为项目开始；③活动完成时间为开始时间加持续时间；④后续活动的开始时间根据前置活动的时间和搭接时间而定；⑤多个前置活动存在时，根据最迟活动时间来定。

通过反向计算（从最后一个活动到第一个活动）来推算出最晚开工和完工时间，步骤为：①从网络图终端向始端计算；②最后一个活动的完成时间为项目完成时间；③活动开始时间为完成时间减持续时间；④前置活动的完成时间根据后续活动的时间和搭接时间而定；⑤多个后续活动存在时，根据最早活动时间来定。

关键路径法在不考虑任何资源限制的情况下，按照以上步骤使用正向和反向推算，计算出所有活动的最早开始、最早结束、最晚开始和最晚完成日期，如图10-14所示。在这个例子中，最长的路径包括活动A、B、F、G和H，因此，活动序列A—B—F—G—H就是关键路径，关键路径是项目中时间最长的活动顺序，决定着可能的项目最短工期。最长路径的总浮动时间通常为零。由此得到的最早和最晚的开始和结束日期并不一定就是项目进度计划，而只是把既定的参数（活动持续时间、逻辑关系、提前量、滞后量和其他已知的制约因素）输入进度模型后所得到的一种结果，表明活动可以在该时段内实施。关键路径法用来计算进度模型中的关键路径、总浮动时间和自由浮动时间。

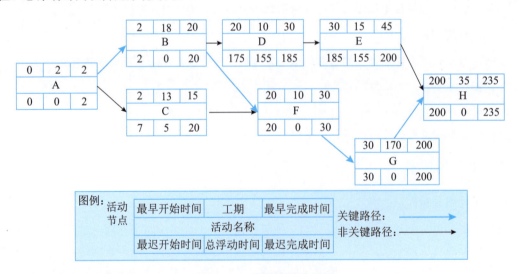

图10-14 关键路径法示例

● 总浮动时间：在任一网络路径上，进度活动可以从最早开始日期推迟或拖延的时间，而不至于延误项目完成日期或违反进度制约因素，就是总浮动时间。总浮动时间的计算方法为：本活动的最迟完成时间减去本活动的最早完成时间，或本活动的最迟开始时间减去本活动的最早开始时间。

- 自由浮动时间：就是指在不延误任何紧后活动的最早开始日期或不违反进度制约因素的前提下，某进度活动可以推迟的时间量，其计算方法为：紧后活动最早开始时间的最小值减去本活动的最早完成时间。

例如，图 10-14 中，活动 D 的总浮动时间是 155 天，自由浮动时间是 0 天。

进度网络图可能有多条关键路径。为了使网络路径的总浮动时间为零或正值，可能需要调整活动持续时间（可增加资源或缩减范围时）、逻辑关系（针对选择性依赖关系时）、提前量和滞后量，或其他进度制约因素。

3. 资源优化

资源优化技术是根据资源供需情况来调整进度模型的技术。资源优化用于调整活动的开始和完成日期，以调整计划使用的资源，使其等于或少于可用的资源，包括：

（1）资源平衡。资源平衡是为了在资源需求与资源供给之间取得平衡，根据资源制约因素对开始日期和完成日期进行调整的一种技术。如果共享资源或关键资源只在特定时间可用而且数量有限，如一个资源在同一时段内被分配至两个或多个活动，就需要进行资源平衡。也可以为保持资源使用量处于均衡水平而进行资源平衡。资源平衡往往导致关键路径改变。可以用浮动时间平衡资源。因此，在项目进度计划期间，关键路径可能发生变化。例如在图 10-15 中，如果活动 B 和 C 都只能由工程师小王完成，那么小王在第二天和第三天需要完成 B，而第二天同时还需要完成 C，此时小王的工作会超负荷，需要进行资源平衡，平衡后工作安排如图 10-16 所示。

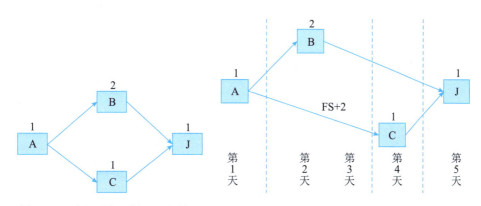

图 10-15　资源平衡示例（平衡前）　　图 10-16　资源平衡示例（平衡后）

图 10-15 中的项目需要 4 天完成，做了资源平衡之后需要 5 天完成，所以资源平衡往往导致关键路径改变，而且通常是延长了关键路径。

（2）资源平滑。对进度模型中的活动进行调整，从而使项目资源需求不超过预定的资源限制的一种技术。相对于资源平衡而言，资源平滑不会改变项目的关键路径，完工日期也不会延迟。也就是说，活动只在其自由和总浮动时间内延迟，但资源平滑技术可能无法实现所有资源的优化。例如在图 10-17 中，如果活动 B 和 D 都需要小王完成，此时，第 2 天小王需要同时完成 B 和 D，工作会超出负荷，由于关键路径为 A—B—C—F，D 不在关键路径上，可以有一天的总浮动时间,所以针对 D 可以进行资源平滑技术进行调整,调整后工作安排如图 10-18 所示。

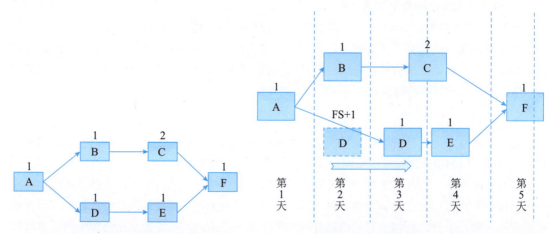

图 10-17　资源平滑示例(调整前)　　　　图 10-18　资源平滑示例(调整后)

由于 D 有一天的总浮动时间,可以通过滞后量,把 D 活动安排在第 3 天,避免了小王第二天资源负荷过大的问题,而且不影响整体工期。

4. 数据分析

可用制订进度计划过程的数据分析技术主要包括:

- 假设情景分析:是对各种情景进行评估,预测它们对项目目标的影响(积极或消极的)。假设情景分析就是对"如果情景X出现,情况会怎样?"这样的问题进行分析,即基于已有的进度计划,考虑各种各样的情景。可以根据假设情景分析的结果,评估项目进度计划在不同条件下的可行性,以及为应对意外情况的影响而编制进度储备和应对计划。
- 模拟:是把单个项目风险和不确定性的其他来源模型化的方法,以评估它们对项目目标的潜在影响。最常见的模拟技术是蒙特卡罗分析,它利用风险和其他不确定资源计算整个项目可能的进度结果。模拟包括基于多种不同的活动假设、制约因素、风险、问题或情景,使用概率分布和不确定性的其他表现形式,来计算出多种可能的工作包持续时间。

5. 提前量和滞后量

提前量和滞后量是网络分析使用的一种调整方法,通过调整紧后活动的开始时间来编制一份切实可行的进度计划。提前量用于在条件许可情况下提早开始紧后活动;而滞后量是在某些限制条件下,在紧前和紧后活动之间增加一段不需要工作或资源的自然时间。

6. 进度压缩

进度压缩技术是指在不缩减项目范围的前提下,缩短或加快进度工期,以满足进度制约因素、强制日期或其他进度目标。进度压缩技术包括：
- 赶工：是通过增加资源，以最小的成本代价来压缩进度工期的一种技术。赶工的例子包括：批准加班、增加额外资源或支付加急费用来加快关键路径上的活动。赶工只适用于那些通过增加资源就能缩短持续时间的且位于关键路径上的活动。但赶工并非总是切实可行的，因它可能导致风险和/或成本的增加。
- 快速跟进：是一种进度压缩技术，将正常情况下按顺序进行的活动或阶段改为至少是部分并行开展。例如，在大楼的建筑图纸尚未全部完成前就开始建地基。快速跟进可能造成返工和风险增加，所以它只适用于能够通过并行活动来缩短关键路径上的项目工期的情况。若进度加快而使用提前量，通常会增加相关活动之间的协调工作，并增加质量风险。快速跟进还有可能增加项目成本。

7. 计划评审技术

计划评审技术（Program Evaluation and Review Technique，PERT），又称为三点估算技术，其理论基础是假设项目持续时间以及整个项目完成时间是随机的，且服从某种概率分布。PERT可以估计整个项目在某个时间内完成的概率。PERT和CPM在项目进度规划中应用非常广，本文通过实例来对此技术加以说明。

（1）活动的时间估计。PERT对各项目活动的完成时间按照3种不同情况估计：
- 乐观时间（Optimistic Time，T_O）：在任何事情都顺利的情况下，完成某项工作的时间。
- 最可能时间（Most likely Time，T_M）：正常情况下，完成某项工作的时间。
- 悲观时间（Pessimistic Time，T_P）：最不利的情况下，完成某项工作的时间。

假定三个估计服从 β 分布，由此可算出每个活动的期望 t_i：

$$t_i = \frac{a_i + 4m_i + b_i}{6}$$

其中，a_i 表示第 i 项活动的乐观时间；m_i 表示第 i 项活动的最可能时间；b_i 表示第 i 项活动的悲观时间。

根据 β 分布的方差计算方法，第 i 项活动的持续时间方差为：

$$\sigma_i^2 = \frac{(b_i - a_i)^2}{36}$$

例如，某政府OA系统的建设可分解为需求分析、设计编码、测试、安装部署4个活动，各个活动顺次进行，没有时间上的重叠，活动的完成时间估计如图10-19所示。

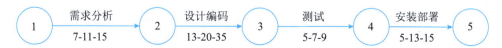

图10-19　OA系统工作分解和活动工期估计

各活动的期望工期、方差和标准差：

$$t_{需求分析} = \frac{7+4\times11+15}{6} = 11 \qquad \sigma^2_{需求分析} = \frac{(15-7)^2}{36} = 1.778 \qquad \sigma_{需求分析} = \frac{15-7}{6} = 1.333$$

$$t_{设计编码} = \frac{13+4\times20+35}{6} = 21 \qquad \sigma^2_{设计编码} = \frac{(35-13)^2}{36} = 13.445 \qquad \sigma_{设计编码} = \frac{35-13}{6} = 3.667$$

$$t_{测试} = \frac{5+4\times7+9}{6} = 7 \qquad \sigma^2_{测试} = \frac{(9-5)^2}{36} = 0.445 \qquad \sigma_{测试} = \frac{9-5}{6} = 0.667$$

$$t_{安装部署} = \frac{5+4\times13+15}{6} = 12 \qquad \sigma^2_{安装部署} = \frac{(15-5)^2}{36} = 2.778 \qquad \sigma_{安装部署} = \frac{15-5}{6} = 1.667$$

（2）项目周期估算。PERT 认为整个项目的完成时间是各个活动完成时间之和，且服从正态分布。整个项目完成时间 t 的数学期望 T 和方差 σ^2 分别等于：

$$\sigma^2 = 1.778 + 13.445 + 0.445 + 2.778 = 18.446$$

$$T = 11 + 21 + 7 + 12 = 51$$

标准差为：

$$\sigma = \sqrt{\sigma^2} = \sqrt{18.446} = 4.3 天$$

据此，可以得出正态分布曲线图如图 10-20 所示。

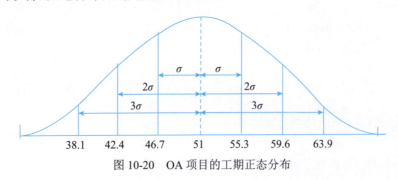

图 10-20　OA 项目的工期正态分布

因为图 10-20 是正态曲线，根据正态分布规律，在 $\pm\sigma$ 范围内即在 46.7 天与 55.3 天之间完成的概率为 68%；在 $\pm2\sigma$ 范围内完即在 42.4 天到 59.6 天完成的概率为 95%；在 $\pm3\sigma$ 范围内即 38.1 天到 63.9 天完成的概率为 99%。如果客户要求在 39 天内完成，则可完成的概率约为 0.5%，几乎为零，也就是说，项目有不可压缩的最小周期，这是客观规律。

通过查标准正态分布表，可得到整个项目在某一时间内完成的概率。例如，如果客户要求在 60 天内完成，那么可能完成的概率为：

$$P(t \leqslant 60) = \Phi\left(\frac{60-T}{\sigma}\right) = \Phi\left(\frac{60-51}{4.3}\right) = 0.9817$$

如果客户要求再提前 7 天，则完成的概率为：

$$P(t \leqslant 53) = \Phi\left(\frac{53-T}{\sigma}\right) = \Phi\left(\frac{53-51}{4.3}\right) = 0.6808$$

8. 项目管理信息系统

项目管理信息系统包括进度计划软件，这些软件用活动、网络图、资源需求和活动持续时间等作为输入，自动生成开始和完成日期，从而可加快进度计划的编制过程。

9. 敏捷或适应型发布规划

敏捷或适应型发布规划基于项目路线图和产品发展愿景，提供了高度概括的发布进度时间轴（通常是 3～6 个月）。同时还确定了发布的迭代或冲刺次数，使产品负责人和团队能够决定需要开发的内容，并基于业务目标、依赖关系和障碍因素确定达到产品放行所需的时间。对客户而言，产品功能就是价值，因此该时间轴定义了每次迭代结束时交付的功能，提供了更易于理解的项目进度计划，而这些就是客户真正需要的信息。

10.7.3 输出

1. 进度基准

进度基准是经过批准的进度模型，只有通过正式的变更控制程序才能进行变更，用作与实际结果进行比较的依据。经干系人接受和批准，进度基准包含基准开始日期和基准结束日期。在监控过程中，将用实际开始和完成日期与批准的基准日期进行比较，以确定是否存在偏差。进度基准是项目管理计划的组成部分。

2. 项目进度计划

项目进度计划是进度模型的输出，为各个相互关联的活动标注了计划日期、持续时间、里程碑和所需资源等。项目进度计划中至少要包括每个活动的计划开始日期与计划完成日期。即使在早期阶段就进行了资源规划，但在未确认资源分配和计划开始与完成日期之前，项目进度计划都只是初步的。项目进度计划可以是概括的或详细的。虽然项目进度计划可用列表形式，但图形方式更直观，可以采用的图形方式包括：

- 横道图：横道图也称为"甘特图"，是展示进度信息的一种图表方式。在横道图中，纵向列示活动，横向列示日期，用横条表示活动自开始日期至完成日期的持续时间。横道图相对易读，比较常用。
- 里程碑图：里程碑图与横道图类似，但仅标示出主要可交付成果和关键外部接口的计划开始或完成日期。
- 项目进度网络图：项目进度网络图通常用活动节点法绘制，没有时间刻度，纯粹显示活动及其相互关系。项目进度网络图也可以是包含时间刻度的进度网络图，称为"时标图"，如图10-21所示。

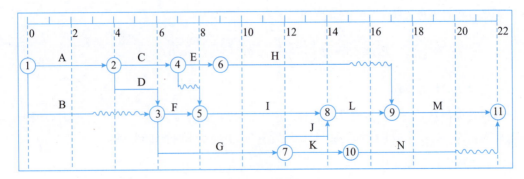

图 10-21 时标图示例

图 10-22 给出了进度计划的三种形式以及这三种不同层次的进度计划之间的关系：
① 里程碑进度计划，也叫里程碑图。
② 概括性进度计划，也叫横道图。
③ 详细进度计划，也叫项目进度网络图。

3. 进度数据

项目进度模型中的进度数据是用以描述和控制进度计划的信息集合。进度数据至少包括进度里程碑、进度活动、活动属性，以及已知的全部假设条件与制约因素，而所需的其他数据因应用领域的不同而不同。经常可用作支持细节的信息包括：

- 按时段列的资源需求，往往以资源直方图表示。
- 备选的进度计划，如最好情况或最坏情况下的进度计划、经资源平衡或未经资源平衡的进度计划、有强制日期或无强制日期的进度计划。
- 使用的进度储备等。

进度数据还可以包括资源直方图、现金流预测，以及订购与交付进度安排等其他相关信息。

4. 项目日历

在项目日历中规定可以开展进度活动的可用工作日和工作班次，它把可用于开展进度活动的时间段（按天或更小的时间单位）与不可用的时间段区分开来。在一个进度模型中，可能需要采用不止一个项目日历来编制项目进度计划，因为有些活动需要不同的工作时段。因此，可能需要对项目日历进行更新。

5. 变更请求

修改项目范围或项目进度计划之后，可能会对范围基准和/或项目管理计划的其他组成部分提出变更请求，应该通过实施整体变更控制过程对变更请求进行审查和处理。

6. 项目管理计划（更新）

项目管理计划的任何变更都以变更请求的形式提出，且通过组织的变更控制过程进行处理。可能需要变更请求的项目管理计划组成部分包括：

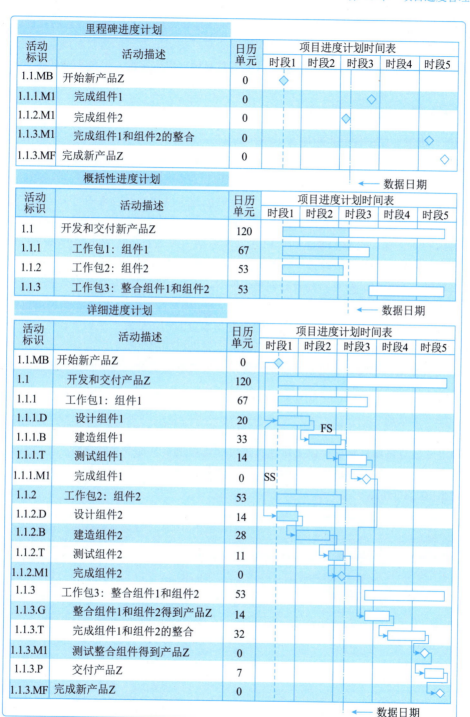

图 10-22　三种进度计划及其关系示例

- 进度管理计划：更新进度管理计划，以反映制订和管理进度计划的方式的变更。
- 成本基准：在针对范围、资源或成本估算的变更获得批准后，需要对成本基准做出相应的变更。有时成本偏差太过严重，以至于需要修订成本基准，以便为绩效测量提供现实可行的依据。

7. 项目文件（更新）

可在制订进度计划过程更新的项目文件主要包括：

- 活动属性：更新活动属性以反映在制定进度计划过程中所产生的对资源需求和其他相关内容的修改。
- 假设日志：可能需要更新假设日志，以反映创建进度模型时发现的有关持续时间、资源使用、排序或其他信息的假设条件的变更。
- 持续时间估算：资源的数量和可用性以及活动依赖关系可能会引起持续时间估算的变更。如果资源平衡分析改变了资源需求，就可能需要对持续时间估算做出相应的更新。
- 经验教训登记册：在更新经验教训登记册时，可以增加能够有效和高效制定进度模型的技术。
- 资源需求：资源平衡可能对所需资源类型与数量的初步估算产生显著影响。如果资源平衡分析改变了资源需求，就需要对资源需求做出相应的更新。
- 风险登记册：可能需要更新风险登记册，以反映进度假设条件所隐含的机会或威胁。

10.8 控制进度

控制进度是监督项目状态，以更新项目进度和管理进度基准变更的过程。本过程的主要作用是在整个项目期间保持对进度基准的维护。本过程在整个项目期间开展。控制进度过程的数据流向如图 10-23 所示。

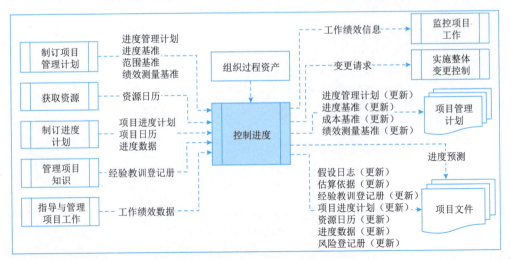

图 10-23 控制进度过程的数据流向图

要更新进度模型，就需要了解迄今为止的实际绩效。进度基准的任何变更都必须经过实施整体变更控制过程的审批。控制进度作为实施整体变更控制过程的一部分，关注内容包括：①判断项目进度的当前状态；②对引起进度变更的因素施加影响；③重新考虑必要的进度储备；④判断项目进度是否已经发生变更；⑤在变更实际发生时对其进行管理。

将工作外包时，定期向承包商和供应商了解里程碑的状态更新是确保工作按商定进度进行的一种途径，有助于确保进度受控。同时，应执行进度状态评审和巡检，确保承包商报告准确且完整。

10.8.1 输入

1. 项目管理计划

控制进度中使用的项目管理计划组件主要包括：
- 进度管理计划：描述了进度的更新频率、进度储备的使用方式以及进度的控制方式。
- 进度基准：把进度基准与实际结果相比，以判断是否需要进行变更或采取纠正或预防措施。
- 范围基准：在监控进度基准时，需明确考虑范围基准中的项目WBS、可交付成果、制约因素和假设条件。
- 绩效测量基准：使用挣值分析时，将绩效测量基准与实际结果比较，以决定是否有必要进行变更，采取纠正措施或预防措施。

2. 项目文件

作为控制进度过程输入的项目文件主要包括：
- 资源日历：显示了团队和物质资源的可用性。
- 项目进度计划：是最新版本的项目进度计划。
- 项目日历：在一个进度模型中，可能需要不止一个项目日历来预测项目进度，因为有些活动需要不同的工作时段。
- 进度数据：在控制进度过程中需要对进度数据进行审查和更新。
- 经验教训登记册：在项目早期的经验教训可运用到后期阶段，以改进进度控制。

3. 工作绩效数据

工作绩效数据包含关于项目状态的数据，例如哪些活动已经开始，它们的进展如何（如实际持续时间、剩余持续时间和实际完成百分比），哪些活动已经完成。

4. 组织过程资产

能够影响控制进度过程的组织过程资产主要包括：现有与进度控制有关的正式和非正式的政策、程序和指南；进度控制工具；可用的监督和报告方法等。

10.8.2 工具与技术

1. 数据分析

可用作控制进度过程的数据分析技术主要包括：

- 挣值分析：进度绩效测量指标（如进度偏差（SV）和进度绩效指数（SPI））用于评价偏离初始进度基准的程度。
- 迭代燃尽图：这类图用于追踪迭代未完项中尚待完成的工作。它分析与理想燃尽图的偏差。可使用预测趋势线来预测迭代结束时可能出现的偏差，以及在迭代期间应采取的合理行动。燃尽图中先用对角线表示理想的燃尽情况，再每天画出实际剩余工作，最后基于剩余工作计算出趋势线以预测完成情况，如图10-24所示。

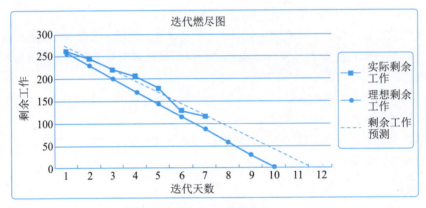

图10-24 迭代燃尽图

- 绩效审查：指根据进度基准测量、对比和分析进度绩效，如实际开始和完成日期、已完成百分比以及当前工作的剩余持续时间。
- 趋势分析：检查项目绩效随时间的变化情况，以确定绩效是在改善还是在恶化。图形分析技术有助于理解截至目前的绩效，并与未来的绩效目标（表示为完工日期）进行对比。
- 偏差分析：关注实际开始和完成日期与计划的偏离，实际持续时间与计划的差异，以及浮动时间的偏差。它包括确定偏离进度基准的原因与程度，评估这些偏差对未来工作的影响，以及确定是否需要采取纠正或预防措施。
- 假设情景分析：基于项目风险管理过程的输出，对各种不同的情景进行评估，促使进度模型符合项目管理计划和批准的基准。

2. 关键路径法

检查关键路径的进展情况有助于确定项目进度状态。关键路径上的偏差将对项目的结束日期产生直接影响。评估次关键路径上的活动的进展情况，有助于识别进度风险。

3. 项目管理信息系统

项目管理信息系统包括进度计划工具和软件，可以对照计划日期跟踪实际日期，对照进度基准报告偏差和进展，以及预测项目进度模型变更的影响。

4. 资源优化

资源优化技术是在同时考虑资源可用性和项目时间的情况下，对活动和活动所需资源进行的进度规划。

5. 提前量和滞后量

在网络分析中调整提前量与滞后量，设法使进度滞后的项目活动赶上计划。

6. 进度压缩

采用进度压缩技术使进度落后的项目活动赶上计划，可以对剩余工作使用快速跟进或赶工方法。

10.8.3 输出

1. 工作绩效信息

工作绩效信息包括与进度基准相比较的项目工作执行情况。可以在工作包层级和控制账户层级，计算开始和完成日期的偏差以及持续时间的偏差。对于使用挣值分析的项目，进度偏差（SV）和进度绩效指数（SPI）将记录在工作绩效报告中。

2. 进度预测

进度预测指根据已有的信息和知识，对项目未来的情况和事件进行的估算或预计。随着项目执行，应该基于工作绩效信息，更新和重新发布进度预测，这些信息取决于纠正或预防措施所期望的未来绩效，可能包括挣值绩效指数，以及可能在未来对项目造成影响的进度储备信息。

3. 变更请求

通过分析进度偏差，审查进展报告、绩效测量结果和项目范围或进度调整情况，可能会对进度基准、范围基准和／或项目管理计划的其他组成部分提出变更请求。应该通过实施整体变更控制过程对变更请求进行审查和处理。

4. 项目管理计划（更新）

项目管理计划的任何变更都以变更请求的形式提出，且通过组织的变更控制过程进行处理。可能需要变更的项目管理计划组成部分主要包括：

- 进度管理计划：可能需要更新进度管理计划，以反映进度管理方法的变更。
- 进度基准：在项目范围、活动资源或活动持续时间估算等方面的变更获得批准后，可能需要对进度基准做相应变更。另外，因进度压缩技术或绩效问题造成变更时，也可能需要更新进度基准。

- 成本基准：在针对范围、资源或成本估算的变更获得批准后，需要对成本基准做出相应的变更。
- 绩效测量基准：在范围、进度绩效或成本估算的变更获得批准后，需要对绩效测量基准做出相应的变更。有时绩效偏差太过严重，需要提出变更请求来修订绩效测量基准，以便为绩效测量提供现实可行的依据。

5. 项目文件（更新）

可在控制进度过程更新的项目文件主要包括：

- 假设日志：进度绩效可能表明需要修改关于活动排序、持续时间和生产效率的假设条件。
- 估算依据：进度绩效可能表明需要修改持续时间的估算方式。
- 经验教训登记册：更新经验教训登记册，以记录维护进度的有效技术，以及造成偏差的原因和用于应对进度偏差的纠正措施。
- 项目进度计划：把更新后的进度数据代入进度模型，生成更新后的项目进度计划，以反映进度变更并有效管理项目。
- 资源日历：更新资源日历，以反映因资源优化、进度压缩以及纠正或预防措施而导致的资源日历变更。
- 进度数据：可能需要重新绘制项目进度网络图，以反映经批准的剩余持续时间和经批准的进度计划修改。有时，项目进度延误非常严重，以至于必须重新预测开始与完成日期，编制新的目标进度计划，才能为指导工作、测量绩效和度量进展提供现实的数据。
- 风险登记册：采用进度压缩技术可能导致风险，也就可能需要更新风险登记册及其中的风险应对计划。

10.9 本章练习

1. 选择题

（1）_____提供详尽的计划，说明项目如何以及何时交付项目范围中定义的产品、服务和成果，是一种用于沟通和管理干系人期望的工具，为绩效报告提供了依据。

    A. 项目进度计划   B. 进度管理计划

    C. 项目章程   D. 项目管理计划

参考答案：A

（2）关于进度管理计划的理解，不正确的是_____。

    A. 进度管理计划是项目管理计划的组成部分

    B. 进度管理计划既可以非常详细，也可以高度概括，但必须是正式的

    C. 进度管理计划为编制、监督和控制项目进度建立准则和明确活动

    D. 进度管理计划会规定用于制定项目进度模型的进度规划方法论和工具

参考答案：B

(3) 在早期的战略规划阶段，信息尚不够明确，工作包只能分解到已知的详细水平，而后，随着了解到更多的信息，近期即将实施的工作包就可以分解到具体的活动，该方法是_____。

  A. 专家判断   B. 分解   C. 滚动式规划   D. 标杆管理法

参考答案：C

(4) 关于活动属性的理解，不正确的是_____。

  A. 活动属性是指每项活动所具有的多重属性，用来扩充对活动的描述

  B. 活动属性不会随时间而演进

  C. 活动属性可用于识别开展工作的地点、编制开展活动的项目日历，以及相关的活动类型

  D. 在项目初始阶段，活动属性包括唯一活动标识、WBS 标识和活动名称

参考答案：B

(5) 只有在验证请求者身份合法后，服务器才开始向客户端传输数据，这是_____关系。

  A. FS   B. FF   C. SS   D. SF

参考答案：A

(6) 活动 B 可在活动 A 完成前 5 天开始，则关系表示为_____。

  A. SS+5   B. SS-5   C. FS+5   D. FS-5

参考答案：D

(7) 监控系统项目中，甲方要求采用防护等级为 IP67 的摄像头，这属于_____。

  A. 强制性依赖关系   B. 选择性依赖关系

  C. 外部依赖关系   D. 内部依赖关系

参考答案：A

(8) 相对于其他估算技术，_____通常成本较低、耗时较少，但准确性也较低。

  A. 类比估算   B. 参数估算   C. 三点估算   D. 自下而上估算

参考答案：A

(9) 某项活动最可能时间 8 天，最乐观时间 7 天，最悲观时间 12 天，则该活动的期望持续时间为_____。

  A. 7 天   B. 8 天   C. 9 天   D. 10 天

参考答案：C

(10) 快速跟进是一种进度压缩技术，_____属于快速跟进技术。

  A. 加班

  B. 增加项目组成员

  C. 加快关键路径上的活动

  D. 将正常情况下按顺序进行的活动或阶段改为至少是部分并行开展

参考答案：D

2. 案例题

图 10-25 给出了一个信息系统项目的进度网络图。

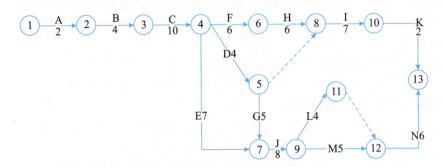

图 10-25 信息系统项目进度网络图

表 10-2 给出了该项目各项活动正常工作与赶工工作的时间和费用。

表 10-2 项目正常与赶工情况对比

活动	正常工作		赶工工作	
	时间/天	费用/元	时间/天	费用/元
A	2	1200	1	1500
B	4	2500	3	2700
C	10	5500	7	6400
D	4	3400	2	4100
E	7	1400	5	1600
F	6	1900	4	2200
G	5	1100	3	1400
H	6	9300	4	9900
I	7	1300	5	1700
J	8	4600	6	4800
K	2	300	1	400
L	4	900	3	1000
M	5	1800	3	2100
N	6	2600	3	2960

【问题 1】

请给出项目关键路径。

【问题 2】

请计算项目总工期。

【问题 3】

（1）请计算关键路径上各活动的可缩短时间、每缩短 1 天增加的费用和增加的总费用，将关键路径上各活动的名称以及对应的计算结果填入答题纸相应的表格中。

（2）项目工期要求缩短到 38 天，请给出具体的工期压缩方案并计算需要增加的最少费用。

解答：

【问题 1】

关键路径：ABCDGJMN（分别找出每条路径，计算出每条路径的总工期，总工期最长即为关键路径）。

【问题 2】

总工期：44。

【问题 3】

（1）工期压缩方案的费用增加情况，详见表 10-3。

表 10-3　工期压缩方案的费用增加情况

活动	可缩短时间	缩短 1 天增加的费用	增加的总费用
A	1	300	300
B	1	200	200
C	3	300	900
D	2	350	700
G	2	150	300
J	2	100	200
M	2	150	300
N	3	120	360

（2）关键路径为 ABCDGJMN，长度为 44 天。

其他大于 38 天的路径有：

ABCDGJLN=43　　　ABCEJMN=42　　　ABCEJLN=41

要达到要求则要缩短 6 天，因此需将上面 4 条路径中某些共同活动进行缩减，4 条路径共同活动是 A、B、C、J、N。

从缩短 1 天增加费用最低的活动开始。首先 J 可以缩短 2 天，增加成本 200 元，还需缩短 4 天，然后 N 活动缩短 3 天，增加成本 360 元，还需缩短 1 天，此时，路径 ABCEJLN、ABCEJMN 和 ABCDGJLN 都已经小于或等于 38 了，所以这时只需保证关键路径 ABCDGJMN 再压缩 1 天即可，由于 G 和 M 缩短 1 天的成本都是 150 元，所以在这两个活动中任意压缩 1 天即可，增加成本 150 元。

所以增加的总成本为：200+360+150=710 元。

第11章 项目成本管理

项目成本管理是为了项目在批准的预算内完成，对成本进行规划、估算、预算、融资、筹资、管理和控制的过程。项目成本管理重点关注完成项目活动所需资源的成本，但同时也考虑项目决策对项目产品、服务或成果的使用成本、维护成本和支持成本的影响。例如，减少设计审查的次数可降低项目成本，但可能增加由此带来的产品运营成本。

项目成本管理应考虑干系人对成本的要求，不同的干系人会在不同的时间，用不同的方法测算项目成本。在很多组织中，预测和分析项目产品的财务效益是在项目之外进行的，此时，项目成本管理需要考虑这些项目外的预测和分析工作，因此，项目成本管理还需使用其他过程和许多通用财务管理技术，如投资回报率分析、现金流贴现分析和投资回收期分析等。

11.1 管理基础

11.1.1 重要性和意义

1. 项目成本管理的作用和意义

项目管理主要受范围、时间、成本和质量的约束，项目成本管理在项目管理中占有重要地位。项目成本管理就是要确保在批准的预算内完成项目。虽然项目成本管理主要关心的是完成项目活动所需资源的成本，但也必须考虑项目决策对项目产品、服务或成果的使用成本、维护成本和支持成本的影响。例如，较少的设计审查次数有可能降低项目成本，但同时就有可能增加客户的运营成本。广义的项目成本管理通常称为"生命期成本管理"。生命期成本管理经常与价值工程技术结合使用，用于降低成本，缩短时间，提高项目可交付成果的质量和绩效，并优化决策过程。

项目成本管理应当考虑项目干系人的需要，不同的项目干系人可能在不同的时间以不同的方式测算项目的成本。例如，物品的采购成本可以在做出承诺、发出订单、送达、货物交付时、实际成本发生时或者为了会计核算的目的记录实际成本时，再进行测算。

就某些项目，特别是小项目而言，成本估算和成本预算之间的关系极其密切，以致可以将其视为一个过程，由一个人在较短的时间内完成。但本章我们还是将其作为不同的过程进行介绍，因为其所用的工具和技术各不相同。

2. 项目成本管理的重要性

项目成本管理是在项目实施过程中，通过相关技术和方法，尽量使项目实际发生的成本控制在预算范围之内。如果项目建设的实际成本远远超出批准的投资预算，就很容易造成成本失控。

3. 项目成本失控的原因

发生成本失控的原因主要包括：

（1）对工程项目认识不足。①对信息系统工程成本控制的特点认识不足，对难度估计不足；②工程项目的规模不合理，一个大而全的项目往往工期很长，工程实施的技术难度高，技术人员的投入跟不上工程建设需要，而且建设单位各部门对信息系统工程的接受能力和观念的转变跟不上信息系统建设的需要；③工程项目设计及实施人员缺乏成本意识，导致项目设计不满足成本控制要求；④对项目成本的使用缺乏责任感，随意开支，铺张浪费等。

（2）组织制度不健全。①制度不完善；②责任不落实，缺乏成本控制的责任感，在项目各个阶段和工作包没有落实具体的成本控制人员；③承建单位项目经理中没有明确的投资分工，导致对投资控制领导、督查不力等。

（3）方法问题。①缺乏用于项目投资控制所需要的有关报表及数据处理的方法；②缺乏系统的成本控制程序和明确的具体要求，在项目进展不同阶段对成本控制任务的要求不明确，在项目进展的整个过程中缺乏连贯性的控制；③缺乏科学、严格、明确且完整的成本控制方法和工作制度；④缺乏对计算机辅助投资控制程序的利用；⑤缺乏对计划值与实际值进行动态的比较分析，并及时提供各种需要的状态报告及经验总结等。

（4）技术的制约。①由于进行项目成本估算发生在工程项目建设的早期阶段，对项目相关信息了解不深，项目规划设计不够完善，不能满足成本估算的需求；②采用的项目成本估算方法不恰当，与项目的实际情况不符或与所得到的项目数据资料不符；③项目成本计算的数据不准确或有漏项，从而导致计算成本偏低；④设计者未对设计方案进行优化，导致项目设计方案突破项目成本目标；⑤物资或设备价格的上涨，大大超过预期的浮动范围；⑥项目规划和设计方面的变更引起相关成本的增加；⑦对工程实施中可能遇见的风险估计不足，导致实施成本大量增加等。

（5）需求管理不当。项目需求分析出现失误，项目范围变更频繁。

11.1.2 相关术语和定义

1. 项目成本概念及其构成

在项目中，成本是指项目活动或其组成部分的货币价值或价格，包括为实施、完成或创造该活动或其组成部分所需资源的货币价值。具体的成本一般包括直接工时、其他直接费用、间接工时、其他间接费用以及采购价格。项目全过程所耗用的各种成本的总和为项目成本。

2. 产品的全生命周期成本

产品的全生命周期成本为人们认识和管理项目成本提供了一个广阔的视野，即不仅要考虑项目全生命周期成本，也要考虑项目的最终产品的全生命周期成本，这有助于人们更精确地制订项目财务收益计划。产品的全生命周期成本就是在产品或系统的整个使用生命期内，在获得阶段（设计、生产、安装和测试等活动）、运营与维护及生命周期结束时对产品的处置所发生的全部成本。要求在项目过程中不应只关心完成项目活动所需资源的成本，也应该考虑项目决策对项目最终产品的使用和维护成本的影响。对于一个项目而言,产品全生命期成本考虑的是权益总成本,即开发成本加上维护成本。例如,一个组织可能在一到两年内完成一个项目,该项目是要建立和实现新的客户服务系统。但是新系统可以使用 10 年,项目经理应当估计产品全生命期内(即 10 年)的成本和收益。在进行项目净现值分析时要参考整个 10 年的成本和收益,高级管理人员和项目经理在进行财务决策时,需要考虑产品全生命期的成本。

3. 成本的类型

- 可变成本:随着生产量、工作量或时间而变的成本为可变成本。可变成本又称变动成本。
- 固定成本:不随生产量、工作量或时间的变化而变化的非重复成本为固定成本。
- 直接成本:直接可以归属于项目工作的成本为直接成本,如项目团队差旅费、工资、项目使用的物料及设备使用费等。
- 间接成本:来自一般管理费用科目或几个项目共同担负的项目成本所分摊给本项目的费用,形成了项目的间接成本,如税金、额外福利和保卫费用等。
- 机会成本:利用一定的时间或资源生产或交付一种产品或服务,而失去利用这些资源生产或交付其他最佳替代品的机会就是机会成本,泛指一切在做出某一选择后同时失去其他选择,其他选择中最大的损失。
- 沉没成本:指由于过去的决策已经发生的,而不能由现在或将来的任何决策改变的成本。沉没成本是一种历史成本,对现有决策而言是不可控成本,会很大程度上影响人们的行为方式与决策,在投资决策时应该尽量排除沉没成本的干扰。

4. 应急储备和管理储备

应急储备是包含在成本基准内的一部分预算,用来应对已经接受的已识别风险,以及已经制定应急或减轻措施的已识别风险。应急储备通常是预算的一部分,用来应对那些会影响项目的"已知-未知"风险。例如,可以预知有些项目可交付成果需要返工,却不知道返工的工作量是多少,可以预留应急储备来应对这些未知数量的返工工作。可以为某个具体活动建立应急储备,也可以为整个项目建立应急储备,还可以同时建立。应急储备可取成本估算值的某一百分比、某个固定值或者通过定量分析来确定。

管理储备是为了管理控制的目的而特别留出的项目预算,用来应对项目范围中不可预见的工作。管理储备用来应对会影响项目的"未知-未知"风险。管理储备不包括在成本基准中,但属于项目总预算和资金需求的一部分,使用前需要得到高层管理者审批。当动用管理储备资助不可预见的工作时,就要把动用的管理储备增加到成本基准中,此时会导致成本基准的变更。

5. 成本基准

成本基准是经批准的按时间安排的成本支出计划,并随时反映了经批准的项目成本的变更(所增加或减少的资金数目),被用于度量和监督项目的实际执行成本。

11.1.3 管理新实践

在项目成本管理的新实践中,通过对挣值管理(EVM)的扩展,引入挣得进度(ES)这一概念。ES 是 EVM 理论和实践的延伸，挣得进度理论用 ES 和实际时间（AT）替代了传统 EVM 所使用的进度偏差测量指标 SV（挣值－计划价值）。使用这种替代方法计算进度偏差 ES － AT，如果挣得进度大于 0，则表示项目进度提前了，即在某个给定的时间点，项目的挣值大于计划价值。使用挣得进度测量指标的进度绩效指数（SPI）为 ES 与 AT 之比，表示完成项目的工作效率。此外，挣得进度理论通过挣得进度、实际时间和估算持续时间，提供了预测项目完成日期的计算公式。

11.2 项目成本管理过程

11.2.1 过程概述

项目成本管理过程包括：
- 规划成本管理：确定如何估算、预算、管理、监督和控制项目成本。
- 估算成本：对完成项目活动所需货币资源进行近似估算。
- 制定预算：汇总所有单个活动或工作包的估算成本，建立一个经批准的成本基准。
- 控制成本：监督项目状态，以更新项目成本和管理成本基准的变更。

在项目实际进展中，以上各过程会相互交叠和相互作用。表 11-1 概述了项目成本管理的各个过程。

表 11-1　项目成本管理过程

过程	输入	工具与技术	输出
规划成本管理	<ul><li>项目章程</li><li>项目管理计划</li><li>事业环境因素</li><li>组织过程资产</li></ul>	<ul><li>专家判断</li><li>数据分析</li><li>会议</li></ul>	成本管理计划
估算成本	<ul><li>项目管理计划</li><li>项目文件</li><li>事业环境因素</li><li>组织过程资产</li></ul>	<ul><li>专家判断</li><li>类比估算</li><li>参数估算</li><li>自下而上估算</li><li>三点估算</li><li>数据分析</li><li>项目管理信息系统</li><li>决策</li></ul>	<ul><li>成本估算</li><li>估算依据</li><li>项目文件（更新）</li></ul>
制定预算	<ul><li>项目管理计划</li><li>可行性研究文件</li><li>项目文件</li><li>协议</li><li>事业环境因素</li><li>组织过程资产</li></ul>	<ul><li>专家判断</li><li>成本汇总</li><li>数据分析</li><li>历史信息审核</li><li>资金限制平衡</li><li>融资</li></ul>	<ul><li>成本基准</li><li>项目资金需求</li><li>项目文件（更新）</li></ul>

(续表)

过程	输入	工具与技术	输出
控制成本	• 项目管理计划 • 项目资金需求 • 项目文件 • 工作绩效数据 • 组织过程资产	• 专家判断 • 数据分析 • 完工尚需绩效指数 • 项目管理信息系统	• 工作绩效信息 • 成本预测 • 变更请求 • 项目管理计划（更新） • 项目文件（更新）

11.2.2 裁剪考虑因素

由于每个项目都是独特的，项目经理可能根据需要裁剪项目成本管理过程，裁剪时应考虑的因素包括：

- 知识管理：组织是否拥有易于使用的、正式的知识管理体系和财务数据库，并要求项目经理使用？
- 估算和预算：组织是否拥有正式或非正式的、与成本估算和预算相关的政策、程序和指南？
- 挣值管理：组织是否采用挣值管理来管理项目？
- 敏捷方法的使用：组织是否采用敏捷或适应型方法管理项目？这对成本估算有什么影响？
- 治理：组织是否拥有正式或非正式的审计和治理政策、程序和指南？

11.2.3 敏捷与适应方法

对易变性高、范围并未完全明确、经常发生变更的项目，详细的成本计算可能没有多大帮助。在这种情况下，可以采用轻量级估算方法快速生成对项目人力成本的高层级预测，这样在出现变更时容易调整预测；而详细的估算适用于采用准时制的短期规划。

如果易变的项目也遵循严格的预算，通常需要更频繁地更改范围和进度计划，确保始终保持在成本制约因素之内。

11.3 规划成本管理

规划成本管理是确定如何估算、预算、管理、监督和控制项目成本的过程，本过程的主要作用是，在整个项目期间为如何管理项目成本提供指南和方向。本过程仅开展一次或仅在项目的预定义点开展。规划成本管理过程的数据流向如图 11-1 所示。

应该在项目规划阶段的早期就对成本管理工作进行规划，建立各成本管理过程的基本框架，以确保各过程的有效性及各过程之间的协调性。成本管理计划是项目管理计划的组成部分，其过程及所用工具与技术应记录在成本管理计划中。

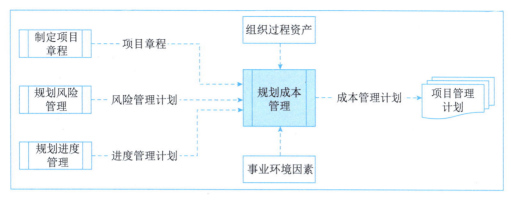

图 11-1 规划成本管理过程的数据流向图

11.3.1 输入

1. 项目章程

项目章程规定了预先批准的财务资源，可根据项目章程确定详细的项目成本，项目章程所规定的项目审批要求，也对项目成本管理有影响。

2. 项目管理计划

用于规划成本管理的项目管理计划组件主要包括：

- 进度管理计划：确定编制、监督和控制项目进度的准则和活动，同时也提供了影响成本估算和管理的过程及控制方法。
- 风险管理计划：提供识别、分析和监督风险的方法，同时也提供了影响成本估算和管理的过程及控制方法。

3. 事业环境因素

能够影响规划成本管理过程的事业环境因素主要包括：①影响成本管理的组织文化和组织结构；②市场条件：决定着在当地及全球市场上可获取哪些产品、服务和成果；③货币汇率：用于换算发生在多个国家的项目成本；④发布的商业信息：经常可以从商业数据库中获取资源成本费率及相关信息，这些数据库会动态跟踪具有相应技能的人力资源的成本数据，也提供材料与设备的标准成本数据；还可以从卖方公布的价格清单中获取相关信息；⑤项目管理信息系统：可为管理成本提供多种方案；⑥不同地区的生产率差异：可能会对项目成本造成巨大影响。

4. 组织过程资产

能够影响规划成本管理过程的组织过程资产主要包括：财务控制程序（如定期报告、必需的费用与支付审查、会计编码及标准合同条款等）；历史信息和经验教训知识库；财务数据库；现有的正式和非正式的，与成本估算和预算有关的政策、程序和指南等。

11.3.2 工具与技术

1. 专家判断

在对项目成本管理进行规划过程中,应征求具备以下专业知识或接受过相关培训的个人或小组的意见:以往类似项目;来自行业、学科和应用领域的信息;成本估算和预算;挣值管理等。

2. 数据分析

备选方案分析是适用于成本管理过程的数据分析技术,备选方案分析包括审查筹资的战略方法,如自筹资金、股权投资、借贷投资等,还可以包括对筹集项目资源的方法(如自制、采购、租用或租赁)的考量。

3. 会议

项目团队可以举行规划会议来制订成本管理计划,参会者可以包括项目经理、项目发起人、选定的项目团队成员、选定的干系人、项目成本负责人以及其他必要人员。

11.3.3 输出

成本管理计划

成本管理计划是项目管理计划的组成部分,描述将如何规划、安排和控制项目成本。成本管理过程及所用工具与技术应记录在成本管理计划中。

在成本管理计划中一般需要规定:

- 计量单位:需要规定每种资源的计量单位,例如用于测量时间的人时数、人天数或周数,用于计量数量的米、升、吨、千米、立方码,或者用货币表示的总价。
- 精确度:根据活动范围和项目规模,设定成本估算向上或向下取整的程度(例如995.59元取整为1000元)。
- 准确度:为活动成本估算规定一个可接受的区间(如±10%),其中可能包括一定数量的应急储备。
- 组织程序链接:工作分解结构为成本管理计划提供了框架,以便据此规范地开展成本估算、预算和控制,在项目成本核算中使用的WBS组成部分,称为控制账户(CA),每个控制账户都有唯一的编码或账号,直接与组织的会计制度关联。
- 控制临界值:需要规定偏差临界值,用于监督成本绩效,它是在需要采取某种措施前允许出现的最大差异,通常用偏离基准计划的百分数来表示。
- 绩效测量规则:需要规定用于绩效测量的挣值管理(EVM)规则。例如,成本管理计划应该:①定义WBS中用于绩效测量的控制账户;②确定拟用的EVM技术(如加权里程碑法、固定公式法、完成百分比法等);③规定跟踪方法以及用于计算项目完工估算(EAC)的EVM公式,该公式计算出的结果可用于验证通过自下而上方法得出的完工估算。
- 报告格式:需要规定各种成本报告的格式和编制频率。

- 其他细节：关于成本管理活动的其他细节包括：对战略筹资方案的说明；处理汇率波动的程序；记录项目成本的程序等。

11.4 估算成本

估算成本是对完成项目工作所需资源成本进行近似估算的过程。本过程的主要作用是确定项目所需的资金。本过程应根据需要在整个项目期间定期开展。估算成本过程的数据流向如图 11-2 所示。

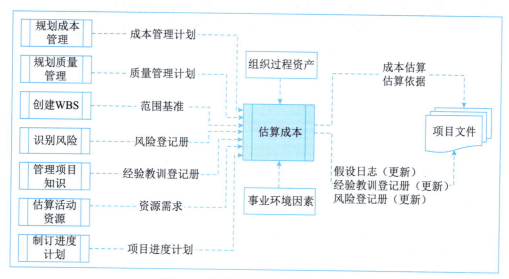

图 11-2 估算成本过程的数据流向图

成本估算是对完成活动所需资源的可能成本进行的量化评估，是在某特定时点根据已知信息所做出的成本预测。在估算成本时，需要识别和分析可用于启动与完成项目的备选成本方案；需要权衡备选成本方案并考虑风险，如比较自制成本与外购成本、购买成本与租赁成本及多种资源共享方案，以优化项目成本。

通常用某种货币单位进行成本估算，但有时也可采用其他计量单位，如人时数或人天数，以消除通货膨胀的影响，便于成本比较。

在项目过程中，应该随着更详细信息的呈现和假设条件的验证，对成本估算进行持续的审查和优化。在项目生命周期中，项目估算的准确性亦将随着项目的进展而逐步提高。例如，在启动阶段可得出项目的粗略量级估算，其区间为 $-25\% \sim +75\%$；之后，随着信息越来越详细，确定性估算的区间可缩小至 $-5\% \sim +10\%$。某些组织已经制定出相应的指南，规定何时进行优化，以及每次优化所要达到的置信度或准确度。

进行成本估算，应该考虑针对项目收费的全部资源，一般包括人工、材料、设备、服务、设施，以及一些特殊的成本种类，如通货膨胀补贴、融资成本或应急成本。成本估算可在活动层级呈现，也可以通过汇总形式呈现。

11.4.1 输入

1. 项目管理计划

用于估算成本的项目管理计划组件主要包括：

- 成本管理计划：描述可使用的估算方法以及成本估算需要达到的准确度和精确度。
- 质量管理计划：描述项目管理团队为实现一系列项目质量目标所需的活动和资源。
- 范围基准：包括项目范围说明书、WBS和WBS字典。①项目范围说明书。范围说明书反映了因项目资金支出的周期而产生的资金制约因素，或其他财务假设条件和制约因素。②工作分解结构。WBS指明了项目全部可交付成果及其各组成部分之间的相互关系。③WBS字典。在WBS字典和相关的详细工作说明书中列明了可交付成果，并描述了为产出可交付成果，WBS各组成部分所需进行的工作。

2. 项目文件

可作为估算成本过程输入的项目文件包括：

- 风险登记册：包含已识别并按优先顺序排列的单个项目风险的详细信息及针对这些风险采取的应对措施。风险登记册还提供了可用于估算成本的详细信息。
- 经验教训登记册：项目早期与制定成本估算有关的经验教训可以运用到项目后期阶段，以提高成本估算的准确度和精确度。
- 资源需求：明确每个工作包或活动所需的资源类型和数量。
- 项目进度计划：包括项目可用的团队和实物资源的类型、数量和可用时间的长短。如果资源成本取决于使用时间的长短，并且成本出现季节波动，则持续时间估算会对成本估算产生影响。进度计划还为包含融资成本（包括利息）的项目提供有用信息。

3. 事业环境因素

会影响估算成本过程的事业环境因素主要包括：①市场条件。市场条件指可以从市场上获得什么产品、服务和成果；可以从谁那里，以什么条件获得；地区和/或全球性的供求情况会显著影响资源成本？②发布的商业信息。经常可以从商业数据库中获取资源成本费率及相关信息，而这些数据库动态跟踪具有相应技能的人力资源的成本数据，也提供材料与设备的标准成本数据；还可以从卖方公布的价格清单中获取相关信息。③汇率和通货膨胀率。对于持续多年、涉及多种货币的大规模项目，需要了解汇率波动和通货膨胀，并将其纳入估算成本过程等。

4. 组织过程资产

会影响估算成本过程的组织过程资产主要包括：成本估算政策、成本估算模板、历史信息和经验教训知识库等。

11.4.2 工具与技术

1. 专家判断

在项目中进行成本估算时，应征求具备以下专业知识或接受过相关培训的个人或小组的意见：以往类似项目；来自行业、学科和应用领域的信息；成本估算方法等。

2. 类比估算

成本类比估算使用以往类似项目的参数值或属性来估算，项目的参数值和属性包括范围、成本、预算、持续时间和规模指标（如尺寸、重量），类比估算以这些项目参数值或属性为基础来估算当前项目的同类参数或指标。

3. 参数估算

参数估算是指利用历史数据之间的统计关系和其他变量（如建筑施工中的平方英尺），来进行项目工作的成本估算，其准确性取决于参数模型的成熟度和基础数据的可靠性。参数估算可以针对整个项目或项目中的某个部分，并可与其他估算方法联合使用。

4. 自下而上估算

自下而上估算是对工作组成部分进行估算的一种方法，首先对单个工作包或活动的成本进行最具体、细致的估算，然后把这些细节性成本向上汇总或"滚动"到更高层次，用于后续报告和跟踪。自下而上估算的准确性及其本身所需的成本，通常取决于单个活动或工作包的规模或其他属性。

5. 三点估算

通过考虑估算中的不确定性与风险，使用三种估算值来界定活动成本的近似区间，可以提高单点成本估算的准确性。

- 最可能成本（C_M）：对所需进行的工作和相关费用进行比较现实的估算，所得到的活动成本。
- 最乐观成本（C_O）：基于活动的最好情况所得到的成本。
- 最悲观成本（C_P）：基于活动的最差情况所得到的成本。

基于活动成本在三种估算值区间内的假定分布情况，使用公式来计算预期成本（C_E）。两种常用的公式是三角分布和贝塔分布，其计算公式分别为：

$$三角分布\ C_E = (C_O + C_M + C_P)/3$$

$$贝塔分布\ C_E = (C_O + 4C_M + C_P)/6$$

基于三点的假定分布计算出期望成本，并说明期望成本的不确定区间。

6. 数据分析

适用于估算成本过程的数据分析技术主要包括备选方案分析、储备分析和质量成本。

1）备选方案分析

备选方案分析是一种对已识别的可选方案进行评估的技术，用来决定选择哪种方案或使用何种方法来执行项目工作。例如,评估购买和制造可交付成果两种备选方案分别对成本、进度、资源和质量的影响。

2) 储备分析

为应对成本的不确定性,成本估算中可以包括应急储备。

应急储备是包含在成本基准内的一部分预算,用来应对已经接受的已识别风险,以及已经制定应急或减轻措施的已识别风险。应急储备通常是预算的一部分,用来应对那些会影响项目的"已知-未知"风险。例如,可以预知有些项目可交付成果需要返工,却不知道返工的工作量是多少,可以预留应急储备来应对这些未知数量的返工工作。可以为某个具体活动建立应急储备,也可以为整个项目建立应急储备,还可以同时建立。应急储备可取成本估算值的某一百分比、某个固定值,或者通过定量分析来确定。

而随着项目信息越来越明确,可以动用、减少或取消应急储备,应该在成本文件中清楚地列出应急储备,应急储备是成本基准的一部分,也是项目整体资金需求的一部分。

3) 质量成本

在估算时,可能要用到关于质量成本的各种假设,这包括对不同情况进行评估:是为达到要求而增加投入,还是承担不符合要求而造成的成本;是寻求短期成本的降低,还是承担产品生命周期后期频繁出现问题的后果。

7. 项目管理信息系统

项目管理信息系统可包括电子表单、模拟软件以及统计分析工具,可用来辅助成本估算。这些工具能简化某些成本估算技术的使用,使人们能快速考虑多种成本估算方案。

8. 决策

适用于估算成本过程的决策技术是投票。投票是为达成某种期望结果而对多个未来行动方案进行评估的过程。这些技术可以调动团队成员的参与,提高估算的准确性,并提高对估算结果的责任感。

11.4.3 输出

1. 成本估算

成本估算包括对完成项目工作可能需要的成本、应对已识别风险的应急储备。成本估算可以是汇总的或详细分列的。成本估算应覆盖项目所使用的全部资源,包括直接人工、材料、设备、服务、设施、信息技术以及一些特殊的成本种类,如融资成本(包括利息)、通货膨胀补贴、汇率或成本应急储备。如果间接成本也包含在项目估算中,则可在活动层次或更高层次上计列间接成本。

2. 估算依据

成本估算所需的支持信息的数量和种类因应用领域而异,不论其详细程度如何,支持性文件都应该清晰、完整地说明成本估算是如何得出的。

成本估算的支持信息可包括:①关于估算依据的文件(如估算是如何编制的);②关于全部

假设条件的文件；③关于各种已知制约因素的文件；④有关已识别的、在估算成本时应考虑的风险的文件；⑤对估算区间的说明（如"10 000 元 ±10%"就说明了预期成本的所在区间）；⑥对最终估算的置信水平的说明等。

3. 项目文件（更新）

可在成本估算过程更新的项目文件主要包括：

- 假设日志：成本估算过程中可能会做出新假设、识别新的制约因素，或者重新审查和修改已有假设条件或制约因素，假设日志应根据这些新信息做出相应更新。
- 经验教训登记册：有效和高效地估算成本的技术，需要更新在经验教训登记册中。
- 风险登记册：在估算成本过程中选择和商定风险应对措施时，可能需要更新风险登记册。

11.5 制定预算

制定预算是汇总所有单个活动或工作包的估算成本，建立一个经批准的成本基准的过程。本过程的主要作用是，确定可以依据其来进行监督和控制项目绩效的成本基准。项目预算包括经批准用于执行项目的全部资金，而成本基准是经过批准且按时间段分配的项目预算，包括应急储备，但不包括管理储备。本过程仅开展一次或仅在项目的预定义点开展。制定预算过程的数据流向如图 11-3 所示。

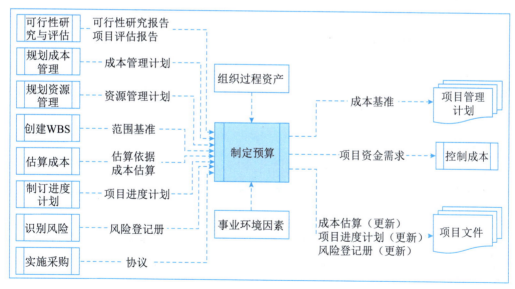

图 11-3 制定预算过程的数据流向图

11.5.1 输入

1. 项目管理计划

用于制定预算的项目管理计划组件主要包括：

- 成本管理计划：描述如何将项目成本纳入项目预算中。
- 资源管理计划：提供有关（人力和其他资源的）费率、差旅成本估算和其他可预见成本信息，这些信息是估算整个项目预算时必须考虑的因素。
- 范围基准：包括项目范围说明书、WBS和WBS字典的详细信息，可用于成本估算和管理。

2. 可行性研究文件

可作为制定预算过程输入的可行性研究文件包括：

- 可行性研究报告：识别了项目成功的关键因素，包括财务成功因素。
- 项目评估报告：概述了项目的目标效益，例如净现值的计算、实现效益的时限，以及与效益有关的测量指标。

3. 项目文件

可作为制定预算过程输入的项目文件主要包括：

- 估算依据：在估算依据中包括基本的假设条件，例如，项目预算中是否应该包含间接成本或其他成本。
- 成本估算：将各工作包内每个活动的成本估算汇总后，即可得到各工作包的成本估算。
- 项目进度计划：包括项目活动、里程碑、工作包和控制账户的计划开始和完成日期。可根据这些信息，把计划成本和实际成本汇总到相应日历时段。
- 风险登记册：应该审查风险登记册，以确定如何汇总风险应对成本。风险登记册的更新包含在项目文件更新中。

4. 协议

在制定预算时，需要考虑将要或已经采购的产品、服务或成果的成本，以及适用的协议信息。

5. 事业环境因素

会影响估算成本过程的事业环境因素包括汇率等，对于持续多年且涉及多种货币的大规模项目，需要了解汇率波动并将其纳入制定预算过程。

6. 组织过程资产

会影响制定预算过程的组织过程资产包括：①现有正式和非正式的与成本预算有关的政策、程序和指南；②历史信息和经验教训知识库；③成本预算工具；④报告方法等。

11.5.2 工具与技术

1. 专家判断

在制定预算时，应征求具备以下专业知识或接受过相关培训的个人或小组的意见：以往类似项目；来自行业、学科和应用领域的信息；财务原则；资金需求和来源等。

2. 成本汇总

先把成本估算汇总到 WBS 中的工作包，再由工作包汇总至 WBS 的更高层次（如控制账户），最终得出整个项目的总成本。

3. 数据分析

可用于制定预算过程的数据分析技术之一是建立项目管理储备的储备分析，管理储备是为了管理控制的目的而特别留出的项目预算，用来应对项目范围中不可预见的工作，目的是用来应对会影响项目的"未知-未知"风险。管理储备不包括在成本基准中，但属于项目总预算和资金需求的一部分。当动用管理储备资助不可预见的工作时，就要把动用的管理储备增加到成本基准中，从而导致成本基准变更。

4. 历史信息审核

审核历史信息有助于进行参数估算或类比估算，历史信息包括各种项目特征（参数），它们用于建立数学模型预测项目总成本。这些数学模型可以是简单的（例如，建造住房的总成本取决于单位面积的建造成本），也可以是复杂的（例如，软件开发项目的成本模型中有多个变量，且每个变量又受许多因素的影响）。

类比和参数模型预测的成本及准确性可能差别很大，满足以下情况时，模型预测最为可靠：①用来建立模型的历史信息准确；②模型中的参数易于量化；③模型可以调整，以便对大项目、小项目和各项目阶段都适用。

5. 资金限制平衡

应该根据对项目资金的限制来平衡资金支出，如果发现资金限制与计划支出之间存在差异，则可能需要调整工作的进度计划，以平衡资金的支出水平，例如可以通过在项目进度计划中添加强制日期来实现。

6. 融资

融资是指为项目获取资金。长期的基础设施、工业和公共服务项目通常会寻求外部融资，如果项目使用外部资金，出资实体可能会对项目提出要求。

11.5.3 输出

1. 成本基准

成本基准是经过批准的、按时间段分配的项目预算，不包括任何管理储备，只有通过正式的变更控制程序才能变更，用作与实际结果进行比较的依据，成本基准是不同进度活动经批准的预算的总和。

项目预算和成本基准的各个组成部分，如图 11-4 所示。先汇总各项目活动的成本估算及其应急储备，得到相关工作包的成本；然后汇总各工作包的成本估算及其应急储备，得到控制账户的成本；接着再汇总各控制账户的成本，得到成本基准；最后，在成本基准之上增加管理储备，得到项目预算。当出现有必要动用管理储备的变更时，则应该在获得变更控制过程的批准之后，把适量的管理储备移入成本基准中。

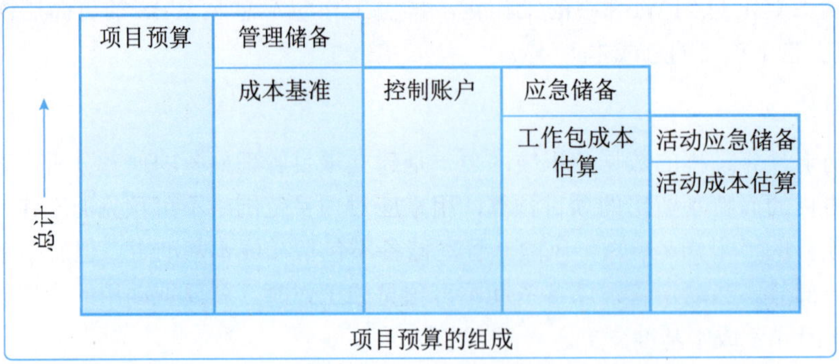

图 11-4 项目预算的组成

由于成本基准中的成本估算与进度活动直接关联，因此就可按时间段分配成本基准，得到一条 S 曲线，如图 11-5 所示。对于使用挣值管理的项目，成本基准指的是绩效测量基准。

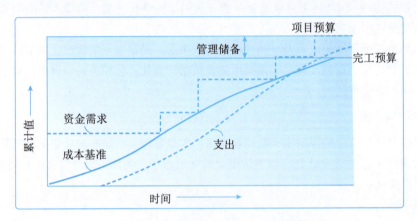

图 11-5 成本基准、支出与资金需求

2. 项目资金需求

根据成本基准，确定总资金需求和阶段性（如季度或年度）资金需求。成本基准中包括预计支出及预计债务。项目资金通常以增量的方式投入，并且可能是非均衡的，呈现出图 11-5 中所示的阶梯状。如果有管理储备，则总资金需求等于成本基准加管理储备。在资金需求文件中，也可说明资金来源。

3. 项目文件（更新）

可在制定预算过程更新的项目文件主要包括：
- 成本估算：更新成本估算，以记录任何额外信息。
- 项目进度计划：项目进度计划可能记录了各项活动的估算成本。
- 风险登记册：记录在本过程中识别的新风险于风险登记册中，并通过风险管理过程进行管理。

11.6 控制成本

控制成本是监督项目状态,以更新项目成本和管理成本基准变更的过程。本过程的主要作用是在整个项目期间保持对成本基准的维护。本过程需要在整个项目期间开展。控制成本过程的数据流向如图 11-6 所示。

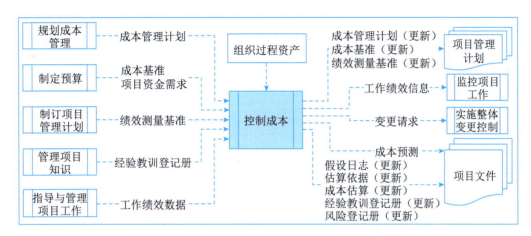

图 11-6 控制成本过程的数据流向图

要更新预算,就需要了解截至目前的实际成本。只有经过实施整体变更控制过程的批准,才可以增加预算。只监督资金的支出,而不考虑由这些支出所完成的工作的价值,对项目没有任何意义,最多算是跟踪资金流。因此在成本控制中,应重点分析项目资金支出与完成的相应工作之间的关系。有效成本控制的关键在于管理经批准的成本基准。项目成本控制的目标包括:①对造成成本基准变更的因素施加影响;②确保所有变更请求都得到及时处理;③当变更实际发生时,管理这些变更;④确保成本支出不超过批准的资金限额,既不超出按时段、WBS 组件和活动分配的限额,也不超出项目总限额;⑤监督成本绩效,找出并分析与成本基准间的偏差;⑥对照资金支出,监督工作绩效;⑦防止在成本或资源使用报告中出现未经批准的变更;⑧向干系人报告所有经批准的变更及其相关成本;⑨设法把预期的成本超支控制在可接受的范围内等。

11.6.1 输入

1. 项目管理计划

用于控制成本的项目管理计划组件主要包括:
- 成本管理计划:描述如何管理和控制项目成本。
- 成本基准:将成本基准与实际结果相比,以判断是否需要进行变更或采取纠正或预防措施。
- 绩效测量基准:使用挣值分析时,将绩效测量基准与实际结果比较,以决定是否有必要进行变更、采取纠正措施或预防措施。

2. 项目资金需求

项目资金需求包括预计支出及预计债务。

3. 项目文件

可作为控制成本过程输入的项目文件是经验教训登记册，在项目早期获得的经验教训可以运用到后期阶段，以改进成本控制。

4. 工作绩效数据

工作绩效数据包含项目状态的数据，例如哪些成本已批准、发生、支付和开具发票。

5. 组织过程资产

会影响控制成本过程的组织过程资产主要包括：现有的正式和非正式的与成本控制相关的政策、程序和指南；成本控制工具；可用的监督和报告方法等。

11.6.2 工具与技术

1. 专家判断

在项目中对成本进行控制时，应征求具备以下专业知识或接受过相关培训的个人或小组的意见：偏差分析、挣值分析、预测、财务分析等。

2. 数据分析

适用于控制成本过程的数据分析技术主要包括：

（1）挣值分析（EVA）。挣值分析将实际进度和成本绩效与绩效测量基准进行比较。挣值分析把范围基准、成本基准和进度基准整合起来，形成绩效测量基准。它针对每个工作包和控制账户，计算并监测以下三个关键指标：

- 计划价值（PV）：是为计划工作分配的经批准的预算，它是为完成某活动或WBS组成部分而准备的一份经批准的预算，不包括管理储备。应该把预算分配至项目生命周期的各个阶段；在某个给定的时间点，计划价值代表着应该已经完成的工作。PV的总和有时被称为绩效测量基准（PMB），项目的总计划价值又被称为完工预算（BAC）。
- 挣值（EV）：是对已完成工作的测量值，用该工作的批准预算来表示，是已完成工作的经批准的预算。EV的计算应该与PMB相对应，且所得的EV值不得大于相应组件的PV总预算。EV常用于计算项目的完成百分比，应该为每个WBS组件规定进展测量准则，用于考核正在实施的工作。项目经理既要监测EV的增量，以判断当前的状态，又要监测EV的累计值，以判断长期的绩效趋势。
- 实际成本（AC）：是在给定时段内执行某活动而实际发生的成本，是为完成与EV相对应的工作而发生的总成本。AC的计算方法必须与PV和EV的计算方法保持一致（例如，都只计算直接小时数、直接成本或包含间接成本在内的全部成本）。AC没有上限，为实现EV所花费的任何成本都要计算进去。

（2）偏差分析。在 EVM 中，偏差分析用以解释成本偏差（CV=EV–AC）、进度偏差（SV=EV–PV）和完工偏差（VAC=BAC–EAC）的原因、影响和纠正措施，成本和进度偏差是最需要分析的两种偏差。对于不使用正规挣值分析的项目，可开展类似的偏差分析，通过比较计划成本和实际成本，来识别成本基准与实际项目绩效之间的差异；然后可以实施进一步的分析，以判定偏离进度基准的原因和程度，并决定是否需要采取纠正或预防措施。可通过成本绩效测量来评价偏离原始成本基准的程度。项目成本控制的重要工作包括：判定偏离成本基准的原因和程度，并决定是否需要采取纠正或预防措施，随着项目工作的逐步完成，偏差的可接受范围（常用百分比表示）将逐步缩小。

- 进度偏差（SV）：是测量进度绩效的一种指标，表示为挣值与计划价值之差。它是指在某个给定的时点，项目提前或落后的进度，它是测量项目进度绩效的一种指标，等于挣值（EV）减去计划价值（PV）。进度偏差是一种有用的指标，可表明项目进度是落后还是提前于进度基准。当项目完工时，全部的计划价值都将实现（即成为挣值），进度偏差最终将等于零。最好把进度偏差与关键路径法和风险管理一起使用。进度偏差计算公式：SV=EV–PV。
- 成本偏差（CV）：是在某个给定时点的预算亏空或盈余量，表示为挣值与实际成本之差。它是测量项目成本绩效的一种指标，等于挣值（EV）减去实际成本（AC）。项目结束时的成本偏差，就是完工预算（BAC）与实际成本之间的差值。由于成本偏差指明了实际绩效与成本支出之间的关系，所以非常重要。CV为负值一般都是不可挽回的。成本偏差计算公式：CV=EV–AC。
- 进度绩效指数（SPI）：是测量进度效率的一种指标，表示为挣值与计划价值之比，反映了项目团队完成工作的效率。有时与成本绩效指数（CPI）一起使用，以预测项目的最终完工估算。当SPI小于1.0时，说明已完成的工作量未达到计划要求；当SPI大于1.0时，则说明已完成的工作量超过计划。由于SPI测量的是项目的总工作量，所以还需要对关键路径上的绩效进行单独分析，以确认项目是否将比计划完成日期提前或推迟完工。进度绩效指数计算公式：SPI=EV/PV。
- 成本绩效指数（CPI）：是测量预算资源的成本效率的一种指标，表示为挣值与实际成本之比。它是最关键的挣值分析指标，用来测量已完成工作的成本效率。当CPI小于1.0时，说明已完成工作的成本超支；当CPI大于1.0时，则说明到目前为止成本有结余。成本绩效指数公式：CPI=EV/AC。

（3）趋势分析。趋势分析旨在审查项目绩效随时间的变化情况，以判断绩效是正在改善还是正在恶化。图形分析技术有助于了解截至目前的绩效情况，并把发展趋势与未来的绩效目标进行比较，如 BAC 与 EAC、预测完工日期与计划完工日期的比较。趋势分析技术包括：

- 图表：在挣值分析中，对计划价值、挣值和实际成本这三个参数，既可以分阶段（通常以周或月为单位）进行监督和报告，也可针对累计值进行监督和报告。如图11-7所示，以S曲线展示了某个项目EV数据，该项目预算超支且进度落后。

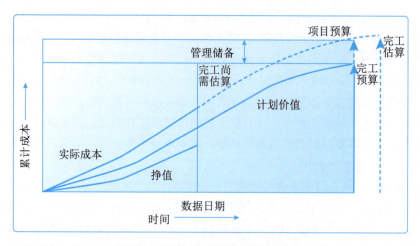

图 11-7　挣值、计划价值和实际成本

- 预测：随着项目进展，项目团队可根据项目绩效，对完工估算（EAC）进行预测，预测的结果可能与完工预算（BAC）存在差异。如果 BAC 已明显不再可行，则项目经理应考虑对 EAC 进行预测。预测 EAC 是根据当前掌握的绩效信息和其他知识，预计项目未来的情况和事件。预测要根据项目执行过程中所提供的工作绩效数据来产生、更新和重新发布。工作绩效信息包含项目过去的绩效，以及可能在未来对项目产生影响的任何信息。

在计算 EAC 时，通常用已完成工作的实际成本，加上剩余工作的完工尚需估算（ETC）。项目团队要根据已有的经验，考虑实施 ETC 工作可能遇到的各种情况。把挣值分析与手工预测 EAC 方法联合起来使用，效果会更佳。由项目经理和项目团队手工进行的自下而上汇总方法，就是一种最普通的 EAC 预测方法。

项目经理所进行的自下而上的 EAC 估算，就是以已完成工作的实际成本为基础，并根据已积累的经验来为剩余项目工作编制一个新估算。公式：EAC=AC+自下而上的 ETC。

可以很方便地把项目经理手工估算的 EAC 与计算得出的一系列 EAC 做比较，这些计算得出的 EAC 代表了不同的风险情景。在计算 EAC 值时，经常会使用累计 CPI 和累计 SPI 值。尽管可以用许多方法来计算基于 EVM 数据的 EAC 值，但下面只介绍最常用的三种方法：①假设将按预算单价完成 ETC 工作：这种方法承认以实际成本表示的累计项目绩效，并预计未来的全部 ETC 工作都将按预算单价完成。如果目前的实际绩效不好，则只有在进行项目风险分析并取得有力证据后，才能做出"未来绩效将会改进"的假设。公式：EAC=AC +（BAC–EV）；②假设以当前 CPI 完成 ETC 工作：这种方法假设项目将按截至目前的情况继续进行，即 ETC 工作将按项目截至目前的累计成本绩效指数（CPI）实施。公式：EAC=BAC/CPI；③假设 SPI 与 CPI 将同时影响 ETC 工作：在这种预测中，需要计算一个由成本绩效指数与进度绩效指数综合决定的效率指标，并假设 ETC 工作将按该效率指标完成。如果项目进度对 ETC 有重要影响，这种方法最有效。使用这种方法时，还可以根据项目经理的判断，分别给 CPI 和 SPI 赋予不同的权重，如 80/20、50/50 或其他比率。公式：EAC=AC +［（BAC–EV）/（CPI × SPI）］。

（4）储备分析。在控制成本过程中，可以采用储备分析来监督项目中应急储备和管理储备的使用情况，从而判断是否还需要这些储备，或者是否需要增加额外的储备。随着项目工作的进展，这些储备可能已按计划用于支付风险或其他应急情况的成本；反之，如果抓住机会节约了成本，节约下来的资金可能会增加到应急储备中，或作为盈利/利润从项目中剥离。

如果已识别的风险没有发生，就可能要从项目预算中扣除未使用的应急储备，为其他项目或运营腾出资源。同时，在项目中开展进一步风险分析，可能会发现需要为项目预算申请额外的储备。

3. 完工尚需绩效指数

完工尚需绩效指数（TCPI）是一种为了实现特定的管理目标，剩余资源的使用必须达到的成本绩效指标，是完成剩余工作所需的成本与剩余预算之比。TCPI 是指为了实现具体的管理目标（如 BAC 或 EAC），剩余工作的实施必须达到的成本绩效指标。如果 BAC 已明显不再可行，则项目经理应考虑使用预测的 EAC。经过批准后，就用 EAC 取代 BAC。基于 BAC 的 TCPI 公式：TCPI=（BAC–EV）/（BAC–AC）。

TCPI 的概念可用图 11-8 表示。TCPI 的计算公式在图的左下角，用剩余工作（BAC 减去 EV）除以剩余资金（可以是 BAC 减去 AC，或 EAC 减去 AC）。

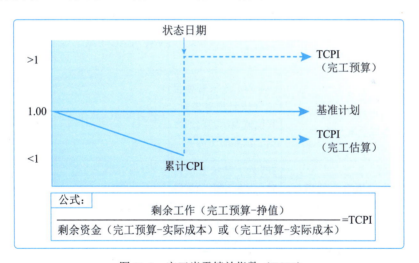

图 11-8　完工尚需绩效指数（TCPI）

如果累计 CPI 低于基准（如图 11-8 所示），那么项目的全部剩余工作都应立即按 TCPI（BAC）（图 11-8 中最高的那条线）执行，才能确保实际总成本不超过批准的 BAC。至于所要求的这种绩效水平是否可行，就需要综合考虑多种因素（包括风险、项目剩余时间和技术绩效）后才能判断；如果不可行，就需要把项目未来所需的绩效水平调整为如 TCPI（EAC）线所示。基于 EAC 的 TCPI 公式：TCPI=（BAC–EV）/（EAC–AC）。表 11-2 列出了 EVM 的计算公式。

表 11-2　挣值计算汇总表

缩写	名称	词汇定义	使用方法	公式	结果说明
PV	计划价值	为计划工作分配的经批准的预算	某时间点计划完成的工作的价值	PV= 计划完成工作的计划价值之和	
EV	挣值	对已完成工作的测量，用该工作的批准预算来表示	某时间点所有已完成工作的计划价值，与实际成本无关	EV= 已完成工作的计划价值之和	
AC	实际成本	在给定时间段内，因执行项目活动而实际发生的成本	某时间点所有已完成工作的实际成本	AC= 已完成工作的实际价值之和	
BAC	完工预算	为将要执行的工作所建立的全部预算的总和	总计划工作的价值，项目成本基准	BAC= 总计划工作的价值	
CV	成本偏差	在某个给定时间点，预算亏空或盈余量，表示为挣值与实际成本之差	某时间点已完成工作的计划价值与实际成本之差	CV=EV–AC	正值 = 低于计划成本 正好 0= 按计划成本 负值 = 超出计划成本
SV	进度偏差	在某个时间点，项目与计划交付日期相比的亏空或盈余量，表示为挣值与计划价值之差	某时间点已完成的工作与计划完成的工作之差	SV=EV–PV	正值 = 比计划提前 正好 0= 按计划进行 负值 = 比计划滞后
VAC	完工偏差	对预算亏空或盈余量的一种预测，是完工预算与完工估算之差	项目完成时的成本估算差距	VAC=BAC–EAC	正值 = 低于计划成本 正好 0= 按计划成本 负值 = 超出计划成本
CPI	成本绩效指数	测量预算资源的成本效率的指标，表示为挣值与实际成本之比	CPI 为 1 意味着项目完全按照预算进行，其他值表示超出或者低于预算的比例	CPI=EV/AC	大于 1= 低于计划成本 正好 1= 按计划成本 小于 1= 超出计划成本
SPI	进度绩效指数	测量进度效率的指标，表示为挣值与计划价值之比	SPI 为 1 意味着项目完全按照进度计划进行，其他值表示计划的工作超出或低于预算成本的比例	SPI=EV/PV	大于 1= 比计划提前 正好 1= 按计划进行 小于 1= 比计划滞后
EAC	完工估算	完成所有工作所需的预期总成本，等于截至目前的实际成本加上完工尚需估算	如果预期项目剩余部分的 CPI 不变	EAC=BAC/CPI	
			如果未来工作将按计划速度完成	EAC=AC+（BAC–EV）	
			如果最初计划不再有效	EAC=AC+ 自下而上的 ETC	
			如果 CPI 和 SPI 都会影响剩余工作	EAC=AC+（BAC–EV）/（CPI×SPI）	

(续表)

缩写	名称	词汇定义	使用方法	公式	结果说明
ETC	完工尚需估算	完成所有剩余项目工作的预计成本	假设工作继续按计划进行	ETC=EAC–AC	
			重新自下而上估算剩余工作	ETC= 重新估算	
TCPI	完工尚需绩效指数	为了实现特定的管理目标，剩余资源的使用必须达成的成本绩效指标，是完成剩余工作所需成本与可用预算之比	为完成计划必须保持的效率	TCPI=（BAC–EV）/（BAC–AC）	大于 1= 难以完成 正好 1= 正好完成 小于 1= 轻易完成
			为完成当前完工估算必须保持的效率	TCPI=（BAC–EV）/（EAC–AC）	

4. 项目管理信息系统

项目管理信息系统常用于监测 PV、EV 和 AC 这三个挣值分析指标、绘制趋势图，并预测最终项目结果的可能区间。

11.6.3 输出

1. 工作绩效信息

工作绩效信息包括有关项目工作实施情况的信息（对照成本基准），可以在工作包层级和控制账户层级上评估已执行的工作和工作成本方面的偏差。对于使用挣值分析的项目，CV、CPI、EAC、VAC 和 TCPI 将记录在工作绩效报告中。

2. 成本预测

无论是计算得出的 EAC 值，还是自下而上估算的 EAC 值，都需要记录下来，并传达给干系人。

3. 变更请求

分析项目绩效后，可能会就成本基准和进度基准，或项目管理计划的其他组成部分提出变更请求。应该通过实施整体变更控制过程对变更请求进行审查和处理。

4. 项目管理计划（更新）

项目管理计划的任何变更都以变更请求的形式提出，且通过组织的变更控制过程进行处理，需要变更请求的项目管理计划组成部分包括：

- 成本管理计划：该计划中需要更新的内容包括用于管理项目成本的控制临界值或所要求的准确度。要根据干系人的反馈意见，对它们进行更新。
- 成本基准：在针对范围、资源或成本估算的变更获得批准后，需要对成本基准做出相应的变更。在某些情况下，成本偏差可能太过严重，以至于需要修订成本基准，以便为绩效测量提供现实可行的依据。

- 绩效测量基准：在针对范围、进度绩效或成本估算的变更获得批准后，需要对绩效测量基准做出相应的变更。在某些情况下，绩效偏差可能太过严重，以至于需要提出变更请求来修订绩效测量基准，以便为绩效测量提供现实可行的依据。

5. 项目文件（更新）

可在控制成本过程更新的项目文件主要包括：
- 假设日志：成本绩效可能表明需要重新修订有关资源生产率和其他影响成本绩效因素的假设条件。
- 估算依据：成本绩效可能表明需要重新审查初始估算依据。
- 成本估算：可能需要更新成本估算，以反映项目的实际成本效率。
- 经验教训登记册：有效维护预算、偏差分析、挣值分析、预测，以及应对成本偏差的纠正措施的相关技术，应当更新在经验教训登记册中。
- 风险登记册：如果出现成本偏差，或成本可能达到临界值，则应更新风险登记册。

11.7 本章练习

1. 选择题

（1）过去的决策已经发生了，不能由现在或将来的任何决策改变的成本是_____。
    A. 沉没成本   B. 机会成本   C. 间接成本   D. 直接成本

参考答案：A

（2）项目成本管理过程不包括_____。
    A. 规划成本管理   B. 估算成本
    C. 结算成本   D. 控制成本

参考答案：C

（3）某企业董事会讨论全年重大项目成本管理计划，为控制风险，要求每个项目可接受的成本区间为不超过 ±5%，这属于管理计划中_____的规定。
    A. 精确度   B. 绩效测量规则   C. 绩效测量规划   D. 准确度

参考答案：D

（4）三点估算中贝塔分布的计算公式为_____。
    A. $C_E=(C_O+C_M+C_P)/3$ B. $C_E=(C_O+4C_M+C_P)/6$
    C. $C_E=(C_O+C_M+C_P)/6$ D. $C_E=(C_O+4C_M+C_P)/3$

参考答案：B

（5）在 EVM 中，偏差分析用以解释成本偏差、进度偏差和完工偏差的原因、影响和纠正措施。其中完工偏差的表达公式是_____。
    A. CV=EV–AC   B. VAC=BAC–EAC
    C. SV=EV–PV   D. EAC=AC+（BAC–EV）

参考答案：B

2. 判断题

判断下列表述正误，正确的选 √，错误的选 ×。

（1）管理储备是包含在成本基准内的一部分预算，用来应对已经接受的已识别风险，以及已经制定应急或减轻措施的已识别风险。（ ）

（2）对易变性高，范围并未完全明确，经常发生变更的项目，详细的成本计算可能没有多大帮助。（ ）

（3）自上而下估算的准确性及其本身所需的成本，通常取决于单个活动或工作包的规模或其他属性。（ ）

参考答案：（1）×　（2）√　（3）×

3. 思考题

项目成本管理工作是在项目实施过程中，通过项目成本管理尽量使项目实际发生的成本控制在预算范围之内。如果项目建设的实际成本远远超出批准的投资预算，就很容易造成成本失控。请简述发生成本失控的主要原因有哪些？

参考答案：略

第12章 项目质量管理

项目质量管理包括把组织的质量政策应用于规划、管理、控制项目和产品质量要求，以满足干系人目标的各个过程。此外，项目质量管理以执行组织的名义支持过程的持续改进活动。项目质量管理需要兼顾项目管理与项目可交付成果两个方面，它适用于所有项目，无论项目的可交付成果具有何种特性。质量的测量方法和技术则需专门针对项目所产生的可交付成果类型而定，无论什么项目，若未达到质量要求，都会给某个或全部项目干系人带来严重的负面后果。

12.1 管理基础

12.1.1 质量与项目质量

1. 质量

国际标准化组织（ISO）对质量（Quality）的定义是："反映实体满足主体明确和隐含需求的能力的特性总和"。实体是指可单独描述和研究的事物，也就是有关质量工作的对象，它的内涵十分广泛，可以是活动、过程、产品（软件、硬件、服务）或者组织等。明确的需求是指在标准、规范、图样、技术要求、合同和其他文件中用户明确提出的要求与需要。隐含的需求是指用户通过市场调研对实体的期望以及公认的、不必明确的需求，需要对其加以分析研究、识别与探明并加以确定的要求或需要。特性是指实体所特有的性质，反映了实体满足需要的能力。

国家标准 GB/T 19000《质量管理体系 基础和术语》对质量的定义为："一组固有特性满足要求的程度"。固有特性是指在某事或某物中本来就有的，尤其是那种永久的可区分的特征。对产品来说，例如水泥的化学成分、强度、凝结时间就是固有特性；对质量管理体系来说，固有特性就是实现质量方针和质量目标的能力；对过程来说，固有特性就是过程将输入转化为输出的能力。

质量通常是指产品的质量，广义上的质量还包括工作质量。产品质量是指产品的使用价值及其属性；而工作质量则是产品质量的保证，它反映了与产品质量直接有关的工作对产品质量的保证程度。

质量与等级的区别。质量与等级是两个不同的概念。质量作为实现的性能或成果，是"一系列内在特性满足要求的程度（ISO 9000）"。等级是对用途相同但技术特性不同的可交付成果的级别分类。例如：①一个低等级（功能有限）、高质量（无明显缺陷，用户手册易读）的软件产品，适合一般情况下使用，也可以被认可。②一个高等级（功能繁多）、低质量（有许多缺陷，用户手册杂乱无章）的软件产品，该产品的功能会因质量低劣而无效和/或低效，不会被使用者接受。

预防胜于检查。最好将质量设计到可交付成果中，而不是在检查时发现质量问题。预防错误的成本通常远低于在检查或使用中发现并纠正错误的成本。

根据不同的项目和行业领域，项目团队可能需要具备统计控制过程方面的实用知识，以便评估控制质量的输出中所包含的数据。项目管理团队应了解的与统计相关的术语包括：①"预防"——保证过程中不出现错误；"检查"——保证错误不落到客户手中；②"公差"——结果的可接受范围；"控制界限"——在统计意义上稳定的过程或过程绩效的普通偏差的边界。

2. 项目质量

从项目作为一次性的活动来看，项目质量体现在由 WBS 反映出的项目范围内所有的阶段、子项目、项目工作单元的质量构成，即项目的工作质量；从项目作为一项最终产品来看，项目质量体现在其性能或者使用价值上，即项目的产品质量。项目的质量是顺应顾客的要求进行的，不同的顾客有着不同的质量要求，其意图已反映在项目合同中。因此，项目合同通常是进行项目质量管理的主要依据。

12.1.2 质量管理

1. 质量管理

质量管理（Quality Management）是指确定质量方针、目标和职责，并通过质量体系中的质量规划、质量保证、质量控制以及质量改进来使其实现所有管理职能的全部活动。质量管理是指为了实现质量目标而进行的所有质量性质的活动。在质量方面指挥和控制的活动，一般包括质量方针和质量目标以及质量规划、质量保证、质量控制和质量改进。

2. 质量方针与质量目标

质量方针是指"由组织的最高管理者正式发布的该组织总的质量宗旨和方向"。它体现了该组织（项目）的质量意识和质量追求，是组织内部的行为准则，也体现了顾客的期望和对顾客做出的承诺。质量方针是总方针的一个组成部分，由最高管理者批准。

质量目标是指"在质量方面所追求的目的"，它是落实质量方针的具体要求，它从属于质量方针，应与利润目标、成本目标、进度目标等相协调。质量目标必须明确、具体，尽量用定量化的语言进行描述，保证质量目标容易被沟通和理解。质量目标应分解落实到各部门及项目的全体成员，以便于实施、检查和考核。

3. 按有效性递增排列的五种质量管理水平

（1）通常，代价最大的方法是让客户发现缺陷。这种方法可能会导致召回、商誉受损和返工成本。

（2）控制质量过程包括先检测和纠正缺陷，再将可交付成果发送给客户。该过程会带来相关成本，主要是评估成本和内部失败成本。

（3）通过质量保证检查并纠正过程本身。

（4）将质量融入项目和产品的规划和设计中。

（5）在整个组织内创建一种关注并致力于实现过程和产品质量的文化。

12.1.3 质量管理标准体系

1. GB/T 19000 系列标准

GB/T 19000 系列标准可帮助各种类型和规模的组织实施并运行有效的质量管理体系，该系列质量管理体系能够帮助组织增进顾客满意。这些标准包括：

- GB/T 19000：表述质量管理体系基础知识并规定质量管理体系术语。
- GB/T 19001：规定质量管理体系要求，用于组织证实其具有提供满足顾客要求和适用的法规要求的产品的能力，目的在于增进顾客满意。
- GB/T 19002：质量管理体系GB/T 19001应用指南。
- GB/T 19004：质量管理 组织的质量 实现持续成功指南，该标准的目的是组织业绩改进和顾客及其他干系人满意。
- GB/T 19011：提供审核质量和环境管理体系指南。

2. 全面质量管理

全面质量管理（TQM）是一种全员、全过程、全组织的品质管理。它是一个组织以质量为中心，以全员参与为基础，通过让顾客满意和本组织所有成员及社会受益而达到永续经营的目的。全面质量管理注重顾客需要，强调参与团队工作，并力争形成一种文化，以促进所有员工设法并持续改进组织所提供产品/服务的质量、工作过程和顾客反应时间等，它由结构、技术、人员和变革推动者4个要素组成，只有这4个方面全部齐备，才会有全面质量管理这场变革。

全面质量管理有4个核心的特征包括：全员参加的质量管理、全过程的质量管理、全面方法的质量管理和全面结果的质量管理。

（1）全员参加的质量管理。要求全部员工，无论高层管理者还是普通办公职员或一线工人，都要参与质量改进活动。参与"改进工作质量管理的核心机制"，是全面质量管理的主要原则之一。

（2）全过程的质量管理。必须在市场调研、产品的选型、研究试验、设计、原料采购、制造、检验、储运、销售、安装、使用和维修等各个环节中都把好质量关。其中，产品的设计过程是全面质量管理的起点，原料采购、生产、检验过程是实现产品质量的重要过程；而产品的质量最终是在市场销售、使用、售后服务的过程中得到评判与认可。

（3）全面方法的质量管理。采用科学的管理方法、数理统计的方法、现代电子技术、通信技术等方法进行全面质量管理。

（4）全面结果的质量管理。全面结果的质量管理指对产品质量、工作质量、工程质量和服务质量等进行全面质量管理。

12.1.4 管理新实践

现代质量管理方法力求缩小差异，交付满足干系人要求的成果，项目质量管理的新趋势和新兴实践包括：

- 客户满意：了解、评估、定义和管理要求，以便满足客户的期望，这就需要把"符合要求"（确保项目产出预定的成果）和"适合使用"（产品或服务必须满足实际需求）结合起来。在敏捷环境中，干系人与项目管理团队合作可确保在整个项目期间始终做到客户满意。
- 持续改进：休哈特提出并经戴明完善的"计划—实施—检查—行动（PDCA）"循环是质量改进的基础，另外，全面质量管理（TQM）、六西格玛和精益六西格玛等质量改进举措也可提高项目管理的质量以及最终产品、服务或成果的质量。
- 管理层的责任：项目的成功需要项目团队全体成员的参与。管理层在其质量职责内，肩负着为项目提供具有足够能力的资源的相应责任。
- 与供应商的互利合作关系：组织与其供应商相互依赖。相对传统的供应商管理而言，与供应商建立合作伙伴关系对组织和供应商都更加有益，组织应着眼于长期关系而不是短期利益。互利合作关系增强了组织和供应商互相为对方创造价值的能力，推动他们共同实现客户的需求和期望，并优化成本和资源。

12.2 项目质量管理过程

12.2.1 过程概述

项目质量管理过程包括：
- 规划质量管理：识别项目及其可交付成果的质量要求、标准，并书面描述项目符合质量要求、标准的证明。
- 管理质量：把组织的质量政策用于项目，并将质量管理计划转化为可执行的质量活动。
- 控制质量：为了评估绩效，监督和记录质量管理活动的执行结果，确保项目输出完整、正确，且满足客户期望。

在项目实际进展中，以上各过程会相互交叠和相互作用。表 12-1 概述了项目质量管理的各个过程。

图 12-1 概述了项目质量管理过程的主要输入和输出，以及这些过程在项目质量管理知识领域中的相互关系。规划质量管理过程关注工作需要达到的质量，管理质量则关注管理整个项目期间的质量。在管理质量过程期间，在规划质量管理过程中识别的质量要求成为测试与评估工具，将用于控制质量过程，以确认项目是否达到这些质量要求。控制质量关注工作成果与质量要求的比较，确保结果可接受。项目质量管理知识领域有两个用于其他知识领域的特定输出，即核实的可交付成果和质量报告。

表 12-1 项目质量管理过程

过程	输入	工具与技术	输出
规划质量管理	● 项目章程 ● 项目管理计划 ● 项目文件 ● 事业环境因素 ● 组织过程资产	● 专家判断 ● 数据收集 ● 数据分析 ● 决策技术 ● 数据表现 ● 测试与检查的规划 ● 会议	● 质量管理计划 ● 质量测量指标 ● 项目管理计划（更新） ● 项目文件（更新）

（续表）

过程	输入	工具与技术	输出
管理质量	● 项目管理计划 ● 项目文件 ● 组织过程资产	● 数据收集 ● 数据分析 ● 决策技术 ● 数据表现 ● 审计 ● 面向X的设计 ● 问题解决 ● 质量改进方法	● 质量报告 ● 测试与评估文件 ● 变更请求 ● 项目管理计划（更新） ● 项目文件（更新）
控制质量	● 项目管理计划 ● 项目文件 ● 可交付成果 ● 工作绩效数据 ● 批准的变更请求 ● 事业环境因素 ● 组织过程资产	● 数据收集 ● 数据分析 ● 检查 ● 测试/产品评估 ● 数据表现 ● 会议	● 工作绩效信息 ● 质量控制测量结果 ● 核实的可交付成果 ● 变更请求 ● 项目管理计划（更新） ● 项目文件（更新）

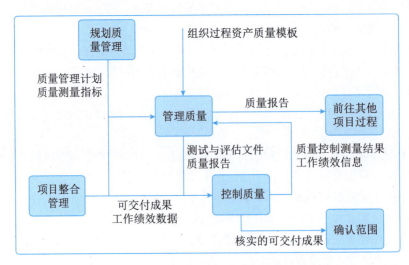

图 12-1 主要项目质量管理过程的相互关系

12.2.2 裁剪考虑因素

每个项目都是独特的，因此项目经理可以根据需要裁剪项目质量管理过程。裁剪时应考虑的因素包括：

- 政策合规与审计：有哪些质量政策和程序？使用哪些质量工具、技术和模板？
- 标准与法规合规性：是否存在必须遵守的行业质量标准？需要考虑哪些政府、法律或法规方面的制约因素？

- 持续改进：如何管理项目中的质量改进？在组织层面还是单个项目层面管理？
- 干系人参与：项目环境是否有利于与干系人及供应商合作？

12.2.3 敏捷与适应方法

为引导变更，敏捷或适应型方法要求多个质量与审核步骤贯穿整个项目，而不是在面临项目结束时才执行。

首先，循环回顾、定期检查质量过程的效果；其次，寻找问题的根本原因；然后，建议实施新的质量改进方法；最后，回顾会议评估试验过程，确定是否可行，是否应继续，做出调整或者直接弃用。为促进频繁的增量交付，敏捷或适应型方法关注于小批量工作，纳入尽可能多的项目可交付成果的要素，小批量系统的目的是在项目生命周期早期（整体变更成本较低）就能发现不一致和质量问题。

12.3 规划质量管理

规划质量管理是识别项目及其可交付成果的质量要求、标准，并书面描述项目将如何证明符合质量要求、标准的过程。本过程的主要作用是为在整个项目期间如何管理和核实质量提供指南和方向。本过程仅开展一次或仅在项目的预定义点开展。规划质量管理过程的数据流向如图 12-2 所示。

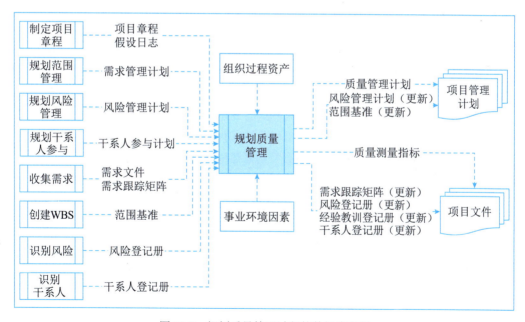

图 12-2　规划质量管理过程的数据流向图

质量规划应与其他知识领域规划过程并行开展。例如，为满足既定的质量标准而对可交付成果提出变更，可能需要调整成本或进度计划，并就该变更对相关计划的影响进行详细风险分析。

12.3.1 输入

1. 项目章程

项目章程中包含对项目和产品特征的高层级描述，还包括可以影响项目质量管理的项目审批要求、可测量的项目目标和相关的成功标准。

2. 项目管理计划

用于规划质量管理的项目管理计划组件主要包括：

- 需求管理计划：提供了识别、分析和管理需求的方法，以供质量管理计划和质量测量指标借鉴。
- 风险管理计划：提供了识别、分析和监督风险的方法。将风险管理计划和质量管理计划的信息相结合，有助于成功交付产品和项目。
- 干系人参与计划：提供了记录干系人需求和期望的方法，为质量管理奠定了基础。
- 范围基准：在确定适用于项目的质量标准和目标时，以及在确定要求质量审查的项目可交付成果和过程时，需要考虑WBS和项目范围说明书中记录的可交付成果。范围说明书包含可交付成果的验收标准，用以界定可能导致质量成本并进而导致项目成本的显著升高或降低，满足所有验收标准意味着满足干系人的需求。

3. 项目文件

可作为规划质量管理过程输入的项目文件主要包括：

- 假设日志：记录与质量要求和标准合规相关的全部假设条件和制约因素。
- 需求文件：记录项目和产品为满足干系人的期望应达到的要求，它包括针对项目和产品的质量要求，这些需求有助于项目团队规划如何实施项目质量控制。
- 需求跟踪矩阵：将产品需求连接到可交付成果，有助于确保需求文件中的各项需求都得到测试。矩阵提供了核实需求时所需测试的概述。
- 风险登记册：包含可能影响质量要求的各种威胁和机会的信息。
- 干系人登记册：有助于识别对质量有特别兴趣或影响的干系人，尤其注重客户和项目发起人的需求和期望。

4. 事业环境因素

能够影响规划质量管理过程的事业环境因素包括：政府法规；特定应用领域的相关规则、标准和指南；物理分布；组织结构；市场条件；项目或可交付成果的工作条件或运行条件；文化观念等。

5. 组织过程资产

能够影响规划质量管理的组织过程资产包括：组织的质量管理体系，包括政策、程序及指南；质量模板，例如核查表、跟踪矩阵及其他；历史数据库和经验教训知识库等。

12.3.2 工具与技术

1. 专家判断

在对质量管理进行规划时，应征求具备以下专业知识或接受过相关培训的个人或小组的意见：质量保证、质量控制、质量测量结果、质量改进、质量体系等。

2. 数据收集

适用于规划质量管理过程的数据收集技术包括：

- 标杆对照：将实际或计划的项目实践或项目的质量标准与可比项目的实践进行比较，以便识别最佳实践，形成改进意见，并为绩效考核提供依据。作为标杆的项目可以来自执行组织内部或外部，或者来自同一应用领域或其他应用领域。标杆对照也允许用不同应用领域或行业的项目做类比。
- 头脑风暴：通过头脑风暴可以向团队成员或主题专家收集数据，以制订最适合新项目的质量管理计划。
- 访谈：有经验的项目参与者、干系人和主题专家有助于了解他们对项目和产品质量的隐性和显性、正式和非正式的需求和期望。应在信任和保密的环境下开展访谈，以获得真实可信、不带偏见的反馈。

3. 数据分析

适用于规划质量管理过程的数据分析技术包括：

- 成本效益分析：成本效益分析是用来估算备选方案优势和劣势的财务分析工具，以确定可以创造最佳效益的备选方案。成本效益分析可帮助项目经理确定规划的质量活动是否有效利用了成本。达到质量要求的主要效益包括减少返工、提高生产率、降低成本、提升干系人满意度及提升赢利能力。对每个质量活动进行成本效益分析，就是要比较其可能成本与预期效益。
- 质量成本：与项目有关的质量成本（COQ）包含以下一种或多种成本（图12-3提供了各组成本的例子）：①预防成本。预防特定项目的产品、可交付成果或服务质量低劣所带来的成本。②评估成本。评估、测量、审计和测试特定项目的产品、可交付成果或服务所带来的成本。③失败成本（内部/外部）。因产品、可交付成果或服务与干系人需求或期望不一致而导致的成本。最优COQ能够在预防成本和评估成本之间找到恰当的投资平衡点，用于规避失败成本。

4. 决策技术

多标准决策分析是适用于规划质量管理过程的一种决策技术，多标准决策分析工具（如优先矩阵）可用于识别关键事项和合适的备选方案，并通过一系列决策排列出备选方案的优先顺序。先对标准排序和加权，再应用于所有备选方案，计算出各个备选方案的数学得分，然后根据得分对备选方案排序。在本过程中，它有助于排定质量测量指标的优先顺序。

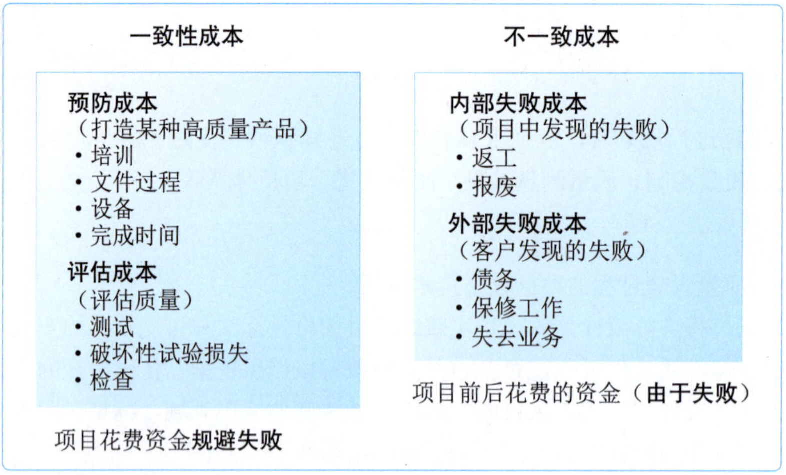

```
┌─────────────────────────────────────────────────────────────────┐
│        一致性成本                          不一致成本              │
│  ┌──────────────────────┐         ┌──────────────────────┐      │
│  │ 预防成本              │         │ 内部失败成本          │      │
│  │ （打造某种高质量产品） │         │ （项目中发现的失败）  │      │
│  │ • 培训                │         │ • 返工                │      │
│  │ • 文件过程            │         │ • 报废                │      │
│  │ • 设备                │         │                       │      │
│  │ • 完成时间            │         │ 外部失败成本          │      │
│  │                       │         │ （客户发现的失败）    │      │
│  │ 评估成本              │         │ • 债务                │      │
│  │ （评估质量）          │         │ • 保修工作            │      │
│  │ • 测试                │         │ • 失去业务            │      │
│  │ • 破坏性试验损失      │         │                       │      │
│  │ • 检查                │         │                       │      │
│  │                       │         │ 项目前后花费的资金（由于失败）│
│  │ 项目花费资金规避失败   │         │                       │      │
│  └──────────────────────┘         └──────────────────────┘      │
└─────────────────────────────────────────────────────────────────┘
```

图 12-3　质量成本

5. 数据表现

适用于规划质量管理过程的数据表现技术包括：

- 流程图：流程图也称过程图，用来显示将一个或多个输入转化成一个或多个输出的过程中，所需步骤顺序和可能分支。它通过映射水平价值链的过程细节来显示活动、决策点、分支循环、并行路径及整体处理顺序。图12-4展示了其中一个版本的价值链，即 SIPOC（供应商、输入、过程、输出和客户）模型。流程图有助于了解和估算一个过程的质量成本，通过工作流的逻辑分支及其相对频率来估算质量成本，这些逻辑分支细分为完成符合要求的输出而需要开展的一致性工作和非一致性工作。用于展示过程步骤时，流程图有时又被称为"过程流程图"或"过程流向图"，可帮助改进过程并识别可能出现质量缺陷或可以纳入质量检查的地方。
- 逻辑数据模型：逻辑数据模型把组织数据可视化，用业务语言加以描述，不依赖任何特定技术。逻辑数据模型可用于识别会出现数据完整性或其他问题的地方。
- 矩阵图：矩阵图在行列交叉的位置展示因素、原因和目标之间的强弱关系。根据可用来比较因素的数量，项目经理可使用不同形状的矩阵图，如L型、T型、Y型、X型、C型和屋顶型矩阵。在规划质量管理过程中，矩阵图有助于识别对项目成功至关重要的质量测量指标。
- 思维导图：思维导图是一种用于可视化组织信息的绘图法。质量思维导图通常是基于单个质量概念创建的，是绘制在空白页面中央的图像，之后再增加以图像、词汇或词条形式表现的想法。思维导图技术可以有助于快速收集项目质量要求、制约因素、依赖关系和联系。

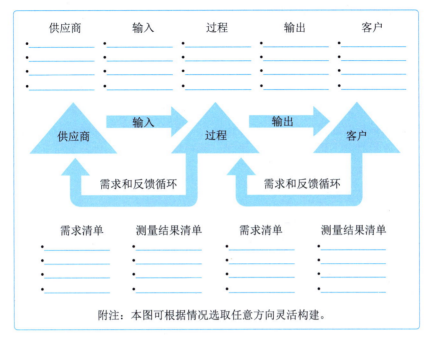

图 12-4 SIPOC 模型

6. 测试与检查的规划

在规划阶段,项目经理和项目团队决定如何测试或检查产品、可交付成果或服务,以满足干系人的需求和期望,以及如何满足产品的绩效和可靠性目标。不同行业有不同的测试与检查,可能包括软件项目的 α 测试和 β 测试、建筑项目的强度测试、制造和实地测试的检查,以及工程的无损伤测试。

7. 会议

项目团队可召开规划会议来制订质量管理计划。参会者包括项目经理、项目发起人、选定的项目团队成员、选定的干系人、项目质量管理活动的负责人以及其他必要人员。

12.3.3 输出

1. 质量管理计划

质量管理计划是项目管理计划的组成部分,描述如何实施适用的政策、程序和指南以实现质量目标。它描述了项目管理团队为实现一系列项目质量目标所需的活动和资源。质量管理计划可以是正式或非正式的,非常详细或高度概括的,其风格与详细程度取决于项目的具体需要。应该在项目早期就对质量管理计划进行评审,以确保决策是基于准确信息的。这样做的好处是,更加关注项目的价值定位,降低因返工而造成的成本超支金额和进度延误次数。质量管理计划内容一般包括:①项目采用的质量标准;②项目的质量目标;③质量角色与职责;④需要质量审查的项目可交付成果和过程；⑤为项目规划的质量控制和质量管理活动；⑥项目使用的质量工具；⑦与项目有关的主要程序，例如处理不符合要求的情况、纠正措施程序以及持续改进程序等。

2. 质量测量指标

质量测量指标专用于描述项目或产品属性，以及控制质量过程将如何验证符合程度。质量测量指标的例子包括按时完成的任务的百分比、以 CPI 测量的成本绩效、故障率、识别的日缺陷数量、每月总停机时间、每个代码行的错误、客户满意度分数，以及测试计划所涵盖的需求百分比（即测试覆盖度）。

3. 项目管理计划（更新）

项目管理计划的任何变更都以变更请求的形式提出，且通过组织的变更控制过程进行处理，可能需要变更的部分包括：

- 风险管理计划：在确定质量管理方法时可能需要更改已商定的项目风险管理方法，这些变更会记录在风险管理计划中。
- 范围基准：如果需要增加特定的质量管理活动，范围基准可能因本过程而变更。WBS字典记录的质量要求可能需要更新。

4. 项目文件（更新）

可在规划质量管理过程更新的项目文件主要包括：

- 经验教训登记册：在质量规划过程中遇到的挑战需要更新在经验教训登记册中。
- 需求跟踪矩阵：本过程指定的质量要求，记录在需求跟踪矩阵中。
- 风险登记册：在本过程中识别的新风险记录在风险登记册中，并通过风险管理过程进行管理。
- 干系人登记册：如果在规划质量管理过程中收集到有关现有或新干系人的其他信息，则记录到干系人登记册中。

12.4 管理质量

管理质量是把组织的质量政策用于项目，并将质量管理计划转化为可执行的质量活动的过程。本过程的主要作用：①提高实现质量目标的可能性；②识别无效过程和导致质量低劣的原因；③使用控制质量过程的数据和结果向干系人展示项目的总体质量状态。管理质量过程需要在整个项目期间开展。管理质量过程的数据流向如图 12-5 所示。

管理质量有时被称为"质量保证"，但"管理质量"的定义比"质量保证"更广，因其可用于非项目工作。在项目管理中，质量保证着眼于项目使用的过程，旨在高效地执行项目过程，包括遵守和满足标准，向干系人保证最终产品可以满足他们的需求、期望和要求。管理质量包括所有质量保证活动，还与产品设计和过程改进有关。管理质量的工作属于质量成本框架中的一致性工作。

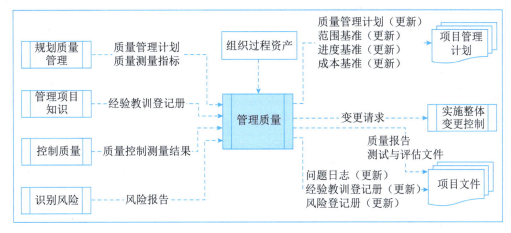

图 12-5　管理质量过程的数据流向图

管理质量过程执行在项目质量管理计划中所定义的一系列有计划、有系统的行动和过程，有助于：①通过执行有关产品特定方面的设计准则，设计出最优的成熟产品；②建立信心，相信通过质量保证工具和技术（如质量审计和故障分析）可以使未来输出在完工时满足特定的需求和期望；③确保使用质量过程并确保其使用能够满足项目的质量目标；④提高过程和活动的效率与效果，获得更好的成果和绩效并提高干系人的满意度。

项目经理和项目团队可以通过组织的质量保证部门或其他组织职能执行某些管理质量活动，例如故障分析、实验设计和质量改进。质量保证部门在质量工具和技术的使用方面通常拥有跨组织经验，是良好的项目资源。

管理质量是所有人的共同职责，包括项目经理、项目团队、项目发起人、执行组织的管理层，甚至是客户。所有人在管理项目质量方面都扮演一定的角色，尽管这些角色的人数和工作量不同。参与质量管理工作的程度取决于所在行业和项目管理风格。在敏捷型项目中，整个项目期间的质量管理由所有团队成员执行；但在传统项目中，质量管理通常是特定团队成员的职责。

12.4.1　输入

1. 项目管理计划

项目管理计划组件包括但不限于质量管理计划，质量管理计划定义了项目和产品质量的可接受水平，并描述了如何确保可交付成果和过程达到这一质量水平。质量管理计划还描述了不合格产品的处理方式以及须采取的纠正措施。

2. 项目文件

可作为管理质量过程输入的项目文件主要包括：

- 经验教训登记册：项目早期与质量管理有关的经验教训，可以运用到项目后期阶段，以提高质量管理的效率与效果。
- 质量控制测量结果：用于分析和评估项目过程和可交付成果的质量是否符合执行组织的

标准或特定要求，质量控制测量结果也有助于分析这些测量结果的产生过程，以确定实际测量结果的正确程度。
- 质量测量指标：核实质量测量指标是控制质量过程的一个环节。管理质量过程依据这些质量测量指标设定项目的测试场景和可交付成果，用作改进举措的依据。
- 风险报告：管理质量过程使用风险报告识别整体项目风险的来源以及整体风险敞口的最重要的驱动因素，这些因素能够影响项目的质量目标。

3. 组织过程资产

能够影响管理质量过程的组织过程资产包括：政策、程序及指南的组织质量管理体系；质量模板，例如核查表、跟踪矩阵、测试计划、测试文件及其他模板；以往审计的结果；包含类似项目信息的经验教训知识库等。

12.4.2 工具与技术

1. 数据收集

适用于管理质量过程的数据收集技术是核对单。核对单是一种结构化工具，通常列出特定组成部分，用来核实所要求的一系列步骤是否已得到执行或检查需求列表是否已得到满足。基于项目需求和实践，核对单可简可繁。许多组织都有标准化的核对单，用来规范地执行经常性任务。在某些应用领域，核对单也可从专业协会或商业性服务机构获取。质量核对单应该涵盖在范围基准中定义的验收标准。

2. 数据分析

适用于管理质量过程的数据分析技术主要包括：
- 备选方案分析：该技术用于评估已识别的可选方案，以选择那些最合适的质量方案或方法。
- 文件分析：分析项目控制过程所输出的不同文件，如质量报告、测试报告、绩效报告和偏差分析，可以重点指出可能超出控制范围之外并阻碍项目团队满足特定要求或干系人期望的过程。
- 过程分析：该分析可以识别过程改进机会，同时检查在过程期间遇到的问题、制约因素以及非增值活动。
- 根本原因分析（RCA）：该分析是确定引起偏差、缺陷或风险的根本原因的一种分析技术。一项根本原因可能引起多项偏差、缺陷或风险。根本原因分析还可以作为一项技术，用于识别问题的根本原因并解决问题。消除所有根本原因可以杜绝问题再次发生。

3. 决策技术

适用于本过程的决策技术包括但不限于多标准决策分析。在讨论影响项目或产品质量的备选方案时，可以使用多标准决策评估多个标准。"项目"决策可以包括在不同执行情景或供应商中加以选择，"产品"决策可以包括评估生命周期成本、进度、干系人的满意程度，以及与解决产品缺陷有关的风险。

4. 数据表现

适用于管理质量过程的数据表现技术主要包括：
- 亲和图：亲和图可以对潜在缺陷成因进行分类，展示最应关注的领域。
- 因果图：因果图又称"鱼骨图""why-why分析图"和"石川图"，将问题陈述的原因分解为离散的分支，有助于识别问题的主要原因或根本原因。图12-6是因果图的一个例子。

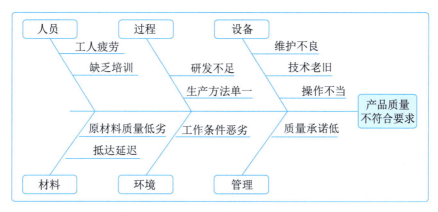

图 12-6　因果图实例

- 流程图：流程图展示了引发缺陷的一系列步骤。
- 直方图：直方图是一种展示数字数据的条形图，可展示每个可交付成果的缺陷数量、缺陷成因排列、各个过程的不合规次数，或项目或产品缺陷的其他表现形式。
- 矩阵图：矩阵图在行列交叉的位置展示因素、原因和目标之间的关系强弱。
- 散点图：散点图是一种展示两个变量之间关系的图形，它能够展示两支轴的关系，一支轴表示过程、环境或活动的任何要素，另一支轴表示质量缺陷。

5. 审计

审计是用于确定项目活动是否遵循了组织和项目的政策、过程与程序的一种结构化且独立的过程。质量审计通常由项目外部的团队开展，如组织内部审计部门、项目管理办公室（PMO）或组织外部的审计师。质量审计目标一般包括：①识别全部正在实施的良好及最佳实践；②识别所有违规做法、差距及不足；③分享所在组织和/或行业中类似项目的良好实践；④积极、主动地提供协助，以改进过程的执行，从而帮助团队提高生产效率；⑤强调每次审计都应对组织经验教训知识库的积累做出贡献等。

采取后续措施纠正问题可以降低质量成本，并提高发起人或客户对项目产品的接受度。质量审计可事先安排，也可随机进行；可由内部或外部审计师进行。

质量审计还可确认已批准的变更请求（包括更新、纠正措施、缺陷补救和预防措施）的实施情况。

6. 面向 X 的设计

面向 X 的设计（DfX）是产品设计期间可采用的一系列技术指南，旨在优化设计的特定方面，可以控制或提高产品最终特性。DfX 中的 X 可以是产品开发的不同方面，例如可靠性、调配、装配、制造、成本、服务、可用性、安全性和质量。使用 DfX 可以降低成本、改进质量、提高绩效和客户满意度。

7. 问题解决

问题解决发现解决问题或应对挑战的解决方案。它包括收集其他信息、具有批判性思维的、创造性的、量化的和/或逻辑性的解决方法。有效和系统化地解决问题是质量保证和质量改进的基本要素。问题可能在控制质量过程或质量审计中发现，也可能与过程或可交付成果有关。使用结构化的问题解决方法有助于消除问题和制定长久有效的解决方案。问题解决方法通常包括以下要素：定义问题，识别根本原因，生成可能的解决方案，选择最佳解决方案，执行解决方案，验证解决方案的有效性等。

8. 质量改进方法

质量改进的开展，可基于质量控制过程的发现和建议、质量审计的发现或管理质量过程的问题解决。计划—实施—检查—行动和六西格玛是最常用于分析和评估改进机会的两种质量改进工具。

12.4.3 输出

1. 质量报告

质量报告可能是图形、数据或定性文件，其中包含的信息可帮助其他过程和部门采取纠正措施，以实现项目质量期望。质量报告的信息可以包含团队上报的质量管理问题，针对过程、项目和产品的改善建议，纠正措施建议（包括返工、缺陷/漏洞补救、100% 检查等），以及在控制质量过程中发现的情况的概述。

2. 测试与评估文件

可基于行业需求和组织模板创建测试与评估文件。它们是控制质量过程的输入，用于评估质量目标的实现情况。这些文件可能包括专门的核对单和详尽的需求跟踪矩阵。

3. 变更请求

如果管理质量过程期间出现了可能影响项目管理计划任何组成部分、项目文件或项目/产品管理过程的变更，项目经理应提交变更请求并遵循实施整体变更控制过程。

4. 项目管理计划（变更）

项目管理计划的任何变更都以变更请求的形式提出，且通过组织的变更控制过程进行处理，此处可能需要变更的包括：

- 质量管理计划：可能需要根据实际结果修改已商定的质量管理方法。

- 范围基准：可能因特定的质量管理活动而变更。
- 进度基准：可能因特定的质量管理活动而变更。
- 成本基准：可能因特定的质量管理活动而变更。

5. 项目文件（更新）

可在管理质量过程更新的项目文件主要包括：
- 问题日志：在本过程中提出的新问题记录到问题日志中。
- 经验教训登记册：项目中遇到的挑战、本应可以规避这些挑战的方法以及良好的质量管理方式，需要记录在经验教训登记册中。
- 风险登记册：在本过程中识别的新风险记录在风险登记册中，并通过风险管理过程进行管理。

12.5 控制质量

控制质量是为了评估绩效，确保项目输出完整、正确且满足客户期望，而监督和记录质量管理活动执行结果的过程。本过程的主要作用：①核实项目可交付成果和工作已经达到主要干系人的质量要求，可供最终验收；②确定项目输出是否达到预期目的，这些输出需要满足所有适用标准、要求、法规和规范。控制质量过程需要在整个项目期间开展，控制质量过程的数据流向如图 12-7 所示。

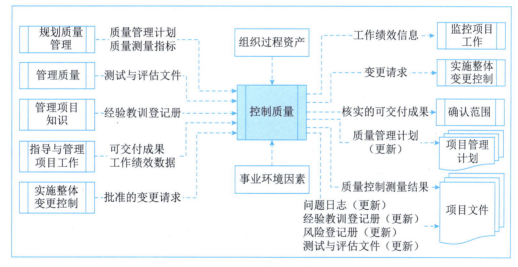

图 12-7　控制质量过程的数据流向图

控制质量过程的目的是在用户验收和最终交付之前测量产品或服务的完整性、合规性和适用性。本过程通过测量所有步骤、属性和变量，来核实与规划阶段所描述规范的一致性和合规性。

在整个项目期间应执行质量控制，用可靠的数据来证明项目已经达到发起人和/或客户的验收标准。

控制质量的努力程度和执行程度可能会因所在行业和项目管理风格而不同。例如，相比其他行业，制药、医疗、运输和核能产业可能拥有更加严格的质量控制程序，为满足标准付出的工作也更多；在敏捷或适应型项目中，控制质量活动可能由所有团队成员在整个项目生命周期中执行；而在瀑布或预测型项目中，控制质量活动由特定团队成员在特定时间点或者项目或阶段快结束时执行。

12.5.1 输入

1. 项目管理计划

可用于控制质量的项目管理计划组件是质量管理计划，质量管理计划定义了如何在项目中开展质量控制。

2. 项目文件

可作为控制质量过程输入的项目文件主要包括：
- 测试与评估文件：用于评估质量目标的实现程度。
- 质量测量指标：专用于描述项目或产品属性，以及控制质量过程将如何验证符合程度。
- 经验教训登记册：在项目早期的经验教训可以运用到后期阶段，以改进质量控制。

3. 可交付成果

可交付成果指的是在某一过程、阶段或项目完成时，必须产出的任何独特并可核实的产品、成果或服务能力。作为指导与管理项目工作过程输出的可交付成果将得到检查，并与项目范围说明书定义的验收标准作比较。

4. 工作绩效数据

工作绩效数据包括产品状态数据，例如观察结果、质量测量指标、技术绩效测量数据，以及关于进度绩效和成本绩效的项目质量信息。

5. 批准的变更请求

在实施整体变更控制过程中，通过更新变更日志，显示哪些变更已经得到批准，哪些变更没有得到批准。批准的变更请求可包括各种修正，如缺陷补救、修订的工作方法和修订的进度计划。完成局部变更时，如果步骤不完整或不正确，可能会导致不一致和延迟。批准的变更请求的实施须核实，并需要确认完整性、正确性以及是否重新测试。

6. 事业环境因素

能够影响控制质量过程的事业环境因素包括：项目管理信息系统，质量管理软件可用于跟进过程或可交付成果中错误和差异；政府法规；特定应用领域的相关规则、标准和指南等。

7. 组织过程资产

能够影响控制质量过程的组织过程资产包括：质量标准和政策；质量模板，例如核查表、核对单等；问题与缺陷报告程序及沟通政策等。

12.5.2 工具与技术

1. 数据收集

适用于控制质量过程的数据收集技术包括:
- 核对单:有助于以结构化的方式管理控制质量活动。
- 核查表:又称计数表,用于合理排列各种事项,以便有效地收集关于潜在质量问题的有用数据。在开展检查以识别缺陷时,用核查表收集属性数据就特别方便,例如关于缺陷数量或后果的数据,如图12-8所示。

缺陷/日期	日期1	日期2	日期3	日期4	合计
小划痕	1	2	2	2	7
大划痕	0	1	0	0	1
弯曲	3	3	1	2	9
缺少组件	5	0	2	1	8
颜色配错	2	0	1	3	6
标签错误	1	2	1	2	6

图 12-8 核查表

- 统计抽样:是指从目标总体中选取部分样本用于检查(如从75张工程图纸中随机抽取10张)。样本用于测量控制和确认质量。抽样的频率和规模应在规划质量管理过程中确定。
- 问卷调查:可用于在部署产品或服务之后收集关于客户满意度的数据。在问卷调查中识别的缺陷相关成本可被视为COQ模型中的外部失败成本,给组织带来的影响会超出成本本身。

2. 数据分析

适用于控制质量过程的数据分析技术包括:
- 绩效审查:针对实际结果测量、比较和分析规划质量管理过程中定义的质量测量指标。
- 根本原因分析(RCA):根本原因分析用于识别缺陷成因。

3. 检查

检查是指检验工作产品,以确定是否符合书面标准。检查的结果通常包括相关的测量数据,可在任何层面上进行。可以检查单个活动的成果,也可以检查项目的最终产品。检查也可称为审查、同行审查、审计或巡检等,而在某些应用领域,这些术语的含义比较狭窄和具体。检查也可用于确认缺陷补救。

4. 测试/产品评估

测试是一种有组织的、结构化的调查,旨在根据项目需求提供有关被测产品或服务质量的客观信息。测试的目的是找出产品或服务中存在的错误、缺陷、漏洞或其他不合规问题。用于评估各项需求的测试的类型、数量和程度是项目质量计划的一部分，具体取决于项目的性质、时间、预算或其他制约因素。测试可以贯穿于整个项目，可以在项目的不同组成部分完成时进行，也可以在项目结束（即交付最终可交付成果）时进行。早期测试有助于识别不合规问题，帮助减少修补不合规组件的成本。

不同应用领域需要不同测试。例如，软件测试可能包括单元测试、集成测试、黑盒测试、白盒测试、接口测试、回归测试、α 测试等；建筑项目中测试可能包括水泥强度测试、混凝土和易性测试，在建筑工地进行的旨在测试硬化混凝土结构的质量无损伤测试，以及土壤试验；硬件开发中，测试可能包括环境应力筛选、老化测试、系统测试等。

5. 数据表现

适用于控制质量过程的数据表现技术包括：

- 因果图：用于识别质量缺陷和错误可能造成的结果。
- 控制图：用于确定一个过程是否稳定，或者是否具有可预测的绩效。规格上限和下限是根据要求制定的，反映了可允许的最大值和最小值。上下控制界限不同于规格界限。控制界限根据标准的统计原则，通过标准的统计计算确定，代表一个稳定过程的自然波动范围。项目经理和干系人可基于计算出的控制界限，识别须采取纠正措施的检查点，以预防不在控制界限内的绩效。控制图可用于监测各种类型的输出变量。虽然控制图最常用来跟踪批量生产中的重复性活动，但也可用来监测成本与进度偏差、产量、范围变更频率或其他管理工作成果，以便帮助确定项目管理过程是否受控。
- 直方图：可按来源或组成部分展示缺陷数量。
- 散点图：可在一支轴上展示计划的绩效，在另一支轴上展示实际绩效。

6. 会议

以下会议可作为控制质量过程的一部分：①审查已批准的变更请求。对所有已批准的变更请求进行审查，以核实它们是否已按批准的方式实施，确认是否已完成局部变更，以及是否已执行、测试、完成和证实所有部分。②回顾/经验教训。项目团队举行的会议，旨在讨论：项目/阶段的成功要素；待改进之处；当前项目和未来项目可增加的内容；可增加到组织过程资产中的内容等。

12.5.3 输出

1. 工作绩效信息

工作绩效信息包含有关项目需求实现情况的信息、拒绝的原因、要求的返工、纠正措施建议、核实的可交付成果列表、质量测量指标的状态以及过程调整需求。

2. 质量控制测量结果

控制质量的测量结果是对质量控制活动结果的书面记录，应以质量管理计划所确定的格式加以记录。

3. 核实的可交付成果

控制质量过程的一个目的就是确定可交付成果的正确性。开展控制质量过程的结果是核实的可交付成果，后者又是确认范围过程的一项输入，以便正式验收。如果存在任何与可交付成果有关的变更请求或改进事项，可能会执行变更、开展检查并重新核实。

4. 变更请求

如果控制质量过程期间出现了可能影响项目管理计划任何组成部分或项目文件的变更，项目经理应提交变更请求，且应该通过实施整体变更控制过程对变更请求进行审查和处理。

5. 项目管理计划（更新）

项目管理计划的任何变更都以变更请求的形式提出，且通过组织的变更控制过程进行处理。可能需要变更请求的项目管理计划组成部分包括但不限于质量管理计划。

6. 项目文件（更新）

可在控制质量过程更新的项目文件主要包括：
- 问题日志：多次不符合质量要求的可交付成果通常被记录为问题。
- 经验教训登记册：质量缺陷的来源、可以规避它们的方法以及有效的处理方式，都应该记录到经验教训登记册中。
- 风险登记册：在本过程中识别的新风险记录在风险登记册中，并通过风险管理过程进行管理。
- 测试与评估文件：本过程可能导致测试与评估文件修改，使未来的测试更加有效。

12.6　本章练习

1. 选择题

（1）以下质量管理水平有效性最高的是_____。
　　A. 在整个组织内创建一种关注并致力于实现过程和产品质量的文化
　　B. 将质量融入项目和产品的规划和设计中
　　C. 通过质量保证检查并纠正过程本身，而不仅仅是特殊缺陷
　　D. 控制质量过程包括先检测和纠正缺陷，再将可交付成果发送给客户
参考答案：A

（2）"为了评估绩效，确保项目输出完整、正确，并满足客户期望，而监督和记录质量管理活动执行结果的过程"是项目质量管理过程中的_____。
　　A. 规划质量管理　　　　　　　　B. 管理质量
　　C. 控制质量　　　　　　　　　　D. 改进质量
参考答案：C

（3）项目有关的质量成本中，属于不一致成本的是_____。

    A. 预防成本　　　　　　　　　　B. 评估成本

    C. 破坏性试验损失成本　　　　　　D. 外部失败成本

参考答案：D

（4）数据表现技术中，"可以对潜在缺陷成因进行分类，展示最应关注领域"的技术称为_____。

    A. 因果图　　　B. 亲和图　　　C. 直方图　　　D. 散点图

参考答案：B

（5）_____不属于"控制质量"过程的输出。

    A. 质量控制测量结果　　　　　　B. 质量报告

    C. 工作绩效信息　　　　　　　　D. 变更请求

参考答案：B

2. 判断题

判断下列表述正误，正确的选 √，错误的选 ×。

（1）工作质量是指产品的使用价值及其属性，而产品质量则是工作质量的保证。（　　）

（2）为引导变更，敏捷方法要求多个质量与审核步骤贯穿整个项目，而不是在面临项目结束时才执行。（　　）

（3）对管理质量负有责任的岗位与团队，包括项目经理、项目团队、项目发起人、执行组织的管理层，甚至是客户。（　　）

（4）在问卷调查中识别的缺陷相关成本可被视为 COQ 模型中的内部失败成本，给组织带来的影响会超出成本本身。（　　）

参考答案：（1）×　（2）√　（3）√　（4）×

3. 思考题

根据不同的项目和行业领域，项目团队可能需要具备统计控制过程方面的实用知识，以便评估控制质量的输出中所包含的数据。

请简述预防和检查、属性抽样和变量抽样、公差和控制界限这些术语的差别。

参考答案：略

4. 案例题

阅读下列说明，回答问题 1 至问题 2，将解答填入答题纸的对应栏内。

【说明】

某系统集成企业承接了一个环保监测系统项目，为某市的环保局建设水污染自动监测系统。该企业以往的主要业务领域为视频监控及信号分析处理，对自动控制系统也有较强的技术能力，但从未在环保领域开发应用。该企业的老李被任命为项目经理。

该企业已按照 ISO/IEC 9001 的要求建立了一套质量管理体系，对于项目管理、软件开发等流程均有明确的书面规定。但组织中很多人认为这套管理体系的要求对于项目来说是多余的，条条框框的约束太多,大部分项目经理都在项目结项前才把质量体系要求的文档补齐以便能通过结项审批。组织的质量管理员也习以为常,只要在项目结束前能把文档补齐,就不会干涉项目建设。

老李组织了技术骨干对客户的需求进行了调研,通过对用户需求分析和整理,项目组直接制订了一个总体的技术方案,然后老李制订了一个较粗糙的项目计划:①对市场上的采集设备进行调研,选择一款进行采购;②利用组织已有的控制软件平台直接进行修改开发;③待设备选定后,将软件与采集设备进行联调实验,实现软件与设备的控制功能;④联调成功后,按技术方案开展了整个项目的实施工作。

在软件与采集设备的联调过程中,老李请环保局的客户代表来检查工作。客户代表发现由于项目组不了解环保领域的一些参数指标,完成的系统达不到客户方的要求。由于项目从一开始就没有完整的项目文档,老张为了避免再出现重大问题,只好重新进行需求调研。客户方很不满意,既担心项目不能按时上线又担心项目质量无法保证。

【问题1】

该企业的质量管理体系可能存在哪些问题?

【问题2】

针对以上问题,应如何改进?

解答:

【问题1】

存在问题:

(1)质量管理体系的要求不符合公司实际,缺乏指导意义。

(2)质量管理体系培训不到位。

(3)质量管理体系没有改进机制。

(4)质量管理人员没有进行监督。

【问题2】

改进建议:

(1)修改质量体系文件,应由项目经理和技术人员参与,使其符合项目实际管理需要。

(2)质量体系文件发布后,应要求项目组必须严格执行,设置质量管理人员进行检查和监督。

在项目实施过程中如发现有不适合的地方应提出改进建议,对质量体系不断完善改进。

第13章　项目资源管理

项目资源管理包括识别、获取和管理所需资源以成功完成项目的各个过程，这些过程有助于确保项目经理和项目团队在正确的时间和地点使用正确的资源。

项目资源是指对于项目来说，一切具有使用价值，可为项目接受和利用，且属于项目发展过程所需要的客观存在的资源，包括实物资源和团队资源。项目资源管理是为了降低项目成本，而对项目所需的人力、材料、机械、技术、资金等资源所进行的计划、组织、指挥、协调和控制等的活动。

实物资源管理着眼于以有效和高效的方式，分配和使用完成项目所需的实物资源，包括设备、材料、设施和基础设施；团队资源指的是人力资源，团队资源管理相对于实物资源管理，包含了技能和能力要求。项目团队成员可能具备不同的技能，可能是全职的或兼职的，也可能随项目进展而增加或减少，项目人力资源管理的目的是根据项目需要规划并组建项目团队，对团队进行有效的指导和管理，以保证他们可以完成项目任务，实现项目目标。

13.1　管理基础

13.1.1　相关术语和定义

1. 项目团队

项目团队是执行项目工作，以实现项目目标的一组人员，由为了完成项目而承担不同角色与职责的人员组成。项目团队成员可能具备不同的技能，可能是全职的或兼职的，也可能随项目进展而增加或减少。

尽管项目团队成员被分派了特定的角色和职责，让他们全员参与项目规划和决策仍是有益的。团队成员在规划阶段就参与进来，既可使他们对项目规划工作贡献专业技能，又可以增强他们对项目的责任感。

2. 项目管理团队

项目管理团队（Project Management Team）是直接参与项目管理活动的项目团队成员，负责项目管理和领导活动，如各项目阶段的启动、规划、执行、监督、控制和收尾。

项目管理团队也称为核心团队或领导团队。对于小型项目，项目管理职责可由整个项目团队分担，或者由项目经理独自承担。

3. 项目经理

项目经理是由执行组织委派，领导项目团队实现项目目标的个人。

项目经理既是项目团队的领导者又是项目团队的管理者。除了项目管理活动，例如启动、规划、执行、监控和关闭等各个项目阶段，项目经理还负责建设高效的团队。项目经理应留意能够影响团队的不同因素，包括：团队环境、团队成员的地理位置、干系人之间的沟通、组织变更管理、内外部政策氛围、文化问题和组织的独特性、其他可能改变项目绩效的因素等。作为领导者，项目经理还负责积极培养团队的技能和能力，同时提高并保持团队的满意度和积极性。项目经理还应留意并支持职业与道德行为，确保所有团队成员都遵守这些行为。

4. 领导和管理

领导者（Leader）的工作主要涉及 3 个方面。①确定方向：为团队设定目标，描绘愿景，制定战略；②统一思想：协调人员，团结尽可能多的力量来实现愿景和项目目标；③激励和鼓舞：在向项目目标努力的过程中不可避免地要遇到艰难险阻，领导者要激励和鼓舞大家克服困难奋勇前进。

管理者（Manager）被组织赋予职位和权力，负责某件事情的管理或实现某个目标。管理者主要关心持续不断地为干系人创造他们所期望的成果。

通俗地说，领导者设定目标，管理者率众实现目标。例如，造一艘船，管理者的思路通常是：要召集人员，要分配任务，要规划工期和预算，要派人去砍伐木头；而领导者的思路则是激发大家对海洋的渴望。

领导力（Leadership）是让一个群体为了一个共同的目标而努力的能力。尊重和信任，而非畏惧和顺从，是有效领导力的关键要素。领导力是一种影响力，是对人们施加影响，从而使人们心甘情愿地为实现组织的目标而努力的艺术过程。

尽管在项目的每个阶段都需要有效的领导力，但在项目的开始阶段特别需要，因为这个阶段的工作重点是与项目参与者沟通愿景和目标，并激励和鼓舞他们取得优秀业绩。在整个项目中，项目团队的领导者要负责建立和维持愿景、战略与沟通，培育信任和开展团队建设，影响、指导和监督团队工作，以及评估团队和项目的绩效。

项目经理具有领导者和管理者的双重身份。对项目经理而言，管理能力和领导能力二者均不可或缺。对于大型复杂项目，领导能力尤为重要。

5. 权力

权力（Power）是影响行为、改变事情的过程和方向、克服阻力，使人们进行原本并不愿意进行的事情的潜在能力。

一个人要行使权力，首先要清楚权力的来源。项目经理的权力有 5 种来源。

（1）职位权力（Legitimate Power）。来源于管理者在组织中的职位和职权。在高级管理层对项目经理正式授权的基础上，项目经理让员工进行工作的权力。

（2）惩罚权力（Coercive Power）。使用降职、扣薪、惩罚、批评、威胁等负面手段的能力。惩罚权力很有力，但会对团队气氛造成破坏。滥用惩罚权力会导致项目失败，应谨慎使用。

（3）奖励权力（Reward Power）。给予下属奖励的能力。奖励包括加薪、升职、福利、休假、礼物、口头表扬、认可度、特殊的任务以及其他的奖励员工满意行为的手段。优秀的管理者擅长使用奖励权力激励员工高水平完成工作。

（4）专家权力（Expert Power）。来源于个人的专业技能。如果项目经理让员工感到他是某些领域的专业权威，那么员工就会在这些领域内遵从项目经理的意见。来自一线的中层管理者经常具有很大的专家权力。

（5）参照权力（Referent Power）。由于成为别人学习和参照榜样所拥有的力量。参照权力是由于他人对榜样者的认可和敬佩从而愿意模仿和服从榜样者以及希望自己成为榜样者那样的人而产生的力量，这是一种个人魅力。具有优秀品质的领导者的参照权力会很大。这些优秀品质包括诚实、正直、自信、自律、坚毅、刚强、宽容和专注等。领导者要想拥有参照权力，就要加强这些品质的修炼。

职位权力、惩罚权力、奖励权力来自于组织的授权，专家权力和参照权力来自于管理者自身。项目经理应不断拓展自己的权力，获取各方支持，以确保项目成功。尤其在矩阵环境中，项目经理对团队成员通常没有或仅有很小的命令职权，所以他们适时影响干系人的能力，对保证项目成功非常关键。

项目经理仅靠组织给予的权力是没法在下属中树立威信的，难以获得团队成员心悦诚服地支持和认可，布置的任务可能被阳奉阴违，项目也会举步维艰。

在项目环境中，有人直接向项目经理汇报，有人间接向项目经理汇报，还有人既向项目经理汇报又向职能经理汇报。对于双重汇报关系和非直接汇报关系人员的管理，项目经理更注重运用奖励权力、专家权力和参照权力，尽量避免使用惩罚权力。

6. 冲突和竞争

冲突（Conflict）是指两个或两个以上的社会单元在目标上互不相容或互相排斥，从而产生心理上的或行为上的矛盾。冲突的产生不仅会使个体体验到一种过分紧张的情绪，而且还会影响正常的群体活动与组织秩序，对管理产生重大影响。

竞争（Competition）的双方则具有同一个目标，不需要发生势不两立的争夺。

冲突并不一定是有害的，"一团和气"的集体不一定是一个高效率的集体。对于任一情境，都存在一个最适宜的冲突水平，在许多情况下，确实需要有一定程度的冲突存在。也就是说，在某些情境中，只有当冲突存在，效率才会更高。例如，当发现人员流动率过低，缺乏新思想、缺乏竞争意识、对改革进行阻挠等情况时，管理人员就需要挑起冲突（鲶鱼效应）。项目经理对于有害的冲突要设法加以解决或减少；对有益的冲突要加以利用，要鼓励团队成员良性竞争。

7. 团队发展阶段

优秀团队的建设不是一蹴而就的，一般要依次经历以下 5 个阶段。

（1）形成阶段（Forming）。一个个的个体转变为团队成员，逐渐相互认识并了解项目情况及他们在项目中的角色与职责，开始形成共同目标。团队成员倾向于相互独立，不怎么开诚布公。在本阶段，团队往往对未来有美好的期待。

（2）震荡阶段（Storming）。团队成员开始执行分配的任务，一般会遇到超出预想的困难，希望被现实打破。个体之间开始争执，互相指责，并且怀疑项目经理的能力。

（3）规范阶段（Norming）。经过一定时间磨合，团队成员开始协同工作，并调整各自的工作习惯和行为来支持团队，团队成员开始相互信任，项目经理能得到团队的认可。

（4）发挥阶段（Performing）。随着相互之间的配合默契和对项目经理的信任加强，团队就像一个组织有序的单位那样工作。团队成员之间相互依靠，平稳高效地解决问题。这时团队成员的集体荣誉感会非常强，常以第一称谓称呼团队，如"我们组""我们部门"等，并会努力捍卫团队声誉。

（5）解散阶段（Adjourning）。所有工作完成后，项目结束，团队解散。

上述这些阶段通常按顺序进行，然而，团队停滞在某个阶段或退回到较早阶段的情况也并非罕见。如果团队成员曾经共事过，项目团队建设也可跳过某些阶段。

某个阶段持续时间的长短，取决于团队活力、团队规模和项目管理团队的领导力。项目经理应该对团队活力有较好的理解，以便有效地带领团队经历所有阶段。

8. 激励理论

所谓激励（Motivation），就是激发、鼓励的意思，就是利用某种外部诱因调动人的积极性和创造性，使人有一股内在的动力，朝向所期望的目标前进的心理过程。

项目团队由具有不同背景、期望和个人目标的团队成员组成。项目的全面成功依赖于项目团队的责任感，而这又与他们的激励程度直接相关。

项目环境中的激励，需要建立一种氛围，保证既实现项目目标，又针对个人最看重的方面，使团队成员得到最大限度的满足。这些方面包括工作满意度、工作挑战性、成就感、成功与成长、充分的经济回报及成员认为必要和重要的其他奖赏与认可。

现代项目管理在激励方面的理论基础主要是：马斯洛需求层次理论、赫茨伯格的双因素理论、麦格雷戈的 X 理论和 Y 理论、期望理论。

（1）马斯洛需求层次理论。马斯洛需求层次理论是一个 5 层的金字塔结构，如图 13-1 所示，表示人们的行为受到一系列需求的引导和刺激，在不同的层次满足不同的需求，才能达到激励的作用。

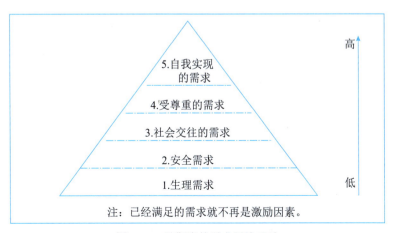

图 13-1 马斯洛的需求层次理论

- 生理需求（Physiological needs）：对衣食住行等需求都是生理需求，这类需求的级别最低，人们在转向较高层次的需求之前，总是尽力满足这类需求。常见的激励措施：员工宿舍、工作餐、工作服、班车、工资、补贴、奖金等。
- 安全需求（Safety needs）：包括对人身安全、生活稳定、不致失业以及免遭痛苦、威胁或疾病等的需求。和生理需求一样，在安全需求没有得到满足之前，人们一般不追求更高层次的需求。常见的激励措施：养老保险、医疗保障、长期劳动合同、意外保险、失业保险等。
- 社会交往的需求（Love and belonging needs）：包括对友谊、爱情以及隶属关系的需求。当生理需求和安全需求得到满足后，社交需求就会凸显，进而产生激励作用。这些需求如果得不到满足，就会影响员工的精神，导致高缺勤率、低生产率、对工作不满及情绪低落。常见的激励措施：定期员工活动、聚会、比赛、俱乐部等。
- 受尊重的需求（Esteem needs）：包括自尊心和荣誉感。荣誉来自别人，自尊来自自己。常见的激励措施：荣誉性的奖励，形象、地位提升，颁发奖章，作为导师培训别人等。
- 自我实现的需求（Self-actualization）：实现自己的潜力，发挥个人能力到最大程度，使自己越来越成为自己所期望的人物。达到自我实现境界的人，必须干与其能力相称的工作，这样才会使他们感到最大的快乐。常见的激励措施是：给他更多的空间让他负责、让他成为智囊团、参与决策、参与组织的管理会议等。

在马斯洛需求层次中，底层的 4 种需求即生理、安全、社会交往、受尊重被认为是基本的需求，而自我实现是最高层次的需求。

项目团队的建设过程中，项目经理要注意到不同的人有不同的需求层次和需求种类，需要了解项目团队的每一个成员的需求等级，并据此制订相关的激励措施。例如，在生理和安全的需求得到满足的情况下，组织的新员工或者新到一个城市工作的员工可能有社会交往的需求，为了满足他们的归属感的需求，有些组织就会专门为这些懂得信息技术的新员工组织一些聚会和社会活动。

（2）赫茨伯格双因素理论。双因素理论认为有 2 种完全不同的因素影响着人们的工作行为。①保健因素（Hygiene Factor）：与工作环境或条件有关的，能防止人们产生不满意感的一类因素，包括工作环境、工资薪水、组织政策、个人生活、管理监督、人际关系等。当保健因素不健全时，人们就会对工作产生不满意感。但即使保健因素很好时，也仅仅可以消除工作中的不满意，却无法增加人们对工作的满意感，所以这些因素是无法起到激励作用的。②激励因素（Motivator）：与员工的工作本身或工作内容有关的，能促使人们产生工作满意感的一类因素，是高层次的需要，包括成就、承认、工作本身、责任、发展机会等。当激励因素缺乏时，人们就会缺乏进取心，对工作无所谓，但一旦具备了激励因素，员工则会感觉到强大的激励力量从而产生对工作的满意感，所以只有这类因素才能真正激励员工。

赫茨伯格的双因素理论强调内在激励，在组织行为学中具有划时代意义，为管理者更好地激发员工工作的动机提供了新思路。

- 管理者在实施激励时，应注意区别保健因素和激励因素，前者的满足可以消除不满，后者的满足可以产生满意感。
- 管理者在管理中不应忽视保健因素,如果保健性的管理措施做得很差,就会导致员工产生不满情绪,影响劳动效率的提高。另一方面,也没有必要过分地改善保健因素,因为这样做只能消除员工对工作的不满情绪,而不能直接提高工作积极性和工作效率。
- 管理者若想持久而高效地激励员工,必须改进员工的工作内容,进行工作任务再设计,注意对人进行精神激励,给予表扬和认可,注意给人以成长、发展、晋升的机会。用这些内在因素来调动人的积极性,才能起更大的激励作用并维持更长的时间。

(3) 麦格雷戈 X 理论和 Y 理论。X 理论对人性有如下假设:①人天性好逸恶劳,只要有可能就会逃避工作;②人生来就以自我为中心,漠视组织的要求;③人缺乏进取心,逃避责任,甘愿听从指挥,安于现状,没有创造性;④人们通常容易受骗,易受人煽动;⑤人们天生反对改革;⑥人的工作动机就是为了获得经济报酬。

X 理论注重满足员工的生理需求和安全需求,激励仅在生理和安全层次起作用,同时很注重惩罚,认为惩罚是有效的管理工具。

崇尚 X 理论的领导者认为,在领导工作中必须对员工采取强制、惩罚和解雇等手段,强迫员工努力工作,对员工应当严格监督、控制和管理;在领导行为上应当实行高度控制和集中管理。

Y 理论对人性的假设与 X 理论完全相反,其主要观点如下:①人天生并不是好逸恶劳,他们热爱工作,从工作得到满足感和成就感;②外来的控制和处罚对人们实现组织的目标不是一个有效的办法,下属能够自我确定目标、自我指挥和自我控制;③在适当的条件下,人们愿意主动承担责任;④大多数人具有一定的想象力和创造力;⑤在现代社会中,人们的智慧和潜能只是部分地得到了发挥,如果给予机会,人们喜欢工作,并渴望发挥其才能。

Y 理论认为激励在需求的各个层次上都起作用,常用的激励办法是:将员工个人目标与组织目标融合,扩大员工的工作范围,尽可能把员工的工作安排得富有意义并具有挑战性,使其工作之后感到自豪,满足其自尊和自我实现的需要,使员工达到自我激励。

崇尚 Y 理论的管理者对员工采取以人为中心的、宽容的及放权的领导方式,使下属目标和组织目标很好地结合起来,为员工的智慧和能力的发挥创造有利的条件。

X 理论和 Y 理论的选择决定管理者处理员工关系的方式。这两个理论各有自己的长处和不足。用 X 理论可以加强管理,但项目团队成员通常是比较被动地工作。用 Y 理论可以激发员工主动性,但对于员工把握工作而言可能又放任过度。

我们在应用的时候应该因人、因项目团队发展的阶段而异。例如,在项目团队的开始阶段,大家互相还不是很熟悉,对项目不是很了解或者还有某种抵触等,这时候需要项目经理运用 X 理论去指导和管理;当项目团队进入执行阶段,成员对项目的目标已经了解,都愿意努力完成项目,这时候可以运用 Y 理论授权团队完成所负责的工作,并提供支持和相应的环境。

(4) 期望理论。期望理论是一种通过考察人们的努力行为与其所获得的最终奖酬之间的因果关系,来说明激励过程,并以选择合适的行为达到最终的奖酬目标的理论。

期望理论认为,一个目标对人的激励程度受 2 个因素影响。①目标效价:指实现该目标对个人有多大价值的主观判断。如果实现该目标对个人来说很有价值，个人的积极性就高；反之，积极性就低。②期望值：指个人对实现该目标可能性大小的主观估计。只有个人认为实现该目标的可能性很大，才会去努力争取实现，从而在较高程度上发挥目标的激励作用；如果个人认为实现该目标的可能性很小，甚至完全没有可能，目标激励作用则小，以至完全没有。期望理论认为，激励水平等于目标效价和期望值的乘积：

$$激发力量 = 目标效价 \times 期望值$$

当人们有需要，又有达到这个需要的可能时，其积极性才高。

期望理论在实践中的基本原则：①管理者不要泛泛地抓一般的激励措施，而应当抓多数被组织成员认为效价最大的激励措施；②设置某一激励目标时应尽可能加大其效价的综合值，如果每月的奖金多少不仅意味着当月的收入状况，而且与年终分配、工资调级和获得先进工作者称号挂钩，则将大大增加效价的综合值；③适当加大不同人实际所得效价的差值，加大组织希望行为和非希望行为之间的效价差值，如只奖不罚与奖罚分明，其激励效果大不一样；④适当控制期望概率和实际概率。期望概率既不是越大越好，也不是越小越好，关键要适当。当一个期望概率远高于实际概率时可能产生挫折，而期望概率太小时又会减少某一目标的激发力量。实际概率最好大于平均的个人期望概率，使大多数人受益。但实际概率应与效价相适应，效价大，实际概率可以小些；效价小，实际概率可以大些。

13.1.2 管理新实践

现代的项目资源管理方法致力于优化资源使用。项目管理风格正在发生变化，原来的项目管理方式多以命令和控制为主，现在逐渐转向更加协作和相互支持的管理方式，比如将决策权分配给团队成员来提高团队能力等。项目资源管理的趋势和新实践包括：

（1）资源管理方法。过去几年，由于关键资源稀缺，在某些行业中出现了很多新的方法，比如精益管理、准时制（JIT）生产、Kaizen（持续改善）、全员生产维护（TPM）、约束理论等。项目经理应确定组织是否采用了一种或多种资源管理工具，从而对项目做出相应的调整。

（2）情商（EI）。项目经理应提升内在（如自我管理和自我意识）和外在（如关系管理）能力，从而提高个人情商。研究表明，提高项目团队的情商或情绪能力可提高团队效率，还可以降低团队成员离职率。

（3）自组织团队。随着敏捷或适应型方法在 IT 项目中的应用越来越普遍，自组织团队（无须集中管控运作）越来越多。对于拥有自组织团队的项目，"项目经理"（可能实际上不称为"项目经理"）这一角色主要是为团队创造环境，支持并信任团队可以完成工作。成功的自组织团队通常由通用的专业人才而不是主题专家组成，他们能够不断适应变化的环境并采纳建设性反馈。

（4）虚拟团队/分布式团队。项目全球化推动了虚拟团队需求的增长。这些团队成员致力于同一个项目，却分布在不同的地方。沟通技术（如电子邮件、电话会议、社交媒体、网络会议和视频会议等）的使用，使虚拟团队变得可行。虚拟团队管理有独特的优势，例如能够利用不在同一地理区域的专家的专业技术；将在家办公的员工纳入团队；以及将行动不便者或残疾人纳入团队。虚拟团队管理面临的挑战主要在于沟通，包括团队成员可能产生孤立感、团队成员之间难以分享知识和经验、难以跟进进度和生产率，以及可能存在时区和文化差异等问题。

13.2 项目资源管理过程

13.2.1 过程概述

项目资源管理过程包括：

- 规划资源管理：定义如何估算、获取、建设、管理和控制实物以及团队资源。
- 估算活动资源：估算执行项目所需的团队资源、设施、设备、材料、用品和其他资源的类型和数量。
- 获取资源：获取项目所需的团队资源、设施、设备、材料、用品和其他资源。
- 建设团队：提高工作能力，促进团队成员互动，改善团队整体氛围，提高绩效。
- 管理团队：跟踪团队成员工作表现，提供反馈，解决问题并管理团队变更，以优化项目绩效。
- 控制资源：确保按计划为项目分配实物资源，以及根据资源使用计划监督资源实际使用情况，并采取必要纠正措施。

在项目实际进展中，以上各过程会相互交叠和相互作用。表 13-1 概述了项目资源管理的各个过程。

表 13-1 项目资源管理过程

过程	输入	工具与技术	输出
规划资源管理	● 项目章程 ● 项目管理计划 ● 项目文件 ● 事业环境因素 ● 组织过程资产	● 专家判断 ● 数据表现 ● 组织理论 ● 会议	● 资源管理计划 ● 团队章程 ● 项目文件（更新）
估算活动资源	● 项目管理计划 ● 项目文件 ● 事业环境因素 ● 组织过程资产	● 专家判断 ● 自下而上估算 ● 类比估算 ● 参数估算 ● 数据分析 ● 项目管理信息系统 ● 会议	● 资源需求 ● 估算依据 ● 资源分解结构 ● 项目文件（更新）
获取资源	● 项目管理计划 ● 项目文件 ● 事业环境因素 ● 组织过程资产	● 决策 ● 人际关系与团队技能 ● 预分派 ● 虚拟团队	● 物质资源分配单 ● 项目团队派工单 ● 资源日历 ● 变更请求 ● 项目管理计划（更新） ● 项目文件（更新） ● 事业环境因素（更新） ● 组织过程资产（更新）

（续表）

过程	输入	工具与技术	输出
建设团队	• 项目管理计划 • 项目文件 • 事业环境因素 • 组织过程资产	• 集中办公 • 虚拟团队 • 沟通技术 • 人际关系与团队技能 • 认可与奖励 • 培训 • 个人和团队评估 • 会议	• 团队绩效评价 • 变更请求 • 项目管理计划（更新） • 项目文件（更新） • 事业环境因素（更新） • 组织过程资产（更新）
管理团队	• 项目管理计划 • 项目文件 • 工作绩效报告 • 团队绩效评价 • 事业环境因素 • 组织过程资产	• 人际关系与团队技能 • 项目管理信息系统	• 变更请求 • 项目管理计划（更新） • 项目文件（更新） • 事业环境因素（更新）
控制资源	• 项目管理计划 • 项目文件 • 工作绩效数据 • 协议 • 组织过程资产	• 数据分析 • 问题解决 • 人际关系与团队技能 • 项目管理信息系统	• 工作绩效信息 • 变更请求 • 项目管理计划（更新） • 项目文件（更新）

13.2.2 裁剪考虑因素

由于每个项目都是独特的，项目经理可以根据需要对项目资源管理过程进行裁剪。裁剪时应考虑的因素包括：

- 多元化：团队的多元化背景是什么？
- 物理位置：团队成员和实物资源的物理位置在哪里？
- 行业特定资源：所在行业需要哪些特殊资源？
- 团队成员的获得：如何获得项目团队成员？项目团队成员是全职还是兼职？
- 团队管理：如何管理项目团队建设？组织是否有管理团队建设的工具或是否需要创建新工具？是否存在有特殊需求的团队成员？是否需要为团队提供有关多元化管理的特别培训？
- 生命周期方法：项目采用哪些生命周期方法？

13.2.3 敏捷与适应方法

对于易变性高的项目，更适合采用能够最大限度地集中和协作的团队结构形式。协作旨在提高生产率和促进创新问题的解决，协作型团队可以促进不同工作活动的快速整合、改善沟通、增加知识分享，同时可以灵活地分配工作。

虽然协作型团队也适用于其他项目环境，但更适合于易变性高且快速变化的项目，因为在这种环境下可用更少的时间实现任务分配和决策。对于易变性高的项目，对实物和人力资源规划具有较高的不可预测性。在这些环境中，快速供应协议和精益方法对控制成本和实现进度非常重要。

13.3 规划资源管理

规划资源管理是定义如何估算、获取、管理和利用团队以及实物资源的过程。本过程的主要作用是，根据项目类型和复杂程度确定适用于项目资源的管理方法和管理程度。本过程仅开展一次或仅在项目的预定义点开展。规划资源管理过程的数据流向如图 13-2 所示。

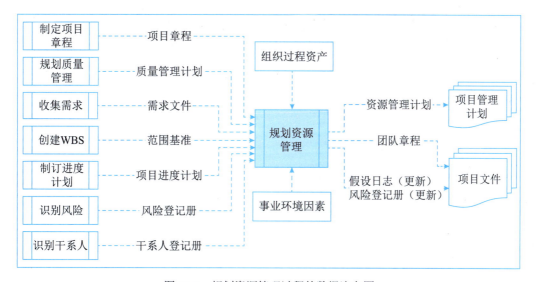

图 13-2 规划资源管理过程的数据流向图

资源规划用于识别和确定一种方法，以确保有足够的资源能够成功完成项目。项目资源可能包括团队成员、用品、材料、设备、服务和设施。有效的资源规划还需要考虑稀缺资源的可用性和竞争方面的问题，并编制相应的计划。

这些资源可以从组织内部资产获得，或者通过采购过程从组织外部获取。其他项目可能会在同一时间和地点竞争项目所需的相同资源，从而对项目成本、进度、风险、质量和其他项目领域造成显著影响。

13.3.1 输入

1. 项目章程

项目章程提供项目的高层级描述和要求，此外还包括可能影响项目资源管理的关键干系人名单、里程碑概况以及预先批准的财务资源。

2. 项目管理计划

可作为规划资源管理过程输入的项目管理计划组件主要包括：
- 质量管理计划：有助于定义项目所需的资源水平，以实现和维护已定义的质量水平并达到项目测量指标。
- 范围基准：识别了可交付成果，决定了需要管理的资源的类型和数量。

3. 项目文件

可作为规划资源管理过程输入的项目文件主要包括：
- 需求文件：指出了项目所需的资源的类型和数量，并可能影响管理资源的方式。
- 项目进度计划：提供了所需资源的时间轴。
- 风险登记册：包含可能影响资源规划的各种威胁和机会的信息。
- 干系人登记册：有助于识别对项目所需资源有特别兴趣或影响的那些干系人，以及会影响资源使用偏好的干系人。

4. 事业环境因素

能够影响规划资源管理过程的事业环境因素包括：组织文化和结构；设施和资源的物理分布；现有资源的能力和可用性；市场条件等。

5. 组织过程资产

能够影响规划资源管理过程的组织过程资产包括：人力资源政策和程序；物质资源管理政策和程序；安全政策；安保政策；资源管理计划模板；类似项目的历史信息等。

13.3.2 工具与技术

1. 专家判断

规划资源管理时，应征求具备如下专业知识或接受过相关培训的个人或小组意见：协调组织内部的最佳资源；人才管理和员工发展；确定为实现项目目标所需的初步投入水平；根据组织文化确定报告要求；根据经验教训和市场条件，评估获取资源所需的提前量；识别与资源获取、留用和遣散计划有关的风险；遵循适用的法律法规；管理供应商（卖方）和物流工作，确保在需要时能够提供材料和用品等。

2. 数据表现

图表适用于规划资源管理过程的数据表现。数据表现有多种格式来记录和阐明团队成员的角色与职责，大多数格式属于层级型、矩阵型或文本型。有些项目人员安排可以在子计划（如风险、质量或沟通管理计划）中列出，无论使用什么方法来记录团队成员的角色，目的都是要确保每个工作包都有明确的责任人，确保全体团队成员都清楚地理解其角色和职责。一般来说，层级型可用于表示高层级角色，而文本型则更适用于记录详细职责。

（1）层级型：可采用传统的组织结构图，自上而下地显示各种职位及其相互关系。
- 工作分解结构（WBS）：用来显示如何把项目可交付成果分解为工作包，有助于明确高层级的职责。
- 组织分解结构（OBS）：按照组织现有的部门、单元或团队排列，并在每个部门下列出项目活动或工作包。例如，运营部门只需找到其所在的 OBS 位置，就能看到自己的全部项目职责。
- 资源分解结构：按资源类别和类型，对团队和实物资源的层级列表，用于规划、管理和控制项目工作，每向下一个层级代表对资源的更详细描述，直到信息细到可以与工作分解结构（WBS）相结合。

（2）矩阵型：展示项目资源在各个工作包中的任务分配。矩阵型图表的一个例子是职责分配矩阵（RAM），它显示了分配给每个工作包的项目资源，用于说明工作包或活动与项目团队成员之间的关系。在大型项目中，可以制定多个层次的 RAM，例如，高层次的 RAM 可定义项目团队、小组或部门负责 WBS 中的哪部分工作，而低层次的 RAM 则可在各小组内为具体活动分配角色、职责和职权。矩阵型图表能反映与每个人相关的所有活动，以及与每项活动相关的所有人员，它也可确保任何一项任务都只有一个人负责，从而避免职权不清。RAM 的一个例子是 RACI（执行、负责、咨询和知情）矩阵，如图 13-3 所示。其中最左边的一列表示有待完成的工作（活动）；分配给每项工作的资源可以是个人或小组，项目经理也可根据项目需要，选择"领导"或"资源"等适用词汇，来分配项目责任。如果团队由内部和外部人员组成，则 RACI 矩阵对明确划分角色和职责特别有用。

RACI矩阵	人员				
活动	张美丽	李致远	王智慧	赵先修	刘工
创建章程	A	R	I	I	I
收集需求	I	A	R	C	C
提交变更请求	I	A	R	R	C
制订测试计划	A	C	I	I	R

注：R执行；A负责；C咨询；I知情。

图 13-3 RACI 矩阵示例

（3）文本型：如果需要详细描述团队成员的职责，就可以采用文本型。文本型文件通常以概述的形式，提供诸如职责、职权、能力和资格等方面的信息。这种文件有多种名称，如职位描述、角色-职责-职权表。这类文件可作为未来项目的模板，特别是在根据当前项目的经验教训对其内容进行更新之后。

3. 组织理论

组织理论阐述个人、团队和组织部门的行为方式。有效利用组织理论中的常用技术，可以节约规划资源管理过程的时间、成本及人力投入，提高规划工作的效率。此外，可以根据相关的组织理论灵活运用领导风格，以适应项目生命周期中团队成熟度的变化。最重要的是要认识到，组织的结构和文化会直接影响项目的组织结构。

4. 会议

项目团队可通过召开会议来规划项目资源管理。

13.3.3 输出

1. 资源管理计划

作为项目管理计划的一部分，资源管理计划提供了关于如何分类、分配、管理和释放项目资源的指南。资源管理计划可以根据项目的具体情况分为团队管理计划和实物资源管理计划。资源管理计划的内容主要包括：

- 识别资源：用于识别和量化项目所需的团队和实物资源的方法。
- 获取资源：关于如何获取项目所需的团队和实物资源的指南。
- 角色与职责：①角色是指在项目中某人承担的职务或分配给某人的职务，如土木工程师、商业分析师和测试协调员。②职权是指使用项目资源、做出决策、签字批准、验收可交付成果并影响他人开展项目工作的权力。例如，下列事项都需要由具有明确职权的人来做决策：选择活动的实施方法、质量验收标准，以及如何应对项目偏差等。当个人的职权水平与职责相匹配时，团队成员就能最佳地开展工作。③职责是指为完成项目活动，项目团队成员必须履行的职责和工作。④能力是指为完成项目活动，项目团队成员须具备的技能和才干。如果项目团队成员不具备所需的能力，就不能有效地履行职责。一旦发现成员能力与职责不匹配，就应主动采取措施，如安排培训、招募新成员、调整进度计划或工作范围。
- 项目组织图：以图形方式展示项目团队成员及其报告关系。基于项目需要，项目组织图可以是正式或非正式的，非常详细或高度概括的。例如，一个 3000 人的灾害应急团队项目组织图，比仅有20人的内部项目组织图要详尽得多。
- 项目团队资源管理：关于如何定义、配备、管理和最终遣散项目团队资源的指南。
- 培训：针对项目成员的培训策略。
- 团队建设：建设项目团队的方法。
- 资源控制：依据需要确保实物资源充足可用，并为项目需求优化实物资源采购而采用的方法。包括有关整个项目生命周期期间的库存、设备和用品管理的信息。
- 认可计划：将给予团队成员哪些认可和奖励，以及何时给予。

2. 团队章程

团队章程是为团队创建团队价值观、共识和工作指南的文件。团队章程包括：团队价值观、沟通指南、决策标准和过程、冲突处理过程、会议指南和团队共识。

团队章程对项目团队成员的可接受行为确定了明确的期望，尽早认可并遵守明确的规则，有助于减少误解，提高生产力；借助诸如行为规范、沟通、决策、会议礼仪等方面的讨论，团队成员可以了解彼此重要的价值观。由团队制定或参与制定的团队章程可发挥最佳效果，所有项目团队成员都分担责任，确保遵守团队章程中规定的规则；可定期审查和更新团队章程，确保团队成员始终了解团队基本规则，并指导新成员融入团队。

3. 项目文件（更新）

可在规划资源管理过程更新的项目文件主要包括：
- 假设日志：更新假设日志时可增加关于实物资源的可用性、物流要求和位置信息以及团队资源的技能集和可用性的假设条件。
- 风险登记册：更新关于团队和实物资源可用性的风险，以及其他已知资源的相关风险。

13.4 估算活动资源

估算活动资源是估算执行项目所需的团队资源，以及材料、设备和用品的类型和数量的过程。本过程的主要作用是明确完成项目所需的资源种类、数量和特性。本过程应根据需要在整个项目期间定期开展。估算活动资源过程的数据流向如图 13-4 所示。

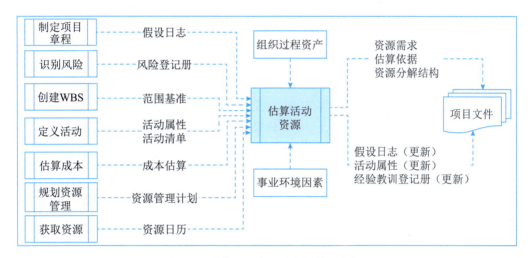

图 13-4 估算活动资源过程的数据流向图

估算活动资源过程与其他过程紧密相关，例如估算成本过程。例如，设计团队需要熟悉最新的系统设计技术，这些必要的知识可以通过聘请顾问、派设计人员参加技术研讨会等方式来获取。

13.4.1 输入

1. 项目管理计划

可作为估算活动资源过程输入的项目管理计划组件主要包括：
- 范围基准：识别了实现项目目标所需的项目和产品范围，而范围决定了对团队和实物资源的需求。
- 资源管理计划：定义了识别项目所需不同资源的方法，还定义了量化各个活动所需的资源并整合这些信息的方法。

2. 项目文件

可作为估算活动资源过程输入的项目文件主要包括：

- 假设日志：可能包含有关生产力因素、可用性、成本估算以及工作方法的信息，这些因素会影响团队和实物资源的性质和数量。
- 风险登记册：描述了可能影响资源选择和可用性的各个风险。
- 活动属性：为估算活动清单中每项活动所需的团队和实物资源提供了数据来源，包括资源需求、强制日期、活动地点、假设条件和制约因素。
- 活动清单：识别了需要资源的活动。
- 成本估算：资源成本从数量和技能水平方面会影响资源选择。
- 资源日历：识别了每种具体资源可用时的工作日、班次、正常营业的上下班时间、周末和公共假期。在规划活动期间，潜在的可用资源信息（如团队资源、设备和材料）用于估算资源可用性。资源日历还规定了在项目期间确定的团队和实物资源何时可用、可用多久。这些信息可以在活动或项目层面建立，这考虑了诸如资源经验和（或）技能水平以及不同地理位置等属性。

3. 事业环境因素

能够影响估算活动资源过程的事业环境因素包括：资源的位置、资源可用性、团队资源的技能、组织文化、发布的估算数据以及市场条件等。

4. 组织过程资产

能够影响估算活动资源过程的组织过程资产包括：关于人员配备的政策和程序；关于用品和设备的政策与程序；关于以往项目中类似工作所使用的资源类型的历史信息等。

13.4.2 工具与技术

1. 专家判断

估算活动资源时，应征求具备团队和物质资源规划和估算方面的专业知识或接受过相关培训的个人或小组的意见。

2. 自下而上估算

自下而上估算是首先对团队和实物资源在活动级别上进行估算，然后汇总成工作包、控制账户和总体项目层级上的估算。

3. 类比估算

类比估算将以往类似项目的资源相关信息作为估算未来项目的基础。这是一种快速估算方法，适用于项目经理只能识别 WBS 的几个高层级的情况。

4. 参数估算

参数估算基于历史数据和项目参数，使用某种算法或历史数据与其他变量之间的统计关系，来计算活动所需的资源数量。例如，一项活动需要 4000 小时的编码时间，1 年之内完成，则需要 2 人编码（每人每年付出 2000 小时）。参数估算的准确性取决于参数模型的成熟度和基础数据的可靠性。

5. 数据分析

适用于估算活动资源过程的数据分析技术是备选方案分析。备选方案分析是一种对已识别的可选方案进行评估的技术，用来决定选择哪种方案或使用何种方法来执行项目工作。很多活动有多个备选的实施方案，例如使用能力或技能水平不同的资源、不同规模或类型的机器、不同的工具（手工或自动），以及关于资源自制、租赁或购买的决策。备选方案分析有助于提供在定义的制约因素范围内执行项目活动的最佳方案。

6. 项目管理信息系统

项目管理信息系统可以包括资源管理软件，这些软件有助于规划、组织与管理资源库，以及编制资源估算。根据软件的复杂程度，可以确定资源分解结构、资源可用性、资源费率和各种资源日历，有助于优化资源使用。

7. 会议

项目经理可以和职能经理一起举行规划会议，以估算每项活动所需的资源、支持型活动、团队资源的技能水平，以及所需材料的数量。参会者可能包括项目经理、项目发起人、选定的项目团队成员、选定的干系人以及其他必要人员。

13.4.3 输出

1. 资源需求

资源需求识别了各个工作包或工作包中每项活动所需的资源类型和数量，可以汇总这些需求，以估算每个工作包、每个 WBS 分支以及整个项目所需的资源。资源需求描述的细节数量与具体程度因应用领域而异，而资源需求文件也可包含为确定所用资源的类型、可用性和所需数量所做的假设。

2. 估算依据

资源估算所需的支持信息的数量和种类，因应用领域而异。但不论其详细程度如何，支持性文件都应该清晰完整地说明资源估算是如何得出的。

资源估算的支持信息包括：估算方法；用于估算的资源，如以往类似项目的信息；与估算有关的假设条件；已知的制约因素；估算范围；估算的置信水平；有关影响估算的已识别风险的文件等。

3. 资源分解结构

资源分解结构是资源依类别和类型的层级展现，如图 13-5 所示。资源类别包括（但不限于）人力、材料、设备和用品，资源类型则包括技能水平、要求证书、等级水平或适用于项目的其他类型。在规划资源管理过程中，资源分解结构用于指导项目的分类活动。在这一过程中，资源分解结构是一份完整的文件,用于获取和监督资源。

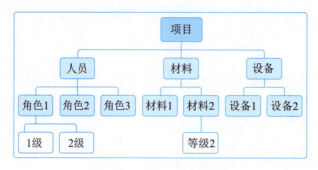

图 13-5 资源分解结构示例

4. 项目文件(更新)

可在估算活动资源过程更新的项目文件主要包括:

- 假设日志:关于项目所需资源的类型和数量的假设条件更新在假设日志中。此外,任何资源制约因素,包括集体劳资协议、连续工作时间、计划休假等,也应当相应更新。
- 活动属性:活动属性依据资源需求更新。
- 经验教训登记册:在经验教训登记册中更新能够有效和高效地估算资源的技术,以及那些无效或低效的技术信息。

13.5 获取资源

获取资源是获取项目所需的团队成员、设施、设备、材料、用品和其他资源的过程。本过程的主要作用:①概述和指导资源的选择;②将选择的资源分配给相应的活动。本过程应根据需要在整个项目期间定期开展。获取资源过程的数据流向如图 13-6 所示。

项目所需资源可能来自项目执行组织的内部或外部。内部资源由职能经理或资源经理负责获取(分配),外部资源则通过采购过程获得。

因为集体劳资协议、分包商人员使用、矩阵型项目环境、内外部报告关系或其他原因,项目管理团队有可能没有对资源选择的直接控制权。因此,在获取项目资源过程中应注意如下事项:①项目经理或项目团队应该进行有效谈判,并影响那些能为项目提供所需团队和实物资源的人员;②不能获得项目所需的资源时,可能会影响项目进度、预算、客户满意度、质量和风险,资源或人员能力不足会降低项目成功的概率,最坏情况下可能导致项目被取消;③因制约因素(如经济因素或其他项目对资源的占用)而无法获得所需团队资源时,项目经理或项目团队可能不得不使用也许能力和成本不同的替代资源,在不违反法律、规章、强制性规定或其他具体标准的前提下可以使用替代资源等。

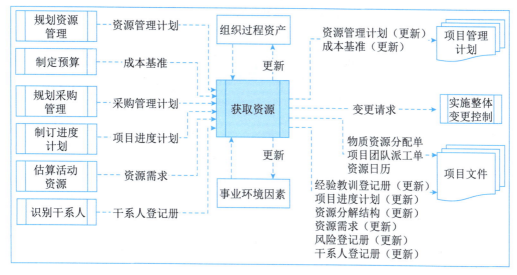

图 13-6　获取资源过程的数据流向图

在项目规划阶段，应该对上述因素加以考虑并做出适当安排。项目经理或项目管理团队应该在项目进度计划、项目预算、项目风险计划、项目质量计划、培训计划及其他相关项目管理计划中，说明缺少所需资源的后果。

13.5.1　输入

1. 项目管理计划

可作为获取资源过程输入的项目管理计划组件主要包括：

- 资源管理计划：为如何获取项目资源提供指南。
- 成本基准：提供了项目活动的总体预算。
- 采购管理计划：提供了关于将从项目外部获取的资源的信息，包括如何将采购与其他项目工作整合起来以及涉及资源采购工作的干系人。

2. 项目文件

可作为获取资源过程输入的项目文件主要包括：

- 项目进度计划：展示了各项活动及其开始和结束日期，有助于确定需要提供和获取资源的时间。
- 资源需求：识别了需要获取的资源。
- 干系人登记册：可能会从中发现干系人对项目特定资源的需求或期望，在获取资源过程中应加以考虑。

3. 事业环境因素

能够影响获取资源过程的事业环境因素有：现有组织资源信息，包括可用性、能力水平，以及有关团队资源和资源成本的以往经验；市场条件；组织结构；地理位置等。

4. 组织过程资产

能够影响获取资源过程的组织过程资产包括：有关项目资源的采购、配置和分配的政策和程序；历史信息和经验教训知识库等。

13.5.2 工具与技术

1. 决策

适用于获取资源过程的决策技术是多标准决策分析。选择标准常用于选择项目的实物资源或项目团队。使用多标准决策分析工具制定出标准，用于对潜在资源进行评级或打分（例如，在内部和外部团队资源之间进行选择）。根据标准的相对重要性对标准进行加权，加权值可能因资源类型的不同而发生变化。可使用的选择标准包括：

- 可用性：确认资源能否在项目所需时段内为项目所用。
- 成本：确认增加资源的成本是否在规定的预算内。
- 能力：确认团队成员是否提供了项目所需的能力。

有些选择标准对团队资源来说是独特的，包括：

- 经验：确认团队成员具备项目成功所需的相关经验。
- 知识：团队成员是否掌握关于客户、执行过类似项目和项目环境细节的相关知识。
- 技能：确认团队成员拥有使用项目工具的相关技能。
- 态度：团队成员能否与他人协同工作，以形成有凝聚力的团队。
- 国际因素：团队成员的位置、时区和沟通能力。

2. 人际关系与团队技能

适用于获取资源过程的人际关系与团队技能是谈判。很多项目需要针对所需资源进行谈判。项目管理团队需要与下列各方谈判：

- 职能经理：确保项目在要求的时限内获得最佳资源，直到完成职责。
- 执行组织中的其他项目管理团队：合理分配稀缺或特殊资源。
- 外部组织和供应商：提供合适的、稀缺的、特殊的、合格的、经认证的或其他特殊的团队或实物资源。特别需要注意与外部谈判有关的政策、惯例、流程、指南、法律及其他标准。

在资源分配谈判中，项目管理团队影响他人的能力很重要。例如，说服职能经理，让他看到项目具有良好的前景，影响他把最佳资源分配给这个项目而不是竞争项目。

3. 预分派

预分派指事先确定项目的实物或团队资源，在如下情况时可采用预分派：①在竞标过程中承诺分派特定人员进行项目工作；②项目取决于特定人员的专有技能；③在完成资源管理计划的前期工作之前，制定项目章程过程或其他过程已经指定了某些团队成员的工作。

4. 虚拟团队

虚拟团队的使用为招募项目团队成员提供了新的可能性。虚拟团队可定义为具有共同目标，在完成角色任务的过程中很少或没有时间面对面工作的一群人。现代沟通技术（如电子邮件、电话会议、社交媒体、网络会议和视频会议等）使虚拟团队成为可行。虚拟团队模式使人们有可能：①在组织内部地处不同地理位置的员工之间组建团队；②为项目团队增加特殊技能，即使相应的专家不在同一地理区域；③将在家办公的员工纳入团队；④在工作班次、工作小时或工作日不同的员工之间组建团队；⑤将行动不便者或残疾人纳入团队；⑥执行那些原本会因差旅费用过高而被搁置或取消的项目；⑦节省员工所需的办公室和所有实物设备的开支等。

在虚拟团队的环境中，沟通规划变得日益重要。可能需要花更多时间来设定明确的期望、促进沟通、制定冲突解决方法、召集人员参与决策、理解文化差异，以及共享成功喜悦。

13.5.3 输出

1. 物质资源分配单

物质资源分配单记录了项目将使用的材料、设备、用品、地点和其他实物资源。

2. 项目团队派工单

项目团队派工单记录了团队成员及其在项目中的角色和职责，可包括项目团队名录，还需要把人员姓名插入项目管理计划的其他部分，如项目组织图和进度计划。

3. 资源日历

资源日历识别了每种具体资源可用时的工作日、班次、正常营业的上下班时间、周末和公共假期。在规划活动期间，潜在的可用资源信息（如团队资源、设备和材料）用于估算资源可用性。资源日历规定了在项目期间确定的团队和实物资源何时可用和可用多久。这些信息可以在活动或项目层面建立，并考虑了诸如资源经验、技能水平以及不同地理位置等属性。

4. 变更请求

如果获取资源过程中出现变更请求（例如影响了进度），或者推荐措施、纠正措施或预防措施影响了项目管理计划的任何组成部分或项目文件，项目经理应提交变更请求，且应该通过实施整体变更控制过程对变更请求进行审查和处理。

5. 项目管理计划（更新）

项目管理计划的任何变更都以变更请求的形式提出，且通过组织的变更控制过程进行处理。开展获取资源过程可能导致项目管理计划更新的内容包括：

- 资源管理计划：更新资源管理计划，以反映获取项目资源的实际经验，包括在项目早期获取资源的经验教训，这些经验会影响项目后期的资源获取过程。
- 成本基准：在项目资源采购期间，成本基准可能发生变更。

6. 项目文件（更新）

可在获取资源过程更新的项目文件主要包括：

- 经验教训登记册：项目中遇到的挑战、本可以规避这些挑战的方法，以及良好的资源获取方式均可更新到经验教训登记册中。
- 项目进度计划：所需资源的可用性可能会导致项目进度的变更。
- 资源分解结构：在本过程中获取的资源应记录到资源分解结构中。
- 资源需求：可更新资源需求文件，以反映获取的项目资源。
- 风险登记册：将本过程中识别的新风险记录在风险登记册中，并通过风险管理过程进行管理。
- 干系人登记册：任何增加的新干系人，以及在本过程中获得的有关现有相关方的新信息更新在干系人登记册中。

7. 事业环境因素（更新）

需要更新的事业环境因素包括：组织内资源的可用性；组织已使用的消耗资源数量。

8. 组织过程资产（更新）

作为获取资源过程的结果，需要更新的组织过程资产包括（但不限于）有关采购、配置和分配资源的文件。

13.6 建设团队

建设团队是提高工作能力，促进团队成员互动，改善团队整体氛围，以提高项目绩效的过程。本过程的主要作用是，改进团队协作、增强人际关系技能、激励员工、减少摩擦以及提升整体项目绩效。本过程需要在整个项目期间开展。建设团队过程的数据流向如图 13-7 所示。

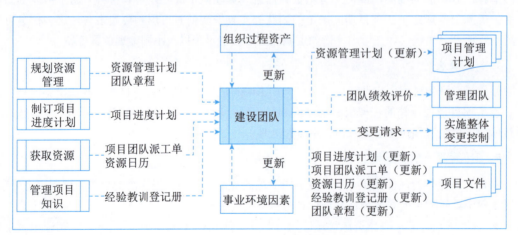

图 13-7 建设团队过程的数据流向图

项目经理应该能够定义、建立、维护、激励、领导和鼓舞项目团队，使团队高效运行，并实现项目目标。团队协作是项目成功的关键因素，而建设高效的项目团队是项目经理的主要职责之一。

项目经理应创建一个能促进团队协作的环境,并通过给予挑战与机会、提供及时反馈与所需支持,以及认可与奖励优秀绩效,不断激励团队。可实现团队的高效运行的行为有:①使用开放与有效的沟通;②创造团队建设机遇;③建立团队成员间的信任;④以建设性方式管理冲突;⑤鼓励合作型的问题解决方法;⑥鼓励合作型的决策方法等。

项目经理在全球化环境和富有文化多样性的项目中工作,团队成员经常来自不同的行业,讲不同的语言,有时甚至会在工作中使用一种特别的"团队语言"或文化规范,而不是使用他们的母语;项目管理团队应该利用文化差异,在整个项目生命周期中致力于发展和维护项目团队,并促进在相互信任的氛围中充分协作;通过建设项目团队,可以改进人际技巧、技术能力、团队环境及项目绩效。在整个项目生命周期中,团队成员之间都要保持明确、及时、有效(包括效果和效率两个方面)的沟通。建设项目团队的目标包括:①提高团队成员的知识和技能:以提高他们完成项目可交付成果的能力,并降低成本、缩短工期和提高质量;②提高团队成员之间的信任和认同感:以提高士气、减少冲突和增进团队协作;③创建富有生气、凝聚力和协作性的团队文化:一是可帮助提高个人和团队生产率,振奋团队精神,促进团队合作;二是促进团队成员之间的交叉培训和辅导,以分享知识和经验;④提高团队参与决策的能力:使他们承担起对解决方案的责任,从而提高团队的生产效率,获得更有效和高效的成果等。

13.6.1 输入

1. 项目管理计划

建设团队过程使用到的项目管理计划组件是资源管理计划。资源管理计划为如何通过团队绩效评价和其他形式的团队管理活动,为项目团队成员提供奖励、提出反馈、增加培训或采取惩罚措施提供指南。资源管理计划可能包括团队绩效评价标准。

2. 项目文件

可作为建设团队过程输入的项目文件主要包括:

- 团队章程:包含团队工作指南。团队价值观和工作指南为描述团队的合作方式提供了架构。
- 项目进度计划:定义了如何以及何时为项目团队提供培训,以培养不同阶段所需的能力,并根据项目执行期间的任何差异(如有)识别需要的团队建设策略。
- 项目团队派工单:识别了团队成员的角色与职责。
- 资源日历:定义了项目团队成员何时能参与团队建设活动,有助于说明团队在整个项目期间的可用性。
- 经验教训登记册:项目早期与团队建设有关的经验教训可以运用到项目后期阶段,以提高团队绩效。

3. 事业环境因素

能够影响建设团队过程的事业环境因素包括:有关雇用和解雇的人力资源管理政策、员工绩效审查、员工发展与培训记录,以及认可与奖励;团队成员的技能、能力和特定知识;团队成员地理分布等。

4. 组织过程资产

能够影响建设团队过程的组织过程资产包括历史信息和经验教训知识库。

13.6.2 工具与技术

1. 集中办公

集中办公是指把许多或全部最活跃的项目团队成员安排在同一个地点工作，以增强团队工作能力。集中办公既可以是临时的（如仅在项目特别重要的时期），也可以贯穿整个项目。实施集中办公策略时，可借助团队会议室、张贴进度计划的场所，以及其他能增进沟通和集体感的设施。

2. 虚拟团队

虚拟团队的使用能带来很多好处，例如，使用更多技术熟练的资源、降低成本、减少出差及搬迁费用，以及拉近团队成员与供应商和客户或其他重要干系人的距离。虚拟团队可以利用技术来营造在线团队环境，以供团队存储文件、使用在线对话来讨论问题，以及保存团队日历。

3. 沟通技术

在解决集中办公或虚拟团队的团队建设问题方面，沟通技术至关重要。它有助于为集中办公团队营造一个融洽的环境，促进虚拟团队（尤其是团队成员分散在不同时区的团队）更好地相互理解。可采用的沟通技术包括：

- 共享门户：共享信息库（如网站、协作软件或内部网）对虚拟项目团队很有帮助。
- 视频会议：一种可有效地与虚拟团队进行沟通的重要技术。
- 音频会议：有助于与虚拟团队建立融洽的相互信任的关系。
- 电子邮件/聊天软件：使用电子邮件和聊天软件定期沟通也是一种有效的方式。

4. 人际关系与团队技能

适用于建设团队过程的人际关系与团队技能主要包括：

- 冲突管理：项目经理应及时地以建设性方式解决冲突，从而创建高绩效团队。
- 影响力：本过程的影响力技能是指收集相关的关键信息，在维护相互信任的关系时，用来解决重要问题并达成一致意见。
- 激励：为采取行动提供了理由。提高团队参与决策的能力并鼓励独立工作。
- 谈判：团队成员之间的谈判旨在就项目需求达成共识。谈判有助于在团队成员之间建立融洽的相互信任的关系。
- 团队建设：通过举办各种活动，强化团队的社交关系，打造积极合作的工作环境。团队建设活动既可以是状态审查会上的5分钟议程，也可以是为改善人际关系而设计的、在非工作场所专门举办的专业提升活动。团队建设活动旨在帮助各团队成员更加有效地协同工作。如果团队成员的工作地点相隔甚远，无法进行面对面接触，就特别需要有效的团队建设策略。非正式的沟通和活动有助于建立信任和良好的工作关系。团队建设在项目前期必不可少，但它更是个持续的过程。项目环境的变化不可避免，要有效应对这些变化，就需要持续不断地开展团队建设。项目经理应该持续地监督团队机能和绩效，确定是否需要采取措施来预防或纠正各种团队问题。

5. 认可与奖励

在建设项目团队过程中，需要对成员的优良行为给予认可与奖励。最初的奖励计划是在规划资源管理过程中编制的，只有能满足被奖励者的某个重要需求的奖励，才是有效的奖励。在管理项目团队过程中，可以正式或非正式的方式做出奖励决定，但在决定认可与奖励时，应考虑文化差异。

当人们感受到自己在组织中的价值，并且可以通过获得奖励来体现这种价值时，他们就会受到激励。通常，金钱是奖励制度中的有形奖励，然而也存在各种同样有效，甚至更加有效的无形奖励。大多数项目团队成员会因得到成长机会、获得成就感、得到赞赏以及用专业技能迎接新挑战，而受到激励。项目经理应该在整个项目生命周期中尽可能地给予表彰，而不是等到项目完成时才给予。

6. 培训

培训包括旨在提高项目团队成员能力的全部活动，可以是正式的或非正式的，方式包括课堂培训、在线培训、计算机辅助培训、在岗培训（由其他项目团队成员提供）、辅导及训练。如果项目团队成员缺乏必要的管理或技术技能，可以把对这种技能的培养作为项目工作的一部分。项目经理应该按资源管理计划中的安排来实施预定的培训，也应该根据管理项目团队过程中的观察、交谈和项目绩效评估的结果，来开展必要的计划外培训。培训成本通常应该包括在项目预算中，或者如果增加的技能有利于未来的项目，则由执行组织承担。培训可以由内部或外部培训师来执行。

7. 个人和团队评估

个人和团队评估工具能让项目经理和项目团队洞察成员的优势和劣势。这些工具可帮助项目经理评估团队成员的偏好和愿望、团队成员如何处理和整理信息、如何制定决策，以及团队成员如何与他人打交道。有各种可用的工具，如态度调查、专项评估、结构化访谈、能力测试及焦点小组。这些工具有利于增进团队成员间的理解、信任、承诺和沟通，在整个项目期间不断提高团队成效。

8. 会议

可以用会议来讨论和解决有关团队建设的问题，参会者包括项目经理和项目团队。会议类型包括：项目说明会、团队建设会议以及团队发展会议。

13.6.3 输出

1. 团队绩效评价

随着项目团队建设工作（如培训、团队建设和集中办公等）的开展，项目管理团队应该对项目团队的有效性进行正式或非正式的评价。有效的团队建设策略和活动可以提高团队绩效，从而提高实现项目目标的可能性。

评价团队有效性的指标可包括：①个人技能的改进，使成员更有效地完成工作任务；②团队能力的改进，从而使团队成员更好地开展工作；③团队成员离职率的降低；④团队凝聚力的加强，从而使团队成员公开分享信息和经验，并互相帮助来提高项目绩效。

通过对团队整体绩效的评价，项目管理团队能够识别出所需的特殊培训、教练、辅导、协助或改变，以提高团队绩效。项目管理团队也应该识别出合适或所需的资源，以执行和实现在绩效评价过程中提出的改进建议。

2. 变更请求

如果建设团队过程中出现变更请求，或者推荐的纠正措施或预防措施影响了项目管理计划的任何组成部分或项目文件，项目经理应提交变更请求，并按照实施整体变更控制过程的要求进行变更。

3. 项目管理计划（更新）

项目管理计划的任何变更都以变更请求的形式提出，且通过组织的变更控制过程进行处理。可能需要变更的项目管理计划组成部分包括但不限于资源管理计划。

4. 项目文件（更新）

可在建设团队过程更新的项目文件主要包括：
- 项目进度计划：项目团队建设活动可能会导致项目进度的变更。
- 项目团队派工单：如果团队建设导致已商定的派工单出现变更，应对项目团队派工单做出相应的更新。
- 资源日历：更新资源日历，以反映项目资源的可用性。
- 经验教训登记册：将项目中遇到的挑战、本可以规避这些挑战的方法，以及良好的团队建设方式更新在经验教训登记册中。
- 团队章程：更新团队章程，以反映因团队建设对团队工作指南做出的变更。

5. 事业环境因素（更新）

作为建设项目团队过程的结果，需要更新的事业环境因素包括：员工发展计划的记录；技能评估等。

6. 组织过程资产（更新）

作为建设团队过程的结果，需要更新的组织过程资产包括培训需求和人事评测等。

13.7 管理团队

管理团队是跟踪团队成员工作表现、提供反馈、解决问题并管理团队变更以优化项目绩效的过程。本过程的主要作用是，影响团队行为、管理冲突以及解决问题。本过程需要在整个项目期间开展。管理团队过程的数据流向如图 13-8 所示。

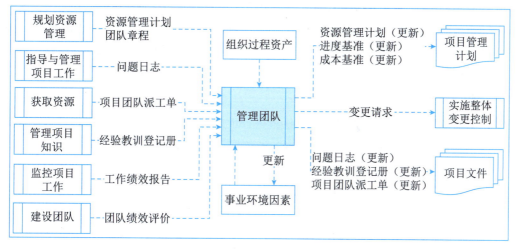

图 13-8　管理团队过程的数据流向图

管理项目团队需要借助多方面的管理和领导力技能，来促进团队协作、整合团队成员的工作，从而创建高效团队。进行团队管理，需要综合运用各种技能，特别是沟通、冲突管理、谈判和领导技能。项目经理应该向团队成员分配富有挑战性的任务，并对优秀绩效进行表彰。

项目经理应留意团队成员是否有意愿和能力完成工作，然后相应地调整管理和领导力方式。相对于那些已展现出能力和有经验的团队成员，技术能力较低的团队成员更需要强化监督。

13.7.1　输入

1. 项目管理计划

可用于管理团队的项目管理计划组件是资源管理计划，资源管理计划为如何管理和最终遣散项目团队资源提供指南。

2. 项目文件

可作为管理团队过程输入的项目文件主要包括：
- 团队章程：为团队应如何决策、举行会议和解决冲突提供指南。
- 问题日志：在管理项目团队过程中，总会出现各种问题，此时可用问题日志记录由谁负责在目标日期内解决特定问题，并监督解决情况。
- 项目团队派工单：识别了团队成员的角色与职责。
- 经验教训登记册：项目早期的经验教训可以运用到项目后期阶段，以提高团队管理的效率与效果。

3. 工作绩效报告

工作绩效报告是为制定决策、采取行动或引起关注所形成的实物或电子工作绩效信息，它包括从进度控制、成本控制、质量控制和范围确认中得到的结果，有助于项目团队管理。绩效报告和相关预测报告中的信息，有助于确定未来的团队资源需求、认可与奖励，以及更新资源管理计划。

4. 团队绩效评价

项目管理团队应该持续地对项目团队绩效进行正式或非正式的评价。不断地评价项目团队绩效，有助于采取措施解决问题、调整沟通方式、解决冲突和改进团队互动。

5. 事业环境因素

能够影响管理团队过程的事业环境因素包括但不限于人力资源管理政策。

6. 组织过程资产

能够影响管理团队过程的组织过程资产包括：嘉奖证书；组织带品牌的物品，如工作制服、徽章等；组织中其他的额外待遇等。

13.7.2 工具与技术

1. 人际关系与团队技能

适用于管理团队过程的人际关系与团队技能包括：冲突管理、制定决策、情商、影响和领导力。

（1）冲突管理。在项目环境中，冲突不可避免。冲突的来源包括资源稀缺、进度优先级排序和个人工作风格差异等。采用团队基本规则、团队规范及成熟的项目管理实践（如沟通规划和角色定义），可以减少冲突的数量。

成功的冲突管理可提高生产力，改进工作关系。同时，如果管理得当，意见分歧有利于提高创造力和改进决策。假如意见分歧成为负面因素，应该首先由项目团队成员负责解决；如果冲突升级，项目经理应提供协助，促成满意的解决方案，采用直接和合作的方式，尽早并且通常是在私下处理冲突。如果破坏性冲突继续存在，则可使用正式程序，包括采取惩戒措施。

项目经理解决冲突的能力往往决定其管理项目团队的成败。不同的项目经理可能采用不同的解决冲突方法。影响冲突解决方法的因素包括：①冲突的重要性与激烈程度；②解决冲突的紧迫性；③涉及冲突的人员的相对权力；④维持良好关系的重要性；⑤永久或暂时解决冲突的动机等。

有 5 种常用的冲突解决方法，每种技巧都有各自的作用和用途。

- 撤退/回避：从实际或潜在冲突中退出，将问题推迟到准备充分的时候，或者将问题推给其他人员解决。
- 缓和/包容：强调一致而非差异；为维持和谐与关系而退让一步，考虑其他方的需要。
- 妥协/调解：为了暂时或部分解决冲突，寻找能让各方都在一定程度上满意的方案，但这种方法有时会导致"双输"局面。
- 强迫/命令：以牺牲其他方为代价，推行某一方的观点；只提供赢-输方案。通常是利用权力来强行解决紧急问题，这种方法通常会导致"赢-输"局面。
- 合作/解决问题：综合考虑不同的观点和意见，采用合作的态度和开放式对话引导各方达成共识和承诺，这种方法可以带来双赢局面。

（2）制定决策。此处决策是指谈判能力以及影响组织与项目管理团队的能力，而不是决策工具集所描述的一系列工具。进行有效决策需要：①着眼于所要达到的目标；②遵循决策流程；③研究环境因素；④分析可用信息；⑤激发团队创造力；⑥理解风险等。

（3）情商。是指识别、评估和管理个人情绪、他人情绪及团体情绪的能力。项目管理团队能通过情商来了解、评估及控制项目团队成员的情绪，预测团队成员的行为，确认团队成员的关注点及跟踪团队成员的问题，来达到减轻压力、加强合作的目的。

（4）影响。在矩阵环境中，项目经理对团队成员通常没有或仅有很小的命令职权，所以他们适时影响干系人的能力，对保证项目成功非常关键。影响力主要体现在如下方面：说服他人；清晰表达观点和立场；积极且有效的倾听；了解并综合考虑各种观点；收集相关信息，在维护相互信任的关系下，解决问题并达成一致意见等。

（5）领导力。成功的项目需要强有力的领导技能，领导力是领导团队、激励团队做好本职工作的能力。它包括各种不同的技巧、能力和行动。领导力在项目生命周期中的所有阶段都很重要。有多种领导力理论，定义了适用于不同情形或团队的领导风格。领导力对沟通愿景及鼓舞项目团队高效工作十分重要。

2. 项目管理信息系统

项目管理信息系统可包括资源管理或进度计划软件，用于在各个项目活动中管理和协调团队成员。

13.7.3 输出

1. 变更请求

如果管理团队过程中出现变更请求，或者推荐措施、纠正措施或预防措施而影响了项目管理计划的任何组成部分或项目文件，项目经理应提交变更请求，并通过实施整体变更控制过程对变更请求进行审查和处理。

例如，人员配备变更，无论是自主选择还是由不可控事件造成，都会干扰项目团队，这种干扰可能导致进度落后或预算超支。人员配备变更包括转派人员、外包部分工作和替换离职人员。

2. 项目管理计划（更新）

项目管理计划的任何变更都以变更请求的形式提出，且通过组织的变更控制过程进行处理。可能需要变更的项目管理计划组成部分包括：
- 资源管理计划：根据实际的项目团队管理经验更新。
- 进度基准：可能需要更改项目进度，以反映团队的执行方式。

- 成本基准：可能需要更改项目成本基准，以反映团队的执行方式。

3. 项目文件（更新）

可在管理团队过程更新的项目文件包括：

- 问题日志：在本过程中提出的新问题可以记录到问题日志中。
- 经验教训登记册：更新经验教训登记册，记录在项目中遇到的挑战、本可以规避这些挑战的方法，以及良好的团队管理方式。
- 项目团队派工单：如果需要对团队做出变更，在项目团队派工单中记录这些变更。

4. 事业环境因素（更新）

作为管理团队过程的结果，需要更新的事业环境因素包括：对组织绩效评价的输入；个人技能等。

13.8 控制资源

控制资源是确保按计划为项目分配实物资源，以及根据资源使用计划监督资源实际使用情况，并采取必要纠正措施的过程。本过程的主要作用：①确保所分配的资源适时、适地可用于项目；②资源在不再需要时被释放。本过程需要在整个项目期间开展。控制资源过程的数据流向如图 13-9 所示。

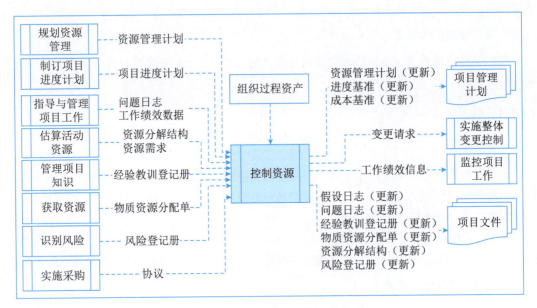

图 13-9 控制资源过程的数据流向图

应在所有项目阶段和整个项目生命周期期间持续开展控制资源过程,且适时、适地和适量地分配和释放资源,使项目能够持续进行。控制资源过程重点关注实物资源,例如设备、材料、设施和基础设施。管理团队过程重点关注人力资源。本节讨论的控制资源技术是项目中最常用的,在特定项目或应用领域中,还可采用许多其他控制资源技术。

更新资源分配时,需要了解已使用的资源和还需要获取的资源。为此,应审查至今为止的资源使用情况。控制资源过程关注:①监督资源支出;②及时识别和处理资源缺乏/剩余情况;③确保根据计划和项目需求使用并释放资源;④出现资源相关问题时通知相应干系人;⑤影响可以导致资源使用变更的因素;⑥在变更实际发生时对其进行管理等。

进度基准或成本基准的任何变更,都必须经过实施整体变更控制过程的审批。

13.8.1 输入

1. 项目管理计划

可用于控制资源的项目管理计划组件是资源管理计划。资源管理计划为如何使用、控制和最终释放实物资源提供指南。

2. 项目文件

可作为控制资源过程输入的项目文件主要包括:
- 项目进度计划:展示了项目在何时何地需要哪些资源。
- 问题日志:用于识别有关缺乏资源、原材料供应延迟和低等级原材料等问题。
- 资源需求:识别了项目所需的材料、设备、用品和其他资源。
- 资源分解结构:为项目过程中需要替换或重新获取资源的情况提供参考。
- 经验教训登记册:在项目早期获得的经验教训可以运用到后期阶段,以改进实物资源控制。
- 物质资源分配单:描述了资源的预期使用情况以及资源的详细信息,例如类型、数量、地点以及属于组织内部资源还是外购资源。
- 风险登记册:识别了可能会影响设备、材料或用品的单个风险。

3. 工作绩效数据

工作绩效数据包含有关项目状态的数据,例如已使用的资源的数量和类型。

4. 协议

在项目中签署的协议是获取组织外部资源的依据,应在需要新的和未规划的资源时,或在当前资源出现问题时,在协议里定义相关程序。

5. 组织过程资产

能够影响控制资源过程的组织过程资产包括:有关资源控制和分配的政策;执行组织内用于解决问题的升级程序;经验教训知识库,其中包含以往类似项目的信息等。

13.8.2 工具与技术

1. 数据分析

适用于控制资源过程的数据分析技术主要包括：
- 备选方案分析：有助于选择最佳解决方案以纠正资源使用偏差，可将加班和增加团队资源等备选方案与延期交付或阶段性交付比较，以权衡利弊。
- 成本效益分析：有助于项目成本出现差异时确定最佳的纠正措施。
- 绩效审查：测量、比较和分析计划的资源使用和实际资源使用的不同。分析成本和进度工作绩效信息有助于指出可能影响资源使用的问题。
- 趋势分析：在项目进展过程中，项目团队可能会使用趋势分析，基于当前绩效信息来确定未来项目阶段所需的资源。趋势分析检查项目绩效随时间的变化情况，可用于确定绩效是在改善还是在恶化。

2. 问题解决

问题解决可能会用到一系列工具，有助于项目经理解决控制资源过程中出现的问题。问题可能来自组织内部（组织中另一部门使用的机器或基础设施未及时释放，因存储条件不当造成材料受损等），也可能来自组织外部（主要供应商破产或恶劣天气使资源受损）。项目经理应采取有条不紊的步骤来解决问题：①识别问题：明确问题。②定义问题：将问题分解为可管理的小问题。③调查：收集数据。④分析：找出问题的根本原因。⑤解决：从众多解决方案中选择最合适的一个。⑥检查解决方案：确认是否已解决问题。

3. 人际关系与团队技能

人际关系与团队技能有时被称为"软技能"，属于个人能力。本过程使用的人际关系与团队技能包括：
- 谈判：项目经理需要就增加实物资源、变更实物资源或资源相关成本进行谈判。
- 影响力：有助于项目经理及时解决问题并获得所需资源。

4. 项目管理信息系统

项目管理信息系统可包括资源管理或进度计划软件，用于监督资源的使用情况，协助确保合适的资源适时、适地用于合适的活动。

13.8.3 输出

1. 工作绩效信息

工作绩效信息包括项目工作进展信息，这一信息将资源需求和资源分配与项目活动期间的资源使用相比较，从而发现需要处理的资源可用性方面的差异。

2. 变更请求

如果控制资源过程出现变更请求，或者推荐的纠正措施或预防措施影响了项目管理计划的任何组成部分或项目文件，项目经理应提交变更请求，并通过实施整体变更控制过程对变更请求进行审查和处理。

3. 项目管理计划（更新）

项目管理计划的任何变更都以变更请求的形式提出，且通过组织的变更控制过程进行处理。可能需要变更的项目管理计划组成部分包括：

- 资源管理计划：根据实际的项目资源管理经验更新。
- 进度基准：可能需要更新项目进度，以反映管理项目资源的方式。
- 成本基准：可能需要更新项目成本基准，以反映管理项目资源的方式。

4. 项目文件（更新）

可在控制资源过程更新的项目文件主要包括：

- 假设日志：把关于设备、材料、用品和其他实物资源的新假设条件更新在假设日志中。
- 问题日志：在本过程中出现的新问题可以记录到问题日志中。
- 经验教训登记册：在经验教训登记册中更新有效管理资源物流、废料、使用偏差，以及应对资源偏差的纠正措施的技术。
- 物质资源分配单：是动态的，会因可用性、项目、组织、环境或其他因素而发生变更。
- 资源分解结构：可能需要更新资源分解结构，以反映使用项目资源的方式。
- 风险登记册：将资源可用性及利用或其他实物资源的风险更新在险登记册中。

13.9 本章练习

1. 选择题

（1）项目经理对于_____的冲突要设法加以_____；对_____的冲突要加以利用，要鼓励团队成员良性竞争。

        A. 有害，解决或减少，有益　　 B. 有益，解决或减少，有害

        C. 有害，解决或增加，有益　　 D. 有益，鼓励或增加，有害

参考答案：A

（2）使用项目资源、做出决策、签字批准、验收可交付成果并影响他人开展项目工作的权力，称之为_____。

        A. 角色　　 B. 职责　　 C. 职权　　 D. 能力

参考答案：C

（3）获取资源过程的输出中，_____识别了每种具体资源可用时的工作日、班次、正常营业的上下班时间、周末和公共假期。

        A. 组织过程资产更新　　 B. 物质资源分配单

        C. 项目团队派工单　　 D. 资源日历

参考答案：D

（4）虚拟团队的使用能带来很多好处，不包括_____。
　　A. 减少出差及搬迁费用
　　B. 减少信息分享带来的安全风险
　　C. 利用技术来营造在线团队环境
　　D. 拉近团队成员与供应商、客户或其他重要干系人的距离

参考答案：B

（5）评价团队有效性的指标，不包括_____。
　　A. 个人技能的改进　　　　　　B. 团队成员离职率的提升
　　C. 团队能力的改进　　　　　　D. 团队凝聚力的加强

参考答案：B

2. 判断题

判断下列表述正误，正确的选 √，错误的选 ×。

（1）缓和/包容是指，为了暂时或部分解决冲突，寻找能让各方都在一定程度上满意的方案，但这种方法有时会导致"双输"局面。（　　）
（2）通俗地说，领导者设定目标，管理者率众实现目标。（　　）
（3）冲突并不一定是有害的，"一团和气"的集体不一定是一个高效率的集体。（　　）
（4）组织分解结构用来显示如何把项目可交付成果分解为工作包，这有助于明确高层级的职责。（　　）

参考答案：（1）×　（2）√　（3）√　（4）×

3. 思考题

有一种关于团队发展的模型叫塔克曼阶梯理论，其中包括团队建设通常要经过的 5 个阶段。尽管这些阶段通常按顺序进行，然而，团队停滞在某个阶段或退回到较早阶段的情况也并非罕见；而如果团队成员曾经共事过，项目团队建设也可跳过某个阶段。

请简述团队建设通常要经过的 5 个阶段。

参考答案：略

4. 案例题

阅读下列说明，回答问题 1～问题 3，将解答填入答题纸的对应栏内。

【说明】

Simple 公司刚刚中标某电子政务系统开发项目，用户单位要求电子政务系统必须在年底前投入使用。王某是 Simple 公司的项目经理，并且刚成功地领导一个 6 人的项目团队完成了一个类似项目，因此公司指派王某带领原来的团队负责该项目。

王某带领原项目团队结合以往经验顺利完成了需求分析、项目范围说明书等前期工作，并通过了审查，得到了甲方的确认。由于进度紧张，王某又从公司申请调来了 2 名开发人员进入项目团队。

项目开始实施后，项目团队原成员和新加入成员之间经常发生争执，对发生的错误相互推

诱。项目团队原成员认为新加入的成员效率低下，延误项目进度；新加入成员则认为项目团队原成员不好相处，不能有效沟通。王某认为这是正常的项目团队磨合过程，没有过多干预；同时，批评新加入成员效率低下，认为项目团队原成员更有经验，要求新加入成员要多向老成员虚心请教。

项目实施两个月后，王某发现大家汇报的项目进度言过其实，进度远没有达到计划目标，项目已陷入困境。

【问题1】请简要分析造成该项目上述问题的可能原因。

【问题2】结合你的实际经验，概述成功团队的特征。

【问题3】针对项目目前的状况，在项目人力资源管理方面王某可以采取哪些补救措施？

解答：

【问题1】

问题产生的可能原因有：

（1）王某对新员工的工作能力和团队合作素质没有进行考察；
（2）王某没有进行有效的团队建设和团队管理；
（3）王某对于冲突的处理方式过于简单；
（4）王某对人员的绩效评估缺乏有效的考核手段；
（5）王某没有对进度进行有效控制。

【问题2】

成功团队的特征：

（1）团队的目标明确，成员清楚自己工作对目标的贡献；
（2）团队的组织结构清晰，岗位明确；
（3）有成文或习惯的工作流程和方法，而且流程简明有效；
（4）项目经理对团队成员有明确的考核和评价标准，工作结果公正公开，赏罚分明；
（5）有共同制定并遵守的组织纪律；
（6）团队成员相互信任，协同工作，善于总结和学习。

【问题3】

（1）采用合适的团队建设手段，消除团队成员间的隔阂；
（2）明确项目团队的目标及项目组各成员的分工；
（3）建立清晰的工作流程和沟通机制；
（4）建立明确的考核评价标准；
（5）鼓励团队成员之间建立参与和分享的氛围；
（6）制定有效的激励措施。

第14章 项目沟通管理

沟通是人们分享信息、思想和情感的过程。沟通的主旨在于互动双方建立彼此相互了解的关系，相互回应，并且期待能经由沟通的行为与过程相互接纳并达成共识。所以沟通失败是很多项目（尤其是 IT 项目）失败的重要原因。

与 IT 项目成功有关的最重要的四个因素是：主管层的支持、用户参与、有经验的项目经理和清晰的业务目标。所有这些因素都依赖于项目经理和团队具有良好的沟通能力，特别是与非 IT 人员的沟通。

项目沟通管理是确保及时、正确地产生、收集、分发、存储和最终处理项目信息所需的过程。项目沟通管理过程揭示了实现成功沟通所需的人员、观点、信息这三项要素之间的一种联络关系。项目经理需要花费大量且无规律的时间，用于与项目团队、项目干系人、客户和赞助商沟通。项目中的每一成员也需要了解沟通对项目的影响。

项目沟通管理由两部分组成：一是制定策略，确保沟通对干系人行之有效；二是执行必要活动，以落实沟通策略。

14.1 管理基础

14.1.1 沟通

沟通是指用各种可能的方式来发送或接收信息。发送或接收的信息可以是想法、指示或情绪。这些方式包括活动（如会议和演讲）和媒介（如电子邮件、社交媒体、项目报告或项目文档），具体形式包括：

- 书面形式：实物或电子形式。
- 口头形式：面对面或远程形式。
- 正式或非正式形式：通过正式的纸质文件或社交媒体。
- 手势动作：语调和面部表情。
- 媒体形式：图片、行动或借助其他媒介。
- 遣词造句：表达某种想法的词语往往不止一个，须留意各词语的含义会存在细微差异。

项目经理的大多数时间用于与团队成员和其他项目干系人沟通，包括来自组织内部（组织的各个层级）和组织外部的人员。不同干系人可能有不同的文化和组织背景，以及不同的专业水平、观点和兴趣，而有效的沟通能够在他们之间架起一座桥梁。

14.1.2 沟通模型

沟通的基本模型用于显示信息如何在双方（发送方和接收方）之间被发送和被接收。沟通模型的关键要素包括：

- 编码：把思想或想法转化为他人能理解的语言。
- 信息和反馈信息：编码过程所得到的结果。
- 媒介：用来传递信息的方法。
- 噪声：干扰信息传输和理解的一切因素（如距离、新技术、缺乏背景信息等）。
- 解码：把信息还原成有意义的思想或想法。

沟通模型包含 5 种状态：已发送、已收到、已理解、已认可、已转化为积极的行动。

- 已发送：信息已发送。当你传送信息给他人，这并不表示对方已经读取或听到了，电子邮件和电话也只是帮助我们快速传递信息却不能保证对方一定已经读取。
- 已收到：对方信息已收到。但这并不表示对方有意图去读取、理解或解决信息。
- 已理解：正确地消化和理解信息中的内容是简单接收信息中关键的一环。通常理解需要一定的上下文背景知识，需要对其中某些内容提出问题，或向发送者进行确认或澄清等步骤。
- 已认可：理解了传达的信息并不代表对方已同意这个观点。或许对方明白了发送者的意思，但完全不同意。所以在两个聪明的、有主见的人之间达成一致既复杂又耗时，尤其是两个人的观点不能清晰地向对方阐述的时候。因此，达成一致仍然是做出项目决策和有效沟通的关键一环。
- 已转化为积极的行动：正确地理解和达成一致的认可比较难，但更加困难的是让对方转化为实际的、积极的行动，而且是方向正确无误的行动。这是整个过程中最难的一环，通常需要反复地沟通，在一定的监督或帮助下才能较好地完成。

14.1.3 沟通分类

沟通活动可按多种维度进行分类，主要包括：

- 内部沟通：针对项目内部或组织内部的干系人。
- 外部沟通：针对外部干系人，如客户、供应商、其他项目、组织、政府、公众和环保倡导者。
- 正式沟通：报告、正式会议（定期或临时）、会议议程记录、干系人简报和演示。
- 非正式沟通：采用电子邮件、社交媒体、网站和非正式临时讨论的一般沟通活动。
- 层级沟通：干系人或干系人群体会根据内部职权的不同，采取向上（针对高层）、向下（针对团队成员）和横向（针对同级项目经理或其他人员）等不同的沟通方式，保证有效沟通。
- 官方沟通：年报、呈交监管机构或政府部门的报告。
- 非官方沟通：采用灵活（往往为非正式）的手段，来建立和维护项目团队及其干系人对项目情况的了解和认可，并在他们之间建立强有力的关系。
- 书面与口头沟通：包括口头（用词和音调变化）及非口头（肢体语言和行为）、社交媒体和网站、媒体发布。

14.1.4 沟通技巧

沟通可以促成项目与项目集建立必要的关系。用于开展沟通的活动和成果多种多样，从电子邮件和非正式对话，到正式会议和定期项目报告，通过言语、面部表情、手势动作和其他行动都在有意或无意地发送和接收信息。为了成功管理与干系人的项目关系，沟通既包括制定策略和计划（以便创建合适的沟通工件和开展合适的沟通活动），也包括运用相关技能来提升计划和即兴的沟通效果。

项目沟通过程通过沟通计划，为不同沟通人员和沟通内容选择合适的沟通方法，来预防理解和沟通错误。一般来说，有效的沟通活动和成果创建具有如下 3 个基本属性：①沟通目的明确；②尽量了解沟通接收方，满足其需求及偏好；③监督并衡量沟通的效果。

1. 书面沟通的 5C 原则

在编制书面或口头信息的时候，应使用书面沟通的 5C 原则，以减轻理解错误：

- 正确的语法和拼写（Correctness）：语法不当或拼写错误会分散注意力，甚至可能扭曲信息含义，降低可信度。
- 简洁的表述（Concise）：简洁且精心组织的信息能降低误解信息意图的可能性。
- 清晰的目的和表述（Clarity）：确保在信息中包含能满足受众需求与激发其兴趣的内容。
- 连贯的思维逻辑（Coherent）：写作思路连贯，在整个书面文件中使用诸如"引言"和"小结"的小标题。
- 善用控制语句和承接（Controlling）：可能需要使用图表或小结来控制语句和思路的承接。

2. 其他沟通技巧

在沟通管理过程中一定要善于运用非语言信号为语言的效果进行铺垫，真诚的微笑，热烈的握手，专注的神态，尊敬的寒暄，都能给对方带来好感，活跃沟通气氛，加重后面语言的分量。项目经理除了要掌握书面沟通的 5C 原则，还需配合下列沟通技巧：①积极倾听。与说话人保持互动，并总结对话内容，以确保有效的信息交换。②理解文化和个人差异。提升团队对文化及个人差异的认知，以减少误解并提升沟通能力。③识别、设定并管理干系人期望。与干系人磋商，减少干系人群体中自相矛盾的期望。④强化技能。所有团队成员应强化以下技能：说服个人、团队或组织采取行动；激励和鼓励人们，或帮助人们重塑自信；指导人们改进绩效并取得期望结果；通过磋商达成共识以减少审批或决策延误；解决冲突，防止破坏性影响等。

14.1.5 管理新实践

在关注干系人以及认可干系人的有效参与对项目及组织的价值的同时，也要认识到制定和落实适当的沟通策略对维系与干系人的有效关系是至关重要的。项目沟通管理的新趋势和新兴的实践主要包括：

（1）将干系人纳入项目评审范围。每个项目的干系人群体中都包括被项目团队确定为对成功达成项目目标和组织成果不可或缺的个人、群体和组织。有效的沟通策略要求定期且及时地评审干系人，以及管理成员及其态度的变化。

（2）让干系人参加项目会议。项目会议应邀请项目外部甚至组织外部的干系人参与。敏捷或适应型方法中的一些做法适用于任何类型的项目，例如，简短的每日站会。在每日站会上，项目团队和主要干系人就前一天的成绩和问题以及当天的工作计划展开讨论。

（3）社交工具的使用日益增多。以硬件平台、社交媒体服务和个人便携设备为代表的社交工具已经改变组织及其人员的沟通和业务方式。在公共 IT 基础设施的支持下，社交工具将不同的协作方式融合在一起。网络社交是指用户建立关系网络，与他人共同拓展兴趣和活动。社交媒体工具不仅能支持信息交换，而且也有助于建立更深层次的信任和社群关系。

（4）多面性沟通方法。制定项目干系人沟通策略时，通常应考虑所有可用技术，并从中做出选择；同时也应尊重因文化、实践和个人背景而产生的对沟通语言、媒介、内容和方式的偏好。可以根据需要采用社交媒体和其他先进的电子技术。多面性方法能够提高与不同年代和文化背景的干系人沟通的效果。

14.2 项目沟通管理过程

14.2.1 过程概述

项目沟通管理过程包括：

- 规划沟通管理：基于每个干系人或干系人群体的信息需求、可用的组织资产以及具体项目的需求，为项目沟通活动制定恰当的方法和计划。
- 管理沟通：确保项目信息及时且恰当地收集、生成、发布、存储、检索、管理、监督和最终处置。
- 监督沟通：确保满足项目及其干系人的信息需求。

项目实际进展中，以上各个过程会相互交叠和相互作用，表 14-1 概括了项目沟通管理的各个过程。

表 14-1 项目沟通管理过程

过程	输入	工具与技术	输出
规划沟通管理	<ul><li>项目章程</li><li>项目管理计划</li><li>项目文件</li><li>事业环境因素</li><li>组织过程资产</li></ul>	<ul><li>专家判断</li><li>沟通需求分析</li><li>沟通技术</li><li>沟通模型</li><li>沟通方法</li><li>人际关系与团队技能</li><li>数据表现</li><li>会议</li></ul>	<ul><li>沟通管理计划</li><li>项目管理计划（更新）</li><li>项目文件（更新）</li></ul>
管理沟通	<ul><li>项目管理计划</li><li>项目文件</li><li>工作绩效报告</li><li>事业环境因素</li><li>组织过程资产</li></ul>	<ul><li>沟通技术</li><li>沟通方法</li><li>沟通技能</li><li>项目管理信息系统</li><li>项目报告</li><li>人际关系与团队技能</li><li>会议</li></ul>	<ul><li>项目沟通记录</li><li>项目管理计划（更新）</li><li>项目文件（更新）</li><li>组织过程资产（更新）</li></ul>

(续表)

过程	输入	工具与技术	输出
监督沟通	● 项目管理计划 ● 项目文件 ● 工作绩效数据 ● 事业环境因素 ● 组织过程资产	● 专家判断 ● 项目管理信息系统 ● 数据表现 ● 人际关系与团队技能 ● 会议	● 工作绩效信息 ● 变更请求 ● 项目管理计划（更新） ● 项目文件（更新）

14.2.2 裁剪考虑因素

因为项目的独特性，项目团队可以根据需要裁剪项目沟通管理过程。裁剪时应考虑的因素一般包括：

- 干系人：干系人是属于组织内部或外部，或者二者都是？
- 物理地点：团队成员身处何地？团队是否集中办公？团队是否位于相同地理区域？团队是否分散于多个时区？
- 沟通技术：哪项技术可用于创建、记录、传输、检索、追踪和存储沟通成果？哪些技术最适用于与干系人沟通且成本效益最高？
- 语言：语言是沟通活动中要考虑的主要因素。沟通时使用的是一种语言还是多种语言？是否已为适应多语种团队的复杂情况安排了资金？
- 知识管理：组织是否有正式的知识管理库？是否采用管理库？

14.2.3 敏捷与适应方法

在模糊不定的项目环境中，必然需要对不断演变和出现的细节情况进行更频繁和快速地沟通。因此，应该尽量简化团队成员获取信息的通道，要经常进行团队检查，并让团队成员集中办公。此外，为了促进与高级管理层和干系人的沟通，还需要以透明的方式发布项目成果，并定期邀请干系人评审项目成果。

14.3 规划沟通管理

规划沟通管理是基于每个干系人或干系人群体的信息需求、可用的组织资产，以及具体项目的需求，为项目沟通活动制定恰当的方法和计划的过程。本过程的主要作用：①及时向干系人提供相关信息；②引导干系人有效参与项目；③编制书面沟通计划。本过程应根据需要在整个项目期间定期开展。规划沟通管理过程的数据流向如图 14-1 所示。

项目经理需在项目生命周期的早期，针对项目干系人多样性的信息需求，制订有效的沟通管理计划。应该在整个项目期间，定期审查本过程的成果并做必要修改，以确保其持续适用。例如，在干系人发生变化或每个新项目阶段开始时。

在大多数项目中，需要及早开展沟通的规划工作，例如在识别干系人及制订项目管理计划期间。虽然所有项目都需要进行信息沟通，但是各项目的信息需求和信息发布方式可能差别很大。此外，在本过程中，需要考虑并合理记录用来存储、检索和最终处置项目信息的方法。

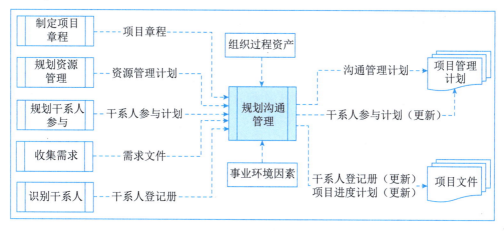

图 14-1　规划沟通管理过程的数据流向图

14.3.1　输入

1. 项目章程

项目章程会列出主要干系人清单，其中可能包含与干系人角色及职责有关的信息。

2. 项目管理计划

可用于规划沟通管理的项目管理计划组件主要包括：

- 资源管理计划：指导如何对项目资源进行分类、分配、管理和释放。团队成员和小组可能有沟通要求，应该在沟通管理计划中列出。
- 干系人参与计划：干系人参与计划确定了有效吸引干系人参与所需的管理策略，而这些策略通常通过沟通来落实。

3. 项目文件

可作为规划沟通管理过程输入的项目文件主要包括：

- 需求文件：可能包含项目干系人对沟通的需求。
- 干系人登记册：用于规划与干系人的沟通活动。

4. 事业环境因素

能够影响规划沟通管理过程的事业环境因素主要包括：组织文化和治理框架；人事管理政策；干系人风险临界值；已确立的沟通渠道、工具和系统；全球、区域或当地的发展趋势、最佳实践或文化习俗等；设施和资源的物理分布等。

5. 组织过程资产

能够影响规划沟通管理过程的组织过程资产主要包括：组织的社交媒体、道德和安全政策及程序；组织的问题、风险、变更和数据管理政策及程序；组织对沟通的要求；制作、交换、储存和检索信息的标准化指南；历史信息和经验教训知识库；以往项目的干系人及沟通数据和信息等。

14.3.2 工具与技术

1. 专家判断

规划沟通管理过程中，应征求具备如下专业知识或接受过相关培训的个人或小组的意见：组织内的政策和权力结构；组织及其他客户组织的环境和文化；组织变革管理方法和实践；项目可交付成果所属的行业或类型；组织沟通技术；关于遵守与组织沟通有关的法律要求的组织政策与程序；与安全有关的组织政策与程序；干系人，包括客户和发起人等。

2. 沟通需求分析

分析沟通需求，确定项目干系人的信息需求，包括所需信息的类型和格式，以及信息对干系人的价值。常用于识别和确定项目沟通需求的信息主要包括：①干系人登记册及干系人参与计划中的相关信息和沟通需求；②潜在沟通渠道或途径的数量，包括一对一、一对多和多对多沟通；③组织结构图；④项目组织与干系人的职责、关系及相互依赖；⑤开发方法；⑥项目所涉及的学科、部门和专业；⑦有多少人在什么地点参与项目；⑧内部信息需求，例如，何时在组织内部沟通；⑨外部信息需求，例如，何时与媒体、公众和承包商沟通；⑩法律要求等。

3. 沟通技术

用于在项目干系人之间传递信息的方法很多，信息交换和协作的常见方法包括对话、会议、书面文件、数据库、社交媒体和网站。

影响沟通技术的选择的因素包括：

- 信息需求的紧迫性：信息传递的紧迫性、频率和形式可能因项目而异，也可能因项目阶段而异。
- 技术的可用性与可靠性：用于发布项目沟通工件的技术，应该在整个项目期间都具备兼容性和可得性，且对所有干系人都可用。
- 易用性：沟通技术的选择应适合项目参与者，且应在合适的时候安排适当培训活动。
- 项目环境：团队会议与工作是面对面还是在虚拟环境中开展；成员处于一个还是多个时区，他们是否使用多语种沟通；是否还有能影响沟通效率的其他环境因素（如与文化有关的各个方面）。
- 信息的敏感性和保密性，需要考虑：①拟传递的信息是否属于敏感或机密信息，如果是，可能需要采取合理安全措施；②为员工制定社交媒体政策，以确保行为适当、信息安全和知识产权保护。

4. 沟通模型

沟通模型可以是最基本的线性（发送方和接收方）沟通过程，也可以是增加了反馈元素（发送方、接收方和反馈）更具互动性的沟通形式，甚至可以是融合了发送方或接收方的人性因素、试图考虑沟通复杂性的更加复杂的沟通模型。

作为沟通过程的一部分，发送方负责信息的传递，确保信息的清晰性和完整性，并确认信息已被正确理解;接收方负责确保完整地接收信息,正确地理解信息,并需要告知已收到或作出适当的回应。在发送方和接收方所处的环境中,都可能存在会干扰有效沟通的各种噪声和其他障碍。

在跨文化沟通中,确保信息能被正确理解具有一定挑战性。沟通风格的差异可源于工作方法、年龄、国籍、专业学科、民族、种族或性别差异。不同文化的人们会以不同的语言(如,技术设计文档、不同的风格)沟通,并喜欢采用不同的沟通过程和礼节。

图 14-2 所示的沟通模型展示了发送方的当前情绪、知识、背景、个性、文化和偏见会如何影响信息本身及其传递方式。类似地,接收方的当前情绪、知识、背景、个性、文化和偏见也会影响信息的接收和解读方式,导致沟通中的障碍或噪声。

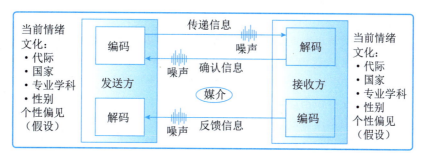

图 14-2 其适用于跨文化沟通的沟通模型

此沟通模型及其强化版有助于制定人对人或小组对小组的沟通策略和计划,但不能用于制定采用其他沟通成果(如电子邮件、广播信息和社交媒体)的沟通策略和计划。

5. 沟通方法

项目干系人之间用于分享信息的沟通方法主要包括:

(1)互动沟通。在两方或多方之间进行的实时多向信息交换。它使用诸如会议、电话、即时信息、社交媒体和视频会议等沟通方式。

(2)推式沟通。向需要接收信息的特定接收方发送或发布信息。这种方法可以确保信息的发送,但不能确保信息送达目标受众或被目标受众理解。在推式沟通中,可以用于沟通的有:信件、备忘录、报告、电子邮件、传真、语音邮件、博客和新闻稿。

(3)拉式沟通。适用于大量复杂信息或大量信息受众的情况。它要求接收方在遵守有关安全规定的前提之下自行访问相关内容。这种方法包括门户网站、组织内网、电子在线课程、经验教训数据库或知识库。

可以采用如下方法来实现沟通管理计划所规定的主要的沟通需求:

- 人际沟通:个人之间交换信息,通常以面对面的方式进行。
- 小组沟通:在3~6名人员的小组内部开展。
- 公众沟通:单个演讲者面向一群人。
- 大众传播:信息发送人员或小组与大量目标受众(有时为匿名)之间只有最低程度的联系。
- 网络和社交工具沟通:借助社交工具和媒体,开展多对多的沟通。

可用于沟通的方法或成果主要包括:公告板;新闻通讯、内部杂志和电子杂志;致员工或志愿者的信件；新闻稿；年度报告；电子邮件和内部局域网；门户网站和其他信息库（适用于拉式沟通）；电话交流；演示；团队简述或小组会议；焦点小组；干系人之间的正式或非正式的面对面会议；咨询小组或员工论坛；社交工具和媒体等。

6. 人际关系与团队技能

适用于规划沟通管理过程的人际关系与团队技能主要包括：

（1）沟通风格评估。规划沟通活动时，用于评估沟通风格并识别偏好的沟通方法、形式和内容的一种技术。常用于不支持项目的干系人。可以先开展干系人参与度评估，再开展沟通风格评估。在干系人参与度评估中，找出干系人参与度的差距。为弥补这种差距，就需要特别裁剪沟通活动和方法。

（2）政策意识。政策意识有助于项目经理根据项目环境和组织的政策环境来规划沟通。政策意识是指对正式和非正式权力关系的认知，以及在这些关系中工作的意愿。理解组织战略、了解谁能行使权力和施加影响，以及培养与这些干系人沟通的能力，都属于政策意识范畴。

（3）文化意识。文化意识指理解个人、群体和组织之间的差异，并据此调整项目的沟通策略。具有文化意识并采取后续行动，能够最小化因项目干系人社区内的文化差异而导致的理解错误和沟通错误。文化意识和文化敏感性有助于项目经理依据干系人和团队成员的文化差异与文化需求对沟通进行规划。

7. 数据表现

适用于规划沟通管理过程的数据表现技术是干系人参与度评估矩阵。干系人参与度评估矩阵显示了个体干系人当前和期望参与度之间的差距。在本过程中，可进一步分析该评估矩阵，以便为填补参与度差距而识别额外的沟通需求（除常规报告以外的）。

8. 会议

项目会议可包括虚拟（网络）或面对面会议，且可用文档协同技术进行辅助，包括电子邮件信息和项目网站。在规划沟通管理过程中，需要与项目团队展开讨论，确定最合适的项目信息更新和传递方式，以及回应各干系人的信息请求的方式。

14.3.3 输出

1. 沟通管理计划

沟通管理计划是项目管理计划的组成部分，描述将如何规划、结构化、执行与监督项目沟通，以提高沟通的有效性。沟通管理计划主要包括：①干系人的沟通需求；②需沟通的信息，包括语言、形式、内容和详细程度；③上报步骤；④发布信息的原因；⑤发布所需信息、确认已收到或作出回应（若适用）的时限和频率；⑥负责沟通相关信息的人员；⑦负责授权保密信息发布的人员；⑧接收信息的人员或群体，包括他们的需要、需求和期望；⑨用于传递信息的方法或技术，如备忘录、电子邮件、新闻稿，或社交媒体；⑩为沟通活动分配的资源，包括时间和预算；⑪随着项目进展（如项目不同阶段干系人社区的变化）而更新与优化沟通管理计划的方法；⑫通用术语表；⑬项目信息流向图、工作流程（可能包含审批程序）、报告清单和会议计划等；⑭来自法律法规、技术、组织政策等的制约因素等。

沟通管理计划中还包括关于项目状态会议、项目团队会议、网络会议和电子邮件等的指南和模板。如果项目要使用项目网站和项目管理软件，需要将其写入沟通管理计划。

2. 项目管理计划（更新）

项目管理计划的任何变更都以变更请求的形式提出，且通过组织的变更控制过程进行处理。可能需要变更的项目管理计划组件是干系人参与计划。需要更新干系人参与计划，来反映会影响干系人参与项目决策和执行的任何过程、程序、工具和技术。

3. 项目文件（更新）

可在规划沟通管理过程更新的项目文件主要包括：
- 干系人登记册：可能需要更新干系人登记册，以反映计划好的沟通。
- 项目进度计划：可能需要更新项目进度计划，以反映沟通活动。

14.4 管理沟通

管理沟通是确保项目信息及时且恰当地收集、生成、发布、存储、检索、管理、监督和最终处置的过程。本过程的主要作用是，促成项目团队与干系人之间的有效信息流动。本过程需要在整个项目期间开展。管理沟通过程的数据流向如图14-3所示。

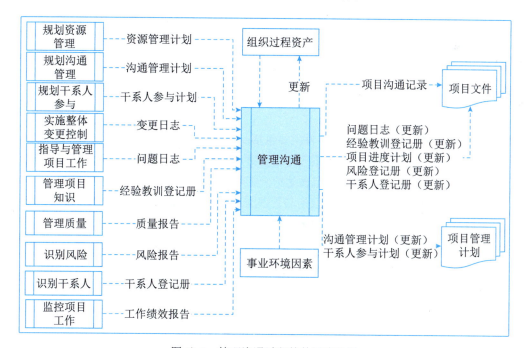

图14-3 管理沟通过程的数据流向图

管理沟通过程会涉及与开展有效沟通有关的所有方面，包括使用适当的技术、方法和技巧。

此外,它还应允许沟通活动具有灵活性,允许对方法和技术进行调整,以满足干系人及项目不断变化的需求。本过程不局限于发布相关信息,它还设法确保信息以适当的格式正确生成和送达目标受众。本过程也为干系人提供机会,允许他们参与提供更多信息、澄清和讨论。有效的沟通管理需要借助的技术主要包括:

- 发送方-接收方模型:运用反馈循环,为互动和参与提供机会,并清除妨碍有效沟通的障碍。
- 媒介选择:为满足特定的项目需求而使用合理的沟通方法。例如,何时进行书面沟通或口头沟通,何时准备非正式备忘录或正式报告,何时使用推式或拉式沟通,以及该选择何种沟通技术。
- 写作风格:选择适当的语态、句子结构,以及使用适当的词汇。
- 会议管理:准备议程,邀请重要参会者并确保他们出席;处理会议现场发生的冲突,或因对会议纪要和后续行动跟进不力而导致的冲突,或因不当人员与会而导致的冲突。
- 演示:了解肢体语言和视觉辅助设计的作用。
- 引导:达成共识、克服障碍(如小组缺乏活力),以及维持小组成员兴趣和热情。
- 积极倾听:包括告知已收到、澄清与确认信息、理解,以及消除妨碍理解的障碍。

14.4.1 输入

1. 项目管理计划

可用于管理沟通的项目管理计划组件主要包括:

- 资源管理计划:描述为管理团队或物质资源所需开展的沟通。
- 沟通管理计划:描述将如何对项目沟通进行规划、结构化和监控。
- 干系人参与计划:描述如何用适当的沟通策略引导干系人参与。

2. 项目文件

可作为管理沟通过程输入的项目文件主要包括:

- 变更日志:用于向受影响的干系人传达变更,以及变更请求的批准、推迟和否决情况。
- 问题日志:将与问题有关的信息传达给受影响的干系人。
- 经验教训登记册:项目早期获取的与管理沟通有关的经验教训,可用于项目后期阶段改进沟通过程,提高沟通效率与效果。
- 质量报告:包括与质量问题、项目和产品改进,以及过程改进的相关信息。这些信息应交给能够采取纠正措施的人员,以便达成项目的质量期望。
- 风险报告:提供关于整体项目风险的来源的信息,以及关于已识别的单个项目风险的概述信息。这些信息应传达给风险责任人及其他受影响的干系人。
- 干系人登记册:确定了需要各类信息的人员、群体或组织。

3. 工作绩效报告

根据沟通管理计划的定义,工作绩效报告会通过本过程传递给项目干系人。工作绩效报告的典型示例包括状态报告和进展报告。工作绩效报告可以包含挣值图表和信息、趋势线和预测、储备燃尽图、缺陷直方图、合同绩效信息以及风险概述信息。可表现为有助于引起关注、制定决策和采取行动的仪表指示图、热点报告、信号灯图或其他形式。

4. 事业环境因素

会影响管理沟通过程的事业环境因素主要包括：组织文化和治理框架；人事管理政策；干系人风险临界值；已确立的沟通渠道、工具和系统；全球、区域或当地的发展趋势、最佳实践或文化习俗等；设施和资源的物理分布等。

5. 组织过程资产

会影响管理沟通过程的组织过程资产主要包括：组织的社交媒体、道德和安全政策及程序；组织的问题、风险、变更和数据管理政策及程序；组织对沟通的要求；制作、交换、储存和检索信息的标准化指南；以往项目的历史信息，包括经验教训知识库等。

14.4.2 工具与技术

1. 沟通技术

会影响技术选用的因素包括团队是否集中办公、需要分享的信息是否需要保密、团队成员的可用资源，以及组织文化会如何影响会议和讨论的正常开展。

2. 沟通方法

沟通方法的选择应具有灵活性，以应对干系人成员变化，或成员的需求和期望的变化。

3. 沟通技能

适用于管理沟通过程的沟通技能主要包括：

（1）沟通胜任力。经过裁剪的沟通技能的组合，有助于明确关键信息的目的、建立有效关系、实现信息共享和采取领导行为。

（2）反馈。反馈是关于沟通、可交付成果或情况的反应信息。反馈支持项目经理和团队及所有其他项目干系人之间的互动沟通，例如指导、辅导和磋商。

（3）非口头技能。例如，通过示意、语调和面部表情等适当的肢体语言来表达意思。镜像模仿和眼神交流也是重要的技能。团队成员应该知道如何通过说什么和不说什么来表达自己的想法。

（4）演示。演示是信息和文档的正式交付。向干系人明确、有效地演示项目的信息，主要包括：①向干系人报告项目进度和信息更新；②提供背景信息以支持决策制定；③提供关于项目及其目标的通用信息，以提升项目工作和项目团队的形象；④提供具体信息，以提升对项目工作和目标的理解和支持力度等。

4. 项目管理信息系统

项目管理信息系统能够确保干系人及时便利地获取所需信息。用来管理和分发项目信息的工具很多，包括：①电子项目管理工具：项目管理软件、会议和虚拟办公支持软件、网络界面、专门的项目门户网站和状态仪表盘,以及协同工作管理工具;②电子沟通管理:电子邮件、传真和语音邮件,音频、视频和网络会议,以及网站和网络发布;③社交媒体管理:网站和网络发布,以及为促进干系人参与和形成在线社区而建立的博客和应用程序。

5. 项目报告

项目报告是收集和发布项目信息的行为。项目信息应发布给众多干系人群体。应针对每种干系人来调整项目信息发布的适当层次、形式和细节。从简单的沟通到详尽的定制报告和演示,报告的形式各不相同。可以定期准备信息或基于例外情况准备。虽然工作绩效报告是监控项目工作过程的输出,但是本过程会编制临时报告、项目演示、博客,以及其他类型的信息。

6. 人际关系与团队技能

适用于管理沟通过程的人际关系与团队技能主要包括:

- 积极倾听:包括告知已收到、澄清与确认信息、理解,以及消除妨碍理解的障碍。
- 冲突管理:采用特定方式对冲突进行管理。
- 文化意识:理解个人、群体和组织之间的差异,并据此调整项目的沟通策略。
- 会议管理:采取步骤确保会议有效并高效地达到预期目标。规划会议时的一般步骤包括:①准备并发布会议议程(其中包含会议目标);②确保会议在规定的时间开始和结束;③确保适当参与者受邀并出席;④切题;⑤处理会议中的期望、问题和冲突;⑥记录所有行动以及所分配的行动责任人。
- 人际交往:通过与他人互动交流信息,建立联系。人际交往有利于项目经理及其团队通过非正式组织解决问题,影响干系人的行动,以及提高干系人对项目工作和成果的支持,从而改善绩效。
- 政策意识:有助于项目经理在项目期间引导干系人参与,以保持干系人的支持。

7. 会议

可以召开会议,支持沟通策略和沟通计划所定义的行动。

14.4.3 输出

1. 项目沟通记录

项目沟通记录主要包括:绩效报告、可交付成果的状态、进度进展、产生的成本、演示,以及干系人需要的其他信息。

2. 项目管理计划(更新)

项目管理计划的任何变更都以变更请求的形式提出,且通过组织的变更控制过程进行处理。可在管理沟通过程更新的项目管理计划主要包括:

- 沟通管理计划:如果本过程引起了项目沟通方法发生变更,就要把这种变更反映在项目沟通计划中。

- 干系人参与计划：本过程将会引起干系人的沟通需求以及商定的沟通策略更新。

3. 项目文件（更新）

可在管理沟通过程更新的项目文件主要包括：
- 问题日志：更新以反映项目的沟通问题，以及如何通过沟通来解决实际问题。
- 经验教训登记册：更新以记录在项目中遇到的挑战、可采取的规避方法，以及适用和不适用于管理沟通的方法。
- 项目进度计划：可能需要更新，以反映沟通活动的状态。
- 风险登记册：更新以记录与管理沟通相关的风险。
- 干系人登记册：更新以记录关于项目干系人沟通活动的信息。

4. 组织过程资产（更新）

可在管理沟通过程更新的组织过程资产主要包括：项目记录，例如往来函件、备忘录、会议记录及项目中使用的其他文档；计划内的和临时的项目报告和演示等。

14.5 监督沟通

监督沟通是确保满足项目及其干系人的信息需求的过程。本过程的主要作用是，按沟通管理计划和干系人参与计划的要求优化信息传递流程。本过程需要在整个项目期间开展。监督沟通过程的数据流向如图14-4所示。

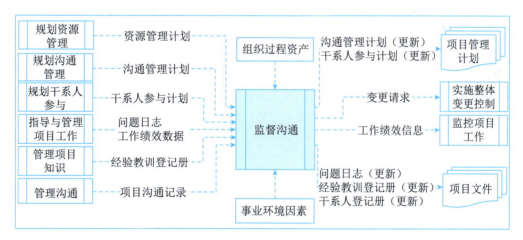

图 14-4 监督沟通过程的数据流向图

通过监督沟通过程，来确定规划的沟通方法和沟通活动对项目可交付成果与预计结果的支持力度。项目沟通的影响和结果应该接受正式的评估和监督，以确保在正确的时间，通过正确的渠道，将正确的内容（发送方和接收方对其理解一致）传递给正确的受众。

监督沟通可能需要采取各种方法，例如，开展客户满意度调查、整理经验教训、开展团队观察、审查问题日志和评估变更。

监督沟通过程可能触发规划沟通管理、管理沟通过程的迭代，以便修改沟通计划并开展额外的沟通活动，来提升沟通的效果。这种迭代体现了项目沟通管理各过程的持续性。问题、关键绩效指标、风险或冲突，都可能立即触发重新迭代开展这些过程。

14.5.1 输入

1. 项目管理计划

可用于监督沟通的项目管理计划组件主要包括：
- 资源管理计划：通过描述角色和职责，以及项目组织结构图，资源管理计划可用于理解实际的项目组织及其任何变更。
- 沟通管理计划：是关于及时收集、生成和发布信息的现行计划，它确定了沟通过程中的团队成员、干系人和有关工作。
- 干系人参与计划：确定了计划用以引导干系人参与的沟通策略。

2. 项目文件

可作为监督沟通过程输入的项目文件主要包括：
- 问题日志：提供项目的历史信息、干系人参与问题的记录，以及它们如何得以解决。
- 经验教训登记册：在项目早期的经验教训可用于项目后期阶段，以改进沟通效果。
- 项目沟通记录：提供已开展的沟通的信息。

3. 工作绩效数据

工作绩效数据包含关于已开展的沟通类型和数量的数据。

4. 事业环境因素

能够影响监督沟通过程的事业环境因素主要包括：组织文化和治理框架；已确立的沟通渠道、工具和系统；全球、区域或当地的发展趋势、最佳实践或文化习俗等；设施和资源的物理分布等。

5. 组织过程资产

可能影响监督沟通过程的组织过程资产主要包括：组织的社交媒体、道德和安全政策及程序；组织对沟通的要求；制作、交换、储存和检索信息的标准化指南；以往项目的历史信息和经验教训知识库；以往项目的干系人及沟通数据和信息等。

14.5.2 工具与技术

1. 专家判断

监督沟通时，应征求具备如下专业知识或接受过相关培训的个人或小组的意见：与公众、社区和媒体的沟通；在国际环境中的沟通；虚拟小组之间的沟通；项目管理系统等。

2. 项目管理信息系统

项目管理信息系统为项目经理提供一系列标准化工具，以根据沟通计划为内部和外部的干系人收集、储存与发布所需信息。需要监控系统中的信息以评估其有效性和效果。

3. 数据表现

监督沟通时，适用的数据表现技术是干系人参与度评估矩阵。它可以提供与沟通活动效果有关的信息。应该检查干系人的期望与当前参与度的变化情况，并对沟通进行必要调整。

4. 人际关系与团队技能

适用于监督沟通过程的人际关系与团队技能主要包括观察和交谈。与项目团队展开讨论和对话，有助于确定最合适的方法，用于更新和沟通项目绩效，以及回应干系人的信息请求。通过观察和交谈，项目经理能够发现团队内的问题、人员间的冲突，或个人绩效问题。

5. 会议

面对面或虚拟会议适用于制定决策，回应干系人请求，与提供方、供应方及其他项目干系人讨论。

14.5.3 输出

1. 工作绩效信息

工作绩效信息包括：计划沟通的实际开展情况；对沟通的反馈，例如关于沟通效果的调查结果。

2. 变更请求

监督沟通过程往往会导致需要对沟通管理计划所定义的沟通活动进行调整、采取行动和进行干预。变更请求需要通过实施整体变更控制过程进行处理。此类变更请求可能导致：①修正干系人的沟通要求，包括干系人对信息发布、内容或形式，以及发布方式的要求；②建立消除瓶颈的新程序等。

3. 项目管理计划（更新）

项目管理计划的任何变更都以变更请求的形式提出，且通过组织的变更控制过程进行处理。可能需要变更的项目管理计划组件主要包括：

- 沟通管理计划：需要更新沟通管理计划，以记录能够让沟通更有效的新信息。
- 干系人参与计划：需要更新干系人参与计划，以反映干系人的实际情况、沟通需求和重要性。

4. 项目文件（更新）

在监督沟通过程更新的项目文件主要包括：

- 问题日志：可能需要更新问题日志，记录与出现的问题及其处理进展和解决办法相关的新信息。

- 经验教训登记册：可能需要更新经验教训登记册，记录问题的原因、所选纠正措施的理由，以及其他与沟通有关的经验教训。
- 干系人登记册：可能需要更新干系人登记册，加入修订的干系人沟通要求。

14.6 本章练习

1. 选择题

（1）沟通的基本模型用于显示信息如何在双方之间被发送和接收，日常与人交往过程中发生的误解，通常在_____环节发生。

　　A. 编码　　　　B. 解码　　　　C. 媒介　　　　D. 信息

参考答案：B

（2）书面沟通的 5C 原则不包括_____。

　　A. 正确的语法和拼写　　　　B. 连贯的思维逻辑
　　C. 详细的表述　　　　　　　D. 善用控制语句和承接

参考答案：C

（3）规划沟通管理的主要作用不包括_____。

　　A. 及时向干系人提供相关信息　　B. 引导干系人有效参与项目
　　C. 是编制书面沟通计划　　　　　D. 确保满足项目及其干系人的信息需求

参考答案：D

（4）你正在组织项目沟通协调会，参加会议的人数为 12 人，沟通渠道有_____条。

　　A. 66　　　　B. 72　　　　C. 96　　　　D. 132

参考答案：A

（5）适用于管理沟通过程的沟通技能不包括_____。

　　A. 反馈　　　B. 非口头技能　　C. 演示　　　D. 社交媒体管理

参考答案：D

2. 判断题

判断下列表述正误，正确的选 √，错误的选 ×。

（1）解码是把思想或想法转化为他人能理解的语言。　　　　　　　　　　（　）
（2）规划沟通管理的输出包括干系人登记册。　　　　　　　　　　　　　（　）
（3）监督沟通的输出不包括变更请求。　　　　　　　　　　　　　　　　（　）

参考答案：（1）×　（2）√　（3）×

3. 问答题

（1）请简述管理沟通的依据。
（2）请简述沟通模型包含的 5 个基本状态。

参考答案：略

第15章 项目风险管理

项目风险是一种不确定的事件或条件,一旦发生,会对项目目标产生某种正面或负面的影响。项目风险既包括对项目目标的威胁,也包括促进项目目标的机会。已知风险是那些已经经过识别和分析的风险,对于已知风险,对其进行规划,寻找应对方案是可行的;虽然项目经理们可以依据以往类似项目的经验,采取一般的应急措施处理未知风险,但未知风险是无法管理的。

风险源于所有项目之中的不确定因素。项目在不同阶段会有不同的风险。风险会随着项目的进展而变化,不确定性也会随着项目进展而逐渐减少。最大的不确定性存在于项目的早期。项目的各种风险中,进度拖延往往是成本超支、现金流出以及其他损失的主要原因。因此,为减少损失需要在早期阶段主动付出必要的代价。

项目风险管理包括规划风险管理、风险识别、风险分析、风险应对和风险监督等各个过程。项目风险管理旨在识别和管理未被项目计划及其他过程所管理的风险。如果不妥善管理,这些风险有可能导致项目偏离计划,无法达成既定的项目目标。因此,项目风险管理的目的在于降低风险不利影响,提高项目成功的可能性。

项目风险管理过程是个持续的不断迭代的过程。在项目策划阶段就应进行项目风险管理的策划,并随着项目进展监督和管理风险,确保项目正常进行,遇到突发性风险也能得到有效应对并处理。

15.1 管理基础

15.1.1 项目风险概述

项目是具有不同复杂程度的独特性工作,整个实施过程充满了风险,不仅要面对各种制约因素和假设条件,还要面对各干系人相互间可能的冲突和不断变化的期望。组织应有目的地以可控方式去面对项目风险,平衡项目风险和回报,创造最好的项目价值。

每个项目都在两个层面上存在风险:一是每个项目都有会影响项目达成目标的单个风险;二是由单个风险和不确定性的其他来源联合导致的整体项目风险。项目风险管理过程同时兼顾这两个层面的风险。

项目风险会对项目目标产生负面或正面的影响,也就是风险与机会。项目风险管理旨在利用或强化正面风险(机会),规避或减轻负面风险(威胁)。负面风险可能会引发各种问题,如工期延误、成本超支、绩效不佳或声誉受损等。

15.1.2 风险的属性

1. 风险事件的随机性

风险事件的发生及其后果都具有偶然性。风险事件是否发生?何时发生?发生之后会造成什么样的后果？许多事件的发生都遵循一定的统计规律，这种性质叫随机性。风险事件具有随机性。

2. 风险的相对性

风险总是相对项目活动主体而言的。同样的风险对于不同的主体有不同的影响。人们对于风险事件都有一定的承受能力，但是这种能力因活动、人和时间而异。对于项目风险，影响人们的风险承受能力的因素主要包括：

- 收益的大小：收益总是伴随损失。损失的可能性和数额越大，人们希望为弥补损失而得到的收益也越大。反过来，收益越大，人们愿意承担的风险也就越大。
- 投入的大小：项目活动投入得越多，人们对成功所抱的希望也越大，愿意冒的风险也就越小。投入与愿意接受的风险大小之间的关系如图15-1所示。一般人希望活动获得成功的概率随着投入的增加呈S曲线规律增加，当投入少时，人们可以接受较大的风险，即获得成功的概率不高也能接受；当投入逐渐增加时，人们就开始变得谨慎起来，希望活动获得成功的概率提高了，最好是达到百分之百。图15-1还表示了另外两种人对待风险的态度。
- 项目活动主体的地位和拥有的资源：级别高的管理人员比级别低的管理人员能够承担的风险相对要大。同一风险，不同的个人或组织承受能力也不同。个人或组织拥有的资源越多，其风险承受能力也越大。

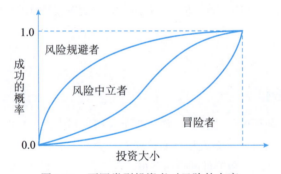

图 15-1　不同类型投资者对风险的态度

3. 风险的可变性

辩证唯物主义认为，任何事情和矛盾都可以在一定条件下向自己的反面转化。这里的条件指活动涉及的一切风险因素。当这些条件发生变化时，必然会引起风险的变化。风险的可变性含义包括：

- 风险性质的变化：例如，十年前熟悉项目进度管理软件的人不多，出了问题，常常使人手足无措。那个时候使用计算机管理进度的风险很大。而现在，熟悉软件的人多了起来，使用计算机管理进度不再是大的风险。
- 风险后果的变化：风险后果包括后果发生的频率、收益或损失大小。随着科学技术的发展和生产力的提高，人们认识和抵御风险事件的能力也逐渐增强，能够在一定程度上降低风险事件发生的频率并减少损失或损害。在项目管理中，加强项目班子建设，增强责任感，提高管理技能，就能避免一些风险。此外，由于信息传播技术、预测理论、方法和手段的不断完善和发展，某些项目风险现在可以较准确地预测和估计了，因而大大减少了项目的不确定性。

- 出现新风险：随着项目或其他活动的展开，会有新的风险出现。特别是在活动主体为回避某些风险而采取行动时，另外的风险就会出现。例如，为了避免项目进度拖延而增加资源投入时，就有可能造成成本超支。有些建设项目，为了早日完成，采取边设计、边施工或者在设计中免除校核手续的办法。这样做虽然可以加快进度，但是增加了设计变更、降低施工质量和提高造价的风险。

15.1.3 风险的分类

为了深入、全面地认识项目风险，并有针对性地进行管理，有必要将风险分类。分类可以从不同的角度、根据不同的标准进行。

1. 按风险后果划分

按照后果的不同，风险可划分为纯粹风险和投机风险。

（1）纯粹风险。不能带来机会、无获得利益可能的风险，叫纯粹风险。纯粹风险只有两种可能的后果：造成损失和不造成损失。纯粹风险造成的损失是绝对的损失。活动主体蒙受了损失，全社会也跟着受损失。例如，某建设项目空气压缩机房在施工过程中失火，蒙受了损失，该损失不但是这个工程的，也是全社会的。没有人从中获得好处。纯粹风险总是和威胁、损失、不幸相联系。

（2）投机风险。既可能带来机会、获得利益，又隐含威胁、造成损失的风险，叫投机风险。投机风险有三种可能的后果：造成损失、不造成损失和获得利益。投机风险如果使活动主体蒙受了损失，但全社会不一定也跟着受损失。相反，其他人有可能因此而获得利益。例如，私人投资的房地产开发项目如果失败，投资者要蒙受损失；但是发放贷款的银行却可将抵押的土地和房屋收回，等待时机转手高价卖出，不但可收回贷款，而且还有可能获得高额利润。

纯粹风险和投机风险在一定条件下可以相互转化。项目管理人员必须避免投机风险转化为纯粹风险。

风险不是零和游戏。很多情况下，涉及风险的各个方面都要蒙受损失，无一幸免。

2. 按风险来源划分

按照风险来源或损失产生的原因可将风险划分为自然风险和人为风险。

（1）自然风险。由于自然力的作用，造成财产毁损或人员伤亡的风险属于自然风险。例如，水利工程施工过程中因发生洪水或地震而造成的工程损害，材料和器材损失。

（2）人为风险。人为风险是指由于人的活动而带来的风险。人为风险又可以细分为行为、经济、技术、政策和组织风险等。

3. 按风险是否可管理划分

可管理的风险是指可以预测,并可采取相应措施加以控制的风险;反之,则为不可管理的风险。风险能否管理,取决于风险不确定性是否可以消除以及活动主体的管理水平。要消除风险的不确定性,就必须掌握有关的数据、资料和其他信息。随着数据、资料和其他信息的增加以及管理水平的提高,有些不可管理的风险可以变为可管理的风险。

4. 按风险影响范围划分

风险按影响范围划分,可以分为局部风险和总体风险。局部风险影响的范围小,而总体风险影响的范围大。局部风险和总体风险也是相对的。项目管理团队特别要注意总体风险。例如,项目所有的活动都有拖延的风险,但是处在关键路线上的活动一旦延误,就要推迟整个项目的完成日期,形成总体风险。而非关键路线上活动的延误在许多情况下是局部风险。

5. 按风险后果的承担者划分

项目风险若按其后果的承担者来划分则有项目业主风险、政府风险、承包商风险、投资方风险、设计单位风险、监理单位风险、供应商风险、担保方风险和保险公司风险等。这样划分有助于合理分配风险,提高项目对风险的承受能力。

6. 按风险的可预测性划分

按这种方法,风险可以分为已知风险、可预测风险和不可预测风险。

(1)已知风险。已知风险是指在认真、严格地分析项目及其计划之后就能够明确的那些经常发生的,而且其后果亦可预见的风险。已知风险发生概率高,但一般后果轻微,不严重。项目管理中已知风险的例子有:项目目标不明确,过分乐观的进度计划,设计或施工变更和材料价格波动等。

(2)可预测风险。可预测风险是指根据经验,可以预见其发生,但不可预见其后果的风险。这类风险的后果有时可能相当严重。项目管理中的例子有:业主不能及时审查批准,分包商不能及时交工,施工机械出现故障,不可预见的地质条件等。

(3)不可预测风险。不可预测风险是指有可能发生,但其发生的可能性即使最有经验的人亦不能预见的风险。不可预测风险有时也称未知风险或未识别的风险。它们是新的、以前未观察到或很晚才显现出来的风险。这些风险一般是外部因素作用的结果,例如地震、百年不遇的暴雨、通货膨胀和政策变化等。

15.1.4 风险成本及其负担

风险事件造成的损失或减少的收益以及为防止发生风险采取预防措施而支付的费用,都构成了风险成本。风险成本包括有形成本、无形成本以及预防与控制风险的成本。

1. 风险损失的有形成本

风险损失的有形成本包括风险事件造成的直接损失和间接损失。

(1)直接损失。直接损失指财产损毁和人员伤亡的价值。例如,压缩空气机房在施工过程中失火，直接损失包括空气压缩机的重置成本、受伤人员的医疗费、休养费、工资等。

（2）间接损失。间接损失指直接损失以外的其他损失、责任损失以及因此而造成的收益的减少，包括因灭火扑救、停工等发生的成本。

2. 风险损失的无形成本

风险损失的无形成本指由于风险所具有的不确定性而使项目主体在风险事件发生之前或之后付出的代价。主要表现在如下3个方面。

（1）风险损失减少了机会。由于对风险事件没有把握，不能确知风险事件的后果，项目活动的主体不得不事先做出准备。这种准备往往占用大量资金或其他资源，使其不能投入再生产，不能增值，减少了机会。

（2）风险阻碍了生产率的提高。人们不愿意把资金投向风险很大的新技术产业，阻碍了新技术的应用和推广，阻碍了社会生产率的提高。

（3）风险造成资源分配不当。由于担心在风险大的行业或部门蒙受损失，因此人们都愿意把资源投入到风险较小的行业或部门。结果是，应该得到发展的行业或部门，缺乏应有的资源；而已经发展过度的行业或部门，却占用过多的资源，造成了浪费。

3. 风险预防与控制的成本

为了预防和控制风险损失，必然要采取各种措施。例如，向保险公司投保、向有关方面咨询、配备必要的人员、购置用于预防和减损的设备、对有关人员进行必要的教育或训练以及人员和设备的维持和维护费用等。这些成本既有直接的，也有间接的。

4. 风险成本的负担

风险成本不单要由项目主体来负担，在许多情况下，与项目活动有关的其他方面，客观上也要负担一部分风险成本。项目主体负担的那部分为个体负担成本，其他有关方面负担的部分为社会负担成本。例如，某民航机场是在需求不明的情况下建设的，建成后很长一段时间航班不足，结果造成亏损。机场项目公司负担的亏损就是个体负担成本。在该机场建设之前与项目公司签订提供地面服务合同的各有关单位因此而蒙受的损失就是社会负担成本。再如，压缩空气机房在施工过程中失火。施工单位的损失是个体负担成本；赶来灭火的消防队的开销由社会负担；消防车辆在急驰火灾现场时，行人和其他车辆因躲避而影响工作的损失都是社会负担成本。

15.1.5 管理新实践

项目风险管理的关注面正在扩大，其发展趋势和新兴实践主要包括：

1. 非事件类风险

大多数项目只关注作为可能发生或不发生的不确定性未来事件的风险。例如，关键卖方可能在项目期间停业，客户可能在设计完成后变更需求，分包商可能要求对标准化操作流程进行优化。现在，项目管理者识别并管理非事件类风险的意识正在不断加强。非事件类风险主要有两种类型：

- 变异性风险：已规划的目标、活动或决策的某些关键方面存在不确定性。例如，生产率可能高于或低于目标值，测试发现的错误数量可能多于或少于预期。变异性风险可通过蒙特卡洛分析加以处理，即：用概率分布表示变异的可能区间，然后采取行动缩小可能结果的区间。
- 模糊性风险：对未来可能发生什么存在不确定性。知识不足可能影响项目达成目标的能力，例如，不太了解需求或技术解决方案的要素、法规框架的未来发展，或项目内在的系统复杂性。模糊性风险需要先定义认知或理解的不足之处，进而通过获取外部专家的意见或以最佳实践为标杆来填补差距。也可以采用增量开发、原型搭建或模拟等方法来处理模糊性风险。

2. 项目韧性

有一种风险只有在发生后才能被发现，这种风险称为突发性风险。可以通过加强项目韧性来应对这种风险。这要求每个项目：
- 除了为已知风险列出风险预算，还要为突发性风险预留合理应急预算和时间。
- 采用灵活的项目过程，包括强有力的变更管理，以便在保持朝项目目标推进的正确方向的同时，应对突发性风险。
- 授权目标明确且值得信赖的项目团队在商定限制范围内完成工作。
- 留意早期预警信号，以尽早识别突发性风险。
- 明确征求干系人的意见，为应对突发性风险而可以调整项目范围或策略的领域。

3. 整合式风险管理

项目存在于组织背景中，可能是项目集或项目组合的一部分。在项目、项目集、项目组合和组织这些层面上，都存在风险。应该在适当的层面上承担和管理风险。在较高层面识别出的某些风险，可以及时授权给项目团队去管理；而在较低层面识别出的某些风险，又可以交给较高层面去管理（如果在项目之外管理最有效）。应该利用组织级的风险管理方法，来确保所有层面的风险管理工作的一致性和连贯性，这样就能使项目集和项目组合的结构具有风险控制的效率，有利于在给定的风险忍受程度下创造最大的整体价值。

15.2 项目风险管理过程

15.2.1 过程概述

项目风险管理过程包括：
- 规划风险管理：定义如何实施项目风险管理活动。
- 识别风险：识别单个项目风险，以及整体项目风险的来源，并记录风险特征。
- 实施定性风险分析：通过评估单个项目风险发生的概率和影响以及特征，对风险进行优先级排序，从而为后续分析或行动提供基础。
- 实施定量风险分析：就已识别的单个项目风险和其他不确定性的来源对整体项目目标的综合影响进行定量分析。

- 规划风险应对：为处理整体项目风险以及应对单个项目风险而制定可选方案、选择应对策略并商定应对行动。
- 实施风险应对：执行商定的风险应对计划。
- 监督风险：在整个项目期间，监督风险应对计划的实施、跟踪已识别风险、识别和分析新风险，以及评估风险管理的有效性。

在项目实际进展中，以上各个过程会相互交叠和相互作用。表 15-1 概括了项目风险管理的各个过程。

表 15-1 项目风险管理过程

过程	输入	工具与技术	输出
规划风险管理	- 项目章程 - 项目管理计划 - 项目文件 - 事业环境因素 - 组织过程资产	- 专家判断 - 数据分析 - 会议	风险管理计划
识别风险	- 项目管理计划 - 项目文件 - 采购文档 - 协议 - 事业环境因素 - 组织过程资产	- 专家判断 - 数据收集 - 数据分析 - 人际关系与团队技能 - 提示清单 - 会议	- 风险登记册 - 风险报告 - 项目文件（更新）
实施定性风险分析	- 项目管理计划 - 项目文件 - 事业环境因素 - 组织过程资产	- 专家判断 - 数据收集 - 数据分析 - 人际关系与团队技能 - 风险分类 - 数据表现 - 会议	项目文件（更新）
实施定量风险分析	- 项目管理计划 - 项目文件 - 事业环境因素 - 组织过程资产	- 专家判断 - 数据收集 - 人际关系与团队技能 - 不确定性表现方式 - 数据分析	项目文件（更新）
规划风险应对	- 项目管理计划 - 项目文件 - 事业环境因素 - 组织过程资产	- 专家判断 - 数据收集 - 人际关系与团队技能 - 威胁应对策略 - 机会应对策略 - 应急应对策略 - 整体项目风险应对策略 - 数据分析 - 决策	- 变更请求 - 项目管理计划（更新） - 项目文件（更新）

(续表)

过程	输入	工具与技术	输出
实施风险应对	• 项目管理计划 • 项目文件 • 组织过程资产	• 专家判断 • 人际关系与团队技能 • 项目管理信息系统	• 变更请求 • 项目文件（更新）
监督风险	• 项目管理计划 • 项目文件 • 工作绩效数据 • 工作绩效报告	• 数据分析 • 审计 • 会议	• 工作绩效信息 • 变更请求 • 项目管理计划（更新） • 项目文件（更新） • 组织过程资产（更新）

15.2.2 裁剪考虑因素

每个项目都有其独特性，因此必要时，可以对项目风险管理过程进行裁剪。裁剪结果将被记录在风险管理计划中，裁剪时应考虑的因素主要包括：

- 项目规模：由预算、进度、范围和人数所体现的项目规模，要求采取更详细的风险管理方法吗？或者项目小到只需用简化的风险管理过程吗？
- 项目复杂性：由高水平创新、新技术采用、界面或外部依赖关系导致的项目复杂性提高，是否要求采用更稳健的风险管理方法？或者项目是否简单到只需用简化的风险管理过程？
- 项目重要性：项目的战略重要性有多大？项目风险的高级别是因为在创造突破性机会、克服组织经营的重大障碍或涉及重大产品创新吗？
- 开发方法：瀑布或预测型开发方式，项目的风险管理过程可以按阶段开展，敏捷或适应型开发方法，项目的风险管理过程可以在每个重复过程中开展？

15.2.3 敏捷与适应方法

从本质上讲，越是变化的环境就存在越多的不确定性和风险。要应对快速变化，就需要采用敏捷或适应型方法管理项目，如经常审查增量的工作产品，加快知识的分享，来确保对风险的认知和管理。在选择每个迭代期的工作内容时都要考虑风险；在每个迭代期间应该识别、分析和管理风险。

此外，应根据对当前风险忍受度的深入理解，定期更新需求文件，并随项目进展重新排列工作优先级。

15.3 规划风险管理

规划风险管理是定义如何实施项目风险管理活动的过程。本过程的主要作用是，确保风险管理的水平、方法和可见度与项目风险程度相匹配，与对组织和其他干系人的重要程度相匹配。本过程仅开展一次或仅在项目的预定义点开展。规划风险管理过程的数据流向如图 15-2 所示。

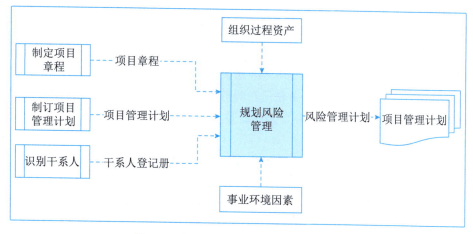

图 15-2 规划风险管理过程的数据流向图

规划风险管理过程在项目立项阶段就应开始,并在项目早期完成。在项目生命周期的后期,可能有必要重新开展本过程,例如,在发生重大阶段变更时,在项目范围显著变化时,或者后续对风险管理有效性进行审查且确定需要调整项目风险管理过程时。

15.3.1 输入

1. 项目章程

项目章程记录了项目的总体描述和边界、总体的需求和风险。

2. 项目管理计划

在规划项目风险管理时,应考虑所有已批准的项目管理子计划,使风险管理计划与各计划相协调;同时,各子计划中所列出的方法论可能也会影响规划风险管理过程。

3. 项目文件

可作为本过程输入的项目文件是干系人登记册。其中概述了干系人在项目中的角色和其对项目风险的态度,可用于确定项目风险管理的角色和职责,以及为项目设定风险临界值。

4. 事业环境因素

影响规划风险管理过程的事业环境因素是组织或关键干系人设定的整体风险的临界值。

5. 组织过程资产

影响规划风险管理过程的组织过程资产主要包括:组织的风险政策;风险类别,可能会用风险分解结构来表示;风险概念和术语的通用定义;风险描述的格式;风险管理计划、风险登记册和风险报告的模板;角色与职责;决策所需的职权级别;经验教训知识库,其中包含以往类似项目的信息等。

15.3.2 工具与技术

1. 专家判断

在规划风险管理时,应考虑具备如下专业知识或接受相关培训的个人或小组意见:熟悉组织所采取的管理风险的方法,包括该方法所在的组织风险管理体系;可裁剪风险管理以适应项目的具体需求;有相同领域的项目风险管理经验等。

2. 数据分析

可用于规划风险管理过程的数据分析技术是干系人分析法,通过干系人分析确定项目干系人的风险偏好。

3. 会议

风险管理计划的编制可以是项目开工会议上的一项工作,或者可以举办专门的规划会议来编制风险管理计划。参会者可包括项目经理、指定项目团队成员、关键干系人和负责管理项目风险管理过程的团队成员;如果需要,也可邀请其他外部人员参加,包括客户、卖方和监管机构。熟练的会议组织者能够帮助参会人员专注于会议事项,就风险管理方法的关键方面达成共识,识别和克服偏见,以及解决任何可能出现的分歧。

15.3.3 输出

风险管理计划

风险管理计划是项目管理计划的组成部分,描述如何安排与实施风险管理活动。风险管理计划内容主要包括:

- 风险管理策略:描述用于管理本项目风险的一般方法。
- 方法论:确定用于开展本项目风险管理的具体方法、工具及数据来源。
- 角色与职责:确定每项风险管理活动的领导者、支持者和团队成员,并明确职责。
- 资金:确定开展项目风险管理活动所需资金,制定应急储备和管理储备使用方案。
- 时间安排:确定在项目生命周期中实施项目风险管理过程的时间和频率,确定风险管理活动并将其纳入项目进度计划。
- 风险类别:确定对项目风险进行分类的方式。通常借助风险分解结构(RBS)来构建风险类别。风险分解结构是潜在风险来源的层级展现,如表15-2所示。风险分解结构有助于项目团队考虑单个项目风险的全部可能来源,对识别风险或归类已识别风险特别有用。组织可能有适用于所有项目的通用风险分解结构,也可能针对不同类型项目使用几种不同的风险分解结构框架,或者允许项目量身定制专用的风险分解结构。如果未使用风险分解结构,组织则可能采用某种常见的风险分类框架,此框架既可以是简单的类别清单,也可以是基于项目目标的某种类别结构。

表 15-2 风险分解结构（RBS）示例

RBS0 级	RBS1 级	RBS2 级
0 项目风险所有来源	1 技术风险	1.1 范围定义
		1.2 需求定义
		1.3 估算、假设和制约因素
		1.4 技术过程
		1.5 技术
		1.6 技术联系
		……
	2 管理风险	2.1 项目管理
		2.2 项目集 / 项目组合管理
		2.3 运营管理
		2.4 组织
		2.5 提供资源
		2.6 沟通
		……
	3 商业风险	3.1 合同条款和条件
		3.2 内部采购
		3.3 供应商与卖方
		3.4 分包合同
		3.5 客户稳定性
		3.6 合伙企业和合资企业
		……
	4 外部风险	4.1 法律
		4.2 汇率
		4.3 地点 / 设施
		4.4 环境 / 天气
		4.5 竞争
		4.6 监督
		……

- 干系人风险偏好：应在风险管理计划中记录项目关键干系人的风险偏好。他们的风险偏好会影响规划风险管理过程的细节。特别是，应该针对每个项目目标，把干系人的风险偏好表述成可测量的风险临界值。这些临界值不仅将联合决定可接受的整体项目风险忍受水平，而且也用于制定概率和影响定义。以后将根据概率和影响定义，对单个项目风险进行评估和排序。
- 风险概率和影响：根据具体的项目环境、组织和关键干系人的风险偏好和临界值，来制定风险概率和影响。项目可能自行制定关于概率和影响级别的具体定义，也可能用组织提供的通用定义作为基础来制定。应根据拟开展项目风险管理过程的详细程度，来确定

概率和影响级别的数量，更多级别（通常为五级）对应于更详细的风险管理方法；更少级别（通常为三级）对应于更简单的方法。表15-3针对3个项目目标提供了概率和影响定义的示例。

表 15-3 概率和影响定义示例

量表	概率	+/- 对项目目标的影响		
		时间	成本	质量
很高	>70%	>6 个月	>500 万元	对整体功能影响非常重大
高	51% ～ 70%	3 ～ 6 个月	100 ～ 500 万元	对整体功能影响重大
中	31% ～ 50%	1 ～ 3 个月	50.1 ～ 100 万元	对关键功能领域有一些影响
低	11% ～ 30%	1 ～ 4 周	10 ～ 50 万元	对整体功能有微小影响
很低	1% ～ 10%	1 周	<10 万元	对辅助功能有微小影响
零	<1%	不变	不变	功能不变

通过将影响定义为负面威胁（工期延误、成本增加和绩效不佳）和正面机会（工期缩短、成本节约和绩效改善），表格所示的量表可同时用于评估威胁和机会。

● 概率和影响矩阵：组织可在项目开始前确定优先级排序规则，并将其纳入组织过程资产，也可为具体项目量身定制优先级排序规则。在常见的概率和影响矩阵中，会同时列出机会和威胁；以正面影响定义机会，以负面影响定义威胁。概率和影响可以用描述性术语（如很高、高、中、低和很低）或数值来表达。如果使用数值，就可以把两个数值相乘，得出每个风险的概率-影响分值，以便据此在每个优先级组别之内排列单个风险相对优先级。图 15-3 是概率和影响矩阵的示例，其中也有数值风险评分的方法。

概率	威胁					机会					概率
很高 0.90	0.05	0.09	0.18	0.36	0.72	0.72	0.36	0.18	0.09	0.05	很高 0.90
高 0.70	0.04	0.07	0.14	0.28	0.56	0.56	0.28	0.14	0.07	0.04	高 0.70
中 0.50	0.03	0.05	0.10	0.20	0.40	0.40	0.20	0.10	0.05	0.03	中 0.50
低 0.30	0.02	0.03	0.06	0.12	0.24	0.24	0.12	0.06	0.03	0.02	低 0.30
很低 0.10	0.01	0.01	0.02	0.04	0.08	0.08	0.04	0.02	0.01	0.01	很低 0.10
	很低 0.05	低 0.10	中 0.20	高 0.40	很高 0.80	很高 0.80	高 0.40	中 0.20	低 0.10	很低 0.05	
	消极影响					积极影响					

图 15-3 概率和影响矩阵示例（有评分方法）

● 报告格式：确定将如何记录、分析和沟通项目风险管理过程的结果。在这一部分，描述风险登记册、风险报告以及项目风险管理过程的其他输出的内容和格式。

● 跟踪：确定将如何记录风险活动，以及如何审计风险的管理过程。

15.4 识别风险

识别风险是识别单个项目风险以及整体项目风险的来源,并记录风险特征的过程。本过程的主要作用:①记录现有的单个项目风险,以及整体项目风险的来源;②汇总相关信息,以便项目团队能够恰当地应对已识别的风险。本过程应在整个项目期间开展。识别风险过程的数据流向如图15-4所示。

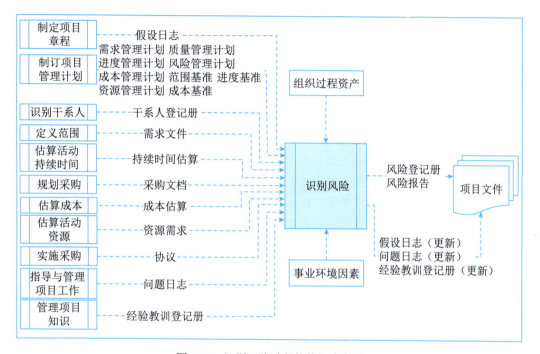

图 15-4 识别风险过程的数据流向图

识别风险时,要同时考虑单个项目风险以及整体项目风险的来源。风险识别活动的参与者可能包括:项目经理、项目团队成员、项目风险专家(若已指定)、客户、项目团队外部的主题专家、最终用户、其他项目经理、运营经理、干系人和组织内的风险管理专家。虽然这些人员通常是风险识别活动的关键参与者,但是还应鼓励所有项目干系人参与项目风险的识别工作。项目团队的参与尤其重要,以便培养和保持他们对已识别单个项目风险、整体项目风险级别和相关风险应对措施的主人翁意识和责任感。

应采用统一的风险描述格式来描述和记录项目风险,以确保每一项风险都被清楚、明确地理解,从而为有效的分析和风险应对措施制定提供支持。

在整个项目生命周期中,单个项目风险可能随项目进展而不断变化,整体项目风险的级别也会发生变化。因此,识别风险是一个迭代的过程。迭代的频率和每次迭代所需的参与程度因情况而异,应在风险管理计划中做出相应规定。

15.4.1 输入

1. 项目管理计划

可用于识别风险的项目管理计划组件主要包括：
- 需求管理计划：可能指出了特别有风险的项目目标。
- 进度管理计划：可能列出了受不确定性或模糊性影响的一些进度领域。
- 成本管理计划：可能列出了受不确定性或模糊性影响的一些成本领域。
- 质量管理计划：可能列出了受不确定性或模糊性影响的一些质量领域，或者关键假设可能引发风险的一些领域。
- 资源管理计划：可能列出了受不确定性或模糊性影响的一些资源领域，或者关键假设可能引发风险的一些资源领域。
- 风险管理计划：规定了风险管理的角色和职责，说明了如何将风险管理活动纳入预算和进度计划，并描述了风险类别。
- 范围基准：包括可交付成果及其验收标准，其中有些可能引发风险；还包括工作分解结构，可用作安排风险识别工作的框架。
- 进度基准：可以查看进度基准，找出存在不确定性或模糊性的里程碑日期和可交付成果交付日期，或者可能引发风险的关键假设条件。
- 成本基准：可以查看成本基准，找出存在不确定性或模糊性的成本估算或资金需求，或者关键假设可能引发风险的方面。

2. 项目文件

作为识别风险过程输入的项目文件主要包括：
- 假设日志：所记录的假设条件和制约因素可能引发单个项目风险，还可能影响整体项目风险的级别。
- 干系人登记册：规定了哪些个人或小组可能参与项目的风险识别工作，还会详细说明哪些个人适合扮演风险责任人角色。
- 需求文件：列明了项目需求，使团队能够确定哪些需求存在风险。
- 持续时间估算：对项目持续时间的定量评估，理想情况下用区间表示，区间的大小预示着风险程度。对持续时间估算文件进行结构化审查，可能会显示当前估算不足，从而引发项目风险。
- 成本估算：对项目成本的定量评估，理想情况下用区间表示，区间的大小预示着风险程度。对成本估算文件进行结构化审查，可能显示当前估算不足，从而引发项目风险。
- 资源需求：对项目所需资源的定量评估，理想情况下用区间表示，区间的大小预示着风险程度。对资源需求文件进行结构化审查，可能显示当前估算不足，从而引发项目风险。
- 问题日志：所记录的问题可能引发单个项目风险，还可能影响整体项目风险的级别。
- 经验教训登记册：可以查看与项目早期所识别的风险相关的经验教训，以确定类似风险是否可能在项目的剩余时间再次出现。

3. 采购文档

如果需要从外部采购项目资源，就应该审查初始采购文档，因为从组织外部采购商品和服务可能提高或降低整体项目风险，并可能引发更多的项目风险。随着采购文档在项目期间的不断更新，还应该审查最新的文档，例如，卖方绩效报告、核准的变更请求和与检查相关的信息。

4. 协议

如果需要从外部采购项目资源，协议所规定的里程碑日期、合同类型、验收标准和奖罚条款等，都可能造成威胁或创造机会。

5. 事业环境因素

会影响识别风险过程的事业环境因素主要包括：已发布的材料，包括商业风险数据库或核对单；学术研究资料；标杆对照成果；类似项目的行业研究资料等。

6. 组织过程资产

会影响识别风险过程的组织过程资产主要包括：项目文档，包括实际数据；组织和项目的过程控制资料；风险描述的格式；以往类似项目的核对单等。

15.4.2 工具与技术

1. 专家判断

项目经理应选择相关专家，邀请他们根据以往经验和专业知识来考虑项目风险的方方面面，以及整体项目风险的各种来源。同时，项目经理应注意专家可能持有的偏见。

2. 数据收集

适用于识别风险过程的数据收集技术主要包括：

- 头脑风暴：目标是获取一份全面的项目风险来源的清单。通常由项目团队开展头脑风暴，同时邀请团队以外的多学科专家参与。可以采用自由或结构化的形式开展头脑风暴，在组织者的指引下产生各种创意。可以用风险类别（如风险分解结构）作为识别风险的框架。因为头脑风暴生成的创意并不成型，所以应该特别注意对头脑风暴识别的风险进行清晰描述。
- 核查单：包括需要考虑的项目、行动或要点的清单。它常被用作提醒。基于从类似项目和其他信息来源积累的历史信息和知识来编制核查单。编制核查单时，可列出过去曾出现且可能与当前项目相关的具体项目风险，这是吸取已完成的类似项目的经验教训的有效方式。可基于已完成的项目来编制核查单，也可采用特定行业的通用风险核查单。虽然核查单简单易用，但它不可能穷尽所有风险。所以，必须确保不要用核查单来取代所需的风险识别工作；同时，项目团队也应该注意考察未在核查单中列出的事项。此外，还应该不时地审查核查单，增加新信息，删除或存档过时信息。
- 访谈：可通过对资深项目参与者、干系人和主题专家的访谈，来识别项目风险的来源。应该在信任和保密的环境下开展访谈，以获得真实可信、不带偏见的意见。

3. 数据分析

适用于识别风险过程的数据分析技术主要包括：

- 根本原因分析：常用于发现导致问题的深层原因并制定预防措施。可以用问题陈述（如项目可能延误或超支）作为出发点，来探讨哪些威胁可能导致该问题，从而识别出相应的威胁；也可以用收益陈述（如提前交付或低于预算）作为出发点，来探讨哪些机会可能有利于实现该效益，从而识别出相应的机会。
- 假设条件和制约因素分析：每个项目及其项目管理计划的构思和开发都基于一系列的假设条件，并受一系列制约因素的限制。这些假设条件和制约因素往往都已纳入范围基准和项目估算。开展假设条件和制约因素分析来探索假设条件和制约因素的有效性，确定其中哪些会引发项目风险。从假设条件的不准确、不稳定、不一致或不完整，可以识别出威胁；通过清除或放松会影响项目或过程执行的制约因素，可以创造出机会。
- SWOT分析：对项目的优势、劣势、机会和威胁（简称SWOT）进行逐个检查。在识别风险时，它会将内部产生的风险包含在内，从而拓宽识别风险的范围。首先，关注项目、组织或一般业务领域，识别出组织的优势和劣势；然后，找出组织优势可能为项目带来的机会和组织劣势可能造成的威胁。还可以分析组织优势能在多大程度上克服威胁，组织劣势是否会妨碍机会的产生。
- 文件分析：通过对项目文件的结构化审查，可以识别出一些风险。可供审查的文件主要包括计划、假设条件、制约因素、以往项目档案、合同、协议和技术文件。项目文件中的不确定性或模糊性，以及同一文件内部或不同文件之间的不一致，都可能是项目风险的提示信号。

4. 人际关系与团队技能

帮助参会者专注于风险识别任务、准确遵循与技术相关的方法，确保风险描述清晰、找到并克服偏见，以及解决任何可能出现的分歧。

5. 提示清单

提示清单是关于可能引发项目风险来源的风险类别的预设清单。在采用风险识别技术时，提示清单可作为框架用于协助项目团队形成想法。可以用风险分解结构底层的风险类别作为提示清单，来识别单个项目风险。某些常见的战略框架更适用于识别整体项目风险的来源，如外部影响（政策、经济、社会、技术、法律、环境）、内部影响（技术、环境、商业、运营、政治）和性质（易变性、不确定性、复杂性、模糊性）。

6. 会议

为了开展风险识别工作，项目团队可能要召开专门的会议（通常称为风险研讨会）。在大多数风险研讨会中，都会开展某种形式的头脑风暴；根据风险管理计划中对开展风险管理过程的要求，还有可能采用其他风险识别技术。配备一名经验丰富的引导者将会提高会议的有效性，确保适当的人员参加风险研讨会也至关重要。对于较大型的项目，可能需要邀请项目发起人、主题专家、卖方、客户代表和其他项目干系人参加会议；而对于较小型的项目，可能仅限部分项目团队成员参加。

15.4.3 输出

1. 风险登记册

风险登记册记录已识别项目风险的详细信息。随着实施定性风险分析、规划风险应对、实施风险应对和监督风险等过程的开展,这些过程的结果也要记入风险登记册。取决于具体的项目变量(如规模和复杂性),风险登记册可能包含有限或广泛的风险信息。

当完成识别风险过程时,风险登记册的内容主要包括:

- 已识别风险的清单:在风险登记册中,每个项目风险都被赋予一个独特的标识号。需要按照所需的详细程度对已识别风险进行描述,确保明确理解。可以使用结构化的风险描述,来把风险本身与风险原因及风险影响区分开来。
- 潜在风险责任人:如果已在识别风险过程中识别出潜在的风险责任人,就要把该责任人记录到风险登记册中。随后将由实施定性风险分析过程进行确认。
- 潜在风险应对措施清单:如果已在识别风险过程中识别出某种潜在的风险应对措施,就要把它记录到风险登记册中。随后将由规划风险应对过程进行确认。

根据风险管理计划规定的风险登记册格式,可能还要记录关于每项已识别风险的其他数据,包括:简短的风险名称、风险类别、当前风险状态、一项或多项原因、一项或多项对目标的影响、风险触发条件(显示风险即将发生的事件或条件)、受影响的 WBS 组件,以及时间信息(风险何时识别、可能何时发生、何时可能不再相关,以及采取行动的最后期限)。

2. 风险报告

风险报告提供关于整体项目风险的信息,以及关于已识别的单个项目风险的概述信息。在项目风险管理过程中,风险报告的编制是一项渐进式的工作。随着实施定性风险分析、实施定量风险分析、规划风险应对、实施风险应对和监督风险过程的完成,这些过程的结果也需要记录在风险报告登记册中。完成识别风险过程时,风险报告内容主要包括:

- 整体项目风险的来源:说明哪些是整体项目风险的最重要因素。
- 关于已识别单个项目风险的概述信息:例如,已识别的威胁与机会的数量、风险在风险类别中的分布情况、测量指标和发展趋势。

根据风险管理计划中规定的报告要求,风险报告中可能还包含其他信息。

3. 项目文件(更新)

可在识别过程更新的项目文件主要包括:

- 假设日志:识别风险过程中,可能做出新假设,识别出新的制约因素,或者现有的假设条件或制约因素可能被重新审查和修改。更新假设日志,记录这些新信息。
- 问题日志:记录发现的新问题或当前问题的变化。
- 经验教训登记册:为了改善后期阶段或其他的项目绩效而更新经验教训登记册,记录关于行之有效的风险识别技术的信息。

15.5 实施定性风险分析

实施定性风险分析是通过评估单个项目风险发生的概率和影响及其他特征，对风险进行优先级排序，从而为后续分析或行动提供基础的过程。本过程的主要作用是重点关注高优先级的风险。本过程需要在整个项目期间开展。实施定性风险分析过程的数据流向如图15-5所示。

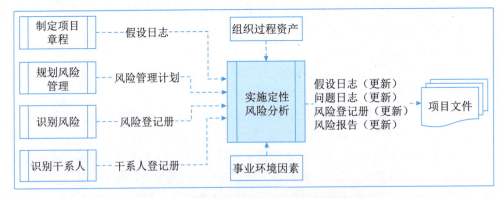

图 15-5　实施定性风险分析过程的数据流向图

实施定性风险分析，使用项目风险的发生概率、风险发生时对项目目标的相应影响以及其他因素，来评估已识别单个项目风险的优先级。这种评估基于项目团队和其他干系人对风险的感知程度，从而具有主观性。所以，为了实现有效评估，就需要认清和管理本过程关键参与者对风险所持的态度。风险主观意识会导致评估已识别风险时出现偏见，所以应该注意找出偏见并加以纠正。如果由引导者来引导本过程的开展，那么找出并纠正偏见就是该引导者的一项重要工作。同时，评估单个项目风险的现有信息的质量，也有助于澄清每个风险对项目的重要性的评估。实施定性风险分析能为规划风险应对过程确定单个项目风险的相对优先级。本过程会为每个风险识别出责任人，以便由他们负责规划风险应对措施，并确保应对措施的实施。如果需要开展实施定量风险分析过程，那么实施定性风险分析也能为其奠定基础。

根据风险管理计划的规定，在整个项目生命周期中要定期开展实施定性风险分析过程。在敏捷或适应型开发环境中，实施定性风险分析过程通常要在每次迭代开始前进行。

15.5.1 输入

1. 项目管理计划

可用于实施定性风险分析的项目管理计划的子计划是风险管理计划。本过程中需要特别注意的是风险管理的角色和职责、预算和进度活动安排，以及风险类别（通常在风险分解结构中定义）、概率和影响定义、概率和影响矩阵、干系人的风险临界值。通常已经在规划风险管理过程中把这些内容裁剪成适合具体项目的需要。如果还没有这些内容，则可以在实施定性风险分析过程中编制，并经项目发起人批准之后用于本过程。

2. 项目文件

可作为实施定性风险分析过程输入的项目文件主要包括：
- 假设日志：用于识别、管理和监督可能影响项目的关键假设条件和制约因素，它们可能影响对项目风险的优先级的评估。
- 风险登记册：包括将在本过程评估的、已识别的项目风险的详细信息。
- 干系人登记册：包括可能被指定为风险责任人的项目干系人的详细信息。

3. 事业环境因素

能够影响实施定性风险分析的事业环境因素主要包括：类似项目的行业研究资料；已发布的材料，包括商业风险数据库和核查单等。

4. 组织过程资产

能够影响实施定性风险分析的组织过程资产主要包括已完成的类似项目的信息。

15.5.2　工具与技术

1. 专家判断

在实施定性风险分析时，应考虑具备如下专业知识或接受过相关培训的个人或小组的意见：以往类似项目；定性风险分析等。

专家判断往往可以通过引导式风险研讨会或访谈获取。应该注意专家可能持有偏见。

2. 数据收集

适用于实施定性风险分析过程的数据收集技术是访谈。结构化或半结构化的访谈可用于评估单个项目风险的概率和影响，以及其他因素。访谈者应该营造信任和保密的访谈环境，以鼓励被访者提出诚实和无偏见的意见。

3. 数据分析

适用于实施定性风险分析过程的数据分析技术主要包括：

（1）风险数据质量评估。风险数据是开展定性风险分析的基础。风险数据质量评估旨在评价关于单个项目风险的数据的准确性和可靠性。使用低质量的风险数据，可能导致定性风险分析对项目来说基本没用。如果数据质量不可接受，就可能需要收集更好的数据。可以开展问卷调查，了解项目干系人对数据质量各方面的评价，包括数据的完整性、客观性、相关性和及时性，进而对风险数据的质量进行综合评估。可以计算这些方面的加权平均数，将其作为数据质量的总体分数。

（2）风险概率和影响评估。风险概率评估考虑的是特定风险发生的可能性，而风险影响评估考虑的是风险对一项或多项项目目标的潜在影响，如进度、成本、质量或绩效。威胁将产生负面的影响，机会将产生正面的影响。要对每个已识别的单个项目风险进行概率和影响评估。风险评估可以采用访谈或会议的形式，参加者将依照他们对风险登记册中所记录的风险类型的熟悉程度而定。项目团队成员和项目外部资深人员应该参加访谈或会议。在访谈或会议期间，评估每个风险的概率水平及其对每项目标的影响级别。如果干系人对概率水平和影响级别的感知存在差异,则应对差异进行探讨。此外,还应记录相应的说明性细节,例如,确定概率水平或影响级别所依据的假设条件。应该采用风险管理计划中的概率和影响定义,来评估风险的概率和影响。低概率和影响的风险将被列入风险登记册中的观察清单,以供未来监控。

(3) 其他风险参数评估。为了方便未来分析和行动,在对单个项目风险进行优先级排序时,项目团队可能考虑(除概率和影响以外的)如下其他风险特征:

- 紧迫性:为有效应对风险而必须采取应对措施的时间段。时间短就说明紧迫性高。
- 邻近性:风险在多长时间后会影响一项或多项目标。时间短就说明邻近性高。
- 潜伏期:从风险发生到影响显现之间可能的时间段。时间短就说明潜伏期短。
- 可管理性:风险责任人(或责任组织)管理风险发生或影响的容易程度。如果容易管理,可管理性就高。
- 可控性:风险责任人(或责任组织)能够控制风险后果的程度。如果后果很容易控制,可控性就高。
- 可监测性:对风险发生或即将发生进行监测的容易程度。如果风险发生很容易监测,可监测性就高。
- 连通性:风险与其他单个项目风险存在关联的程度大小。如果风险与多个其他风险存在关联,连通性就高。
- 战略影响力:风险对组织战略目标潜在的正面或负面影响。如果风险对战略目标有重大影响,战略影响力就大。
- 密切度:风险被一名或多名干系人认为要紧的程度。被认为很要紧的风险,密切度就高。

考虑上述某些特征有助于进行更稳健的风险优先级排序。

4. 人际关系与团队技能

适用于实施定性风险分析过程的人际关系与团队技能是引导。开展引导能够提高对单个项目风险的定性分析的有效性。熟练的引导者可以帮助参会者专注于风险分析任务、准确遵循与技术相关的方法、就概率和影响评估达成共识、找到并克服偏见,以及解决任何可能出现的分歧。

5. 风险分类

项目风险可依据风险来源、受影响的项目领域,以及其他实用类别(如项目阶段、项目预算、角色和职责)来分类,确定哪些项目领域最容易被不确定性影响;风险还可以根据共同根本原因进行分类。应该在风险管理计划中规定可用于项目的风险分类方法。

对风险进行分类,有助于把注意力和精力集中到风险可能发生的最大的领域,或针对一组相关的风险制定通用的风险应对措施,从而有利于更有效地开展风险应对。

6. 数据表现

适用于实施定性风险分析过程的数据表现技术主要包括:

- 概率和影响矩阵:把每个风险发生的概率和该风险一旦发生对项目目标的影响映射起来的表格。此矩阵对概率和影响进行组合,以便于把单个项目风险划分到不同的优先级组别。基于风险的概率和影响，对风险进行优先级排序，以便未来进一步分析并制定应对措施。采用风险管理计划中规定的风险概率和影响定义，逐一对单个项目风险的发生概率及其对一项或多项项目目标的影响（若发生）进行评估。然后，基于所得到的概率和影响的组合，使用概率和影响矩阵，来为单个项目风险分配优先级别。组织可针对每个项目目标（如成本、时间和范围）制定单独的概率和影响矩阵，并用它们来评估风险针对每个目标的优先级别。组织也可以用不同的方法为每个风险确定一个总体优先级别。即可综合针对不同目标的评估结果，也可采用最高优先级别（无论针对哪个目标），作为风险的总体优先级别。

- 层级图：如果使用了两个以上的参数对风险进行分类，那就不能使用概率和影响矩阵，而需要使用其他图形。例如，气泡图能显示三维数据。在气泡图中，把每个风险都绘制成一个气泡，并用x（横）轴值、y（纵）轴值和气泡大小来表示风险的3个参数。气泡图的示例如图15-6所示，其中，x轴代表可监测性，y轴代表邻近性，影响值则以气泡大小表示。

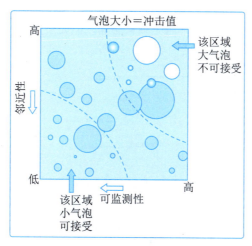

图15-6 列出可监测性、邻近性和影响值的气泡图示例

7. 会议

会议目标包括审查已识别的风险、评估概率和影响（及其他可能的风险参数）、对风险进行分类和优先级排序。实施定性风险分析过程中，要逐一为单个项目风险分配风险责任人，之后将由风险责任人负责规划风险应对措施和报告风险管理工作的进展情况。会议可从审查和确认拟使用的概率和影响量表开始。在会议讨论中，也可能识别出其他风险，应该记录这些风险，供后续分析。配备一名熟练的引导者能提高会议的有效性。

15.5.3 输出

项目文件（更新）

可在实施定性风险分析过程更新的项目文件主要包括：

- 假设日志：在实施定性风险分析过程中，可能做出新的假设、识别出新的制约因素，或者现有的假设条件或制约因素可能被重新审查和修改。
- 问题日志：应该更新问题日志，以记录发现的新问题或当前问题的变化。
- 风险登记册：用实施定性风险分析过程生成的新信息，去更新风险登记册。风险登记册的更新内容可能包括：每项单个项目风险的概率和影响评估、优先级别或风险分值、指定风险责任人、风险紧迫性信息或风险类别，以及低优先级风险的观察清单和需要进一步分析的风险。
- 风险报告：更新风险报告，以记录最重要的单个项目风险（通常为概率和影响最高的风险）、所有已识别风险的优先级列表以及简要的结论。

15.6 实施定量风险分析

实施定量风险分析是就已识别的单个项目风险和不确定性的其他来源对整体项目目标的影响进行定量分析的过程。本过程的主要作用：①量化整体项目风险；②提供额外的定量风险信息，以支持风险应对规划。本过程并非每个项目必需，但如果采用，它会在整个项目期间持续开展。实施定量风险分析过程的数据流向如图 15-7 所示。

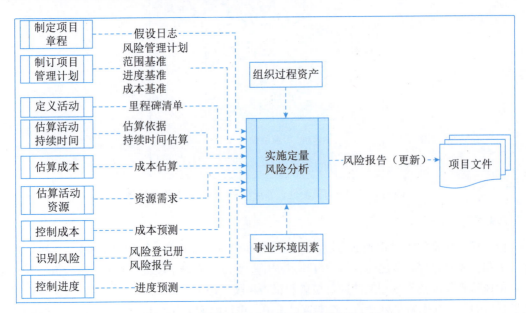

图 15-7　实施定量风险分析过程的数据流向图

并非所有项目都需要实施定量风险分析。项目风险管理计划会规定是否需要使用定量风险分析。定量分析适用于大型或复杂的项目，具有战略重要性的项目，合同要求进行定量分析的项目和主要干系人要求进行定量分析的项目。能否开展稳健的定量分析取决于是否有单个项目风险和其他不确定性来源的高质量数据，以及与范围、进度和成本相关的扎实的项目基线。定量风险分析通常需要专门的风险分析软件，以及编制和解释风险模式的专业知识，还需要额外时间和成本投入。在实施定量风险分析过程中，要使用被定性风险分析过程评估为对项目目标存在重大潜在影响的单个项目风险的信息。

实施定量风险分析过程的输出要用作规划风险应对过程的输入，特别是要据此为整体项目风险和关键单个项目风险推荐应对措施。定量风险分析也可以在规划风险应对过程之后开展，以分析已规划的应对措施对降低整体项目风险最大可能的有效性。

15.6.1 输入

1. 项目管理计划

可用于实施定量风险分析的项目管理计划的组件主要包括：

- 风险管理计划：确定项目是否需要定量风险分析，还会详述可用于分析的资源，以及预期的分析频率。
- 范围基准：提供了对单个项目风险和其他不确定性来源的影响开展评估的起点。
- 进度基准：提供了对单个项目风险和其他不确定性来源的影响开展评估的起点。
- 成本基准：提供了对单个项目风险和其他不确定性来源的影响开展评估的起点。

2. 项目文件

可作为实施定量风险分析过程输入的项目文件主要包括：

- 假设日志：如果认为假设条件会引发项目风险，那么就应该把它们列作定量风险分析的输入。在定量风险分析期间，也可以建立模型来分析制约因素的影响。
- 里程碑清单：项目的重要阶段决定着进度目标，把这些进度目标与定量进度风险分析的结果进行比较，以确定与实现这些目标相关的置信水平。
- 估算依据：开展定量风险分析时，可以把用于项目规划的估算依据反映在所建立的变量分析模型中。可能包括估算目的、分类、准确性、方法论和资料来源。
- 持续时间估算：提供了对进度变化性进行评估的起点。
- 成本估算：提供了对成本变化性进行评估的起点。
- 资源需求：提供了对变化性进行评估的起点。
- 成本预测：包括项目的完工尚需估算（ETC）、完工估算（EAC）、完工预算（BAC）和完工尚需绩效指数（TCPI），把这些预测指标与定量成本风险分析的结果进行比较，以确定与实现这些指标相关的置信水平。
- 风险登记册：包含了用作定量风险分析输入的单个风险的详细信息。
- 风险报告：描述了整体项目风险的来源，以及当前的整体项目风险状态。
- 进度预测：可以将预测与定量进度风险分析的结果进行比较，以确定与实现预测目标相关的置信水平。

3. 事业环境因素

能够影响实施定量风险分析过程的事业环境因素主要包括：类似项目的行业研究资料；已发布的材料，包括商业风险数据库或核对单等。

4. 组织过程资产

能够影响实施定量风险分析过程的组织过程资产包括已完成的类似项目的信息。

15.6.2 工具与技术

1. 专家判断

在实施定量风险分析时，应征求具备如下专业知识或接受过相关培训的个人或小组的意见：将单个项目风险和其他不确定性来源的信息转化成用于定量风险分析模型的数值输入；选择最适当方式表示不确定性，以便为特定风险或其他不确定性来源建立模型；用适合项目环境的技术建立模型；识别最适用于所选建模技术的工具；解释定量风险分析的输出等。

2. 数据收集

访谈可用于针对单个项目风险和其他不确定性来源，生成定量风险分析的输入。当需要向专家征求信息时，访谈尤其适用。访谈者应营造信任和保密的访谈环境，以鼓励被访者提出诚实和无偏见的意见。

3. 人际关系与团队技能

适用于实施定量风险过程的人际关系与团队技能是引导。在由项目团队成员和其他干系人参加的专门风险研讨会中，配备一名熟练的引导者，有助于更好地收集输入数据。可以通过阐明研讨会的目的，在参会者之间建立共识，确保持续关注任务，并以创新方式处理人际冲突或偏见来源，来提升研讨会的有效性。

4. 不确定性表现方式

要开展定量风险分析，就需要建立能反映单个项目风险和其他不确定性来源的定量风险分析模型，并为之提供输入。

如果活动的持续时间、成本或资源需求是不确定的，就可以在模型中用概率分布来表示其数值的可能区间。概率分布可能有多种形式，最常用的有三角分布、正态分布、对数正态分布、贝塔分布、均匀分布或离散分布。应该谨慎选择用于表示活动数值的可能区间的概率分布形式。

单个项目风险可以用概率分布图表示，也可以作为概率分支包括在定量分析模型中，在概率分支上添加风险发生的时间和（或）成本影响。如果风险的发生与任何计划活动都没有关系，就最适合将其作为概率分支。如果风险之间存在相关性，例如有某个共同原因或逻辑依赖关系，那么应该在模型中考虑这种相关性。其他不确定性来源也可用概率分支来表示，以描述贯穿项目的其他路径。

5. 数据分析

适用于实施定量风险分析过程的数据分析技术主要包括：

（1）模拟：在定量风险分析中，使用模型来模拟单个项目风险和其他不确定性来源的综合影响，以评估它们对项目目标的潜在影响。模拟通常采用蒙特卡洛分析。

对成本风险进行蒙特卡洛分析时，使用项目成本估算作为模拟的输入；对进度风险进行蒙特卡洛分析时，使用进度网络图和持续时间估算作为模拟的输入；开展定量成本和进度综合风险分析时，同时使用以上两种输入。其输出就是定量风险分析模型。

用计算机软件数千次迭代运行定量风险分析模型。每次运行，都要随机选择输入值（如成本估算、持续时间估算或概率分支发生频率）。这些运行的输出构成了项目可能结果（如项目结束日期、项目完工成本）的区间。典型的输出包括：表示模拟得到特定结果的次数的直方图，或表示获得等于或小于特定数值的结果的累积概率分布曲线（S曲线）。蒙特卡洛成本风险分析所得到的S曲线示例如图15-8所示。

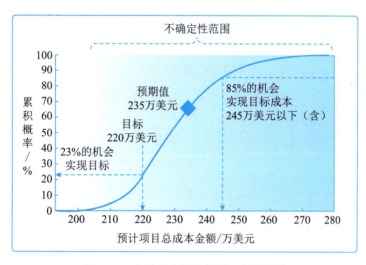

图15-8 定量成本风险分析S曲线示例

在定量进度风险分析中，还可以执行关键性分析，以确定风险模型的哪些活动对项目关键路径的影响最大。对风险模型中的每一项活动计算关键性指标，即：在全部模拟中，该活动出现在关键路径上的频率，通常以百分比表示。通过关键性分析，项目团队就能够重点针对那些对项目整体进度绩效存在最大潜在影响的活动，进行规划风险应对措施了。

（2）敏感性分析：有助于确定哪些单个项目风险或不确定性来源对项目结果具有最大的潜在影响。它在项目结果变化与定量风险分析模型中的要素变化之间建立联系。敏感性分析的结果通常用龙卷风图来表示，图中标出定量风险分析模型中的每项要素与其能影响的项目结果之间的关联系数，这些要素可包括单个项目风险、易变的项目活动和具体的不明确性来源；每个要素按关联强度降序排列，形成典型的龙卷风形状，如图15-9所示。

（3）决策树分析：用决策树在若干备选行动方案中选择一个最佳方案。在决策树中，用不同的分支代表不同的决策或事件，即项目的备选路径。每个决策或事件都有相关的成本和单个项目风险（包括威胁和机会）。决策树分支的终点表示沿特定路径发展的最后结果，可以是负面或正面的结果。在决策树分析中，通过计算每条分支的预期货币价值，就可以选出最优的路径。决策树示例如图15-10所示。

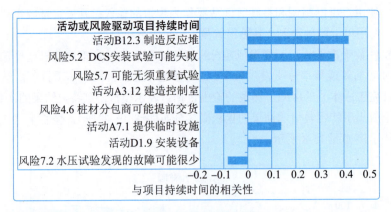

图 15-9 龙卷风图示例

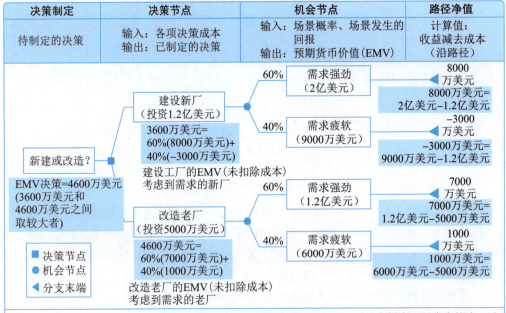

图 15-10 决策树示例

（4）影响图：不确定条件下进行决策的图形辅助工具。它将一个项目或项目中的一种情境表现为一系列实体、结果和影响，以及它们之间的关系和相互影响。如果因为存在单个项目风险或不确定性来源而影响图中的某些要素的不确定性，就在影响图中以区间或概率分布的形式表示这些要素；然后，借助模拟技术（如蒙特卡洛分析）来分析哪些要素对重要结果具有最大的影响。影响图分析可以得出类似于其他定量风险分析的结果，如 S 曲线图和龙卷风图。

15.6.3 输出

项目文件（更新）

可作为实施定量风险分析过程输出的项目文件是风险报告。更新风险报告可以反映定量风险分析的结果。

（1）对整体项目风险最大可能性的评估结果。整体项目风险有两种主要的测量方式：
- 项目成功的可能性：基于已识别的单个项目风险和其他不确定性来源，项目实现其主要目标（例如，既定的结束日期或中间里程碑、既定的成本目标）的概率。
- 项目固有的变化性：在开展定量分析之时，可能的项目结果的分布区间。

（2）项目详细概率分析的结果。列出定量风险分析的重要输出，如 S 曲线、龙卷风图和关键性指标，以及对它们的叙述性解释。定量风险分析的详细结果主要包括：
- 所需的应急储备：以达到实现目标的特定置信水平。
- 对项目关键路径有最大影响的单个项目风险或其他不确定性来源的清单。
- 整体项目风险的主要驱动因素：即对项目结果的不确定性有最大影响的因素等。

（3）单个项目风险优先级清单。根据敏感性分析的结果，列出对项目造成最大威胁或产生最大机会的单个项目风险。

（4）定量风险分析结果的趋势。随着在项目生命周期的不同时间重复开展定量风险分析，风险的发展趋势可能逐渐清晰。发展趋势会影响风险应对措施的规划。

（5）风险应对建议。风险报告可能根据定量风险分析结果，针对整体风险的最大可能性或关键单个风险提出应对建议。这些建议将成为规划风险应对过程的输入。

15.7 规划风险应对

规划风险的应对措施是为了应对项目风险，而制定可选方案、选择应对策略并商定应对行动的过程。本过程的主要作用：①制定应对整体项目风险和单个项目风险的适当方法；②分配资源，并根据需要将相关活动添加进项目文件和项目管理计划中。本过程需要在整个项目期间开展。规划风险应对过程的数据流向如图 15-11 所示。

一旦完成对风险的识别、分析和排序，指定的风险责任人就应该编制计划，以应对项目团队认为足够重要的每项单个的项目风险。这些风险会对项目目标的实现造成威胁或提供机会。有效和适当的风险应对可以最小化威胁、最大化机会，并降低整体项目风险发生的可能性；不恰当的风险应对则会适得其反。项目经理也应该思考如何针对整体项目风险的当前级别做出适当的应对。

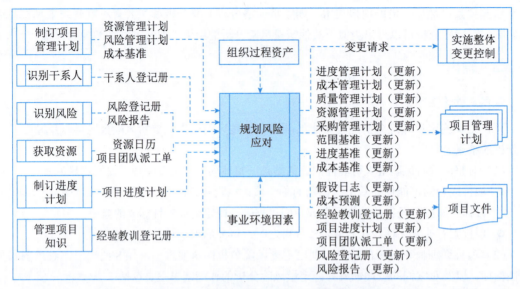

图 15-11 规划风险应对过程的数据流向图

风险应对方案应该与风险的重要性相匹配，并且能够经济有效地应对挑战，同时在当前项目背景下现实可行，获得全体干系人的同意，并由一名责任人具体负责。往往需要从几套可选方案中选出最优的风险应对方案，为每个风险选择最可能有效的策略或策略组合。可用结构化的决策技术来选择最适当的应对策略；对于大型或复杂项目，可能需要以数学优化模型或实际方案分析为基础，进行备选风险应对策略经济分析。

要为实施商定的风险应对策略制定具体的应对行动。如果选定的策略并不完全有效，或者发生了已接受的风险，就需要制订应急计划。同时，也需要识别次生风险。次生风险是实施风险应对措施直接导致的风险。

15.7.1 输入

1. 项目管理计划

可用于规划风险应对的项目管理计划组件主要包括：

- 资源管理计划：有助于协调用于风险应对的资源和其他项目资源。
- 风险管理计划：风险角色和职责、风险临界值。
- 成本基准：包含了拟用于风险应对的应急资金的信息。

2. 项目文件

可作为规划风险应对过程输入的项目文件主要包括：

- 干系人登记册：列出了风险应对的潜在责任人。
- 风险登记册：包含了已识别并排序的、需要应对的单个项目风险的详细信息。每项风险的优先级有助于选择适当的风险应对措施。例如，针对高优先级的威胁或机会，可能需要采取优先措施和积极主动的应对策略；而针对低优先级的威胁和机会，可能只需把它们列入风险登记册的观察清单部分,不必采取主动的管理措施。同时,风险登记册列出了每项风险的指定风险责任人,还可能包含在早期的项目风险管理过程中识别的初步风险应对措施。风险登记册可能还会提供有助于规划风险应对的、关于已识别风险的其他信息,包括根本原因、风险触发因素和预警信号、需要在短期内应对的风险,以及需要进一步分析的风险。

- 风险报告:项目整体风险最大可能风险的当前级别,会影响风险应对策略的选择。风险报告也可能按优先级顺序列出了单个项目风险,并对单个项目风险的分布情况进行了更多分析;这些信息都会影响风险应对策略的选择。
- 资源日历:确定了潜在的资源何时可用于风险应对。
- 项目团队派工单:列明了可用于风险应对的人力资源。
- 项目进度计划:用于确定如何同时规划风险应对活动和其他项目活动。
- 经验教训登记册:查看关于项目早期的风险应对的经验教训,确定类似的应对是否适用于项目后期。

3. 事业环境因素

能影响规划风险应对过程的事业环境因素是关键干系人的风险偏好和风险临界值。

4. 组织过程资产

能够影响规划风险应对过程的组织过程资产主要包括:风险管理计划、风险登记册和风险报告的模板;历史数据库;类似项目的经验教训知识库等。

15.7.2 工具与技术

1. 专家判断

在规划风险应对时,应征求具备如下专业知识或接受相关培训的个人或小组意见:威胁应对策略;机会应对策略;应急应对策略;整体项目风险应对策略。

可以就具体单个项目风险向特定主题专家征求意见等。

2. 数据收集

适用于规划风险应对过程的数据收集技术是访谈。项目风险的应对措施可以在与风险责任人的结构化或半结构化的访谈中制定。必要时,也可访谈其他干系人。访谈者应该营造信任和保密的访谈环境,以鼓励被访者提出诚实和无偏见的意见。

3. 人际关系与团队技能

适用于规划风险应对过程的人际关系与团队技能是引导。开展引导能够提高项目风险应对策略制定的有效性。熟练的引导者可以帮助风险责任人理解风险、识别并比较备选的风险应对策略、选择适当的应对策略,并克服偏见。

4. 威胁应对策略

针对威胁,可以考虑如下 5 种备选的应对策略:

（1）上报。如果项目团队或项目发起人认为某威胁不在项目范围内，或提议的应对措施超出了项目经理的权限，就应该采用上报策略。被上报的风险将在项目集层面、项目组合层面或组织的其他相关部门加以管理，而非项目层面。项目经理确定应就威胁通知哪些人员，并向该人员或组织部门传达关于该威胁的详细信息。对于被上报的威胁，组织中的相关人员必须愿意承担应对责任，这一点非常重要。威胁通常要上报给其目标会受该威胁影响的层级。威胁一旦上报，就不再由项目团队做进一步监督，虽然仍可出现在风险登记册中供参考。

（2）规避。风险规避是指项目团队采取行动来消除威胁，或保护项目免受威胁的影响。它可能适用于发生概率较高，且具有严重负面影响的高优先级的威胁。规避策略可能涉及变更项目管理计划的某些方面，或改变会受负面影响的目标，以便于彻底消除威胁，将它的发生概率降低到零。风险责任人也可以采取措施，来分离项目目标与风险万一发生的影响。规避措施可能包括消除威胁的原因、延长进度计划、改变项目策略，或缩小范围。有些风险可通过澄清需求、获取信息、改善沟通或取得专有技能来加以规避。

（3）转移。转移涉及将应对威胁的责任转移给第三方，让第三方管理风险并承担威胁发生的影响。采用转移策略通常需要向承担威胁的一方支付风险转移费用。风险转移可能需要通过一系列行动才得以实现，主要包括购买保险、使用履约保函、使用担保书和使用保证书等；也可以通过签订协议，把具体风险的归属和责任转移给第三方。

（4）减轻。风险减轻是指采取措施来降低威胁发生的概率和影响。提前采取减轻措施通常比威胁出现后尝试进行弥补更加有效。减轻措施包括采用较简单的流程、进行更多次测试和选用更可靠的卖方。还可能涉及原型开发，以降低从实验台模型放大到实际工艺或产品中的风险。如果无法降低概率，也许可以从决定风险严重性的因素入手，来减轻风险发生的影响。例如，在一个系统中加入冗余部件，可减轻原始部件故障所造成的影响。

（5）接受。风险接受是指承认威胁的存在。此策略可用于低优先级威胁，也可用于无法以任何其他方式经济有效地应对的威胁。接受策略又分为主动或被动方式。最常见的主动接受策略是建立应急储备，包括预留时间、资金或资源以应对出现的威胁；被动接受策略则不会主动采取行动，而只是定期对威胁进行审查，确保其并未发生重大改变。

5. 机会应对策略

针对机会，可以考虑如下 5 种备选策略：

（1）上报。如果项目团队或项目发起人认为某机会不在项目范围内，或提议的应对措施超出了项目经理的权限，就应该采取上报策略。被上报的机会将在项目集层面、项目组合层面或组织的其他相关部门加以管理，而非项目层面。项目经理确定应就机会通知哪些人员，并向该人员或组织部门传达关于该机会的详细信息。对于被上报的机会，组织中的相关人员必须愿意承担应对责任，这一点非常重要。机会通常要上报给其目标会受该机会影响的那个层级。机会一旦上报，就不再由项目团队做进一步监督，虽然仍可出现在风险登记册中供参考。

（2）开拓。如果组织想确保把握住高优先级的机会，就可以选择开拓策略。此策略将特定机会的出现概率提高到 100%，确保其肯定出现，从而获得与其相关的收益。开拓措施可能包括：把组织中最有能力的资源分配给项目来缩短完工时间，或采用全新技术或技术升级来节约项目成本并缩短项目持续时间。

（3）分享。分享涉及将应对机会的责任转移给第三方，使其享有机会所带来的部分收益。必须仔细为已分享的机会安排新的风险责任人，让那些最有能力为项目抓住机会的人担任新的风险责任人。采用机会应对策略，通常需要向承担机会应对责任的一方支付风险费用。分享措施包括建立合伙关系、合作团队、特殊公司和合资企业分享机会。

（4）提高。提高策略用于提高机会出现的概率和影响。提前采取提高措施通常比机会出现后尝试改善收益更加有效。通过关注其原因，可以提高机会出现的概率；如果无法提高概率，也许可以针对决定其潜在收益规模的因素来提高机会发生的影响。机会提高措施包括为早日完成活动而增加资源。

（5）接受。接受机会是指承认机会的存在。此策略可用于低优先级机会，也可用于无法以任何其他方式经济有效地应对的机会。接受策略又分为主动接受策略和被动接受策略。最常见的主动接受策略是建立应急储备，包括预留时间、资金或资源，以便在机会出现时加以利用；被动接受策略则不会主动采取行动，而只是定期对机会进行审查，确保其并未发生重大改变。

6. 应急应对策略

可以设计一些仅在特定事件发生时才采用的应对措施。对于某些风险，如果项目团队相信其发生会有充分的预警信号，那么就应该制订仅在某些预定条件出现时才执行的应对计划。应该定义并跟踪应急应对策略的触发条件，例如，未实现中间的里程碑，或获得卖方更高程度的重视。采用此技术制订的风险应对计划通常称为应急计划，其中包括已识别的，用于启动计划的触发事件。

7. 整体项目风险应对策略

风险应对措施的规划和实施不应只针对单个项目风险，还应针对整体的项目风险。用于应对单个项目风险的策略也适用于整体项目风险：

（1）规避。如果整体项目风险有严重的负面影响，并已超出商定的项目风险临界值，就可以采用规避策略。此策略涉及采取集中行动，弱化不确定性对项目整体的负面影响，并将项目拉回到临界值以内。例如，取消项目范围中的高风险工作，就是一种整个项目层面的规避措施。如果无法将项目拉回到临界值以内，则可能取消项目。这是最极端的风险规避措施，仅适用于威胁的整体级别在当前和未来都不可接受的情况。

（2）开拓。如果整体项目风险有显著的正面影响，并已超出商定的项目风险临界值，就可以采用开拓策略。此策略涉及采取集中行动，获得不确定性对整体项目的正面影响。例如，在项目范围中增加高收益的工作，以提高项目对干系人的价值或效益；或者，也可以与关键干系人协商修改项目的风险临界值，以便将机会包含在内。

（3）转移或分享。如果整体项目风险的级别很高，组织无法有效加以应对，就可能需要让第三方代表组织对风险进行管理。若整体项目风险是负面的，就需要采取转移策略，这可能涉及支付风险费用；如果整体项目风险高度正面，则由多方分享，以获得相关收益。整体项目风险的转移和分享策略主要包括：建立买方和卖方分享整体项目风险的协作式业务结构、成立合资企业或特殊目的公司，或对项目的关键工作进行分包。

（4）减轻或提高。本策略涉及变更整体项目风险的级别，以优化实现项目目标的可能性。减轻策略适用于负面的整体项目风险，而提高策略则适用于正面的整体项目风险。减轻或提高策略包括重新规划项目、改变项目范围和边界、调整项目优先级、改变资源配置、调整交付时间等。

（5）接受。即使整体项目风险已超出商定的临界值，如果无法针对整体项目风险采取主动的应对策略，组织可能选择继续按当前的定义推动项目进展。接受策略又分为主动接受策略和被动接受策略。最常见的主动接受策略是为项目建立整体应急储备，包括预留时间、资金或资源，以便在项目风险超出临界值时使用；被动接受策略则不会主动采取行动，而只是定期对整体项目风险的级别进行审查，确保其未发生重大改变。

8. 数据分析

可用于选择首选风险应对策略的数据分析技术主要包括：

- 备选方案分析：对备选风险应对方案的特征和要求进行简单比较，进而确定哪个应对方案最为适用。
- 成本收益分析：如果能够把单个项目风险的影响进行货币量化，那么就可以通过成本收益分析来确定备选风险应对策略的成本有效性。把应对策略将导致的风险影响级别变更除以策略的实施成本所得到的比率，就代表了应对策略的成本有效性。比率越高，有效性就越高。

9. 决策

适用于规划风险应对的决策技术是多标准决策分析，列入考虑范围的风险应对策略可能是一种或多种。决策技术有助于对多种风险应对策略进行优先级排序。多标准决策分析借助决策矩阵，提供建立关键决策标准、评估备选方案并加以评级，以及选择首选方案的系统分析方法。风险应对策略的选择标准主要包括：应对成本、应对策略在改变概率和影响方面的预计有效性、资源可用性、时间限制（紧迫性、邻近性和潜伏期）、风险发生的影响级别、应对措施对相关风险的作用、导致的次生风险等。如果原定的应对策略被证明无效，可在项目后期采取不同的应对策略。

15.7.3 输出

1. 变更请求

规划风险应对后，可能会就成本基准和进度基准，或项目管理计划的其他组件提出变更请求，应该通过实施整体变更控制过程对变更请求进行审查和处理。

2. 项目管理计划（更新）

项目管理计划的任何变更都以变更请求的形式提出，且通过组织的变更控制过程进行处理。可能需要变更的项目管理计划组件主要包括：

- 进度管理计划：资源负荷和资源平衡变更、进度策略更新等。
- 成本管理计划：成本会计、跟踪和报告变更，以及预算策略和应急储备使用方法更新等。

- 质量管理计划：满足需求的方法、质量管理方法和质量控制过程的变更等。
- 资源管理计划：资源配置变更及资源策略更新等。
- 采购管理计划：自制或外购决策、合同类型更改等。
- 范围基准：如果商定的风险应对策略导致了范围变更，且这种变更已经获得批准，那么就要对范围基准做出相应的变更。
- 进度基准：如果商定的风险应对策略导致了进度估算变更，且这种变更已经获得批准，那么就要对进度基准做出相应的变更。
- 成本基准：如果商定的风险应对策略导致了成本估算变更，且这种变更已经获得批准，那么就要对成本基准做出相应的变更。

3. 项目文件（更新）

可在规划风险应对过程更新的项目文件主要包括：

- 假设日志：在规划风险应对过程中，可能做出新的假设、识别出新的制约因素，或者现有的假设条件或制约因素可能被重新审查和修改。应该更新假设日志，记录这些新信息。
- 成本预测：可能因规划的风险应对策略而发生变更。
- 经验教训登记册：更新以记录适用于项目的未来阶段或未来项目的风险应对信息。
- 项目进度计划：可以把用于执行已商定的风险应对策略的活动添加到项目进度计划中。
- 项目团队派工单：一旦确定应对策略，应为每项与风险应对计划相关的措施分配必要的资源，包括用于执行商定的措施的具有适当资质和经验的人员（通常在项目团队中）、合理的资金和时间，以及必要的技术手段。
- 风险登记册：需要更新以记录选择和商定的风险应对措施。风险登记册的更新可能包括：①商定的应对策略；②实施所选应对策略所需要的具体行动；③风险发生的触发条件、征兆和预警信号；④实施所选应对策略所需要的预算和进度活动；⑤应急计划及启动该计划所需的风险触发条件；⑥回退计划，供风险发生且主要应对措施不足以应对时使用；⑦采取预定应对措施之后仍存在的残余风险，以及被有意接受的风险；⑧由实施风险应对措施而直接导致的次生风险。
- 风险报告：更新以记录针对当前整体项目风险敞口和高优先级风险的经商定的应对措施，以及实施这些措施之后的预期变化。

15.8 实施风险应对

实施风险应对是执行商定的风险应对计划的过程。本过程的主要作用：①确保按计划执行商定的风险应对措施；②管理整体项目风险入口、最小化单个项目威胁，以及最大化单个项目机会。本过程需要在整个项目期间开展。实施风险应对过程的数据流向如图15-12所示。

项目风险管理的一个常见问题就是"只发现、不执行"，即项目团队努力识别和分析风险并制定应对措施，然后把经商定的应对措施记录在风险登记册和风险报告中，但是不采取实际行动去管理风险。适当关注实施风险应对的过程，能够确保已商定的风险应对措施得到实际执行。

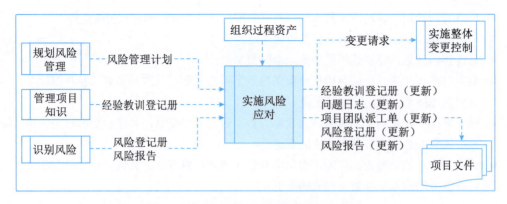

图 15-12 实施风险应对过程的数据流向图

只有风险责任人以必要的努力去实施商定的应对措施，项目的整体风险敞口和单个威胁及机会才能得到主动管理。

15.8.1 输入

1. 项目管理计划

可用于实施风险应对的项目管理计划组件是风险管理计划。风险管理计划列明了与风险管理相关的项目团队成员和其他干系人的角色和职责。应根据这些信息为已商定的风险应对措施分配责任人。风险管理计划还会定义适用于本项目的风险管理方法论的详细程度，还会基于关键干系人的风险偏好规定项目的风险临界值。风险临界值代表了实施风险应对所需实现的可接受目标。

2. 项目文件

可作为实施风险应对过程输入的项目文件主要包括：

- 经验教训登记册：项目早期获得的与实施风险应对有关的经验教训，可用于项目后期提高本过程的有效性。
- 风险登记册：记录了每个风险的应对措施，并指定责任人。
- 风险报告：包括对当前整体项目风险入口的评估，以及商定的风险应对策略，还会描述重要的单个项目风险及其应对计划。

3. 组织过程资产

能够影响实施风险应对过程的组织过程资产主要是已完成的类似项目的经验教训知识库，其中会说明特定风险应对的有效性。

15.8.2 工具与技术

1. 专家判断

在确认或修改（如必要）风险应对措施，以及决定如何以最有效率和最有效果的方式加以实施时,应征求具备相应专业知识的个人或小组的意见。

2. 人际关系与团队技能

适用于本过程的人际关系与团队技能是影响力。有些风险应对措施可能由项目团队以外的人员执行,或由存在其他竞争性需求的人员执行。这种情况下,负责引导风险管理过程的项目经理或人员就需要施展影响力,去鼓励指定的风险责任人采取所需的行动。

3. 项目管理信息系统

项目管理信息系统可能包括进度、资源和成本软件,用于确保把商定的风险应对计划及其相关活动,连同其他项目活动,一并纳入整个项目。

15.8.3 输出

1. 变更请求

实施风险应对后,可能会就成本基准和进度基准,或项目管理计划的其他组件提出变更请求。应该通过实施整体变更控制过程对变更请求进行审查和处理。

2. 项目文件(更新)

可在实施风险应对过程更新的项目文件主要包括:

- 经验教训登记册:更新以记录在实施风险应对时遇到的挑战、本可采取的规避方法,以及实施风险应对的有效方式。
- 问题日志:作为实施风险应对过程的一部分,已识别问题会被记录到问题日志中。
- 项目团队派工单:一旦确定风险应对策略,应为每项与风险应对计划相关的措施分配必要的资源,包括用于执行商定的措施的,具有适当资质和经验的人员、合理的资金和时间,以及必要的技术手段。
- 风险登记册:可能需要更新风险登记册,以反映开展本过程所导致的对单个项目风险的已商定应对措施的任何变更。
- 风险报告:可能需要更新风险报告,以反映开展本过程所导致的对整体项目风险入口的已商定应对措施的任何变更。

15.9 监督风险

监督风险是在整个项目期间,监督风险应对计划的实施,并跟踪已识别风险、识别和分析新风险,以及评估风险管理有效性的过程。本过程的主要作用是,保证项目决策是在整体项目风险和单个项目风险当前信息的基础上进行。本过程需要在整个项目期间开展。监督风险过程的数据流向如图 15-13 所示。

为了确保项目团队和关键干系人了解当前的风险级别,应该通过监督风险过程对项目工作进行持续监督,并持续关注新出现、正变化和已过时的单个项目风险。

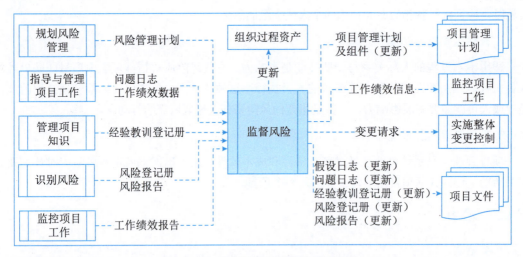

图 15-13 监督风险过程的数据流向图

监督风险过程采用项目执行期间生成的绩效信息,以确定:①实施的风险应对是否有效;②整体项目风险级别是否已改变;③已识别单个项目风险的状态是否已改变;④是否出现新的单个项目风险;⑤风险管理方法是否依然适用;⑥项目假设条件是否仍然成立;⑦风险管理政策和程序是否已得到遵守;⑧成本或进度应急储备是否需要修改;⑨项目策略是否仍然有效等。

15.9.1 输入

1. 项目管理计划

可用于监督风险的项目管理计划的组件是风险管理计划。风险管理计划规定了应如何及何时审查风险,应遵守哪些政策和程序,与本过程监督工作有关的角色和职责安排,以及报告格式。

2. 项目文件

应作为监督风险过程输入的项目文件主要包括:

- 问题日志:用于检查未决问题是否更新,并对风险登记册进行必要更新。
- 经验教训登记册:在项目早期获得的与风险相关的经验教训可用于后期阶段。
- 风险登记册:主要内容包括已识别单个项目风险、风险责任人、商定的风险应对策略,以及具体的应对措施。它可能还会提供其他详细信息,包括用于评估应对计划有效性的控制措施、风险的症状和预警信号、残余及次生风险,以及低优先级风险观察清单。
- 风险报告:包括对当前整体项目风险入口的评估,以及商定的风险应对策略,还会描述重要的单个项目风险及其应对计划和风险责任人。

3. 工作绩效数据

工作绩效数据包含关于项目状态的信息，例如，已实施的风险应对措施、已发生的风险、仍活跃及已关闭的风险。

4. 工作绩效报告

工作绩效报告通过分析绩效测量结果得出，能够提供关于项目工作绩效的信息，包括偏差分析结果、挣值数据和预测数据。监督与绩效相关的风险时，需要使用这些信息。

15.9.2 工具与技术

1. 数据分析

适用于监督风险过程的数据分析技术主要包括：
- 技术绩效分析：开展技术绩效分析，把项目执行期间所取得的技术成果与取得相关技术成果的计划进行比较。它要求定义关于技术绩效的客观的、量化的测量指标，以便据此比较实际结果与计划要求。技术绩效测量指标可能包括处理时间、缺陷数量和储存容量等。实际结果偏离计划的程度可代表威胁或机会的潜在影响。
- 储备分析：在整个项目执行期间，可能发生某些单个项目风险，对预算和进度应急储备产生正面或负面的影响。储备分析是指在项目的任一时点比较剩余应急储备与剩余风险量，从而确定剩余储备是否仍然合理。可以用各种图形（如燃尽图）来显示应急储备的消耗情况。

2. 审计

风险审计是一种审计类型，可用于评估风险管理过程的有效性。项目经理负责确保按项目风险管理计划所规定的频率开展风险审计。风险审计可以在日常项目审查会和风险审查会上开展，团队也可以召开专门的风险审计会。在实施审计前，应明确定义风险审计的程序和目标。

3. 会议

适用于监督风险过程的会议是风险审查会。应该定期安排风险审查，来检查和记录风险应对在处理整体项目风险和已识别单个项目风险方面的有效性。在风险审查中，还可以识别出新的单个项目风险（包括已商定应对措施所引发的次生风险）、重新评估当前风险、关闭已过时风险、讨论风险发生所引发的问题，以及总结可用于当前项目后续阶段或未来类似项目的经验教训。根据风险管理计划的规定，风险审查可以是定期项目状态会中的一项议程，也可以召开专门的风险审查会。

15.9.3 输出

1. 工作绩效信息

工作绩效信息是经过比较单个风险的实际发生情况和预计发生情况，所得到的关于项目风险管理执行绩效的信息。它可以说明风险应对规划和应对实施过程的有效性。

2. 变更请求

执行监督风险过程后，可能会就成本基准和进度基准，或项目管理计划的其他子计划提出变更请求，应该通过实施整体变更控制过程对变更请求进行审查和处理。

变更请求可能包括：建议的纠正与预防措施，以处理整体项目风险级别或单个风险。

3. 项目管理计划（更新）

项目管理计划的任何变更都以变更请求的形式提出，且通过组织的变更控制过程进行处理。项目管理计划的任何组件都可能受本过程的影响。

4. 项目文件（更新）

可在监督风险过程更新的项目文件主要包括：

- 假设日志：监督风险过程中，可能做出新假设、识别出新的制约因素，或者现有假设条件或制约因素可能被重新审查和修改。需要更新假设日志，记录新信息。
- 问题日志：作为监督风险过程的一部分，已识别的问题会记录到问题日志中。
- 经验教训登记册：更新经验教训登记册，记录风险审查期间得到的任何与风险相关的经验教训，以便用于项目的后期阶段或未来项目。
- 风险登记册：更新风险登记册，以记录在监督风险中产生的单个项目风险的信息，可能包括添加新风险、更新已过时风险或已发生风险，以及更新风险应对措施等。
- 风险报告：应随着监督风险过程生成的新信息更新风险报告，以反映重要单个项目风险的当前状态，以及整体项目风险的当前级别。风险报告还可能包括有关的详细信息，诸如最高优先级单个项目风险、已商定的应对措施和责任人，以及结论与建议。风险报告也可收录风险审计给出的关于风险管理过程有效性的结论。

5. 组织过程资产（更新）

可在监督风险过程更新的组织过程资产主要包括：风险管理计划、风险登记册和风险报告的模板；风险分解结构等。

15.10 风险管理示例

一个主要的风险管理工具是主要风险清单。它指明了项目面临的风险列表，风险清单可以使项目经理的头脑中保持着风险管理的意识。

项目组应当在开始需求分析之前就初步地列一张风险清单，并且直到项目结束前不断更新这张清单。重要的是它应当定期"维护"，项目经理、风险管理负责人和项目经理的上司应该定期（比如每隔一周）回顾一次清单。这种回顾应包含在计划进度表之中，否则就可能被遗忘。更新风险清单，给这些风险排优先顺序，并更新风险应对情况，可以帮助对这些风险的严重程度和变化情况保持警惕。

表 15-4 是一个"主要风险清单"的示例。

表 15-4　主要风险清单

本周	上周	周数	风险	风险解决的情况
1	1	5	需求的逐渐增加	利用用户界面原型来收集高质量的需求 已将需求规约置于明确的变更控制程序之下 运用分阶段交付的方法在适当的时候提供能力来改变软件特征（如果需要的话）
2	5	5	有多余的需求或开发人员	项目要旨的陈述中要说明软件中不需要包含哪些东西 设计的重点放在最小化 评审中有核对清单用以检查"多余设计或多余的实现"
3	2	4	发布的软件质量低	开发用户界面原型，以确保用户能够接受这个软件 使用符合要求的开发过程 对所有的需求、设计和代码进行技术评审 制订测试计划，以确保系统测试能测试所有的功能 系统测试由独立的测试员来完成
4	7	5	无法按进度表完成	要避免在完成需求规约之前对进度表做出约定 在花费代价最小的早期进行评审，以发现并解决问题 在项目进行过程中，要对进度表反复估计 运用积极的项目追踪以确保及早发现进度表的疏漏之处 即使整个项目将延期完成，分阶段交付计划也允许先交付只具备部分功能的产品
5	4	2	开发工具不稳定，造成进度延期	在该项目中只使用一或两种新工具，其余的都是过去项目用过的
6	—	1	高人员流动率	项目前景（vision）鼓励开发人员购买公司股权 积极而详细的项目计划带来了明显的期望 定期的再估计支持修订计划以便应付规模的变更而无需大量的加班时间 生产力环境支持高的开发者生产率、高积极性和高凝聚力
7	3	5	开发人员和客户之间的摩擦	用户界面原型使开发人员和用户在同一个详细项目前景下统一起来 分阶段交付的产品使用户相信项目正在稳步前进
8	6	5	缺乏效率的办公空间	在完成用户界面原型以后，就将开发工作从场内移到有私人办公的场外去 仍然需要批准预算以保证场外开发工作的进行

要为主要风险清单中的每一种风险制订详细的风险应对计划。它们不需太冗长，每种大概占 1～2 页。表 15-5 为一个风险应对计划的示例。

表 15-5　为解决"逐渐增加的需求"而制订的风险应对计划

风险点	应对计划
为什么	经过分析我们发现项目中的需求泛滥会达到 40% 左右。我们需要控制逐渐增加的需求，以防止项目中出现超出控制的额外开销和时间拖延

（续表）

风险点	应对计划
怎样做	通常，我们应首先做好收集需求的工作，争取消除需求变更产生的根源。然后，我们要保证只允许那些绝对必要的需求变更
什么方法	我们针对这个风险提出3种应对方法： 1. 在项目启动时就使用用户界面原型，以保证能收集到高质量的需求。我们还要不断地给用户看这些原型，精练它们，再次给用户过目，直到用户对我们构建的软件完全满意为止 2. 我们要将需求规约置于明确的变更控制之下。当我们完成用户界面原型，并收集好其他需求时，就将这些需求作为基线确定下来。以后的需求变更必须通过一个更正式的变更过程，其中在接受每一个变更之前，都要仔细评估该变更对成本、进度表、质量以及其他方面的影响 3. 我们将运用分阶段交付的方法来保持较短的交付周期，这将减少在一个周期内发生变更的必要性。若有需要，我们可以在各个阶段之间变更软件特征 当出现以下情况时，我们需要将风险等级提升： ● 经过一定时间，用户仍不能接受我们的用户界面原型 ● 在需求基线被确定之后的最初30天内，我们收到变更请求所涉及的需求已经超过了需求基线的5% ● 在整个项目生存周期的任何时候，我们已被迫对需求作了5%以上的变更
谁来做	● 工程负责人对用户界面原型负责 ● 变更委员会负责将需求置于变更控制之下 ● 项目经理负责按时完成分阶段交付的计划进度表
何时做	要在4月15日之前完成UI原型。如果到了6月1日仍未完成，我们就要将风险级别提升到"项目紧急问题"； 需求规约要在5月15日之前确定基线。若是到了6月15日仍未完成，我们要将风险级别提升到"项目紧急问题"； 第一阶段的交付要在7月15日之前完成。若是到了8月15日仍然未果，风险也要被提升到"项目紧急问题"
所需代价	我们估计UI原型将要花去一个工程人员6个月的时间。标准的开发步骤中包括明示的变更控制，所以不增加任何项目成本。分阶段交付的方法会使开销增加5%左右，因为软件要被反复发布，增加了工作量。但另一方面它也减少了集成风险和生产错误产品的风险。结果，唯一增加的只有项目真实成本的透明度。因此，与其说是花费还不如说是净效益

15.11　本章练习

1. 选择题

（1）风险可从不同角度，根据不同标准来进行分类。百年不遇的暴雨属于_____。

  A. 不可预测风险　　　　　　B. 可预测风险

  C. 已知风险　　　　　　　　D. 技术风险

参考答案：A

（2）_____不属于风险识别的依据。
A. 成本管理计划　　　　　　　B. 范围基准
C. 采购文件　　　　　　　　　D. 风险报告

参考答案：D

（3）某项目有 40% 的概率获利 10 万元，30% 的概率会亏损 8 万元，30% 的概率既不获利也不亏损。该项目的预期货币价值（EMV）是_____。
A. 0.4 万元　　　B. 1.6 万元　　　C. 2 万元　　　D. 6.4 万元

参考答案：B

（4）通过概率和影响级别定义以及专家访谈，有助于纠正该过程所使用的数据中的偏差属于_____。
A. 定性风险分析　　　　　　　B. 识别风险
C. 定量风险分析　　　　　　　D. 风险监控

参考答案：A

（5）关于项目风险管理的描述，不正确的是_____。
A. 纯粹风险和人为风险在一定条件下可以相互转化
B. 项目风险既包括对项目目标的威胁，也包括促进项目目标的机会
C. 风险大多数随着项目的进展而不断变化，不确定性会逐渐减小
D. 风险后果包括后果发生的频率、收益或损失大小

参考答案：A

（6）A 公司中标一个大型系统集成项目，其中一台关键设备计划从国外采购，由于近期汇率波动明显，A 公司准备与客户协商使用国产设备，这是采用了_____风险应对策略。
A. 回避　　　B. 转移　　　C. 减轻　　　D. 接受

参考答案：A

（7）_____ 不属于定性风险分析的技术。
A. 风险数据质量评估　　　　　B. 概率和影响矩阵
C. 风险紧迫性评估　　　　　　D. 预期货币价值分析

参考答案：D

2. 判断题

判断下列表述正误，正确的选 √，错误的选 ×。
（1）项目风险都会对项目目标产生负面影响。　　　　　　　　　　　　（　　）
（2）项目活动投入得越多，愿意冒的风险越小。　　　　　　　　　　　（　　）
（3）实施风险应对过程，即执行商定的风险应对计划的过程。　　　　　（　　）

参考答案：（1）×　（2）√　（3）√

第16章 项目采购管理

项目采购管理包括从项目团队外部采购或获取所需产品、服务或成果的各个过程。项目采购管理包括编制和管理协议所需的管理和控制过程，例如合同、订购单、协议备忘录（MOA）和服务水平协议（SLA）。被授权采购项目所需货物、服务的人员可以是项目团队、管理层或组织采购部的成员。

16.1 管理基础

16.1.1 协议/采购合同

项目采购管理过程涉及用协议来描述买卖双方的关系。协议可以很简单，如以特定人工单价购买所需的工时，也可以很复杂，如多年的国际施工合同。因应用领域不同，协议可以是合同、服务水平协议（SLA）、谅解备忘录、协议备忘录（MOA）或订购单。

合同签署的方法和合同本身应体现可交付成果或所需人力投入的简单性或复杂性，其书写形式也应符合当地、所在国或国际法中关于合同签署的规定。合同应明确说明预期的可交付成果和结果，包括从卖方到买方的任何知识转移。合同中未规定的任何事项则不具法律强制力。开展国际合作的项目经理应牢记，无论合同规定如何详尽，文化和当地法律对合同及其可执行性均有影响。

采购合同中包括条款和条件，也可包括买方就卖方应实施工作或应交付产品的其他规定。在确保采购遵守组织的采购政策的同时，项目管理团队必须确定所有采购都能满足项目的具体需要。大多数组织都有相关的书面政策和程序来专门定义采购规则，并规定谁有权代表组织签署和管理协议。在世界各地，组织虽然用不同的名称来称呼负责采购的单位或部门，如购买部、合同部、采购部或收购部，但其实际职责大同小异。

虽然所有项目文件可能都要经过某种形式的审查与批准，但是，鉴于其法律约束力，合同或协议需要经过更多的审批程序，而且通常会涉及法务部。在任何情况下，审批程序的主要目标都是确保合同充分描述将由卖方提供的产品、服务或成果，且符合法律法规关于采购的规定。通常把描述产品、服务或成果的文件作为独立的附件或附录，以便合同正文使用标准化的法律合同用语。

在复杂项目中，可能需要同时或先后管理多个合同。这种情况下，不同合同的生命周期可在项目生命周期的任何阶段开始与结束。买卖方关系是采购组织与外部组织之间的关系，可存在于项目的许多层次上。

因应用领域不同，卖方可以是承包商、供货商、服务提供商或供应商；买方可能为最终产品的所有人、分包商、收购机构、服务需求者或购买方。

16.1.2 管理新实践

不同行业各方面（软件工具、风险、过程、物流和技术）的一些重大趋势，会影响项目的成功率。项目采购管理的发展趋势和新兴实践主要包括：

- 工具的改进：用于管理项目采购和项目执行的工具已取得重大发展。现在，买方能够使用在线工具集中发布采购广告；卖方也能够使用在线工具集中查找采购文件，并直接在线填写。在施工、工程和基础设施领域，建筑信息模型（BIM）软件的应用日益广泛，为工程节省了大量时间和资金。由于能够大幅减少施工索赔，降低成本、缩短工期，世界各地的公司和政府都开始要求在大型项目中使用 BIM。
- 更先进的风险管理：在风险管理领域日益流行的一个趋势，就是在编制合同时准确地将具体风险分配给最有能力对其加以管理的一方。没有任何承包商有能力管理项目的所有重大风险，买方因而必须接受承包商无法掌控的风险，例如，采购方公司政策的不断变化、法规要求的不断变化，以及项目以外的其他风险。在合同中可以明确规定风险管理是合同工作的一部分。
- 变化中的合同签署实践：在过去几年时间内，超大型项目的数量显著增加，尤其是在基础设施建设和工程项目领域。数百亿元的项目现在已十分常见。大部分此类项目都要求与多个国家的多家承包商签署国际合同，因此这肯定比仅使用当地承包商的项目具有更大的风险。承包商越来越重视在采购过程中与客户开展密切合作，以便对批量采购或有其他特殊关系的客户给予折扣优惠。对于此类项目来说，为了减少执行过程中的问题和索赔，采用国际公认的标准合同范本日益普遍。
- 物流和供应链管理：因为很多大型工程、施工和基础设施建设项目都由多家跨国承包商来完成，材料物流管理对于项目成功完成至关重要。对采购周期较长的产品，制造环节和运输（到项目现场）环节都是项目进度的决定因素。在 IT 领域，有些产品可能需要提前 2~3 个月订购；在复杂的施工项目上，订购时间可能需要提前 1~2 年，甚至更长。在这些项目上，可能需要在签订其他采购合同之前就采购这些订购周期长的产品，以便项目如期完成。在最终产品的最终设计完成之前，就可能需要根据总体设计中已确定的要求开始订购采购周期较长的材料、用品或设备。供应链管理也是承包商的项目团队日益重视的领域。在项目早期，不仅要明确主要的采购渠道，通常还需要明确次要和备选渠道。全球很多国家会要求跨国承包商至少向当地供应商采购一定比例的材料和用品。
- 技术和干系人关系：公共资助的项目正受越来越多的关注。基础设施和商业建设项目正日益采用包括网络摄像（webcams）在内的技术，以改善与干系人的沟通和关系。在施工期间，施工现场会安装一台或多台网络摄像机，定期更新并发布到公开的网站上，方便所有干系人在互联网上查看项目进展。另外，视频资料可以储存，有助于在索赔发生时进行分析。有些项目显示，使用网络摄像机记录现场情况能够避免对事实的认定产生分歧，从而能够把与现场施工有关的争议降到最低。

- 试用采购：并非每一个卖方都能很好地适应买方组织的环境，因此，在决定大批量采购之前，有些项目会试用多个候选卖方，向它们采购少量的可交付成果和工作产品。这样一来，买方可以在推进项目工作的同时，对潜在合作伙伴进行评估。

16.2 项目采购管理过程

16.2.1 过程概述

项目采购管理过程包括：
- 规划采购管理：记录项目采购决策、明确采购方法及识别潜在卖方。
- 实施采购：获取卖方应答、选择卖方并授予合同。
- 控制采购：管理采购关系、监督合同绩效、实施必要变更和纠偏，以及关闭合同。

在项目实际进展中，以上各个过程会相互交叠和相互作用，表 16-1 概括了项目采购管理的各个过程。

表 16-1 项目采购管理过程

过程	输入	工具与技术	输出
规划采购管理	- 立项管理文件 - 项目章程 - 项目管理计划 - 项目文件 - 事业环境因素 - 组织过程资产	- 专家判断 - 数据收集 - 数据分析 - 供方选择分析 - 会议	- 采购管理计划 - 采购策略 - 采购工作说明书 - 招标文件 - 自制或外购决策 - 独立成本估算 - 供方选择标准 - 变更请求 - 项目文件（更新） - 组织过程资产（更新）
实施采购	- 项目管理计划 - 项目文件 - 采购文档 - 卖方建议书 - 事业环境因素 - 组织过程资产	- 专家判断 - 广告 - 投标人会议 - 数据分析 - 人际关系与团队技能	- 选定的卖方 - 协议 - 变更请求 - 项目管理计划（更新） - 项目文件（更新） - 组织过程资产（更新）
控制采购	- 项目管理计划 - 项目文件 - 采购文档 - 协议 - 工作绩效数据 - 批准的变更请求 - 事业环境因素 - 组织过程资产	- 专家判断 - 索赔管理 - 数据分析 - 检查 - 审计	- 采购关闭 - 采购文档（更新） - 工作绩效信息 - 变更请求 - 项目管理计划（更新） - 项目文件（更新） - 组织过程资产（更新）

16.2.2　裁剪考虑因素

因为每个项目都是独特的，所以项目经理可以根据需要裁剪项目采购管理过程。裁剪时应考虑的因素主要包括：

- 采购的复杂性：只开展一次主要的采购，或者需要在不同时间向不同卖方进行多次采购（会提高采购的复杂性）？
- 物理地点：买方和卖方在同一或邻近地点，或者位于不同时区、国家或大洲？
- 治理和法规环境：组织的采购政策是否和当地相关的法律法规兼容？当地的法律法规会如何影响合同审计工作？
- 承包商的可用性：是否有具备工作执行能力的承包商可供选择？

16.2.3　敏捷与适应方法

在敏捷或适应型环境中，可能需要与特定卖方进行协作来扩充团队。这种协作关系能够营造风险共担式采购模型，让买方和卖方共担项目风险和共享项目收益。

在大型项目上，可能针对某些可交付成果采用敏捷或适应型方法，而对其他部分则采用更稳定的方法。在这种情况下，可以通过主体协议，如主要服务协议（MSA）来管理整体协作关系，而将敏捷或适应型工作写入附录或补充文件。这样一来，变更只针对敏捷或适应型工作，而不会对主体协议造成影响。

16.3　规划采购管理

规划采购管理是记录项目采购决策、明确采购方法，及识别潜在卖方的过程。本过程的主要作用是确定是否从项目外部获取货物和服务，如果是，则还要确定将在什么时间、以什么方式获取什么货物和服务。货物和服务可从执行组织的其他部门采购，或者从外部渠道采购。本过程仅开展一次或仅在项目的预定义点开展。规划采购管理过程的数据流向如图 16-1 所示。

应该在规划采购管理过程的早期确定与采购有关的角色和职责。项目经理应确保在项目团队中配备具有所需采购专业知识的人员。采购过程的参与者可能包括购买部或采购部的人员，以及法务部的人员。这些人员的职责也应记录在采购管理计划中。

一般的采购步骤为：①准备采购工作说明书（SOW）或工作大纲（TOR）；②准备高层级的成本估算，制定预算；③发布招标广告；④确定合格卖方的名单；⑤准备并发布招标文件；⑥由卖方准备并提交建议书；⑦对建议书开展技术（包括质量）评估；⑧对建议书开展成本评估；⑨准备最终的综合评估报告（包括质量及成本），选出中标建议书；⑩结束谈判，买方和卖方签署合同。

项目进度计划对规划采购管理过程中的采购策略制定有重要影响。在制订采购管理计划时所做出的决定也会影响项目进度计划。在开展制定进度计划过程、估算活动资源过程以及自制或外购决策制定时，都需要考虑这些决定。

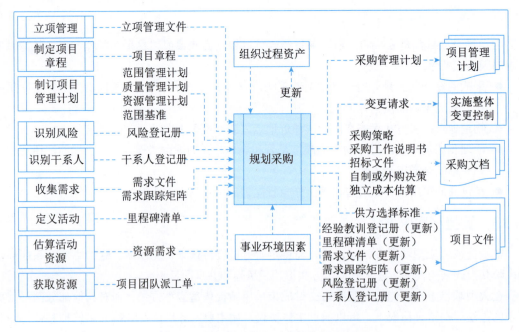

图 16-1 规划采购管理过程的数据流向图

16.3.1 输入

1. 立项管理文件

立项管理阶段经批准的结果或相关的文件可用于规划采购管理的依据。立项管理从业务视角描述必要的信息,并且据此决定项目的期望结果是否值得所需投资。组织高层管理者通常使用立项管理文件作为决策依据。一般情况下,立项管理会包含商业需求和成本效益分析,以论证项目的合理性并确定项目边界。立项管理一般由市场需求、组织需要、客户要求、技术进步、法律要求、生态影响、社会需要等一个或多个因素引发。

2. 项目章程

项目章程包括目标、项目描述、总体里程碑,以及预先批准的财务资源。

3. 项目管理计划

可用于规划采购管理的项目管理计划的组件主要包括:

- 范围管理计划:说明如何在项目实施阶段管理承包商的工作范围。
- 质量管理计划:包含项目需要遵循的行业标准与准则。这些标准与准则应写入招标文件,如建议邀请书,并将最终在合同中引用。这些标准与准则也可用于供应商资格预审,或作为供应商甄选标准的一部分。
- 资源管理计划:包括关于哪些资源需要采购或租赁的信息,以及任何可能影响采购的假设条件或制约因素。

- 范围基准：包含范围说明书、WBS和WBS字典。在项目早期，项目范围可能仍要继续演进，应该针对项目范围中已知的工作编制工作说明书（SOW）和工作大纲（TOR）。

4. 项目文件

可作为规划采购管理过程输入的项目文件主要包括：

- 风险登记册：列明风险清单，以及风险分析和风险应对规划的结果。有些风险应通过采购协议转移给第三方。
- 干系人登记册：干系人登记册提供有关项目参与者及其项目利益的详细信息，包括监管机构、合同签署人员和法务人员。
- 需求文件：一是卖方需要满足的技术要求；二是具有合同和法律意义的需求，如健康、安全、安保、绩效、环境、保险、知识产权、同等就业机会、执照、许可证，以及其他非技术要求。
- 需求跟踪矩阵：将产品需求从来源连接到满足需求的可交付成果。
- 里程碑清单：重要里程碑清单说明卖方需要在何时交付成果。
- 资源需求：包含关于某些特定需求的信息，例如，可能需要采购的团队及实物资源。
- 项目团队派工单：包含关于项目团队技能和能力的信息，以及他们可用于支持采购活动的时间。如果项目团队不具备开展采购活动的能力，则需要外聘人员或对现有人员进行培训，或者二者同时进行。

5. 事业环境因素

能够影响规划采购管理过程的事业环境因素主要包括：市场条件；可从市场获得的产品、服务和成果；卖方，包括其以往绩效或声誉；关于产品、服务和成果的典型条款和条件，或适用于特定行业的典型条款和条件；特殊的当地要求，例如关于雇用当地员工或卖方的法规要求；关于采购的法律建议；合同管理系统，包括合同变更控制程序；已有的多层级供应商系统，其中列出了基于以往经验而预审合格的卖方；财务会计和合同支付系统等。

6. 组织过程资产

组织使用的各种合同协议类型也会影响规划采购管理过程中的决策。能够影响规划采购管理过程的组织过程资产主要包括：预先批准的卖方清单，经过适当审查的卖方清单可以简化招标所需的步骤，并缩短卖方甄选过程的时间；正式的采购政策、程序和指南，大多数组织都有正式的采购政策和采购机构，如果没有，项目团队就应该配备相关的资源和专业技能来实施采购活动；合同类型，所有法律合同关系通常可分为总价和成本补偿两大类，此外，还有第三种常用的混合类型工料合同。在实践中，单次采购也会一起使用两种或更多合同类型。

（1）总价合同（Fixed-Price Contract）。此类合同为既定产品、服务或成果的采购设定一个总价。这种合同应在已明确定义需求，且不会出现重大范围变更的情况下使用。总价合同类型包括：

- 固定总价（Firm Fixed Price，FFP）：这是最常用的合同类型。大多数买方都喜欢这种合同，因为货物采购的价格在一开始就已确定，并且不允许改变（除非工作范围发生变更）。

- 总价加激励费用（Fixed Price Incentive Fee，FPIF）：这种总价合同为买方和卖方提供了一定的灵活性，允许一定的绩效偏离，并对实现既定目标给予相关的财务奖励（通常取决于卖方的成本、进度或技术绩效）。FPIF 合同中会设置价格上限，高于此价格上限的全部成本将由卖方承担。
- 总价加经济价格调整（Fixed Price with Economic Price Adjustment，FPEPA）：这种合同适用于卖方履约期将跨越几年时间，或将以不同货币支付价款两种情况。它是总价合同的一种类型，但合同中包含了特殊条款，允许根据条件变化，如通货膨胀、某些特殊商品的成本增加（或降低），以事先确定的方式对合同价格进行最终调整。

（2）成本补偿合同。此类合同向卖方支付为完成工作而发生的全部合法实际成本（可报销成本），外加一笔费用作为卖方的利润。这种合同适用于工作范围预计会在合同执行期间发生重大变更的情况。成本补偿合同又可分为：

- 成本加固定费用（Cost Plus Fixed Fee，CPFF）：为卖方报销履行合同工作所发生的一切可列支成本，并向卖方支付一笔固定费用。该费用以项目初始估算成本的某一百分比计列。除非项目范围发生变更，否则费用金额维持不变。
- 成本加激励费用（Cost Plus Incentive Fee，CPIF）：为卖方报销履行合同工作所发生的一切可列支成本，并在卖方达到合同规定的绩效目标时，向卖方支付预先确定的激励费用。在 CPIF 合同中，如果最终成本低于或高于原始估算成本，则买方和卖方需要根据事先商定的成本分摊比例来分享节约部分或分担超支部分。例如，基于卖方的实际成本，按照 80∶20 的比例分担（分享）超过（低于）目标成本的部分。
- 成本加奖励费用（Cost Price Award Fee，CPAF）：为卖方报销一切合法成本，但只有在卖方满足合同规定的、笼统主观的绩效标准的情况下，才向卖方支付大部分费用。奖励费用完全由买方根据自己对卖方绩效的主观判断来决定，并且通常不允许申诉。

（3）工料合同（Time and Material，T&M）。工料合同（又称时间和手段合同），是兼具成本补偿合同和总价合同特点的混合型合同。这种合同往往适用于在无法快速编制出准确的工作说明书的情况下扩充人员、聘用专家或寻求外部支持。

16.3.2 工具与技术

1. 专家判断

在规划采购管理时，应征求具备如下专业知识或接受相关培训的个人或小组意见：采购与购买；合同类型和合同文件；法规及合规性等。

2. 数据收集

适用于规划采购管理过程的数据收集技术是市场调研。市场调研包括考察行业情况和具体卖方的能力。采购团队可运用从会议、在线评论和各种其他渠道得到的信息，来了解市场情况。采购团队也可以调整具体的采购目标，以便在平衡与有能力提供所需材料或服务的卖方的范围有关的风险的同时，利用成熟技术。

3. 数据分析

适用于规划采购管理过程的数据分析技术是自制或外购分析。自制或外购分析用于确定某项工作或可交付成果最好是由项目团队自行完成，还是应该从外部采购。制定自制或外购决策时应考虑的因素包括：组织当前的资源配置及其技能和能力，对专业技术的需求，不愿承担永久雇用的义务，以及对独特技术专长的需求；还要评估与每个自制或外购决策相关的风险。

在自制或外购分析中，可以使用回收期、投资回报率（ROI）、内部报酬率（IRR）、现金流贴现、净现值（NPV）、收益成本（BCA）或其他分析技术，来确定某种货物或服务是应该在项目内部自制，还是从外部购买。

4. 供方选择分析

在确定选择方法前，有必要审查项目竞争性需求的优先级。由于竞争性选择方法可能要求卖方在事前投入大量时间和资源，因此，应该在采购文件中写明评估方法，让投标人了解将会被如何评估。常用的选择方法包括：

- 最低成本：适用于标准化或常规采购。此类采购有成熟的实践与标准，有具体明确的预期成果，可以用不同的成本来取得。
- 仅凭资质：适用于采购价值相对较小，不值得花时间和成本开展完整选择过程的情况。买方会确定短名单，然后根据可信度、相关资质、经验、专业知识、专长领域和参考资料选择最佳的投标人。
- 基于质量或技术方案得分：邀请一些组织提交建议书，同时列明技术和成本详情；如果技术建议书可以接受，再邀请它们进行合同谈判。采用此方法，会先对技术建议书进行评估，考察技术方案的质量。如果经过谈判，证明它们的财务建议书是可接受的，那么就会选择技术建议书得分最高的卖方。
- 基于质量和成本：在基于质量和成本的方法中，成本也是用于选择卖方的一个考虑因素。一般而言，如果项目的风险和（或）不确定性较高，相对于成本而言，质量就应该是一个关键因素。
- 唯一来源：买方要求特定卖方准备技术和财务建议书，然后针对建议书开展谈判。由于没有竞争，因此仅在有适当理由时才采用此方法，而且应将其视为特殊情况。
- 固定预算：在建议邀请书中向受邀的卖方披露可用预算，然后在此预算内选择技术建议书得分最高的卖方。因为有成本限制，所以卖方会在建议书中调整工作的范围和质量，以适应该预算。买方应该确保固定预算与工作说明书相符，且卖方能够在该预算内完成相关任务。此方法仅适用于工作说明书定义精确、预期不会发生变更，而且预算固定且不得超出的情况。

5. 会议

仅靠调研还不能获得制定采购策略所需的具体信息，会议可用于确定管理和监督采购的策略。采购方与潜在投标人合作，有利于卖方以互惠的方法提供产品或服务，从而使采购方从中受益。

16.3.3 输出

1. 采购管理计划

采购管理计划包含要在采购过程中开展的各种活动。它应该记录是否要开展国际竞争性招标、国内竞争性招标和当地招标等。如果项目由外部资助，资金的来源和可用性应符合采购管理计划和项目进度计划的规定。采购管理计划可包括以下内容：①如何协调采购与项目的其他工作，例如项目进度计划制订和控制；②开展重要采购活动的时间表；③用于管理合同的采购测量指标；④与采购有关的干系人角色和职责，如果执行组织有采购部，项目团队拥有的职权和受到的限制；⑤可能影响采购工作的制约因素和假设条件；⑥司法管辖权和付款货币；⑦是否需要编制独立估算，以及是否应将其作为评价标准；⑧风险管理事项，包括对履约保函或保险合同的要求，以减轻某些项目风险；⑨拟使用的预审合格的卖方（如果有）等。

根据每个项目的需要，采购管理计划可以是正式或非正式的，也可以是非常详细或高度概括的。

2. 采购策略

一旦完成自制或外购分析，并决定从项目外部渠道采购，就应制定一套采购策略。应该在采购策略中规定项目交付方法、具有法律约束力的协议类型，以及如何在采购阶段推动采购进展。

（1）交付方法。对专业服务项目和建筑施工项目应该采用不同的交付方法。

- 专业服务项目的交付方法：主要涉及的项目类型包括：买方或服务提供方不得分包、买方或服务提供方可以分包、买方和服务提供方设立合资企业、买方或服务提供方仅充当代表。
- 工业或商业施工项目的交付方法：主要涉及的项目类型包括：交钥匙式、设计-建造（DB）、设计-招标-建造（DBB）、设计-建造-运营（DBO）、建造-拥有-运营-转让（BOOT）及其他。

（2）合同支付类型。合同支付类型与项目交付方法无关，需要与采购组织的内部财务系统相协调。它们主要包括以下合同类型及其变种：总价、固定总价、成本加奖励费用、成本加激励费用、工料、目标成本及其他。

- 总价合同适用于工作类型可预知、需求能清晰定义且不太可能变更的情况。
- 成本补偿合同适用于工作不断演进、很可能变更或未明确定义的情况。
- 激励和奖励费用可用于协调买方和卖方的目标。

（3）采购阶段。采购策略也可以包括与采购阶段有关的信息，这种信息可能包括：采购工作的顺序安排或阶段划分、每个阶段的描述，以及每个阶段的具体目标；用于监督的采购绩效指标和里程碑；从一个阶段过渡到下一个阶段的标准；用于追踪采购进展的监督和评估计划；向后续阶段转移知识的过程。

3. 采购工作说明书

依据项目范围基准，为每次采购编制工作说明书（SOW），仅对将要包含在相关合同中的那一部分项目范围进行定义。工作说明书会充分详细地描述拟采购的产品、服务或成果，以便潜在卖方确定是否有能力提供此类产品、服务或成果。根据采购品的性质、买方的需求或拟采用的合同形式，工作说明书的详细程度会有较大不同。工作说明书的内容包括：规格、所需数量、质量水平、绩效数据、履约期间、工作地点和其他要求。

采购工作说明书应力求清晰、完整和简练。它需要说明所需的附加服务，例如，报告绩效，或对采购品的后续运营支持。在采购过程中，应根据需要对工作说明书进行修订，直到它成为所签协议的一部分。对于服务采购，可能会用"工作大纲（TOR）"这个术语。与采购工作说明书类似，工作大纲通常包括以下内容：①承包商需要执行的任务，以及所需的协调工作；②承包商必须达到的适用标准；③需要提交批准的数据；④由买方提供给承包商的，适用时，将用于合同履行的全部数据和服务的详细清单；⑤关于初始成果提交和审查（或审批）的进度计划。

4. 招标文件

招标文件用于向潜在卖方征求建议书。如果主要依据价格来选择卖方（如购买商业或标准产品时），通常就使用标书、投标或报价等术语；如果其他考虑因素（如技术能力或技术方法）至关重要，则通常使用建议书之类的术语。具体使用的采购术语也可能因行业或采购地点而异。取决于所需的货物或服务，招标文件可以是信息邀请书、报价邀请书、建议邀请书，或其他适当的采购文件。使用不同文件的条件如下：

- 信息邀请书（RFI）：如果需要卖方提供关于拟采购货物和服务的更多信息，就使用信息邀请书。随后一般还会使用报价邀请书或建议邀请书。
- 报价邀请书（RFQ）：如果需要供应商提供关于将如何满足需求和（或）将需要多少成本的更多信息，就使用报价邀请书。
- 建议邀请书（RFP）：如果项目中出现问题且解决办法难以确定，就使用建议邀请书。这是最正式的"邀请书"文件，需要遵守与内容、时间表，以及卖方应答有关的严格的采购规则。买方拟定的采购文件不仅应便于潜在卖方做出准确、完整的应答，还要便于买方对卖方应答进行评价。采购文件会包括规定的应答格式、相关的采购工作说明书，以及所需的合同条款。

采购文件的复杂和详细程度应与采购的价值及相关的风险相符。采购文件既需要具备足够详细的信息，以确保卖方做出一致且适当的应答，同时它又要有足够的灵活度，让卖方为满足相同的要求而提出更好的建议。

5. 自制或外购决策

通过自制或外购分析，做出某项特定工作最好由项目团队自己完成，还是需要从外部渠道采购的决策。

6. 独立成本估算

对于大型的采购，采购组织可自行准备独立估算，或聘用外部专业估算师做出成本估算，并将其作为评价卖方报价的对照基准。如果二者之间存在明显差异，则可能表明采购工作说明书存在缺陷或模糊，或者潜在卖方误解了或未能完全响应采购工作说明书。

7. 供方选择标准

在确定评估标准时，买方要努力确保选出的建议书提供最佳质量的所需服务。供方选择标准主要包括：能力和潜能；产品成本和生命周期成本；交付日期；技术专长和方法；具体的相关经验；用于响应工作说明书的工作方法和工作计划；关键员工的资质、可用性和胜任力；组织的财务稳定性；管理经验；知识转移计划，包括培训计划等。

针对国际项目，评估标准还可包括"本地内容"要求，例如，在提议的关键员工中要有本国人；针对不同的标准，可以用数值分数、颜色代码或书面描述，来说明卖方满足采购组织需求的程度。这些标准是加权系统的组成部分，可据此以加权打分的方法排列所有建议书的顺序，以便确定谈判的顺序，并与某个卖方签订合同。

8. 变更请求

关于采购货物、服务或资源的决策，可能导致变更请求；规划采购期间的其他决策，也可能导致变更请求。对项目管理计划及其子计划和其他组件的修改都可能导致会影响采购行为的变更请求。应该通过实施整体变更控制过程对变更请求进行审查和处理。

9. 项目文件（更新）

可在规划采购管理过程更新的项目文件主要包括：

- 经验教训登记册：更新以记录任何与法规和合规性、数据收集、数据分析和供方选择分析相关的经验教训。
- 里程碑清单：重要里程碑清单说明卖方需要在何时交付成果。
- 需求文件：可能包括卖方需要满足的技术要求；具有合同和法律意义的需求，如健康、安全、安保、绩效、环境、保险、知识产权、同等就业机会、执照、许可证以及其他非技术要求。
- 需求跟踪矩阵：将产品需求从来源连接到满足需求的可交付成果。
- 风险登记册：取决于卖方的组织、合同的持续时间、外部环境、项目交付方法、所选合同类型，以及最终商定的价格，任何被选中的卖方都会带来特殊的风险。
- 干系人登记册：更新以记录任何关于干系人的补充信息，尤其是监管机构、合同签署人员，以及法务人员的信息。

10. 组织过程资产（更新）

作为规划采购管理过程的结果，需要更新的组织过程资产主要包括关于合格卖方的信息。

对于采购次数少且相对简单的项目，作为本过程输出的有些文件可以合并。不过，对于采购规模较大、较复杂，而且大部分工作需由承包商完成的项目，就需要使用几种不同类型的文件。表16-2列出了采购中常用的文件类型及其部分内容。鉴于采购的法律性质，不应把表16-2的内容看成规定性描述，而只应该把它们看成关于所需文件的类型和内容的总体大纲，用于指导实施采购工作。组织、环境和法律规定会决定项目具体需要的文件类型和内容。

表 16-2 采购文件内容比较

采购管理计划	采购策略	工作说明书	招标文件
采购工作将与其他项目工作协调和整合，特别是资源、进度计划和预算工作	采购交付方法	采购项目描述	信息邀请书（RFI） 报价邀请书（RFQ） 建议邀请书（RFP）
关键采购活动的时间表	协议类型	规格、质量要求和绩效指标	
用于管理合同的采购指标	采购阶段	所需附加服务描述	
所有干系人的职责		验收方法和验收标准	
采购假设和制约因素		绩效数据和其他所需报告质量	
法律管辖和支付货币		履约时间和地点	
独立估算信息		货币；支付进度计划	
风险管理事项		担保	

16.4 实施采购

实施采购是获取卖方应答、选择卖方并授予合同的过程。本过程的主要作用是，选定合格卖方并签署关于货物或服务交付的法律协议。本过程的最后成果是签订的协议，包括正式合同。本过程应根据需要在整个项目期间定期开展。实施采购过程的数据流向如图 16-2 所示。

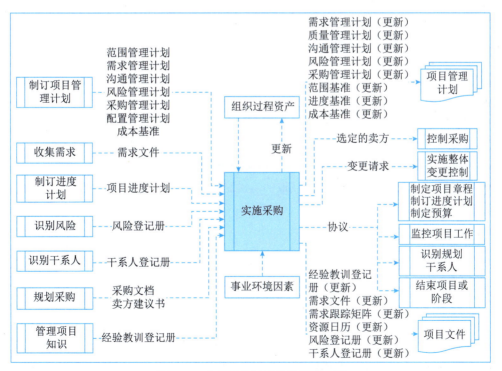

图 16-2 实施采购过程的数据流向图

16.4.1 输入

1. 项目管理计划

可用于实施采购的项目管理计划组件主要包括：
- 范围管理计划：描述如何管理工作范围，包括卖方负责的工作范围。
- 需求管理计划：描述将如何分析、记录和管理需求。它可能还包括卖方将如何管理按协议规定应该实现的需求。
- 沟通管理计划：描述买方和卖方之间如何开展沟通。
- 风险管理计划：项目管理计划的组成部分，描述如何安排和实施项目风险管理活动。
- 采购管理计划：包含在实施采购过程中应该开展的活动。
- 配置管理计划：定义了哪些是配置项，哪些配置项需要正式变更控制，以及针对这些配置项的变更控制过程。它包括卖方开展配置管理的形式和过程，以便与买方采取的方法保持一致。
- 成本基准：包括用于开展采购的预算，用于管理采购过程的成本，以及用于管理卖方的成本。

2. 项目文件

可作为实施采购过程输入的项目文件主要包括：
- 需求文件：可能包括卖方需要满足的技术要求；具有合同和法律意义的需求，如健康、安全、安保、绩效、环境、保险、知识产权、同等就业机会、执照、许可证，以及其他非技术要求。
- 项目进度计划：确定项目活动的开始和结束日期，包括采购活动。它还会规定承包商最终的交付日期。
- 风险登记册：取决于卖方的组织、合同的持续时间、外部环境、项目交付方法、所选合同类型，以及最终商定的价格。任何被选中的卖方都会带来特殊的风险。
- 干系人登记册：包含与已识别干系人有关的所有详细信息。
- 经验教训登记册：在项目早期获取的与实施采购有关的经验教训，可用于项目后期阶段，以提高本过程的效率。

3. 采购文档

采购文档是用于达成法律协议的各种书面文件，其中可能包括当前项目启动之前的较旧文件。采购文档可包括：
- 招标文件：包括发给卖方的信息邀请书、建议邀请书、报价邀请书，或其他文件，以便卖方编制应答文件。
- 采购工作说明书：向卖方清晰地说明目标、需求及成果，以便卖方据此做出量化应答。
- 独立成本估算：可由内部或外部人员编制，用于评价投标人提交的建议书的合理性。
- 供方选择标准：描述如何评估投标人的建议书，包括评估标准和权重。为了减轻风险，买方可能决定与多个卖方签署协议，以便在单个卖方出问题并影响整体项目时，降低由此导致的损失。

4. 卖方建议书

卖方为响应采购文件包而编制的建议书，其中包含的基本信息将被评估团队用于选定一个或多个投标人（卖方）。如果卖方将提交价格建议书，最好要求他们将价格建议书与技术建议书分开。评估团队会根据供方选择标准审查每一份建议书，然后选出最能满足采购组织需求的卖方。

5. 事业环境因素

能够影响实施采购过程的事业环境因素包括：关于采购的当地法律和法规；确保主要采购涉及当地卖方的当地法律和法规；制约采购过程的外部经济环境；市场条件；以往与卖方合作的相关经验，包括正反两方面；之前使用的协议；合同管理系统等。

6. 组织过程资产

能够影响实施采购过程的组织过程资产主要包括：预审合格的卖方清单；会影响卖方选择的组织政策；组织中关于协议起草及签订的具体模板或指南；关于付款申请和支付过程的财务政策和程序等。

16.4.2 工具与技术

1. 专家判断

在实施采购时，应征求具备如下专业知识或接受过相关培训的个人或小组的意见：建议书评估；技术或相关主题事宜；相关的职能领域，如财务、工程、设计、开发、供应链管理等；行业监管环境；法律法规和合规性要求；谈判等。

2. 广告

广告是就产品、服务或成果与用户或潜在用户进行的沟通。在大众出版物（如指定的报纸）或专门行业出版物上刊登广告，往往可以扩充现有的潜在卖方名单。大多数政府机构都要求公开发布采购广告，或在网上公布拟签署的政府合同的信息。

3. 投标人会议

投标人会议（又称承包商会议、供应商会议或投标前会议）是在卖方提交建议书之前，在买方和潜在卖方之间召开的会议，其目的是确保所有潜在投标人对采购要求都有清楚且一致的理解，并确保没有任何投标人会得到特别优待。

4. 数据分析

适用于实施采购过程的数据分析技术主要包括建议书评估。对建议书进行评估，确定它们是否对包含在招标文件包中的招标文件、采购工作说明书、供方选择标准和其他文件，都做出了完整且充分的响应。

5. 人际关系与团队技能

适用于实施采购过程的人际关系与团队技能是谈判。谈判是为达成协议而进行的讨论。采购谈判是指在合同签署之前,对合同的结构、各方的权利和义务,以及其他条款加以澄清,以便双方达成共识。最终的文件措辞应该反映双方达成的全部一致意见。谈判以签署买方和卖方均可执行的合同文件或其他正式协议而结束。

谈判应由采购团队中拥有合同签署职权的成员主导。项目经理和项目管理团队的其他成员可以参加谈判并提供必要的协助。

16.4.3 输出

1. 选定的卖方

选定的卖方是在建议书评估或投标评估中被判断为最有竞争力的投标人。对于较复杂、高价值和高风险的采购,在授予合同前,要把选定卖方报给组织高级管理人员审批。

2. 协议

合同是对双方都有约束力的协议。它强制卖方提供规定的产品、服务或成果,强制买方向卖方支付相应的报酬。合同建立了受法律保护的买卖双方的关系。协议文本的主要内容会有所不同,主要包括:①采购工作说明书或主要的可交付成果;②进度计划、里程碑,或进度计划中规定的日期;③绩效报告;④定价和支付条款;⑤检查、质量和验收标准;⑥担保和后续产品支持;⑦激励和惩罚;⑧保险和履约保函;⑨下属分包商批准;⑩一般条款和条件;⑪变更请求处理;⑫终止条款和替代争议解决方法等。

3. 变更请求

通过实施整体变更控制过程,来审查和处理对项目管理计划及其子计划和其他组件的变更请求。

4. 项目管理计划(更新)

项目管理计划的任何变更都以变更请求的形式提出,且通过组织的变更控制过程进行处理。可能需要变更的项目管理计划组件主要包括:

- 需求管理计划:项目需求可能因卖方的要求而变更。
- 质量管理计划:卖方可能提出备选质量标准或备选解决方案,从而影响质量管理计划中规定的质量管理方法。
- 沟通管理计划:选定卖方后,需要更新沟通管理计划,记录卖方沟通需求和方法。
- 风险管理计划:每个协议和卖方都会带来独特的风险,从而需要更新风险管理计划。具体的风险应该记录到风险登记册中。
- 采购管理计划:可能需要基于合同谈判和签署的结果更新采购管理计划。
- 范围基准:在执行采购活动时,需明确考虑范围基准中的项目工作分解结构和可交付成果。本过程可能导致对任何一个或全部可交付成果的变更。

- 进度基准：如果卖方交付成果方面的变更影响了项目的整体进度绩效，则可能需要更新并审批基准进度计划，以反映当前的期望。
- 成本基准：在项目交付期间，承包商的材料价格和人力价格可能随外部经济环境而频繁变动。这种变动需要反映到成本基准中。

5. 项目文件（更新）

可在实施采购过程更新的项目文件主要包括：

- 经验教训登记册：记录在实施采购期间所遇到的挑战、本可采取的规避方法，以及有效的方法。
- 需求文件：可能包括卖方需要满足的技术要求；具有合同和法律意义的需求，如健康、安全、安保、绩效、环境、保险、知识产权、同等就业机会、执照、许可证，以及其他非技术要求。
- 需求跟踪矩阵：随着将卖方纳入项目计划，可能需要根据特定卖方的能力，变更需求登记册及跟踪矩阵。
- 资源日历：可能需要根据卖方的可用性更新与进度计划有关的资源日历。
- 风险登记册：取决于卖方的组织、合同的持续时间、外部环境、项目交付方法、所选合同类型，以及最终商定的价格。每个被选中的卖方都会带来特殊的风险。在合同签署过程中，应对风险登记册进行变更，以反映每个卖方带来的具体风险。
- 干系人登记册：包含与已识别干系人有关的所有详细信息。与具体卖方签订协议后，需要更新干系人登记册。

6. 组织过程资产（更新）

可在实施采购过程更新的组织过程资产包括：预审合格的卖方清单；与卖方合作的相关经验，包括正反两方面等。

16.5 控制采购

控制采购是管理采购关系、监督合同绩效、实施必要的变更和纠偏，以及关闭合同的过程。本过程的主要作用是，确保买卖双方履行法律协议，满足项目需求。本过程应根据需要在整个项目期间开展。控制采购过程的数据流向如图 16-3 所示。

买方和卖方都出于相似的目的来管理采购合同，每方都必须确保双方履行合同义务，确保各自的合法权利得到保护。合同关系的法律性质，要求项目管理团队必须了解在控制采购期间所采取的任何行动的法律后果。对于有多个供应商的较大项目，合同管理的一个重要方面就是管理各个供应商之间的沟通。鉴于其法律意义，很多组织将合同管理视为独立于项目的一种组织职能。虽然采购管理员可以是项目团队成员，但通常还应向另一部门的合同管理经理报告。

在控制采购过程中，需要把适当的项目管理过程应用于合同关系，并且需要整合这些过程的输出，以用于对项目的整合管理。如果涉及多个卖方，以及多种产品、服务或成果，往往需要在多个层级上开展这种整合。

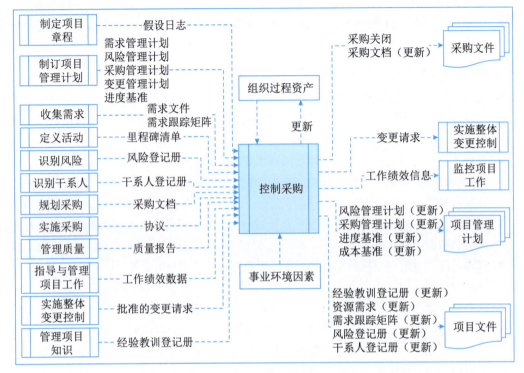

图 16-3　控制采购过程的数据流向图

控制采购的质量，包括采购审计的独立性和可信度，是采购系统可靠性的关键决定因素。组织的道德规范、内部法律顾问和外部法律咨询，包括持续的反腐计划，都有助于实现适当的采购控制。在控制采购过程中，需要开展财务管理工作，包括监督向卖方付款。这是要确保合同中的支付条款得到遵循，确保按合同规定，把付款与卖方的工作进展联系起来。需要重点关注的一点是，确保向卖方的付款与卖方实际已经完成的工作量之间有密切的关系。如果合同规定了基于项目输出及可交付成果来付款，而不是基于项目输入（如工时），那么就可以更有效地开展采购控制。

在合同收尾前，若双方达成共识，可以根据协议中的变更控制条款，随时对协议进行修改。通常要书面记录对协议的修改。

16.5.1　输入

1. 项目管理计划

可用于控制采购的项目管理计划组件主要包括：

- 需求管理计划：描述将如何分析、记录和管理承包商需求。
- 风险管理计划：描述如何安排和实施由卖方引发的风险管理活动。
- 采购管理计划：规定了在控制采购过程中需要开展的活动。

- 变更管理计划：包含关于如何处理由卖方引发的变更的信息。
- 进度基准：如果卖方的进度拖后影响了项目的整体进度绩效，可能需要更新并审批进度计划，以反映当前的期望。

2. 项目文件

可作为控制采购过程输入的项目文件主要包括：

- 假设日志：记录了采购过程中做出的假设。
- 需求文件：可能包括卖方需要满足的技术要求；具有合同和法律意义的需求，如健康、安全、安保、绩效、环境、保险、知识产权、同等就业机会、执照、许可证，以及其他非技术要求。
- 需求跟踪矩阵：将产品需求从来源连接到满足需求的可交付成果。
- 里程碑清单：重要里程碑清单说明卖方需要在何时交付成果。
- 风险登记册：取决于卖方的组织、合同的持续时间、外部环境、项目交付方法、所选合同类型，以及最终商定的价格，每个被选中的卖方都会带来特殊的风险。
- 干系人登记册：包括关于已识别干系人的信息，例如，合同团队成员、选定的卖方、签署合同的专员，以及参与采购的其他干系人。
- 质量报告：用于识别不合规的卖方过程、程序或产品。
- 经验教训登记册：在项目早期获取的经验教训可供项目未来使用，以改进承包商绩效和采购过程。

3. 采购文档

采购文档包含用于管理采购过程的完整支持性记录，包括工作说明书、支付信息、承包商工作绩效信息、计划、图纸和其他往来函件。

4. 协议

协议是双方达成的包括对各方义务的一致理解。对照相关协议，确认其中的条款和条件的遵守情况。

5. 工作绩效数据

工作绩效数据包含与项目状态有关的卖方数据，例如，技术绩效，已启动、进展中或已结束的活动，已产生或投入的成本。工作绩效数据还可能包括已向卖方付款的情况。

6. 批准的变更请求

批准的变更请求可能包括对合同条款和条件的修改，例如，修改采购工作说明书、定价，以及对产品、服务或成果的描述。与采购相关的任何变更，在通过控制采购过程实施之前，都需要以书面形式正式记录，并取得正式批准。在复杂的项目和项目集中，变更请求可能由参与项目的卖方提出，并对参与项目的其他卖方造成影响。项目团队应该有能力识别、沟通和解决会影响多个卖方的工作的变更。

7. 事业环境因素

能够影响控制采购过程的事业环境因素主要包括：合同变更控制系统；市场条件；财务管理和应付账款系统；采购组织的道德规范等。

8. 组织过程资产

能够影响控制采购过程的组织过程资产主要是采购政策。

16.5.2 工具与技术

1. 专家判断

在控制采购时，应征求具备如下专业知识或接受过相关培训的个人或小组的意见：相关的职能领域，如财务、工程、设计、开发和供应链管理等；法律法规和合规性要求；索赔管理等。

2. 索赔管理

如果买卖双方不能就变更补偿达成一致意见，或对变更是否发生存在分歧，那么被请求的变更就成为有争议的变更或潜在的推定变更。此类有争议的变更称为索赔。如果不能妥善解决，它们会成为争议并最终引发申诉。在整个合同生命周期中，通常会按照合同条款对索赔进行记录、处理、监督和管理。如果合同双方无法自行解决索赔问题，则可能不得不按合同中规定的程序，用替代争议解决方法（ADR）去处理。谈判是解决所有索赔和争议的首选方法。

3. 数据分析

用于监督和控制采购的数据分析技术主要包括：

- 绩效审查：对照协议，对质量、资源、进度和成本绩效进行测量、比较和分析，以审查合同工作的绩效。其中包括确定工作包提前或落后于进度计划、超出或低于预算，以及是否存在资源或质量问题。
- 挣值分析（EVA）：计算进度和成本偏差，以及进度和成本绩效指数，以确定偏离目标的程度。
- 趋势分析：可用于编制关于成本绩效的完工估算（EAC），以确定绩效是正在改善还是恶化。

4. 检查

检查是指对承包商正在执行的工作进行结构化审查，可能涉及对可交付成果的简单审查或对工作本身的实地审查。在施工、工程和基础设施建设项目中，检查包括买方和承包商联合巡检现场，以确保双方对正在进行的工作有共同的认识。

5. 审计

审计是对采购过程的结构化审查。应该在采购合同中明确规定与审计有关的权利和义务。买卖双方的项目经理都应该关注审计结果，以便对项目进行必要的调整。

16.5.3 输出

1. 采购关闭

买方通常通过其授权的采购管理员，向卖方发出合同已经完成的正式书面通知。关于正式关闭采购的要求，通常已在合同条款和条件中规定，包括在采购管理计划中。一般而言，这些要求包括：已按时按质按技术要求交付全部可交付成果；没有未决索赔或发票，全部最终款项已付清。项目管理团队应该在关闭采购之前批准所有的可交付成果。

2. 采购文档（更新）

采购文档应更新，以包括用于支持合同的全部进度计划、已提出但未批准的合同变更，以及已批准的变更请求。采购文档还包括由卖方编制的技术文件，以及其他工作绩效信息，例如，可交付成果的状况、卖方绩效报告和担保、财务文件（包括发票和支付记录），以及与合同相关的检查结果。

3. 工作绩效信息

工作绩效信息是卖方正在履行的工作的绩效情况，包括与合同要求相比较的可交付成果完成情况和技术绩效达成情况，以及与 SOW 预算相比较的已完成工作的成本产生和认可情况。

4. 变更请求

在控制采购过程中，可能提出对项目管理计划及其子计划和其他组件的变更请求，例如，成本基准、进度基准和采购管理计划。应该通过实施整体变更控制过程对变更请求进行审查和处理。

已提出而未解决的变更可能包括买方发布的指示或卖方采取的行动，而对方认为该指示或行动已构成对合同的推定变更。因为双方可能对推定变更存在争议，并可能引起一方向另一方索赔，所以通常应该在项目往来函件中对推定变更进行专门识别和记录。

5. 项目管理计划（更新）

项目管理计划的任何变更都以变更请求的形式提出，且通过组织的变更控制过程进行处理。可能需要变更的项目管理计划的组件主要包括：

- 风险管理计划：每个协议和卖方都会带来独特的风险，因此可能需要更新风险管理计划。如果在执行合同期间发生重大的意外风险，则风险管理计划可能需要更新。应该把具体的风险记录到风险登记册中。
- 采购管理计划：包含在采购过程中需要开展的活动。可能需要基于卖方执行工作的绩效情况对采购管理计划进行更新。
- 进度基准：如果卖方的重大进度变更影响到了项目的整体进度绩效，则可能需要更新并审批基准进度计划，以反映当前的期望。买方应该注意某个卖方的进度拖延，这可能会对其他卖方的工作造成连锁影响。
- 成本基准：在项目交付期间，承包商的材料价格和人力价格可能随外部经济环境而频繁变动。这种变动需要反映到成本基准中。

6. 项目文件（更新）

可在控制采购过程更新的项目文件主要包括：

- 经验教训登记册：记录能有效维护采购工作的范围、进度和成本的技术。对于出现的偏差，经验教训登记册应该记录曾采取的纠正措施及其有效性。如果已经发生索赔，则应记录相关信息以避免重蹈覆辙，其他关于如何改善采购过程的信息也应记录在内。
- 资源需求：随着承包商工作进展，工作执行不符合原定计划时需要变更资源需求。
- 需求跟踪矩阵：更新需求跟踪矩阵，记录已实现的需求。
- 风险登记册：取决于卖方的组织、合同的持续时间、外部环境、项目交付方法、所选合同类型，以及最终商定的价格，每个被选中的卖方都会带来特殊的风险。随着早期风险的过时以及新风险的出现，项目执行期间会对风险登记册进行变更。
- 干系人登记册：随着执行阶段的工作进展，承包商和供应商可能发生变更，应该把承包商和供应商的变更情况记录在干系人登记册中。

7. 组织过程资产（更新）

作为控制采购过程的结果，需要更新的组织过程资产主要包括：

- 支付计划和请求：所有支付都应按合同条款和条件进行。
- 卖方绩效评估文件：由买方准备，用于记录卖方继续执行当前合同工作的能力，说明是否允许卖方承接未来的项目，或对卖方现在的项目执行工作或过去的执行工作进行评级。
- 预审合格卖方清单更新：以前已经通过资格审查（获得批准）的潜在卖方的清单。因为卖方可能因绩效不佳而被取消资格并从清单中删除，所以应该根据控制采购过程的结果来更新这个清单。
- 经验教训知识库：经验教训应该归档到经验教训知识库中，以改善未来项目的采购工作。在合同执行终了时，应把采购的实际成果与原始采购管理计划中的预期成果进行比较。应在经验教训中说明项目目标是否达成；若未达成，则说明原因。
- 采购档案：应该准备好带索引的全套合同文档，包括已关闭的合同，并将其纳入最终的项目档案。

16.6 项目合同管理

项目采购管理过程围绕合同进行，采购管理过程所涉及的各种活动构成了合同生命周期。通过对合同生命周期进行积极管理，并仔细斟酌合同条款和条件的措词，就可以回避或减轻某些可识别的项目风险。签订产品或服务合同是分配风险管理责任或分担潜在风险的一种方法。在复杂项目中，可能需要同时或先后管理多个合同或分包合同。在这种情况下，单项合同的生命周期可在项目生命周期中的任何阶段结束。

16.6.1 合同的类型

1. 按项目范围划分

以项目的范围为标准划分,可以将合同分为项目总承包合同、项目单项承包合同和项目分包合同 3 类。

(1) 项目总承包合同。买方将项目的全过程作为一个整体发包给同一个卖方的合同。需要特别注意的是,总承包合同要求只与同一个卖方订立承包合同,但并不意味着只订立一个总合同。可以采用订立一个总合同的形式,也可以采用订立若干个合同的形式。例如,在一个典型的 IT 项目中,买方与同一个卖方分别就项目的咨询论证、方案设计、硬件建设、软件开发、实施及运行维护等订立不同的合同。采用总承包合同的方式一般适用于经验丰富、技术实力雄厚且组织管理协调能力强的卖方,这样有利于发挥卖方的专业优势,保证项目的质量和进度,提高投资效益。采用这种方式,买方只需要与一个卖方沟通,容易管理与协调。

(2) 项目单项承包合同。一个卖方只承包项目中的某一项或某几项内容,买方分别与不同的卖方订立项目单项承包合同。采用项目单项承包合同的方式有利于吸引更多的卖方参与投标竞争,使买方可以选择在某一单项上实力强的卖方,同时也有利于卖方专注于自身经验丰富且技术实力雄厚的部分的建设,但这种方式对买方的组织管理协调能力提出了较高的要求。

(3) 项目分包合同。经合同约定和买方认可,卖方将其承包项目的某一部分或某几部分(非项目的主体结构)再发包给具有相应资质条件的分包方,与分包方订立的合同称为项目分包合同。需要说明的是,订立项目分包合同必须同时满足 5 个条件:①经过买方认可;②分包的部分必须是项目非主体工作;③只能分包部分项目,而不能转包整个项目;④分包方必须具备相应的资质条件;⑤分包方不能再次分包。

分包合同涉及两种合同关系,即买方与卖方的承包合同关系,以及卖方与分包方的分包合同关系。卖方在原承包合同范围内向买方负责,而分包方与卖方在分包合同范围内向买方承担连带责任。如果分包的项目出现问题,买方既可以要求卖方承担责任,也可以直接要求分包方承担责任。

2. 按项目付款方式划分

以项目付款方式为标准进行划分,通常可将合同分为两大类,即总价类和成本补偿类。还有第三种常用合同类型,即混合型的工料合同。

(1) 总价合同。总价合同为既定产品或服务的采购设定一个总价。总价合同也可以为达到或超过项目目标(例如,进度交付日期、成本和技术绩效,或其他可量化、可测量的目标)而规定财务奖励条款。卖方必须依法履行总价合同,否则,就要承担相应的违约赔偿责任。采用总价合同,买方必须准确定义要采购的产品或服务。虽然允许范围变更,但范围变更通常会导致合同价格提高。从付款的类型上来划分,总价合同又可以分为:

- 固定总价合同:固定总价合同是最常用的合同类型。大多数买方都喜欢这种合同,因为采购的价格在一开始就被确定,并且不允许改变(除非工作范围发生变更)。因合同履行不好而导致的任何成本增加都由卖方承担。

- 总价加激励费用合同：总价加激励费用合同为买方和卖方都提供了一定的灵活性，它允许有一定的绩效偏差，并对实现既定目标给予财务奖励。奖励的计算方法可以有多种，但都与卖方的成本、进度或技术绩效有关，例如，规定目标工期以及提前完工的奖金。绩效目标一开始就要制定好，而最终的合同价格要待全部工作结束后根据卖方绩效加以确定。在总价激励费用合同中，要设置一个价格上限（最高限价、天花板价），卖方必须完成工作并且要承担高于上限的全部成本，也就是说，买方付款的总数不得超过最高限价。例如，表16-3是一个总价加激励费用合同的示例。

表 16-3 总价加激励费用合同示例 （金额单位：万元）

项目	合同内容	实际执行情况		说明
		A 项目	B 项目	
目标成本	10	8	13	假设买方和卖方对目标成本、目标费用、分摊比例和价格上限已达成一致
目标费用	1	1	0	
分摊比例	60：40	0.8	0	如果实际的花费比目标成本低，买方支付目标费用和激励费用（假设约定为目标成本和实际花费差价的40%）
价格上限	12		12	买方能支付的最高限价
实际支付		9.8	12	买方实际支付的款项
实际利润		1.8	-1	卖方有可能亏本，例如 B 项目

- 总价加经济价格调整合同：如果卖方履约要跨越相当长的周期（数年），就应该使用总价加经济价格调整合同。如果买方和卖方之间要维持多种长期关系，也可以采用这种合同类型。它是一种特殊的总价合同，允许根据条件变化（例如，通货膨胀、某些特殊商品的成本增加或降低等），以事先确定的方式对合同价格进行最终调整。总价加经济价格调整合同可以保护买方和卖方免受外界不可控情况的影响，总价加经济价格调整合同条款必须规定用于准确调整最终价格的、可靠的财务指数。
- 订购单：在实际工作中，还有另外一种形式的总价合同，那就是订购单。当非大量采购标准化产品时，通常可以由买方直接填写卖方提供的订购单，卖方照此供货。由于订购单通常不需要谈判，所以又称为单边合同。

（2）成本补偿合同。成本补偿合同（Cost-Reimbursable Contract）向卖方支付为完成工作而发生的全部合法实际成本（可报销成本），外加一笔费用作为卖方的利润。成本补偿合同也可为卖方超过或低于预定目标而规定财务奖励条款。

成本补偿合同以卖方从事项目工作的实际成本作为付款的基础，即成本实报实销。在这种合同下，买方的成本风险最大。这种合同适用于买方仅知道要一个什么产品但不知道具体工作范围的情况，也就是工作范围很不清楚的项目。当然，成本补偿合同也适用于买方特别信得过的卖方，想要与卖方全面合作的情况。

- 成本加固定费用合同：成本加固定费用合同为卖方报销履行合同工作所发生的一切合法成本（即成本实报实销），并向卖方支付一笔固定费用作为利润，该费用以项目初始估算成本（目标成本）的某一百分比计算。费用只能针对已完成的工作来支付，并且不因卖方的绩效而变化。除非项目范围发生变更，费用金额维持不变。这是最常用的成本补偿合同，对卖方有一定的制约作用。表16-4是一个成本加固定费用合同的示例。

表 16-4　成本加固定费用合同示例　　　　　　　　（金额单位：万元）

项目	合同内容	实际执行情况		说明
		A 项目	B 项目	
目标成本	10	8	13	假设买方和卖方对目标成本和固定费用已达成一致
固定费用	1	1	1	固定费用为估算成本的 10%
总价	11			
实际支付		9	14	买方实际支付的款项
实际利润		1	1	卖方总是有正的利润

- 成本加激励费用合同：成本加激励费用合同为卖方报销履行合同工作所发生的一切合法成本（即成本实报实销），并在卖方达到合同规定的绩效目标时，向卖方支付预先确定的激励费用。

在成本加激励费用合同下，如果卖方的实际成本低于目标成本，节余部分由双方按一定比例分享（例如，按照 80∶20 的比例分享，即买方分享 80%，卖方分享 20%）；如果卖方的实际成本高于目标成本，超过目标成本的部分由双方按比例分担（例如，基于卖方的实际成本，按照 20∶80 的比例分担，即买方分享 20%，卖方分享 80%）。

在成本加激励费用合同下，如果实际成本大于目标成本，卖方可以得到的付款总数为"目标成本＋目标费用＋买方应负担的成本超支"；如果实际成本小于目标成本，则卖方可以得到的付款总数为"目标成本＋目标费用－买方应享有的成本节约"。例如，表16-5 是一个成本加激励费用合同的示例。

表 16-5　成本加激励费用合同示例　　　　　　　　（单位：万元）

项目	合同内容	实际执行情况		说　　明
		A 项目	B 项目	
目标成本	10	8	13	假设买方和卖方对目标成本、目标费用和分摊比例已达成一致
目标费用	1	1	1	
分摊比例	60∶40	0.8	-1.2	
实际支付		9.8	12.8	买方实际支付的款项
实际利润		1.8	-0.2	卖方有可能亏本，例如 B 项目

- 成本加奖励费用合同：成本加奖励费用合同为卖方报销履行合同工作所发生的一切合法成本（即成本实报实销），买方再凭自己的主观感觉给卖方支付一笔利润，完全由买方根据自己对卖方绩效的主观判断来决定奖励费用，并且卖方通常无权申诉。

（3）工料合同。工料合同是指按项目工作所花费的实际工时数和材料数，按事先确定的单位工时费用标准和单位材料费用标准进行付款。这类合同适用于工作性质清楚、工作范围比较明确，但具体的工作量无法确定的项目。在这种合同下，买方承担中等程度的成本风险，即承担工作量变动的风险；而卖方则承担单价风险。因此，工料合同在金额小、工期短、不复杂的项目上可以有效使用，但在金额大、工期长的复杂项目上不适用。

工料合同是兼具成本补偿合同和总价合同的某些特点的混合型合同。在不能很快编写出准确工作说明书的情况下，经常使用工料合同来增加人员、聘请专家以及寻求其他外部支持。这类合同与成本补偿合同的相似之处在于它们都是开口合同，合同价因成本增加而变化。在授予合同时，买方可能并未确定合同的总价值和采购的准确数量。因此，如同成本补偿合同，工料合同的合同价值可以增加。

很多组织会在工料合同中规定最高价格和时间限制，以防止成本无限增加。另一方面，由于合同中确定了一些参数，工料合同又与固定单价合同相似。当买卖双方就特定资源类别的价格（例如，高级工程师的小时费率或某种材料的单位费率）取得一致意见时，买方和卖方就预先设定了单位人力或材料费率（包含卖方利润）。

3. 合同类型的选择

在项目工作中，要根据项目的实际情况和外界条件的约束来选择合同类型：①如果工作范围很明确，且项目的设计已具备详细的细节，则使用总价合同；②如果工作性质清楚，但工作量不是很清楚，而且工作不复杂，又需要快速签订合同，则使用工料合同；③如果工作范围尚不清楚，则使用成本补偿合同；④如果双方分担风险，则使用工料合同；如果买方承担成本风险，则使用成本补偿合同；如果卖方承担成本风险，则使用总价合同；⑤如果是购买标准产品，且数量不大，则使用单边合同等。

16.6.2 合同的内容

一般情况下，项目合同的具体条款由当事人各方自行约定。总的来说，项目合同应包括以下各项。

（1）项目名称。

（2）标的内容和范围。明确双方的权利与义务，这是合同的主要内容。其中的权利与义务应对等，从而体现合同的公平原则，而不应偏向其中的任何一方。

（3）项目的质量要求。通常情况下采用技术指标限定等各种方式来描述项目的整体质量标准和各部分质量标准，它是判断整个项目成败的重要依据。

（4）项目的计划、进度、地点、地域和方式。

（5）项目建设过程中的各种期限。明确卖方提交有关基础资料（例如文档、源代码等）的期限、项目的里程碑时间，以及项目的验收时间等重要期限。需要特别注意的是，在项目执行过程中，如果出现里程碑的延误和不合格时，买方有权停止卖方的开发，转向其他卖方。

（6）技术情报和资料的保密。明确约定双方都不得向第三方泄漏对方的业务和技术上的秘密，包括买方业务上的机密（例如商业运营方式和客户信息等），以及卖方的技术机密。为了提高保密意识，实现自我保护，双方可以另行订立一个保密合同，具体规定保密的内容和保密的期限等。

（7）风险责任的承担。明确项目的风险承担方式，是由买方承担，还是由卖方承担，或者双方按比例分担。

(8) 技术成果的归属。项目中产品的知识产权和所有权不同。一般来说,买方支付开发费用之后,产品的所有权将转给买方,但产品的知识产权仍然属于卖方。如果要将产品的知识产权也转给买方(或双方共同拥有),则应在合同中明确相关条款。

(9) 验收的标准和方法。质量验收标准是一个关键的指标,如果双方的验收标准不一致,就会在产品验收时产生争议与纠纷。在某些情况下,卖方为了获得项目也可能将产品的功能过分夸大,使得买方对产品功能的预期过高。另外,买方对产品功能的预期可能会随着自己对产品的熟悉而提高标准。为避免此类情况的发生,清晰地规定质量验收标准是必须的,而且对双方都是有益的。

(10) 价款、报酬(或使用费)及其支付方式。价款即买方为项目建设投入的资金情况,分为总体费用和分项费用,报酬即付给卖方的酬金。建议分期支付价款和报酬,即以某一阶段的里程碑为标志,按一定比例支付。这样,双方对项目每个阶段的实施范围,以及验收的标准进行细化,使之具有可操作性和可度量性,有利于提高项目建设的质量。同时也能充分调动卖方的积极性,并有效地保护买方的合法权益。

(11) 违约金或者损失赔偿的计算方法。合同当事人双方应当根据有关规定约定双方的违约责任,以及赔偿金的计算方法和赔偿方式。对于采用分期付款方式的项目,可以明确约定每个阶段达不到验收要求所实行的违约处罚措施。

(12) 解决争议的方法。该条款中应尽可能地明确在出现争议与纠纷时采取何种方式来协商解决(Negotiated Settlement)。

(13) 名词术语解释。该条款主要对合同中出现的专用名词术语进行解释说明。

项目合同经当事人各方约定,还可以包括相关文档资料、项目变更的约定,以及有关技术支持服务的条款等内容作为上述基本条款的补充,也可以用附件的形式单独列出:

- 相关文档资料:包括与履行合同有关的技术背景资料、可行性报告、技术评价报告、项目任务书、项目管理计划、相关技术标准和规范等文件。
- 项目变更的约定:项目变更的范围包括资金、需求、期限及合同等的变更。该条款应明确每一变更发生时通过何种方式处理,以减少产生争议和纠纷的可能性。
- 技术支持服务:该条款应明确由于卖方产品质量所造成的技术性问题的解决方式和是否收费等事宜。如果没有这个条款规定,就视为卖方所有的售后服务都要另行收费。

16.6.3 合同管理过程

合同管理包括:合同的签订管理、合同的履行管理、合同的变更管理、合同的档案管理和合同违约索赔管理。

1. 合同的签订管理

在合同签订之前,应当做好以下 3 项工作:①市场调查。主要了解产品的技术发展状况,市场供需情况和市场价格等。②进行潜在合作伙伴或者竞争对手的资信调查,准确把握对方的真实意图,正确评判竞争的激烈程度。③了解相关环境,做出正确的风险分析判断。

合同谈判的结果决定了合同条文的具体内容,因此必须重视签订合同前的谈判工作。

为了使合同的签约各方对合同有一致理解,要加强从谈判到产品验收的项目全生命期管理。否则项目的每一个阶段,项目的各方都可能对合同产生歧义。例如,谈判前对需求或对同一词有不同的理解会造成相关各方的歧义;而谈判中、合同签订、合同执行、验收及售后服务也都可能产生歧义。

为了使签约各方对合同有一致理解,建议如下:①使用国家或行业标准的合同格式;②为避免因条款的不完备或歧义而引起合同纠纷,卖方应认真审阅买方拟订的合同条款。除了法律的强制性规定外,其他合同条款都应与买方在充分协商并达成一致的基础上进行约定。谈判取得一定成果未必意味着双方理解一致,名词术语不同、语言、文化等方面的差异,都可能引起某些误会。因此,在达成交易和签订合同前,有必要使双方进一步对他们所同意的条款有一致认识。对合同标的的描述务必要达到准确、简练、清晰的标准要求,切忌含混不清。例如:对合同标的为设备买卖的,一定要写明设备的名称、品牌、计量单位和价格,切忌只写"购买计算机一台"之类的描述。对合同标的是提供服务的,一定要写明服务的质量、标准或效果要求等,切忌只写"按照行业的通常标准提供服务或达到行业通常的服务标准要求等"之类的描述。总之,对容易出现歧义的术语等合同相关内容,需在合同名词术语解释部分解释清楚,应用干系人都理解的语言解释清楚;③对合同中质量条款应具体写清规格、型号、适用的标准等,避免合同订立后因为适用标准是采用国际、国家、地方、行业还是其他标准等问题产生纠纷;④对于合同中需要变更、转让和解除等内容也应详细说明;⑤如果合同有附件,对于附件的内容也应精心准备,并注意保持与主合同一致,不要相互之间产生矛盾;⑥对于既有投标书,又有正式合同书、附件等包含多项内容的合同,要在条款中列明适用顺序;⑦为避免合同纠纷,保证合同订立的合法性和有效性,当事人可以执签订的合同到公证机关进行公证;⑧避免方案变更导致工程变更,从而引发新的误解;⑨注意合同内容的前后一致性。

2. 合同的履行管理

合同的履行管理包括对合同的履行情况进行跟踪管理,主要指对合同当事人按合同规定履行应尽的义务和应尽的职责进行检查,及时、合理地处理和解决合同履行过程中出现的问题,包括合同争议、合同违约和合同索赔等事宜。

如果合同当事人之间无法就某一事项协商达成一致意见,该事项就成为一个争议事项。解决争议的方法主要有替代争议解决方法(包括调解、仲裁等)和诉讼。替代争议解决方法是由双方共同聘请的第三方提出解决方案;诉讼是向执法机关提出控告、申诉,要求评判曲直是非。按照惯例,这两种解决方法通常是相互排斥的,即如果约定了仲裁且约定了仲裁裁决的终局性,就不能向法院诉讼。仲裁是当事人自愿约定的,通常也会约定仲裁裁决具有终局的约束力。

在解决合同争议的方法中,其优先顺序为谈判(协商)、调解、仲裁、诉讼。

3. 合同的变更管理

项目的建设过程中难免出现一些不可预见的事项,包括要求修改或变更合同条款的情况,例如,改变系统的功能、开发进度、成本支付及双方各自承担的责任等。一般在合同订立之后,引起项目范围、合同有关各方权利责任关系变化的事件,均可以看作是合同变更。合同变更指由于一定的法律事实而改变合同的内容的法律行为，具有特征：①项目合同的双方当事人必须协商一致；②改变了合同的内容；③变更的法律后果是将产生新的债权和债务关系。

一般具备以下条件才可以变更合同：①双方当事人协商，并且不因此而损坏国家和社会利益；②由于不可抗拒力导致合同义务不能执行；③由于另一方在合同约定的期限内没有履行合同，并且在被允许的推迟履行期限内仍未履行。

项目合同的变更给另一方当事方造成损失的，除依法可以免责的以外，应由责任方负责赔偿。当事人一方要求修改合同时，应当首先向另一方用书面的形式提出。另一方当事人在接到有关变更项目合同的申请后，应及时做出书面答复。如果同意变更，即表明合同的变更发生法律效力。变更项目合同的申请与答复必须在合同有效期内，或者在法律规定的期限内。

4. 合同的档案管理

合同档案管理（文本管理）是整个合同管理的基础。它作为项目管理的组成部分，是被统一整合为一体的一套具体的过程、相关的控制职能和信息化工具。项目管理团队使用合同档案管理系统对合同文件和记录进行管理。该系统用于维持合同文件和通信往来的索引记录，并协助相关的检索和归档，合同文本是合同内容的载体。合同档案管理还包括正本和副本管理、合同文件格式等内容。在文本格式上，为了限制执行人员随意修改合同，一般要求采用计算机打印文本，手写的旁注和修改等不具有法律效力。

5. 合同违约索赔管理

合同违约是指信息系统项目合同当事人一方或双方不履行或不适当履行合同义务，应承担因此给对方造成的经济损失的赔偿责任。合同索赔是项目中常见的一项合同管理的内容，同时也是规范合同行为的一种约束力和保障措施。

1）索赔的概念与分类

合同索赔是指在项目合同的履行过程中，由于当事人一方未能履行合同所规定的义务而导致另一方遭受损失时，受损失方向过失方提出赔偿的权利要求。

在实际的工作中，既可能出现买方向卖方索赔的情况，也可能出现卖方向买方索赔的情况。在有的参考资料中，将卖方向买方的索赔称为合同索赔，而将买方向卖方的索赔称为合同反索赔。在本节中，索赔和反索赔统称为合同索赔。

索赔可以从不同的角度、按不同的标准进行以下分类，常见的分类方式有按索赔的目的分类、按索赔的依据分类、按索赔的业务性质分类和按索赔的处理方式分类等。

（1）按索赔的目的分类。按索赔的目的分类，可分为工期索赔和费用索赔。工期索赔就是要求买方延长项目工期，使原规定的完工日期顺延，从而避免违约罚金的发生；费用索赔就是要求买方（或卖方）补偿费用损失，进而调整合同价款。

（2）按索赔的依据分类。按索赔的依据分类，可分为合同规定的索赔和非合同规定的索赔。合同规定的索赔是指索赔涉及的内容在合同文件中能够找到依据，买方（或卖方）可以据此提出索赔要求。这种索赔不太容易发生争议；非合同规定的索赔是指索赔涉及的内容在合同文件中没有专门的文字叙述，但可以根据该合同某些条款的含义，推论出一定的索赔权。

（3）按索赔的业务性质分类。按索赔的业务性质分类，可分为工程索赔和商务索赔。工程索赔是指涉及项目执行过程中的施工条件、技术、范围等变化引起的索赔，一般发生频率高，索赔费用大；商务索赔是指在项目执行过程中的设备采购、运输、保管等方面引起的索赔事项。

（4）按索赔的处理方式分类。按索赔的处理方式分类，可分为单项索赔和总索赔。单项索赔就是采取一事一索赔的方式，即按每一件索赔事项发生后，报送索赔通知书，编报索赔报告，要求单项解决支付，不与其他的索赔事项混在一起；总索赔又称为综合索赔或一揽子索赔，即对整个项目中所发生的数起索赔事项，综合在一起进行索赔。

2）索赔的起因和原则

合同索赔的重要前提条件是合同一方或双方存在违约行为和事实，并且由此造成了损失，责任应由对方承担。对提出的合同索赔，凡属于客观原因造成的延期、属于买方也无法预见到的情况，例如，特殊反常天气达到合同中特殊反常天气的约定条件，卖方可能得到延长工期，但得不到费用补偿。对于属于买方的原因造成拖延工期，不仅应给卖方延长工期，还应给予费用补偿。通常情况下，合同索赔的起因主要包括两个方面。

（1）索赔事件造成了项目成本的额外支出或者直接工期损失。

（2）索赔事件造成费用增加或工期损失的原因，按合同约定不属于索赔方应承担的行为责任或风险责任。

索赔是合同管理的重要环节，应按以下原则进行索赔。①索赔必须以合同为依据：遇到索赔事件时，以合同为依据来公平处理合同双方的利益纠纷；②必须注意资料的积累：积累一切可能涉及索赔论证的资料，做到处理索赔时以事实和数据为依据；③及时、合理地处理索赔：索赔发生后，必须依据合同的相应条款及时地对索赔进行处理，尽量将单项索赔在执行过程中陆续加以解决；④加强索赔的前瞻性：在项目执行过程中，应对可能引起的索赔进行预测，及时采取补救措施，避免过多索赔事件的发生。

3）合同索赔流程

项目发生索赔事件后，一般先由监理工程师调解，若调解不成，由政府建设主管机构进行调解，若仍调解不成，由经济合同仲裁委员会进行调解或仲裁。在整个索赔过程中，遵循的原则是索赔的有理性、索赔依据的有效性和索赔计算的正确性。索赔具体流程如下。

（1）提出索赔要求。当出现索赔事项时，索赔方以书面的索赔通知书形式，在索赔事项发生后的28天以内，向监理工程师正式提出索赔意向通知。

（2）报送索赔资料。在索赔通知书发出后的28天内，向监理工程师提出延长工期和（或）补偿经济损失的索赔报告及有关资料。索赔报告的内容主要有总论部分、根据部分、计算部分和证据部分。索赔报告编写的一般要求如下：①索赔事件应该真实；②责任分析应清楚、准确、有根据；③充分论证事件给索赔方造成的实际损失；④索赔计算必须合理、正确；⑤文字要精炼，条理要清楚，语气要中肯。

（3）监理工程师答复。监理工程师在收到送交的索赔报告有关资料后，于28天内给予答复，或要求索赔方进一步补充索赔理由和证据。

（4）监理工程师逾期答复后果。监理工程师在收到承包人送交的索赔报告的有关资料后28

天未予答复或未对承包人作进一步要求,视为该项索赔已经认可。

(5)持续索赔。当索赔事件持续进行时,索赔方应当阶段性向监理工程师发出索赔意向,在索赔事件终了后28天内,向监理工程师送交索赔的有关资料和最终索赔报告,监理工程师应在28天内给予答复或要求索赔方进一步补充索赔理由和证据。逾期未答复,视为该项索赔成立。

(6)仲裁与诉讼。监理工程师对索赔的答复,索赔方或发包人不能接受,即进入仲裁或诉讼程序。

4)合同解释的原则

在处理索赔的过程中,需要以合同为依据,但如果合同中的规定比较含糊或者不清楚时,则需要使用一般的合同解释原则来进行解释:

- 主导语言原则:如果合同存在两种语言的文本,必须约定哪一种语言是主导语言。当两者不一致时,应该以主导语言文本为准。
- 适用法律原则:合同中应该规定以哪个国家的法律作为合同的适用法律,合同的解释必须根据适用法律进行。
- 整体解释原则:合同是一个整体,不能割断其中的内在联系。如果合同中没有其他特别规定,在出现含糊或矛盾时可以按惯例进行解释。一般来说,特殊条件优先于一般条件,具体规定优先于笼统规定,手写条文优先于印刷条文,单价优先于总价,价格的文字表达优先于阿拉伯数字表达,技术规范优先于图纸。
- 公平诚信原则:在解释合同时应公平合理,兼顾双方当事人的利益。如果按整体解释原则进行解释后仍含糊不清,则可按不利于合同起草一方(一般为买方)的原则进行解释。在这种情况下,可以理解为买方故意使用了这种有歧义的词句,因此应该承担相应的责任。

16.7 本章练习

1. 选择题

(1)在采购规划过程中,需要考虑组织过程资产等一系列因素,_____不是采购规划时需要考虑的。

    A. 项目管理计划   B. 风险登记册
    C. 采购工作说明书   D. 干系人登记册

参考答案:C

(2)在确定项目合同类型时,如果项目工作范围很明确且风险不大,建议使用_____。

    A. 总价合同   B. 工料合同
    C. 成本补偿合同   D. 成本加激励费用合同

参考答案:A

(3)_____不属于规划采购阶段的工具与技术。

    A. 专家判断   B. 会议   C. 广告   D. 数据分析

参考答案：C

（4）在 CPIF 合同下，A 公司是卖方，B 公司是买方，合同的实际成本大于目标成本时，A 公司得到的付款总数是_____。

A. 目标成本 + 目标费用 −B 公司应担负的成本超支
B. 目标成本 + 目标费用 +A 公司应担负的成本超支
C. 目标成本 + 目标费用 −A 公司应担负的成本超支
D. 目标成本 + 目标费用 +B 公司应担负的成本超支

参考答案：D

（5）根据供方选择标准，选择最合适的供方属于_____阶段的工作。

　　A. 规划采购　　　B. 实施采购　　　C. 控制采购　　　D. 结束采购

参考答案：B

2. 判断题

判断下列表述正误，正确的选 √，错误的选 ×。

（1）规划采购管理过程仅开展一次或仅在项目的预定义点开展。　　　　　　　（　）
（2）采购货物、服务或资源的决策，不会导致变更请求。　　　　　　　　　　（　）
（3）实施采购过程的最后成果是签订的协议。　　　　　　　　　　　　　　　（　）
（4）控制采购过程需要参照项目管理计划，无须考虑需求文件。　　　　　　　（　）
（5）固定总价合同因合同履行不好而导致的任何成本增加都由买方承担。　　　（　）

参考答案：（1）√　（2）×　（3）√　（4）×　（5）×

第17章　项目干系人管理

项目干系人管理包括识别能够影响项目或会受项目影响的人员、团体或组织，分析干系人对项目的期望和影响，制定管理策略有效调动干系人参与项目决策和执行。项目干系人管理过程能够支持项目团队的工作。

17.1 管理基础

17.1.1 管理的重要性

每个项目都有干系人，他们会受到项目积极或消极的影响，或者能对项目施加积极或消极的影响。有些干系人影响项目工作或成果的能力有限，但有些干系人可能对项目及其期望成果有重大影响。项目经理和团队管理干系人的能力决定着项目的成败。为提高项目成功的概率，尽早开始识别干系人并引导干系人参与。当项目章程被批准、项目经理被委任，以及团队开始组建之后就可以开展相关管理工作。

干系人满意度应作为项目目标加以识别和管理。有效引导干系人参与的关键是重视所有干系人并保持持续沟通（包括团队成员），理解他们的需求和期望、处理所发生的问题、管理利益冲突，并促进干系人参与项目决策和活动。

为了实现项目收益，识别干系人和引导干系人参与的过程需要迭代开展。虽然在项目干系人管理中仅对这些过程讨论一次，但是，应该经常开展识别干系人、排列其优先级以及引导其参与项目等相关活动。至少要在以下时点开展这些活动：①项目进入其生命周期的不同阶段；②当前干系人不再与项目工作有关，或者在项目的干系人群体中出现了新的干系人成员；③组织内部或更大领域的干系人群体发生重大变化。

17.1.2 管理新实践

当前新技术快速发展，"干系人"一词的外延正在扩大，从传统意义上的员工、供应商和高层管理者扩展到涵盖各式群体，包括监管机构、环保人士、金融组织、媒体，以及那些自认为是干系人的人员（他们认为自己会受项目工作或成果的影响）。

项目干系人管理的发展趋势和新兴实践主要包括：
- 识别所有干系人，而非在限定范围内。
- 确保所有团队成员都涉及引导干系人参与的活动。
- 定期审查干系人群体，可与单个项目风险的审查工作并行开展。
- 应用"共创"概念，咨询受项目工作或成果影响最大的干系人，视其为合作伙伴。
- 关注干系人有效参与程度的正面与负面价值。正面价值是干系人（尤其是强大干系人）

对项目的更积极支持所带来的效益；负面价值是因干系人未有效参与而造成的真实成本，包括产品召回、组织信誉损失或项目信誉损失等。

17.2 项目干系人管理过程

17.2.1 过程概述

项目干系人管理的过程包括：
- 识别干系人：定期识别干系人，分析和记录他们的利益、参与度、相互依赖性、影响力和对项目潜在的影响。
- 规划干系人参与：根据干系人的需求、期望、利益和对项目的潜在影响，制定项目干系人参与项目的方法。
- 管理干系人参与：与干系人进行沟通和协作，以满足其需求与期望，并处理问题，以促进干系人合理参与。
- 监督干系人参与：监督项目干系人关系，并通过修订参与策略和计划来引导干系人合理参与项目。

项目实际进展中，以上各个过程会相互交叠和相互作用。表 17-1 概括了项目干系人管理的各个过程。

表 17-1 项目干系人管理过程

过程	输入	工具与技术	输出
识别干系人	● 立项管理文件 ● 项目章程 ● 项目管理计划 ● 项目文件 ● 协议 ● 事业环境因素 ● 组织过程资产	● 专家判断 ● 数据收集 ● 数据分析 ● 数据表现 ● 会议	● 干系人登记册 ● 变更请求 ● 项目管理计划（更新） ● 项目文件（更新）
规划干系人参与	● 项目章程 ● 项目管理计划 ● 项目文件 ● 协议 ● 事业环境因素 ● 组织过程资产	● 专家判断 ● 数据收集 ● 数据分析 ● 决策 ● 数据表现 ● 会议	● 干系人参与计划
管理干系人参与	● 项目管理计划 ● 项目文件 ● 事业环境因素 ● 组织过程资产	● 专家判断 ● 沟通技能 ● 人际关系与团队技能 ● 基本规则 ● 会议	● 变更请求 ● 项目管理计划（更新） ● 项目文件（更新）

过程	输入	工具与技术	输出
监督干系人参与	● 项目管理计划 ● 项目文件 ● 工作绩效数据 ● 事业环境因素 ● 组织过程资产	● 数据分析 ● 决策 ● 数据表现 ● 沟通技能 ● 人际关系与团队技能 ● 会议	● 工作绩效信息 ● 变更请求 ● 项目管理计划（更新） ● 项目文件（更新）

17.2.2 裁剪考虑因素

因为项目的独特性，项目经理可以根据需要裁剪项目干系人管理过程。裁剪时应考虑的因素主要包括：

- 干系人多样性：现有多少干系人？干系人群体中的文化多样性情况？
- 干系人关系的复杂性：干系人群体内的关系有多复杂？干系人或干系人群体加入的网络越多，与其相关的信息或误传网络就越复杂。
- 沟通技术：有哪些可用的沟通技术？为了实现该技术的最大价值，目前采用什么支持机制？

17.2.3 敏捷与适应方法

频繁变化的项目更需要项目干系人的有效互动和参与。为了开展及时且高效的讨论并制定决策，适应型团队会直接与干系人互动，而不是通过层层的管理级别。客户、用户和开发人员在动态的共创过程中交换信息，干系人参与和满意程度更高。在整个项目期间保持与干系人群体的互动，有利于降低风险、建立信任和及时做出项目调整，从而节约成本，提高项目成功的可能性。

为加快组织内部和组织之间的信息分享，敏捷型方法提倡高度透明。例如，邀请所有干系人参与项目会议和审查，或将项目工件发布到公共空间，其目的在于让各方之间的不一致和依赖关系，或者与项目有关的其他变化问题，都尽快浮现。

17.3 识别干系人

识别干系人是定期识别项目干系人，分析和记录他们的利益、参与度、相互依赖性、影响力和对项目成功的潜在影响的过程。本过程的主要作用是，使项目团队能够建立对每个干系人或干系人群体的适度关注。本过程应根据需要在整个项目期间定期开展。识别干系人过程的数据流向如图 17-1 所示。

识别干系人管理过程通常在编制和批准项目章程之前或同时首次开展，之后在项目生命周期过程中必要时重复开展，至少应在每个阶段开始时，以及项目或组织出现重大变化时重复开展。每次重复开展识别干系人管理过程，都应通过查阅项目管理计划组件及项目文件，来识别有关的项目干系人。

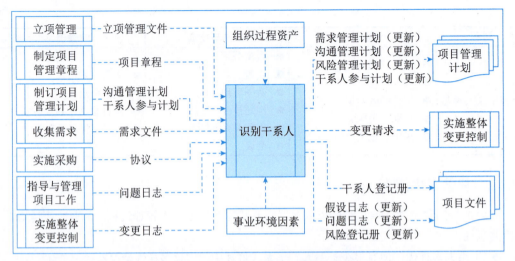

图 17-1 识别干系人过程的数据流向图

17.3.1 输入

1. 立项管理文件

立项管理阶段经批准的结果或相关的文件可用于识别干系人的依据，包括项目建议书、可行性研究报告、项目评估报告。立项管理从业务视角描述必要的信息，并且据此决定项目的期望结果是否值得所需投资。组织高层管理者通常使用立项管理文件作为决策依据。一般情况下，立项管理会包含业务需求和成本效益分析，以论证项目的合理性并确定项目边界。立项管理一般由市场需求、组织需要、客户要求、技术进步、法律要求、生态影响、社会需要等一个或多个因素引发。

2. 项目章程

项目章程会列出关键干系人清单，还可能包含与干系人职责有关的信息。

3. 项目管理计划

在首次识别干系人时，项目管理计划并不存在；不过，一旦编制完成，可作为识别干系人输入的项目管理计划组件主要包括：

- 沟通管理计划：沟通与干系人参与之间存在密切联系。沟通管理计划中的信息是了解项目干系人的主要依据。
- 干系人参与计划：确定有效引导干系人参与的管理策略和措施。

4. 项目文件

首次识别干系人的输入并不包括所有项目文件，要在整个项目期间定期识别干系人。项目经历启动阶段以后，将会生成更多项目文件，用于后续的项目阶段。可作为识别干系人过程输入的项目文件主要包括：

- 需求文件：可以提供关于潜在干系人的信息。
- 问题日志：所记录的问题可能为项目带来新的干系人，或改变现有干系人的参与类型。
- 变更日志：可能引入新干系人，或改变干系人与项目的现有关系的性质。

5. 协议

协议的各方都是项目干系人，还可能涉及其他干系人。

6. 事业环境因素

能够影响识别干系人过程的事业环境因素主要包括：组织文化和治理框架；政策、法律、法规、标准以及行为规范等；全球、区域或当地的发展趋势、最佳实践或文化习俗等；设施和资源的物理分布等。

7. 组织过程资产

能影响识别干系人过程的组织过程资产主要包括：干系人登记册模板和说明；以往项目的干系人登记册；经验教训知识库，包括与干系人偏好、行动和参与有关的信息等。

17.3.2 工具与技术

1. 专家判断

识别干系人时，应征求具备如下专业知识或接受过相关培训的个人或小组的意见：理解组织内政策和权力结构；了解所在组织和其他受影响的相关组织的环境和文化；了解项目所在行业发展情况或项目可交付成果类型；了解个体团队成员的贡献和专长等。

2. 数据收集

适用于识别干系人过程的数据收集技术主要包括：

- 问卷调查：可以包括一对一调查、焦点小组讨论，或其他大规模信息收集技术。
- 头脑风暴：用于识别干系人的头脑风暴技术包括头脑风暴和头脑写作。头脑风暴是一种通用的数据收集和创意技术，用于向小组征求意见，如团队成员或主题专家；头脑写作是头脑风暴的改良形式，让个人参与者有时间在小组创意讨论开始前单独思考问题。信息可通过面对面小组会议收集，或在由技术支持的虚拟环境中收集。

3. 数据分析

适用于识别干系人过程的数据分析技术主要包括：

- 干系人分析：会产生干系人清单和关于干系人的各种信息，例如，在组织内的岗位、在项目中的角色、与项目的利害关系、期望、态度（如对项目的支持程度），以及对项目信息的兴趣。干系人的利害关系组合主要包括：①兴趣：个人或群体会受与项目有关的决策或成果的影响；②权利（合法权利或道德权利）：国家的法律框架可能已就干系人的合法权利做出规定，如职业健康和安全。道德权利可能涉及保护历史遗迹或环境的可持续性；③所有权：人员或群体对资产或财产拥有的法定所有权；④知识：专业知识有助于更有效地达成项目目标和组织业务需求，或有助于了解组织的权力结构，从而有益于项目；⑤贡献：提供资金或其他资源，包括人力资源，或者以无形方式为项目提供支持，例如宣传项目目标，或在项目与组织结构及政策之间扮演缓冲角色。
- 文件分析：评估现有项目文件及以往项目的经验教训，以识别干系人和其他支持性信息。

4. 数据表现

适用于识别干系人过程的数据表现技术是干系人映射分析和表现。干系人映射分析和表现是一种利用不同方法对干系人进行分类的方法。对干系人进行分类有助于团队与已识别的项目干系人建立关系。常见的分类方法包括：

- 权力利益方格、权力影响方格，或作用影响方格：基于干系人的职权级别（权力）、对项目成果的关心程度（利益）、对项目成果的影响能力（影响），或改变项目计划或执行的能力，每一种方格都可用于对干系人进行分类。对于小型项目、干系人与项目的关系很简单的项目，或干系人之间的关系很简单的项目，这些分类模型非常实用。
- 干系人立方体：上述方格模型的改良形式。立方体把上述方格中的要素组合成三维模型，项目经理和团队可据此分析干系人并引导干系人参与项目。作为一个多维模型，它将干系人视为一个多维实体，便于分析，从而有助于沟通策略的制定。
- 凸显模型：通过评估干系人的权力（职权级别或对项目成果的影响能力）、紧迫性（因时间约束或干系人对项目成果有重大利益诉求而导致需立即加以关注）和合法性（参与的适当性），对干系人进行分类。在凸显模型中，也可以用邻近性取代合法性，以便考察干系人参与项目工作的程度。这种凸显模型适用于复杂的干系人大型群体，或在干系人群体内部存在复杂的关系网络。凸显模型可用于确定已识别干系人的相对重要性。
- 影响方向：可以根据干系人对项目工作或项目团队本身的影响方向，对干系人进行分类。可以把干系人分类为：①向上。执行组织或客户组织、发起人和指导委员会的高级管理层。②向下。临时贡献知识或技能的团队或专家。③向外。项目团队外的干系人群体及其代表，如供应商、政府机构、公众、最终用户和监管部门。④横向。项目经理的同级人员，如其他项目经理或中层管理人员，他们与项目经理竞争稀缺项目资源或者合作共享资源或信息。
- 优先级排序：如果项目有大量干系人、干系人群体的成员频繁变化、干系人和项目团队之间或干系人群体内部的关系复杂，则有必要对干系人进行优先级排序。

5. 会议

会议可用于在重要项目干系人之间达成谅解。既可以召开引导式研讨会、指导式小组讨论会，也可以通过电子或媒体技术进行虚拟小组讨论，来分享想法和分析数据。

17.3.3 输出

1. 干系人登记册

干系人登记册是识别干系人过程的主要输出，记录已识别干系人的信息，主要包括：

- 身份信息：姓名、组织职位、地点、联系方式，以及在项目中扮演的角色。

- 评估信息：主要需求、期望、影响项目成果的潜力，以及干系人最能影响或冲击的项目生命周期阶段。
- 干系人分类：用内部或外部，作用、影响、权力或利益，上级、下级、外围或横向，或者项目经理选择的其他分类模型进行分类的结果等。

2. 变更请求

首次开展识别干系人过程时不会提出任何变更请求，但随着在后续项目期间继续识别干系人，新出现的干系人或关于现有干系人的新信息可能导致对产品、项目管理计划或项目文件提出变更请求。应该通过实施整体变更控制过程对变更请求进行审查和处理。

3. 项目管理计划（更新）

在项目初始阶段识别干系人时不会导致项目管理计划更新，但随着项目进展，项目管理计划的任何变更都以变更请求的形式提出，且通过组织的变更控制过程进行处理。可能需要变更的项目管理计划组件主要包括：

- 需求管理计划：新识别的干系人可能会影响规划、跟踪和报告需求活动的方式。
- 沟通管理计划：记录干系人的沟通要求和已商定的沟通策略。
- 风险管理计划：如果干系人的沟通要求和已商定的沟通策略会影响管理项目风险的方法，就应在风险管理计划中加以反映。
- 干系人参与计划：记录针对已识别干系人的商定的沟通策略。

4. 项目文件（更新）

在规划干系人过程更新的项目文件主要包括：

- 假设日志：大量关于相对权力、利益和干系人参与度的信息，都是基于一定的假设条件的。应该在假设日志中记录这些假设条件。此外，还要在假设日志中记录会影响与具体干系人互动的各种制约因素。
- 问题日志：在本过程中产生的新问题应该记录到问题日志中。
- 风险登记册：记录在本过程识别并通过风险管理过程管理的新风险。

17.4 规划干系人参与

规划干系人参与是根据干系人的需求、期望、利益和对项目的潜在影响，制定项目干系人参与项目的方法的过程。本过程的主要作用是，提供与干系人进行有效互动的可行计划。本过程应根据需要在整个项目期间定期开展。规划干系人参与过程的数据流向如图 17-2 所示。

为满足项目干系人的多样性信息需求，应在项目生命周期的早期制订一份有效的计划；然后，随着干系人群体的变化，定期审查和更新该计划。在通过识别干系人过程明确最初的干系人群体之后，就应该编制第一版的干系人参与计划，然后定期更新干系人参与计划，以反映干系人群体的变化。会触发该计划更新的情况主要包括：①项目新阶段开始；②组织结构或行业内部发生变化；③新的个人或群体成为干系人，现有干系人不再是干系人群体的成员，或特定干系人对项目成功的重要性发生变化；④当其他项目过程（如变更管理、风险管理或问题管理）的输出导致需要重新审查干系人参与策略等。

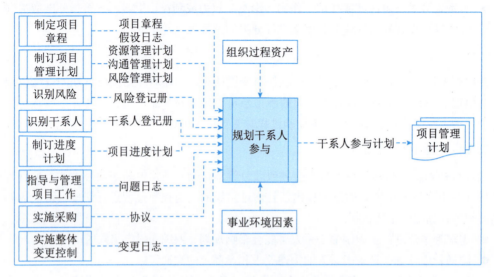

图 17-2　规划干系人参与过程的数据流向图

这些情况都可能导致已识别干系人的相对重要性发生变化。

17.4.1　输入

1. 项目章程

项目章程包含与项目目的、目标和成功标准有关的信息，在规划如何引导干系人参与项目时应该考虑这些信息。

2. 项目管理计划

可用于规划干系人参与的项目管理计划组件主要包括：

- 资源管理计划：包含团队成员及其他干系人角色和职责的信息。
- 沟通管理计划：用于干系人管理的沟通策略以及用于实施策略的计划，既是项目干系人管理中的各个过程的输入，又会收录来自这些过程的相关信息。
- 风险管理计划：可能包含风险临界值或风险态度，有助于选择最佳的干系人参与策略组合。

3. 项目文件

可用作规划干系人参与过程输入的项目文件（尤其在初始规划之后）主要包括：

- 假设日志：关于假设条件和制约因素的信息，可能与特定干系人关联。
- 风险登记册：包含项目的已识别风险，它通常会把这些风险与具体干系人关联，即把特定干系人指定为风险责任人或受风险影响者。
- 干系人登记册：提供项目干系人的清单、分类情况和其他信息。
- 项目进度计划：进度计划中的活动需要与具体干系人关联，即把特定干系人指定为活动责任人或执行者。
- 问题日志：为了管理和解决问题日志中的问题，需要与受影响的干系人额外沟通。
- 变更日志：记录了对原始项目范围的变更。变更通常与具体干系人相关联，因为干系人可能是变更请求提出者、变更请求审批者或受变更实施影响者。

4. 协议

在规划承包商及供应商参与时，通常需要与组织内的采购小组和合同签署小组进行合作，以确保对承包商和供应商进行有效管理。

5. 事业环境因素

能够影响规划干系人参与的事业环境因素主要包括：组织文化和治理框架；人事管理政策；干系人风险偏好；已确立的沟通渠道；全球、区域或当地的发展趋势、最佳实践或文化习俗等；设施和资源的物理分布等。

6. 组织过程资产

能够影响规划干系人参与过程的组织过程资产主要包括：组织的社交媒体、道德和安全政策及程序；组织的问题、风险、变更和数据管理政策及程序；组织对沟通的要求；制作、交换、储存和检索信息的标准化指南；经验教训知识库，包括与干系人偏好、行动和参与有关的信息；支持有效干系人参与所需的软件工具等。

17.4.2 工具与技术

1. 专家判断

在规划干系人参与时，应征求具备如下专业知识或接受过相关培训的个人或小组的意见：组织内部及外部的政策和权力结构；组织及组织外部的环境和文化；干系人参与过程使用的分析和评估技术；沟通手段和策略；来自以往项目的关于干系人、干系人群体及干系人组织（他们可能参与过以往的类似项目）的特征的知识等。

2. 数据收集

适用于规划干系人参与过程的数据收集技术是标杆对照。将干系人分析的结果与其他被视为具备引领级的组织或项目的信息进行比较。

3. 数据分析

适用于规划干系人参与过程的数据分析技术主要包括：
- 假设条件和制约因素分析：可能需要分析当前的假设条件和制约因素，以合理剪裁干系人参与策略。
- 根本原因分析：开展根本原因分析，识别是什么根本原因导致了干系人对项目的某种支持水平，以便选择适当策略来改进其参与水平。

4. 决策

适用于规划干系人参与过程的决策技术主要包括优先级排序或分级。应该对干系人需求以及干系人本身进行优先级排序或分级。具有最大利益和最高影响的干系人，通常应该排在优先级清单的最前面。

5. 数据表现

适用于规划干系人参与过程的数据表现技术主要包括：
- 思维导图：用于对干系人信息、相互关系以及他们与组织的关系进行可视化整理。
- 干系人参与度评估矩阵：用于将干系人当前参与水平与期望参与水平进行比较。对干系人参与水平进行分类的方式之一，如表 17-2 所示。干系人参与水平可分为如下：①不了解型：不知道项目及其潜在影响。②抵制型：知道项目及其潜在影响，但抵制项目工作或成果可能引发的任何变更。此类干系人不会支持项目工作或项目成果。③中立型：了解项目，但既不支持，也不反对。④支持型：了解项目及其潜在影响，并且会支持项目工作及其成果。⑤领导型：了解项目及其潜在影响，而且积极参与以确保项目取得成功。

表 17-2 干系人参与度评估矩阵

干系人	不知晓	抵制	中立	支持	领导
干系人 1	C			D	
干系人 2			C	D	
干系人 3				D C	

在表 17-2 中，C 代表每个干系人的当前参与水平，而 D 是项目团队评估出来的、为确保项目成功所必不可少的参与水平（期望的）。应根据每个干系人的当前与期望参与水平的差距，开展必要的沟通，有效引导干系人参与项目。弥合当前与期望参与水平的差距是监督干系人参与中的一项基本工作。

6. 会议

会议用于讨论规划干系人参与过程所需信息，以便制订良好的干系人参与计划。

17.4.3 输出

干系人参与计划

干系人参与计划是项目管理计划的组成部分。该计划制订了干系人有效参与和执行项目决策的策略和行动。干系人参与计划可以是正式的或非正式的，非常详细的或高度概括的，这基于项目的需要和干系人的期望。

干系人参与计划主要包括调动干系人个人或群体参与的特定策略或方法。

17.5 管理干系人参与

管理干系人参与是通过与干系人进行沟通协作，以满足其需求与期望、处理问题，并促进干系人合理参与的过程。本过程的主要作用是，尽可能提高干系人的支持度，并降低干系人的抵制程度。本过程需要在整个项目期间开展。管理干系人参与过程数据流向如图 17-3 所示。

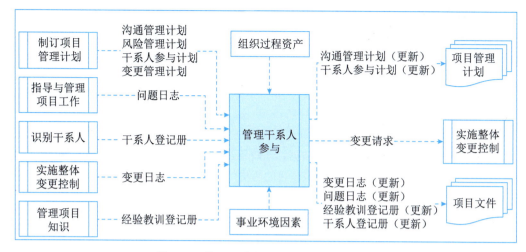

图 17-3 管理干系人参与过程的数据流向图

在管理干系人参与过程中，需要开展多项活动，包括：①在适当的项目阶段引导干系人参与，以便获取、确认或维持他们对项目成功的持续承诺；②通过谈判和沟通的方式管理干系人期望；③处理与干系人管理有关的任何风险或潜在关注点，预测干系人可能在未来引发的问题；④澄清和解决已识别的问题等。

管理干系人参与有助于干系人明确了解项目的目的、目标、收益和风险，以及他们会如何促进项目成功。

17.5.1 输入

1. 项目管理计划

可用于管理干系人参与的项目管理计划组件主要包括：

- 沟通管理计划：描述与干系人沟通的方法、形式和技术。
- 风险管理计划：描述了风险类别、风险偏好和报告格式。
- 干系人参与计划：为管理干系人期望提供指导和信息。
- 变更管理计划：描述了提交、评估和执行项目变更的过程。

2. 项目文件

可作为管理干系人参与过程输入的项目文件主要包括：

- 问题日志：记录项目或干系人关注点，以及关于处理问题的行动方案。
- 干系人登记册：提供项目干系人清单，以及执行干系人参与计划所需的任何信息。
- 变更日志：记录变更请求及其状态，并将其传递给适当的干系人。
- 经验教训登记册：在项目早期获取的与干系人参与有关的经验教训，可用于项目后期，以提高本过程的效率和效果。

3. 事业环境因素

能够影响管理干系人参与的事业环境因素主要包括：组织文化和治理结构；人事管理政策；干系人风险临界值；已确立的沟通渠道；全球、区域或当地的发展趋势、最佳实践或文化习俗等；设施和资源的物理分布等。

4. 组织过程资产

能够影响管理干系人参与过程的组织过程资产主要包括：组织的社交媒体、道德和安全政策及程序；组织的问题、风险、变更和数据管理政策及程序；组织对沟通的要求；制作、交换、储存和检索信息的标准化指南；以往类似项目的历史信息等。

17.5.2 工具与技术

1. 专家判断

在管理干系人参与时，应征求具备如下专业知识或接受过相关培训的个人或小组的意见：组织内部及外部的政策和权力结构；组织及组织外部的环境和文化；干系人参与过程使用的分析和评估技术；沟通方法和策略；可能参与过以往类似项目的干系人、干系人群体及干系人组织；需求管理、供应商管理和变更等。

2. 沟通技能

在开展管理干系人参与过程时，应该根据沟通管理计划，针对每个干系人采取相应的沟通方法。项目管理团队应该使用反馈机制，来了解干系人对各种项目管理活动和关键决策的反应，包括正式与非正式对话、问题识别和讨论、会议、进展报告和调查。

3. 人际关系与团队技能

适用于管理干系人参与过程的人际关系与团队技能主要包括：
- 冲突管理：项目经理应确保及时解决冲突。
- 文化意识：有助于项目经理和团队通过考虑文化差异和干系人需求，来实现有效沟通。
- 谈判：用于获得支持或达成关于支持项目工作或成果的协议，并解决团队内部或团队与其他干系人之间的冲突。
- 观察和交谈：通过观察和交谈，及时了解项目团队成员和其他干系人的工作和态度。
- 政策意识：通过了解项目内外的权力关系，建立政策意识。

4. 基本规则

根据团队章程中定义的基本规则，明确项目团队成员和其他干系人引导干系人参与的行为。

5. 会议

会议用于讨论和处理与干系人参与有关的问题或关注点。在本过程中需要召开的会议类型主要包括决策、问题解决、经验教训和回顾总结、项目开工会、迭代规划和状态更新会议。

17.5.3 输出

1. 变更请求

变更请求作为管理干系人参与的结果，当项目范围或产品范围需要变更时，应该通过实施整体变更控制过程，对所有变更请求进行审查和处理。

2. 项目管理计划（更新）

项目管理计划的任何变更都以变更请求的形式提出，并通过组织的变更控制过程进行处理。可能需要变更的项目管理计划组件主要包括：

- 沟通管理计划：更新沟通管理计划，用来反映新的或已变更的干系人需求。
- 干系人参与计划：更新干系人参与计划，用来反映为干系人管理策略的变化。

3. 项目文件（更新）

可在管理干系人参与过程更新的项目文件主要包括：

- 变更日志：根据变更请求更新变更日志。
- 问题日志：可能需要更新以反映问题日志条目的更新或添加。
- 经验教训登记册：更新经验教训登记册，记录管理干系人参与的有效或无效方法，以供当前或未来项目借鉴。
- 干系人登记册：可能需要基于提供给干系人的关于问题解决、变更审批和项目状态的新信息，来更新干系人的登记册。

17.6 监督干系人参与

监督干系人参与是监督项目干系人的关系，并通过修订参与策略和计划来引导干系人合理参与项目的过程。本过程的主要作用是，随着项目进展和环境变化，维持或提升干系人参与活动的效率和效果。本过程需要在整个项目期间开展。监督干系人参与过程的数据流向如图17-4所示。

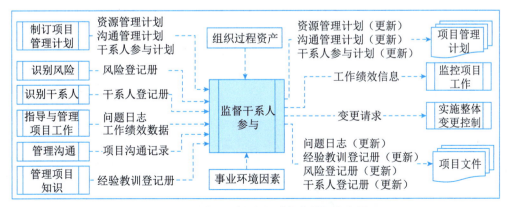

图 17-4 监督干系人参与过程的数据流向图

17.6.1 输入

1. 项目管理计划

可用于监督干系人参与的项目管理计划组件主要包括：
- 资源管理计划：确定了对团队成员的管理方法。
- 沟通管理计划：描述了适用于项目干系人的沟通计划和策略。
- 干系人参与计划：定义了管理干系人需求和期望的计划。

2. 项目文件

可作为监督干系人参与过程输入的项目文件主要包括：
- 风险登记册：记录了与干系人参与及互动有关的风险，包括它们的分类，以及潜在的应对措施。
- 干系人登记册：记录了各种干系人信息，主要包括干系人名单、评估结果和分类情况。
- 问题日志：记录了所有与项目和干系人有关的已知问题。
- 项目沟通记录：根据沟通管理计划和干系人参与计划与干系人开展的项目沟通记录。
- 经验教训登记册：在项目早期获取的经验教训，可用于项目后期阶段，以提高引导干系人参与的效率和效果。

3. 工作绩效数据

工作绩效数据包含项目状态数据，如哪些干系人支持项目，他们的参与水平和类型。

4. 事业环境因素

能够监督干系人参与过程的事业环境因素主要包括：组织文化和治理框架；人事管理政策；干系人风险临界值；已确立的沟通渠道；全球、区域或当地的发展趋势、最佳实践或文化习俗等；设施和资源的物理分布等。

5. 组织过程资产

能够影响监督干系人参与过程的组织过程资产主要包括：组织的社交媒体、道德和安全政策及程序；组织的问题、风险、变更和数据管理政策及程序；组织对沟通的要求；制作、交换、储存和检索信息的标准化指南；以往项目的历史信息等。

17.6.2 工具与技术

1. 数据分析

适用于监督干系人参与过程的数据分析技术主要包括：
- 备选方案分析：在干系人参与效果没有达到期望要求时，应该开展备选方案分析，评估应对偏差的各种备选方案。
- 根本原因分析：开展根本原因分析，确定干系人参与未达预期效果的根本原因。
- 干系人分析：确定干系人群体和个人在项目任何特定时间的状态。

2. 决策

适用于监督干系人参与过程的决策技术主要包括：
- 多标准决策分析：考察干系人成功参与项目的标准，并根据其优先级排序和加权，识别出最适当的选项。
- 投票：通过投票选出应对干系人参与水平偏差的最佳方案。

3. 数据表现

适用于监督干系人参与过程的数据表现技术主要是干系人参与度评估矩阵。使用干系人参与度评估矩阵来跟踪每个干系人参与水平的变化，对干系人参与加以监督。

4. 沟通技能

适用于监督干系人参与过程的沟通技能主要包括：
- 反馈：用于确保发送给干系人的信息被接收和理解。
- 演示：为干系人提供清晰的信息。

5. 人际关系与团队技能

适用于监督干系人参与过程的人际关系技能主要包括：
- 积极倾听：通过积极倾听，减少理解错误和沟通错误。
- 文化意识：文化意识和文化敏感性有助于项目经理分析干系人和团队成员的文化差异和文化需求，并对沟通进行规划。
- 领导力：成功的干系人参与，需要强有力的领导技能，以传递愿景并激励干系人支持项目工作和成果。
- 人际交往：通过人际交往了解关于干系人参与水平。
- 政策意识：政策意识有助于理解组织战略，理解谁能行使权力和施加影响，以及培养与这些干系人沟通的能力。

6. 会议

可用于监督干系人参与的会议类型包括为监督和评估干系人的参与水平而召开的状态会议、站会、回顾会以及干系人参与计划中规定的其他任何会议。会议不再局限于面对面或声音互动。虽然面对面互动最为理想，但可能成本很高。电话会议和电信技术可以降低成本，并提供丰富的联系方法和沟通方式。

17.6.3　输出

1. 工作绩效信息

工作绩效信息包括与干系人参与状态有关的信息，例如，干系人对项目的当前支持水平，以及与干系人参与度评估矩阵、干系人立方体或其他工具所确定的期望参与水平相比较的结果。

2. 变更请求

变更请求可能包括用于改善当前干系人参与水平的纠正及预防措施。通过实施整体变更控制过程对变更请求进行审查和处理。

3. 项目管理计划（更新）

项目管理计划的任何变更都以变更请求的形式提出，且通过组织的变更控制过程进行处理。可能需要变更的项目管理计划组件主要包括：

- 资源管理计划：可能需要更新团队对引导干系人参与的职责。
- 沟通管理计划：可能需要更新项目的沟通策略。
- 干系人参与计划：可能需要更新关于项目干系人社区的信息。

4. 项目文件（更新）

可能在监督干系人参与过程更新的项目文件主要包括：

- 问题日志：更新与干系人态度有关的信息。
- 经验教训登记册：记录本过程遇到的挑战及应对方法和如何调动干系人参与的方法。
- 风险登记册：记录和更新干系人风险应对措施。
- 干系人登记册：记录和更新在监督干系人参与中得到的信息。

17.7 本章练习

1. 选择题

（1）_____不属于项目干系人管理的输入。

  A. 干系人管理计划   B. 干系人沟通需求

  C. 变更日志   D. 变更请求

参考答案：D

（2）识别干系人的依据不包括_____。

  A. 可行性研究报告   B. 项目章程

  C. 风险登记册   D. 问题日志

参考答案：C

（3）监督干系人参与过程的作用是_____。

  A. 维持或提升干系人参与活动的效率和效果

  B. 提高干系人对项目的支持度，并尽可能降低干系人对项目的抵制

  C. 提供与干系人进行有效互动的可行计划

  D. 项目团队能够建立对每个干系人或干系人群体的适度关注

参考答案：A

2. 判断题

判断下列表述正误，正确的选 √，错误的选 ×。

（1）干系人管理过程即识别干系人、规划干系人参与和管理干系人参与的过程。　　（　）

（2）干系人包括项目团队成员。　　（　）

（3）识别干系人应在项目初期开展且仅开展一次，尽可能识别所有干系人。　　（　）

参考答案：（1）×　（2）√　（3）×

3. 问答题

（1）请列出至少在哪些时间点开展识别干系人的活动。

（2）监督干系人参与的输出包括哪些？

参考答案：略

第18章 项目绩效域

价值驱动的项目管理知识体系关注价值的实现，包含了项目管理原则、绩效域、项目生命周期、过程组、10大知识领域和价值交付系统。在整个生命周期过程中，项目管理者需要始终坚持项目管理原则，通过涵盖10大知识领域的项目管理过程组对项目进行管理，同时需要密切关注干系人、团队、开发方法和生命周期、规划、项目工作、交付、度量、不确定性这8个与绩效密切相关的因素，我们称之为绩效域。通过这8个绩效域帮助项目在系统内运作，实现价值交付系统的功能，为组织及其干系人创造价值，从而实现组织的战略和目标。

这些绩效域共同构成了一个统一的整体，作为一个完整系统，在项目生命周期过程中运行，系统内的每个绩效域相互作用、相互关联和相互依赖，并协调一致、共同运作，支撑项目目标和价值的实现。例如，从项目开始到项目结束，项目领导者花费大量时间聚焦于干系人、项目团队、项目生命周期、项目工作等多个绩效域，这些绩效域相互重叠和关联，并在项目中同时开展，我们不能把某一个绩效域当作一个孤立的工作进行处理。在实际项目进行过程中，每个绩效域中开展的活动是由组织的背景、项目、可交付物、项目团队、干系人和其他因素确定的，它们之间并没有特定的执行顺序和权重。

18.1 干系人绩效域

干系人绩效域涉及与干系人相关的活动和职能。在项目整个生命周期过程中，有效执行本绩效域可以实现的预期目标主要包含：①与干系人建立高效的工作关系；②干系人认同项目目标；③支持项目的干系人提高了满意度，并从中收益；④反对项目的干系人没有对项目产生负面影响。

在项目整个生命周期过程中，为了有效执行干系人绩效域，项目经理需要重点促进干系人的参与。

18.1.1 绩效要点

促进干系人参与

项目经理需要在整个项目生命周期过程中持续促进干系人参与到项目中，因此，在项目开始时就需要和干系人一起定义并共享清晰的项目愿景，并就项目愿景和干系人达成共识。

为了有效地让干系人参与，项目经理可带领项目团队按照图18-1所示步骤开展工作。

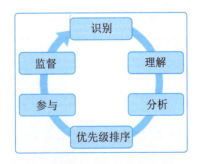

图18-1 促进干系人有效参与

(1) 识别。在组建项目团队之前,可以先识别高层级的干系人,再逐步逐层识别详细的干系人。识别过程中需要注意:有些干系人很容易识别,如客户、发起人、项目团队、最终用户等,但有些干系人很难识别,需要综合考虑项目所处的内外部环境再进行详细挖掘。在项目进展期间,如果出现新的干系人或者干系人环境发生了变化,项目团队需要重复进行干系人识别活动。

(2) 理解和分析。一旦识别了干系人,项目经理和项目团队就需要尽力去了解干系人的感受、情绪、信念和价值观,分析每个干系人对项目的立场和持有的观点。随着时间推移和环境的变化,干系人对项目的立场和持有的观点会发生变化,因此,理解和分析干系人是项目生命周期中一项持续进行的工作。

对干系人进行分析时,需要考虑的因素包括:权力、作用、态度、信念、期望、影响程度、与项目的邻近性、在项目中的利益、与干系人和项目互动相关的其他方面,这些信息有助于项目团队考虑干系人的动机和行为。此外,如果超出分析的背景范围,可能会被误解,因此需要对干系人的分析工作进行保密。

在实际项目中,干系人通常会结成联盟,因此除了需要针对干系人进行独立分析外,项目经理和项目团队还需要考虑并分析干系人之间的互动关系。

(3) 优先级排序。项目会涉及很多干系人,有些干系人可能无法全部直接或有效地参与,项目经理和项目团队需要对干系人进行优先级排序,将管理焦点聚焦于权力和利益大的干系人。在项目进展期间,如果出现新的干系人或者干系人环境发生了变化,项目团队需要重新进行优先级排序。

(4) 参与。项目执行过程中,项目经理和项目团队需要促进干系人参与到项目中,以启发他们的需求,并和干系人一起管理需求、进行谈判、解决问题,并做出决策。促进干系人参与时需要运用一些软技能,如积极倾听、人际关系技能和冲突管理,以及创建愿景和批判性思维等领导技能。

与干系人的沟通可以通过各种形式,结合第 14 章项目沟通管理过程中的方法和技术,采用多种沟通方法与干系人进行沟通。

(5) 监督。在整个项目期间,随着项目的进展,一些新的干系人会被识别,也有一些其他干系人会退出,干系人以及干系人的态度或权力将发生变化。因此,在整个项目期间需要对干系人参与的数量和有效性进行监督,除了不断识别和分析新的干系人外,还要评估当前的参与策略是否有效或是否需要调整。

可以通过干系人满意度指标来评估干系人绩效域的有效性。通常可以通过与干系人的对话来确定干系人满意度,也可以通过项目或迭代审查会、产品审查会和其他方法获得定期反馈。如果有大量的干系人,还可以使用问卷调查来评估满意度,必要时,甚至可以通过更新干系人参与方法来提高干系人的满意度。

18.1.2 与其他绩效域的相互作用

很多项目工作都是围绕着促进干系人参与、与干系人进行沟通而展开的,干系人会参与到项目的很多方面，某些干系人可以帮助减少项目的不确定性，而有些干系人则可能导致不确定性的增加。干系人主要参与的项目工作包括：①为项目团队定义需求和范围，并对其进行优先级排序；②参与并制定规划；③确定项目可交付物和项目成果的验收和质量标准；④客户、高层管理人员、项目管理办公室领导或项目集经理等干系人将重点关注项目及其可交付物绩效的测量。

18.1.3 执行效果检查

在项目整个生命周期过程中，项目经理和项目团队需要对干系人绩效域的执行效果进行检查，确保其有效执行并实现预期目标。执行效果检查的方法如表 18-1 所示。

表 18-1 干系人绩效域的检查方法

预期目标	指标及检查方法
建立高效的工作关系	干系人参与的连续性：通过观察、记录方式，对干系人参与的连续性进行衡量
干系人认同项目目标	变更的频率：对项目范围、产品需求的大量变更或修改可能表明干系人没有参与进来或与项目目标不一致
支持项目的干系人提高了满意度，并从中收益；反对项目的干系人没有对项目产生负面影响	● 干系人行为：干系人的行为可表明项目受益人是否对项目感到满意和表示支持，或者他们是否反对项目 ● 干系人满意度：可通过调研、访谈和焦点小组方式，确定干系人满意度，判断干系人是否感到满意和表示支持，或者他们对项目及其可交付物是否表示反对 ● 干系人相关问题和风险：对项目问题日志和风险登记册的审查可以识别与单个干系人有关的问题和风险

18.2 团队绩效域

团队绩效域涉及项目团队人员有关的活动和职能。在项目整个生命周期过程中，有效执行本绩效域可以实现预期目标，主要包含：①共享责任；②建立高绩效团队；③所有团队成员都展现出相应的领导力和人际关系技能。

在项目整个生命周期过程中，为了有效执行团队绩效域，项目经理需要重点关注：项目团队文化、高绩效项目团队和领导力技能。

18.2.1 绩效要点

1. 项目团队文化

项目团队文化反映了项目团队中个体的工作和互动方式。每个项目团队都会发展出自己的团队文化。项目团队文化可以通过制定项目团队规范这种方式有意识地形成，也可以通过项目团队成员的行为非正式地形成。项目经理可以通过如下方法，确保形成和维护一个安全、尊重、无偏见的团队文化，支持团队成员坦诚沟通：

- 透明：保持透明有助于识别和分享。同时对偏见也要保持透明。
- 诚信：由职业道德行为和诚实组成。表现诚实的方式包括：揭示风险、说明自己的假设和估算依据、及早发布坏消息、确保状态报告准确等。职业道德行为包括：在产品设计中揭示潜在缺陷或负面影响，披露潜在利益冲突，确保公平以及根据环境、干系人和财务影响做出决策。
- 尊重：指尊重每个人及其思维方式、技能以及他们为项目团队的贡献。
- 积极的讨论：在整个项目期间，通过对话或辩论等方式进行积极的讨论，处理各种意见、不同的见解或观点，消除误解。
- 支持：通过解决问题和消除障碍因素来向项目团队成员提供支持，可以建立一种支持性的文化，并形成一个信任和协作的环境。支持也可以通过提供鼓励、体现同理心和参与积极倾听来加以展现。
- 勇气：勇于提出建议、表达异议或尝试新事物有助于形成一种文化。
- 庆祝成功：在项目进行过程中，当项目达到小阶段目标时，或者团队成员做出创新、适应并服务他人和学习等贡献时，要实时庆祝并认可，这样可以激励项目团队和个人朝着项目整体目标稳步前进。

2. 高绩效项目团队

项目经理和项目团队通过以下方式打造高绩效项目团队：

- 开诚布公的沟通：达成共识、信任和协作的基石。在开诚布公、安全的沟通环境中，可以有效开展会议、解决问题和开展头脑风暴等活动。
- 共识：共享项目的目的及其将带来的收益。
- 共享责任：项目团队成员对成果的主人翁意识越强，表现得就越好。
- 信任：成员相互信任的项目团队愿意付出额外的努力来取得成功。
- 协作：项目团队相互协作与合作，有助于产生多样化的想法，获得更好的成果。
- 适应性：项目团队能够根据环境和情况调整工作方式，使工作更加有效。
- 韧性：出现问题或故障时，高绩效项目团队可以快速恢复。
- 赋能：给项目团队成员赋能，有助于其有权就所采取的工作方式做出决策。
- 认可：获得认可更有可能继续取得出色绩效，即使是表达赞赏这样的简单举动也能强化积极的团队行为。

3. 领导力技能

无论项目团队成员是在集中式管理环境，还是在实行服务型领导制度的环境工作，领导力技能对于每一位项目团队成员都是非常有用的。与领导力相关的特征和活动包括：

（1）建立和维护愿景。项目愿景简明扼要地总结了项目的目的，描述了项目未来的预期成果。除了简要描述项目的未来状态之外，愿景还可以作为激励工具，当项目团队成员专注于日常工作的琐碎细节时，共同的愿景有助于让大家朝着相同的方向努力。

项目团队成员和关键干系人一起协作制定的愿景有助于明确：①项目的目的是什么？②项目工作成功的定义是什么？③项目成果交付后，未来将如何才能变得更好？④项目团队如何知道自己偏离了愿景？

良好的愿景应该清晰、简明和可行，愿景应该具备如下特征：①用强有力的词句或简短的描述对项目做出概括描述；②描述可实现的最佳成果；③在项目团队成员脑海中形成一幅共同的、有凝聚力的画面；④激发人们对实现成果的热情。

（2）批判性思维。批判性思维是训练有素、合乎理性、遵从逻辑、基于证据的思维，包括概念想象力、洞察力、直觉、反思性思维和元认知（"思考之上的思考"和"认知之上的认知"），它需要项目团队成员具备开放思维和客观分析问题的能力。

项目团队成员可应用批判性思维来进行如下工作：①研究和收集无偏见的、均衡的信息；②识别、分析和解决问题；③识别偏见、未说明的假设以及价值观；④辨别语言的使用情况以及对自己和他人的影响；⑤分析数据和证据，以评估论点和观点；⑥观察事件，以识别模式和关系；⑦适当地运用归纳、演绎和溯因推理；⑧识别并阐明错误前提、错误类比、情绪化诉求和其他错误逻辑。

（3）激励。激励项目团队成员涉及两个方面：一是了解哪些因素可以激励项目团队成员实现出色绩效；二是与项目团队成员合作，致力于开展项目活动并取得预期成果。

对团队成员的激励可以是内在的，也可以是外在的。内在激励源自个人内心，它与在工作本身中寻找乐趣有关，而不是只关注奖励本身；外在激励源自外部奖励（如奖金）。项目的许多工作都与内在激励相一致，内在激励因素包括：成就、挑战、对工作的信念、改变现状的需要、自我指导和自主权、责任、个人成长、相互关系和谐的需要、成为项目团队一员的需要。每个人不止有一个激励因素，想要有效激励项目团队成员，需要了解每位成员的首要激励因素，根据首要激励因素和个人偏好选取合适的激励方法。例如，以相互关系和谐的需要为激励因素的项目团队成员会渴望成为充满活力的工作小组的一员；如果项目团队成员能够形成自己的工作方式，甚至能够确立自己的工作时间和节奏，则适合通过给予他足够的自我指导和自主权进行激励。

（4）人际关系技能。项目中经常使用的人际关系技能包括：

- 情商：情商是识别自己的和他人的情绪的能力，是对个人感受的认可、对他人的感受体现同理心以及采取适当行动的能力，可用于指导思维和行为。情商是领导力的基础，有助于积极沟通、协作，并形成有效领导力。在项目团队环境中，情商可以帮助了解自己并有效维持与他人的工作关系。有多种模型可用于定义和解释情商，情商一般集中在4个层次，它们之间的关联关系如图18-2所示。①自我意识。自我意识是进行现实的自我评估的能力，它包括了解自己的情绪、目标、动机、优势和劣势；②自我管理。自我管理也称为"自我调节"，是控制破坏性感受和冲动并使它们改变方向的能力，它是在采取行动之前进行思考以及暂缓仓促判断和冲动决策的能力；③社交意识。社交意识涉及体现同理心以及理解并考虑他人的感受的能力，包括读懂非语言暗示和肢体语言的能力；④社交技能。社交技能是情商的高阶境界，它涉及管理项目团队、建立社交网络、寻找与干系人的共同基础以及建立融洽的关系。图18-2中，上半部分与自我相关，下半部分与社交相关；左半部分与意识相关，右半部分与管理和技能相关。自我意识和自我管理是与自我有关的方面，是在困难的项目环境中保持冷静和富有成效的必要条件；社交意识和社交技能是与社交有关的方面，有助于更好地与项目团队成员和干系人建立联系。某些情商模型还包括第5个方面，即动机。动机是理解驱动和激励人的因素。

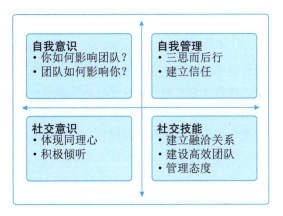

图 18-2　情商的组成部分

- 决策：项目经理和项目团队每天都要做出许多决策，决策可由项目经理和项目团队成员单方面做出。单方面决策速度快，但容易出错，也会因为未考虑受决策影响的人的感受而降低他们的积极性。群体决策具有包容性的特点，包容性可增加对决策的承诺，可以利用群体广泛的知识，让人们参与决策，使他们对成果更加认同。群体决策的缺点是需要参与者从工作中停下来，所以耗时较长，而且团队合作可能会被中断。为了充分发挥单方面决策和整体决策的优势，项目团队进行决策时通常遵循发散/汇聚的模式：首先由干系人分别参与（避免资深的或有魅力的干系人对其他干系人产生不当影响），制定一套广泛的备选解决方案；然后项目团队再将方案汇聚一起，确定一个首选的解决方案。发散/汇聚的模式可以快速做出决策，同时以包容和尊重的方式吸收团队多样化的知识。有些决策可能某些人并不喜欢，但每个人都有机会解释自己的立场，拥有决策权的主体（无论是个人还是群体），可以根据分析并在充分考虑干系人期望的情况下做出决策。项目团队应该仔细选择需要进行群体讨论的议题，通过投票、德尔菲估算和举手表决等方法进行发散/汇聚模式的群体决策。对于超出项目团队决策权的议题，项目团队可以调查备选方案，考虑每个备选方案的影响，并将决策升级到拥有适当决策权的人员进行最后决策，保持与组织治理目标的一致性。
- 冲突管理：项目在动态环境中运行，面临着预算、范围、进度和质量等诸多相互排斥的制约因素，这些因素时常会产生冲突。并非所有冲突都是负面的，有效处理冲突可以帮助决策并形成良好的解决方案。项目团队应该在冲突超出有益辩论的范围之前和冲突升级之前加以解决，解决冲突的方法包括：①尊重、开诚布公地进行沟通：冲突可能会引起焦虑，必须保持安全的环境来探索冲突的根源，没有安全的环境，人们就会停止沟通，确保言语、语调和肢体语言不具有威胁性。②聚焦于问题：之所以会发生冲突，是因为人们持有不同的观点，应做到对事不对人，重点是解决问题，而不是指责。③聚焦于当前和未来：始终保持聚焦于当前而不是过去的情况，如果以前发生过类似的事情，那么旧事重提往往会进一步加剧当前的冲突。④共同寻找备选方案：冲突造成的负面影响可以通过寻找解决办法和替代方案来减小或消除，共同寻找备选方案可以帮助团队成员共同努力，形成创造性的替代方案；可以建立良好的合作关系，使冲突更有利于解决。

18.2.2　与其他绩效域的相互作用

团队绩效域聚焦于项目经理和项目团队成员在整个项目生命周期过程中的技能，这些技能已融入项目的其他各个方面，在整个项目期间项目团队成员都需要全程展现团队相关的领导力素质和技能。例如，在进行规划时和干系人沟通项目愿景和收益；在参与项目工作时运用批判性思维解决问题和决策；在整个规划绩效域和度量绩效域中都要聚焦于团队绩效；应用团队相关技能。

18.2.3　执行效果检查

在项目整个生命周期过程中，项目经理和项目团队需要对团队绩效域的执行效果进行检查，确保其有效执行并实现预期目标。具体检查方法如表 18-2 所示。

表 18-2　团队绩效域的检查方法

预期目标	指标及检查方法
共享责任	目标和责任心：所有项目团队成员都了解愿景和目标。项目团队对项目的可交付物和项目成果承担责任
建立高绩效团队	● 信任与协作程度：项目团队彼此信任，相互协作 ● 适应变化的能力：项目团队适应不断变化的情况，并在面对挑战时有韧性 ● 彼此赋能：项目团队感到被赋能，同时项目团队对其成员赋能并认可
所有团队成员都展现出相应的领导力和人际关系技能	管理和领导风格适宜性：项目团队成员运用批判性思维和人际关系技能；项目团队成员的管理和领导风格适合项目的背景和环境

18.3　开发方法和生命周期绩效域

开发方法和生命周期绩效域涉及与项目的开发方法、节奏和生命周期相关的活动和职能。在项目整个生命周期过程中，有效执行本绩效域可以实现预期目标，主要包含：①开发方法与项目可交付物相符合；②将项目交付与干系人价值紧密关联；③项目生命周期由促进交付节奏的项目阶段和产生项目交付物所需的开发方法组成。

在项目整个生命周期过程中，为了有效执行开发方法和生命周期绩效域，项目经理需要重点关注：交付节奏、开发方法及其选择、协调交付节奏和开发方法及生命周期。

18.3.1　绩效要点

1. 交付节奏

交付节奏是指项目可交付物的时间安排和频率，项目可以一次性交付、多次交付、定期交付和持续交付。

（1）一次性交付。一次性交付的项目只在项目结束时交付。例如，对于流程再造项目只在项目结束时进行交付，在项目接近收尾、新过程推出之前，可能不会进行任何交付。

（2）多次交付。一个项目可能包含多个组件，这些组件会在整个项目期间的不同时间交付，因此有些项目会进行多次交付。例如，新药开发项目可能会进行多次交付：临床前建议、第1阶段临床试验结果、第2阶段临床试验结果、第3阶段临床试验结果、注册和上市，在此示例中，交付是按顺序进行的。有些项目的交付是单独而非按顺序进行的，例如，更新建筑安全措施的项目，交付物可能包括进入建筑的物理屏障、新工作证、新密码门禁盘等，每件交付物都是单独交付的，无须按特定顺序交付。所有交付物都应在项目最终完成之前交付完毕。

（3）定期交付。定期交付与多次交付非常相似，但定期交付是按固定的交付计划进行，例如每月或每两个月交付一次。新的软件应用程序可能每两周进行一次内部交付，然后定期向市场发布。

（4）持续交付。持续交付是将项目特性增量交付给客户，通常通过使用小批量工作和自动化技术完成。持续交付可用于数字化产品，从产品管理的角度看，持续交付聚焦于在整个产品生命周期内产生的收益和价值。持续交付中可能存在许多开发周期和维护活动，这种交付类型更适合于人员稳定的项目团队。

2. 开发方法

开发方法是在项目生命周期内创建产品、服务或结果的方法。不同的行业可能会使用不同的术语来定义开发方法。当前行业普遍认同的三种开发方法是预测型方法、混合型方法和适应型方法，如图 18-3 所示。三种方法通常被视为一个频谱，随着迭代性和增量性逐渐增加，从频谱一端的预测型方法到另一端的适应型方法逐渐变化。

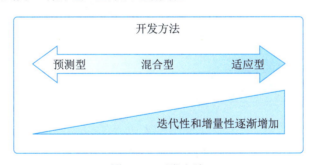

图 18-3 开发方法

（1）预测型方法。预测型方法又称为瀑布型方法。这种开发方法相对稳定，范围、进度、成本、资源和风险可以在项目生命周期的早期阶段进行明确定义；项目团队能够在项目早期降低很多不确定性因素并提前完成大部分规划工作。采用这种方法的项目可以借鉴以前类似项目的模板。在项目开始时可以定义、收集和分析项目和产品的需求，此时适合于采用预测型方法。当涉及重大投资和高风险项目，需要频繁审查、改变控制机制以及在开发阶段之间重新规划时，也可以使用此方法。例如，开发新社区中心的项目可以在建造场地和设施时使用预测型方法，预先确定范围、进度、成本和资源，整个建造过程中将遵循项目计划和蓝图，很少发生变更。

（2）混合型方法。混合型开发方法是适应型方法和预测型方法的结合体，该方法中预测型方法的要素和适应型方法的要素均会涉及。混合型方法的适应性比预测型方法强，但比纯粹的适应型方法的适应性弱。当需求存在不确定性或风险时，这种开发方法非常有用。当可交付物可以模块化时，或者由不同项目团队开发可交付物时，混合型方法也非常适用。混合型方法通常使用迭代型方法或增量型方法。迭代型方法适合于澄清需求和调查各种可选项，在最后一个迭代之前，迭代型方法可以完成可接受的全部功能；增量型方法是用于在一系列迭代过程中生成可交付物，每个迭代都会在预先确定的时间期限（时间盒）内增加功能，该可交付物包含的功能只有在最后一个迭代结束后才被完成。迭代型开发和增量型开发之间的差异及相互作用，如图18-4所示。

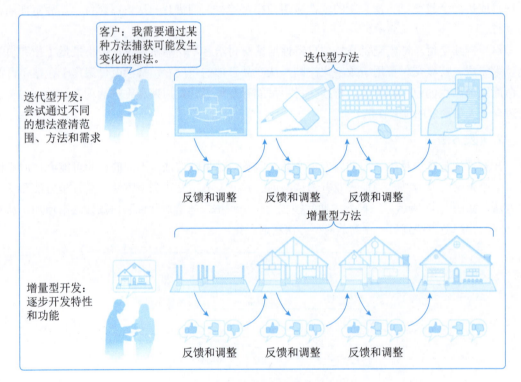

图 18-4 迭代型开发和增量型开发

应用示例：社区中心可以用迭代方式开发和部署一个老年人服务项目，第一个迭代是"上门送餐服务"，随后可提供交通服务、集体出游和活动、看护者关怀、成人日间护理等服务。每项服务都将单独实施，并可在各自完成时进行部署，每项服务都会增加和改善面向社区的老年人服务。

为社区行动巡查的志愿者安排培训的项目可以采用增量方法，培训内容由基础培训、后勤培训和巡查培训模块构成，各模块由不同人员负责开发。开发时可以采用多个模块同时进行的方式，也可以先开发一个模块、收集反馈，然后再开发后续模块，但只有在所有模块均开发完毕并且进行了集成与部署后，培训方案才算是开发完成。

（3）适应型方法。适应型方法在项目开始时确立了明确的愿景，之后在项目进行过程中在最初已知需求基础上，按照用户反馈、环境或意外事件来不断完善、说明、更改或替换。当需求面临高度的不确定性和易变性，且在整个项目期间不断变化时，适合采用适应型方法。适应型方法通常也会运用迭代型方法和增量型方法，只不过相比混合型方法，适应型方法的迭代周期会更短，频率会更快，产品会根据干系人反馈不断演变。

敏捷方法可以视为一种适应型方法。某些敏捷方法需要一至两周的短时迭代，而且在每个迭代结束时展示所取得的成果。项目团队积极参与每次迭代的规划，根据优先级确定的待办事项列表来决定可以实现的目标和范围，估算所涉及的工作，并在整个迭代期间进行协作，以不断确定范围并实现目标。

应用示例：社区中心需要建设一个网站，社区成员可以通过计算机、手机或平板电脑访问网站信息。项目可以预先定义高层级需求、设计页面布局，并在网站上部署一组初始信息，用户和内部干系人将提供待办事项列表的内容。项目团队对待办事项列表进行优先级排序，开发并部署新内容。随着新需求和新范围的出现，团队会对该工作进行估算，并完成工作；一旦经过测试，就向干系人展示该工作成果，如果获得批准，工作成果将部署到网站上。

3. 开发方法的选择

产品、服务或成果，项目和组织都会影响开发方法的选择。

（1）产品、服务或成果。影响开发方法的产品、服务或成果的相关因素包括：

- 创新程度：在充分了解范围和需求的情况下，项目团队以前完成的工作且能够提前规划的项目适合采用预测型方法；创新程度高或项目团队没有做过的项目更适合采用适应型方法。
- 需求确定性：当需求易于定义时，适合采用预测型方法；而当需求不确定、易变或复杂，且在整个项目期间会发生演变时，适应性方法更适合。
- 范围稳定性：可交付物的范围稳定且变化小时，适合采用预测型方法；如果范围会有许多变更，则适应型方法会更适合。
- 变更的难易程度：与需求确定性和范围稳定性相关，如果可交付物的性质使得管理和合并等变更较为困难，则适合采用预测型方法；对于容易适应变更的可交付物，则更适合采用适应型的方法。
- 交付物的性质：可交付物的性质以及能否以组件形式交付会影响开发方法。可以分组件开发和/或交付的产品、服务或成果，适宜采用增量型方法、迭代型方法或适应型方法。有些大型项目一般采用预测型方法进行规划，但其中一些组件则可以增量型方法开发和交付。
- 风险：高风险的产品需要在选择开发方法之前进行分析。某些高风险产品需要大量的前期规划和严格的流程来降低风险，可适当采用预测型方法，通过模块化构建、调整设计和开发，从而降低风险。
- 安全需求：具有严格安全需求的产品通常采用预测型方法，需要进行大量的预先规划，以确保所有安全需求都得到识别、规划、创建、整合和测试。
- 法规：具有重大监管监督的环境可能更适合采用预测型方法。

（2）项目。影响开发方法的项目相关的因素包括：
- 干系人：在项目整个生命周期过程中，采用适应型方法时需要干系人大量参与，某些干系人（例如产品负责人）在确定工作及其优先级方面发挥着重要作用。
- 进度制约因素：如需要尽早交付，即使不是成品，迭代型或适应型方法也有益。
- 资金可用情况：在资金不确定的环境中运行的项目可以从适应型方法或迭代型方法中受益。发布最小范围的产品所需投资较少，有益于利用最小的投资进行市场测试或占领市场，并可灵活根据市场对产品或服务的反馈效果追加进一步投资。

（3）组织。影响开发方法的组织相关的因素包括：
- 组织结构：对于有多层级、严格汇报结构、官僚作风浓厚的组织常适合采用预测型方法。采用适应型方法的项目往往具有扁平式结构，更有利于与自组织的项目团队一起开展工作。
- 文化：预测型方法更适合具有指导文化的组织，这种组织会制订周密的工作计划，并根据相关基准测量进展情况；适应型方法更适合项目团队自管理的组织。
- 组织能力：从预测型方法过渡到适应型方法，然后再过渡到敏捷方法，不仅需要组织具有敏捷性，也需要整个组织的高层管理者转变思维模式。此外，组织政策、工作方式、汇报结构和态度都应保持一致，这样才能成功有效地运用适应型方法。
- 项目团队的规模和所处位置：适应型方法（尤其是敏捷方法）通常更适用于处于同一物理空间的、团队规模不大（建议7±2名成员）的团队。对于大型项目团队和主要通过虚拟方式工作的项目团队，则更适合采用靠近开发方法频谱上预测型一端的方法。

4. 协调交付节奏和开发方法

以前文混合型方法中描述的社区中心项目为例，在该例中，共有4种产品和服务：建筑物、社区行动巡查培训、老年人服务和网站。交付节奏和开发方法如表18-3所示。

表 18-3　交付节奏和开发方法

可交付物	交付节奏	开发方法
建筑物	一次性交付	预测
老年人服务	多次交付	迭代
网站	定期交付	自适应
社区行动巡查培训	多次交付	增量

社区中心项目可能的生命周期如图18-5所示。启动和计划阶段是按顺序进行的。开发、测试和部署这几个阶段可能会相互重叠，不同的可交付物将在不同的时间进行开发、测试和部署，而某些可交付物会进行多次交付。图中展开了开发阶段，展示了不同的时间安排和交付节奏。测试阶段的节奏将遵循开发阶段的节奏。交付将在部署阶段显示。

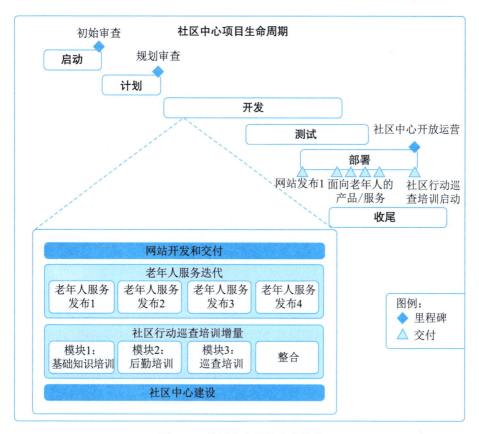

图 18-5 社区中心项目生命周期

18.3.2 与其他绩效域的相互作用

开发方法和生命周期绩效域与干系人绩效域、规划绩效域、不确定性绩效域、交付绩效域、项目工作绩效域和团队绩效域相互作用：①如果一个可交付物存在要与干系人验收相关的大量风险，则可能会选择迭代方法，向市场发布最小可行产品，以便在开发其他特性和功能之前获得反馈；②所选的生命周期会影响进行规划的方式，预测型生命周期会提前进行大部分规划工作，项目进展中使用滚动式规划和渐进明细来重新规划，随着威胁和机会的发生，计划也会得到更新；③开发方法和交付节奏是减少项目不确定性的方法，如果一个可交付物存在与监管要求相关的大量风险，则可能会选择预测型方法进行额外测试、文档编写，并采用健全的流程和程序；④在考虑交付节奏和开发方法时，开发方法和生命周期绩效域与交付绩效域的关注点会有很多重叠，交付节奏是确保实际项目的价值交付和可行性规划保持一致的主要因素之一；⑤在项目团队能力和项目团队领导力技能方面，项目工作绩效域、团队绩效域与开发方法和生命周期绩效域会相互作用，项目团队的工作方式和项目经理的风格会因开发方法的不同而存在很大差异。采用预测型方法时，通常需要更加重视预先规划、测量和控制，适应型方法（特别是在使用敏捷方法时）需要更多的服务型领导风格，而且可能会形成自我管理的项目团队。

18.3.3 执行效果检查

在项目整个生命周期过程中，项目经理和项目团队需要对开发方法和生命周期绩效域的执行效果进行检查，确保其有效执行并实现预期目标。具体检查方法如表 18-4 所示。

表 18-4 开发方法和生命周期绩效域的检查方法

预期目标	指标及检查方法
开发方法与项目可交付物相符合	产品质量和变更成本：采用适宜的开发方法（预测型、混合型或适应型），可交付物的产品质量比较高，变更成本相对较小
将项目交付与干系人价值紧密联系	价值导向型项目阶段：按照价值导向将项目工作从启动到收尾划分为多个项目阶段，项目阶段中包括适当的退出标准
项目生命周期由促进交付节奏的项目阶段和产生项目交付物所需的开发方法组成	适宜的交付节奏和开发方法：如果项目具有多个可交付物，且交付节奏和开发方法不同，可将生命周期阶段进行重叠或重复

18.4 规划绩效域

规划绩效域涉及整个项目期间组织与协调相关的活动与职能，这些活动和职能是最终交付项目和成果所必须的。在项目整个生命周期过程中，有效执行本绩效域可以实现预期目标，主要包含：①项目以有条理、协调一致的方式推进；②应用系统的方法交付项目成果；③对演变情况进行详细说明；④规划投入的时间成本是适当的；⑤规划的内容对管理干系人的需求而言是充分的；⑥可以根据新出现的和不断变化的需求进行调整。

在项目整个生命周期过程中，为了有效执行规划绩效域，项目经理需要重点关注：规划的影响因素、项目估算、项目团队组成和结构规划、沟通规划、实物资源规划、采购规划、变更规划、度量指标和一致性。

18.4.1 绩效要点

1. 规划的影响因素

每个项目都是独特的，不同项目规划的数量、时间安排和频率也各不相同。影响项目规划的因素包括：

（1）开发方法。开发方法会影响如何规划、规划多少及何时实施规划。
- 采用预测型开发方法，在项目生命周期早期进行规划或组织，这种情况下，大部分规划都是预先进行的。在整个项目期间，最初的计划会渐进明细地制订，但基本并不改变原来的范围。
- 预先进行高层级规划，随后使用原型方法进行设计，在项目团队和干系人对设计表示同意后，项目团队再完成更详细的规划。
- 项目团队实施迭代的适应型方法，一些规划会提前进行，以便制订发布计划，而进一步的规划会在每个迭代开始时进行。

（2）项目可交付物。建筑项目需要进行大量的前期规划，以便对设计、审批、材料采购、物流和交付做出说明。产品开发或高技术项目可以采用持续性和适应性的规划，以便根据干系人的反馈和技术进步进行演变和变更。

（3）组织需求。组织治理、政策、流程和文化会要求项目经理提供特定的规划成果。

（4）市场条件。产品开发项目可能会在竞争激烈的市场环境中进行，在这种情况下，项目团队可以进行最低限度的前期规划，以加快产品投入市场的速度。过量的规划会增加成本，造成延迟、成本超支、返工等风险。

（5）法律或法规限制。监管机构或法规有时要求必须先提供特定的规划文件，然后才能得到授权实施，或者获得批准向市场发布项目可交付成果。

2. 项目估算

规划时需要对工作投入、持续时间、成本、人员和实物资源进行估算，估算是对某一变量（如项目成本、资源、人力投入或持续时间）的可能数值或结果的定量评估。随着项目的发展，估算可能会随着信息的变化而变化。影响估算的4个方面的因素包括：

（1）区间。项目开始时，与项目和产品范围、干系人、需求、风险和其他情况相关的信息较少，估算往往有较大的区间，随着项目进展，估算区间会逐步缩小，如图 18-6 所示，开始寻找项目机会时估算区间为 $-25\% \sim +75\%$；在项目生命周期进展中估算区间会逐步缩小，进展良好的项目估算区间一般为 $-5\% \sim +10\%$。

（2）准确度。准确度是指估算的正确性。准确度与区间相关，准确度越低，估算值的潜在区间就越大。项目开始时的估算准确度将低于项目进展中的估算准确度。

（3）精确度。精确度与准确度不同，区别如图 18-7 所示。精确度指与估算相关的精准度，"2 天"比"本周某个时间"精确，估算精确度应与所需的准确度相匹配。

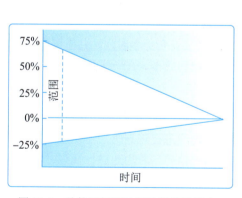

图 18-6　估算区间随时间的推移而缩小

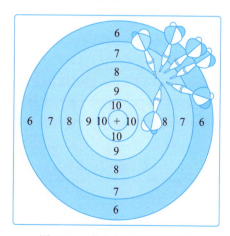

图 18-7　准确度低但精确度高

（4）信心。信心会随经验的增长而增加，处理以前的类似项目的经验有助于提高信心，面对新的和不断演变的技术，估算的信心会降低。

估算时，可采用的估算方法包括：

（1）确定性估算和概率估算。确定性估算，也称为点估算，表示为一个数字或金额，如 36 个月。概率估算包括一定区间内的估算以及该区间内的相关概率，确定估算值的方法是：①根据多个可能的结果计算加权平均值；②进行模拟，对特定结果进行概率分析。

从计算机模拟中得出的概率估算有 3 个相关因素：
- 具有一定区间（例如，36个月+3个月/-1个月）的点估算。
- 置信程度，例如95%的置信水平。
- 概率分布，描述特定区间内和周围的数据分布情况。

这 3 个因素共同构成了一个可描述概率估算的完整的度量指标。

（2）绝对估算和相对估算。绝对估算是具体信息，使用实际数字，例如某工作人力投入的绝对估算值为 120 小时，假设某全职员工每个工作日工作 8 小时，则该员工可在 15 个工作日内完成该项工作。相对估算一般会基于某一个特定基准进行，比如开展工作的项目团队会对所需的人力投入达成共识，并使用故事点来估算工作。假如与以前工作的点数相对比后，某项工作被分配了 64 个故事点，则新工作的 64 个故事点是在与以前已知的工作人力投入比较后估算得出的相对估算值。

（3）基于工作流的估算。基于工作流的估算是通过确定周期和产量来制定的，周期是一个产品经过一个完整过程的总消耗时间，产量是指可以在给定时间内完成一个完整过程的产品数，这两个数字可以提供完成指定工作量所需的估算值。

（4）对不确定性的调整估算。估算本身具有不确定性，不确定性与风险有关，可根据不确定性模拟的结果，通过增加应急储备的方式，调整关键可交付物的交付日期或成本估算值。

3. 项目团队组成和结构规划

规划项目团队的组成和结构时，首先要确定完成项目工作所需的技能组合，包括技能、熟练程度和类似项目的经验。

在针对项目团队进行规划时，项目经理需要考虑项目团队在同一地点开展工作的优势和必要性。在同一个房间工作的小型项目团队能够利用渗透式沟通，在问题出现时及时将其解决。项目团队成员位于不同地点，通过虚拟方式开展工作需要花费更多时间，并需要借用技术手段。如果需要聘请组织外部的人员，项目经理需要对比收益和成本，在所需技能给项目带来的收益和产生的成本之间进行权衡。

4. 沟通规划

沟通是争取干系人有效参与的最重要的因素，对沟通进行规划时，需要与干系人绩效域进行关联，包括干系人识别、分析、优先级排序和参与的内容。对沟通进行规划时需要考虑的因素包括：①谁需要信息？②每个干系人需要哪些信息？③为什么要与干系人共享信息？④提供信息的最佳方式是什么？⑤何时以及多久需要一次信息？⑥谁拥有所需要的信息？

可能存在不同类别的沟通信息，例如，内部信息和外部信息，敏感信息和公开信息，或者一般信息和详细信息。分析干系人、信息需求和信息类别可以为制定项目的沟通过程和计划奠定基础。

5. 实物资源规划

实物资源指人力资源以外的任何资源，包括材料、设备、软件、测试环境、许可证等。拥有大量实物资源的项目（例如工程和建筑项目）将需要为采购活动制订计划，以获取资源。规划实物资源需要对资源的交付、移动、存储和处置进行规划，包括对实物资源的流动轨迹进行跟踪。需要大量实物材料的项目，会从战略角度思考和规划实物资源从订单到交付再到使用全过程的时间安排，同时需要考虑批量订购的存储成本、全球物流、可持续性，将实物资产与项目的其余部分进行整合管理。

6. 采购规划

采购可以在项目期间的任何时候进行，预先规划有助于明确目标，确保采购过程顺利进行。合同签订人员需要事先了解所需采购货物或服务的类型、何时需要以及所采购货物或服务所需的技术规范。一旦了解了高层目标和范围，项目团队就可以进行自制或外购分析，这些分析会影响项目团队进度计划和后续工作。

7. 变更规划

项目期间会发生很多变更，有些变更是因发生风险事件或项目环境变化而导致的，有些则是基于对需求的深入了解之后提出的，还有些变更则是由于客户或其他原因造成的。因此，项目团队应对变更进行规划，并制定相关变更管理流程，以便在整个项目期间可以按照变更控制流程、重新确定待办事项列表的优先级排序，或者重新确定项目基准，签订合同的项目还需要遵循已定义的合同变更流程。

8. 度量指标和一致性

（1）度量指标。项目进行过程中，规划、交付和度量工作之间存在自然的联系，这种联系就是度量指标。确定度量指标、基准和临界值，以及确定测试和评估方法及流程是规划绩效域的重要工作。规划绩效域通过度量指标、基准和测试流程与度量绩效域相关联，这些都被作为评估实际绩效是否存在偏差的依据。制定度量指标包括设定临界值、确定度量目标和度量频率，指明工作绩效是否符合预期、与预期绩效正向或负向偏离的趋势、是否不可接受，度量目标的原则是"只测量重要的东西"。

（2）一致性。在整个项目生命周期过程中，要保证规划和实际的一致性。例如，交付物需要与需求一致，物流计划需要与材料和交付需求一致，测试计划需要与质量和交付需求保持一致等。无论规划的时间安排、频率和程度如何，项目的各个方面都需要保持一致且为一个完整整体。某个项目可能与一个项目集或其他项目并行实施，则该项目工作的时间安排应与相关项目的工作和组织中其他业务工作的需要保持一致。大型项目可以将规划成果整合到一个大的项目管理计划中。

18.4.2 与其他绩效域的相互作用

规划会在整个项目生命周期过程中进行，并与其他各个绩效域相互整合：①在项目开始时，会确定预期成果，并制订实现这些成果的高层级计划。根据选定的开发方法和生命周期，可以提前进行详细的规划，在项目进行中可根据实际情况对计划做出调整；②在项目团队规划如何应对不确定性和风险时，不确定性绩效域和规划绩效域会相互作用；③在整个项目执行过程中，规划将指导项目工作、成果和价值的交付。项目团队和干系人将制定度量指标，并将绩效与计划进行比较，需要时可能会修订计划或制订新计划。项目团队成员、环境和项目的细节会影响项目团队有效合作以及干系人的积极参与。

18.4.3 执行效果检查

在项目整个生命周期过程中，项目经理和项目团队需要对规划绩效域的执行效果进行检查，确保其有效执行并实现预期目标，具体检查方法如表 18-5 所示。

表 18-5 规划绩效域的检查方法

预期目标	指标及检查方法
项目以有条理、协调一致的方式推进	绩效偏差：对照项目基准和其他度量指标对项目结果进行绩效审查表明项目正在按计划进行，绩效偏差处于临界值范围内
应用系统的方法交付项目成果	规划的整体性：交付进度、资金提供、资源可用性、采购等表明项目是以整体方式进行规划的，没有差距或不一致之处
对演变情况进行详细说明	规划的详尽程度：与当前信息相比，可交付物和需求的初步信息是适当的、详尽的；与可行性研究与评估相比，当前信息表明项目可以生成预期的可交付物和成果
规划投入的时间成本是适当的	规划适宜性：项目计划和文件表明规划水平适合于项目
规划的内容对管理干系人的需求而言是充分的	规划的充分性：沟通管理计划和干系人信息表明沟通足以满足干系人的期望
可以根据新出现的和不断变化的需求进行调整	可适应变化：采用待办事项列表的项目，在整个项目期间会对各个计划做出调整。采用变更控制过程的项目具有变更控制委员会，会议的变更志日志和文档表明变更控制过程正在得到应用

18.5 项目工作绩效域

项目工作绩效域涉及项目工作相关的活动和职能。项目工作可使项目团队保持专注，并使项目活动顺利进行。在项目整个生命周期过程中，有效执行本绩效域可以实现预期目标，主要包含：①高效且有效的项目绩效；②适合项目和环境的项目过程；③干系人适当的沟通和参与；④对实物资源进行了有效管理；⑤对采购进行了有效管理；⑥有效处理了变更；⑦通过持续学习和过程改进提高了团队能力。

在项目整个生命周期过程中，为了有效执行项目工作绩效域，项目经理需要重点关注：项目过程、项目制约因素、专注于工作过程和能力、管理沟通和参与、管理实物资源、处理采购事宜、监督新工作和变更、学习与持续改进。

18.5.1 绩效要点

1. 项目过程

项目经理和项目团队应建立项目过程,并对过程进行定期审查,检查该过程是否高效、是否存在瓶颈、工作是否按照预期进行、是否存在阻碍等。

除了有效率之外,过程还应该有效果。这意味着,除了产生预期成果外,它们还需要遵守质量要求、法规、标准和组织政策。过程评估可以包括过程审计和质量保证活动。

可按照项目需要,使用如下方法来优化过程:

- 精益生产法:通过价值流图来测量增值活动和非增值活动之间的比率,用以识别是否存在非增值的冗余活动。
- 召开回顾会议:召开回顾会议或经验教训相关的会议可以使项目团队审查自己的工作方式,并在必要时提出改进建议,以改善流程和效率。
- 价值导向审查:以价值为导向,审视"下一笔资金应该花在哪里",帮助项目团队确定他们应该继续执行当前任务还是进入下一项活动,以便优化价值交付。

项目审查投入的时间多少,由审查所带来的收益决定,总之,投入的时间要合理,既能满足过程的治理需要,也能满足项目的需求。

非增值工作示例:项目管理办公室(PMO)希望跟踪项目团队成员正在开展的工作,PMO要求项目团队在时间表上按特定类别记录他们正在开展的工作,项目团队进行归类和记录所花费的时间可被视为非增值工作。

2. 项目制约因素

制约因素包括最后交付日期、法律法规、固定预算和质量政策等,在整个项目生命周期过程中,制约因素可能会发生变化。例如,新的干系人需求可能是需要推迟进度和增加预算,而削减预算可能需要放宽质量要求或缩小范围等。

平衡不断变化的制约因素,同时维护干系人的满意度是一项持续进行的项目工作,需要在整个项目生命周期过程中持续开展。

3. 专注于工作过程和能力

为了使项目交付和干系人价值最大化,项目工作要聚焦在工作过程(交付价值)和保护项目团队的工作能力(项目团队的高效性和满意度)两个方面,从而使项目团队专注于交付价值,并始终了解项目的进展情况,包括何时发生潜在问题、进度是否延迟和成本是否超支等。因此,在整个项目生命周期过程中,项目经理需要持续根据交付目标对项目进展情况进行评估和预测,同时持续评估和平衡项目团队的专注点和注意力,使他们保持被激励状态。

4. 管理沟通和参与

在整个项目生命周期过程中,大部分项目工作都需要与干系人进行沟通,此时需要按照第14章项目沟通管理过程执行,并关联干系人绩效域。信息通过会议、对话、电子资料库等方式收集完成后,按照项目沟通计划进行分发。

在项目进行过程中，如有大量的新的沟通请求提出，说明沟通规划不足以满足干系人的需要，此时需要干系人进一步参与，对沟通计划进行变更。

5. 管理实物资源

有些项目需要第三方提供材料和用品，规划、订购、运输、存储、跟踪和控制这些实物资源也需要投入时间和精力。 如果待管理的实物资源比较多，可以通过一个集成化的组织层级的物流计划进行管理，物流计划描述了如何在项目中实施组织的物流管理政策，相关文档包括材料类型的估算、估算依据、一段时间内的预期使用量、等级规范以及交付时间和地点等。所有这些工作都应与项目管理计划和进度计划整合，以便满足干系人要求并与干系人进行沟通。

管理实物资源的目标主要包括：①减少或消除现场的材料搬运和储存；②消除材料等待时间；③最小化报废和浪费；④促进安全的工作环境等。

6. 处理采购事宜

在大多数组织中，项目经理没有签订合同的权限，他们会与合同签约负责人或在合同、法律和法规方面具有专业知识的其他人员共同开展工作。

可以根据项目特点选择合同方式。例如，项目中有的交付物采用适应型方法，有的交付物需要采用预测型方法，则总体合同可以使用主协议，将适应多变的工作放入附录或增补条款中，这样可以灵活应对变更，而不会对总体合同造成影响。

一旦选定供应商，就需要对项目管理计划和相关文件进行更新，更新包括供应商日期、资源、成本、质量要求和风险等内容。并将该供应商纳入项目干系人统一管理。采购在项目生命周期过程中的任何阶段都可进行。

7. 监督新工作和变更

敏捷或适应型项目中，项目工作会不断演变和调整。因此，可以根据需要将新工作增加到待办事项列表中，项目经理持续对项目待办事项列表进行优先级排序，并在进度或预算受到限制的条件下，保证始终完成优先级高的事项。

在预测型项目中，项目经理和项目团队与变更控制委员会和变更的请求者一起协作，通过变更控制流程积极管理变更，确保范围基准中只包含已批准的变更。项目经理需要将已批准的变更整合到适用的项目规划文件、产品待办事项列表和项目范围中，同时与相关干系人进行沟通。对范围的任何变更都将伴随着人员、资源、进度和预算等其他方面的变更，范围变更也可能增加不确定性，因此，项目经理和项目团队应对变更造成的新风险进行评估。

8. 学习和持续改进

项目团队需要定期召开会议，确定未来在哪些方面可以做得更好（经验教训），以及如何在下一次迭代或下一阶段工作中对过程做出改进（回顾），在不断学习中优化工作方式，持续改进过程，支持项目完成最优成果。

在项目整个生命周期过程中需要持续学习，有些学习是单个项目内部的，例如学习为完成项目所需的某些特定方法和技术；有些学习是项目集和项目组合层面的，例如学习其他项目用于减少缺陷的优秀的质量保证方法；还有一些学习是组织层面的，例如培训用户如何使用新的软件应用程序。

项目具有临时性特点，项目完成后大部分知识可能会丢失，因此项目完成后的知识转移对组织非常重要。知识转移可以充分展现项目已实现的价值，同时可以将已完成项目的经验扩充到组织的知识库中，丰富组织过程资产，为组织其他项目使用，提升组织整体能力。

18.5.2 与其他绩效域的相互作用

项目工作绩效域与项目的其他绩效域相互作用，而且对其他绩效域具有促进作用：①项目工作可促进并支持有效率且有效果的规划、交付和度量；②项目工作可为项目团队互动和干系人参与提供有效的环境；③项目工作可为驾驭不确定性、模糊性和复杂性提供支持，平衡其他项目制约因素。

18.5.3 执行效果检查

在项目整个生命周期过程中，项目经理和项目团队需要对项目工作绩效域的执行效果进行检查，确保其有效执行并实现预期目标，具体检查方法如表 18-6 所示。

表 18-6 项目工作绩效域的检查方法

预期目标	指标及检查方法
高效且有效的项目绩效	状态报告：通过状态报告可以表明项目工作有效率且有效果
适合项目和环境的项目过程	● 过程的适宜性：证据表明，项目过程是为满足项目和环境的需要而裁剪的 ● 过程相关性和有效性：过程审计和质量保证活动表明，过程具有相关性且正得到有效使用
干系人适当的沟通和参与	沟通有效性：项目沟通管理计划和沟通文件表明，所计划的信息与干系人进行了沟通，如有新的信息沟通需求或误解，可能表明干系人的沟通和参与活动缺乏成效
对实物资源进行了有效管理	资源利用率：所用材料的数量、抛弃的废料和返工量表明，资源正得到高效利用
对采购进行了有效管理	采购过程适宜：采购审计表明，所采用的适当流程足以开展采购工作，而且承包商正在按计划开展工作
有效处理了变更	变更处理情况：使用预测型方法的项目已建立变更日志，该日志表明，正在对变更做出全面评估，同时考虑了范围、进度、预算、资源、干系人和风险的影响；采用适应型方法的项目已建立待办事项列表，该列表显示完成范围的比率和增加新范围的比率
通过持续学习和过程改进提高了团队能力	团队绩效：团队状态报告表明，错误和返工减少，而效率提高

18.6 交付绩效域

交付绩效域涉及与交付项目相关的活动和职能。在项目整个生命周期过程中，有效执行本绩效域可以实现预期目标，主要包含：①项目有助于实现业务目标和战略；②项目实现了预期成果；③在预定时间内实现了项目收益；④项目团队对需求有清晰的理解；⑤干系人接受项目可交付物和成果，并对其满意。

在项目整个生命周期过程中，为了有效执行交付绩效域，项目经理需要重点关注价值的交付、可交付物、质量。

18.6.1 绩效要点

1. 价值的交付

如果项目所使用的开发方法支持在整个项目生命周期内发布可交付物，在项目进展过程中就可以向干系人交付价值；而在项目生命周期结束时才发布可交付物的项目，则会在项目完成后产生价值。有的项目在项目结束后的一段时间内，还可以继续获得价值。

可行性研究和评估通常会提供对项目预期价值的预测，可行性研究与评估相关文件说明了项目预期成果如何与组织的业务目标保持一致。项目授权文件试图量化项目的预期成果，以便进行定期测量。这些文件包括项目章程和详细的基准计划，用于概述项目生命周期、关键里程碑、关键可交付物、评审和其他顶层信息。

2. 可交付物

可交付物是指项目的临时或最终的产品、服务或结果，它有助于取得项目所要实现的最终成果。可交付物反映了干系人的需求、范围和质量。

范围明确且相对稳定的项目，通常会在项目初期与干系人合作，启发并记录需求；而有些项目，开始时只有高层级的粗略的需求，详细需求会在项目进展过程中逐步细化和明确；还有一些项目会在项目工作进行期间不断提出新的需求。不管是什么类型的项目，需求都有可能会随着时间的推移而发生演变，都需要对其进行管理。

（1）需求启发。需求启发是指引导说出、产生或唤起干系人的需求，包括记录相关需求并征得干系人同意。记录需求的要求主要包括：

- 清晰：只有一种解释需求的方式。
- 简洁：要用尽可能少的文字表述需求。
- 可核实：有至少一种方法可以核实需求是否已得到满足。
- 一致性：没有相互矛盾的需求。
- 完整：所有需求代表了当前项目或产品需要的全部。
- 可跟踪：每个需求都可以由一个唯一的标识来识别。

（2）不断演变和发现的需求。在采用迭代型、增量型或适应型开发方法的项目中，需求一般不能预先明确定义，可以使用原型、演示、故事板和模型等方法，通过需求的演变，让干系人"眼见为实"地制定需求。

（3）管理需求。无论需求是已预先记录的、不断演变的，还是进展中新发现的，都需要对其进行管理。无效的需求管理可能导致返工、范围蔓延、客户不满意、预算超支、进度延迟，甚至导致项目失败。因此，许多项目都会设置需求管理人员。需求管理人员使用专用软件、待办事项列表、索引卡、需求跟踪矩阵等方法，确保需求相对稳定，并确保新的和不断变化的需求获得干系人的认同。

（4）定义范围和管理变更。随着需求被识别，需要定义范围来满足需求。范围是项目所提供的产品、服务和结果的总和。随着范围被定义，还需要识别更多的需求，因此，与需求一样，范围可以预先被定义好，也可以随着时间的推移而演变，或可以新发现。项目经理和团队可结合第 9 章范围管理过程的相关要求对范围进行定义和管理。

在稳定的环境中运行的项目通常会面临"范围蔓延"，为了应对范围蔓延，项目团队会使用变更控制系统来处理范围变更。

3. 质量

交付不仅仅是范围和需求。范围和需求聚焦于需要交付的内容，而质量聚焦于需要达到的绩效水平。与质量相关的成本由项目所在的组织承担。在项目管理中，需要在质量和满足质量所付出的成本二者之间寻找平衡。

设计和开发工作通常基于前期的需求、范围等工作开展。如果前期工作存在缺陷，则后续工作存在的缺陷会累积更多，因此，发现缺陷的时间越晚，纠正缺陷的成本就越高。同理，前期工作完成得越多，变更的成本就越大，如图 18-8 所示，积极主动地开展质量工作有助于避免较高的变更成本。

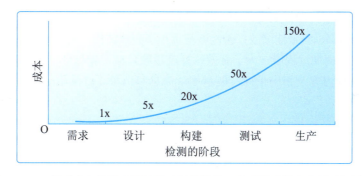

注：Boehm 变更成本曲线表明随着时间的推移，变更的费用会变得更加昂贵。

图 18-8　变更成本曲线

18.6.2　与其他绩效域的相互作用

交付绩效域是在规划绩效域中所执行所有工作的终点。交付节奏基于开发方法和生命周期绩效域中工作的结构方式。项目工作绩效域通过建立各种过程、管理实物资源、管理采购等促使交付工作。项目团队成员在此绩效域中执行工作，工作性质会影响项目团队驾驭不确定性的方式。

18.6.3　执行效果检查

在项目整个生命周期过程中，项目经理和项目团队需要对交付绩效域的执行效果进行检查，确保其有效执行并实现预期目标。执行效果检查的方法，如表 18-7 所示。

表 18-7 交付绩效域的检查方法

预期目标	指标及检查方法
项目有助于实现业务目标和战略	目标一致性：组织的战略计划、可行性研究报告以及项目授权文件表明，项目可交付物和业务目标保持一致
项目实现了预期成果	项目完成度：项目基础数据表明，项目仍处于正轨，可实现预期成果
在预定时间内实现了项目收益	项目收益：进度表明财务指标和所规划的交付正在按计划实现
项目团队对需求有清晰地理解	需求稳定性：在预测型项目中，初始需求的变更很少，表明对需求的真正理解度较高。在需求不断演变的适应型项目中，项目进展中阶段性需求确认反映了干系人对需求的理解
干系人接受项目可交付物和成果，并对其满意	● 干系人满意度：访谈、观察和最终用户反馈可表明干系人对可交付物的满意度 ● 质量问题：投诉或退货等质量相关问题的数量也可用于表示满意度

18.7 度量绩效域

度量绩效域涉及评估项目绩效和采取应对措施相关的活动和职能。度量是评估项目绩效，并采取适当的应对措施，以保持最佳项目绩效的过程。在项目整个生命周期过程中，有效执行本绩效域可以实现预期目标，主要包含：①对项目状况充分理解；②数据充分，可支持决策；③及时采取行动，确保项目最佳绩效；④能够基于预测和评估作出决策，实现目标并产生价值。

在项目整个生命周期过程中，为了有效执行度量绩效域，项目经理需要重点关注：制定有效的度量指标、度量内容及相应指标、展示度量信息和结果、度量陷阱、基于度量进行诊断、持续改进。

18.7.1 绩效要点

1. 制定有效的度量指标

有效的度量指标可以跟踪、评估和报告项目进展，有助于描述项目状态、改善项目绩效，并降低绩效恶化的可能性，使项目团队能够利用度量结果及时做出决策并采取有效行动。制定有效的度量指标有助于确保对正确的事情进行度量并向干系人报告。

（1）关键绩效指标。项目的关键绩效指标（KPI）是用于评估项目成功与否的量化的指标，KPI 有提前指标和滞后指标两种类型。

- 提前指标：提前指标用于预测项目的变化或趋势，如果变化或趋势不利，项目团队将评估根本原因，并采取行动扭转不利趋势，它可以降低项目的绩效风险。提前指标可以量化，例如项目规模或待办事项列表中正在进展的事项的数量。有的提前指标难以量化，但它们能够为潜在问题提供预警信号，例如风险管理过程缺乏、干系人未到位或没有参与，或者项目成功标准定义不明确等。
- 滞后指标：滞后指标用于测量项目可交付物或重大项目事件（event），它们在事后提供信息，滞后指标反映的是过去的绩效或状况。滞后指标比提前指标更容易测量，例如已完成的可交付物的数量、进度偏差或成本偏差，以及所消耗资源的数量等。滞后指标也可于寻找成果与环境变量之间的相关性。例如，显示进度偏差的滞后指标表明，有可能存在项目团队成员不满意的状态，这种相关性可以帮助项目团队找到成员不满意的根本原因。

（2）有效度量指标。度量需要投入的时间和精力，因此项目团队应该只测量相关的必要内容，并确保度量指标有用。有效的度量指标具有 SMART 特征如下：

- S=Specific（具体的）：针对要度量的内容，度量指标是具体的。例如缺陷数量、已修复的缺陷和修复缺陷平均花费的时间等。
- M=Measurable（有意义的）：度量指标应与基准或需求相关。
- A=Attainable（可实现的）：在人员、技术和环境既定的情况下，目标是可以实现的。
- R=Relevant（具有相关性）：度量指标应具有相关性，度量结果应能带来价值，并且可付诸行动。
- T=Time-bound（具有及时性）：有用的度量指标具有及时性，新信息比旧信息有用，前瞻性信息（例如新趋势）可以帮助项目团队改变方向并更好地决策。

2. 度量内容及相应指标

度量内容、参数和度量方法取决于项目目标、预期成果以及项目的环境。好的度量标准有助于了解项目绩效和成果的整体情况。常见的度量指标类别包括可交付物、交付、基准绩效、资源、价值、干系人和预测型度量指标。

（1）可交付物的度量指标。度量指标的实用性是由所交付的产品、服务或结果来决定的，针对可交付物，常用的度量指标包括：

- 有关错误或缺陷的信息：包括缺陷来源、识别的缺陷数量和已解决的缺陷数量等。
- 绩效度量指标：描述与系统运行相关的物理或功能属性，例如尺寸、重量、容量、准确度、可靠性和效率等。
- 技术绩效度量指标：用于度量系统组件是否符合技术要求。可帮助项目团队及时了解技术解决方案的实现进展情况。

（2）交付的度量指标。交付度量指标与正在进行中的工作相关。如下针对交付的度量指标经常在采用适应型方法的项目中使用：

- 在制品：任何特定时间正在处理的工作事项的数量。该指标可以帮助项目团队将正在进行的工作事项的数量限制到可管理的规模和范围。
- 提前期：进入待办事项列表到迭代或发布结束的实际消耗时间。提前期越短，表明过程越有效，项目团队工作越高效。
- 周期时间：与提前期相关，指项目团队完成任务所需的时间。周期时间越短，表明项目团队工作越高效，如果工作时间相对稳定，则可以据此更好地预测未来的工作进展速度。
- 队列大小：用于跟踪队列中事项的数量。可以将此度量指标与在制品限值进行比较。利特尔法则（Little's Law）说明，队列大小与事项进入队列的比率和队列中工作事项的完成率成正比。可以通过测量在制品并预测未来的工作完成情况来了解完成时间。
- 批量大小：可度量预期一次迭代中完成的工作（人力投入量、故事点等）。

● 过程效率：通常应用在精益系统中，用于优化工作流程的比率，可通过计算增值时间和非增值活动时间二者的比率进行衡量。正在等待的任务会增加非增值时间，正在开发或正在核实的任务代表着增值时间。这一比率越高，表明过程效率越高。

(3) 基准绩效的度量指标。项目中最常见的基准是进度基准和成本基准，对于范围基准或技术基准的度量可应用可交付物的度量指标。

● 针对进度基准，常见的度量指标包括：①开始日期和完成日期。将实际开始日期与计划开始日期、实际完成日期与计划完成日期进行比较，可以度量工作按计划完成的程度。即使工作不在项目的关键路径上，延迟的开始日期和完成日期也表明项目未按计划执行。②人力投入和持续时间。实际人力投入和持续时间与计划人力投入和持续时间相比较，表明工作量估算和工作所需时间估算是否有效。③进度偏差（SV）通过查看关键路径上的绩效来确定简单的进度偏差。使用挣值管理时，进度偏差表示为挣值与计划价值之差。④进度绩效指数（SPI）。进度绩效指数是一种挣值管理度量指标，可表明计划工作的执行效率。

● 针对成本基准，常见的度量指标包括：①与计划成本相比的实际成本。此成本度量指标将实际人工或资源的成本与估算成本进行比较。此指标也可称为燃烧率。②成本偏差（CV）。成本偏差通过比较可交付物的实际成本和估算成本来确定成本偏差。使用挣值管理时，成本偏差表示为挣值与实际成本之差。③成本绩效指数（CPI）。这是一种挣值管理度量指标，可表明相对于工作的预算成本，执行工作的效率。

(4) 资源的度量指标。针对资源，常见的度量指标包括：①与实际资源利用率相比的计划资源利用率。此度量指标将资源的实际利用率与估算利用率进行比较，利用率偏差可通过从实际利用率中减去计划利用率得出。②与实际资源成本相比的计划资源成本。此度量指标将资源的实际成本与估算成本进行比较，偏差可通过从实际成本中减去估算成本得出。

(5) 价值的度量指标。价值有许多方面，包括财务的和非财务的。针对价值常见的度量指标包括：①成本效益比。成本效益比用于确定项目的成本是否超过其收益。如果成本高于收益，结果将大于 1.0，在这种情况下，除非有监管、社会利益或其他原因，否则不应考虑该项目。一个类似的度量指标是效益成本比，效益成本比使用相同的度量指标，但分子是收益，分母是成本，如果比率大于 1.0，则应考虑该项目。②计划收益交付与实际收益交付的对比：组织可以把价值确定为项目实施后将带来的收益。对于预期在项目生命周期内交付收益的项目，度量项目进展中交付的收益和价值，并与预期收益进行比较，以决定继续开展项目还是取消项目。③投资回报率（ROI）。ROI 是一种将财务回报金额与成本进行比较的度量指标，通常在决定开展项目时参考这一指标。在整个项目生命周期过程中，也可以在不同时点对 ROI 进行估算，通过 ROI，项目团队可以确定是否继续投入资源。④净现值（NPV）。NPV 是一段时间内资本流入的现值与资本流出的现值之差，通常在决定开展项目时参考这一指标。通过在整个项目期间测量 NPV，项目团队可以确定是否继续投入资源。

(6) 干系人的度量指标。可以通过满意度调查或推断，或查看有关度量指标来对干系人进行度量。针对干系人常见的度量指标包括：①净推荐值（NPS）。净推荐值用于度量干系人（通常是客户）愿意向他人推荐产品或服务的程度，它的测量范围为-100～100。高净推荐值不仅可以度量干系人（通常是客户）对品牌、产品或服务的满意度，也是干系人（通常是客户）忠诚度的指标。②情绪图。情绪图用于跟踪重要的干系人（包括项目团队成员）的情绪或反应。在每天结束时，可以使用颜色、数字或表情符号来表示他们的心情，如图18-9所示。跟踪项目团队的情绪或单个团队成员的情绪有助于确定潜在问题和需要改进的领域。③士气。情绪图具有主观性，还可以通过问卷调查来度量项目团队的士气，例如设置如下问题让项目团队成员对相关问题及陈述的认可度进行打分（分值范围为1～5）：我觉得我的工作对取得总体成果做出了贡献；我感到自己受到赏识；我对项目团队的合作方式感到满意等。④离职率。跟踪士气的另一种方法是查看意料之外的项目团队成员的离职率，离职率高可能表明士气低落。

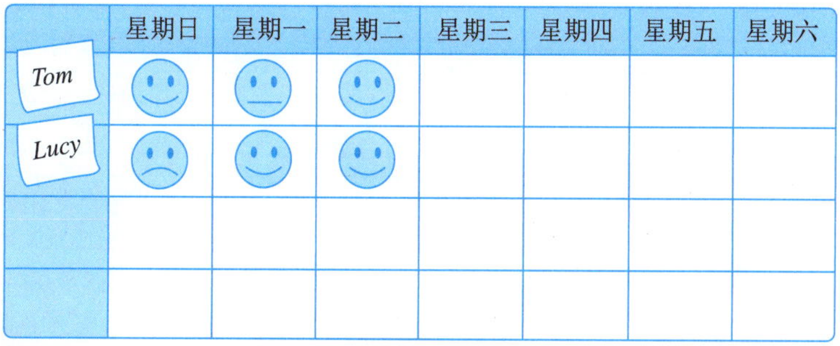

	星期日	星期一	星期二	星期三	星期四	星期五	星期六
Tom	☺	☺	☺				
Lucy	☹	☺	☺				

图18-9　情绪图示例

（7）预测型度量指标。项目团队通过预测来考虑未来可能发生的情况，以便决定是否调整计划和项目工作。预测可以是定性的，例如使用专家判断来预测，也可以是定量的，例如定量预测试图利用过去的定量信息来估算未来的情况。可用于预测的度量指标包括：①完工尚需估算（ETC）。这是一种挣值管理度量指标，可预测完成所有剩余项目工作的预期成本。②完工估算（EAC）。此指标可预测完成所有工作的预期总成本。③完工偏差（VAC）。此指标用于预测预算赤字或盈余金额，它表示为完工预算（BAC）和完工估算（EAC）之差。④完工尚需绩效指数（TCPI）。此指标用于估算达到特定的管理目标所需的成本绩效，TCPI表示完成剩余工作所需的成本与剩余预算的比率。⑤回归分析。回归分析通过考察一系列输入变量及其对应的输出结果建立数学或统计关系，可以用来推断未来的绩效。⑥产量分析。这种分析方法可评估在固定时间范围内已完成事项的数量。采用适应型方法的项目使用产量度量指标来评估项目进展情况，并估算可能的完成日期。项目团队稳定情况下的持续时间估算和燃烧率有助于核实和更新成本估算。

3. 展示度量信息和结果

度量信息要想使其在项目中有用，就必须可以及时、容易地获取，易于吸收和领会，并加以展示，以图表的方式可视化地展示度量信息或结果，可以帮助干系人理解。常用的图表类型包括：

（1）仪表盘。仪表盘是以电子方式收集信息并生成描述状态的图表，允许对数据进行深入分析,用于提供高层级的概要信息,对于超出既定临界值的任何度量指标,辅助使用文本进行解释,如图 18-10 所示。

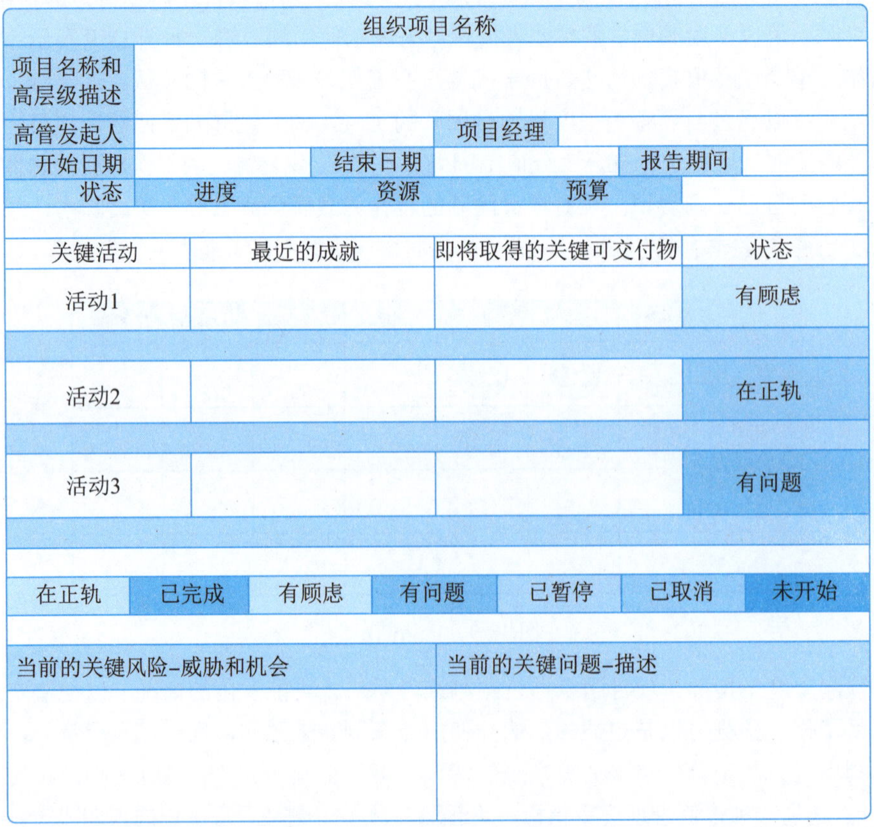

图 18-10 仪表盘示例

仪表盘包括信号灯图(也称为 RAG 图,其中 RAG 是红、黄、绿的英文缩写)、横道图、饼状图和控制图。

(2)大型可见图表。大型可见图表(BVC)也称为信息发射源,是一种可见的实物展示工具,可向组织内成员提供度量信息和结果,支持及时的知识共享。BVC 不局限在进度工具或报告工具中发布信息,更多时候会在人们很容易看到的地方发布信息,BVC 应该易于更新且经常更新。一般而言,BVC 不是电子生成的,而是手动维护的,因此通常是"低科技高触感"。图 18-11 显示了与已完成工作、剩余工作和风险相关的 BVC。

(3)任务板。任务板通过直观看板方式,显示已准备就绪并可以开始(待办)的工作、正在进行和已完成的工作,是对计划工作的可视化表示,可以帮助项目成员随时了解各项任务的状态。可以用不同颜色的便利贴代表不同类型的工作,如图 18-12 所示。

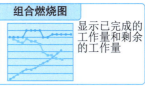

参考编号	风险描述	日期	可能性	影响	风险评级	应对措施	负责人
1	因为其他商业承诺，主要供应商无法按时交货	3月21日	可能	高	高	在合同中包含惩罚条款；将应急措施纳入进度计划；监督承包商的履行情况	Annie
2	租用线路的提前期超过90天	3月21日	不太可能	中等	中等	比所需的时间提前订购租用线路；产生额外的租赁费	Jim
3	由于在计划的开始时间之后才进行用户验收测试，因此新系统的发布延迟	3月21日	很有可能	高	高	雇用临时人员，以便腾出资源用于测试；修改项目进度计划	Mark
4	没有足够的能力来为数据迁移和测试创建额外的数据库实例	4月18日	非常不可能	中等	低	确定项目的优先级排序；暂时移除备选开发实例	Jim

风险日志

图 18-11　信息发射源示例

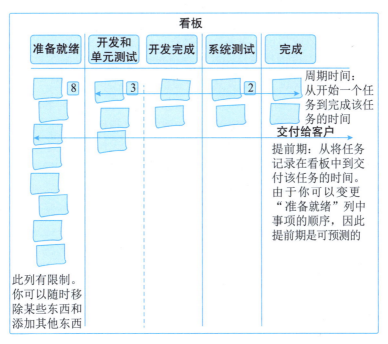

图 18-12　任务板

（4）燃烧图。燃烧图（包括燃起图或燃尽图）用于显示项目团队的"速度"，此"速度"可度量项目的生产率。燃起图可以对照计划，跟踪已完成的工作量，如图 18-13 所示，燃尽图可以显示剩余工作（例如采用适应型方法的项目中的故事点）的数量或已减少的风险的数量。

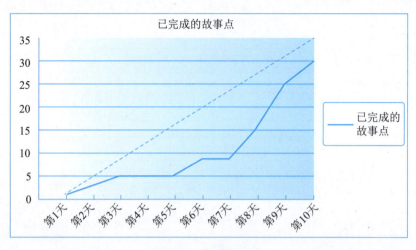

图 18-13　燃起图示例

4. 度量陷阱

项目度量指标有助于项目团队实现项目目标，但在实际度量过程中，存在一些与度量有关的陷阱。我们不仅要防止使用不适当的度量指标，还要避免常见的度量陷阱：①霍桑效应（Hawthorne effect）。霍桑效应指出，对某一事物进行度量时会对其行为产生影响，因此需要谨慎制定度量指标。例如，仅度量项目团队可交付物的输出，会鼓励项目团队专注于创建更多数量的可交付物，而不是仅仅专注于度量客户更满意的那些可交付物。②虚荣指标（Vanity metric）。对决策没有帮助的度量指标一般属于虚荣指标。例如，新访问者的数量比网站的页面访问量更加有用。③士气低落。如果设定了无法实现的度量指标和目标，项目团队的士气可能会下降，因此需要设定拓展性目标和激励人心的度量指标。人们都渴望辛勤工作得到认可，不现实或无法实现的目标会适得其反。④误用度量指标。尽量避免度量指标的误用。例如：专注于不太重要的度量指标；以牺牲长期度量指标为代价，专注于做好短期度量工作；为了改进绩效指标，开展易于完成的无序活动。⑤确认偏见：度量过程中应尽量摆脱偏见。人们倾向于寻找并看到支持原有观点的信息，可能会导致对数据作出错误解释；⑥相关性与因果关系混淆。解释度量数据的一个常见错误是将两个变量之间的相关性与一个变量导致了另一个变量的因果性混淆。例如，项目经理看到项目进度落后且预算超支，可能会错误地推断是由于预算超支导致了进度落后，而事实上二者可能没有因果关联关系（有可能是因为缺乏估算技能和管理变更的能力，或者没有积极地管理风险等其他相关因素导致了项目进度落后且预算超支）。

5. 基于度量进行诊断

可以针对各种度量指标（如进度、预算、速度和项目特有的其他度量指标）制定临界值，偏差程度将取决于干系人的风险承受力。项目经理需要对于超出临界值的度量进行策划并制订诊断计划，基于度量数据进行故障诊断。

图 18-14 是预算临界值设置的例子，超出计划支出 10% 的线为①，节约计划支出 20% 的线为②。③代表实际支出；图中显示在 1 月份，支出超过了 10% 的公差上限，将触发诊断计划。

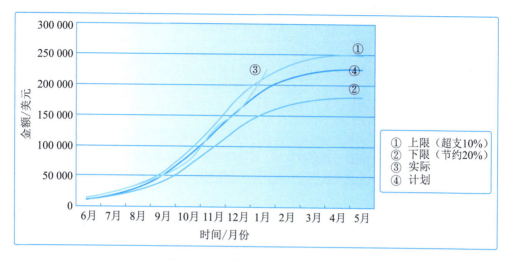

图 18-14　计划支出率和实际支出率

项目团队不应等到突破临界值才采取行动，如果可以通过趋势或新信息进行预测，则项目团队能主动提前解决偏差。诊断计划是在超过临界值或预测时采取的一组行动。诊断计划不需要注重形式，它可以像召集干系人开会讨论问题一样简单，诊断计划的重要性在于讨论问题并针对需要做的事情制订计划，然后持续跟进，确保计划得到实施并确定计划是否有效。

6. 持续改进

度量、展示度量信息和度量结果的目的是为了持续改进，为了优化项目绩效和效率。度量结果和相关报告有助于：①避免问题或缺陷；②防止绩效下降；③促使项目团队学习，提高能力；④改进产品或项目绩效；⑤推动决策；⑥更好地创造价值等。

18.7.2　与其他绩效域的相互作用

度量绩效域与规划绩效域、项目工作绩效域和交付绩效域相互作用：①规划构成了交付和规划比较的基础；②度量绩效域通过提供最新信息来支持规划绩效域的活动；③在项目团队成员制订计划并创建可度量的可交付物时，团队绩效域和干系人绩效域会相互作用；④当不可预测的事件发生时（无论是积极事件还是消极事件），它们会影响项目绩效，从而影响项目的度量指标。应对不确定事件带来的变更时，要同时更新受此变更影响的度量。可以根据绩效度量结果启动不确定性绩效域中的活动，例如识别风险和机会；⑤作为项目工作的一部分，应与项目团队和其他干系人合作，以便制定度量指标、收集数据、分析数据、做出决策并报告项目状态。

18.7.3 执行效果检查

在项目整个生命周期过程中，项目经理和项目团队需要对度量绩效域的执行效果进行检查，确保其有效执行并实现预期目标。具体检查方法如表 18-8 所示。

表 18-8 度量绩效域的检查方法

预期目标	指标及检查方法
对项目状况充分理解	度量结果和报告：通过审计度量结果和报告，可表明数据是否可靠
数据充分，可支持决策	度量结果：度量结果可表明项目是否按预期进行，或者是否存在偏差
及时采取行动，确保项目最佳绩效	度量结果：度量结果提供了提前指标以及当前状态，可导致及时的决策和行动
能够基于预测和评估作出决策，实现目标并产生价值	工作绩效数据：回顾过去的预测和当前的工作绩效数据可发现，以前的预测是否准确地反映了目前的情况。将实际绩效与计划绩效进行比较，并评估业务文档，可表明项目实现预期价值的可能性

18.8 不确定性绩效域

广义的不确定性是一种不可知或不可预测的状态，不确定性包含以下意义：

- 风险：与不可知未来事件相关的风险。
- 模糊性：与不了解当前或未来状况相关的模糊性。
- 复杂性：与具有不可预测结果的动态系统相关的复杂性。

成功驾驭不确定性首先要了解项目运行的环境。造成项目不确定性的环境因素主要包括：①经济因素，例如价格波动、资源可用性、借款能力，以及通货膨胀/通货紧缩；②技术考虑因素，例如新技术、与系统相关的复杂性以及接口；③法律的或者立法的约束或要求；④与安全、天气和工作条件相关的物理环境；⑤与当前或未来条件相关的模糊性；⑥由舆论和媒体塑造的社会和市场影响；⑦组织外部或内部的政策和职权结构影响等。

不确定性绩效域涉及与不确定性相关的活动和职能。在项目整个生命周期过程中，有效执行本绩效域可以实现预期目标，主要包含：①了解项目的运行环境，包括技术、社会、政治、市场和经济环境等；②积极识别、分析和应对不确定性；③了解项目中多个因素之间的相互依赖关系；④能够对威胁和机会进行预测，了解问题的后果；⑤最小化不确定性对项目交付的负面影响；⑥能够利用机会改进项目的绩效和成果；⑦有效利用成本和进度储备，与项目目标保持一致等。

在项目整个生命周期过程中，为了有效执行不确定性绩效域，项目经理需要重点关注风险、模糊性、复杂性、不确定性的应对方法。

18.8.1 绩效要点

1. 风险

风险是不确定性的一个方面，消极风险称为威胁，积极风险称为机会。项目是不确定性程度各异的独特性工作,因此所有项目都有风险。

在整个项目生命周期过程中,项目团队成员都需要主动识别、分析风险,并针对威胁和机会预先制定可能的应对策略,在风险和机会发生时实施这些策略,以便避免或最小化威胁对项目的影响,并触发或最大化机会对项目的影响。

为有效驾驭风险,项目团队需要在追求项目目标的过程中确定风险临界值,即风险可接受的范围。风险临界值表示的是针对目标可接受的偏差范围,风险临界值反映了组织和干系人的风险偏好。风险临界值需要在项目风险影响级别中明确定义,并在整个项目生命周期过程中与干系人进行沟通。

2. 模糊性

模糊性有两类,概念模糊性和情景模糊性。概念模糊性,即缺乏有效的理解。例如,"上周报告的进度处于正轨"这句话就不明确:到底是上周进度处于正轨,还是这个情况是上周报告的。通过正式地确立共同的规则并定义术语,可以减少概念模糊性。

当可能出现多个结果时,就会出现情景模糊性。有多种解决方案可以解决情景模糊性的问题,包括:①渐进明细。渐进明细是随着信息越来越多、估算越来越准确,而不断提高项目管理计划的详细程度的迭代过程。②实验。精心设计的一系列实验可以帮助识别因果关系,减少模糊性数量。③原型法。原型法可以测试出不同解决方案所产生的不同结果。

3. 复杂性

复杂性是由于人类行为、系统行为和模糊性而造成的难以管理的项目、项目集或其环境的特征,当有许多相互关联的影响以不同的方式表现出来并相互作用时,就会存在复杂性。在复杂的环境中,单个要素的累积会导致无法预见或意外的结果。处理复杂性的方法主要有:

(1)基于系统的复杂性。处理基于系统的复杂性的方法主要包括:①解耦(Decoupling)。解耦需要断开系统的各个部分之间的关联,确定系统的独立工作的一部分,以简化系统并减少相互之间有关联的变量的数量,可降低问题的总体规模。②模拟。可能存在类似的场景,用于模拟系统的组件。例如,一个包含购物区和多间餐厅的新机场建设项目,可以通过寻找商场和娱乐场所的类似信息来了解消费者的购买习惯。

(2)重新构建的复杂性。处理需要重新构建的复杂性的方法主要包括:①多样性。需要从不同的角度看待复杂的系统,可能包括与项目团队进行头脑风暴,开启看待系统的不同的方式,包括使用德尔菲法等类似方法,即从发散思维转变为收敛思维。②平衡。平衡使用的多种数据类型,包括使用预测数据、过去报告的数据或滞后指标、其变化可能抵消彼此潜在的负面影响的数据等。

(3)基于过程的复杂性。处理基于过程的复杂性的方法主要包括:①迭代。以迭代或增量方式进行构建,一次增加一个特性,每次迭代后,确定哪些特性有效、哪些特性无效。②参与。创造机会争取干系人参与,可以减少假设数量,并将学习和参与融入到过程之中。③故障保护。对系统中的关键要素,要增加冗余,或者增加在关键组件出现故障时能提供功能正常降级的要素。

4. 不确定性的应对方法

项目中必然存在不确定性，任何活动的影响都无法准确预测，而且可能会产生一系列的不确定性。针对不确定性的应对方法主要包括：

（1）收集信息。可以对信息收集和分析工作进行规划，以便发现更多信息（如进行研究、争取专家参与或进行市场分析）来减少不确定性。

（2）为多种结果做好准备。制定可用的解决方案，包括备份或应急计划，为每一个不确定性做好准备。如果存在大量潜在不确定性，项目团队需要对潜在原因进行分类和评估，估算其发生的可能性。

（3）集合设计。探索各种选项，来权衡包括时间与成本、质量与成本、风险与进度、进度与质量等多种因素，在整个过程中，舍弃无效或次优的替代方案，以便项目团队能够从各种备选方案中选择最佳方案。

（4）增加韧性。韧性是对意外变化快速适应和应对的能力，韧性既适用于项目团队成员，也适用于组织过程。如果对产品设计的初始方法或原型无效，则项目团队和组织需要能够快速学习、适应和应对变化。

18.8.2 与其他绩效域的相互作用

从产品或可交付物角度看，不确定性绩效域与其他7个绩效域都相互作用：①随着规划的进行，可将减少不确定性和风险的活动纳入计划。这些活动是在交付绩效域中执行的，度量可以表明随着时间的推移风险级别是否会有所变化。②项目团队成员和其他干系人是不确定性的主要信息来源，在应对各种形式的不确定性方面，他们可以提供信息、建议和协助。③生命周期和开发方法的选择将影响不确定性的应对方式。在范围相对稳定的采用预测型方法的项目中，可以使用进度和预算储备来应对风险；在采用适应型方法的项目中，在系统如何互动或干系人如何反应方面可能存在不确定性，项目团队可以调整计划，以反映对不断演变情况的理解，还可以使用储备来应对不确定性的影响。

18.8.3 执行效果检查

在项目整个生命周期过程中，项目经理和项目团队需要对不确定性绩效域的执行效果进行检查，确保其有效执行并实现预期目标。具体检查方法如表18-9所示。

表 18-9 不确定性绩效域的检查方法

预期目标	指标及检查方法
了解项目的运行环境，包括技术、社会、政治、市场和经济环境等	环境因素：团队在评估不确定性、风险和应对措施时考虑了环境因素
积极识别、分析和应对不确定性	风险应对措施：与项目制约因素（例如，预算、进度和绩效）的优先级排序保持一致
了解项目中多个因素之间的相互依赖关系	应对措施适宜性：应对风险、复杂性和模糊性的措施适合于项目

(续表)

预期目标	指标及检查方法
能够对威胁和机会进行预测，了解问题的后果	风险管理机制或系统：用于识别、分析和应对风险的系统非常强大
最小化不确定性对项目交付的负面影响	项目绩效处于临界值内：满足计划的交付日期，预算执行情况处于偏差临界值内
能够利用机会改进项目的绩效和成果	利用机会的机制：团队使用既定机制来识别和利用机会
有效利用成本和进度储备，与项目目标保持一致	储备使用：团队采取步骤主动预防威胁，有效使用成本或进度储备

18.9 本章练习

1. 选择题

（1）促进干系人参与的步骤包括：识别、理解、_____、优先级排序、参与和_____。

  A. 分析　变更　　　　　　　　B. 分析　监督
  C. 效果评价　监督　　　　　　D. 效果评价　变更

参考答案：B

（2）有效执行团队绩效域可以实现的预期目标，不包括_____。

  A. 共享责任
  B. 建立高绩效团队
  C. 所有团队成员都展现出相应的领导力和人际关系技能
  D. 项目以有条理、协调一致的方式推进

参考答案：D

（3）_____决策速度快，但容易出错，也会因为未考虑受决策影响的人的感受而降低他们的积极性。_____决策具有包容性的特点，可增加对决策的承诺，促使人们参与决策。

  A. 单方面　群体　　　　　　　B. 群体　专家判断
  C. 单方面　集中　　　　　　　D. 群体　集中

参考答案：A

（4）评价项目以有条理、协调一致的方式推进，可以通过对照_____和其他度量指标，对项目结果进行绩效审查来判断。

  A. 项目需求　　B. 项目目标　　C. 项目计划　　D. 项目基准

参考答案：D

（5）对某一事物进行度量会对其行为产生影响，因此需要谨慎制定度量指标，表明了度量具有_____。

  A. 霍桑效应　　B. 蝴蝶效应　　C. 木桶效应　　D. 青蛙效应

参考答案：A

2. 判断题

判断下列表述正误，正确的选 √，错误的选 ×。

（1）绩效域共同构成了一个统一的整体，作为一个完整系统，在项目生命周期过程中运行，系统内的每个绩效域相互作用、相互关联和相互依赖，并协调一致、共同运作，支撑项目目标和价值的实现。（　　）

（2）干系人绩效域涉及项目团队人员有关的活动和职能。（　　）

（3）项目团队文化需要通过制定项目团队规范通过正式方式形成和建立。（　　）

参考答案：（1）√　（2）×　（3）×

3. 问答题

请指出 8 个绩效域在整个项目进展过程中的关联关系，并举例说明它们是如何作为一个整体，在项目中相互作用、协调一致，共同支撑项目目标的实现的。

参考答案：略

第19章　配置与变更管理

配置管理是通过技术或者行政的手段对项目管理对象和信息系统的信息进行管理的一系列活动。这些信息不仅包括具体配置项信息，还包括这些配置项之间的相互关系。配置管理包含配置库的建立和配置管理数据库（Configuration Management Databases，CMDB）准确性的维护，以支持信息系统项目的正常运行。在信息系统项目中，配置管理可用于问题分析、变更影响度分析和异常分析等，因此，配置项与真实情况的匹配度和详细度非常重要。

在组织实施信息系统项目过程中，常常会遇到变更的发生。变更的诱发一般有主动变更和被动变更两种。主动变更是主动发起的变更，常用于提高项目收益，包括降低成本、改进过程以及提高项目的便捷性和有效性等；被动变更常用于范围变化、异常、错误和适应不断变化的环境等，如随需求的增加，相应需要增加系统的功能或投资等。变更管理是对变更从提出、审议、批准到实施、完成的整个过程的管理。

19.1　配置管理

配置管理是为了系统地控制配置变更，在信息系统项目的整个生命周期中维持配置的完整性和可跟踪性，而标识信息系统建设在不同时间点上配置的学科。在（GB/T 11457）《信息技术 软件工程术语》中，将"配置管理"正式定义为："应用技术的和管理的指导和监控方法以标识和说明配置项的功能和物理特征，控制这些特征的变更，记录和报告变更处理和实现状态并验证与规定的需求的遵循性"。在（GB/T 28827.1）《信息技术服务 运行维护 第1部分：通用要求》中指出：组织应建立配置管理过程，整体规划配置管理范围，保留配置信息，并保证配置信息的可靠性、完整性和时效性，以对其他服务过程提供支持；应建立与配置管理过程相一致的活动，包括对配置项的识别、收集、记录、更新和审核等。尽管硬件配置管理和软件配置管理的实现有所不同，但配置管理的概念可以应用于各种信息系统项目。

19.1.1　管理基础

1. 配置项（Configuration Item，CI）

GB/T 11457《信息技术 软件工程术语》对配置项的定义为："为配置管理设计的硬件、软件或二者的集合，在配置管理过程中作为一个单个实体来对待"。配置项是信息系统组件或与其有关的项目，包括软件、硬件和各种文档，如变更请求、服务、服务器、环境、设备、网络设施、台式机、移动设备、应用系统、协议、电信服务等。这些组件或项目已经或将要受到配置管理的控制。

比较典型的配置项包括项目计划书、技术解决方案、需求文档、设计文档、源代码、可执行代码、测试用例、运行软件所需的各种数据、设备型号及其关键部件等，它们经评审和检查通过后进入配置管理。所有配置项都应按照相关规定统一编号,并以一定的目录结构保存在 CMDB 中。例如,在信息系统的开发项目中需加以控制的配置项可以分为基线配置项和非基线配置项两类,基线配置项可能包括所有的设计文档和源程序等;非基线配置项可能包括项目的各类计划和报告等。所有配置项的操作权限应由配置管理员严格管理,基本原则是:基线配置项向开发人员开放读取的权限;非基线配置项向项目经理、CCB 及相关人员开放。

2. 配置项状态

配置项的状态需要根据配置项的不同类型和管理需求进行分别定义,基于配置项建设过程角度,可将配置项状态分为"草稿""正式"和"修改"三种。配置项刚建立时,其状态为"草稿"。配置项通过评审后,其状态变为"正式"。此后若更改配置项,则其状态变为"修改"。当配置项修改完毕并重新通过评审时,其状态又变为"正式"。

配置项状态变化如图 19-1 所示。

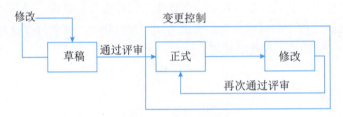

图 19-1　配置项状态变化

3. 配置项版本号

配置项的版本号规则与配置项的状态定义相关。例如:①处于"草稿"状态的配置项的版本号格式为 0.YZ,YZ 是数字,取值范围为 01～99。随着草稿的修正,YZ 的取值应递增。YZ 的初值和增幅由用户自己把握。②处于"正式"状态的配置项的版本号格式为 X.Y,X 为主版本号,取值范围为 1～9;Y 为次版本号,取值范围为 0～9。配置项第一次成为"正式"文件时,版本号为 1.0。如果配置项升级幅度比较小,可以将变动部分制作成配置项的附件,附件版本依次为 1.0,1.1,……当附件的变动积累到一定程度时,配置项的 Y 值可适量增加;Y 值增加到一定程度时,X 值将适量增加。当配置项升级幅度比较大时,才允许直接增大 X 值。③处于"修改"状态的配置项的版本号格式为 X.YZ。配置项正在修改时,一般只增大 Z 值,X.Y 值保持不变。当配置项修改完毕,状态成为"正式"时,将 Z 值设置为 0,增加 X.Y 值。参见上述规则②。

4. 配置项版本管理

配置项的版本管理作用于多个配置管理活动之中,如配置标识、配置控制和配置审计、发布和交付等。例如,在信息系统开发项目过程中,绝大部分的配置项都要经过多次的修改才能最终确定下来。对配置项的任何修改都将产生新的版本。由于我们不能保证新版本一定比旧版本"好",所以不能抛弃旧版本。版本管理的目的是按照一定的规则保存配置项的所有版本,避免发生版本丢失或混淆等现象,并且可以快速准确地查找到配置项的任何版本。

5. 配置基线

配置基线由一组配置项组成，这些配置项构成一个相对稳定的逻辑实体。配置基线也是指一个产品或系统在某一特定时刻的配置状况。这种配置不仅体现了其产品或系统的结构，还反映了其具体内容，从而使得以后可以按照上述配置重建该产品或系统。尽管被作为基准线的这个配置状态以后可能发生改变，但这个基线本身保持不变。这个基线可以作为初始状态的一个参考或当前状态的一个对照。配置基线可用于管理对象中的授权产品、标准配置项、开发和测试新配置的起点、作为提供给IT系统用户的配置的标准（如标准工作站）、作为提供新软件的起点等。

在信息系统项目过程中，各类配置项存在不断变化的情况，为了在不严重阻碍合理变化的情况下来控制变化，需要使用配置基线这一概念。基线中的配置项被"冻结"了，不能再被任何人随意修改。对基线的变更必须遵循正式的变更控制程序。例如，一组拥有唯一标识号的需求、设计、源代码文档以及相应的可执行代码、构造文档和用户文档构成一条基线。产品的一个测试版本（可能包括需求分析说明书、概要设计说明书、详细设计说明书、已编译的可执行代码、测试大纲、测试用例和使用手册等）也是基线的例子。

基线通常对应于项目过程中的里程碑（Milestone），一个项目可以有多条基线，也可以只有一条基线。交付给用户使用的基线一般称为发行基线（Release），内部过程使用的基线一般称为构造基线（Build）。

对于每一条基线，要定义下列内容：建立基线的事件、受控的配置项、建立和变更基线的程序、批准变更基线所需的权限。在项目实施过程中，每条基线都要纳入配置控制，对这些基线的更新只能采用正式的变更控制程序。

建立基线的价值可包括：

（1）基线为项目工作提供了一个定点和快照。

（2）新项目可以在基线提供的定点上建立。新项目作为一个单独分支，将与随后对原始项目（在主要分支上）所进行的变更进行隔离。

（3）当认为更新不稳定或不可信时，基线为团队提供一种取消变更的方法。

（4）可以利用基线重新建立基于某个特定发布版本的配置，以重现已报告的错误。

6. 配置管理数据库

我们常使用配置管理数据库来管理配置项，它是指包含每个配置项及配置项之间重要关系的详细资料的数据库。对于信息系统开发项目来说，常使用配置库实施配置数据的管理。配置管理数据库主要内容包括：

①发布内容，包括每个配置项及其版本号；②经批准的变更可能影响到的配置项；③与某个配置项有关的所有变更请求；④配置项变更轨迹；⑤特定的设备和软件；⑥计划升级、替换或弃用的配置项；⑦与配置项有关的变更和问题；⑧来自于特定时期特定供应商的配置项；⑨受问题影响的所有配置项。

配置管理数据库管理所有配置项及其关系，以及与这些配置项有关的事件、问题、已知错误、变更和发布及相关的员工、供应商和业务部门信息；保存多种服务的详细信息及这些服务与IT组件之间的关系；保存配置项的财务信息，如供应商、购买费用和购买日期等。

7. 配置库

针对信息系统开发类型的项目，我们常使用配置库（Configuration Library）存放配置项并记录与配置项相关的所有信息，它是配置管理的有力工具。利用配置库中的信息可回答许多配置管理的问题：①哪些用户已提取了某个特定的系统版本；②运行一个给定的系统版本需要什么硬件和系统软件；③一个系统到目前已生成了多少个版本，何时生成的；④如果某一特定的构件变更了，会影响到系统的哪些版本；⑤一个特定的版本曾提出过哪几个变更请求；⑥一个特定的版本有多少已报告的错误。

使用配置库可以帮助配置管理员把信息系统开发过程的各种工作产品，包括半成品或阶段产品和最终产品管理得井井有条，使其不致管乱、管混、管丢。配置库可以分开发库、受控库、产品库3种类型。

（1）开发库。开发库也称为动态库、程序员库或工作库，用于保存开发人员当前正在开发的配置实体，如新模块、文档、数据元素或进行修改的已有元素。动态中的配置项被置于版本管理之下。动态库是开发人员的个人工作区，由开发人员自行控制。库中的信息可能有较为频繁的修改，只要开发库的使用者认为有必要，无须对其进行配置控制，因为这通常不会影响到项目的其他部分。

（2）受控库。受控库也称为主库，包含当前的基线以及对基线的变更。受控库中的配置项被置于完全的配置管理之下。在信息系统开发的某个阶段工作结束时，将当前的工作产品存入受控库。

（3）产品库。产品库也称为静态库、发行库、软件仓库，包含已发布使用的各种基线的存档，被置于完全的配置管理之下。在开发的信息系统产品完成系统测试之后，作为最终产品存入产品库内，等待交付用户或现场安装。

配置库的建库模式有两种：按配置项类型建库和按开发任务建库。

（1）按配置项的类型分类建库。这种模式适用于通用软件的开发组织。在这样的组织内，往往产品的继承性较强，工具比较统一，对并行开发有一定的需求。使用这样的库结构有利于对配置项的统一管理和控制，同时也能提高编译和发布的效率。但由于这样的库结构并不是面向各个开发团队的开发任务的，所以可能会造成开发人员的工作目录结构过于复杂，带来一些不必要的麻烦。

（2）按开发任务建立相应的配置库。这种模式适用于专业软件的开发组织。在这样的组织内，使用的开发工具种类繁多，开发模式以线性发展为主，所以没必要把配置项严格分类存储，人为增加目录的复杂性。对于研发性的软件组织来说，采用这种设置策略比较灵活。

19.1.2 角色与职责

配置管理相关角色常包括：变更控制委员会（Change Control Board，CCB）、配置管理负责人、配置管理员和配置项负责人等。

1. 配置管理负责人

配置管理负责人也称配置经理，负责管理和决策整个项目生命周期中的配置活动，具体有：

①管理所有活动，包括计划、识别、控制、审计和回顾；②负责配置管理过程；③通过审计过程确保配置管理数据库的准确和真实；④审批配置库或配置管理数据库的结构性变更；⑤定义配置项责任人；⑥指派配置审计员；⑦定义配置管理数据库范围、配置项属性、配置项之间关系和配置项状态；⑧评估配置管理过程并持续改进；⑨参与变更管理过程评估；⑩对项目成员进行配置管理培训。

2. 配置管理员

配置管理员负责在整个项目生命周期中进行配置管理的主要实施活动，具体有：①建立和维护配置管理系统；②建立和维护配置库或配置管理数据库；③配置项识别；④建立和管理基线；⑤版本管理和配置控制；⑥配置状态报告；⑦配置审计；⑧发布管理和交付。

3. 配置项负责人

配置项负责人确保所负责的配置项的准确和真实：①记录所负责配置项的所有变更；②维护配置项之间的关系；③调查审计中发现的配置项差异，完成差异报告；④遵从配置管理过程；⑤参与配置管理过程评估。

19.1.3 目标与方针

1. 管理目标

在信息系统项目中，配置管理的目标主要用以定义并控制信息系统的组件，维护准确的配置信息，具体包括：①所有配置项能够被识别和记录；②维护配置项记录的完整性；③为其他管理过程提供有关配置项的准确信息；④核实有关信息系统的配置记录的正确性并纠正发现的错误；⑤配置项当前和历史状态得到汇报；⑥确保信息系统的配置项的有效控制和管理。

为了实现上述目标需要建立一个完整的配置项管理过程，通过该管理过程实现对所有配置项的有效管理，以保证所有配置项及时正确地识别、记录和查询，配置元素当前和历史状态得到汇报，以及配置元素记录的完整性。

针对信息系统开发项目，常需要通过实施软件配置管理达到配置管理的目标，即在整个软件生命周期中建立和维护项目产品的完整性。组织需要实现的配置管理目标主要包括：①确保软件配置管理计划得以制订，并经过相关人员的评审和确认；②应该识别出要控制的项目产品有哪些，并且制定相关控制策略，以确保这些项目产品被合适的人员获取；③应制定控制策略，以确保项目产品在受控制范围内更改；④应该采取适当的工具和方法，确保相关组别和个人能够及时了解到软件基线的状态和内容。

2. 管理方针

为了实现配置管理目标，组织应定义配置管理过程，制定配置管理相关制度。管理层和具体项目负责人应该明确相关人员在项目中所担负的配置管理方面的角色和责任，并使他们得到适合的培训。项目组成员应严格按照配置管理过程文件规定的要求执行，履行配置管理的相关职责。配置管理工作应该享有资金和管理决策支持等。配置管理的系统性应在整个项目生命周期中得到控制。配置管理应基于项目类型和交付物等定义覆盖全面的管理范围，如信息系统开发项目中对外交付的软件产品，以及那些被选定的在项目中使用的支持类工具等。组织应定期开展配置审计活动。配置管理关键成功因素主要包括：①所有配置项应该记录；②配置项应该分类；③所有配置项要编号；④应该定期对配置库或配置管理数据库中的配置项信息进行审计；⑤每个配置项在建立后，应有配置负责人负责；⑥要关注配置项的变化情况；⑦应该定期对配置管理进行回顾；⑧能够与项目的其他管理活动进行关联。

19.1.4 管理活动

配置管理的日常管理活动主要包括：制订配置管理计划、配置项识别、配置项控制、配置状态报告、配置审计、配置管理回顾与改进等。

1. 制订配置管理计划

配置管理计划是对如何开展项目配置管理工作的规划，是配置管理过程的基础，应该形成文件并在整个项目生命周期内处于受控状态。CCB 负责审批该计划。配置管理计划的主要内容为：

- 配置管理的目标和范围。
- 配置管理活动主要包括配置项标识、配置项控制、配置状态报告、配置审计、配置管理回顾与改进等。
- 配置管理角色和责任安排。
- 实施这些活动的规范和流程，如配置项命名规则。
- 实施这些活动的进度安排，如日程安排和程序。
- 与其他管理之间（如变更管理等）的接口控制。
- 负责实施这些活动的人员或团队，以及他们和其他团队之间的关系。
- 配置管理信息系统的规划，包括配置数据的存放地点、配置项运行的受控环境、与其他服务管理系统的联系和接口、构建和安装支持工具等。
- 配置管理的日常事务，包括许可证控制、配置项的存档等。
- 计划的配置基准线、重大发布、里程碑，以及针对以后每个期间的工作量计划和资源计划。

2. 配置项识别

配置项识别是识别所有信息系统组件的关键配置，以及各配置项间的关系和配置文档等结构识别。它包括为配置项分配标识和版本号等。配置项识别是配置管理的一项基础性工作，要确定配置项的范围、属性、标识符、基准线以及配置结构和命名规则等。

（1）确定配置项范围。识别配置项范围、配置项级别与细节，预先决定哪些资产和活动将受配置管理控制，定义要使用什么级别的控制，哪些配置需要进一步分为多个组件，生成子配置项等。其他与配置项有关的记录和信息也需要保存。这些信息包括配置项的版本信息、变更历史、存储位置及相互间关系等信息。

（2）确认和记录配置项属性。为了便于对配置项进行管理，配置管理需要预先确认和记录各配置项，特别是高风险或关键配置项的属性。配置项属性一般包括配置项的名称、编号、类别、版本号、责任人、来源、提供日期、许可证号、目前状态、计划状态、父配置项关联、子配置项关联、事件号、问题号、变更请求号、变更号、备注等内容。

（3）为配置项定义标识符。为便于识别，配置管理应该赋予每个配置项一个唯一的标识符并维护这些标识的准确性。硬件配置项可以通过在硬件配置项上贴上或刻上物理标记或通过条形码来定义配置项的标识符；软件配置项可以在将其软件存入配置库时，制作一个包含配置项名称和版本号的标签；文档配置项可以通过在文档命名中加入有效日期和更新日期加以标识。

（4）确定配置基准线。配置基准线是对某个特定时点上一组配置项的描述。一项完整的配置基准线应该包括的内容主要有：①过去的、当前的和计划中的发布信息；②过去的、当前的和计划中的变更信息；③批准和实施变更时信息系统的状态和有关文档；④实施发布时信息系统的状态和有关文档；⑤按标准规范配置的硬件和软件。

（5）确定配置结构。为了完整地识别和记录各配置项之间的关系，需要确定信息系统的配置结构。配置结构说明了配置项的层次结构和各配置项之间的关系。这里的结构可以是信息系统的配置结构，也可以是项目配置结构。与配置结构有关的一个关键问题是配置项的选择。配置项可以是一个独立的硬件单元或软件模块，也可以是由多个不同的配置项组合成的一个较大的配置项。一个配置可以同时是许多不同配置项（一个配置项集）的一部分。组织应根据项目管理的需求来选择配置项的级别。将所需的最低配置项级别预先决定好，即使你不会立即将配置管理精细化程度置于那个级别，这也是一件值得花时间去做的事，并且要尽可能为未来着想。

（6）确定配置项命名规则。命名规则可应用于配置项标识、配置文档、变更和基准线等。合理的命名规则有助于管理配置结构中各配置项的层次关系、每个配置项的层次或从属关系、配置项与其相关的文档之间的关系、文档与变更之间的关系、事件和变更之间的关系。配置管理应该建立所有的配置项和控制形式（如变更请求）的命名规则。命名规则的制订应尽量考虑配置项名称的延续性、易记性和可扩展性。

每个配置项可以通过自身的字符、拷贝号/序列号和版本号等标识唯一识别（有关拷贝号/序列号和版本号等详细信息应记录在配置库或配置管理数据库中，但不一定作为标识的一部分）。版本号识别出哪些变化的版本属于同一配置项。同一配置项的不同版本可以在同一时刻共存。在制定命名规则时应充分考虑未来可能的版本增长。标识应相对较短，但有其具体含义，并尽可能使用现有规则，版本记录、变更记录以及其他与信息系统有关的配置项都需要标识。配置项命名规则应能体现：①配置结构内各配置项间的层级关系；②每个配置及其相关文档间的关系；③各配置项及其相关文档间的关系；④文档与变更间的关系等。

3. 配置项控制

配置项控制即对配置项和基线的变更控制，包括：标识和记录变更申请、分析和评价变更、批准或否决申请、实现、验证和发布已修改的配置项等任务。

（1）变更申请。变更申请主要就是陈述要做什么变更，为什么要变更，以及打算怎样变更。相关人员（如项目经理）填写变更申请表，说明要变更的内容、变更原因、受变更影响的关联配置项和有关基线、变更实施方案、工作量和变更实施人等，提交给CCB。

（2）变更评估。CCB负责组织对变更申请进行评估并确定：①变更对项目的影响；②变更的内容是否必要；③变更的范围是否考虑周全；④变更的实施方案是否可行；⑤变更工作量估计是否合理。CCB 决定是否接受变更，并将决定通知相关人员。

（3）通告评估结果。CCB 把关于每个变更申请的批准、否决或推迟的决定通知受此处置意见影响的每个干系人。如果变更申请得到批准，应该及时把变更批准信息和变更实施方案通知给那些正在使用受影响的配置项和基线的干系人。如果变更申请被否决，应通知有关干系人放弃该变更申请。

（4）变更实施。项目经理组织修改相关的配置项，并在相应的文档、程序代码或配置管理数据中记录变更信息。

（5）变更验证与确认。项目经理指定人员对变更后的配置项进行测试或验证。项目经理应将变更与验证的结果提交给 CCB，由其确认变更是否已经按要求完成。

（6）变更的发布。配置管理员将变更后的配置项纳入基线。配置管理员将变更内容和结果通知相关人员，并做好记录。

（7）基于配置库的变更控制。在信息系统开发项目中，一处出现了变更，经常会连锁引起多处变更，会涉及参与开发工作的许多人员。例如，测试引发了需求的修改，那么很可能要涉及需求规格说明、概要设计、详细设计和代码等相关文档，甚至会使测试计划随之变更。

如果是多个开发人员对信息系统的同一部件进行修改，情况会更加复杂。例如，在软件测试时发现了两个故障，项目经理最初以为两个故障是无关联的，就分别指定甲和乙去解决这两个故障。但碰巧，引起这两个故障的错误代码都在同一个软件部件中。甲和乙各自对故障定位后，先后从库中取出该部件，各自做了修改，又先后将部件送回库中。结果，甲放入库中的部件版本只有甲的修改，乙放入库中的部件版本只有乙的修改，没有一个版本同时解决了两个故障。

基于配置库的变更控制可以完美地解决上述问题，如图 19-2 所示。

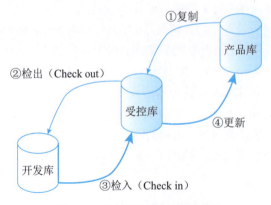

图 19-2 基于配置库的变更控制

现以某软件产品升级为例，其过程简述为：

（1）将待升级的基线（假设版本号为 V2.1）从产品库中取出，放入受控库。

（2）程序员将欲修改的代码段从受控库中检出（Check out），放入自己的开发库中进行修改。代码被检出后即被"锁定"，以保证同一段代码只能同时被一个程序员修改，如果甲正对其修改，乙就无法 Check out。

（3）程序员将开发库中修改好的代码段检入（Check in）受控库。检入后，代码的"锁定"被解除，其他程序员可以 Check out 该段代码了。

（4）软件产品的升级修改工作全部完成后，将受控库中的新基线存入产品库中（软件产品的版本号更新为 V2.2，旧的 V2.1 版并不删除，继续在产品库中保存）。

4. 配置状态报告

配置状态报告也称配置状态统计，其任务是有效地记录和报告管理配置所需要的信息，目的是及时、准确地给出配置项的当前状况，供相关人员了解，以加强配置管理工作。在信息系统项目中，配置项在不停地演化着。配置状态报告就是要在某个特定的时刻观察当时的配置状态，也就是要对动态演化着的配置项取个瞬时的"照片"，以利于在状态报告信息分析的基础上，更好地进行控制。配置状态报告应该主要包含：

（1）每个受控配置项的标识和状态。一旦配置项被置于配置控制下，就应该记录和保存它的每个后继进展的版本和状态。

（2）每个变更申请的状态和已批准的修改的实施状态。

（3）每个基线的当前和过去版本的状态以及各版本的比较。

（4）其他配置管理过程活动的记录等。

5. 配置审计

配置审计也称配置审核或配置评价，包括功能配置审计和物理配置审计，分别用以验证当前配置项的一致性和完整性。配置审计的实施是为了确保项目配置管理的有效性，体现了配置管理的最根本要求，不允许出现任何混乱现象：①防止向用户提交不适合的产品，如交付了用户手册的不正确版本；②发现不完善的实现，如开发出不符合初始规格说明或未按变更请求实施变更；③找出各配置项间不匹配或不相容的现象；④确认配置项已在所要求的质量控制审核之后纳入基线并入库保存；⑤确认记录和文档保持着可追溯性等。

（1）功能配置审计。功能配置审计是审计配置项的一致性（配置项的实际功效是否与其需求一致），具体验证主要包括：①配置项的开发已圆满完成；②配置项已达到配置标识中规定的性能和功能特征；③配置项的操作和支持文档已完成并且是符合要求的等。

（2）物理配置审计。物理配置审计是审计配置项的完整性（配置项的物理存在是否与预期一致），具体验证主要包括：①要交付的配置项是否存在；②配置项中是否包含了所有必需的项目等。

一般来说，配置审计应当定期进行，应当进行配置审计的场景包括：①实施新的配置库或配置管理数据库之后；②对信息系统实施重大变更前后；③在一项软件发布和安装被导入实际运作环境之前；④灾难恢复之后或事件恢复正常之后；⑤发现未经授权的配置项后；⑥任何其他必要的时候等。

部分常规配置审计工作可由审计软件完成，如比较两台计算机的配置情况，分析工作站并报告它当前的状况。但要注意的是，审计软件即使发现不一致的情况，也不允许自动更新配置库或配置管理数据库，必须由有关负责人调查后再进行更新。

6. 配置管理回顾与改进

配置管理回顾与改进即定期回顾配置管理活动的实施情况，发现在配置管理执行过程中有无问题，找到改进点，继而优化配置管理过程。配置管理回顾及改进活动包括：①对本次配置管理回顾进行准备，设定日期和主题，通知相关人等参加会议。根据配置管理绩效衡量指标，要求配置项责任人提供配置项统计信息；②召开配置管理回顾会议，在设定日期召开回顾会议，对配置管理报告进行汇报，听取各方意见，回顾上次过程改进计划执行情况；③根据会议结论，制订并提交服务改进计划；④根据过程改进计划，协调、落实改进等。

19.2 变更管理

变更管理的大致作用与基本操作原则已在整合管理、范围管理等相关章节中介绍，但由于变更管理方法在项目管理中的重要性不断增加，且在实际应用中的影响越来越大，故特设立本节单独论述。变更在信息系统项目过程中经常发生，许多项目失败是对变更处理不当造成的。有些变更是积极的，有些则是消极的，做好变更管理可以使项目的质量、进度和成本管理更有效。

19.2.1 管理基础

项目变更管理是指在信息系统项目的实施过程中，由于项目环境或者其他的原因而对项目的功能、性能、架构、技术指标、集成方法、项目进度等方面做出的改变。变更管理的实质是根据项目推进过程中越来越丰富的项目认知，不断调整项目努力方向和资源配置，最大程度地满足项目需求，提升项目价值。

1. 变更管理与配置管理

如果把项目整体的交付物视作项目的配置项，配置管理可视为对项目完整性管理的一套系统，当用于项目基准调整时，变更管理可视为其一部分。亦可视变更管理与配置管理为相关联的两套机制，变更管理由项目交付或基准配置调整时，由配置管理过程调用，变更管理最终应将对项目的调整结果反馈给配置管理过程，以确保项目执行与项目配置信息相一致。

2. 变更产生的原因

由于项目逐渐完善的基本特性，意味着早期的共识随着项目进行，对项目不断深入地理解，作业过程与预先的发生变化是必然的。如果持续按照项目早期的定义开展，很难会保质保量地交付，因而变更控制必不可少。变化可能是对交付物的需求发生的变化，也可能是项目范围或是项目的资源、进度等执行过程发生的变化。变更的常见原因包括：①产品范围（成果）定义的过失或者疏忽；②项目范围（工作）定义的过失或者疏忽；③增值变更；④应对风险的紧急计划或回避计划；⑤项目执行过程与基准要求不一致带来的被动调整；⑥外部事件等。

3. 变更的分类

变更的分类方式有很多，需要根据具体项目的类型和组织对项目管理的模式与方法等确定，如弱电工程、应用开发、集成、IT 咨询、IT 运维、信息系统开发等。项目业务形态各异，组织管理成熟度亦有差距，每种业务内容的变更分类方法尚无法统一，组织可在各项目中细化分类，并对不同内容的变更区别情况提出不同控制方法，通过不同变更处理流程进行管理。通常来说，根据变更性质可分为重大变更、重要变更和一般变更，通过不同审批权限进行控制；根据变更的迫切性可分为紧急变更、非紧急变更；根据行业特点分类，如弱电工程行业的常见分类方法为产品（工作）范围变更、环境变更、设计变更、实施变更和技术标准变更。

4. 项目变更的含义

项目管理方法的基本原理，即将特定的目标通过规范的计划过程，转化为基准共识之后以指导项目执行，同时作为项目有效监控、收尾的依据。变更管理是为使得项目基准与项目实际执行情况相一致，应对项目变化的一套管理方法。其可能的两个结果是拒绝变化，或是调整项目基准。从资源增值视角看，变更的实质是在项目过程中，按一定流程，据因变化情况而确立的方案，从而调整资源的配置方式，或将储备资源运用于项目之中，满足项目需求。

19.2.2 管理原则

变更管理的原则是项目基准化和变更管理过程规范化。主要内容包括：

- 基准管理：基准是变更的依据。在项目实施过程中，基准计划确定并经过评审后（通常用户应参与部分评审工作），建立初始基准。此后每次变更通过评审后，都应重新确定基准。
- 变更控制流程化：建立或选用符合项目需要的变更管理流程，所有变更都必须遵循这个控制流程。流程化的作用在于将变更的原因、专业能力、资源运用方案、决策权、干系人的共识、信息流转等元素有效综合起来，按科学的顺序进行。
- 明确组织分工：至少应明确变更相关工作的评估、评审、执行的职能。
- 评估变更的可能影响：变更的来源是多样的，既需要完成对客户可视的成果、交付期等变更操作，还需要完成对客户不可视的项目内部工作的变更，如实施方的人员分工、管理工作和资源配置等。
- 妥善保存变更产生的相关文档：确保其完整、及时、准确和清晰，适当时可以引入配置管理工具。

19.2.3 角色与职责

规范的项目实施，提倡分权操作。项目经理是组织委托的项目经营过程负责者，其正式权利由项目章程取得，而资源调度的权力通常由基准中明确。基准中不包括的储备资源需经授权人批准后方可使用。项目经理在变更中的作用是：响应变更提出者的需求；评估变更对项目的影响及应对方案；将需求由技术要求转化为资源需求，供授权人决策；并据评审结果实施（即调整基准），确保项目基准反映项目实施情况。

信息系统项目中，除项目经理和 CCB 外，通常还会定义变更管理负责人、变更请求者、变更实施者和变更顾问委员会等。

1. 变更管理负责人

变更管理负责人也称变更经理，通常是变更管理过程解决方案的负责人，其主要职责包括：

①负责整个变更过程方案的结果；②负责变更管理过程的监控；③负责协调相关的资源，保障所有变更按照预定过程顺利运作；④确定变更类型，组织变更计划和日程安排；⑤管理变更的日程安排；⑥变更实施完成之后的回顾和关闭；⑦承担变更相关责任，并且具有相应权限；⑧可能以逐级审批形式或团队会议的形式参与变更的风险评估和审批等。

2. 变更请求者

变更请求者负责记录与提交变更请求单，具体为：①提交初步的变更方案和计划；②初步评价变更的风险和影响，给变更请求设定适当的变更类型；③对理解变更过程有能力要求等。

3. 变更实施者

变更实施者需要拥有有执行变更方案的内容的技术能力，负责按照实施计划实施具体的变更任务。

4. 变更顾问委员会

变更顾问委员会负责对重大变更行使审批，提供专业意见和辅助审批，具体为：①在紧急变更时，其中被授权者行使审批权限；②定期听取变更经理汇报，评估变更管理执行情况，必要时提出改进建议等。

19.2.4 工作程序

1. 变更申请

变更提出应当及时以正式方式进行，并留下书面记录。变更的提出可以是各种形式，但在评估前应以书面形式提出。项目的干系人都可以提出变更申请，但一般情况下都需要经过指定人员进行审批，一般项目经理或者项目配置管理员负责该相关信息的收集，以及对变更申请的初审。

2. 对变更的初审

变更初审的目的主要包括：①对变更提出方施加影响，确认变更的必要性，确保变更是有价值的；②格式校验，完整性校验，确保评估所需信息准备充分；③在干系人间就提出供评估的变更信息达成共识等。

变更初审的常见方式为变更申请文档的审核流转。

3. 变更方案论证

变更方案的主要作用，首先是对变更请求是否可实现进行论证，如果可能实现，则将变更请求由技术要求转化为资源需求，以供 CCB 决策。常见的方案内容包括技术评估和经济与社会效益评估，前者评估需求如何转化为成果，后者评估变更方面的经济与社会价值和潜在的风险。

对于一些大型的变更，可以召开相关的变更方案论证会议，通常需要由变更顾问委员会（相关技术和经济方面的专家组成）进行相关论证，并将相关专家意见作为项目变更方案的一部分，报项目 CCB 作为决策参考。

4. 变更审查

变更审查过程是项目所有者根据变更申请及评估方案，决定是否变更项目基准。评审过程常包括客户、相关领域的专业人士等。审查通常采用文档、会签形式，重大的变更审查可以采用正式会议形式。

审查过程应注意分工，项目投资人虽有最终的决策权，但通常技术上并不专业。所以应当在评审过程中将专业评审、经济评审分开，对于涉及项目目标和交付成果的变更，客户和服务对象的意见应放在核心位置。

5. 发出通知并实施

变更评审通过后，意味着基准的调整，同时确保变更方案中的资源需求及时到位。基准调整包括项目目标的确认，最终成果、工作内容和资源、进度计划的调整。需要强调的是：变更通知不只是包括项目实施基准的调整，更要明确项目的交付日期、成果对相关干系人的影响。如果变更造成交付期调整，应在变更确认时发布，而非在交付前公布。

6. 实施监控

变更实施的监控，除了调整基准中涉及变更的内容外，还应当对项目的整体基准是否反映项目实施情况负责。通过监控行动，确保项目的整体实施工作是受控的。变更实施的过程监控，通常由项目经理负责基准的监控。CCB 监控变更明确的主要成果、进度里程碑等，也可以通过监理单位完成监控。

7. 效果评估

变更评估的关注内容主要包括：①评估依据是项目的基准；②结合变更的目标，评估变更所要达到的目的是否已达成；③评估变更方案中的技术论证、经济论证内容与实施过程的差距，并促使解决。

8. 变更收尾

变更收尾是判断发生变更后的项目是否已纳入正常轨道。配置基准调整后，需要确认资源配置是否及时到位，若涉及人员的调整，则需要更加关注。变更完成后对项目的整体监控应按新的基准进行。若涉及变更的项目范围及进度，则在变更后的紧邻监控中，应更多地关注、确认新的基准生效情况，及项目实施流程的正常使用情况。

19.2.5 变更控制

由于变更的实际情况千差万别，可能简单，也可能相当复杂。越大型的项目，调整基准的边际成本越高，随意调整可能带来的后果众多，包括基准失效、项目干系人冲突、资源浪费、项目执行情况混乱等。在项目整体压力较大的情况下，更需强调变更的提出和处理应当规范化，可以使用分批处理、分优先级等方式提高效率。例如，在繁忙的交通道口，如果红绿灯变化频繁，其实不是灵活高效，而是整体通过能力的降低。

项目规模小、与其他项目的关联度小时，变更的提出与处理过程可在操作上力求简便、高效。但小项目的变更仍应注意对变更产生的因素施加影响（如防止不必要的变更，减少无谓的评估，提高必要变更的通过效率等），对变更的确认应当正式化，变更的操作过程应当规范化等。

变更管理虽然遵循一致的工作过程，但需要针对不同类型的变更，明确其控制要求。一般来说，项目的变更控制主要关注变更申请的控制及变更过程的控制。在变更过程控制中，需要对进度变更控制、成本变更控制和合同变更控制等进行重点关注，其他方面的变更控制需要结合具体变更的重点关注项，定义其控制要求。

1. 变更申请的控制

由于变更的真实原因和提出背景复杂，如不经评估而快速实施则可能涉及的项目影响难以预料，而变更申请是变更管理流程的起点，故应严格控制变更申请的提交。变更控制的前提是项目基准健全，变更处理的流程事先共识。这里严格控制是指变更管理体系能确保项目基准能反映项目的实施情况。

变更申请的提交，首先应当确保覆盖所有变更操作，这意味着如果变更申请操作可以被绕过，那么变更申请的严格管理便毫无意义；但项目应根据变更的影响和代价提高变更流程的效率，并在某些情况下使用进度管理中的快速跟进等方法。例如，委托方和实施方高层管理者已共识的变更请求，在实施过程中应提高变更执行的效率。

2. 变更过程控制

（1）对进度变更的控制。对进度变更的控制主要包括：①判断项目进度的当前状态；②对造成进度变化的因素施加影响；③查明进度是否已经改变；④在实际变化出现时对其进行管理。

（2）对成本变更的控制。对成本变更的控制主要包括：①对造成费用基准变更的因素施加影响；②确保变更请求获得同意；③当变更发生时，管理这些实际的变更；④保证潜在的费用超支不超过授权的项目阶段资金和总体资金；⑤监督费用绩效，找出与费用基准的偏差；⑥准确记录所有与费用基准的偏差；⑦防止错误的、不恰当的或未批准的变更被纳入费用或资源使用报告中；⑧就审定的变更，通知利害关系者；⑨采取措施，将预期的费用超支控制在可接受的范围内；⑩项目费用控制查找正、负偏差的原因。例如，若对费用偏差采取不适当的应对措施，就可能造成质量或进度问题，或在项目后期产生无法接受的巨大风险等。

（3）对合同变更的控制。合同变更控制是规定合同修改的过程，它包括文书工作、跟踪系统、争议解决程序以及批准变更所需的审批层次。合同变更控制应当与整体变更控制结合起来。

19.2.6 版本发布和回退计划

对于很多信息系统开发项目来说，项目变更必须做相应的版本发布，并制定相应的应急回退方案。为确保版本发布的成功，在版本发布前应对每次版本发布进行管理，并做好发布失败后的回退方案。

版本发布前的准备工作包括：①进行相关的回退分析；②备份版本发布所涉及的存储过程、函数等其他数据的存储及回退管理；③备份配置数据，包括数据备份的方式；④备份在线生产平台接口、应用、工作流等版本；⑤启动回退机制的触发条件；⑥对变更回退的机制职责的说明，如通知相关部门，确定需要回退的关联系统和回退时间点等。

为确保版本发布的成功，在版本发布前应对每次版本发布的风险进行相应的评估，对版本发布的过程检查单（Check list）做严格的评审。在评审发布内容时对存在风险的发布项做重点评估，确定相应的回退范围，制定相应的回退策略。回退步骤通常包括：①通知相关用户系统开始回退；②通知各关联系统进行版本回退；③回退存储过程等数据对象；④配置数据回退；⑤应用程序、接口程序、工作流等版本回退；⑥回退完成通知各周边关联系统；⑦回退后进行相关测试，保证回退系统能够正常运行；⑧通知用户回退完成等。

项目还需要对引起回退的原因进行深入分析、总结经验，避免下次回退发生。对执行回退计划中出现的问题进行分析，完善回退的管理。

19.3 项目文档管理

信息系统相关信息（文档）是指某种数据媒体和其中所记录的数据。它具有永久性，并可以由人或机器阅读，通常仅用于描述人工可读的东西。在软件工程中，文档常常用来表示对活动、需求、过程或结果进行描述、定义、规定、报告或认证的任何书面或图示的信息（包括纸质文档和电子文档）。

19.3.1 管理基础

信息系统项目类型的不同，其文档分类的方法不同，不同的组织也会结合自身的管理实践，定义其文档类型。对于信息系统开发项目来说，其文档一般分开发文档、产品文档和管理文档。

（1）开发文档描述开发过程本身，基本的开发文档包括：可行性研究报告和项目任务书、需求规格说明、功能规格说明、设计规格说明（包括程序和数据规格说明、开发计划、软件集成和测试计划、质量保证计划、安全和测试信息等）。

（2）产品文档描述开发过程的产物，基本的产品文档包括：培训手册、参考手册和用户指南、软件支持手册、产品手册和信息广告。

（3）管理文档记录项目管理的信息，例如：开发过程的每个阶段的进度和进度变更的记录；软件变更情况的记录；开发团队的职责定义、项目计划、项目阶段报告；配置管理计划。

文档的质量通常可以分为 4 级：

（1）最低限度文档（1 级文档）：适合开发工作量低于一个人月的开发者自用程序。该文档应包含程序清单、开发记录、测试数据和程序简介。

（2）内部文档（2 级文档）：可用于没有与其他用户共享资源的专用程序。除 1 级文档提供的信息外，2 级文档还包括程序清单内足够的注释以帮助用户安装和使用程序。

（3）工作文档（3 级文档）：适合于由同一单位内若干人联合开发的程序，或可被其他单位使用的程序。

（4）正式文档（4 级文档）：适合那些要正式发行供普遍使用的软件产品。关键性程序或具有重复管理应用性质（如工资计算）的程序需要 4 级文档。4 级文档遵守 GB/T 2006-8567《计算机软件文档编制规范》的有关规定。

19.3.2 规则和方法

文档的规范化管理主要体现在文档书写规范、图表编号规则、文档目录编写标准和文档管理制度等几个方面。

（1）文档书写规范。管理信息系统的文档资料涉及文本、图形和表格等多种类型，无论是哪种类型的文档都应该遵循统一的书写规范，包括符号的使用、图标的含义、程序中注释行的使用、注明文档书写人及书写日期等。例如，在程序的开始要用统一的格式包含程序名称、程序功能、调用和被调用的程序、程序设计人等。

（2）图表编号规则。在管理信息系统的开发过程中用到很多的图表，对这些图表进行有规则地编号，可以方便图表的查找。图表的编号一般采用分类结构。根据生命周期法的 5 个阶段，可以给出如图 19-3 所示的分类编号规则。根据该规则，就可以通过图表编号判断该图表出于系统开发周期的哪一个阶段，属于哪一个文档，文档中的哪一部分内容及第几张图表。

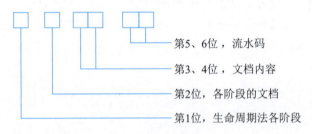

图 19-3　图表编号规则

（3）文档目录编写标准。为了存档及未来使用的方便，应该编写文档目录。管理信息系统的文档目录中应包含文档编号、文档名称、格式或载体、份数、每份页数或件数、存储地点、存档时间、保管人等。文档编号一般为分类结构，可以采用同图表编号类似的编号规则。文档名称要书写完整、规范。格式或载体指的是原始单据或报表、磁盘文件、磁盘文件打印件、大型图表、重要文件原件、光盘存档等。

（4）文档管理制度。为了更好地进行信息系统文档的管理，应该建立相应的文档管理制度。文档的管理制度须根据组织实体的具体情况而定，主要包括建立文档的相关规范、文档借阅记录的登记制度、文档使用权限控制规则等。建立文档的相关规范是指文档书写规范、图表编号规则和文档目录编写标准等。文档的借阅应该进行详细的记录，并且需要考虑借阅人是否有使用权限。在文档中存在商业秘密或技术秘密的情况下，还应注意保密。特别要注意的是，项目干系人签字确认后的文档要与相关联的电子文档一一对应，这些电子文档还应设置为只读。

19.4　本章练习

1. 选择题

（1）配置管理是为了系统地控制配置变更，在信息系统项目的整个生命周期中维持配置的_____和_____。

　　A. 完整性 可跟踪性　　　　　　B. 完整性 真实性
　　C. 高效性 可跟踪性　　　　　　D. 高效性 真实性

参考答案：A

（2）_____负责在整个项目生命周期中进行配置管理的主要实施活动。

    A. 配置管理负责人   B. 配置项负责人

    C. 项目经理   D. 配置管理员

参考答案：D

（3）若对配置项进行更改，配置项状态为_____。当配置项修改完毕并重新通过评审时，其状态变为_____。

    A. 修改　正式   B. 草稿　正式

    C. 草稿　修改   D. 正式　草稿

参考答案：A

（4）配置管理的日常管理活动主要包括：制订配置管理计划、配置项识别、配置项控制、配置状态报告、_____、配置管理回顾与改进等。

    A. 配置审计   B. 配置变更

    C. 配置项重新定义   D. 配置管理

参考答案：A

（5）对于大型的变更，可以召开相关的变更方案论证会议，通常需要由_____（相关技术和经济方面的专家组成）进行相关论证。

    A. 变更控制委员会 CCB   B. 变更实施委员会

    C. 变更顾问委员会   D. 配置管理委员会

参考答案：C

（6）对于信息系统开发项目来说，其文档一般分为开发文档、产品文档和_____。

    A. 管理文档   B. 应用文档   C. 指南文档   D. 规范文档

参考答案：A

（7）对于信息系统开发项目来说，参考手册和用户指南属于_____。

    A. 规划文档   B. 开发文档   C. 配置文档   D. 产品文档

参考答案：D

2. 判断题

判断下列表述正误，正确的选 √，错误的选 ×。

（1）配置项是信息系统组件或与其有关的项目，包括软件和各种文档，不包括硬件。（　）

（2）合同变更控制是规定合同修改的过程，合同变更控制应当单独执行，不要与整体变更控制结合起来。（　）

（3）变更管理虽然遵循一致的工作过程，但需要针对不同类型的变更，明确其不同的控制要求。（　）

参考答案：（1）× （2）× （3）√

第20章 高级项目管理

在信息系统项目管理工作中，组织管理者和项目管理者还会面临多项目的管理或组织级的项目管理、项目的量化管理等。项目集管理、项目组合管理和组织级项目管理为组织当中的多项目管理和组织级管理提供了有效的指导。量化项目管理为组织及项目管理的量化、数字化提供了指导。PMI、ITSS、CMMI 和 PRINCE2 等为各类信息系统项目管理提供了最佳实践，并提供了对组织的项目管理能力进行持续改进和评估的方法。

20.1 项目集管理

20.1.1 项目集管理标准

由项目管理协会（PMI）出版的《项目集管理标准》（第 4 版）为项目集管理的原则、实践和活动提供了指导。该标准为项目集和项目集管理提供了公认的定义，为项目集管理绩效域、项目集生命周期以及重要的项目集管理原则、实践和活动的成功提供了重要的概念。该标准与项目管理协会（PMI）的核心基本标准和指导性文件保持一致，并做出补充。这些标准和文件包括《项目管理知识体系》（PMBOK 指南）、《项目组合管理标准》《组织级项目管理实践指南》和《PMI 项目管理术语词典》。

20.1.2 项目集管理角色和职责

在项目集管理中涉及的相关角色主要包括：项目集发起人、项目集指导委员会、项目集经理、其他影响项目集的干系人。

1. 项目集发起人

项目集发起人和收益人是负责承诺将组织的资源应用于项目集，并致力于使项目集取得成功的人。项目集发起人角色往往由项目集指导委员会的高管担任，在指导组织和投资决策方面发挥着重要作用，并为相关组织的项目集的成功做出贡献。在许多组织中，项目集发起人担任项目集指导委员会的负责人，负责分配和监督项目集经理的工作进度。有效的发起人通常具有可以影响干系人的能力，跨不同干系人群体开展工作、找到互利的解决方案的能力、管理权和决策权，以及有效的沟通技巧。其典型职责包括：

- 为项目集提供资金，确保项目集目标与战略愿景保持一致；
- 使效益实现交付；
- 消除项目集管理与交付的困难和障碍。

2. 项目集指导委员会

项目集指导委员会应使项目集得到适当治理，由该委员会负责定义和实施适当的治理实践。项目集指导委员会通常由个人或集体认可的、具备组织洞察力和决策权的高层管理者组成，这对于制定项目集目标、战略和运营计划至关重要。项目集指导委员会的典型职责包括：

- 为项目集提供治理支持，包括监督、控制、整合和决策职能；
- 提供有能力的治理资源，监督与效益交付相关的项目集的不确定性和复杂性；
- 确保项目集目标和规划的效益符合组织战略和运营目标；
- 举行计划会议，确认项目集，并对项目集进行优先级排序和提供资金；
- 支持或批准项目集的建议和变更；
- 解决并补救上报的项目集问题和风险；
- 提供监督，使项目集效益得以规划、衡量并最终达成；
- 管理决策的制定、施行、执行和沟通；
- 定义要传达给干系人的关键信息，并确保其保持一致、透明；
- 审查预期效益和效益交付；
- 批准项目集收尾和终止。

3. 项目集经理

项目集经理是由执行组织授权，组建并带领团队实现项目集目标的人员。项目集经理对项目集的管理、实施和绩效负责。项目集经理的典型职责包括：

- 在项目集管理绩效域内开展工作；
- 与项目经理和其他项目集经理交互，为支持项目集各项计划提供支持和指导；
- 与项目组合经理进行交互，以确保提供适当的资源和优先级；
- 与治理机构、发起人及（适用时）项目集管理办公室合作，以确保项目集持续与组织战略和持续的组织支持保持一致；
- 与运营负责人和干系人进行交互，以确保项目集能够获得适当的运营支持，并有效地维持项目集所带来的效益；
- 确保各项目集组件的重要性能够被认可和理解；
- 确保项目集整体结构和所应用的项目集管理流程能够使项目集及其组建的团队成功完成工作并交付预期的效益；
- 为项目集团队提供有效和适当的管理决策。

4. 其他影响项目集的干系人

其他影响项目集的干系人是指能够影响项目集决策、活动、结果，或者受到影响的个人或组织。他们可能来自项目内部，也可能来自项目外部，如客户、用户、供应商等。对项目集成果的影响可能是积极的，也可能是消极的。

20.1.3 项目集管理绩效域

组织以约定的目标，启动项目集交付效益，实施项目集时要考虑平衡各组件间的不同需求、变更、干系人期望、要求、资源和时间冲突。在项目集过程活动或职能中，分为5个项目集管理绩效域，如图20-1所示。项目集经理通过在不同的项目集管理绩效域实施的行动、指导和带领力来引入变更。项目集管理绩效域包括项目集战略一致性、项目集效益管理、项目集干系人参与、项目集治理和项目集生命周期管理。在整个项目集运行期间，这些绩效域彼此交互，在项目集持续期间同时存在，由项目集的性质和复杂程度决定了某个特定领域在特定时间的活跃程度。

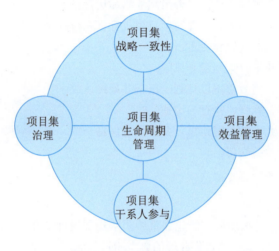

图20-1 项目集管理绩效域

1. 项目集战略一致性

项目集战略一致性是识别项目集输出和成果，以便与组织的目标和目的保持一致的绩效域。项目集经理应确保项目管理计划与项目集的目标和预期效益保持一致。从项目集构建阶段开始，项目集战略一致性贯穿始终，并持续到项目集生命周期结束。

（1）从项目集立项开始，通过可行性研究和项目集评估，来验证项目集的交付效益，并作为项目集章程和项目集路线图的输入。可行性研究报告和项目集评估成果批准后，项目集指导委员会将通过批准项目集章程的形式来批准项目集，指定并授权项目集经理。

（2）项目集章程被用来衡量项目集成功与否，关键要素包括项目集范围、假设条件、制约因素、高层级风险、高层级效益、目的和目标、时间、成功因素、成功的定义、衡量指标、测量方法和重要干系人等。

（3）在规划项目集时，项目集经理制订项目集路线图，按时间顺序展现项目集的预期方向、主要里程碑与决策点之间的依赖关系，以及各阶段或里程碑的交付效益，用于与干系人沟通总体计划和效益，建立并维系支持。

2. 项目集效益管理

项目集效益管理是定义、创建、最大化和交付项目集所提供效益的绩效域。主要活动包括效益识别、效益分析和规划、效益交付、效益移交和效益维持。项目集效益管理在整个项目集期间，各绩效域都要持续性、周期性交互，在项目集初期为自上而下的形式，在项目集后期则为自下而上的形式。项目集生命周期与项目集效益管理的绩效域的关系如图 20-2 所示。在整个项目集治理阶段，都要进行项目集绩效数据评估，以确保项目集产生预期的效益和成果。

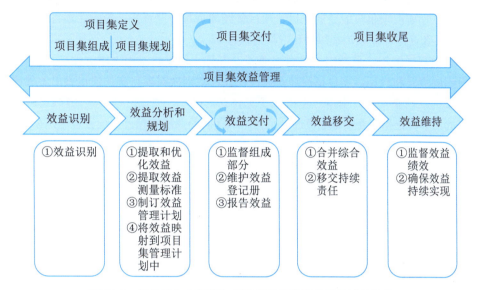

图 20-2　项目集生命周期与项目集效益管理的绩效域的关系

（1）效益识别。识别和审核项目集干系人预期实现的效益。主要活动包括定义项目集的目标和成功要素，识别并量化业务效益。根据项目集立项评估、组织战略计划和其他相关项目集目标，形成效益登记册，并由干系人审查，以便每项效益制定适当的绩效衡量指标。

（2）效益分析和规划。制订项目集效益管理计划，定义项目集组件及其相互依赖关系、明确优先级，制定和沟通共识项目集绩效基准，并持续更新。

（3）效益交付。确保项目集按照效益管理计划中的定义交付预期的效益，并向项目集指导委员会、项目集发起人、其他项目集干系人进行报告，以评估项目集的整体健康状况。

（4）效益移交。确保项目集效益移交至运营领域，并能在移交后持续维持。效益移交的活动包括制订向运营移交的计划，验证项目集及其组件的整合、移交、收尾是否满足了项目集目标和交付效益实现标准。

（5）效益维持。当项目集结束后，由接收组织持续进行维护工作，以确保持续生成项目集所交付的改进和成果。在项目集收尾前，制订效益维持计划，用以识别必要的风险、流程、措施、衡量指标和必要的工具。

3. 项目集干系人参与

项目集干系人参与是识别和分析干系人需求、管理期望和沟通，以促进干系人认同和支持的绩效域。主要活动包括项目集干系人识别、项目集干系人分析、项目集干系人参与规划、项目集干系人参与和项目集干系人沟通。干系人参与不仅包括沟通，还包括目标设定、质量分析审查或其他项目集活动,目标是获取并维持项目集干系人对项目集目标、效益和成果的认同。

4. 项目集治理

项目集治理是实现和执行项目集决策,为支持项目集而制定实践,并维护项目集监督的绩效域。项目集治理的重点是通过建立系统和方法,供发起组织定义、授权、监督和支持项目集及其战略,从而实现项目集效益的交付。项目集经理负有管理责任,应确保项目集团队理解并遵守,使项目集各项活动在治理原则和框架内执行。

项目集治理受组织治理影响。组织治理通过人员、政策和流程来提供控制、指导和协调,以满足组织的战略和目标。项目集治理是通过在授权范围内对项目集的建议做出签署或批准的评审与决策的活动来实现。由项目集指导委员会根据授权,通过治理实践为项目集提供指导、支持和审批。项目集指导委员会成员通常来自组织团队的高层管理者。项目管理办公室(PMO)负责促进治理实践活动,将与项目集相关的治理流程标准化,并促进资源、方法、工具和技术的共享,为项目集提供监督、支持和决策能力。

有效的项目集治理通过以下方式为项目集成功提供支持:

(1)明确项目集治理目标和结构,确保项目集的目标与发起组织的战略愿景、运营能力和资源承诺保持一致,明确项目集为实现目标需要被授权的范围和程度,以及在项目集生命周期中的关键决策点上接受监控和审查的方法和频次。

(2)批准、支持和启动项目集,并从发起组织获得资金。

(3)设立与关键治理干系人每次交互的明确期望,从而促进项目集干系人的参与。

(4)提供项目集监管环境,建立沟通和处理项目集风险和不确定性的渠道及流程,以及出现的机会。

(5)提供与项目组合和组织治理政策及流程相一致的框架,以确保项目集符合要求。需要创建的特定治理流程或程序,应与组织治理原则保持一致。

(6)规划质量保证流程,确定项目集的质量标准和质量方法,建立质量计划,明确项目集所需的质量保证和质量控制活动,以实现预期效益,提供建立、评价和执行项目集符合组织标准的质量治理框架。

(7)使组织能够评估组织战略计划的可行性和实现该计划所需的支持水平。

(8)项目集治理授权变更的范围,并对项目集的变更管控提供治理。项目集经理评估变更的相关风险,以及操作的可行性,提出变更建议。项目集团队记录建议的变更、变更理由和变更结果。

(9)选择、支持和促成项目集组件,包括项目、子项目集和其他项目集活动。

(10)针对项目集各阶段的移交、项目集的终止或收尾做出决定。

5. 项目集生命周期管理

为了确保实现效益,项目集各组件要与组织战略目的和目标保持一致性。这些组件包括项目、子项目集和其他项目集相关活动。由于项目集本质上涉及一定程度的不确定性、变更、复杂性和各组件之间的相互依赖性,因此需要建立一套适用于不同阶段的通用和一致的过程。这些相互独立的阶段有时可能重叠，共同构成项目集生命周期。在项目集生命周期中被执行的活动取决于项目集的具体类型，通常在资金获得批准和项目集经理被指定前开始。为成功向组织交付效益，项目集要分为 3 个主要阶段来实施，包括项目集定义阶段、项目集交付阶段和项目集收尾阶段。

（1）项目集定义阶段。为达成预期成果构建和批准项目集，制定项目集线路图，制定项目评估和项目集章程。上述内容批准后，则要制订项目集管理计划。

（2）项目集交付阶段。为产生项目集管理计划各组件的预期成果而进行的项目集活动。各项目集组件的实施将包括以下项目集交付子阶段。

- 组件授权与规划；
- 组件监督与整合；
- 组件移交与收尾。

（3）项目集收尾阶段。将项目集效益移交给维护组织，并以可控的方式正式结束项目集活动。在项目集收尾阶段主要工作包括项目集移交和收尾或提前终止，或者将工作移交给另一个项目集。

20.2 项目组合管理

20.2.1 项目组合管理标准

由项目管理协会（PMI）出版的《项目组合管理标准》（第 4 版）识别了被组织普遍认可且视为良好实践的项目组合管理原则和绩效管理域。该标准中包括一个常用的、统一的术语表，适合在项目组合管理中使用，以便推广、探讨、运用以及持续改进项目组合的管理概念。该标准与《项目管理知识体系》（PMBOK 指南）、《项目集管理标准》提供的知识体系相匹配。

20.2.2 项目组合管理角色和职责

1. 项目组合管理经理

项目组合经理负责建立和实施项目组合管理。项目组合经理通常扮演许多重要角色，包括项目组合管理原则、过程和实践的架构师、促成者和引导者，以及担当项目组合分析师的角色。其主要职责包括：

- 向项目组合治理机构传达整套项目组合组件如何与战略目标一致或调整为一致；
- 依据战略指令获得项目组合的影响和创造的价值；
- 提供适当的建议或行动方案；
- 影响与管理资源分配过程；
- 监管或与项目组合组件经理进行实施协调；
- 接收项目组合组件绩效和进展方面的信息；
- 向高级管理层汇报项目组合的进展。

项目组合经理应该具有 PMI 人才三角模型所描述的能力（技术项目管理技能、领导力，以及战略和商务业务管理专业知识），能够形成和带领专家团队，需要具备的专业知识包括：

（1）项目组合的战略管理和一致性。应理解和监控组织战略和目标的变化，并且意识到项目组合如何应用，应具备业务分析能力和财务知识。

（2）项目组合管理方法和技术。应具备应用和分析项目组合管理方法和技术的专业知识。

（3）干系人参与。应擅长与项目组合干系人合作来最大化项目组合和组织的绩效，促进干系人之间的沟通，以协商协议、解决冲突，并且做出及时和敏捷的项目组合决策。

（4）决策与管理技能。应具有良好的领导力和管理技能，能够与高级管理人员、管理层和其他干系人互动，善于通过招聘和留人、目标设定、绩效评估、奖励和认可、人才梯队规划和员工发展等方式管理人员，并且具有娴熟的沟通技巧。

（5）风险管理。应动态考虑与管理项目组合涉及的内外部风险，如财务制约、成本收益、机会窗口、项目组合组件制约、变化的项目组合环境条件，以及干系人的变化。

（6）组织变革管理。应管理变革对组织的影响，度量在项目组合层面的变革准备情况。

（7）系统思考。应理解项目组合的不同组件是如何相互关联和相互依赖的，应具备自上而下的视角，思考通过选择哪些组件有助于实现组织战略。

2. 项目组合管理中的其他角色

项目组合管理中的其他角色包括：

（1）发起人。为项目组合提供资源和支持，是整个项目组合的捍卫者，对资源分配和项目组合的成功负责。发起人通常会参与到项目组合治理机构中，在项目组合及其流程建立和持续管理方面与项目组合经理密切合作。

（2）项目组合治理机构。由一个或多个具有必要权限、知识和经验的人员组成，用来指导和监督项目组合管理活动，评估项目组合绩效，并且对项目组合的投资和优先级做出决策，确保项目组合管理过程可控。适当的治理是履行职责、优化投资、向决策者升级问题和改善沟通的基础和关键。

（3）项目组合、项目集和项目管理办公室（PMO）。一个提供多种能力和流程、支持项目组合管理的组织实体，集中管理和协调其控制下的项目、项目集或项目组合。

（4）项目组合分析师。负责识别、分析和追踪项目组合组件间的依赖关系是否被解决和管理，对项目组合管理过程的差距，推荐改进方案并帮助实施。项目组合分析师可以与其他角色相结合并进行相应的裁减，以满足组织需求。

（5）项目集经理。负责确保整个项目集结构和项目集管理过程与项目组合管理计划相一致。

（6）项目经理。负责根据相应的目标和规范，有效地启动、规划、执行、监控、收尾项目组合内的指定项目。项目经理直接或间接地向项目组合经理、PMO 或治理机构提供项目绩效指标。

（7）变更控制委员会。负责审查变更请求，并做出批准、否决或其他决定。

20.2.3 项目组合管理绩效域

将项目组合管理与组织战略和战略业务执行相连接的最终目的，是要建立一个平衡的、可行的计划，帮助组织实现其目标。项目组合管理计划对战略的影响是通过项目组合绩效域来实现的。项目组合管理绩效域代表了一系列良好实践，如图 20-3 所示，包括项目组合生命周期、项目组合战略管理、项目组合治理、项目组合产能与能力管理、项目组合干系人参与、项目组合价值管理和项目组合风险管理。

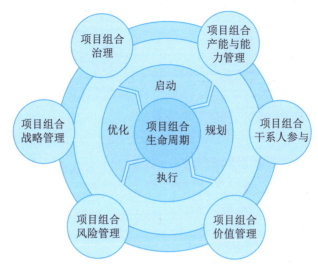

图 20-3　项目组合管理绩效域

1. 项目组合生命周期

项目组合生命周期由启动、规划、执行与优化 4 个阶段组成，各阶段的主要活动如图 20-4 所示。随着项目组合在生命周期历程中的进展，信息和决策在这些阶段内持续传递。一个项目组合可能反复进行几轮规划，转入一个短时间框架内执行。在相同的业务变更生命周期里，随着增加、剔除、修改项目组合组件，项目组合可能会被刷新。考虑到自上而下的一致性，在每个业务变更生命周期结束时，项目组合被评审时都有可能重新规划。

（1）启动阶段。启动阶段拉开了项目组合的序幕。此阶段的主要活动是验证业务和运营战略，识别项目组合组件，为项目组合及其组件定义长期路线图，包括财务目标、绩效标准、沟通、治理、干系人的定义与角色，以及持续管理计划。

（2）规划阶段。规划阶段制订并评审项目组合管理计划并就主要内容与干系人达成共识。其主要活动包括：

- 项目组合组件范围和管理；
- 执行组件所需的预算；
- 项目组合及组件间的依赖关系识别；
- 风险和问题的识别与应对计划；
- 资源需求；
- 项目组合组件的优先排列顺序；
- 治理机构、发起人和干系人责任的确认；
- 用来衡量成功的项目组合标准；

- 产品或服务的需求与规范。

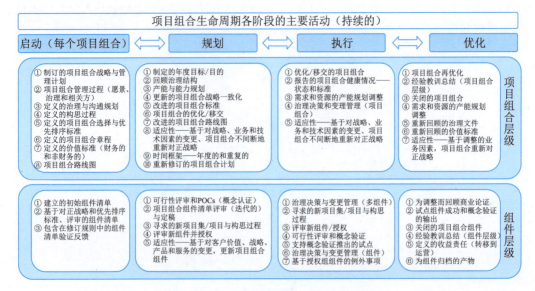

图 20-4 项目组合生命周期各阶段的主要活动

（3）执行阶段。执行阶段是通过其各个组件和运营来实施的，包括对项目组合的执行情况，以及各组件的绩效标准进行评审和汇报；对提出的变更基于持续的组织需要来进行评审，组织环境的变更可能迫使组件优先顺序要重新排列或者引入新组件。其主要活动包括：

- 项目组合内所有组件的交付；
- 管理和解决项目组合及其组件之间的风险与问题；
- 引导项目组合和组件的沟通汇报；
- 根据需要重新排序和变更子项目组合；
- 以组件交付为基础监督收益实现的潜能；
- 管理给项目组合的有限资产和资源。

（4）优化阶段。通过最大化可用的条件、制约因素和资源，使项目组合尽可能高效的过程。组织通常会安排定期的优化，但在增加或关闭组件时，也会触发此活动。

2. 项目组合战略管理

战略管理与项目组合管理保持一致，使组织的行动能够一贯地符合高级管理层和干系人的期望。项目组合与整体战略不匹配，其承载的项目集、项目增加价值会很小。项目组合战略管理应该被视作一个双向的过程，除了在执行层面上要持续地监督战略和投资决策，还应该就这些战略决策和潜在产物的影响及可实现性提供反馈。

3. 项目组合治理

项目组合治理是在某个框架内的一套实践、职能与过程，以一套引领项目组合管理活动的基本规范、规则或价值作为框架基础，优化投资并满足组织战略和运营目的。治理与管理不同，治理与决策制定、监管、控制和整合有关。管理则被描述为在治理框架所设定界限内工作，以达成组织目标。

决策制定职能包括一组过程与活动，提供整体的治理结构，为项目组合及其组件授予管理权力。监管职能提供治理过程与活动来支持对项目组合及其组件的决策与导向；控制职能提供过程与活动来对项目组合及其组件进行监控、测量和报告；整合职能则提供过程和活动来支持项目组合及其组件间的战略一致性。

4. 项目组合产能与能力管理

项目组合产能与能力管理是以一系列指导原则为基础建立的综合框架，包括以一系列的工具与实践来识别、分配和优化资源，以便在项目组合实施中最大化资源应用并最小化资源冲突。在项目组合管理中，产能与能力管理意味着涉及所有资源，如人员、资金、技术、设备等。

1）产能管理

产能管理强调项目组合及其组件的整体资源需求。产能主要涉及4个类别：
- 人力资本：可用的支持项目组合的人力资源。
- 财务成本：可用的支持项目组合的资金。
- 资产：可用的实物资产，如设备、办公环境、固定资产和存货等。
- 智力资本：可用的专利、版权等。

项目组合产能管理有方法地描述出现项目组合的资源需求和可用资源的整体概况，分析并且使资源供应与项目组合需求匹配，这贯穿于整个项目组合执行过程；测量和监督资源的需求和供应，在项目组合需要时执行变更，以便为实现目标收益或价值在最优水平上加以实施。产能管理主要涉及：
- 产能规划：通过比照组织资源的可用产能测量项目组合的组件，了解对资源的需求，确保组织能够成功达成项目组合目标。
- 供应与需求管理：涉及为项目组合组件分析和分配资源，以平衡供应与需求。
- 供应与需求优化：涉及持续地测量和监督资源，以适合在项目组合的执行期间对所需的路线进行纠正和调整。

2）能力管理

能力是一个组织为了交付产品或服务，通过人员、过程和系统等形成整合执行的水平。能力管理是组织为持续提升能力，提供新能力构建、能力评估、能力保持和发展等一系列过程与活动。

3）平衡产能与能力

为了高效地执行与优化项目组合，产能和能力需要平衡，实现战略目的与目标，从而向组织交付价值。平衡并不意味着要达到组织理论产能的最大值，也不是要最小化能力差距而不顾及其他因素。平衡产能和能力涉及整合组织的战略计划、组织的过程资产、项目组合的过程资产及事业环境因素。有活力的能力与产能对创新是至关重要的。

5. 项目组合干系人参与

项目组合干系人是指能影响或被影响，甚至自认为会受到项目组合的决策、活动或成果影响的个人、组织或小组。项目组合层级的干系人与项目组合组件层级的干系人有显著不同，差异不仅与干系人的层级有关，还与所涉及的干系人利益有关。项目组合的干系人主要解决交付策略和分配资源，而项目集的干系人主要涉及收益管理，项目的干系人则要处理质量、时间、成本等交付范围。这些不同的利益意味着项目组合干系人和项目组合组件干系人是不同的角色。

干系人参与的一个不可分割的部分就是项目组合的沟通管理，干系人参与和沟通的关键迭代步骤包括：干系人的定义和识别、项目组合干系人分析、规划干系人参与、识别沟通管理方法、管理项目组合沟通。

（1）干系人的定义和识别。组织中的项目组合管理通常意味着该组织中存在着许多预期的或在执行的项目集和项目，除了组织的内部干系人，还会包括实际的和潜在的客户、供应商、竞争对手、监管者和其他利益干系人。在组织战略的指导下，项目组合经理可以识别干系人的类型，并且要识别与其建立和维护关系的优先方，并将关系维持到项目组合下的项目集和项目。

（2）项目组合干系人分析。项目组合的干系人在不同的范围或领域运作，并有不同的利益，通过分组管理，以确保干系人利益不会受到其他人不必要的影响。识别干系人是一个持续的过程，应周期性地进行分析。

（3）规划干系人参与。规划干系人参与计划是项目组合经理的关键活动之一，应包括沟通的触发因素和干系人参与活动，项目组合会随着战略计划的变更而被审查和调整。

（4）识别沟通管理方法。在识别项目组合内最有效的沟通方法时，应考虑的因素包括：与治理保持一致、沟通的基础设施（包括流程、策略、技术等）、项目组合管理计划、项目组合报告、项目组合过程资产、沟通治理和组件接口（沟通需求的实现和沟通需求分析）。

（5）管理项目组合沟通。在与项目组合干系人沟通中，要不断考虑双方商定的治理和干系人的沟通需求，根据变化对沟通矩阵做出相应的更新。这些更新包含在项目组合管理计划中或项目组合沟通管理计划中。

6. 项目组合价值管理

价值是衡量实体/服务所实现的影响力的一个指标，如提高的收入、增加的利润、降低的风险等。在把项目组合对环境的作用、组织的目的及可能导致创建或重构一个项目组合的战略开发联系起来的场景中，高效的项目组合价值管理需要的关键活动主要包括：协商期望的价值、最大化价值、实现价值、测量价值和报告价值等。

（1）协商期望的价值。协商应由项目组合所创建的价值，一是项目组合所针对的组织战略的目的；二是在项目组合内，根据所协商的项目组合价值框架，评估每个候选组件。

（2）最大化价值。项目组合投资回报的最大化，在最低的、安全经济的成本上，对所需效果与价值没有负面影响地交付每个组件，以满足项目组合的目的。

（3）实现价值。确保投资到项目组合中所需要实现的价值得以达成。

（4）测量价值。项目组合中各个组件所产生的产物达成的绩效，如支持平衡计分卡。项目组合经理应收集已达成共识的参数。

（5）报告价值。报告基于这些参数所达成的价值。

7. 项目组合风险管理

项目组合风险管理是确保项目组合的组件的战略和业务模式实现最大可能的成功，它通过平衡积极的机会和消极的威胁来完成。项目组合风险管理将项目组合组件、组织策略、业务模式和环境因素对正优化项目组合的价值目标，从而形成跨组件协同项目组合执行的结果。风险和变更在一个非线性相互作用的环境中被接受和管理，以组织最大化价值为目的。

在项目组合层面，所有风险要素都应被考虑。在项目组合层面未解决的风险可以通过战略层面的治理过程解决。在项目组合风险管理中有4个关键要素：风险管理规划、风险识别、风险评估和风险应对，如图20-5所示。在风险管理中，以视图和格式的形式来表现的通常是项目组合风险管理计划、风险应对计划、项目组合置信水平或可信水平、风险清单、组件风险管理和应对计划，以及其他在项目组合层面关注的与风险相关的数据。

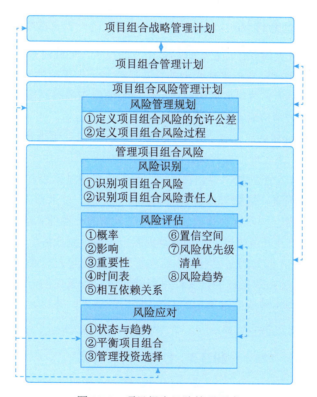

图 20-5　项目组合风险管理要素

20.3　组织级项目管理

组织级项目管理（Organizational Project Management，OPM）是通过整合项目组合、项目集和项目管理，连接其与组织驱动因素和组织流程来提升组织能力，从而实现战略目标。组织驱动因素是指可被执行组织用来实现战略目标的结构、文化、技术或人力资源实践。

20.3.1 组织级项目管理标准

由项目管理协会（PMI）出版的《组织级项目管理标准》取代了由 PMI 在 2014 年出版的《组织级项目管理实践指南》，并对内容进行了扩展。新标准把指导"怎么做"提升到更强调在组织环境中基于原则的"为什么"来实践项目管理。但《组织级项目管理标准》并没有取代《组织级项目管理成熟度模型》（Organizational Project Management Maturity Model，简称 OPM3），二者协同使用。该标准为组织在组织层级实施项目管理实践，为组织持续发展其能力和成熟度提供指导。OPM3 用来测量这些能力，确定需要改进的领域，并提高与项目管理实践有关的组织成熟度等级的工具。

OPM 通过将项目组合、项目集和项目管理的原则和实践与组织因素连接起来，以提升组织能力，支持战略目标。组织测量其能力，然后计划并实施改进，系统地实现适合其变革意愿及其期望的未来状态的最佳实践。

20.3.2 业务价值与业务评估

组织会基于面临的重大问题在项目管理的多个方面投资，如临时增加资源、项目管理培训、工具的应用等。虽然上述投资能带来战术上的补救措施和一定程度的改进，并可能产生一些短期的增量式的改进，但是大多数时候并未解决组织面临的组织战略层面的问题。OPM 是建立了一个动态的组织用来有效地应对变革，旨在为组织主动创造价值。组织从业务活动中获得可量化的净收益，通过采用可靠的、已建立的 OPM 流程，有效地利用项目组合、项目集和项目管理，提高创造价值的潜力来实现战略目标。

业务价值的实现始于全面的战略规划和管理，组织战略通过愿景和使命来表达，包括市场、定位、竞争和其他环境因素。组织可以通过加强结构、文化、技术和人力资源实践等组织驱动因素，进一步促进项目组合、项目集和项目管理这些活动的一致性。通过不断整合和优化项目组合，执行业务影响分析及开发强健的组织驱动因素，实现组织业务价值的达成。

业务评估是建立 OPM 框架的必要组件。组织管理层或发起人需要说明实施 OPM 解决的业务问题、OPM 特征和关键绩效指标的定义。尽可能通过财务量化的方式确定收益，确定 OPM 实施成本和投资回报，即实施或改进选定的 OPM 能力的成本，并将其转变为改进的组织成果，以及成果改进后的结果所带来的收益。

20.3.3 OPM框架要素

组织级项目管理框架描述了提供持续支持所需的要素。OPM 框架的关键要素包括：OPM 治理、OPM 方法论、知识管理和人才管理，如图 20-6 所示。在 OPM 治理框架下，确保上述要素与组织战略保持一致。OPM 方法论属于 OPM 治理的管辖范围，在许多情况下，人才管理和知识管理可能并不完全属于 OPM 治理的管辖范围。

1. OPM 方法论

OPM 方法论是针对在特定组织内从事项目管理人员使

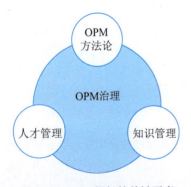

图 20-6　OPM 框架的关键要素

用的实践、技术、程序和规则所构成的体系。OPM 方法论帮助组织建立一种共同的项目工作方式，提供标准化项目的一致性结构，提供共同的项目语言和数据字典，促进团队和部门间的有效协作，传播最佳实践和经验教训等。组织通过建立和整合被认为最有可能提供预期收益的项目组合、项目集和项目方法论的要素来开发和改进 OPM 方法论。

组织可以通过公共领域和业务领域素材、组织资产、成功项目经验等方式构建 OPM 方法论。OPM 方法论中包括：流程定义和描述、角色定义和描述、文档模板、项目合规要求、风险与成本管理知识、推荐的工具、绩效报告、可持续性指南、监管标准、集中评审和检查等。

所有的 OPM 方法论都需要裁剪，裁剪在 OPM 方法论初始建立过程、维护过程和增强过程都可以进行。为了确保与组织背景和环境保持一致，更适用于不同类型项目需求，应允许项目组合、项目集和项目在各自的边界范围内，以最匹配项目特定需求的方式应用 OPM 方法论。可以对 OPM 方法进行裁剪，确定如何应用 OPM 方法，应在项目的规划阶段进行，过程中可以依据变化进行变更调整。

2. 知识管理

在 OPM 框架内，知识管理通常侧重于实现绩效改进、创新、经验教训分享、记录最佳实践、流程整合和组织持续改进的组织目标。知识管理应涵盖完整的知识管理生命周期，包括知识从开始直到在组织中成功应用并使实际举措实现收益。在 OPM 的知识管理中应关注：增加 OPM 知识所需的文档、需要获取知识所需资源、个人增强确保 OPM 成功所必需的知识。

3. 人才管理

大多数组织都有评估和提供个人绩效反馈的流程，由集中化的职能部门执行。在 OPM 框架下的人才管理，这个职能部门跟踪项目管理群体的职业化发展，晋升评审流程应与已定义的工作角色和工作级别的要求保持同步，与项目组合、项目集和项目经理的职业化发展保持一致。与组织所需的相应职责、经验、知识、技能和教育进行融合和修订等内容，可以在 PMI 发布的《项目经理能力发展框架》中获取更多典型实践。

4. OPM 治理

OPM 治理使组织能够持续管理项目并最大化项目成果的价值，通过审查和决策机构的行动来实现，负责在权限范围内签署或批准有关 OPM 要素。与组织治理相一致，OPM 治理实践促进整个组织遵守 OPM 政策。OPM 治理是与高管治理机构保持一致的职能，是制定项目组合、项目集和项目决策的管理框架，是一个用于支配组织资产的有逻辑的、强健的且可重复的决策框架。通过审查和监督特定流程的关键指标，组织实施的其他核心支持流程可以与治理相结合。通过使用治理流程对推荐和举措进行审查和接受，可以增强与改进现行流程和方法论。治理不是"一刀切"，根据组织不同，治理可能有不同的层次。应用的治理层级取决于项目组合、项目集或项目的规模、复杂性和关键程度。基于组织成熟度的治理实体通常包括：

- 高管治理实体：由高级管理人员或董事会成员组成，与OPM治理机构建立开放的沟通渠道，以传达任何战略变化或项目组合、项目集和项目的优先级调整，在OPM方法无效时对其进行干预。

- **OPM治理实体**：确保OPM的基础架构始终与组织战略保持一致并可实施。当OPM方法或无效的OPM架构使战略举措的实现面临风险或导致组织中出现低效时，进行干预。在较小的组织中，该实体可能与高管治理实体是同一实体。
- **项目组合和项目集治理实体**：遵循类似于OPM治理主体的模式。项目组合和项目集经理报告收益实现和需要关注的任何问题和冲突。
- **项目管理治理实体**：从战略层面传递所有的变更，识别受其影响的项目可能需要重新考虑的预算、进度、风险、制约因素或其他因素。这个角色可以由OPM来执行，也可以由项目组合或项目集负责人执行。

20.3.4 OPM成熟度模型

OPM成熟度是指组织以可预测、可控制和可靠的方式交付期望战略成果的能力水平。《组织级项目管理成熟度模型》定义了OPM成熟度和评估工具的每个级别的要求，是用于组织测量、比较、改进项目管理能力的方法和工具。OPM3包括组织项目管理过程和改进的步骤和阶梯，其基本构成要素包括：

- 用于支持项目组合、项目集和项目管理的最佳实践。
- 能力整合形成最佳实践的路径与关联。
- 可见结果与组织能力间的确定关系。
- 能测量每个结果的一个或多个绩效指标。

OPM3是用于评估组织的项目管理流程和支持基础架构的卓越能力模型。组织政策起着关键作用，因为它定义了OPM流程的组织需求，并确定了组织文化和指导原则。政策和程序旨在影响和确定重大决策和行动，以及在其设定的范围内发生的所有活动，共同确保将组织治理机构所持的观点转化为符合该观点成果的步骤，体现了高层管理者对实施和改进OPM治理体系的承诺。组织政策通过为OPM流程提供资源和支持基础架构建设来巩固其权威性，这是组织构建其能力的基础。当组织制定了制度化的、可裁减的和可测量的流程时，就构成了项目管理计划的基础。项目管理计划可以充分利用组织的政策和流程来减少计划开发的时间和成本，并对组织的经验教训加以充分利用。由于OPM流程是标准化和可测量的，因此可以使用OPM流程绩效指标进行分析。流程卓越方法可用于流程有效性评估、改进机会的识别及业务评估的持续改进。项目组织中OPM成熟度模型交互关系如图20-7所示。

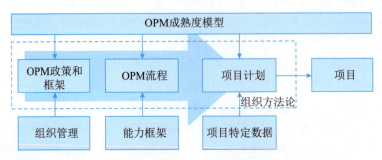

图20-7　项目组织中OPM成熟度模型交互关系

以下提供了 OPM 成熟度级别特征的一般描述，可应用于项目组合、项目集和项目。

（1）级别 1。初始或临时的 OPM。项目绩效无法可靠预测。项目管理极不稳定，高度依赖于执行工作的人员的经验和能力。项目虽然完成，但经常出现推迟、超出预算、质量各异的情况。存在的 OPM 流程是临时的或无序的。

（2）级别 2。项目层级采用 OPM。根据行业最佳实践，在项目或职能层级上计划、执行、监督和控制项目。但是 OPM 流程和实践并非从组织角度统一应用或管理，并且可能存在项目差异。

（3）级别 3。组织定义的 OPM。项目管理是主动的，组织项目绩效是可预测的。项目团队遵循组织建立的 OPM 流程，这些流程根据项目的复杂性和从业者的能力加以裁剪。OPM 流程在组织上是标准化的、可测量的、可控制的，并可由组织进行分析，以监控 OPM 流程绩效。

（4）级别 4。量化管理的 OPM。组织中的项目管理决策和流程管理是由数据驱动的。OPM 流程绩效的管理方式能够实现量化改进目标。OPM 流程绩效经过了系统性分析，以提高为组织增加价值的改进机会。

（5）级别 5。持续优化的 OPM。组织稳定且专注于持续改进。OPM 与组织战略的一致性，以及定义好的和可测量的价值贡献为关注点的 OPM 流程，促进了组织的敏捷和创新。在优化的组织中，已建立了有效的持续改进，以及一系列测量和度量指标。项目集和项目的成功率很好，项目组合经过优化以确保业务价值。

20.4　量化项目管理

量化管理（Quantitative Management）是指以数据为基础，用统计或其他量化的方法来分析和研究事物的运行状态和性能，对关键的决策点及操作流程进行管理监控，以求对事物存在和发展的规模、程度等做出精确的数字描述和科学控制，实施标准化操作的管理模式。量化管理理论是一种从目标出发，使用科学、量化的手段进行组织管理体系的设计并为具体工作建立工作标准的理论，它涵盖了组织战略制定、组织管理体系建设、对具体工作进行量化管理等各个领域，是一套整体解决组织管理问题的系统性的管理理论。

20.4.1　量化管理理论及应用

1. 量化管理理论

量化管理的基础之一是科学管理理论。科学管理理论诞生于 19 世纪末，由美国工程师和管理学家弗雷德里克·泰勒（F.Taylor，1856—1915）创建。由于当时美国经济发展较快，组织规模不断扩大，但管理落后，生产操作方法混乱，资源、人、财、物配置效率很低。工人的劳动所得与其劳动强度、工作复杂度无关联关系，且工人工资很低，劳资关系紧张，导致了大量工人"磨洋工"、消极怠工现象出现，组织的工作效率低下。

泰勒认为组织工作效率低下的原因在于管理者缺乏合理的工作定额设置，工人缺乏科学指导，必须用科学知识来代替个人的见解和经验认知，于是通过大量实验研究，总结出了科学管理的五大原则。

（1）工时定额化。对工人提出科学的管理方法，以便有效利用工作时间，提高工作效率；研究工人工作时动作的合理性，去掉多余的动作，改善必要的动作；规定完成每一个工作单位操作的时间，制定出合理的劳动时间定额。

（2）分工合理化。对工人进行科学的选择、培训和晋升；选择合适的工人安排在合适的工作岗位上；培训工人使用组织定义的标准操作方法，使其在工作中逐步成长。

（3）程序标准化。制定科学的工艺规程，使工作流程中的工具、机器、材料标准化；对作业环境标准化，并用文件形式固定下来，从而实现工作程序的标准化。

（4）薪酬差额化。把工人工作任务完成情况与工人的工资收入相关联，实行具有激励性的计件工资制度，对完成和超额完成定额任务的工人以较高的工资率计件支付薪酬，对不能完成定额任务的工人，则按较低的工资率支付薪酬。以此激励工人的工作效率和积极性。

（5）管理职能化。管理和劳动工作分离，管理者和劳动者在工作中密切合作，但职责不同，以保证工作按标准的设计程序进行。

量化管理理论在很多方面吸收了科学管理的管理理念，包括：①任务定额化：量化管理理论强调管理者首先应确定标准的工作任务或者可量化的工作目标，然后对其逐步细化分解，并以量化的方式监控工作的进展，以此实现对工作进展、人员能力的量化管理和评价；②程序标准化：量化管理的一个重要前提是为每一个具体的管理对象和工作环节制定标准的工作流程，这样就能提高工作执行的一致性，降低流程的变异性，确保数据趋于一致，为数据的统计和分析奠定了基础；③薪酬差额化：根据量化结果实行"按劳取酬"，把完成工作的质和量与工作人员的报酬紧密联系，从而达到激励的目的。

泰勒的科学管理原理为量化管理提供了有效的理论支撑，同时在科学主义的影响下，组织执行量化管理，注重吸收和借鉴自然科学的方法和手段来解决管理问题，把管理活动抽象成数学模型，运用各种数学方法对管理结果进行统计、计算和分析，追求管理结果的数量化和精确化，这些都在一定程度上促进了管理的科学性、严谨性。

彼得·德鲁克（Peter F. Drucker，1909—2005）曾经说过：没有度量，就没有管理。量化管理当前已经被各个行业广泛采用，旨在提升管理的精细化程度和管理效率。在信息系统项目管理领域，量化管理同样为组织和项目的数字化管理、精细化管理提供有效支撑。

2. 统计过程控制

统计过程控制（Statistical Process Control，SPC）是指应用统计技术对工作过程中的各个阶段进行分析、监控和评估，建立并保持工作过程处于可接受的并且稳定的水平，从而确保产品与服务符合规格要求的一种管理技术。

1924年，统计学家休哈特（W. A. Shewhart）将数理统计用于制造过程的质量控制，创立了以控制图为核心的统计过程控制（SPC）理论，目的在于预防或减少生产过程中出现不合格品的概率，从理论上实现质量管理从事后把关向事前预防的转变。这个方法直接引领了20世纪欧洲、美国和日本等国家企业的产品质量管理从事后检验阶段迈向了统计质量控制阶段，并为质量管理的第三个阶段（全面质量管理阶段）奠定了基础。统计过程控制的应用领域非常广泛，被各个行业的组织用来收集度量数据，进行量化的分析和预测，做到量化地理解过去、控制现在以及预测未来。

统计过程控制是一种预防性方法，强调全员参与。并且统计过程控制强调整个过程，重点在于过程。多数管理模型认为，过程不单指流程，而是包括流程、工具、方法和人员。统计过程控制技术重点解决组织的两个问题：一是工作过程运行的状态是否稳定，通常使用控制图这一统计工具进行分析和判断；二是过程能力是否满足规格要求，可使用过程能力分析的方法进行判定。

统计过程控制理论认为，过程的能力是存在波动性的：一种波动是正常的波动，任何组织或个人执行过程的能力都会有一定的波动性，这是正常的；另一种波动是异常的波动，可能有特殊成因造成了能力的异常波动，这是异常情况，需要识别并管理。既然过程存在波动，那么通过度量的方法就可以找到其特征参数的数据值，这些数值可能会有一定的规律，应用统计学就可以找出这些数据的规律。统计过程控制的方法可以了解某些隐含的特征。运用合理的抽样方法就可以选择合适的调研样本进行研究，通过样本的分析结果来推断总体的过程状况。

统计过程控制使用的控制图基于正态分布的原理。如果过程的数据服从正态分布，那么将有约 69% 的数据点会落在均值 ±1 个标准差（Sigma，σ）的范围之内；将有约 95% 的数据点会落在均值 ±2 个标准差（2Sigma，2σ）的范围之内；将有约 99.73% 的数据点会落在均值 ±3 个标准差（3Sigma，3σ）的范围之内。也就是样本数据落在 ±3 个标准差之外的概率为：100%-99.73%=0.27%。根据统计学的通用规则，一般小于 5% 的概率称为小概率事件。在生产过程中，一旦出现小概率事件，意味着过程出现了异常情况。通过正态分布原理，可以从控制图上分清波动是正常成因还是异常成因。

统计过程控制的原理对量化管理提出了非常有效的理论基础，指导了各个行业的生产、制造、研发在量化管理的转型和实践工作。基于数据统计分析的量化管理行为可分为 3 个层面：

（1）描述和分析组织或项目的特征（现状、结构、因素之间的关系等）。

（2）分析组织或项目的运行规律与发展趋势（动态数据）。

（3）对组织或项目的未来状态进行预测（建立预测模型）。

3. 量化管理应用

在项目管理过程中对量化管理的应用正日趋完善，在统计过程控制原理的基础上，行业经过发展和完善形成的较为典型的理论有六西格玛管理体系和 CMMI 模型。

1）六西格玛（Six Sigma，6σ）

六西格玛是一种改善组织质量流程管理的技术，强调"零缺陷"的预防控制和过程控制，带动组织质量大幅提升，同时降低生产和交付成本的方法。六西格玛背后的原理是，如果检测到项目中有多少缺陷，就可以找出如何系统地减少缺陷，使项目尽量完美的方法。一个组织要想达到六西格玛标准，那么按照正态分布特征，它的出错率不能超过 0.00034%。六西格玛在 20 世纪 90 年代中期开始从一种全面质量管理方法演变成为一个高度有效的组织流程设计、改善和优化的技术方法，并提供了一系列适用于设计、生产和服务的新产品开发工具。六西格玛逐步发展成为以客户或服务对象为中心来确定产品开发设计的标准，追求持续改进的一种管理哲学。

六西格玛的实施模式是对需要改进的流程进行区分，找到最有潜力的改进机会，优先对需要改进的流程实施改进，以此提高改进效率。如果不确定改进优先级，组织会多方面出手，就可能分散有限的改进资源和精力，影响六西格玛管理的实施效果。六西格玛认为业务流程改进遵循 5 步循环改进法，即 DMAIC 模式：

（1）定义（Define）。识别需要改进的产品或过程，确定改进项目所需的资源。

（2）度量（Measure）。定义缺陷，收集产品或过程的表现作为工作基准，建立改进目标。

（3）分析（Analyze）。分析在度量阶段所收集到的各方面数据，以确定一组按重要程度排列的影响过程和产品质量的变量。

（4）改进（Improve）。优化业务流程，并确认该方案能够满足或超过项目质量改进的目标。

（5）控制（Control）。建立有效的控制手段，确保过程改进一旦完成能够继续保持下去，不会返回到改进前的状态。

六西格玛的 5 步实施流程并不是单一的，而是各个管理流程实施改进时相互关联的统一体。六西格玛是一种基于数据统计分析的管理方法，强调用数据来客观体现管理流程的能力。其代表特征是管理流程、管理指标的量化。

2）CMMI

CMMI 即能力成熟度模型集成。该模型将组织的管理成熟度共划分 5 个级别，成熟度级别越高，对量化管理的要求越高。当达到 CMMI 模型的 4 级（量化管理级）和 5 级（优化级）时，要求组织针对过程的管理能够量化分析和量化预测，以此提升管理的能力和精细化程度。CMMI 认为，当组织的管理达到高成熟度时，要能够使用统计的思维管理组织和项目的能力，高成熟度组织的主要特征包括：

- 建立量化的目标管理机制：从组织的战略规划到业务目标，再到质量与过程性能的目标，都能够以量化的形式来表达和管理，并且要把组织或项目的量化目标分解到各个过程、子过程中，从而实现对各个执行过程的量化监控。
- 建立过程能力量化监控机制：组织能够对过程能力建立量化能力指标，从而量化理解组织各项能力的当前状态，识别能力的稳定性，发现过程变异的特殊成因并及时采取修正措施。
- 建立目标的量化预测能力：组织能够对量化的目标进行预测，从而对目标的可达成情况进行量化的预测和分析，及时调整过程投入或方式，提高目标的可达成性。
- 建立基于量化的持续优化机制：组织能够预测变化对过程和投资回报的影响，能够量化地预测和评价过程改进对组织业务目标达成的支撑情况，能够建立持续的过程改进和效益提升机制。

20.4.2 组织级量化管理

组织开展量化管理工作的前提在于该组织已经定义了产品或项目管理的组织级标准过程，各个产品或项目团队能够遵循组织统一的管理流程、规程和产出要求开展工作，组织收集的度量数据才具备统计意义，可供开展量化管理建设。

CMMI 模型和六西格玛均为组织级量化管理工作提供了方法和实践的指导。建立组织级的量化管理体系的内容主要包括：定义组织量化过程性能目标、识别关键过程、建立度量体系及数据收集、建立过程性能基线和建立过程性能模型。

1. 定义组织量化过程性能目标

组织采用量化管理的方式加强项目的精细化管理，首先需建立在项目管理方面量化的性能目标。项目管理性能目标的达成是支撑组织业务目标达成的关键组成部分。组织项目管理方面量化性能目标在 CMMI 模型中称为质量与过程性能目标（Quality and Process Performance Objectives，QPPO），该目标通常包括质量方面和过程性能方面。根据行业基准数据的统计，组织重点关注的项目管理能力量化目标通常包括生产率、交付缺陷、交付工期偏差、客户满意度等。项目管理能力量化目标的设定必须支持组织战略规划和业务目标的达成，并确保目标可量化、可验证。目标定义过程中可应用 SMART（S=Specific、M=Measurable、A=Attainable、R=Relevant、T=Time-bound）原则检验目标是否合适。

组织在定义目标过程中，还应依据质量和过程性能目标对战略规划及业务目标的影响程度，为量化目标排定优先级，从而解决组织有多项管理能力目标需要满足时的优先排序问题。当组织存在多个目标需要达成，且达成目标的条件互相制约和影响时，可使用优化组合方法遍历不同的过程方案，选择最能达成目标的最优过程组合方案。

组织的质量与过程性能目标定义以后，需组织管理层以及相关部门、业务部、产品线、项目负责人等干系人共同评审确认，确认业务目标和质量与过程性能目标的支撑关系的合理性、目标及分解目标的可达成性。当组织共同确认后，方可正式作为组织的管理能力量化目标进行发布。组织需要检查质量及过程性能目标与实际的偏差和适应性，并修订目标的情况，主要包括：

- 业务目标发生变化时；
- 组织的标准过程体系结构及过程发生变化时；
- 实际的质量与过程性能同制定的目标严重偏离时；
- 组织架构进行重大调整时。

在组织质量与过程性能目标制定过程中，需要依据历史能力基线数据分析目标的达成情况，确保目标是合理的、可达成的。组织历史项目管理过程性能数据由已完成的各个项目组成，因此过程能力基线是一个范围。对于定义且实施了项目管理标准过程的组织，其影响目标的各过程在统计意义上是受控的。依据组织历史能力基线范围对照目标范围可使用能力分析或预测的方式判断组织当前能力现状对目标能力要求的满足程度。信息系统项目较传统制造过程存在较大区别，组织在管理能力判定时，可采用过程能力指数（Process Capability Index，CPK）的方式判定目标的可达成性。

当 CPK 大于或等于 1.33 时，代表组织当前过程能力现状可满足目标能力要求，过程能力良好，状态稳定；当 CPK 为 1.00～1.33 时，代表组织当前过程能力现状可满足目标能力要求，但组织过程能力状态一般，稍有过程因素变异即可能导致目标无法达成；当 CPK 为 0.67～1.00 时，代表组织当前过程能力现状对满足目标能力要求存在不稳定性，达成目标存在一定的风险，需要进行改进活动提升能力方可达成目标；当 CPK 低于 0.67 时，通常代表组织当前过程能力不能满足目标能力要求，且达成目标存在较大风险，必须考虑重新定义相关管理流程或大规模调整资源投入方可达成目标,或者重新制定可达成的目标。

在组织质量与过程性能目标定义的过程中,还需要对目标进行有效分解,方可对目标进行有效的阶段管理或过程中监控和调整,从而实现量化管理、精细化管理的目的。信息系统建设的管理特征决定该领域组织主要项目管理模式可以划分为两类:强矩阵型和职能型管理模式,组织可按管理架构选择按职能部门分解建立各过程的分级目标。对于强矩阵型管理模式,组织级目标应根据业务条线和项目集特征,分解至各个项目;对于职能型管理模式,组织可依据职能划分,将量化管理目标分解至负责需求、设计、开发、测试、集成和运维等职能部门,以便于目标的管理和监控。分解目标需要随同组织级目标在组织范围内由各干系人共同评审,得到各干系人的承诺,确保分解目标的可达成,从而确保通过各个分解目标的达成支撑组织目标的达成。

2. 识别关键过程

组织质量与过程性能目标确定后,通常项目工程和管理的各个环节均对项目量化目标可能产生影响。组织的资源通常有限,为确保管理效率,需要根据已定义的质量和过程性能目标选择出对目标达成关键的过程或因素,定义其度量属性并开展量化管理。关键过程的选择首先须定义关键过程选择准则,通常关键过程的选择准则可参考表20-1所示的内容。

表 20-1 关键过程选择准则

序号	过程选择准则
1	过程或子过程是质量与过程性能目标的主要贡献者
2	过程或子过程是质量与过程性能目标的重要预测器
3	过程或子过程对了解达成质量与过程性能目标的关联风险是重要的因素
4	过程和子过程与关键业务目标是强相关的
5	过程或子过程在过去已证明是稳定的
6	过程或子过程相关的有效历史数据是当前可使用的
7	过程或子过程将具有足够频率产生数据以便统计管理
8	过程或子过程关联的度量方法与度量数据的质量足够好

组织选定的对目标有关键影响的过程和子过程,可以重点为其建立数据度量与分析体系,从而了解这些关键过程的过程能力以及稳定性。当出现一些情况时,组织需要检查目标与过程的对应关系,并且修改过程或子过程的选择。这些情况主要包括:①出现业务目标、组织质量及过程性能目标变化;②基本的质量与过程性能变化;③组织的过程结构及过程内容变化。

在项目过程中,技术过程可大致分为两类:开发性活动和验证性活动。需求开发、软件设计、编码实现、产品集成等活动均为开发性活动,此类活动在整个项目中所占工作量相对较大,对生产率或项目工期的影响较大;技术评审、代码走查和测试类活动为验证性活动,此类活动重点关注缺陷的移除,对交付质量的影响相对更大。在关键过程选择时可据此作为基本指导思路进行选择。

3. 建立度量体系及数据收集

当组织识别与量化目标有关键影响的过程后,应根据已确定的组织质量和过程性能目标、组织度量与分析技术指南以及被选定的过程或子过程，定义已选择过程或子过程的合适属性的度量。

为确保数据样本的充分性与可用性，保证后续数据分析与可预测模型的建立，建立度量属性过程中除各过程能力的"结果数据"外，须重点识别过程能力结果产生潜在影响的"过程数据"。识别过程数据可采用思维导图的方式，从人、机、料、法、环、测等多个方面识别可能影响过程能力结果的因子指标。信息系统建设项目不同于生产制造项目，人的因素影响比重较大，包括人员级别、人员数量、技能、业务熟练程度、角色完整程度等，均对项目的效率或质量产生较大影响。同时，研发方法、遵循流程、生命周期选择和研发管理工具，以及验证活动的频率、方法、工具等因素，也是影响团队目标的重要因素。可控因子的数量及收集到的样本数据数量直接影响过程性能模型的建立，不同组织必须针对组织的项目管理流程和工具使用情况，识别潜在的影响因子并纳入度量分析体系。

为确保度量属性的可用性，选择度量时需要考虑的准则主要包括：
- 应选取与组织质量和过程性能目标适合的度量项，以保证度量可验证目标的达成或者减少偏差情况；
- 度量属性必须全面覆盖产品的全生命周期；
- 该度量项是可操作的；
- 清晰地定义度量数据的收集频率；
- 度量属性是可控的；
- 该度量项可代表使用者对有效过程的观点（即确保选择的属性、统计的数据与使用者的观点一致）。

选择度量后应对其进行可操作的定义，包括意义说明、度量公式、度量数据、数据来源、收集频率、负责人等，形成过程度量说明文件，用于后续指导各项目团队的数据度量与分析工作。度量说明必须清晰、完整，以保证度量数据采集、存储和分析的可操作性和适用性。

度量体系建立后，需要经过组织内部各相关角色的共同评审，确保数据度量项的正确性与有效性，同时需要确认度量项收集工作可在预期工作量范围内完成。组织需要定期对度量指标的可用性和有效性进行评估。当组织的业务目标、标准过程及工作方式发生变化时，必须及时维护组织度量体系，以确保度量体系的正常运行和对组织管理所需数据持续有效的支持。

依据已建立的度量体系在组织内进行宣贯，推动组织各个角色及项目团队了解组织定义的度量分析说明，并遵循其开展过程度量数据的采集工作。组织级支持、管理团队以及各项目团队在工作执行过程中，需要识别组织级的度量数据要求、客户或服务对象要求以及其他相关干系人的管理信息需求，依据组织级度量说明进行裁剪，定义项目级的度量与分析计划。计划中需包括项目的度量目标、度量项、度量说明、分析方法说明及数据质量审查机制，用于指导各项目团队成员进行度量数据的收集和验证工作。

量化管理使用到的技术通常包括过程性能基线、过程性能模型、控制图、变异分析、回归分析、置信区间或预测区间、敏感度分析、蒙特卡洛模拟和假设检验等。

度量数据收集后，项目管理者必须依据度量数据的质量审查规则对度量数据的质量进行审查。数据质量审查方式包括基准对照、溯源分析、数据自回归等方式,从而确保度量数据的质量,以及数据可准确地支持管理决策或作为后续项目的有效参考。

4. 建立过程性能基线

建立过程性能基线(Process Performance Baseline,PPB)的目的是通过历史数据刻画组织当前项目各个过程的能力,确定过程能力的稳定范围,为管理决策提供数据化支持,并为后续项目的估算、计划与管理工作提供可参考的数据基准。建立过程性能基线的步骤主要包括:获取所需数据、分析数据特征、建立过程性能基线、发布和维护过程性能基线。

1)获取所需数据

组织依据建立的度量体系收集项目过程能力数据,建立组织度量数据库,组织需根据发展需要及项目周期情况选择合理的范围,从组织度量数据库中获取所需数据,用于能力基线的建立。为确保过程能力在统计意义上的可用性,建立过程能力基线必须确保足够的样本数量。根据统计过程控制关于数据样本选择的惯例,通常建立过程能力基线的初始样本数据应不少于 32 个,组织需收集足够的同类过程或同类项目的数据样本以供过程性能基线的建立。

2)分析数据特征

获取样本数据后,必须验证过程能力的数据特征,判断其是否需要分组。如果从数据特征上判断能力存在分层情况,则必须对数据进行分组,并分别建立能力基线,以避免后续数据结果的偏差和误导。

判断数据是否需要分组,可使用正态性检验等方式验证过程能力数据是否符合正态性分布,对于不符合正态性分布的数据,可能需要分组;通过正态性检验的过程数据,也仍然存在可分组的可能性,需要组织对过程能力进行进一步的分析,确认其是否需要分组。对需要分组的数据,通常需要尝试用多种方式分析数据的分层情况,并分组建立过程性能基线。

3)建立过程性能基线

组织可使用控制图(Control Chart)的方式建立过程性能基线,以历史能力均值作为能力的中心线(Center Line,CL),以中心线以上 3 个标准差作为过程能力的控制上限(Upper Control Limit,UCL),以中心线以下 3 个标准差为过程能力的控制下限(Lower Control Limit,LCL)。对于符合正态分布的过程能力,由前述可知:过程能力位于 $CL\pm\sigma$ 区间的概率约为 68%;过程能力位于 $CL\pm2\sigma$ 区间的概率为 95%;过程能力位于 $CL\pm3\sigma$ 区间的概率为 99.73%,以此作为过程能力的基准。控制图示例如图 20-8 所示。

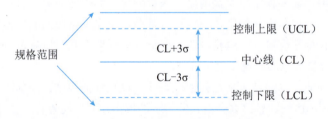

图 20-8 使用控制图建立过程能力基线示例

过程能力基线建立后,组织必须判定选定过程的当前能力是否存在异常点,如存在异常点则需要进行分析,并选择适当的方式处理该异常点,得到过程的真实能力范围。基于控制图可使用标准差的形式建立判定准则,识别小概率事件的发生情况,将小概率事件的发生识别为异常点,从而对异常数据进行分析和处理。通常在项目管理过程中使用控制图对小概率事件的判定准则如表 20-2 所示。

表 20-2 过程能力异常判定准则

序号	判定准则
1	单独 1 个点掉出 3σ 控制范围之外
2	3 个连续的点里有至少 2 个点在中值的同一侧并且掉在 2σ 之外
3	5 个连续的点里至少有 4 个点在中值的同一侧并且掉在 1σ 之外
4	至少有 8 个连续的点掉在中值的同一侧
5	连续 7 个点在中心线同一侧,或连续 7 个点持续上升或下降

对于异常数据需进行深入分析其原因,如果异常数据属于特殊成因,必须识别该特殊成因的内容,删除或校准该数据后再使用;如果异常数据属于正常成因(即过程存在的"噪声"),则需要接纳该数据,从而形成最终的过程性能基线。

过程性能基线代表了组织在一定条件之内的能力范围,组织在建立过程性能基线的过程中,需要注明该过程性能的前提条件范围。例如:项目工期偏差率控制在 10%～20% 的前提是项目使用的项目经理级别均为 P6～P9 级。超出前提条件范围时该能力基线的范围很可能会发生变化。

4)发布和维护过程性能基线

过程性能基线建立或调整后,需要协调组织管理层、改进团队、各过程负责人等对过程性能基线进行评审,确保组织建立的能力基线能够取得各相关干系人的共识。当组织的业务目标、过程性能目标或标准过程发生变化时,组织需要及时维护过程性能基线从而对后续项目起到持续有效的指导作用。

5. 建立过程性能模型

基于过程性能模型(Process Performance Model,PPM)的目的在于,依据组织的可量化目标,使用组织已建立的度量体系及收集数据建立的过程性能基线,通过回归的方式建立过程性能模型,识别组织或项目过程能力量化目标与过程因子之间的解释关系,实现对组织的目标量化预测与解释,支撑组织和项目量化目标的分解与跟踪。建立过程性能模型的步骤主要包括:识别建模因子、建立过程性能模型、检验过程性能模型以及评审和发布过程性能模型。

1)识别建模因子

过程性能模型相较于其他模型最显著的特征是包含可控因子(Controlled Factor)。识别建模因子的步骤是,首先识别组织的质量与过程性能目标作为模型的输出(Outcome),然后识别与模型输出相关的过程能力因子,且必须包含可控因子。识别过程因子的方法包括鱼骨图、德尔菲法(Delphi)或头脑风暴等。依据组织的历史数据和已建立的过程性能基线,使用 Person 相关系数判定各个因子数据与结果数据的相关性,每个因子记为 x,输出记为 y,x 与 y 相关性系数 $r(x,y)$ 计算公式如下所示。

$$r(x, y) = \frac{\sum_{i=1}^{n}(x_i - \overline{x})(y_i - \overline{y})}{\sqrt{\sum_{i=1}^{n}(x_i - \overline{x})^2}\sqrt{\sum_{i=1}^{n}(y_i - \overline{y})^2}}$$

$r(x,y)$ 的计算结果在区间 [-1,1],根据计算结果,识别因子与目标结果相关性关系如下:
- 当 $0.8 \leqslant |r| \leqslant 1$ 时,认为该因子与目标结果存在强相关关系;
- 当 $0.5 \leqslant |r| < 0.8$ 时,认为该因子与目标结果存在中度相关关系;
- 当 $0.3 \leqslant |r| < 0.5$ 时,认为该因子与目标结果存在弱相关关系;
- 当 $0 \leqslant |r| < 0.3$ 时,认为该因子与目标结果基本不相关。

根据相关性分析的结果,通常选择相关性相对较大的因子参与过程性能模型的建立。同时,考虑到多元回归分析建模的需要,各个因子之间不可存在较高相关性,否则会引起多重共线问题,导致所建立回归模型的逻辑混乱甚至失败。

2)建立过程性能模型

组织依据收集到的过程性能数据,通过相关性分析识别到的跟质量与过程性能目标(因变量)相关的建模因子(自变量),通过回归的方式建立过程性能模型。由于组织在项目管理方面的质量与过程性能目标存在多个,因此组织建立的过程性能模型通常有若干个或若干组。

在建立预测模型的过程中,由于影响最终交付质量与过程性能的因素较多,如果直接面向最终的交付质量与过程性能目标建立预测模型,通常难度较大,且影响因子过多会造成模型不易使用。以软件交付质量为例,在自变量(解释变量)的选择中,软件项目十几个执行过程、百余个因子均有可能对交付质量产生影响。如果直接面向交付质量选择过程因子进行建模,会导致解释变量过多模型难以使用,或部分过程未涉及因而无法对过程监控和调整。组织可考虑采用多层级模型的方式,第一层级面对最终质量与过程性能目标建立过程性能模型,确保最终质量与过程性能目标的可预测和有效分解;第二层级面向需求开发、设计、编码、测试和评审等过程建立过程性能模型,实现过程性能目标向过程可控因子的分解。以多级模型实现组织和项目研发管理过程能力量化目标的逐层分解、逐步精细化管理和监控,确保组织量化管理目标的有效分解和实施预测。

3)验证过程性能模型

组织依据收集到的过程性能数据,通过相关性分析识别到的跟质量与过程性能目标(因变量)相关的建模因子(自变量),按回归的方式建立过程性能模型。由于组织在项目管理方面的质量与过程性能目标存在多个,因此组织建立的过程性能模型通常是若干个或若干组。

通过多元回归方式建模后,需要通过建模结果的关键参数判定模型的可靠性程度。根据假设检验方法,当参与建模的每个因子的值 P 小于 0.05 时,认为该因子与模型结果显著相关,可以保留;如 P 大于 0.05,需要进行进一步分析因子的可用性。另根据回归平方和 R^2(即 R-sq 值)作为判定系数的要求,R-sq 越趋近于 1,认为模型可靠性越高。根据金融领域软件研发项目的特征，通常选择当 R-sq 值小于 0.7 时，认为模型可靠性较弱，需要重新选择因子；当可信度大于 0.7 时，认为此模型基本可靠。

模型建立后，需要从逻辑上验证模型的正确性。由于建立多元回归模型过程中因子较多，需要严格审查各因子逻辑的正确性，逐个验证模型的因子与模型的结果输出之间的逻辑关系，避免多元回归模型由于多重共线导致的逻辑混乱。

逻辑验证通过后，还需要通过对残差值建立散点图判断残差的正态性；对残差建立直方图判断残差的趋势情况；建立趋势图判断残差是否随着时间趋势准确性有所变化等。通过残差验证模型的正确性或可靠性趋势。

4）评审和发布过程性能模型

过程性能模型建立或调整后，需要协调组织管理层、改进团队及各过程负责人等对过程性能模型进行评审，确保组织建立的可预测模型能够取得各干系人的共识。

20.4.3 项目级量化管理

1. 项目过程性能目标定义

组织每个项目启动时，项目团队应依据组织级质量与过程性能目标要求、客户或服务对象交付要求及其他相关干系人的管理要求，结合项目团队自身项目过程能力数据，设定项目质量与过程性能目标。该目标需要优先保证客户或服务对象要求，同时兼顾组织及其他干系人的需要，且保证目标设置的合理性，避免不合理目标影响项目的有效策划。

项目质量与过程性能目标设定后，项目管理者可使用过程性能基线和过程性能模型，采用蒙特卡洛模拟的方式预测项目质量与过程性能目标达成的概率。对于目标达成概率未达到预期的情况，项目应识别到以组织当前过程性能达成目标存在风险，此时需要论证目标的合理性，识别风险并制定应对措施，从而提升目标达成的概率。

2. 过程优化组合

项目建设的各个过程存在不同的子过程或执行方式，且通过度量数据的采集识别到不同过程执行方式的性能数据存在分组，证明不同的过程组合方案，可带来不同的质量与过程性能结果。

项目的质量与过程性能目标设定时通常存在多个目标，对项目各个过程的执行方案组合的选择需要同时权衡多个目标的达成情况，以此满足各相关干系人对项目的需求、期望和限制。由于组织各个过程的基线分组较多，可使用蒙特卡洛模拟的方法遍历每一种过程组合，从而判定满足项目质量与过程性能目标的最优过程组合方案。

3. 过程性能监控

在项目执行过程中，目标分解的目的是将项目的质量与过程性能目标量化分解至各个过程或阶段，再分解至对过程或阶段产生关键影响的因子。而过程性能监控是目标分解的逆向过程：首先监控关键影响因子是否满足分解要求，其次监控过程性能的稳定性和符合性，最后监控整个项目质量与过程性能目标的达成情况。

对项目已选择的对目标产生关键影响的过程,项目团队可采用统计或其他量化技术主动监控过程的能力。针对每个过程收集其度量数据,例如,在编码过程中收集每个任务的效率数据,或每次代码走查发现的缺陷密度数据,使用控制图进行分析并监控它们的性能。过程性能的量化监控至少包含两个方面:①监控过程性能是否稳定,可根据控制图的稳定性判定准则通过小概率事件判定来识别异常情况并解决;②监控过程性能是否满足规格要求。分解到该过程性能的目标即可作为规格范围的上限(Upper Specification Limit,USL)和下限(Lower Specification Limit,LSL)。通过对比当前过程能力上限和下限(UCL和LCL)与规格上限和下限(USL和LSL),判断该过程是否从性能上满足规格要求。

当过程性能出现不稳定或不能满足规格要求时,项目团队需要识别其影响因素,开展根本原因分析,找出影响过程能力的根本原因并加以解决,从而确保项目过程性能目标的达成,并预防同类问题在后续过程中再次发生。

4. 项目性能预测

在项目各过程性能的稳定性及符合性满足后,需要在每个阶段或里程碑处,对项目最终质量与过程性能目标的达成性进行量化预测,从而了解项目当前的进展情况是否可达成最终的项目质量与过程性能目标。

在项目每个阶段或里程碑完成时,项目此阶段的性能数据将不再是过程性能基线中的分布值,而变为过程性能的实际值。项目此时使用蒙特卡洛模拟的方法使用已完成阶段的实际值和未完成阶段的基线值重新预测过程性能目标达成的概率,可以得到更新的目标达成概率。根据组织设置的置信区间,判定过程性能目标达成的概率是否在可控范围之内,如预测的结果显示信心不足,需调整后续里程碑或阶段的分解目标,确保项目最终质量与过程性能目标的达成。

在项目最终结束时,项目团队需根据实际数据计算项目最终质量与过程性能目标的达成情况,量化地总结分析项目目标达成情况,并将经验教训、过程性能数据贡献给组织作为后续工作的指导以及PPB、PPM更新的依据。

20.5 项目管理实践模型

随着项目管理理论和实践在全球范围内的不断发展和积累,多个组织开发并发布了项目管理的最佳实践集合,其中得到广泛使用的是CMMI模型和PRINCE2模型,用于指导各个领域组织的项目管理活动。利用CMMI模型和PRINCE2模型的最佳实践,能够迅速将项目管理者的管理经验理论化、体系化,提升管理的全面性和完整性。

20.5.1 CMMI模型

CMMI(Capability Maturity Model Integration,能力成熟度模型集成)模型主要用于指导组织项目管理过程的改进,以及进行项目管理能力成熟度的评估,当前版本为CMMI 2.0。CMMI模型广泛应用于各个领域的研发管理等,有效地促进了交付效率的提高和交付质量的提升。

1. CMMI 模型实践

CMMI 将所有收集并论证过的最佳实践按逻辑归为 4 大能力域类别:
- 行动（Doing）：用于生产和提供优秀解决方案的能力域。
- 管理（Managing）：用于策划和管理解决方案实施的能力域。
- 实现（Enabling）：用于支持解决方案实施和交付的能力域。
- 提高（Improving）：用于维持和提高效率效能的能力域。

4 大能力域类别共包含了 9 个能力域。CMMI 模型将共 196 条实践分组，形成 20 个实践域，并将 20 个实践域分别归属于 9 个能力域，如表 20-3 所示。

表 20-3 CMMI 开发模型实践域汇总

序号	能力域类别	能力域	实践域
1	行动（Doing）	确保质量（Ensuring Quality）	需求开发与管理（Requirement Development and Management）
2			过程质量保证（Process Quality Assurance）
3			验证与确认（Verification and Validation）
4			同行评审（Peer Review）
5		设计和开发产品（Engineering and Developing Products）	技术解决方案（Technical Resolution）
6			产品集成（Product Integration）
7		选择和管理供应商（Selecting and Managing Supplier）	供应商协议管理（Supplier Agreement Management）
8	管理（Managing）	规划和管理工作（Planning and Managing Work）	估算（Estimating）
9			策划（Planning）
10			监督与控制（Monitor and Control）
11		管理业务弹性（Managing the Resilience）	风险与机会管理（Risk and Opportunity Management）
12		管理员工（Managing the workforce）	组织培训（Organizational Training）
13	实现（Enabling）	支持实施（Supporting Implementation）	原因分析与解决（Causal Analysis and Resolution）
14			决策分析与解决（Decision Analysis and Resolution）
15			配置管理（Configuration Management）
16	提升（Improving）	维持习惯性和持久性（Sustaining Habit and Persistence）	治理（Governance）
17			实施基础（Implementation Infrastructure）
18		提高效率效能（Improving the Performance）	过程管理（Process Management）
19			过程资产管理（Process Assets Development）
20			管理效率效能与度量（Managing Performance and Measurement）

每个实践域中都包含了同类的行业最佳实践，用于指导组织建立适用于自身的标准过程以及在项目中开发管理工作的执行。

2. CMMI 级别与表示方法

CMMI 共划分了 5 个成熟度级别，分为 1～5 级。每个等级的提升都基于之前的等级，然后增加新的功能或熟练度，随着成熟度级别的提升，组织的管理能力和效率效能也随之提升。1～5 级成熟度分别如下：

（1）第 1 级　初始级：各个实践域的活动应该能够在组织中得到基本的执行，例如，在软件研发和管理方面组织能够执行需求开发、编码实现、系统测试及项目计划和监控这些工作。其级别特征主要包括：

- 满足实践域意图的初步方法能够得到基本实现；
- 没有一套完整的实践来满足实践域的全部意图；
- 开始专注于能力问题。

（2）第 2 级　管理级：所有第 1 级的要求都已经达到，另外，组织在项目实施上能够遵守项目团队既定的工作计划与流程，对需求、任务、产出物、度量数据、相关的实施人员能够实现相应的管理，对整个流程进行监测与控制。达到成熟度 2 级水平的组织对项目有一系列管理方式，避免了组织完成各个项目目标的随机性，保证了组织内项目实施的成功率。每个项目都可以使用自己的方式达到实践域的目标，其级别特征主要包括：

- 简单但完整的一组实践，能够满足实践域的全部目的；
- 不需要使用组织资产或标准；
- 对项目的各个方面实现了管理；
- 实践的意图可以基于项目以各种方式得到满足。

（3）第 3 级　定义级：所有第 2 级实践的意图和价值都已经达到，并且组织能够根据自身的情况定义适用于自身的标准过程，将这套管理体系与流程实现制度化。同时，要求组织能够建立过程资产，基于历史项目的可复用过程资产（包括管理资产和技术资产）得到有效的复用，从而提高项目的成功率。组织不仅能够在当前同类项目上取得成功，也能够在其他项目上成功。组织的管理流程成为组织的一种文化，成为组织的财富。其级别特征主要包括：

- 采用组织标准流程开展各项工作；
- 能够依据项目特征对组织的标准流程进行裁剪以解决特定的项目和工作特征；
- 项目能够使用和向组织贡献过程资产。

（4）第 4 级　量化管理级：所有第 3 级实践的意图和价值都能够达成。另外，组织的管理实现了量化，实现了可预测。通过统计或其他量化技术来实现过程性能的稳定性监控和复合型监控，实现管理的精细化，降低项目在过程能力和质量上的波动。组织能够通过历史数据构建可预测模型，对组织和项目的质量和过程性能目标实现可预测。其级别特征主要包括：

- 使用统计和其他量化技术来监测、完善或预测关键过程领域，从而实现组织或项目的质量与过程性能目标；
- 以统计和量化管理的方式了解组织或项目的效率效能变化，并根据质量和过程性能目标的情况管理组织和项目的效率效能。

（5）第 5 级　优化级：所有第 4 级实践的意图和价值都能够达成。另外，组织能够充分利用其管理数据和量化的方法对组织在项目实施的过程中可能出现的不符合策划的内容进行预防。组织能够主动地改进标准过程，运用新技术和方法实现流程的持续优化。其级别特征主要包括：

- 使用统计和其他量化技术来优化效率效能并改善组织目标的实现，包括业务、度量和效率效能以及质量与过程性能目标；
- 能够通过基于量化的持续优化来持续支持组织业务目标的达成。

每个演进的等级都基于之前的等级，增加了新的功能或熟练程度，从而提升能力。CMMI 的第 4 级和第 5 级被称为高成熟度等级，以量化方式关注管理效率效能提升和持续改进。

3. 基于 CMMI 的过程改进

组织基于 CMMI 的改进工作主要包括：

（1）定义改进目标。组织过程改进工作都服务于组织业务目标或战略规划的达成。采用 CMMI 模型开展改进工作首先要明确改进目标，使效能改进与组织的战略规划或业务目标相一致。

（2）建立改进团队。过程改进团队在组织的改进工作中起到至关重要的作用，通常过程改进团队由组织内各部门或岗位关键角色构成，负责依据组织业务目标进行改进目标的建立和分解，协调改进相关资源，策划和执行改进工作，建立和推广组织标准过程和过程资产等，对改进工作的结果负责。

（3）开展差距分析。组织开展改进工作必须了解组织当前管理过程现状。参照 CMMI 模型期望的成熟度级别及组织业务目标对管理过程的要求开展诊断工作，识别组织当前过程差距，明确关键改进点及优先级。

（4）导入培训和过程定义。依据差距分析结果制定导入培训方案，开展 CMMI 模型的培训工作，确保改进团队了解行业最佳实践。改进团队依据组织的管理现状，结合 CMMI 模型的实践定义或完善组织的标准过程，确保建立或优化的标准过程能够满足组织战略规划或业务目标的需要，满足质量与过程性能目标的改进要求。组织通常还需建立执行工作所需的过程资产以支撑管理工作的开展，通过加强技术资产或管理经验的复用提升研发管理和服务交付等能力。

（5）过程部署。由改进团队在组织内开展标准过程的宣贯和部署，在组织内对管理流程全面实施组织的标准过程。在部署过程中组织还需建立质量保证机制，对标准过程的执行进行监督和审查。确保管理规范和改进工作的落实执行，提升组织研发管理能力。

（6）CMMI 评估。CMMI V2.0 有 3 种评估方法，分别是基准评估（Benchmark Appraisal）、维持性评估（Sustainment Appraisal）和评价评估（Evaluation Appraisal）。基准评估和维持性评估是可以产生评级的评估类型，评价评估是基准评估的裁剪实施，不产生评级。组织的标准过程及改进在全面部署之后，可选择适当的评估方法开展评估，验证改进工作进展，判定组织成熟度等级。评估工作并不意味着改进工作的结束，多数优秀的组织均具备常设的改进团队，持续开展组织过程性能的改进工作。

20.5.2 PRINCE2模型

1. PRINCE2 概述

PRINCE2（PRoject IN Controlled Environment，受控环境下的项目管理）是当今在世界范围内广泛使用的项目管理方法之一，是一个基于经验的结构化项目管理方法。PRINCE2 是这种方法的第 2 个重要版本，由英国政府商务部（OGC）于 1996 年开始推广。PRINCE2 的主要特征包括：①建立在既定的和被证实的最佳实践及治理基础上，用于项目管理的指南；②其可量身剪裁，以满足组织的具体需要；③可以应用于任何类型的项目，并且可以结合专家以及行业模型（例如，"工程模型"和"开发生命周期"）进行融合应用；④被广泛认知和理解，并为所有项目参与者提供了统一的词汇表。这样做促进了项目工作的一贯性，有助于实现项目资源的可再用性。它还有利于员工的流动，并降低人员流动或交接带来的影响；⑤确保参与者关注与其立项评估目标相关的项目可行性，而不是简单地将项目的"完成"定义为竣工。它确保在规划和制定决策时，能够恰当代表利益干系人（包括项目发起人和资源提供者）；⑥促进学习项目经验。

PRINCE2 结构包括原则、主题、流程和项目环境，如图 20-9 所示。

图 20-9　PRINCE2 的结构

- PRINCE2原则：指导性的原则和最佳实践。其可以判断一个项目是否真正应用PRINCE2进行管理。只有7个原则全部得到应用，才可称得上是一个"PRINCE项目"。
- PRINCE2主题：描述了项目管理中，必须持续关注的项目管理的几个重要方面。这7个主题解释了针对不同项目管理学科，PRINCE2 要求实施的具体处理手段及其必要性。
- PRINCE2流程：描述了项目的进展，从项目准备的前期活动，到项目生命周期中的各个阶段，再到最后的项目收尾。每个流程都有与其相关的建议活动、产品和相关职责的核查清单。
- 项目环境：组织通常希望使用一致的方法来对项目进行管理，剪裁PRINCE2以创建其专属的项目管理方法。这种方法届时会根植到该组织的工作方式中去。

2. PRINCE2 原则

PRINCE2 的设计初衷是考虑到项目的规模、组织、地域和文化，使其可以用于任何类型的项目。其旨在助力项目的成功，而不是为项目带来官僚作风引起的负担。主题、流程和产品描述说明了我们应该做什么,而不是如何做。

PRINCE2 是基于原则创建的,而不是硬性规定的,其原则具有如下特点:
- 通用性,因为可应用于每个项目;
- 自我验证性,因为已经在多年实践中得到验证;
- 自主性,因为这些原则赋予了从业人员方法论,提高了从业人员的信心和能力,使他们可以更有效地进行项目管理。

PRINCE2 的原则为参与项目的人员提供了良好的实践框架,且 PRINCE2 的原则是从成功和失败的项目中吸取经验教训而得出的,如表 20-4 所示。

表 20-4 PRINCE2 的 7 个原则

序号	PRINCE2 原则	关键信息
1	持续的业务验证	应用 PRINCE2 方法的项目必须持续地进行业务验证
2	吸取经验教训	项目团队吸取以前的经验教训,在项目生命周期中发现、记录和应对
3	明确定义的角色和职责	基于 PRINCE2 的项目定义了项目的组织结构,并就其中的角色和职责达成一致,这将保证业务、用户和供应商的利益
4	按阶段管理	项目是在逐个阶段基础上进行计划、监督和控制
5	例外管理	项目对每个项目目标都定义了容许偏差,来建立授权的限制范围
6	关注产品	项目关注产品的定义与交付,特别是产品的质量要求
7	根据项目剪裁	根据项目的环境、规模、复杂性、重要性、团队能力和风险,进行剪裁

3. PRINCE2 主题

PRINCE2 主题描述了项目管理中,因为随着项目在整个生命周期内的进展,必须持续关注的方面。例如,由于会发生变更及风险需要管理,项目合理性需要在整个项目期进行更新和再验证。然而,PRINCE2 的优势在于 7 个主题有机结合的方式,这种优势得以实现是借助于每个主题特定的 PRINCE2 处理方式,它们被精心设计以便能够有效地联系在一起,如表 20-5 所示。

表 20-5 PRINCE2 的 7 个主题

序号	PRINCE2 主题	描述
1	商业论证	项目从一个被认为对相关组织具有潜在价值的想法开始。本主题说明了这个想法如何发展成组织的一个可交付的投资建议,项目管理如何在项目中保持对组织目标的持续关注
2	组织	发起项目的组织需要将工作分配给各级经理,负责推进项目直到完成。项目是跨职能的,因此,正常的直线型职能结构并不适合项目。本主题描述了为有效管理项目所需要的临时性项目管理团队中的角色和职责
3	质量	最初的想法将仅仅作为一个宽泛的概要来理解。本主题解释了概要如何逐步发展,使所有参与人员都理解了交付产品或服务的质量特点,然后项目管理如何确保这些要求能够在后来被交付
4	计划	项目是按照一系列经过批准的计划向前推进的。本主题通过描述制订计划所需步骤和所应用的 PRINCE2 技术,对质量主题进行补充。在 PRINCE2 中,计划要与组织中不同层次人员的需求相匹配。计划是项目生命周期中沟通和控制的重点

（续表）

序号	PRINCE2 主题	描述
5	风险	项目对每个项目目标都定义了容许偏差，来建立授权范围的限制
6	变更	本主题描述项目管理如何评估和处理对项目基线（项目计划与已经完成的产品或服务）可能产生潜在影响的问题。问题可能是没有预料到的难题、变更请求，或者产品或服务质量并没有达到其规定
7	进展	本主题关注计划持续的可交付性，解释了批准计划、监督实际绩效的决策流程，以及如果项目没有按照计划执行确认的流程，项目是否应该和如何继续

剪裁会影响主题的应用方式。对主题的影响取决于项目团队在实施其每一个主题时，是有其高度的自主性，还是需要严格遵守规范。PRINCE2 的 7 个主题必须全部应用在项目中，但是应该按照相关项目的风险、规模、特点属性和复杂程度或简化程度进行剪裁，要始终确保主题中任何一个最小细化要求能被满足。

4. PRINCE2 流程

PRINCE2 是一种基于流程的项目管理方法。流程是为完成特定目标而设计的一组结构化的活动，它需要一个或多个确定的输入并将这些输入转变成确定的输出。

PRINCE2 有 7 个流程，它们提供了成功地指导、管理和交付项目所要求的一系列活动，如表 20-6 所示。

表 20-6 PRINCE2 的 7 个流程

序号	PRINCE2 流程	目的
1	项目准备流程	通过回答"是否有一个可交付的、值得做的项目？"这样一个问题，确保项目启动的先决条件已经具备。开始项目的决策必须是明确的，而项目准备的活动发生在决策之前
2	项目指导流程	使项目管理委员会能够对项目的成功负责。具体来说，是由项目管理委员会做出关键决策，并进行总体控制，而把项目的日常管理委托给项目经理
3	项目启动流程	为项目建立坚实的基础，使组织在承诺大笔投入前，能够了解为了交付项目产品或服务需要完成的工作
4	阶段控制流程	分配需要完成的工作，监督这些工作，处理问题，向项目管理委员会报告进展，以及采取纠正性行动来确保该阶段仍保持在容许偏差范围内
5	产品交付管理流程	通过提出有关验收、执行和交付的正式要求，控制项目经理与小组经理之间的联系
6	阶段边界管控流程	项目经理向项目管理委员会提供充分的信息，使之能够： ● 评审当前阶段的成果 ● 批准下一个阶段计划 ● 评审更新的项目计划 ● 确认持续业务验证和风险的可接受性
7	项目收尾流程	提供一个固定点来确认对项目产品的验收，认可项目启动文件中最初设立的目标已经实现（或实现了已批准的对目标的变更），或者项目不再有更多的贡献

20.6 本章练习

1. 选择题

（1）关于项目集管理的理解，不正确的是_____。
    A. 项目集经理是承诺将组织的资源应用于项目集，并致力于使项目集取得成功的人
    B. 组件项目或项目集不能促进共同目标或互补目标的实现时，则使用项目组合管理的效果更好
    C. 项目集管理绩效域包括项目集战略一致性、项目集效益管理、项目集干系人参与、项目集治理、项目集生命周期管理
    D. 项目集效益管理的主要活动包括效益识别、效益分析和规划、效益交付、效益移交、效益维持

参考答案：A

（2）组织级项目管理（OPM）框架包括_____。
    A. OPM 方法论、知识管理、人才管理
    B. OPM 方法论、流程管理、资源管理
    C. OPM 治理、OPM 方法论、流程管理、资源管理
    D. OPM 治理、OPM 方法论、知识管理、人才管理

参考答案：D

（3）关于统计过程控制方法的描述，不正确的是_____。
    A. 统计过程控制是一种预防性方法，强调全员参与
    B. 统计过程控制技术可以判定工作过程运行的状态是否稳定，也可以判断过程能力是否满足规格要求
    C. 统计过程控制方法认为任何组织或个人执行过程的能力都会有一定的波动性，这是正常的
    D. 统计过程控制方法认为项目团队或人员的能力应该是恒定的，不应发生波动

参考答案：D

（4）关于六西格玛的描述，不正确的是_____。
    A. 五步循环改进法即 DMAIC 模式，包括：定义（Define）、度量（Measure）、分析（Analyze）、改进（Improve）、控制（Control）
    B. 六西格玛是一种基于数据统计分析的管理方法，强调用数据来客观体现管理流程的能力
    C. 六西格玛的代表特征是组织有了统一的管理流程、管理指标
    D. 六西格玛的五步实施流程并不是单一的，而是各个管理流程实施改进时相互关联的统一体

参考答案：C

（5）关于量化管理中建立过程性能模型的描述，正确的是_____。

    A. 建立过程性能模型的因子只能选择当前过程性能基线中已有的因子

    B. 对于相关性系数达到强相关（$|r| > 0.8$）的因子，方可纳入建模因子

    C. 对于过程性能模型的校验，重点关注 P 值、R-sq 值，通常无须关注残差值

    D. 基于统计的量化技术主要包括：过程性能基线、过程性能模型、回归分析、蒙特卡洛模拟等

参考答案：D

2. 思考题

请指出项目、项目集、项目组合管理的差异，以及与 OPM 的关系。请列举适宜使用项目组合管理的场景，并说明其对战略目标的支撑效果。

参考答案：略

第21章 项目管理科学基础

科学管理的实质是反对凭经验、直觉、主观判断进行管理，主张用最好的方法、最少的时间和支出，达到最高的工作效率和最大的效果。其突破性进展是在第二次世界大战时期，为解决国防需要产生的"运筹学"，发展了新的数学分析和计算技术。例如：统计判断、线性规划、排队论、博弈论、统筹法、模拟法、系统分析等，特别是随着电子计算机技术突飞猛进的发展，为组织管理过程中运用数量方法和科学方法提供了广阔的空间，进一步成就了"管理科学理论"。

管理科学认为，解决复杂系统的管理决策问题，可以用电子计算机作为工具，寻求最佳计划方案，以达到组织的目标。管理科学其实就是管理中的一种数量分析方法，它主要用于解决能以数量表现的管理问题，其作用在于通过管理科学的方法，减少决策中的风险，提高决策的质量，保证投入的资源发挥最大的经济效益。从管理科学的名称来看，似乎它是关于管理的科学，其实，它不是主要探求有关管理的原理和原则，而是依据科学的方法和客观的事实来解决管理问题，并且要求按照最优化的标准为管理者提供决策方案，设法把科学的原理、方法和工具应用于管理过程，侧重于追求经济和技术上的合理性。

21.1 工程经济学

21.1.1 资金的时间价值与等值计算

1. 资金的时间价值与等值计算的概念

将资金投入使用后，经过一段时间，资金便产生了增值。资金的时间价值是指不同时间发生的等额资金在价值上的差别。把资金存入银行，经过一段时间后也会产生增值，这就是利息。客户按期得到的利息是银行将吸纳的众多款项集中投资于各类项目所获得的盈利的一部分，盈利的另一部分则是银行承担资金风险运作的收益。盈利和利息是资金时间价值的两种表现形式，都是资金时间因素的体现，是衡量资金时间价值的绝对尺度。在技术经济分析中，对资金时间价值的计算方法与银行利息的计算方法是相同的，银行利息就是一种资金时间价值的表现形式。

资金时间价值的大小取决于多方面因素，从投资角度看，主要取决于投资收益率、通货膨胀率和项目投资的风险。投资收益率反映该项目方案所能取得的盈利大小；通货膨胀率则反映投资者必须付出的因货币贬值所带来的损失；而投资风险往往又和投资回报相联系，通常投资回报越高，风险越大，投资风险的分析、判断、评估则会涉及政治、经济、金融、资源和市场等多方面的因素。

资金的时间价值表明，在不同的时间付出或得到同样数额的资金，其经济价值是不等的。也就是说，一笔数额确定的资金的经济价值随着时间的不同而不同；同样，根据资金时间价值的概念，数额不等的资金在不同的时间因素作用下可能会具有相同的经济价值。例如，在年利

率为 5.22% 的条件下，当年的 100 元与下一年的 105.22 元是等值的，即

$$100 \times (1 + 5.22\%) 元 = 105.22 元$$

而当年的 100 元又与上一年的 95.04 元等值，即

$$\frac{100}{(1 + 5.22\%)} 元 = 95.04 元$$

资金等值是指在时间因素的作用下，在不同的时期（时点），绝对值不等的资金具有相等的价值。如上所述，可以认为在年利率为 5.22% 的情况下，当前的 100 元与一年后的 105.22 元是等值的，与一年前的 95.04 元也是等值的。

在比较项目方案时，应该对项目方案的各项投资与收益进行对比，由于这些投资或收益往往发生在不同的时期，所以就必须将其按照一定的利率折算至某一相同时点（等值计算），使之具有可比性。等值计算是工程经济学中的一个重要内容，在工程经济分析中，对资金时间价值的计算方法是根据银行计算利息的方法得到的。实质上，银行利息也是一种资金的时间价值。

2. 利息、利率及其计算

利息或利润是占用（利用）资金的代价（成本），或者是放弃资金的使用所获得的补偿。如果将一笔资金存入银行（相当于银行占用了这笔资金），经过一段时间以后，资金所有者就能在该笔资金之外再得到一些报酬，即利息。通常，存入银行的资金就叫作本金。本利和的计算公式为公式（21-1），式中，F_n 为本利和；P 为本金；I_n 为利息（n 表示计算利息的周期数）；计息周期通常为"年""季""月"等。

$$F_n = P + I_n \tag{21-1}$$

利息通常由本金和利率计算得出，利率是指在 1 个计息周期内所应付出的利息额与本金之比，一般以百分数表示。利率的计算公式为公式（21-2），式中，i 为利率；I_1 为 1 个计息周期的利息。

$$i = \frac{I_1}{P} \times 100\% \tag{21-2}$$

利率是银行根据国家的政治、经济形势及政策方针确定的，它可以反映国家在一定经济发展时期的经济状况及特色。利率的经济含义是每单位本金经过 1 个计息周期后的增值额。利息的计算方法分为单利法和复利法两种。

1）单利法

单利法是每期均按原始本金计息，即不管计息周期为多少，每经过一期，按原始本金计息 1 次，利息不生利息。单利计息的计算公式为公式（21-3），式中，I_n 为 n 个计息期的总利息；n 为计息期数；i 为利率。

$$I_n = P \times n \times i \tag{21-3}$$

n 个计息周期后的本利和计算公式为公式（21-4）。

$$F_n = P + P \times n \times i = P(1 + i \times n) \tag{21-4}$$

例如，存入银行 1000 元本金，年利率为 6%，共存 5 年，每个计息周期的本金、当年利息及本利和，如表 21-1 所示。

表 21-1　单利法的本金、当年利息及本利和　　　　　　　　　　（单位：元）

年份	本金	当年利息	本利和
1	1000	1000×0.06=60	1000+60=1060
2	1000	1000×0.06=60	1000+60×2=1120
3	1000	1000×0.06=60	1000+60×3=1180
4	1000	1000×0.06=60	1000+60×4=1240
5	1000	1000×0.06=60	1000+60×5=1300

2）复利法

复利法按上一期的本利和计息，除本金计息外，利息也生利息，每一计息周期的利息都要并入下一期的本金，再计利息。复利计算公式为公式（21-5）。

$$F_n = P(1+i)^n \qquad (21\text{-}5)$$

表 21-1 中的数据若按复利法计息，其本金、当年利息及本利和如表 21-2 所示。

表 21-2　复利法的本金、当年利息及本利和　　　　　　　　　　（单位：元）

年份	本金	当年利息	本利和
1	1000	1000×0.06=60	1000+60=1060
2	1000	1060×0.06=63.60	1060+63.60=1123.60
3	1000	1123.60×0.06≈67.42	1123.60+67.42=1191.02
4	1000	1191.02×0.06≈71.46	1191.02+71.46=1262.48
5	1000	1262.48×0.06≈75.75	1262.48+75.75=1338.23

从上面的例子可看出，同一笔本金，在 i、n 相同的情况下，用复利计息所得本利和比用单利计息所得本利和要多，而这二者之差会随着 i、P 或者 n 的增大变得越来越大。由于经济活动中实际占用资金的情况正是复利计算所表达的，复利计息更符合资金在社会再生产过程中运动的实际，因此，工程经济分析中一般采用复利计算。

3. 资金的等值计算

资金等值是指在考虑了时间因素之后，在不同时刻发生的数值不等的资金可能具有相等的价值。由于资金时间价值的存在，在不同时点发生的资金流入或流出，在计算时不能直接相加减求代数和，因为不同时点发生的资金流在时间上不可比。为了达到资金流入或流出满足时间可比性的要求，就必须进行资金的等值计算。

资金的等值计算是以资金时间价值原理为依据，以利率为杠杆，结合资金的使用时间及增值能力，对项目方案的现金流进行折算，以期找出共同时点上的等值资金额。未来某一时点的资金金额换算成现在时点的等值金额的过程称为"折现"或"贴现"。与现值等价的将来某时点的资金价值称为"终值"或"未来值"。现值是指资金现在的瞬时价值。将未来某时点发生的资金折现到现在的某个时点,所得的等值资金就是未来那个时点上资金的现值。终值则是资金现值按照一定的利率,换算到未来某时点的等值资金金额。

注意:现值并非专指一笔资金现在的价值,这是一个相对的概念。一般地,将 $t+k$ 时点上发生的资金,折现到第 t 个时点所得的等值金额就是第 $t+k$ 个时点上资金金额的现值;$t+k$ 时点的资金金额是 t 时点的现值在 $t+k$ 时点的终值。

资金的等值计算要借助于普通的复利利率进行,计算公式与复利公式相同。

21.1.2 项目经济评价

根据是否考虑资金的时间价值,投资项目经济评价方法可分为两类:静态评价和动态评价。

1. 静态评价方法

静态评价是指在进行项目方案效益和费用的计算时,不考虑资金的时间价值,不计利息。因此,静态评价比较简单、直观,使用方便,但不够精确,常用于初步可行性研究,对方案进行粗略分析评价和初选。静态评价方法主要有静态投资回收期法、投资收益率法等。

1)静态投资回收期法

投资回收期法又叫投资返本期法或投资偿还期法,是指以项目的净收益(包括利润和折旧)抵偿全部投资(包括固定资产投资和流动资金投资)所需的时间,一般以年为计算单位,从项目投建之年算起。投资回收期有静态和动态之分,动态投资回收期将在动态评价中介绍。

静态投资回收期的计算公式为公式(21-6),式中,CI 为现金流入量;CO 为现金流出量;$(CI-CO)_t$ 为第 t 年的净现金流量;P_t 为静态投资回收期(年)。

$$\sum_{t=0}^{P_t}(CI-CO)_t = 0 \tag{21-6}$$

静态投资回收期亦可根据全部投资的财务现金流量表中的累计净现金流量计算求得,其计算公式为公式(21-7)。

$$P_t = (累计净现金流量开始出现正值或零的年份数 - 1) + \frac{上年累计净现金流量的绝对值}{当年净现金流量} \tag{21-7}$$

用投资回收期评价投资项目时,需要与根据同类项目的历史数据和投资者意愿确定的基准投资回收期相比。设基准投资回收期为 P_c,判别准则为

若 $P_t \leq P_c$,则项目可以考虑接受;若 $P_t > P_c$,则项目应予以拒绝。

【例21-1】某项目现金流量如表 21-3 所示,基准投资回收期为 5 年,试用静态投资回收期法评价方案是否可行。

表 21-3 某项目现金流量表 (单位:万元)

年末	0	1	2	3	4	5	6
现金流出	900	0	0	0	0	0	0
现金流入	0	200	300	400	400	400	400

用公式(21-6)求解,过程如下:

$$\sum_{t=0}^{P_t}(CI-CO)_t = -900+200+300+400万元=0元$$

则 $P_t = 3$，$P_t < P_c$，所以方案可行。

静态投资回收期指标的优点包括：①概念清晰，反映问题直观，计算方法简单；②该指标不仅在一定程度上反映项目的经济性，而且能反映项目的风险大小。项目决策面临着未来不确定性因素的挑战，这种不确定性所带来的风险随着时间的延长而增加，因为离现时越远，人们所能确知的东西就越少。为了减少这种风险，投资回收期越短越好。

静态投资回收期指标的缺点包括：①没有反映资金的时间价值；②舍弃了回收期以后的收入与支出数据，故不能全面反映项目在寿命期内的真实状态，难以对不同方案的比较选择提供有力支撑。

2）投资收益率法

投资收益率是指，项目达到设计生产能力后的一个正常年份的年息税前利润与项目总投资的比率。对生产期内各年的年息税前利润变化幅度较大的项目，则应计算生产期内平均年息税前利润与项目总投资的比率。投资收益率法适用于项目处在初期勘察阶段或者项目投资不大、生产比较稳定的财务营利性分析。

总投资收益率（Return on Investment，ROI）的计算公式为公式（21-8），式中，TI 为投资总额，包括固定资产投资和流动资金投资等；$EBIT$ 为项目达产后正常年份的年息税前利润或平均年息税前利润，包括组织的利润总额和利息支出。

$$ROI = \frac{EBIT}{TI} \times 100\% \tag{21-8}$$

投资收益率指标不考虑资金的时间价值，也不考虑项目建设期、寿命期等众多经济数据，故一般仅用于项目初步可行性研究阶段。

用投资收益率指标评价投资方案的经济效果，需要与同类项目的历史数据及投资者意愿等确定的基准投资收益率（R_b）做比较，判别准则为：

若 $ROI \geq R_b$，则项目可以考虑接受；若 $ROI < R_b$，则项目应予以拒绝。

【例 21-2】某项目的投资及收益如表 21-4 所示，现已知基准投资收益率为 15%，达产年为第 5 年，试以总投资收益率指标判断项目的取舍。

表 21-4　某项目的投资及收益　　　　　　　　　　　　　　　（单位：万元）

项目	年末											合计
	0	1	2	3	4	5	6	7	8	9	10	
建设投资	180	240	80	0	0	0	0	0	0	0	0	
营业收入	0	0	0	300	400	500	500	500	500	500	500	3700
总成本	0	0	0	250	300	350	350	350	350	350	350	2650
利息	0	0	0	50	50	50	50	50	50	50	50	400
年息税前利润	0	0	0	100	150	200	200	200	200	200	200	1450
累计净现金流量	-180	-420	-500	-400	-250	-50	150	350	550	790	950	

解：由表 21-4 中数据可得

$$ROI = 200/500 \times 100\% = 0.4 \times 100\% = 40\%$$

$ROI > R_b$，故项目可以考虑接受。

静态评价方法主要适用于方案的粗略评价。

静态评价方法也有一些缺点。例如，不能准确反映项目的总体盈利能力，因为它未计算偿还完投资以后的盈利情况；未考虑方案在经济寿命期内的费用和收益变化情况，未考虑各方案经济寿命的差异对经济效果的影响；没有引入资金的时间因素，当项目运行时间较长时，不宜用这种方法进行评价。

2. 动态评价方法

动态评价是指，在进行项目方案的效益和费用计算时，考虑资金的时间价值，采用复利计算方法，把不同时点的效益和费用折算为同一时点的等值价值，为项目方案的经济比较确立相同的时间基础。动态评价主要用于项目详细可行性研究阶段，是项目经济评价的主要方法。常用的动态评价方法主要有净现值法、净现值率法、费用现值法、动态投资回收期法、内部收益率法等。

1）净现值法

净现值指标要求考虑项目寿命期内每年发生的现金流量。净现值是指按给定的折现率（也称基准收益率），将各年的净现金流量折现到同一时点的现值累加值。换句话说，用给定的折现率计算 $n = 0$ 时的等值净现金流量。净现值的计算公式为公式（21-9），式中，i_0 为基准折现率；NPV 为净现值；n 为计算期。

$$NPV = \sum_{t=0}^{n}(CI-CO)_t(1+i_0)^{-t} \qquad (21-9)$$

净现值的判别准则为：

对单一方案而言，若 $NPV \geq 0$（残值为零），表示项目实施后的收益率不小于基准收益率，方案予以接受；若 $NPV < 0$，表示项目的收益率未达到基准收益率，应予以拒绝。寿命期相等的多方案比较时，以净现值大的方案为优。

【例 21-3】某项目设计方案总投资 2995 万元，投产后年经营成本为 500 万元，年营业收入额为 1500 万元，第 3 年末工程项目配套追加投资 1000 万元，若计算期为 5 年，基准收益率为 10%，残值等于零，试计算投资方案的净现值。

解：建立计算表如表 21-5 所示。

表 21-5 例题计算 （单位：万元）

年份	第 0 年	第 1 年	第 2 年	第 3 年	第 4 年	第 5 年
投资	2995			1000		
收入		1500	1500	1500	1500	1500
成本		500	500	500	500	500
净值	-2995	1000	1000	0	1000	1000
现值	-2995	909.1	826.4		683	620.9

$$NPV = -2995 + 909.1 + 826.4 + 0 + 683 + 620.9 \text{ 万元} = 44.4 \text{ 万元}$$

可知项目 NPV 为 44.4 万元，大于 0，说明项目实施后的经济效益除达到 10% 的收益率外，还有 44.4 万元的收益现值。

净现值法的优点是：反映了投资项目在整个项目寿命期的收益；考虑了投资项目在整个寿命期内更新或追加的投资；反映了纳税后的投资效果；既能对一个方案进行费用效益的可行性评价，也能对多个投资方案进行比较。

净现值法的缺点包括以下两方面：①需要预先确定基准折现率 i_0，基准折现率是评价项目方案经济性和选择方案的决策标准。i_0 定得越高，NPV 就越小，方案可行性就越小；i_0 定得越低，方案可行性就越高。因此，科学合理地确定 i_0 非常重要，但有一定难度。②没有考虑各方案投资额的大小，不能反映资金的利用效率。例如，有 A、B 两个方案，A 方案投资额 K_A 为 1000 万元，NPV_A = 10 万元；B 方案投资额 K_B = 50 万元，NPV_B = 5 万元。若按净现值法进行方案选择，由于 $NPV_A > NPV_B$，就会认为方案 A 优于方案 B；但这是错误的，考虑到 K_A 是 K_B 的 20 倍，而 NPV_A 仅仅是 NPV_B 的 2 倍，显然，方案 B 的资金利用率远高于方案 A 的资金利用率。

2）净现值率法

净现值率和净现值都是反映建设项目在计算期内获利能力的动态评价指标，但净现值不能直接反映资金的利用效率。为了考查资金的利用效率，可采用净现值率作为净现值的补充指标。净现值率是按基准折现率求得的，净现值率的计算公式为公式（21-10），式中，$NPVR$ 为净现值率；K_P 为项目总投资现值。

$$NPVR = \frac{NPV}{K_P} \tag{21-10}$$

净现值率表示单位投资现值所取得的净现值额，也就是单位投资现值所取得的超额净现值。净现值率的最大化，将有利于实现有限投资取得的净贡献的最大化。

用净现值率评价方案时，净现值率法的判别准则如下：

当 $NPVR \geq 0$ 时，方案可行；当 $NPVR < 0$ 时，方案不可行。用净现值率进行方案比较时，以净现值率较大的方案为优。净现值率一般作为净现值的辅助指标来使用。净现值率法主要适用于多方案的优劣排序。

【例 21-4】某项目有 A、B 两种方案均可行，其现金流量如表 21-6 所示，当基准折现率为 10% 时，试用净现值法和净现值率法比较评价方案优劣。

表 21-6　A 方案、B 方案现金流量表　　　　　　　　　　（单位：万元）

年份		0	1	2	3	4	5
投资	方案 A	2000					
	方案 B	3000					
现金流入	方案 A		1000	1500	1500	1500	1500
	方案 B		1500	2500	2500	2500	2500
现金流出	方案 A		400	500	500	500	500
	方案 B		1000	1000	1000	1000	1000

解：按净现值计算如下。

$NPV_A = -2000 + (1000 - 400) / (1 + 0.1) + (1500 - 500) / (1 + 0.1)^2 + (1500 - 500) / (1 + 0.1)^3 + (1500 - 500) / (1 + 0.1)^4 + (1500 - 500) / (1 + 0.1)^5$ 万元

$= -2000 + 545.5 + 826.4 + 751.3 + 683 + 620.9$ 万元 $= 1427.1$ 万元

$NPV_B = -3000 + (1500 - 1000) / (1 + 0.1) + (2500 - 1000) / (1 + 0.1)^2 + (2500 - 1000) / (1 + 0.1)^3 + (2500 - 1000) / (1 + 0.1)^4 + (2500 - 1000) / (1 + 0.1)^5$ 万元

$= -3000 + 454.5 + 1239.7 + 1127 + 1024.5 + 931.4$ 万元 $= 1777.1$ 万元

$NPV_A < NPV_B$，所以方案 B 为优选方案。

按净现值率计算如下：

$NPVR_A = 1427.1 / 2000 = 0.7136$

$NPVR_B = 1777.1 / 3000 = 0.5924$

可知，$NPVR_A > NPVR_B$，所以方案 A 为优选方案，这与用净现值法评价的结论相反。

由此可见，当方案的投资额不相等时，除用净现值法外，往往需要用净现值率作为辅助评价指标，才能做出合理的评价。

本例中，方案 A 的净现值率为 0.7136，其含义是方案 A 除了有 10% 的基准收益率外，每万元投资现值尚可获得 0.7136 万元的收益现值。当净现值率与净现值得出不同结论时，应以净现值大的为准；如果是互斥项目决策，先看项目寿命期是否相同，寿命期相同，选净现值大的，寿命期不同，用共同年限法或等额年金法再做分析，可以选择共同年限法下净现值大的，或选择等额年金法下永续年金现值大的项目。

3）费用现值法

在对多个方案进行比较选优时，如果各方案产出价值相同，或者各方案能够满足同样需要，但其产出效益难以用价值形态（货币）计量时，可以通过对各方案费用现值或费用年值的比较进行选择。

费用现值是不同方案在计算期内的各年成本，按基准收益率换算到基准年的现值与方案的总投资现值的和。费用现值越小，其方案经济效益越好。

费用现值实际上为净现值的特例，其计算公式为公式（21-11），式中，PC 为费用现值或现值成本；C 为年经营成本；W 为计算期末回收的固定资产余值；S_V 为计算期末回收的流动资金。

$$PC = \sum_{t=0}^{n} CO_t (P/F, i_0, t) = \sum_{t=0}^{n} (K + C - S_V - W)_t (P/F, i_0, t) \qquad (21-11)$$

【例 21-5】某项目有三个方案 A、B、C 均能满足同样的需要。其费用数据如表 21-7 所示。在基准折现率为 10% 的情况下，使用费用现值法确定最优方案。

解：

$PC_A = 200 + 80/(1 + 0.1) + 80/(1 + 0.1)^2 + 80/(1 + 0.1)^3 + 80/(1 + 0.1)^4 + 80/(1 + 0.1)^5 + 80/(1 + 0.1)^6 + 80/(1 + 0.1)^7 + 80/(1 + 0.1)^8 + 80/(1 + 0.1)^9 + 80/(1 + 0.1)^{10}$ 万元

$= 200 + 72.7 + 66.1 + 60.1 + 54.6 + 49.7 + 45.2 + 41.1 + 37.3 + 33.9 + 30.8$ 万元 $= 691.6$ 万元

$PC_B = 300 + 50/(1 + 0.1) + 50/(1 + 0.1)^2 + 50/(1 + 0.1)^3 + 50/(1 + 0.1)^4 + 50/(1 + 0.1)^5 + 50/(1 + 0.1)^6 + 50/(1 + 0.1)^7 + 50/(1 + 0.1)^8 + 50/(1 + 0.1)^9 + 50/(1 + 0.1)^{10}$ 万元

$$=300+45.4+41.3+37.6+34.1+31.1+28.3+25.7+23.3+21.2+19.3 \text{ 万元} = 607.3 \text{ 万元}$$
$$PC_C = 500+20/(1+0.1)+20/(1+0.1)^2+20/(1+0.1)^3+20/(1+0.1)^4+20/(1+0.1)^5+20/(1+0.1)^6$$
$$+20/(1+0.1)^7+20/(1+0.1)^8+20/(1+0.1)^9+20/(1+0.1)^{10} \text{ 万元}$$
$$=500+18.2+16.5+15+13.7+12.4+11.3+10.3+9.3+8.5+7.7 \text{ 万元} = 622.9 \text{ 万元}$$

表 21-7　三个方案的费用数据　　　　　　　　　　　　　　（单位：万元）

方案	总投资（第 1 年初）	年运营费用（第 1 年到第 10 年）
A	200	80
B	300	50
C	500	20

根据费用现值最小的原则优选，方案 B 最优，方案 C 次之，方案 A 最差。

在运用费用现值法进行多方案比较时，应注意：各方案除费用指标外，其他指标和有关因素应基本相同，如产量、质量、收入，在此基础上比较费用现值的大小；被比较的各方案，特别是费用现值最小的方案，应是能够达到盈利目的的方案。因为费用现值只能反映费用的大小，不能反映净收益情况，所以这种方法只能比较方案的优劣，而不能用于判断方案是否可行。

4）动态投资回收期法

动态投资回收期是指，在考虑资金时间价值条件下，按设定的基准收益率收回全部投资所需的时间。动态投资回收期法主要是为了克服静态投资回收期法未考虑时间因素的缺点。动态投资回收期可由公式（21-12）求得，式中，i_0 为基准收益率；P_D 为动态投资回收期。

$$\sum_{t=0}^{P_D}(CI-CO)_t(1+i_0)^{-t}=0 \qquad (21\text{-}12)$$

公式（21-12）是指用基准收益率将投资与各期净收益折现为净现值，使净现值等于零时的计算期期数。P_D 也可用项目财务现金流量表中的累计净现金流量计算求得，其计算公式为（21-13）。

$$P_D = (\text{累计折现值开始出现正值或零的年份}-1)+\frac{\text{上年累计折现值的绝对值}}{\text{当年折现值}} \qquad (21\text{-}13)$$

用动态投资回收期评价投资项目的可行性，需要与基准动态投资回收期相比较。设基准动态投资回收期为 P_b，判别准则为：若 $P_D \leqslant P_b$ 项目可以被接受；否则应予以拒绝。

【例 21-6】使用表 21-8 的数据计算动态投资回收期，并对项目可行性进行判断。基准折现率为 10%，基准动态投资回收期为 9 年。

表 21-8　例题计算

项目	年末					
	0	1	2	3	4	5
净现金流量	-6000	0	0	800	1200	1600
累计净现金流量	-6000	-6000	-6000	-5200	-4000	-2400
折现值	-6000	0	0	601.05	819.62	993.47
累计折现值	-6000	-6000	-6000	-5398.95	-4579.33	-3585.86

(续表)

项目	年末				
	6	7	8	9	
净现金流量	2000	2000	2000	2000	
累计净现金流量	-400	1600	3600	5600	
折现值	1128.95	1026.32	933.01	848.20	
累计折现值	-2456.91	-1430.59	-497.58	350.62	

解：从表 21-8 中不难看出，"累计折现值开始出现正值或零的年份数"是 9，"上年累计折现值的绝对值"是 | -497.58 |，"当年折现值"是 848.20，则

$$P_D = 9 - 1 + \frac{|-497.58|}{848.20} \approx 8.6 \text{年}$$

按动态投资回收期评价，该方案小于 9 年，可以接受。

动态投资回收期没有考虑回收期以后的经济效果，因此不能全面地反映项目在寿命期内的真实效益，通常只宜进行辅助性评价。

5）内部收益率法

内部收益率又称内部报酬率，它是除净现值以外的另一个重要的动态经济评价指标。净现值是求所得与所费的绝对值，而内部收益率是求所得与所费的相对值。

内部收益率是指项目在计算期内各年净现金流量现值累计值（净现值）等于零时的折现率。内部收益率可用公式（21-14）来定义，式中，IRR 为内部收益率。

$$\sum_{t=0}^{n}(CI - CO)_t(1 + IRR)^{-t} = 0 \tag{21-14}$$

内部收益率的判别准则：求得的内部收益率 IRR 要与项目的基准收益率相比较，当 $IRR \geq i_0$ 时，表明项目可行；当 $IRR < i_0$ 时，表明项目不可行。

公式（21-14）是一个高次方程，直接用公式（21-14）求解 IRR 是比较复杂的，因此在实际应用中通常采用"线性插值法"求 IRR 的近似解。

3. 投资方案的选择

对项目方案进行经济评价，经常遇到两种情况：①单方案评价，即投资项目只有一种方案或虽有多个方案但相互独立；②多方案评价，即投资项目有几种可供选择的方案。对单方案的评价，采用前述的经济指标就可以判断项目是否可行。在实践中，由于决策结构的复杂性，往往只有对多方案进行比较评价，才能决策出技术上先进适用、经济上合理有利、社会效益大的最优方案。

多方案动态评价方法的选择与各可供选择项目方案的类型，即项目方案之间相互关系有关。按方案之间的经济关系，可分为干系人方案与非干系人方案。如果采纳或放弃某一方案并不显著地改变另一方案的现金流序列，或者不影响另一方案，则认为这两个方案在经济上是不相关的。如果采纳或放弃某一方案将显著地改变其他方案的现金流序列，或者会影响其他方案，则认为这两个（或多个）方案在经济上是相关的。

21.2 运筹学

运筹学是一门基础性的应用学科,主要是将社会经济建设实践中经济、军事、生产、管理、组织等事件中出现的一些带有普遍性的问题加以提炼,然后利用科学方法进行分析、求解等。前者提供模型,后者提供理论和方法。运筹学主要研究系统最优化的问题,通过对建立的模型进行求解,为决策者进行决策提供科学依据。

21.2.1 线性规划

1. 线性规划建模

线性规划是运筹学的一个重要分支,是现代管理决策的主要手段之一。线性规划主要研究和解决以下两类问题:一是在有限资源(人力、物力、财力)条件下,如何制订一个最优的经营方案,以取得最佳的经济效益;二是在任务确定的前提下,怎样合理安排,统筹规划,使完成该项任务所消耗的资源最少。就其实质而言,线性规划问题是一类特殊的极值问题,它是在一定的线性约束条件下,追求某一个目标函数的最大值或最小值。这个目标函数可以是产值、利润、成本、耗用的资源等,而约束条件可以是原料的限制、设备的限制、市场需求的限制等。

线性规划问题的数学模型包含三个要素,即决策变量、目标函数和约束条件。下面举例说明建立其数学模型的方法和步骤。

【例 21-7】某工厂用甲、乙两种原料生产 A,B,C,D 四种产品,其现有原料数、单位产品所需原料数及单位产品可得利润如表 21-9 所示。

表 21-9 生产情况表

项目		产品 /kg·件$^{-1}$				现有原料 /t
		A	B	C	D	
原料	甲	1	10	2	3	18
	乙	3	2	5	4	13
单位利润 / 元		8	20	12	15	

问:如何组织生产,才能使利润最大?

解:

(1)确定决策变量。

设置决策变量,一般采取"问什么,设什么"的方法。本例问"如何组织生产",也就是问如何安排这四种产品的产量。因此,可设 x_1, x_2, x_3, x_4 分别为产品 A,B,C,D 的产量。

(2)确定目标函数。

问题的目标是希望总的利润最大,根据每件产品可获得的利润和产品的产量,最大利润可按下式计算。

$$S_{max} = 8x_1 + 20x_2 + 12x_3 + 15x_4$$

(3) 确定约束条件。

本例的约束条件体现在两种原料的供应有限量。因为原料甲的供应量最多为18t, 而生产每件 A, B, C, D 的需要量分别为 1kg、10kg、2kg、3kg, 于是有

$$x_1 + 10x_2 + 2x_3 + 3x_4 \leqslant 18000$$

同理,原料乙的约束条件为

$$3x_1 + 2x_2 + 5x_3 + 4x_4 \leqslant 13000$$

并且,产量 x_1, x_2, x_3, x_4 只能取非负值,即

$$x_1 \geqslant 0, \ x_2 \geqslant 0, \ x_3 \geqslant 0, \ x_4 \geqslant 0$$

所以,该问题的线性规划模型为:

求一组变量 x_1, x_2, x_3, x_4 的值,使目标函数达到

$$S_{\max} = 8x_1 + 20x_2 + 12x_3 + 15x_4$$

且满足约束条件

$$\begin{cases} x_1 + 10x_2 + 2x_3 + 3x_4 \leqslant 18000 \\ 3x_1 + 2x_2 + 5x_3 + 4x_4 \leqslant 13000 \\ x_1 \geqslant 0, x_2 \geqslant 0, x_3 \geqslant 0, x_4 \geqslant 0 \end{cases}$$

2. 图解法求解

对于仅含 2 个变量的线性规划问题,可用图解法求解,此方法简单直观,有助于理解线性规划问题求解的基本原理。

【例 21-8】求

$$S_{\max} = x_1 + 3x_2$$

$$\begin{cases} x_1 \leqslant 3 \\ x_2 \leqslant 4 \\ x_1 + x_2 \leqslant 5 \\ x_1, x_2 \geqslant 0 \end{cases}$$

解:

首先建立一个平面直角坐标系,如图 21-1 所示,设 x_1 为横坐标,x_2 为纵坐标,这样变量的一组值就对应了平面上的一个点。由于 $x_1, x_2 \geqslant 0$,所以约束条件所允许的范围只可能在第一象限。即满足所有约束条件的点集为图 21-1 中凸多边形 ABCDO 所示范围。因为凸多边形上任一点的坐标都满足约束条件,因此,凸多边形 ABCDO 上的任意一点都是该线性规划问题的一个可行解,而整个凸多边形就是该线性规划问题的可行解集(可行域)。

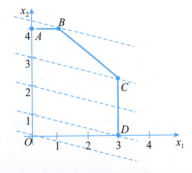

图 21-1 例 21-8 用图

下面我们来寻找最优解,即在凸多边形 ABCDO 中寻找使目标函数值最大的点。为此,令目标函数等于一个参数,即令 $x_1+3x_2=S$,并让 S 取一些不同的值,如 0,3,6,9,…,这样就在平面上得到一组平行线。由于位于同一直线上的点具有相同的目标函数值,因而称它为等值线。由图 21-1 可知,当 S 值越大,直线离开原点越远。于是,这一问题变为:在上列平行线中,找出一条,使之与凸多边形 ABCDO 相交,而又尽可能离原点最远。显然,经过 B 点的一条直线 $x_1+3x_2=13$ 即符合要求。它同可行解集的交点(即最优解)是 $B(1,4)$,且使目标函数取得最大值 13。即解

$$\begin{cases} x_2 = 4 \\ x_1 + x_2 = 5 \end{cases}$$

得最优解为

$$x_1 = 1,\ x_2 = 4$$

相应目标函数的最大值为

$$S_{max} = 1 + 3 \times 4 = 13$$

21.2.2 运输问题

一般的运输问题就是要解决以下问题:把某种产品从若干个产地调运到若干个销地,在每个产地的供应量与每个销地的需求量已知,并知道各地之间的运输单价的前提下,如何确定一个使得总运输费用最低的方案。

【例 21-9】假设某产品有三个产地 A_1,A_2,A_3,四个销地 B_1,B_2,B_3,B_4,其供应量、需求量和单位产品运价如表 21-10 所示。试求使总运费最低的运输方案。

表 21-10 单位运价表

产地	销地				供应量
	B_1	B_2	B_3	B_4	
A_1	2	3	2	1	3
A_2	10	8	5	4	7
A_3	7	6	6	8	5
需求量	4	3	4	4	

表上作业法是一种求解运输问题的特殊方法,其计算过程如下。

1. 确定初始解

(1)从运价表中找出最低运价为 1(从 A_1 运到 B_4 的单位产品运价),首先将 A_1 的产品供给 B_4。因为供应量 3 小于需求量 4,在表的 A_1 行 B_4 列的交叉格内填上 3。由于 A_1 的产品供应完毕,将 A_1 行的运价划掉,同时在 B_4 的需求量中减去 3。

(2)从运价表中未划去的运价中再找出最低运价 4,确定 A_2 能供应 B_4 地 1 个单位产品,使 B_4 的需要得到满足,并将 B_4 列所对应的运价划去,同时需求量减去 1。

（3）在运价表中再从未划去的运价中找出最小运价 5，这样一步一步地进行下去，直到运价表中所有元素划去为止。最后在产销平衡表上得到一个调运方案，如表 21-11 所示，这个方案的总运费为：$S = 1×3 + 4×1 + 5×4 + 10×2 + 6×3 + 7×2 = 79$。

表 21-11 最小元素法求解

产地	销地				供应量	运价			
	B_1	B_2	B_3	B_4		B_1	B_2	B_3	B_4
A_1				3	3	2	3	2	1
A_2	2		4	1	7	10	8	5	4
A_3	2	3			5	7	6	6	8
需求量	4	3	4	4					

注意：①在产销平衡表上每填入一个数，在运价表上就划去一行或一列，表中共有 m 行 n 列，总共可划 $m+n$ 条直线，如运价表中只剩一个元素时，在产销平衡表上填此数时，应在运价表上同时划去一行和一列。这时把运价表上所有元素都划去了，相应地在产销平衡表上填了（$m+n-1$）个数字，即给出了（$m+n-1$）个基变量。未填数的格内的变量的值均为零，它们表示非基变量。本例中 $m=3$，$n=4$，$m+n-1=6$，作为初始方案要求填写数字的格也恰有 6 个。②当有几个格子的运价相等，又都成为最小运价时，可任选其中一个运价，并在对应格子中填写数字。③当选定一个最小元素后，若出现该元素所在行的产量等于其所在列的销量，这时在产销平衡表上填一个数，运价表就要划去一行和一列。为了使调运方案中的填数格仍为（$m+n-1$）个，这时要在产销平衡表的相应行或列的任一空格上填写一个"0"，这个填写"0"的格当作有数格看待。

2. 方案检验

在运价表中，把有调运数的那些运费加上圈，如表 21-12 所示。再把同一行（或同一列）的各数加上或减去一个相等的数，这称为位势，使圈中数字逐步都变成 0，这时表中其他各数便是检验数的相反数。具体做法是：

表 21-12 位势法检验

产地	销地				
	B_1	B_2	B_3	B_4	
A_1	2	3	2	①	-1
A_2	⑩	8	⑤	④	-4
A_3	⑦	⑥	6	8	
	-6	-6	-1		

（1）把运价的第 A_1 行各数减 1，第 A_2 行各数减 4。

（2）把运价的第 B_1、B_2、B_3 列分别减去 6、6、1。

（3）把运价的第 A_3 行减 1，第 B_2 列加 1，得到表 21-13。

表 21-13 位势法结果

	B_1	B_2	B_3	B_4
A_1	-5	-3	0	⓪
A_2	⓪	-1	⓪	⓪
A_3	⓪	⓪	4	7

于是各空格的检验数为：$\lambda_{11} = 5$，$\lambda_{12} = 3$，$\lambda_{13} = 0$，$\lambda_{22} = 1$，$\lambda_{33} = -4$，$\lambda_{34} = -7$。

3. 方案的调整

如果所得到的初始调运方案经判别不是最优方案，像单纯形法一样，需要迭代，求出新的基本可行解，其步骤如下。

首先，在所有正的检验数中找出一个值最大的检验数，以它对应的非基变量为换入基变量；其次，以此空格为出发点，做一个闭回路；然后，在闭回路上，我们称奇数次转弯处的最小调运量为调整数。在奇数次转弯处减去调整数，在偶数次转弯处加上调整数，便得到新的调运方案。

现将用最小元素法得到的初始方案列表调整如表 21-14 所示。

表 21-14 方案调整

	B_1	B_2	B_3	B_4	B_1	B_2	B_3	B_4	供应量
A_1	$+2$			3^{-2}	$^{+1}2$			1^{-1}	3
A_2	$^{-2}2$		4	1^{+2}			4^{-1}	3^{+1}	7
A_3	2	3			$^{-1}2$	3	$^{+1}$		5
需求量	4	3	4	4	4	3	4	4	

最后得表 21-15。

表 21-15 调整结果

	B_1	B_2	B_3	B_4	供应量
A_1	3				3
A_2			3	4	7
A_3	1	3	1		5
需求量	4	3	4	4	

表 21-15 即为最优调运方案。注意每次调整后，必须重新计算检验数。

21.2.3 指派问题

所谓指派问题是指这样一类问题：有 n 项任务，恰好有 n 个人可以分别去完成其中任何一项，由于任务的性质和每个人的技术专长各不相同，因此，各人去完成不同任务的效率也不一样。于是提出如下问题：应当指派哪个人去完成哪项任务，才能使总的效率最高？

类似的指派问题还有：n 台机床加工 n 项任务；n 条航线安排 n 艘船或 n 架客机去航行等。

先看一个具体例子。

【例 21-10】 某公司有 B_1，B_2，B_3，B_4 四项不同的任务，恰有 A_1，A_2，A_3，A_4 四个人去完成各项不同的任务。由于任务性质及每个人的技术水平不同，他们完成各项任务所需的时间如表 21-16 所示。

表 21-16 工作时间表

人员	时间			
	任务 B_1	任务 B_2	任务 B_3	任务 B_4
A_1	2	15	13	4
A_2	10	4	14	15
A_3	9	14	16	13
A_4	7	8	11	9

问：怎样指派任务才能使这项工程花费的总时数最少？

解：

第一步：从效益矩阵的每行减去各行中的最小元素，再从每列中减去各列的最小元素，得

$$(C_{ij}) = \begin{pmatrix} 2 & 15 & 13 & 4 \\ 10 & 4 & 14 & 15 \\ 9 & 14 & 16 & 13 \\ 7 & 8 & 11 & 9 \end{pmatrix} \begin{matrix} -2 \\ -4 \\ -9 \\ -7 \end{matrix} \rightarrow (C'_{ij}) = \begin{pmatrix} 0 & 13 & 7 & 0 \\ 6 & 0 & 6 & 9 \\ 0 & 5 & 3 & 2 \\ 0 & 1 & 0 & 0 \end{pmatrix}$$
$$\phantom{(C_{ij}) = } \quad\quad\quad -4 \; -2$$

这里（C'_{ij}）称为初始缩减矩阵。各行各列所减去的数之总和称为缩减量。本题的缩减量为 $S = 2 + 4 + 9 + 7 + 4 + 2 = 28$。

注意：如果某行（或列）有 0 元素，就不必再减。

第二步：找出一个指派方案，以寻求最优解。

经过第一步变换后，初始缩减矩阵中每行每列都已有了 0 元素，还需要找出 n 个独立的 0 元素，即找出 n 个位于不同行不同列的 0 元素来。若能找出，则以这些 0 元素对应的元素位置为 1，其余为 0，便得到一个解矩阵，从而得到最优解。

寻找 n 个独立 0 元素的方法如下：

（1）从第 1 行开始检查。若某一行只有一个 0 元素，就对这个 0 元素打上 Δ 号，然后划去 Δ 所在列的其他 0 元素，记作 ϕ。

（2）从第 1 列开始检查，若某列只有 1 个 0 元素，就对这个 0 元素打上 Δ 号，（不考虑已划去的 0 元素）。然后再划去 Δ 所在行的其他 0 元素，记作 ϕ。

（3）重复（1）（2）两步，直到所有 0 元素打上 Δ 号或被划去。

现用前面得到的（C'_{ij}）矩阵按上述步骤运算，最后得

$$\begin{pmatrix} \phi & 13 & 7 & \Delta \\ 6 & \Delta & 6 & 9 \\ \Delta & 5 & 3 & 2 \\ \phi & 1 & \Delta & \phi \end{pmatrix}$$

从而得最优解为

$$(x_{ij}) = \begin{pmatrix} 0 & 0 & 0 & 1 \\ 0 & 1 & 0 & 0 \\ 1 & 0 & 0 & 0 \\ 0 & 0 & 1 & 0 \end{pmatrix}$$

这表示 A_1 去完成任务 B_4，A_2 去完成任务 B_2，A_3 去完成任务 B_1，A_4 去完成任务 B_3 所需总时间最少，这时：

$$S_{\min} = C_{14} + C_{22} + C_{31} + C_{43} = 28$$

注意：（1）如果在矩阵中能得到位于不同行不同列的 n（$n=4$）个 Δ，那么就完成了求最优解的过程；

（2）如果矩阵中的所有 0 元素打上 Δ 号，或被划去（ϕ），而不是每一行都有打 Δ 号的 0 元素，那么解题过程还没有完成。这时应进行第三步，如例 21-11。

【例 21-11】 求缩减矩阵（C'_{ij}）的分配问题的最优解。

$$(C'_{ij}) = \begin{pmatrix} 0 & 8 & 2 & 5 \\ 11 & 0 & 5 & 4 \\ 2 & 3 & 0 & 0 \\ 0 & 11 & 4 & 5 \end{pmatrix} \rightarrow C' = \begin{pmatrix} \Delta & 8 & 2 & 5 \\ 11 & \Delta & 5 & 4 \\ 2 & 3 & \Delta & \phi \\ \phi & 11 & 4 & 5 \end{pmatrix}$$

第三步：做覆盖所有 0 元素的最少数量的直线，以确定系数矩阵中最多的独立元素数。具体步骤如下：

（1）对没有 Δ 的行打 √ 号；

（2）在已打 √ 号的行上，对有 0 元素的列打 √ 号；

（3）再对打 √ 号的列上有 Δ 的行打 √ 号；

（4）重复步骤（2）（3）直到得不出新的打 √ 的行、列为止。

（5）对没有打 √ 的行画横线，对所有打 √ 的列画纵线，这就得到覆盖所有 0 元素的最少直线数。

在矩阵 C' 中依次进行上列各项工作：按步骤（1），在第 4 行打 √ 号；按步骤（2）在第 1 列打 √ 号；按步骤（3），在第 1 行打 √ 号。然后按步骤（5），在第 2、3 行画横线，在第 1 列画纵线，得到覆盖所有零元素的最少直线。

$$\xrightarrow{\text{第三步}} \begin{pmatrix} \Delta & 8 & 2 & 5 \\ 11 & \Delta & 5 & 4 \\ 2 & 3 & \Delta & \phi \\ \phi & 11 & 4 & 5 \end{pmatrix} \begin{matrix} \checkmark \\ \\ \\ \checkmark \end{matrix}$$
$$\checkmark$$

第四步：修改缩减矩阵，使每行每列都至少有 1 个 Δ 元素，具体方法如下。
（1）在第三步得到的矩阵中，对没有被直线覆盖的部分找出最小元素；
（2）在打 √ 号行的各元素中都减去这个最小元素；
（3）在打 √ 号列的各元素中都加上这个最小元素。

从而得到一个新的缩减矩阵。如果它已有 n 个不同行不同列的 0 元素，则求解过程已完成，如果还没有得到 n 个 0 元素，则返回第三步重新进行。

在上述第三步结果中，没有被直线覆盖的部分最小元素是 2；在打 √ 号行的各元素都减去 2；在打 √ 号列的各元素都加上 2，便得

$$\xrightarrow{\text{第四步}} \begin{pmatrix} 0 & 6 & 0 & 3 \\ 13 & 0 & 5 & 4 \\ 4 & 3 & 0 & 0 \\ 0 & 9 & 2 & 3 \end{pmatrix} \rightarrow \begin{pmatrix} \phi & 6 & \Delta & 3 \\ 13 & \Delta & 5 & 4 \\ 4 & 3 & \phi & \Delta \\ \Delta & 9 & 2 & 3 \end{pmatrix}$$

至此，已经出现 $n(n=4)$ 个不同行不同列的 Δ 元素，解题过程完成。最优解的矩阵形式如下。

$$(x_{ij}) = \begin{pmatrix} 0 & 0 & 1 & 0 \\ 0 & 1 & 0 & 0 \\ 0 & 0 & 0 & 1 \\ 1 & 0 & 0 & 0 \end{pmatrix}$$

21.2.4 动态规划

1. 最短路径问题

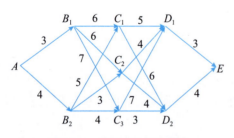

图 21-2 最短路径问题例图

【例 21-12】计划从 A 地铺设一条输油管道到 E 地，中间须经过三个中间站。第一个中间站可设在 B_1 或 B_2，第二个中间站可以有 C_1、C_2、C_3 三种选择，第三个中间站可取 D_1 或 D_2。各地之间的距离（单位为 km）标在箭线旁边，如图 21-2 所示。要求确定一个方案，使得从 A 到 E 的距离最短。

从图 21-2 可知，从 A 到 E 可分为四个阶段。在第一阶段以 A 为起点，终点有 B_1 和 B_2，这时有 2 种选择，即可取 B_1 或 B_2。若选择 B_1 为中间站，则 B_1 就是在第一阶段决策的结果，它既是第一阶段的终点，又是第二阶段的起点。在第二阶段，从 B_1 出发，又有 3 种选择，即 C_1、C_2 或 C_3。

若选择 B_1 到 C_1 为第二阶段的决策，则 C_1 既是第二阶段的终点，又是第三阶段的起点。在第三阶段，从 C_1 出发又有 2 种选择，即 D_1 或 D_2。若选择 C_1 到 D_1 为第三阶段的决策，则 D_1 既是第三阶段的终点，又是第四阶段的起点。在第四阶段，从 D_1 出发只有 1 种选择，即从 D_1 到 E。

可以看出，这类问题有多种方案可供选择，其基本特点是：一个方案（又称策略）的确定，可以分阶段进行，各个阶段的决策不同，可得到不同的铺管方案。由组合方法可知，从 A 到 E 共有 12 条不同的铺管路径。现在的问题是：怎样从这些路径中，找出一条距离最短的路径？一个很自然的想法是使用穷举法，把 12 条路径的距离全算出来，从中取一条最短路线。显然，这样计算是相当烦琐的，特别当路径比较复杂时，其计算会变得无法实现。

动态规划是解决这类问题最有效的方法之一。它的基本思路是：从终点 E 出发，反向求出倒数第一阶段，倒数第二阶段……直到起点 A 的各最短子路径。最终求出从起点到终点的最短路径，这种算法称为逆序法。具体步骤如下。

（1）先考虑最后一个阶段的最短子路径。

从 D_1 或 D_2 到 E 各有一条路径，因此，如果在本阶段的起点站为 D_1，则在本阶段的决策必然为 $D_1 \rightarrow E$。其距离为 $d(D_1, E)=3$，并记作 $f_4(D_1)=3$；如果在本阶段起点站为 D_2，则在本阶段的决策必然为 $D_2 \rightarrow E$，这时 $d(D_2, E)=4$，记作 $f_4(D_2)=4$。

注意：本例约定用 $f_k(X)$ 表示从第 k 阶段的起点 X 到终点 E 的最短距离。

（2）综合考虑后两个阶段的最短子路径。

从 C_1、C_2 或 C_3 出发到 E，要经过中间站 D_j，而 C_i 到 D_j 的距离为 $d(C_i, D_j)$，所以有：

$$f_3(C_1) = \min \begin{Bmatrix} d(C_1,D_1)+f_4(D_1) \\ d(C_1,D_2)+f_4(D_2) \end{Bmatrix} = \min \begin{Bmatrix} 5+3 \\ 6+4 \end{Bmatrix} = 8$$

$$f_3(C_2) = \min \begin{Bmatrix} d(C_2,D_1)+f_4(D_1) \\ d(C_2,D_2)+f_4(D_2) \end{Bmatrix} = \min \begin{Bmatrix} 4+3 \\ 4+4 \end{Bmatrix} = 7$$

$$f_3(C_3) = \min \begin{Bmatrix} d(C_3,D_1)+f_4(D_1) \\ d(C_3,D_2)+f_4(D_2) \end{Bmatrix} = \min \begin{Bmatrix} 7+3 \\ 3+4 \end{Bmatrix} = 7$$

因此，从 C_1、C_2 或 C_3 到 E 的最短子路径分别为

$$C_1 \rightarrow D_1 \rightarrow E，且 f_3(C_1)=8$$

$$C_2 \rightarrow D_1 \rightarrow E，且 f_3(C_2)=7$$

$$C_3 \rightarrow D_2 \rightarrow E，且 f_3(C_3)=7$$

（3）考虑后三个阶段综合起来的最短子路径。

仿照步骤（2），可求得

$$f_2(B_1) = \min \begin{Bmatrix} d(B_1,C_1)+f_3(C_1) \\ d(B_1,C_2)+f_3(C_2) \\ d(B_1,C_3)+f_3(C_3) \end{Bmatrix} = \min \begin{Bmatrix} 6+8 \\ 6+7 \\ 7+7 \end{Bmatrix} = 13$$

$$f_2(B_2) = \min \begin{Bmatrix} d(B_2,C_1) + f_3(C_1) \\ d(B_2,C_2) + f_3(C_2) \\ d(B_2,C_3) + f_3(C_3) \end{Bmatrix} = \min \begin{Bmatrix} 5+8 \\ 3+7 \\ 4+7 \end{Bmatrix} = 10$$

于是，从 B_1 或 B_2 到 E 的最短子路径分别为

$$B_1 \to C_2 \to D_1 \to E, \text{且} f_2(B_1) = 13$$
$$B_2 \to C_2 \to D_1 \to E, \text{且} f_2(B_2) = 10$$

（4）四个阶段综合考虑时，从 A 到 E 的最优选择为

$$f_1(A) = \min \begin{Bmatrix} d(A,B_1) + f_2(B_1) \\ d(A,B_2) + f_2(B_2) \end{Bmatrix} = \min \begin{Bmatrix} 3+13 \\ 4+10 \end{Bmatrix} = 14$$

即从 A 到 E 的最短路径为 $A \to B_2 \to C_2 \to D_1 \to E$，距离为 14。

从上面的解题过程可以看出，如果最短路径在第 k 阶段经过点 X_k，则在这一路径中，由 X_k 出发到达终点的那一部分子路径，必然是从 X_k 出发到达终点的所有可能子路径中的最短路径。这就是说，用动态规划来求解最短路径问题，除了得到从起点至终点的最短路径以外，还得到了从其他各点到终点的最短子路径及距离。这些结果有时非常有用。

2. 资源分配问题

设有某种资源（如煤、电、资金、机器设备、劳力等），总数量为 a，可用于 n 种产品的生产，若以数量 x_i 用于第 i 种产品的生产，其相应的收益为 $g_i(x_i)$，$(i = 1,2,\cdots,n)$，问应如何分配，才能使生产 n 种产品的总收益最大？

【例 21-13】某公司现有 400 万元用于投资甲、乙、丙三个项目，限制投资以百万元计，已知甲、乙、丙三项投资的可能方案及相应增加的收益如表 21-17 所示，试确定使总收益最大的投资方案。

表 21-17 项目投资收益值　　　　　　　　　　　　　　　（单位：万元）

项目	收益				
	投资 0 万元	投资 100 万元	投资 200 万元	投资 300 万元	投资 400 万元
甲（$k=1$）	0	300	600	1000	—
乙（$k=2$）	0	500	1000	1200	—
丙（$k=3$）	—	400	800	1100	1500

表 21-17 中"—"表示不允许该项投资，即丙项目不能不投资，甲、乙项目都不能投资 400 万元。

本例表面看来不是多阶段决策问题，但为了应用动态规划方法处理这类问题，通常把资源分配给一个或几个使用单位的过程作为阶段。比如在此问题中，规定对甲项目投资为第一阶段，对乙、丙项目投资依次为第二、第三阶段，于是项目阶段取值 $k = 1,2,3$。

取状态变量 S_k 为投入第 k 阶段至第 n 阶段的总投资额；决策变量 x_k 为第 k 阶段的投资额，

则状态转移方程为

$$S_{k+1} = S_k - x_k$$

设 $v_k(x_k)$ 表示分配给第 k 个项目投资为 x_k 时的收益；$f_k(S_k)$ 表示从第 k 个项目到第 n 个项目投资额为 S_k 时获得的最大收益。

由此得该问题递推公式为

$$\begin{cases} f_k(S_k) = \max\{v_k(x_k) + f_{k+1}(S_k - x_k)\}(k=1,2,3) \\ f_4(S_4) = 0 \end{cases}$$

其中，$f_4(S_4) = 0$ 是假定有一个第四阶段，这时 $S_4=0$ 是一个边界条件，使得递推关系式对 $k=3$ 时仍然成立。

下面是求解过程，从 $k=3$ 逆推计算。

第三阶段：

在状态转移方程中，取 $k=3$，由 $S_4 = S_3 - x_3 = 0$，得 $S_3 = x_3$，这时有

$$f_3(S_3) = \max\{v_3(x_3) + f_4(S_3 - x_3)\}$$

即

$$f_3(S_3) = \max v_3(x_3)\ 0$$

依题设条件 $S_3 = x_3 = 100, 200, 300, 400$，而此时只有一个项目丙，有多少资金就全部分配给丙，因此，它的收益值就是该阶段的最大收益值，于是

$$f_3(100) = v_3(100) = 400$$
$$f_3(200) = v_3(200) = 800$$
$$f_3(300) = v_3(300) = 1100$$
$$f_3(400) = v_3(400) = 1500$$

第二阶段：

取 $k=2$，由于对丙项目至少要投资 100 万元，故 $S_2 \neq 0$，$S_2 = 100, 200, 300, 400$。当把 S_2 分配给项目乙和丙时，对每个 S_2 的最大收益为

$$f_2(S_2) = \max\{v_2(x_2) + f_3(S_2 - x_2)\}$$

其中，$x_2 = 0, 100, 200, 300$。于是有

$$f_2(100) = \max\{v_2(0) + f_3(100)\} = 0 + 400 = 400$$

$$f_2(200) = \max\begin{cases} v_2(100) + f_3(200-100) \\ v_2(0) + f_3(200-0) \end{cases} = \max\begin{cases} 500 + 400 \\ 0 + 800 \end{cases} = 900$$

$$f_2(300) = \max\begin{cases} v_2(200) + f_3(300-200) \\ v_2(100) + f_3(300-100) \\ v_2(0) + f_3(300-0) \end{cases} = \max\begin{cases} 1000 + 400 \\ 500 + 800 \\ 0 + 1100 \end{cases} = 1400$$

$$f_2(400) = \max \begin{cases} v_2(300) + f_3(400-300) \\ v_2(200) + f_3(400-200) \\ v_2(100) + f_3(400-100) \\ v_2(0) + f_3(400-0) \end{cases} = \max \begin{cases} 1200+400 \\ 1000+800 \\ 500+1100 \\ 0+1500 \end{cases} = 1800$$

第一阶段：

取 $k=1$，S_1 表示尚未投资的所余金额，故 $S_1=4$（这里只有 $S_1=400$ 的一种情况）。而 $x_1=0$，100，200，300，于是有

$$f_1(400) = \max \begin{cases} v_1(300) + f_2(400-300) \\ v_1(200) + f_2(400-200) \\ v_1(100) + f_2(400-100) \\ v_1(0) + f_2(400-0) \end{cases} = \max \begin{cases} 1000+400 \\ 600+900 \\ 300+1400 \\ 0+1800 \end{cases} = 1800$$

由此不难看出，当 $S_1=400$ 时得 $x_1=0$，于是 $S_2 = S_1 - x_1 = 400-0 = 400$，从而查得 $x_2=200$，$x_3=200$。即得最优策略为（0,200,200），总收益为 1800 万元。

21.2.5 图与网络

1. 最短路径问题

最短路径问题采用的算法是标号法，利用标号算法不仅可以求出从 V_s 到 V_t 的最短路径及它的长度，而且可以同时求出从 D 中 V_s 到所有顶点 V_j 的最短路及其长度，或者指出不存在从 V_s 到 V_j 的有向路径。这种标号算法仅适用于每条弧的长度都是非负数的情况。

一个顶点在什么时候将会得到标号呢？规定：当从起点 V_1（为了方便起见，将起点记为 V_1，终点记为 V_n，n 是 D 的顶点个数）到顶点 V_j 的最短路径及它的长度已求出时，V_j 就将得到标号。每个顶点 V_j 的标号将由两个数字组成（α_j，β_j），其中 α_j 是个实数，代表从起点 V_1 到顶点 V_j 的最短路径的长度，而 β_j 是一个非负整数，指明 V_j 的标号是从哪一个顶点得来的。例如，如果 V_j 的标号是（3.5，2），则从 V_1 到 V_j 的最短路径的长度是 3.5，而 V_j 是从 V_2 得到标号的。整个计算将分成若干"轮"来进行，每一轮中将求出 V_1 到一个顶点 V_j 的最短路径及其长度，从而使得一个顶点 V_j 得到标号，因此，整个计算最多包含 n 轮。

在第一轮计算中，给顶点 V_1 以标号（0，0），按上面讲的标号中的第一个数 α_1 应代表 V_1 到 V_1 的最短路径的长度，当然应该是 0，第二个数字 β_1 本来应该用来说明 V_1 的标号是从哪一个顶点得到，但是 V_1 不是从任何其他的顶点得到标号的，所以在这里令 $\beta_1=0$。以后的每一轮计算可以分成下面几个步骤。

第一步：求出弧集合

$$(X, \overline{X}) = \{(V_i, V_j) \mid V_i \text{ 已标号，而 } V_j \text{ 未标号}\}$$

这里 X 与 $\overline{X}$ 分别表示已标号点与未标号点的集合。如果 $(X, \overline{X})$ 是空集，计算结束。

第二步：对于 $(X, \overline{X})$ 中的每一条弧 (V_i, V_j) 计算 $K_{ij} = a_i + C_{ij}$，式中，C_{ij} 表示弧（V_i, V_j）的长度（或权）；K_{ij} 表示弧（V_i, V_j）的起点 V_i 的标号（α_i, β_i）中的第一个数 α_i 加上弧（V_i, V_j）的长

度。即找出一条使 K_{ij} 达到最小的弧 (V_c, V_d)（如果有多于一条弧使 K_{ij} 达到最小，可以任取其中一条）。

第三步：给弧 (V_c, V_d) 的终点以标号 (α_d, β_d)，其中，$\alpha_d = K_{cd}, \beta_d = C_{cd}$。

在一轮计算结束后，应该检查一下是不是所有顶点都得到标号了。如果是，那么整个计算就结束了。具体地说，V_1 到 V_j 的最短路径的长度就是 V_j 的标号的第一个数 α_j，而最短路径则应利用标号中的第二个数，经过"逆向追踪"而求得。

如果在某一轮计算的第一步中，$(X, \overline{X})$ 是空集，那么应结束计算。这时，若一个顶点 V_j 是已标号的，那么 V_1 到 V_j 的最短路径及其长度仍可以用上面讲的方法来求得。若一个顶点 V_j 是未标号点，那么就可以肯定不存在从 V_1 到 V_j 的有向路径。

【例 21-14】求图 21-3 中从 V_1 到各个顶点的最短路径的长度。

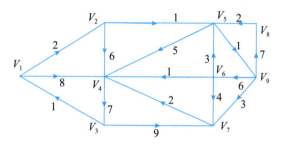

图 21-3　例 21-14 用图

首先给 V_1 以标号 $(0,0)$，然后进行第二轮计算。在第一步中，$(X, \overline{X})$ 包含 2 条弧 (V_1, V_2)，(V_1, V_4)，对应的 K_{ij} 为：

$$K_{12} = 0 + 2 = 2, \quad K_{14} = 0 + 8 = 8$$

值最小的是 $K_{12} = 2$，按第三步应给 V_2 以标号 $(2, 1)$，然后进入第三轮计算，这时已标号顶点有 V_1 和 V_2，故 $(X, \overline{X})$ 包含下述 3 条弧

$$(V_1, V_4), \quad (V_2, V_4), \quad (V_2, V_5)$$

由于 $K_{14} = 8$ 上面已算过，不必再算（可以把 K_{14} 记在弧旁边，并在外面画一个方框），而

$$K_{24} = 2 + 6 = 8, \quad K_{25} = 2 + 1 = 3$$

值最小的是 $K_{25} = 3$，故应给 V_5 以标号 $(3, 2)$。然后进入第四轮计算，这时已标号的顶点为 V_1，V_2 和 V_5，故 $(X, \overline{X})$ 包含下述 4 条弧

$$(V_1, V_4), \quad (V_2, V_4), \quad (V_5, V_4), \quad (V_5, V_9)$$

K_{ij} 中值最小的是 $K_{59} = 3 + 1 = 4$，故应给 V_9 以标号 $(4, 5)$。继续做下去，最后可得到图 21-4。从图 21-4 中可以看出，从 V_1 到各个顶点 V_j 都存在有向路径（因为所有顶点都得到了标号），而且很容易具体地把 V_1 到每个 V_j 的最短路径及它的长度求出来。

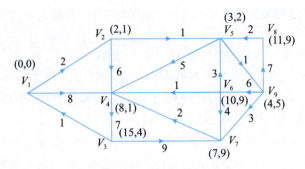

图 21-4 例 21-13 求解过程

例如看 V_8，从 V_8 的标号（11，9）立即可知，V_1 到 V_8 的最短路径长度是 11，而最短路径则可由"逆向追踪"的办法求得为：

$$\{V_1, V_2, V_5, V_9, V_8\}$$

2. 最小生成树

树是图论中的一个重要概念，所谓树就是无圈的连通图，图 21-5 中两个图即为树。

图 21-5 树的示意图

给定一个无向图 $G=(V,E)$，保留 G 的所有点，而删掉部分 G 的边或者保留一部分 G 的边，所获得的图就称之为生成子图。

如果图 G 的一个生成子图还是一个树，则称这个生成子图为生成树。所谓最小生成树的问题就是在一个赋权的、连通的无向图 G 中找出一个生成树，并使得这个生成树的所有边的权数之和为最小。最小生成树的求取方法有两种，分别是破圈法和避圈法，本文只介绍破圈法。

破圈法求最小生成树的具体步骤如下。

（1）在给定的赋权的连通图上任找一个圈；

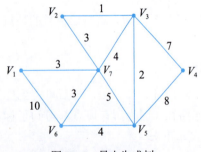

图 21-6 最小生成树

（2）在所找的圈中去掉一条权数最大的边（如果有两条或两条以上的边都是权数最大的边，则任意去掉其中一条）；

（3）如果所余下的图已不含圈，则计算结束，所余下的图即为最小生成树，否则返回步骤（1）。

【例 21-15】某大学准备对其所属的 7 个学院办公室的计算机联网，这个网络的可能联通途径如图 21-6 所示。图中 $V_1 \sim V_7$ 表示 7 个学院办公室，图中的边为可能联网的途径，边上的数值为路线长度。请设计一个网络能联通 7 个学院办公室，并使总的线路长度最短。

解：如图 21-7 所示。

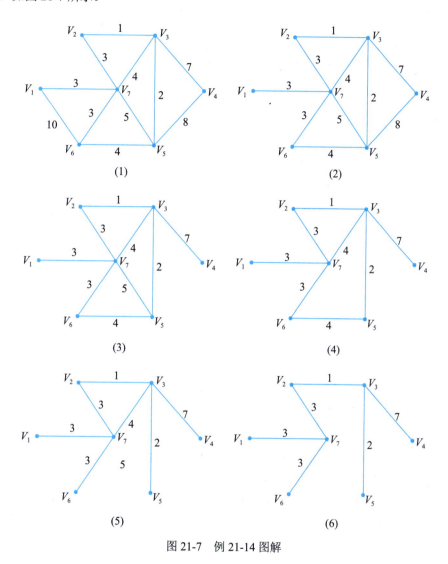

图 21-7　例 21-14 图解

21.2.6　博弈论

在日常生活中，人们经常可以看到诸如下棋、打麻将、打桥牌等具有竞争性质的活动。在经济生活中，则存在着各国之间的贸易谈判、金融市场参与者与监管者之间围绕规范与违规的一系列矛盾、各企业之间相互争夺国际或国内市场等具有竞争性质的现象。

纵观上述商界及日常生活中的各种策略竞争现象都具有以下特点：

（1）具有竞争性。胜者获得一定的收益（物质或荣誉）；败者则受到一定损失（物质或荣誉）。

（2）竞争的各方都各有长处和特点。在竞争过程中，各方都设法发挥自己的长处，避免自己的短处，都想以自己优势战胜对方，获得竞争的胜利。这些带有竞争性质的行为称为博弈行为，简称为博弈或者对策（Game）。

博弈论（Game Theory），也称对策论，是研究利益冲突情况下决策主体理性行为的选择和决策分析的理论，即是研究理性的决策者之间冲突与合作的理论，是"交互的决策论"。博弈论是一门研究竞争局势的数学理论。以该理论为基础可以进一步分析和研究各种竞争现象，为决策奠定理论基础和方法依据。

每个对策模型都有三个基本要素。对于矩阵对策模型来说，只要确定了甲方赢得矩阵，也就确定了其矩阵对策模型。赢得矩阵中的每一行代表了局中人甲的一个策略，每一列代表了局中人乙的一个策略；行的数目表示了甲的策略集的策略数目，列的数目表示了乙的策略集的策略数目；赢得矩阵的第 i 行第 j 列的数值表示了甲出第 i 个策略，乙出第 j 个策略时，甲所得的益损值（乙所得的益损值应为该数值的相反数）。

【例21-16】甲乙乒乓球队进行团体对抗赛，每队由三名球员组成，双方都可排成三种不同的阵容，每一种阵容可以看成一种策略，双方各选一种策略参赛。比赛共赛三局，规定每局胜者得1分，输者得-1分，可知三赛三胜得3分，三赛二胜得1分，三赛一胜得-1分，三赛三负得-3分，甲队的策略集为 $S_1=\{\alpha_1, \alpha_2, \alpha_3\}$，乙队的策略集为 $S_2=\{\beta_1, \beta_2, \beta_3\}$，根据以往比赛得分资料，可得甲队的赢得矩阵为 A，如下所示。

$$A = \begin{pmatrix} 1 & 1 & 1 \\ 1 & -1 & -3 \\ 3 & -1 & 3 \end{pmatrix}$$

试问这次比赛各队采用哪种阵容上场最为稳妥。

解：

由赢得矩阵 A 可看出，局中人甲队的最大赢得为3，要得到这个赢得，就应该选择策略 α_3，由于假定局中人乙队也是理智的，考虑到甲队打算出策略 α_3 的心理，于是准备用策略 β_2 来对付甲队，这样使得甲队反而失掉1分……双方都考虑到对方为使自己尽可能地少得分而所做的努力，所以双方都不存在侥幸心理，而是从各自可能出现的最不利的情形中选择一种最为有利的情况作为决策的依据，这就是所谓"理智行为"，也就是对策双方实际上都能接受的一种稳妥方法。

甲队（局中人甲方）的 α_1、α_2、α_3 三种策略可能带来的最少赢得，即矩阵 A 中每行的最小元素分别为1、-3、-1。

在这些最少赢得中最好的结果是1，即甲队应采取策略 α_1，无论对手采用什么策略，甲队至少得1分，而出其他策略，都有可能使甲队的赢得少于1甚至输给乙方；同理，对乙队来说，策略 β_1、β_2、β_3 可能带来的最少赢得，即矩阵 A 中每列的最大元素（因为甲队得分越多，就使得乙队得分越少），分别为3、1、3。

其中，乙队最好的结果为甲队得1分，这时乙队采取 β_2 策略，不管甲队采用什么策略甲队的得分不会超过1分（即乙队的失分不会超过1）。上述分析表明，双方的理智行为分别是甲队

应采用 α_1 策略，乙队应采用 β_2 策略，这时甲队的赢得值和乙队的损失值都是 1，相互的竞争使对策出现了一个最稳妥的结果，我们把 α_1 和 β_2 分别称为局中人甲队和乙队的最优策略。由于甲队无论乙队采用什么策略都采用一种策略 α_1，而乙队也无论甲队采用什么策略都采用一种策略 β_2，我们把这种最优策略 α_1 和 β_2 分别称为局中人甲队和乙队的最优纯策略。只有当赢得矩阵 $A=(a_{ij})$ 中等式

$$\max_i \min_j a_{ij} = \min_j \max_i a_{ij}$$

成立时，局中人甲、乙两方才有最优纯策略，(α_1, β_2) 称为对策 G 在纯策略下的解，又称 (α_1, β_2) 为对策 G 的鞍点，其值 V 称为对策 $G=\{S_1, S_2, A\}$ 的值，在此例中 $V=1$。

上面例子是有实际背景支撑的以世界乒乓球锦标赛的男子团体赛斯韦思林杯赛为例。比赛赛制为五局三胜，赛前各队伍先要抽签确定主队、客队，然后双方各派 3 名选手参赛，并确定第 1、2、3 号队员的名单。对战场次分别是：第 1 场，主队 1 号对战客队 2 号；第 2 场，主队 2 号对战客队 1 号；第 3 场，主队 3 号对战客队 3 号；第 4 场，主队 1 号对战客队 1 号；第 5 场，主队 2 号对战客队 2 号，如图 21-8 所示。要想取胜对方，除了自身队员需要具有很强的实力，还要考虑对手排兵布阵的可能，以避其锋芒，择优安排。

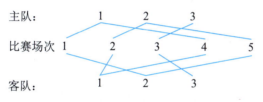

图 21-8　五局三胜制图示

【例 21-17】某单位采购员在秋天要决定冬季取暖用煤的储备问题。已知在正常的冬季气温条件下要消耗 15 t 煤，而在较暖与较冷的气温条件下分别要消耗 10 t 和 20 t。假定冬季的煤价随天气寒冷程度而有所变化，在较暖、正常、较冷的气候条件下每吨煤价分别为 10 元、15 元和 20 元，又设秋季时煤价为 10 元 /t。在没有关于当年冬季准确的气象预报的条件下，秋季储煤多少吨能使单位的支出最小？

解：可以把这一储备问题看成是一个对策问题。局中人 Ⅰ 为采购员，局中人 Ⅱ 为大自然。采购员有三个策略，在秋季买 10 t、15 t 与 20 t，分别记为 α_1，α_2，α_3；大自然也有三个策略，分别为冬季气候较暖、正常与较冷，分别记为 β_1，β_2，β_3。

将冬季取暖用煤实际费用（为秋季购煤费用和冬季不够时再补购的费用总和），作为局中人 Ⅰ 采购员的赢得，得赢得矩阵如表 21-18 所示。

表 21-18　赢得矩阵数据

策略	β_1（较暖）	β_2（正常）	β_3（较冷）
α_1（10 t）	−100	−175	−300
α_2（15 t）	−150	−150	−250
α_3（20 t）	−200	−200	−200

在表 21-18 中赢得矩阵数据基础上计算，有

$$\begin{array}{c} & \beta_1 & \beta_2 & \beta_3 & \min \\ \alpha_1 & \begin{pmatrix} -100 & -175 & -300 \\ -150 & -150 & -250 \\ -200 & -200 & -200 \end{pmatrix} & \begin{array}{c} -300 \\ -250 \\ -200^* \end{array} \\ \max & -100 & -150 & -200_* \end{array}$$

得

$$\max_i \min_j a_{ij} = \min_j \max_i a_{ij} = a_{33} = -200$$

故 (α_3, β_3) 为对策 G 的解，$V_G = -200$，即秋季储煤 20 t 为最优纯策略，这时支付冬季取暖用煤实际费用为 200 元。

21.2.7 决策分析

决策是人们日常生活和工作中普遍存在的一种活动。决策分析主要研究在各种可供选择的行动方案中依照某个准则选择最优（或满意）方案的问题，它属于一门研究决策一般规律性的方法论。决策是否正确，是否合理，小则关系到决策者日常某项选择能否达到预期目的，大则关系到一个企业的盈亏，关系到一个部门、地区乃至整个国民经济的兴衰。因此，管理决策者应当更好、更有效、更合理地做出决策。

1. 不确定型决策

不确定型决策的特点是，不仅不知道所处理的未来状态在各种特定条件下的确切结果，而且连可能的结果发生的概率也不知道。它的决策方法都带有很大的主观性，下面具体讨论各种方法。

1）乐观决策法

乐观决策法也称最大收益值法，是基于"大中取大、优中选优"准则的一种决策法。它表明，在决策时，即使情况不明，也仍不放弃任何一个可能获得最优结果的机会。决策者对客观自然状态抱最乐观的态度，从最好的自然状态出发，首先从各方案中选出最优的结果，然后再在这些最优结果中选出最优的结果，而以此结果对应的方案为最佳方案。此法的应用带有很大的风险性。

【例 21-18】某商店打算经销一种商品，其进货单价为 20 元，销售价为 25 元。如果每周进货商品本周内售不完，则每件损失 5 元。根据以往的销售情况，每周的销售量可能是 10 件、20 件、30 件、40 件 4 种状态。问：商店的经理怎样进货才能使利润最大（进货方案也分进货 10 件、20 件、30 件、40 件 4 种）。

解：设这个问题的未来状态 $\theta_j (j = 1, 2, 3, 4)$ 是销售量，其值分别为 10，20，30，40，经理的方案，即每周进货量，也是 10，20，30，40。对于每种方案可以得出在不同状态下的结果值，即利润。例如，当选择每周进货量为 30 件，而销量为 20 件时

$$V_{32} = 20（25-20）-5（30-20）= 50$$

可列决策表如表 21-19 所示。

表 21-19 决策表（乐观决策法） （单位：元）

进货量	利润				max
	结果状态 θ_1（销 10 件）	结果状态 θ_2（销 20 件）	结果状态 θ_3（销 30 件）	结果状态 θ_4（销 40 件）	
方案 a_1（进 10 件）	50	50	50	50	50
方案 a_2（进 20 件）	0	100	100	100	100
方案 a_3（进 30 件）	-50	50	150	150	150
方案 a_4（进 40 件）	-100	0	100	200	200

通过比较可知，最优策略是每周进货 40 件。

从决策表中可判断出 200 是结果值中最大者，并在此数据上打上方框。这是决策时常用的方法。

2）悲观决策法

悲观决策法也称最大最小收益法，是基于"小中取大"准则的一种决策方法。它是决策者对客观自然状态抱最悲观态度，从最坏的自然状态出发，首先从各方案中把最差的结果值选出，然后再从这些结果值中挑选出一个最好的结果值，把这个结果值打上方框，其对应的方案为最佳方案。此法应用比较保守。

【例 21-19】试用悲观决策法对例 21-18 问题进行决策。

解：列决策表如表 21-20 所示。

表 21-20 决策表（悲观决策法） （单位：元）

进货量	利润				max
	结果状态 θ_1（销 10 件）	结果状态 θ_2（销 20 件）	结果状态 θ_3（销 30 件）	结果状态 θ_4（销 40 件）	
方案 a_1（进 10 件）	50	50	50	50	50
方案 a_2（进 20 件）	0	100	100	100	0
方案 a_3（进 30 件）	-50	50	150	150	-50
方案 a_4（进 40 件）	-100	0	100	200	-100

利用悲观决策法决策，从决策表中可知最佳方案为每周进货 10 件。

3）平均值决策法

平均值决策法也称等可能决策法。当决策者认为各种未来事件的发生为等可能的，可采用等概率计算各个方案的期望结果值，然后选择期望结果值最优的方案作为最优方案。

【例 21-20】试用平均值决策法对例 21-18 问题进行决策。

解：列决策表如表 21-21 所示。

表 21-21 决策表（平均值决策法） （单位：元）

进货量	利润				$E(a_i) = \frac{1}{n}\sum_{j=1}^{n} V_{ij}$
	结果状态 θ_1（销 10 件）	结果状态 θ_2（销 20 件）	结果状态 θ_3（销 30 件）	结果状态 θ_4（销 40 件）	
方案 a_1（进 10 件）	50	50	50	50	50
方案 a_2（进 20 件）	0	100	100	100	75
方案 a_3（进 30 件）	-50	50	150	150	75
方案 a_4（进 40 件）	-100	0	100	200	50

因此，由平均值决策法可知每周进货 20 件或 30 件为最优方案。

4）悔值决策法

悔值决策法是对悲观决策法的一种修正，目的是使得保守程度少一些。

所谓悔值是指：若当某一状态出现时，对应这一状态的最优策略就可知。如果决策者当初没有采取这一方案，而是采取其他方案，这时会觉得后悔，因此对某状态 θ_j 的最优方案的结果值与各方案的结果值 V_{ij} 有一个差额。这个差额被称为悔值，而悔值决策法就是计算在各种自然状态下的悔值，经过比较，从最大的悔值中选出最小的悔值。

【例 21-21】试用悔值决策法对例 21-18 问题进行决策。

解：根据题设条件制作决策表，如表 21-22 所示。

表 21-22 决策表（悔值决策法） （单位：元）

进货量	利润				悔值 θ_1（销 10 件）	悔值 θ_2（销 20 件）	悔值 θ_3（销 30 件）	悔值 θ_4（销 40 件）	max
	结果状态 θ_1（销 10 件）	结果状态 θ_2（销 20 件）	结果状态 θ_3（销 30 件）	结果状态 θ_4（销 40 件）					
方案 a_1（进 10 件）	50	50	50	50	0	50	100	150	150
方案 a_2（进 20 件）	0	100	100	100	50	0	50	100	100
方案 a_3（进 30 件）	-50	50	150	150	100	50	0	50	100
方案 a_4（进 40 件）	-100	0	100	200	150	100	50	0	150

因此，由悔值决策法可知最优方案为每周进货 20 件或 30 件。

通过以上五种决策方法的介绍，可以看出，不同的决策方法会导致不同的最优方案，在解决非确定型决策问题时，理论上还不能证明哪一种决策法更合理。它们之间没有一个统一的评价标准。在实际应用中究竟以何种方法作为衡量标准，采用哪种决策方法，都带有相当程度的主观随意性，要根据决策者对各种自然状态的看法而定。

2. 风险型决策

风险型决策是指在决策问题中，决策者除了要知道未来可能出现哪些状态外，还应知道出现这些状态的概率分布，决策者要根据几种不同自然状态下可能发生的概率进行决策。由于在决策中引入了概率，所以根据不同概率拟定的不同的决策方案，不论选择哪一种，都要承担一定程度的风险。

1）期望值决策法

期望值决策法是把每个方案的期望值求出来，然后根据期望值的大小确定最优策略。

对于有 m 种方案、n 种状态的决策问题，设第 j 种状态发生的概率为 $P(\theta = \theta_j) = P_j$，则可求出每种方案的期望值

$$E(a_i) = \sum_{j=1}^{n} P_j V_{ij}$$

【例 21-22】在例 21-18 中，假定根据已往的统计资料估计，每周销售 10 件、20 件、30 件、40 件的概率分别为 0.1、0.3、0.5、0.1，试给出决策。

解：由题设条件可列决策表如表 21-23 所示。

表 21-23　决策表（期望值决策法）　　　　　　　　　　（单位：元）

进货量	利润				$E(a_i)$
	结果状态 θ_1（销 10 件）概率	结果状态 θ_2（销 20 件）概率	结果状态 θ_3（销 30 件）概率	结果状态 θ_4（销 40 件）概率	
	0.1	0.3	0.5	0.1	
方案 a_1（进 10 件）	50	50	50	50	50
方案 a_2（进 20 件）	0	100	100	100	90
方案 a_3（进 30 件）	-50	50	150	150	100
方案 a_4（进 40 件）	-100	0	100	200	60

因此，由期望值决策法可知最优方案为每周进货 30 件。

2）期望值与标准差决策法

应用期望值决策法，首先要求状态出现的概率估计或预测要符合实际，而这必然需要对决策系统进行较长时间的观测以获得大量的统计资料，也就是说，必须使决策系统处于"长期运行"之中，才能较准确地估计出状态的概率。由于决策系统因各种因素的限制，只能或暂时处于短期运行之下，所以对状态发生的概率估计的不准确性，会导致决策失误，期望值决策法就不能使用。为了减少决策失误的可能性，人们不仅要求期望值达到最优，而且要求结果值偏离期望值的程度也小。这时可用标准差

$$\sigma(a_i) = \sqrt{\sum_{j=1}^{n} P_j (V_{ij} - E(a_i))^2}$$

来度量，从而确定最优方案。这种方法称为期望值与标准差决策法。

【例 21-23】 使用期望值与标准差决策法对例 21-22 中问题进行决策，可取 $K=1$。

解：根据题设条件列决策表如表 21-24 所示。

表 21-24 决策表（期望值与标准差决策法） （单位：元）

进货量	利润				$E(a_i)$	$\sigma(a_i)$	$ED(a_i)$
	结果状态 θ_1（销 10 件）概率	结果状态 θ_2（销 20 件）概率	结果状态 θ_3（销 30 件）概率	结果状态 θ_4（销 40 件）概率			
	0.1	0.3	0.5	0.1			
方案 a_1（进 10 件）	50	50	50	50	50	0	50
方案 a_2（进 20 件）	0	100	100	100	90	30	60
方案 a_3（进 30 件）	-50	50	150	150	100	67	33
方案 a_4（进 40 件）	-100	0	100	200	60	80	-20

由期望值和标准差决策法可知，最优方案为每周进货 20 件。

3) 最小悔值与期望值决策法

在非确定型决策中可计算出某种状态下的悔值 r_{ij}，如果考虑到各种状态发生的概率，可以计算出每一种方案的悔值与期望值，在这些悔值期望值中选出最小的，它对应的方案就是最优方案，这就是最小悔值期望值决策法。

【例 21-24】 使用最小悔值与期望值决策法对例 21-21 中问题进行决策。

解：根据题设条件制作决策表如表 21-25 所示。

表 21-25 决策表（最小悔值与期望值决策法） （单位：元）

进货量	利润								$ER(a_i)$
	结果状态 θ_1（销 10 件）概率	结果状态 θ_2（销 20 件）概率	结果状态 θ_3（销 30 件）概率	结果状态 θ_4（销 40 件）概率	悔值 θ_1（销 10 件）	悔值 θ_2（销 20 件）	悔值 θ_3（销 30 件）	悔值 θ_4（销 40 件）	
	0.1	0.3	0.5	0.1	0.1	0.3	0.5	0.1	
方案 a_1（进 10 件）	50	50	50	50	0	50	100	150	80
方案 a_2（进 20 件）	0	100	100	100	50	0	50	100	40
方案 a_3（进 30 件）	-50	50	150	150	100	50	0	50	30
方案 a_4（进 40 件）	-100	0	100	200	150	100	50	0	70

由此可知最优策略为每周进货 30 件。

21.3 本章练习

选择题

(1) 甲、乙、丙为三个独立项目，NPV 甲为 12 万元、乙为 15 万元、丙为 18 万元，三个项目的初始投资额相同，并且回收期相同，则应优先选择_____项目进行投资。

　　A. 甲　　　　B. 乙　　　　C. 丙　　　　D. 甲或乙

参考答案：C

(2) 基于下表数据计算，项目的净现值为__(1)__，内部收益率为__(2)__，基准折现率为 10%。

年末	0	1	2	3	4	5	6
净现金流量/万元	-50	-80	40	60	60	60	60

　　(1) A. 150　　　B. 67.5　　　C. 80　　　D. 125.5
　　(2) A. 25.87%　　B. 15%　　　C. 27.58%　　D. 23.26%

参考答案：(1) B　(2) A

(3) 购买一台设备，已知该设备的制造成本为 6000 元，售价为 8000 元，预计运输费需 200 元，安装费用为 200 元。该设备运行投产后，每年可加工工件 2 万件，每件净收入为 0.2 元。该设备的初始投资_____年可回收。

　　A. 1.8　　　　B. 1.9　　　　C. 2　　　　D. 2.1

参考答案：D

(4) 某工厂生产甲、乙两种产品，生产 1kg 甲产品需要煤 9kg、电 4kW·h、油 3kg，生产 1kg 乙产品需要煤 4kg、电 5kW·h、油 10kg。该工厂现有煤 360kg、电 200kW·h、油 300kg。已知甲产品利润为 7000 元/kg，乙产品利润为 12000 元/kg，为了获取最大利润，应该生产甲产品 __①__ kg，乙产品 __②__ kg。

　　① A. 20　　　B. 21　　　C. 22　　　D. 23
　　② A. 22　　　B. 23　　　C. 24　　　D. 25

参考答案：① A　② C

(5) 图 21-9 是某城市八个小区的通信线路图，图中标注的数字代表通信线路的长度（单位为 km），那么现在至少要架设_____km 的线路，才能保持八个小区的通信联通。

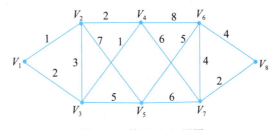

图 21-9　练习（5）用图

A. 19　　　　B. 20　　　　C. 21　　　　D. 22

参考答案：B

（6）某企业开发了一种新产品，拟定的价格方案有三种：较高价、中等价和较低价。估计这种产品的销售状态也有三种：销路较好、销路一般和销路较差。根据以往的销售经验，他们算出，这三种价格方案在三种销路状态下的收益值如表所示。

价格方案	收益值 / 万元		
	销路较好	销路一般	销路较差
较高价	20	11	8
中等价	16	16	10
较低价	12	12	12

企业一旦选择了某种决策方案，在同样的销路状态下，可能会产生后悔值（即所选决策方案产生的收益与最佳决策收益值的差值）。例如，如果选择较低价决策，在销路较好时，后悔值就为 8 万元。因此，可以根据上述收益值表制作后悔值表如下（空缺部分自行计算）。

价格方案	后悔值 / 万元		
	销路较好	销路一般	销路较差
较高价	0		
中等价		0	
较低价	8		0

企业做定价决策前，首先需要选择决策标准。该企业决定采用最小—最大后悔值决策标准（坏中求好的保守策略），为此，该企业应选择_____决策方案。

A. 较高价　　B. 中等价　　C. 较低价　　D. 中等价或较低价

参考答案：B

第22章 组织通用治理

随着社会变革和互联网技术的发展,组织所处的市场环境以及自身的需求均发生了变化,这些变化对组织的治理提出了新的要求。组织治理是协调组织利益相关者之间关系的一种制度安排,目标是为了确保组织的高效决策,实现利益相关者之间的利益均衡,提高组织的绩效,确保组织运行的可持续发展。良好的组织治理可为组织高质量和可持续发展提供重要支撑。

22.1 组织战略

组织战略是组织高质量发展的总体谋略,是组织相关干系方就其发展达成一致认识的重要基础。组织战略是指组织针对其发展进行的全局性、长远性、纲领性目标的策划和选择。即组织为适应当前和未来的环境变化,对业务部署、运行管理和高质量发展作出的全局性、长远性、纲领性目标的策划和选择。组织战略体现了组织的使命、愿景和价值观,反映管理者对于行动、环境和业绩之间关键联系的理解。它是组织策划具体行动计划的起点。

22.1.1 组织战略要点

战略为组织如何在不断变化的环境和激烈的竞争挑战中生存并不断发展指明了方向,明确了组织当前和未来有可能出现的各种条件,确定了其发展目标以及实现该目标的路径、方式和方法。

1. 战略目标

战略目标是组织在一定的战略期内总体发展的总水平和总任务。它决定了组织在该战略期间的总体发展的主要行动方向,是组织战略的核心。组织的战略目标是多元化的,包含经济性目标和非经济性目标,也包含定量目标和定性目标。战略目标的制定要明确对象和时间范围,定量和定性相结合,短、中、长期目标衔接并协调好。不同类型的组织,其战略目标的组成和覆盖领域不同。

2. 战略类型

组织当前的发展成熟度水平、不同周期期望达到的目标以及组织外部环境变化等因素都会影响组织战略的制定和选择。常见的组织总体战略类型主要包括:

- 发展型战略:是指组织从现有战略基础水平上向更高一级的目标发展的战略。组织可根据其战略定位和实际情况选择不同的发展型战略。
- 稳定型战略:是指组织由于其运行环境和内部条件的限制,在整个战略期内基本保持战略起点的运行绩效范围和水平的一种战略。这是一种风险相对较低的战略。当组织较为满意过去的运行绩效和方法,选择延续基本相同的产品和服务时,可以采取这类战略。

- 紧缩型战略：是指组织从当前战略运行领域和基础水平收缩和撤退，与战略起点偏离较大的一种运行战略。紧缩性战略是一种消极的发展战略，一般作为短期性的过渡战略。
- 其他类型战略：组织的总体战略还包括复合型战略、联盟战略、成本领先战略、差异化战略、集中化战略等。

3. 战略特性

组织战略通常具备的特性包括：

- 全局性：组织战略作为组织发展的蓝图，从全局性角度确定了组织的战略目标，规范和指导其运行管理活动。
- 长远性：组织战略着眼于组织的未来，从长远利益出发，通过判断和选择对未来发展做出正确的决策。
- 纲领性：组织战略是组织运行的行动纲领。它指明了组织总体的长远目标、发展方向、经营重点、前进道路，以及基本的行动方针、重大措施和基本步骤。
- 指导性：组织战略规定了一定时期内组织的基本发展目标，以及实现该战略目标的路线和途径，引导并激励员工为实现目标而奋斗。
- 竞争性：通过制定和实施适合组织的有效战略，采取获得竞争优势、提升服务对象满意度、提高工作效率等行动和措施，从而在社会发展中保持核心竞争力。
- 风险性：组织战略是通过当前信息分析，对未来作出的一种预测性决策。由于组织面临的实际环境是复杂多变的，组织自身条件也在不断变化，因此组织战略具有不确定性和风险性。
- 相对稳定性：战略是长远的规划，实现战略目标需要比较长的时间，因此要保持相对稳定。但如果组织的内外环境发生了重大变化，组织的战略也应进行调整和修正。

22.1.2 组织定位

组织定位包括应有清晰的使命、愿景和目标，有明确的价值观和组织文化来帮助组织实现战略要点，并能够向组织的内外部传达清晰的定位。组织定位还应包括对业务单元的定位战略。所谓业务单元定位战略，是指组织或组织的分支机构在决定进入某行业和领域，生产什么产品或提供何种服务所作出的长远性的谋划与方略。业务单元定位战略实质上是行业或领域中的产品或服务定位战略，也就是在行业或领域定位之后，所作出的产品定位决策或服务定位决策。

1. 组织愿景

组织愿景是在汇集组织每个员工个人心愿的基础上形成的全体员工共同心愿的美好愿景，描述了组织发展的目的和对如何到达那里的理性认知。组织愿景是组织制定战略不可或缺的因素，指明了组织的前进方向，组织未来的业务形态、发展和塑造组织形象所确定的战略道路。一个明确的愿景表明了管理者对上级机构或股东的承诺，以及对所有员工的激励。愿景的制定和传达需要注意：

- 要明确说明组织的定位，清晰地表达组织目标，避免笼统宽泛的陈述。愿景要能让管理者对组织的发展方向有清晰明确的认识，有利于管理者设计战略和对未来发展做充足的准备。明确的愿景能为管理部门决策和资源配置提供指向性，便于各级部门确定部门使命，制定部门目标体系以及与组织发展和战略协同一致的部门职能战略。
- 表述应尽量鲜明和形象化，使其可靠且易于传达。具有传达力的愿景能够引人入胜，赢得组织成员的支持，激励员工为实现目标而努力。

2. 组织使命

组织使命是管理者为组织确定的较长时期的业务发展的总方向、总目的、总特征和总的指导思想，描述了组织所处的社会价值范畴、当前的业务和宗旨。组织使命是组织的生存基石和存在理由宣言，体现了组织的宗旨、核心价值观和未来方向。其陈述通常涵盖的要素包括：

- 产品或服务：组织提供的主要产品或服务是什么。
- 客户和服务对象：组织服务的客户和服务对象群体是哪些，他们在哪里。
- 行业或领域：组织提供产品和服务的行业或领域是哪些，在什么地方。
- 公众形象：组织试图营造什么样的形象；对社会、社区和环境承担了哪些责任。
- 自我认知：什么是组织的独特能力和主要竞争优势。

此外，组织在生存、增长和盈利、价值观、技术、员工等方面的目标也可以纳入使命的陈述。

3. 组织文化

组织文化是组织发展过程中凸显的精神特质与内涵，是组织区别于其他组织的关键因素。组织文化是组织最为本质的体现之一，是组织发展的原动力。优秀的组织文化是组织战略制定的重要条件，组织文化支撑战略的执行。由于组织文化是组织发展过程中形成的内部的共同价值观，具有鲜明的组织特色，因此组织战略需要建立在共同价值观基础上，这样更能发挥组织成员的集体合力，使其易于实现。组织要实现战略目标必须有优秀的组织文化来支撑和引领，打造形象和品牌，树立信誉，从而提升竞争力。

组织文化有两个基本特征：①组织文化具有浓厚的文化属性和良好的执行性。组织文化确立了组织核心价值观、道德准则、运行管理理念、组织宗旨和组织精神等思想层面的内容。在共同的价值观的引导下，组织各项工作朝着统一的发展方向开展。②组织文化提出了组织发展涉及的制度、行为等措施，如员工管理方法、员工互动方式、激励机制等，为日常工作提供了具体的实践方法。

22.1.3 组织环境分析

组织环境是存在于组织内外部，影响组织发展的各种因素的总和。组织内部环境是组织运行的基础，组织所处的外部环境变化加剧则会对组织发展产生深刻的影响，因此分析组织的内外部环境对于组织战略的制定有着至关重要的作用。组织战略的制定应评估组织的内部、外部环境，并制订可行的计划。内部环境要确保组织结构和能力与组织战略实施相匹配，外部环境评估应包括评估政治与经济环境、行业发展、竞争情况等。

组织外部环境分析的基本内容包括：政治环境分析、经济环境分析、社会－文化－技术环境分析、资源环境分析、市场需求分析和行业环境分析等。

组织内部环境分析的内容通常包括：理清组织自身的优势和劣势、查清造成劣势的原因、挖出内部的潜力、产品和服务竞争能力分析、技术开发能力分析、生产能力和服务效能分析、营销能力分析、产品和服务增值能力分析等。

常用的组织成功关键因素分析方法有 PEST 模型分析和 SWOT 分析法等。

22.1.4 组织能力确认

战略的制定和实施需要确认组织是否具有核心能力的条件，例如组织结构是否为实施战略目标而设计，管理层领导风格是否与组织战略相一致，领导力和组织战略是否相匹配，价值观是否契合组织文化以及保障干系人权益的措施和治理结构等。

1. 基本能力

（1）核心能力的管理。组织应将自己具有的能力当作资产来积极管理。建立员工能力提升的激励措施，提供足够的培训或招募机制，确保能力不过时。

（2）领导力。管理层的管理风格应与组织战略一致，有相应的机制能在内部各级员工中挖掘具有管理才能的人，能够识别那些不具备组织所希望具有的管理风格和行为的管理者。

（3）组织结构。组织结构应根据实施战略而设计，依据战略成立各种团队，团队为实现组织战略而服务。应建立战略性奖励措施，根据员工对组织的贡献，对为组织做出贡献、具备能力并符合组织文化、价值观的员工进行奖励。

（4）信息技术。组织内的信息技术的 IT 基础设施和软、硬件能够为组织的战略实施提供支持。

2. 人才战略

组织的核心能力建设离不开人力资源体系的持续发展，尤其是在治理密集型组织中，人力资源是其核心生产力和生产要素。人力资源是指从事现代化生产经营活动的人力，是指那些具有一定生产经验、劳动技能和科学知识，在现代化生产系统中发挥着一定劳动功能的人。人才是指在人力资源中，那些通过各种社会实践的锻炼，具有一定的专门知识、较高的技术业务能力，能够以自己创造性的劳动，在认识和改造自然、改造社会中，对人力进步做出一定贡献的人。

人才在组织中占据重要地位。人才发现的基本条件包括：树立爱才之心、提高识才之能、具备护才之胆、掌握选才之法。人力资源战略即指根据组织总体战略的要求，为了适应组织生存和发展的需要，对组织人力资源进行开发、实现提高员工整体素质、培养和选拔优秀人才而进行的长远性的谋划与方略。

3. 产品和服务战略

组织为产品和服务制订战略计划时，除了考虑选定行业或领域的增长率、占有率、发展趋势、竞争分析等内容外，由于有收集客户和服务对象反馈的信息需要，也应把具备良好的客户服务能力和服务平台纳入计划内。组织的产品和服务战略的类型通常可以分为：技术密集型、成本导向型和目标动态型。

组织还可以通过强化产品的服务属性，提供产品更高的服务增值，实现产品与服务的深度融合发展，形成产品服务化战略，即服务增值战略。这样做的主要价值包括：满足客户和服务对象需求、避免恶性竞争、树立良好产品形象、创造潜在价值和抑制竞争对手等。

22.1.5 创新和改进

在不同的生存和发展阶段，组织会对其目标、实力和环境做出不同的认识和反应，因此组织战略必须具备动态适应性。组织需要进行战略回顾和创新分析，分析和回顾战略实施是否存在偏差，是否需要进行调整或创新。在分析和回顾战略实施过程中进行创新和改进的要素主要包括：

- 内外部发展环境对战略规划的影响，包括客户和用户需求、技术或监管环境等；
- 在业务增长、发展趋势等方面的预测及其与实际的差异；
- 提升业务增长和盈利的措施；
- 竞争优势和发展水平分析及措施；
- 风险分析及措施。

实施创新和改进还应包括战略绩效管理体系和人力资源系统的整合优化。

22.2 绩效考核

组织依据其战略和文化制订绩效考核计划时，如何结合组织的情况去实施绩效治理？如何根据工作目标制定绩效标准？如何采用科学的考核方式？如何评估员工的工作任务完成情况、工作职责履行程度和工作发展前景，并且将评估结果进行有效反馈和利用？这些需要有一个探索、逐步完善充实、更加贴近组织的过程。

22.2.1 绩效计划

绩效计划是确定部门或员工在考核期内应该完成什么样工作和达到什么样绩效的过程。绩效计划的制订也是绩效目标的制定。绩效目标来源于组织战略目标的逐级分解及岗位职责，在没有岗位说明书的情况下，个人的绩效目标确定以组织战略目标和部门目标的分解及应完成的工作任务为基础。有了目标就要设定完成目标的基本标准和优秀标准，实践证实，当人们不需要对自己所做的事情负责时，责任等于零。

绩效计划是绩效管理体系的第一个关键步骤，也是实施绩效管理系统的主要平台和关键手段，通过它可以在组织内建立起一种科学、合理的管理机制，能有机地将组织的利益和员工的个人利益整合在一起，其价值已经被广泛认同和接受。

1. 绩效计划的含义

绩效计划是组织管理者和员工之间就需要达成的工作绩效进行沟通后最终落实为正式的书面约定的过程。它是约定的双方在明晰责、权、利的基础上签订的一个内部协议。绩效计划的设计从组织最高层开始依次向下，将绩效目标层层分解到各级的下一级组织，最终落实到个人。

对各下一级组织而言,这个步骤为经营管理业绩计划过程;而对员工而言,这个步骤即为绩效计划过程。

制订绩效计划,作为绩效管理体系的第一个关键步骤,是实施绩效管理的重要手段。通过制订绩效计划,组织可以在内部建立一种科学、合理的管理机制,管理者与员工能够在某种程度上就团队目标与个人目标达成一致的认识。所以,无论对组织、部门还是员工个人而言,制订绩效计划都是绩效管理中的重要阶段,是有效实施绩效管理的主要平台和关键手段。

2. 绩效计划制订的原则

绩效计划的制订是实施绩效管理的主要手段,能够确保组织逐步实现战略目标,使组织的绩效管理得到有效实施。不论是对于组织的管理业绩计划,还是对于员工的个人工作绩效计划,在制订绩效计划时都应遵循一定的原则,主要有目标导向原则、价值驱动原则、全员参与原则、流程系统化原则、可行性原则、重点突出原则、足够激励原则和职位特色原则等。

3. 绩效计划的内容

作为绩效管理期间的行动总则,绩效计划包括3方面的要素:绩效标准、绩效目标和绩效内容等。绩效标准对特定的职务工作而言,是要求员工在工作中应达到的各种基本要求。绩效标准反映了职务本身对员工的要求。绩效目标是在绩效标准的基础上,考虑员工现有的绩效水平确定的,体现了管理者对员工的具体要求。

1)绩效计划的分类

按照计划主体与计划时间的不同,绩效计划各有不同,常见分类如图22-1所示。

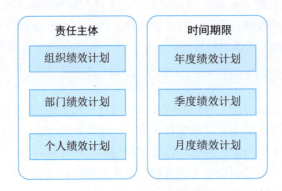

图22-1 绩效计划的分类

2)绩效标准的确定

绩效标准指的是与之对应的每一项目标任务所要达到的绩效要求。它明确了员工的工作要求。在绩效内容为员工的工作任务指明了方向和范围的基础上,绩效标准为员工明确了工作任务完成的程度和质量标准。绩效标准确定得是否合理,将直接关系到绩效考核的公正性。

3)绩效目标的确定

绩效目标是指给组织管理者和员工提供所需要的衡量标准,以便客观地讨论、督促、管理和评价绩效。这是因为员工的绩效目标是有效绩效管理的基础。绩效目标由绩效内容和绩效标准组成。绩效目标的确定一般有传统目标设定方法和参与性目标设定方法两种。传统目标设定方法是由上级给下级规定目标的单向传递过程。参与性目标设定方法是由上级与下级经过沟通，共同决定具体的绩效目标。组织管理者不是用目标来控制员工，而是用它们来激励员工。

4）绩效内容的确定

绩效内容为员工的工作任务指明了方向和范围，明确了员工在绩效考核期间应当完成的工作任务，它包括绩效项目和绩效指标两个部分。绩效项目一般包括 3 项：工作业绩、工作能力和工作态度，这是对员工进行绩效考核的具体内容。工作业绩在设定指标时，通常包含数量、质量、成本和时间等 4 个方面；而工作能力和工作态度在设定指标时，根据各个职位不同的工作内容则要视具体情况来设定不同的指标。绩效指标一般可细化为 6 项：分析判断能力、协调沟通能力、组织指挥能力、开拓创新能力、公共关系能力及决策行动能力。这是绩效项目的具体内容。通过这些细化项目将绩效指标进行分解，其目的是考察员工的工作能力是否能胜任其职位。因此，绩效指标的合理确定直接关系到绩效考核的客观性。

4. 经营业绩计划的制订

各部门制订经营业绩计划的过程即组织经营业绩目标的层层分解的过程，也是各部门和组织之间就关键绩效指标、权重和目标值进行沟通并达成一致的过程。组织经营业绩计划主要组成要素如表 22-1 所示。

表 22-1　经营业绩计划要素包含的内容

序号	计划要素	具体内容
1	绩效计划及评估内容	组织经营业绩计划及评估内容包括各类关键绩效指标
2	权重	根据绩效计划和评估内容划分出各类别后，分别列出该类别的权重，使工作的量化和对组织整体绩效的影响程度得以体现
3	目标值设定	对关键绩效指标设定为目标值和加分值两类，以明确指标实际完成情况与指标加分项完成情况
4	绩效评估周期	一般为一年一次

组织经营业绩计划制订的主要步骤：①统一下达绩效管理系统实施文件；②确定组织绩效考核指标体系，提出考核方法，推动计划确定，跟踪后续管理，收集汇总数据，计算绩效分值；③组织经过与各部门商讨确定整体的绩效考核指标体系；④各部门经过与各下级子部门商讨确定部门整体绩效考核指标。

5. 员工绩效计划的制订

员工绩效计划的制订是通过评估者和被评估者（直接上级和各级员工）双方在充分沟通的情况下，确定相应的绩效标准、绩效目标和绩效内容，并以过去的绩效表现及组织目标为参照，设定每个关键绩效指标的目标指标及挑战指标，以此作为被评估者在绩效考核时的奖惩基础。同时，绩效计划还帮助员工设定一定的能力发展计划，以保证员工绩效目标的实现。员工绩效计划主要组成要素如表 22-2 所示。

表 22-2　员工绩效计划制定包含的内容

序号	计划要素	具体内容
1	被评估者信息	填写职位、工号及级别。可将绩效计划及评估表格与薪酬职级挂钩，便于了解被评估者在组织中的相对职级及对应的薪酬结构，有利于建立一体化人力资源管理体系
2	评估者信息	用于了解被评估者的直接负责人和责任部门。一般来说，评估者是按业务管理权限来确定的，通常为上一级正职
3	关键职责	作为制订绩效计划和评估内容的基本依据，为查阅、调整绩效计划及评估内容提供基本参照信息
4	绩效计划及评估内容	一般包括关键绩效指标、工作目标完成效果评价两大部分，是绩效计划及评估表格的主体，用以全面衡量被评估者的工作成果
5	权重	根据绩效计划和评估内容划分出各类别后，分别列出该类别的权重，使工作的可衡量性及对组织整体绩效的影响程度得以体现；且为查看不同职位类型在大类权重设置上的规律性及一致性提供参考
6	指标值设定	对关键绩效指标设定为目标值和加分项两类，以明确指标实际完成情况与指标所加分项完成情况。对工作目标设定的完成效果评价则主要通过工作目标设定中设置的评估标准及时间进行评定
7	绩效评估周期	一般有日评估、月度评估、季度评估、半年度评估、年度评估、项目制评估、工程制评估等。项目制评估和工程制评估以一个项目或工程的开始至结束作为一个考核周期
8	能力发展计划	能力发展计划的制订是将组织对个人能力的要求落实到人，以明确为实现绩效指标所需要能力的提升方向

22.2.2　绩效实施

绩效实施是指员工根据已经制订好的绩效计划开展工作，组织管理者对员工的工作进行指导、监督和管理，对发现的问题及时协助解决，并根据实际工作进展情况对绩效计划进行调整和完善的一个过程。简单来说，绩效实施就是指对已制订好的绩效目标进行实施的过程。

对于绩效实施来说，有 3 大关键点：

- 统一思维：将不同能级、不同的思维进行统一，达成共识，形成一致的价值观，确保绩效实施可以有效落地。
- 引发热情：组织管理者需要和员工明确为什么要做绩效管理，做与不做有什么不同，在勾画愿景的同时升华意愿。
- 训练能力：绩效不是少数人能力的体现，而应成为组织管理者的共同能力的体现，需要进行持续深入的学习与实践。

绩效实施的过程，实际就是对绩效计划的执行情况的指导、监督和管理的过程。因此，在实际的绩效实施过程中，组织管理者应当投入一定的时间与精力对绩效工作进行日常管理，包括观察、了解员工的日常工作表现，与下属员工开展有效沟通，以便在过程中记录员工的具体表现，帮助下属员工提升工作效能。绩效实施的主要特征包括：

- 绩效实施是一个动态的过程；

- 绩效实施的核心是持续沟通式的绩效辅导；
- 绩效实施结果是为绩效评估提供依据。

绩效实施的具体内容一般包括两个方面：一是持续不断的绩效沟通；二是绩效信息的记录和收集。

1. 持续不断的绩效沟通

绩效沟通应当贯穿于整个绩效管理的过程中，而不仅是年终的考核沟通，仅仅一两次的沟通是远远不够的。在不同阶段沟通的目的不同，沟通的重点也不同。在绩效实施与管理阶段，沟通主要有两个目的：①当员工进行工作进展汇报或提出工作中遇到的问题与障碍时，可以及时获得帮助和解决办法；②在员工的实际工作与目标计划之间出现偏差时，组织管理者可以及时进行调整和纠正。

2. 绩效信息的记录和收集

绩效信息的记录是指以组织管理者为主体将有关员工绩效的行为记录下来，而收集则是由组织管理者通过他人的观察或记录获得有关员工绩效的信息。记录和收集绩效信息的目的是为在绩效评估及绩效改进时提供事实依据，在绩效实施中及时发现问题和掌握获得优秀绩效的原因，及在争议仲裁中获得利益保护。记录和收集绩效信息的方法包括观察法、工作记录法、他人反馈法。

22.2.3 绩效治理

绩效治理是指为实现组织制定的战略和目标，采用科学的方式，通过对员工个人或群体的行为表现、劳动态度、工作业绩以及综合素养的全面监测、考核、评估、分析，充分调动员工工作的积极性、主动性和创造性，不断改善员工和组织的行为，提高员工和组织的素养，挖掘其潜力的活动进程。

很多人混淆绩效治理和绩效考核，把绩效考核等同于绩效治理。通常，绩效考核给人的印象是填表、打分和奖惩，是针对员工的工作成绩进行评定，而实际上这些只是绩效治理中的一点而并非全部，组织的发展、问题的解决和业绩的提升需要的是全面的绩效治理。科学、全面的绩效治理通常包括统一组织目标、明确职位责任等 8 个步骤。

（1）统一组织目标。此步骤以组织战略目标为龙头，转化分解到组织内各部门，明确各部门在组织战略中的地位和价值，需要达成的使命。公布和统一战略目标有助于引导组织成员形成统一的行动，激发组织成员的工作积极性，凝聚大家的力量，是对所有人的一种有效鼓舞。

（2）明确职位职责。当上下级之间没有对职位职责的重要性达成明确统一时，往往会导致员工不明白自己具体应该干什么，从而产生低绩效行为。在这种情况下，制定职位职责说明书，由部门领导向员工说明职位职责，使员工和部门领导对自身的职位职责有明确的了解，能够让员工在职位职责的具体内容上与部门领导达成一致。这既会让员工明白自己该干什么，也会让员工明白如何取得支持和帮助。当职位职责发生调整时，需要及时从头统一和明确员工的工作范围和事项。

（3）提炼绩效考核指标。以职位职责说明书为基础，在明确了职位职责后，需要提炼绩效考核指标。在实际工作中,每项任务都有轻重缓急的区别,奉献也有大小差异,所分派的时间和精力也不同。绩效考核指标的提炼应当关注于奉献度最大的工作和花费更多时间的工作。每一个职位的关键考核指标不应太多,一般 3~5 条为宜,否则会使被考核的人失去工作重点。

(4) 设定职位考核指标值。考核双方要对考核指标值的设定达成一致意见。这需要管理者和员工的共同制定和认可。上下级一起设定目标,关键就是帮助员工把目标分解到实际工作任务中。这样,目标的合理性也会一目了然。

(5) 执行中的跟踪、监督和指导。在员工实际完成工作任务、达到目标的过程中,管理者需要做好动态跟踪、监督和指导的工作,在员工碰到的困难时予以指导,在员工有过失时要及时纠正,而不是等到最后再论奖惩。

(6) 绩效评估。绩效评估在绩效治理各环节中技术性最强,详见 22.2.4 节。

(7) 分析问题和建议方法。对于组织来说,提升员工工作效率、达到组织目标是绩效治理的最终目的。因此,管理者要通过发现的问题,了解问题内容,分析问题原因,调查问题根源,提出解决办法,这才是绩效治理的核心步骤。

(8) 绩效反馈。绩效反馈是绩效治理中最重要的环节,详见 22.2.5 节。

22.2.4 绩效评估

绩效评估是指以员工与组织的共同发展为目标,通过正式的结构化的制度或方法,评价和测量在一定的周期内团队或员工个人的工作行为和工作成果,全面了解员工的发展潜力。绩效评估工作通常由人力资源部门负责牵头组织、协调,有关部门予以配合。作为绩效治理整个周期性循环过程中技术性最强的一个环节,如何制定科学合理的评价方法,进行绩效评估与考核,并进行正确的奖励是绩效评估的关键。

1. 绩效评估的内容

绩效评估的内容概括来说主要包括 3 方面内容:①对上一周期内实际完成绩效的进行回顾及评估,并将实际完成结果与设定的衡量标准进行比照评价。②为下一绩效周期制定或改进调整绩效标准、绩效目标、绩效内容。③确定报酬调整和奖励方案。

绩效评估是绩效治理各环节中技术性最强的,包括 6 个因素:被评估者、评估者、评估时间和周期、评价指标、评定形式、绩效评估数据的收集。

(1) 被评估者。被评估者是指被评定的对象,可以是个人,也可以是团队。当工作作为一个整体,不适合再细分到个人时,比起对个人进行评估,评估团队的工作成效是更好的选择。

(2) 评估者。评估者是指接受评估的主体,也可以是个人或团队对被评估者进行评估。常见的评估形式有上级对下级或下级对上级的评估、同事间评估、自我评价、360 度考核、专家评估、委员会评估等形式。

(3) 评估时间和周期。评估时间和周期是指在什么时间点评估,多长时间评估一次。一般有日评估、月度评估、季度评估、半年度评估、年度评估、项目制评估、工程制评估等。其中,项目制和工程制评估是以一个项目或工程的开始至结束作为一个考核周期。

(4) 评价指标。评价指标是通过对组织中长期目标的细化分解出使用目标的情境,再设计出呈现情境的方式和获取记录的方式,最后设定评价时使用的计分单位。

(5)评定形式。评定形式是指具体以什么方式来评定工作表现,形式较为多样,一般从定性和定量两种维度进行评定。常见的评定形式主要有关键绩效指标评估、目标管理评估、平衡计分卡法、全方位(360度)绩效评估反馈制度、主管述职评价等。

(6)绩效评估数据的收集。绩效评估数据的收集是指收集用于绩效评估的数据,这是绩效评估的基础,没有数据就无法进行绩效评估。在数据收集的过程中,有几点需要注意:取得数据的途径需要合法、客观;各部门数据统计的口径、标准、方法及数据来源须保持一致;数据收集时需要确认其真实性,并保证数据的唯一性等。

2. 绩效评估的类型

根据绩效评估的内容,其类型一般可分为:

(1)效果主导型。考评的内容以被评估者的工作成果为主,重点考查的是工作结果,而不是过程。效果主导型的优点是,由于考评的是工作业绩而非工作过程,因此评估的标准容易确定,也容易操作。效果主导型的评估方式符合现代组织目标管理要求,因此应用较为广泛。但是效果主导型评估具有短期性和表现性,因此不适合对管理型或事务性员工的绩效评估。

(2)品质主导型。考评的内容以被评估者工作中表现出来的品质为主,重点考查的是人员品质和能力。由于品质主导型的评估反映的是员工个人的品质特征和工作能力,所以较难进行定量考评和实操。其适合对管理人员的发展潜力、职业精神和人际沟通能力的综合评估。

(3)行为主导型。考评的内容以对被评估者的工作行为考评为主,重点考查的是工作过程,而不是结果。评估的标准容易确定,也容易操作。适用于对管理型或事务性工作员工的绩效评估。

3. 绩效评估的方法

在具体应用中绩效评估的方法较多,实际考评工作中比较常用的方法有:

(1)排序法。排序法是指根据工作绩效评估的高低对具有相同工作性质的员工进行排序的方法。该方法简便易行,一般适用于工作内容单一或工作内容相同的员工较多时进行绩效评估。

(2)硬性分布法。硬性分布法是指将绩效评估结果进行分档,评估者根据分档档次和分档比例对被评估者进行分派的方法。这种评估方法成本相对较低,但绩效评估标准模糊,主观性较高。

(3)尺度评价表法。尺度评价表法是指评估者通过评估表的形式,把绩效评估的每一项内容进行定量分解,对被评估者的工作绩效进行考评打分,最后将考评分值进行合计得到评估总分的方法。这种方法一般适用于对组织管理人员的绩效评估。

(4)关键事件法。关键事件法是指评估者通过在日常工作中收集的与被评估者绩效评估相关的"重要事件"形成书面记录,并进行整理和分析后,最终形成评估结果的方法。一般情况下这种方法通常与其他方法结合使用,不单独使用。

(5)平衡计分卡法。平衡计分卡法是指通过财务、客户、内部运营、学习与成长4个角度,将组织的战略目标落实为可操作的衡量指标和目标值,对被评估者进行综合考评的方法。平衡计分卡法是一种有效的绩效管理工具,可以将组织战略目标逐层分解转化为相互平衡的细化指标，从而有差异化地针对不同的指标进行不同时间周期的绩效评估，有助于组织战略目标的实现。这种方法广泛应用于团队和个人的绩效评估。

（6）目标管理法。目标管理法是指通过事先设定目标、制订计划对被评估者的工作目标完成情况进行绩效评估的方法。目标管理一般包括目标确定、计划执行、检查调整、完成评价等几个步骤。这种方法也广泛用于对团队和个人的绩效评估。

不论是理论上还是在实际应用中，绩效评估的方法都有很多，理解和掌握这些方法并不难，而灵活应用这些方法，做到与实际工作相结合，使它们在应用的过程中发挥效率，提升工作管理水平，帮助实现组织目标才是开展这些活动的真正目的。

4. 绩效评估的程序

常见的绩效评估包括以下程序：

（1）通常由人力资源部门牵头负责编制绩效评估实施方案，设计绩效评估工具，拟定评估的计划和流程，对各级绩效评估者进行相关工作的培训或说明，并制定对评估结果的处理方法和应对措施。

（2）各级评估者组织被评估者根据绩效评估工作的要求，提交评估材料并进行自我评价。

（3）所有被评估者应当根据自身的工作职责和目标对本人在评估周期内的工作业绩及行为表现进行总结。

（4）评估者需要从日常工作态度、工作能力、工作目标完成情况、工作业绩等各方面，在对被评估者进行充分了解后，进行客观、公正的考核评价，并指出对被评估者的后续发展或工作建议，交上级审核。如果一个被评估者有双重直接主管，由其主要业务直接主管负责协调另一业务直接主管对其进行绩效评估。各级评估者负责抽查间接下级的绩效评估过程和结果。

（5）评估者负责与被评估者进行绩效面谈。双方就绩效评估自我评价和总结进行面谈沟通。当评估者和被评估者就评估初步结果谈话结束后，被评估者需要在被评价表上签字，但可以保留自己的意见。若对自己的评估结果有疑问的，被评估者有权向上级主管或评估委员会（如有设立）进行反映或申诉。

（6）人力资源部门牵头负责所有绩效评估结果的收集和汇总并形成评估结果报告，提交组织负责人或评估委员会审核。

（7）组织负责人或评估委员会将安排并听取部门或团队工作汇报，纠正绩效评估过程中的偏差，对重点结果形成一致性意见，确定最后的评估结果。

（8）人力资源部门负责最终绩效评估结果的整理和汇总，进行结果兑现，分类建立绩效评估档案。

（9）评估者负责与被评估者就绩效评估的最终结果进行面谈沟通。双方形成一致性意见，并以这一周期的工作结果为基础，共同制订被评估者下一周期的工作计划以及绩效改进与个人发展计划，完善组织及个人的绩效目标。

（10）人力资源部门负责对本次绩效评估成效进行分析总结，形成绩效评估改进意见和下一阶段的评估方案，为组织规划新的发展计划和战略目标提供依据。

22.2.5 绩效评价结果反馈

绩效评价结果反馈简称绩效反馈，作为整个绩效评估环节中的最后一环，直接关系到绩效评估工作的完整性和预期目的的达成。同时，让员工看到自己的成就和优点，了解主管对自己绩效的看法，指出员工有待改进的方面，共同确定下一周期的绩效目标和改进点。在过去的工作中，评估者往往会忽视绩效反馈与面谈的工作，假如失去这个环节，绩效改进与提高就没有保障，绩效治理的意义就被弱化。除此以外，这个过程的工作还有助于组织产生绩效改进计划书。绩效反馈通常包括以下内容：

（1）通报被评估人当期绩效评估结果。通过对被评估人绩效结果的通报，使其明确自身绩效表现是否符合组织的要求和目标，并对其表现结果在整个组织中的大致位置有一个了解，从而激发其进一步改进和提升当前绩效水平的意愿。

（2）分析被评估人的绩效差距与确定改进措施。绩效治理的目的是通过提高个人的绩效水平来提升员工工作效率，帮助组织达成既定战略目标。因此，评估人在对被评估人进行绩效评估过程中需要记录员工的关键行为，并根据类别整理记录为高绩效行为与低绩效行为。在绩效反馈时，通过表扬与激励来维持与强化员工的高绩效行为；通过归纳与总结来界定与帮助员工改进低绩效行为。改进措施的指导性与可操作性均来源于对绩效差距分析的准确性。

（3）沟通协商下一个绩效评估周期的工作任务与目标。绩效反馈既是上一个绩效评估周期的结束，也是下一个绩效评估周期的开始。在绩效评估的初期由评估双方共同制定、明确绩效指标是绩效管理的基本思想之一。通过评估人对绩效指标方向性的把握，被评估人对绩效指标的内容得到明确，使工作任务与目标真正落地实施。当然，在确定绩效指标时需要灵活变通，一方面要紧紧围绕关键指标内容，另一方面也要考虑被评估人所处的内外部环境变化，才能更具有客观性和可操作性。

（4）确定与工作任务和目标相匹配的资源配置。绩效反馈在总结上一个绩效周期员工的表现基础上，着眼于未来的绩效周期。在沟通协商明确了下一个绩效周期的工作任务和目标的同时确定相匹配的资源配置，一方面可以帮助被评估人得到完成任务所需要的资源；另一方面有助于评估人了解资源消耗的历史数据，分析资源消耗背后可控成本的节约途径，综合有限的资源以发挥最大的效用，这对于评估双方来说是一个双赢的过程。

22.2.6 绩效评价结果应用

绩效评价结果除了用于薪酬调整、职位变动外，还要考虑用于培训教育和激活潜力。组织价值链涵盖了价值创造、价值评价和价值分配 3 个方面，价值评价通过绩效治理和评价来实现，而薪酬治理则体现组织价值分配体系。在价值链循环中，通过完善、设计合理的评价、分配制度来激发员工的最大积极性、创造性，以此获取组织价值的最大化。

绩效评价结果的应用包含两层内容：①价值评价。作为组织人事决策的重要参考，用于相关的奖惩、薪酬调整和人事调动。②绩效改进。对绩效评估结果进行分析，为组织安排员工培训、员工职业生涯规划等方面提供依据。

通常绩效评价结果会应用于如下方面：

（1）员工荣誉。根据评价结果和事先制定的奖励标准进行表扬、奖励和评优。对绩效突出的人员进行表扬、奖励和评优，不仅能成为不断鞭策获得者保持和发扬成绩的力量，还能激发其他员工对工作的积极性，对组织产生归属感，从而有效提升组织绩效。

（2）绩效改进。根据绩效评价结果反映出的员工在工作中各个方面的表现，揭示其在工作中存在的不足。以此为基础，帮助员工进一步调整工作方向或者提高程度，制订绩效改进的计划并实施。

（3）薪酬调整。绩效评价结果除了作为绩效改进的依据外，多用于薪酬调整方面。通常为了增强激励效果，在员工的薪酬结构中会有一部分是绩效工资，这是与员工的个人绩效相关的，可以通过绩效评价结果在一定范围内进行上下调整。另外，员工个人总体薪酬水平的调整也可以以绩效评价结果为依据。

（4）人事调整。绩效评价结果也为职位的调整提供了依据。绩效评价结果能反映出员工是否胜任当前的工作，可以帮助组织合理地安排和调整。此外，绩效评价结果也可作为人员招聘的参考。通过对绩效评价结果的分析，可以为组织的胜任力模型建设提供参考依据，形成作为招聘新员工的标准条件。

（5）在职培训。绩效评价结果是进行在职培训分析的重要资料之一。通过分析评价结果，可帮助组织找到真正的在职培训需求，对症下药。同样，绩效评价结果也最直接地反映了培训效果。通过培训，如果绩效提高了，就说明培训是有效的，对于员工本身、工作业绩、组织目标的实现都非常有用。

（6）员工职业生涯规划。通过分析绩效评价结果，可以有针对性地帮助员工做好职业生涯规划。它根据员工目前的绩效水平和长期以来的绩效提高过程，可以有针对性地制订一个长远工作绩效和工作能力改进提高的系统计划，帮助员工找准定位，获得未来职业发展途径。这种规划的制定，不仅体现了对绩效评价结果的有效应用，帮助员工获得有效反馈，还可以增加员工对组织的归属感，是员工提升绩效的强大动力。

22.3 转型升级

组织战略的实质在于寻求变革和创新，进行创造性的管理，使组织适应当前环境和未来环境的要求，从而获得生存和持久的发展。当组织面临社会经济发展环境不断变化、社会竞争日趋激烈、客户和服务对象需求日益个性化、发展空间和发展动能被不断挤压等挑战时，积极主动开展深层次的转型升级是组织可持续发展的关键，适时地进行组织优化调整升级是组织谋求健康发展的迫切要求和必然路径。

22.3.1 战略转型升级

战略转型升级是指组织为适应外部经济与社会环境以及内部环境的变化，对组织的长期发展方向、运行模式、组织战略、组织方式、资源配置方式、组织文化等进行全方位升级变革。转型升级是组织提升竞争优势和价值以及达到新形态的必然过程。大多数组织的转型主要是战略转型。组织是否能够主动分析预见未来、控制转型风险并实施战略转型对组织的成功与否至关重要。

战略转型升级首先要确立转型方向，在此基础上对战略转型进行规划设计、总体部署，确定战略转型的愿景、内涵、目标等，形成战略举措。新战略的实施不仅包括组织产品和服务的升级，还应同时构建与组织战略相匹配的组织架构，持续改进组织创新文化；打造卓越的组织绩效体系，提高组织战略转型升级实施的效率和价值，以实现组织高质量发展。

1. 组织战略转型升级

组织转型升级首先要解决的是战略选择问题。战略转型需要从总体上进行规划设计，是对组织未来发展方向性的规划，是组织未来发展的新战略，而新战略与组织原有发展战略又有一定的联系，是原有战略的扩张和发展。

在战略升级过程中，首先要对组织自身的优势、劣势以及内外部环境进行全方位的分析，总结出各项因素给组织带来的机遇和风险，基于分析结果再重新规划组织创新战略，以战略指导组织的转型升级和创新发展。而在战略的制定过程中，组织高层要注意，所提出的战略愿景，必须是新的、符合社会发展规律且具有增长价值。

战略愿景驱动战略的升级的过程中要做到：

- 立意高远，同时要遵守理性、审慎、充分的原则；
- 要聚焦组织已有业务主航道，新产品和服务与传统核心业务要深度协同，不断强化叠加已有的技术能力、产品和服务体系；
- 注意自身能力的建设，在推进愿景目标实现时，要有一系列内部管理体系及组织架构与之配合，将战略愿景与内部能力建设深度连接。

当组织所在行业和领域政策、法律法规体系优化和升级时，组织发展空间可能更加广阔，但也要及时注意面临的各类危险，保持敏锐的竞争意识，此时就应该通过系统的思想路线，分析技术、产品和服务、社会与市场、组织架构等要素以及各要素之间的关系，明确未来发展方向和关键路径，推动创新能力的提升。常见的战略升级主线包括：

- 技术战略：基于未来技术发展以及组织内部已有的技术能力水平，结合社会需求变化，制定技术方案，形成面向未来的技术发展战略，为产品和服务研发提供坚实的技术支撑。
- 市场战略：通过分析社会与市场潜力、客户和服务对象需求，探索未来组织发展的驱动力量，明确业务发展方向，进而促进组织产品和服务开发动力。
- 产品战略：将顾客的需求和新技术发展相结合，研发符合市场需求的新产品和服务，推动新技术和市场需求经济价值的实现。
- 组织架构：创新组织架构和机制的建设，合理配置创新资源，支持技术、产品与服务创新路线等的提升。

2. 组织文化转型升级

组织文化与组织战略之间是动态平衡、相互影响的关系。一方面，战略规定组织任务目标，组织文化的形成以战略目标为导向，以战略落地为要求，形成组织的使命和价值观；另一方面，组织在选择战略的同时要充分考虑文化的引领作用，是否与现有组织文化以及未来预期组织文化相匹配，只有相互包容和相互促进的组织战略和文化才能被成功地实施。

组织应持续地推进创新文化的建立和改革，以适应战略的变化和发展，主要包括：

- 以组织战略为基础和原则，建立适应组织发展的组织文化体系；
- 引进国内外先进实践经验，建立文化管理制度，构建学习型组织；
- 打造知识获取能力、知识共享能力和知识创造能力，为转型奠定认知与观念基础；
- 对人员进行培训和教育，提升知识技能和专业水平；
- 建立人才评价机制，根据个人综合素质、履职情况等对人才进行评价。

3. 组织架构转型升级

组织战略制定和组织架构建设两者之间的关系是相互影响的。在制定组织战略的同时，要充分考虑组织架构的建设，考虑组织架构对新战略的适应性，才能提高战略实施的价值。而组织架构的设立也应随着战略的改革而调整，这样才能更好地提升组织运营效率与战略转型效益。

转型方向和目标确认后，转型组织通过机制保障对组织架构、流程、管理制度进行重新构建，使其能够有效支撑组织转型目标的实现，同时转型组织借助于管理机制，能够使转型过程紧密围绕转型的方向和目标。组织机制保障在于使组织的组织架构、流程、文化能够和新的战略相互适配，针对外部环境灵活地调整内部运行体系，能够将转型的目标在组织内部达成一致，同时能够将组织的长远目标转化为短期行动。

4. 绩效考核转型升级

组织绩效评价的发展是与组织发展紧密结合的。不能单以经济指标看待组织发展，组织应将非经济指标也纳入绩效评价体系，同时要处理好经济和非经济指标的关系。转型结果主要用经济指标衡量，转型过程主要用非经济指标衡量。

绩效评价指标的建立以组织战略为支撑，将战略目标层层分解，细化成系统的绩效评价指标。经济指标可以从转型增长、结构调整、风险管控等进行评估；非经济指标可以从客户和服务对象满意度、卓越运营和学习创新等进行评估。

组织需要对前一期发展阶段绩效指标和转型升级阶段绩效指标的要点进行对比。前一期发展阶段，更重视业务增长速度、员工需求、短期效益、经验和旧知识的复用；组织文化方面重视集体主义精神，特别强调执行力和组织遵从性，强调认知和行为的一致性，重视任务完成的稳定、高效和风险规避。转型升级阶段则更关注中长期发展目标的实现，强调发展品质而不仅仅是速度，更关注客户和服务对象的体验，以及对社会的发展适应性，重视与外部利益相关者建立稳定、安全和和谐的关系，承担全方位的社会责任；组织文化上，更加开放、包容，重视个人价值和多元思考；组织设计上，主张非正式的信息交流，对员工充分授权，分散灵活的跨部门跨组织协同，根据组织需要动态设计绩效指标以满足发展需要。

22.3.2 数字化转型实施

数字化转型是组织顺应新一轮科技革命和社会发展趋势，不断深化应用云计算、大数据、物联网、人工智能、区块链等新一代信息技术，激发数据要素创新驱动潜能，打造提升新时代生存和发展能力，加速业务优化升级和创新转型，创新传统动能，培育发展新动能，创造、传递并获取新价值，实现转型升级和创新发展的过程。

数字化转型是建立在数字化转换（Digitization）、数字化升级（Digitalization）的基础上，进一步触及组织核心业务，以新建一种业务模式为目标的高层次转型。如今，组织可以通过利用数字技术创建或更新业务流程、组织文化，改变为用户服务的方式，提升客户和服务对象体验，以持续满足业务和社会需求，数字技术正逐渐融入到组织产品和服务及业务流程当中，不断转变业务成果及服务交付方式等。

1. 数字化转型准备

国家层面针对加快数字化转型不断出台各种支持政策，优化经济和社会发展的数字环境和数字业态。"加快数字化发展，建设数字中国"成为时代的发展主旋律之一，以数字化转型整体驱动生产方式、生活方式和治理方式变革，在国家战略顶层设计中明确数字化转型的重要定位。组织需要在国家战略的引领下，顺应时代发展潮流，积极并加快推进数字化转型工作。

1）驱动因素识别

不断加剧的社会竞争，不仅来源于同行业和领域组织的升级和创新，还来源于有互联网基因的组织切入传统行业和领域而形成的竞争压力。组织必须学好、用好数字化技术，借助数字化转型保持自己的竞争优势。这就驱使组织从自身发展形势出发，进行数字化转型驱动因素分析。常见数字化转型的驱动因素主要包括：

- 新技术的强势发展：新兴的技术让组织的运行、研发、设计、生产、服务等每个环节能够通过网络实现无缝对接，以及不同地区的员工可以利用在线方式进行顺利的交流沟通，强化新技术应用是所有组织重点考虑的内容之一。
- 低"交互成本"运作：使用数字化手段逐渐将员工从大量重复性工作中解放出来，节省时间及人力物力，提升业务处理的效率，并通过数据的共享交换和算法的开发利用，驱动组织敏捷协同和立体化协同。
- 业务运行的透明化：迅速发展的数字化潮流，逐渐改变了组织的业务模式和管理模式等，大多数组织数字化已经渗透到其每一个业务环节中，从而能够使组织各项工作通过数据进行表达，使工作干系人能够清晰地了解工作的进展情况、遇到的困难、决策的原则、获得的结果等，驱动组织高效和透明地运作。
- 个性化需求的满足：数字化促使组织产品和服务满足不同对象的个性化需求，个性化需求的满足是实现日益增长的人民对美好生活需要的重要举措，其决定的是未来组织的发展战略方向。这需要组织通过研究与预测客户和服务对象的需求，提供充分满足其需求的产品和服务。

组织数字化转型驱动因素还常常包括来自上级组织的要求、战略转型的需求、规模与效益的扩大、竞争优势的保持与提升等。

2）数字化转型的评估

在开展数字化转型之前，组织应该根据自身数据化运行程度，对数字化水平做提前判定，并从发展战略、管理体系、组织架构、人力资源等方面进行梳理，判断自身是否具备转型的基础和实力，从而确定是否应该着手数字化转型。组织需要结合数字化转型驱动因素的识别情况，对现状进行评估。评估的主要内容包括：

- 想要通过转型达到什么目的,创造哪些新的价值;
- 组织的领导层、中层及基层是否达成一致意愿;
- 组织现有的产品、技术、业务模式、流程效率是否能够应对新时代的挑战;
- 是否期望建立数据支撑业务、数据赋能业务的发展模式;
- 是否已形成数据生态,培育了深度数字应用;
- 是否具有数据运营和实践经验;
- 是否可以实现数据决策与人的决策良好配合;
- 是否具备数据、模型、应用资产沉淀能力;
- 是否具有数字化转型人才以及完备的数据人才培训体系;
- 是否具备能够应对数字化时代挑战的组织文化、组织架构等。

3)转型组织的建立

数字化转型是组织整体的事情,需要强有力的组织支撑,建立与数字化转型战略相匹配的职责和职权架构。组织需要明确数字化转型的责任主体,成立专门的数字化转型工作推进组织,协调组织业务与技术部门等,建立协同运作机制,统筹推进数字化专项工作落地实施。建立数字化转型工作机制,管控数字化转型过程。组织应从顶层设计出发,建立符合数字化转型发展需要的组织架构,来协调数字化转型过程中所需的各项资源,推进数字化工作的进程。数字化转型组织架构及工作机制的建立可分为4个层次:

- 规划层:顶层设计、具有全局观。
- 实施层:围绕数字化产品和服务进行实施推进。
- 能力层:构建数字化相关的支撑实施层的能力。
- 资源层:组织与传统业务、传统IT链接。

2. 数字化转型策划

为确保组织数字化转型的顺利实施,组织需要策划合理的战略和愿景,明确管理模式的变革内容,如配套考核和激励机制、优化的协作流程,并对确立数字能力需要满足的状态等。

1)战略与愿景策划

数字化转型战略与愿景是指组织筹划和指导数字化转型的方针策略,在重大决策问题上选择做什么、不做什么。把数字化转型升级作为组织总体战略的重要组成部分,以战略为指引,可以提高数字化转型成功的概率。

组织数字化转型战略与愿景的核心是制定数字化转型规划,并设立与业务目标相符合的转型目标。组织应根据数字化转型的新形势、新趋势和新要求,围绕总体发展战略系统设计数字化转型规划,同时注意将数据驱动的理念、方法和机制根植于发展战略全局。相关规划应包括为了实现转型升级而制订的计划,涵盖业务能力、运营管理、组织文化等各个方面。

2)管理模式策划

组织管理是组织部门、团队、员工之间的互动方式,是战略定义和执行之间的重要纽带。组织改变业务模式的同时还要改变执行业务模式的方法,并重新审视自身运行的各个方面。

恰当的管理能够帮助组织顺利完成数字升级，实现智慧管理，是数字化转型过程中的重要举措。

组织应考虑引入数字化管理模式，提升内部管理效能，以客户和服务对象为中心，提高运营效率，降低运营成本。组织应基于财务、人力、行政、战略管控等实际应用场景，面向场景全覆盖、业务全在线、风险全管控、核算自动化、结算集约化和分析智能化、流程自组织和客服自应答等，定义数字环境的管理模式，优化提升路径，确保转型工作的有序进行。

3）数据能力策划

数据是开展数字化转型的重要基石，组织可以利用数据的价值来释放新机遇，包括支持新的业务模式、改进产品和服务等。数字能力策划可参照以下几个方面：

- 赋能技术创新、业务指导，处理好内外部各类数据间的关系，让底层数据架构更加丰富；
- 建立业务部门、技术部门、运营部门之间的数据汇聚和动态关联关系；
- 在数据层面和业务层面构建各部门间的数据能力和数据服务；
- 建立规范化、统一化的数据标准，并提升数据质量。

3. 数字化转型内容

为落实组织数字化策划，组织需要实施数字化转型的内容较多，涉及组织的方方面面。数字化转型内容重点包括：组织数字文化、数字人才队伍、数字化绩效评价、业务模式创新、数字化产品和服务、数字化营销。

1）组织数字文化

组织文化是数字化转型成功与否的关键要素，是指导一个团体行为的共同信念、价值观和思维模式。由于组织文化很难复制，因此它使组织具备长期竞争优势。组织应从价值观、行为准则等方面入手，建立与数字化转型战略相匹配的组织文化，把数字化转型战略愿景转变为组织全员主动创新的行为，可关注以下几个方面：

- 在组织内宣贯数字化转型战略愿景；
- 数字文化变革要深入到组织的各层级、各部门；
- 建立以数字业务为导向的创新激励文化，形成不断创新的新生模式；
- 建立基于数据满足业务需求、解决业务问题的文化氛围，帮助组织做到数据创新；
- 建立鼓励员工保持数字技能学习动力的学习文化；
- 提升组织内部互动沟通频率，除了面对面交流外还应考虑数字渠道。

2）数字人才队伍

搭建数字化人才队伍需要有足够且完备的人才储备，人才组建要合理，岗位职责要清晰。既需要掌握数据战略的高层人才，也需要熟悉数字技术、业务的中层、基层人才。

- 创建数字化领导组织：该组织主要负责推进和执行数字化转型相关决策意见，协调人力资源和财务资源，带领数字化团队完成业务目标，把握业务需求，指导技术问题等。数字化转型人才队伍要对数字化转型的认知保持高度一致。

- 建立不同梯队的数字化转型人才：储备基层数字化人才，培养可以推进数字化转型工作的带头人。
- 开展数字化技能培训：组织需要在内部积极培养所需数字技能，使数字化相关培训成为组织人才管理战略的关键组成部分。
- 定期评估员工数字能力：组织需要将评估结果与组织所需的数字技能进行匹配，挖掘组织内部的潜在数字人才。

3) 数字化绩效评价

任何一项业务的开展都需要相应的指标来评价。组织开展数字化转型，传统的关键绩效指标（KPI）是无法有效衡量数字化组织的绩效的。数字化转型 KPI 的制定应遵循以下原则：

- KPI应涵盖组织数字化转型业务发展的各个阶段；
- 数字化转型指标不宜过多也不宜过少；
- 数字化转型指标不是独立的，应与组织其他业绩评估指标相辅相成。

制定数字化转型绩效考核指标时，建议可参考最基本的如使用频率、客户参与度和用户数量等行为指标，这样组织能够了解某项产品和服务的受欢迎程度，以及社会的接纳趋势。

4) 业务模式创新

创新业务模式是数字化转型工作的重要一环，组织需要从根本上识别、开发和启动全新业务模式。与传统业务模式相比，数字化转型要做到将创新技术与业务深度融合，创新业务能力，来提升用户体验，实现业务价值的新增长。

5) 数字化产品和服务

将数字化的理念和技术融入产品和服务中，利用数字技术促进产品和服务研发创新及其能力智能化。新型数字技术已从传统的信息化辅助业务的模式走向智能决策，在新型数字技术融合社会发展的背景下，组织应充分将数字技术融合到产品和服务研发及组织管理业务流程中，创新机制建设，改造、升级组织价值创造过程，完成业务创新。除此之外，业务实现过程应该从注重功能到主动建立优质的客户和服务对象体验，提供满足数字化转型需要的产品和服务，例如个性化体验、一站式服务、智能化产品等。

6) 数字化营销

利用数字技术，拓展产品和服务的传播渠道，建设个性化客户和服务对象沟通服务体系，实现精准营销，例如直播带货、数字渠道等。在新时代，组织实施数字化转型，须将数字化营销作为重要的方面来关注，变革营销思想、模式和策略，实现新的营销方式，以满足组织创造业务价值所需。

总的来说，组织要想成功开展数字化转型，就必须开展深刻的变革。数字化转型的根本任务是机制体系优化、创新和重构，不仅是 IT，还是对组织战略、活动、流程、业务模式和组织文化等方方面面进行重新定义。组织需要从根本上重塑业务模式，重组组织架构，变革组织文化，吸引和培养数字人才，并重新思考如何衡量业务的成功。

22.4 本章练习

1. 选择题

（1）关于组织战略的创新和改进的描述，不准确的是_____。
  A. 在不同的生存和发展阶段，组织会对目标、实力和环境做出不同的认识和反应，组织战略必须具备动态适应性，因此组织需要战略回顾和创新分析
  B. 通过财务目标跟踪是最有效的组织战略的回顾、创新和改进的方法
  C. 组织战略的回顾、改进和创新分析宜建立并维护战略绩效管理体系
  D. 把人力资源系统整合到战略里，推进对管理者的评价和激励有助于战略举措的成功执行

参考答案：B

（2）组织环境影响组织发展，制定战略时需要进行组织外部和内部环境分析。不属于组织外部环境分析中的市场分析的是_____。
  A. 组织总体市场的调查和分析   B. 客户和服务对象的潜在需求
  C. 买方的议价能力   D. 组织细分市场需求的调查和分析

参考答案：C

（3）关于组织文化建设，以下说法错误的是_____。
  A. 组织文化展现了组织成员共同遵循的价值观体系，它具有鲜明的组织特色，将不同的组织区别开来
  B. 组织文化应当是面向组织大众的卓越文化，在同类组织中具备优越性，可以拿来复制，从而实现组织的卓越发展
  C. 组织文化建设应从大局出发，同时也要注重细节，立足组织实际情况，建设有本组织特色的组织文化
  D. 组织文化建设须尊重成员的个人价值观和心理要求，使团体成员有着较为强烈的参与感，从而激发全员的积极性

参考答案：B

（4）关于绩效计划的制订原则，不正确的是_____。
  A. 目标导向原则   B. 价值驱动原则
  C. 全员参与原则   D. 全面覆盖原则

参考答案：D

（5）绩效评估是绩效治理各环节中技术性最强的，包括6个因素，这6个因素为_____。
  A. 被评估者、评估者、评估时间和周期、评价目标、评定范围、绩效评估数据收集
  B. 被评估者、评估者、评估时间和周期、评价指标、评定形式、绩效评估数据收集
  C. 被评估者、评估者、评估时间和周期、评价指标、评定范围、绩效评估数据收集
  D. 被评估者、评估者、评估时间和范围、评价指标、评定形式、绩效评估数据收集

参考答案：B

（6）绩效信息的记录和收集有多种方法，但不包括：_____。

　　A. 观察法　　　　　　　　　　B. 工作记录法

　　C. 网络收集法　　　　　　　　D. 他人反馈法

参考答案：C

（7）关于战略转型升级的描述，不正确的是_____。

　　A. 构建与组织战略相匹配的组织架构和持续改进组织创新文化可提高组织战略实施的价值

　　B. 组织未来战略的选择只有在充分考虑与目前的组织文化和未来预期的组织文化相互包容和相互促进的情况下才能被成功地实施

　　C. 组织发展战略与组织结构之间的关系是相互影响、互为目的的，组织战略与组织结构需要相互匹配

　　D. 具有较高产业地位、明显竞争优势的组织维持现状，不进行转型升级也可以具备可持续发展的能力

参考答案：D

（8）组织在推进数字化转型过程中的重要基石是_____

　　A. 技术　　　　B. 产品　　　　C. 数据　　　　D. 市场

参考答案：C

2. 思考题

（1）请说明绩效评价结果的应用包含几个层面的内容，分别是什么，并根据你的理解简要叙述绩效评价结果的应用方向。

参考答案：略

（2）结合内外部环境分析传统组织为什么要进行数字化转型，并简述组织要进行数字化转型需要采取哪些举措。

参考答案：略

第23章 组织通用管理

组织通用管理是项目管理的关键前提和基础，它为项目管理提供思想路线和基本原则与方法，项目管理则是通用管理方法在特定场景下的具体表现。在把项目管理方法运用于实际工作的时候总会表现其通用的方法，反过来说，通用的方法又必定会支配和制约着人们对项目管理方法的运用。

本章主要介绍人力资源管理、流程管理、服务工程、知识管理和市场营销的基本知识，使项目管理者了解整个组织运行过程中基本的管理环节、要素和着力点，帮助项目管理者在工作中运用基本的管理思想和管理方法，提高其对实践问题的分析、判断、决策和创新的过程管理能力，及对项目资源问题高效率组织、加工、集成和分配的组织管理能力，以更好地适应新经济发展环境，获得更大发展空间。

23.1 人力资源管理

人力资源不仅是组织中最重要的资源之一，也是对组织发展最具影响力的资源。高层管理者之所以日益重视人力资源的战略地位，其根本原因在于对人力资源的有效开发利用是组织保持竞争优势的必要条件。新生代员工的管理、移动互联网及智能制造时代的到来等因素都为人力资源管理带来新的挑战，员工的行为表现是组织能否达成目标的关键，在组织不断提高竞争力和完成各项使命的过程中，人力资源管理起着至关重要的作用。组织是由人构成的，也是由人来管理的，优秀的人力资源将助力于组织的发展和壮大。正确处理组织中"人"和"与人有关的事"所需要的观念、理论和技术是人力资源管理的关键。

23.1.1 人力资源管理基础

人力资源管理工作直接影响整个组织的经营状况和运行状态，具体取决于人力资源的管理政策、体制设计和贯彻实施。在人力资源管理方面，组织整体目标是尽可能拥有高质量的员工，以及合理的人才能力梯次分布，并力求通过改进员工的职责、技能和动机，来调动员工的积极性和提高工作效率与效能，从而使组织获得更好的可持续竞争优势，而人力资源管理部门则主要侧重与这一整体目标有关的更为具体的目标。

人力资源管理目标包括：①建立员工招聘和选择体系，以便获得最符合组织需要的员工；②充分挖掘每个员工的潜能，使其既服务于组织的发展目标，也能满足员工的事业发展需求；③留住那些通过自己的工作绩效助力组织实现目标的员工，同时淘汰那些无法满足组织发展需要的员工；④确保组织遵守人力资源方面的法律、法规、政策和标准等。

人力资源管理的广义目标是充分利用组织中的人员使组织的各项工作效率水平达到最高，狭义目标是帮助各团队负责人更加有效地管理团队成员。人力资源管理部门通过制定和解释政策、规范等管理活动来完成这两个目标。人力资源管理主要包括：

- 规划：确认组织中的工作要求，确定这些工作需要的人员容量与技术需求，向有资格的工作申请人提供均等的选聘机会。本环节主要进行工作分析和岗位策划，根据各工作岗位任务的特点，确定组织中各工作岗位的性质及岗位要求，预测组织的人力需求，为开展招聘工作提供依据。
- 招聘：根据工作需要确定最合适人选的过程，确保组织能够从工作申请人中选拔出符合组织需要的员工。
- 维护：维护员工有效工作的积极性，维护安全健康的工作环境。维护包括如何管理员工的工资和奖金，做到按照员工的贡献等因素进行收入分配，做到奖惩分明，并通过绩效、福利等措施激励员工。
- 提升：提高员工的知识、技能和经验等方面的能力，保持和增强员工的工作素养。包括对新员工进行工作指导和培训，培育和培养各级管理人员及骨干人才，以及为了使员工保持理想的技能水平而开展的一系列活动。
- 评价：对员工的工作结果和工作表现与人力资源管理相关策略执行情况的观察、测量和评估，包括决定如何评价员工的工作绩效，如何通过面谈和辅导等方式促使员工满足组织规定的岗位要求等。

23.1.2 工作分析与岗位设计

工作分析是对组织分工和分工内容进行清晰的界定，让任职者更清楚工作的内容，甚至未从事过某项工作的人也能清楚该工作是怎样完成的。如果岗位工作内容和工作设置不是最优的，则需对工作的内容进行重新界定，这就是岗位设计。岗位设计是确定完成工作的方式、所需要完成的任务，以及界定该项工作在组织中与其他岗位工作的关系的过程。

为了更好地进行岗位设计，需要全面了解现有的岗位工作，发现工作设置上的问题。岗位设计是把工作内容、从事工作所需的资格条件和薪酬结合起来，从而满足员工和组织建设与发展需要。

1. 工作分析

工作分析的目的是明确所要完成的任务以及完成这些任务所需要的人员能力特征。工作分析将每项工作所包含的任务、责任和任职资格用正式的文件明确下来，确保组织中的每项工作都按照管理人员的意愿进行分配。

1）工作分析的作用

表 23-1 对工作分析的作用进了概括。

表 23-1 工作分析的作用

作用	内容
招聘和选择员工	人力资源计划 识别人才招聘 选择安置 公平就业 工作概览

（续表）

作用	内容
发展和评价员工	工作培训和技能发展 角色定位 员工发展计划
薪酬政策	确定工作的薪酬标准 确保同工同酬 确保工作薪酬差距公正合理
组织与岗位设计	高效率和优化激励 明确权责关系 明确工作群之间的内在联系

2）工作分析的过程

工作分析通常划分为四个阶段，包括 10 个具体步骤，如表 23-2 所示。

表 23-2 工作分析的步骤

阶段	步骤	内容
第一阶段： 明确工作分析范围	1	确立工作分析的目的
	2	确定工作分析的对象
第二阶段： 确定工作分析方法	3	确定所需信息的类型
	4	识别工作信息的来源
	5	明确工作分析的具体步骤
第三阶段： 工作信息收集和分析	6	收集工作信息
	7	分析所收集的信息
	8	向组织报告结果
	9	定期检查工作分析情况
第四阶段： 评价工作分析方法	10	以收益、成本、合规性和合法性等为标准评价工作分析的结果

3）工作分析的方法

在开展工作分析时，收集工作分析信息的方法有很多，但是人力资源管理人员需要注意的是，各种方法都有自己的优缺点，没有一种收集信息的方法能够获得非常完整的信息，因此应该综合使用这些收集方法，从而实现各类信息间的相互融合。我们可以将工作分析的方法划分为定性和定量两类。定性的工作分析方法主要有工作实践法、直接观察法、面谈法、问卷法和典型事例法；定量的工作分析方法主要有职位分析问卷法、管理岗位描述问卷法和功能性工作分析法等。

2. 岗位设计

岗位设计的目的是明确某类或某组工作的内容和方法，明确能够满足技术上和组织上所要求的工作与员工的社会和个人方面所要求的工作之间的关系。岗位设计关注工作、任务和角色如何被构建、制定和修正，以及其对个人、群体和组织的影响。

1）岗位设计的内容

岗位设计的主要内容包括工作内容设计、工作职责设计和工作关系设计3个方面。

工作内容设计是岗位设计的重点，一般包括工作的广度、工作的深度、工作的完整性、工作的自主性和工作的反馈性5个方面。①工作的广度即工作的多样性。在设计工作时，应尽量使工作多样化，使员工在完成任务的过程中能进行不同的活动，保持对工作的兴趣。②工作的深度。设计的工作应具有从易到难的一定层次，对员工工作的技能提出不同程度的要求，从而增强工作的挑战性，激发员工的创新力和克服困难的能力。③工作的完整性。保证工作的完整性能使员工有成就感，即使是流水作业中的一个简单程序，也要是全过程，让员工见到自己的工作成果，感受到自己工作的意义。④工作的自主性。适当的自主权利能增强员工的工作责任感，使员工感到自己受到信任和重视，认识到自己工作的重要性，增强工作的责任心，提高工作的热情。⑤工作的反馈性。工作的反馈性包括两方面的信息：一是同事及上级对自己工作意见的反馈，如对自己工作能力、工作态度的评价等；二是工作本身的反馈，如工作的质量、数量、效率等。

工作职责设计主要包括工作的责任、权利、方法以及工作中的相互沟通等方面。其中，工作责任设计就是员工在工作中应承担的职责及压力范围的界定，也就是工作负荷的设定；工作权利与责任需要满足一定程度的对应，否则会影响员工的工作积极性；工作方法包括领导对下级的工作方法、组织和个人的工作方法设计等；相互沟通是整个工作流程顺利进行的信息基础，包括垂直沟通、平行沟通、斜向沟通等形式。

工作关系设计则表现为岗位之间的协作关系、监督关系等各个方面。

2）岗位设计方法

一个适宜有效的岗位设计，必须综合考虑各种因素，需要对工作进行周密的、有目的的计划安排，既要考虑到员工素质、能力及其他各个方面的因素，也要考虑到组织的管理方式、劳动条件、工作环境、政策机制等因素。岗位设计方法包括科学管理方法、人际关系方法、工作特征模型（见图23-1）、高绩效工作系统等。

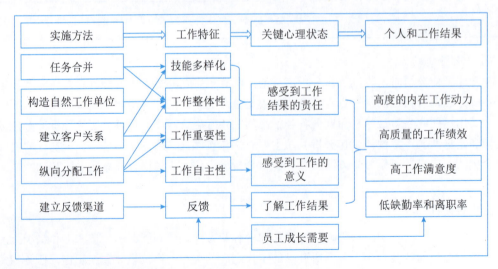

图23-1 工作特征模型

23.1.3 人力资源战略与计划

人力资源战略是确立人力资源管理的规划方向，明确组织人力资源管理的战略定位。人力资源计划则是人力资源战略的短期体现，是预测未来一定时期的组织任务和环境对组织的要求，以及为了完成这些任务和满足这些要求而设计的提供人力资源的过程。人力资源战略与计划的实质是依据组织的发展方向，确定组织所需的人力资源，以实现组织最高管理层确定的战略目标。

1. 人力资源战略

1）战略性人力资源管理

战略性人力资源管理的目标就是有效运用人力资源去实现组织的战略性要求和目标。战略性人力资源管理强调整合适应性，它致力于保证：①人力资源管理充分与组织的战略和战略性需求相整合；②人力资源政策应该涵盖政策本身和各个层级；③人力资源实践作为一线管理者和员工日常工作的一部分不断得到调整、接受和运用。

战略性人力资源管理被分成两个部分，一是人力资源战略，二是人力资源管理系统。人力资源战略是指人力资源在组织目标实现的过程中产生何种作用，即根据组织自身情况选择人力资源实践模式。人力资源管理系统是指人力资源管理的实践，即在人力资源战略模式的指引下，具体如何实现选人、育人、用人和留人，包括招聘、培训开发、薪酬福利和绩效考核等具体的人力资源管理行为。战略性人力资源管理过程包括两个相辅相成的阶段：战略制定和战略执行。在人力资源战略的制定阶段，需要确定组织的文化、绩效和目标等因素来决定组织的战略方向，组织的战略方向将影响组织在人力资源管理方面的战略选择。在战略的执行阶段，组织要贯彻实施所选择的人力资源管理战略。例如，通过招聘甄选确保组织获得高技能的员工，建立能够促使员工行为与组织战略目标保持一致的薪酬体系。最后，组织还要根据战略性人力资源管理的结果，如人力资源绩效、组织绩效、财务绩效等，对战略性人力资源管理的制定和实施进行评估反馈，实现战略性人力资源管理的动态管理。图 23-2 描述了战略性人力资源管理过程。

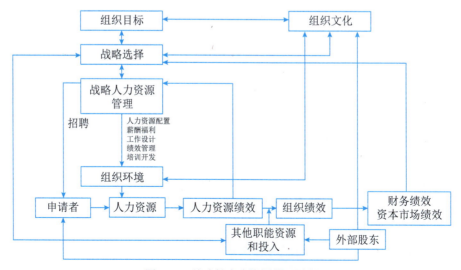

图 23-2 战略性人力资源管理过程

2）人力资源战略模式

不同组织的人力资源战略往往有很大的差异。许多学者提出了不同的人力资源战略模式，如戴尔（Dyer）和霍德（Holder）的人力资源战略模式分类，将组织可采用的人力资源战略分为 3 种类型：诱因战略、投资战略和参与战略；巴伦（Baron）和克雷普斯（Kreps）的人力资源战略模式分类，将组织的人力资源战略分为 3 种类型：内部劳动力市场战略、高承诺战略和混合战略。

2. 人力资源预测

人力资源预测包括组织内部、外部的人力供给预测和组织的人力需求预测。内部供给预测与组织中各类人员的劳动力年龄分布、离职、退休和新员工情况等组织内部条件有关。外部供给预测主要考量人力市场上相关人力的供给量与供给特点。而组织的需求预测主要以与人力需求有关的预计业务量等组织因素的变化规律为基础进行预测。

1）人力资源需求预测

人力资源需求预测受许多因素的影响，包括技术变化、客户发展与需求变化、经济形势、组织的市场占有率、政府的产业政策等。人力资源需求预测的解释变量一般包括以下几个方面：①组织的业务量，由此推算出人力需求量；②预期的流动率，指出于辞职或解聘等原因引起的职位空缺数量；③提高业务质量，或者进入新行业的决策对人力需求的影响；④技术水平或管理方式的变化对人力需求的影响；⑤组织所拥有的财务资源对人力需求的约束。

人力资源需求预测一般有集体预测、回归分析和转换比率等方法。

2）人力资源供给预测

人力资源供给预测与人力资源需求预测的一个重要差别在于：需求预测是研究组织内部对人力资源的需求，而供给预测则是研究组织内部的供给和组织外部的供给两个方面。在供给预测中，首先考察组织现有的人力资源的存量，然后假定组织现行的人力资源管理政策保持不变，并对未来的人力资源数量进行预测。在预测过程中，不仅要考虑组织内部的晋升、降职和调职等因素，还要考虑员工的辞职、下岗、退休、开除等因素的影响；而且得到的预测结果不应该仅仅是员工的规模，还应该是对员工的经验、能力、多元化和员工成本等各个方面的综合反映。

预测内部人力资源供给的思路是：首先确定各个工作岗位上现有的员工数量，然后估计在下一个时期每个工作岗位上留存的员工数量，这就要估计有多少员工将会调离原来的岗位甚至离开组织。实际情况往往比较复杂，例如，组织的职位安排可能会发生变化，员工的职位转换和离职的变化形式可能不同于以往。因此，在进行内部人力资源供给预测时需要对人力资源计划人员的主观判断进行修正。

常用的内部人力资源供给预测的方法有人才盘点与技能清单、管理人员置换图、人力接续计划、转移矩阵法、人力资源信息系统和外部人力资源供给等。

3. 人力资源计划控制与评价

当把人力资源的供给预测和需求预测结果相互比照，有 3 种可能的结果：一是需求和供给彼此适应；二是需求超过供给，这意味着组织在人力方面存在短缺；三是需求小于供给，这意味着组织在人力方面存在过剩情况。

如果计划的人力资源需求超过供给,有两种解决方法:①增加录用的数量,这通常借助寻找新的员工招聘来源、增加对求职者的吸引强度、降低录用标准、增加临时性员工和使用退休员工等办法解决;②提高每位员工的效率或延长他们的工作时间,这就需要提高员工的工作能力并增强他们的工作动力,可借助培训、新的岗位设计、采用补偿政策或福利措施、调整管理人员与员工的关系等办法解决。

一旦组织的人力供给超过需求,组织将面临非常困难的境地,组织可以选择的策略有减少加班数量或工作时间、鼓励员工提前退休、减少新进员工的数量等,还可以让组织的合作伙伴以比较低廉的费率使用自己闲置的人力资源。在没有其他选择的时候,组织只好采用辞退的办法,缓解或解除人力供需矛盾。

人力资源计划应该具有整体性,这是指相关规划活动必须做到组织内、外部各个方面的协调一致。组织内部的一致性是指招聘、选才、安置、培训和绩效考核等人事管理工作必须相互配合。组织外部的一致性是指人事规划应该服从组织的整体规划,要考虑进入或退出某一行业、业务扩容、购置新设备和部署新的信息系统等对招聘和培训等活动的影响。整体性的人力资源计划应该包括3个部分:一是供给报表,指明每个重要员工在今后若干年内晋升的可能性;二是需求报表,指明各个部门由于调遣、离职和新职位的产生等引起的今后若干年中需要补充的职位;三是人力报表,是将供给报表和需求报表结合在一起得到的实际人事计划方案。

在对人力资源计划进行评价时,首先需要考虑人力资源计划目标本身的合理性问题。在评价人力资源计划目标的合理性时,组织需要认真考虑以下几个方面:①人力资源计划者熟悉人事问题的程度以及对其重视程度。计划者对人力资源问题的熟悉、重视程度越高,那么其制订的人力资源计划就越可能合理。②人力资源计划者与提供数据以及使用人力资源计划的管理人员之间的工作关系。这三者之间的关系越好,制订的人力资源计划就可能越合理。③人力资源计划者与相关部门进行信息交流的难易程度。这种信息交流越容易,越可能得到比较合理的人力资源计划。④管理人员对人力资源计划中提出的预测结果、行动方案和建议的重视与利用程度。这种重视和利用的程度越高,越可能得到比较好的人力资源计划。⑤人力资源计划在管理人员心目中的地位和价值。管理人员越重视人力资源计划,人力资源计划者也就越重视人力资源计划的制订过程,得到的结果才可能客观合理。

评价人力资源计划时,还需要将行动结果与人力资源计划进行比照,目的是发现计划与现实之间的差距,指导后续的人力资源计划活动。主要的工作是进行以下比较:①实际的人员招聘数量与预测的人员需求量。②工作效率的实际水平与预测水平。③实际的和预测的人员流动率。④实际执行的行动方案与计划的行动方案。⑤实施计划的行动方案的实际结果与预期结果。⑥人力费用的实际成本与人力费用预算。⑦行动方案的实际成本与行动方案的预算。⑧行动方案的成本与收益。上述这些项目之间的差距越小,说明人力资源计划越符合实际。

组织经常要进行财务或税务方面的审计,同样,在人力资源管理活动中也存在审计的需要。人力资源审计主要是指考查人力资源管理活动是否按照原来的计划执行。例如,是否在规定的期限内完成了对全体员工的工作绩效考核,是否对每一位辞职的员工都进行了离职面谈,是否在员工加入组织时都建立了规定的保障计划等。

23.1.4 人员招聘与录用

人力资源是组织重要的资源，而招聘是组织与潜在员工接触的第一步。从组织的角度看，只有对招聘环节进行有效的设计和良好的管理，才能得到高质量的员工。但是，如果高素质的员工不了解组织的人力需求信息，或者虽然知道但对这一信息不感兴趣，或者虽然有些兴趣但还没有达到愿意申请的程度，那么组织就不容易有机会选择这些有价值的员工。

员工的招聘环节之所以非常重要，一是组织的绩效是由员工来实现的，做好员工进入组织前的选拔工作，可以避免日后复杂的培养与培育，乃至离职或解聘。二是员工的雇用成本是很高的，通常包括人力资源市场的搜索费用、面试费用、体检费用、测评费用、差旅费用、安置费用、迁移费用和红利保证等。三是员工的选拔工作还可能受到劳动就业法律法规的约束。四是员工测评不仅能够帮助组织制定员工雇用的决策，也能够帮助组织制定晋升政策等。

1. 招聘过程

人员的招聘活动通常包括招聘计划制订、招聘信息发布、应聘者申请、人员甄选与录用和招聘评估与反馈等。

（1）招聘计划制订。招聘计划是用人部门在组织发展战略的指导下，根据部门的发展需要，在人力资源规划和工作分析的基础上，对招聘的岗位、人员数量、素质要求、能力要求以及时间限制等因素做出的详细计划。招聘计划是招聘活动的主要依据，其目的在于使招聘合理化和科学化。招聘计划的内容大致包括：①招聘的岗位、人员需求量、每个岗位的具体要求等；②招聘信息发布的时间、方式、渠道与范围等；③招募对象的来源与范围等；④招聘方法；⑤招聘测试的实施部门；⑥招聘预算；⑦招聘结束时间与新员工到位时间等。招聘计划由人力资源部门制定，或者由用人部门制定，然后由人力资源部门进行复核，特别是要对人员需求量、费用等项目进行严格复查，签署意见后交上级主管领导审批。

（2）招聘信息发布。招聘信息发布的时间、方式、渠道与范围是根据招聘计划来确定的。由于招聘的岗位、数量、任职者要求的不同，招募对象的来源与范围的不同，以及新员工到位时间和招聘预算的限制，招聘信息发布时间、方式、渠道与范围也是不同的。常用的招聘渠道有互联网、媒体广告、现场招聘会、校园招聘、人才中介机构、猎头、雇员推荐和客户推荐等。组织需要选择最适合的招聘渠道，从而获得更多有效应聘者的机会。

（3）应聘者申请。应聘者在获取招聘信息后，可向招聘单位提出应聘申请。组织可以建立应聘者数据库，保存符合当前招聘职位以及有可能以后会符合组织需要的应聘者信息，也便于在组织需要时，从候选者库里快速搜索出具备工作所需的技能、经验和个人品质的员工，节省组织用于鉴别候选人的时间。

（4）人员甄选与录用。组织收到应聘者简历，从专业、工作经验等方面综合比较、初步筛选。初选是一种快速但粗略的挑选过程，可以只根据工作所要求的某一个关键性需求进行选择。随后的录用环节应该比较严格和规范，需要进行比较全面的考察，如测试、个人面试、背景调查等。组织通过不同的甄选方法和环节，筛选并确定符合组织需要的候选人，从而确定录取人员。在录用新员工后要开展入职培训，向新员工介绍组织政策、各项规定和福利待遇等情况。为了使新员工有能力达到合格的工作绩效水准，可能还要进行技能培训工作。

（5）招聘评估与反馈。完整的招聘过程还包括后续对本次招聘工作的评估与反馈。招聘评估包括招聘周期、招聘完成率、招聘成本、用人部门满意率、录用人员评估等。工作绩效考核的信息反馈，也是对招聘和录用工作质量的最终检验，并在此基础上对未来招聘工作进行必要的优化。

2. 招聘渠道

组织首先要确定自己的目标人力资源市场及其招聘收益的现状与需求，然后选择最有效的招聘策略。该策略包括负责招聘的人员、招聘的来源和招聘方法3个主要方面。组织在设计招聘策略时可以按照以下步骤：①对组织总体的环境进行研究。这需要对组织的发展方向进行分析，然后进行工作分析。②在对组织总体环境研究的基础上推断组织所需要的人力资源类型。这需要考虑员工的技术知识、工作技能、社会交往能力、需要、价值观念和兴趣等各个方面。③设计信息沟通的方式，使组织和申请人双方能够彼此了解各自相互适应的程度。

组织常见的招聘渠道包括内部来源、招聘广告、职业介绍机构、猎头组织、校园招聘、员工推荐和申请人自荐、网络招聘和临时性雇员等。

3. 录用方法

组织在招聘的录用环节需要开展许多具体工作来为录用决策寻找依据，最主要的筛选方法是申请表格、员工测评和录用面试。这些工作包括对工作申请人的背景材料进行调查，对工作申请人进行测试以及建立工作申请人录用取舍的标准。

（1）背景调查。背景调查是指组织通过打电话或要求工作申请人提供推荐信等方式对工作申请人的个人资料进行验证。推荐信和背景调查可以提供关于工作申请人的教育与工作履历、个人品质、人际交往能力、工作能力以及过去或现在的工作单位重新雇用申请人的意愿等信息。

（2）录用测试。员工录用测试的类型有很多，可以将它们归纳为能力测试、操作及身体技能测试、人格与兴趣测试、成就测试、工作样本法、测谎器法、笔记判定法和体检等类型。

（3）工作申请表。工作申请表一般是由组织设计，由工作申请人填写并由组织人力资源部门保存的信息记录，它可以在组织出现岗位空缺时用来选择员工。工作申请表除记录工作申请人的姓名、地址、联系电话等基本信息以外，还包含一系列问题来帮助了解申请人的个人特征，以及与组织的空缺岗位相互匹配的情况，包括年龄、性别、身体特征、婚姻状况、教育情况、培训背景等。有的组织还根据专家的意见或经验研究结果对每个因素赋予不同的权重，由此可以计算出每位申请人的总分，在实施录用决策时参考使用。

4. 招聘面试

尽管申请表格和录用测评等都是非常有用的选拔工具，但是经常被使用的招选工具还是面试。面试之所以最受重视，原因有以下几点：①面试人员有机会直接判断工作申请人，并随时解决各种疑问，这是申请表格和测评无法做到的；②面试可以判断应试工作申请人是否对空缺岗位具有热诚和才智，还可以评估工作申请人的面部表情、仪表及情绪控制能力等；③许多主管人员认为在录用员工之前必须与申请人面试一次，否则难以做出最终的录用决策。面试的缺点是面试人员容易情绪化，使得面试原有的优点无法充分发挥。

1)面试的程序

面试的程序包括面试前的准备、实施面试和评估面试结果。

在开展面试以前,要明确面试的目的。面试的目的可以是在申请人中间进行选择,也可以是只要求达到对申请人具有吸引力目的,或者收集申请人能够做什么事情和申请人愿意做什么工作的信息,或者检验申请人与组织要求的匹配程度,或者是向申请人提供组织的信息。因此,面试考官需要通过工作分析资料了解所招聘的工作岗位的要求,确定主要的工作职责,并严格根据工作分析结果编写设定的工作情景作为面试问题,设计并组织面试的程序,以便实现面试的目的。在准备面试问题时,一种方法是了解申请人过去的实际工作表现,其依据是过去的行为是未来的最佳预测;另一种方法是用设计的工作情景进行测试,其依据是动机与未来的工作表现密切相关。组织应设计申请人各种回答的评分标准,以便在面试结束后对申请人的表现做出一个量化的评价。

面试的重点是通过与工作申请人的讨论和使用事先设计的情景问题,发现申请人的工作能力,挖掘工作申请人与需求岗位相关的经验、教育和培训等信息,以及申请人的工作兴趣和职业目标,据此对申请人的工作意愿和工作能力做出评价。

在工作申请人离开后,面试人员应该仔细检查面试记录的所有要点,这有助于避免过早下结论和强调申请人的负面信息。面试人员应该根据申请人现有的技能和兴趣评价申请人能够做什么,根据申请人的兴趣和职业目标评价申请人愿意做什么,并在申请人评价表上记录对面试对象的满意程度。

2)面试的类型

按照面试问题的结构化程度,可以将招聘面试类型分为非结构化面试、半结构化面试和结构化面试。

非结构化面试的特点是面试人员完全任意地与申请人讨论各种话题。面试人员可以即兴提出问题,不依据任何固定的线索,因此对于不同的应征者,可能会提出不同的问题。非结构化面试方法可以帮助组织全面了解工作申请人的兴趣。

半结构化面试其实有两种含义:一种是面试人员提前准备重要的问题,但是不要求按照固定的次序提问,而且可以讨论那些似乎需要进一步调查的题目;另一种是面试人员依据事先规划的一系列问题对应征者进行提问,一般是根据管理人员、业务人员和技术人员等不同的工作类型设计不同的问题表格,在表格上要留出空白以记录应征者的反应以及面试人员的主要问题。这种半结构化面试可以帮助组织了解工作申请人的技术能力、人格类型和对激励的态度等。最后,面试人员要在表格上给出评估和建议。

结构化面试即提前准备好问题和各种可能的答案,要求工作申请人在问卷上选择答案,面试人员可以根据应征者的回答,迅速对应征者做出不理想、一般、良好或优异等各种简洁的结论。

5. 招聘效果评估

从组织的角度看,招聘工作的成绩可以用多种方法检验,但所有的评价方法都要落实到在花费的资源既定的条件下,为工作岗位招到的申请人的适用性。这种适用性可以用全部申请人中合格的数量所占的比例、合格申请人的数量与工作空缺的比率、实际录用到的数量与计划招聘数量的比率、录用后新员工的绩效水平、新员工总体的辞职率以及各种招聘渠道得到的新员工的辞职率等指标来衡量。常用的招聘效果主要从如下 5 个方面进行评估。

（1）招聘周期。招聘周期是指完成一个职位所需要的招聘时间。对于组织来说，职位一发布，就说明这个岗位是组织所需要的，如果长时间招不到合适的人才，就会给组织的运行带来直接影响。即使这个岗位不是急缺的，招聘周期越长，组织花费在上面的人力、物力、财力会越多。

（2）用人部门满意度。用人部门满意度是指用人部门领导对所招新员工的满意程度。招聘到的员工是直接听从用人部门的安排，由用人部门使用的，如果用人部门严重不满意就很可能重新启动该职位的招聘程序，或者投入更多的培训成本和时间成本等。

（3）招聘成功率。招聘成功率是指实际上岗人数和面试人数的比例。招聘成功率与用人组织的知名度、所处行业的热门程度等也有直接的关系。

（4）招聘达成率。招聘达成率是指实际上岗人数与计划招聘人数的比率。特别是基础岗位，需要的员工人数较多、招聘量大，但往往因为各种因素的干扰，实际能上岗的人数不能达到计划人数，这一比率与组织岗位设置有必然的关系。

（5）招聘成本。招聘成本是指一个职位招聘需要花费的总费用，包括显性成本和隐性成本。组织对显性成本比较敏感，对隐性成本则认识不足。招聘成本的核算取决于多个因素，除了招聘广告费用、内部推荐奖励资金以外，不可忽视的还有内部沟通、内部协商、管理层或技术骨干面试等隐性成本。

另外，试用期离职率、人才库建立、新员工满意度、入职办理速效性、外部渠道依赖性等方面也应纳入招聘效果的评估范畴。

23.1.5　人员培训

组织的持续发展对员工技能的要求会越来越高，越来越多的组织重视员工培训。员工培训指的是创造一个成长环境，使员工能够在这一环境中获得或学习特定的与工作要求密切相关的知识、技能、经验和心智态度等。培训的目的是按具体的工作要求塑造员工的行为方式和知识与技能结构。员工培训是一个系统的过程，它能够提高员工的能力水平，增强员工对组织规则和理念的理解，改进员工的工作态度，提高员工特征和工作要求之间的配合程度。

1. 培训程序与培训类型

员工培训是指将执行工作的各种基本技能提供给新进员工或现有员工，包括一系列有计划的活动。员工培训的 4 个基本步骤是：①评估组织开展员工培训的需求，确定组织绩效或发展要求方面的偏差是否可以通过员工培训来弥补。②设定员工培训的目标。在确定培训目标的过程中，需要注意目标设立与评价标准密切联系，培训目标应该是可以衡量的。由于组织面临的问题会不断变化，培训在实施过程中会暴露出新的问题，因此培训目标也将不断变化。③设计培训项目。对培训项目的设计关联培训开展的很多方面，例如培训师的选择、培训地点的布置、培训方法的设计、培训教材的确定等。④培训的实施和评估。在评估过程中要比较员工接受培训前后的绩效和能力差异，以此考核培训计划的效果。培训的类型包括入职培训及员工在职培训。

2. 培训内容与需求评估

1）培训内容

一般来说，新员工需要培训的内容包括以下几个方面：①组织的管理标准、行为规范、工作期望、传统与政策等；②新员工需要被社会化，即需要学习整个组织和管理层所期望的态度、价值观和人员特质等；③工作中所需知识、技能等方面的内容。人力资源部门对入职培训活动的计划和追踪负有总体责任，而人力资源部门和用人部门负责人应该明确各自的职责，以免发生信息传达的重复和遗漏。

员工在职培训内容一般可通过培训需求的循环评估模型及前瞻性培训需求分析模型确定。循环评估模型针对员工培训需求提供一个连续的反馈信息流，以便周而复始地估计培训需求。在每个循环中，都需要依次从组织整体层面、作业层面和员工个人层面进行分析。

2）需求评估

随着技术的不断发展和员工在组织中个人成长的需要，即使员工目前的工作绩效是令人满意的，也可能需要为工作调动做准备、为职位的晋升做准备或者适应工作内容的变化等而提出培训的需求。前瞻性培训需求分析模型为这种情况提供了良好的分析框架，如图23-3所示。

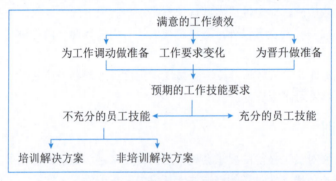

图23-3 前瞻性培训需求分析模型

基于组织的职业发展通道，利用学习地图、领导梯队模型这样的工具进行前瞻性培训需求分析，是非常有效的途径。

3. 培训效果评估与迁移

1）培训效果评估

培训效果是指在培训过程中受训者所获得的知识、技能、经验和其他特性应用于工作的程度。培训效果可能是积极的，使得工作绩效得到提高；也可能是消极的，使得工作绩效恶化；还可能是中性的，即培训对工作绩效没有明显的影响。

在对培训项目的结果进行评估时，需要研究以下问题：员工的工作能力是否发生了变化？这些变化是不是培训引起的？这些变化是否有助于组织目标的实现？下一批受训者在完成相同的培训后是否会发生相似的变化？

对受训者因培训产生能力变化的衡量涉及反应、学习效果、行为变化和培训效果。

2）培训转移

组织通过培训让员工获得的新知识、技能、经验和态度等，如果不能迁移到工作中或在一定时间内不能维持，那么培训的价值是很小的。培训迁移重点关注的是知识、技能和态度等能否转变为行为和结果，所以在人力资源开发领域，我们更关心的是在什么条件下更容易出现培训迁移。Baldwin 和 Ford（1988）提出了一个培训迁移过程模型（见图 23-4），该模型指出培训输入包括受训者特征、培训设计和工作环境，这些会对学习、保存和迁移造成影响，并且受训者特征和工作环境将直接影响迁移效果。受训者特征包括影响学习的各种能力和动机。培训设计指学习环境的重要特点，包括培训材料、实践机会、培训反馈、学习目的和项目组织协调，以及培训场地的自然环境特征。工作环境指能够影响培训迁移的所有工作上的因素，包括管理者和同事支持、技术支持、转化氛围在工作中应用新技能的机会。有利于培训迁移的各种工作环境特征如表 23-3 所示。

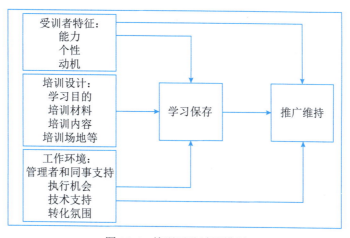

图 23-4 培训迁移过程模型

表 23-3 促进培训迁移的工作环境特征

特征	举例
直接主管：鼓励受训者使用培训中获得的新技能和行为方式并为其设定目标	刚接受过培训的管理者与主管人员和其他管理者共同讨论如何将培训成果应用到工作中
任务线索：受训者的工作特点会督促或提醒其应用培训过程中获得的新技能和行为方式	刚接受过培训的人员的工作就是按照使用新技能的方式来设计的
反馈结果：直接主管支持应用培训中获得的新技能和行为方式	直接主管应关注那些应用培训内容的刚刚受过培训的人员
不轻易惩罚：对使用从培训中获得的新技能和行为方式的受训者不会公开责难	当刚受过培训的人员在应用培训内容出现失误时，不会受到惩罚
外部强化：受训者会因应用从培训中获得的新技能和行为方式而受到外在奖励	刚受过培训的人员若成功应用了培训内容，他们的薪水或考核绩效会增加
内部强化：受训者会因应用从培训中获得的新技能，而受到内部激励	直接主管和其他管理者应表扬刚受过培训就将培训所教内容应用于工作中的人员

23.1.6 组织薪酬管理

组织存在的目的是实现特定的组织目标,而在组织中工作的员工在为组织提供实现目标所需的劳动时,作为回报得到货币收入、商品和服务等,这些就构成了员工的薪酬。组织的薪酬体系在组织取得竞争优势和实现战略目标的过程中具有十分关键的作用。

1. 薪酬体系

有效的薪酬体系必须满足公平性要求。外部公平性要求组织的薪酬标准与其他组织相比有竞争力,否则难以吸引或留住人才。内部公平性要求可使内部员工感到自己与同事之间在付出和所得的关系上合理。薪酬政策不仅要考虑薪酬水平的外部竞争力和薪酬结构的内部一致性,还要考虑在一个组织内部承担相同工作或者拥有相同技能水平的员工之间的薪酬关系问题。一般而言,在相同的组织中承担相同工作或拥有相同技能的员工在工作绩效方面可能存在差别,在经验方面也可能存在差别,因此绝大多数组织的薪酬政策反映了员工个人方面的差异在薪酬确定中的影响。

员工在组织中工作所得到的报酬包括组织支付给员工的薪资和所有其他形式的奖励,既包括以货币收入形式表现的外在薪酬,也包括以非货币收入形式表现的内在薪酬。这种内在薪酬包括工作保障、身份标识、给员工更富有挑战性的工作、晋升空间、对突出工作成绩的认可、培训机会、弹性工作时间和优越的办公条件等。在人力资源管理中,会把外在报酬作为员工薪酬的重点。

员工薪酬构成的基本内容如图 23-5 所示。通常意义上的薪酬指的是这种外在报酬,它可以分为直接报酬和间接报酬。直接报酬包括基本薪酬、绩效加酬、鼓励员工进一步提高生产效率的各种激励性报酬和各种延期支付性质的报酬等。绩效加酬是对员工工作行为和所取得的成绩的奖励,表现为基本薪酬的增加,这取决于员工的绩效水平。此外,还有储蓄计划、股票购买和年金等各种延期支付。延期支付给员工带来的实际利益是员工要经过一个时期甚至要等到退休时才能够兑现的。间接报酬包括各种福利保障、带薪休假和各种服务与津贴。组织在这些方面为员工提供的报酬除受到政府有关法律法规的限制以外,还受到市场竞争的影响。

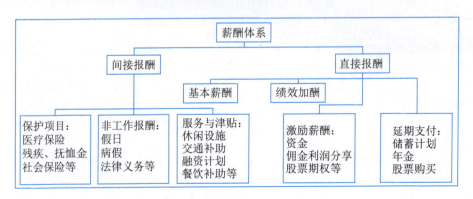

图 23-5 员工薪酬构成的内容

薪酬体系的主要任务是确定组织的基本薪酬的基础。国际上通行的薪酬体系有两类三种,即基于职位的薪酬体系和基于任职者的薪酬体系,后者又包括技能薪酬体系和能力薪酬体系。

所谓职位薪酬体系、技能薪酬体系和能力薪酬体系，是指组织在确定员工的基本薪酬水平时，分别依据的是员工所从事的工作自身的价值、员工所掌握的技能水平以及员工所具备的能力水平，三者的差别主要体现在确定薪酬的依据不同。不同的薪酬体系在确定薪酬的流程中，所考察的内容要素也不同。无论薪酬结构的基础是什么，其共同的思路是：①收集有关工作信息；②整理、归纳这些信息；③评价什么对组织重要或具有价值；④评价工作中的异同。在各类组织薪酬体系中，职位薪酬体系是最为常见的，其设计流程主要有4个步骤：①收集关于特定工作性质的信息，即进行工作分析；②按照工作的实际执行情况确认、界定及描述职位，即编写职位说明书；③对工作进行价值评价，即工作评价；④根据工作的内容和相对价值进行排序，即建立职位薪酬结构。

2. 工作评价

在以工作为依据设计薪酬结构时，应当先进行工作评价。工作评价是指根据各种工作所包括的技能要求、努力程度要求、岗位职责和工作环境等因素决定各种工作之间的相对价值。工作评价的目的是对工作进行系统的和理性的评价，帮助确定工作结构，然后由工作结构决定薪酬结构，从而使组织薪酬制度符合内部一致性的要求。

工作评价的内容包括评价工作的任务和责任、完成工作所需的技能，以及各种工作对组织整体目标实现的相对贡献大小。工作评价与工作分析之间有着密切的联系，工作分析所得到的信息是进行工作评价的重要基础。在工作分析中，对工作进行系统的研究，得出工作描述。工作描述应该使人们能够对工作的复杂性、难度、责任和价值做出恰当的评价，从而确定这些工作之间的相对价值，同时识别、确定和权衡对各种工作应该给予补偿的因素。

实施工作评价常用的方法包括：工作排序法、因素比较法、工作分类法、点数法和海氏系统法等。从是否进行量化比较的角度看，工作排序法和工作分类法属于将整个工作看作一个整体的非量化评价方法；而因素比较法、点数法和海氏系统法属于按照工作要素进行量化比较的评价方法。从工作评价的比较标准看，工作排序法和因素比较法属于在不同的工作之间进行比较的工作评价方法；而工作分类法、点数法和海氏系统法属于将工作与既定标准进行比较的工作评价方法。

3. 薪酬等级

通过工作评价的输出，结合人力市场薪酬调查及组织薪酬水平策略，最终确定组织的薪酬等级结构。薪酬等级结构的构成要素包括：①薪酬等级数；②目标薪酬，即每个或每级职位的目标薪酬（通常称为中点，基准点等）；③薪酬级差，薪酬等级中相邻两个等级的目标薪酬之间的差额；④薪酬幅度，每级职位薪酬的范围幅度（即以目标薪酬为中点，薪酬最低点与最高点之间的差额）；⑤薪酬重叠情况（即相邻两级别之薪酬的重叠程度）。

1）薪酬等级数

当组织中存在许多种工作时，通常需要划分薪酬等级，每一个等级包含价值相同的若干种工作或者技能水平相同的若干名员工。同一个薪酬级别内的各种工作都得到相同或较为相近的薪酬，当然还要考虑员工个人之间在工作绩效和资历方面的差异。在价值最大的工作和价值最小的工作之间差异既定的情况下，如果划分的薪酬级别数目太少，那些在工作任务、责任和工作环境上差别很大的员工被支付相同或较为相近的基本薪酬,就会损害薪酬政策的内部公平性。如果划分的薪酬级别数目太多,那些在本质上没有什么明显差别的工作就会得到不同的报酬,同样也会损害组织薪酬政策的内部公平性。因此,组织需要持续探索并优化薪酬等级数的定义,从而获得较为合理的薪酬等级数。

2)目标薪酬与薪酬幅度

薪酬幅度是指在某一薪酬等级内部允许薪酬变动的最大幅度,表明同一个薪酬级别内最低薪酬和最高薪酬之间的差距。薪酬幅度的中点(中值)根据目标薪酬水平设定,反映组织针对某职位所确定的薪酬水平,其具体数据取决于组织的薪酬策略,如与当地市场相一致,还是采取市场中等水平、高等水平或低等水平等。组织的目标薪酬水平应该是一个经验丰富的员工,在其工作达到规定标准时应该得到的薪酬。

3)薪酬级差

薪酬级差是指薪酬等级中两个相邻等级薪酬标准之间的差额,它代表不同等级的工作因复杂和熟练程度的不同,而应当支付不同的薪酬。与薪酬级差相对应的,还有一个薪酬差额"倍数"的概念。它是指整个薪酬结构中最高薪酬等级与最低薪酬等级的目标薪酬的比值关系。在薪酬总额既定的情况下,"倍数"的确定需要考虑以下因素:①最高与最低等级工作复杂程度上的差别;②政府规定的最低薪酬;③市场可比的薪酬;④组织薪酬基金的支付能力和薪酬结构;⑤科技发展状况对工作差距的影响。一般而言,随着工作差距缩小,薪酬等级的幅度也趋于缩小。

4)薪酬重叠情况

如果各个档次的薪酬幅度大到一定的程度,两个相邻薪酬等级之间将存在一定的重叠,也就是一个薪酬级别的最高水平通常高于与它相邻的较高薪酬级别的最低水平。如果组织薪酬的增长主要以员工的年资为依据,那么每个薪酬级别的范围应当比较大,因此相邻两个薪酬级别之间的重叠程度也会比较高。这是为了使在某一薪酬级别中长期从事某一类工作的员工有机会不断获得薪酬的提升,否则这些员工将出现薪酬增长的天花板,影响其工作动力和行为。

4. 薪酬激励

一个组织中的员工有许多不同的类别,如操作人员、销售业务人员、专业技术人员和高级管理人员等。对这些不同类别的员工的激励策略也应该有所不同。

对于操作人员,计件制是一种最古老和最常用的激励性给付机制。计件制包括完全计件制和部分计件制两种形式。完全计件制是指完全按照员工的产量计算薪酬;部分计件制是指员工超过某一产量水平后的收入由员工和组织按照某一比例进行分配。

销售业务人员的工作由于难以监督,因此应采用比较特殊的激励方法,主要包括佣金制和底薪制。佣金制是指销售业务人员的收入完全按照绩效而定。佣金制的优点是最能激励销售业务人员,可以吸引业务能手。佣金制的缺点是容易使销售业务人员只重视近期的销售和数额大的销售,而忽视开发有潜力的客户和为小客户提供服务。底薪制是指销售业务人员领取固定的薪水,有时也有红利等奖励。这种方法比较适合从事任务性和服务性(如寻找潜在客户)工作的销售业务人员。底薪制加佣金制的混合制也很常见,固定的底薪可以保障业务人员的基本生活，佣金部分可以激励业务人员创造良好的绩效。

专业技术人员是指那些受过正式训练或从事研究工作的人员，如律师，医生、经济师、工程师、研究开发人员等。组织对专业人员的激励方法是加薪，一般是在公平的绩效评估的基础上，按照年资每年自动增加薪酬。由于专业人员比较重视工作成就，而相对不重视金钱，所以可以采用一些非金钱的奖励方法，如提供更好的设备、实行支持性的管理风格等。

对高级管理人员的激励通常包括以下5个部分：基本薪酬、短期奖励或奖金计划、长期奖励计划、正常雇员福利、高级管理人员的特殊福利或津贴。高级管理人员的激励可以区分为短期激励和长期激励。短期激励通常是指年度红利，目的在于激励高级管理人和主管人员的短期绩效。长期激励的目的是促进组织的长期发展，包括拓展新业务、开辟新市场等，以促使管理人员重视组织的长期繁荣，而不仅仅是短期的盈利。长期激励的方法主要是发给股票，或给予购买股票的优惠，从而使主管人员的利益与组织的长期利益联系在一起。

5. 薪酬调整

组织薪酬调整包括薪酬水平的调整和薪酬结构的调整，目的是适应组织生产经营发展的需要，更好地促进员工的工作积极性。

1）薪酬水平调整

按照调整的性质，薪酬水平的调整可分为：①主动型薪酬水平的调整。这是组织为了达到一定的目标，主动采取增薪或减薪的行为。主动增薪的动机：一是为了增强与竞争对手争夺人才和维系员工队伍的能力；二是组织的经营绩效有了大幅提高，以加薪回报和激励员工；三是组织薪酬政策发生了变化。提出减薪通常是组织经营效益和财务支付能力处于严重恶化状态。②被动型薪酬水平的调整。这是组织在各种因素的作用下被动采取增薪或减薪的行为。如最低工资标准的法规、工会集体要求增加工资并采取各种行动形成强大压力等。

按调整的内容，薪酬水平的调整可分为：①奖励性调整，指为奖励员工优异的工作绩效，强化激励机制而给员工加薪。②生活指数性调整，指为弥补通货膨胀导致实际薪酬下降的损失，给员工加薪以保持其实际生活水平不下降或少下降，属于薪酬的普调。③年资（工龄）性调整，指随着员工资历的增长而提高其年资薪酬。通常是结合经验曲线和员工绩效考核来确定调整水平，属于常规性和全员性的调整。④效益型调整，指根据组织经济效益的变化情况，全体员工从中分享利益或共担风险的薪酬水平的调整。

2）薪酬结构调整

薪酬结构调整的目的是适应组织内外部环境因素的变化，以保持薪酬的内部公平性，体现组织的薪酬价值导向，更好地发挥薪酬的激励功能。薪酬结构的调整常常和薪酬水平的调整相结合。薪酬结构的调整主要包括纵向的薪酬等级结构调整和横向的薪酬构成调整。

常用的纵向等级结构调整方法包括增加薪酬等级和减少薪酬等级。增加薪酬等级的主要目的是细化岗位之间的差别，从而更加明确地实行按岗位和职位付薪的原则。减少薪酬等级就是合并和压缩等级结构。

横向的薪酬构成调整主要包括以下两种形式：①调整固定薪酬和变动薪酬的比例。固定薪酬和变动薪酬的特点与功效不同，使两者保持适当的比例有助于提高薪酬绩效。②调整不同薪酬形式的组合模式。组织应该根据不同薪酬形式的优缺点合理搭配，使薪酬组合模式与组织的薪酬政策和工作性质的特点相适应。

23.1.7 人员职业规划与管理

职业生涯是指一个人在一生中所从事的各种工作职业的总称，也是一个人一生中价值观、为人处世态度和动机变化的过程。组织在人力资源管理过程中，应该充分理解员工职业生涯的发展，给予一定的发展机会，帮助他们获得发展。

员工的职业规划方案必须能够适应组织发展的需要，适应组织在员工招聘方面竞争的需要，适应当前或未来实施的组织结构。在向员工提供职业指导和咨询以前，组织应该首先确定员工可能选择的职业道路，可通过分析员工在组织中过去与当前的工作情况来判断。对员工职业道路的要求是：①应该代表员工职业发展的真实可能性，无论是横向发展还是纵向升迁都不应该以通常的速度为依据；②应该具有尝试性，能够根据工作的内容、任职的顺序、组织的形式和管理的需要进行相应调整，同时也不要过分集中于一个领域；③具有灵活性，要具体考虑每位员工的薪酬水平，以及对工作方式有影响的员工的薪酬水平；④说明每个职位要求员工具备的技能、知识和其他品质，以及具备这些条件的方法。

在为员工确定职业道路时，首先应该进行工作分析，找出工作对员工要求的相同点和不同点，然后将对员工的行为要求类似的工作组合在一起，形成一个工作族，并在工作族或工作族之间找出一条职业道路，最后将确定的所有职业道路连接起来，构成一个完整职业系统。

组织的管理人员在员工的职业规划中应该承担的工作包括以下几个方面：①充当一种催化剂，鼓励员工为自己建立职业规划；②评估员工表达出来的发展目标的现实性和需要的合理性；③辅导员工做出组织与员工双方都愿意接受的行动方案；④跟踪员工的职业规划并指导其进行适当的调整。

组织在员工职业规划中的责任包括：①提供员工制订自己的职业规划所需要的职业规划模型、信息、条件和指导；②为员工和管理人员提供建立职业规划所需要的培训；③提供技能培训和在职培训。

在组织的员工职业管理过程中，员工需要承担的责任是向组织的管理人员提供所需要的技能、工作经验和职业意愿等方面的准确信息。在这一过程中，管理人员的责任包括：①发挥员工提供的信息的作用；②向员工提供自己负责的职位空缺的信息；③管理人员要综合有关的信息，为职位空缺确定合格的候选人并进行选择，同时为员工发现职位空缺、培训项目和工作轮换等职业发展机会。

组织在员工职业管理中的责任包括：①为管理人员的决策过程提供信息和程序；②负责组织内部各类信息的及时更新；③设计出收集信息、分析信息、解释信息和利用信息的便捷方法，以确保信息利用的有效性；④监控和评价员工职业管理过程的执行效果。

23.2 流程管理

组织关注的核心问题是经济与社会价值的创造，流程是这种价值创造的重要组织能力要素，组织运行体系所有其他组成要素需要基于流程设计要求进行配置与匹配。通过流程视角能够真正看清楚组织系统的本质与内在联系，理顺流程能够理顺整个组织系统。流程是组织运行体系的框架基础，流程框架的质量影响和决定了整个组织运行体系的质量。把流程作为组织运行体系的主线，配备满足流程运作需要的资源，并构建与流程框架相匹配的资源组合方式（如组织结构、信息系统结构、设备结构等），能够建立组织秩序，满足和谐与高效的组织发展需求。

23.2.1 流程基础

流程是指工作活动流转的过程。部门、岗位之间会有工作活动的承接和流转等，这些工作活动需要多个部门、多个岗位的参与和配合，因此流程可以是跨部门、跨岗位工作活动流转的过程。ISO/IEC 9001 中对于业务流程的解释是：业务流程是一组将输入转化为输出的相互关联或相互作用的活动。

1. 流程要素与生命周期

流程的基本要素包括：流程的输入资源、流程中的若干活动、活动的相互作用、输出结果、客户、最终流程创造的价值。分析这些要素，可以发现流程的特点主要包括：

- 目标性：有明确的输出（目标或任务）。
- 内在性：包含于事物或行为中。如输入的是什么资源，输出了什么结果，中间的一系列活动是怎样的，输出创造了怎样的价值。
- 整体性：所有工作活动的顺畅"流转"才能保证流程的最终输出和价值实现，因此，流程追求的不是个性的、单点的优化，而是全量的、整体的优化。
- 层次性：组成流程的活动本身也可以是一个流程。流程是一个嵌套的概念，流程中的若干活动也可以看作是"子流程"，可以继续分解为若干活动。流程的结构可以有多种表现形式，如串联、并联和反馈等，表现形式的不同，往往给流程的输出效果带来很大的影响。

（1）组织战略执行保障体系。组织管理是一个系统工程，必须建立从战略目标到战略执行的保障体系，如图 23-6 所示。战略目标是组织运作的方向和指导思想。组织必须把业务对象（客户或群众等）和组织的不同需要加以平衡，设计出一种能够使双方都感到满意的方案，从而形成清晰的战略导向。在战略明晰的基础上，组织还需要构建战略执行保障体系，具体包括以下三层：

- 第一层：以会议管理、运行分析、预算考核为基础建立组织发展计划，形成以执行和控制为目标的战略控制层。
- 第二层：以业务流程、岗位描述、绩效测评为基础架构，对研发、采购、生产与交付、销售、客服等各职能领域构建稳定的流程执行层。
- 第三层：以 ERP（组织资源规划）、CRM（客户关系管理）、PDM（产品数据管理）等大量的信息技术应用为基础的系统支撑层。

流程执行层是战略执行落地的核心枢纽，在整个战略执行保障体系中起承上启下的作用，组织的战略目标需要落实到流程上从而方便执行。

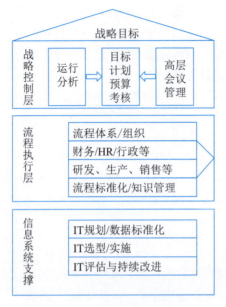

图 23-6 组织战略执行保障体系

（2）流程生命周期。流程与产品类似，也有生命周期的概念，流程也是从导入期到成长期，经历成熟期之后步入衰退期或变革期。在流程处于原始导入期的时候，流程可能不成熟，经常要随着环境的变化而不断地调整，还没有充分找到其中的规律，使用的频率和概率通常很小，一年可能就使用几次，而且每次持续的时间较短。这时候的流程不具备管理的条件，没有必要把工作固化成结构化的、流水线似的操作模式，否则结构化的设计反而束缚了流程的手脚，影响了流程的灵活性与应变能力。流程进入成长期是流程管理介入的好时期，这时要适度管理，把握规范和灵活的平衡。建议在流程的关键节点及流程的粗线条上进行管理，不需要具体到每一个活动及每一个步骤。流程进入成熟期是流程管理的好时机，运用流程管理工具将日渐成熟的业务转变成标准化、规范化的操作，并把最佳的实践经验固化下来，以提高业务运作的效率与效果。组织需要通过流程优化或再造来持续提高成熟业务的运行绩效，以充分适应竞争需求。

2. 流程管理价值原则

偏离管理目的的流程是不必要的，很多流程无须进行制度化管理，完全可以通过人、文化、考核、培训等方式去解决。具备可管理价值的流程应符合管理大跨度原则、管理多元参与原则和管理高频度使用原则等。

3. 流程导向管理特征

流程管理不只是对流程的管理，也促进以流程为导向的管理模式，如图 23-7 所示。

流程不是简单的岗位职责流转，也不是独立的活动流，而是以活动流为主线将组织管理体系的其他要素有机地结合在一起，所以流程实质是一个系统，包括了人、财、物等各种要素。流程的绩效就是整合活动流相关的各种资源产生的综合绩效，包括了人力资源、资金、原材料、设备设施等的绩效，是组织管理体系的整体绩效。流程导向的管理模式具有以战略目标为导向、以流程为主线和强化流程的管理等特征。

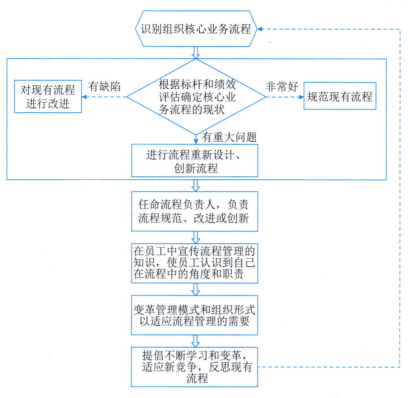

图 23-7　流程管理图

23.2.2　流程规划

1. 端到端的流程

端到端的流程是指从获取业务对象需求开始，到业务对象满意结束，也就是要以终为始，目标导向。端到端流程管理的本质就是要让组织更多地关注贡献，而不是任务本身。如果每个流程都满足这样的基本定位，流程体系整体就能够实现为业务对象创造价值、满足组织高质量发展的目的。端到端的流程概念如图 23-8 所示。

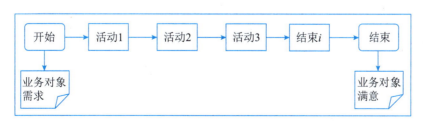

图 23-8　端到端的流程概念

端到端的流程本身也是分级的。整个组织的运作可以看成一个端到端的流程，也就是组织级高阶流程：以社会与市场需求为起点，以战略目标（包含业务对象满意）达成为结束。组织级高阶流程不是每个管理者都能够参与的，为此要细化到低一级的端到端流程，即中阶流程。这一层级的业务对象应当是最终业务对象，即组织的利益干系人，包括内外部业务对象，如各级经销商、最终用户、群众、股东、员工、政府、社区、供应商、合作伙伴等。流程要从业务对象的需求出发，到他们的需求得到满足为止。从中阶端到端流程的目标或者子目标出发去定义下一阶端到端流程，这样做的最大好处就是可以逆向追溯各阶流程的目的，一直追溯到组织的战略和运行目标。

端到端的本质是让组织做任何事情都要从目的而不是从任务出发，关注最终结果。端到端是以战略为导向进行全局管理、系统管理，追求整体最优，而不是分散聚焦在个人或部门的具体目标上。

2. 组织流程框架

设定流程规划的目标要考虑本组织的实际情况，如目标的急迫性、目标实施的路线图、目标的可实施性等各种因素。而且流程规划的范围也需要根据实际情况界定，界定是建立全组织范围内的流程规划，还是仅完成某类或某项端到端流程的规划，如供应链流程或客户服务流程等。流程规划工作不是推倒重来，而是系统化完善；流程规划不是一步到位，而是持续改进的过程。

通过端到端流程的识别，建立了一条条流程的"线"。组织运作是一个整体系统，这些线与线之间也存在密切的关联性，因此需要将组织里的各条流程紧密地捏合在一起，不但让每条流程稳定且高效地运转，而且使各条流程之间能进行良好的配合，从而形成组织整体的流程框架，确保组织整体效益。从端到端的流程到组织整体流程框架，称之为流程从"线"到"面"的优化，具体包括两个方面：流程与战略的匹配和流程间运行始终协同。流程从"线"到"面"的优化，使得组织按纵向和战略目标对齐，而横向执行的步调一致，从而提升组织战略一体化的管控能力。

某组织战略导向的整体流程框架，如图23-9所示。

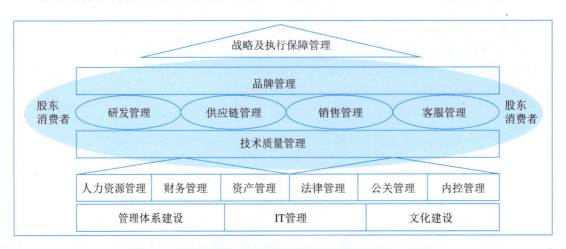

图23-9 某组织融合组织战略导向的端到端流程框架示意图

组织的整体流程框架反映其整体业务模式，体现的是从组织最高管理层视角对组织的整体认识。因此，整体流程框架图既要能反映组织的业务运作特点，又要能突出组织的战略或核心竞争力，以及组织各业务领域的定位和相互间的逻辑关系。组织的最高管理层是流程框架总图的责任人，其主要职责是制定并传达组织的战略，同时使组织里的各条流程都能紧密衔接，通过建立组织各项活动的有机组合，形成整体系统，从而确保战略的实现。构建流程框架是一个理清组织管理结构的过程。整体流程框架往往反映组织的一级、二级流程，通过将一级流程逐渐往下分类分级细化，形成二级、三级直到完整的组织流程清单。

不同的组织可以按照自己的实际业务情况来建立流程框架和流程清单。美国生产与质量中心（America Product&Quality Center，APQC）结合美国近百家高业绩组织的流程实践，提出了一套流程框架，如图23-10所示。

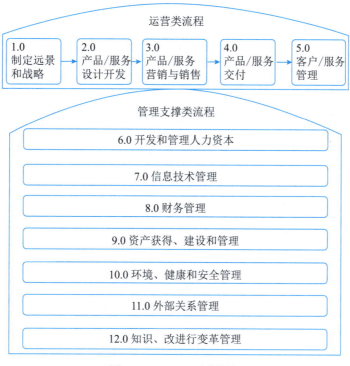

图23-10　APQC流程框架

3. 流程规划方法

流程规划是一项技术性较强的专业工作，也是一项工作量较大、持续时间较长的工作。其前期策划工作一般由流程管理部门来完成。为确保流程规划的整体性和流程间的一致性，组织一般会成立专门的"流程规划小组"，其成员至少应该包括：高级管理层、流程管理部门人员和涉及流程的部门负责人等。流程规划小组的工作需要得到组织高层的支持，并把此项工作纳入相关部门管理者的绩效考核中。

流程规划的方法可参考基于岗位职责的流程规划及基于业务模型的流程规划，如表23-4

所示。

表 23-4 流程规划参考方法

描述	工作路径	优缺点
岗位职责开始（从下到上）	①流程管理部门先确定每个部门的代表性岗位 ②流程管理部门与每个代表性岗位进行工作访谈 ③分解出主要工作并评价其重要度 ④流程管理部门梳理出工作中包含的流程及其关键控制要点 ⑤与各部门负责人访谈，补充和完善访谈结果 ⑥汇总各部门的流程信息，完成流程清单和流程框架等	● 方法的优点： ①工作分析细致透彻，不容易遗漏 ②因整个过程中流程管理部门起主导作用，对被访谈人的流程管理方面专业知识、技能和经验要求不高 ③各级流程干系人充分参与，工作成果容易被接受，流程规划成果应较容易推进 ● 方法的缺点： ①工作量比较大 ②工作质量容易受访谈人的工作经验及描述工作能力影响
业务模型开始（从上到下）	①流程管理部门根据组织业务绘制业务模式简易模型 ②流程管理部门进行模型分解 ③流程管理部门与流程干系人就模型与现有的流程进行关联对接 ④无法对接的部门，由流程管理部门与代表岗位人员进行工作访谈 ⑤完成流程清单和流程总图	● 方法的优点： ①工作量相对较小 ②流程管理部门对整个工作控制力度大，工作进度和风险易于控制 ● 方法的缺点： ①因为没有对工作进行详细的分析，工作容易出现遗漏 ②对参与人员的流程规划专业能力要求较高 ③由于各级流程干系人未充分参与，工作成果可能不被认可

4. 流程分类分级

组织内所有流程理论上是可以互相关联和贯通的，为了高效管理这些流程，有必要先根据流程的性质进行分类，这有利于从整体上把握不同类别流程的定位与作用，有利于更好地设计组织流程体系。组织流程通常可分为：战略流程、运行流程和支持流程。

1）战略流程

战略流程是面向未来的，为组织提供发展方向和整体管理，包括组织长/中/短期战略目标的规划、战略目标的分解、制定战略目标实现策略、确定所采用的竞争策略与商业模式和战略过程的控制与调整等。

2）运行流程

运行流程就是直接为业务对象创造价值的流程，能够被内外部业务对象看到或感觉到，运行流程从业务对象提出需求开始，到满足业务对象需求结束。运行流程包括产品价值链（新产品管理）、市场链（营销和销售）、供应链（产品与服务的提供）和服务链（服务管理）等。运行流程以战略流程为导向，以战略流程确定的架构为基础展开，它的逻辑顺序是：战略——业务模式——运行流程。

3)支持流程

支持流程为运行流程提供支持与服务，通常包括决策支持、后勤支持与风险控制 3 类。支持流程一般是纵向职能专业导向的，专业管理部门明确，干系人相对容易确定，流程横向协调的难度相对较低。支持流程的设计要以战略流程为导向，要能够有效地支持组织未来的发展战略，为战略目标的实现准备好相应的专业资源、支持与管控能力；要以支持与服务运行流程为目的，能够真正帮助提升运行流程的效率与效果。

在流程划分过程中，对于同样范围（即相同起点与相同终点）的流程因不同的管理需求可以设计不同的流程管理操作线路：

- 按业务对象分类：可以分为组织级业务对象、个人用户、政府单位及其他。
- 按业务风险分类：可以分为普通审批流程和审批绿色通道等。
- 按不同的输入分类：可以分为电子订单处理流程与手工订单处理流程。
- 按重要度分类：可以分为主辅料采购流程、备件采购流程、办公用品采购流程等。
- 按业务模式分类：可以分为定制产品管理与库存产品管理。
- 按管理对象不同分类：可以分为收入会计、管理会计、应付会计、固定资产、总账等。

对于流程的分类分级，即把流程从粗到细，从宏观到微观，从端到端的流程到具体指导操作的明细流程进行分解，可将其分为以下级别：

- 一级流程：是高阶流程，也称为"域"。它往往是端到端的流程。
- 二级流程：是中阶流程，在每个"域"内，也称为"域过程"。
- 三级流程：是低阶流程，即对域过程进行细分，由子流程（也就是四级流程）和业务活动构成，即工作活动比较具体的流程。

23.2.3 流程执行

组织导入流程管理的目的不是要简单地获得理念认同，也不仅仅是要获得一大堆流程制度。组织想要的是流程价值，是通过流程管理解决组织面临的问题，提升组织的发展绩效。为此，流程执行是能够成功地把流程管理推动起来，并且通过流程管理方法的应用，为组织带来回报与价值。

如何保障流程管理有效执行，可参考的措施包括如下几个方面。

（1）理解流程是执行流程的前提。流程能够被有效执行的前提是流程设计要能够被流程执行人员理解。这里的理解包括两个层面：①既要理解流程是什么，还要准确理解流程设计的方法与规则，确保执行者之间、执行者与设计者之间的一致理解；②要理解建立流程的原因、流程设计的目的、流程设计遵循的原则，至少要了解本岗位执行的目的与价值以及不按要求执行的后果。

（2）做好流程变更后的推广。当关键流程发生重要变更时，有必要采取培训、交流等方式推广流程。

（3）新员工入职流程制度培训。新员工入职是流程执行的一个黄金时期。作为一个新人，其对组织的文化、人员、内部运作都不熟悉，有着迫切的需求去了解新的组织、新的部门和新的岗位等，而流程制度蕴含着组织运行体系，可以满足新员工对组织的初步认识。同时，通过流程制度培训也有利于组织对新员工的工作行为进行塑造。

（4）找对流程执行负责人。流程管理者是对流程整体结果负责任的岗位，他要负责流程的设计、流程的执行推动、流程的检查与优化等，担负流程执行主要责任。流程管理者重点负责流程的设计，通常并不在流程中负责执行，无法实时了解流程的运行状态，当流程运行出现较大的问题时才会反馈给流程管理者，因此流程管理者需要协作推动流程执行的角色。该角色通常为流程助手，流程助手须负责流程执行，在流程中参与执行，具备掌握流程运行实时情况的能力，能够在督导流程按要求执行方面弥补流程管理者的不足。

（5）流程审计及监控。流程的执行情况需要有相应的监督考核机制，通过流程的稽查与评价，保证流程的有效实施和持续改进。通过流程制度建立适当的违规惩处措施，有利于促进流程的落实运行。

（6）把流程固化到信息系统中。通过信息系统固化流程是解决流程执行力的有效手段之一。当流程在信息系统上运行时，流程执行情况一目了然。流程信息化同时也带来信息共享、自动化处理、知识积累等多种优势，因此对于重执行、大型或复杂的流程需要提高执行力时，可考虑通过信息系统来固化。

（7）把流程固化到制度中。制度是管理的标准与基本准则，制度同样是流程执行保障的重要工具，把重要流程形成正规制度后，其执行力能够得到保证，制度代表了组织权威，有强制属性，有较强的约束力。制度包括两大部分：①流程必须要遵守的规则，保证流程操作有章可循，将流程的关键控制点用制度的方式严格地管理起来；②对流程执行绩效的激励制度，保证流程执行有激励机制保障。

（8）流程文化宣导。当一个组织逐渐变成以流程为做事的基本准则时，就会重视流程的权威性，通过流程的视角来看问题，用流程的意识去开展工作，逐渐地潜移默化，从而影响每一个员工的工作行为习惯。

23.2.4 流程评价

流程评价是流程管理最重要的环节，它承上启下，对上促进流程设计的优化，确保设计更加符合战略要求，如流程运行线路精简、不增值活动比率低等；对下确保组织有力执行，流程目标能够实现。没有流程检查，流程管理就会缺乏闭环管理，不利于组织管理的持续改进。

1. 流程检查方法

常见的流程检查方法主要有流程稽查、流程绩效评估、满意度评估和流程审计等。

1）流程稽查

对单个流程的稽查，主要是稽查流程的安排（主要表现为组织的流程制度）是否得到了执行，执行是否到位，是否符合流程制度的要求等。流程稽查基本实施步骤如表 23-5 所示。

表 23-5　流程稽查基本实施步骤

步骤	概述	描述
1	理解流程的目的、目标及管理原则	流程的本质不是流程图、流程制度，而是流程制度设计的思路，是流程的目的、目标及管理原则，流程制度通常展示的是实现目的的手段与方法。理解了流程的本质，进行流程稽查才有明确的方向，才知道重点所在，否则只能进行一些简单的制度与执行的核对工作

（续表）

步骤	概述	描述
2	确定流程稽查的关键点	为提升流程稽查的效益，需要确定关键的几个稽查点。关键点的确定，首先要从流程本质出发。关键点是对流程目的、目标的达成起关键作用的流程控制点。其次还需要考虑流程的实际执行情况，有些关键点容易出现问题，而有的关键点绩效则很稳定，不需要安排稽查
3	确定稽查方法	稽查方法通常包括：查记录与资料、现场观察执行、人员访谈等
4	设计稽查线路与实施计划	由于流程稽查可能需要查阅多个记录，同样的记录会被多个不同稽查点使用，因此要保证流程稽查的效率，需要汇总不同稽查点的稽查方法，设计一个最佳的稽查路线
5	开展流程稽查	为了保证流程稽查的效果，不论是流程管理者还是独立的第三方，在开展流程稽查之前，都应当与受稽查部门明确流程稽查的目的与背景，要强调流程稽查是基于改进流程的目的出发。开展流程稽查时的另外一个重要问题是，一定要保证稽查记录的可追溯性、可量化及真实性，以便对稽查问题的描述准确、清晰，从而有利于后续改进的确立
6	提交流程稽查报告	在正式提交流程稽查报告之前要与相关岗位人员充分地沟通，确保大家就报告内容是经过充分沟通并达成一致的。另外，稽查报告需要暴露的问题应当是具有普遍性的、重大的、有代表性的
7	跟进流程稽查问题整改	流程稽查问题整改过程中，最关键的要素是问题严重度的评估及问题的根源分析。问题严重度分析的目的是根据组织资源配备状况及工作优先安排，考虑改进的投入及问题本身的重要度等

2）流程绩效评估

流程绩效评估是对流程运行的结果、效果进行评估，并将其与流程的设计目标进行对比，评估流程目标是否有效达成，以及流程目标达成的具体情况。流程绩效评估的 3 个维度为：效果、效率和弹性。流程效果也就是流程的产出在多大程度上满足了业务对象的需求和期望，是达成流程绩效设定目标的程度。流程效率是指追求流程效果的过程中，各类资源节约和杜绝各类浪费的程度。流程效率的典型指标有：处理时间、投入产出比、增值时间比例和质量成本等。流程弹性是指流程应具备的动态调整能力，以满足业务对象当前和未来的需求，适应性是流程弹性的典型指标。

图 23-11 所示为流程绩效评估指标体系。建立战略导向的流程绩效指标体系步骤包括：①将组织战略目标按平衡计分卡从 4 个维度分解成符合效率管理模型（又称 SMART 原则）的目标；②将流程目标分解到组织一级流程上；③将流程一级目标分解到可管理级流程目标；④确定流程绩效评估体系。

流程绩效评估是手段不是目的，其目的是要对流程绩效进行控制，保证流程绩效在符合流程目标的基础上，持续地改善流程绩效。因此，要通过流程绩效评估结果分析找到流程设计或执行中存在的问题，以促进流程体系的持续改善。通常来说，流程绩效评估分析可以从 4 个方面开展：①与流程绩效目标对比分析，找出现实绩效与流程绩效目标之间的差距，对差距进行原因分析，找到问题所在并加以改进；②在组织内部做横向比较，其适用于在不同区域设有分支机构或办事处的组织,通过横向比较,促进不同区域之间流程绩效的相互竞争及流程管理成功经验的相互学习;③与同行业的主要竞争对手进行流程绩效对比分析,从而了解本组织在市场上的相对表现,结合组织的运行策略,能够准确地找到组织流程改进的方向及目标;④对流程绩效评估结果的稳定性进行分析,通常可以采用控制图的方式。当流程绩效处于稳定的状态下,说明流程已经处于受控状态,如果要改善则必须从流程优化入手,而当流程绩效处于波动状态,说明流程处于非受控状态,通过加强流程的质量控制就能够提高流程的绩效水平。

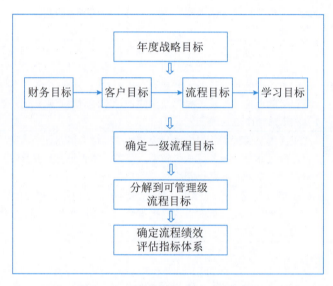

图 23-11　流程绩效评估指标体系图

3）满意度评估

流程的要求都是组织内部的设计和规范,虽然其反映了业务对象的需求,但在业务对象需求传递与实现的过程中,可能会有信息衰减或错误,加上业务对象需求处于不断变化中,为此业务对象满意度评估对于流程管理有着极其重要的价值与意义。通常来说,满意度评估信息的来源有:①日常沟通记录。通过与业务对象的日常沟通,可以发现大量业务对象的需求、不满和建议等。②投诉、抱怨信息。对于业务对象的投诉、抱怨,及时有效地处理,有助于保持甚至提高业务对象满意度。③走访信息。定期地对业务对象走访或拜访,目的是为了维护好关系,同时了解其需求,为其解决问题。④电话回访。通过对业务对象进行回访,了解其对于产品及服务的满意度状况。⑤满意度问卷调查。满意度问卷调查是满意度评估的一个参考或补充。⑥满意度评估信息库的建立。组织需要将上述不同渠道的满意度评估信息进行汇总,建立一个集成的信息库,通过整合、分析,从而得出全面的评估结论。

4）流程审计

流程审计是针对组织流程体系整体进行全面的、系统的检查,目的是评估流程体系的充分性、适用性、有效性及效率性,它的输出是流程体系整体的评估与改进建议。流程审计的流程如表 23-6 所示。

表 23-6 流程审计的流程

活动	名称	说 明
1	制订计划	组建审计组，确认审计组组长。组内成员至少要有业务方面的专业技术人员，以确保审计的深度与效果
2	确定审计范围	根据审计的目的确定审计流程体系实际的范围，流程审计范围的确定是以流程为主线，要审计哪些流程等
3	流程初步调研	以流程为主线理清流程文件的作用与关联，建议画出完整的流程图，分析文件之间的一致性，包括版本之间的一致性，及文件之间衔接的一致性。收集并分析流程的绩效测评资料与流程问题反馈。本项工作的目的是掌握流程存在的问题，以提高流程审计的针对性，提高审计的效率与效果
4	编制检查表	根据发现的问题，确定流程审计的重要关注点，根据流程文件与业务经验提炼出流程审计的检查点。将所有的检查点列出，并找到检查点审计的方法：现场观察、询问查阅记录等，并确定验证判断的标准及抽样的方法
5	制订审计实施计划	审计计划关键是对现场审计的人员、时间以及审计路线做好安排，内容通常包括审计目的、审计范围、审计依据和审计组成员等
6	召开首次会议	首次会议内容主要是与受审方确认审核计划，启动内部流程审计工作，以得到他们的支持
7	现场审计	按照审计计划的安排，通过现场观察、查阅文件和有关记录，与受审方人员交谈和沟通，必要时要经实际测定等调查方法，抽取一定样本，查证发现问题和获取客观证据
8	补充审计	按审计计划完成审计之后，如果还存在不确定事项，而且又会对审计结果产生影响时，应开展小范围的补充审计
9	编制审计报告	流程审计完成之后，流程审计组长应召开流程审计小组总结会议，以流程为主线将流程审计结果进行汇总串联，充分地说明审计过程与审计发现
10	召开末次会议	末次会议应邀请组织高层、流程管理者、受审方及流程执行关键人员参与。末次会议重点包括：流程审计简要介绍（目的、范围、依据、过程）；审计发现及不合格项；审计结论通报；与责任部门确定不合格整改的安排
11	改进追踪	流程审计小组负责流程审计中发现的不合格项的改进追踪。追踪是流程审计能否产生价值的关键所在，需要流程审计小组高度重视

2. 流程评价应用

流程评价的价值在于是否能够将评价结果应用到工作中，并通过这些应用使流程检查产生价值。检查结果可用于以下几个方面。

（1）流程优化。不断地以业务对象需求为导向来优化流程，业务对象满意度会提高，流程所创造的价值也会提高，流程的绩效也随之提升。根据流程绩效评估结果，可以发现哪些流程的绩效与目标差距比较大，那么这些差距就是流程优化的方向。通过流程审计，组织可以发现流程体系的全局性问题，也会发现关键流程存在的问题。由于问题非常明确，而且以具体的检查事实为依据，所以流程优化项目的目标清晰且流程优化项目的价值明确，流程优化项目的开展通常会比较顺利。

（2）绩效考核。流程绩效评估反映了流程结果的质量、流程执行的水平和流程管理的水平，并能够显示出流程管理者在流程管理方面存在的缺陷或不足，这也是绩效考核的重要内容。可将流程检查结果作为绩效考核指标的一部分，也可以设立专项流程考核方案，根据流程检查的结果对流程管理者奖优罚劣，还可以将流程检查的结果与员工的评优、晋升及福利等挂钩。

（3）过程控制。流程评价结果提交之后，责任部门应及时提交整改单，对问题的严重度进行评审，对不合格事项进行处理，并迅速采取补救措施，将不符合流程的现象扭转过来，确保流程结果能够符合要求。

（4）纠正措施。对于系统性原因产生的问题，例如大面积发生问题，或类似的问题反复发生，应要求采取纠正措施。要求责任部门认真分析问题发生的根本原因，从根源上采取有针对性的措施，把问题彻底解决，促使组织的管理体系得到根本的改善。

（5）战略调整。将业务对象满意度评估的结果与流程绩效评估的结果进行关联，这对于组织战略调整具有极强的参考价值。根据业务对象满意度评估结果，可清楚地了解业务对象关心的价值点在哪里，也清楚地了解这些价值点组织做得如何，同时也会了解竞争对手在这些方面的表现。

23.2.5 流程持续改进

根据流程优化需求驱动因素的不同，流程优化需求大致可分为3种：问题导向、绩效导向、变革导向。问题导向，如流程优化建议、流程事件、内外部投诉及意见反馈、流程审计报告等。绩效导向，如流程目标及绩效测量报告、标杆组织对比分析报告等。变革导向，如组织战略、运行思路及策略、重要改革举措、流程规划报告等。

流程优化需要找到优化目标：一是找实现组织战略要求的目标；二是找组织需要解决的问题。找到目标后，流程优化就有了方向。

首先，进行流程框架体系的优化。流程框架体系优化是流程优化的基础，明确问题的边界和逻辑关系。流程框架体系的优化是优化组织的业务模式、优化组织的资源配置，以及优化组织的职能，提升组织的效率。流程框架体系优化之后进行流程的优化。流程的优化其实是指优化组织业务模式后能落地在流程上，这方面的流程优化就是要通过流程优化的手段解决组织的问题。前期进行现状分析及诊断时，会发现组织存在很多问题，这些问题比较散，应该把组织的问题归结起来形成重要问题。流程优化就是要去解决这些重要问题。最后是流程的标准化，是指把组织的一些具体的流程，以及在流程里做事的规范、标准及知识沉淀下来，然后标准化。框架体系的优化和流程的优化一定要落实到组织中去，也要落实到制度及执行标准、执行规范等流程的作业手册上。

最终，优化后的流程是否实现了优化目标还需要通过流程评价活动进行评价，如无法达到预设效果则需再次进入流程优化活动。

图23-12是项目和流程的优化过程。

流程优化活动可参考项目管理的模式来开展。

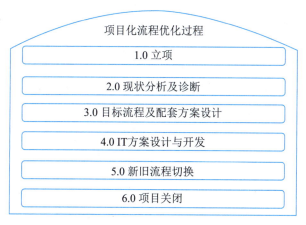

图 23-12　项目和流程的优化过程

23.3　知识管理

知识管理是协助组织和个人，围绕各种来源的知识内容，利用知识、技术等手段，实现知识的生产、分享、应用以及创新，并在个人、组织、业务目标、经济绩效和社会效益等方面形成知识优势和产生价值的过程。它以"知识"为管理对象，包括知识的开发和积累，实现并通过知识的共享和传递，运用集体的智慧提高组织的应变能力和创新能力，以增加产品和服务的知识价值含量，提高组织的竞争力。我们认为知识管理是通过人、技术，环境的协同交互，将个体或组织内外知识进行系统的收集、共享、学习、交流、融合、应用和创新等活动，从而提高组织发展能力和竞争优势。

23.3.1　知识管理基础

知识管理是以知识为对象，以知识、技术为手段，运用知识进行的管理。知识管理能给组织带来知识增值，进而为组织创造新的价值，驱动组织把握发展战略，带来决策的效能和水平提升。知识管理是提高组织应变能力和创新能力的重要途径。

知识管理的特征包括：①知识管理是优化的流程。知识管理具有可执行性和流程化特征，按照知识的存在过程与业务流程的结合分为若干环节，通过对每个环节的改进和增值，实现组织整体价值创造效率的提高。②知识管理是管理。主要强调管理特性，突出知识管理可以帮助组织实现知识显性化和知识共享、知识转移等，是一条提升运行效率的捷径。③知识管理依赖于知识。知识的基础管理是整个知识管理的前提，由于知识识别、获取，整理等过程的复杂性，只有加强对知识的基础管理才能确保组织中知识的稳定生成和发展。

知识管理应把知识作为组织的战略资源，作为一种管理思想和方法体系，它以人为中心，以数据、信息为基础，以知识的创造、积累、共享及应用为目标。知识管理可以达成的目标包括：①实现组织的可持续发展。将组织中的产品和服务研发与销售网络、专利技术、业务流程、专业技能等知识，作为核心资产进行管理、开发和保护；建立相应的管理体系，通过组织文化、知识库、信息通信技术等形式，把知识固化到组织中去，有助于实现组织的可持续发展。②提高员工素质及工作效率。通过组织知识的共享与重用，可以提高员工的知识水平和创新能力，提高工作效率、研发水平、操作技能及服务能力等。③增强服务对象满意度。通过为用户、社会提供更优质的产品、高效的服务，可以帮助提升组织的服务对象满意度、社会公众满意度。④提升组织的运作绩效。通过将组织的知识运用于业务运作的各个环节，从而提高业务管理水平、产品研发能力、生产经营水平、市场开拓能力、产品附加值，提升服务水平，建立竞争优势。

实施知识管理一般遵循的原则包括：①领导作用。领导者的支持和参与，是系统实施知识管理的前提和保障，是取得知识管理成功的关键。②战略导向。组织需要基于对自身发展战略、知识管理现状及其需求的分析，将知识管理战略融入组织的业务战略之中，以支撑组织战略目标实现。③业务驱动。组织需要在不同的规划期间，以核心业务为向导，针对业务热点或主题来推荐知识管理，实现组织结构、业务流程和知识管理流程的有效衔接与互动。④文化融合。知识管理涉及人员、文化、制度、行为模式等多方面的问题。实施时，应抛弃单纯从技术出发的观念，应将知识管理思想、理念和方法与组织现有的文化和行为模式相融合。⑤技术保障。组织应采用适宜的技术设施保障知识管理的实施，在业务或文化角度推进知识管理时，促进知识管理的成果固化和持久。⑥知识创新。组织应制定制度鼓励员工创新，将知识管理与创新的绩效挂钩，激发员工的创新自主性。⑦知识保护。在组织创造、积累、分享和使用知识的同时，应注重组织内部知识的安全保密，保护好知识产权，避免因人员的流动、合作伙伴变化、供应商变更等因素导致知识的流失与损失。⑧持续改进。知识管理应定期检查和评审，并持续改进。

23.3.2 知识价值链

知识管理的流程依附于知识价值链。知识工作者的主要任务是知识获得与知识发展，决策制定者的主要任务是应用知识得到较佳的决策与行动方案，以获得组织期待的结果。整个知识价值链是从知识工作者与决策制定者互相分享彼此的认知开始，再由获得数据、处理数据、分析信息、沟通知识、应用智能、制定行动方案、展开行动等步骤完成。知识价值链是一个包含知识输入端、知识活动面、价值输出端的整合模式，是指知识以多元管道汇集，并收敛至单一窗口进入组织中，通过各种知识活动运作后，再以发散式的多元价值贡献输出。

一般来说，知识价值链过程主要包括以下方面。

1. 知识创造

组织所应用的知识应有其产生的来源，而且其来源应该是多元化的。除组织成员所贡献的专业意见和知识、理念、想法外，来自互联网的全球知识，与外部组织共同贡献知识、分享知识，也是关键所在。

2. 知识分类

组织机构在日常运行中会自然产生各种文件，包括技术方案、操作手册、各类技术报告等，以及其他已经成为电子档案的文件。至于要采用何种文件分类方式，应依组织的需要而定。组织对知识进行分类时应以最高实用性为优先考量，管理者须选择最广泛及最可能被组织成员搜寻与获取知识的分类方法。

3. 知识审计

知识分类的另一种方式是运用知识审计手段来完成。知识审计是指针对组织内部的专业领域与组织外部的需求，经由有计划的流程设计与审查，对组织知识进行系统的调查与分析。知识审计的目的是希望借助知识审计的结果，完成知识文件分类与核心竞争优势调查，有系统地挖掘组织与个人的竞争优势，提供组织变革、流程改造、策略规划与任务指派时的引导和方向，实现组织转型升级的目的。

组织进行知识审计可分为 3 个步骤：①定义组织目前存在的重要知识。包括隐性知识与显性知识，并建立知识地图。②定义组织有哪些重要知识正在流失。评估其对组织目标的影响，以及确认哪里需要那些正在流失的知识。③针对盘点结果所呈现的组织现状及可能改善的劣势，提出涵盖知识库、社群、实务学习、知识管理网站等执行方向的建议，作为知识管理活动优化的参考依据。

4. 知识储存

组织在进行知识管理时，可以利用知识管理平台来储存。组织的知识不仅包含文件或程序，还包含图片、影像、多媒体、音频等类型的档案，这些档案经过数字化，也可储存至知识管理平台，即知识库。

5. 知识分享

知识需要分享才能产生真正的价值，必须让组织成员理解：只要愿意将知识分享出去，所分享回来的知识将会更多，如果每个人都隐藏自己的优势，到最后所有的优势都将变成劣势。组织在进行知识分享时，须考虑分享的渠道能否分享过去的经验知识、已习得的未来新趋势、组织内部的知识、内隐的技术和经验、外显式的文件档案等，以及能否与外界专家交流及分享等。

6. 知识更新

目前，知识更新大多是利用科技网络，按照需求配置各类系统平台来完成的，包括文件管理系统、知识社群、智库、工作流程自动化、核心专长调查表等。若知识能够实时更新，组织就能够随时掌握组织及个人的核心优势。当组织能掌握内部核心优势时，组织外部有任何机会和竞争需求，都可以在最短的时间内找出最适当的人，执行最新的任务。如果组织没有这样的机制，就没有办法掌握内部的成长过程，也就无法快速响应外部剧烈变化的环境。因此，知识的更新，除文件的更新之外，最重要的是要能实时更新组织及个人内隐的核心专长。

23.3.3 显性知识与隐性知识

知识又可以分为显性知识和隐性知识，显性知识与隐性知识可相互转换。基于显性知识生成隐性知识是：人们学习显性知识以后，综合自身的人生经历和经验，将显性知识内化成属于自己的隐性知识，再通过不断的实践，随之变成习惯，潜移默化地加深对隐性知识的理解。基于隐性知识创造显性知识是：人们将自身内部的隐性知识明示出来，让知识理念化，使大家更容易理解。之后综合显性知识，让知识系统化，以便更加容易归纳总结。

1. 显性知识

显性知识是在一定条件下，即特定的时间里具有特定能力的人，通过文字、公式、图形等表述或通过语言、行为表述并体现于纸、光盘、磁带、磁盘等客观存在的载体介质上的知识。它是客观存在的，不以个人意志为转移。显性知识作为可以借助于言语表达的明确性知识，是从隐性知识中分离出来的系统性知识，其构造极具系统性和体系性，具有明确的方法和步骤，有助于人们更好地理解各类信息，它也是客观性的、社会性的、组织化的知识，具有理性和逻辑性。显性知识也是数据知识，推动认识的知识。通过信息系统的应用支撑，可以实现显性知识的转移、转换和再利用，还可以通过语言媒介实现共享和编辑。

显性知识具有4个主要特征：①客观存在性。显性知识一旦表达出来就是脱离个人自身的知识，它通过言传、身教或附于某种介质上的编码等方式表现出来，它不依赖于个人而客观存在。正是由于显性知识的这种特性，才有利于显性知识的保存、记录、交流和传播等。②静态存在性。显性知识不随时间或环境的变化而变化，一旦表达出来就不再变化。③可共享性。显性知识可以被传播并共享，而隐性知识不具有这个能力，因此要实现知识的传播和共享必须将隐性知识转化为显性知识。④认知元能性。显性知识直接来源于实践技能等这类隐性知识，但最终来源于个人的心智模式和元能力。

2. 隐性知识

隐性知识是难以编码的知识，主要基于个人经验。在组织环境中，隐性知识由技术技能、个人观点、信念和心智模型等认知维度构成，隐性知识交流在很大程度上依赖于个人经验和认知，难以交流和分享，例如主观见解、直觉和预感等这一类的知识。隐性知识交流是通过知识主体（知识拥有者）与知识客体（知识需求者）协同互动，以可接收、可理解、可消化的方式使知识客体获得、吸收并且消化知识，形成隐性知识供应方与隐性知识需求方相匹配的过程。隐性知识作为智力资本，可以提高决策质量。

隐性知识具有6个主要特征：①非陈述性。隐性知识嵌入在个人的心智或者知觉中，难以明确阐述或编码。隐性知识包括个人理解、技能、能力和经验等，难以定义和解释，难以评估和衡量。隐性知识需要被发现、提取和捕获，它必须创造性地传播与共享，从而有效地扩充知识库。②个体性。隐性知识为个人知识，来自个人经验且存储在拥有它的个人头脑中。隐性知识由个体在某种情境下的心智模式构成，并深深地嵌入在个体中并被个体认为是理所当然的，这也造成隐性知识难以表述。由于个体自身利益、兴趣爱好等方面的考虑，隐性知识拥有者不会将有价值的隐性知识轻易转移出去。③实践性。隐性知识是基于实践过程的，因为隐性知识的认知具有实践属性，缺少实践过程往往难以获得。隐性知识嵌入在组织的实践、流程及结构中，隐性知识交流并非按规划或计划进行，其交流过程是非正式的缓慢积累的实践过程。④情境性。隐性知识是基于情境的，一般隐性知识是在工作和其使用情境中获得的，隐性知识深深扎根于特殊情境中。个体隐性知识存在于人头脑中，来自情境、动机、机遇和接触。通过特定情境，经验和教训的反复尝试，可以增强和扩充隐性知识。隐性知识需要嵌入特定的情境，包括组织文化、结构和流程中才可以发挥价值。⑤交互性。隐性知识通过个体交互过程可以获得，这些交互过程包括人与人之间的经历、反思、内化和个人才能的交流。因此，隐性知识不能以显性知识相同的方式进行管理，学徒制、直接交互、交流和行动学习、面对面社交互动以及经验实践等交互方式更适合隐性知识交流。隐性知识交流中人与人交互的关键是个人愿意且有能力分享其所知。开放、信任和组织成员之间良好的沟通交互可以促进隐性知识的交流。⑥非编码性。隐性知识不像显性知识那样可以通过技术工具实现编码化，隐性知识大部分都是非结构化知识，难以用数字、公式和科学规则等来表达，也难以用文字、语言来表达，交流与转化速度相对较慢，且成本较高。

23.3.4　知识管理过程

知识管理是一个复杂的过程，要遵循以下 3 条原则：①积累原则。知识积累是实施知识的管理基础。②共享原则。知识共享是指一个组织内部的信息和知识要尽可能公开，使每一个员工都能接触和使用组织的知识和信息。③交流原则。知识管理的核心就是要在组织内部建立一个有利于交流的组织结构和文化气氛，使人员之间的交流毫无障碍。

知识管理从管理视角出发，它是一个系统化、程序化的过程。知识管理过程通常包括：知识获取与采集、知识组织与存储、知识交流与共享、知识转移与应用、知识管理审计与评估。

1. 知识获取与收集

知识获取是对组织内部已经存在的知识进行整理积累或从外部获取知识的过程。知识获取的本质在于知识量的积累。对组织来说，知识获取应该收集整理多方面的知识，并使沉淀下来的知识具有再利用的价值。同时，还可以通过兼并、收购、购买等方式直接在某个领域突破知识的原始积累获取所需要的知识，或有针对性地引入相应人才。知识收集是指通过适当的方法、途径和工具，将知识聚集在一起的过程。

知识获取与收集可以提高组织创新绩效。从外部引进知识可以形成创新，能够使组织快速感知新技术的发展趋势和社会的新需求趋势，把握外部新的信息流动，形成知识信息的"新组合"，引领新产品和新服务，提高创新效率。因此，有效地获取与收集知识对组织创新绩效有重要意义。

知识获取与收集分为主动式和被动式两类：①主动式知识获取与收集是知识处理系统根据领域专家给出的数据与资料，利用工具直接自动获取或产生知识，并装入知识库中，所以也称知识的直接获取与收集。②被动式知识获取与收集是间接通过一个中介人并采用知识编辑器之类的工具，把知识传授给知识处理系统，所以亦称知识的间接获取与收集。

1）显性知识获取与采集

显性知识可以用语言、文字、图形等表现出来，显性知识相对是容易获得、容易理解的结构化信息资源。显性知识获取与收集就是针对待解决的问题寻找和识别与之相关的关键性信息，并将这些信息进行提取，以为形成解决方案或决策提供依据。

对个人来说，获取知识的过程就是学习的过程。个人获取显性知识与收集的途径为：①通过教育、培训等可以系统、完整、正规地获取知识。②通过计算机网络获取知识，如搜索引擎能根据使用者提供的关键词进行模糊搜索，可以十分方便地获取所需知识；利用现代化传播手段，如通过社群进行知识学习。③将数据挖掘技术作为知识获取的常用工具，使其成为知识发现的核心部分，这也是采用机器学习、统计等方法进行知识学习的阶段。④通过成果转让获取知识。知识转化为科技成果之后，成果转让也是获取知识的常用方法。⑤充分利用图书馆文献信息资源获取知识。

组织显性知识获取与收集的途径有：①图书资料。组织通常会投资购买与组织发展相关的图书资料，并将其作为组织员工获取与收集显性知识最重要的来源。②数据访问。许多组织十分重视数据资源的开发利用，也会通过购买或采集工具获得内外部一些数据的使用权，员工可以通过内部网或授权访问这些数据，从而获取相关知识或信息。③数据挖掘。数据挖掘是指从大量的、不完全的、模糊的、随机的数据中挖掘出隐含的、先前未知的并有潜在价值的信息和知识的过程。组织通过数据挖掘工具，从无序的数据中获取有用的知识，包括广义型知识、特征型知识、差异型知识、关联型知识、预测型知识、偏离型知识等。④网络搜索。组织人员可以利用互联网和分布式搜索工具来对网上信息进行开放式搜索，然后从中提取需要的知识。⑤智能代理。组织可以部署智能代理应用系统，根据员工定义的准则，主动地通过智能化代理服务器为其搜集感兴趣的信息，并把加工过的信息按时推送给员工。⑥许可协议。许可协议帮助组织或员工为某个指定目的和在指定期间使用某种产品和服务。最常见的许可协议是软件的购买和使用。⑦营销与销售协议。组织可以通过供应商的信息报告、培训、知识转移机制等获得知识，可以通过营销手段了解有关产品和服务的客户偏好、定价偏好、爱好等研究成果等。

2）隐性知识获取与采集

隐性知识获取与收集的途径形式多样，比如，邀请专业人员演讲或培训时可以获得一部分经验与认识；举行一个头脑风暴法会议时，可以就某个主题融汇集体智慧；通过观察专业人员操作可以识别其专长。隐性知识获取方式主要有结构式访谈、行动学习、标杆学习、分析学习、经验学习、综合学习、交互学习等。

2. 知识组织与存储

知识组织是以知识为对象的如整理、加工、表示、控制等一系列组织过程及方法，其实质是以满足各类客观知识主观化需要为目的，针对客观知识的无序化状态所实施的一系列有序化组织活动。知识存储是指在组织中建立知识库，将知识存储于组织内部，知识库中包括显性知识和隐性知识。知识库是按一定要求存储在计算机中的相互关联的知识的集合，是经过分类、组织和有序化的知识集合。知识库是构造专家系统的核心和基础。构建知识库不仅是为了存储知识，更重要的目的是实现知识共享，促进组织中的知识流动和创新。

为了保证知识库构建的质量，需要遵循的原则包括：①自顶而下原则。需要先定义知识库的总框架结构，在此基础上层层分解结构，形成二层、三层知识库结构。②由外而内原则。确定知识库边界是十分重要的,不仅可以保证知识库的相对独立性,也可以保证知识库建立活动的效率。③专家参与原则。要建立不同领域的知识库,必须在相关领域专家的帮助下完成,保证知识库的质量。④高内聚低耦合原则。一个总的知识库包含若干个子知识库,每个子知识库内部的元知识必须要具有很强的相关性,即高内聚;各个子知识库之间的相关度不宜过高,这样可以保证后期知识库更新和知识检索的效率。⑤定期更新原则。知识发现和知识组织是动态发展的过程,知识库的内容也要依据新的知识结构不断更新。

组织知识库的建设,一般步骤包括分析构建目标、构建知识库框架、净化数据与知识去冗、知识整序、实施和联网。

(1)分析构建目标。根据所构建知识库的目标,分析实现该目标所需的知识类型、知识形态和存储情况,确定知识库的规模、类型,明确知识库要解决的问题,使组织的知识库具有针对性,且结构合理、规模适度等。

(2)构建知识库框架。首先根据构建目标设计知识库的结构、检索界面和模型。根据目标需要选择数据结构模型,如层次型、网状型、关系型、面向对象型等。针对不同用户,设计界面友好、功能全面、不同风格和用途的检索系统。用户界面主要提供产品知识、组织形象、服务内容等,而内部关键人员使用的界面,以查询生产过程及项目有关的知识为主。

(3)净化数据与知识去冗。将无序有噪声的数据进行净化处理,对与目标不相干的知识进行去冗处理。组织内部的知识多种多样、层出不穷,把组织内部的所有知识都存入知识库是没有必要且不经济的,应根据构建目标收集相关知识,对选取的知识进行检索,除去异类或缺值数据、去除重复知识,使得知识库中的知识更加精炼、针对性更强、更可靠。

(4)知识整序。经清理、去冗后的知识,通过知识的分类、聚类等方法,按构建目标进行重新组合,并对重新组合后的知识进行整序,对知识单元进行结构化处理。为了充分利用知识库中的知识和便于发现新知识,对相互关联的知识用多种形式联系起来。这种联系可以按项目流程,也可以按知识的内在关联性,还可以按部门或工作流程连接,以便从不同角度查询不同类型的知识。

(5)实施和联网。将去冗净化、整序后的知识按构建的框架结构组织起来,形成有机整体,对各字段建立索引,并将数字化、有序化的知识存入数据库,接入网络,在相应的软件支持下为系统用户(包括组织内部员工和外界用户)提供概念、事实规则、解决方案等知识。

3. 知识交流与共享

知识交流与共享是指与知识载体进行知识的互动交流。知识交流是结构化信息的交流过程,在此过程中,知识生产者以易于理解和吸收的方式,有步骤地、系统地、详尽地讲解知识,而知识使用者以关注的方式,系统地或者有侧重点地吸纳或消化接收到的知识。知识交流是知识生产者与知识使用者之间互动的、迭代的过程,从而实现知识使用者可以获得所需的形式简洁、内容适用的知识,而知识生产者可以获得关于知识使用者需求的信息。

知识共享就是知识在人与人之间传递的过程,也是人与人之间进行沟通的过程。知识共享定义为,知识从一个个体、群体或组织向另一个个体、群体或组织转移或传播的行为。关于知识共享的内涵大致概括为4类视角:①信息沟通/信息流动角度。知识共享是员工传播相关信息的行为，员工互相交流知识时，使知识由个体扩散到组织层面。在知识共享时，需要注意知识环境。知识环境是指在受控环境中实现知识从拥有者到接受者的传播，从而缩小个体或组织之间的差距并促进共同发展的过程。②组织学习角度。知识共享不仅仅是一方将信息传给另一方，还包含愿意帮助另一方了解信息的内涵并从中学习，进而转化为另一方的信息内容，并发展个体的行动能力。基于组织学习的角度，知识共享可以理解为知识在组织成员之间传递，以达到组织对个人知识的共同拥有。③市场角度。知识共享过程被看作组织内部的知识参与知识市场的过程，正如工业商品与服务那样，知识市场也有买方、卖方，市场的参与者都相信可以从中获得好处。从市场角度来看，知识共享可以看作是有价值的商品，参与知识市场的交易，提高知识产出。④系统角度。从系统角度提出，组织知识共享是一个系统的工程，是多种因素综合作用的结果。知识转移是知识共享的过程，组织学习是知识共享的手段，知识创造是知识共享的目的。

1）知识共享的要素

知识沟通的观点主要强调了知识在个体之间的流动，过程的观点强调了人通过知识产生的互动，组织学习的观点强调了知识在组织学习中的获取和共享，而市场角度则强调了知识共享的经济意义。总之，知识共享是知识在组织中转移、传递和交流的过程，通过知识共享将个人或者部门的知识扩散到组织系统。知识共享方式可在组织内人员或部门之间通过查询、培训、研讨或者其他方式获得。

知识共享的要素有共享对象、共享主体和共享手段3个方面。①共享对象即知识的内容。共享是知识增长最迅速、最便捷的方式。在共享过程中，经过员工的共同讨论、分析和修正，原有知识得以扩大和创新，知识的质量和数量不断提高和增加，最终成为组织不断增长的知识财富，并实现其价值。知识在产生之后，若不能加以扩散，知识的应用范围就会受到限制，其作用就会下降，也不利于知识的更新。②共享主体即人、团队和组织。主体拥有知识存量的多少固然重要，但更重要的是知识接收者能够知道并能及时利用这些知识。知识管理鼓励各种形式的知识交流与共享，其目标就是使关键的知识能在关键的时候被关键的员工掌握和应用，以实现最佳决策和最佳实践。③共享手段即知识网络、会议和团队学习等。手段的先进性取决于检索、传播和扩散知识的质量和速度。同时，那些传统的共享手段在许多隐性知识的共享方面更有效果，比如面对面的沟通、实践等。

2）知识共享的模式和策略

在知识共享的三要素中，人和技术是两个主要维度，无论强化哪个维度的作用，都能够促进知识共享的过程，推动知识的发展。对组织来说，在选择哪个维度作为重点时，可参考的知识共享模式和策略有编码化管理和人格化管理。

4. 知识转移与应用

知识转移是由知识传输和知识吸收两个过程所共同组成的统一过程。只有当转移的知识保留下来，才是有效的知识转移。知识的成功转移必须完成知识传递和知识吸收两个过程，并使知识接收者感到满意。知识转移概念需包含3点：知识源和接受者、特定的情境或环境和特定的目的。即将知识拥有者的知识转移成为知识接受者的知识，缩小他们之间的知识差距。

知识应用是指知识在组织中只有得到应用时才能增加价值,知识应用是实现上述知识活动价值的环节,决定了组织对知识的需求,是知识鉴别、创新、获取、存储和共享的参考点。知识应用是组织持续学习的一部分,是组织及时回应技术的改变、利用知识和技术产生新产品、新流程和新服务的动态过程。只有当将散布在组织各处的知识转移和应用到需要的地方,有效解决实际问题时,才能充分体现知识的价值。

在知识的应用过程中,会涉及大量的知识开发工作,开发工作包括重新获取、整理和保存等。从节约成本的观点出发,必须平衡知识投入与知识所创造的价值间的财务关系,即平衡知识开发和知识应用的关系。在知识开发过程中,尤其是核心技术和管理方法的研发成本相当高,所有组织对于知识的应用关键还要立足于对现有知识的消化和吸收,应尽量使关键性知识的应用量近似于关键性知识的获取量,有效地利用好现有知识,实现知识产值的最大化。

知识转移与应用的经典过程模型有 SECI 知识螺旋模型、交流模型和五阶段过程模型等。

5. 知识管理审计与评估

知识管理的审计与评估是知识管理的重要组成部分,是组织实施知识管理战略的重要环节。知识管理审计是对组织知识资产和关联的知识管理系统的评估,知识管理的审计与评估既是组织知识管理的起点,又是组织知识管理的重点,在组织的知识管理循环中,起到了承上启下的重要作用。

1)知识审计模型

知识审计是对组织当前拥有的知识的数量和质量进行核查,对组织知识的价值进行评估。知识审计包括知识资源审计、安全审计、能力审计等知识管理实践过程中全方位的知识管理对象和活动的审计,它是一个动态的、循环的流程。知识审计的价值在于:①准确地显示价值是怎么样通过人、组织和客户资本创造的;②突出怎样才能通过知识共享和组织学习做好应用杠杆作用;③帮助试点项目提高知识管理实践;④向股东或上级机构展示组织的能力;⑤如何成为知识导向型组织的战略计划的主要部分。

按照审计理论,知识管理审计模型包括了知识管理审计的对象、审计团队和审计内容等因素,以及这些因素的关系,知识管理的审计模型如图 23-13 所示。

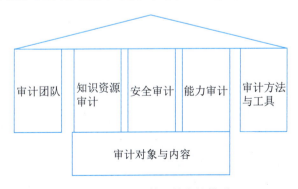

图 23-13 知识管理的审计模型

2）知识审计过程

知识审计是动态的、循环的、完整的过程，一般包括计划阶段、数据收集阶段、数据分析阶段、数据评估阶段、推荐沟通阶段、实现建议阶段和持续优化阶段。

3）知识绩效评估

知识管理的绩效评估过程包括：①确定绩效类别。组织在进行知识管理的绩效评估前，应先确认关键绩效领域，再从中制定关键绩效指标。②制定绩效指标与评估标准。确定关键绩效领域后，组织可依照各项知识管理措施或活动制定绩效指标，并归类至适当的类别中。另外，必须赋予各绩效指标可量化的标准并具体说明，以便后续评估者有客观的评分依据。③设定权重。组织不会只就某项绩效指标进行个别审视，而是能够了解整体的知识管理成效，故需要根据各指标的重要性设定适当的权重值。④制定评分方法。设计各项目标达成状况时，所能得到的分数，可大幅降低不同评估者的主观影响程度。⑤制作绩效评估表。各项绩效指标、评分标准与权重等设定完成以后，接下来需要设计评估表格，分设绩效类别、绩效指标、评估标准说明、权重，评分、加权得分等栏目。⑥设定评估周期。绩效评估的时程设定可分为每日指标、每周指标、每月指标、每季指标、每半年指标、年指标等，依照不同的需求制定不同的评估时间，不同的指标也应设定不同的评估周期。⑦决定评估成员。绩效评估的成员一般包括知识管理专员、知识专家、知识管理项目团队成员等。⑧实施评估。根据绩效评估表，由评估者进行评估。

知识绩效指标是知识绩效评估的核心，绩效指标若能满足管理者对知识管理效益的期待，会对知识管理的持续性推动有极大的帮助。常见的知识绩效指标方法有知识管理绩效评估矩阵、以策略地图方式建立绩效指标和以知识地图设立绩效指标。

23.3.5 知识协同与创新

知识管理视角的知识协同将目标定位于知识管理，将知识协同视为知识管理活动的高级形态，强调通过整合组织内外部知识资源，通过知识共享、知识集成、知识转移等管理方式实现知识管理效益最大化。知识协同是指知识管理中的主体、客体、环境等达到的一种在时间、空间上有效协同的状态，知识主体之间或"并行"或"串行"地协同工作，并实现在恰当的时间和场所（即空间，包括实体空间和虚拟空间），将适当的信息和知识传递给恰当的对象，以实现知识创新的"双向"或"多向"的多维动态过程。知识协同定义为以创新为目标，以知识管理为基础，由多主体（组织、团队和个人）共同参与的互动过程，是各组织优化整合相关资源、促进整体业务绩效提升的管理模式和战略手段。

对于知识协同的认识，包括：①知识协同4大要素：知识主体（即知识活动的参与成员）、知识客体（即知识）、时间、环境（包括"软环境"如文化环境和"硬环境"如计算机环境等）。②知识协同的一个重要特点就是强调知识传递的时间、对象及空间的准确性，即时间的准时性、目标（对象）的准确性，知识流的多向性，知识传递的动态性等。③知识协同强调"动态性"，即在不同的时刻，知识主体和客体所处的状态是不同的，随时间的变化而不断地发生改变。在一般情况下，由于众多知识主体在"知识协同"活动中不断参与并进行个人知识创造，

"知识客体"内容越来越丰富，价值也会越来越大。

知识协同具有面向知识创新、知识互补性、共赢性、知识协同平台支撑和"1+1>2"的效应涌现等特征。

（1）面向知识创新。知识协同最主要的目的就是为了完成知识创新任务，知识协同的实质就是一个协同知识创新的过程。知识创新包括原始知识创新和集成知识创新等，具体体现在管理创新、组织创新、流程创新、产品创新、服务创新等多个方面。

（2）知识互补性。知识互补性是拥有知识资源的各个主体之间进行协同的基础，也是知识协同的重要特征。知识协同中的多个知识资源通常属于不同的主体，这些主体既是知识的提供者，也是知识的接受者。通过知识协同的方式，可以弥补各主体的知识缺口或知识能力的薄弱部分，从而减少知识学习和吸收的成本。

（3）共赢性。知识协同的前提基础是所有主体的互利共赢。在知识协同过程中，每个主体不仅可以减少知识创新的运作成本，获得知识资产创造的价值，而且还能实现整体协同效应的最大化。

（4）知识协同平台支撑。知识协同平台是由计算机网络、工作系统、知识库、交互界面和支撑技术等构成的一种协同环境或系统平台。参与协同的各个主体借助知识协同平台可获得定制的知识服务，并得到最大限度的知识共享和传递，从而可以真正高效地进行协同工作。

（5）"1+1>2"的效应涌现特性。多个主体在协同过程中，通过知识的关联、交互、共享、碰撞、整合和激活等一系列知识活动，将使协同团队整体获得的效应大于各主体独立完成工作的效应之和。

23.3.6　知识传播与服务

1. 知识传播

知识传播是在一定的环境中，一部分人员借助特定的知识传播媒介，向另一部分人员传播特定的知识与信息的活动过程，同时期待达到最初期望的传播效果。由于知识传播主要发生在个体、团队及组织三类主体之间，知识传播也分个体知识传播、团队知识传播和组织知识传播三类。个体知识传播是组织得到创新和增值的基础环节。个体知识传播可以传播显性知识和隐性知识。其中，隐性知识更具有价值。由于员工个体是知识创新的基本单元，因而创新的知识通常以隐性知识的形态存在。知识创新对组织产生价值一般要先经过个体知识传播，再到团队知识传播，最后到组织知识传播。团队组织传播是在团队组织下的一种群体行为，包括正式团队知识传播和非正式团队知识传播。组织知识传播是组织主体行为，是在组织知识安全框架和组织知识传播战略的约束与导引下，在整个组织范围内进行的知识传播。

从知识主体之间的相互关系角度、从知识主体知识存量角度、从知识传播内容角度将知识模型分为：知识场模型、知识势能流动模型和知识转化模型。

1）知识场模型

知识场模型中，知识员工是接收并提供知识的源头，所有知识载体都客观地散发着知识影响力，即知识场。在部分组织中，知识源是高知识员工，拥有的知识主要为隐性知识，其传播在知识场中进行。

2）知识势能流动模型

在一个组织内部出现知识传播的原因是由于人与人之间存在知识的差异。假设在某特定知识领域中，知识传播者拥有的知识较多，而知识接收者拥有的知识较少。为了表明两者所拥有知识的差异度，借用物理学中势能的概念来定义拥有知识的程度：假定对某特定知识领域知识一点都不懂的人，其知识势能为0，随着他对该知识的了解不断深入，知识势能也会越来越高。且在该领域中拥有相同的知识势能的人，所拥有的知识也是完全相同的。仅存在知识势能的差异还不足以促成知识的传播。组织中还存在促使知识进行传播的"推力"和"拉力"。"推力"来自组织和知识传播者，包括组织对员工或团队进行知识传播的激励程度、员工或团队拥有知识的程度以及传播知识的意愿等。"拉力"来自组织和知识接收者，包括组织为员工或团队创造知识传播环境的程度、员工或团队拥有知识的程度，以及接受知识的意愿等。在这两种力的作用下知识开始传播。知识流在传播的过程中如同水流一般，水流从势能高的地方向势能低的地方流动，知识流也从知识势能高的地方向知识势能低的地方流动。

3）知识转化模型

在SVEI（S——内部概括；V——分析论证；E——消除障碍；I——潜在促进）知识进化模型的基础上增加知识传播过程中的"感受"（Feel）和"复制"（Copy）过程，形成了FC-SVEI知识传播模型，如图23-14所示。

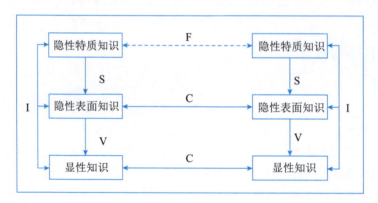

图23-14 FC-SVEI知识传播模型

只"感受"过程是个体隐性特质之间互相影响的过程。由于隐性特质知识具有高度个人化的特点，只能通过一方感受和了解另一方的方式进行交流，不能完整复制，所以这一传播过程被标注为虚线。"复制"过程是被语言文字或其他方式编码化了的知识在个体间进行传播的方式，可以是隐性表面知识在个体间传播的过程，也可以是显性知识在个体间进行传播的过程。知识个体是不能直接从他人的显性知识中提高自身隐性特质知识含量的，而这一影响是先通过把他人的显性知识"复制"为自身的显性知识后，进而影响自身的隐性特质知识。同样，他人的隐性表面知识也间接影响个体自身隐性特质知识。

2. 知识服务

知识服务是从大量隐性和显性信息资料中，依据需求将知识提炼出来，并有针对性地解决服务对象问题的过程，是以资源建设为基础的高级信息服务。从知识服务内容来说，可以分为广义和狭义两种。在广义的角度上讲，知识服务就是向服务对象提供一切所需知识的工作；从狭义角度来看，知识服务是针对服务对象的专业需要，将解决问题作为最终目的，对有关的知识进行筛选、收集、存储、传输及分析研究且充分使用的一项较高水平的智力工作。知识服务不仅是对信息的传播，还包含了从信息中分析和提炼知识、知识重组以及知识创新的过程，它的根本意义在于支持知识的创新。由此可见，从某种意义上讲，知识服务是更深层次的信息服务，是服务于知识创新的服务，是带有前导性的研究活动。

知识服务模型以组织的业务活动为线索，将与该业务活动相关的组织知识资源（工具、方法、经验参数、场所等）组织起来，对其进行统一的描述，并将其封装成为具有特定功能的知识服务单元。

知识服务的建立过程包括：①知识获取。要想充分发挥组织知识的作用，首先要做的是获取组织的各种知识资源。知识获取是指将无序的文档、数据资料等与存于人脑中的经验参数、操作习惯等隐性知识变成有序、可检索和存储的显性知识。②知识分析和表示。获取知识后，要对知识进行分析和表示，形成知识单元。③建立流程与知识的映射关系图。将业务流程和与其紧密相关的知识相结合。④知识服务封装。将服务存入知识服务库，用户下次使用该服务时可直接到服务库中进行查找和调用。

知识服务质量管理是组织为知识服务质量能够满足不断更新的质量要求，达到服务对象满意而开展的策划、组织、实施、控制、检查、审核和改进等所有相关管理活动的总称。概括起来，知识服务质量管理主要包括知识服务质量方针和质量目标的制定、策划、控制、保证以及持续改进。

23.4 市场营销

组织为了获得来自客户的价值回报，首先必须为客户创造价值。市场营销是一系列为客户创造、递送和沟通价值的活动。市场营销者必须善于创造客户价值和管理客户关系。市场营销者是能够深刻理解市场和客户的需要，设计创造价值的营销战略，制订整合营销计划来递送客户价值并建立牢固客户关系的人和组织。同时，市场营销者将从客户那里收获以销售额、利润和客户忠诚为表现形式的价值。

23.4.1 营销基础

市场营销的目的是通过承诺卓越的价值来吸引客户，以及通过提升满意度来留住和发展客户。广义上，市场营销是一种通过创造和与他人交换价值，来实现个人和组织的需要和欲望的社会和管理过程。在狭义的商业环境中，市场营销涉及与顾客建立价值导向的交换关系。于是，将市场营销定义为：组织为获得利益回报而为客户创造价值并与之建立稳固关系的过程。

图 23-15 中的简单模型展示了市场营销过程包含的 5 个步骤。在前 4 个步骤中，组织努力理解客户，创造客户价值，并建立稳固的客户关系。在最后一步，组织因创造卓越的客户价值而得到回报。正是通过为客户创造价值，组织从客户身上得到以销售额、利润和长期客户权益为形式的价值回报。

图 23-15　市场营销过程的简单模型

1. 市场与客户

理解客户的需求以及组织从事经营活动的市场是市场营销过程的第一步。需要关注有关客户和市场的下列 5 个核心概念。

（1）需要、欲望和需求。市场营销的基础是人或组织的需要。人或组织的需要是一种感到缺乏的状态，如人对食物、衣服、温暖和安全的基本生理需要，对归属和情感的社会需要，以及对知识和自我表达的个人需要。欲望是人或组织需要的表现形式，受到文化和个性的影响。在得到购买能力的支持时，欲望就转化为需求。在既定的欲望和资源条件下，人或组织会选择能够产生最大价值和满意的产品和服务。

（2）市场提供物。市场提供物包括产品、服务和体验等，客户的需要和欲望通过市场提供物（产品、服务、信息或体验的集合）而得到满足。

（3）客户价值和满意。客户通常面对大量可以满足其某种特定需要的产品和服务。对各种市场提供物将递送的价值和满意形成预期，并据此做出消费或购买的决定。满意的客户会重复购买，并将自己的美好体验告诉别人；不满意的客户向其他人抱怨和贬低产品和服务，并转而向竞争者购买。

（4）交换和关系。市场营销发生在人们决定通过交换关系来满足需要和欲望之时。交换是一种为从他人那里得到想要的物品或服务而提供某些东西作为对价的行为。市场营销者试图获得人们对某种市场提供物理想的反应。该反应的表现形式并不局限于产品和服务的购买或交易等。

（5）市场。市场是某种产品和服务的实际购买者和潜在购买者的集合。这些购买者具有共同的需要和欲望，能够通过特定的交换得到满足。

2. 市场营销战略

一旦充分地理解了消费者和市场，营销管理就能够设计客户价值导向的战略。营销管理的定义为，选择目标市场并与之建立有价值的关系的艺术和科学。营销管理者的目的是通过创造、递送和沟通卓越的客户价值来发现、吸引、保持和增加目标客户。我们需要关注的市场营销战略的相关概念包括：选择目标客户、选择价值主张、营销管理导向和市场营销理念等。

市场营销战略规划是在组织的目标和能力与不断变化的市场机会之间建立和维持战略适配

的过程。战略规划涉及通过整合组织资源，充分利用环境变化中蕴含的机会。在组织层面，战略规划的制定过程始于对整体目标和使命的确定，如图23-16所示，使命随即被转化为详细的目标以指导整个组织的发展。然后，决定什么业务组合、产品和服务最适合组织，以及给予每种业务、产品和服务多少支持。相应地，每种业务、产品和服务都要制订详细的市场营销计划以及其他职能部门的计划，以支持组织层面的总体计划。也就是说，市场营销规划是在业务单位、产品、服务和市场层面上的。它针对特定市场营销机会制订更加详细的计划，有力地支持组织整体的战略规划。

图23-16 市场营销战略规划步骤

3. 市场营销组合

组织的市场营销战略阐明了组织的目标客户，以及如何为这些客户创造价值。下一步，市场营销者应制订整合的市场营销计划，切实地向目标客户递送计划好的价值。市场营销计划将市场营销战略转化为建立客户关系的切实行动，这往往要用到市场营销组合，即组织用于执行市场营销战略的一套营销工具。

主要的市场营销组合工具称为市场营销的4P：产品（Product）、定价（Price）、渠道（Place）和促销（Promotion）。为传递自己的价值主张，组织必须首先创造能够满足需要的市场提供物（即产品和服务）。然后，确定为这一市场提供物收取多少费用（即定价），以及如何使客户买到该市场提供物（即渠道）。最后，它还必须与目标客户就该市场提供物的利益进行沟通，说服他们相信并购买（即促销）。组织必须综合运用这些市场营销组合工具，制订细致、周到的整合营销计划，向选定的客户沟通和递送既定的价值。

4. 客户关系管理

组织在理解市场和客户需要、设计客户导向的市场营销战略以及构建市场营销组合工具都是为了建立有价值的客户关系。对客户关系管理可理解为通过递送卓越的客户价值和满意，来建立和维持盈利性的客户关系的整个过程。它涉及获得、维持和发展客户的所有方面。关系建立的基础指建立持久客户关系的关键是创造卓越的客户价值和满意。满意的客户更容易成为忠诚的客户，并为组织带来更大的市场份额。客户满意取决于客户对产品和服务的感知效能与客户预期的比较。如果产品和服务的效能低于预期，客户不满意。如果效能符合预期，客户满意。如果效能超过预期，客户非常满意或者惊喜。良好的客户关系管理产生客户愉悦，愉悦的客户保持忠诚，并向其他人积极地介绍组织及其产品和服务，客户关系管理的目标不仅仅是创造客户满意，还包括客户愉悦。

好的客户关系管理不仅能够留住好客户以获得客户终身价值，而且有助于市场营销者提高他们的市场份额，即客户所购买的某组织的产品和服务占其同类产品购买量的比重。客户关系管理的最终目标是产生高的客户权益。客户权益是组织现有和潜在客户终身价值的贴现总和，因此，它可以衡量客户基础的未来价值。显而易见，组织拥有的有价值的客户越忠诚，其客户权益就越高。与当前的销售和市场份额相比，客户权益是衡量组织业绩更好的指标。销售和市场份额反映的是过去，客户权益则意味着未来。

23.4.2 营销环境

市场营销的运行环境复杂多变，包括微观环境和宏观环境。微观环境可能支持也可能阻碍组织的发展，宏观环境能形成市场营销机会，也可能造成威胁，影响组织建立客户关系的能力。为制定有效的市场营销战略，组织必须理解市场营销运行的环境。

1. 微观环境

市场营销的微观环境通常包括：组织、供应商、营销中介、客户、竞争者、公众等。

（1）组织。在制订市场营销计划时，市场营销管理者需要兼顾组织内部的其他团队，诸如高层管理者、财务部门、研发部门、采购部门、运营部门等。所有这些彼此关联的群体构成了组织的内部环境。高层管理者确定组织的使命、目标、总体战略和政策等。市场营销管理者在由高层管理者决定的战略和计划内制定策略并开展管理等。

（2）供应商。供应商为组织提供生产产品和服务所需要的多种资源。如果供应商出现问题，可能会严重影响市场营销活动。市场营销管理必须关注供应的稳定性、成本和发展等因素。供应短缺或延迟、生产停滞以及其他事件会在短期内影响销售，从长期看，会影响客户满意。另外，供应成本的不断增加会迫使组织产品和服务价格上升，从而减少组织的销售量。

（3）营销中介。营销中介帮助组织促销、销售和配送产品或协助将服务交付给最终客户。转售商是帮助组织寻找客户并向他们销售的分销渠道组织，包括批发商和零售商。实体分销组织帮助组织储存和运送商品。营销服务机构包括营销调研组织、广告代理商、媒体组织以及营销咨询组织等，它们帮助组织选择恰当的目标市场并促销产品和服务。金融中介包括银行、贷款组织、保险组织以及其他机构，它们帮助组织融资或抵御与交易相关联的风险等。

（4）竞争者。组织要取得成功就必须为客户提供比竞争者更高的价值和满意。市场营销者不能仅仅适应目标消费者的需求，他们还必须通过在消费者心目中建立比竞争对手更强势的定位来获得战略优势。

（5）公众。公众是对组织实现其目标的能力有实际或潜在利益关系或影响的任何群体。公众一般包括金融公众、媒体公众、政府公众、民间团体公众、内部公众、一般公众、区域公众7种类型。可为这些公众准备市场营销计划，若希望从某一类公众那里得到特定的反应，比如商誉、良好的口碑，就必须为这类公众设计有足够吸引力的提供物，争取得到所期待的反应。

（6）客户。整个价值递送网络的目的就在于为目标客户提供产品和服务并与他们建立牢固的关系。个人消费者市场由为个人消费而购买产品和服务的个人和家庭构成。组织市场购买产品和服务以便进一步用于生产或服务过程。转售商市场购买产品和服务旨在通过转售来谋取利润。政府市场由购买产品和服务用于生产公共服务或将产品和服务转移给需要者的政府机构构成。

2. 宏观环境

市场营销的宏观环境通常包括人口、经济、自然、技术、政治与社会，以及文化等。

（1）人口环境。人口统计是根据人口规模、密度、地理位置、年龄、性别、种族、职业和其他一些统计量进行的人口研究。由于人口环境与人相关，而正是人构成了市场，人口环境的变化对组织有重要的意义。市场营销者要密切追踪国内外市场中的人口变化趋势和动态，关注不断变化的年龄结构和家庭构成、人口的地理迁移、教育特点以及人口多样化等。

（2）经济环境。经济环境由各种影响消费者购买力和支出模式的因素构成。经济因素对消费者的支出和购买行为有着巨大的影响。诸如收入、生活成本、利率和储蓄与借贷模式等主要经济变量的变化，会对市场产生重大影响。组织通过经济预测，关注这些变量及其变化。组织在经济衰退时不一定被淘汰，在经济繁荣时也不一定就能发展。唯有高度警觉，才能利用经济环境中的变化。

（3）自然环境。自然环境指市场营销者需要投入的或受到市场营销活动影响的物质环境和自然资源。自然环境中意想不到的气候变化或自然灾害都可能影响组织及其营销战略。市场营销者应该意识到自然环境中的主要趋势，如原材料的短缺、不断恶化的污染问题、政府加强了对自然资源管理的干预等。

（4）技术环境。新技术可以为组织带来新的机会。市场营销者应该密切关注技术环境，不能紧跟技术进步步伐的组织很快会发觉自己的产品和服务已经过时，并错失了推出新产品、新服务的市场机会。

（5）政治与社会。政治环境由在特定社会中影响或制约各种组织和个人的法律、政府机构及压力团体等构成。精心设计的法律、法规可以鼓励竞争，确保产品和服务市场的公平，每一项市场营销活动都受到一系列法律、法规的管辖。正式的法律、法规不可能涵盖市场营销活动中的所有问题。除了正式的法律、法规，组织还受到社会准则和职业道德的制约。明智的组织鼓励其管理者不仅要遵守法律和法规，还要"做正确的事情"。这些具有社会责任的组织积极寻求有效途径保护客户和环境的长远利益。为履行社会责任和建立更加积极的形象，许多组织现在将自己与有意义的事业联系在一起。事业关联营销已经成为组织奉献社会的主要方式，通过将购买组织的产品和服务与为有意义的事业或慈善组织筹集资金相联系。

（6）文化环境。文化环境由制度和影响社会的基础价值观、认知、偏好及行为等其他力量构成。人们在特定的社会中成长，逐步形成自己的基本信念和价值观。

23.4.3 营销分析

1. 管理市场营销信息

要想为客户创造价值并与他们建立可盈利的关系，市场营销者必须首先获得关于客户需要和欲望的有效、深入的洞察。组织正是运用这种客户洞察来建立竞争优势。为获得优质的客户洞察，市场营销者必须有效地管理来自各种渠道的市场营销信息。市场营销者可以从内部资料、市场营销情报、市场营销调研中获得所需信息。

1）内部资料

许多组织建立了大规模的内部数据库，即从组织内部数据源收集的关于客户和市场的电子信息。市场营销部门提供关于客户特点、交易情况以及网站浏览行为的信息；客户服务部门记录客户满意度或服务问题；财务部门编制财务报表，详细记录销售额、成本和现金流；运营部门报告中间商的反应和竞争者动态；市场营销渠道伙伴提供销售点交易的数据。妥善利用这些信息，可以为组织提供有力的客户洞察和竞争优势。

2）竞争性市场营销情报

竞争性市场营销情报是指系统地收集和分析关于客户、竞争对手和市场发展趋势的可公开获得的信息。市场营销情报的目的是，通过理解客户环境、评价和追踪竞争者行为，以及提供关于机会和威胁的早期预警，帮助营销者更好地制定战略决策。市场营销情报技术包括实地观察客户、询问自己的员工、瞄准竞争者的产品和服务、搜索互联网和舆情监测等。

3）市场营销调研

市场营销调研是指针对组织面对的特定市场营销问题，系统地设计、收集、分析和报告信息。例如，市场营销调研使市场营销者了解客户动机、购买行为和满意度，帮助他们评价市场潜力和市场份额，测量定价、产品、渠道和促销行为的效果。市场营销调研的过程包括4个步骤：确定问题和调研目标，制订调研计划，执行调研计划，解释和报告调研结果。

从内部数据库、营销情报和营销调研中获得的信息，通常需要进一步分析，以便在一系列数据中挖掘出更多的关系。信息分析还涉及应用分析模型，帮助管理者制定更好的决策。信息加工和分析之后，必须在合适的时间传递给恰当的决策制定者。

2. 消费者市场与购买行为分析

对市场营销者而言，核心的问题是：客户对组织可能采取的市场营销努力作何种反应。图 23-17 所示为购买者行为的"刺激-反应模型"。它表明，当营销和其他刺激进入购买者的大脑（黑箱）会产生某种反应。

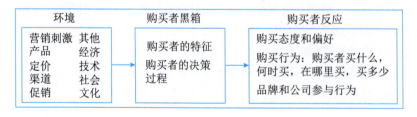

图 23-17　购买者行为模型

市场营销者需要理解刺激怎样在购买者黑箱中转化为反应，这主要由两部分构成：①购买者的特征影响他对刺激的感知和反应。这些特征包括各种文化、社会因素、个人和心理因素等。②购买者的决策过程本身影响购买者行为。这一决策过程从确认需求、收集信息和评价方案到购买决策和购买后行为，在实际购买决策做出之前早就发生了，并持续到决策之后很长时间。

1）购买行为

客户购买行为主要受文化、社会、个人和心理因素的影响，如图23-18所示。大多数情况下，市场营销人员难以控制这些因素，但是他们必须考虑这些因素。

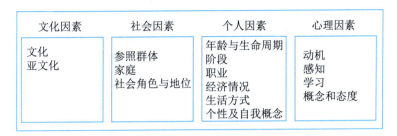

图 23-18　影响客户购买行为的因素

客户的购买行为各不相同，越复杂的决策往往包含越多的购买参与者，客户也越慎重。图 23-19 显示了根据购买者介入度和品牌差异度两个维度划分的客户购买行为类型。

	高介入	低介入
品牌间差异显著	复杂的购买行为	寻求多样性的购买行为
品牌间差异较小	降低失调的购买行为	习惯性的购买行为

图 23-19　购买行为模型

2）购买决策

购买决策过程一般包括确认需要、搜索信息、评估备选方案、购买决策以及购后行为 5 个阶段。购买过程早在实际购买发生前就已经开始，在购买后还会延续很长时间。市场营销者需要关注整个购买过程，而不是只注意购买决策阶段。

3. 组织市场与购买者行为分析

组织购买者行为指一些组织为了出售、租赁或供应其他组织用于业务发展而购买产品和服务的行为。它也包括零售和批发组织的购买行为，它们购买产品和服务是为了转售或出租给其他人牟利。在组织购买过程中，组织购买者首先决定需要什么产品和服务，然后寻找备选的供应商和品牌，并进行评价和选择。组织市场中的营销者必须竭尽所能理解组织市场和组织购买者行为。与面向最终消费者客户的组织一样，组织市场的营销者必须通过创造卓越的客户价值来与组织客户建立盈利性的关系。与消费者市场的市场营销者相比，组织市场中的市场营销者通常面对数量较少但规模更大的客户，组织购买常常涉及更多的决策参与者和更加专业的购买工作，组织购买者的购买决策通常较为复杂且多变。

市场营销者最起码应该了解组织购买者对不同的市场营销刺激会做出怎样的反应。图 23-20 展示了一个组织购买者行为模型。在这个模型中，营销和其他刺激影响客户组织并引起购买者反应。为使客户组织接触到这些刺激并产生对组织有利的购买反应，市场营销者必须理解在特定的营销刺激下，客户组织中会发生什么，进而设计优秀的市场营销战略。

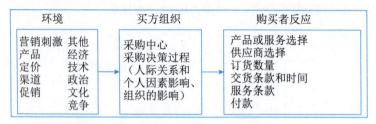

图 23-20　组织购买者行为模型

在组织内部，购买行为由两个主要部分构成：一是采购中心，由采购决策所涉及的所有人组成；二是采购决策过程。图 23-20 中的模型表明，采购中心和采购决策过程既受到内部组织、人际关系和个人因素的影响，也受到外部因素的影响。

1）购买行为

组织购买有 3 种主要类型：①直接重购。指按部就班地重复以往的购买决策，通常由采购部门按常规完成即可。被选中的供应商会努力维持产品和服务质量；落选的供应商则试图创造新方法增加价值或消除不满，以便购买者在下一次购买时会重新考虑它们。②调整重购。指购买者希望调整产品要求、价格、交易条件或供应商。现有的供应商因感到压力而紧张，它们会竭力表现以保护自己的地位；而落选的供应商则把调整的重购视为一次难得的机会，试图通过提供更好的产品和服务来争取获得新业务。③新购。首次购买一种产品和服务的组织面临新购的情况。此时，成本越高或风险越大，决策参与者就越多，收集信息的工作量也越大。对市场营销者而言，买方新购是最好的机会，也是最大的挑战。需要尽可能多地接触购买决策的关键影响者，积极地提供尽可能多的帮助和信息。在直接重购中，购买者制定的决策最少，而在新购的情况下，购买者制定的决策最多。

影响组织购买者购买行为的因素包括环境、组织、人际关系和个人等，如图 23-21 所示。组织购买者在很大程度上受到当前和预期经济环境的影响，如基本需求水平、经济概况以及货币成本。还有一种环境因素是关键原材料的短缺。许多组织现在更愿意购买稀缺原材料并持有大量存货，以确保充足的供给。组织购买者还受到技术、政治和竞争动态的影响。最后，文化与习俗也可能强烈地影响组织购买者对市场营销者的行为和战略的反应，尤其是在国际市场营销环境中。

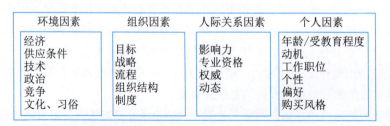

图 23-21　影响组织购买者行为的主要因素

2）购买过程

图 23-22 列出了组织购买过程的 8 个阶段。在新购情况下，购买者通常会经历购买过程的所有阶段；而在调整的重购或直接重购时，购买者很可能略过其中的某些阶段。

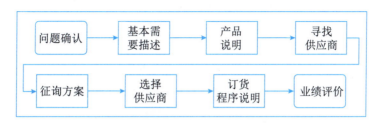

图 23-22　组织购买过程的主要阶段

23.4.4　营销管控

组织的营销控制需要重点关注营销活动管理、整合营销沟通和人员销售管理。

1. 营销活动管理

组织在营销管理中除了善于营销，还需要重视管理。图 23-23 显示了市场营销管理过程需要的 4 种营销管理活动：分析、计划、执行与控制。组织需要制订整体战略规划，然后将它们转化为每个部门、产品和服务、品牌的市场营销计划或其他计划，并有效执行计划。组织通过控制测量和评价市场营销活动的结果，并且在必要的时候采取纠偏措施。还需要通过市场营销分析，为所有其他营销活动提供信息和知识。

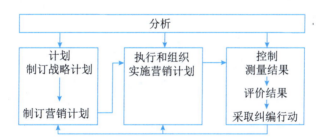

图 23-23　管理市场营销：分析、计划、执行与控制

（1）市场营销分析。对市场营销职能的管理始于对组织环境的全面分析。市场营销者可进行 SWOT 分析，即评价组织的优势、弱点、机会和威胁。优势包括有助于组织为目标客户提供产品和服务并实现目标的内部能力、资源以及积极的环境因素。弱点包括损害组织业绩的内部局限性和负面的环境因素。机会是组织能够利用其优势的外部环境中的有利因素或趋势。威胁是对组织业绩构成挑战的不利外部因素或趋势。

（2）市场营销计划。通过战略规划，组织能够明确各个业务单位所从事的活动。市场营销计划有助于组织实现总体战略目标的市场营销战略。每项业务、每个产品与服务、品牌都需要详细的市场营销计划。市场营销计划的第一部分是概述，阐述主要评价、目标和建议，计划的主体部分是对当前的营销环境及潜在机会和威胁的详细分析。

（3）市场营销执行。市场营销执行是为了实现组织的战略营销目标，将市场营销计划转化为市场营销行动的过程。市场营销计划解决的是采取什么营销行为以及为什么要这样做的问题；市场营销执行则解决谁、何地何时以及如何做的问题。

（4）市场营销组织。组织必须建立执行市场营销战略和计划的营销组织。越来越多的组织正将自己的重点从品牌管理转向客户管理，从只关注产品、服务或品牌的盈利性，转为关注管理客户价值和客户权益。与其说组织在管理品牌组合，不如说它们在管理客户组合。

（5）市场营销控制。由于在营销计划的执行过程中会发生许多意想不到的情况，市场营销者必须进行持续的市场营销控制，即评价市场营销战略和计划的结果，并采取纠偏措施以确保既定目标的实现。市场营销控制的步骤包括：①管理层首先要设定具体的营销目标；②衡量其市场业绩，找到造成预期业绩和实际业绩之间缺口的原因；③管理层采取纠偏措施缩小目标与实际业绩之间的差距，包括改变行动计划，或者改变目标本身。

2. 整合营销沟通

整合营销沟通致力于在目标市场上获得迅速认知、形象或偏好，有效的沟通可管理组织及其品牌与客户的长期关系。市场营销者可通过如下活动开展整合沟通：确定目标受众、明确沟通目标、设计信息、选择沟通渠道和媒体、选择信息来源、收集反馈。

（1）确定目标受众。营销沟通始于确定目标受众。他们应该是当前或潜在的客户、制定购买决策的人或影响购买决策的人。受众可以是个人、群体、特定公众或一般公众。

（2）明确沟通目标。一旦确定目标受众，市场营销者就必须确定希望得到的反应。在许多情况下，客户的购买行为是沟通人员最终的目标。但购买只是客户决策制定过程的最终结果。营销沟通者需要知道目标受众处于何种阶段，以及需要发展到什么阶段。目标受众可能处于知晓、了解、喜爱、偏好、信服和购买6个购买者准备阶段中的一个。

（3）设计信息。确定理想的受众反应之后，市场营销沟通者开始制定有效的信息。理想的信息应该能够引起客户的注意、兴趣产生、欲望激发和行动促进。

（4）选择沟通渠道和媒体。市场营销沟通者需要选择沟通渠道。沟通渠道可以分为两大类：人际沟通和非人际沟通。在人际沟通渠道中，两个或更多的人彼此直接沟通。他们的具体沟通方式包括面对面谈话、打电话、通信、电子邮件，甚至是网上聊天。人际沟通渠道之所以很有效，是因为人们可以直接对话和反馈。非人际沟通渠道是没有人际接触或反馈的信息传播途径，包括主要媒体、气氛和事件。非人际沟通直接影响购买者，用大众媒体常常引发更多的人际沟通，进而间接地影响购买者。

（5）选择信息来源。在人际沟通和非人际沟通中，信息对目标受众的影响也受到受众对沟通者看法的影响，高质量的信息往往更具说服力。

（6）收集反馈。信息发送之后，市场营销沟通者还必须调查它对目标受众的影响，包括询问目标受众是否记得该信息、看过多少次、还能回忆起哪些要点、有何感受，以及对产品、服务或组织过去和现在的态度。市场营销沟通人员更乐意测量信息对实际行为的影响，有多少人购买了产品和服务，是否与其他人谈论过产品和服务等。

3. 人员销售管理

销售过程包括一系列步骤，这些步骤关注如何获得新客户以及如何从他们那里获得订单。人员销售包括 7 个步骤：发掘潜在客户和核查资格、销售准备、接近客户、介绍和示范、处理异议、成交、跟进和维持。

（1）发掘潜在客户和核查资格。人员销售过程的第一步是发掘，即找出合适的潜在客户。销售人员必须经常联系足够多的潜在客户才能得到订单。最好的来源是熟人推荐，可以请求现有客户提供潜在客户名单，或求助其他信息来源，如供应商、经销商、非竞争的销售人员，以及网站或其他社交网络。

（2）销售准备。在拜访潜在客户之前，销售人员应该尽可能多地了解组织客户及其采购人员的情况。销售准备始于细致的调查，销售人员必须运用调查结果制定客户策略。销售人员应该设定拜访目标，可以是核查客户、收集信息或是马上达成交易；另一项工作是确定最好的接近方法，可以是亲自拜访、电话联络、信函或电子邮件等。

（3）接近客户。在接近客户阶段，销售人员要知道如何会见客户，并使彼此的关系有一个良好开端。开场白应该积极，力求在双方关系的开始阶段就建立好感，然后可以接着洽谈几个关键的问题以更多地了解客户的需求，或者展示服务或产品样品以吸引客户的注意力和好奇心。

（4）介绍和示范。在销售过程中的介绍阶段，销售人员会向客户讲述"价值故事"，解释组织的产品如何能够解决客户的问题。客户问题解决型销售人员比强硬推销型或急速交易型的销售人员更符合当前的关系营销观念。这一步骤的目标应该是展现组织的产品和服务怎样创造客户价值。

（5）处理异议。通常，在倾听销售人员讲解产品与服务或被要求下订单时，绝大多数客户会表示异议。这些异议有些是合理的，有些完全是出于客户个人心理的，并且有很多异议并没有直接说出来。在处理异议时，销售人员应该采取积极的态度，寻找隐含的异议，推动客户陈述清楚异议，并把这些异议作为提供更多信息的机会，最终把这些异议转变为购买的理由。每一位销售人员都需要在异议处理能力方面接受培训。

（6）成交。在处理客户异议之后，销售人员应该设法达成交易。销售人员应该知道如何识别客户发出的成交信号，包括身体的动作、言辞或者意见。

（7）跟进和维持。销售过程的最后一步是客户跟进和维持。如果销售人员希望保证客户满意并在日后重复购买，这一步非常重要。在达成交易后，销售人员应该安排送货时间、购买条款、服务交付条件等一切细节问题。当货物送达或交付团队进场后，销售人员应该安排跟进拜访，确保产品的安装、指导以及服务都准确无误。

23.5 本章练习

1. 选择题

（1）关于工作分析的核心流程的描述，不正确的是_____。
    A．影响工作分析对象的选择因素有：工作的重要性、完成难度和工作内容变化

B. 主管人员收集工作分析信息的优点是：对工作有全面的了解且速度较快

C. 工作说明书包括工作描述和工作规范两个方面

D. 直接观察法适用于对脑力劳动要求较高的工作

参考答案：D

（2）在组织战略执行保障体系，经营分析活动属于_____。

  A. 战略控制层   B. 流程执行层

  C. 信息系统支撑层   D. 经营销售层

参考答案：A

（3）运行流程以战略流程为导向，以战略流程确定的架构为基础展开，它的逻辑顺序是_____。

  A. 战略——商业模式——运行流程

  B. 商业模式——战略——运行流程

  C. 运行流程——商业模式——战略

  D. 战略——运行流程——商业模式

参考答案：A

（4）直觉和预感这类知识属于_____。

  A. 隐性知识   B. 显性知识

  C. 言语性知识   D. 数字性知识

参考答案：A

（5）组织显性知识获取与收集的途径不包括_____。

  A. 资料采购   B. 营销与销售协议

  C. 结构式访谈   D. 数据挖掘

参考答案：C

2. 思考题

（1）组织在员工的职业前程规划中应承担哪些责任？

参考答案：略

（2）如何保障流程管理有效执行？

参考答案：略

（3）请简述显性知识的特征。

参考答案：略

（4）简述市场营销管理过程需要的4种营销管理活动。

参考答案：略

第24章 法律法规与标准规范

与信息化相关的法律法规主要用于规范和协调信息系统各要素之间的关系，是国家信息化快速、持续、有序、健康发展的根本保障。信息化相关的标准规范是以确保其技术上的协调一致和整体效能的实现，为信息系统建设和运行等技术工作提供参考依据、规范要求和活动准绳。相关人员在开展信息系统相关活动过程中，应善于运用法律法规和标准规范，使之成为优化管理能力、改善活动效能、提升价值收益的助推器。

24.1 法律法规

在国家信息化体系中，信息化法律法规是六个要素之一。为适应国家信息化发展的需要，我国针对信息系统相关活动的权利保护、信息安全、互联网应用等方面制定和出台了各种法律法规及配套的管理条例，形成了较为完善的法律法规体系。信息系统相关活动经常涉及的一些法律法规包括：《中华人民共和国民法典》《中华人民共和国招标投标法》《中华人民共和国政府采购法》《中华人民共和国专利法》《中华人民共和国著作权法》《中华人民共和国商标法》《中华人民共和国网络安全法》和《中华人民共和国数据安全法》。

24.1.1 民法典（合同编）

2020年5月，中华人民共和国第十三届全国人民代表大会通过的《中华人民共和国民法典》合同编（以下简称"合同编"）是信息化法律法规领域的最重要的法律基础。根据合同编规定，合同是民事主体之间设立、变更、终止民事法律关系的协议。依法成立的合同，受法律保护。依法成立的合同，仅对当事人具有法律约束力，但是法律另有规定的除外。当事人对合同条款的理解有争议的，应当依法确定争议条款的含义。

合同文本采用两种以上文字订立并约定具有同等效力的，对各文本使用的词句推定具有相同含义。各文本使用的词句不一致的，应当根据合同的相关条款、性质、目的以及诚信原则等予以解释。

24.1.2 招标投标法

《中华人民共和国招标投标法》（以下简称"招投标法"）是国家用来规范招标投标活动、调整在招标投标过程中产生的各种关系的法律规范的总称。另外，国家还颁布《中华人民共和国招标投标法实施条例》作为执行补充。在这两部法律法规中，对招投标保护及其具体措施作出了明确的规定。

24.1.3 政府采购法

2014年8月31日通过，同日正式实施的《中华人民共和国政府采购法》（以下简称"政府采购法》与同年12月31日通过，2015年3月1日施行的《中华人民共和国政府采购法实施条例》规定，政府采购是指各级国家机关、事业单位和团体组织，使用财政性资金采购依法制定的集中采购目录以内的或者采购限额标准以上的货物、工程和服务的行为。政府集中采购目录和采购限额标准依照政府采购法规定的权限制定。采购是指以合同方式有偿取得货物、工程和服务的行为，包括购买、租赁、委托、雇用等。货物是指各种形态和种类的物品，包括原材料、燃料、设备、产品等。工程是指建设工程，包括建筑物和构筑物的新建、改建、扩建、装修、拆除、修缮等。服务是指除货物和工程以外的其他政府采购对象。

24.1.4 专利法

2020年10月17日第四次修正的《中华人民共和国专利法》（以下简称"专利法"）通过，并于2021年6月1日正式实施。专利法规定，发明创造是指发明、实用新型和外观设计。发明是指对产品、方法或者其改进所提出的新的技术方案。实用新型是指对产品的形状、构造或者其结合所提出的适于实用的新的技术方案。外观设计是指对产品的整体或者局部的形状、图案或者其结合以及色彩与形状、图案的结合所作出的富有美感并适于工业应用的新设计。

24.1.5 著作权法

2020年11月11日发布第三次修正版《中华人民共和国著作权法》（以下简称"著作权法"）。同时，国家主席习近平在2020年11月11日发布主席令，其中指出《全国人民代表大会常务委员会关于修改〈中华人民共和国著作权法〉的决定》已由中华人民共和国第十三届全国人民代表大会常务委员会第二十三次会议于2020年11月11日通过，现予公布，2021年6月1日正式施行。在这部法律中，对著作权保护及其具体实施作出了明确的规定。

24.1.6 商标法

2019年4月23日通过，2019年11月1日起施行的《中华人民共和国商标法》（以下简称"商标法"）是信息化领域政策法规的重要法律基础之一。国务院工商行政管理部门商标局主管全国商标注册和管理的工作。国务院工商行政管理部门设立商标评审委员会，负责处理商标争议事宜。经商标局核准注册的商标为注册商标，包括商品商标、服务商标和集体商标、证明商标；商标注册人享有商标专用权，受法律保护。集体商标是指以团体、协会或者其他组织名义注册，供该组织成员在商事活动中使用，以表明使用者在该组织中的成员资格的标志。证明商标是指由对某种商品或者服务具有监督能力的组织所控制，而由该组织以外的单位或者个人用于其商品或者服务，用以证明该商品或者服务的原产地、原料、制造方法、质量或者其他特定品质的标志。集体商标、证明商标注册和管理的特殊事项，由国务院工商行政管理部门规定。

24.1.7 网络安全法

2017年6月1日起正式实施的《中华人民共和国网络安全法》（以下简称"网络安全法"），是我国第一部全面规范网络空间安全管理方面问题的基础性法律。网络安全法中给出了网络、网络安全、网络数据等用语的定义，明确了部门、企业、社会组织和个人的权利、义务和责任。规定了国家网络安全工作的基本原则、主要任务和重大指导思想、理念。

网络安全法的制定是为了保障网络安全，维护网络空间主权和国家安全、社会公共利益，保护公民、法人和其他组织的合法权益，促进经济社会信息化健康发展。适用于在中华人民共和国境内建设、运营、维护和使用网络，以及网络安全的监督管理。

24.1.8 数据安全法

《中华人民共和国数据安全法》（以下简称"数据安全法"）于 2021 年 9 月 1 日起正式施行。数据安全法从数据安全与发展、数据安全制度、数据安全保护义务、政务数据安全与开放的角度对数据安全保护的义务和相应法律责任进行规定。

数据安全法作为数据安全领域最高位阶的专门法，与网络安全法一起补充了《中华人民共和国国家安全法》框架下的安全治理法律体系，更全面地提供了国家安全在各行业、各领域保障的法律依据。同时，数据安全法延续了网络安全法生效以来的"一轴两翼多级"的监管体系，通过多方共同参与实现各地方、各部门对工作集中收集和产生数据的安全管理。

24.2 标准规范

国内外发布了较多的信息系统与软件工程、新一代信息技术以及信息技术服务相关的标准规范，有关标准为信息系统相关活动提供了最佳实践、规范要求等内容，相关信息系统活动需要根据活动的内容、预计达成的目标和技术使用情况等，遵循有关标准的规定和要求，从而确保有关活动的有效性和规范性等。

24.2.1 系统与软件工程标准

系统与软件工程相关的标准主要分为基础标准、生存周期管理标准以及质量与测试标准。各标准关注的方向和侧重点不同，需要系统化融合应用。

1. 基础标准

基础标准方面，主要包含 GB/T 11457《信息技术 软件工程术语》、GB/Z 31102《软件工程 软件工程知识体系指南》等标准。

（1）GB/T 11457《信息技术 软件工程术语》。该标准给出了 1859 个软件工程领域的中文术语，以及每个中文术语对应的英文词汇，对每个术语给出了相应的定义。

（2）GB/Z 31102《软件工程 软件工程知识体系指南》。该指导性技术文件描述了软件工程学科的边界范围，按主题提供了访问支持该学科文献的途径。制定软件工程知识体系（SWEBOK）指南有 5 个目标：①促进业界对软件工程看法趋于一致；②阐明软件工程的地位，并设定软件工程与计算机科学、项目管理、计算机工程和数学等其他学科之间的界线；③描述软件工程学科的内容；④提供使用软件工程知识体系的主题；⑤为课程制定、个人认证及特许资料提供依据。

2. 生存周期管理标准

生存周期管理标准方面，主要包含 GB/T 8566《系统与软件工程 软件生存周期过程》、GB/T 22032《系统与软件工程 系统生存周期过程》等标准。

（1）GB/T 8566《系统与软件工程 软件生存周期过程》。为软件生存周期过程建立了一个公共框架，供软件工业界使用。该标准包括了在含有软件的系统、独立软件产品和软件服务的获取期间以及在软件产品的供应、开发、运行和维护期间需应用的过程、活动和任务。此外，该标准还规定了用来定义、控制和改进软件生存周期的过程。

《系统与软件工程 软件生存周期过程》适用于系统和软件产品以及服务的获取，还适用于软件产品和固件部分的供应、开发、操作和维护，可在一个组织的内部或外部实施。该标准适用于供需双方，如供需双方来自同一组织也同样适用；适用于从一项非正式协定直到法律约束的合同的各种情况；适用于系统和软件产品即服务的需方、软件产品的供方、开发方、操作方、维护方、管理方、质量保证管理者和用户。该标准可由单方作为自我改进工作使用。同时，不阻止现货软件的供方或者开发方使用该标准。

（2）GB/T 22032《系统与软件工程 系统生存周期过程》。该标准为描述人工系统的生存周期建立了一个通用框架，从工程的角度定义了一组过程及相关的术语，并定义了软件生存周期过程。这些过程可以用于系统结构的各个层次。在整个生存周期中，被选定的过程集合可用于管理、运行系统生存周期的各个阶段。这是通过所有与系统有关的各方参与，以实现顾客满意为最终目标来完成的。该标准还提供了一些过程，支持用于组织或项目中生存周期过程的定义、控制和改进。当获取和供应系统时，组织和项目可使用这些生存周期过程。

《系统与软件工程 系统生存周期过程》涉及一个或多个可由以下元素配置的人工系统：硬件、软件、数据、人员、过程（例如，给用户提供服务的过程）、规程（例如，操作指南）、设施、物资和自然存在的实体。当系统元素是软件时，ISO/IEC/IEEE 12207—2015 可以用于实现此系统元素。两个标准互相协调，可以在单个项目或单个组织中同时使用。

3. 质量与测试标准

质量与测试标准方面，主要使用的标准是 GB/T 25000《系统与软件工程 系统与软件质量要求和评价（SQuaRE）》等。

《系统与软件工程 系统与软件质量要求和评价（SQuaRE）》分为多个部分，各部分内容及相应的适用范围如表 24-1 所示。

表 24-1 GB/T 25000 标准各部分内容

标准号	各部分名称	主要内容	适用范围
GB/T 25000.1	第 1 部分：SQuaRE 指南	该部分为 GB/T 25000 整体标准提供使用指南。该部分旨在为 GB/T 25000 标准的内容、公共参考模型和定义以及各部分间的关系提供一个全面说明，允许用户根据其使用目的应用该部分	标准适用但不限于系统和软件产品的开发方、需方和独立的评价方，特别是那些负责定义系统和软件质量需求，及系统和软件产品评价的人员

（续表）

标准号	各部分名称	主要内容	适用范围
GB/T 25000.2	第 2 部分：计划与管理	该部分通过提供技术、工具、经验和管理技能，为负责执行和管理系统与软件产品质量需求规约和评价活动的组织提供要求和建议	该部分适用于预期用户执行：①管理用于需求规约和评价执行的技术；②明确系统与软件产品质量要求；③支持系统与软件产品质量要求；④管理系统与软件开发组织以及与质量保证职能相关的事项
GB/T 25000.10	第 10 部分：系统与软件质量模型	该部分定义了：①使用质量模型，该模型由五个特性组成，每个特性又可进一步细分为一些子特性，这些特性关系到产品在特定的周境中使用时的交互结果。②产品质量模型，该模型由八个特性组成，每个特性又可进一步细分为一些子特性，这些特性关系到软件的静态性质和计算机系统的动态性质	使用质量模型可以应用于整个人机系统，既包括使用中的计算机系统，也包括使用中的软件产品。产品质量模型，模型既可以应用于计算机系统，也可以应用于软件产品
GB/T 25000.12	第 12 部分：数据质量模型	该部分针对计算机系统中以某种结构化形式保存的数据，定义了通用的数据质量模型。关注于作为计算机系统一个组成部分的数据的质量，并定义由人和系统使用的目标数据的质量特性	数据与数据设计之间的复合型包含在该部分的范围内
GB/T 25000.20	第 20 部分：质量测量框架	该部分规定了开展质量测量工作的框架	该部分可用于设计、识别、评价和执行系统与软件产品质量、使用质量和数据质量的测量模型。该参考模型可被开发方、需方、质量保证人员以及独立评价方，尤其是负责规定和评价信息通信技术系统质量的人员使用
GB/T 25000.21	第 21 部分：质量测度元素	该部分旨在定义和 / 或设计质量测度元素（QME）的初始集，可将其应用在软件产品的整个生存周期，已实现系统和软件质量要求与评价（SQuaRE）标准的目的。该部分还给出了设计 QME 或对已有 QME 设计进行验证的规划集	该部分旨在供（但不限于）开发方、需方、产品的独立评价方使用，特别是面向负责定义产品质量需求和产品评价的责任人。当定义拟用来获取质量测度（例如 GB/T 25000.22、GB/T 25000.23、GB/T 25000.24 中所规定的质量测度）相关的 QME 时，该部分是适用的
GB/T 25000.22	第 22 部分：使用质量测量	该部分提出的使用质量测度主要在基于真实使用效果的系统与软件产品的质量保证和管理中使用。测量结果的主要用户是软件与系统开发、获取、评价或维护的管理人员	该部分针对 GB/T 25000.10—2016 所定义之特性的使用质量测度进行了定义，旨在与 GB/T 25000.10—2016 搭配使用。该部分能与 GB/T 25000.30、GB/T 25000.40 和 GB/T 25000.41 等标准结合使用，并能在产品或系统质量方面更普遍地满足用户需要

(续表)

标准号	各部分名称	主要内容	适用范围
GB/T 25000.23	第 23 部分：系统与软件产品质量测量	该部分基于 GB/T 25000.10—2016 定义的特性和子特性，规定了用于量化评价系统与软件产品质量的测度	该部分定义的质量测度需要与 GB/T 25000.10—2016 协同使用，并可以联合系统与软件质量要求和评价（SQuaRE）系列国际标准的质量需求部分（ISO/IEC 2503n）及评价部分（ISO/IEC 2504n），以便更广泛地满足用户对于软件产品和系统质量需求的定义与评价
GB/T 25000.24	第 24 部分：数据质量测量	该部分包含：①每一个特性的数据质量测度的基本集合；②在数据生存周期中应用了质量测度的目标实体的基本集合；③对如何应用数据质量测度的解释；④指导组织定义自己的针对数据质量需求和评价的测度	该部分可以应用于任何种类应用的计算机系统中的，保持结构化格式的任何种类的数据
GB/T 25000.30	第 30 部分：质量需求框架	该部分为系统、软件产品及数据提供了质量需求的框架，包括质量需求的概念及抽取、定义和管控它们的过程和方法	GB/T 25000 标准中部分引用的文件，其最新版本（包括所有的修改单）适用于该文件
GB/T 25000.40	第 40 部分：评价过程	该部分包含了软件产品质量评价的要求和建议，并阐明了一般概念。它为评价软件产品质量提供了一个过程描述，并为该过程的应用明确了要求。该部分建立了评价参考模型与 SQuaRE 文档之间的关系，也说明了在评价过程的每个活动应如何对应使用 SQuaRE 文档	该部分主要适合于软件产品的开发方、需方以及独立评价方。评价过程可用于不同的目的和方法。该过程用于预开发软件、商业现货软件或定制软件的质量评价，也可用于开发过程期间或开发之后。该部分不用于软件产品其他方面（如功能性需求、过程需求、业务需求等）的评价
GB/T 25000.41	第 41 部分：开发方、需方和独立评价方评价指南	该部分提供了软件产品质量评价的要求、建议和指南。该部分提供了对软件产品质量评价的过程描述，并从开发方、需方和独立评价方的视角陈述了应用评价过程的具体要求	该部分不限于任何特定的应用领域，可用于任何类型软件产品的质量评价方。评价过程可用于不同的目的和方法，也可用于预开发软件、商业现货软件或定制软件的软件产品质量评价，并可用于开发过程期间或开发之后。该部分旨在供负责软件产品质量评价的人员使用，并适用于产品的开发方、需方和独立评价方。该部分不适用于软件产品其他方面（如功能性需求、过程需求、业务需求等）的评价

(续表)

标准号	各部分名称	主要内容	适用范围
GB/T 25000.45	第45部分：易恢复性的评价模块	该部分提供了软件产品易恢复性质量评价的评价方法、过程、测度和结果说明。采用干扰注入方法和基于常见类别的操作故障和事件的干扰列表来评价承受力的质量测度。应用基于对每种干扰定义一组问题集，通过评估系统在没有人为干预的情况下检测、分析和解决干扰的程度，来评价自主恢复指数的质量测度	适用于软件产品（包括中间工作产品和最终产品）、支持单个或多个并发用户的交易系统的易恢复性质量评价。该部分旨在供负责软件产品质量评价的人员使用，并适用于产品的开发方、需方（用户）和独立评价方
GB/T 25000.51	第51部分：就绪可用软件产品（RUSP）的质量要求和测试细则	该部分确立了就绪可用软件产品（RUSP）的质量要求	用于测试RUSP的包含测试计划、测试说明和测试结果等的测试文档集要求
GB/T 25000.62	第62部分：易用性测试报告行业通用格式（CIF）	该部分规范可用于用户测试过程中获取的信息类型。主要的可变因素是永和统计收据、任务描述、测试周境以及为规范研究发现而选择的特别变量	该部分适用于：①供方组织易用性专业人员编写供顾客组织使用的报告时；②顾客组织验证一个特定报告是否符合该文件时；③顾客组织内的人类工效学专家或其他易用性专业人员评价易用性测试的技术价值和产品易用性时；④顾客组织内的其他专业人员和管理者在利用测试结果对产品适宜性和购买进行商业决策时

24.2.2 新一代信息技术标准

新一代信息技术主要包括物联网、云计算、大数据、区块链、人工智能、虚拟现实、移动互联网等，针对物联网、云计算两个领域的重点标准介绍如下。

1. 物联网相关标准

物联网相关标准主要有 GB/T 33745《物联网 术语》、GB/Z 33750《物联网 标准化工作指南》、GB/T 33474《物联网 参考体系结构》等标准。相关标准的标准编号、标准名称、主要内容及适用范围等，如表 24-2 所示。

表 24-2 现行主要物联网相关标准

标准编号	标准名称	主要内容	适用范围	类别
GB/T 33745	物联网 术语	该标准界定了物联网中一些共性的、基础性的术语和定义	该标准适用于物联网概念的理解和信息的交流	国家标准

（续表）

标准编号	标准名称	主要内容	适用范围	类别
GB/Z 33750	物联网 标准化工作指南	该指南制定了物联网标准化工作原则、工作程序、标准名称的结构和命名以及物联网标准分类	该指导性技术文件适用于：①以物联网作为名称要素的国家标准的管理工作；②物联网基础共性标准的研制工作	国家标准
GB/T 33474	物联网 参考体系结构	该标准给出了物联网概念模型，并从系统、通信、信息三个不同的角度给出了物联网参考体系结构	该标准适用于各应用领域物联网系统的设计，为物联网系统设计提供参考	国家标准
GB/T 35319	物联网 系统接口要求	该标准规定了物联网系统实体间接口的具体功能要求	该标准适用于物联网系统实体间接口的设计、开发和应用	国家标准
GB/T 36478.1	物联网 信息交换和共享 第1部分：总体架构	该部分规定了物联网系统之间进行信息交换和共享包含的过程活动、功能实体和共享交换模式	该部分适用于物联网系统之间信息交换和共享的规划、设计、系统开发以及运行维护管理	国家标准
GB/T 36478.2	物联网 信息交换和共享 第2部分：通用技术要求	该部分规定了物联网系统间进行信息交换和共享的通用技术要求，包括数据服务、数据标准化处理、数据存储与管理、数据传递接口、目录管理、认证与授权、交换和共享监控及安全策略要求等内容	该部分适用于物联网系统之间信息交换和共享的规划、设计、系统开发以及运行维护管理	国家标准
GB/T 36468	物联网 系统评价指标体系编制通则	该标准规定了物联网系统评价指标体系的编制原则、体系结构以及指标描述和设计原则	该标准适用于具体行业物联网应用系统评价指标体系的编制	国家标准
GB/T 36478.3	物联网 信息交换和共享 第3部分：元数据	该部分规定了物联网系统间信息交换和共享的元数据，包括元数据概念模型、核心元数据和扩展元数据。	该部分适用于物联网系统间信息交换和共享系统的规划、设计以及维护管理	国家标准
GB/T 36478.4	物联网 信息交换和共享 第4部分：数据接口	该部分规定了物联网系统与外部物联网系统进行信息交换和共享时数据接口的数据推送请求、推送数据、数据获取请求、获取数据、目录获取请求、获取目录数据、目录数据推送请求和推送目录数据等接口参数	该部分适用于物联网系统之间信息交换和共享的设计、系统开发以及运行维护管理	国家标准
GB/T 37684	物联网 协同信息处理参考模型	该标准提出了物联网系统中对任务或服务的协同信息处理的参考模型，规定了实体功能和协同信息处理过程	该标准适用于物联网系统中协同信息处理的设计和开发	国家标准
GB/T 37685	物联网 应用信息服务分类	该标准规定了物联网应用信息服务分类的规则与类别	该标准适用于物联网应用系统规划、设计、研发与应用	国家标准

（续表）

标准编号	标准名称	主要内容	适用范围	类别
GB/T 37686	物联网 感知对象信息融合模型	该标准提出了物联网感知对象信息融合的概念模型，描述了感知对象信息融合在物联网参考体系结构中的位置	该标准适用于物联网系统感知对象信息融合的设计和开发	国家标准
GB/T 38637.1	物联网 感知控制设备接入 第1部分：总体要求	该部分规定了物联网系统中感知控制设备接入的接入要求、应用层接入协议和协议适配	该部分适用于物联网感知控制设备的规划和研发	国家标准
GB/T 38624.1	物联网 网关 第1部分：面向感知设备接入的网关技术要求	该部分规定了面向感知设备接入的物联网网关功能要求和通用数据配置要求	该部分适用于面向感知设备接入物联网网关的设计、开发和测试	国家标准
GB/T 38637.2	物联网 感知控制设备接入 第2部分：数据管理要求	该部分规定了物联网感知控制设备接入网关或平台时的数据采集、数据处理、数据交换和数据安全等数据管理要求	该部分适用于物联网感知控制设备接入网关或平台时数据管理功能的设计与实现	国家标准
GB/T 40684	物联网 信息共享和交换平台通用要求	该文件规定了物联网信息共享与交换平台的概念和功能要求。功能要求包括数据管理、目录管理、服务支撑、平台管理和安全机制	该文件适用于物联网信息共享和交换平台的设计、开发和实现	国家标准
GB/T 40688	物联网 生命体征感知设备数据接口	该文件规定了面向物联网应用的生命体征感知设备到生命体征监测系统的数据接口的总则、接口消息格式以及通用接口和业务接口的基本功能和参数的要求	该文件适用于面向物联网用的生命体征感知设备的设计、生产和使用	国家标准
GB/T 40687	物联网 生命体征感知设备通用规范	该文件规定了面向物联网应用的生命体征感知设备的要求和试验方法	该文件适用于面向物联网应用的生命体征感知设备的设计、生产和使用	国家标准
GB/T 40778.1	物联网 面向Web开放服务的系统实现 第1部分：参考架构	该文件规定了面向Web开放服务的物联网系统的参考架构和功能组件，并对协议适配、物体描述、物体发现、物体共享和安全保障等功能组件进行了描述	该文件适用于面向Web开放服务的物联网系统的顶层设计，为面向Web的开放服务与物体交互实现提供指导	国家标准
GB/T 40778.2	物联网 面向Web开放服务的系统实现 第2部分：物体描述方法	该文件规定了面向Web开放服务的物联网系统的物体描述模型和物体描述元数据的要求	该文件适用于面向Web开放服务的物联网系统设计和开发，为物联网应用服务提供技术支撑	国家标准
YD/T 2437	物联网总体框架与技术要求	该标准规定了物联网通用分层模型、物联网总体框架、主要部件和能力要求、参考点要求以及物联网共性能力要求	该标准适用于整个物联网	行业标准

2. 云计算相关标准

云计算相关标准主要有 GB/T 32400《信息技术 云计算 概览与词汇》、GB/T 32399《信息技术 云计算 参考架构》等标准。相关标准的标准编号、标准名称、主要内容及适用范围等，如表 24-3 所示。

表 24-3 现行主要云计算相关标准

标准编号	标准名称	主要内容	适用范围	类别
GB/T 32400	信息技术 云计算 概览与词汇	该标准给出了云计算概览、云计算相关术语及定义。该标准为云计算标准提供了术语基础	该标准适用于各类组织（例如企业、政府机关和非营利性组织）	国家标准
GB/T 32399	信息技术 云计算 参考架构	该标准规定了云计算参考架构（CCRA），包括云计算角色、云计算活动、云计算功能组件以及它们之间的关系	该标准适用于云计算架构参考使用	国家标准
GB/T 35301	信息技术 云计算 平台即服务（PaaS）参考架构	该标准规定了平台即服务（PaaS）参考架构的术语定义和缩略语、图例说明、PaaS 参考架构概念、PaaS 用户视图和功能视图	该标准适用于 PaaS 云计算系统的设计、实现、部署和使用	国家标准
GB/T 35293	信息技术 云计算 虚拟机管理通用要求	该标准规定了虚拟机的基本管理以及虚拟机的生命周期、配置与调度、监控与告警、可用性和可靠性、安全性等管理通用技术要求	该标准适用于虚拟机相关产品的设计、开发、测评、使用等	国家标准
GB/T 36327	信息技术 云计算 平台即服务（PaaS）应用程序管理要求	该标准提出了平台即服务（PaaS）应用程序的管理流程，并规定了 PaaS 应用程序的一般要求与管理要求	该标准适用于与平台即服务（PaaS）应用程序管理相关的 PaaS 提供者的服务供应，PaaS 客户使用云平台服务部署运行应用程序以及 PaaS 协作者基于 PaaS 应用程序管理的功能提供第三方服务的场景	国家标准
GB/T 36326	信息技术 云计算 云服务运营通用要求	该标准给出了云服务总体描述，规定了云服务提供者在人员、流程、技术及资源方面应具备的条件和能力	该标准适用于：①云服务提供者向云服务开发者提出需求的依据；②云服务提供者评估自身的条件和能力；③云服务客户选择和评价云服务提供者；④第三方评估云服务提供者的能力	国家标准
GB/T 36325	信息技术 云计算 云服务级别协议基本要求	该标准给出了云服务级别协议的构成要素，明确了云服务级别协议的管理要求，并提供了云服务级别协议中的常用指标	该标准适用于：①为云服务提供者和云服务客户建立云服务级别协议提供指导；②为客户对提供者交付的云服务进行考评提供参考依据；③为第三方进行云服务级别协议评估提供参考依据	国家标准

（续表）

标准编号	标准名称	主要内容	适用范围	类别
GB/T 36623	信息技术 云计算 文件服务应用接口	该标准规定了文件服务应用接口的基本接口和扩展接口，并针对 HTTP 1.1 协议给出了实现例子	该标准适用于基于文件的云服务应用的开发、测试和使用	国家标准
GB/T 37741	信息技术 云计算 云服务交付要求	该标准规定了云服务交付的方式、内容、过程、质量及管理要求	该标准适用于：① CSP 评估和改进自身的交付能力；② CSC 及第三方机构评价和认定 CSP 的交付能力	国家标准
GB/T 37740	信息技术 云计算 云平台间应用和数据迁移指南	该标准规定了不同云平台间应用和数据迁移过程中迁移准备、迁移设计、迁移实施和迁移交付的具体内容	该标准适用于指导迁移实施方和迁移发起方开展应用和数据迁移活动	国家标准
GB/T 37737	信息技术 云计算 分布式块存储系统总体技术要求	该标准规定了分布式块存储系统的资源管理功能要求、系统管理功能要求、可扩展要求、兼容性要求和安全性要求	该标准适用于分布式块存储系统的研发和应用	国家标准
GB/T 37739	信息技术 云计算 平台即服务部署要求	该标准规定了云计算平台即服务（PaaS）部署过程中的活动及任务	该标准适用于平台即服务提供方进行平台即服务的部署规划、实施和评估	国家标准
GB/T 37736	信息技术 云计算 云资源监控通用要求	该标准规定了对云资源进行监控的技术要求和管理要求	该标准适用于云服务提供者建立云资源监控能力和云服务客户评价云资源的运行情况	国家标准
GB/T 37734	信息技术 云计算 云服务采购指南	该标准规定了云服务采购流程、云服务采购需求分析、云服务提供商选择、协议/合同签订和服务交付与验收的基本要求	该标准适用于云服务客户和云服务提供者，用于指导云服务客户采购云服务	国家标准
GB/T 37738	信息技术 云计算 云服务质量评价指标	该标准规定了云服务质量的评价指标	该标准适用于为云服务提供商评价自身云服务质量提供方法、为云服务客户选择云服务提供商提供依据和为第三方实施云服务质量评价提供参考	国家标准
GB/T 37735	信息技术 云计算 云服务计量指标	该标准规定了不同类型云服务的计量指标和计量单位	该标准适用于各类云服务的提供、采购、审计和监管	国家标准
GB/T 37732	信息技术 云计算 云存储系统服务接口功能	该标准规定了云存储系统提供的块存储、文件存储、对象存储等存储服务和运维服务接口的功能	该标准适用于指导云存储系统的研发、评估和应用	国家标准
GB/T 40690	信息技术 云计算 云际计算参考架构	该标准规定了云际计算参考架构的功能、角色与活动	该标准适用于云际计算架构的设计、实现、部署和使用，也适用于具有云际资源协作需求的各类云服务参与者	国家标准

(续表)

标准编号	标准名称	主要内容	适用范围	类别
YD/T 3148	云计算安全框架	该标准分析了云计算环境中云服务客户、云服务提供商、云服务伙伴面临的安全威胁和挑战，阐明了可减缓这些风险和应对安全挑战的安全能力	该标准提供的框架方法，用于确定在减缓云计算安全威胁和应对安全挑战方面，需要对其中哪些安全能力做出具体规范。该标准适用于云计算	行业标准
YD/T 2806	云计算基础设施即服务（IaaS）功能要求与架构	该标准规定了云计算基础设施即服务（IaaS）服务种类与服务模式、功能架构及功能需求、接口及安全要求以及关键业务流程	该标准适用于云计算基础设施即服务（IaaS）	行业标准

24.2.3 信息技术服务标准

信息技术服务标准体系可分为基础标准、通用标准、保障类标准、技术创新标准、数字化转型服务标准、业务融合标准等类别。通用标准相关的标准编号、标准名称、主要内容及适用范围等，如表 24-4 所示。

表 24-4 现行主要信息技术服务通用标准

标准编号	标准名称	主要内容	适用范围	类别
GB/T 29264	信息技术服务分类与代码	该标准规定了信息技术服务的分类与代码，是信息技术服务分类、管理和编目的准则，为信息技术服务体系的建立提供了范围基础	该标准适用于信息技术服务的信息管理及信息交换，供科研、规划等工作使用	国家标准
GB/T 33850	信息技术服务质量评价指标体系	该标准建立了信息技术服务质量模型，规定了信息技术服务质量评价指标、测量方法以及质量评价过程等	该标准适用于对信息技术服务质量进行评价	国家标准
GB/T 37696	信息技术服务从业人员能力评价要求	该标准规定了信息技术服务从业人员的职业种类、能力要素等级和评价方法	该标准适用于信息技术服务从业人员的能力评价与培养	国家标准
GB/T 37961	信息技术服务服务基本要求	该标准规定了信息技术服务中服务过程基本要求、信息技术咨询、设计与开发、信息系统集成实施、运行维护、数据处理和存储、运营等服务的活动内容和成果要求	该标准适用于服务供方和需方确立服务内容及签署合同	国家标准
GB/T 39770	信息技术服务服务安全要求	该标准提出了信息技术服务安全模型，规定了安全总则、生存周期和能力要素的安全要求	该标准适用于信息技术服务提供方、服务需求方和第三方	国家标准

(续表)

标准编号	标准名称	主要内容	适用范围	类别
SJ/T 11691	信息技术服务 服务级别协议指南	该标准给出了信息技术服务级别协议的各项要素，并提出了针对服务级别协议的管理流程	该标准适用于为建立、管理并评价一致的、全面的、可量化的服务级别协议提供指南	行业标准
T/CESA 1154	信息技术服务 从业人员能力评价指南 设计与开发服务	该标准规定信息技术服务设计与开发专业从业人员的职责要求、职业序列以及等级、各职责等级的准入条件和职业能力要求	该标准适用于提供相关专业信息技术服务的企业及有关组织进行从业人员能力管理、能力评价和技能培训等	团体标准
T/CESA 1155	信息技术服务 从业人员能力评价指南 集成实施服务	该标准规定信息技术服务集成实施专业从业人员的职责要求、职责序列以及等级、各职责等级的准入条件和职业能力要求	该标准适用于提供相关专业信息技术服务的企业及有关组织进行从业人员能力管理、能力评价和技能培训等	团体标准
T/CESA 1156	信息技术服务 从业人员能力评价指南 运行维护服务	该标准规定信息技术服务运营维护专业从业人员的职责要求、职责序列以及等级、各职责等级的准入条件和职业能力要求	该标准适用于提供相关专业信息技术服务的企业及有关组织进行从业人员能力管理、能力评价和技能培训等	团体标准
T/CESA 1157	信息技术服务 从业人员能力评价指南 云计算服务	该标准规定信息技术服务云计算从业人员的职责要求、职责序列以及等级、各职责等级的准入条件和职业能力要求	该标准适用于提供相关专业信息技术服务的企业及有关组织进行从业人员能力管理、能力评价和技能培训等	团体标准
T/CESA 1158	信息技术服务 从业人员能力评价指南 信息安全服务	该标准规定信息技术服务信息安全专业从业人员的职责要求、职责序列以及等级、各职责等级的准入条件和职业能力要求	该标准适用于提供相关专业信息技术服务的企业及有关组织进行从业人员能力管理、能力评价和技能培训等	团体标准

24.3 本章练习

1. 选择题

（1）当事人订立合同可以采取_____方式。

  A. 要约   B. 承诺

  C. 要约、承诺   D. 邀请

参考答案：C

（2）政府采购不可以采用_____方式。

  A. 自行采购   B. 询价   C. 公开招标   D. 邀请招标

参考答案：A

（3）商标的基本类型为：_____。

  A. 商品商标、服务商标、集体商标、驰名商标

  B. 商品商标、服务商标、集体商标、证明商标

C. 颜色商标、气味商标、集体商标、证明商标

D. 商品商标、服务商标、集体商标、文字商标

参考答案：B

（4）_____ 不是 GB/T 8566—2007《信息技术 软件生存周期过程》中的内容。

A. 质量保证过程 B. 文档编制过程

C. 基础设施过程 D. 知识管理过程

参考答案：D

（5）现有设计是指_____以前在国内外为公众所知的设计。

A. 公布日　　　B. 申请日　　　C. 审查日　　　D. 公告日

参考答案：B

（6）合同履行费用的负担不明确的，由_____分担。

A. 履行义务的一方 B. 接受履行的一方

C. 合同双方当事人 D. 协商确定

参考答案：A

2. 思考题

（1）请简述发明专利申请与实用新型和外观设计专利申请的区别？在申请之前应做好哪些方面的准备？

参考答案：略

（2）请指出什么是版权，并分析在项目管理过程中如遇版权纠纷问题应如何进行权利维护。

参考答案：略

3. 案例分析

某投资公司建设一幢办公楼，采用公开招标方式选择施工单位，投标保证金有效期时间同投标有效期。提交投标文件截止时间为 2022 年 5 月 30 日。该公司于 2022 年 3 月 6 日发出招标公告，后有 A、B、C、D、E 等 5 家建筑施工单位参加了投标，E 单位由于工作人员疏忽于 6 月 2 日提交投标保证金。开标会于 6 月 3 日由该省建委主持，D 单位在开标前向投资公司要求撤回投标文件。经过综合评选，最终确定 B 单位中标。双方按规定签订了施工承包合同。

问题：

（1）E 单位的投标文件按要求如何处理？为什么？

（2）对 D 单位撤回投标文件的要求应当如何处理？为什么？

（3）上述招标投标程序中，有哪些不妥之处？请说明理由。

参考答案：略

参考文献

[1] 谭志彬，柳纯录. 系统集成项目管理工程师教程 [M]. 2 版. 北京：清华大学出版社，2016.

[2] 谭志彬，柳纯录. 信息系统项目管理师教程 [M]. 3 版. 北京：清华大学出版社，2017.

[3] Project Management Institute. 项目管理知识体系指南（PMBOK 指南）[M]. 6 版. 北京：电子工业出版社，2018.

[4] Project Management Institute. 项目管理标准和项目管理知识体系指南 [R]. 7 版. Philadelphia：Project Management Institute Inc，2021.

[5] 徐诚. 基于"一网通办"模式的一体化平台构建思路 [J]. 电脑知识与技术：学术版，2021，(20) 170-172.

[6] 运筹学教材编写组. 运筹学 [M]. 3 版. 北京：清华大学出版社，2005.

[7] 中国信息通信研究院. 中国数字经济发展白皮书：2020 年 [R]. 北京：中国信息通信研究院，2020.

[8] 中国信息通信研究院. 中国数字经济发展报告：2022 年 [R]. 北京：中国信息通信研究院，2022.

[9] 国家智慧城市标准化总体组. 智慧城市标准化白皮书：2022 版 [R]. 北京：国家智慧城市标准化总体组，2022.

[10] 政策法规研究所，产业政策研究所. "新基建"政策白皮书 [R]. 北京：赛迪研究院，2020.

[11] 国家信息中心信息化和产业发展部，京东数字科技研究院. 中国产业数字化发展报告：2020[R]. 北京：国家信息中心，2020.

[12] CB Insights 中国. 中国产业数字化发展报告：2021[R]. 纽约：CB Insights，2021.

[13] 庄荣文. 营造良好数字生态 [N]. 北京：人民日报，2021-11-05（09）.

[14] 国家工业信息安全发展研究中心，北京大学光华管理学院，苏州工业园区管理委员会，等. 中国数据要素市场发展报告：2020~2021[R]. 国家工业信息安全发展研究中心，2021.

[15] 中国信息通信研究院政策与经济研究所. 中国数据价值化与数据要素市场发展报告：2021 年 [R]. 中国信息通信研究院，2021.

[16] 尼古拉·尼葛洛庞帝. 数字化生存 [M]. 胡泳，范海燕，译. 北京：电子工业出版社，2017.

[17] 王益民. 数字政府 [M]. 北京：中央党校出版社，2020.

[18] 孟天广. 数字治理全方位赋能数字化转型 [N]. 杭州：浙江日报，2021-2-22（8）.

[19] Leavitt H J，Pondy L R，Boje D M. Readings in Managerial Psychology[M]. University of Chicago Press，1985：286.

[20] Cannon D L. CISA 认证学习指南：注册信息系统审计师 [M]. 4 版. 白大龙，译. 北京：清华大学出版社，2017.

[21] Stellman A，Greene J. Head First 敏捷开发 [M]. 乔莹，译. 北京：中国电力出版社，2019.

[22] 迈克尔·波特. 竞争战略 [M]. 陈丽芳, 译. 北京: 中信出版社, 2014.

[23] 国家信息技术服务标准工作组. ITSS 系列培训 IT 服务工程师 [M]. 北京: 电子工业出版社, 2012.

[24] 国家信息技术服务标准工作组. ITSS 系列培训 IT 服务项目经理 [M]. 北京: 电子工业出版社, 2012.

[25] 唐雨, 孟坛魁, 王斌斌. IT 服务管理体系之服务可用性和容量管理 [J]. 中国教育信息化: 高教职教, 2011, (9): 51-53.

[26] 宋跃武, 白璐, 刘玲, 等. 中国 IT 运维能力建设指南 [M]. 北京: 清华大学出版社, 2016.

[27] 王珊, 萨师煊. 数据库系统概论 [M]. 5 版. 北京: 高等教育出版社, 2016.

[28] 周屹, 李艳娟, 崔琨, 等. 数据库原理及开发应用 [M]. 2 版. 北京: 清华大学出版社, 2013.

[29] 施伯乐, 丁宝康, 杨卫东. 数据库教程 [M]. 北京: 电子工业出版社, 2004.

[30] 张朝昆, 崔勇, 唐翯祎, 等. 软件定义网络 (SDN) 研究进展 [J]. 软件学报: 2015, 26 (1): 62-81.

[31] 毛健彪, 卞洪飞, 韩彪, 等. PiBuffer: 面向数据中心的 OpenFlow 流缓存管理模型 [J]. 计算机学报: 2016, 39 (6): 1092-1104.

[32] 王鹃, 王江, 焦虹阳, 等. 一种基于 OpenFlow 的 SDN 访问控制策略实时冲突检测与解决方法 [J]. 计算机学报: 2015, 38 (4): 872-883.

[33] 陈山枝. 5G 移动性管理技术 [M]. 北京: 人民邮电出版社, 2019.

[34] 王映民. 5G 移动通信系统设计与标准详解 [M]. 北京: 人民邮电出版社, 2020.

[35] 宋航. 万物互联: 物联网核心技术与安全 [M]. 北京: 清华大学出版社, 2020.

[36] 刘鹏. 云计算 [M]. 3 版. 北京: 电子工业出版社, 2015.

[37] 李伯虎. 云计算导论 [M]. 2 版. 北京: 机械工业出版社, 2021.

[38] 维克托·迈尔·舍恩伯格, 肯尼思·库克耶. 大数据时代 [M]. 盛杨燕, 周涛, 译. 杭州: 浙江人民出版社, 2013.

[39] 张绍华, 潘蓉, 宗宇伟. 大数据治理与服务 [M]. 上海: 上海科学技术出版社, 2016.

[40] 赵增奎, 宋俊典, 庞引明, 等. 区块链: 重塑新金融 [M]. 北京: 清华大学出版社, 2017.

[41] 李德毅, 于剑. 人工智能导论 [M]. 北京: 中国科学技术出版社, 2018.

[42] 李建, 王芳. 虚拟现实技术基础与应用 [M]. 2 版. 北京: 机械工业出版社, 2022.

[43] 杨静静. 大数据应用场景的研究与分析 [J]. 电脑知识与技术: 2018, 14 (15): 23-24.

[44] 张健. 区块链: 定义未来金融与经济新格局 [M]: 北京: 机械工业出版社, 2016.

[45] 笪旻昊. 虚拟现实技术的应用研究 [J]. 电脑迷, 2019, (1): 53.

[46] 特伦斯·谢诺夫斯基. 深度学习: 智能时代的核心驱动力量 [M]. 姜悦兵, 译. 北京: 中信出版社, 2019.

[47] 赵旭辉, 刘江辉. 探析下一代防火墙安全特征及发展趋势 [J]. 信息与电脑: 理论版, 2013 (11): 152-154.

[48] 陶源，黄涛，张墨涵，等．网络安全态势感知关键技术研究及发展趋势分析 [J]．理论研究，2018，（08）：79-85．

[49] 彼得·维尔，珍妮·W·罗斯．一流绩效企业的 IT 治理之道 [M]．杨波，译．北京：商务印书馆，2005．

[50] ISACA. COBIT-2019 框架：治理和管理目标 [R]. Schaumburg：ISACA，2019．

[51] ISACA. COBIT-2019 设计指南：信息和技术治理解决方案的设计 [R]. Schaumburg：ISACA，2019．

[52] 高林，俞文平，周平．IT 审计之道 [M]．北京：清华大学出版社，2016．

[53] 唐九阳，葛斌，张翀．信息系统工程 [M]．3 版．北京：电子工业出版社，2014．

[54] 伊恩·萨默维尔．软件工程 [M]．北京：机器工业出版社，2018．

[55] Humble J，Farley D．持续交付：发布可靠软件的系统方法 [M]．北京：清华大学出版社，2011．

[56] 王思轩．数字化转型架构：方法论与云原生实践 [M]．北京：电子工业出版社，2021．

[57] 岳昆．数据工程：处理、分析与服务 [M]．北京：清华大学出版社，2013．

[58] Project Management Institute. 项目集管理标准 [M]. 4 版. 北京：电子工业出版社，2019．

[59] Project Management Institute. 项目组合管理标准 [M]. 4 版. 北京：电子工业出版社，2019．

[60] Project Management Institute. 组织级项目管理标准 [M]. 4 版. 北京：电子工业出版社，2019．

[61] AXELOS. PRINCE 2 成功的项目管理方法论 [R]. 2017 版. AXELOS，2017．

[62] CMMI Institute. CMMI 模型 V2.0[R]. CMMI Institute，2018．

[63] 李少杰．基于 CMMI 模型的金融领域软件项目量化管理应用研究 [D]．中国科学院大学，2022．

[64] 余沛．企业战略管理 [M]．北京：电子工业出版社，2017．

[65] 单凤儒．管理学基础 [M]．3 版．北京：高等教育出版社，2008．

[66] 朱飞．绩效管理与薪酬激励全程务实操作 [M]．北京：企业管理出版社，2006．

[67] 耿健美．关于现代企业绩效管理体系设计与实施方案的思考 [J]．商场现代化，2010：88-91．

[68] 曾秋英．探索绩效管理与员工主动性的关系 [J]．城市建设理论研究（电子版），2013（5）．

[69] 唐孝文．企业战略转型：机理、过程与实践 [M]．北京：清华大学出版社，2020．

[70] 黄喜梅．优势传统企业创新发展战略规划探讨 [J]．企业技术开发：学术版，2014，33（8）：64-65．

[71] 何小钢．跨产业升级、战略转型与组织响应 [J]．科学学研究，2019，37（7）：1238-1248．

[72] 魏群．供电企业 KPI 绩效管理体系的建立 [D]．保定：华北电力大学，2008．

[73] 吴成雷．广东某民营企业绩效管理研究 [D]．江苏：东南大学，2005．

[74] 小阿瑟.A，汤普森，等．战略管理概念与案例 [M]．于小宇，译．北京：机械工业出版社，2020．

[75] 全国信标委信息技术服务分技术委员会．信息技术服务标准体系建设报告 [R]．5.0 版．中国电子工业标准化技术协会信息技术服务分会，2021．

[76] 李南. 工程经济学 [M]. 5 版. 北京：科学出版社，2021.

[77] 韩伯棠. 管理运筹学 [M]. 5 版. 北京：高等教育出版社，2020.

[78] 肖会敏，臧振春，崔春生. 运筹学及其应用 [M]. 2 版. 北京：清华大学出版社，2017.

[79]《运筹学》教材编写组. 运筹学 [M]. 北京：清华大学出版社，2021.

[80] 张一弛，张正堂. 人力资源管理教程 [M]. 3 版. 北京：北京大学出版社，2019.

[81] 王玉荣，葛新红. 流程管理 [M]. 5 版. 北京：北京大学出版社，2016.

[82] 王树良，曾一昕，夏靖龙. 服务工程与实践 [M]. 武汉：武汉大学出版社，2012.

[83] 姚伟. 知识管理 [M]. 北京：清华大学出版社，2020.

[84] 菲利普•科特勒. 市场营销：原理与实践 [M]. 17 版. 北京：中国人民大学出版社，2020.